大家学术文库

中国史纲

第一卷 史前史 殷周史

翦伯赞 著

江西教育出版社
JIANGXI EDUCATION PUBLISHING HOUSE
·南昌·

图书在版编目（CIP）数据

中国史纲 . 第一卷 , 史前史　殷周史 / 翦伯赞著
. -- 南昌 : 江西教育出版社 , 2022.6
（大家学术文库）
ISBN 978-7-5705-3047-2

Ⅰ . ①中… Ⅱ . ①翦… Ⅲ . ①中国历史－古代史②中国历史－上古③中国历史－商周时代 Ⅳ . ① K22 ② K21 ③ K221

中国版本图书馆 CIP 数据核字 (2022) 第 079351 号

中国史纲（第一卷）：史前史　殷周史
ZHONGGUOSHI GANG (DI–YI JUAN)：SHIQIANSHI YINZHOUSHI
翦伯赞　著

江西教育出版社出版
（南昌市抚河北路 291 号　　邮编：330008)
各地新华书店经销
北京长宁印刷有限公司印刷
635 毫米 ×960 毫米　　16 开本　　53 印张　　字数 800 千字
2022 年 6 月第 1 版　　　2022 年 6 月第 1 次印刷
ISBN 978-7-5705-3047-2
定价：98.00 元（全二卷）

赣教版图书如有印装质量问题，请向我社调换　电话：0791－86706047
投稿邮箱：JXJYCBS@163.com　　电话：0791－86705643
网址：http://www.jxeph.com

赣版权登字 -02-2022-217

“大家学术文库”编者按

中国学术，昉自伏羲画卦，至周公制礼作乐而规模始备。其后，王官失守，孔子删述六经，创为私学，是为诸子百家之始。《庄子》曰:“道术将为天下裂。”孔子殁后，儒分为八；墨子殁后，墨分为三。诸子周游天下，游说诸侯，皆以起衰救弊、发明学术为务，各国亦以奖励学术、招徕人才为务，遂有田齐稷下学宫之设。商鞅变法，诗书燔而法令明；始皇一统，儒士坑而黔首愚，当此之时，学在官府，以吏为师，先王之学，不绝如缕。至汉高以匹夫起自草泽，诛暴秦，解倒悬，中国学术始获一线生机。其后，汉惠废挟书之律，民间藏书重见天日。孝武之世，董子献“罢黜百家，表彰六经”之策，定六经于一尊。其后，虽有今古之分、儒释之争、汉宋之异、道学心学之别、义理考据之殊，而六经独尊之势，未曾移也。

及鸦片战起，国门洞开，欧风美雨，遍于中夏，诚“三千年未有之变局”。当此之时，国人震于列强之船坚炮利，思有以自强；又羡于西人之政教修明，思有以自效。于是有“变法守旧之争”“革命改良之争”“排满保皇之争”，而我国固有之学术传统，亦因之而起变化。清季罢科举而六经独尊之势蹙，蔡孑民废读经而六经独尊之势丧。当此之时，立论有疑古、信古、释古之别，学派有“古史辩”与“学衡”之争，学说有“文学革命”“思想革命”“文字革命”“伦理革命”诸说，师法有“师俄”“师日”“师西”之分，众说纷纭，莫衷一是，百家争鸣，复见于近代。

民国诸家，为阐明道术、解救时弊，著书立说、授课讲学，其学术思想，历久弥新，至今熠熠生辉，予人启迪。然近人著作，汗牛充栋，多如恒河之沙，使人难免望书兴叹，不知从何下手，穷其一生，亦难以卒读。因此之故，我们特精选最具代表性之近人著作，依次出版，俾读者略窥学术门墙，得进学之阶。此次选辑出版，虽未能穷尽近人学术之精品，难免有遗珠之憾；然能示人以门径，使人借此以知近人学术规模之宏大、体系之完密，亦不失我们编辑出版“大家学术文库”之初衷。

此次出版，为适应今人阅读习惯，提升丛书品质，我们特对所选书籍做了必要之编辑加工，约有如下诸端：

一、改繁体竖排为简体横排；

二、修正淘汰字、异体字，规范标点符号用法，为一些书加新式标点；

三、校改原稿印刷产生之错字、别字、衍字、脱字；

四、凡遇同一书稿中同一人名有两种及以上不同写法者，一律统改为常用写法。

除以上所举四点之外，其余一仍其旧，力求完整保持各书原貌。

然限于编者之有限学力，书中疏漏之处，在所难免，尚祈广大方家、读者诸君不吝批评斧正。

编　者

2022年6月

目录

二、氏族社会

三、古代社会

四、初期封建社会

第一篇　西周：初期封建社会的形成

序

这本书，上起开天辟地，下迄殷周之世，其所论述的范围，是秦以前的中国古史。

秦以前的古史资料，早已随着时代之悠迈而消逝。在春秋时代，孔子欲研究夏殷制度，已感文献之不足征。西汉初，司马迁著《史记》，亦谓“自殷以前，诸侯不可得而谱；周以来乃颇可著”。所以司马氏于“三代”，于“五帝”，于“神农以前”，皆曰“尚矣”，曰“吾不知已”，曰“靡得而记云”。

几千年来，秦以前的古史，只不过是飘浮于神话与传说中之一些扑朔迷离的阴影而已。历代学者，对于这一段古史的论著，也只是传神书怪，捕风捉影，因误正误，以讹传讹，浸至荒诞不经，极奇离诡谲之大观。

秦以前的古史之走向科学的阶段，不过是最近二十年左右之事。其所以能致此者，一方面，固然是新的科学，如地质学、古生物学、人类学、考古学、民俗学等的发展；另一方面，又是中国史学自身发展之必然的归结。所谓中国史学自身的发展，即由盲目的信古而进到疑古，更由消极的疑古，而进到积极的考古。前者就是所谓辨伪学而后者便是所谓金石学、考古学。

中国的辨伪之学，自汉唐以来，即已肇始其端绪，迄于两宋而流风益煽。降至清乾嘉以后，则此种学问，大为昌明。其间学者辈出，如汉之郑玄、何休，唐之刘知幾、柳宗元，宋之欧阳修、郑樵，明之宋濂、胡应麟，清之顾亭林、姚际恒、阎若璩、万斯同、崔述以至康有为等，他们都感到“经既苟且，史又荒唐”，于是不仅对于百家不雅驯之言，加以批判；即对于圣经贤传，亦予以辨证。窍其幽隐，发其讹误，分其瑕瑜，定其真伪。“一分真伪而古书去其半，一分瑕瑜而列朝书又去其八九”（张之洞《绖轩语》)。自此以后，中国文献上的古史资料，便获得一些订正。

中国的金石之学，几乎与辨伪之学是平行的发展。自汉唐以来，中国古代器物，即间有发现。《说文》序云：“郡国往往于山川得鼎彝，其铭即前代之古文”是也。不过在当时因罕见古物，偶有所得，辄引为神瑞之象征。若有能辨其文者世惊为奇。古代的器物之开始当作学问而研究，始于北宋。当时，高原古冢，颇有发现，古代器物，出土渐多，始不以古器为神瑞而或以玩赏加之。在当时虽不必如阮元所云“士大夫家有其器，人识其文”。但据《籀史》所载，宋代著录金文之书，多至三十余家，而南渡以后诸家之书，尚不在内。是知宋代金石学的发展，亦可谓盛极一时。当时学者如欧阳修、吕大临、赵明诚、黄伯思、董蜼、王俅、薛尚功、张纶、李诚之辈，或搜罗古器，征求墨本；或摹写形制，考订名物；或训释铭文，辨证经史，其用力甚大，创获亦多。至于文字训释方面，虽亦有穿凿纰缪可讥之处，但宋人对于金石学，实有凿空之功。

金石学在宋代，虽涂术已启，而流派未宏；其辉煌之发展，则亦在清乾嘉以后。在清代古物之出土者，已数十倍于宋代，而学者如王昶、钱大昕、毕沅、翁方纲、陆心源、孙星衍、阮元、李宗瀚、瞿中溶、吴荣光、吴式芬、陈介祺、吴大澂、端方等接踵辈出，其所著述，不下四百种之多。于是金石学遂蔚为大观。降至清末，古物出土者更多，如洹阴之甲骨，齐燕之陶器，敦煌之简牍，巴蜀齐鲁之封泥，皆发现于近数十年间，于是金石学的范围，遂日益扩大。晚近王国维对于金石学则已开始科学的研究。继王国维之后，郭沫若又有更多的发挥。于是向之以为神瑞象征之古器，遂一变而为科学的瑰宝；向之不为人所注意的铭文，遂一变而为古史之珍贵的资料。自金石学发展以后，中国的古史，始得上溯于两周之世。

中国古史之能更进一步的发展，乃是由于近年以来考古学之不断的发现。由于考古学之不断的发现，于是埋藏于地下的远古遗物到处出土。此种远古器物之出土，因而提供了中国古史研究以新而又新、真而又真的资料。这些新的真实资料，不但可以考验文献上的史料之真伪，而且还可以补充文献上的史料之缺失。

首先是殷墟的发现，大批殷商古器物及甲骨文字先后出土。考甲骨文片之出现，早在殷墟发掘之前，而且学者如孙诒让、罗振玉、王国维诸氏，并已开始搜集、拓印、考释的工作。惟甲骨文字之进入科学研究的阶段，则是在殷墟发掘以后。因为在殷墟发掘以后，甲骨文字的研究始得与出土实物相互印证而愈益有所发明。自是以后，甲骨文及殷代的青铜器之研究风靡一时。或分析殷墟地层，或拓印殷墟器物，或研究殷墟文字，或考释殷商制度，于是中国的古史，始得上溯于殷商之世。

其次是甘肃、河南的新石器文化之发现，大批彩陶及磨制石器，相继出土。于是中国的古史始得上溯于传说中之“夏代”乃至“尧、舜、禹”及“神农、黄帝”之世。

最后，则为中国旧石器文化之发现，许多原始的燧石器、骨角器物及其同时代的古生物化石不断出土。同时并发现了中国最原始的人类化石，“北京猿人”的头盖骨。自此种旧石器文化出土以后，在中国蒙昧时代之历史的黑暗面给与了一线的光明，因而中国古史遂有上溯至传说中之“伏羲氏”“燧人氏”“有巢氏”时代，乃至有上溯至中国历史之出发点的可能。

我们生于今日，得观古人未见之古史资料，孔子所不能征之夏礼与殷礼，吾人已能征之；司马迁“靡得而记”之太古时代，吾人已能记之。然而直至今日，中国还有不少的历史家，对于近千年来固有文化的成果并不接受；对于科学的发现，亦视若无睹，而仍然昏迷于神话与传说之中；以至近来许多历史的巨著，不是把史前的社会避而不论，便仍然以神话的汇编当作真实的古史。

我并不是否定神话与传说；反之，我以为神话与传说，决非好事者之凭空谎造，而皆有其一定的历史根据。换言之，它们都是历史上之一个突出的片断之记录。不过传之既久，由于言语异音，文字异形，便难免讹伪百出。诚如韩非子所云：“孔子、墨子俱道尧、舜而取舍不同。”又如司马迁所云：“崆峒、涿鹿、淮海一带之长老皆道黄帝、尧、舜，而风教固殊。”总而言之，神话传说，流传愈久，则其所内含之历史的元素，亦即渐被歪曲，被夸大而趋于稀薄模糊了。所以以信而好古之孔子，而曰：“君子于其所不知，盖阙如也。”孟子亦曰：“尽信书则不如无书。”是知中国的古圣先贤，对于神话与传说亦在将信将疑之间也。但是即使如此，神话仍能保留一部分原始的内容。所以把神话人物当作一定历史时代的特征看，则仍不失为古史的资料之一。若把神话人物当作一个古帝先王看，则无异是白昼见鬼。

自从郭沫若的《中国古代社会研究》问世以后，中国的古史才第一次用科学的方法由秦汉上溯于殷周之世。以后吕振羽的《殷周时代的中国社会》，又对殷周的历史提出了许多新的见解。不管郭、吕两氏的见解如何，要之，他们都有其自己的创见，各成一家之言。至于根据考古学的资料研究殷以前的古史，则吕振羽的《史前期中国社会》，实为首创之作。此书虽论而不详，但要言不繁，条理分明，已能指出中国史前社会之大概的轮廓。最近吴泽所著《中国原始社会史》，对于中国史前的历史亦能有所发挥。惟吕、吴二氏之书，对于中国东南沿海之史前文物的发现皆未提及，实为缺陷。此外，邓初民于其所著《中国社会史教程》之首章，亦曾根据出土实物，论述殷以前的古史；惟多着重于人类进化史上之一般方面的叙述。以是之故，我们不必讳言，中国史前的古史直至今日，尚处于极幼稚的阶段。

我以为殷以前的古史，虽属于极遥远之太古时代；但是总是中国史上的一个历史时代，而且这一时代的历史，还是后来的中国历史发展之最原始的基础。因此，我在这本书上，大胆地把中国历史推到它的出发点。

为了给读者以具体的概念，这本书对于各时代的古器物，均附有图片。为了给读者以空间的概念，这本书对于各时代的历史活动范围，都附有地图。为了给读者以时间的概念，这本书对于各时代的历史发展，都附有大事年表。而这些插图、地图及年表之绘制，就占了本书写作时间的三分之一。[①] 因此，这本书，我虽不敢说它已经把殷周及其以前的古史从神话的霉锈中洗刷出来，但至少它已使这一段古史显出了它本来的面目。一言以蔽之，从神的历史还原为人的历史。

翦伯赞

1943年6月23日于巴县歇马场

① 原版所附插图、地图及年表此版略有变动——校者注。

一、前民族社会

第一章

中国人种的起源与历史的序幕

第一节 开天辟地的时代

大约在地质学第四纪之初，亦即今日以前之五十万年的时代，地球上便到了一个冰河时期，这在中国历史上，就正是传说中所谓九头十纪[①]开天辟地的时代。

当此之时，鸿蒙未辟，宇宙洪荒，整个的地球，都在混沌之中。皑皑的冰河正以清洁的冰雪替人类洗刷这个原始的世界。

当时的冰河，不但掩盖了地球的两极，而且越过极地，向地球的中部扩展。其由北极出发的冰河则掩盖了亚洲和欧洲的北部乃至中部，以及北美的若干地方。其由南极出发者，也掩盖了南美的若干地方。只有赤道附近一带的地方不受冰河的袭击，丛生着莽莽苍苍的森林。这种苍翠的森林就好像给这镀了银的地球加上一个碧绿的玉环。

当时地球的面貌与我们今日完全不同。在今日许多不相联络的大陆或岛屿，如西班牙、意大利之与非洲大陆，英格兰之与欧洲大

① 《易经乾凿度》《春秋纬》《元命苞》皆谓自天地开辟至春秋获麟已二百七十六万岁，分为十纪。每纪为二十六万七千年，凡世七万六百年。一曰九头纪，二曰五龙纪，三曰摄提纪，四曰合雒纪，五曰连通纪，六曰序命纪，七曰脩飞纪，八曰因提纪，九曰禅通纪，十曰流讫纪。盖流讫当黄帝时制九纪之间。”这虽是一种神话，由此可以窥知，古人也认为开天辟地的时代是在遥远的太古。惟二百二十七万六千岁的数字则完全是任意的假设，不足为训。

陆，爪哇、苏门答腊之与亚洲大陆，都是以地峡相联络的。地球海平面之多次升降和陆地面积的扩张与收缩，正是这一时代的地质之特征。

在当时除了爪哇、西欧及南洋已经有了最原始的猿人以外，其余的世界，都还是哺乳的兽类之天下。

当时的中国除接近热带的西南一带，天气和暖，雨水充足，生长着繁茂的森林以外，黄河以北都是一片冰雪皑皑的世界。特别是蒙古高原，因为地处中国的极北，首当冰河之冲击，所以在那里，“有冻寒积冰，雪雹霜霰，漂润群水之野。”在那里，是“寒冷之所积也，蛰虫之所伏也。”洪大的冰流以排山走石之力，从西伯利亚滚滚而来。这些冰流挟着砾石，卷着泥沙，把大量的冰块继续不断地倾注于今日之瀚海盆地，因而使这个盆地汇成一个波澜壮阔的大内海。这就是中国传说中所谓北方的寒泽。

太阳虽然照在蒙古高原上，但它仍然不能消解由冰河带来之寒冷和潮湿的气候。即因气候过于寒冷，所以植物不易繁殖。虽然如此，当时内海周围没有为冰雪所掩蔽的山谷和原野里，已经生长出耐寒的石松、枞桧、月桂树、无花果以及球根类的植物。此外，在卑湿的地方或溪涧的沿岸，则生满了地衣与苔藓。这些古生的植物，就用它们生命的色素，点缀这荒旷的原野。

巨型的爬虫类已经灭绝了。现在驰逐于蒙古高原的，是披毛犀、毛象、剑齿虎、洞熊、鬣狗、麝香牛、北极狐及旅鼠之类的古生动物。它们弱肉强食，相互吞噬，用它们的咆哮，打破这洪荒世界的沉寂。

地球在转动，冰河在冲刷，海洋在隆起，陆地在沉沦，风雪在飘零，内海在荡漾，月桂树在摇曳，剑齿虎在咆哮，这就是开天辟地时代的景象。就在这个宇宙洪荒的时代，在蒙古高原大内海的周围，出现了中国最初的人类。

第二节 "北京人"的出现

提起中国最初的人类，便会令人想起中国人种起源的许多神话。如盘古与天地并生[①]，女娲用黄土造人[②]，以及诸如此类的神话[③]。这些神话的结构虽各有不同。但要而言之，不外把中国人种的起源，归之于天地的精英之所凝结，或神灵之所创造。

最近由于"北京人"的发现[④]，才粉碎了一切天生地育、泥塑土造之人种起源的神话；同时，又确切地证实了中国最初的人类，也是由类人猿转化而来的。

从北京人头盖骨的构造上考察，这种猿人还是具有不少原始的诸特征。如眼窠上的隆起之突出与平坦而又非常倾斜的前额，后脑之非常曲折与眼窠后方之具有特别的纠缠线。厚的颚骨，凹入的颐部，凸出而尖锐的腮骨以及头盖骨之一般弧形等，这些特征都表示了他由类人猿转化而来的痕迹。

即因如此，所以当北京人被提到巴黎科学院开会报告时，竟有人谓北京人不是人，而是一种知道制造工具的动物。但是甚至步日耶神父也不能不说："直至今日，我们还没有看见真正的动物会知道用火，而同时又会知道用石头和骨骸制造工具。我们必须承认这种猿人是人。"

---

① 徐整《三五历纪》云："未有天地之时，混沌状如鸡子，盘古生其中，一万八千岁。天地开辟，清阳为天，浊阴为地，盘古在其中，一日九变，神于天，圣于地。天日高一丈，地日厚一丈，盘古日长一丈。如此，一万八千岁……后乃有三皇。"

② 《太平御览》卷七十八引《风俗通》云："天地开辟，未有人民，女娲抟黄土作人。剧务，力不暇供，乃引绳于泥中，举以为人。故富贵者，黄土人也；贫贱凡庸者，絙人也。"

③ 《淮南子·精神训》云："古未有天地之时……有二神混生，经天营地……于是乃别为阴阳，离为八极，刚柔相成，万物乃形，烦气为虫，精气为人。"

④ 北京人的化石，发现于北平西南120里之房山县的周口店。最初的发现者为奥人师丹斯基。师氏于1926年在周口店采集化石，发见了两个人的臼齿，证明是属于中国猿人的。嗣于1927年至1932年间，由步林、杨钟健、裴文中等继续发掘，又于周口店洞穴中获得化石甚多，其中有25种以上的特殊化石，如臼齿、牙床、头骨等，又证明是属于中国猿人的。因为这种猿人的化石，发见于北平附近，所以人类学家称之为北京人。

但是反对者如魏敦瑞又提出了异议。魏氏谓在发现北京人的牙床和头骨的附近，并无其他文化遗存的发现，因之，周口店洞穴的文化，并非北京人所创造，而系另一种较为进步的人类之所遗。而所谓北京人者，乃系此种较为进步的人类之狩猎物。但是据北京人的发掘报告谓北京人之一部分肢骨，现在亦已于周口店洞穴中之最主要的文化层中被发现了。

实际上，北京人头盖骨的构造，除了原始的诸特征以外，同时也具有进步的诸特征。如他的前头部的突起之发达，头盖骨之高而且长，特别是头盖骨内腔的容量之大，达到了1050立方厘米。这种脑量的指数，较之现代人的，虽尚小506立方厘米，但较之一般高等猿类的，已越过450立方厘米，即较之爪哇直立猿人的，也超过100立方厘米[①]。而这种脑量，就把北京人从一般高等猿类中区别出来。

自然，北京人绝不能生长得河目隆颡、日角龙颜那样一表非凡的相貌；反之，这种原始的人类正如达尔文所云，他们满身都是长毛，有须有尖耳，在树上爬着。他们与猿类不同的，就是他们已经挺直身躯，在地上立行[②]，以及由此而引起之手的解放，并且运用他们的双手，开始了劳动的过程。

北京人的发现，无异是中国人种起源于中国的一个宣言，因而对于中国人种外来说[③]是一个现实的批判。但是新的发现又引起新的

① 据人类学家测量：高等猿类的脑量，平均为600立方厘米，爪哇直立猿人的脑量为950立方厘米。北京猿人的脑量为1050立方厘米，尼安德特人的脑量为1400立方厘米，而现代人的脑量，则平均为1556立方厘米。

② 直至现在，我们尚未发现北京人之重要的肢骨，因而对于他的全部体型之构造，无法还原。但爪哇直立猿人之大腿骨，已经发现。据人类学家考察，爪哇直立猿人的大腿骨已经与真人的大腿骨接近，因而测定这种遗骨之所有者，已能立行。北京人既具有较爪哇直立猿人更为发展之脑腔，故其具有直立的肢体，是毫无问题的。

③ 晚近西欧的学者几乎一致主张中国人种是外来的。如美人彭伯来、威廉、英人鲍尔等主张中国人种来自中亚。英人圣卡墨、法人拉克伯里主张中国人种来自巴比伦。瑞典人加尔格仁主张中国人种来自土耳其斯坦。英人列格主张中国人种来自里海与黑海之间。法人格奈斯主张中国人种来自埃及的一个殖民地。法人哥比诺主张中国人种来自印度。自从西欧学者倡为中国人种外来说之后，于是中国的学者，翕然赞同，初无异议，且搜采中国的古旧神话从而证实之。（转下页）

问题，这就是北京人是否即为现代中国人的原始祖先的问题。

关于这一问题，如果要作出绝对的答案，尚须有待于地下的发掘。因为直至现在，从北京人到现代中国人之间的中间诸人种型，我们尚无有系统之发现。而这种中间诸人种型，又正是中国人种从猿人型发展到现代型的过程中之人体的演变。虽然，这种情形不是北京人所独有，直至现在，尚没有一种古生人能够用自己的化石，说明其自己发生发展的全过程。今日人类学上所揭示之人类自发展的系列，乃是集世界各地所发现之资料而作出来的结论。盖人类起源，属于遥远的太古，自当时以至今日，中间经过几十万年的时间，其骨骸或毁灭于地面，或埋藏于地层之中，在今日而欲完整无缺地予以发现，实为不可能之事。因此我们不能把考古学上的缺失，当作人种自己发展过程中之现实的中断。

在中国，古人类化石之发现，除北京人以外，又于萨拉乌苏河发现属于旧石器时代中期之末的人类化石①，于周口店山顶洞发现属于旧石器时代晚期的人类化石②，至于新石器时代的人类遗骨，则已有系统之发现。③固然我们不能就把上列诸人类化石，依次顺列起来，作为中国人种自己发展之系列，但我们可以断言，这些属于不同历史时代的人类化石，绝不是一些各有其自己来源的孤立的人种之所遗。

依据中国新石器时代的人类头骨考察，他们都具有亚洲嫡派人

（接上页）如刘光汉的《华夏篇》《思故国篇》，章太炎之《种姓篇》，黄节之《立国篇》，蒋观云之《中国人种考》以及近来许多中国历史著作之首章，无不千篇一律，主张中国人种外来。殊不知中国人种外来说乃人类起源的一元说之演绎。所谓一元说者，即谓全人类在最初皆系起源于同一地方，这个地方就是所谓人类大故乡。他们幻想这个人类大故乡如果不在中亚，便在今日已经沉没为印度洋海底之假想的太古大陆。即因人类大故乡不在中国境内，所以中国的人种就必须外来，而且必须西来。像这样的学说，并不是什么新鲜的发明，只是《圣经》中的“伊甸乐园”之再版而已。现在，这种人类大故乡的神话已不断地被人类学上之发现粉碎无余；而北京人的发现，又使中国人种外来说变成荒唐的神话。

① 1922年，桑志华于鄂尔多斯南部的萨拉乌苏河发现一个人类的臼齿和大腿骨及上膊骨之一部。

② 1933年到1934年间，裴文中于周口店山顶洞发现人骨化石。

③ 加拿大古人类学家步达生《甘肃史前人种说略》谓，中国新石器时代的人类遗骨，从甘肃地层中发现者已有一三三具，从河南地层中发现者十具。

种的诸特征。据步达生《甘肃史前人种说略》云:“他们的鼻下沟常见,微著或显著;头部极称其形,但眉上脊及额下中点仅微著或恰著而已。额中缝合之见于朱家寨成人头骨者居百分之十五以上,见于辛店甲组之成人头骨者居百分之十一,但其余各组不如此之多。鼻管长,但在鼻额界点下一大部极狭而低;颧骨甚著而大;额眶差别角较小。男枕骨之外凸甚著,时作钩形。”根据头盖骨的研究,步氏认为与现代华北人的头盖骨极相近似,他们正是现代华北人的直接祖先。同时,步氏又认定中国新石器时代的人种,是原形的中国种,亦即由旧石器时代一脉相传下来的人种。准此而论,则北京人与现代华北人之间有着远缘的血统关系,可能在将来,从考古学的发现中会获得更确实的证明。

除此以外,现在,在中国的北部,发现了不少旧石器时代和新石器时代的文化遗存,这些相继兴起的史前文化,必有其相续继起的文化创造者。假如我们认为这些文化创造者不是北京人的苗裔,则只有假定北京人的族类在太古时代遭遇了巨大的天灾地变而陷于完全的灭绝。否则北京人必有其子孙,其子孙又必然分布于中国北部。但是直至现在,我们还没有发现北京人陷于完全灭绝之任何证据。因此,在没有新的地下发现以前,我以为北京人就是中国人种的原始祖先。

第三节　中国的伊甸乐园

自从北京人出现以后,中国这个地理领域内,才有最初的人类。这种最初的人类——北京人的族类,就用他们拙笨的双手,在蒙古高原太古大内海的周围,揭开了中国历史的帷幕。

从这一时代起,北京人的族类,就用石头和木棍武装他们自己,展开了开天辟地的伟大的历史事业。同时中国的历史,也就展开了它的端绪,进入于历史上之蒙昧时代,这一时代,就正是传说中之有巢氏、燧人氏以至伏羲氏的神话时代。

在整个蒙昧时代，中国的历史都在蒙古高原太古大内海的周围进行[①]。直到这一时代的末期，即传说中所谓伏羲氏的时代，由于冰河期之最终的退去所引致的蒙古高原之自然条件的变革，中国的原始人群才开始离开他们的原始故乡，向着新的世界移动。所以今日流沙万里的瀚海盆地之周围，在太古时代正是中国的伊甸乐园。在这里，是中国最初的人类发生之地，也是中国旧石器文化的摇篮之地。

提起伊甸乐园，我们即刻就会想到那生长在这乐园中的甜蜜的苹果，具有诱惑性的毒蛇和生长得与上帝一样的一对原始的夫妇——亚当和夏娃。但是如前所述，当时的蒙古高原，也许有毒蛇，至于甜蜜的苹果，还没有生长出来。同时，当时的原始人类，与其说他们的相貌像上帝，不如说像猿猴。不过，当时的蒙古高原确有一个一望无涯的内海，在这内海中，有丰富鱼类和贝类。虽然在这里尚没有苹果，但到处都生长着无花果，而且还有各种球根类的植物。同时，在这里又富有各种古生动物。这些都提供了原始人群以最好的生存条件，所以蒙古高原也就成了他们的伊甸乐园。

在蒙昧时代下期，即传说中的有巢氏时代，北京人的族类，大概都流浪于这个内海的附近。他们在今日内外蒙古交界处之通古尔，在阿尔泰山东麓的沙碛中，在张家口等处，都留下了他们的文化遗存。虽然这些文化遗存不是属于蒙昧下期的类型，但是由此可以推知他们在这一带曾经有过长期的占领。

到蒙昧时代的中期，即传说中的燧人氏时代，这时蒙古高原的自然环境并没有什么改变。不过因为人类劳动生产性之发展与火的应用，发达了人类自身的肉体型之机构，因而提高了人类对自然环境的适应性，从而扩大了他们对自然界的占领。

在这一时代的原始人群，已有一部分从内海的东南，今日之张家口一带，向南移动，达到了今日河北平原之西北部。他们在今日之房山县留下了周口店洞穴的文化。

---

① 中国的旧石器时代文化遗址，大抵都发现于今日瀚海盆地之周围。详见下章。

另一部分原始人群，则由内海的南岸，南越阴山而达到今日之鄂尔多斯，及甘肃、陕西北部之广大区域。他们在鄂尔多斯之萨拉乌苏河流域和宁夏附近，在甘肃的庆阳，在陕西的油房头，都留下了旧石器时代中期的文化遗存。

鄂尔多斯的西南，在今日已成为一片沙碛之地；但在蒙昧时代，这里因为承受阴山南坂与贺兰山东坂的冰雪，潴为许多沼泽，因而这里是一个布满沼泽之地。今日的沙碛，则为冰河时代之冲积层。这里的沼泽，甚至有史以后，尚未涸竭，所以《穆天子传》卷三说这里有漆泽、渗泽，《山海经·海内北经》说这里有从极之渊，《南子·墬形训》说这里有海泽。因此，当时的原始人群占领这一带地方，不是没有原因的。至于当时的河北平原，河流纵横，与今日无异，亦为适宜于人类生存之地。

到蒙昧时代的晚期，亦即传说中之伏羲氏时代，这时，由于冰河之最终的退去，蒙古高原的自然环境，发生了一个巨大的变革。

首先由于冰河期的终止，蒙古高原大内海，便失力了源源不断的水源而逐渐陷于涸竭。一方面西伯利亚的冰流，已不再向内海倾注；另一方面，蒙古西北山岳地带的冰流，也因为火山爆发而迸裂出一些障壁，阻绝了残余的冰流向内海之倾注。这些山岳地带的冰流，因为阻绝了出路，于是就在这些山谷内，汇成无数的高山湖泊。这些湖泊，至今还存在于蒙古西北之山岳地带。因为它们四周的障壁都是火成岩，所以知道他们是由间冰期所发生之地壳的隆起所形成。由于水源的断绝，内海的海面随着水位之减低而逐渐缩小，同时沙滩便一天天地扩大。这到蒙昧上期之末，内海便完全涸竭变成了一望无涯的沙漠，只有那些极低的洼地，还存在着些小泊，指示这太古大内海的轮廓。

同时，因为冰河的退去，严寒的气候逐变得和暖，因而以前生存于蒙古高原之冰河时代的古生物群除了极少数以变种而继续存在，最大多数都因为不能适应新的气候而趋于死灭。此外则多退向北极。过去曾经嚣张一时的披毛犀、毛象、剑齿虎等等动物，现在已经遗尸被野而消逝了。代之而起的是地质学现代的生物群。

由于内海的涸竭与古生物的灭绝，生活于蒙古高原的原始人群就失去了鱼类和肉类的供给，鱼类和肉类都是原始人群之最主要的生活资料。这样一个变革的结果，遂使过去中国原始人群的伊甸乐园，一变而成为万里穷荒的沙漠之地。

为了求生，生活于蒙古高原的原始人群不能不离开他们住了几十万年的故乡，走向新的世界。可怜的原始人群并不像今日的人类具有地理的常识，一旦遭此巨变，大家都四顾茫茫，莫知所适。他们披着兽皮，拿着石制或骨角所制的匕首，离开了古旧的洞穴，成群结队地开始了向四方八面的迁徙，没有一定的方向，也没有最后的目的，走到哪里就是哪里。

流浪于内海东南的原始人群，在这一时代，仍然继续向河北平原的北部移徙，他们在易水流域一带恐怕有过长期的占领。今日周口店山顶洞的文化，就是这一时代的人类之所遗。从山顶洞文化遗存中之有海贝的存在看来，这一支原始人群的活动范围至少已扩展到周口店东南二百公里以外之渤海沿岸。这一支走向渤海沿之旧石器末期的人群，可能就是后来渤海沿岸新石器文化创造者的祖先，亦即后来商族的祖先。

流浪于内海东北的原始人群，在这一时代，他们沿着黑龙江东，达到了今日辽东半岛之东北部。他们在后来的发展中，与渤海北岸的原始人群混种，可能就是中国史上所谓东夷的祖先。

流浪于内海西南鄂尔多斯一带的原始人群，到这一时代，也有一个新的迁徙。他们之中有一部分沿黄河而东下，走向山西河南交界处一带，是为后来传说中的东夏之祖先。另一部分，溯黄河而西上，走向甘肃、青海交界处一带，是为后来传说中的西夏之祖先。东夏后来又分化为诸夏而分布于中国之中原，西夏后来又分化为诸羌而分布于中国之西北。所以诸夏与诸羌同为鄂尔多斯的旧石器时代末期之原始人群的后裔，亦即同为传说中的夏族的苗裔。

流浪于内海西岸阿尔秦东麓一带的原始人群，到这一时代，则向西南移徙。他们越过了天山缺口，走向今日新疆之塔里木盆地。塔里木盆地在今日已成为一片广大的塔克拉玛干沙漠，但在冰河时代，这里也是一个大内海。这里是天山、昆仑山及帕米尔高原的冰流之所倾注。一直到现在，在这些高山上，还有太古的冰河之存在。斯坦因《西域考古记》对于昆仑山的冰河，曾有如次的叙述。他说："从事昆仑分水岭下流的大冰川地图，因为气候极为寒冽，岩石分裂的现象，各处都很显著……从岭上滚下来的大石块，几乎把下面的冰川都阻塞了。这些冰川上覆这种岩层，杂以黑色的冰河石砾，远远看来，有如巨大暗黑的波涛在宽处突然凝化一般。"由此可以推想在冰河尚未被阻塞以前，一定有大量的冰块从昆仑山的北坂倾注下来。再加以天山南坂与帕米尔高原东坂所倾注的冰块，这个塔里木盆地当然会成一个大海。直至现在，在塔克拉玛干沙漠中，还常常发现一种岛屿式的台地，比附近风蚀了的荒地为高。同时，在罗布泊洼地中之奇特盐块堆成的海床，更显明地指出这里曾有内海之存在。因为这里四周环有高山，所以这里的内海直至蒙昧时代之末尚未涸竭。由此而知当时的原始人群之徒向这里，并不是由沙漠徙向沙漠，而是由沙漠徙向海边。徙到塔里木盆地的一支原始人群，便是后来新疆一带新石器文化的创造者，亦即有史以后的西域诸种族的祖先。

流浪于内海北岸一带的原始人群，有一部分北徙于贝加尔湖周围，成为今日苏联境内的鞑靼之祖先。还有一部分则始终徘徊于这个荒废了的故乡，是为后来中国史上所谓北狄的祖先。

由于这样一个四方八面的大迁徙，于是北京人的族类便布满了中国的北部，而中国历史活动的范围也就获得了广大的扩张。但是中国历史的出发点，却是蒙古高原，所以我说蒙古高原是中国的伊甸乐园。同时，因为北京人的族类发生于蒙古高原，所以我称这一个系统的人种曰蒙古高原系人种。

第四节　新的人种之外来

在整个的蒙昧时代，中国的南部都没有人类生存活动的痕迹。在那里，繁茂的森林，遮蔽了天日。在森林中，充满了与毒蛇与猛兽，但同时，也有接近于人类的类人猿。今日退住于喜马拉雅山麓的森林古猿和西瓦古猿就是太古时代普遍生存于中国西南的类人猿之子孙。这里的类人猿，因为生活在有丰富果实的地方，而又没有寒冷气候的压迫，所以他们没有从树上走向洞穴的必要，因而他们始终不能脱离树上型而转化为人类。

一直到蒙昧晚期之末，大约与蒙古高原系的人类之大迁徙同时，另一个系统的人种从南太平洋出发，沿马来半岛的海岸向北推进，而达到了中国的南部，于是中国南部才有人类。在其后来的发展中，这一人种的一分支，并且进入中国的中部，与蒙古高原系的人种发生血统的与文化的交流，成为中国人种构成中之一新的因素。这一人种因为来自南太平洋，我称之为南太平洋系人种。

根据新石器时代的文化遗址之分布，我们可以推知当时南太平洋系人种之移入中国，似乎经由两条路线。其一支，似系由印度支那半岛溯湄公河与澜沧江或由缅甸溯伊洛瓦底江以达于云南。这一支人在今日云南、缅甸交界处之磨明附近所留下的新石器文化遗存业已发现[①]。近来又于四川广汉县发现属于南太平洋系的史前文化之大石环[②]。据此，则在新石器时代，这一徙入中国西南的南太平洋系人种已向北发展，徙入四川。这一支人种就是后来所谓西南夷的祖

---

① 阿尔纳《河南石器时代之着色陶器》序言中有云："1860 年之末，印度加尔各答亚洲博物院院长安特生·约翰为科学旅行，沿伊洛瓦底江之上游，经八莫以入云南。彼于近磨明处采得如石斧、石凿约一百五十。皆以石英、冻石、燧石、玉石、页岩、玄武岩、闪长岩及辉绿岩等为之。该处居民，常于耕种处得之。并云，此等石器随雷雨坠入土中，越九年，始复出地面。"其详见安氏《八莫云南西部间旅行报告》（1871 年，加尔各答出版）。

② 郭沫若致著者函云："承询四川所出土之大石环，其出土地为广汉县，发现之者为成都华西大学教授。其石均经琢磨，规整如璧，大小不等，大者直径恐逾三尺。磨制甚精，极平滑，与常见之璧无殊，惟石质非玉，闻仅系一种白色浆石，未经目睹，不知其详也。"（见《北京大学学报》1978 年 3 期）

先，亦即今日彝族和苗族的祖先。

其另一支则系由越南沿今日之东京湾海岸，进入中国之广西、广东、福建东南沿海一带，其前锋甚至到达台湾、琉球乃至日本。这一支人在广西林河及其他古代洞穴①，在广东海丰②，在香港舶辽洲③，在福建武平④，在日本⑤等处，均留下了新石器文化遗存。特别是海丰所发现的新石器文化，几乎可以表示出南太平洋系的新石器文化之发展的全过程⑥。假如再加以搜求，我相信，此种南太平洋系的史前文化在两广、福建必能有更多之发现。同时，在海南岛，在台湾、琉球等处，亦必有此种文化之遗存。这一支人种就是后来百越之族的祖先，亦即今日瑶族、僚族及海南岛的黎族、台湾的高山族之祖先。

学者也许以为中国东南沿海及西南山岳地带的史前人种是由北方迁徙而来。但是中国南部出土的新石器文化，却显示出与同一时代之蒙古高原系人种的文化具有不同的诸特征；反之，与同一时代之南太平洋系人种的变化，则具有相同的诸特征。这种文化上所表示的特异性，就很明白地指出了这种文化创造者之人种的渊源。

① 阿尔纳《河南石器时代之着色陶器》序言中云："广西林河地方，亦常有石具洼沟者，盖为磋磨石斧之用。"又广西洞穴文化系以粗石打制而加以凿孔之大石环为特征。

② 据意大利人麦兆汉《海丰史前遗物发现记》云：但尼尔神父于1934年于海丰沿海各处发现新石器时代文化遗址十一处。

③ 但尼尔神父著《香港舶辽洲史前遗物发见记》一文中报告，在舶辽洲之西及西南沿海岸发见大批刻有几何花纹的陶器、石器。（见香港《自然科学杂志》第34期，1932年12月。）

④ 卫聚贤《吴越考古丛志》谓在福建武平县南之小山发现石斧、石镞、石环、石杵及具有几何花纹之陶片甚多，阿尔纳于前揭书中亦谓："几格里阿里氏藏有细颈小玉斧一，乃得自福建福州者。"

⑤ 日本已发现新石器时代文化遗址四十余处，其中有无数的贝冢，除骨角器物外，薄肉浮雕之刻纹陶片，发现极多。（其详参见孟落氏《远古之日本》，1908年横滨出版。）

⑥ 麦兆汉把海丰出土的新石器文化遗存，依其出土的小地名，而别为二十一种名称。又依其文化制作技术之发达的水准，而别为若干相续发展的阶段。在最早期文化中，有旧石器文化的存在，在最晚期文化中则出现了青铜器乃至铁器。由此足证海丰的史前文化，实代表一个最悠久的时代，而且从此也可以看出南太平洋系的新石器文化之发展的大概过程。

例如就陶器而论，在南方，最具特征的陶器是一种几何印纹陶器。陶器上具有精致的刻文，而浮凸各种形式之几何花纹[①]。此种陶器在海丰史前遗址中发现最多，香港舶辽洲遗址中亦有发现。并且由此而传入日本，成为日本史前陶器装饰之特征[②]。而在同时中国之西北，则为彩陶，在中国之东方，则为黑陶。在中国北部，虽亦偶见印纹陶，但极为幼稚，且多篦点，与南方之几何印纹陶颇不相同。

与几何形印纹陶器相关联，在中国南部的史前遗址中，又发现一种爪形石斧[③]，此种爪形石斧后来又发展为一种梯形石斧。此种形式之石斧，亦为南方文化之特征。爪形石斧在海丰发现甚多，而梯形石斧，则海丰与香港均有发现。同时在菲律宾所发现之梯形石斧及有段石锛都是属于这一类型。但在中国北部的史前文化中，此种爪形石斧则仅于热河林西发见一枚，其余皆系长方形的石斧。

用粗石钻孔而制成之一种大型石环，亦为中国南部史前文化的特征之一。此种大型石环，在广西洞穴中，在四川广汉县均有发现，同时也普遍发现于南洋群岛之史前文化中[④]。而在中国北部的史前文化中，则仅有磨制极精之小型石环。

此外，在中国南部的史前文化中，有一种特殊的海贝，即玛瑙

---

① 《海丰史前遗物发见记》云："海丰沙坑文化中最具特性的陶器，为一种黑色混沙型。表面平滑，器颈间有手刻花纹。（中略）瓶上雕刻，甚为精工，似为尖锐之工具所作。线状花纹，形式甚夥，有作直线，有作曲线，更有卷状、点状、圈状、三角形之几何图案，不一而足。皆显示设计之精巧与艺术之卓绝。"

② 孟落氏《远古之日本》谓：日本新石器时代的陶器多加刻纹而施色者甚少。孟氏云："（日本）史前陶器，饰以彩绘之图案者极少，而且仅有三角形及圆形等简单花纹；但薄肉浮雕，则为其特征。"又谓在海丰"曾发现无数绳纹陶之碎片，附有红色的纹饰。惟余拟解释为着色者，并非真正着色，而是一种奇异的纹绣"。由此足见在"南太平洋系"文化中，没有真正的彩陶。

③ 麦兆汉前文云："在海丰沙坑中发现爪状石斧无数，其背面有一小凸，四周皆有显著之隆起，形如人类手指而带甲。"

④ 郭沫若致著者函谓："南洋土人，有使用石钱之习，今存于关岛附近之小岛中，旧为德国殖民地，第一次欧洲战后，归日本管理。其钱亦大小不等，即以大小定其价值之高低。大者亦有二尺来往之直径者，东京日比谷公园中有一枚，余曾见之。"

贝，日人所谓子安贝。此种海贝，不产于中国沿海，而产于南洋群岛。其长不及半寸，南洋土人多磨穿其脊以贯串为颈饰及货币之用，而称之曰 Bea，中国的贝之读音，即系由南洋土语翻译而来（根据郭沫若氏所述）。此种海贝之传入中国北部，则在殷代。而且在殷代即系难得之物，故往往以珧或骨仿制之，以代真贝。但是此种海贝，在西南诸落后民族中，则直至晚近，尚用为货币[①]。

以上不过略举其主要的几个特征，此外如陶器上没有动物和豕骨的缺乏等等，皆为其与北方系统的文化不同之点。要之，此种发现于中国南部的史前文化，实代表与蒙古高原系人种不同之另一人种，而与此种文化最相类似者，则为南太平洋系人种之文化，因而我以为这种文化创造者，乃系南太平洋系人种的一个支裔。

由此看来，中国人种的来源，不是一元，而是两个系统的人种，即蒙古高原系与南太平洋系。此两大系统的人种，在中国历史上之蒙昧时代，尚未发生接触。直到野蛮时代，亦即新石器时代的初期，才在中国中部第一次遭遇，而这在传说中，便是黄帝与蚩尤之战。自此以后，这两系人种在不断的战争与交换中，遂发生文化的与人种的混合。因之在今日的中国，再也找不出一种纯粹的人种来了。

① 《马可波罗游记》第四十八章谓：大理一带的落后种族，在元代初叶尚以海贝作货币。在当时，80个海贝等于一个银萨吉或两个威尼斯的格洛特。（李季译本）

第二章

前氏族社会的经济构造

第一节　有巢氏时代：中国的早期旧石器文化与原始采集经济

人类最初从兽类中分离出来，就是因为人类知道制造工具，使用工具，开始了劳动创造。所以传说中之有巢氏时代的原始人群，他们虽然刚刚带着自己起源的痕迹，走进中国历史之蒙昧时代的下期，但因为他们已经挺直身躯，站立在大地之上，所以他们也就开始了人类社会之最初的劳动创造。

有巢氏时代的原始人群虽然已经知道制造工具，使用工具；但所谓工具也不过是石块和木棍而已。这一时代的人类之劳动创造，考古学家称之曰早期旧石器时代的文化[①]。这种早期旧石器时代的文

---

① 考古学家把旧石器时代的文化，依其制作技术之发达程度，划分为早、中、晚三期，这与历史上蒙昧时代之下、中、上三时期的社会经济内容是相适应的。所以特征蒙昧下期之有巢氏时代的文化，是早期旧石器时代的文化。旧石器文化之早、中、晚三期的划分，是以欧洲出土的旧石器文化为标准。考古学家把欧洲出土的旧石器文化，依其发达的程度而细分为如次的诸发展阶段：舍利、阿修利、莫斯特、奥瑞纳、梭留特、马格德冷。以莫斯特文化为中期，而以前于莫斯特文化者为早期，后于莫斯特文化者为晚期。除此种分期法以外，又有依于旧石器文化之使用的性质，而划分为如次之四时期的：砸劈时期（Chipping）、抛掷时期（Pitching）、压削时期（Pressing）、磨制时期（Polishing）。这样的划分，我以为过于机械；在实际上，旧石器文化的发展，亦绝不能从其使用性质上划出界线来。

化在周口店洞穴中已有大批的发现[①]。

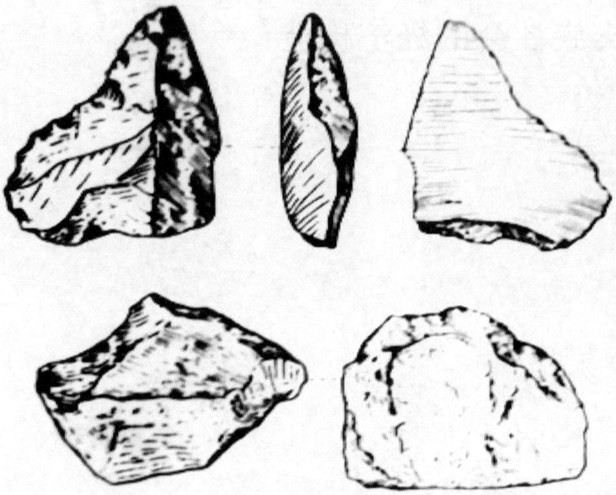

周口店山洞发现之最原始的燧石器

从这一时代的文化遗存看来，当时人类最喜用的石材，大半都是燧石。缺乏燧石的地方，就用石英、黑耀石或砂石代替。当时的人类之所以选择这一类的石材，以我们的推想，大概是取其具有容易分割的性质。而这种对于石材的性质之辨别，如果没有长期的经验，是不可能的。

在整个有巢氏时代，石器的制作都非常原始。最初的石器，不过把粗糙而不整齐的燧石、石英或砂岩等，对于其一边或多边加以打制，而使之变为一种具有不整齐的形式之石块。当时的人，就利用石块上之不整齐的部分，以用于球根、果实及肉类之切断或刮削，但主要的还是用于制造木制的棍棒、枪杖等生产工具和战斗武器。

以后便渐渐知道利用一种粗糙的扁桃形的石片，做成一端尖锐，一端钝厚的形式；即以钝厚部分的重量，加强尖端之打、剥、刻、切的力量。此种石器制作，已经应用了力学的原理，而这就是后来

① 周口店猿人产地的文化，代表一个悠久的历史时期。其中大部分系知道用火的人类之文化，亦即蒙昧中期的文化。但亦有属于蒙昧下期的“早期旧石器时代”的文化。

尖状器与刮削器之最古的渊源。

到这一时代之石器之制作技术，更加进步了。这时的石器已经不像以前那样粗糙而钝厚，他们已经知道把石块制成一种平的或三角形的形式，而出现了狩猎用之枪的锋芒。但一直到这一时代为止，人类还不知道凿孔的技术，而这也是因为当时的尖状器尚不锐利，不能凿通钝厚的石块。所以在整个有巢氏时代，人类的工具都是没有附着柄而使用。

从这种石器制作技术的表现上看来，当时的人类尚不能很好地控制石材制作出他们所需要的一定形式的石器，他们似乎只能听命于一击之后因震动而发生的石材之物理性的分裂。虽然这时代的人类，已经意识到一定形式的工具之创造，所以表现于他们遗物上之制作技术，可以看出是带有系统的性质。

在另一方面，在这一时代，当作生产力主体之人类自身的肉体型，还没有完全从树上型转化为地下型。他们的两臂还是很长，两腿还是不能紧密地并拢，脑部还是不十分发达，声音器官还是不能发出明晰的言语。一言以蔽之，他们与类人猿的差别还是微乎其微。

人类自身的肉体型既如此不发达，劳动工具又如此幼稚，由此二者之结合所发挥出来的劳动生产力当然是最低级的水准。当时的人类还不能猎取较大的动物，因而狩猎在当时人类的生活中还不曾演着重要的任务，人类之基本的生活方式还是采集。

我们可以想象，当时的人类不过是拿着石块和木棍，流浪于蒙古高原之荒旷的原野。他们或则在湖泊周围及河流的沿岸捕捉鱼类、贝类，或则在原野和山坡发掘球根、采集果实以为生，《淮南子·修务训》云：”古者，民茹草饮水，采树木之实，食蠃蛖之肉。”正是这一时代的人类生活之缩写。

这一时代的人类还不知道用火，正是传说中所谓未有火化之时。因此，他们都是生吞血食，和禽兽一样。这种不知火化与肉食缺乏的情形，也就正是他们肉体不能很快发展的原因。

这时的人类为了回避猛兽的袭击，大半都结巢住在树上。《庄子·盗跖》云：“古者禽兽多而人民少，于是民皆巢居以避之，……

故命之曰有巢氏之民。”《韩非子·五蠹》亦云：“上古之世，人民少而禽兽众，人民不胜禽兽虫蛇……构木为巢，以避群害。”这些传说，虽系后人想象之辞，但亦系原始人群实有之事。

此种巢居的习惯，直至唐代，若干落后民族中尚可以看见。《新唐书》卷一百四十四《北狄·室韦传》云：“室韦，契丹别种，东胡之北边，盖丁零苗裔也…… 每溽夏，西保贷勃、次对二山。山多草木鸟兽，然苦飞蚊，则巢居以避。”同书卷一百四十七下《南蛮下·南平獠》：“南平獠，东距智州，南属渝州，西接南州，北涪州，户四千余。多瘴疠。山有毒草、沙虱、蝮虵，人楼居，梯而上，名为干栏。”干栏大小，随其家之口数而不同。不仅唐代，即在今日西南诸落后民族中，尚有巢居之遗习。我曾于湖南西部乾城之山区，见苗人之居有结于树上者。由此而知有巢氏时代的人类“昼拾橡栗，暮栖木上”（《庄子·盗跖》）之传说，实与历史相符合。不过到后来，因为严寒的气候之逼迫，他们便渐渐走向洞穴。《礼记·礼运》所谓“冬则居营窟，夏则居橧巢”者，正是说明这一时代的内容。

原始人群在这样的采集和狩猎生活中不知经历了若干万年。在这悠久的时期中，他们不知经历了若干我们今日所想不到艰苦与危难，也不知用了若干我们今日所想不到的英勇和坚决的大无畏的精神，去和大自然的压迫斗争，以争取人类的生存和发展。由于长期的斗争，于是逐渐提高了战斗工具和生产工具之制作技术，因而扩大了他们对自然之占有的范围，提高了他们对自然的克服之程度，从而又发达了他们自身的肉体型之构造。于是才把中国历史引进蒙昧中期之燧人氏的时代。

第二节　燧人氏时代：中国的中期旧石器文化与采集狩猎经济

相当于传说中燧人氏时代，亦即蒙昧中期的社会经济构造，是中期旧石器时代的文化。中国的中期旧石器文化，晚近已经发现于周口店猿人的产地及鄂尔多斯东南之萨拉乌苏河、宁夏水洞沟、陕西油房头等处。惟周口店洞穴文化，乃属于这一时代之早期的文化[①]。而鄂尔多斯等处的文化则属于这一时代之晚期的文化。因而中国的中期旧石器文化的发展过程中，中间还有一个缺失。但虽有缺失，亦可以从早期与晚期的文化遗物中看出其相继发展的痕迹。中期旧石器时代的文化，除石器的制作技术较之下期已有显著之发展以外，还有几个主要的特征，即骨器的出现，凿孔技术的发明，特别是火的应用。这些特征在周口店洞穴文化中都已存在。

首先就石器而论，这一时期的特征，是刮削器与尖状器的出现。这在周口店洞穴中均有发现。所谓刮削器就是把卵形的碎片一边加以打制而使之成为扁平的刃，这是当时的人群用以为兽皮之剥例的工具。所谓尖状器，就是一种打制成为三角形而又削尖了尖端之燧石的碎片，这是用作切断器及穿孔器的。

中国猿人的石器制作技术，也有了显著的进步。在以前，只是就燧石加以一次的打制，即行使用。在现在，是预先取燧石一块，加以强烈的打击而得着扁平的三角形或卵形（亦有棱形或四方形）的碎片；以后再就此种打出的碎片之一面或其尖端，再加以打制，使之成为刮削器或尖状器。这种第二次的打制，考古学家称之为第二步加工，而这在以前是没有的。又如在以前，石器的取材是打去其边缘而保留其核心，即以燧石之核心部分作为石器而使用。在现在，则是取大块燧石，从其中央加以打制而使之分裂为若干小块。即于此种小块的燧石碎片上再加工使之成为石器，而核心则变为粉屑了。

周口店洞穴中，发现了大批的兽骨兽角及兽齿。据法人步日耶所著《周口店猿人产地之骨角器物》所述：这里所发现的各种骨角

① 周口店洞穴文化中之大多数遗物，是知道用火的人类之文化。而火的发现与应用，则始于莫斯特期。因此，周口店洞穴文化中之大部分，是属于莫斯特期的文化。如果把旧石器文化分为上下两期，则莫斯特期的文化应该属于上期。如果分为三期，则此期文化应该属于中期。我是以三期的分法，故将周口店文化之一部，属之于中期。

之类，其中不少皆有显著的人工痕迹。如在某些骨角上留下了人类刻削割切的形迹。这些刻削割的形迹证明，这些骨角在当时有很多是被当作器物使用的。自然也有些是被当作制造器物的原料而储存的，又有些是制作器物以后割弃的部分。

据步日耶上书图片中之所示，在周口店所发现的骨角器物中，有很多鹿角是当作锤用的，其锋形的部分，则被当作尖头器而使用。其中有一个很精致的尖头器和一个骨制的凿。（第十五版）并有各种长骨碎片制成的钻，（第十八版）及类似燧石形状的许多切割器。此外有扁角鹿及梅花鹿的上牙床各一，好像是用作锉刀或磨具而被整齐过的。（第十一版）又有些大的虎类及鬣狗的下颚骨，好像是利用其突出的部分而当作肉搏之武器使用的。（第九版）最有兴趣的是一块披毛犀的肱骨，其上具有无数纵横交错的切纹，显然是当时的人类用作案板的。还有一个犀的腿骨，刻成凹形，仿佛是当时人类用作碟子的。由此我们可以看出在中国中期旧石器时代，骨器的制作已经非常发达。许多以前用石作的器物，现在同时也用骨角制作。

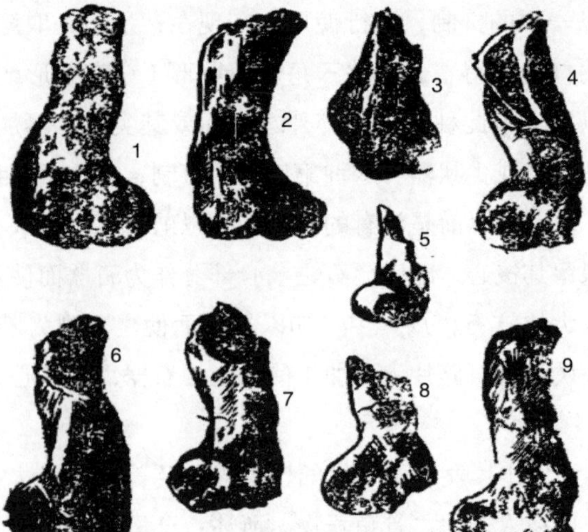

燧人氏时代（蒙昧中期）的骨裂尖头器或锤击器

骨角器物的出现，当然是石器制作技术之发达的结果。由于石器的发达，人类才有可以进行狩猎之锋利的武器，开始狩猎的生活。因为人类进入狩猎生活，才能获得野兽的骨角齿牙，并从而把这些东西当作制造生产工具之材料。所以骨角器物的出现，是表明石器制作技术之更大的进步，同时，也表明狩猎在这一时期人类的经济中具有重大的意义。

火的发现与应用，是这一时代最主要的特征。传说中也说燧人氏是中国最初发明用火的神人。例如《韩非子·五蠹》云："有圣人作，钻燧取火，以化腥臊，而民说之，使王天下，号之曰燧人氏。"《风俗通》引《礼纬·含文嘉》云："燧人始钻木取火，炮生为熟。"据考古学家报告，周口店洞穴中，曾发现燃余的灰层，并且有用火烧过的鹿角。由此看来，传说所云，又适与事实符合。

火在自然界中，自古以来就已经存在。因为动物尸体中之磷的燃烧，空气中之电的触发以及地壳中之火山的爆发，都可以成为火的来源。传说："往古之时……火爁炎而不灭。"又说："天皇……时遭劫火。"火在太古时代虽然到处存在，但必须要人类社会经济达到一定的高度，才能被人类所引用。这犹之自古即存在于天地之间的电，一直到最近几十年间才被人使用，是同样的理由。

火的发现一方面是由于自然火的效用之启示，另一方面，从木与木相磨则烧的原理，又发明了人工生火的方法。所以《尸子·君治》说："燧人氏……察五木以为火。"同时，摩尔根据现存的原始人的生活考察，火的应用与捕鱼的生活是同时开始的，而这与《韩非子·五蠹》所谓燧人氏教民"钻燧取火，以化腥臊"的传说又适相符合。

火的发明与应用，对于人类社会的发展，可以说是一个伟大无比的动力，他在人类解放中所演的作用，比之近代的蒸汽机更为重大。有了火的应用，人类才能炮生为熟，开始熟食的生活，因此而引起人类生理上的变革，从而使人类最终地从动物中分离出来了。有了火的应用，人类才能焚林而猎，开始利用自然去征服自然，因此而丰富了人类的肉食，从而使人类肉体的有机构成获得了更进一步的发展，最后与动物相脱离。

到这一时代的末期，人类之文化创造更加发展了。据阿尔纳《河南石器时代之着色陶器》序言上云："宁夏东部黄土中之黏土层，检出旧石器时代之器物多件，并有废物堆及燃余灰烬，计仅一处所得，共有石器四百公斤，率为石英岩及砂化页岩所制，常有大者。其刮磨器及穿孔器等，则属于莫斯特式。……在萨拉乌苏河之最下部（深约六十公尺之处）见有旧石器时代之遗物多种。此层与黄土中之黏土层相当。器物之形式与宁夏无甚差异，亦以石英岩为之。大抵出自含泥层中之罅隙，或得自含有化石之沙砾层中。……在油房头仅获旧石器时代之器物数种，（石英岩所制之刮磨器等）……尚有他处，亦见相似之器物，且地面更有新石器时代之燧石器及石斧等。"此等研究非常重要，可惜此种遗物之发现者桑志华及步日耶仅于 1923 年《人类学报》第六号发表了一篇简短之论文，无从详知其内容。唯此等地带所发现之旧石器文化中，有刮磨器之出现，则其所代表之时期，实比周口店的文化为晚，而且在这些地方的遗址中，有大批兽骨化石之出现，又证明这些地方的文化创造者，已经生活于繁荣的狩猎经济之中，这也是较晚的现象。

在这一时代，一方面由于作为生产主体的人类自身的肉体型之比较的发达；另一方面，由于劳动工具的制作材料之扩大与制作技术之提高，必然地会提高人类劳动的生产性。所以到传说中之燧人氏的时代，人类的生活便不完全依靠于采集，同时，也依靠于狩猎。这样，过去的采集经济到现在，便发展为采集狩猎经济。

据考古学家的报告，在周口店洞穴中，发现了大批古生物的化石，如披毛犀、毛象、剑齿虎、驯鹿、水牛、野马、野猪、灵猫、水獭及貂之属。在宁夏东部的遗址中，发现了披毛犀、鬣狗、鸵鸟、野马等的化石。在萨拉乌苏河的遗地中，也发现了披毛犀、毛象、羚羊、卷角羚羊、水鹿、野牛、鬣狗、野豕、骆驼、野牛、驼鸟、狼等的化石。在陕西油房头的遗址中，也发现了披毛犀、野牛、驼鸟之属的化石。这些古生物的发现，就指明了狩猎在当时人类生活中，已经占领了很重要的地位。并且，我们由此可以想象燧人氏时代的人群，已经再不是拘束于内海周围之可怜的采集者，而已一变为英勇的猎人。他们拿着鹿角制成的匕首，或是有柄的投枪，在蒙古高原，在河北平原，在鄂尔多斯，在陕甘北部，到处展开了“烧山林，破增薮，焚沛泽”的大规模狩猎活动。到处的森林都烧起了熊熊的大火，到处的猎人都发出了雄壮的呼声，于是在胜利的呼号中，大批的野兽被抬进了洞穴。同时，在内海的周围，在易水流域，在萨拉乌苏河，在黄河的沿岸，都布满了渔捞的人群。此外，在这一带的山坡和原野也有成群的女子，进行采集。现在，在原始人的菜单上，已经不仅是球根、果实和螺蛤之类，而是添上了许多前所未有的山珍野味了。

第三节　伏羲氏时代：中国的晚期旧石器文化与采集狩猎经济之发展

冰河已经最终地退去了，太阳渐渐带给蒙古高原以温暖的气候，这正是地质学上所谓后冰期的时代。在这一时代，中国的历史，便进到了蒙昧上期，而这在传说中便是伏羲氏的时代。

相当于这一历史时期的社会经济构成的文化，是晚期旧石器时代的文化。中国晚期旧石器文化之早期的遗址，至今尚未发现，但这一文化期之晚期的遗址，则已被发现于周口店山顶洞[①]。

这一时代之早期的文化，虽尚无有系统之发现，但亦散见于史前各遗址之中。如水洞沟的文化，大半都是带着奥瑞那期的特征。此外在山顶洞文化中，也有不少类似奥瑞那期及梭留特期的文化遗物。由此足证这一时代之初期的文化，在中国也是曾经存在过的，假使继续从地下搜求，必能有更多之发现。

就一般的情形而论，大抵在这一时代之初，即所谓奥瑞那期的时代，在原始人的技术中就出现了相当剧烈的变化。从石器方面说，

① 裴文中著《周口店山顶洞之文化》中谓：山顶洞的文化发现于黑土层，在遗物中，又发现有孔的磨光的装饰品。因此判定这里的文化迟于鄂尔多斯的文化，他们应该是西方晚马格德冷期之东方同时代的文化。

在这一时代的石器已经不是用宽广的卵形石片制成，而是从棱镜型石片上有计划地打下来的细长石片所制成。当时的人类已经知道在这种细长石片上很巧妙的加工而使之成为各种形式分明的器物。如因附柄而截去其干部之狩猎用的枪的锋芒，应用于剥削之刮削器，应用于骨角加工之雕刻刀，应用于刺和切断之尖状器，应用于石器和骨器的穿孔之穿孔器。这些器物都出现了，而且都是附着柄而使用。在骨器方面，则出现了枪的锋芒，光滑皮革之光滑器，乃至原始的骨针。

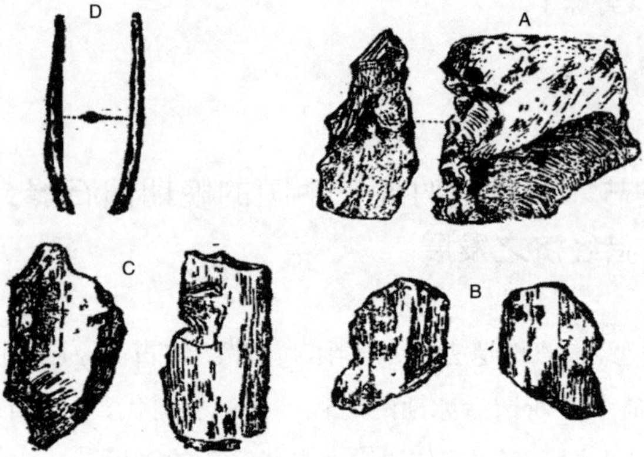

伏羲氏时代（蒙昧上期）的石器与骨针

（A、B、C 石器，D 骨针）

稍后，到梭留特期，则制作的技术更为精巧。在这一时代，器物的形体变得更为细长。有很多是扁平的、月桂树叶状的、两端非常整齐的石片所制成。这种石片绝不是从一块大石上锤击下来的碎片，仿佛是用一种很细的弹性的骨棒从一块大石上裁割出来的。这种裁破石块的技术在石器的制作技术上是一个非常之大的进步。从此以后，人类才有可能创造自己所要的形式与大小的器物。

继梭留特期而起的文化，便是马格德冷期文化。这一时代的文化遗物，在山顶洞已经发现了。

这一时代的文化，一般地说来，是石器制作技术之更加精巧；

同时骨器已经达到了最大的完备。燧石器虽然同时存在和发展，但有些燧石器则已为骨器所代替。在石器中，如刮削器、光滑器，穿孔器、尖状器、裁切刀，乃至有柄的燧石小刀，都制作得更为完善。在骨器中，则有有钩骨铦、尾部有钩的投掷器及缝裁用的骨针，都已经出现。

但是在山顶洞文化中，石器的发现，非常稀少，除几个用燧石打制的切断器，锤击器及一个尖状器以外，就只有一些燧石和石英的碎片。而且这些燧石器，打制的痕迹既不规则，又没有凿孔，这必定是前期的残余之物。不过这里同时却发现了大量钻孔的石珠[①]和唯一的一块钻孔的卵石[②]，而这却是马格德冷期的文化之特征。从石珠与卵石上所表现的技术看来，则当时研磨与钻孔的技术已经达到相当的熟练，从而推知当时的穿孔器与小型的锤击器或雕刻刀一定已经相当地锐利了。

在山顶洞文化中，最值得大书而特书的，是有孔的骨针之出现。据山顶洞文化报告书中所述，这里所发现的一个骨针稍呈曲形。干长 82 毫米，钻孔处的直径，是 3.1 毫米。最粗的部分的直径是 3.3 毫米。从形式上看，似系保存骨材之原来的大小而稍加磨制。针干圆而光滑，针尖圆而锐，针孔似系用尖状器凿的。有孔的骨针之出现，就说明了当时的人类已经知道缝制皮革和编制网罟的事实。

---

① 据安特生云：中国所发现的石珠，没有比山顶洞的石珠更早的。在法国曾经发现象牙珠，在苏联的欧洲区，曾经发现蚌制之珠。从图片上看来与山顶洞的石珠有若干相似之点。最有名的石珠，是西伯利亚阿尔干马托乃特尤其是阿奉特发所发现的马格德冷期的石珠。不过西伯利亚所发现的石珠，从其边之圆与孔之小看来，是一种更为进步的技术之制作品。但是石珠，总是马格德冷期的文化之特征。

② 钻孔的卵石，在马格德冷期以前，也是没有的，在整个梭留特期，形状完美的小卵石，虽然到处发现，但都是没有钻孔的。到马格德冷期则钻孔的卵石是常见的。由此而知钻孔卵石也是马格德冷期文化的特征之一。

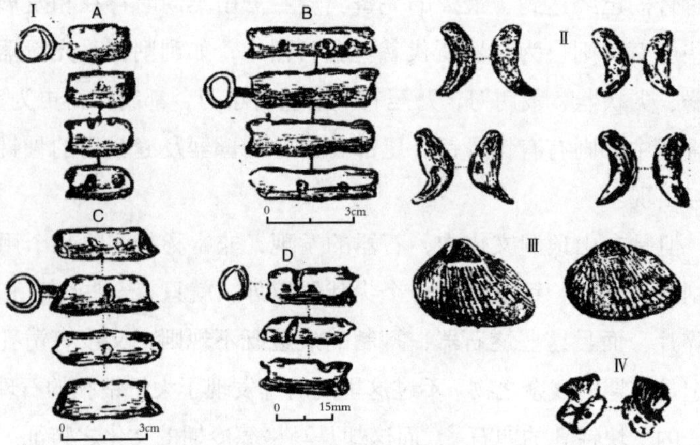

伏羲氏时代“以网以渔”的遗踪

（Ⅰ鸟骨、Ⅱ兽齿、Ⅲ海贝、Ⅳ鱼骨）

当时的制作技术既能创造出有孔的骨针，当然也能创造出有钩的骨。在山顶洞虽未发现有钩的骨，但却发现了三个大鱼骨，六个较小的鱼的尾脊骨，同时并发现了三个海贝和许多淡水贝的碎片，这就证明了当时已有发达的渔业，从而也就可以推知在当时必有若干应用于渔捞之工具的存在。

在山顶洞文化中，虽没有矢镞的发现，但在这里却发现了四个鸟类的骨管，并且发现了大批钻孔的兽齿。其中包括虎、鹿、豹、野狸、野猫、鼬鼠等各种兽类的齿，此外并发现各种肉食兽的骸骨，如鬣狗、熊、狼、狐、獾、鼬这些兽类的齿骨之存在于山顶洞，就指明了当时的人类已经进到了一个大规模狩猎的时代了。传说中谓伏羲氏作结绳而为网罟，又谓伏羲氏教民以畋以渔。由此看来，又与考古学的发现，适相符合。

总而言之，在传说中之伏羲氏时代，一方面由于劳动工具制作技术之发达；另一方面，由于作为生产主体之人类的肉体型已经发达到接近于现代人的肉体型的程度。由此两者的结合而发挥出来的生产力，便是采集狩猎经济之高度的发展。在这一时代之末，他们甚至开始了植物栽培和动物驯养之农业、畜牧的经济。

第三章

前氏族社会的生产关系与家族关系

第一节　有巢氏时代：原始群与血族群婚

古代的学者，往往幻想中国历史开幕的时代，便是一个衣冠文物的盛世。“当此之时，阴阳和平，风雨时节，万物蕃息。乌鹊之巢可俯而探也，禽兽可羁而从也。”① 又以为“当此之时，禽兽蝮蛇无不匿其爪牙，藏其螫毒，无有攫噬之心”。② 因而以为当时的人群，可以一事不做，只是“含哺而游，鼓腹而熙”。③

但是据我们的考察，有巢氏时代的原始人群并不是生存在这样一个乐园；反之，而是生存在一个冰雪皑皑的蒙古高原之原野。在那里，有冻寒积冰，雪雹霜霰，严寒之威胁。在那里，有成群的古生动物，张牙舞爪，“猛兽食颛民，鸷鸟攫老弱。”当时的原始人群，他们巢居穴处，“日与禽兽居，族与万物并。”④“冬日则不胜霜雪雾露，夏日则不胜暑蛰蚊虻。”⑤ 他们在大自然的残酷压迫之下，必须劳动，才能生活，而且必须集体的劳动才能生活。所以人类自出

① 《淮南子·氾论训》。
② 《淮南子·览冥训》
③ 《淮南子·俶真训》。
④ 《庄子·马蹄》。
⑤ 《淮南子·氾论训》。

生以来，便是群生聚处，绝没有一个孤立的个人可以离群索居而生存。特别是在太古时代，自然环境如此险恶，而单独的个人如此无力，劳动工具如此幼稚，他们更须结群才能生存。这诚如《吕氏春秋》所云："凡人之性，爪牙不足以自守卫，肌肤不足以捍寒暑，筋骨不足以从利避害，勇敢不足以却猛禁悍，然且犹裁万物，制禽兽，服狡虫，寒暑燥湿弗能害，不唯先有其备而以群聚耶？群之可聚也，相与利之也。"[①]

依据民俗学的指示，人类一出现在地球上，便结成一种原始人群。在整个蒙昧时代，人与人的关系，都表现于这种群的组织之中。自然条件规定这种原始人群必须出现；自然条件又制约着这种原始人群的规模，必须适应于采集经济之最大的可能性。超越了这种最大的可能性，原始人群便不能生活。在原始人群之现存的典型中，群的人数大约是十八至六十人之间。在中国曾有天皇十二头，地皇十二头，人皇九头的传说[②]。这种传说正是暗示有巢氏时代原始人群的组织之规模。

在这种原始人群中，任何分业都不存在。男子和女子，老年和壮年，他们的活动都没有一点分别。除了婴儿由母亲背负，所有具有劳动能力的男女都要劳动。

在这一时代，一个人的生产力只能生产养活自己的物质。换言之，在当时，没有一个人在生产了养活他自己的生活资料之外，再能生产一部分多余的生活资料养活别人。因而也就没有一个人依赖别人的劳动而生活。所以在当时有些失掉了劳动能力的老年人常常有被群所遗弃的事。

当时的人群，"饥则求食，饱则弃余。"他们没有任何蓄积，因而也还不知道私有。他们把地面上的一切都当作是他们共同之所有。他们"因天之资而与之同和"，以地球为他们的公共仓库。他们共同生产，共同分配，共同消费，过着原始公社制的生活。

---

① 《吕氏春秋·恃君览》。

② 《太平御览》卷七十八引《始学》。

即因他们人人劳动,所以他们“不忿争而养足”①。即因他们尚不知道私有，所以“生而不辱，予而不夺”②,“施者不德，受者不让”,“机械诈伪，莫藏于心”③。在这种群之间，没有君长，一切的人都是平等的。他们“不以人之坏自成也,不以人之庳自高也”④。在他们之间，无贵贱等级之差，无上下君臣之道。“仁义不布而万物繁殖，赏罚不施而天下宾服。”⑤

在这种群中，没有任何具有强制性的法律，没有任何后来的道德，一切的事都依照习惯，共同商量，大家决定。诚如《淮南子·本经训》所云:“当此之时，无庆贺之利，刑罚之威，礼义廉耻不设，诽誉仁鄙不立，而万民莫相侵欺暴虐。”

在这样的群中之两性关系，当然没有什么父母之命，媒妁之言，完全是基于生理的要求，与相互的情感之共鸣而发生的纯自然的不固定的性交。因为当时的人，还不能认识谁是他的父母，所以“民有其亲死不哭，而民不非也”。⑥

在这一时代的人群,他们“男女杂游,不媒不娉”⑦。过着极自由的、不受到任何束缚的性的生活。在这种性的关系中，包括亲子间的性交。但我们必须知道这时的人类，尚无亲疏等级之别，亦无尊卑长上之分。在今日所谓亲子的关系，在当时，只不过是年龄上的等级之差别，即老年与壮年，壮年与幼年的关系而已。在原始杂交生活中，根本没有可能使一个人认识谁是他的父亲，谁是他的子女，因而在今日所谓亲子间的性交，在当时，只不过是不同年龄级的人们之性交而已。从而在今日看来是逆伦伤风的事情，在当时，则认为是正当的行为。

在这一时代之末，随着性别、年龄别的分业之萌芽，人类的两

① 《淮南子·本经训》。
② 同上。
③ 《淮南子·氾论训》。
④ 《吕氏春秋·诚廉》。
⑤ 《淮南子·俶真训》。
⑥ 《庄子·天运》。
⑦ 《列子·汤问》。

性关系，便进入了血族群婚的阶段。

血族群婚与原始杂交不同之处，即后者是不受到任何限制的杂交，而前者则是受到年龄等级的限制之杂交。在这种家族形态中，两性的关系是由世代而区分。所有祖父母辈，皆互为夫妇；他们的子女，即父母辈，也是一样；再由父母辈的子女，成为共同配偶的第三群。这一批人的子女，即第一群的曾孙们又成为第四群。因而在这样的家族形态中，只有祖先与子孙是被排除在互为夫妇的权利与义务之外。此外，各等级的子孙互为兄弟姊妹，同时又互为夫妇。而且正因为兄弟姊妹，才互为夫妇。因此这种家族形态，虽然尽可能地排除亲子间的性交，但并不排除兄弟姊妹间的性交，而且是以兄弟姊妹间的性交为原则。

原始杂交和血族群婚，是蒙昧下期的人类之两性关系，这在现存的人类中，即使在最落后的民族中，也再找不出这样的例子了。但是在有巢氏时代，是存在过的。关于亲子间的性交，因为与伦理主义太相背逆，这样的传说即使在古代曾经有过，在伦理主义出现以后，一定也被消灭了。但是抱着妹妹做新娘的传说却留下来了。《绎史》卷七注引《博物志》云："昔高阳氏有同产而为夫妇，帝放之此野，相抱而死。"同书卷八注引《搜神记》云：高辛氏乃令少女从盘瓠，"经三年，产六男六女，自相配偶"。这种神话正是血族群婚最好的例子。

又据文献所载，这样的家族形态直至汉唐时代，在中国境内外诸落后民族中，还有不少停滞在这个历史阶段，或者还保有血族群婚之浓厚的残余。前者如党项①、新罗②、安息③、波斯④、附国⑤等。他们

① 《旧唐书》卷一九八卷一四八云：党项羌"妻其庶母及伯叔母、嫂、子弟之妇。淫秽烝亵，诸夷中最为甚；然不婚同姓"。

② 《文献通考·四裔考》三云：新罗"兄弟女、姑姨、从姊妹皆聘为妻"。

③ 同上《四裔考》十四云：安息"风俗同于康国，唯妻其姊妹及母子递相禽兽，此为异也"。

④ 《北史》卷九七列传八五《西域》云："波斯国……古条支国也……多以姊妹为妻妾。自余婚合，亦不择尊卑，诸夷之中最为丑秽矣。"

⑤ 《文献通考·四裔考》六云："附国，隋代通焉，在蜀郡西北二千余里，即汉之西南夷也……妻其群母及嫂。儿弟死，父、兄亦纳其妻。"

都是兄弟姊妹互为夫妇，而且有些还没有排除亲子间的性交。后者如宕昌羌[①]、突厥[②]、吐谷浑[③]、林邑[④]、松外诸蛮[⑤]、多摩长[⑥]及北狄[⑦]等，他们都是父死妻其母，子死妻其媳，兄弟死妻其嫂及弟妇。

不仅在汉唐时代的四裔诸落后民族中有此残余，就是在我们的今日，这种不受年龄拘束的婚姻，也还是存在。在现在，一个人还是可以和子辈或孙辈的异性结婚，这种两性的结合，就正是有巢氏时代的遗风呵！

第二节　燧人氏时代：性别、年龄别社会与亚血族群婚

到传说中之燧人氏的时代，随着采集经济向采集、狩猎经济之转化，于是在原始人群中间，开始了性别、年龄别的分业。

性别的分业之出现，是原始公社制的社会生产力之一般增大，特别是狩猎发生的结果。由于狩猎的发生，以前男女不分的原始人群，现在分裂为一群男子与一群女子。男子群则从事于狩猎，女子群则从事于采集。男子和女子相互以自己的劳动生产物相供给，这样就建立了他们和她们在生产过程中的关系。所以传说中云："古者丈夫不耕，草木之实足食也；妇人不织，禽兽之皮足衣也。"[⑧]

即因当时的男子群和女子群在生产过程中，担任了同等重要的

---

① 《北史》卷九六列传八四云："宕昌羌者，其先盖三苗之胤……父子伯叔兄弟死者，即以继母、世叔母及嫂弟妇等为妻。"

② 《北史》卷九九列传八七云："（突厥）父兄伯叔死，子弟及侄等妻其后母、世叔母嫂，惟尊者不得下淫。"

③ 同上卷九六列传八四云："（吐谷浑）父兄死，妻其后母及嫂等，与突厥俗同。"

④ 《文献通考·四裔考》八云："（林邑在汉时，）同姓还相婚姻。"

⑤ 《文献通考·四裔考》七云："（松外诸蛮）居丧，婚嫁不废，亦弗避同姓。"

⑥ 《文献通考·四裔考》九云："（多摩长）婚姻亦无同姓之别。"

⑦ 《文献通考·四裔考》十七云："（北狄）父死妻其后母，兄弟死者，皆取其妻之。"

⑧ 《韩非子·五蠹》。

劳动任务，因而规定了在这样的原始人群中两性的社会地位之平等。在当时，人们还不知道男尊女卑、夫为妇纲这一感念。他们觉得在性别中，绝找不出尊卑来。他们对于人类的地位，是用劳动的成果来决定的。

狩猎在当时虽然已经成为人类的主要生活方式，但狩猎是带有偶然性的，特别在某些禽兽比较稀少的地方，它并不能像采集一样具有比较可靠的性质。因此，人类的经济即使进到狩猎——采集经济的阶段，他们的生活资料还是依靠采集为最基础之保证。这样的经济关系，就决定了女子在原始公社制中之优越的地位。

和性别的分业并行，或者在若干时期以后，随着狩猎经济之更高的发展，在原始群中又发生了年龄别的分业，所谓年龄别的分业即依据年龄的等级，把原始人群编制为幼年群、壮年群和老年群，除幼年群受社会之共同抚养以外，其余壮年群和老年群，都分担一定的劳动任务。

年龄别的分业之出现，是狩猎工具制作技术之复杂化的结果。在以前，因为劳动工具简单而原始，劳动者皆能自己制造其工具；在当时，工具复杂化了，对于工具之打制与修理，需要相当的经验而这种经验之保有者，则是那些经过长期劳动的老年人。因此，当壮年男子从事狩猎，壮年女子从事采集的时候，老年的男子和女子，则留守洞穴，从事于劳动工具之制作和修理。从这一时代起，以前常被群所遗弃之老年人，便被引用于生产过程之中。

与老年人之被引用于生产过程同时，一切因劳动而受伤的废疾者，也同时因为担任了与老年人同样的工作而得到社会的抚恤。

在性别、年龄别的社会里，真是一个“老有所终，壮有所用，幼有所长，鳏寡孤废疾者皆有所养”的大同世界。在这样的社会里，虽然各人执行的劳动任务不同，但一切的人都必须劳动。没有一个人被强制作过量的劳动，也没有一个人可以不劳而食。因为一切的人都参加劳动，所以人与人之间，还是没有尊卑贵贱之差。没有酋长，也没有臣属。在这样的社会里，还是没有私有，他们的生产关系还是建筑在原始公社制的基础之上。在这样的社会里，一切的公共事务，都依照传统的习惯而进行，没有法律，也没有任何后来的道德和礼教。

社会生产力的提高，改组了劳动的编制，同时，也改变了两性的关系。因为两性的关系，就是生产关系的反映。

随着性别——年龄别的分业之出现，人类的两性关系，便由以前的血族群婚，进到亚血族婚，即所谓普那鲁亚家族的阶段。

所谓普那鲁亚家族，即一系列或数系列的姊妹成为一个家族共同体的核心，她们的兄弟又成为另一家族共同体的核心。于是许多本身的或远缘的姊妹，成为她们的共同之夫的共同之妻，但她们的兄弟是除外的；许多本身的或远缘的兄弟又成为许多不是姊妹的女子之共同之夫。这种古典的家族形态之特征，是在一定的家族内共有相互的夫妻，其中最先是本身的兄弟或姊妹除外，以后是远缘的兄弟或姊妹都被除外。

这样的家族形态之出现，就表征了通婚的纽带所拥抱的范围之逐渐缩小。通婚纽带的范围之得以实现其缩小，决不是人类主观的意愿，而是由于年龄别的分工之发展，表现了血缘关系之等级。由于血缘关系的等级之逐渐规律化，又从此发现了亲疏关系。即因从血缘关系之中，发现了亲疏等级的概念，于是才出现了亲族制度。因此，所谓亲族制度，就是血缘关系的亲疏等级的概念之硬化。从此以后，人类才认识他们的母亲和兄弟姊妹。但直至此时，人类还不认识谁是他们的父亲。因此，我们发现了一个真理，即群的扩大和通婚关系的缩小，是以反比例而发展的。

据文献的记录，这种亚血族婚，也还存在于汉唐时代中国四裔之某些落后种族中。如当时的滑国①、挹怛②、多蔑国③、吐火罗④等，都

① 《文献通考·四裔考》十五云："滑国，车师之别种也。……兄弟共妻。"

② 《隋书》卷八三《西域传》云：挹怛人"兄弟同妻，妇人有一夫者，冠一角帽，夫兄弟多者，依其数为角"。

③ 《文献通考·四裔考》九云："多蔑国，其人短小，兄弟共娶一妻，妇总发为角，辨夫之多少。唐贞观中通焉。"

④ 《文献通考·四裔考》十六云："吐火罗……隋时通焉。……俗奉佛，多男，少妇人，故兄弟通室，妇人五夫则首戴五角，十夫戴十角。男子无兄弟者，则与他人结为昆季，方始得妻；不然，终身无妇矣。"

是兄弟共其妻。

第三节　伏羲氏时代：氏族社会的萌芽与亚血族群婚家族向对偶婚家族之过渡

到伏羲氏时代，随着历史进入蒙昧上期，因为社会生产力的发展，生产关系也更趋复杂。这表现在社会分工之更加精细，劳动编制之更加绵密。

在这一时代，有许多工具，如弓矢投掷器等，必须熟知工具的重量和弯曲的角度以及其飞力的大小，才能制出来。同时，如骨针的研磨，鹿角的雕刻，卵石的染色，兽齿的凿孔，恐怕都不是人所皆能，而是要那种具有长期劳动经验的老年人，至少也要在他们指导之下，才能制造出来。这样，老年人的权力，便逐渐巩固了。

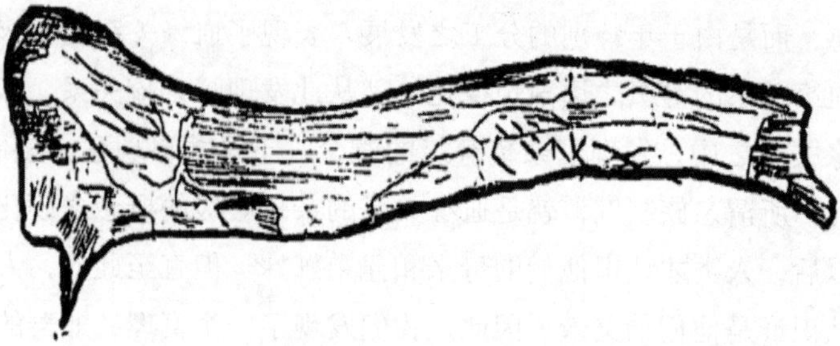

伏羲氏时代氏族长老用于宗教之鹿角制的“指挥杖”

同时，在这一时代，原始人群已逐渐在海岸，湖沼的周围，河流的沿岸，及草原森林地带，展开了相对定住的生活，他们已经不是像以前一样，以整个自然世界为生活的领域，他们似乎已经知道守着一定的区域。在这一时代的末期，由于血缘关系之固结，在许多地方的原始人群都发展为原始型的氏族。《竹书纪年》谓：属于庖羲氏之各族，有“飞龙氏、潜龙氏、居龙氏、降龙氏、土龙氏、水龙氏、青龙氏、赤龙氏、白龙氏、黑龙氏、黄龙氏”。这种传说，就正是暗示这一时代已有氏族之存在。这一时代之有氏族社会的存在，近来已由于考古学的发现，获得了确证。

在属于这一时代之山顶洞文化遗物中，发现了一个磨光而又充满了不能说明的刻纹的鹿角，我以为这个鹿角就是所谓指挥杖。这种指挥杖在西欧同时期的文化遗址中多有发现。所不同的，只是西欧同时期的指挥杖都有一个乃至几个大的钻孔，而且还有很精致的装饰。但在山顶洞所发现的，却无钻孔。不过据考古学家的报告，属于奥利那期的指挥杖，也有不钻孔的。因此，我以为这或者是前期的人们遗留下来，而仍然为山顶洞的文化创造者所使用。关于这种指挥杖的用途，有各种的推测，但一般皆以为是氏族长老用于魔术之神器。山顶洞既有此种原始的神器发现，就无异说明了在伏羲氏时代已经有了氏族的形成。

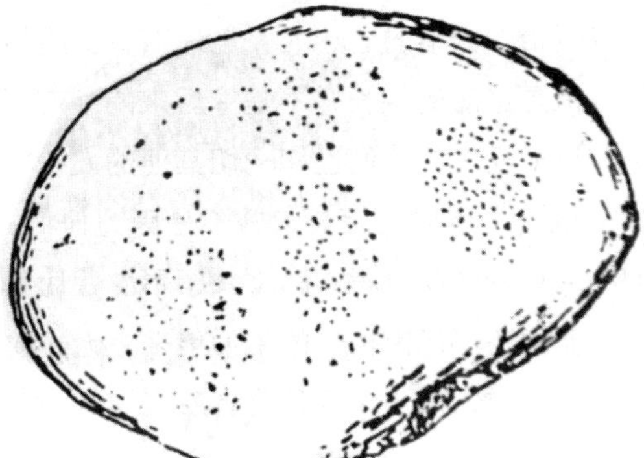

伏羲氏时代作为祖先崇拜之象征的珠灵卡

此外，在山顶洞的文化遗物中，又发现了一个卵形的石灰石碎片，这个卵石的周围已经受到空气之强烈的腐蚀透出不鲜明之赤铁矿的涂色。这种涂染的图案，隐隐现出三个卵形和其延长的斑点。这种彩色卵石，在欧洲阿修尔文化中常有发现，而且至今尚被澳洲土人当作祖先传授的魔力或表明信仰之存在而称之为“珠灵卡”。因此，我以为山顶洞所发现之彩色卵石，就是所谓珠灵卡，而这又是氏族存在之又一实证。

在这一时代由于原始人群结成一个一个以血缘为基础的氏族，他们在不同的自然环境之下，开始了集团的分业，因而又发生了最初的交换。这时的交换，不是个人与个人间的交换，而是共同体与共同体之间的交换。山顶洞内所发现的海贝和赤铁矿，都不是洞穴附近所有的，如果不是远道探取而来，便是由交换而来。

由于弓矢的发明，于是劳动工具之集团的所有变为不可能，因为弓矢的制造，是要依于使用者个人的体力，这种劳动工具的性质，就规约着工具之个人的使用。同时，装饰品也似乎被私有了。山顶洞内所发现的石珠和兽齿，大半都在人体化石的附近，如果是用于殉葬的话，则那些石珠和兽齿必为死者之所私有。虽然如此，这只是表明因个人的生产能力之提高而引起了生产的个人化，从而生产工具的个人所有；但生产物之集体所有的性质并没有改变。

这时在某些原始人群中的老年人，也许随着氏族的形成而出现为氏族的首长；但是这时的族长并不是像后来的皇帝一样，可以锦衣玉食，作威作福；反之，他们也和一切其他的人一样，要参加劳动，服从习惯。他们之所以为族长，并不是因为他们有超人之处，而是因为他们在长期的劳动过程中，蓄积了不少劳动工具制作技术的知识；同时，他们还记忆由祖先的生活传来之无数的故事，和关于万物创造的神话传说，以及关于狩猎者所应知道的动物的性格之知识。而这些，对于后一代的人群，都是必须要学习的。因此，这一时代的族长的权威就是建筑在劳动经验之上。同时，他们的任务也就是用他们所有的劳动经验去指挥集体的生产。在这一时代，我们所看到的，是习惯的统治，我们决不能看见一部分特殊等级的人统治着别人的现象。因为直至此时，人类的生产力，只能创造出养活自己的生活资料，还不能提供出养活别人的那一部分，因而也就不能产生被人养活的那一批人。

在这一时代的家族形态，还是普那鲁亚家族。不过随着群的扩大，婚姻的范围更加缩小了。以前是排除近亲的兄弟姊妹间的性交，现在则远缘的兄弟姊妹间的性交也被排除了。到这一时代的末期，甚至同一始祖母所生的最远缘的兄弟妹间的性交也被禁止。到这一时代，原始人群，即转化为氏族。换言之，即他们已经组成一个由女系血族关系群所组成的不许相互通婚的确定的群。所以普那鲁亚家族是过渡到氏族组织的一个桥梁。由此向上发展，则一个男子要到族外才能找到他的妻子，一个女子也要到族外才能找到她的丈夫，这就是所谓族外婚。跟着族外婚的出现，普那鲁亚家族也就转化为对偶婚家族。同时，历史也就走出了蒙昧时代的境界。

第四章

前氏族社会的意识诸形态

第一节 言语的发生及其形成的过程

过去的历史家，总是幻想以为自有人类以来，人类之中便有圣与凡庸之别，而且天生圣哲就是为了要替凡庸“作之君，作之师”的。所以当天地的时候，便出现了一个“神于天，圣于地”的盘古，以后圣哲相承，凡庸代出，以至于今日。这样说来，人类之或为圣哲，或为凡庸，乃是出发于不同的种属，并非历史发展的结果。

但是科学告诉我们，人类的智慧并不是天生的，而是人类在劳动过程中自己创造出来的。劳动首先解放了人类的双手，因为双手的解放，人类才能获取更多的生活资料，以发达其头脑，从而发达其思维能力。人类的智慧就是思维能力发达的结果，而思维能力的发达，是一个历史的过程。正因为它是一个历史的过程，所以人类的智慧决不能越出于它所处的历史时代所应有的高度。在太古时代，人类之脑的容量尚如此之小，这就规定了最初的人类的思维能力之薄弱，从而他们也就不能具有“神于天，圣于地”的智慧。但是我们也决不能说他们没有思维，没有智慧，因为今日所发现的许多旧石器时代的文化遗物，都是他们的思维之凝固或智慧的体现。

人类思维之最初的表现形式是言语。人类最初的言语和动物一样，只是一种简单的叫声。他们就用简单的叫声，作为表达各人的思维之工具，从而以此取得彼此在劳动过程中的行为之联系与情感的沟通。

在有巢氏时代，人类还不过使用石块和木棍以进行采集经济，他们尚不能获得充分的肉类以发展其头脑，所以他们的头脑对外界的反映力是非常之小的。同时言语器官的分化作用也尚未发育完全，具有音节的言语当然没有发生的可能。在这一时代的言语是运动言语。所谓运动言语，在其最初的发展阶段上，是人类受外界之感触而表现于肉体上的一种倾动。这种肉体的倾动，在它尚没有和人类社会的意识结合以前，还不能成为人的言语。只有当人类为了沟通相互间之劳动行为而利用这种肉体运动之姿势的时候，它才起着反射作用，它才能成为表达人类思维的记号。在长期中，由于一定的习惯之蓄积，从这种运动之反复重演中，它才社会地被应用起来，而赋予以社会的意义。这种运动言语配合着简单的叫声，就是最原始而又最现实的言语。

到燧人氏时代，随着采集经济向采集——狩猎经济之转化，人类的世界观也改变了。在采集经济时代，人类是以外部的全自然界为对象。到狩猎出现以后，人类便以与他们发生直接关系之外的世界中的各个代表物为对象。因此，以前散漫而笼统的思维，现在已经具体化分节化了。为了表达这种新的思维，他们要求更繁多更精确的言语。

到伏羲氏时代，随着历史进入蒙昧上期，狩猎工具逐渐复杂，从事生产工具制作之特殊的技术者分化出来。对于工具和装饰品的个人所有，给与劳动的新形态以刺激。同时，由于集团间的原始交换之发生，使狩猎社会的机构发生很大的变化。新的社会经济条件唤起新的思维形态。在这一时代的人类，不仅要求表现事物和动作的记号，而且要求表现视觉以外由听觉的作用而发生的感觉的记号。于是形成了音节言语，成为人类思维表现之主要的形式。

音节言语发生以后，姿势言语并不因此而趋于死灭；反之，它还是继续存在，而且给与音节的言语以影响。

直至现在，姿势言语还成为各民族言语构成中之一个因素，如借手指的屈伸而表示数目的多少，借手的摆动而表示肯定和否定的命意，这在今日世界各民族中都是相同的。因此之故，我们在今日还能借姿势言语之助而使各民族的不同的言语，达到原始的统一。

姿势言语不消灭的原因，是因为它比之音节言语是更现实的思维之表现形式。它能使音节言语更具体化、分节化、现实化，尤其是生动化。因此，当它与音节言语配合以后，便能使音节言语更为优美，更为艺术。

不仅姿势言语保存到今日，即原始之简单的呼声，也还是存在于今日的言语中。如因愉快、悲哀、感伤、痛苦、惊奇与劳动协力而引起之呼声，在今日各民族的言语中，也还是存在的。而且这种呼声所表示的意义，在各民族的言语中，也是毫无差别的。

这样看来，人类不是一开始就能说出音节言语。音节言语的出现，是人类言语长期发展的结果。而言语发展的过程与思维发展的过程是相适应的。同样，思维发展的过程又是相应于社会经济发展的过程，以及由此而引起之人类自身肉体型的变革过程。所以我们说，言语是社会的创造物。

第二节　宗教的发源及其原始的形态：万物有灵

原始人已有宗教。原始的宗教是万物有灵的信仰。

原始宗教的发生，是原始人对于其自身周围的人与自然、人与人的诸关系之错误的、歪曲的、颠倒的幻想之反映。换言之，它是人类之颠倒了的世界意识的表现形式。因此，宗教的发生，必须要在人类对于现实世界的一切事物、现象和他们之间的相互关系起了反映作用以后。

根据考古学的指示，在早期旧石器时代的文化遗物中，至今尚没有发现有任何宗教信仰存在的痕迹。根据传说的记载，人类也有一个不择时日、不占卦兆的时代。因为在当时，人类犹在混冥之中，他们与万物并生，或自以为马，或自以为牛，尚没有从自然界中把自己划分出来。同时，在这一时代的原始人群中，任何分业都不存在，人与人的关系只是混沌一团，他们不知亲己，不知疏物。天地万物，磅礴为一。在这样一个时代，人类对于他们周围的现实世界尚不能引起反映，自然不能有宗教的存在。所以在传说中之有巢氏的时代，是一个没有任何宗教信仰存在的时代。

万物有灵的信仰之发生，恐怕是在传说中之燧人氏的时代。而灵魂不灭是万物有灵的信仰之基础，因为万物有灵，只是人类自身有灵之推论而已。

宗教发生于这一时代，不是偶然的，因为在这一时代，原始人群中，已有性别、年龄别的分业之存在。在这种经济基础上，人类已开始对自然之直觉的理解，并进而规定人与人、人与自然现象间的诸关系，而宗教的发生，就是人类对这些诸关系之错误的感觉。

为了说明万物有灵的信仰之发生，首先必须说明灵魂不灭的观念之起源。灵魂不灭的观念之发生，不是由于一种原因，而是由于梦、死等现象之综合的产物。梦和死的现象很早就已经存在，但只有达到一定的社会经济阶段上，才能从这些现象中导引出灵魂不灭的观念来。

如前所述，在有巢氏时代，老年人及病人常为群所遗弃。这些被遗弃的人后来变成怎样，原始人不能正确地知道，只有当原始人达到比较固定的洞穴生活时，他们在洞穴附近偶然发现腐烂的尸体，这尸体在思维中反映，而以生前的姿态出现于梦中，然后才能达到灵魂不灭的观念之产生。

灵魂不灭的观念之被引申到一切万物，这并不是单纯的幻想之延长，而是由于人类对自然之不理解和对自然克服之无力，只有这样，才能产生神、恶魔、奇迹之信仰。比如黑夜的恐怖，森林的幽暗，海波的浩荡，冰河的移动，火山的爆发，暴风雷雨的震撼，植物种属的多样性和动物姿态的奇异性，这一切的自然现象都使原始人为之头昏目眩，感到奇异与威胁。他们不能解释这些奇异，不能克服这些威胁，于是便发生了一种歪曲的幻想，即包围于他们周围的自然物及自然现象，都是一些暗藏着幽灵的象征，于是一切万物都是神灵。人类在大自然界威胁之下跪下来了。

万物有灵是自然界的人格化。由于自然界的人格化，于是造成了最初的诸神。因为最初诸神的出现，于是一个世界变成了两个世界——人的世界与神的世界。不过在整个蒙昧时期，由于在人的世界上是万人平等，因而反映到神的世界上，也是万灵平等。

与原始宗教平行发生的，还有咒术。实际上，咒术与原始宗教是不可分离的，因为咒术是原始宗教之表现的仪式。

与咒术有关的遗物，在鄂尔多斯的遗址中尚无所发现，但在山顶洞的遗址中则已发现有咒术存在的痕迹。

山顶洞发现的一个类似珠灵卡的彩色卵石，和一个类似指挥杖的鹿角。这两种遗物都与咒术有关。

指挥杖的用途，学者不一其说，但它不像一种劳动工具，可能是原始宗教的仪具。

珠灵卡在现在还被澳洲的土人当作图腾祖先的灵魂之所寄托，或者就是代表生殖器吧？通过它，氏族的成员才能和图腾祖先结合。因此，澳洲的土人为了女人怀孕之成功，必须将珠灵卡中的胚种投入女子的体中。山顶洞文化中发现了这样的遗物，就表明了在中国太古时代，也有类似的信仰之存在。

同时，我们由山顶洞所发现之彩色卵石，又联想到澳洲土人一年一度的咒术——食物之繁殖祭。这种咒术的仪式通常于一年雨季之前植物繁殖之期举行。当举行仪式时，所有属于这一个图腾的男子，都秘密地聚集于神话上所传图腾祖先之游行有关的地点。一切的武器装饰品，最后一片兽皮，亦必除去。然后咒术师以珠灵卡打击各男子的腹部，说道："愿汝食物丰富。"最后，则以洞窟游行作为仪式之结束。这样看来，所谓珠灵卡，就是祖先灵魂永生的一个象征，而且原始人又企图借这灵魂的象征之力，以繁殖其族类及其生活资料。像这样的咒术仪式，在中国的伏羲氏时代也是存在过的。

咒术的发生，是表现原始人对自然征服之渴望。他们希望征服自然，而又无力征服自然，于是企图借助于咒术以实现其不能实现的幻想。比如他们以为画了一副投枪刺杀野牛的绘画，在狩猎时，便可以实现这样的幻想。吃了鹿脚，就会与鹿跑得同样的快；喝了动物的血，就会使动物的力量转移于自己。为了猎取飞禽，就想到用咒术替自己生出羽翼。总而言之，原始咒术只是人类无力之反映。

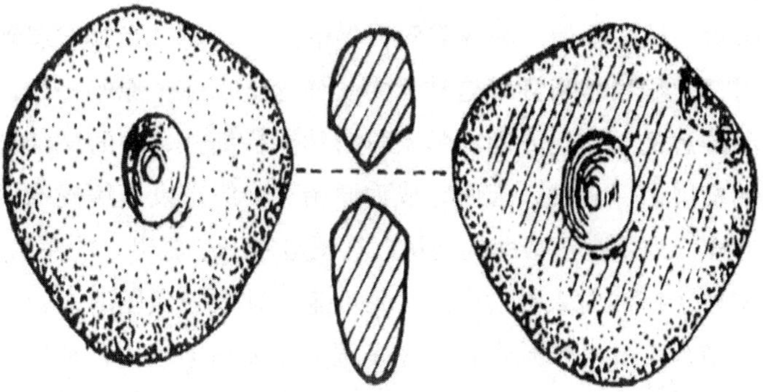

伏羲氏时代的古人之装饰品：用赤铁矿涂红了的钻孔卵石

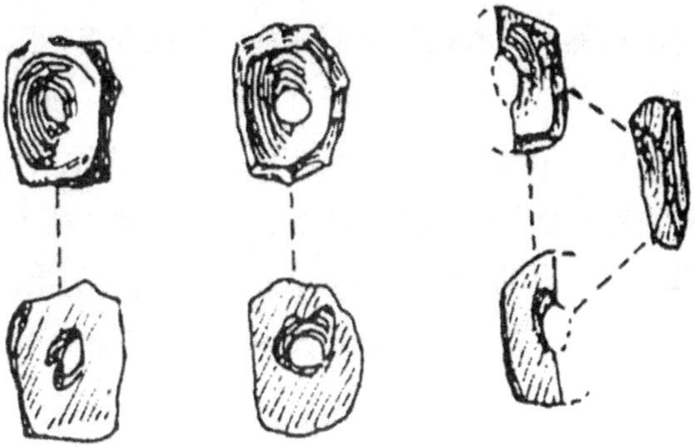

伏羲氏时代的古人之装饰品：用赤铁矿涂红了的钻孔石珠

在山顶洞遗址中，发现了许多用赤铁矿涂染了的钻孔石珠和兽齿及骨坠。这些东西都发现在死者的尸体附近。还有许多赤铁矿的碎片，散布于死者遗骨的底下，这说明了当时埋葬经过了许多手续，而且似乎这是埋葬的一定的习惯。这种埋葬习惯，说明了当时人类以为死后还是像活人一样生活着，因而死人也需要装饰品。

和后来的一切宗教一样，原始宗教也是人对自然无力克服之表现。它是被虐待的生物之安息，是生存于黑暗严酷的现实生活中之原始人祈求慰藉和遗忘的鸦片。借灵魂之助与咒术的行为，原始人以为他们的希望将达到。

原始宗教，不但反映人类对自然的无力，而且当其发展到一定阶段时，又积极地巩固着这种无力。在这一点上，原始宗教，具有最反动的意义。它一方面加强人对自然的畏缩性，同时又给与狩猎经济的发展以保守性，因而它成为原始社会经济发展缓慢的原因之一。这样，为了企图帮助人类从自然压迫之下解放出来的原始宗教，反而支持了自然对人类的压迫，到后来，并成为人压迫人的一个最有力的精神工具。原始宗教之许多荒唐和无稽的迷信，到后来，当作精神的遗产被保留到我们今日的宗教中，成为帮助统治者压榨贫苦无知的人民之麻醉的圣药。

从万物有灵到一物（黄金）有灵，这是宗教发展的过程。在原始人看来，一切可以作为他们生活资料的，以及可以影响他们生活资料之获得的自然物，都值得他们礼拜。而在今日，则因为黄金是一切生活资料之象征，有了它，便可以获得一切，所以近代人只向黄金礼拜。实际上崇拜一物与崇拜万物，在原则上，同是崇拜生活资料，同是崇拜自然，因而同是拜物主义的宗教。所不同的只是原始人崇拜具体的生活资料，而现代人则崇拜抽象的生活资料而已。这种信仰上之差异，正是反映原始人与现代人获得生活资料的方式有了差异。

第三节　原始的艺术：卵石彩绘、鹿角雕刻及原始舞蹈

前氏族社会的社会经济的内容，也具体地反映到原始艺术的创造上。

原始的艺术因为建基于精神劳动和肉体劳动尚未分离的社会经济基础上，所以它反映出来的现实社会的内容就更为逼真，更为透明。

根据考古学和民俗学的指示，原始艺术也表现为各种形式，如绘画、雕刻、歌舞等；但在中国的旧石器文化中，对于原始艺术并没有系统的发现。虽然如此，我们并不能因此而遂谓中国的原始艺术没有西欧的发展，只能说，中国的原始艺术还是很好地保存在地层中。因为人类发展到一定的社会经济水准，便会产生一定的意识形态，而艺术便是意识形态之具体的凝固。所以从理论上推断，在中国也应该存在着原始艺术之一系列的发展阶段。

直到现在，无论在中国或在西欧之奥利那期以前的旧石器遗址中，都没有发现任何艺术的创造。在中国，则至今还没有发现早于马格德冷期的原始艺术品。因此，考古学家判定原始艺术的产生，恐怕是在蒙昧的中期。

原始艺术的产生，毫无疑义，是从劳动工具的制作技术中发展出来的。因此原始的艺术与劳动生产是不能分离的。当时的艺术决不是为了人类的审美，而是为了人类获得生活资料之欲求；换言之，是为了人类的活命。当时的艺术家就是劳动者，劳动者也就是艺术家，没有不懂艺术的劳动者，也没有脱离劳动的艺术家。因此，原始的艺术与劳动是统一的。比如在周口店猿人产地所发现的文化中，我们虽没有发现所谓艺术品，但从这里发现的劳动工具上已经显出了原始艺术的创造。如他们已经能够创造出各种几何学的形式，假如这也算是艺术的话，这便是中国最原始的艺术。

在中国，属于蒙昧中期之末的旧石器遗址中。如在鄂尔多斯萨拉乌苏河等地的遗址中，都没有发现任何可以称为艺术品的东西。但在同一时期之西欧的遗址中，却发现了雕刻在石材和骨材上的女子的刻像①。把女子当作雕刻的题材，这不是一件偶然的事，正是表

① 女子的刻像，在原苏联的旧石器时代遗址中，发现最多。在柯斯秋基，发现一个石制的女子像；在加加林诺，发现五个古象之牙所刻的女子像；在伊尔库茨克，发现十个以上的女子像。这些女子像，考古学家认为都是用于祭祀的神像。

明当时的女子在生产中之特殊的地位。

在中国，在山顶洞遗址中，才发现可以称为艺术品的东西。在这里所发现的原始艺术，可以分为两类，即装饰艺术与宗教艺术。

关于装饰艺术方面，在山顶洞发现了钻孔的石珠、钻孔的骨坠、钻孔的兽齿、钻孔的卵石。这些艺术品，都经过精细的打制、研磨和钻凿，并且都用赤铁矿涂染着红的颜色。这些装饰艺术品之出现，也正是反映当时社会生产力的发展已经达到了狩猎工具之个人的使用与个人所有，从而装饰品的个人所有。

在周口店山顶洞所发现的石珠，形体的大小几乎差不多，但形式则各有差异。所有的石珠均经过研磨与钻孔。从石珠上的残留的痕迹看来，在研磨之前，似乎为了改变其自然形状，曾经作轻微之打制。即因经过一番打制，所以石珠的形式常常带着不规则的多面形。石珠的一面研磨平滑，另一面则系原来的底子。从遗留在石珠上之螺旋形的纹理及孔的边缘上之梯形的等级，可以看出钻孔的技术还很拙笨，而且是由两面钻通的。

这里发现的钻孔骨坠有四种形式。骨管不直，亦不规则，或者是经过不规则之割切的结果。所有的骨管，皆经过研磨，表面非常光滑，边缘呈现波纹。在骨管上，都显出经过绳磨的纹理。此种纹理，不像是仅由于使用之故，颇似为着某种我们所不知道的原因而为当时人类所刻画的。这四种骨管可能都是某种大的鸟骨。此外还发现了几个钻孔的鱼骨，在孔的内部都留有由绳串而刻出之深槽，并且在骨的某一部分，还可以看出是用赤铁矿涂染过的。

这里发现了大批的兽齿。所有的兽齿，都经过了钻孔，而且大部分都用赤铁矿涂染过。孔的内部都留有绳磨的纹理。其中有一鹿齿，在齿的顶端，现出细而深的沟槽，当时的人为什么要刻这样的沟槽，是值得研究的。

在这里发现了唯一的一个钻孔的卵石，这个卵石是一块美丽平滑而具有圆形的火成岩。卵石的中央钻有一个大孔，孔的两面，大小不一，可以看出是由两面钻通的。在卵石的一面，似乎部分地研磨平滑，留下了一些美丽的纹理；在另一面，则保存自然的水磨状态，没有任何人工的痕迹。

从这些装饰品中所表现的艺术看来，当时研磨与钻孔的技术已有相当的发展。他们已有可能控制体积甚小的材料，在石珠与兽齿之适当的部位加以钻孔。从绳磨的纹理看来，他们已经知道将同一类型的东西加以贯串，使单一的东西复合化，显出其类型化的美。从其加于艺术品之打制的痕迹看来，他们已经知道把不同的形象变成相同的形象，显出其同一性的美。从其加于艺术品上之赤色的涂染看来，他们并且知道利用颜色以掩盖不纯洁之天然色泽，从而改变其色泽。

关于宗教的艺术，最值得赞赏的就是那个类似指挥杖的鹿角。这个鹿角，角枝是被割去了的，留下来的是角的干部。鹿角的表面是在削平以后再加研磨的。在磨光以后，割切的痕迹已经消灭。从磨光的面上可以看出有许多横行的纹理，这些纹理布满了鹿角的周围，它不像因研磨而留下的痕迹，可能是用某种尖头器刻上去的。美的条纹和平行的刻痕到处都是。特别是几条很重的刻纹彼此交错或平行，很鲜明地显现在鹿角上。这显然可以看出是当时人类为了装饰而刻上去的记号。在这里，可以看出有平行线、复平行线、交叉线、锐角、复锐角、曲线、波纹线、点各种几何学图案之原始构意。这种几何学的图案之构意，只有当人类思维达到具有抽象力的时候能出现。换言之，这是人类艺术从原始的写实主义或自然主义，达到象征主义以后的产物。

此外就是那个类似珠灵卡的彩色卵石。在这个卵石上显出用赤铁矿涂染的三个卵形和其延长的斑点。这就证明了当时已经有了彩色绘画之存在。

原始绘画在中国旧石器时代遗址中至今尚未发现。但在欧洲之奥利那期的遗址中便出现了原始的动物画。到马格德冷期，动物画便代替女子的刻像而成为绘画、雕刻和浮雕等艺术创造之主要的题材。[①]

① 特别有名的原始绘画，发现于法国和西班牙的洞穴。如在法国的佛奥特兰、尼约、康巴勒，西班牙的阿尔他米拉、伽斯支洛、品塔等处，都发现了原始的洞壁画。

动物画是狩猎经济时代之必然的产物。犹之女子的刻像是采集经济时代之必然的产物。因此，这种原始的动物画完全是写实主义的。从这种原始动物画看来，可以看出当时狩猎者对于他们生产对象曾经作过微细的观察，他们完全是记述某一动物在其运动中、斗争中或休止中之筋肉紧张与松弛而表现出来的各种活的动态，因而它们都具有解剖学的原理。

从西欧所发现的动物画看来，这时绘画的格式通常是在石壁上刻成绘画的线条，涂以赤和黑的彩色。他们为了描写的便利，已能利用天然的形态。如尼约的洞窟中，为着描写野牛的脊背，而利用石壁之天然的罅隙，利用石壁上之天然的洼凹，以描绘动物的腰部之负伤。像这样的艺术手腕，与其说他们是被制约于自然条件，毋宁说他们已经善于控制天然的画面。

与写实主义的动物画同时或者稍迟，便出现了图型画。图型画是在同一画面上描写各种姿态的动物像和人像。有些动物是具体地描写，有些则仅描写一头一角，以局部而特征其全体。这种图型画到后来采取装饰的形式而发展，更加抽象化了。

图型画之所以有出现的可能，是写实主义绘画之类型化的结果。绘画之这一发展，乃是反映人类在长期狩猎生活中已经熟悉了动物的特征，因而他们有了可能从动物之局部认识其全体。同时也是人类的思维之发展，使他们在同一画面上，描绘出更多样的而且似乎彼此有联系性的图型。

到蒙昧时期之末，便出现了狩猎、祭祀、舞蹈及半人半兽的复杂的构造图。艺术的这一发展，便表现了宗教已经浸入了艺术的领域。因而艺术的中心任务便不在于外部的相像，而是要求在艺术的内部具有充分之幽灵与神秘，以适应于宗教之要求，为信仰之象征。如尼约洞穴内之被刺伤的野牛，便是用于咒术的绘画。比如人类学会了骑马便把人与马联系起来，而创造半人半马的形象。又如把猎取狮子的英雄与狮子联系起来，便造出司芬克斯的形象。

总而言之，原始艺术最初是写实主义，后来发展为象征主义。艺术的这一发展，恰恰相应于运动言语向姿势言语之发展。音调之复合与意义的象征，同样是人类思维表现形式之进一步的发展。因而象征主义的绘画可以说是姿势言语之文字的表现。实际上，一切的绘画都可以看作文字，可惜我们今日已经不能了解他们原来的意义了。

原始人也有歌舞，这在欧洲旧石器时代的洞穴中还留下了歌舞的绘画。但我们绝不能把原始人的歌舞从现代人的立场上去想象。因为在蒙昧时代不但没有乐曲，没有乐器，而且由于发音器官之发育不完全，他们还不能发出婉转悠扬的音调。同时，他们的手足也还不十分灵活，因而也作不出抑扬有致的舞蹈。简单的呼号与拙笨的舞蹈就是原始人的歌舞。

被猛兽包围的原始人的歌舞，当然不能像我们今日文明人类的歌舞一样含有一种抒情的或当作慰安的性质，而是反映原始人对于自然的残酷抑压之反动，是他们对自然斗争之胜利的呐喊与劳动热情之爆炸，是表现他们在集体生活中之自由平等的无上的愉快，是表现他们人与人之间最真诚的友爱精神。一言以蔽之，原始人的歌舞就是他们一往直前的伟大的前进力量之表现。

我们可以想象，在中国的蒙昧时代，当那些原始人群捕获了大批野兽时，他们就会举行胜利的歌舞会。当此之时，深蓝的青天，团圆的明月，碧绿的海水，幽美的森林，雪白的沙滩，平旷的草原，那些原始人群就在这样良宵美景之中，展开他们的狂欢大会。他们披着兽皮，挂着石珠和兽齿，发出了响亮的欢呼，展开了疯狂的舞蹈。热烈的拥抱与甜蜜的深吻，表现出毫无虚伪、毫无拘束、毫无隐蔽的人类之真性。所以传说中说，当时的人类“生者不怨，死者不恨，天下和洽，人得其愿”[①]。

① 《淮南子·本经训》

二、民族社会

第五章

中国人种的分布与氏族社会的形成

第一节　世界的新面貌与中国历史的新形势

大约在今日以前九千年乃至一万年的时代，随着旧石器文化向新石器文化之转化，中国的历史便从蒙昧时代走进了野蛮时代，过去的氏族制以前的社会到现在便发展为氏族社会。这一时代，在中国历史上正是传说中之神农、黄帝、尧、舜、禹以至夏代之全时期。

当此之时，随着后冰期之终了，地球完全改变了原来的面貌。海洋和大陆的形势都和我们现代所住的地球差不多了。许多过去的大陆，现在已沉沦为海底；许多原来的内海，现在则干涸而为沙漠。假如回忆过去，真令人不胜沧海桑田之感。

当此之时，寒冷的气候退去了，温暖的太阳照耀着人间的世界。地球上除了南北两极仍为冰块所掩盖，其余的地方，只有拔出地面一万尺以上的高山上残留着一些太古的冰床。这些高山上的冰块随着溪涧向下移动，成为大小河川之水源。

随着气候之转变，以前生存于冰河时代的生物群大部分都死灭了，他们的遗骨，就成为冰河最终退去之标志。也有一小部分随着冰河退向北极，这些北极的生物群就正是冰河时代的生物群之现存的典型。更有一些，它们适应于气候之变化而改变其种属，成为新的时代之新型的动物群。同样跟着气候的变化，又出现了地质学现代的植物。温暖的气候使植物的繁殖极为迅速。在山陵与溪涧，河谷与原野，到处都布满了原始的森林。这些新的动物和新的植物用了他们的生存与活动装饰这个新的世界，特征这个新的时代。

这一时代，除了中国以外，在旧世界各处到处都出现了现代型的人种。在波罗的海沿岸，在德国北部，在荷兰，在英国，在法国，在西班牙，在葡萄牙，在意大利南部，在北非，在波斯，在巴勒斯坦，在瑞士，在波兰，在乌克兰，在北高加索，在苏联境内之土耳其斯坦，在西伯利亚，在苏联之北海沿岸，在南洋群岛，在马来半岛，在日本等处，都有新石器时代的文化遗址之发现，这就证明了这一时代人类活动的范围，已经有了广大的扩展。

中国的历史，就在这样一个世界背景中走进了野蛮时代。

在这一时代的中国，过去波涛浩荡的蒙古高原大内海恐怕已经完全涸竭了。但今日新疆之塔克拉玛干沙漠，在当时还是一个蓄有充分水量的大内海。因为这里周围都是高山，南有昆仑，北有天山，西有帕米尔，这些高山上所停蓄的冰块，还能继续供给这个内海以水源。这个内海之陷于完全的涸竭，恐怕是在新石器时代中期前后。

这一时代的青海，其水平与我们今日的时代没有什么差别。据安特生云：“余曾见旧时湖岸，高出近代湖面约三公尺。湖之东端，比旧岸高出水面六公尺。此外，更无其他湖面扩张之迹。此等旧时湖岸，构成一种极低平而明显之山脊。山脊之顶，则文化层在焉。层中多陶器及石骨各器。是则青海水面，四千年来，其旧时湖面高出现代者，至多仅六公尺而已。”（《甘肃考古记·导言》第 5 页）

这一时代，华北一带的地文与以前也大不相同了。安特生根据地质构成考察，谓在旧石器时代之末，华北一带地层，曾有一次垂直的侵蚀，“以致马兰期[①]之黄土层及沙砾层，有一部为侵蚀所毁灭，

① 《甘肃考古记》云：“为汶河期垂直侵蚀所形成之河谷中，见有多数之沙砾层厚约三四十公尺，位于现代河床之上。层中夹沙砾及黄土类似之物。有时沙砾层之上，常为无层理之黄土所覆。此二者造成之时代统名马兰期。马兰期者，为洪积统之中叶，以黄土之中，曾发现哺乳动物如象等之化石也。”

而另建三十公尺之阶段。就地又凿成多数之峡谷，同时更有黄土层之停积，中见野牛、水鹿、巨角羊等之化石。此垂直之侵蚀期，著者名曰板桥期，盖当在洪积统之末叶也。”据安氏的意见，由于这一次的垂直侵蚀，“终至沟渠纵横，峡谷交错，而演成现代残破之痕迹。”如此，则在新石器时代之华北的地文，已与我们今日的地文差不多了。

至于当时华南的地文是否有陵谷的变迁，尚无有系统之地质学的报告，无从考察。

在这一时代，不仅在中国的西南，有着不见天日的原始森林，即在中国的西北，也是森林密布之地。据安特生的研究，“当时甘肃的环境，除了森林密布之外，与吾人今日者无大差异。

当时的生物，就全体面论，与我们今的生物已无何等之不同。但据安特生云：“至于仰韶期之生物，则与现代者略异，即如向北分布之豪猪、现代与此区域中，并未以产闻也。”（《甘肃考古记》30页）

这一时代，中国的人种，已分布于广大的领域，从中国新石器时代的文化遗址看来，在当时，几乎中国的全领域，都有人类生存活动之迹。

从伏羲氏时代（蒙昧上期）开始，从鄂尔多斯迁徙的夏族到神农氏时代（野蛮下期），一部分已定住于山西、河南交界处之汾河河谷[①]、黄河河谷[②]，他们分化为许多氏族，是谓诸夏之族。另一部分，则定住于甘肃西南之黄河河谷、洮河河谷[③]、青海之西宁河谷和青海沿岸[④]，他们也分化为许多氏族，是谓诸羌之族。诸羌与诸夏，同为夏族之苗裔，他们创造了以鼎、鬲与彩陶为特征的新石器文化。

以周口店一带为出发点而东徙之商族，到这一时代的初期，已

① 新石器时代遗址发现于山西者，有夏县的西阴村、万荣的荆村。

② 新石器时代遗址发现于河南者，有渑池的仰韶村、不召寨，河阴的秦王寨、池沟寨，安阳的后冈、高井台子、小屯、同乐寨，浚县的大赉店、辛村、刘庄，永城的造律台，广武的青台。

③ 新石器时代遗址发现于甘肃西南者，有广河的齐家坪、王家沟、瓦罐咀、半山等处。

④ 新石器时代遗址发现于青海者，有西宁的朱家寨、乐都的马厂沿。

分布于今日之渤海沿岸，他们在渤海南北，留下了不少的文化遗存[①]。这种文化，是以黑陶与卜骨为其特征。

在这一时代，今日新疆之塔里木盆地，也是一个文化摇篮之地。据斯坦因的报告，在新疆之古楼兰的遗址[②]，在干涸了的库鲁克河三角洲[③]，都发现了磨制石器和彩陶碎片，证明了今日塔里木盆地在史前时代，曾经有过人类的占领。

在这一时代，今日蒙古高原的瀚海盆地一带，已经从人类之乐园一变而为荒凉之原野。残留在这里的人群，一部分已经北徙贝加尔湖的沿岸，成为今日苏联境内之鞑靼的祖先。另一部分则已沿着今日之黑龙江，东徙辽东半岛之东北，与北徙渤海北岸之商族混种，成为中国史上所谓东夷的祖先。再有一部分，则向山、陕北部一带南徙，成为中国史上所谓北狄的祖先。

与蒙古高原系人种之分布同时，在神农氏时代，南太平洋系人种已布满了中国东南沿海及西南山岳地带，他们在那里创造了以几何形印纹陶、有肩石斧及大石环为特征的新石器文化。

以上是神农氏时代之初中国人种分布的情形。但直至此时，中国境内的各氏族尚无任何接触，而各自保持其人种的与文化的独立之发展。

① 新石器时代的文化遗址发现于渤海沿岸者，在山东有章丘龙山镇的城子崖，有日照的两城镇，有黄县的龙口；在辽宁者有锦西的沙锅屯，有旅顺的老铁山、郭家屯，大连的傅家庄、柳树屯及抚顺等处。

② 斯坦因《西域考古记》云："在（古楼兰遗址之）风扫光了的地面上，屡屡拾得石器时代的石箭镞、刀片、其他小件器具，以及很粗的陶器残片。至于荒凉的地域，我们还很少的进到里面去。更向前进，每隔不远，又见着同样的东西。就我们的路线而言，我们极力的保持取直线前进，实际上，不许向左右寻找，而这种发现屡见不已，可以证明这些地带，在史前时代末叶，必然已为人类占有。"（99 页）

③ 同书又云："（在库鲁克河三角洲）风蚀的地面上，得到很多新石器时代的箭镞、玉斧一类的石器。"（106 页）

第二节　中国人种的大移动与史前文化的大交流

到神农氏时代之末，由于以上诸文化氏族之各自的历史活动之扩张，于是遂出现了一个人种的和文化的大交流的时代。

一方面，诸夏之族逐渐向东南移徙；另一方面，南太平洋系人种之一分支，即今日苗族的祖先，从西南向中原移徙。于是这两系人种，在中原发生了接触。传说中黄帝与蚩尤之战，正是暗示这一历史内容。

据传说所示，当时南太平洋系人种中，有由八十一个氏族[①]所组成之熊、罴、虎、豹四大部族，他们组成了以蚩为图腾之部族联合[②]。属于这一部族联合中之棕色人种[③]，他们带着假面具[④]，用石刀和弓矢武装自己[⑤]，并且带着西南之雾季[⑥]和雨季[⑦]的传说，由西南出洞庭，缓缓向北移动，达到山东半岛。在山东半岛，首先与渤海系的诸氏族发生了接触[⑧]。以后继续向北移徙，似乎分布于今日之河北平原乃至察哈尔[⑨]。在河北平原，便与夏族相值[⑩]。在夏族的压迫之下，蚩族复向南退却，直到野蛮中期，他们与夏族还是匹敌的种族，并

---

① 《史记·五帝本纪·黄帝纪》正义引《龙鱼河图》云："蚩尤兄弟八十一人。"余以为即八十一个以蚩为图腾之氏族。

② 《竹书纪年》云："黄帝……攻蚩尤，战虎豹熊罴四兽。"

③ 《史记·五帝本纪·黄帝纪》正义引《龙鱼河图》云："（蚩尤之族）铜头铁额。"余以为即形容其棕色之皮肤。

④ 《龙鱼河图》云："蚩尤之族身人语。"余以为所谓"兽身"者，即此种族类有带假面具之习惯。此种习惯，在今日南洋土人中尚可见之。

⑤ 同书谓：蚩尤"食沙，造五兵，仗刀戟、大弩"。

⑥ 《纲鉴汇编》云："蚩尤作大雾，军士昏迷。"

⑦ 《龙鱼河图》云："蚩尤请风伯雨师以从，大风雨。

⑧ 《绎史》卷五引《归藏》云："蚩尤出羊水……登九淖以伐空桑。"空桑在今河南开封陈留镇南。

⑨ 《逸周书》谓"蚩尤为阪泉氏"。据近人考证，谓古之阪泉，即今察哈尔怀来县（今属河北省）。

⑩ 《史记·五帝本纪·黄帝纪》云："蚩尤作乱，不用帝命。于是，黄帝乃征师诸侯，与蚩尤战于涿鹿之野，遂禽杀蚩尤。"按氏族与氏族之间，有时也发生流血的惨剧，但这时的战斗，只是表现为个人对个人之复仇的形式，尚没有大规模的集团战争。因为当时的人类，尚不以砍掉人头为荣耀。所以传说中黄帝与蚩尤之战，只能意味着是蒙古高原系人种与南太平洋系人种之接触。

且有着文化的乃至人种的经常接触[①]。

其次，在野蛮中期，一方面由于诸夏的东渐；另一方面，由于渤海系诸氏族之西徙，于是这两个系统的氏族，在黄河中游发生了接触。传说中启与有扈之战[②]，太康被拒于有穷后羿之事[③]以及少康与寒浞之争[④]，都是暗示这一历史内容。

因为夏族的东徙，遂使仰韶文化远播山东。在山东，虽至今尚未发现仰韶遗址，但传说中谓诸夏之族分布于山东者有有鬲氏、戈氏，其命名皆与仰韶式之鬲属文化与戈属文化有关[⑤]。

在野蛮时代的上期，"诸夏"之族，由于商族之压迫，一部分且南徙长江下游，成为后来吴国的祖先，他们在今日江苏、浙江一带，留下了不少新石器文化遗物[⑥]。另一部分则由豫西南徙长江上游，成为后来荆楚的祖先。在荆楚一带，我们虽至今尚未发现仰韶系统的

---

① 《尚书·大禹谟》中，谓舜的时代，曾有"苗民逆命"之事，舜命禹讨伐。后来因讨伐没有得到胜利，"乃诞敷文德，舞干羽于两阶"。于是"七旬，有苗格"。这一传说，也只是说明南太平系人种与诸夏之族，继续保持人种的与文化的接触。

② 《尚书·甘誓》云："启与有扈，战于甘之野。"《楚辞·天问》云："有扈牧竖。"王国维氏谓有扈所在，即今河南怀庆府原武县。

③ 《尚书·五子之歌》谓："有穷后羿，距（太康）于河。"《左》襄公四年传云："昔有夏之方衰也，后羿自鉏迁于穷谷，因夏氏以代夏政。"《史记·夏本纪》正义引《括地志》云："故鉏城在滑州卫城县东十里。"又引《晋地记》云："河南有穷谷，盖本有穷氏所迁也。"

④ 少康中兴的故事，见《左传》襄公四年及哀公元年传。余以为这个故事，即暗示夏族定住山东半岛的历史事实。

⑤ 参看拙著《中国史论集》《诸夏的分布与鼎鬲文化》一文。

⑥ 据卫聚贤《吴越考古汇志》中所云，近年来在江苏、浙江一带，发现新石器遗址多处。其在江苏境内者如在南京附近的栖霞山，在常州的奄城，金山卫的戚家屯，在苏州的石湖，均发现石斧、石锛、石镞、石刀、石锥、石瑗，及大批具有几何花纹之陶器。惜卫氏的报告，既未附图片，而说明亦甚简单，对于各种器物之制作技术、形式及几何花纹的图案均无说明。但据卫氏报告，在栖霞山一处，即发现几何花纹的陶片三百余片，而且还有"红色含砂质的粗陶及鼎腿出现"。则此种新石器文化的制造者，可能是诸夏之族。其在浙江者，则在湖州的钱山漾，在杭州的古荡、良渚，皆曾发现石器及陶器。据卫氏云，在浙江曾发现石钺及黑陶文字，惜未拓印，无从研究。但卫氏谓此种黑陶文字与殷契不同，而石钺又系附柄使用之长方形而锐其一端的石器。如此，则此种石钺，与仰韶出土之长方形石镰，颇相类似。故余疑吴越一带在史前时代，即有夏族分布于此。

文化，但从文献考证，当时夏族实有南徙荆楚之事[①]。而且夏族祀祝融[②]，楚人亦祀祝融与鬻熊[③]，故同为负有鼎、鬲文化之种族。其另一支，则退回西北，是为后来之鬼方[④]。

同时在野蛮时代之初，分布于甘肃、青海一带的诸羌之族，亦开始新的移徙。一部分沿南山北麓之天然走廊，西徙新疆，与原住塔里木盆地的诸氏族发生接触。中国传说中，许多神话人物皆与昆仑山有关[⑤]，或与西王母有往来[⑥]，正是暗示这一历史内容。诸羌之族

---

① 《竹书》谓："夏后廑四年，昆吾氏迁于许。"《左》昭公十二年传谓："昔我（楚）皇祖伯父昆吾，旧许是宅。"又传说谓禹曾铸鼎于荆山，而《墨子·耕柱》谓"昔者夏后开使飞廉折金于山川而陶铸之于昆吾"。铸鼎与铸金，似为一事，是昆吾又曾由许以迁于荆山。荆山者，是为楚之先王熊绎所居，故昆吾之族，实有迁于荆楚者。而昆吾又为楚之皇考伯父。故楚族实由许南迁荆楚者。同时《左传》哀公十七年谓昆吾之虚，有戎州己姓。《国语·郑语》亦谓"己姓昆吾"。余以为己与杞为一字之讹变。杞为夏后，故己姓昆吾，亦当为夏族。

② 《国语·周语》（上）云："昔夏之兴也，融降于崇山。"

③ 《左传》谓楚人祀祝融与鬻熊。余以为鬻熊即祝融之音转，融字从鬲，鬻字亦从鬲。所不同者，融字为鬲从虫，鬻字为鬲从米。前者鬲一耳，而后者鬲两耳。米为由马来半岛传来之植物，夏族南迁荆楚以后，或已由南太平洋系人种获得稻种，故融变为鬻，并非偶然。

④ 详见拙著《中国史论集》第一辑《著夏的分布与鼎鬲文化》一文。

⑤ 《路史·前纪二天皇氏》引《遁甲开山图》云："天皇出于柱州，即无外山。"又引《水经注》云：或言即昆仑。《穆天子传》卷二云："天子升于昆仑之丘，观黄帝之宫。"《淮南子·天文训》谓："共工氏与颛顼争为帝……怒而触不周之山。"不周之山"在昆仑西北"。《山海经·海外南经》谓："羿与凿齿战于寿华之野……在昆仑虚东。"这些神话，我以为并非完全无据之说。比如《穆天子传》谓黄帝在昆仑山的半山之间有一个玄圃。据斯坦因《西域考古记》所述，昆仑山的下坡，只是一些荒凉的山谷，在那里，仅有一些纡曲的锯齿形的峻岭和无荫蔽的峻岩坂。在昆仑山的顶上，只是清澈澄明的冷雪，其高可望而不可即，真是所谓"是维上天"。只有一万二千五百尺到一万三千尺的高处，那里靠近冰河，水分比其他各处较多，生有一些青草和一些有花的高山植物。这里，恐怕就是所谓玄圃。因此，我以为玄圃的传说，或者是史前人类由昆仑之虚带回来的。

⑥ 《汉学堂丛书》辑《尚书纬·帝命验》云："王母之国在西荒，凡得道授书者皆朝王母于昆仑之阙。"《瑞应图》云："黄帝时，西王母来献玉琯。"《贾子·修政语》上云："黄帝涉流沙，登于昆仑。"又云："尧身涉流沙地，封独山，西见王母。"《易林·明夷之萃》云："稷为尧使，西见王母。"《世本》云："舜时，西王母献白环及玦。"《尚书大传》云："舜以天德嗣尧，西王母来献玉琯。"《大戴礼·少闲》、《汉书·律历志》《风俗通·声音》、《晋书·律历志》、《宋书·乐志·符瑞》、《说文》等书均有"西王母来献其白玉琯"的记载。《论衡·无形》云："禹使益见西王母。"《淮南子·览冥训》云："羿请不死之药于西王母。"《竹书》云："穆王……西征昆仑丘，见西王母。"据以上传说所云，则自黄帝历（转下页）

并且通过塔里木盆地诸氏族的关系，而与中亚之新石器文化的创造者发生文化的交通，这从塔里木盆地所发现之新石器文化所表现的内容可以看出①。另一部分，则南徙今日四川西北②乃至西藏高原③。更有一部分则东徙陕西，并且先后进入中原，是为后来之周族与秦族。

总上所述，我们因知中国历史上之野蛮时代，乃是一个人种和文化大交流的时代。中国过去以至现在的历史家，以为在这一时代，只有夏族是一个文化的氏族，殊不知与夏族平行发展的还有许多史前氏族。当夏族的彩陶与鼎鬲文化风靡于中国西北的时候，商族的黑陶与卜骨文化，亦掩袭于中国的东北，南太平洋系人种的几何形印纹陶与有肩石斧文化，亦普及于中国东南沿海及西南山岳地带。同时，今日之塔里木盆地，也已经成为一个新石器文化的摇篮之地。而且这几种不同系统的文化，并不是孤立地各自发展，而是在彼此之间的相互交流与相互影响中发展。在当时，一方面，是夏族的彩陶文化和鼎鬲文化由西而东；另一方面，是商族的黑陶文化和卜骨

（接上页）尧、舜、禹以至周穆王时代，中国与西王母之邦，皆常有往还献纳之事。而西王母之邦则在流沙之濒，昆仑之丘，正今日之塔里木盆地。黄帝以至尧、舜、禹的时代，又正是中国史上之野蛮下期之末以至中期的时代，所以我以为这些传说，正是暗示当时夏族与塔里木盆地诸氏族的接触。

① 斯坦因第三次中亚考古略记中有云："在塔里木盆地考古……发见史前时代之石器及彩画陶器甚多，与里海附近米索不达米亚、俾路支及中国西陲发现铜器时代之遗物的形式颇相类似。"据此，则史前之塔里木盆地，已为东西文化交流之处。（斯坦因《西域考古记》附录之247页）

② 蜀有夏族传说。《绎史》卷十一注引《遁甲开山图》云："古有大禹，女娲十九代孙，寿三百六十岁入九嶷山，仙飞去。后三千六百岁，尧理天下，洪水既甚，人民垫溺，大禹念之，乃化生于石纽山泉。"《吴越春秋·越王无余外传》云："石纽，在西川也。"《山海经·海内南经》云："夏后启之臣曰孟涂，是司神于巴人。"《无余外传》谓禹"家于西羌。"《铁云藏龟》105页称蜀曰羌蜀。蒋廷锡《尚书地理今释》：正义云："蜀都分为三，羌在其西。"故余疑史前时代，属于夏族之诸羌，已有南徙四川者。又《华阳国志·蜀志》谓蜀之次王鱼凫"田于湔山"，卜辞中有湔方，许书谓湔水出蜀绵阳玉垒山东南入江。是商以前，四川已有人类之证，其为夏族，似无可疑。

③《旧唐书·吐蕃传》（上）云："吐蕃，在长安之西八千里，本汉西羌之地也。其种落莫知所出也。"《新唐书·吐蕃传》云："吐蕃本西羌属，盖百有五十种，散处河、湟、江、岷间。有发羌、唐旄等，然未始与中国通。……蕃、发声近，故其子孙曰吐蕃。"步达生谓甘肃史前人种的头骨，与西藏族中之B种及甘姆斯种人的头骨构造最相类似。故余疑诸羌之族，在史前时代，即有徙入西藏高原者。

文化由东而西；再有一方面，是南太平洋系人种的印纹陶文化和有肩石斧文化由南而北；此外中亚的史前文化也由塔里木盆地缓缓流入中国。这些人种的接触和文化的交流，就构成了中国野蛮时代的历史之全面的运动与全面的发展。

第六章

氏族社会的经济构造

第一节　神农、黄帝时代：中国的早期新石器文化与畜牧、种植的发明

氏族社会的经济基础，是建立在新石器文化之上。在中国新石器时代的文化遗物虽然发现不少，然大都有缺失。只有甘肃出土的新石器文化缺失较少。安特生根据陶器制作技术之发达过程，把甘肃出土的新石器文化，分为六个时期，即齐家期、仰韶期、马厂期、辛店期、寺洼期、沙井期。前三期为没有铜器的时代，后三期，为有铜器的时代。安氏的这种划分，至今考古学家尚没有提出新的论证，给予以任何改变。因此，这种划分仍不失为研究中国新石器文化的一个标准。

自然，我们不能说，甘肃出土的新石器文化就毫无缺失，如各期之间的过渡关键，至今尚未完全发现。诚如安氏所云："此刻各期之相承，固甚突然也。"虽然如此，甘肃出的新石器文化，在大体上，已能显示出中国新石器文化相续继起之发展的过程，因而使吾人据此得以探溯中国氏族社会时代之社会经济的内容，从而这一时代之人与人的社会关系乃至其思想文化之发达的过程。

关于甘肃出土的新石器文化所属的年代，安氏于其所著《甘肃

考古记》中，曾作如次之推定。安氏谓："著者现假定甘肃各文化期之年代，平均为三百年，则六期共为千八百年。吾人若信阿恩博士所定仰韶期中部之年代开始于纪元前三千年[①]，则甘肃考古所得各期，当起于纪元前三千五百年，而终于纪元前千七百年也。"安氏又将此种假定之年代与中国半神话之上古史相联系，谓"适与此际相值者，盖夏代勃兴时也"。

我以为安氏的这种年代推定，大有问题，因为把每一文化期，平均为三百年，殊少充分之理由。根据人类文化发展的原理，愈古的文化期，所占的时间愈长。其时间上的差度，有时一倍、数倍乃至数十倍，因而决不能以三百年之平均数字，推定此等史前文化所占领的时间。我们在时代的关系上可以确说的，只是甘肃出土的史前文化之最晚期的文化，亦较商代的文化为古。至于甘肃最早的新石器文化，究竟起于历史上之若干年代，在今日实无推定之可能。

依据甘肃出土的各期文化之特征，我以为齐家期及其以前的文化，是属于野蛮下期的文化，与此相值者，为传说中之神农、黄帝时代。仰韶期、马厂期两期的文化，是属于野蛮中期的文化，与此相值者，为传说中之尧、舜、禹时代。辛店、寺洼、沙井三期的文化，是属于野蛮上期的文化，与此相值者，为传说中之夏的时代。

野蛮下期之开始，是以陶器及研磨石器之出现为特征。因为陶器是人类达到定住生活以后的产物，在流浪生活中的原始人群，是不会发明陶器的。同样研磨石器，也是特征人类定住生活的开始，因为必须有了研磨的石斧与石刀，人类才能斩伐森林，开始植物的种植，才能建设木房、家具、小舟、畜牢，开始动物的驯养以及一切适应于定住生活之需要。

① 阿恩《河南石器时代之着色陶器》中云："欲推定河南遗虚之时代，当视苏萨安诺第十二期及古域来茵与底撒黎之铜器时代为断。予虽未涉其详，但世之学者，率愿置此等文化时期于纪元前2500年，殆甚近于纪元前三千年者。河南陶器，亦当属于同时耳。"（217页）

神农皇帝时代（齐家期）的陶器及陶片［1A 有耳陶片，领之最上处及耳部缀以压花之图案。1B 陶片里面之紫红色彩绘。2 有耳之陶片，器耳缀以多数压成之花纹，中心饰以乳状突起之点，领部平滑无文，身与领之交界处满缀篦纹。3 图系一安佛拉氏的陶瓶。（见《甘肃考古记》第五版）］

附着于神农、黄帝的传说，正是特征这一时代的历史内容。

传说中谓神农是中国最初发明陶器的神人。《绎史》卷四注引《周书》云：“神农……作陶。”以后自少皞至黄帝的时代，陶器的制作便成为一种专业，并有专司。这种最古的陶器，近来已发现于甘肃宁定之齐家坪，安特生称之为齐家期的陶器。

传说神农作瓮和瓶。在齐家期的陶器中，曾发现一种安佛拉式之薄釉高领瓶，其色灰黄，形制极为秀丽。传说黄帝作碗碟。在齐家期陶器中，曾发现碗形器。

惟据民俗学的指示，最原始的陶器是在树皮编制的容器上涂以黏土再加烘烧而成。因此神农氏时代的陶器，应该是有骨胎的陶器。齐家期的陶器，不但无骨胎，而且已有花纹之装饰，因此，此种陶器已经是经过长期发展之陶器。我以为在中国一定还有一种较齐家期陶器更为原始的陶器。但这在考古学上，至今还是一种缺失。我相信，这种缺失，将来一定可以发现的。

传说中又谓神农是中国最初发明斧斤的神人。《周书》云“（神农）作斧斤。”而在齐家期的遗址中，已经发现磨制石斧。

传说中又谓神农是中国最初发明农具的神人。《易·系辞》下云：“神农氏作，斲木为耜，揉木为耒，耒耨之利，以教天下。”上引《周书》云：“神农为耒耜钼耨，以垦草莽，然后五谷兴助，百果藏实。”《太平御览》七八引《礼纬·含文嘉》云：“（神农）始作耒耜，教民耕，其德浓厚若神，故为神农也。”齐家期的遗址中，已发现石镰及各式尖锐的骨器。这些石镰，当然是用于垦草莱的。至于各式尖锐的骨器，是否有些是作为耒耜而使用，尚待考证。考原始种植所使用的工具，系由原始采集经济中之掘土棒转化而来，即转化为附有木柄之骨质、角质、蜃质、石质之鹤嘴锄。此种原始锄亦有完全用木制的。在这一时代，应该有此种原始锄的存在。

传说中谓黄帝时，已有宫室，“上栋下宇，以待风雨。”而齐家期遗址中，已发现村落遗址。

传说中谓黄帝“弦木为弧，剡木为矢，弧矢之利，以威天下”。[①]同时，伏羲氏时代所发明的罔罟，到黄帝时，更为进步。即因弓矢与罔罟之普遍的应用，因而使当时的人类有了拘兽以为畜的可能。

由于植物栽培和动物驯养之开始，又造成了织物出现的前提。传说中谓“黄帝造衣裳”，[②]又谓黄帝“垂衣裳而天下治”，[③]这正是暗示当时或者已有织物的存在。但当时的织物，诚如《淮南子·氾论训》所云，不过“緂麻索缕，手经指挂，其成犹罔罗”而已。

据此，吾人因知在传说中之神农、黄帝的时代，在今日甘肃西南一带之美丽的川谷中，已经布满了诸夏之族。他们在那里建筑了许多村落，开始了“时播百谷草木，化鸟兽昆虫”之植物栽培与动物驯养的定住生活。

---

① 《易·系辞》（下）。

② 《越绝书》卷八。

③ 《易·系辞》（下）。

现在，在他们手中，再不是拿的粗糙的打制石器，而是研磨的石斧与石镰。再不是原始的掘土棒，而是进步的鹤嘴锄。他们就用这种研磨石斧与石镰斩伐森林，芟夷草莱，开辟耕地，建筑房屋。用鹤嘴锄掘开土壤，试种植物。因而在他们村落的周围，已经不是一片榛秽的丛莽，而是枝叶繁茂的谷物和果树。这诚如传说中所云"昔者神农之治天下也，……甘雨时降，五谷蕃植，春生夏长，秋收冬藏。"[1]又如传说中所："神农之世……耕而食，织而衣，无有相害之心，此至德之隆也。"[2]

同时，在这一时代的人类，已经不是专以狩猎为生的原始猎人，而是知道驯养动物的牧人，他们也许已经知道"驾马服牛，令鸡司夜，令狗守门"[3]。猪在当时，恐怕已经成为家畜。

在这一时代，人们披的再不是原形的兽皮，至少是经过缝制的兽皮，甚至也穿着粗制的织物。他们再不用革囊盛水，用石器盛食物，而是用的具有美丽压花之碗形器及薄釉高领之陶瓶。

这一时代的人们，真如传说所云，他们或则"剡耜而耕，磨蜃而耨"，或则"斧柯而樵，桔皋而汲"。或则"埏埴而为器，窬木而为舟"，或则"粪田而种谷"，"拘兽以为畜"。他们"治麻捆布"以为衣裳；"上栋下宇"，以为宫室，过着"男耕而食，女织而衣"的日子。

虽然如此，我们仍然不能忽略采集和狩猎对于这一时代的社会经济中所起的作用。在具体的考古学的资料中，我们常常看到他们与农业畜牧经济之并存。不过在这一时代，他们退到次要的地位而已。

因为植物的栽培，是从采集经济中发展出来的；同样，动物的驯养，则是从狩猎经济中发展出来的。据民俗学的指示，当人类达到相对定居的时候，这时的女子不能获得以前多量的采集对象，她们就想起把一定的可食的植物，保存种子，或移植起来。北美印第安人常常把野生稻留下一部分作为野生播种。马来半岛的巴济济人，

① 《淮南子·本经训》。
② 《庄子·盗跖》。
③ 《淮南子·泰族训》。

经常把植物的果实移到远方播种。中国传说中所谓:“硕果不食”,正是保存种子的意义。即因如此,人们才能在他们住宅的附近有一块“以杞以瓜”的园地。原始的农业,还不能保证人类以充分的生活资料,所以它必须靠采集来补充。

动物的驯养,是狩猎经济发展的结果。由于罔罟、陷阱、栏栅等在狩猎中的应用,人类便能捕捉活的动物。因为一次食用不尽,在储蓄中便发明了驯养的方法。尼科巴群岛的尼格利特人,常将半驯养的小猪慢慢屠杀。若猪有妊娠,则留待生子。大洋洲之巴布亚人,遇有小猪,则畜之,以待其肥大。在中国传说中之伏羲氏时代,动物驯养已经开始。到这一时代,也许有若干种半驯养甚至完全驯服的家畜了。但是为了肉类及兽的皮、毛、骨、角等的需要,还是要用狩猎来补充。而且农业的发生与狩猎亦有不可分离的关系。因为“焚林而猎”,正是原始农业发生的前提。

在神农、黄帝的时代,正是由采集、狩猎经济转化到农业、畜牧经济的时代,所以前者在社会经济中,还是有其作用。

农业的发生,是人类定住生活之巩固的基础,它产生了生产过程之集团的组织,助长了人类血缘关系之固结。但是人类的定住生活,不一定完全发生于农业,它也可能发生于狩猎、渔捞乃至采集生活的人群之中。因为原始流浪人群之最初的定居,是相应于动物、植物及鱼类之存在,而把他们自己相对地固定于一定的森林、草原、河谷或海岸。这种情形,可以从狩猎及渔捞的人群中亦有陶器之发现获得确证。据考古学家的报告,在今日之渤海沿岸、东南沿海、青海东北、西南森林地带及塔里木盆地,都发现了古人的遗址及原始的陶器,因此,我们就可以想到生活于这些地方的人群,都已经进入了相对固定的生活,组成了以不同的生产方式为基础之氏族社会。

在这一时代,虽然出现了磨制石器,但这种石制的工具,究竟还是非常拙笨。据民俗学家的报告,南美土人用石斧砍倒一株树,需要两月的时间;而在我们用铁斧去砍伐,则只须一小时。即因生产力的不发达,所以决定了集体劳动还是这一时代的社会之基本的存在条件。不仅耕种,即耕种以外之狩猎与渔捞,亦由集团进行。

在这一时代，我们可以想到在甘肃、河南、山西一带，许多氏族中的男子和女子，他们或则以石斧共同斩伐森林，或则以原始的鹤嘴锄共同进行耕种。在耕种时，三个或更多的男子，以锄插入土中，掀起土块，女子继男子之后，打碎男子掘起的土块。然后女子将种子或球根植入土中。

同时，我们也可以想到西南森林区域诸氏族的人们，他们也在以集体的方式进行狩猎。他们在森林的各处放火，驱出藏匿的禽兽。在一定的地方设置陷阱和网罟，而自己则分批地守着一定要塞，以弓矢、长枪刺射逃亡或被陷的禽兽。

此外，我们又可以想到在当时渤海沿岸及东海沿海的诸氏族的人们，他们拿着枪、弓矢，组织了集体的渔捞。他们乘着小舟，使用共同编制共同使用之大网，以进行渔捞。

由于共同的劳动，就决定了他们的共同所有。在当时的各氏族，似乎已经守着了一定的疆域，正如《淮南子·本经训》所云：他们已“分山川谿谷，使各有壤界”。但是在这一定的疆域之内，并没有此疆彼界，所有的森林、河川、海岸，易言之，所有的土地，都是属于氏族成员共同所有。不但土地，即主要的生产手段，如大网、栏栅、小舟等，亦属于他们共同所有。一切的生产物，除一部分为了再生产之用而必需储存的以外，其余都共同分配。

当时的人群并不像我们今日文明时代的人类一样，每一个人都有自己的炉灶和钱柜。据民俗学的考察，他们还是一大群人住在一个共同长屋之中。他们只有共同的住宅，共同的炉灶，共同的餐桌，共同的仓库；此外，还有共同的墓地。他们真是可谓生则同衾，死则同穴。

根据考古学的发现，这一时代的人群也还有穴居的。但是这时的洞穴，也不是属于个人之所有，而是氏族的公共住宅。

据传说所云，神农氏的时代，已经有了交换。《易·系辞》下云：“神农氏作……日中为市，致天下之民，聚天下之货，交易而退，各得其所。”但在这一时代的交换，并不是进行于个人与个人之间，而是氏族与氏族之间的集体的交换。

中国的古人，在这样的经济条件之下，不知生活了若干年代，才进到野蛮中期，这在中国历史上是传说中之尧、舜、禹的时代。

第二节　尧、舜、禹时代：中国的中期新石器文化与畜牧、种植经济的发展

野蛮中期之主要特征，是陶器制作与磨制石器之进步，铜器的出现，土砖的房屋之建筑以及由此引导出来之农耕与畜牧生产之更高的发展。

传说中谓尧、舜时代，陶器的应用，已极普遍，它已成为家常日用的器皿。《周礼·考工记》云："有虞氏尚陶。"《韩非子·十过》云："尧有天下，饭于土簋，饮于土铏。"《史记·五帝本纪》谓："舜陶河滨，作什器于寿丘。"《韩诗外传》卷三谓："舜甑盆无膻。"这一时代的陶器，近来已经发现于仰韶及马厂两文化期的遗址中。据考古学家的报告，这一时期的陶器，制作技术已大有进步，形式亦已多样化，如瓮、钵、瓶、鼎、鬲、盘、盂、碗、碟之属，无不应有尽有。与传说所云，适相符合。

仰韶期的陶瓮

传说中谓禹的时代已有彩陶，而彩陶多用作祭器。《韩非子·十过》云：“禹作为祭器，墨染其外而朱画其内。”此种红黑两色相间之彩绘陶器，近来已于甘肃之仰韶期遗址有丰富之发现。据安特生云，此种彩陶，皆发现于葬址，因而皆为殉葬的冥器，亦即传说中所谓祭器。①

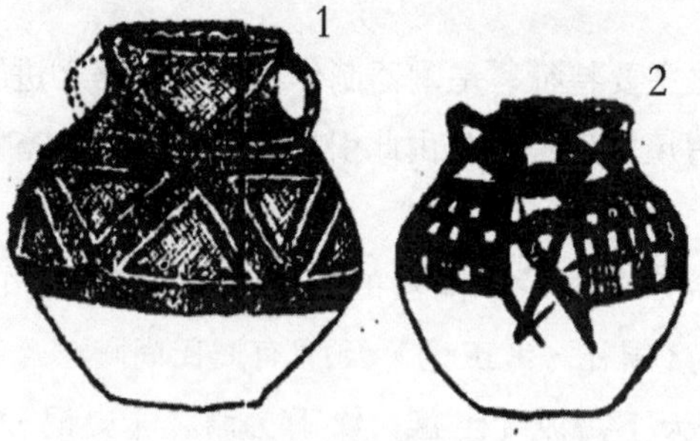

马厂期的陶器（1）

1、2两图，陶质橙黄色，花纹深紫色，领部里面有彩绘之花纹。

彩陶不仅限于殉葬之冥器，在仰韶与马厂两文化期遗址中所发现之家用器物上，亦无不施以富丽之彩绘的几何花纹。如斜纹、纵纹、横纹、斜长之椭圆形、三角纹、之字纹、条纹以及人形花纹等，皆为这一时代的陶画之流行的图案。

在这一时代，磨制石器及骨器的制作，已经达到高度发展的阶段。传说中谓尧、舜时代，已有杵臼的发明②，而仰韶遗址中，已有

① 安特生《甘肃考古记》云：“吾人于仰韶村之葬地遗址中，见殉葬之器，颇不饶；而甘肃墓地则异是。其中大件之殉葬陶器，（第六版至第八版）类皆辉煌华丽，确为石铜器过渡期中陶器之艺术放一异彩也。至其表面之花纹类皆非常繁复，吾人附图所示，仅其中选出之一部耳。但在繁复图案之中，有一种为吾人常见不爽之花纹，乃一红色条纹，上下夹黑色条纹。红纹与黑纹之间，各留一缝，不施彩绘。并自黑纹之里边向中心红带，伸出若干如锯齿之纹。此种图案，凡同期之殉葬陶瓮，几于无器无之。但同期之家用陶器，则绝无踪迹可寻。是以吾人视为一种与葬礼有关之‘丧纹’实有理由之依据也。”（12—13页）

② 《易·系辞》（下）云：“断本为杵，掘地为臼。”

石杵的发现。传说中谓舜躬自耕稼，“禹亲操橐耜，而九杂天下之川”[①]又谓“禹身执耒锸以为民先”[②]。而仰韶及马厂遗址中，已有石锄、石耨、石镰及骨镰[③]等农具之发现。传说中谓禹“随山刊木”[④]，“凿龙门，辟伊阙”[⑤]，“惟荒度土功”[⑥]，而仰韶及马厂遗址中，已发现石斧[⑦]、石锛。传说中谓尧使羿诛凿齿，杀九婴，徼大风，射十日，杀猰貐，断修蛇，禽封豨[⑧]而仰韶及马厂遗址中，已有石簇、骨簇、贝簇之发现。传说中谓尧时已有“黼黻絺绣”，“以五彩彰施于五色作服”[⑨]，而仰韶遗址中，已有纺织用之石纺轮[⑩]及裁缝用之骨针的发现。传说中谓尧时，“后稷教民稼穑，树艺五谷”[⑪]，“烝民乃粒”[⑫]，而仰韶遗址中，已发现谷粒。传说中谓益为舜、禹管理家畜，而仰韶遗址中有大批豕骨的发现。传说中谓尧“茅茨不翦，采椽不斲”[⑬]；又谓“尧朴桷不斲，素题不枅”[⑭]；“舜作室筑墙茨屋，辟地树谷，令民皆知去岩穴，各有家室”[⑮]；“（禹）卑宫室而尽力乎沟洫”[⑯]。而仰韶及马厂遗址中，已发现居住遗址。这样看来，仰韶及马厂两文化期的遗物，当是尧、舜、禹时代的人们之所遗。

---

① 《庄子·天下》。

② 《韩非子·五蠹》。

③ 青海西宁朱家寨发现一种骨刀，刀之刃口为薄片之燧石镶嵌而成。

④ 《书·禹贡》。

⑤ 《淮南子·修务训》。

⑥ 《书·益稷》

⑦ 仰韶式的石斧多作长方形而无孔。但在西阴村的遗址中，亦发现附柄及绳穿的石斧。

⑧ 《淮南子·本经训》。

⑨ 《书·益稷》。

⑩ 在西阴村仰遗址，发现石纺轮两个，其一为片岩制，甚完整，其一为石灰岩制，只存一部。

⑪ 《孟子·滕文公》（上）。

⑫ 《书·益稷》。

⑬ 《韩非子·五蠹》。

⑭ 《淮南子·精神训》。

⑮ 《淮南子·修务训》。

⑯ 《论语·泰伯》。

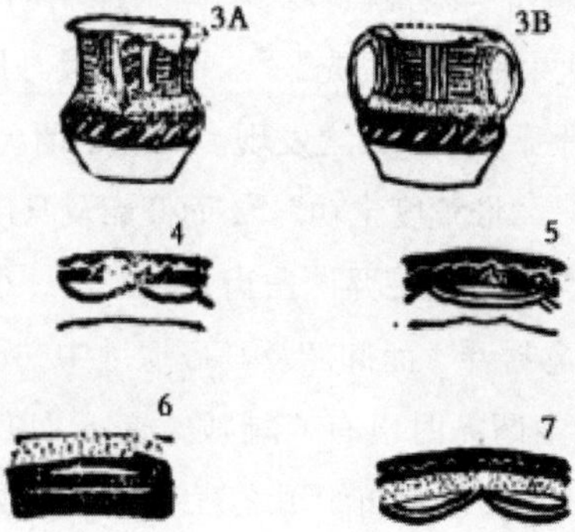

马厂期的陶瓷（2）

3A、3B两图，陶质同1、2两图（见87页），彩绘为红黑色，领部里面有彩绘之花纹。

4、5、6、7，示领部里面之花纹。（采自《甘肃考古记》第二版）

在这一时代，应该已有金属工具的发明。传说中谓尧、舜、禹时代，已有金属工具的存在。《史记·封禅书》云："禹收九牧之金，铸九鼎。"《虞荔鼎录序》云："昔虞、夏之盛，远方皆至。使九牧贡九金，铸九鼎于荆山之下。"《书·舜典》云："金作赎刑。"《禹贡》谓扬州、荆州贡"金三品"。《疏》："郑玄以为金三品者，铜三色也。"同书又谓梁州贡璆、铁、银、镂。《疏》引郭璞云："璆琳美玉之别名。镂者，可以刻镂，故为刚铁也。"但据考古学家的报告，在仰韶与马厂的遗址中，并无金属工具之痕迹。在中国，直至辛店期，始发现铜器。不过依据辛店出土的铜器之制作技术看来，此种铜器已经不是原始的铜器，而是经过长期发展之铜器。因此，我以为仰韶，至迟马厂期，应该有了铜器的存在，而这在中国考古学上还是一个缺失。

这些文化创造的出现，就说明了当时社会的生产力已有很大一步的发展。这样的生产力，当然会创造出更发展的经济状况。这种经济状况就表现于大规模的焚烧农业，有组织的畜牧业，专门化的手工业以及比较具有恒长性的交换之出现。

传说中谓尧、舜、禹的时代，已经有了繁盛的农业。当时的人群，到处焚烧山泽[①]，斩伐森林[②]，披山通道，随地造区[③]，开凿沟渠[④]，披除草莱。他们就这样开辟了广大的耕地。然后他们耦立而耕，播莳百谷。由于谷物之普遍的种植，于是“烝民乃粒”[⑤]，而中国的人民也就在这一时代最终地脱离了采集生活。

传说中谓舜的时代，已有专门掌管畜牧的人，[⑥]而且他们已经熟悉动物生长发育的过程，如动物何时孳尾，何时希革，何时毛毨，何时氄毛。这如果不是畜牧繁盛的时代，人类决不会有这样的知识。传说中谓舜时已有牛群与羊群[⑦]，仰韶遗址中，亦发现大批豕骨和鹿骨。两相印证，不谋而合。

传说中谓在尧时即有精细的分工。《淮南子·齐俗训》云：“故尧之治天下也，舜为司徒，契为司马，禹为司空，后稷为大田师，奚仲为工。其导万民也，水处者渔，山处者木，谷处者牧，陆处者农。地宜其事，事宜其械，械宜其用，用宜其人。泽皋织网，陵阪耕田。得以所有易所无，以所工易所拙。是故离畔者寡而听从者众。譬若播棋丸于地，圆者走泽，方者处高，各从其所安。”这段传说，就是说明当时农、牧、渔、樵、工艺，已经分工。但据考古学的发现考察，当时工艺部门或有更精细的分工。如石器之研磨、钻孔、陶器之埏埴与装饰，骨器之切割与雕刻，铜器之冶炼与范铸，都有了分工。

传说中谓尧、舜时代，已有“懋迁有无化居”之事。证之考古学的发现，当时实亦有交换之存在。如鼎鬲文化之西播于甘肃，东播于山东，彩陶文化之由甘肃东播于河南，印纹陶器之由东南沿海北播于华北，此等文化之传播，皆必须有人类为之媒介，

---

① 《孟子·滕文公》(上)云：“舜使益掌火，益烈山泽而焚之。”

② 《淮南子·修务训》云：“禹乘四载，随山刊木。”

③ 《吴越春秋·吴太伯传》云：“尧聘弃，使教民山居，随地造区，研营种之术。”

④ 《论语·泰伯》云：“(禹)卑宫室而尽力乎沟洫。”

⑤ 《书·益稷》。

⑥ 《荀子·大略》：“禹见耕者耦立而式。”

⑦ 《书·舜典》云：“帝曰，畴若予上下草木鸟兽。佥曰：益哉。帝曰：俞，咨益，汝作朕虞。”

而此种媒介，则为交换。据安特生云：“在仰韶之墓地中，曾发现琢磨之玉片及玉瑗数件，其形质吾人常认为来自新疆和阗者也。”而传说中在尧、舜、禹的时代，亦有西王母来献白环、玉玦之事。两相印证，则当时甘肃的居民已与塔里木盆地诸氏族发生交换的关系了。

综合以上所述，我们可以了然于当时人类之生活，实已进入大规模之焚烧农业与有组织之畜牧生活。虽然如此，当时的农业和畜牧还是集体进行的，因而土地及农产品和畜群，都是属于共同所有。只有狩猎用具和装饰品，恐怕已经属于个人所有。

在当时，没有人被允许有自已的小块土地，私人的住宅，尤其不允许有自己的奴才。所以《淮南子·氾论训》云：“尧无百尺之廓、舜无植锥之地”，“禹无十人之众”。他们还是居住在共同长屋之内，大家耕种共同的土地。他们耕而食，织而衣，但“无私织私耕，共寒其寒，共饥其饥”[①]。

据民俗学的指示，当时的长屋规模宏大，在婆罗洲有达四分之一英里的住宅，其中居住一千人左右。传说中谓“舜有膻行，百姓悦之，故三徙成都，至邓之墟而十有万家”[②]。我以为这个传说，正是暗示共同长屋之存在。这里所谓都，就是长屋；所谓家，乃系指人口之数。不过十万人的数字，是过于夸张了。此种长屋，在唐时高勾丽的土人中还存在着。《隋书·高丽传》谓“(高丽)父子同川而浴，共室而寝”。这种长屋，在中国古代，一定是存在过的。

---

① 《尉缭子·治本》。

② 《庄子·徐无鬼》。

第三节　夏代：中国的晚期新石器文化与田野农业之出现

人类在野蛮中期，又不知经过了若干时代才进到野蛮上期，即传说中之夏的时代。

野蛮上期的人类之伟大成就，据摩尔根说，是铁器的出现，风箱、手磨、陶车及油、酒的制造，转为手工艺之发达的金属加工，货车及战车，用梁及板的造船术，艺术建筑的开始，围以有雉堞及城墙之都市的出现。

在中国传说中之夏的时代，除铁以外，所有这一时代的诸特征都已存在。

铁在中国何时出现，至今尚无定论。惟直至商代尚无铁的痕迹。铜质工具则在传说中之夏代确已发现。

夏代的陶器制作，更为发展。无论在形式方面或花纹方面，均超越以前的时代。

这一时期的石骨各器，除牛马胛骨所制之鹤嘴锄外，其余均为以前诸期广布之品。惟石斧较少，如非尚未发现，则或系为铜斧代替。此外长方形石镰、尖头骨器等，较之前期出土者进步很少。

传说中谓夏代已有车的发明。《左》定公元年传云："奚仲居薛，以为夏车正。"又《书·甘誓》云："御非其马之正。"《五子之歌》亦云："若朽索之驭六马。"《史记·夏本纪》谓夏禹治水，"陆行乘车"。

传说中谓夏代已有艺术建筑，《尚书》谓太康时即有"峻宇雕墙"。到夏后桀之时，则已"筑倾宫"，"饰瑶台"。在仰韶的遗址中，也发现了村落遗址及雕刻骨板，所以"峻宇雕墙"，"倾宫瑶台"，在夏代是可能存在的。

传说中谓夏代已有围以城墙的都市之出现。而在寺洼遗址中，已发现四壁围以土墙之住址。

从以上诸文化遗存看来，从传说中之尧、舜、禹时代到夏代，生产力又有很大的发展。在生产力发展的这一水准上，由于技术的成长，个人的力量之强化，于是原始的协作开始崩溃，而逐渐发生生产过程之渐次个人化。生产过程的个人化和私有财产的出现相关联；私有财产的出现，又助长了技术之疾速的成长，并加强生产过程的个人化。因此生产过程的个人化，是私有财产出现的前提，同时，又是它的结果。

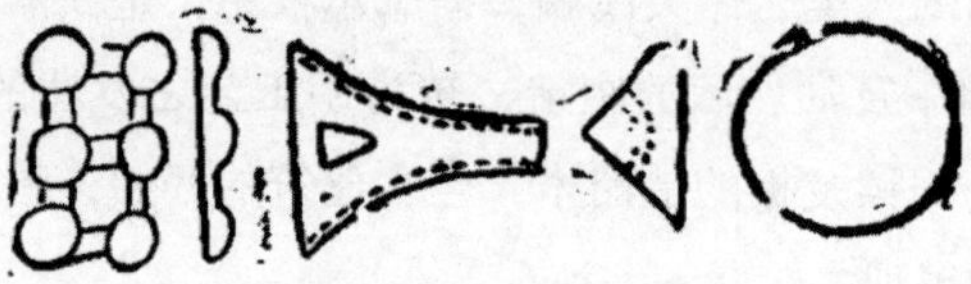

夏代初期的铜器

卡窑及下面河墓中出土之辛店期的小件铜器

由于铜器的出现，便加速地扩大了耕地的面积。以前，人类因为局促于小的耕地面积上，容易使土地枯竭，因而必须经常向新的土地移徙。现在，因为耕地面积广阔，人们便不必流浪耕种，只是在同一地区内轮流休耕[①]。但是由于人口的增多，又使广阔的耕地变为相对的狭小，于是休耕期间渐次缩短，由五年、三年的休耕，到隔年耕种，最后到不休耕为止。由于施肥及灌溉的发明，提高了土地的报酬，使更小的地面能够得到更大的收获，从这里奠定了农业生产之个人化的基础。

农业生产之个人化的倾向，首先表现于氏族的土地所有分裂为由氏族中分解出来的几个大家族的土地的世袭使用。因为耕地面积广阔，势必分配耕种。这种分配，以前是定期的，一年、两年或三五年再分配一次，以后分配的期间延长，最后便不分配，而永远委诸各个家族使用。到这一时候，土地在名义上还是属于氏族所有，只有各大家族自己新辟的土地便属于各大家族所有。同样，氏族共有土地上的果树也属于氏族所有，只有由各大家族自己栽种的果树

① 《汉书·食货志》(上)云："民受田，上田夫百亩，中田夫二百亩，下田夫三百亩。岁耕种者为不易上田，休一岁者为一易中田，休二岁者为再易下田。三岁更耕之，自爰其处。"据此，则此种轮流休耕制，在中国古代，确曾实行过。

才属于他们自己所有。但是随着生产个人化的愈益发展，大家族对于土地之世袭使用便变成世袭所有了。

个人化的倾向也表现于畜牧上。到这一时代，家畜的种类日益增多了，马牛羊鸡犬豕几乎都变成了家畜。这些家畜最初当然属于氏族全体所有，但是随着氏族分解为几个大家族，畜群也分裂为大家族所有了。

个人化的倾向，也表现在狩猎和渔业的集体劳动中。在很早的时代，随着弓矢的发明，就奠定了狩猎之个人化的基础，到这一时代，个人化的倾向更加发展了。随着钓针在渔业中的应用，又造成了渔业个人化的前提。自然，狩猎与渔业的个人化，不但依于工具之发达，同时由于土地之分配，而使森林、溪谷、河岸、海边都属于一定的大家族使用，也是最大的原因。

由于生产过程个人化的倾向之继续增长，于是引起氏族内部个别经济细胞的形成，即大家族和特殊的小家族之出现。并且在一个氏族内部产生了各家族之间的分业。

原来性别的分业，到这一时代渐渐归于消灭。女子的劳动大半都移到男子劳动的领域。这种过程与氏族内部独立的经济细胞之形成同时开始。过去年龄别的分业也不存在了。在这一时代已经不是男女老少的分业，而是把男女老少分别归纳于各个家族之中，形成家族与家族之间的分业。在这一时代，出现了从事各种手工业活动之若干大小家族，如陶器、木器的制作，特别是冶金业的发达，给这种形式的分业以强烈的影响。到现在，手工业脱离农业被承认了，而这就是第二次社会大分工。

生产力的发展，不仅改变了劳动的组织而引起分业的形式之变化；同时，也改变了所有制关系而引起分配之变化。以前属于氏族共同所有之农产物，现在，那些大家族渐渐当作自己的财产而占有。（除了拨出一部分为公用之需）同时，对于猎物及鱼类的分配，也出现了不依要求而依劳动的新的分配原理。

生产组织的改变从而又改变了交换的方式。随着氏族内部各大家族的分业之出现，因而又出现了氏族内部各大家族之间的交换。

氏族内部的交换之出现，就表征着原始共同体内部的统一性之分裂，亦即氏族制向着大家族的方向崩溃。传说中谓夏代已经出现了作为等价形态的货币[①]，货币的出现，就使得交换物之量与质渐渐形成一定的相互关系。但这一时代的货币，恐怕还是畜群。也许出现了贝货？

由于经济的这一发展，到夏代中叶以后，原来的公共谷仓，现在一变而为各大家族之私有的储蓄库。原来的共有的畜群，现在一变而为各大家族的私有财产。共同的长屋冷落了，共同的炉灶废除了，共同的大餐桌撤销了。在这一时代，到处都出现了大家族的村落，在村落的周围，都筑有城堡式的土墙。在村落的附近，都布满了青葱的果园。在过去曾经是荒芜之地，现在一变而为美丽的田野，种植了各种的谷物。在大家族的村落之中，有陶器、石器、骨角器物的作坊，有金属的冶炼场，有大规模的厩栏，有自己的仓库、有公用的杵臼和酒、油的酿造所。那些大家族的成员，他们日出而作，日入而息，凿井而饮，耕田而食。如果有了多余或缺乏，他们便牵牛贩卖，懋迁有无。这在原始公社制的社会中，真是一种前所未有的新现象。

到传说中之夏孔甲时代，便到了氏族制社会的末日。《国语·周语》云："孔甲乱夏，四世而陨。"《纲鉴汇纂》云："自孔甲以来，诸侯多叛。"《史记·夏本纪》云："孔甲立，夏后氏德衰。"这些传说，我以为正是暗示氏族社会的崩溃。所谓诸侯多叛，正是大家族分解氏族社会之说明。

夏至孔甲的时代，以血缘为基础而结合的氏族组织已为依领土关系而结合的农村共同体所代替了。而这在形式上，便表现为大家族在向小家族的方向崩溃。在这一时代，耕地虽仍属共有，但各小家族渐渐把自己的分配地变为自己的私有。惟直到这时，土地还是不许自由让渡，因而在名义上，还是为公社所共有。此外山林、荒地、牧场、河岸、海岸，也还是共同所有。不过土地上的生产物，则已为小家族的私有财产了。主要的生产手段之共有与生产所得之

① 《史记·平准书》太史公曰："虞夏之币，金为三品，或黄或白或赤，或钱或布或刀或龟贝。"

私有，就正是农村共同体所具有的二元性。而这种二元性，也就正是共同所有与私人所有的对立斗争之表现。但是依据历史进化的原理，这一次斗争的结果，是私人所有之胜利。

在这一时代，到处都出现了各小家族的私人房屋，在这种房屋的周围，有自己小小的园圃，在房屋的内部有自己的仓库、炉灶和餐桌，也有自己的厩栏。一切都走向个人化了。虽然在他们的生产物中，也还储有公用的部分，但此种公用财物，已变成富裕首长用以榨取共同体成员的手段之一了。虽然也还保存协作的劳动，如建筑房屋及收获时之无条件的互相协助，但这也变成富裕的小家族用以榨取贫穷邻人的手段了。

到传说中之夏桀时代，随着协作的崩溃和财产差别的发生，那些因集团生产过程之要求而获得自己指导地位之原来的氏族首长已经失去了他们的意义了；代之而起的，是富裕家族的代表。这些新的首长，他们继续担当还被保存于农村共同体内部之公共职务的执行。他们渐渐从劳动过程中脱离出来，成为一个统治阶级，公仆变成主人了。所以最初的统治阶级之出现，是经济的富裕之属性。

在这一时代，为了集中更大的财富，于是以畜群及人类之掠夺与捕获的战争开始了它们的任务。因而随着牛马之后，人类的自身也就变成了一种商品而出现于市场了。传说中谓桀伐有施氏，得妹喜。后伐珉山氏，珉山庄王进其二女，曰琬曰琰。又说桀有女乐三万人。这里所谓妹喜、琬、琰及女乐三万人，正是后来奴隶的前身。

现在，公共的长屋倒坍了，在它的废墟上，建立起“金柱三千”“以瓦为屋”之华丽瑰伟的“倾宫瑶台”。氏族社会结束了，从此以后，中国的历史便走进文明时代。

第七章

氏族社会的家族关系与社会组织

第一节　对偶婚家族与族外婚

新石器的出现以及由此而引起的社会生产力之发展改变了社会经济的组织，也改变了人类之家族关系。以前蒙昧上期之亚血族群婚，到野蛮下期，便发展为对偶婚家族了。

对偶婚家族，是野蛮时代之典型的家族形态，正犹血族群婚之于蒙昧时代，一夫一妻制于文明时代一样。一直到野蛮上期，人类才开始由对偶婚家族转向一夫一妻制家族。

所谓对偶婚家族，并不是意味着一夫一妻的家族。据摩尔根的研究，这种家族形态即一个男子在他的许多妻子之中，有一个主妻；反之，一个女子在她的许多夫之中有一个主夫。这种家族形态之继起，是由于继续缩小通婚的范围而引起的结果。

我们已经说过，最原始的时代，通婚的范围是毫无限制的，以后通婚的范围便逐渐被限制。先从近缘的再从远缘的亲族，最后，甚至不过法律上姻戚关系的人，都禁止通婚。因为如此，血族群婚在事实上成为不可能，于是对偶婚才代之而起。所以对偶婚是血族群婚缩小到最后的单位，即仅由一男一女两个原子而构成之不稳定的两性关系。

对偶婚出现的时代，婚姻范围已经缩小到不许同一氏族的男女互相通婚。因此一个男子必须到另一氏族寻找他的妻子；反之，一个女子也必须从另一氏族寻找她的丈夫，这就是所谓族外婚。这时的族外婚与我们今日不同的，即出嫁外族者非氏族中之女子，而是氏族中之男子。

族外婚之出现，正是氏族制的社会经济在家族关系上之具体的反映。在前氏族社会的末期，社会经济的发展中，即已开始了生产过程个人化与占有性质集团化之间的矛盾之萌芽，这种矛盾到氏族社会时代更加发展。但是，一直到氏族社会的中叶，个人化的发展程度仍不能达到与集团所有的关系之决裂。所以反映在家族关系上，一方面，是通婚的范围几乎缩小到以个人为单位的对偶婚；另一方面，这种对偶婚仍然被制约于集团的关系之内。

男子之不允许在其自己氏族内结婚，这件事具有重大的经济意义。因为由此即可以防止在氏族社会的共同体内，分裂出许多以个人为单位的家族，从而防止个人化的倾向对集团组织之分解。族外婚的执行，就是企图把构成氏族社会的细胞（男子与女子），束缚于集团生活之中，使集团中的个人，不能脱离集团的关系而生活。所以对偶的家族形态，虽然是两性关系向个人化方向发展之表征，但在原则上，婚姻的关系，却不是个人对个人，而是氏族对氏族。换言之，当时出嫁外族的男子并不是当作一个单独的个人，而是当作氏族的成员之一；反之，女子亦然。从这里，我们就可以了然族外婚的发生正是生产过程个人化与所有关系集团化之间的矛盾之透明的反映。

至于男子出嫁而女子不出嫁的原因，则是因为直到对偶婚家族时代，人类还不能正确地认识其真正的父亲。在对偶婚家族中，虽然女子已有一个主夫，但同时，还有许多庶夫；因而当时的人们虽然可能由其母之主夫的存在而认识其父亲，但这只是名义上的父亲，而非真正的父亲。为了血统的追溯，及动产（武器、衣服、装饰品等）的承继，女子必须留在自己氏族之内，以为血统计算的基础及财产的继承人。

对偶婚在中国史上之野蛮时代也曾经存在过。传说中之黄帝以至尧、舜、禹时代，正是对偶婚家族时代。

据传说的暗示，黄帝以至尧、舜、禹时代，曾有外婚制的存在。《国语·晋语》云：“黄帝之子二十五宗，其得姓者十四人，为十二姓：姬、酉、祁、己、滕、葴 、任、荀、僖、姞、儇、依是也。唯青阳与夷鼓同己姓。”[①]我以为正是暗示黄帝之二十五子，分嫁于十二个氏族，其中有二子，同嫁于己族，故各有其自己之族姓。而此十二姓，直到有史以后还是相与为婚姻[②]。由此，足征传说中之黄帝时代，曾有男子出嫁的外婚制之存在。

传说中谓尧以二女妻舜，同时又以九男（《吕览》作十子）、百官“以事舜于畎亩之中”[③]，这一传说的内容，我以为一方面是暗示舜嫁于尧的氏族，而妻尧的氏族中之二女；另一方面，又暗示尧的氏族中的男子，所谓九男与百官嫁于舜的氏族，而成为舜的氏族中的劳动成员，所谓“事舜于畎亩之中”者，正是此意。同时，传说谓舜为有虞氏，而其弟象则为有鼻氏，是舜与象皆未留在本族，而是分嫁于不同的氏族。此外《国语·晋语》谓：“四母之子，别为十二姓。”是四母之子，亦分嫁于十二个不同的氏族。由此看来，尧、舜的时代；也有男子出嫁的族外婚之存在。

此外据《史记·五帝本纪》等云：“（黄帝）娶于西陵之女”，“昌意娶蜀山氏女”，“颛顼娶于腾奔氏”，“帝尧娶于散宜氏”，“帝舜娶于陶唐氏”，“帝禹娶于涂山氏”。这些传说，都暗示当时有族外婚的存在。

关于对偶婚的存在，传说中也有暗示。

《史记·五帝本纪·帝尧纪》索隐引皇甫谧云：“尧娶散宜氏之

---

① 《史记·五帝本纪·黄帝纪》索隐。

② 崔述《补上古考信录》卷二云：“十二姓之见于传者，姬、祁、己、任、姞五姓而已，然皆相为婚姻。后稷取于姞，王季取于任。春秋时，晋之栾与祁婚。鲁之孟与己婚，而姬、刘、祁、范，乃世为婚姻。”

③ 《孟子·万章》（上）云：“帝（尧）使其子九男二女百官牛羊仓廪备，以事舜于畎亩之中。”《吕氏春秋·慎行》云：“尧传天下于舜，礼之诸侯，妻以二女，臣以十子。”《淮南子·泰族训》云：“尧乃妻以二女，以观其内；任以百官，以观其外。既入大麓，烈风雷雨而不迷，乃属以九子，赠以昭华之玉，而传天下焉。”

女，曰女皇，生丹朱。又有庶子九人。”有庶子，当然就有庶妻。是尧除其主妻女皇之外，尚有许多庶妻。所以除嫡子丹朱之外，又有庶子九人。

帝舜纪集解谓“娥皇无子，女英生商均”。舜升天子，娥皇为后，女英为妃。这一传说，更明示舜于主妻之外，更有庶妻。

惟传说所示，仅使吾人可以看出对偶婚之一面，即尧、舜时代的男子，除一个主妻，还有许多庶妻，而没有指出对偶婚的另一面，即尧、舜时代的女子，除一个主夫之外，也有许多庶夫。在对偶婚的家族中，不是片面的多妻，而是男子多妻，女子多夫。关于这样的事实之存在，却在另一种传说中暗示出来。这就是从黄帝以至尧、舜、禹这些神化人物，传说中皆谓他们系感天而生。感天而生者，即在多夫多妻的对偶婚家族中，人们尚不能正确的认识其亲身的父亲，因而不能不托于龟蛇之类的动物以设定一个假设的父亲。

传说中只记黄帝之母曰附宝，帝尧之母曰庆都，帝舜之母曰握登，帝禹之母曰修己，而皆不及其父。后来虽然有些传说替舜创造了一个父亲曰瞽瞍，替禹创了一个父亲曰鲧；但这也只能意味着是舜、禹的母亲之主夫，因而也只能是舜、禹之名义上的父亲。因此之故，所以传说中谓黄帝之生乃其母感北斗之大电①，尧之生，乃其母感三河之赤龙②，即如舜、禹之生，亦与其父亲无关。舜之生，乃其母感姚墟之大虹③，禹之生，乃其母感贯昂之流星④。这种传说都是当时尚在对偶婚家族阶段之反证。

惟《孟子·万章》曾有象使二嫂治其栖，及“象往入舜宫”，及

① 《初学记》引《诗纬·含神雾》云：“大电光绕北斗枢，照郊野，感附宝而生黄帝。”《竹书纪年》亦云：“黄帝母曰附宝，见大电绕北斗枢，星光照郊野，感而孕，二十五月而生黄帝于寿丘。”

② 《初学记》引《诗纬·含神雾》云：“庆都与赤龙合婚，生赤帝伊祁，尧也。”《太平御览》卷八十引《春秋纬·合诚图》云：“尧母庆都，……出观三河之南，……赤龙与庆都合婚有娠，(生尧)。”

③ 《初学记》引《尚书纬·帝命验》云：“姚氏纵华感枢。《太平御览》卷八一引《诗纬·含神雾》云：“握登见大虹，意感生帝舜。”

④ 《太平御览》卷八二引《尚书纬·帝命验》云：“禹，白帝精，以星感。修己山行，见流星意感栗然，生姒戎文禹。"《竹书纪年》云：“禹母曰修己，出行，见流星贯昂，梦接意感，既而吞神珠，修己背剖而生禹于石纽。”

见“舜在床琴”而又“忸怩”之记载[1]。以之与《楚辞·天问》中“尧不姚告，二女何亲”，“眩弟并淫，危厥厥兄”之语相印证，则似乎娥皇、女英为舜与象兄弟共同之妻；而舜与象兄弟为娥皇、女英姊妹共同之夫。如此，则尧、舜时代，似尚为亚血族的家族。

但是传说明明指出当时的社会经济内容，是“牛羊，父母；仓廪，父母；干戈，朕；琴，朕；弤，朕。”[2]换言之，即畜群公有，谷物公有，武器私有，娱乐器物私有。而这种经济内容，正是属于野蛮中期的时代。据摩尔根考察，野蛮中期的家族形态，已经是发展了的对偶婚家族。同时据传说所示，象称娥皇、女英曰二嫂。嫂的称呼之出现。正是兄弟别妻之证明。固然，在对偶婚家族中，仍然有亚血族婚的残余，但对偶婚的实践，是族外婚，是男子出嫁族外。因此，除非兄弟同嫁一族，才有共有一对姊妹为妻之可能。但据传说的暗示，则舜嫁陶唐氏而象嫁有庳氏。所以他们根本没实现亚血族婚的可能。而娥皇、女英，只能解释为舜之主妻与庶妻。至于娥皇、女英除舜以外，虽亦有其他之夫，并不是象，而是陶唐氏族中之其他外来的男子。

男子出嫁的族外婚，在汉唐时代的四裔诸落后种族中，尚有此种遗风。如高句丽、扶桑国、勿吉、铁勒、乌桓、室韦以及西南诸族中，其婚姻皆男就女家。

《文献通考·四裔考》二云：“高句丽，其先出自夫余，其婚嫁皆就妇家，生子长大，然后将归。”《三国志·东夷传》亦谓高句丽，“其俗作婚姻，言语已定，女家作小屋于大屋（共同长屋）后，名婚屋。婿暮至女家户外，自名跪拜，乞得就女宿，如是者再三。女父母乃听使就小屋中宿，傍顿钱帛，至生子已长大，乃将妇归家。”

《文献通考·四裔考》四云：“扶桑国，其婚法，则婿往女家，门外作屋，晨夕洒扫，经年而女不悦即驱之，相悦乃成婚。”

---

① 《孟子·万章》（上）云：“父母使舜完廪，捐阶，瞽瞍焚廪。使浚井，出，从而掩之。象曰：‘谟盖都君，咸我绩，牛羊，父母；仓廪，父母；干戈，朕；琴，朕；弤，朕；二嫂，使治朕栖。’象往入舜宫，舜在床琴，象曰：‘郁陶思君尔，忸怩。’”

② 《孟子·万章》（上）。朱熹《集注》：“弤，琱弓也。”

《北史》(卷九四，列传八二)、《魏书》(卷百，列传八八)及《文献通考·四裔考》三均载勿吉(一曰靺鞨)"初婚之夕，男就女家，执女乳"。

《文献通考·四裔考》二十一云:"铁勒之先，匈奴之苗裔也。其俗大抵与突厥同，唯丈夫婚毕，就便妻家，俟产乳男，然后归，此其异也。"

同上《四裔考》十九云:"乌桓，其嫁娶先私通…然后婿随妻至家，无尊卑，朝朝拜之，而不拜其父母。为妻家仆役一二年间，妻家乃厚遗送女，居处财物一皆分办。"

新旧《唐书·北狄传》皆谓:"室韦(契丹别种)婚姻之法，男先就女舍，三年役力，因得亲迎其妇。役日已满，女家分其财物，夫妇同车而载，鼓舞共归。"

《文献通考·四裔考》七引《桂海虞衡志》云:"(西原蛮婚嫁,)婿来就亲女家，于五里外结草屋百余间与居，谓之入寮……半年而归夫家。"

此种男子出嫁之族外婚，直至清代，甚至现在，还存在于两粤的徭族中。清魏祝亭《两粤徭俗记》中有云:"山官婚嫁则不然，先数日嫁女之家，购香木芳草，构屋于中途名曰寮。届期男女均集，鼓角鸣铙，人声与笙声迭作，雅乐与俗乐并陈。日将晡，鼓吹导入营房。……居阅六月，婿始率妇归。"

第二节　中国的母系氏族社会及其向父系氏族社会之转化

适应于对偶婚家族的氏族，是母系氏族。所以在传说中之黄帝以至尧、舜、禹的时代，是母系氏族社会时代。

人们也许怀疑传说中明明说黄帝以至尧、舜、禹的时代，都是男子执政，何以说它是母系氏族社会呢？关于这个问题，民俗学已经替我们解答了。苏门答腊的米兰卡巴人，他们是处于母系氏族社会的一种落后种族，但为了共同事务的处理，尤其是对敌人的防御，他们却选出男子做他们的酋长。不过他们的酋长却是由氏族评议选出，而氏族评议则掌握在女子手中。氏族评议会，可以推选酋长，也可以任意罢免一个不称职的酋长。氏族评议会是氏族社会之最高的权力机关，同时它又是最古典的民主政治形式。所以即使黄帝、尧、舜、禹这些神化人物都是男子，也并不妨碍当时社会之仍为母系氏族社会。

据民俗学指示，母系氏族社会之第一个特征是子从母姓，而在中国传说中，尧、舜、禹、契皆从母姓。《史记·五帝本纪·帝尧纪》索隐引皇甫谧云："尧初生时，其母在三阿之南，寄于伊长孺之家，故从母所居为姓也。"《虞舜纪》正义云："瞽瞍姓妫，妻曰握登，见大虹，意感而生舜于姚虚，故姓姚。"同上书索隐引《礼纬》云："禹母修已，吞薏苡而生禹，因姓姒氏。"又云：契姓子氏者，亦以其母吞玄鸟卵而生。据此，则传说中之尧、舜、禹的时代，实有子从母姓的事实。

母系氏族社会之第二个特征，便是酋长的职位不能父子相承。因为在母系之下儿子是属于别一氏族的，唯有兄弟或姊妹的儿子得常被选为继承者。而这在中国，尧、舜不传子而传贤的传说，正是暗示这一历史内容。传说中谓尧之子丹朱不肖，舜之子商均亦不肖，因而尧、舜以公天下之心，不传子而传贤。实则尧、舜之不传子而传贤，并不是因为他们的儿子不肖，也不是因为他们是允恭克让的圣人，而是因为他们的儿子必须嫁到外族，不能被选为酋长的继承人。《史记·五帝本纪·帝尧纪》云："尧子丹朱，舜子商均，皆有疆土，以奉先祀。"这一传说，正是尧、舜之子嫁到外族的证明。司马迁不懂得这种历史原理，硬要把五帝牵强附会为一个父系的世系，于是尧、舜的禅让，便成为高祖与玄孙之递嬗；而舜、禹之禅让，且成为玄孙与高祖之倒传。因而舜与娥皇、女英之婚姻，为曾孙与曾祖姑之血族姻，这是如何的不近人情。

母系氏族之第三个特征，是有氏族评议会的存在。这个评议会最初是由氏族内部选出来的代表组织而成，以后随着氏族发展为胞族[①]，胞族发展为部落[②]，部落再发展为部落联盟[③]，评议会的代表，便以氏族为单位，而各自推选其代表组织之。在当时女子亦得被选为代表，甚至占有更多的议席。这个评议会是氏族社会最高的权力机关，它有选举及罢免酋长的大权以及决定一切公共事务的进行之大权。在中国，黄帝时代恐怕就已经形成了部落，传说中谓“黄帝之族有熊氏”。又说“少典娶于有蟜氏”。又说“属于有熊氏之各族有熊氏、罴氏、貔氏、貅氏、貙氏、虎氏、雕氏、雁氏、鸢氏”[④]。由此看来，有熊氏乃系由九个氏族所组成之一个胞族，有蟜氏也应该是由若干氏族所组成的一个胞族，而黄帝之族，便是由有熊氏与有蟜氏两个胞族所组成之一个部落了。到尧、舜、禹的时代，所以便出现了由部落与部落结合之部落联盟，而这从当时氏族评议会的组织中可以看出。

据传说，当尧、舜时代，选举继任酋长的时候，前任酋长必须出席评议会，遍咨四岳、群牧，请其“明明扬侧陋”，推选继承人。而四岳、群牧（或十二牧）也毫不客气，各有所举。一直到最后“询谋佥同”，新酋长才算当选。于是这位新酋长于“正月朔旦，受命于神宗，率百官若帝（前任酋长）之初”。舜的当选如此，禹的当选亦如此。这样看来，所谓四岳、群牧正是当时各氏族选出来的代表，亦即当时氏族评议会的议员。据传说所示，当时氏族评议会的议员，除四岳、十二牧以外，尚有八元、八恺、四凶等。所谓八元者，即八个氏族中所选出的代表，所谓八恺者，也是一样。所以《左》文公十八年传说：“此十六族也，世济其美。”所谓四凶者，也是四个氏族中所选出的代表。所以同上书说“流四凶族”。像这样一个庞大的评议会的组织，正是部落联盟时代的规模。

关于氏族评议会罢免酋长之事，中国传说中，亦有暗示。《史

① 胞族是两个或两个以上的氏族组成之一种有机组织。此种组织是由一个基本氏族分裂而成，其存在时期与民族几乎相等。

② 部落是由几个胞族组织而成。

③ 部落联盟是同一血族的部落，从分裂状态中，再行联合，构成永久的联盟。

④ 《列子》。

记·五帝本纪·帝喾纪》索隐引卫宏语云："挚立九年而唐侯德盛，因禅位焉。"同上正义引《帝王纪》云："挚在位九年，政微弱，而唐侯德盛，诸侯归之。挚服其义，乃率群臣造唐而致禅。唐侯自知有天命，乃受帝禅，乃封挚于高辛。"这段传说，正是说明，挚为氏族评议会（群臣）所罢免，由酋长而降为普通的战士。

母系氏族之第四个特征是有两头军长制的存在。而这样的制度，在中国传说中之尧、舜、禹的时代，也是存在过的。据传说所示，挚与尧曾共同执政九年[①]，挚被罢免，即选舜补缺。尧、舜共同执政三十一年[②]。尧出位，又选禹补缺。舜、禹共同执政十七年[③]。舜出位，又选皋陶补缺。皋陶旋死，又再选益补皋陶之缺。禹、益共同执政又十年[④]。这样看来，尧、舜、禹的时代，正是两头军长制的时代。

在整个母系氏族社会时代，一切的制度都建筑在传统的习惯之上，没有国王、贵族、总督、知事或审判官，没有军队、宪兵及警察，也没有监狱和诉讼，一切的争端和异议，都由氏族评议会共同解决。一切的问题，在未决议以前，都不要面从；在决议以后，都不准退有后言。大规模的战争，在这一时代是没有的，仅在非常稀罕的时候，才有当作积极手段的复仇行为。所以，在当时虽有刑而期于无刑。在尧、舜、禹的时代，可怜的穷人还不存在，没有财产的差别，没有贵贱的等级，一切的人都是自由平等，女子也包括在内。收容奴隶的余地还没有，压迫异族部落的事实也不存在。当他们征服异族时，照例把异族的人容纳到联盟中去。只有对方拒绝时，才把他们驱逐出境。在这样的社会中，产生出何等漂亮的男女，他

---

① 《帝王纪》云："（挚）登帝位，封异母弟放勋为唐侯。挚在位九年，政微弱，而唐侯德盛，诸侯归之。挚服其义，舜乃率群臣造唐而致禅。"放勋受禅，为帝尧。（《史记·五帝本纪·帝喾纪》正义）

② 《书·舜典》谓舜被征庸后三载，始陟帝位；又二十八载，尧乃殂落。故尧、舜共政31年。

③ 《史记·五帝本纪·虞舜纪》云："舜乃豫荐禹于天，17年而崩。"故舜、禹共政17年。

④ 《史记·夏本纪》云："帝禹立，而举皋陶荐之，且授政焉。而皋陶卒……而后举益，任之政。十年，帝禹东巡狩，至于会稽而崩，以天下授益。"故禹、益共政10年。

们真是庄严、公正、高尚、纯洁而又勇敢。

据文献所载，在中国汉唐时代的四裔诸落后民族中，还有停止在母系氏族社会的。《文献通考·四裔考》十六云："东女，亦曰苏伐剌拏瞿咀罗，羌别种也……有八十城，以女为君。官在外者率男子为之。凡号令，女官自内传，男官受而行之。王侍女数百,五百一听政。王死，以金钱数万纳王族求淑女立之。凡二次，为小王。王死，因以为嗣。或姑死妇继。"上书又云："东女俗轻男子，女贵者皆有侍，男披发以青涂面，惟务耕战而已，子从母姓。"

又同书《四裔考》十九云："乌桓者，本东胡种也，……俗，怒则杀父兄，而终不害其母，以母有族类，父兄无，相仇报故也。"

又同书《四裔考》五云："獠，盖蛮之别种……俗不辨姓氏，又无名字，性同禽兽。至于忿怒，父子不相避，惟手有兵刃者先杀之。若杀其父，走避于外，求得十狗，以谢其母，然后敢归。母得狗谢，不复嫌恨。"

此外如尾濮，直至汉魏时代，还是识母不识父。由此足征母系氏族社会存在于中国史上之野蛮下期与中期，并非附会之辞。

中国历史之由母系氏族社会转入父系氏族社会，是从传说中的夏代开始。传说中谓："至于禹而德衰，不传于贤，而传于子。"① 照母系氏族社会的惯例，禹应传位于益，但禹并未传于益，而传于其子启。说者因不知氏族社会的发展过程，而谓禹之不传贤而传子，乃因启贤于益。实际上，禹之传子而不传贤，与禹之德不德，启之贤不肖丝毫无关系，而是由于铜器文化基础上所引起的历史之必然。换言之，即当时社会生产力已经达到了由母系转到父系氏族社会的界限。在这一时代，男子已经不出嫁外族；反之，而是女子出嫁外族，所以男子便一变而为社会的中心，因而父子相承，已经有了可能。

因为到传说中的夏代，随着铜器之应用，田野农业和有组织的畜牧事业便相应出现。在农业和畜牧经济的这一发展阶段上，女子的劳动开始转移到男子的手中；同时，氏族共同体开始分裂为许多

① 《孟子·万章》(上)。

大家族。在大家族的继续发展中，男子逐渐成为生活资料即家畜之所有者，后来便是新的劳动力即奴隶的所有者。因此，随着财富的增加，男子在家族中的地位愈来愈比女子重要。为了使他的子女，获得从他继承财产之权，于是非先把母权制废止不可，而母权制竟被废止了。

母权制的废止，是一个革命；但这次革命并没有侵害氏族中任何一个活着的成员之必要，在革命过程中，全氏族成员照常生活。只要有一个简单的决议，谓从今以后，男子氏族员的子女，应属于氏族；女子氏族员的子女，应转属于他们的父之氏族就够了。所以传说中谓“启干益位”，并没有引起战争，而是氏族成员的拥戴。据《孟子·万章》(上)云：“禹崩，三年之丧毕，益避禹之子于箕山之阴。朝觐讼狱者不之益而之启。曰：吾君之子也。讴歌者不讴歌益而讴歌启。曰：吾君之子也。”诚如孟子所云，这样的转变“皆天也，非人之所能为也”。换言之，这是历史发展的结果，而非人类之主观的意图。

父系氏族是出现于氏族社会之更高的社会经济基础上，它和美术品、金属工具、奢侈品、畜群、最后奴隶成为家长的特别财产是相适应的。这种生产力的发展，物质地制约着母系氏族向父系氏族之移行。但如果因此而给予这一历史的移行以飞跃之理解，那便是大大的错误。因为在父系氏族中，除了动产依男系而继承，家系依男系而追溯以外，对于土地之氏族共同所有，依然是它主要的特征。此外，氏族首长的权力，依然是传统的道德的，并没有成为氏族成员的权力之对立物。氏族依然保留着共同的墓地，共同的祭祀和原有的权力机关。一言以蔽之，父系氏族社会之出现，虽然是表征氏族社会的生产力水准之一般的增高；但这时的生产力，尚没有达到与氏族社会生产关系即刻破裂的地步。因此，从母系氏族社会到父系氏族社会的推移，并没有改变原始公社制的社会性质，只是氏族社会之进一步的发展而已。

据传说的暗示，启继承酋长以后，还是有氏族评议会的存在，所谓一享群后于钧台，再享群后于夏都，正是举行氏族评议会的说明。又当启伐有扈时，他召六卿而申之曰："用命赏于祖，弗用命戮于社。"又是当时仍有共同墓地与共同祭祀之说明。所以在夏初，虽然已有峻宇雕墙，而仍然是氏族社会的组织。

在这一时代，随着畜群成为大家族的私有财产以后，为照料畜群，需要更多的人，于是俘虏的异族人开始被利用于劳动。《竹书纪年》云："启灭有扈，遂为牧竖。"又《史记·夏本纪》索隐引《左传》魏庄子语云："昔有夏之衰也，后羿自钽迁于穷石，因夏人以代夏政。"这里所谓"启灭有扈，遂为牧竖"，正是说明夏族在征服有扈之后，把有扈的族人，俘虏起来，而使之从事畜牧劳动。同样，有穷氏俘虏夏人，亦利用于生产。虽然，在孔甲前，俘虏与主人还是过着共同生活，几乎与家族成员合而为一。男子则被编为兄弟，女子则结为婚姻。

随着男权的确立，于是以前男子出嫁的族外婚家族，便一变而为女子出嫁的父系家长制家族，这种家族是本族的成员和外族的俘虏在家长制的父权之下组成的一种家族。在这种家族之内，家长过着一夫多妻的生活，其余的家族成员乃至俘虏也有妻子。为确保妻的贞操及父系的稳固，女子已完全引渡到男子的权力之下。这种家族形态的形成，是保存对偶婚的一面，男子多妻；而取消其另一面，女子多夫；因而它是对女子的贞操之片面的限制。从此以后，女子便被贱视，被隶属，成为满足男子欲望的工具，与生产子女的机器。一直到文明时代的一夫一妻制家族时代的今日，女子的这种卑贱地位虽然逐渐被美化，被假装，甚或用更缓和的形态被粉饰，但无论如何，并不能废除。因此，母权制的被颠覆，是女性的历史性的失败。

父系家长制家族，是由对偶婚家族过渡到一夫一妻制家族的中间形态。这种家族形态一直继续到夏代的末叶。传说中谓"夏桀得岷山氏女，爱之，而弃其元妃"。[①]又谓"桀子獯粥妻桀之众妾"。[②]是桀有元妃又有众妾。像这样的家族，正是父系家长制的家族。传

① 《竹书纪年》。

② 《史记·匈奴传》索隐引《括地谱》。

说中谓桀“多求美女，以充后宫”。[1] 又谓“桀女乐三万人”。[2] 这些桀的众妾和女乐，其中也许有不少是从外族俘虏来的女子。传说中谓桀伐有施氏娶妹喜，又伐岷山氏娶琬、琰。而妹喜、琬、琰，皆系桀之众妾。由此足证在夏末已经出现了家内奴隶。

以后，随着大家族再向小家族的方向崩溃，于是父系家长制家族便向一夫一妻制转化，而氏族制社会也就陷于最终的崩溃。

① 《帝王纪》。

② 《管子·轻重甲》。

第八章

氏族社会的意识诸形态

第一节　氏族社会的宗教：图腾主义的信仰、咒术与祖先崇拜

氏族社会的生产力之发展，改组了社会的生产组织和家族关系；同时也发展了人类的思维能力。因此氏族社会的意识诸形态较之前氏族社会的，是更为发展的思维之表现的形式。

从宗教方面说，前氏族社会时代之万物有灵的信仰，到氏族社会时代，便发展为图腾主义。图腾主义与万物有灵不同之点，即万物有灵是对一般的自然现象及动植物之盲目的崇拜；而图腾主义则是对一种或数种特定的自然现象及动植物的崇拜。

从万物有灵到图腾主义这一信仰的转变决不是偶然的，这正是反映人类从以广泛的自然环境为范围之流浪生活转向了以特定的自然环境为范围之定住生活。因为只有当人类相对地固定其生活于某一特定的自然环境之中，才能察知其所占有的自然环境的范围以内之特殊的自然物，从而选择其中的某一种或多种自然物或自然现象以为崇拜的对象。因此之故，图腾主义虽然在前氏族社会末期即已萌芽，但是由单纯的暗示发展到完全的形态，则是在氏族社会的时代。

其次，这一信仰的转化又是反映人类从掠夺经济生活过渡到生产经济生活的内容。因为图腾的崇拜已经不是对自然一般之惊奇与恐怖所刺激而发生之一种精神的屈服，而是对于作为其生活资料的某几种特殊的自然之有意识的保护。

据民俗学的考察，在澳洲的土人中，当作图腾的动植物都禁止剿灭。因为在氏族社会时代的人群，他们所依赖的自然已经不是广泛的自然，而是一定地域内之特定的自然。为了保证再生产之实现，对于其生活地域内之某几种最稀少和最重要的植物或动物，必须禁止继续剿灭，以保存其种属。因此，渔业的氏族往往选择若干特定的鱼类为图腾，狩猎的氏族往往选择若干特定的禽兽为图腾，畜牧的氏族往往选择若干特定的家畜为图腾，而农业的氏族则往往选择若干特定的植物及自然现象如日月星辰云雨等为图腾。这样看来，图腾主义最初是发生于人类经济生活之外的性质，是对自然物之物质性的崇拜。但经过一定的长期之发展，由于自然现象与特定的动植物的人格化，于是又造成了无数的诸神。

据传说所示，在中国历史上，自传说中之伏羲氏时代以至夏代，皆有图腾信仰之存在。《左传》昭公十七年，郯子语云："昔者黄帝氏以云纪，故为云师而云名。炎帝氏以火纪，故为火师而火名，共工氏以水纪，故为水师而水名。大皞氏以龙纪，故为龙师而龙名。我高祖少皞挚之立也，凤鸟适至，故纪于鸟，为鸟师而鸟名。"这里所谓云、火、水、龙、鸟，都是当时氏族社会的图腾。

传说中谓属于伏羲氏的十一个氏族，皆以龙为图腾。为了彼此区别起见，于是在图腾柱上，把龙的形态和颜色加以改变，因而伏羲氏各族的图腾，便有飞龙、潜龙、居龙、降龙、土龙、水龙、青龙、赤龙、白龙、黑龙、黄龙。[①]

传说中谓神农氏所属的五个氏族，皆以火为图腾，而以大火、鹑火、西火、北火、中火作为其彼此之间的区别。

黄帝之族，恐怕是由几个胞族组成的一个部落。所以其中有属于一个胞族的五个氏族是以云为图腾，他们以青云、缙云、白云、

① 《竹书纪年》及《竹书》笺注。

黑云、黄云为相互之间的区别。[①]另一个胞族所属的五个氏族，则以熊、貔、貅、貙、虎五种猛兽为其各自的图腾。更有一胞族所属之四个氏族，则以雕、鹖、雁、鸢四种鸟类为其各自的图腾。[②]

以水为图腾之共工氏的各族，则以东水、南水、西水、北水、中水为其各自的图腾。

以鸟为图腾的少皞氏之族，也是由几个胞族所组成的一个部落。属于第一个胞族之五个氏族，是以凤鸟、玄鸟、伯赵（即伯劳）、青鸟、丹鸟五鸟为图腾。属于第二个胞族之五个氏族，是以祝鸠、鴡鸠、鸤鸠、爽鸠、鹘鸠五鸠为图腾。属于第三个胞族之五个氏族，是以鷷雉、鶅雉、翟雉、鵗雉、翚雉五雉为图腾。属于第四个胞族之九个氏族，是以春扈、夏扈、秋扈、冬扈、棘扈、行扈、宵扈、桑扈、老扈九扈为图腾。[③]

此外，蚩尤之族以虎、豹、熊、罴为图腾。高阳氏之八族中有刞降，高辛氏之八族中有伯虎、仲熊、叔豹、季貍。凡此诸氏族，皆以动物为图腾。

传说中谓尧之族有骀氏，其后分化为十八个氏族。在此十八氏族中，有御龙氏、毚氏、貍氏、谷氏、季氏、栎氏、蔷氏。据此，则尧之族的共同图腾是马。以后支族又有以龙、毚、貍等动物为图腾的，亦有以谷、季、栎、蔷等植物为图腾的。

传说中谓舜之族穷蝉氏，其后分化为十二个氏族。在此十二族中，有来氏。来者，麦也。据此，则舜之族的共同图腾为蝉；其后亦有以麦为图腾之支族。

传说中谓夏之先族有蟜氏。有蟜者，有角之虫，即蜗牛也。其后亦分化为十二个氏族，其中亦有以杞为图腾的氏族。

此外祝融八族中，有以动物为图腾之虎氏，有以植物为图腾之芊氏。《诗·商颂·玄鸟》云："天命玄鸟，降而生商。"是商之图腾为玄鸟。《国语·周语》（下）云："我姬氏出自天鼋。"是周之图腾

① 《左传》。
② 《列子》。
③ 《左传》召公十七年及注。

为鼋。这样看来，图腾主义已经是中国氏族社会时代的人类之普遍的信仰。

图腾主义的信仰不仅是一种消极的迷信，同时它又积极地巩固并加强各氏族间的联系，并从而发展各氏族之间的交换关系。根据民俗学的考察，随着图腾主义的发展，在一个氏族内，被禁止狩猎的动物和采集的植物便日益加多，因而使得每个氏族都感到生活资料之狭隘。由于生活的压迫，于是各氏族对于不允许食用之自己的图腾，便允许捕获和采集，而用于与其他氏族之交换与馈赠。同时，由于族外婚的关系，使氏族间的这种交换与馈赠更为频繁。再往后发展，这种当作图腾的动植物便成为氏族间交换的目的物，而图腾主义也就仅仅成为一种观念形态而被保留了。

图腾主义虽然反映着由掠夺经济向生产经济之发展，但是同时，还反映着人类对自然的克服之无力，只有当人类对自然克服之无力的时候，才去寻找自己的图腾。图腾主义的信仰，说明了人类尚不能积极地进行对自然之物再生产，而只是消极地对自然界的动植物之剿灭的禁止。说明了人类尚不能以自身的力量去繁殖其生活资料，而希图借助于魔术的仪式，祈求自然，自动地给予人类以恩惠。因而他们把重要的生活资料神圣化，从而更缩小了自己生活资料的范围，增加了人类对自然之现实的狭隘性。人类为了企图从自然的压迫之下解放出来，才去寻找自己的图腾，但是图腾不但不能把人类从自然压迫之中解放出来，反而加强了这种压迫。所以图腾主义也和后来的一切宗教一样，演着一种反动的任务。

与图腾主义同时或者稍晚的时候，又发生了祖先崇拜。祖先崇拜和图腾主义一样，也是人类达到相对的定居生活以后的产物。没有相对的定居生活和由此而固结的血缘关系，人类要想追溯他们的祖先是不可能的。

祖先崇拜较之图腾崇拜，显然是原始宗教之更高的发展。因为图腾主义是人类对自然界的现象和生物的灵魂之崇拜；而祖先崇拜，则是人类对自身的灵魂之崇拜。自然界的现象和生物的灵魂，是表征着人类的生活资料之抽象；而人类自身的灵魂，则是表征着人类劳动经验之蓄积的抽象。因此从图腾崇拜，到祖先崇拜，是人类从崇拜生活资料的本身，进到崇拜获得生活资料的劳动经验，而这就正是表征人类从屈服自然之自然主义的世界观，进到改变自然之社会主义的世界观。

祖先崇拜从图腾主义中发展出来的痕迹，我们至今还可以从神话中看出来。在神话中，把许多神话人物都描写为一半动物一半人类之人兽混体的形象。这种人兽混体的形象之创造，说明了当时的人类企图赋予祖先的灵魂以图腾之威力，因而在人类与动物的肉体型上建立其关联，从而企图由肉体的关联达到灵魂的过渡。

传说中谓伏羲龙身牛首，虎鼻山准。[①] 神农氏“宏身而牛头，龙颜而大唇”。[②] 黄帝“日角龙颜”[③]，“颛顼骈干”[④]，“帝喾骈齿”[⑤]，舜“龙颜日衡”[⑥]，禹“虎鼻河目，骈齿鸟喙”[⑦]，女娲“蛇身人首”[⑧]。此外在《山海经》的神话中，有“豹尾虎齿”的西王母，有“人面豹尾”的武罗，有“人状虎尾”的泰通，有“人面、羊角、虎爪”的嚣圉，有“人身龙首”的计蒙，有“兽身人面”的祝融，有“牛状、八足、二首、马尾”的天神，有“人面、牛身、四足、一臂”的飞兽神。此外，尚有“人面马身”“人面蛇身”“人面鸟身”“龙身人面”“羊身人面”“蛇身人面”“马身人面”“豕身人面”等各种人兽混体的神灵。这些神灵，一方面是动物的人格化；另一方面，又是人类的动物化。就在动物的人格化与人类的动物化之相互的关系中，于是完成了由图腾崇拜到祖先崇拜之转化。

人类最初崇拜的祖先，是女祖先，这已经是考古学和民俗学所证实了的。中国母系氏族时代的人群，也是供奉女祖先。他们都是

---

① 《博物志》引《春秋纬·合诚图》。
② 同上书引《孝经纬·援神契》。
③ 同上书。
④ 《太平御览》卷七九《皇王部·颛顼高阳氏》引《春秋纬·元命苞》。
⑤ 《汉学堂》引《春秋纬·演孔图》。
⑥ 《路史后记》十一引《世纪》及《洛书·灵准听》。
⑦ 同上书。
⑧ 《绎史》卷三引《帝王世纪》。

“受兹介福，于其王母”[①]，而不是于其王父。据传说伏羲氏之族所崇拜的母神是华胥，神农氏之族的母神是安登，有熊氏之族的母神是附宝，少皞氏之族的母神是女节，陶唐氏之族的母神是庆都，有虞氏之族的母神是握登，夏后氏之族的母神是修己，商族的母神是简狄，周族的母神是姜嫄。这些古典的女神之走上氏族的祭坛，就正说明当时女子之崇高的社会权威。

父系的祖先之开始走上祭坛，那是父系氏族成立以后的事情；而这在中国历史上，则是在传说中的夏代。但一直到商代，母系祖先还是享受特祭。父系的祖先之占领祭坛的主位，而以妣附祖，则是一夫一妻制家族确立以后的事情。

随着氏族之扩大为种族，于是又出现了种族神，如融为夏族之神。随着社会分工之发展，于是又出现了各种职业神，如稷为农神。

一切人间世界的现象，都照样反映于灵魂世界中。这就证明了宗教是客观的现实之反映。因为它是客观现实的反映，所以它所创造出来的灵魂世界与现实世界的内容完全是一致的。比如在氏族社会之现实的生活中，人与人之间没有等级从属的关系，因而反映在灵魂世界中，灵魂与灵魂之间也是平等的关系。只有到氏族社会的末期，随着人间世界的特权者之开始生长，于是在灵魂世界中也就开始孕育着至尊无上的天神。

氏族社会的宗教之表现的形式还是咒术。在氏族社会中，主持宗教仪式的是氏族首长，但除此以外，或者已有专门服务于宗教祭祀的巫觋。

据考古学家的报告，在中国许多新石器时代的文化遗址中，都发现了氏族社会之共同的墓地。从这些墓地的遗物看来，它们似乎有一定的埋葬仪式，而且殉葬的冥器也有一定的形式和花纹。

据传说所示，当时也有大规模的氏族祭。《书·舜典》所谓“类于上帝，禋于六宗，望于山川，遍于群神”。我以为这正是描写当时的氏族祭。

---

① 《易·晋》。《尔雅·释亲》：“父之妣为王母。”

第二节　氏族社会的艺术：陶片上的彩画、骨石的雕刻与舞蹈

最后，说到氏族社会的艺术。

氏族社会的艺术也表现为各种的形式，如绘画雕刻和舞蹈等。但在这一时代，无论在艺术的哪一个部门，较之前氏族社会，都有了很大的发展。这一方面，是因为新的更进步的劳动工具之出现，提高了艺术创造的技术；另一方面由于新的物质材料之应用，又扩大了艺术创造的范围。同时，因为人类生活的目的日趋复杂，又丰富了艺术创造的内容。一言以蔽之，这一时代的艺术是人类更高的劳动生产性之升华。

据民俗学的考察，在氏族社会的初期，由于两性的分工及原始咒术之继续发展，因而也产生了男子艺术与女子艺术之主题与样式的差别。

在这一时代，男子的劳动是制作武器、工具、家屋和小舟，因而他所处理的材料是金属、骨角、石和木等硬性的材料。女子的劳动，是制造陶器和编制衣物，因而她所处理的材料是具有伸缩性的软性的材料。他们就在各自的劳动领域中，养成了处理各自经常接触的材料之加工的特殊的技术，因而由此升华而为艺术，也就走向了不同的方向。

另一原因，也是由于两性所担负的劳动任务不同而引起了艺术创造之两性的差异。在氏族社会，虽然已经进到农业——畜牧经济阶段，但狩猎及渔业，仍然是人类之补助的生活方法，而这种狩猎劳动的担负者便是男子。为了狩猎生产之必要，迫使男子的艺术走向现实主义。他必须把他所要猎取的野兽的形象尽可能地正确、肖似，尽可能地将他所具备的一切特征、习惯、运动，都描绘出来。因而在男子的艺术中便产生了富于生命、运动和解剖学的正确的艺术。这种艺术，一般地以不平等为特征。这种艺术与图腾和咒术是相关联的。在北美印第安人中，产生了许多动物的雕刻绘画，各种野兽的假面具和模仿动物的衣服，以及再现动物的运动之舞蹈，并

且出现了用白桦皮或动物皮描绘之狩猎用的地图。同时起源于实际狩猎生活中的传说、故事或年代记录的绘画与雕刻也出现了。

在这一时代之女子的劳动是植物的栽培、陶器的制作以及缝纫与编织。从这种劳动中所发生出来的艺术，是再现缝痕、缝口、镶边及编织的花纹，而使其整齐化、复杂化、类型化，成为装饰的系列。从而女子的艺术是充满着从缝纫与编织劳动节奏上所引起的抽象之几何学的表象，而且主要的是作用于装饰。

属于氏族社会初期，亦即传说中神农氏时代的艺术创造，在中国已有发现。齐家期陶器上席纹和篮纹的美丽的压花，正是属于这一时代之几何画的图案。不过在中国却没有发现这一时代之写实主义的动物画以及与图腾有关之艺术。

到氏族社会的中期，亦即传说中之尧、舜、禹时代，随着农业——畜牧经济之发展，艺术也相应地改变了它的性质。

在狩猎经济生活中，人类所碰到的动物，都是野性的、战斗的，因而反映到艺术上，是动的描写。到畜牧——农业经济的时代，人类所看到的动物都是驯服的，所看到的植物都是熟悉的，因而反映到艺术上，便是把一切题材在其不动性中去描写。在这样一种变化中，绘画之自然主义的特征消灭了，它丧失了以前的运动，而只是创造一些静止的形象。它丧失了以前解剖学的详细，丧失了以前力学之正当的均衡，而变为一种象征的描写。

同时，随着图腾的信仰之逐渐淡薄与祖先的崇拜之相续继起，宗教的实践又赋予艺术以新的任务。以前作为剿灭动植物的咒术，现在一变而为繁殖动植物的咒术了。

宗教的实践，统辖着家畜之保护者及危害者的灵魂，也统辖着家畜本身的灵魂。在这一时代，人类对动物的关系，与其说是企图影响动物的肉体，毋宁说是企图影响动物的灵魂。因而反映在艺术上，便不是对动物之肉体的描写，而是对于动物所领有的或住在其中的灵魂之描写。于是描写的重心，从外部的表象移到内部的神秘。这样的艺术，不是在于与原物的肖似，而是要给予描写以生命，给予形象以灵魂。因此，大部分的艺术创造，好像都是灵魂的象征，或宗教的圣物。

在这一时代，由于男女两性在生产领域内的劳动任务之交错，因而又产生了艺术之性别的综合。男子也学会了几何画，女子也学会了动物画。不过女子即使遇到写实主义的主题，也有其自然主义处置之必然性，因而在篮筐或织物上，要想描绘动物或人的完全肖似的形象，是不可能的。由于艺术材料的局限性，于是艺术之几何学的性质，遂以种种的形态被保留下来，而成为陶器上的绘画之蓝本。

在中国发现于仰韶与马厂两文化期遗址的艺术品，当是属于尧、舜、禹时代（氏族社会中期）的艺术。在这两文化期的艺术，主要地是体现于陶器上之彩绘与雕刻，此外，亦有表现于象牙、玉片、石珠及贝环上之艺术。

在仰韶与马厂两期的陶器上所描绘之富丽繁复的几何花纹，其所表现之各种抽象的构图，我们在今日虽已不能正确地知道其原来之命意，但从这些图案构成之基本的部分考察，可以看出仍然不外是出发于人类劳动生产有关之几种基本概念。如他们为了摹写太阳而作出○，为了摹写缺月而作出☽，为了暮写星而作出●，为了摹写云的卷舒或螺纹而作出∽，为了摹写水的波纹而作出～～，为了暮写叶状或贝状而作出◐，这些都是对自然之摹写。其次如由直线、横线、斜线、曲线、弧线而组成之方格纹、菱形纹等，则系织物的花纹之复写。此外如锯齿纹、之字纹、Z 字纹等，则为缝痕之再现。

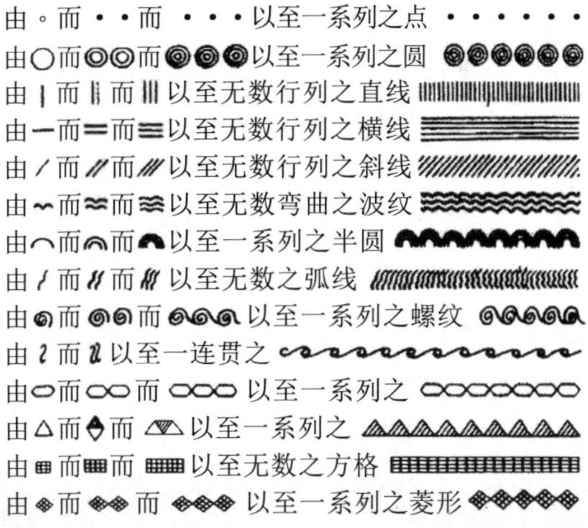

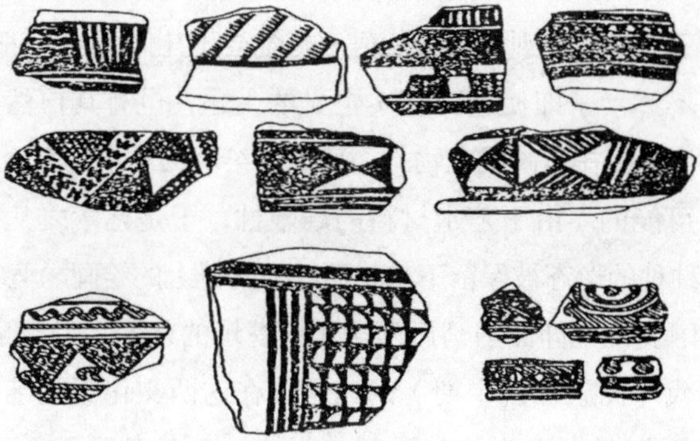

夏代彩陶上的几何花纹图案（采自阿恩《河南石器时代之着色陶器》及巴尔姆格仑《半山及马厂随葬陶器》）

夏代彩陶上的植物花纹（采自阿恩《河南石器时代之着色陶器》及巴尔姆格仑《半山及马厂随葬陶器》）

几何花纹，即以此等基本花纹为出发点而展开其发展。如：

以后再由此等基本花纹之复合，而组成无数花样翻新之图案。

像插图所示的几何花纹的图案，都是依照严格的节奏描绘出来的。但是随着经济生活中的农业意义之愈益显著，就出现了种棕叶形的植物花纹。因而艺术中之严格的节奏被破坏了。不协和的形象也出现了。

马厂期陶器上的花纹，大概与仰韶期的花纹相仿佛，惟较为发展，而且出现了初期的回纹。

除此以外在当时的遗址中，又发现了大量石制之石盘、石环、石珠、石扣、贝环，及施有镂刻之小件的象牙板。其中除象牙板或系属于宗教艺术而与埋葬仪式有关外，其余皆系装饰艺术。

到传说中的夏代（氏族社会的晚期），新的力量——家畜最后是奴隶被利用了。农业和畜牧一天天发展了，个人化的倾向一天天严重了。由于分工之更加发展，出现手工业的专门家；同时，又发展了交换的关系。相应于氏族社会的这一发展，祖先的崇拜和氏族圣火的崇拜，氏族的祭典、庆典及成年的仪式也更加隆重了。因而这一时代的艺术也就必然反映出这种新的社会内容来。

在辛店期的陶器上，已经出现了许多家畜及动物的图像如犬、羊、马、鸟等点缀于几何花纹之间，这就是反映当时已有繁盛的畜牧业之存在。同时，植物画也继续被采用，这又证明当时有着发展了的农业之存在。此外并有轮纹之出现，这又表示当时已有车的应用，因而又暗示了当时的交通条件的改进，从而交换关系之发展。

在辛店期的陶画中，已经出现了人像，这与祖先的圣像之摹绘是相联系的。此外在装饰艺术方面，如饰珠等之制作，则更为精美。

总而言之，在氏族社会时代，艺术的活动还不是为了有闲者的娱乐，或是为了交换上的价值，而是为了记录劳动的人类对于扩大对自然的占有之愿望，以及登记复杂的生产物之种类与数量。所以这一时代的艺术是没有文字的人类对自然抗争之宣言。在这一时代的艺术中，我们绝找不出一点人与人之间相互敌视的意味，一切的动机都是为了共同的生存。同样，这一时代的艺术家还是为着社会全体之生产而服务，他们的庄严与伟大，就是因为他们不是为艺术而艺术，而是为了劳动生产而艺术。只有到氏族社会的末期，艺术品才被卷入交换过程而开始改变其原有的性质。

据民俗学的考察，舞蹈在氏族社会时代已经有了很大的发展。这主要是因为他们生长在真正自由平等的社会之中。在这样的社会中，没有强凌弱、众暴寡、智欺愚、富侵贫的事情，也没有有财而不以相分，有力而不以相助，有智而不以相授的事情，更没有有疾病苦难而不相扶持的事情。因此之故，他们愉快的情绪发乎其心，动乎其容，不觉手之舞之，足之蹈之，口之歌之。所以传说中说，伏羲有“网罟之歌”，神农有“丰年之咏”。[1]尧有“击壤之歌”[2]，舜有卿云之曲”[3]。禹有“九伐之舞”。这些传说当然都是后人想象之辞。因为当时的人，尚没有我们今日所有的乐曲，他们只是放开喉咙，尽情地歌呼而已。但这一时代之有歌舞则是可以断言的。

我们可以想象，当他们举行大规模氏族祭的时候，这些氏族社会的男女，他们头上插着羽毛，颈上挂着大理石的饰珠，耳上带着石环或贝环，甚至在他们的皮肤上，用鲜艳的颜料描绘着美丽的花纹，或者还带上假面具，他们成群地集合在共同的墓地，或者共同长屋之前，开始宗教的舞蹈。他们也许把石头当鼓打，把瓦砾当钟敲，把弓弦当琴弹，把竹筒当笙吹。他们就在神的面前，在祖先的灵魂面前，展开了狂欢大会。

但是，到夏代的末叶，情形便大大的不同了。在这一时代，氏族的贵族们，他们在长屋的废墟上，建立起金柱三千之倾宫瑶台，在那里肉堆成山，脯挂满林，酒池可以运船，糟堤可以望十里。这些氏族贵族为了精神的享乐，于是开始宫廷的歌舞。在这样的歌舞场中，我们可以看出：一方面，在大群的贵族面前摆着南海之荤，北海之盐，西海之菁，东海之鲸，他们开始牛饮；另一方面，是女乐三万人，开始奏出熳烂之乐，靡靡之音，同时，侏儒倡优演出奇伟之戏。而这就正是中国古代社会之前奏曲。

① 《太平御览》引（晋）夏侯玄《辨乐论》。
② 《太平御览》引《逸士传》。
③ 《太平御览》引《尚书大传》。

三、古代社会

第九章

商族的起源与古代国家的建立[①]

第一节　古代的世界与古代的中国

大约在公元前1700年代前后，中国的历史开始了一个巨大的变革过程。这一历史变革的结局，便是原始公社制的崩溃与商代所创造的古代社会之出现。从这一时代起，遂开始“异贵贱，差贤不肖，经诽誉，行赏罚，则兵革兴而分争生，民之灭抑夭隐，虐杀不辜，而刑诛无罪，于是生矣。”[②]

在这一时代，世界上大多数的人类，还是生活在人类史上之野蛮时代乃至蒙昧时代。这些人类，他们仍然在海岸、河边、草原、森林地带，过着自由平等的快乐日子。他们“浑浑苍苍，纯朴未散”，“昧昧芒芒，吟德怀和”。他们虽已开始剖判天地，窍领万物，但栖迟于至德之世，尚未离其童蒙之心。只有在今日尼罗河流域的古埃及及今日美索不达米亚的古巴比伦，放出了历史上之文明时代

① 最初版本《中国史纲》（中华民国三十六年三月版）皆为“殷”，如殷朝，殷代，现统一称为“商”，如商朝，商代。——校者注。

② 《淮南子·本经训》。

的光辉。这文明的光辉，它烛照着最大多数的人类，走向奴隶的命运。

在今日依旧树立于埃及沙漠中的巍峨的金字塔，奇异的狮身人面像，摩天的方尖碑，都是埃及古代社会的遗物。我们看了这些伟大的历史遗存，一方面惊叹古代埃及文明之光辉的成就；另一方面，也想到当时埃及的无数奴隶劳动者之悲惨的命运。

由于汉穆拉比王的首都之发现，古巴比伦的历史，已能追溯到公元前2200年代。而古巴比伦王拉那曼生的胜利碑及沙鲁金圆石的相继发现，则可以上溯到公元前3000年代。由于《汉穆拉比法典》之发现，我们已经确切地知道在公元前2200年代，巴比伦的历史已经进入了有文字的时代。因为《汉穆拉比法典》是用楔形文字刻在石柱上。此种楔形文字之出现，而且用以写成原始的法典，这正是巴比伦已经进入文明时代的特征。

此外，由于在四世纪都市亚美拉的发掘中所发现的楔形文字之指示，使我们由此而知早在公元前1400年代，埃及与巴比伦就有着外交通信的关系。

这样看来，当中国历史走进古代社会的时代，在世界的另一角落，也有些人类，他们的文化也达到了与中国同样的历史阶段。尼罗河岸的塔影，底格里斯河岸的古碑，和黄河中游的兽骨龟甲文字，正是这一时代三大文化据点之特征。

这一时代的中国，在中原一带，如今之山西、河南、河北、山东、安徽乃至湖北的西北，远至江苏、浙江一带，都布满了“诸夏”之族。在西北一带，如甘肃、青海、陕西，北至宁夏、绥远，南至四川、西藏，都布满了“诸羌”之族。在正北一带如蒙古、察哈尔、热河、绥远、山西、河北之北部，乃至北及贝加尔湖，东至黑龙江流域，都布满了“诸狄”之族。在今日新疆之塔里木盆地一带，也布满了由蒙古高原西徙的诸氏族之苗裔。在这里，甚至也有由中亚东来的人种及由甘肃西徙的“羌族”杂居其间。至于中国的西南山岳地带及东南沿海一带，则仍为“南太平洋系”人种滋生繁殖之所。这些“南太平洋系”人种其北徙的一支，甚至还有一部分始终停留于淮河流域而与“诸夏”之族杂处。以上分布于中国境内的诸氏族，其中除“诸夏”之族，已经渐渐走出野蛮时代的历史境界，向着历史上之文明时代迈进以外，其余诸氏族都还是停止在原始公社制的历史阶段。

商族就在这样一个世界、这样一个中国的环境中，展开了它的历史发展。它驱逐了“诸夏”，征服了“诸羌”，打通了与中国西南及东南的“南太平洋系”人种的氏族的交通，在中国的黄河腹部创造出崭新的青铜器文化；并且在这种文化的基础上，建立起前所未有的庞大的古代国家，揭开了中国文明时代之历史的帷幕。

第二节　史前的商族的出发点与分布区域

商族何时才组成古代国家，典籍上并没有明确的记载，因而我们不能指出其绝对的年代。但我们从甲骨文字中所发现的商代先公先王的世系，再证之考古学的发现及传说的暗示，可以约略地看出商族历史发展之全过程，即商族由新石器时代进到青铜器时代的过程，亦即商族由氏族社会进到古代社会的过程。

根据传说所示，商族最初的出发点，是在今日河北平原西北之易水流域。《楚辞・天问》云:“该秉季德，厥父是臧，胡终弊于有扈，牧夫牛羊？”又说:“恒秉季德，焉得夫朴牛？……昏微遵迹，有狄不宁。”《山海经・大荒东经》云:“有困民国，勾姓而食。有人曰王亥，两手操鸟，方食其头。王亥托于有易、河伯仆牛。有易杀王亥，取仆牛。”郭璞注引《竹书》云:“殷（商）王子亥宾于有易而淫焉，有易之君绵臣杀而放之。是故殷上甲微假师于河伯，以伐有易。灭之，遂杀其君绵臣也。”

以上传说中之季、亥、恒与上甲微，都是甲骨文中证实了的商代远祖的名字。甲骨文中，常有“侑于季”的记载，王国维氏谓“季亦殷之先公，即‘冥’是也”。传说中谓亥与恒皆秉季德，则亥与恒可能都是季的儿子。故王国维氏谓亥即《史记·殷本纪》中之“振”。至于同一王亥，而《山海经》作“亥”，《天问》作“该”，《史记》作“振”；此外《世本》作“胲”，《吕览》作“冰”，则系传写之讹误。因无论字形如何改变，而其人皆与“有易”及“仆牛”故事有关，故证明其同为一人。王国维《殷卜辞中所见先公先王考》，同样，同一“有易”，而或作“有狄”，或作“有扈”则以“狄”“易”二字，古原不分。《白虎通·礼乐》云：“狄者，易也。”又《史记·殷本纪》上之“简狄”，索隐谓“旧本作易”。至于或作“有扈”者，则或系同一地方之不同时代的名称；否则即为有易附近之另一地名。总之，以上诸传说都是暗射着同一历史内容，即商族直至其远祖王亥时，还有一部分族类游牧于易水流域一带。近来，考古学家在易水流域之易州，发现了商代之三种句兵，又确切地证实了这一部分的商族直至青铜时代，还是继续定住于易水流域一带。因此，我以为商族之人种来源，与周口店山顶洞的文化创造者，似有若干关系。

商族之开始向渤海沿岸移徙，早在旧石器时代之末。这已经从山顶洞文化遗存中的海贝之发现，获得确证。周口店山顶洞的海贝之出现，是一件富有兴趣之事。以今日的情形判断，此种海贝可能获得之最近地方，也须在距洞穴东南二百公里以外。古人之获得此物，若非间接得之于贸易，则须直接取之于渔捞。但不论如何获得，皆足以说明当时人类活动的范围，至少已伸展于距洞穴东南二百公里以外之地。以今日的地理而言，实即渤海沿岸一带。所以一到中国历史上之野蛮时代，渤海沿岸便布满了商族的苗裔。

根据近年所发现的渤海沿岸的新石器遗址之分布的情形看来，商族在渤海沿岸的发展，并非向着同一方向；而是一支沿海而北，一支循海而南。大约到新石器时代中期，其北徙者，即布满了辽东半岛西南及朝鲜半岛西北之渤海沿岸。这一支人在今日辽宁的许多地方，如锦西的沙锅屯，旅顺的老铁山、郭家屯，大连的东老沟、貔子窝（今皮口）、傅家庄、柳村屯及抚顺乃至朝鲜等处，留下了丰富的新石器时代的文化遗存。其南徙者，则满布于山东半岛之沿海岸乃至腹部。这一支人，在今日山东的许多地方，如黄县的龙口，章丘的城子崖及日照的两城镇等处也留下了不少的新石器时代的文化遗存。这两支人，他们隔海相望，南北对峙，在中国的东北，放出中国历史的曙光。

商族南北分驰以后，渐渐在渤海南北分化为无数氏族。这些氏族传说中总称之曰辰国。《左》昭十七年传云："宋，大辰之虚也。"按宋为商后，而《左传》谓其国为"大辰之虚"。则所谓"大辰之虚"者，实即"殷墟"。以是而知殷在古代，实有"大辰"之称。证之《左》昭元年传有"辰为商星"之语，尤为可信。同时，《后汉书·东夷传》谓："韩有三种，一曰马韩，二曰辰韩，三曰弁辰……凡七十八国，……皆古之辰国也。"据此，则自山东半岛沿渤海而北以至朝鲜半岛，都是属于古辰国的领域。这些氏族之所以有辰国之称，以字义推测，或系因为它们都已达到了"磨蜃而耨"的经济阶段。以近代语译之，即农业氏族之意。[①]即因商族在史前时代有如此广大的分布，所以《诗·商颂·长发》云："相土烈烈，海外有截。"此所谓"有截"当系地名。甲骨文中已有"截"的地名之发现，惟此地究现在今日何处，无从考证。但必在海外，则可断言。[②]或即

① 甲骨文中，辰字有多种写法，如、，或如如。金文中亦有各种写法，如（散氏盘），如（干辰父辛尊）。写法虽多，但大体可以分为两类，即或呈磬折形，或呈贝壳形，盖即古者"磨蜃而耨"之蜃器。郭沫若氏谓"辰与蜃，在古当系一字。蜃字从虫，例当后起。盖制器在造字之前，辰即以蜃为之，故蜃亦即以辰为字"。又云："要之，辰本农器，故农、辱、蓐、耨诸字均从辰。星之名辰者，盖星象于农事大有攸关，古人多以耕器表彰之。（西方亦称北斗为犁星）故大火为大辰，伐为大辰，北极亦为大辰（《公羊》昭十七年），更进则举凡星象，皆称为辰。"（见郭著《甲骨文字研究·释干支》25页）。

② "截"字甲骨文作""从，地名。但王国维氏谓甲骨文中之""与虎敦之"截"及石鼓文之""略同。"古文以为载字，殆即《春秋》隐九年伐载之'载'。（此字《左传》作'戴'，《公羊》《穀梁》皆作'载'。）《汉书·地理志》：'梁国甾县，故载国。今传世汉封泥有'载国大行'，是汉初尚名'载'也。后汉改为考城，至今仍之。其地与亳为邻。卜辞之''盖是地也（今河南民权东）。"（《观堂别集》卷一《殷虚卜辞中所见地名考》）我不同意王氏的这种解释，因《诗·商颂·长发》明言"海外有截"，故"截"必在海外，而不在河南。向时甲骨文中之""，从，而虎敦之"截"及石鼓文之""则皆从"食"，显系各为一字，亦即各为一地。故我以为海外"有截"之"截"，并非"载国大行"之"载"。

《左》定四年传所谓“相土之东都”以今日地理言之，当在辽东或朝鲜。而且据《殷武》云：“有截其所，汤（成汤）孙之绪。”则“有截”之地，为商族的苗裔之所分布，又无可疑。总而言之，在新石器时代商族业已广泛地分布于渤海沿岸，换言之，环渤海而居者，皆为商族。其北徙者“巢山处海”。世称东夷；其南徙者“渐居中土”，是谓殷商。其实东夷与殷商，实为同一种族的分支。

商族在史前时代，虽南北分携，但他们却创造了同一系统的新石器文化，这种文化以“黑陶”与“卜骨”之一般的存在为特征。据考古学的发现之启示，黑陶与卜骨两种文化因素，在史前时代实有不可分离的关系。最显要之证明，即在今日所发现的黑陶遗址中皆有卜骨的遗存。就今日已发现出有黑陶及卜骨之遗址而论，其分布区域大概以山东半岛及河南东部为中心，北延及于辽东半岛，西播止于洹水及淇水流域。至于中国西北部之仰韶文化遗址中，则至今毫无痕迹可寻。由此而知此种文化，实为与“夏族”之彩陶与鼎鬲文化东西对峙之一个独立的文化系统。

以黑陶与卜骨为主要特征的原始文化遗存，近来已经发现于山东章丘之城子崖遗址。[①]但据我的考察，在辽宁锦西之沙锅屯遗，亦有此种文化之存在。[②]若单就卜骨而言，则东传至日本，[③]北传至通古斯[④]及西伯利亚之滨海氏族[⑤]。

---

① 李济《城子崖发掘报告·序》中云：“（城子崖）下层文化，为完全石器文化，陶器以手制为主体，但已有轮制者。所出之黑陶与粉黄陶，技术特精，形制尤富于创造。”又云：“城子崖最可注意之实物为卜骨。由此城子崖文化与殷墟文化得一最亲切之联络。下层兼用牛鹿肩胛骨，上层只用牛胛骨，故上下两文化层，虽属两个时期，实属一个系统。”

② 安特生《沙锅屯石穴遗址》中云：“沙锅屯之陶器，皆用手制，间有一二碎块，似为磨轮制。”又云：“第十一版三图所示，与他（陶）片有特异处……初视之，极似黑皮。”又云：“单色细陶器……土之结合甚松，以指磨擦，则黄粉屑屑落。”此种“极似黑皮之陶片”及“黄粉屑屑落”之陶片，我以为即城子崖文化中之黑陶及粉黄陶。安氏又于同书中云：“九版九图，乃一个细长之器，由骨劈裂两半后，将劈裂处磨光而成者。其一端稍窄而圆，他端有裂痕。”我以为这一劈两开的骨版，可能是用以卜筮的。

③ 《后汉书·东夷传》谓倭人“灼骨以卜，用决吉凶”。

④ 同上书谓“（夫余国）有军事亦祭天，杀牛，以蹄占其吉凶”。

⑤ 见李济《城子崖发掘报告·序》。

史前商族的诸氏族，不但创造了属于同一系统的文化，而且还保有共同的原始传说，鸟生的传说。如商族自谓其始祖为“玄鸟”所生[①]，而北夷橐离国[②]、徐夷[③]及高丽[④]皆有卵生的传说。此外如殷商、高句丽及扶余皆与“河伯”有关，而“河伯”者，我以为即商之祖“冥”，亦即甲骨文中之“季”[⑤]，由此又证明他们是出发于一共同祖先。

不仅如此，环渤海而居的商族，直至有史以后的时代，他们还保有共同的宗教信仰。如商人有崇拜天帝的信仰[⑥]，而夫余[⑦]、涉[⑧]、韩[⑨]亦有此种信仰。

这些文化相同，宗教信仰相同以及保有共同传说的商族，他们在整个新石器时代，都在渤海南北繁育滋长。或网罟而渔，或弓矢而猎，或磨蜃而耕，或畜牧牛羊，由渔猎生活逐渐进到农牧生活。

---

① 《诗·商颂·玄鸟》云:“天命玄鸟，降而生商。”

② 《论衡·吉验》云:“北夷橐离国王侍婢有娠，王欲杀之。婢对曰:‘有气大如鸡子，从天而下，我故有娠。’”

③ 《搜神记》卷十四云:“古徐国宫人，娠而生卵，以为不祥，弃之水滨。有犬名鹄苍，衔卵以归，遂生儿，为徐嗣君。”

④ 《魏书·高句丽传》云:“高句丽者，出于夫余。自言先祖朱蒙。朱蒙母河伯女、为夫余王闭于室中……既而有孕，生一卵，大如五升。”(此传说并见于高丽好大王碑，高丽王氏朝金富轼撰《三国史记》，朝鲜旧《三国史·东明王本纪》及《清太祖武皇帝实录》等书。)

⑤ 如上注所云，高句丽出自夫余，而夫余王与河伯女有关，是高句丽及夫余皆与河伯有关。同时《山海经》郭注引《竹书》谓:“上甲微假师于河伯以伐有易。”是殷商远祖亦与河伯有关。此所谓河伯，余以为即《山海经》中所谓“河伯仆牛”之“河伯”，实即传说中之商的远祖“冥”。因为在传说中商之远祖，只有“冥”与“河”有关。《竹书》谓“少康十一年使商侯冥治河”。又云“后杼十三年冥死于河”。故我以为所谓“河伯”，实即传说中之“商侯冥”。而传说中之“商侯冥”，近来已被证实即甲骨文中所发现之殷的远祖季。《国语》云:“殷人禘喾而郊冥。”正与这一事实相符合。

⑥ 殷人崇拜天帝，见于传说，亦见于甲骨文字。如《书·盘庚》(上)云:“天其永我命于兹新邑。”《盘庚》(下)云:“肆上帝将复我高祖之德。”甲骨文中亦常有“帝受我又(祐)”(卜·三六九片)之记载。

⑦ 《后汉书·东夷传》云:“(夫余国)以腊月祭天，大会连日，饮食歌舞，名曰迎鼓。”

⑧ 同上书云:“涉……本皆朝鲜之地也………常用十月祭天，昼夜饮酒歌舞，名之为舞天。”

⑨ 同上书云:“(韩)主祭天神，号为天君。”

此种商族，因其后来分化为许多氏族，故传说中称之为“九夷”[①]。“九夷”者，即“群夷”之谓。其实夷之族并不止于九。商族亦被称为夷。如传说中称商之居为夷居[②]，纣之居亦为夷居[③]，称纣为纣夷[④]，称纣之人为夷人[⑤]，由此足证所谓夷族者，实即商族。

大约在新石器时代末期，亦即传说中之“夏代”的初年，商族便开始由山东溯黄河而西上，所谓“太康失德，夷人始畔”[⑥]，正是暗示这一历史内容。到传说中之“夏”的末叶，便展开了积极的西进。所谓“桀为暴虐，诸夷内侵”[⑦]，正是暗示这一历史内容。《史记·殷本纪》中所谓“自契至汤八迁，汤始居亳”，又正是说明商族自渤海沿岸北徙辽东，南徙山东，以及由山东西徙河南之过程。据王国维考证，此八迁，实即转徙于蕃、砥石、商邱、殷、亳五地之间，而此五地者，又皆位于山东河南之间。[⑧]我对于王氏的这种考证，不能同意。因为根据以上所云，在“相土”以前，商族的迁徙，尚在渤海沿岸一带，故最初之迁徙，当系指渤海沿岸之转徙。至于在山东、河南一带的迁徙，当在“相土”以后。

---

① 《后汉书·东夷传》云：“夷有九种：日畎夷、于夷、方夷、黄夷、白夷、赤夷、玄夷、风夷、阳夷。”

② 《逸周书·祭公解》云：“用夷居之大商之众。”

③ 《墨子·天志》引《太誓》云：“纣越厥夷居而不肯事上帝。”同书《非命》引《太誓》云：“纣夷处不肯事上帝鬼神。”

④ 《逸周书·明堂解》云：“周公相武王以伐纣夷，定天下。”《墨子·非命》引《太誓》云：“纣夷之居，而不肯事上帝鬼神。”

⑤ 《书·泰誓》云：“受（纣）有亿兆夷人，离心离德。”

⑥ 《后汉书·东夷传》。

⑦ 《后汉书·东夷传》。

⑧ 据王国维云：“今考之古籍，则《世本·居篇》云：“契居蕃。”契本帝喾之子，实本居亳。今居于蕃，是一迁也。《世本》又云：‘昭明居砥石。’由蕃迁于砥石，是二迁也。《荀子·成相篇》云：‘契玄王生昭明，居于砥石，迁于商。’是昭明又由砥石迁商，是三迁也。《左氏》襄九年传云：‘陶唐氏之火正阏伯居商邱，祀大火而火纪时焉。相土因之，故商主大火。’是以商邱为昭明子相土所迁。又定四年传：祝鮀论周封康叔曰：‘取于相土之东都，以会王之东搜。’则相土之时曾有二都。康叔取其东都以会王之东搜，则当在东岳之下，盖如泰山之祊为郑有者，此为东都；则商邱乃其西都矣。疑昭明迁商后，相土又东徙泰山下，后复归商邱，是四迁五迁也。《今本竹书纪年》云：‘帝芬三十三年，商侯迁于殷。’是六迁也。又‘孔甲九年，殷侯复归于商邱’。是七迁也。至‘汤始居亳，从先王居。’则为八迁。”（《观堂集林》卷一二《说自契至于成汤八迁》，原文作“定九年”，误）

第三节　商族的大征服与夏族的大移动

商族之进入黄河腹部，大约在传说中之汤的时代。《孟子·滕文公》(下)谓“汤始征，自葛载，十一征而无敌于天下”。《诗·商颂·长发》云：“韦雇既伐，昆吾夏桀。”这些传说，正暗示商族在汤的时代，已开始征服山东、河南交界处的“诸夏”之族，在后来，并进而击溃“诸夏”之族的首脑部，代替“夏族”而成为中原文化之主人。

“夏族”虽然被商族所征服，但并不是被消灭。他们大部分与商族同化，而其余则分向三个方向退却。其原住徐淮一带的“夏族”，则继续南徙于吴越。传说中谓汤伐桀于鸣条，擒之焦门，放之夏台，死于亭山[①]。又谓“(桀)与妹喜同舟浮江,奔于南巢之山而死”[②]。这些传说，都是暗示夏商之际，“诸夏”南迁吴越的事实。其原住豫西一带的“夏族”，则被迫而南徙荆楚，与原住荆楚的“诸夏”合流，他们驱逐“南太平洋”系人种而据有其地。其原住山西及河南西部的“夏族”，则大批地退回西北一带，是为后来之“鬼方”。[③]传说中谓：“夏桀无道，汤放之鸣条，三年而死。其子獯粥，妻桀之众妾，避居北野，随畜移徙，中国谓之匈奴。”[④]这一传说，正暗示“夏族”在夏商之际，向西北方向退却的事实。但这一支由中原西退的“夏族”并非匈奴，因匈奴为北狄，而此则“诸夏”之族。

诸夏”之族，虽然分途向边远的地方退却，但他们仍然是商族

---

① 《淮南子·主术训》云：“汤革车三百乘，困之鸣条，禽之焦门。”同书《本经训》又云：“汤以革车三百乘，伐桀于南巢，放之夏台。”《荀子·解蔽》云“桀死于亭山”。

② 《史记·夏本纪》正义引《淮南子》。

③ 鬼族为夏族中最大的一个氏族，他们分布于山陕河南之交，故这一带被称为鬼州。《左》昭四年传云：“四岳、三涂、阳城、大室、荆山、中南、九州之险也，是不一姓。”此所谓“九州”，实即“鬼州”。又《左》昭二十二年传云：“晋籍谈、荀跞帅九州之戎。”此所谓“九州之戎”，实亦“鬼州之戎”。又《史记·殷本纪》正义引《括地志》云：“相州洛阳县西南五十里有九侯城，亦名鬼侯城，盖殷时九侯城也。”由此，我们因知鬼族分布之广，而且直至殷代，洛阳附近，尚有其大本营。

④ 《史记·匈奴列传》索隐引乐彦《括地谱》。

可怕的邻人。尤其鬼方，当它退回西北与”西夏”合流以后，成为商族的劲敌。为了彻底地征服“诸夏”之族，商族在其进入中原以后，又对诸夏之族发动了一连串的战争。它南征荆楚[①]，西伐鬼方[②]，并且远征西夏，使氐、羌之族，来享来王。[③]于是商族遂“奄有九有，设都于禹之绩”，完成了广大的疆土之开拓。

在这样一个广大的征服之下，“诸夏”之族几乎都变成了商族的臣属，而这在中国历史上，便是一个用夷变夏的时代。当时除了分布于中国东南及西南的“南太平洋系”诸氏族，因为中间隔有“诸夏”之族，未被征服。分布于新疆及蒙古的诸氏族，因为中间隔有“诸羌”之族，或由于地理的关系，亦未被征服。其余整个的中原，西北陕甘一带及商族之故乡，渤海沿岸一带，皆已入于商族统治之下。为了把这无数血族不同的氏族，放在一个权力的统治之下，国家遂在这种客观要求之下出现了。

国家的出现，当然不仅是种族对种族之征服的结果。最主要的，还是社会生产力的发展，达到了与原始公社制的生产关系之决裂的程度。换言之，即社会经济的发展，已经达到了由原始公社制转向奴隶制的时代，古代的国家才能出现。

如前所述，在夏代的末叶，我们已经看到在其生产发展阶段中，人类的劳动生产力，就能产生超出生产者自已生活所需要的生产物。我们也看出这个阶段，大概是相当于分业及个人交换之开始的时期。依据历史的原理，差不多人类的交换一经开始，人类自身也就被交换了。

另一方面，在新石器时代，商族的文化与“夏族”的文化，是两个平行发展的文化系统。从他们的文化遗物上所表现的技术看来。他们的生产力原是相颉颃的。而且在新石器时代的晚期之末，商族生产力的水准，已经超越夏族了，这从小屯出土的遗物可以看出来。

---

① 《诗·商颂·殷武》云:“挞彼殷武，奋伐荆楚。罙入其阻，裒荆之旅。”

② 《易卦·既济·九三》云:“高宗伐鬼方，三年克之。”甲骨文中，亦有伐鬼方之记载。

③ 《诗·商颂·殷武》云:“昔有成汤，自彼氐、羌，莫敢不来享，莫敢不来王，曰商是常。”

商族就挟着他们较高的生产力，向“夏族”展开了征伐。在不断的征伐战争中，商族又从“夏族”诸氏族中，获得了不少的财富——贝玉、畜群和俘虏，并且开拓了广大的疆土，以及由此而来的贡纳。依据历史的原理，劳动生产力之发展，财富之增加，以及生活领域之扩大，必然要引起奴隶制的。

因此我以为在传说中之汤的时代，商族就可能形成了中国最初的种族国家。不过这并不是说，在当时，整个的中国，都已从氏族社会转向古代社会，而只是说，进入黄河腹部的商族，已经转向古代社会。根据历史事实考察，通过商代历史的全时期，散布于中国东南沿海，及西南山岳地带的南太平洋系诸氏族，散布于中国西北及正北之“蒙古高原系”诸氏族，乃至商族的故乡渤海沿岸诸氏族，都仍然保持原始公社制的社会经济体制。至于中原一带的“诸夏”之族，甘肃、青海一带的“诸羌”之族，虽然在政治上从属于商族的国家，而作为其国家构成之细胞，在经济上，还是保持其原来的氏族制的社会经济机构。因此，在当时，那些被征服的诸氏族，一方面，在其社会内部，还是保持其以血缘关系而结合之氏族社会的组织；另一方面，从他们的外面，却来了一个国家的权力，压在他们的头上。一方面，在他们的内部，还是劳动与所有的统一；另一方面，在他们的外部，却来了一种贡献的剥削，成为氏族成员之共同的负担。一方面，原来的氏族首长，对于氏族内部，还是族长的身份；另一方面，原来的氏族首长，对于商代的古代国家，却是一个相当于殖民地总督的地位。这样一来，于是在氏族社会的经济基础之上，出现了“国家”，出现了“剥削”，因而表现出政治形态与经济基础不相适应的现象。这种现象，就使得许多历史家为之陷于苦闷。

实际上，这并不是历史的奇迹，也不是中国史上的特殊，而是古代国家形成过程中之一般的必然的历史现象。古代希腊、罗马对于其小亚细亚及其他各种的殖民地，也是表现为这样的关系。历史的原理指示我们，征服者是被限制于被征服者的社会机构，他必须依照被征服者原来的社会经济组织，才能行使最方便的剥削。这样的历史原理到现在，还被帝国主义所应用。同时武装的征服，只能改变政治的关系，它不能在一个胜利的冲锋之下，而使对方的社会经济，跟枪锋所向，而立即完成其向更高形式的转化。自然，政治的力量，也可以反作用于社会经济之改变。当许多氏族成为商代种族国家之隶属时，他们同时也就变成了繁荣商代奴隶制经济的养料，因而使商代奴隶制经济更为发展。反之由于商代奴隶制经济之更为发展，它又加强了对被征服的诸氏族之社会经济的影响，因而又加速了他们向着奴隶制经济之转化的行程。这样交互的历史作用，遂完成了商代种族国家的建立。到盘庚时代，商代的种族国家，便达到了完全的成熟时期。

以上我说明了商代所处的世界环境、中国环境、商族的种族来源，以及商族从原始公社制走向古代社会的历史过程。从这里，我们对于史前的商族，以及商代种族国家之发生的过程，可以得到一个简略的概念。而这种概念，对于我们研究后来商族之奴隶制经济，是必须具备的知识。

近来甚至有人否认中国曾经有过古代社会这一历史阶段。他们以为中国历史，是由原始公社制直接转入封建制。这种主张者，是把古代社会当作一种地方的特征，而不把它当作人类社会的历史发展中之不可缺少的一环。实际上，封建社会绝不能从原始公社中直接发展出来。因为封建社会下面的农奴劳动，是以社会生产力之更高发展为前提，而原始公社制的本身，一般是限制在生产之低度的水平下，它绝不能把更高之发展阶段的农奴劳动提供出来。古代社会的历史任务，就在于使存在于原始公社制社会内部的农业共同体崩溃，而造成封建制之直接前提，即大土地所有与个人化的生产。所以古代社会是原始公社制与封建制之间的历史必要的中间之一环。

人们也许会提出日耳曼人的历史，以为原始公社制直接跃入封建社会之例证。但具体的史实指示我们，日耳曼人的历史，也不是由原始公社制直接跃入封建制，它是在罗马奴隶制的影响之下通过了奴隶制的历史影响，并且已经进到了未发达的奴隶制。所以它才能在罗马奴隶制的废墟上，建立起封建社会。总之，没有奴隶制劳动，便不能提供出农奴劳动的生产水准，因而也就不能出现封建社会。因此，在全世界，任何文化民族的历史发展，都曾经有过奴隶制。根据具体的历史资料考察，中国的历史上，也并不空白奴隶制。商代的历史，正是中国史上之奴隶制经济的阶段，商代的社会，正是中国的古代社会。

第十章

商代的社会生产力

第一节　殷墟出土的青铜器文化

从“夏代”即已发明的黄铜文化，到了商代，便已经发展为高度水准的青铜器文化。这种文化遗存，晚近几十年来，已于殷墟有了大量的发现。无论从量与质哪一方面考察，都证明了商代的物质文化，已进到了高度发展的青铜器时代。

根据殷墟发掘报告，在殷的遗址中，到处都可以看到“红烧土碎块，木炭，‘将军盔’，炼渣，铜范和未冶炼过的铜矿砂。”[①] 在某一坑内，“铜范出土逾百，铜锅出土数十。”[②]“有些铜范上，尚有铜锈的遗留，可以证明它们是已用作铸过铜器”。[③] 同时，“炼渣与木炭，往往杂有熔铸的铜块。不成形的铜块，也得了不少。”[④] 此外，在“殷墟文化层内，常有未曾冶炼过的铜矿石发现。1929 年秋季发掘殷墟，又得到一块较大的孔雀石铜矿，重一八·八公斤。”[⑤] 这些铜矿的冶炼遗址或遗迹的发现，使我们可以想到当时安阳附近带有多少炼铜场，

① 见刘屿霞《殷代冶铜术之研究》。
② 同上。
③ 见李济《小屯与仰韶》。
④ 同上。
⑤ 见刘屿霞《殷代冶铜术之研究》。

在成天地从事于青铜的原料之生产，从而也可以想到在安阳以外之其他属于商代的城市，也一定有这样的炼铜场的存在。

又据殷墟发掘报告，在殷墟的发掘中，曾发现每次能炼出一二·七公斤纯铜的炼锅，而且还发现一块二七·八公斤的炼渣。这种大型的炼锅与大块的炼渣之发现，又使我们可以想到当时炼铜场的冶炼规模之宏大，因而又指明了当时青铜的原料之大量的生产，从而又指明了当时手工业制造对青铜需要量之大。

适应于青铜之广泛而大规模的冶炼，商代的各种器皿，祭器及兵器，大概都已用青铜制造。据罗振玉《殷文存》所收集的七百余种铜器中，其中即有二十种不同形制的器皿，如爵、卣、尊、彝、觯、鼎、敦、觚、盉、角、斝、甗、匜、壶、鬲、罍、盘、簠豆等。这些不同形制的青铜器皿，大概皆用作祭器或日用的盛器，而这在“夏代”，都是陶器充任的。由此足见商人之处理青铜，与“夏人”之处理泥土，已经具有同等的纯熟。而且从其形制的多样化看来，商人之制铜的技术，甚至超过了“夏人”制陶的技术，这当然是社会生产力之极大一步的发展。

除日用器皿及祭器已由陶器发展为青铜器以外，以前由石制或骨制的武器，现在也用青铜代替了。在殷墟中已经发现了铜戈、铜矛、铜镞等武器。商代的铜戈，已由无穿无胡，进化到单穿带胡的形式，而这到春秋时代，便更进化为三穿四穿而又带胡的形式。商代的铜矛，已由矛间的空隙大到矛尖的形式，进化到止于安柄的一段。商代的铜镞，已由圆锥式及扁平式的石镞，进化到须状或倒须式的形式。这到春秋时代铜镞的形式，便进化为三棱式了。从这些武器之制作技术的发展过程，也可以显出青铜文化之高度的发展。

此外，商代的主要劳动工具，也都用青铜制造，据殷墟发掘报告，在殷墟中，曾发现铜斧、铜锛、铜刀、铜锥、铜针等器物。而这些劳动工具，在“夏代”，大都还是用石制或用骨制的。

惟青铜器之农耕工具，则迄无发现。因而有人以为殷代之青铜器的使用范围，仅限于食器、祭器、兵器，乃至艺术创造的工具方面；而于农业及一般的手工业，则仍系使用石器。这样说来，则商人是用石器为工具来创造高度发展的青铜器文化，这诚如吕振羽氏所云："石器所代表的生产力，能产生高于其自身的艺术文化，却不是我们这个人类的历史中所能发现的。"此外，因为殷墟所发现的青铜器皿中，祭器较多，日用器皿较少，因而又有人怀疑，商代的青铜器，只用于祭祀神灵和祖先，而人民之日用器皿，则仍是陶器和石器等。这样说来，则无异说石器时代的人民，却能替他们祖先创造出一种青铜器文化的供奉。而这在现实的历史中，也是找不到的奇迹。

在现实的历史中，劳动工具的发展，是一切其他的文化创造之发展的前提；而最主要的劳动工具，却是农耕器具和手工业制造之基本的生产工具。有了进步的农耕工具，才能提供当时的文化创造者以生活必须之物质条件；有了进步的手工业制造之基本的生产工具，才能使进步的文化创造有现实的可能。所谓衣食足而后礼乐兴，前者之谓也；所谓工欲善其事，必先利其器，后者之谓也。同样，一切用于祭祀的礼器及殉葬的明器，都是当时人类日用器皿之复制。换言之，即决不是先有祭器和明器，而后才有当时人类之日用器皿，而是先有活人的日用器皿，然后才把这种器皿依形模制，送进死人的坟墓和神灵与祖先的祭坛。由此，吾人可以断言，在商代一定有青铜制之农耕工具和最完备的手工业制造之基本生产工具。同时日用器皿，也决不会少于祭器和明器。我相信我的这种假定，在将来一定可以被考古学的发现证实的。

依据考古学家的意见，金属原料之用于箭镞的制造，这就证明了这种金属在当时已经达到了最普遍最便宜的时候。因为箭镞一经射出，便不容易收回，非有大量的制造，即不能填补这样的消耗；非达到最便宜的生产价格，便担负不起这样的损失。即因如此，所以有许多虽然已经进到青铜器时代的人群，他们仍然使用石制或骨制的箭镞。在殷墟，虽然也还有骨镞和石镞的发现，但这恐怕已经是残余的东西。这从形制上亦可看出，因为殷墟的石镞和骨镞均未带翼，这比之双棱带翼的铜镞，当然是一种古典的形制。商代尤其是商末，恐怕已经完全使用铜制的箭镞。商代既以铜为箭镞和戈、矛，则断无不以铜为农耕工具及手工业工具之理。

商代的青铜器，不仅在形制上，表现为多种的式样，而且从其器物上之精细而富丽的镂刻看来，并表现出高度的艺术之成长。如《殷墟古器物图录》中第三十九图所示之铜器断片，上缀富丽之雷纹，并嵌以碧绿之宝石，其制作技术之精巧，至今令人惊叹。又"如《考古图》所录亶甲墓旁所出之足迹罍，虽周代重器亦无以过之"。[①]又如墓葬中铜觚的花纹，亦至为繁复而细致[②]。此种古铜器上的花纹，在甘肃出土的小铜器上，是完全没有的。这些都表现了商代已有高度的制铜艺术。

由于铜器上之精细的镂刻，以及龟甲、兽骨上之细如发丝的文字之契刻，证明了当时有着锋利的工具之存在，从而当时的人民对于青铜之锤击与锻炼的技术，也一定达到高度的发展。

总上所述，如炼铜遗址之普遍，炼铜规模之宏大，铜器的种类之繁多，铜器的应用之广泛，铜器的生产量之庞大，铜器的制作技术（如选矿、冶炼、范铸、镂刻、锤击等）之精巧等，实足以确切地证明商代已经是青铜器文化时代。

第二节　商代是青铜器时代还是石器时代?

与青铜并存，在殷墟中，又发现了大批的石器和骨角器物及陶器等，而且在数量上，石器反而多于铜器。因而有人以为商代还是新石器时代，从而以为商代社会，还是氏族社会。这样说来则殷墟出土的青铜器，便成了无法说明的奇迹了。因为如果认为商代还是石器时代，则石器时代的生产力，决不能产生出比它自己更高的青铜器文化。如果一面认为商代是石器时代，一面又认为青铜器是与石器并存的文化，则只有把青铜器解释为外来的文化。然而根据具体的历史，在商代的当时，并没有比它具有更高的文化水准之民族

① 《古史辨》第二册，马衡《中国之铜器时代》。

② 《殷墟发掘报告》第二期图版十五。

的存在，因而这种解释，便不能成立。此外则唯有把殷墟出土的青铜器，解释为商以后的时代之文化，掺入于殷墟之中者。然而在殷墟出土的青铜器上，又明明镂刻着与甲骨上同样的象形文字，因之，此种解释，更不能成立。所以，我以为这样的见解，是不正确的。

这种主张之不正确，是根源于其出发点。因为他们的唯一根据，即石器多于铜器，换言之即完全从石器与铜器之量的比例上作出来的结论。但是如果要正确地判断两种并存的文化之或为支配的文化，或为残余的文化，除了它们的量以外，还要顾到它们的质。而且唯有从质的方面，才能判别它们之或为支配，或为残余。如果单从量的方面考察，则所看到的，只是石器与铜器的一般，而不能看到它们各自所处的发展阶段，更不能看出它们之间的历史距离。因而结果石器就是石器，铜器就是铜器，从而作出了谁的量多，谁就是支配文化之机械的结论。

据李济氏报告，殷墟出土的“石器之多，不亚骨器，它们的用途较广。有类似陶器之容量器，如皿等；武器有镞、矛头与枪头；用器有刀、斧、杵、臼、磨石等；礼器有瑗、戚、璧、琮等；乐器有磬；并刻作猪、鸟、人像以作祭祀建筑装饰的应用；或琢成特种花纹镶嵌于他物作装饰品。”[①] 从这里，我们可以看出殷墟出土的石器，大概可以归纳为如次的三类：

第一类，是前期的遗存，在商代已完全废而不用的，如武器中之镞、矛头、枪头及用具中之若干器物，如石粟凿乃至某种石刀和石斧等。因为根据李济的报告，石镞只见过两次，石粟凿只见过一次，此种一见两见的东西，其为稀少的古物，自可想见。而且就形制而论，殷墟出土的石粟凿，与仰韶出土的，完全相同，都是双眼月牙形。石镞的形制，虽略有改变，但亦不似青铜器时代之产物。因为从这种石镞到双棱带翼的铜镞之间，还有一个带须石镞的阶段。至于石刀，虽出了过千，石斧也有很多发现，但其形制则甚简纯，大概皆系一种单孔斧与单孔刀，此类石斧与石刀，在仰韶文化中即已有之，亦不能证明为商人之新的创造。至于石制的盛器，更当系

① 李济《安阳最近发掘报告及六次工作之总估计》。

前期的遗存，因为当人类发明陶器以后，便不会浪费劳动力去雕琢种石头的盛器。而且商代的青铜盛器已有二十种以上的形式，其种类之繁多与形制之复杂，以与石制之皿相较，已不可同日而语。若谓商代尚为石器时代，则石器的种类与形制，应较铜器为复杂，然而事实恰恰相反，足证石器已为残余。

第二类，是仍然被商人当作辅助的生产工具而使用于生产领域的石器，如用具内之某些石斧、石刀、石杵、石磨等。因为青铜器并不完全排除石器，甚至铁器也不能完全排除石器。甚至我们的今日，而石臼、石磨之类的东西，还是普遍地被使用。但是石器在商代已经逐渐从主要的生产任务中被排除出来，则是必然之事。进步的工具驱逐落后的工具，这是历史的原理。因此，我们固然不能说，殷墟出土的石器，都是垃圾堆里的废弃物，我们也不能只要看见了石器，便说商代是石器时代。

第三类，是在青铜器文化基础上所创造出来的发展了的石器。这一类的石器，都不是生产用的工具，“有的是一种艺术的创造，有的是一种宗教的寄托。这些东西到周朝的时候，好些都用玉作。譬如璧琮戚一类的礼器，相传在周朝的时候都用玉琢，在殷墟所见的，仍为石器。”此外如石刻的猪、鸟、人像，大概不是用作建筑的装饰，便是用作宗教的寄托。而石器的这一方面之发展，一直到我们的今日，还是继续着。因而也不能当作商代是石器时代的物证。

总之，石器在商代，已经逐渐从生产领域中脱退出来，一部分沉淀而为历史的残滓；一部分，升华而为艺术的创造；更有一部分，则仍以残余的形态而作用于当时劳动生产之辅助，而且逐渐减低其辅助的作用。从这里，我们就可以看出石器在商代的地位，从而也就可以了然商代不是石器时代。

至于殷墟出土的石器，在量的方面，多于铜器一点，过去曾有许多学者企图解答这一问题。吕振羽氏曾引据《逸周书·世俘解》中“武王俘殷旧玉亿有百万”一语，谓“周族攻入殷都后，凡殷都所有之祭器、兵器、食器等有价值之物品，必尽数囊括以西。”[①]吕氏的这种假说，揆之情理，也许是可能之事。不过我以为我们用不着去寻找这样的解释，因为所谓殷墟的石器多于铜器，只是就现阶段的发掘结果而言，而现阶段的发掘，其范围，并未及于殷墟之全部因此，石器与铜器的比例，也只是一种暂时的假定。如果要确定它们之间的比例，则有待于将来更大规模之地下搜。据殷墟发掘报告，谓“殷墟出土的铜器，仅仅是很少的几件，铜范的数量，倒是不少”[②]，以情理推测，一个铜范，可以范铸无数的铜器，铜范既多，则铜器必更多。同时如前所述，殷墟曾发现无数冶铜的遗迹，而且有大型的炼锅之存在，这些，都说明了当时青铜器之大量的生产，这些青铜的生产量，又必然是适应于铜器制造之需要。从这种种的方面，我们都可以断言，在殷墟的地层中，一定还埋藏着大量的青铜器，如若尽数发掘出来，在量的方面，是应该多于石器的。

或有人说，即使殷墟的文化，是属于青铜器时代的文化，但亦只能证明此种文化所代表的时期，是盘庚以后的时代，因而在盘庚以前之商代，则仍为新石器时代。此种主张者之唯一的根据，即因今日之所谓殷墟，乃系盘庚以后的都城，而晚近所发现之商代青铜器，又皆得之于殷墟。以是而判定商代之转入青铜器时代，乃在盘庚以后，似乎不为无据。

但是我以为一种文化，绝不能突然地发生，而又于转眼之间，突然发展为高度的水准。依据历史的原理，一种文化从其发生到它的高度发展，其间必须经过一个长期的发育成长的过程。根据考古学的发现，中国早在新石器时代之辛店期，便出现了铜器。但这种铜器，是黄铜器，不是青铜器。而且这一时代的黄铜器物上，“全没有像殷商所出象牙刻纹或古铜器的花纹”。这两种反面的证据，就证明了新石器遗址中出土的最发展的铜器，也要早于殷墟出土的青铜器若干世纪。[③]至于殷墟出土的铜器，不仅是由黄铜发展为青铜，而

① 吕振羽《殷周时期的中国社会》26页。

② 刘屿霞《殷代冶铜术之研究》。

③ 参看安特生《甘肃考古记》31页及《殷墟发掘报告》第三期344页。

且还镂刻着特征新的历史时代之雷纹与饕餮纹，有些还铭刻着象形文字。从这里，我们就可以看出，甘肃出土的铜器与殷商铜器之间，有着一个很大的历史距离，而这种历史距离，正是由黄铜器过渡到青铜器的历史实践所需要之时间。但这在中国考古学上，还是一个很大的缺失。

如前所述，殷墟出土的青铜器，已经不是低级水准的青铜器，而是高度发展的青铜器。无论从其形制[①]抑或从其数量与种类[②]乃至从其所表现之艺术看来，都证明它确已臻于完全成熟的时期。像这样高级水准的青铜器文化之出现，诚如李济氏所云："这不是短时所能做到的。易言之，殷商的铸铜业，没有长期的培养，决不能达到这种境界。"从这里，我们又可以想到从黄铜器过渡到青铜器以后，青铜器文化本身，又必然经过了一个相当的时候，才由低级的水准进到殷墟出土的高级水准的青铜器时代。而这一青铜器文化本身发展的历史过程，在中国考古学上，也还是一个缺失。

因此之故，我以为中国的青铜器时代，绝不是开始于盘庚时代，而是开始于夏商之际。因为根据彭伯来氏对于安诺各期的年代之推定，从初用黄铜到黄铜文化完了的时代，其间占有三千八百年的时间。如此，则中国青铜器时代所占有的时间，无论如何，绝不只商代后期之两百多年。根据属于夏代之新石器遗址中，已有黄铜小器物之发现，殷墟又有高度青铜器文化之发现，因而我以为这两种文化的过渡，可能是在夏商交替之际。因为至少也必须有这样一个历史的时期，才能使青铜器文化，达到发育完成的境地。

关于这一点，李济氏曾有一个假定，他说："殷商以前，仰韶以后，黄河流域，一定尚有一种青铜器文化。等于欧洲青铜器文化早

① 李济《殷墟铜器五种及其相关问题》一文中云："在我们发掘期间，虽没有得到全形的礼器；据所见的残片，它们的形制，确亦臻到成熟的时期。俯身葬的时代极近殷商，这里出来的铜制礼器，如觚如爵等（虽说它们的形制完全是承袭陶器的。却都是中国的发明。）都可证实那时铸铜业正在全盛时代。"

② "青铜在殷商时代确已达到了鼎盛时期，原料的供给，大约也很丰富。所以除了礼器外，很多的武器与用器，甚至矢镞，都由这种原料作成。"（见李济上文）

中二期，及中国传说历史的夏及商的时期，这个文化埋藏在什么地方，固然尚待将来考古家的发现，但对于它的存在……却可以抱十分的信心。[1] 我完全同意李氏的这种假定，因为早中二期的青铜文化之存在，是殷墟出土的高度发展的青铜文化之存在的前提。由此，我们便可以暂时作出一个假定的结论，即整个的商代，都是青铜器时代。

第三节　商末有没有铁器的应用?

最后，还有一个问题，即铁的问题。

就一般的情形而论，古代社会之出现，是以铁的应用为前提，但是在殷墟的文化遗址中，至今尚未发现铁的踪影，因而又有人依据铁的缺乏而谓商代即使有高度发展的青铜器文化，也仍然不能创造出古代社会的经济体制和与之相适应的生产关系。

但是我以为商代之是否已经知道用铁，至今还是一个问题。因为今日殷墟发掘的范围，还是非常狭小，如小屯、后冈、四盘磨、王家峪口，与霍家小庄之间的马家地内，这些文化遗址，皆不出一公里内外，即较远之侯家庄遗址，亦相去不过二公里左右。我们不能因为在这一狭小区域内没有发现铁器，便肯定商代人民，尚不知使用铁。

我以为至迟在商末，商人应该已经知道使用铁器。据马格立昂尼《海丰史前遗物发现记》所述，在中国海丰史前遗址中，已经发现了两个生铁制的矢镞。这两个生铁的矢镞与青铜器及釉彩陶器，发现于同一地层中。据马氏云:“铁之年代或较古铜为近，但皆系史前遗物。”按海丰一带，直至战国时代尚未进入有史时期，故即使为史前遗物，但是否即系为与商代同时期之物，尚难证明。惟此种铁器，发现于与青铜器及釉彩陶之同一地层，则指明了铁器与青铜器

① 李济《殷墟铜器五种及其相关之问题》，拓印本104页。

及釉彩陶，曾有一个长期并存的时代。商代既有高度之青铜器及黄铜器文化之存在，亦应有发明铁的使用之可能。即不然，商代末期，曾与东南诸氏族发生长期的战争，而且海贝稻种也从“南太平洋系”人种方面输入，又证明它们之间有着繁盛的交换关系。海贝稻种既已从南方输入，则冶铁之术，亦必可以从南方传入。

又据施密特于其所著《考古学所见之氏族社会》一文中云：“西亚一带的诸种族，在公元前1400年代，已经知道使用铁器。”按与公元前1400年代适相值者，正是商代末际。从文化上的许多表现看来，商族甚至与古巴比伦都有若干间接的关系。它们曾经通过氐羌从塔里木盆地诸氏族取得和阗之玉，又安知不能通过氐羌之关系传入冶铁之术？

冶铁之术，从西方传来，传说中亦有所暗示。《诗·周颂·公刘》有“取厉取锻”一语，郭沫若氏谓：“取厉取锻”之“锻”字，毛诗虽训为石，但已经说了厉（砺），为什么又要说锻呢？郑笺云：“石所以为锻质”，则正是铁矿。按“取厉取锻”，系公刘时代之事，当时周族系商之属领，他们居在陕西豳的地方。由此足证在商末，冶铁的技术已由西亚传入陕西。当时周族既为商族的属领，相距不远，而往来又频繁，则冶铁的技术，亦有从周族传入之可能。

总之，中国的冶铁术，不是中原的民族所发明，如果不是由南方传入，便是由西方传入，而其最初传入之时，则大概在商末周初之时。

或谓“铁”字在中国文献上出现最晚，甲骨文中无铁字，而《诗经》中“驷驖孔阜”之“驖”，亦非指铁而言。中国最初之铁字，直至春秋末年才出现。《左》昭二十九年传云：“遂赋晋国一鼓铁，以铸刑鼎”，这是铁字在文献中第一次的出现。因此学者据此推定中国之使用铁器，始于春秋之末。

但是我以为根据文献中“铁”字之有无而推断铁之出现与否，是最危险的方法。因为古人对于各种金属，统称为“金”。如《国语·齐语》云：“美金以铸剑戟，试诸狗马；恶金以铸钽夷斤斸试诸壤土。”此所谓美金者铜，而恶金者铁也。按《国语》为春秋时代作品。春秋时的文献中，既有铁字，而《国语》称铁为恶金如故也。是知铁之有无，不能以“铁”字之有无为断。因此，我以为殷墟之没有铁器发现，乃系考古学上的缺失。

铁器的发明与应用，毫无疑义，是社会生产力之强有力的推进力，它使个人的生产和私的占有疾速地发展，因而强烈地破坏了氏族社会之旧的社会关系，从而使许多太古的社会转化为古代社会。但是在现实的世界史中，也有例外。例如在古代埃及和古代美索不达米亚的诸种族，在青铜器时代，就已经发生了敌对的社会关系，这从他们的墓葬中，可以得到证明。在北高加索的马可布附近发掘出来的青铜器时代的墓葬中，也发现了私的占有之存在。此外，在诺握斯渥彼得那亚利附近的墓葬中，也有同样的发现。在另一方面，在非洲的尼格罗人和西伯利亚的若干土人中，虽然已经用了铁器，而仍然保持其氏族社会之原有的组织。这样看来，商代是否为古代社会，问题便不在于有铁无铁，而是在于青铜器能否创造出剩余劳动。而青铜器之能创造出剩余劳动，又是甲骨文中有无数记载，已经证明了的事实。

总结以上所述，我以为商代是青铜器时代。在这一时代，石器仅以残余的形态而被保留；铁器可能已被发明，但即使有铁器出现，也还在萌芽的时期，因而商代的古代社会，是以青铜器文化为基础而建立起来的。

青铜器是否能创造出古代国家来呢？这就看它所代表的劳动生产性是否能使社会内部的一部分人从生产领域中脱离出来，成为不劳而食的统治者；换言之，即是否能完成社会之最初的大分裂，因为这是古代国家之出现及其存在的主要内容。

商代社会内部，是否已有完全从生产劳动中脱离了出来之一群人的存在呢？照甲骨文字的记载，这样的坐食者之群是存在的。据出土之一部分甲骨文字所载，商代已有大批僧侣的存在，如在武丁时，有㱿、亘、永、宾、争、古、韦、箙、史等人；祖庚、祖甲时，有大、旅、即、行、兄、出等人；廪辛、康丁时，有逆、彭、㞢、㞢等人。由此可以推知当时曾有庞大的僧侣贵族之群的存在。至于商代的国王，皆系“生则逸，不知稼穑之艰难，不闻小人之劳，惟耽乐之从”的人，当时更是脱离生产劳动的贵族。此外还有“自酒”的“群庶”，如果历史上没有“自酒”的奴隶，则所谓“群庶”，便是当时的自由民了。所有这些文献的记载，都证明了商代已有大批脱离生产劳动的剥削阶级的存在。而这个庞大的坐食之群，又必须有庞大的生活资料才能生存，因此，在另一方面，就必须有创造剩余劳动的奴隶大众之存在。这样，便完成了社会最初的大分裂，而古代国家也就出现了。

再就商代之各种文化遗存看来，其精巧的程度，亦非有一部分具有复杂思维的僧侣们或其他专门从事于工艺者之存在，决不能实现这种文化的创造，而这种文化创造者又必须脱离直接的生活资料之生产，始能达成其任务。所以我以为青铜器可以使社会内部分人脱离生产劳动，成为剥削阶级。换言之，即能创造出剩余价值，从而创造出国家。

第十一章

商代的社会经济构造

第一节　农业取得了支配地位

商代青铜器文化所表现的劳动生产性，无论在社会经济的哪一个部门，如农业、畜牧和工艺，都大大地超越了“夏代”的水准，达到了另一个崭新的历史阶段。尤其是农业已经超越了畜牧而成为社会经济的主要部门，使以前“夏代”的农业——畜牧经济转化为以农业为支配形态的经济。这一经济的转化，正是人类历史由野蛮时代过渡到文明时代之基本的条件。但是这并不是说商代便没有畜牧，或者畜牧在商代社会经济中，完全失去了它的意义，只是说畜牧在商代已经退到了次要的地位。

商代之有繁盛的农业的存在，我们从很多方面，可以找到证明。

就耕地的状况而言，甲骨文中，田字写作田、、、等形体，又有畴、井、疆、畯、等字，这些字汇的出现，就说明了当时黄河南北广大的原野，大半都已开辟成为田畴。在那里，有疆有理，有沟有渠。同时，商之属领周族，在渭河河谷一带，也开始“乃疆乃理，乃宣乃亩”之开辟耕地的工作。

就谷物的种植方面而言，甲骨文中有农、艺、麦、来、粟、黍、啬、禾等字，这些字汇之出现，就说明了当时黄河南北广大的田野中已经种满了我们今日所有的谷类。今日之稻种，在当时已经经“南太平洋系”人种之手，由马来半岛传入黄河流域了。

与田畴相关联，在甲骨文中又有园囿等字；与种植相关联，在甲骨文中又有果、树、桑、栗等字。这些字汇的出现，又可以想到在商人的村落附近，还有着美丽的果园和菜圃。在那里，他们“以杞以瓜”，栽种各种的果树和蔬菜。绵绵的瓜瓞，垂垂的硕果，点缀着当时古典的农村。

与桑的种植相关，在甲骨文中又出现了蚕字以及丝帛等字。而且还有祭祀蚕神的记载。《殷墟书契》后编上二十八页有云：“口牢口五牢，蚕示三牢，八月。”据此，则养蚕术在商代业已发明，而桑之种植，当甚普遍了。

与谷物相关，甲骨文中出现了酒、鬯等字。鬯是用于祭祀的香酒。郭沫若云：“酒鬯多用于祭祀。祭鬯之数有多至一百卣之例（鬯据后来的字义，就是酒的一种。卜辞每言鬯若干卣。揆其形象，大约是一种糯米酒的光景，字中的小点便是表明酿中的酒糟）。”[①] 此说甚是。商人嗜酒，《尚书》上多有记载。周公曾因此而作《酒诰》。《微子》亦云：“我用沈酗于酒。”又云：“殷邦方兴，沈酗于酒。”同时商代遗物中酒之盛器，如尊，如卣，如爵等，其种类亦至为繁多。由此足证酒在商代，实为普遍流行之嗜好，其消费量一定不少，因而又必有大规模的酿造，以供给社会的需要。但是酒的酿造原料是农产物，而农产物之用于大规模的酿造，则又证明了当时已有食用不尽之剩余谷物的存在，从而又证明了当时农业的盛况。

商人既以谷物酿造酒鬯，则当然早已用谷物为其主要的食料。据张蔚然氏《殷墟地层研究》一文中有云：“在此（穴居形）中间，多有灰土或黑灰土之层次。考此种土淤成之原因，乃人类取植物用为燃料，其灰烬概成此数色。后经水浸，泥土沉淀，而此种灰烬亦同时淤积成此层状。……且由此数种土（灰土、黑灰土及炭黑土）可以揣知当时树木既已成为燃料，而五谷杂粮，亦为居民食用品也。”

① 郭沫若《中国古代社会研究》247 页。

商人之以谷物为主要的生活资料，从卜辞的记载中也可以看出。卜辞中关于“桒禾”[①]“受禾”[②]“受黍”[③]“登黍”[④]“告麦”[⑤]“桒年”[⑥]“受年”[⑦]的记载，非常之多，[⑧]此外尚有因农产物的关系而“卜雨”[⑨]的记载。若非农业已成为其主要的生产事业，农产物已成为其主要的生活资料，则商代奴隶所有者，决不会这样的关心。

商人对于祈年，不但重视，而且成为按期举行的一种祈祷。据郭沫若考证“祈年多于二三月，亦于十月十一月以卜来年者”。[⑩]由偶然的祈祷到定期的祈祷，其间需要一个长期的发展，而这就证明了商人之重视农业由来已早。

商代的奴隶所有者，一方面祈求“自天降康，丰年穰穰。”[⑪]另一方面，也希望奴隶大众“稼穑匪解”[⑫]，以尽人事。因此，而又有“观黍”、“省田”[⑬]之事。所谓“观黍”、“省田”，大概就是后来周代“籍田”之礼的原始。

商代的农耕工具，至今尚无遗物发现，因此学者之间，推论不一。郭沫若氏曾根据农字从石之构意上，判定“当时耕具，犹用石刀”。董作宾氏则根据耤字之构意，而谓商人尚在使用木制之耒以为农器。吕振羽氏则根据西周时代的农具已普遍使用金属，因而推论

---

① “壬申贞，桒禾于夒。”（《卜通》二五九）

② “南方受禾，西方受禾，北方受禾；癸卯贞，东受禾；□受禾。”（《卜通》四五三）

③ “庚申卜，贞我受黍年。三月。”（《卜通》四四○）

④ “甲辰贞，其登黍。”（新获卜辞一四三片）

⑤ “己亥卜，宾，翌，庚子，㞢告麦，允㞢告麦。”（《前》四·四○·七）

⑥ “至后祖丁桒年。”（《卜通》别二·七·十一）

⑦ “甲辰卜，商受年。”（《前》三·三○·六）

⑧ （日本）小岛祐马《殷代之产业》一文，曾就罗氏考释一书统计甲骨文中关于农事之记载，其卜年岁凶丰者二二次，卜风雨者七七次；但在七七次中，大部分与农业无关，而是为了出入田猎。

⑨ 《前》三·二九·三：“庚午卜，贞，禾㞢及雨。”《后》下，七·二：“贞，今其雨，不隹穡。”《前》四·四○·一：“己酉，卜黍年有足雨。”《卜通》三六三：“贞于兄桒年，帝令雨足年。贞求年于岳。贞帝令雨弗其足年。”

⑩ 《通·序》五页。

⑪ 《诗·商颂·烈祖》。

⑫ 《诗·商颂·殷武》。

⑬ 《前》五·二六·一：“丙辰卜永贞乎（呼）省我田。”

商代农器之使用金属器无疑。以上的各种主张，各有其立论之根据，故皆足以供我们的参考。

关于这一点，我同意吕振羽氏的假说。因为以常理推之，商人既以金属铸造食器兵器乃至礼器明器，则对于作为其主要生产工具的农器，绝不致再用石器，更不致再用木器。至于农字从石，我以为此字之形成，或系由早期之象形图画中蜕化而来，在当时，耕种器具，尚用石器，商人因之，未加改变。这正犹宝字从贝，今日所宝非贝，而仍然袭用此字，具有同样的意义。耤字的构成；如董氏所云，像一人双手持耒，但是耤字所从之耒，甲骨文作为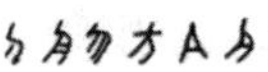其形皆像一曲木下镶犁头。曲木仅为犁头之柄，并非全体皆为木制。从耒字所表现之犁头的形制看来，颇似今日之铁耙，此种具有细长而尖锐之梳状的耙齿，用石材制作，不但不易，而且容易折断，故必为金属所制无疑。

除耒以外，甲骨文中有字，徐中舒氏释作目（即耜），亦为农具之一种。颇类今日之锄，或系用以碎土、垦草的一种农具。

甲骨文中方字作“”[①]，或作“”[②]。徐中舒氏谓:“象耒的形制……古者，秉耒而耕，刺土曰推，起土曰方。”[③]方为农具，实为可信。甲骨文中又有字作“”[④]，或作“”[⑤]，或释作“物”。徐中舒氏谓亦象耒的形制，当亦为耕具。

总上所述，商代耕种器具，种类既已繁多，形制亦极复杂，耒耜耙锄，俱已应用，而且制作原料，则应用金属。

商代是否已经发明牛耕，这还是一个问题。传说中谓“胲作服牛”[⑥]，又谓“（后）稷之孙曰叔均，始作牛耕”。[⑦]据此，则商人已知牛耕。惟从甲骨文中之耤字的构造看来，则系像一人以双手持耒，

① 《前》五·一一。
② 《前》五·一三。
③ 徐中舒《耒耜考》，《历史语言研究所集刊》第二卷第一期。
④ 《前》六·二二。
⑤ 《前》五·三九。
⑥ 《世本·氏姓篇》。
⑦ 《山海经·海内经》。

因而商代似尚用人耕。但甲骨文中有[①]字，郭沫若氏释作犁，此字像以牛拖曳耕具之形。则商人又似已应用牛耕。不过商代究竟有无应用牛耕的事实，尚须有待于地下发掘之证明，我们不敢根据字形，予以确说。

据甲骨文的记载，在商代，大批奴隶已经被驱上了田野，这些黥面辛额之徒，已经成为当时农业生产劳动之主要的担当者。他们在“小臣”的监督之下，从事于垦土，耕田，播种，耘草，收割的工作，一直把谷物送到主人的谷仓，[②]然后又再开始第二年的工作。至于当时的奴隶贵族，则早已脱离了农业生产的劳动，他们“生则逸，……不闻小人之劳，惟耽乐之从”。当时的自由民，也鄙视劳动，他们也是“不昏作劳，不服田亩”。

第二节　畜牧退到次要的地位，渔猎娱乐化

商人虽以农业为其生活资料之主要的来源，但仍然有着繁盛的畜牧事业。不过畜牧在当时整个社会经济构成中所占的地位，较之农业，则为次要而已。这样的情形，我们从甲骨文中“卜牧”“告刍”的记录极为稀少，可以看得出来。因为这样的记载之稀少，就证明了当时的奴隶所有者对于畜牧事业，已经没有像对农业生产那样关心了。

畜牧经济之所以退到次要的地位，唯一的原因，就是由于农业的发展，人类的主要生活资料，已无疑依靠谷物，而肉类与乳类，只不过是辅助的食料而已。同时，由于青铜器的应用，人类已不需要动物之骨角，当作制造生产工具的原料；由于养蚕术的发明及其他植物纤维之被应用于衣服的材料，因而动物的皮毛，对于人类之日常生活，也不像以前那样重要了。此外，与农业发展相适应的，是耕地的扩大，耕地的扩大，同时就是牧场的缩小，这样，又逐渐

① 《殷契粹编》66页。

② 甲骨文中有字，郭沫若氏释作廪。

给予大规模之畜牧事业的现实以客观的限制。在商代当然还有着许多地方，供给畜牧的刍秣，但较之“夏代”，则已经大大的缩小了。这些原因，就是商代畜牧经济退到次要地位的原因，而这正是社会经济之辩证的发展。

但是畜牧在社会经济上的重要性之减低，并不影响其自己之继续向前发展。在时间的过程中，许多半驯养的动物，变成完全的家畜；许多新的野性的动物，又变成半驯养的动物。所以在商代马牛羊鸡犬豕，我们今日所谓六畜者，皆已成为家畜。甚至由冰河时代以变种而残留下来的“象”，在当时也是家畜[①]。诚如郭沫若氏所云，在商代，六畜乃至七畜，均已存在。但是家畜的种类之多，并不即是畜牧在社会经济上之重要性的表示，只是动物驯养之历史的必然成果而已。

诚然当时用家畜作为牺牲的数目，有一次多至三百、四百者，这如果没有繁盛的畜牧是办不到的。但我以为这绝不是平常的事情，恐怕只有在特别盛大的祭典中，如“贞之于王亥”，才能有一次用三百条牛的豪奢。在普通的祭典中，用牺牲的数目，也不过几个乃至几十个而已。自然，我们不是说，当时已经没有大规模的畜牧；反之，当时奴隶所有者，还是掌握着大量的畜群于自己的手中，他们利用奴隶为之放牧的事实，甲骨文中，亦有记载。在他们的庄园里，也有家畜的厩栏，养着肥猪肥羊和牛马等类家畜。但是据《书・微子》云：“今殷民，乃攘窃神祇之牺牷牲用以容将食无灾。”据此，则当时一般奴隶乃至自由民，他们吃肉，恐怕是一件不容易的事了。不然，他们又何必去攘窃祭坛上的冷肉呢？因此一次用牺牲至三百、四百，亦只是说明商代奴隶所有者之豪奢，而在其反面，则存在着不能享受肉食的大群奴隶和自由民。

商代家畜的用途，与其说在食用上，毋宁说在劳动方面。在商代，牛马皆已应用于交通运输，犬已用于狩猎。甲骨文中牛字作

① 《吕氏春秋・古乐篇》云：“商人服象，为虐于东夷。”甲骨文中亦有“今夕其获象”。(《前》三，三一，三）之记载。再甲骨文中“为”字多作“象”形，是商时中国北部尚有“象”，而“象”以后便逐渐南徙于热带去了。

、、、，其形皆象以木福牛角，此楅角之木，即《易·大畜》所谓“童牛之牿”的“牿”，盖用以系绳，以便于牵系者。最近殷墟小屯的发掘，又发现“车一辆，马四匹，战士三名，武器三套”的车马坑，可知商代已有四马驾车的事实。甲骨文中“御”字从“马”，从“丝”，是马在商代已用于拖车。郭沫若氏谓“殷末王者之车，所驾者仅二马，即所谓骈”。[①] 甲骨文中有字，郭沫若氏释作狗。此字从，盖亦指示有绳牵系之意。甲骨文中“狩”字从犬，可知犬在商代已应用于狩猎。

渔猎在商代，已经失去其在社会经济中的意义，仅为当时奴隶贵族之一种娱乐。甲骨文中关于渔猎之记载，多为“王渔”或“王狩”，而且猎狩之时，王必“丝御”，“丝御”者，即乘坐马车。郭沫若氏统计已经出土的甲骨文中，关于猎狩的记载，“获兽至百以上者仅六七次，其他均在十四上下。”这对于当时社会经济，当然不能发生任何意义。惟从其猎狩物的种类上，我们得知当时黄河流域尚有野马、野羊、野猪以及野鹿之大量的存在，《史记·周本纪》云：“维天不飨殷……麋鹿在牧，飞鸿满野”，正是当时的写真。

第三节　手工业分工的发达

从殷墟出土的遗物看来，我们知道商代手工业技术已经发展很高。同时，由于在殷墟遗址中又发现了铜器作坊、骨器作坊、石工作坊等的遗址，我们又知道当时手工业分工，亦至为发展，从而我们又可以想象当时的安阳，已经布满了各种手工业作坊，同时也有无数的奴隶，被驱进这些作坊之中，不分昼夜地从事各种工艺品之生产。

关于铜器的制造，已如前述，不但规模宏大，而且分工极细，如选矿、加锡、范铸、打磨、镂刻等，皆须有专门之技术的素养与经验的储蓄，想见当时亦必有具有各种专门技术的工人之存在。

① 《通》155页。

陶器的制作也大大地进步了。从制作的技术上说，殷商的陶器，大部分都是完全用轮转的或旋削的。我们知道，仰韶时期的陶器，大多都是手制的。虽然已经有些是用旋削的，甚至也有完全用轮转的，但都是宽口大腹的钵，没有像殷墟所出深而精致的尊罍形的物体。

据李济云:“在这时期的陶器，绳印式的仍旧有，手作的尚多，然而轮转的手艺,的确已经到了很高的地位。”① 就陶器上所表现的艺术而言，殷商的陶器，多取象动物之形，而且这种经验，似乎因为经过相当时间之发展，已经规则化了。

作为殷商陶器之最大的特征，亦即最大的进步，自然是陶器上的彩绘之消灭而出现了敷釉的刻纹陶器。但敷釉的艺术，还很幼稚，今日所发现的若干商代的陶片，其上所敷之釉，多已剥脱。不论怎样，釉的发明，是陶器制作中的一个最大的进步。

石工与骨工，大概都从事于装饰品和奢侈品的制造，这从殷墟出土之象牙雕刻和施有富丽雕刻之石雕的人体可以证明。

此外，甲骨文中有丝、帛、巾、幕、衣、旒等字的出现，又指明了当时有专门从事纺织与缝纫的工艺。甲骨文中有宫、室、家、宅、宗、庙、邑、塞等字的出现，又指明当时土木建筑的技术，已经相当地发达。

关于手工业所使用之工具，已于上文述及，如斧、锛、锥、刀、针等均已存在。但从龟甲上之锯痕与钻治之迹看来，当时并已有锯钻之存在。据董作宾氏考察谓:“此次所得无字之甲三一四号与四七一号与骨板之六〇〇号，皆显然有锯痕；至于骨料，则经锯截者尤多也。锯之形是否如今制，已不可知；然于锯痕之有层层横纹甚似其上有齿，锯时又往来为之。且锯之迹宽一·五公厘乃至二公厘，则其刃之厚，当在一公厘左右。”② 关于钻之被使用，董氏谓“今所出之大龟甲，其版面甚薄，知由两面错治之故，故全体平正……甚美观也。”据董氏考察，龟甲上的凿痕，为先凿后钻，深九公厘，中宽七公厘，下成圆形。

---

① 李济《殷商陶器初论》。

② 董作宾《商代龟卜之推测》。

如此，则钻之刃，其厚度当在四五公厘左右。此种一公厘左右的厚度之锯，与四五公厘左右厚度之锯，决非石制而为青铜所制无疑，因石制之锯钻，过薄过锐，则易折断。我们从此又知商代当时，有专门制造此种精巧的劳动工具的工艺。

总上所述，可以想见商代当时的手工业工艺，是何等的繁荣。当时的手工业工人，都是奴隶，他们成天在作坊中作无报偿的劳动，或鼓炉冶铸，或搏土埏埴，或锤制兵器，或镂刻骨角铜石，或纺织丝帛，或缝纫衣裳，或制造车船，或版筑宫室城塞，于是当时的商都，便成了手工业制造的中心。

第四节　商业交换的繁荣

手工业的发展是商业发展的直接前提。商代的手工业既如此发展，因而又引出了繁荣的商业。

以都市的规模而论，今日的安阳，盘庚以后的商都，已经不仅是商代的奴隶国家之政治中心，手工业中心，而且已经成为古代东方世界之国际商业的中心。由发现于今日后冈之版筑及白圈基址的遗迹考察，确证当时的商都，其城市的范围，已包有十平方华里以上的地域。据《史记·殷本纪》正义引《竹书纪年》所云，这个都市，到商之末际，纣的时代，其范围更加扩大，“南距朝歌，北据邯郸及沙丘，皆为离宫别馆。”

就都市的内容而说，当时的商都，有纵横交错的街道，有鳞次栉比的房屋①，有无数冶铸青铜的炼厂，有各种手工业的作坊，有耸立于首都天空之奴隶贵族的倾宫瑶台②。有坐满了醺醺大醉的自由民

① 殷墟所发现的版筑遗址，有连比的房屋之存在的遗迹。

② 殷墟曾发现镂刻着富丽花纹之础石，想见当时必有华丽之宫殿的建筑。《御览》八十四引《帝王世纪》云：“纣果造倾宫，作琼室、瑶台，饰以美玉，七年乃成，其大三里，其高千丈。”又《考工记·匠人》谓“殷人重屋，堂修七寻，堂崇三尺，四阿，重屋”。凡此，足以证明商人已有崇大的宫室之存在。

之酒店，也有看不见日光的奴隶大众之土牢。在这里我们可以看到坐着四匹马车的奴隶贵族，招摇过市；可以看到零落的自由民，徘徊于街头巷尾；也可以看到额上打了火印的奴隶大众，成群地走进各种的手工业作坊。此外更可以看到各种不同种族的行商坐贾，熙来攘往[①]。总之，当时的安阳，可以说是商代奴隶所有者的天堂，同时，又是奴隶大众和零落的自由民之地狱。

就商业的范围而说，据甲骨所示，当时商代的商人，其足迹所至，东北达到了渤海沿岸乃至朝鲜半岛[②]，东南达到了今日之江浙[③]，西南达到了今日之皖鄂乃至四川，[④]西北达到了今日之陕甘宁绥乃至远及新疆[⑤]。一言以蔽之，商代的商人，已经走遍了他们所知道的世界。

就商业的种类而论，当时的商业，最主要的，自然是奴隶买卖。商代最初的奴隶，本来是由战争的手段得来的俘虏，但当社会劳动生产性发展到一定的程度，奴隶便必然表现其商品性的价值，因而奴隶便一变而为商品，从而以商品交换的形式，也可以获得奴隶的所有权。在商代，“怀其资”，即可以“得童仆”[⑥]；而且从“利有攸往，得臣无家”[⑦]一语看来，当时买卖奴隶，还是最有利的生意。不

① 《史记·齐太公世家》索隐引周《古史考》谓“吕望常屠牛于朝歌”。《战国策·秦策》亦谓“太公望、齐之逐夫，朝歌之废屠”。按太公吕望与周为近亲，乃西北羌族之人，而经商之朝歌，想见当时商都必有不少的羌人以及其他氏族之商人。

② 如前所述，朝鲜人种，本为商族支裔，《诗·商颂·玄鸟》：“四海来假，来假祁祁。”是商人与分布于朝鲜之同族，始终保持不断之接触的证明。（转下页）（接上页）又甲文中有[illegible]方，郭沫若氏谓疑即箕子所封之“箕”（《通》1—6页）。此又商人与朝已有接触之证。

③ 甲骨文中有“征上𩵦”的记载，郭沫若氏谓“上𩵦”，疑即今日浙江上虞（《通》130页）

④ 甲骨文中有地名曰“罗”（《后》上，九、七），郭沫若谓“罗”即“蜀”。（《通》1—9页）

⑤ 甲骨文中有“土方”，在今山西北部，有“舌方”在今河套附近，皆与商人有接触。又《诗·商颂·殷武》云：“自彼氐羌，莫敢不来享，莫敢不来王。”当时的氐羌，分布于今日陕甘一带，其余裔且远布新疆，故知商代商人甚至与新疆诸氏族亦有直接接触之商业关系。商代宝玉之多，尤可确证此种商业关系之存在。

⑥ 《易·旅》。

⑦ 同上。

过奴隶究竟是人，不比其他的商品，所以在路上常有纵火逃亡之事，所谓“旅焚其次，丧其童仆”[①]者，正是描写奴隶逃亡之事。

除奴隶买卖以外，商代的商人，也还从事于其他的商品买卖。他们从渤海沿岸一带输入鱼类、海贝和绿松石[②]，从西北陕甘一带输入畜群和皮毛，并且通过羌族之手或直接从新疆一带输入玉石，最主要的买卖是从长江上游一带输入铜锡[③]，从长江下游输入稻米。自然他们同时也把商族的农作物，尤其是工艺品向外输出。由于这样的商业关系，于是商族遂把它四周的各氏族都转入了交换过程，从而刺激了那些氏族之社会分工的发展。同时，由于商族商人带回了四周各氏族的物质文明与精神文明，因而又丰富了商族文化的内容。

再就交换之媒介物而论，商人似已由物物交易进而使用作为等价形态之贝类。甲骨文中，贝字屡见，皆用于货币之意，此外甲骨文中之与财货有关的字汇，如宝，如贮，如赝，如货，皆从贝旁，亦即皆为贝义之孳乳。据郭沫若氏考察，商人最初使用之贝为海贝之一种。此种海贝，产于南洋，至今锡兰岛附近尚盛产之。其形如，故甲骨文中贝字作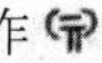、，盖象其形也。此种海贝，想系经南太平洋系人种之手传入商族，已如前述。即因如此，所以得之不易，以后遂改用珧制，又后则以骨制，更后则以铜制，以代替真贝。真贝一贝之长，不及半寸，皆磨穿其脊以备横贯，故贯而为朋，亦不甚长。一朋所贯之贝有若干，无从确考，从甲骨文中朋字之各种书法看来，有贯三贝者，如，如；有贯四贝者，如，如。至于商人用贝之数至多者十朋，少者一朋，似此，则当时一朋之值，必甚昂贵。因为从数目字的发展上看来，甲骨文中已有百（）千（）万（）等字。有关数字之记载、有多至“三万（）”者[④]。按数

① 《易·损》。

② 殷墟遗物中有极多之咸水贝，及绿松石，并有鲸鱼骨。咸水贝与鲸鱼均系海产，其来自渤海沿岸无疑。绿松石亦非小屯附近之产物，或亦来自山东半岛一带。

③ 青铜为铜与锡之合金，故冶炼青铜，必须添锡。但中国黄河流域并不产锡，锡之产地，皆在长江上游一带，故知商代当时，必有从长江上游输入锡矿之事。同时，铜之产地，亦多在西南，故又知商人当亦有从西南输入铜矿之事。

④ 郭沫若氏云：“卜辞纪数之例以五千为最多，五千以上数所未见。虽有万字，乃‘虿'之初文，并非用为千万字。”（见《卜辞通纂》13，14页）

字之发展绝不是偶然的，而正反映当时商业交换量之扩大。以如此庞大的交换量，而体现价值的等价之贝的应用，仅及十朋而止，如非贝价甚高，则必有记载更多的贝朋数字之甲骨。

由此，可以想见商代当时商业之盛。当时的商人，驾牛服象，浮舟资车，一队队地从商都出发走向商领各地，及其更远的世界。只要有利可图，无不结队而往。或“反复其道，七日来复”[①]，或“夫征不复”[②]，而不幸死于中途。他们有时获利，有时也折本，所以《易》有“西南得朋，东北丧朋”[③]的记载。但是他们“不耕获，不菑畲”[④]，“憧憧往来”[⑤]于天南地北者，则仍以“利有攸往”之故。他们究竟还是获利的时候为多，所谓“臆则屡中”，“朋从尔思”，是很平常的事情。除非遭遇“无妄之灾”，以至“牵羊悔亡”，或“旅焚其次，丧其僮仆”，才有丧贝之事。因此商代的奴隶所有者，不仅从农业和手工业中榨取了大量的劳动价值，他们同时也从商业交换中获得了大量的财富。这些财富就巩固了商代奴隶所有者的政权。

① 《易·复》。
② 《易·渐》九三。
③ 《易·坤》。
④ 《易·无妄》六二。
⑤ 《易·咸》九四。

第十二章

商代的社会关系及其发展

第一节　商代社会关系的构成：奴隶所有者与奴隶

如上所述，商代青铜器文化所表现的劳动生产性，无论在社会经济的哪一个部门，都已经能够创造出剩余劳动。青铜器既能创造出剩余劳动，也就必然会创造出一部分依赖剩余劳动以为生的坐食之群，以及另一部分提供剩余劳动的食人之群。这样就发生了社会之最初的大分裂，而在同一有血有肉的人群之中，出现了奴隶所有者与奴隶。商代的国家，便是建筑在这社会最初大分裂的裂口之上，因而商代社会之基本的矛盾，是奴隶所有者与奴隶的矛盾。

商代奴隶所有者集团之最高的首领是国王，在国王的隶属之下，又有大群的世俗贵族和僧侣贵族。前者如甲骨文中所谓侯、宰，《书·盘庚篇》所谓邦伯、师长，以及《微子篇》所谓父师、少师属之；后者如甲骨文中所谓巫祝、卿史、御事等属之。这些奴隶所有者，他们已经完全从生产劳动中脱离出来，形成了一个以榨取奴隶劳动为生的统治者集团。

商代的奴隶，有各种的名称，甲骨文中所谓小臣、奚、奴、童仆、妾、役、牧、御等皆属之。这些奴隶完全失掉了身体的自由，成为奴隶所有者榨取的对象，而构成一个庞大的被统治者集团。

此外，在奴隶所有者与奴隶之间，还有一种自由民，即《盘庚篇》所谓“畜民”者是也。这种自由民，可以说是介于榨取者与被榨取者之间的一个中间社会群。

以上的社会分野，就是商代社会关系之全面的内容，亦即商代奴隶所有者的国家之政治的属性。

商代的国王，是奴隶掠夺者军事集团的首领，同时，也是国家最高权力之代表。他与氏族社会末期的酋长，已经迥然不同。在氏族末期的酋长，必须通过氏族会议的选举才能产生，并且氏族会议还有罢免之权。在商代，此种原始的民主制度已被废除，他们把“父子相承”“兄弟相及”视为当然。在氏族社会的酋长，他们仅是公共事务的管理人及战争的指挥者，但商代的国王，则对于人民的生命财产，都有任意生杀予夺的权力。只要听盘庚说话的口气①便可以听见当时的国王，已经俨然有些后来专制皇帝的派头。

商代的世俗贵族，如侯或邦伯、师长等，大半都是原来氏族的首长，后来这些氏族被商族征服，他们被强制接受商王的册命，而为商代国家统治异族的代理人。甲骨文中有关于命周侯、鄐侯的记载，可以证明。因此，他们具有两重人格，即对商代国家，是其统治机构内组成的一员；对其自己的氏族，则又以氏族长的资格而存在。但这些所谓侯或邦伯、师长，也有由商代国家直接派遣的。这些侯或邦伯、师长不论其为原来的氏族之首长，抑或由商代国家直接派遣，而其任务，都是替商代国家征收贡纳，并捍卫领土，镇压奴隶革命。

商代的僧侣贵族，他们大半都是由过去氏族社会中之咒术师转化而来。这些僧侣贵族，他们具有较世俗贵族更高之文化的传统，他们蓄积着不少关于政治军事以及剥削和欺骗人民的经验。他们虽然在身份的等级上是国王的属僚，但是他们却善于利用宗教的迷信，通过卜筮的仪式，把国王的一举一动，都放在他们的命令之下。因

①《书·盘庚》(上)云:“矧予制乃短长之命。”又云:“听予一人之作猷，无有远迩，用罪伐厥死，用德彰厥书。邦之臧，惟汝众；邦之不臧，惟予一人有佚罚。”《盘庚》(中)云:“乃有不吉不迪，颠越不恭，暂遇奸宄，我乃劓殄灭之，无遗育。”

而实际上，商代的僧侣贵族，就是商代的政治、经济和军事之最高的指导者。

商代的奴隶，主要的都是由战争中得来的俘虏编制而成。这从商代的许多战役中，都有俘人的记载以及战俘多以种族名称之可以证明。但亦有不称其种族之名而通称之曰臣妾奴仆者。这些奴隶，在他们的额上，都黥刻着记号以为标志，防止其逃亡。他们被役使于各种生产劳动，如前所述，在农业、畜牧和手工业这些主要的生产部门中，奴隶都是生产劳动之主要的担当者。此外，据甲骨文所示，商代的奴隶，也服役于贵族的狩猎及家庭贱役①，乃至被役用于角斗②，以供贵族之观赏。到商末，奴隶并且参加征伐。

商代的自由民和贵族，系属于同一种族。但在同一种族之中，有着许多氏族，而商族中的贵族，则多为氏族的成员所转化。因之商族中之其他氏族的成员，在这一历史的转化之下，大半都变为自由民。所谓自由民者，因为他们与贵族有同种族的关系，在人格方面，他们仍然是自由的。但是在政治上，他们却没有获得一种掠夺奴隶的特殊地位，自从氏族共有的土地转化为国家所有，亦即贵族所有以后，这些自由民，便零落而为依赖国家之恩赐以为生的流氓无产者之群。这种自由民，他们羞与奴隶为伍，鄙视劳动，因而他们“不昏作劳，不服田亩”。商代的贵族，念他们也是同一祖先的子孙，所以抚畜他们，而称之曰畜民③。实际上，这些畜民，也是奴隶劳动之间接榨取者，所以他们与贵族之间虽亦有矛盾的存在，但在榨取奴隶劳动这一点上，矛盾却被统一了。这直到商末，他们不能从商族分得生活资料时，自由民又才站在奴隶的方面来反对贵族。

商代的社会，就在这样一种矛盾关系中，向前发展。

由于战争的掠夺，贡纳的收入，商业的利益，尤其是奴隶劳动

---

① “王令多羌坚田。”(《粹》一二二二)“乎多羌追貍，羌。”(《续》四·二·九·二)

② 甲骨文中有“卜贞，臣在斗”(《前》二·九)。吕振羽氏疑商代奴隶有用以角斗之事。

③《书·盘庚》(中)云:“予岂汝威，用奉畜汝众，予念我先神后之劳尔先，予丕克羞尔，用怀尔然。”又云:“古我先后，既劳乃祖乃父，汝共作我畜民。”

的榨取，商代的贵族们，不久便都成为拥有庞大的奴隶大众、土地、畜群和贝货的主人。这些贵族，虽然完全不参加生产劳动，但却夺得了一切生产手段的所有权，并且也私有了劳动生产的人类。他们利用国家的权力，继续展开掠夺的战争，迫使四周的异族来享来王，同时，又以无人道的观酷，驱使奴隶从事于财富之再生产。于是他们的财富就更加增大了。

在财富继续增殖的当中，商代的贵族，便开始了骄奢逸的生活，他们的离宫别馆，布满首都的城郊，良马骈车，驰逐于通衢。象牙雕刻，饰诸宫廷，青铜器皿，布满餐桌。酣歌曼舞，是伐是肆；旨酒佳肴，以妥以侑。当夫凯旋之日，则献俘执丑，异族来王；当夫祭祀之时，则沉猪埋羊，神人同乐。其骄奢如此，其威武又如此，他们真是时代的骄子，历史的宠儿。

在另一方面，当时的奴隶，则做着比牛马更苦重的工作，而过着比牛马更恶劣的生活。他们烙印在额，锁链在颈，斧钺在前，鞭笞在后，白昼则成群地被驱进作坊，驱上田野，从事无偿劳动；黑夜则成群地被囚禁在污秽的土牢。商都有的是酒店，但他们只能望望然而过之；商都有的是猪羊，但他们只有过屠门而大嚼。运气好的，也许做到一个奴隶头目，如小臣之类；运气坏的，甚至遭受刑戮，或刖足，或砍头，或焚烧，或沉河，或被剁成肉酱，或取其血以祭①。至于皮鞭的抽打，在奴隶们看来，已经是家常便饭。最可怕的，是有时贵族举行大祭典的时侯，奴隶们便有被当作猪羊而送上祭坛的危险。

当时自由民，因为渐次被剥夺了土地和其他的生产手段，于是大半都走向都市。当时的商都一定有一个庞大的流浪之群的存在。这些流浪于都市的自由民，因为有无偿的奴隶劳动之存在，他们在都市中也不容易找到工作，于是只有靠着乃祖乃父与贵族的血统关系，向贵族要求无条件之抚恤。这些自由民虽然没有像贵族那样过着豪奢的日子，但同样是一事不做，成群地坐在酒店里，过着醉生

① 《说文》“衅”乃杀牲取血以祭。卜辞有取人血以祭者。如“出来羌，来甲戌衅用”。(《前》六・六七・四)

梦死的生活。所谓“群庶自酒，腥闻在上。”[1] 正是他们的写照。

第二节　商代社会关系的发展：盘庚迁都与商末的东南征伐

商代的社会经济，就在上述的矛盾关系中走向繁荣。这种繁荣，不仅把黄河南北引渡到文明世界，而且由于不断地战争与频繁地交换，它把包围于商族四周的诸氏族，尤其是西北的周族，引渡到文明时代的边缘。可是从矛盾中发展出来的繁荣，在它的背面，也就是矛盾的发展。因而到盘庚时代，商代社会经济中所内含的矛盾，便从奴隶所有者自己的营阵中爆发出来了。

据史载盘庚时代，曾经发生过一次反对迁都政潮。本来迁都在商代是很平常的事情，史称自汤至盘庚凡五迁，均有水灾，所以从没有人反对。但据《盘庚》所述，这次迁都，并非因为水灾，而盘庚又“曷震动万民以迁”呢？同时与盘庚“共政”“在位”之人，又何以要鼓动民众反对迁都呢？坚持要迁都的是贵族，反对迁都的也是贵族，何以同一贵族集团而对迁都的主张不一致呢？这决不是他们闹意气，而一定有其政治的内容。据吕振羽氏的看法，这次反迁都的政潮，是因为国王要把残存于贵族手中之氏族公有地转化为国家所有，因而引起这一部分保有氏族共有土地的贵族之反对。但我不同意吕氏的这种解释，我以为如果商代政府，只是为了要把残存于一部分贵族手中的土地收归国有，它并没有震动万民以迁的必要，它只须用国家的权力，改变土地所有的属性便够了。而且当时的氏族共有地之所有者，只是少数的贵族，而这少数的贵族，并不一定住在土地所在的区域；至于当时受命迁徙之万民，则并非个个都是氏族共有土地之所有者；因之，即使有迁徙的必要，亦只应迁徙少数的贵族，而不应震动万民以迁。既震动万民以迁，则问题的核心，

---

① 《书·酒诰》。

当然不在少数贵族，而同时亦与万民有关。换言之，即不是为了氏族土地之国有化的问题。况且氏族共有土地之国有化的实践，决不能因为这种土地所有者之离开土地而获得解决。果必如此，而后始能实现土地之国有化，则在商代土地国有化的过程中，所发生之移民运动当不可想象。但是这在事实上，不但是不必要，而且是不可能的。因此，我以为吕氏之说，未免有些牵强。

根据《盘庚》三篇的暗示，盘庚时，迁都之主要的目的，是在把大量的农村人口徙向都市，使他们在都市中“安乃居”，“宅乃家”，而“永地于新邑”。为什么要把农村的人口，大量地徙向都市呢？盘庚只是说了几句冠冕堂皇的话，他说：“尔谓朕曷震动万民以迁？肆上帝将复我高祖之德，乱越我家，朕及笃敬，恭承民命，用永地于新邑。”用近代语译之，盘庚说明他迁都的理由，就是仰承天命，俯顺民情。在这里，天命固然是鬼话，不过民情却真是民情，但是并不是全民之情，而只是一部分人民之情，如果是全民之情，那就不致有反对了。这一部分人是什么人呢？照我的看法，正是当时蓬勃兴起之工商业贵族。这些工商业贵族，因为当时工商业的发展，在手工业作坊及交通运输中，都感到劳动力之相对的缺乏，为了补充劳动力之不足，于是通过国家的命令，企图将从事于农业生产的奴隶转移一部分到都市来。而这对于原来的土地贵族，所谓“旧有位人”，当然是一件不利的事。于是这些土地贵族就是鼓动自由民起来反对，所谓“汝不和吉，言于百姓”，“而胥动以浮言，恐沈于众”，正是暗示土地贵族鼓动自由民起来反对的内容。当时的自由民对政府本不满意，经过土地贵族的鼓动，也乐得借题发挥，于是遂形成了一个轰轰烈烈的反迁都的群众运动。愤怒的群众，以“若火之燎于原，不可嚮迩”之势，走向王宫之前，向国王请愿。事情闹大了，国王不能不出来“话民之弗率”。大概说，本来与你们不相干，你们都是“自作弗靖”，这一定是有人“倚乃身，乃心”，胥动你们以浮言。你们现在应该解散，“勿亵在王庭”。我也“罔罪尔众”，你们也不许再闹了。请愿的群众是解散了，但问题并没有解决，结果，在“亦惟图任旧人共政”的条件之下，工商业贵族与土地贵族才取得协调。所谓“亦惟图任旧人共政”者，即承认旧有土地贵族也有参加工商业剥削的权利。因此他们即使因奴隶之移入都市而影响到农业生产上的收益，但这种损失，却可以从工商业中得到补偿。换言之，他们并没有失去奴隶，而只是把奴隶当作一种活的资本，加入工商业生产而已。不过从此以后，工商业贵族，便一跃而为商代奴隶所有者国家之命令者。

自从工商业贵族掌握了国家权力以后，他们的侵略性较之土地贵族更为强烈。为了开辟新的市场和掠夺更广大的世界，于是更大规模的战争便不断地展开了。据甲骨文所载、当时战争的规模之大，有一次杀人至二千六百五十六人者。[①] 杀敌之数至三千左右，则所用之兵，至少亦必倍于此数。其战争之长，则有延至三年者，如“高宗伐鬼方，三年克之。”[②] 在战争中，当然可以由掠夺与贡纳而变成更大的豪富；但是在另一方面，战争的直接作用，又促成了自由民之急剧的零落，因而扩大了流浪者的队伍，从而增加了奴隶大众之更重的负担。同时，被征服的异族则遭受着更残酷的剥削。这样，商代奴隶社会内部的矛盾便尖锐化了。一方面，是奴隶大众和零落的自由民之革命情绪的高涨；另一方面、是被征服的异族之蜂起叛变，尤其西北诸属以周族为领导，不久便形成了一个反抗商代奴隶国家统治的武装集团。

与西北诸属领的叛变平行发展的奴隶之造反，在商代我想是不免的。不过即使有之，也必然在商代奴隶所有者的残酷屠杀之下被镇压了。可是商代的奴隶所有者，他们有力镇压奴隶的造反，却无力镇压西北诸属领的叛变。但是商人的奴隶，大部分皆来自西北诸属领，自从这些属领叛变以后，商人便失掉了一个获得奴隶的主要来源，因而各种生产部门，都感到劳动力的缺乏。这样，商的奴隶制经济，便开始了崩溃的过程。

到帝乙和帝辛的时代，商代的奴隶所有者，为了获得劳动力的补充，以挽救日趋于崩溃之奴隶制经济的危机，曾展开征伐东南之

① 《后》下，四三九。

② 《易·既济》九三。

大规模的战争，并且这个战争，似乎延长得很久。郭沫若氏曾根据甲骨文的记载，对于“殷末的东南经略”有所考证。据云：“卜辞里面有很多征尸方和盂方的纪录，所经历的地方有齐有雇（即《商颂》“韦顾既伐”之顾，今山东鄄城县东北），是在山东方面；有灊（今安徽霍山县东北三十里有鬻城）有攸（即鸣条之条省文），是在淮河流域。”[1]这样看来，当时征伐东南的战争，是由山东打到淮河流域。据郭氏的意见，以为东南征伐的对象是东夷，文献上也是如此说。[2]但我以为商族自己就是东夷之一分支，东夷既是商之同族，或不会叛变商族，因而也就不致发生战争。同时商族也不会向自己同一种族的氏族中去捕捉奴隶。因此，以我的推测，商末东南征伐的对象，恐怕是夏族的残余，因为雇与鬻（疑即有鬲氏之遗）都是夏族。也可能是“南太平洋系”人种，因为传说中谓“纣为黎之搜而殒其身”，又谓“蚩尤为九黎之君”，是则黎之族乃属于南太平洋人种之一分支。当商之末叶，国势衰微，夏族的余裔可能发生叛变，“南太平洋系”人种也可能沿东南海岸北向淮河流域，故我以为商末东南征伐的对象，可能是“夏族”或“南太平洋系”人种。

征伐东南的战争，本来是为了劳动力的缺乏，希图从战争中捕获一些俘虏，把他们转化为奴隶。但是为了进行战争，首先就要动员大批的自由民和奴隶走上东南的战场，而这就必然要使仅有的奴隶从生产领城中脱退出来，从事于战斗。战争既然延长如此之久，即使顺利进行，也不能没有伤亡。同时，即使有新捕获的俘虏，但因他们都是来自比较落后的种族，缺乏高于他们的劳动生产之经验，所以不能即刻把他们转化为劳动力，而使用于生产。因此，征伐东南的战争，不但不能解除商代社会经济的危机，反而助长了危机之发展。一方面，手工业生产更陷于停顿的状态；另一方面，不但西北的商路不通，东南的商路也被战争遮断了。在这样的情形之下，大批的工商业资本，只有重新回到土地的经营。可是这一个回转，

① 参看郭沫若氏《驳说儒》一文中“殷末的东南经略”一节。（《中华公论》创刊号 1937 年 7 月 20 日）

② 《左》昭十一年传云：“纣克东夷而殒其身。”

并不是商代初年的农业之复归，而是在更高的手工业生产的水准之上进行的。因之，它并不是经济的倒退，而是经济的发展。

这一历史的转向，可以说是商代社会之质的变革的起点，即由奴隶制经济转向封建制经济的过程之开始。因为这一转向，于是在黄河南北，便出现了不少大规模的庄园，使农业走向更高阶段的发展，而这就替后来西周封建庄园经济奠定了基础。

所谓庄园制度，就是所谓井田。这种农业经济的组织，是由过去之村落公社蜕化而来的。商代末期的农村，是否有这样的组织之存在，甲骨文中没有显明的记载，只有一个井字。而井字的命意，是否由井田制度而来，也还是问题。但传说中曾有“殷人七十而助”①一语，历史的学者，皆谓七十而助者，实即后来井田制之起源。朱子《集注》云：“商人始为井田之制，以六百三十亩地，画为九区，区七十亩。中为公田，其外八家，各授一区，但借其力以助公田，而不复税其私田。”此虽臆测之说，不足为凭，但按之事实，商代末叶，庄园经济，实有发生之可能。因为如前所述，商末奴隶已感不足，大规模的奴隶制的农业经营，进行甚为困难，土地贵族，不能不把大块的土地划分为许多较小的区域，把奴隶有计划地编制于这些区域之内，责令他们完成一定量的土地耕种。这在当时奴隶贵族之主观的动念上，是企图借此而更加重对奴隶的剥削；但在客观上，奴隶却因此而得到部分之解放，而出现为后来农奴的前辈。

庄园制的农业经营，提高了土地的生产报酬，利之所在，人必趋之，因而又引起了土地贵族对土地之更剧烈的争夺。在土地的争夺中，残存于农村中的自由民，便像疾风扫落叶一样，最终地被清算了。随着因四周属领叛变而引致的中央政权之衰落，这些土地贵族，便渐渐保持着相对独立的性质，俨然有些后来封建诸侯的神气。这样看来，商末的社会经济，已经自发地开始了它的变革过程了，因之即使没有周族的侵入，它一定也能从其社会经济自身的矛盾之发展中，完成由奴隶制经济到封建制经济之转化。

① 《孟子·滕文公》上。

第三节　商代社会关系的决裂："武王伐纣""前徒倒戈"与商代奴隶制国家的灭亡

走向没落的商代奴隶所有者的政权，到帝辛的末年，便达到最终崩溃的时候了。在当时一方面，征伐东南的战争，仍然继续在进行，朝歌市上，到处都是威风凛凛的将军，和束装待发的士兵，粮食的征发和武器的供应，成了当时人民之苦重的负担。另一方面，大批失掉了土地的自由民，像潮水一般成群地涌进了朝歌的城市，因而街头巷尾，到处都是流浪者之群。他们似乎已经得不到国家的恩赐，而以盗窃为生，所以《书·微子》有云："殷罔不小大，好草窃奸宄。"他们"攘窃神祇之牺牷牲，用以容，将食无灾"。《泰誓》亦云："牺牲粢盛，既于凶盗。"同时，当时的奴隶，也恐怕经常发生暴动，《微子》所谓"小民方兴，相为敌仇"者，或即暗示这一历史内容。总之，当时的社会，已经是"如蜩如螗，如沸如羹"[①]。临到了暴风雨的前夕。除大奴隶所有者以外之一切社会层，无不企图颠覆奴隶制经济，找出一条新的出路。

正当这个时候，在奴隶所有者集团中，不仅有地方与中央的对立，而且还发生世俗贵族与僧侣贵族之间的斗争。一方面，僧侣贵族要继续保有其神权高于一切的优势；另一方面，王权却在战争中被提高了，世俗贵族要把僧侣放在自己的支配之下。而且在商末似乎把卜筮之权，都收归王有，这从商末甲骨文中，"王贞"者渐多于"(僧侣)卜贞"的事实，可以证明。同时，《史记》谓武乙曾有"射天"之事，而《书·泰誓》中宣布纣的罪状，其中也有说他"郊社不修，宗庙不享"之语，由此而知商代的神权，自武乙时代起，即开始低落，到帝辛时，则王权高于一切了。当时的僧侣贵族恐怕已经遭受了很大的抑压，《微子》中所谓"咈其耇长，旧有位人"。《泰誓》(中、下)所谓"播弃犁老""囚奴正士"。以上所谓"耇长""旧有位人"，所谓"犁老""正士"，恐怕都是僧侣贵族，如上所述，他们都被播弃囚奴了。这样看来，奴隶所有者集团内部，也陷于矛盾的交织之中。

① 《诗经·大雅·荡》。

同时，当时的贵族，已经达到了透顶的腐化。他们眼看危机迫切，然而仍群聚在倾宫瑶台，作“靡明靡晦，式号式呼”之痛饮狂醉。当此之时，“车行酒”而“骑行炙”，男女奴隶，裸体相逐，为“北里之舞，靡靡之乐”。正当此时，西北诸氏族，如庸、蜀、羌、髳、微、卢、彭、濮人，在周族的领导之下，组织了一个庞大的殖民地革命的联军，开始对商朝作积极的军事进攻。这个革命的联军，在周武王的统帅之下，出了潼关，渡过孟津，浩浩荡荡杀向朝歌而来。当这个紧急警报传到商王的宫廷时，商代的奴隶贵族才停了歌舞，散了酒席，开始讨论应敌的方策。当时商代的主力军，都远在东南战场，一时征调不来，于是一致决议，把流落在街头巷尾的大批自由民和奴隶，乃至新由淮河流域捕来的俘虏，都一齐武装起来，开赴前敌，这就是所谓“受（纣）有亿兆夷人”的内容。

当商代奴隶贵族调集和组织军队的时候，西北诸氏族的联军，已经进到朝歌（今河南淇县）附近的牧野，他们打起“吊民伐罪”的旗帜，号召奴隶的响应。战争在牧野展开了，但是商代的奴隶大众和零落的自由民，他们痛恨商代的奴隶所有者的政权，已经不是一天，一旦武器在手，而又有强大的外援，于是他们毫不犹豫地倒转戈矛，杀掉了商代政府所派遣的军官，与西北诸氏族的革命联军合流了。这就是所谓“前徒倒戈，攻于后以北，血流漂杵”的历史内容。

现在，商代的奴隶大众打开了朝歌的大门，他们和西北的革命联军在胜利的呼号中冲进了朝歌。现在，奴隶大众怒吼了，绵羊变成了狮子，牛马变成了人，他们粉碎了他们的锁链，捣毁了他们的土牢，打开了巨桥的谷仓，散发了鹿台的宝藏；并且在神的面前，公然地侮辱了他们的主人。

宫殿里燃起了熊熊的烈火，商代最后的一位奴隶国王，就是那位“长巨姣美”“筋力越劲”[①]的帝辛，就用了对自己的焚烧，作为这个奴隶所有者国家最后灭亡之祭奠。

火在焚烧，人马在奔腾，明天的世界，又是历史的新页了。

① 《荀子·非相》。

第十三章 商代的家族关系

第一节　一夫一妻制家族形态的成立与“多父”“多母”之说

家族形态与社会经济的内容是相适应的。蒙昧时代的血族群婚，野蛮时代的对偶婚家族和文明时代的一夫一妻制家族，这是家族发展过程中之三大主要的形态。这三种家族形态之相续地继起，正是特征着历史上三大时代之不同的社会经济的内容。

商代的家族形态，我以为应该是一夫一妻制的家族。因为一夫一妻制的家族之发生，与私有财产及国家的起源是相适应的。商代既有私有财产的发生，又有国家的出现，从历史发展的原理上说，在这一时代，必然要产生一夫一妻制的家族。因为家族是社会构成的细胞，断没有整个社会业已向前发展，而作为其细胞的家族，却仍然保持其固有之形态的。

一夫一妻制的家族，是在私有财产对原始的共有制之胜利的基础上所建立的最初之家族形态，其目的就在于生出无可争议的父系的子女，以为他们的父亲之私有财产之法定的继承人。它是私有财产制度在两性关系上之表现形态，正如国家是私有财产制度之政治的表现形态一样。所以只要私有制度一经成立，这个为私有制度服务的一夫一妻制家族，也就跟着完成了它的发育。它替私有财产准备好了无数私人的钱柜，以及因为看守这个钱柜而更被固定之妻，特别是为了承继这种私有财产而生育出的父系的子女。

为了防止家族对氏族的分解，氏族制度曾经尽了不少的努力，如外婚制的施行，都是为了要不使氏族分裂为许多家族。但是历史发展的法则，规定了私有制度对原始共有制度的胜利，因而也就命定了家族对氏族的分解之必然性。一夫一妻制家族，便是氏族社会之最终分解的结果。在商代，已经出现了国家，当然不是氏族社会，从这一点上看，当时的家族，也应该是一夫一妻制。

但是在殷墟出土的甲骨文中，以及晚近出土之三“商句刀”的铭文中，却有类似“多父”“多母”之记载，学者因有据此判定商代的家族形态，还是亚血族群婚的。按亚血族群婚，照莫尔根氏的划分，乃属于蒙昧中期与上期的一种家族形态。此种家族形态，一到历史进入野蛮下期，即转化为对偶婚家族了。商代社会经济，已经进入文明时代，其家族形态，绝不致尚属于蒙昧中上期之亚血族群婚，这是可以断言的。

虽然，历史是具体的，我们不能专凭理论以武断事实。但考之事实，商代尚有“多父”“多母”的现象之说，亦不能成立。

考“多父”之说，大半以三“商句刀”的铭文为最有力之根据。三刀铭文不同，其一列铭祖名曰：“大祖曰己，祖曰丁，祖曰乙，祖曰庚，祖曰丁，祖曰己，祖曰己。”其一列铭父名曰：“祖曰乙，大父曰癸，大父曰癸，中父曰癸，父曰癸，父曰辛，父曰己。”其一列铭兄名曰：“大兄曰乙，兄曰戊，兄曰壬，兄曰癸，兄曰癸，兄曰丙。”

此外，甲骨文中亦有“多父”及“三父”“二父”之记载。如云：“贞帝（禘）多父。”[①] 又云：“庚午卜豊贞，告于三父。”[②] 除“多父”“三父”之记载外，又有列举“三父”“二父”之名的记载。如云：“父甲一羊，父庚一羊，父辛一羊。”[③] 又云：“贞㞢于父庚，贞㞢

① 《林》一·一一·一八。

② 《林》一·五·五。

③ 《后》上·二五·九。

于父辛。”[1]

以上所录的史料，确系一种真实的史料，但此种史料所包含的内容，是否即能证明商代尚有多父的事实之存在呢？我以为他们恰恰是否定当时有多父之存在。因为在三“商句刀”的铭文中，其于祖，则有“大祖”与“祖”之分；其于父，则有“大父”“仲父”与“父”（卜辞中亦有“小父”之称）之分；其于兄，则有“大兄”与“兄”之分，在祖辈、父辈和兄辈之中，而有“大”“仲”之分，这绝不是一种单纯的敬语，这种称呼之出现，正是表现实际所行的血族关系的亲疏及等级之概念的。这种概念，是用以为一个一定的家族形态之构成的基础的。换言之，即商代的人，已经能够区别出谁是自己直系的亲族，如“祖”若“父”；谁是自己的旁系的亲族如“大父”“仲父”之类。而这在“多父”“多母”的亚血族婚家族时代，要认识自己“真正的父”，并从而以这“真正的父”为基础去区别亲族之亲疏等级的关系，是不可能的。因为在亚血族婚家族中，母之诸夫皆为父，父之诸妻皆为母，在父之中，固无所谓“父”与“大父”及“仲父”之分。甚至在对偶婚的家族中，对于“父的概念”亦无此明了。因为在对偶婚家族中，虽然已经认定了母的主夫为主父，但母的“主夫”，不一定就是她的子或女之“真正的父亲”，在当时，母除“主夫”以外尚有许多“庶夫”，因而当时的子女除“主父”以外，尚有许多“庶父”，而且有时他们“真正的父”，不是“主父”而是“庶父”。所以在这一时代，要把自己真正的父从其他许多父中区别出来，也是很困难。他们只好认定一个“名义上的父”，就算了事。

“父”的概念明确化，是一夫一妻制家族中体现出来的一种新的伦理。因为一夫一妻制家族已经把婚姻所拥抱的范围，缩小到一男一女的性之结合，而且婚姻的约束，更来得坚固而持久。在这样的家族形态中，“母”只有一个“夫”，从而子女也就只有一个“父”了。因为“父”的概念明确化，于是父之兄弟，便加上了“大”“仲”等形容词于“父”字之上，以示与“父”有所区别，而

① 《戬》七·一。

统称之则“诸父”。“诸父”者，“父辈”之谓，并非“多父”之意。由此上推以至于“祖”乃至“祖”之“父”，亦无不如此。这样看来，商代的人既于“父”之外有“大父”与“仲父”的称呼，则其家族形态之为一夫一妻制，实无可疑。至于甲骨文中所谓“多父”者，则系“诸父”之谓，而“诸父”者则又伯叔之谓也。父之兄弟不通称为父，而别称为“大父”“仲父”，从而又指明父之兄弟，已不共有他们的妻。

因此，我以为三“商句刀”的铭文，其列举之祖名并非谓一个祖母的“多夫”，而是列举大祖以次之列祖。其列举的父名，亦非谓一个母的“多夫”，而是列举属于祖日乙之子的诸父。这从其列举诸兄的秩序，自大兄以次而皆曰兄，即可证明。我们由此而对于甲骨文中之“三父”或“二父”的列举，又可以了然，盖亦不过列举父辈之名而已。至于吕振羽氏释为某一家系之子孙挤辈共同纪念其祖若父若兄；则于事实亦有未通。即如甲骨文中“父甲一羖，父庚一羖，父辛一羖”，据罗振玉、王国维二氏考证，系武丁一人所卜。然则父甲、父庚、父辛三人，皆为武丁之父乎？所以我以为诸父并列者，其父的命意，即父辈之谓也。

关于多母之说，其根据更为薄弱。其所据之史料，即甲骨文中“多妣”“多母”和“多妇”以及祖乙二配，祖丁四配和武丁三配等记载。但是据罗振玉氏根据甲骨文，考商代诸帝，除祖乙、祖丁、武丁外，皆为一配，是则商代三十一世帝王中，仅有三个帝王为多配，而一配者则占十分之九以上。如果据此而遂谓商代有多母之事实，则殊嫌武断。固然甲骨文字的发现，截至现在，尚属少数，也许在将来的发现，还可以发现商代其他帝王亦有数配；但以我的见解，即使商代所有的帝王皆为数配，而且乃至所有的帝王，皆不仅二配三配而皆有更多之配，亦不能以此而证明商代有“多母”之事实。盖一人而数配者，乃“多妻”，非“多母”也。“多妻”与“多母”有别，后者为太古时代之现象，而前者则至今尚在流行。如果以“多妻”为“多母”，那便是一个误会。诚然“多母”的时代，一定是“多妻”；但有一个条件，即同时女子也过着“多夫”的生活。至于“多妻”则不然，它不仅存在于太古的社会，而且也一直延长到我们今日的时代。但是到一夫一妻制家族的时代，“多妻”的性质已完全不同了。在这一时代的“多妻”，只是男子片面的特权，这种特权，由于父权的伸展而得到继续享有的保证。至于女子，如果她偶尔记起了太古时代“多夫”的习惯而企图复活，她就要受到前所未有的严酷的刑罚。在这样的“多妻”的时代所生的子女，并不是以他“父的所有之妻”皆为“母”，而只是以其所自出的“父之妻”为“母”。据郭沫若氏云：“商代祀典，虽先妣特祭……然仅祭其所自出之妣，于非所自出之妣则不及，是其父权系统，固确已成立矣。”[①] 由此，商代为“多妻”而非为“多母”，又得到一个确证了。

商代的奴隶贵族之有多妻的事实，这是毫无疑问的，因为毫无限制而属于主人的年轻貌美的女奴隶之存在，正是一夫一妻制家族开始时期的特殊的性质。因为一夫一妻制是专为约束女子，并不约束男子，而且直至今日，这种特性，还是存在。因此，多妻制的存在，并不妨碍家族形态在名义上之仍然被称为一夫一妻制。在商代，那些奴隶贵族们，只要不怕污辱自己的身份，任何一个女奴隶，都可以属之于他们的宫廷。实际上，在这一点上，奴隶贵族们也可以忘记自己的身份，而给予他们的女奴隶以荣宠的。甲骨文中已有“妾”字的出现，妾字从辛，从女，就是女奴隶。同时《易》卦爻辞中也有妾、妃、娣等字的出现，这些字汇的出现，就暗示商代当时的贵族除一个唯一无二的妻之外，还有无数的妃妾。因而我们便可以了然于祖乙、祖丁及武丁的所谓“多配”，正是一夫一妻制家族天生的特性。这种特性，通过整个封建时代乃至近代资本主义时代，都继续着它的发展。在中国封建时代的皇帝哪一个不是后宫佳丽几千人。近代的资本家，哪一个不是在国家保护的娼妓制度之下，得到性的补充。但是我们能因此而说他们不是一夫一妻制家族吗？商代帝王的“多配”，也就正是如此。

在商代，结婚的仪式是非常隆重的，这从生在商末的周族的一

① 《卜通·序》2页。

位酋长，即历史上所谓周文王的婚典中可以看出。关于周文王的婚典，《诗·大雅·大明》曾作如此之缩写："文王初载，天作之合。在洽之阳、在渭之涘。文王嘉止，大邦有子。大邦有子，伣天之妹。文定厥祥，亲迎于渭，造舟为梁，丕显其光。"这段速写，把文王怎样把婚姻看作天命，把他的未婚妻看作天赐的女子，又怎样文定厥祥，怎样亲迎于渭，写得有声有色。但是尽管婚的典礼如何隆重，他的唯一的目的，却仅在于"笃生武王"这一个私有财产和酋长职位的承继人。除此以外，这位在盛大的亲迎礼中迎接而来的"天之妹"，对于文王，只是一种摆不脱的负担，一种不可不履行的对神对国家及自身祖先的义务，一种对私有财产的承继之实践。因此，这种婚姻的隆重性，并不是出发于性爱的动机，而是私有财产制度的神圣性之反射。所以后来周文王还是娶了一大群的女奴隶作为不称为妻之妻，生下了一百个孩子。《诗·大雅·思齐》所谓："太姒嗣徽音，则百斯男。"正是暗射这个历史内容。因为无论怎样多产的女子，在她的一生，绝不能生育出一百个孩子，因而"百斯男"的反面，就是文王有多妻的存在。

周族是商代国家的属领，文王又生在商之末季，他的婚姻形态，当然亦即商末流行的婚姻形态。这样看来，一夫一妻制并不排除多妻制；反之，正是以多妻为条件。因而所谓一夫一妻制，决不是为和解夫妇而出现于历史，更不是当作最高的婚姻形态而出现的；反之，却是当作男性压迫女性，当作以前历史所未知的两性斗争之宣言而出现的。这种男女两性的对抗，与最初表现的社会对抗是一致的，因为最初的社会压迫，是与男性之压迫女性相一致的。因为它和奴隶制一样，一个人的幸福，是靠别人的苦恼与被抑压以成就的。

商代的奴隶贵族，就用了对他们的妻的生杀予夺之大权，以保证他们的妻对自己在婚姻上之贞操，而自己却尽量去发挥那种古典婚姻中的优美之点。但是他们的妻，也就即刻找到欺瞒他们的夫之充分的机会，她们把男奴隶当作情人，而获得了对她们的夫之报复。《易·渐》九三云："夫征不复，妇孕不育。"这两句话，正是指明当时的女子，乘着她们的夫不在家的时候，从另外的一个男子怀了孕，因为无法报销，所以只好把孕坠了。这样看来，跟着一夫一妻制的出现，有两种前所未知的社会人格出现：妻的经常的情人与奸妇之夫。男子虽已得到对女子的胜利，但荣冠还是败者泰然承受了。

第二节　一夫一妻制家族形态的发展与原始杂婚制的遗风

一夫一妻制家族，不仅不能排除多妻以及非正式之多夫的事实，而且古代杂婚制的若干残滓，也不能扫除干净。这些杂婚制的残滓，以一种新的形态在一夫一妻制家族中，获得了它发展的方便。

在商代，女子的“神前献身”，一定是存在的。所谓女子的“神前献身”，就是女子为了脱离古代男子共有的束缚，而获得委身于一个男子之时所行的一种赎罪的行为。这种行为，由女子之制限的委身以行。最初是一年一度地委身于一切男子，以后便改为一生一度地委身于一切男子，最后则由女巫代表她们委身于一个男子，于是女子才最终地从杂婚制中脱离出来。

商代之有这种杂婚的遗俗，我们可以从传说及甲骨文的记载中找出一些影子。《诗·商颂·玄鸟》谓“天命玄鸟，降而生商”。按玄鸟过去学者皆以为是燕子，近来郭沫若氏谓不是燕子，而是凤凰。但不论是燕子，抑或是凤凰，皆系鸟类，鸟类决生不出人类来。因此，所谓“天命玄鸟，降而生商”者，并不是意味着商人生于玄鸟，而是在玄鸟来降的时候，商人便有一次原始杂交的短期之复活。在这一时候，所有的青年女子，都在玄鸟的神庙中，献身于其平时所恋之爱人。商人于一切鸟类皆无祭，而独于凤凰有祭。甲骨文中有云：“于帝史凤二犬。”[1] 又云：“甲戌贞，其㴆凤，三羊、三犬、三豕。”[2] 假如凤凰就是玄鸟，则商人实有祭玄鸟之事，亦有祀玄鸟之庙。当此之时，男女毕聚，自由爱恋，毫无拘束，俨然置身于杂交

① 《卜通》三九片。

② 《簠·典礼》一六。

时代的太古社会。《天问》中所谓“玄鸟致贻”者，此之谓也。因此我以为商人的玄鸟神殿，与巴比伦的迈尼泰神殿，西亚各民族的阿娜逖斯神殿一样，同是古代社会中的女子神前献身之所。

这种神前献身的遗俗，到后来便为女巫代表执行了。如前所述商代已有巫祝，同时，商代祭祀亦用歌舞，如“侑于小乙”“伐于上甲”者是也。此等以侑与伐的女巫，我以为与阿美尼亚的“阿娜逖斯神”，及科林斯的“阿富罗底神”的巫女及印度神殿的宗教舞女，即所谓“伯家得勒斯”者同样，都是作为女子神前献身之代表者的身份而出现。但是到最后，当这些女巫揭出了宗教的面幕的时候，她们便从神殿走到卖淫的市场，而成为最初的娼妓。

一年一度的神前献身，在商代恐怕还在很盛大地举行。这样的集会，恐怕除了男奴隶外，贵族、自由民和女奴隶都可以自由参加。这些贵族和自由民，当着神的面前，拥抱着那些不是他们的妻的女子；同时，那些贵族和自由民的女子，也当着神的面前，热恋着不是她们的夫的男子。而这也就是一夫一妻制家族之“严肃性”的一个“侧面”。

这样的古风，一直到周代，还在追踪着一夫一妻制的家族，成为隐蔽在宗教盛典中的自昼宣淫。《礼记·月令》有云：“是月（仲春之月）也，玄鸟至。至之日，以大牢祠于高禖。天子亲往，后妃帅九嫔御，乃礼天子所御，带以弓韣，授以弓矢于高禖之前。”又云“是月也，耕者少舍，乃修阖扇，寝庙毕备，毋作大事，以妨农之事。”这段记载，正是说明周人亦于玄鸟至之日，相与淫乐于“高禖神殿”之“寝庙”。如此，则商之“玄鸟神殿”，周之“高禖神殿”，同为女子神前献身之所。

在商代，女子在结婚以前，或者尚有绝对的性交自由。因为此种遗俗直至周代尚被保存。《周礼·地官·媒氏》有云：“中春之月，令会男女；于是时也，奔者不禁。若无故而不用令者罚之。司男女之无夫家者而会之。”又《墨子·明鬼》亦云：“燕之有祖，当齐之社稷，宋之有桑林，楚之有云梦也，此男女之所属而观也。”又《法苑珠林·君臣·王都部》亦云：“燕之有祖泽，犹宋之有桑林，国之大祀也。”这些都说明了女子在结婚前之自由性交，在周代依然为国家法律所允许，而且从“若无故而不用令者罚之”一语看来，似尚带有强制执行之意。不过在另一方面，又已在封建道德之前，遭受裁判。

周代既尚有此古风，则商代当更为盛行。因为女子的贞操，是适应于男子的权力之伸张而逐渐扩大的，最初只限于结婚以后夫妻同住的时期，以后才扩大到结婚以前的时期，更后，又扩大到夫死以后的时期。于是一个女子在未婚以前，即须设定一个假想之夫而为之保持贞操；即婚之后，更须为其现实之夫保持其贞操；夫死之后，亦须为着夫之灵魂而保持其贞操了。但是在商代一夫一妻制家族尚在初期的阶段，男子对女子之贞操的要求，也许尚未扩大到结婚以前的范围；至于夫死以后的贞操，则是封建社会的产物。因此商代的女子，在结婚之前，一定还要享受那种“男女杂游，不媒不娉”的原始杂交生活。

女子在结婚以前享有自由性交的权利，乃是一夫一妻制家族初期之一种普遍的现象，据史乘的记载，直至汉唐时代中国四裔的若干民族，还是保有此种古风。例如：

“挹娄云，即古肃慎之国也……妇贞而女淫。”[①]

“(稽胡)俗好淫秽，女尤其。将嫁之夕，方与淫者叙离，夫氏闻之，以多为贵。既嫁，颇以防闲。有犯奸者，随事惩罚。”[②]

“鲜卑，亦东胡之支也……以季春也，大会饶乐水上，然后配合。”[③]

“突厥……是日（葬日）男女咸盛服饰，会于葬所，男有悦爱于女者，归即遣人聘问，父母多不违也。”[④]

“(松外诸蛮)奸淫则强族输金银请和，而弃其妻，处女嫠妇不坐。”[⑤]

① 《文献通考·四裔考》三。

② 《北史》卷九六传八四。

③ 《文献通考·四裔考》十九。

④ 《文献通考·四裔考》二十。

⑤ 《文献通考·四裔考》七。

“安南……上巳日男女集会为行列，结五色彩为球，歌而抛之，谓之‘飞驰’。男女自成列，女受驰，男婚以定。”[①]

不仅在汉唐时代有之，即在今日西南诸落后民族中，此风犹在盛行。清赵翼《檐曝杂记》卷三《边郡风俗》条有云：

“粤西土民及滇黔苗倮，风俗大概皆淳朴。惟男女之事，不甚有别，每春月趁墟唱歌，男女各坐一边，其歌皆男女相悦之词。其不合者，亦有歌拒之，如你爱我，我不爱你之类。若两相悦，则歌毕辄携手就酒棚，并坐而饮，彼此各赠物以定情。订期相会。甚有酒后即潜入山洞中相昵者，其视野田草露之事，不过如内地人看戏赌钱之类，非异事也。当墟场歌唱时，诸妇女杂坐，凡游客素不相识者，可与之嘲弄，甚而相偎抱，亦所不禁。”

又清魏祝亭《两粤傜俗记》中有云：

“冬仲既望（傜人）群集‘狗头王庙’，报赛宴会。男女杂𠷈遝，……宴毕，傜目踞厅傍，命男女年十七八以上者，分左右席地坐，竟夕唱和，歌声彻旦，率以狎媟语相赠答。男意惬，惟睨其女而歌，挑以求凰意。女悦男，则就男坐所促膝而坐。坐既，并执柯者将男若女襟带，絜其短长如相若，俾男挟女去。”

我之所以不嫌繁琐举出这多的例子，是为了使读者从这些例子，去想象商代女子在结婚以前之自由恋爱的情景。

总上所述，我认为商代的家族形态是一夫一妻制家族，但同时有多妻的现象存在，此种多妻者只是奴隶主贵族，至于一般自由民，他们没有剩余的生活资料，养不活比一个更多的妻。为了繁殖劳动力，当时的奴隶，也有结婚的允许，但没有多妻的允许。此外原始杂婚的遗风，在商代还是保留得很多。但多妻乃至原始杂婚的遗风之存在，并不妨商代的家族之仍为一夫一妻制。因为多妻只是一夫一妻制的副产品，而原始杂婚制的遗风，则只是历史的残滓而已。多妻与原始杂婚的遗风，一直到现在还追踪着一夫妻制的家族，而成为这种家族之存在的附带条件。在人类史上，没有纯粹的一夫一妻制家族，它总是伴随着通奸与卖淫。中国的一夫一妻制家族，自

① 《文献通考·四裔考》七。

从商代起就带着满帆的饱风，向着通奸与卖淫的方向前进，以至于我们的今日。只有在更好的社会中，两性的合理关系，才能在光天化日之下反射出来。

第十四章
商代社会的意识诸形态

第一节 文字的起源及其最初阶段

文字的出现，是文明时代最主要的标志之一。从安阳出土的甲骨片上，我们发现了商代已有象形文字。这与商代之社会经济的内容是相适应的。唯今日所发现的甲骨文字，皆系盘庚以后的文字；而商在盘庚以前，尚有一个悠久的时期，在这一时期中之商代早期的文字，则至今尚未发现。故今日所发现的中国最古的文字，乃属于盘庚以后的文字。

中国最原始的文字，发生于何时，这个问题的答复，只有待之于将来地下的发掘，我们不敢妄加推断。惟决不始于盘庚时代，则可断言。因为无论从字汇的数目之繁多，与字体的构造之形制，均可以看出今日所发现的甲骨文字，已经是经过了长期发展以后之文字

就字汇的数目而言，大抵殷墟文字之数字，约在两千上下。据商承祚《殷墟文字类编通检》云："都凡七百八十九字，'待问篇'字数略同。"按甲骨文字断续出土，散在各地，经过整理研究者，尚不过十之一二，其至今尚埋藏于地下以及毁灭于地层中者，尚不知有若干。以此推测，则商代末年所应有之字汇的数目，至少当在两千以上。

这样丰富的字汇之出现，决非偶然，而正是说明当时的社会，已经具有非常复杂的内容，需要相当的符号，以指明当时既存之事物与现象。虽然如此，人类亦曾在几十万年的历史时期中，不以文字而以语言指示当时之事物与现象，人类之把语言翻译成文字而用以为表达人类意识之工具，这是需要社会的发展达到了一定的历史阶段才能实现出来。因为言语只是一种声音，这种声音虽然也能表达人类的意识，但是究竟是一种不固定的不统一的意识表现形态。而文字则是体现为形象。换言之，文字之主要的任务，是要把仅有声音的言语固定于形象之上，而且把指示同一事物或现象之不同的言语，统一于形象之上。所以文字是言语之定型化、一般化和形象化。自有文字以后，人类才能把自己的思维过程具体地记录下来，因而也才能开始文化的蓄积，从而也才能使人类得以进入有史的时代。

最初的文字，是象形图画的缩写。在象形图画中，牛就是牛的写真，马就是马的写真，它们所描绘的事物或现象，都是有很大的逼真性，所以在任何人的眼中，都能得到同样的认识。但当缩写为象形文字时，则或图其角，或图其头，各有各的缩写之法。而这直到盘庚以后的文字，还是如此。今日所发现的甲骨文字，每一字皆有若干种书法，如“羊”字的书法，竟多至四十五种。要使这各种各样的书法，成为当作人类公认之符号的文字，这当然需要一个长期的发展过程。商代在盘庚以后，已经出现了两千以上通行的字汇，所以我说这种文字是经过了长期发展以后的文字。

再就文字构成的形制而言，也不是一种最原始的文字。《说文·叙》云：“依类象形，故谓之文。其后形声相益，即谓之字。”甲骨文字中有一大半固为象形之字，但形声之字亦不少，如从水之洹、洋、淮、汜等，从木之杜、柳、杞等，从鸟之雇、隹、雗等，从女之妃、姪、娸等，从宀之牢、官、宅等皆是也。此外，如株字作，上字作，下字作，是当时已有指事之字。如采字作，意为采摘；获作，意为抓获；耤作，意为耕作，又皆会意之字。如借月（月亮）为月（年月之月），借日为昼，借凤为风，则假借也。又如于、乃等字之用为虚字，则转注也。总之，许书中所谓

六书者，在当时之文字的创造中，皆已应用。

按文字的形成，以象形字最为原始，此种文字，可以由人类之视觉而直接获得了解。至于形声、指事、会意，尤其假借与转注之字，则非通过人类的思维，便不能了解其意义。故此等文字的出现，乃是人类思维更高发展的结果。此等文字出现以后，则一切无形可象之抽象的思维，亦能获得具体之表现工具了。但这绝不是最原始的文字中所能有，所以我说殷墟文字，是经过长期发展以后的文字。

最后就文字的应用而言，当时应用文字的技术，已经有高度的发展。甲骨文中，已有包括六十四字的记事体的作品。例如：

“丁卯、王卜、贞、今[illegible]巫九[illegible]，余其从多田（甸）于（与）多白（伯）正（征）盂方。白（伯）[illegible]叀衣（殷）。翌日步，亡尤，自上下于絜示，余受又，不曹𢦏□告于兹大邑商，亡徭在猒，王占曰弘吉。在十月，遘大丁，翌。”①

这样看来，则商书所传《盘庚》三篇及《微子》，那样的长篇巨制的作品，在商代当时，并非没有创作的可能。

不仅如此，在甲骨文中，还有具有文学性的记录，如云：

“癸卯卜，今日雨？其自西来雨？其自东来雨？其自北来雨？其自南来雨？”②

这样看来，商人对于文字应用的技术，已经达到非常纯熟的程度。他们不仅能应用于长篇巨制的记事，而且能运用于文学性的抒情，这不是经过长期的发展，是绝不能一踏而就的。因为从单个文字的发明到文字的连缀，其间还需要一个历史的时期，在这个时期中，正是由名词的字汇中转化出动词、形容词、副词、前置词及连接词的字汇时。必须有了这些字汇，文字才能连缀拢来，成为语句，并从而构成所谓“文章”。

殷墟所发现的甲骨文片上，皆有钻孔，想见当时此种甲骨文片，必皆有绳贯串，类而为编。近来在甲骨文中，已经发现“册六”二字，由此而知《书·多士》所谓商人“有册有典”，盖系事实。

---

①《甲骨文断代研究》403页。

②《卜通》三七五片。

因此，我以为中国文字的起源，必早在殷墟文字之前，而此等原始阶段的文字，至今还是考古学上的一个缺失。安特生《甘肃考古记》中，谓在甘肃西宁朱家寨，曾发现类似原始文字之骨板。巴尔姆格伦半山及马厂随葬陶器中，谓半山期陶器上绘有类似文字之符号。又辛店期彩陶上的图画，亦颇类象形文字。此外芬神父《香港舶寮洲史前遗物发现记》中，亦谓在舶寮洲所发现的陶器上，也有各种类似文字的符号，如 F、J、∫、V、Z、N，十、七、卜、乙等。此外卫聚贤氏谓，在浙江良渚亦发现与殷墟文字不同的黑陶文字。以上各人所举的例子，我们固然不能遂据以为在新石器时代中期以后，即已发明文字的证据，但此种符号，在当时绝不是随便乱涂，必然指示着一定的意义，则可断言。可惜我们至今已不能完全了解，但是假如将来有更大量的发现，则以类比之法而推求之，亦未始不能求出其命意之所在，但在现在，我们却只有存疑。

不过到夏代，许多象形图画，确已接近于文字的形式，如辛店期陶瓮上之动物画，其兽形、鸟形及人形画，与甲骨文字所不同者，仅为繁简之差。如在辛店陶瓮上之兽形作四足，而殷墟文字则作两足；鸟形作两足，而殷墟文字仅作一足而已。

第二节　科学的萌芽：历数的发明

适应于古代社会的经济内容，科学也开始萌芽，这首先是历数的发明，开创了后来天文学的端绪。

根据甲骨文的记载，商人已经知道把地球绕日一周的时间谓之一年；又知把月球绕地球一周的时间，谓之一月；又知道把地球自转一周的时间谓之一日；因此，在商代，已有年分十二月，月分三十日的历法。这种天文学的知识，是依据日月运行的规律所得出来的结论。因为月球有圆有缺，最容易使人得到一种有规律的时间上的概念。即因商人是依据月球的运行计算时间，所以为调剂太阳与太阴在一年中运行之参差，又设为每年十三月的闰年。罗振玉云：“卜辞中书十三月者凡四见，殆皆有闰之年也。”这一观点早已为学界广泛接受，成为商代历法研究的基本认识。

商人又已知按照气候的变化划分季节，甲骨文中已有（春）、（夏）、（秋）、（冬）四字，并且有日月于时的记载。如“丁酉卜，赦贞，今春王共人五千正土方，受有又，三月。”[1]“口卜口夏口至，四月。”[2]。“口卜戌冬，十月。”[3]以上所举之例，如春三月，夏四月，冬十月，可以确证当时有四时之分。

商人又依据一月中月球圆缺之变形，把一月划分为三旬，每旬十日。甲文中有卜旬之记载，亦有系日于旬之记载，如云：“旬㞢（又）二日。”[4]

商人看见月亮“十五不圆十六圆”，于是有大月与小月之分。董作宾氏于其所著《卜辞中所见之殷历》一文中有云：“在一个残缺不完的卜旬的龟版上，……发现了商代的月份已有了大小建的关系，就是大月三十天，小月二十九天。”

商人对于时间的划分，已经非常精细。如称当日曰“今日”，当夕曰“今夕”，称次日曰“翌”，称一旬内之未来日皆曰“翌”，称次旬及本旬以后之未来日皆曰“来”，称过去之皆曰“昔”。

商人记时，不像我们今日写着某年某月某日，而是某日，在几月，隹几祀。如云：“癸未（日），王卜贞酌肜日，自上甲至于多后，衣，亡止它。王步自畎，在四月（月），住（惟）王二祀（年）。”[5]

商人已用干支记日，以支相配，每六十日，由甲子至癸亥而一周。近来已经发现一个完整的干支表的骨版，这或者就是商人当作日历或月份牌使用的。

综上所述，可以看出商代的历数学，已有相当的发展。这种科学的发展，乃系适应于当时农业上之需要而出现的。盖农业生产与

① 《后》上三。

② 《前》四·五。

③ 《前》八·一。

④ 《铁》六。

⑤ 《前》三·二七。

季节极有关系，如春耕、夏耘、秋收、冬藏，都要在一定的气候之下进行，尤其在远古的时代，自然条件，对人类的生活有着更大的支配作用。商代的人，为了农业上的必要，所以特别注重日月的运行，寒暑的推移。于是从“日往则月来，月往则日来，日月相推”之中，发现了年月日。从“寒往则暑来，暑往则寒来，寒暑相推”之中，发现了四时的嬗递。甲骨文中年季两字皆从禾，这就正是历数的发明与农业有关的证明。

至于干支记日，董作宾氏谓与苏米尔人之六十进位有关，郭沫若氏谓与巴比伦之十二宿有关。关于这一点，我以为它们之间，可能有着某种相互的影响，若谓商代的历数学完全从外国抄袭而来则非也。盖任何民族的人群，只要他们的社会达到以农业生产为主要的生活方法之时，他们必然会注意到攸关着农业的气候、季节，从而自然会产生历数的科学。

除天文历数以外，在商代，由于战争与商业的进行，又扩大了地理学的知识。甲骨文中有不少方国都邑之名的记录，可以证明。此外如商人知道将铜中掺锡冶炼青铜，这在冶金学上，也是一个很大的发明。

第三节　艺术：铜器上的镂刻、陶器上的花纹、音乐与舞蹈

艺术在商代获得了更高的发展，一方面，由于新的艺术工具和艺术材料之发明与应用，提高了艺术实践的程度；另一方面，由于当时奴隶贵族之奢侈要求的增长，如宫殿的建筑、装饰品的制造等，又扩大了艺术活动的范围。不过作为商代艺术发展之最主要的原因，还是由于当时已经有一部分人完全从肉体劳动中被解放出来，而专门从事于精神劳动。这样，就使得艺术与劳动分离，而成为一种专门的职业，但是亦即由于肉体劳动与精神劳动之分离，中国的艺术，

就从这一时代起，开始与现实生活脱节，发展成为一种纯粹享乐性的东西了。

商代的艺术，最主要的是表现在青铜器的创造上。商代的青铜器，有各种各样的形制，已如前述。这些青铜器物，或由陶器蜕化而来，如鼎鬲之属；或由竹编器物蜕化而来，如簋簠之类；或由石器及骨角器物蜕化而来，如兵器之类。其蜕化的痕迹，我们还可以从它们形制的演变过程中，看得出来。仅就形制的复杂化与美术化，亦足以表示商代艺术之最大一步的发展。

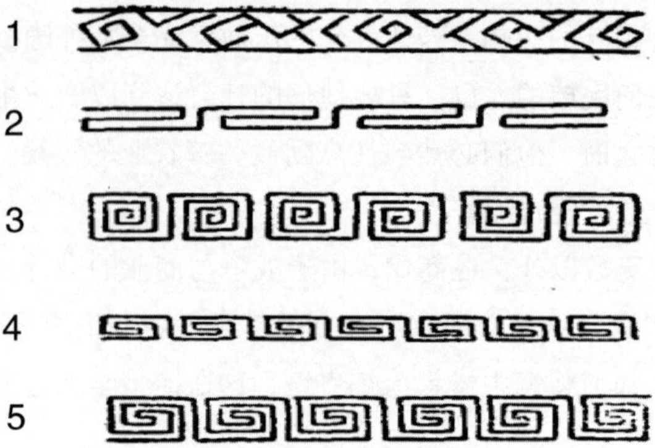

商代青铜器物上的回纹之渊源

（1. 马厂期陶瓷头部之回纹 2. 辛店期梳状陶瓶颈部之回纹 3. 殷癸鼎上之回纹 4. 周四足方形的饕餮鼎上之回纹 5. 周拱鼎上之回纹）

商代的青铜器物上，类皆有富丽、繁缛、细致而精美的花纹之镂刻。其最流行的花纹，则为一种“有方角的螺纹”，即中国金石学家所谓“回纹”或“云雷纹”者是也。考此种螺纹，在中国新石器时代的陶器上，即已有之。惟最初多作圆形如；如两螺纹相联则作。螺纹之由圆形而变为有方角的形式，如　如　。此种圆形的或有方角的螺纹，在新石器时代，多用以装饰陶器之颈部。到商代，则将此种装饰陶器之花纹，用以装饰铜器，以及其他骨角器物。如商代的鼎鬲，类皆于器物之颈部辟一“花纹带”，在此“花纹带”内，满缀回纹。又如商代之犀角残器[1]及象牙残器皆雕有类似铜器上

① 《殷墟古物图录）第二图。

之回纹。由此而知商代青铜器上之花纹，亦系以陶器上的花纹为蓝本而加以发展者也。

商代青铜器物上的几何花纹与动物花纹

（1. 凤纹 3. 蝉纹 2.4. 回纹）

商代的青铜器，亦有周身满缀回纹者，如“妇鼎”①、“文方鬲”②，其颈部腹部乃至足部皆满列回纹，“妇鼎”的回纹，皆有三角形外框为其范围；“文方鬲”的回纹，甚为活泼。又有“回纹带”之上下边缘饰以圆圈之行列者，如“父己鼎”。更有器之腹部饰以平行之直线纹者，如“父丁簋”。此外，在回纹的间隙中，饰以饕餮纹者，更为常见之例。

在商代的铜器镂刻中，亦有各种动物画的图案。如“亚方爵”口下作龙纹，腹部作饕餮纹，腹下作鸟纹。如“诸妸方尊”其上龙纹与鸟纹相间。此外如“鸟纹方鬲”之美丽的鸟带，“子京鼎”沿口之美丽的蝉纹带，实为当时动物画中最优美之图案。但此种动物图案之间隙，皆满缀回纹以填补其空白，相互衬托，更为美观。

商代铜器的耳足及盖，均甚素朴，但间亦有饰以兽形者，如“亚方爵”两耳作怪鸟形。兽耳纹簠，耳作兽形。“父乙甗”腿作兽

① 《参加伦敦中国艺术国际展览会出品图说》第一册第四图，以后简称《中艺》。

② 同上第十图。

形。“诸姛方尊”腹上饰象首鹿首各四。商代铜器，大半无棱，但亦间有有棱者，如“亚方爵”四方有八棱。此外商代的铜器装饰，已发明错金之术。如“父乙鬲”上的花纹，即系错金的花纹。

商代的白陶片上的蝉纹

总之，商代青铜器上所体现的艺术，直至今日，还被全世界的艺术家认为是古代东方艺术之精髓。它在世界艺术史上的地位，当不在古代希腊之下。对于商代青铜器上所表现的艺术之研究，这是中国艺术家的任务；我在这里，不过略示其概略，以说明中国艺术之发展过程而已。

殷墟出土的陶器，就质料而论，有灰色粗陶、红色粗陶、黑色细陶、白色细陶及一种高烘加釉的陶。灰色及红色粗陶，乃“仰韶系统”之陶器；黑色细陶为“城子崖式”之陶器，惟白色细陶及高烘加釉之陶，乃属于殷墟所独有。各种在陶器上，均有刻划。粗陶纹饰，至为简陋：而黑陶与白陶，则具有非常复杂而美丽之花纹。花纹的主题，可以分为两类，即动物饰与几何纹，亦有介于二者之间的符号化的动物形。

在这里，我们必须特别指出的，即商代陶器的两大特征；其一，由绘画而转向雕刻；其二，由施彩而转向上釉是也。按人类之知道上釉，不是一件容易的事情，这种艺术之发明，就证明了当时的人类，已经逐渐认识各种黏土之性质，并深知该项土质之溶解情形，硬度、颜色及光泽等。自从上釉的艺术发明以后，于是陶器之本来的颜色，遂不致因外界氧化作用之诱导而改变；同时，其光滑与色泽，又非任何打磨所能望其万一也。我们曾经说过，在中国北方系统的新石器文化中，刻纹陶极其稀少，而上釉，则从未发现。但在广东海丰之新石器遗址中，则以刻纹陶为其陶器之特征，并且也发深灰棕色及绿色之釉彩陶器。我因此联想到代的陶器制作之转化，刻纹与轴彩，与“南太平洋系”人种的制陶艺术，不能说没有关系，甚至刻纹与上釉的艺术，由“南太平洋系”人种传来，亦大有可能。

在商代的石刻中，据李济报告，有“刻作猪、鸟、人像，以作祭祀、建筑或装饰的应用；或雕琢成特种花纹，镶嵌于它物作装饰品。”其中最值得注意者，即在殷墟发现一个石刻无首半截人身的造像。在这个人像的两膀上，雕刻着抽象构意之花纹。此种花纹，其命意如何，殊难判断。有谓此种花纹，乃指明当时商人有纹身之习惯，此种花纹，正当时商人流行之纹身的花纹。有谓此种花纹，乃系一种作用于宗教之神秘的构意。但我以为这个人像，乃是当时宫殿或神庙的础石，其两肩之间的深入之圆洞，正是当时木柱所借以树立之处，而其花纹，则系为装饰之作用而雕刻也。

在这一时代艺术家，一方面，忙着为活的贵族雕刻食器、礼器及其他装饰品；另一方面，则忙着为死的贵族刻镂冥器。艺术已经开始与大众分别，走入宫廷，走入贵族的府第。艺术的目的，再不是像过去一样是为了大众的生活，而是为了少数奴隶贵族之精神的享乐。因此，中国的艺术，从商代起，便展开了后来东方宫廷艺术的端绪。

从甲骨文中有叉（侑）字与伐字的出现，商代一定有繁盛的歌舞。可惜直至现在，我们尚没有发现任何与商代舞蹈有关的雕刻或陶画，以致无从知道其具体的内容。但是在原则上，我们是可以想到的，即当时的歌，已经不是发挥人类自己的情绪，而是一部分白粉奴隶，在奴隶贵族的命令之下，作讴歌和舞蹈的献演。因此轧轹和反拨的节奏，哭声和笑声的交响，正是这一时代的歌舞之内容。

适应于当时贵族之精神娱乐的要求，在商代乐器已有很大的发展。在打击乐器中，有南（郭沫若谓南即铃也），有磬（李济谓殷墟有石磬发现），有鼓（甲骨文中有壴字）。在管乐中有龢有于（即笙簧之类）。惟有无弦乐，则不得而知。按打击音乐，在中国发展最早，此类乐器如钟鼓之类，均皆笨重，不易移动。盖适应于定住的农业氏族之生活而发生的一种乐器。此类乐器，大半皆系由日用器皿或生产工具转化而来，如南字甲骨文作若肖，其形象一有盖之盛器。鼓字乃系由字转化而来，而字《殷墟书契考释》释为“皿”字，董作宾氏谓为“饭食之用器”。最初或系用兽皮覆于皿上，以后因其能发声，故将兽皮固定于皿上。是为最初之鼓。磬在太古本为石犁，商代废而不用，故亦转化为乐器。至于管乐与弦乐，则其乐器较便，易于携带，故此种音乐，最适宜于流浪的游牧民族之生活。而且最早的弦乐，必系由弓弦发展而来；最初的管乐，亦或为用以模仿鸟兽之叫声，而用以为诱致鸟兽之工具。从其渊源而言，亦颇与以狩获及畜牧为生的人类之生活有关。依据民俗学考察，管乐在“南太平洋系”人种中最为发展，今日西南诸落后民族的人民，几乎每人皆有一芦笙。郭沫若氏以为商代乐器中之于（即竽）及龢，乃系由“南太平洋系”人种中传来，我甚同意。按于字甲骨文作干，像两横一直的三根竹管编制而成，以其发音于于，故称之曰于；因为竹制，故以后又加竹头作竽，而于之本字，则借作虚字了。又龢字甲骨文作或，像以两根竹管平行编排之形，其上之或，则吹孔也。龢之于于，当然系较为进步之管乐，但龢再向前发展，则变为具有更多平行竹管编制而成之乐器，如甲骨文中之龢又作勤龢，盖即后来之所谓笙也。《尔雅·释乐》云：“大笙谓之巢，小者谓之和。”则和（龢）之为笙，更可证实。

至于当时的乐曲，则有濩有侑，濩为何种乐曲，不得而知；但侑则为宴享之乐，所谓“以妥以侑”者是也。“伐”之为舞，已于前述，此种舞蹈的内容，我们今日已不能详悉，惟从《礼记·乐记》注“一击一刺为一伐”一语看来，则伐舞者乃系手持干戈，作击刺之状态也。

我们由此，可以想见当时商代贵族，当祭祀的时候，杀牛刑马，沉猪埋羊；牺牲粢盛，陈于神殿；歌童舞妾，列于广庭。当此之时，笙竽并奏，钟鼓齐鸣，于是在“以雅以南”的乐声中，展开

“是伐是肆”的舞蹈，而商代的贵族则在这歌舞之前，开始“以安以侑”“式号式呼”的狂欢大宴。

第四节　宗教：上帝的出现，骨卜与龟，祖妣同祀

灵魂世界，是人间世界之具体的反映，所以人间世界的任何变动，都影响到灵魂世界的变动。在商代，人间世界，已经起了一个巨变，以前“万人平等”的氏族社会，到现在，却转化为奴隶所有者与奴隶对抗之古代社会，而且还出现了首御庶极的“人王”。人间世界的这一巨变，即刻影响到灵魂世界的改组。因而以前“万灵平等”的灵魂世界，到商代，便出现了至尊无上的“上帝”。

甲骨文中有不少关于上帝的记载，但仅称“帝”而不称“上帝”。如:“帝佳癸其雨。”[1]“今二月,帝不令雨。”[2]“帝令雨足年？贞帝令雨弗其足年？”[3]“庚戌卜，贞，帝其降堇（馑）？”[4]“伐𢀛方，帝受（授）我又（祐）？”[5]以上文句中之诸“帝”字，虽无“上”字，但其意指“上帝”实无疑义。据郭沫若氏云:“卜辞中也有一例称‘上帝’的，[6]惜乎上下的文字残缺，整个的辞句不明，但由字迹上看来，是帝乙时代的东西，大抵商代对于至上神的称号，到晚年来，在“帝上是加了一个‘上’字的。[7]”不论其称“帝”抑或称“上帝”，而在商代之灵魂世界中，已有“至尊无上之神”的存在，则是非常确切的。此“至尊无上之神”，后来由“帝”而改称“上帝”者，则所以别于“下帝”也。因为商末国王如帝乙、帝辛皆称帝，所以郭氏说:“有了上帝，一定有下帝。”但我以为不如倒转来

---

① 《卜通》三六四片。
② 《卜通》三六五片。
③ 《卜通》三六三片。
④ 《卜通》三七一片。
⑤ 《卜通》三六九片。
⑥ 《卜通》三六八片。
⑦ 郭沫若《青铜时代·先秦天道观之进展》。

说："有了下帝，一定有上帝。"盖"上帝"者"下帝"之幽灵也。

这样看来，"上帝"本来是"下帝"的神格化，他们的关系，正如形之于影，本来是一而二，二而一的关系。但是到后来，又再把他加以人格化，于是"上帝"与"下帝"，俨然各为一人，因而他们的关系，便由形影的关系，一变而为父子的关系。于是人间的帝王以及所有的统治者之群，都是"上帝"的儿子。他们是代表"上帝"来统治这个人间世界的。

"儿子"和"父亲"，虽然是骨肉之亲，但他们却住在两个不同的世界。为了沟通父子之间的消息，于是以前氏族社会中的咒术师，便出现为担任"天人交际"的僧侣。而卜筮遂成为"天人相感"的唯一工具。上帝的命令，由僧侣下达；下帝的要求，由僧侣上闻。于是僧侣便成为当时政治上之主要角色。

据甲骨文所载，商人的一切行事，如祭、告、䢅、征伐、田猎、行止、年、雨、霁、瘳、梦、命、旬等几于无所不卜。他们"卜以龟，亦以兽骨。龟用腹甲而弃其背甲，……凡卜祀者用龟，卜他事皆以骨。田猎则专用胫骨，其用胛骨者，则疆理征伐之事为多，故殷墟所出。兽骨什九，龟甲什一而已。"[①]考龟卜之风，乃商族独有之风习，此种文化与黑陶文化，为商族文化之两大特征，前已言之。从城子崖文化遗存中，我们只道此种龟卜乃渊源于骨卜。据李济《城子崖发掘报告·序二》云："(城子崖)下层兼用牛鹿肩胛骨，上层只用牛肩胛骨。"至于殷墟文化中，则除牛肩胛骨外，兼用龟甲。由此而知商人卜筮最初系以鹿骨，以后牛鹿骨兼用，更后则仅用牛胛骨，最后则牛肩胛骨与龟版并用，但直至商之末际，而卜骨仍占十分之九，卜龟仍占十分之一，故知龟卜乃后起之习，而其渊源则蜕化于骨卜也。至于此种贞卜材料之演变，则正表示出商族由狩猎经济走向农业畜牧经济的过程。在狩猎时代，他们用鹿骨以卜，而且卜有兆而无文字。到农业畜牧经济阶段时，他们便卜以牛骨。以后因为牛已成为普遍之家畜，失去了神秘性，故于贞卜祭祀等富有神秘性之事类，则改用龟卜。

---

① 《殷墟书契考释》。

自贞卜成为一种门职业以后，于是凭借上帝吃饭的僧侣，遂受到奴隶大众的供奉。同时因为他们蓄积着丰富的传统的文化，所以他们便成为当时神权政治的指导集团。这些僧侣，把“人间的力量”转化为“非人间的力量”；再以这种“非人间的力量”，行使对人间的统治。他们把一切人对人的榨取，都解释为神的命意，一切都是上帝的旨意，奴隶所有者不过“替天行道”而已。如果不信，有龟甲兽骨上之兆文为证。像这样的“上帝”，当然只是奴隶所有者的“上帝”，而不是奴隶大众的“上帝”。

祖先崇拜，在夏代早已盛行，到商代更为发展了。商代的祭祀，有各种不同的名目，如祊、衣、肜、翌、𢆶、岁、龠、祭𣪘、御、烝、酒等，皆系祭祀之名。这些不同的祭祀，皆有不同的性质。其中或连日屡祭，或一岁一祭，或单祭一祖，或列祖并祭，或先祖特祭，或先妣特祭。即因有不同的性质，所以也有不同的仪式，如用牲之种类、数目，方式皆不相同。关于用牲之种类，则或牛或羊或犬或豕，其牛又或牡或牝或羊或犆。关于用牲之数目，则或一或二，或三或五，或六或九，或十或十五，或二十或三十，或三十二或三十七，甚至用羊五十，用牛三百四百者。关于用牲之方式，则或賁或貍或沉或卯或囦，或兼用賁与囦，或兼用賁与沉，或兼用賁与卯，或兼用賁与貍，或兼用卯与沉，甚或賁貍卯同时并用。此外，关于用鬯（酒）之数，亦有差等，或六或十或三十，甚或一百。用乐舞亦有分别，或一南，或八南，或九南不等。

据甲骨文所载，商代贵族祀祖，皆以被祀之祖的生日或祭日，如祭祀癸则以“癸日”，祭大乙则以“乙日”，亦有于先后数日举行者，则非常例。祖妣既多，则祭日自繁，所以商代奴隶贵族，几乎成天为其祖先举行祭日。整个的牛羊犬豕，抬进宗庙；大坛的酒鬯，运到祭坛；成群的僧侣，奔走驰驱于神殿；大规模的乐队和舞队，昼夜供奉于祀典。当贵族们淀牲于水，瘗牲于土之时，一般自由民则已陷于饥馑线上，而奴隶大众的生活则比牛马不如。

关于商代自由民及奴隶祀祖之事，在甲骨文字中，看不出一点踪影。惟《盘庚》中有云：“予念我先神后之劳尔也。”又云：“古我先后，既劳乃祖乃父。”此所谓“尔先”，所谓“乃祖乃父”，皆系指“畜民”而言，而“畜民”之为自由民，已如前述。故由此而推知商代当时之自由民，尚有祭祀祖先之允许。惟自由民自己的生活，亦已陷于朝不保夕，又焉得牛羊豕犬酒鬯粢盛以奉祀其祖先呢？故自由民之祖先，亦如其生时一样，仍然只有窃食贵族祭坛上之冷肉而已。

至于奴隶，则以其生时被剥夺了“人格”，故死后亦被剥夺了“鬼格”，所以在商代，奴隶无祖，而以主人之祖为祖。

四、初期封建社会

第一篇　西周：初期封建社会的形成

第十五章

周族的起源与初期封建国家的建立

第一节　周族的起源与羌族

大约在纪元前12世纪初（前1122年），中国的历史，又开始一个新的巨大的变革过程。这一历史变革的结局，便是商族所创立的奴隶所有者国家的消灭，与周族所创立的初期封建国家的代兴。

周族之出现为中国历史上的动力，并且掀起一个巨大的历史变革，并非突如其来，而是这个民族在长期发展以后所达到之结果。因此，在说明周代的历史之前，对于周族的渊源，必须加以简略的叙述，然后商周之间的变革，才不会被认为历史的奇迹。

考周族的始祖，相传为“后稷”，但《诗·鲁颂·閟宫》云：“赫赫姜嫄……是生后稷。”则“后稷”又出自“姜嫄”。《诗·大雅·生民》亦云：“厥初生民，时维姜嫄。”故知周族实以“姜嫄”为始祖母。按“姜”“羌”古为一字，“羌”字甲骨文作或，从羊，从人，乃意指牧羊之人群，正犹“牧”字之作，“御”字之作，意指牧牛或御马也。至“羌”字之变体为“姜”，不过变从“人”为从

“女”。此种变体，在甲骨文中，为常见之例。“羌”字金文作，从羊从女，学者释作姜，实即差字之变体。故《诗》所谓“姜嫄”，实即“羌嫄”。周族既以羌族女子为始祖母，故其为诸羌之一分支，实无疑义。《诗·大雅·思齐》云：“文王之母，思媚周姜。”则周族又尝以周羌自命。羌为西夏之族，故周族以“夏族”为其“先民”。《书·召诏》云：“相古先民有夏。”不仅如此，周人并且自称为夏，如《立政》云“乃伻我有夏”，《君奭》云“惟文王尚克修和我有夏”，《康诰》云“用肇造我区夏”，由此更足以证明周族实羌族的一分支，亦即西夏的苗裔。所以《孟子·离娄》（下）说：文王，“西夷之人也”。

周族在新石器时代初期，即传说中之神农黄帝时代，即已定住于甘肃西南洮河河谷一带。到新石器时代中期，即开始向陕甘边境东徙。《史记·周本纪》谓“后稷之兴，在陶唐、虞、夏之际。”而且在当时似乎与“诸夏”之东徙者，已经发生接触，《史记》谓“弃”曾为“尧”之农师，“舜”之后稷，即暗示这一内容。大约到新石器时代晚期，即传说中的“夏代”，这个种族，便到达了陕甘边境，[①] 成为彩陶文化与鼎鬲文化东西交流之中介。

大约在夏、商交替之际，这个种族便进入了陕西，相对地定住于渭河河谷，并且在豳的地方，开始了农业的生活。《诗·大雅》关于“公刘”的史诗，正是描写这一时代的周族之生活。《公刘》云“笃公刘，于豳斯馆，涉渭为乱。”又云：“豳居允荒。”这些史诗，都是周族在“公刘”时代，已经定住陕西渭河河谷之证明。

在这里，他们首先筑起版筑的房屋，“于时处处，于时庐旅。”然后“相其阴阳，观其流泉”。“度其隰原，彻田为粮”[②]。开始“迺慰迺止，迺左迺右，迺疆迺理，迺宣迺亩”之开辟耕地的工作。然后“茀厥丰草，种之黄茂”。于是，在渭河河谷一带，周族的农村中，到处都可以看到农业繁荣的景象。于是大量的粮食，送进周人的仓

① 《国语》云：“及夏之衰也，弃稷弗务，我先王不窋用失其官，而自窜于戎、狄之间。”此所谓戎狄者，即东徙于甘边境之诸羌也。

② 《诗·大雅·公刘》。

库，而周人遂由畜群之所有者，一变而为“乃积乃仓，乃裹糇粮。于橐于囊”之农产物的富有者。从“彻田为粮”一语看来，周族当时的社会，似已由氏族公社转向村落公社的组织，土地已由氏族定期分配于各大家族。所谓“彻田为粮”者，乃氏族向各大家族征收一定量的谷物，以为公共事务的费用。

同时，与农业的繁荣相适应，周族在当时已有了冶铁技术。所谓“取厉取锻”者，正是指铁的冶炼而言。周族在当时，也有繁盛之手工业的存在，这由《公刘》中“弓矢斯张，干戈戚扬”，“维玉及瑶，鞞琫容刀”之记载，可以看出。

此外，当时周族畜牧业事业，已极为繁盛，特别是他们传统的养豕之风。金文“家”字作，从门从豕，象豕牢之形，由此可知周人之家，皆必养豕。又“豳”字，说文作豳，从豕从山，亦象豕牢之形，而豳为周人长期居留之地，由此又证周人所居之处，即豕牢遍布之地。所以《公刘》云：“执豕于牢，酌之用匏。”又《逸周书・世俘解》，谓周武王“用小牲羊豕于百神水土社二千七百有一”，则周人直至有史以后，养豕之风，还是盛行，又得一证。

这样看来，周族在商初，已发展到与商族几乎同一水准的文化。假如《诗・大雅・绵》所云“戎丑攸行”之“戎丑”，可以解释为最初之奴隶，则周族当时的村落公社中，并且已有奴隶的存在。而这证之周族当时已有“其军三单”之事，则俘虏异族以为奴隶，亦为可能之事。

自公刘至古公亶父，相传其间有九世，史无记载，事迹不明。大概在这一时代，周族已沦为商族的属领。因为东有商族的压迫，周族不能继续东徙，他们始终还是居住在豳的地方。直至古公亶父，据说受到北来的狄人之压迫，“遂去豳，渡漆、沮，逾梁山，止于岐下。”岐山之下，自古即为膏腴之地，周族在这里，又获得了农业上之进一步的发展。

到文王的时代，亦即相当于商纣（帝辛）的时代，由于农业的发展，提高了土地的要求，于是开始了征服四周诸民族的侵略战争。《尚书大传》谓文王受命之年，断虞、芮之讼，二年伐于（《史记·周本纪》作邘），三年伐密须，四年伐畎夷（《史记·周本纪》作犬戎），五年伐耆，六年伐崇。就在他的时代，周族遂把西北诸民族完全放在自己的支配之下。《诗》云："文王受命，有此武功。"此之谓也。

在文王时代，周族的重心，已由岐山东迁丰邑，他们从其四周的诸被征服民族，获得了大量的贡纳，因而迅速地发展了它的经济，从而便以西北诸民族之人力与物力为基础，形成了一个强有力的政治和军事的集团，并且展开了与商代奴隶所有者的斗争。这从甲骨文中在商末有不少"寇周"的记载，可以看出商周两族的武装斗争之激烈。

到武王时代，于是周族遂以"西土"的关系，号召西北诸民族，拿起武器，展开对商代奴所有者的武装革命。如武王一则曰："呜呼！西土有众。"再则曰："呜呼！我西土君子。"三则曰："逖矣！西土之人。"于是庸、蜀、羌、髳、微、卢、彭、濮人，都一齐起来，响应武王的号召。联军在周族的领导之下，东渡孟津，进次牧野，与商代首都的奴隶暴动合流，于是击溃了商代奴隶所有者的政权，代替商族而成为中国历史的主人。

这样看来，周族与商族，在中国史上，本来是平行发展的两个民族，虽然周族在进入中原以前，尚没有发展到像商代那样高度的奴隶制经济的历史阶段，但它却曾在长期中隶属于商代奴隶所有者国家的统治之下，而为其领属，换言之，周族曾经是商族奴隶所有者国家之一个构成部分。因而周族也就得以从政治经济的隶属关系中，通过商族奴隶制度的文明。从以上所述的事实看来，当商之末际，商周两族的文明，已经相去不远。所以周族继商族之后，而能在奴隶所有者国家的废墟上，建立起初期封建制的国家，这并不是一个历史的跳跃，正是商代奴隶制经济发展到最后不得不决裂，不得不向着更高形式的社会转向的结果。因为从整个的方面看，武王伐纣与商代奴隶倒戈，同是商代奴隶社会的生产力与生产关系最后决裂之政治的表现。只要历史家不要把周族看作一个文化极低落的民族，尤其不要把商周两族看作完全绝缘的两个民族，则问题自然就明白了。因此我以为商周的递嬗，不仅是政权之民族的移转，而且是社会经济之质的变革，换言之，是奴隶制经济向封建制经济的转化。自然，我不是说，在武王的大旗一摇之下，中国的社会，就像魔术似的，从奴隶制变成了封建制。也不是说，在西周时代，全部中国都封建化了。我只是说，中国的社会，从西周时代起，已经开始了向封建社会的转化过程，而且当时黄河中流一带，则确实已经出现了初期的封建社会。

第二节　西周时代的世界与中国境内各民族的活动

西周的历史起于公元前 1100 年代（公元前 1122 年）迄于公元前 720 年代（公元前 722 年），占领中国史上四百年的时间。

当此之时，不仅中国史正在履行一个变革过程，世界史也有很大的变动。这种世界史的改变，就改变了中国史所处的世界形势。

在商代曾经是光辉灿烂的文明古国巴比伦，到商之末际（公元前 1100 年），已被叙利亚人所征服，到西周末年（公元前 745 年，周平王二十六年），叙利亚人与以色列人、米太人灭亡了巴比伦，而建立历史家所谓新亚述帝国。这个帝国，在整个西周时代，都是西亚方面诸种族之历史的命令者。一直到春秋初际（公元前 606 年，周定王元年），它才被其东南之加尔底亚人及北部之米太人与波斯人所灭亡。

大约相当于商之武丁时代，埃及正是传说中之第十九朝拉美斯第二时代。① 在这一时代，由埃及逃亡出来的一大批奴隶，在摩西的领导之下，他们在今日之巴勒斯坦的耶路撒冷建立了希伯来人的国家。这从圣经《旧约》中还可以看出一些影子来。到西周初年（公元前 930 年，周懿王初年）这个埃及大奴隶国家，也和商代奴隶国家一样，走入了它的衰运。在这一时代，埃及已被由尼罗河上游

① 有人谓拉美斯第二，即是所谓摩西之埃及王。

侵入之爱西屋皮亚人所征服。这种爱西屋皮亚人，在埃及建立传说中之所谓“第二十五朝”，直至春秋之初（公元前67年），才被埃及人驱逐出去。所以西周时代的埃及，是爱西屋皮亚人的天下。

在这一时代，原住希腊半岛之黑兰种族已经移住于半岛之南端，而散布于山麓及沿海一带之平原，创造了希腊奴隶所有者的国家。

在亚细亚的南部，则白色雅里安人的战车，已经驰入了印度北部之五河地方。以前侵入印度之德罗维陀族，现在在雅里安人的刀剑之下，已经变成了奴隶。而原来居住于印度之薄里色种土人，则被迫而逃向印度西北的山林地带。也许就在这一时代，薄里色人之一部分，越过了今日之喜马拉雅山，与由甘肃南徙西藏高原之羌族，发生了人种的和文化的关系。

至于这一时代，中国与中亚诸种族的关系，我们还没有发现可靠的史料，但是从周穆王西征的传说看来，则当时中国与西亚，似乎有着某种的商业关系。

总之，在这一时代，文明的范围逐渐扩大，许多种族都走进了文明时代的入口。文明世界的扩大，就是自由世界的缩小，不过直至此时，世界上几个文明的出发点，它们所激荡出来的文明的波圈，其半径尚不甚大，因而波圈与波圈之间，还存在着风平浪静的中间地带，从而东方与西方的文明，即使在当时有所接触，也只是一种余波的荡漾而已。周族就在这样一个世界史形势中，勃然兴起，走进中原，成为东方世界的一个历史动力，从而把世界史推向一个更高的阶段。

西周的历史，是以武王克商为序幕。但是武王克商，只是颠覆了商代奴隶所有者政权的首脑部，商代残余的奴隶所有者的势力，除一部分退至辽东半岛乃至朝鲜半岛以外①，其余大部分还散布中原，盘据淮岱，成为周族可怕之敌人。

当时的“南太平洋系”诸氏族，虽然因为“诸夏”的压迫和商

① 《史记·宋微子世家》云：“武王乃封箕子于朝鲜，而不臣也。”《后汉书·东夷列传·论》亦云：“昔箕子违衰殷之运，避地朝鲜。”这些传说，我以为都是暗示商末周初，商族之一部分退向朝鲜半岛的事实，这里所谓不臣者，非不欲臣之，乃不得而臣之也。

族的驱逐，而逐渐南徙，但自荆楚以南之西南的广大区域以及东南沿海一带，仍然是他们的天下。在这一时代，他们分化为无数的氏族，即中国史上所谓“百濮”“群蛮”。在“百濮”之中，曾经有一部分与周族同时进入中原。

当时停留于蒙古高原的诸氏族，大半都组成了部族或部族联盟，逐渐向山陕的北部移徙，而这在中国历史上，便是所谓“北狄”。其中玁狁一族，最为强盛，成为周族西北最大之威胁。

当时西北诸羌，其大本营还是在甘肃青海一带，但其支裔所布，已远及于川康新疆。在这一时代，一部分已与周族同时进入中原，但继周族之后而东徙者，尚接踵于途。此等继续东徙之诸羌，即历史上所谓西戎。西戎与周族虽同为羌族，但后来亦与周族为敌。

当时分布于塔里木盆地的诸民族，有许多已经进入农业畜牧经济的历史阶段。[①] 他们西逾葱岭，东贯陕甘，成为当时东西文化的中介人。

此外，在中原一带，除商族以外，还布满了“诸夏”的苗裔，这在历史上便是所谓“神农”“黄帝”“尧”“舜”“禹”的后裔。此等诸氏族，虽然长期地沦为商族的奴虏，但仍然有其自己之农村公社的组织。在武王伐纣的时候，他们也同样举起了反奴隶制度的叛旗。历史上所谓不期而会于盟津者的八百诸侯，就正是此等中原的“诸夏”之族。

以上就是周族克商以后中国历史的形势。若简而言之，当时包围于周族周围的，东有商族的残余，北有北狄，西有西戎，南有群蛮百濮。这些诸民族都面向着黄河中游，企图争夺这一个文化摇篮之地。此外尚有原住中原的“诸夏”之族，其中有一个楚族已渐次

① 关于西周时代西域诸民族的活动，史无所纪，但《穆天子传》中，有关于他们的传说。《穆天子传》谓当时昆仑之虚有西夏氏、珠余赤乌氏、曹奴氏、容成氏、剞闾氏、鄄韩氏、智氏、阙氏、胡氏、浊繇氏、骨饩氏、重䍃、西王母之邦、西膜氏、巨蒐氏等族。他们对于穆天子的贡物中，有马、牛、羊、犬等家畜，及麦、稷等农产物。而且贡牛的数目，有多至五千头者；贡麦的数目，有多至千车者。这虽然是神话，但证之后来汉代西域诸国的经济状况，则西周时代的西域诸民族达到农业畜牧业的阶段，并非夸张之词。

强大。又有同时进入中原的西北诸氏族，在战争中也变成了一种新的力量。因此摆在周族征服者面前之紧急的历史任务，便是如何镇压商族，抚定“诸夏”，以及酬庸其从征之左右扈从，与西北诸氏族的首长，以巩固其胜利，稳定其统治。然后再谋打开其历史的包围，以展开其更大的发展。

第三节　西周初期封建国家建立的过程

周族的征服者，毫不犹豫地执行了他的历史任务。他们在击溃了商代奴隶所有者政权以后，首先便宣布土地王有，和奴隶制度的废除。这样，商代奴隶所有者，不但被解除了武装，而且被收夺了最主要的生产手段和依以进行生产的劳动力。一言以蔽之，周代的服征者，不但消灭了商代奴隶所有者的政权，并且也消灭了这种政权之依以建立的经济基础。现在，奴隶制度，退出了中国历史，不过代之而起的，不是榨取制度的消灭，而是封建领主对农奴的榨取方式，是一种榨取者被另一种榨取者代之而已。

由于土地之封建的收夺和奴隶制度的废除，周代的国王，便变成了土地和人民之唯一的所有者。所谓“溥天之下，莫非王土，率土之滨，莫非王臣”。(《诗·小雅·北山》)正是表现这一历史内容。

为了“股肱周室”，“保乂王家”，周族的国王开始了大规模的封建。

首先便是封建其左右扈从，这些扈从，大半都是周族的贵族，他们不是“文之昭”，便是“武之穆”，或者就是“周公之胤也”。[①]当时受封的周族贵族，有谓五十五人，[②]有谓五十三人，[③]有谓一百

① 《左》僖二十四年传云：“管、蔡、郕、霍、鲁、卫、毛、聃、郜、雍、曹、滕、毕、原、酆、郇，文之昭也。邘、晋、应、韩，武之穆也。凡、蒋、邢、茅、胙、祭，周公之胤也。”

② 《左》昭二十八年传云：“武王克商，光有天下，其兄弟之国者十有五人，姬姓之国者四十人，皆举亲也。”

③ 《荀子·儒效》云：“周公兼制天下，立七十一国，姬姓独居五十三人。”

人，[1]总之，当时载干戈以至封侯的周族武士，一定不少。

其次，即封建从征的西北诸氏族的首长，于是那些所谓东征之诸侯，如庸、蜀、羌、髳、微、卢、彭、濮诸“友邦冢君”，皆以次“受命于周”，而为周之屏藩。

再次，则封建中原“诸夏”，自“神农”“黄帝”以至“尧”“舜”“禹”的苗裔之长，皆因地就封，以侯于周族。[2]

同时，对于商族奴隶所有者，则采取高压政策。首先将商之故地，河北、山东、河南分裂为邶、鄘、卫三个封区，[3]然后以商之贵族武庚作为傀儡，封之于邶，使招抚商族遗民，但同时却使管叔尹鄘、蔡叔尹卫，以控制武庚的异动，特别对于商之根据地山东一带，控制更为严密，如尚父则屯兵营丘而俾侯于齐，周公则屯兵曲阜而侯于鲁，可以证明。此外对于商族之自由民与奴隶，则一面威骇，一面怀柔，要他们安心乐命，好好地做新朝的农奴，否则杀无赦；甚至采取毒化政策，放任商人继续群饮，而对于周人之群饮者，则杀无赦。

现在，一切都布置妥当了，应该镇压的镇压了，应该绥抚的绥抚了，应该酬庸的酬庸了，周族征服者初步的建国启土的历史任务，总算完成了。

---

① 《孔子集语》云：“载干戈以至封侯，异族九十七人，而同姓之士百人。”

② 《史记》云：“封神农之后于焦，黄帝之后于祝，帝尧之后于蓟，帝舜之后于陈，大禹之后于杞 。”

③ 王国维《北伯鼎跋》云：“北，盖古之邶国也。自来说邶国者，虽以为在殷之北，然皆于朝歌左右求之。今则殷之故墟，得于洹水，大祖大父大兄三戈，出于易州，则邶之故地，自不得不更于其北求之，余谓邶即燕，鄘即鲁也。邶之为燕，可以北伯诸器出之地证之。(光绪庚寅，直隶涞水县又出伯器数种）邶既远在殷北，则鄘亦不当求诸之境内。余谓鄘与奄声相近，《书·洛诰》：‘无若火始焰焰。’《汉书·梅福传》引作‘毋若火始庸庸’，……奄地在鲁，《左》襄二十五年传，鲁地有弇中，汉初古文‘礼经’出于鲁淹中，皆其证也。邶、鄘去殷虽稍远，然皆殷之故地。《大荒东经》言‘王亥托于有易’，而泰山之下，亦有相土之东部，自殷末有天下时已入封域。又《尚书》疏及《史记》索隐，皆引汲冢古文，盘庚自奄迁于殷，则奄又尝为殷都，故其后皆为大国。武庚之叛，奄助之尤力。及成王克殷践奄，乃封康叔于卫，封周公子伯禽于鲁，封召公子于燕，而太师采诗之目，尚仍其故曰，谓之邶、鄘，然皆有目无诗。季札观鲁乐，为之歌邶、鄘、卫、时犹未分为三，后人以卫诗独多，遂分隶之于邶、鄘，因于殷地求邶、鄘二国，斯失之矣。”(《观堂集林》卷十八，2页）

就在这一时代，中国的历史，又展开了一个新的场面。许多从战场凯旋的周族的武士和它的同盟军的首领，都集聚在镐京，等候周天子的册命。册命的典礼非常的隆重。大概一方面，是天子申之以训诰，质之以牺牲，要受命者股肱周室，夹辅王家；另一方面，受命者，则拜手稽首，“对扬天子丕显之命。”在册命之后，于是一群群的新贵，都换上了天子所赐的绣满了黼黻的“元衣”和“束带”，佩上了天子所赐的“稠戈”和“彤矢”，于是他们“帅其宗氏，辑其分族，将其丑类”，并且带着大批的厘仆、虎贲，打起赤芾銮旂，浩浩荡荡，从镐京出发，驰赴各自的封区。这些诸侯，到了封区以后，各人又照样以其所封的土地，再分封于他们的左右扈从。这样一来，周族的族类，便遍布中原了。统治者换了班，社会也变了质。《诗》云：“仪刑文王，万邦作孚。”可以想见当时的封区之多了。

这些诸侯，一到封区，便成为其封区内的土地和人民的主人。因为天子对于他们的“册锡”，不仅是“胙之土”，而且是“命之氏”。《诗·鲁颂·閟宫》云：“锡之山川，土田附庸。《召伯虎簋铭》亦云：“仆墉土田”，《子仲姜镈铭》亦云：“锡之邑二百又九十又九邑，与鄩之民人都鄙。”像这样土田与人民同时并赐的记录，在甲骨文中是没有的。甲骨文中不但没有土田与人民同时并赐的记录，而且亦无单赐土田的记录。由此而知周之诸侯与商之邦伯，其属性已完全不同。因为土地之变成王的赏赐物，首先必须要把土地由“国有”变为“王有”，而土地所有之这一转化，正是奴隶制到封建制的过渡。所以周代的“诸侯”，便不像商代的“邦伯”，仅仅是征收贡纳的代理人，他们一到封区，便把封区以内的人民，不问其为商族，或为“夏族”①，不问其为自由民抑或奴隶，便把他们整族整族地转化为农奴。②把这些农奴固着于土地而开始庄园经济的组织。

---

① 《左》定四年传谓：分鲁公以商民六族，因商奄之民，命以伯禽；分康叔以殷民七族；又谓分唐叔以怀姓九宗。按怀姓九宗乃“夏族”之裔，（详拙著《中国史论集·诸夏的分布与鼎鬲文化》一文）由此而知当时周人以商族为农奴，同时亦以“夏族”为农奴。

② 既以整族为农奴，故知其不分等级也。

第四节　新旧社会秩序的斗争与初期封建国家建立的完成

周代的封建制度，就是这样开始了他创立的过程。在新制度之前，旧的奴隶制的一切矛盾，已经由于这个制度的被废除而归于消灭了。但是在新制度的创立过程中，又引出了新的矛盾。由于奴隶制的宣布废除，引起了残余的商代奴隶贵族之反抗；由于土地之封建收夺，与原来的氏族成员之被迫而转化为农奴，又引起了原有的氏族对新秩序的拒绝。而且这样的矛盾，不仅表现于周族与异族之间，也表现于周族内部的社会上层之间，管叔对周公的流言，正是这种矛盾的表现。

矛盾不久便决裂了，以管蔡为首的周族的保守派，与以武庚为首的商代奴隶贵族的残余势力，他们在反抗新秩序一点上，获得了矛盾对立的统一，于是爆发了历史上有名的“管蔡以武庚叛”的反动局面。

反动的局面一天天地扩大，在今日的河北、山东及徐淮一带，一时屈服了的残余的商代奴隶贵族，又都奋然而起，开始作倒转历史车轮的斗争。这个反动的局面之大，使得周代的国王，不得不发出“邦之安危惟兹殷土”的呼号。

站在大叛乱的局面之前，周族的统治者，即刻派出了讨伐叛乱的大军。大军由周公率领，驰赴东土，经过了三年的长期战争，叛乱才暂告平息。

但是“周公东征”，问题并没有解决，在山东一带的商族，仍然过着奴隶制的生活，与周族的封建新秩序对抗。于是而又有成王的东征。

“成王践奄”，虽然扑灭了山东一带的反动势力，但徐淮一带的商族，仍然保持其原有的社会秩序，继续其反抗新秩序的斗争。因而在周代封建主义向南发展的当中，曾引起不断的战争。不过，从此以后，便不能发动大规模的反动了。

在另一方面，西北诸族，也展开了反对新秩序的斗争。这些氏族在推翻商代奴隶所有者政权的战争中，曾经是周族的盟友。他们以为颠覆了奴隶制度，便可以回到自由王国的时代，但结果大失所望。新的统治者，又成了新的榨取者，他们的氏族土地被收夺，氏族成员被转化为农奴（如怀姓九宗等），这样一个出乎意外的收获，当然要激起西北诸氏族的反抗，因此，在当时出现许多所谓“不庭方”。周族对于这些“不庭方”的对策，还是和对商人一样，一面怀柔，一面讨伐。前者如《毛公鼎铭》文所云：“率怀不庭方”；后者如《左》隐十年传云：“以王命讨不庭”。关于讨伐这些不庭方的史实，金文中尝有记载，如《小盂鼎铭》云：“伐鬼方……孚人万三千八十一人。”由此可以想见当时战争的规模之大。同时《南宫中鼎二三两器铭》文，皆有“惟王命南宫伐反□方之年”的记载。历来学者释□方为虎方，我以为就是鬼方。①

正当周族内部矛盾百出之时，西方的诸羌继周族之后，蜂拥而东，进入陕西；同时，北方的狄人，则以严允为首，长驱南下，由山陕而深入伊洛一带。周族为了抵抗严允，曾经发动了不少的战争。《诗》云：“薄伐严允，至于太原。”《虢季子白盘铭》云：“薄伐严允，于洛之阳。”《不嬰簋盖铭》云：“余命女御追（严允）于畧，女以我车宕，伐严允于高陵。”这些记载，都指示出当时战争的地址和情况，关于折首执讯，献禽献馘之数，皆有详细记录。

西周的历史，就在这种新旧秩序的对立斗争中发展，但是历史的原理，却决定了这种斗争的胜利是属于封建主义的。到宣王时代，随着周族所创造的封建经济之巩固与发展，于是周族的统治者便展开了四方八面的征伐。当此之时，西征西戎，北伐严允，东践徐淮，南平荆蛮，而秦仲、尹吉甫、方叔、召虎等皆出现为各战场上的赫赫师尹。于是许多落后的民族，都在封建骑士的刀剑之下被降服了。

由于周代封建主义势力之膨胀，以及周围各氏族自身的社会内部之变革因素的发育完成，于是有许多民族，特别是江淮

① 详见拙著《中国史论集·诸夏的分布与鼎鬲文化》一文。

一带的各族，便开始其向封建主义的转化。所以在周人的武功诗上，直到此时才写出“徐方既同”“南国是式”的词句。

由此看来，历史上所谓“宣王中兴”，正是表征周代封建国家之发育完成，亦即周代封建经济之更大的发展。在宣王以后的不久的时期，周代的历史，便转入了春秋、战国时代。

第十六章

西周社会的经济构造

第一节　庄园制度的成立与所谓“井田制”

周族克商以后，一面把商代的国有土地，转化为王的所有，另一方面，把商代的奴隶及自由民转化为农奴；同时，把残存于其他势力范围之内的诸氏族的土地与人民，也依照封建制的原理而改变其原来的属性。[①] 于是在周人的史诗上，便歌颂这一历史的胜利日：“溥天之下，莫非王土；率土之滨，莫非王臣。”

但是土地的所有与人民的隶属，只是一种政治权力的象征，为了使象征的权力转化为真实的权力，就必须使这种作为权力之象征的土地与人民，相互结合以发挥其经济上的效能。于是天子以之分封于诸侯，诸侯以之分封于家臣，而开始“作邑”“作采”的历史任

① 《诗·大雅·崧高》云:“王命申伯，式是南邦，因是谢人，以作尔庸。”“王命召伯，彻申伯土田。”“王命傅御，迁其私人。”《小雅·出车》亦云:“天子命我，城彼朔方。"《大雅·韩奕》云:“王锡韩侯，其追其貊。奄受北国，因以其伯。实墉实壑，实亩实藉。”《江汉》云:“于疆于理，至于南海。”“锡山土田，于周受命。”以上所谓“南国”“北国”，皆当时氏族分布之地，而周人乃因其人民，私其土地，以“实墉实壑，实亩实藉”。一则曰“式是南国”，再则曰“奄受北国”，所以我说周族以封建制的原理改变其所属之诸氏族的土地与人民的属性。

务。[①] 自此以后，商代的村落公社转化为无数的封区和领邑了。

在封区与封区之间，有极其严格的疆界，此种疆界，皆系利用自然的地理形势，如河流、溪涧、山冈、森林及草原等，以为彼此之区划。并且在疆界上封植树木，以为标志，有一封再封以至于三封者。[②] 于是这些封建领主各自镇固封疆，分土而守。

西周的各级领主，在受民受疆土以后，于是各在其自己领地以内，度其原隰，规其陂陵，顺其川河，申划郊圻，开始庄园经济的组织。他们以自的城堡或邸宅为中心，把自己所属的土地，划分为若干大小相差不远的区域，把自己所属的人民，平均地编制于这些区域之内，给以仅足维持其最低生活之一定量的土地，使之以无报偿地为领主耕种这个区域以内的土地。这样，就把过去的自由民奴隶乃至氏族成员都转化为农奴，从而把过去的奴隶制经济乃至氏族制经济，转化为封建主义的庄园制经济了。

在西周有两种形态的庄园：一种是领主直辖的庄园，另一种是领主委托或派遣家臣经营的庄园。前者是环绕在领主的城堡或邸宅的周围；后者则分布于直辖庄园的四周之全领区。直辖庄园是每一封区内的庄园组织之中心，在这里是领主的城堡所在之地。在城堡中，有领主的堂皇的宫殿、宽敞的院落、仓库、农器作坊、日用器具作坊、磨面坊、酒和油的作坊、仆从和农奴的小舍、家畜的厩栏，也有法庭和监狱。总之压榨农奴所应有的一切设备，无不周全。在

① 在西周，无论天子封诸侯，或诸侯封家臣，皆曰“锡邑”或曰“作采”。前者如《南宫中鼎铭》云：“王曰，中……今括里汝怀土作乃采。《邾敦铭》：“昔先王既命女作邑。后者，如《子仲姜镈铭》云：“叔有成劳于齐邦，侯氏锡之邑二百又九十又九邑。”锡邑的记载，有仅书邑数者，亦有列举邑名者，如《克鼎铭》云：“锡女（克）田于埜，锡女田于渒，锡女井家㚇田于㽙，以厥臣妾，锡女田于康，锡女田于匽，锡女田于博原，锡女田于寒火。”

② 关于封疆划界之其体情形，详见《散氏盘铭》。如云：“用矢戮散邑，乃即散用田境。自瀗陟以南，至于大沽，一封以陟二封。至于边柳。复涉瀗陟雩觑原㹉以西封于敾城楮木，封于若俅，封于若道。内陟若登于厂源，封楮柝㹉。陵刚柝，封于䍃道，封于原道，封于周道。以东封于梓东疆，右还封于境道。以南封于郤徕道。以西至于䧹，莫境井邑田。自粮木道左，至于井邑封道，以东一封；还以西，一封，陟刚，三封；降以南，封于同道。陟州刚，登柝，降棫，二封。”在此铭文中，如沽如瀗如源，皆指河流或溪涧；如㹉如刚如郤，皆指丘陵或谿谷；如楮如棫，皆指森林；如若如徕，皆指草原。此外亦有以城或道为分界者。

城堡的附近，有广大的园圃，较远则为牧场，更远则间有荒地或森林。这里，是封区的政治中心，也是庄园组织的总办公厅。至于委托或代理庄园，其组织与直辖庄园相同，不过具体较微而已。[①]

这样的庄园组织，后来被孟轲误解为所谓“井田制”。孟轲所谓“井田制”者，即“方里而井，井九百亩，其中为公田，八家皆私百亩，同养公田，公事毕，然后敢治私事，所以别野人也。此其大略也”。[②]孟轲的井田之说，显然是从“井”字的构形上而发生的误解，实际上，“井”字的命意，即使是表示土地之划分，并非谓即划分为正方形，更非谓即以一方里为单位而九等分之，这由金文中疆字作彊（孟姜敦）作彊（叔貊敦）亦可证明。至于土地的分配，谓领主仅占九分之一，而农奴反占九分之八，则更不会有这样的事实。虽然如此，我们从孟轲的这段话中，却可以看出在所谓井田制中有“公田”，也有“私田”；有“治野人”的“君子”，也有“养君子”的“野人”；“君子”则坐收九一之助与什一之赋，而“野人”则须同养“公田”。这种土地所有的关系与“君子”“野人”之间的等级从属的关系，却正是暗示庄园制度的内容。因而我以为孟轲所谓“公田”者，乃直辖庄园之误解，而所谓“私田”者，则委托或代理庄园之误解。至于“君子”之为领主，“野人”之为农奴，则更为孟轲所明示。所以在西周，虽无所谓“井田制”，而“井田制”的传说，却足以暗示出庄园制的内容，由此而知所谓“井田制”的传说，并非孟轲凭空造谣，而是以庄园制为其历史的素地加以理想化的一种传说。

西周的庄园，大概都施行“三圃制”的耕种法。[③]所谓“三圃

---

① 古代日耳曼人的庄园组织，以庄园厅为中心，庄园厅就是领主的邸宅，亦即征贡纳之办公所。庄园厅亦辖有两种庄园，即直辖于领主的直辖庄园与佃租庄园。古代英国亦有两种庄园，其直辖于领主者，谓之中心庄园，此外则为佃租庄园。

② 《孟子·滕文公》(上)。

③ 《周礼·大司徒》云：“凡造都鄙，制其地域而封沟之，以其室数制之，不易之地家百亩，一易之地家二百亩，再易之地家三百亩。”《汉书·食货志》云：“岁耕种者为不易上田，休一岁者为一易中田，休二岁者为再易下田，三岁更耕之，自爰其处。”据此，即西周时代，实有轮流休耕的“三圃制”之存在。此种三圃制，在中古日耳曼人及中古英国的庄园中，皆曾施行过。

制”者，即将全庄的耕地划为三个面积相等的部分，每年轮流休耕，每年耕种的土地，只有三分之二，其他三分之一的土地，则在休耕中。此种在休耕期中的土地，则开放为牧场。“三圃制”的出现，乃是初期封建社会必然应有之事实。因为一方面，在当时农业的技术，虽较奴隶社会为进步，但仍然是在历史上之幼稚阶段，用人工恢复土地肥腴的方法，还不能大规模地施行。另一方面，由于土地之封建的收夺，以前的许多荒地及公有地，大半都转化为私有，但畜牧经济在社会经济中，仍有其意义，因而感到牧场的缺乏。在这两种情形之下，于是出现了“三圃制”的耕种法。

在西周庄园中各圃之地，皆划分为若面积相同之垄，垄与垄间，皆有田径或沟道以为区分。合若干垄则为亩，合若干亩则为圃，合三圃则为一个庄园。亩与亩间，圃与圃间，亦有宽度不同之沟道或田径以为区分。至于庄园与庄园之间，则多以天然之河流溪或山陵与草原为分界。关于这一点，《考工记·匠人》[①]及《地官·遂人》[②]两篇中，曾作具体的叙述；在西周的史诗中，亦有划分垄亩的记载，如《信南山》云:“畇畇原隰，曾孙田之，我疆我理，南东其亩。”《载芟》亦云:“载芟载柞，其耕泽泽，千耦其耘，徂隰徂畛。”这里所谓“亩”或“畛”，都是指明当时田野的区分。又从《诗·周颂·噫嘻》所云“骏发尔私，终三十里。亦服尔耕，十千惟耦”看来，则当时田亩，亦用“里”计算。由此，足证西周庄园中的田土，实有各种单位的区分，而《周礼》所述，又适为这一事实之侧面的说明。此外如古代英国的庄园，其土地的划分，亦有一定大小之规

① 《考工记·匠人》云:“匠人为沟洫，耜广五寸；二耜为耦，一耦之伐，广尺深尺，谓之畎。田首倍之，广二尺深二尺，谓之遂。九夫为井，井间广四尺谓之沟。方十里为成，成间广八尺深八尺，谓之洫。方百里为同，同间广二寻深二仞，谓之浍。”

② 《周礼·地官遂人》云:“凡治野，夫间有遂，遂上有径；十夫有沟，沟上有畛；百夫有洫，洫上有涂；千夫有浍，浍上有道；万夫有川，川上有路，以达于畿。”

定，[①]古代罗马，亦有“千步方田”之法，则《周礼》所述，又适有类似之处。

第二节　庄园制度下的农业生产与力役地租

在封建庄园制度之下，所有的人民，皆被剥夺了土地；所有的土地，都属于封建领主之所有。失掉土地之人民，则不得不转而依存于领主所赐之一小块的分有地。这一小块分有地，就决定了他们对领主之人格的隶属，而转化为农奴；同时，亦即领主迫使农奴交出其剩余劳动及剩余劳动生产物之唯一的根据。西周的领主就在土地所有的基础上，展开了超经济强制的剥削。这种剥削，在法律上，称之曰“赋”曰“役”。“赋”者，田赋；“役”者，徭役。不过在西周，田赋的征收，也是采取力役的形态。

在西周，农民于一年中须为领主服务多少日，文献无所记，但他们必须“同养公田”，而且必须“公事毕，然后敢治事”，则为无可置疑之事。金文中所谓“贮廿家”[②]“贮卅田”[③]即系赋取其领地上的农奴之剩余劳动的意义。”

在西周的庄园中，农奴的农具，都是由领主发给。《诗》云：“以我（领主）覃耜，俶载南亩。播厥百谷。”[④]或者由农奴向领主的农器作坊购买。《诗》云：“命我众人（农奴），庤乃钱镈，奄观铚艾。”[⑤]但是如果领主颁发之大农具或牛马，如有损伤，则不但必须赔偿，而且还有一定的刑罚。《书》云：“今帷淫舍牿牛马……无敢伤牿。牿

① 古代英国的庄园，其土地划分为长四十竿，广四竿；及长四十竿，广两竿不等之狭长的垄。一竿之长，合今日一六・五英尺，故以今日英人之尺计之，则为一英亩或半英亩不等的面积之垄。垄与垄间，间以田径。合数十垄，则命曰班田。合数十班田，则为庄园。

② 《颂鼎铭》。

③ 《格伯簋铭》。

④ 《诗・小雅・大田》。

⑤ 《诗・周颂・臣工》。

之伤，汝则有常刑。”

农奴在领主的庄园使用人“田畯”的督促与视之下，成千成万地走进了田野。他们“实亩实藉”，“或耘或耔”，展开了前所未有的“千耦其耘”的伟观。

为了提高农奴劳动的强度，领主们也经常走到田野，亲临巡视。《诗》云：“曾孙（领主）来止，以其妇子。”“曾孙不怒，农夫克敏。”[①]

同时西周的天子，为了他的“经入”，每年也举行一次天子亲耕的典礼，以示鼓励。《籍田鼎铭》所谓“王大藉农于諆田”，正是此意。固然王耕只“一拨”。但以天子之尊，而亲服于畎亩，当然要使“民用莫不震动”，而更加“恪恭于农，修其疆畔，日服其镈，不解（懈）于时”。

由于“田畯”的监督与领主的鼓励，于是领主的庄田，当然会既方既皂，既坚既好，不稂不莠”。既无螟螣，亦无蟊贼。因而“曾孙之稼，如茨如梁”。从而“曾孙之庾，如坻如京”。于是“千斯仓”，“万斯箱”，都装满了“黍稷稻粱”。当领主“万亿及秭”之时，而农奴们所剩下来的，只是明年的劳动；然而当时的史诗却大书“农夫之庆”。

西周的农奴除无报偿地为领主耕种土地以外，还有无数种类的徭役。在徭役中最主要的是兵役。由“三时务农而一时讲武”一语看来，则兵役已占有一年时间的四分之一。实际上，当时务农之时，亦须讲武。《诗·唐风·鸨羽》云：“王事靡监，不能蓺稷黍。”可为明证。为了准备随时应征作战，所以当时的领主命令农奴，“锻乃戈矛，砺乃锋刀，无敢不善。”

西周是一个新旧两种秩序对立斗争的时代，所以表现在政治上，便是战争的频繁。据史诗所记，当时的农奴，或“大车哼哼，毳衣如璊”，开赴东战场而“慆慆不归”[②]；或“出车彭彭，旂旐央央”，开赴北战场而“严允于襄”[③]；或“二月初吉”，“日月方奥”，开赴西战

① 《诗·小雅·甫田》。
② 《诗·豳风·东山》。
③ 《诗·小雅·出车》。

场而“载离寒暑”[1]；或从征中伯于“江汉之浒”[2],开赴南战场而“用遏蛮方”[3]。在当时，诚如《诗·小雅·何草不黄》所云，正是一个“何草不黄，何日不行，何人不将，经营四方”的时代。

因此，害得当时一般农奴载饥载渴，驰驱道路；靡室靡家，不遑启处。他们“岂不怀归，畏此简书”。“岂不怀归，畏此罪罟。”[4]因而，或则“陟彼岵兮，瞻望父兮”；或则“陟彼屺兮，瞻望母兮”；或则“陟彼冈兮，瞻望兄兮”。[5]他们仿佛既听到“父曰嗟予子行役”，“母曰嗟予季行役”，“兄曰嗟予弟役役”；又听到“上慎旃哉，犹来无死”。[6]于是，不觉“睠睠怀顾”，“涕零如雨。”[7]“怀哉怀哉！曷月予还归哉？”[8]同时，这些农奴的父母和妻子，守着矮小破烂的土屋，过着无衣无食的日子，每当“日之夕矣，羊牛下来”[9]，便想望他们的儿子或丈夫的归来。

战争一年年地延长，农奴们大半都死于战场，这种死亡的数目之大，使领主们发出了“人之云亡，邦国殄瘁”的呼号。其幸而生还者，情景亦极为凄惨。当他们在濛濛细雨之中，走到家园的时候，他们所看到的家园呵，是“果蠃之实，亦施于宇。伊威在室，蟏蛸在户。町疃鹿场，熠耀宵行”。他们偶尔看见，“有敦爪苦，烝在栗薪”。于是慨然而叹曰：“自我不见，于今三年。”他们听到“妇叹于室”的声音，才知道他们的家里，还有未死的眷属。然而这在西周的史诗中，却写上了“自西自东，自南自北，无思不服”的记功的诗句。

除兵役外，农奴还要为领主服土木的徭役。如建筑城堡和宫室。若不应役，则有大刑。

---

① 《诗·小雅·小明》。
② 《诗·大雅·江汉》。
③ 《诗·大雅·抑》。
④ 《诗·小雅·小明》。
⑤ 《诗·魏风·陟岵》。
⑥ 《诗·魏风·陟岵》。
⑦ 《诗·小雅·小明》。
⑧ 《诗·王风·扬之水》。
⑨ 《诗·王风·君子于役》。

除土木徭役外，农奴还要服领主家庭的杂役。《诗》云：“我稼既同，上入执宫功。昼尔于茅，宵尔索绹。”所谓“于茅”“索绹”者，即刈草搓索等杂役。

此外，尚须服务于领主的狩猎，按狩猎在商代已失去其经济上的意义，到西周，已成为领主们娱乐之事。据史诗所纪，大概当“东有甫草”之时。领主们便“驾言行狩”。他们“田车既好，四牡孔阜”。“执辔如组，两骖如舞”。[①]当领主出猎之时，所到之地，农奴都要替他服役，所以“巷无居人”[②]。同时，农民也不敢饮酒，乘马，所以“巷无饮酒”，“巷无服马”[③]，农奴们替领主在森林的周围纵起火来，把禽兽驱逐到领主的面前，然后领主便能“弋凫与雁”，甚至“壹发五豝”，最后，农奴们“襢裼暴虎”，把暴虎“献于公所”，算是领主狩猎的胜利。

除开一切剩余劳动的榨取以外，农奴对领主还要提供额外的贡纳，这种贡纳，没有一定的规定，而是依照各地领主的嗜好决定的，但是久之便成了惯例。据西周的史诗所述，当时的贡纳，在食物方面，大概为猪肉、羊肉、野味、蔬菜之类。农奴们把这些东西，“炮之燔之”，献于领主。于是“君子有酒，酌言献之”。在衣服方面大概为狐皮[④]、貔皮及赤豹、黄罴之皮[⑤]，农奴的妻女，把这些兽皮献于领主。于是，“要之襋之，好人服之。”“载玄载黄，我朱孔阳，为公子裳。”

此外，领主可以任意破坏农奴的渔业[⑥]和私有地的园艺[⑦]，而农民对于领主，则连一棍树枝，也不敢动他的。[⑧]

最后，根据人身隶属的原则，领主对农奴有任意转让（金文中

---

① 《诗·郑风·大叔于田》。

② 《诗·郑风·叔于田》。

③ 《诗·郑风·叔于田》。

④ 《诗·豳风·七月》云：“取彼狐狸，为公子裘。”

⑤ 《诗·大雅·韩奕》云：“献其貔皮，赤豹、黄罴。”

⑥ 《诗·小雅·小弁》云：“无逝我梁，无发我笱。”

⑦ 《诗·郑风·将仲子》云：“无折我树杞”，“无折我树桑”，“无折我树檀”。

⑧ 《诗·召南·甘棠》云：“蔽芾甘棠，勿翦勿伐，召伯所茇。”

此例甚多)、科罚乃至处死之权[①]。至于任意奸污农奴妻女，这在领主看来，还是对农奴的荣宠。当夫仲春之月，领主们春心勃发之时，他们的游车所至，所有农奴的少女，都可以属之于他们的闺房。只要他们爱谁，谁就得被“载之后车”。如果领主们高兴，也可以同车而归。《诗》云:“有女同车，颜如舜华”;“有女同行，颜如舜英。”又云:“春日迟迟，采蘩祁祁，女心伤悲，殆及公子同归。”这些史诗，正是描写农奴的少女，在采集野菜时，遇着了公子(领主)的游车，要把她带走的情形。这样看来，初夜权，在西周也是存在的，而这到后来，农民们便用金钱赎回自己的初夜权，这种赎金，至今还以婚姻税的形态而被保存。

第三节　庄园制度下的手工业与商业

在西周的庄园内，除农奴以外，还有替领主生产各种日用必需品及奢侈品的手工业工人。这种手工业工人，是从农奴中选拔出来的，所以他们的身份和农奴一样，实际上，就是领主的工奴。《令彝》中所谓“众百工”,《书·酒诰》中所谓“百工”,《立政》中所谓“艺人”,《康诰》中与“播民”对称之“百工”，都是指工奴而言。这种工权，大概居住在领主城堡之内，他们的生活，与农奴差不多，也只能领到足以维持其生命的延续之最低的生活资料。

西周的手工业，是以商代的手工业为基础发展起来的，所以在手工业的任何部门，都超过了商代的水准而上之。这首先表现在青铜器的制作，已经达到了高度的发展。据各家的著录，现已出土之两周青铜器，已有二三千具以上，其种类有钟、铎、鼎、鬲、甗、敦、簠、簋、盦、豆、盨、尊、壶、罍、彝、卣、爵、觚、觯、角、斝、卮、盘、盂、洗、匜、舟等，由此而知当时的日用器皿，已完全用青铜制造。尤其兵器的制造，如戈、矛、矢、镞之类，已完全

① 《尚书·吕刑》。

使用青铜。青铜器之普遍的应用，就指示出当时有更为发展之采矿的事业与冶炼的技术之存在。

惟西周时代始终没有铁的发现，同时西周文献中，亦无“铁”字的存在，因而学者之间，对于西周有无铁的应用的问题，遂聚讼纷纭。我以为从西周之有繁盛的农业看来，当时应该已经使用铁器；因为只有铁犁和铁斧的出现，才能成为农业发展之强有力的推动力，从而强烈地破坏奴隶社会及氏族社会之旧的社会关系，把个人的生产和私人占有，推向历史之更高的发展阶段。换言之，商周之际所体现的社会变革，应该是铁器的劳动生产性之表现。

西周之有铁器的存在，我们可以从春秋末叶，特别是战国时代之有繁盛的冶铁事业的存在，获得反证，如前所述，在春秋末，晋国的铁工，已能用铁铸刑书，这已足证明当时冶铁技术之发展。到战国时代的文献中，铁字便屡见。如《墨子》中，有鍱、铁矢、铁锴、铁纂、铁铁、铁巨、铁锁、铁校、铁銁、铁鏁、铁镈等名词的出现。《韩非子》中有铁室，《荀子》中有铁釶，《战国策》中有铁幕，《吕氏春秋》中有铁甲、铁杖，《越绝书》中有铁剑、铁钖等记载。而且据《史记》所记，在战国时代，以冶铁致富而埒于王侯者，已大有人在。其“通邑大都……铁器……千石……比千乘之家”者，比比皆是。是知铁在春秋战国时代，已成为普遍发展之事业。此种发达的冶铁事业，绝不能突然兴起，必然是长期发展的结果，因此我以为西周有铁器。至于西周铁器之未被发现，则系考古学上之缺失，我们固不应完全委之于铁在地层中易于消失的理由，但亦不应以此而遂肯定其实际上之决然的不存在。

铜铁的原料，都是比较贵重的，因当时一般农奴和工奴，他们的日用器皿，恐怕还是使用陶器，而陶器也就在这一客观要求上，获得其继续发展的机会。《考工记》上谓，周之手工业大别为六，而埴埴居其一，在西周的庄园中，有陶器作坊之存在，想亦为当然之事。

适应于农业的发展，当时纺织的手工业一定很发展，《诗》云：

八月载绩，载玄载黄。”[①]又云：“小东大东，杼柚其空。”[②]当时的织物，大概都以麻葛及丝为原料，据史诗所记，当时麻葛及桑，皆大规模种植，而被用以纺织。《诗》云：“丘中有麻。”又云：“麻衣如雪。”又云：“葛之覃兮，施于中谷，维叶莫莫，是刈是濩，为絺为綌服之无斁。”至于桑树，则已成林地散布于各庄园之中，《诗》云：“十亩之间兮，桑者闲闲兮。”又云：“春日载阳，有鸣仓庚，女执懿筐，遵彼微行，爰求柔桑。”足见当时养蚕事业之普遍。证之当时史诗中丝织物名称之多，尤足征信。

与纺织平行发展，缝纫刺绣及染色的手工业亦极发展。诗云：“掺掺女手，可以缝裳。”又云：“衮衣绣裳。”此外，如云“载玄载黄，我朱孔阳”[③]、“绿兮衣兮，绿衣黄里”[④]之类，又证明当时染色的技术之发达。

畜牧业在西周虽然已经退到农业之附庸地位，但领主仍保有大批的畜群。诗云：“谁谓尔无羊，三百惟群；谁谓尔无牛，九十其犉。”[⑤]因此制革柔皮的工业，还是继续发展。

此外适应于领主的奢侈欲望之提高，建筑的技术及装饰品的镂刻的技术，也当然提高了。这从周代铜器上所体现的艺术可以看出。

总之，在西周的庄园中，手工业生产，不仅技术提高，而且部门也增多了，特别是冶铁业和纺织业，成为这一时代的手工业之崭新的标志。当时每一个领主，都有自己御用的铜匠、铁匠、陶匠、木匠、石匠、裁缝、染匠、纺织及刺绣缝纫的女工以及雕刻匠，以从事自给自足的手工业生产。因而当时的庄园，是农业的中心，也是手工业的中心，这到后来，庄园便发展为城市。

现在，说到西周的商业。

庄园制度时代的商业，从表面看来，比之奴隶社会，似乎反而低落，但是这并不是历史的倒退，而是历史的发展。因为在奴隶社

---

① 《诗·豳风·七月》。
② 《诗·小雅·大东》。
③ 《诗·豳风·七月》。
④ 《诗·邶风·绿衣》。
⑤ 《诗·小雅·无羊》。

会时代之所以有繁盛的商业，主要是由于当时的生产力尚不足以供应各奴隶所有者家族之自给自足，因而必须由交换获得补充；到庄园制时代，则各个领主皆能仰给于自己庄园中的工奴之制造品，形成自给自足的经济，这当然是生产力更高发展之表现。不过，随着封建领主的奢侈欲望之逐渐提高，各封区间的特殊生产物及工艺品之交换，又在更高的社会经济基础上展开了。与交换的发展同时，战争的掠夺也开始了。

过去曾经走遍中国的奴隶商人，已经随着奴隶制经济之解体而没落了，现在代之而起的商人，是封建领主。诗云："如贾三倍，君子是识。"这正是说明当时的商贾是君子，而君子者，正是治野人的领主之别称。当然，当时赫赫威严的领主，不会自己去"肇牵车牛远服贾"。[①] 但是，为了"三倍"之利，他们便派出了家臣和武士，去从事这种发财的买卖。

当时主要的商业，大概是奢侈品的买卖。他们从东南诸民族获得"元龟象齿，大赂南金"。[②] 从西北诸民族获得羊皮、狐裘、"赤豹黄罴"。据《穆天子传》所述，他们甚至从今日之塔里木盆地的古代诸民族，获得美丽的玉石及其他珍奇之物。

当时交换的媒介物，据金文所示，已经使用金属货币。此种货币，以寽为单位，如《牧簋铭》云："取口口寽"，《曶鼎铭》云："月径诞卖丝五夫，用百寽。"《扬簋铭》云："取遗五寽。"《番生簋铭》云："取遗二十寽。"《毛公鼎铭》及《趞鼎铭》皆有"取遗卅或五寽"之记载。此外金文中赐金之记载亦多，如《禽簋铭》："王锡金百寽。"但亦有赐贝者，如《敉卣铭》云："锡贝卅寽。"但这里所谓贝，其意或指贝货而言，因为它还是以寽为单位。不过《诗经》上曾有"氓之蚩蚩，抱布贸丝"一语，这里所谓"布"，如果不是金属货币的名称，则是布帛之布。果用于后者之意义，当时庄园内部，尚有物物交易之存在。

① 《周书·酒诰》。

② 《诗·鲁颂·泮水》。

第四节　庄园经济的发展与西周的没落

以上是西周时代农业手工业和商业的大概情况，亦即西周庄园经济之具体的内容。西周的领主们就从这种经济机构中成长起来，一变而为地上财富之主人。他们拥有广大的耕地、牧场、森林、山陵和河流，无数的农奴、工奴、武装的商队，肥美的畜群和属于他们领地以内之草木禽兽鱼鳖，以及一切天之下、地之上的东西。现在他们开始了奢侈的生活。现在他们建筑了更壮丽的宫殿，“夏屋渠渠”，布满城堡；“崇墉言言”，耸立天空。在这里，有各级家臣，分司农业、手工业与商业的收入；有成千的武士（虎贲）专供宫廷的警卫和农奴、工奴的镇压，有时也用作商队的保镖；有无数的嫔妾，替他们“抱衾与裯”；有无数的仆从，替他们“于粲洒扫”；“我将我享”，则有厨役；“吹笙鼓簧”，则有乐队；“言秣其马”，则有御事；“驾言行狩”，则有“射夫”。总之，应有尽有。以言衣服，则他们锦衣、绣裳，赤舄、垂带，佩以圭璋。冬之日，则“狐裘蒙戎”；夏之月，则“麻衣如雪”。至于当时一般领主的眷属，则“手如柔荑，肤如凝脂，领如蝤蛴，齿如瓠犀，螓首蛾眉，巧笑倩兮，美目盼兮”[①]。生长得像天仙化人一样。再加以华贵的装扮，穿着“象服”，“副笄六珈”，佩以象揥，饰以羽毛，蒙以绉絺，于是真如《诗》之所云：“玼兮玼兮，其之（他的）翟（羽毛）也；鬒发如云，不屑髢也。玉之瑱也，象之揥也，扬且之皙也；胡然而天也，胡然而帝也。瑳兮瑳兮，其之展也；蒙彼绉絺，是绁袢也；子之清扬，扬且之颜也。展如之人兮，邦之媛也。”但是可惜的，是“子之不淑，云如之何”。

以言饮食，则当时的领主，每食必“陈馈八簋”。“既有肥羜，以速诸父”；“既有肥牡，以速诸舅”。[②]若当宴会，则有乐队，“鼓瑟吹笙，吹笙鼓簧”。[③]“鼓钟于宫，声闻于外。”[④]于是“以雅以

① 《诗·卫风·硕人》。
② 《诗·小雅·伐木》。
③ 《诗·小雅·鹿鸣》。
④ 《诗·小雅·白华》。

南”“以妥以侑”，“以燕乐嘉宾之心。”于是“兕觥其觩，旨酒思柔”。渐而“舍其坐迁，屡舞仙仙”。[①]于是初则“清扬婉兮，舞则选兮”，[②]继则“坎坎鼓我，蹲蹲舞我”，[③]而终则“厌厌夜饮，不醉无归”。

以言游幸，则当时领主“有车邻邻，有马白颠”；“驷驖孔阜，六辔在手。”“何戈与祋”，[④]“其从如云”。[⑤]当着仲春之月，奔者不禁的时候，在齐之社稷，燕之祖泽，宋之桑林，楚之云梦，郑之溱洧，陈之宛丘，这些地方，是当时农奴男女幽会之所，也是领主们狩猎妇女之场所。所以许多农奴少女，往往“不见子都（他的爱人），乃见狂且（领主）”。

我们现在再看这个社会的另一方面，即农奴的生活，那就会显示我们以一幅悲惨的画面。

当时的农奴们，住在矮小而破烂的土房或板屋里，这种房屋，正如农奴自己所云：“予室翘翘，风雨所漂摇。”[⑥]在这小屋的旁边，照例有一块小得可怜的园圃，在这里栽种着蔬菜，有瓜棚和豆架，也有几棵桃李之属的果树。农奴们就从这个土屋出发，“三之日于耜，四之日举趾，同我妇子，馌彼南亩。”[⑦]他们看到禾苗“四月秀葽”，就要准备“八月其获”。到了九月，就要“筑场圃”，十月就要把谷物打出来，也就是十月，就要“纳禾稼”。于是，一年辛勤之所得的“黍稷重穋，禾麻菽麦”[⑧]还要附加一坛“春酒”，一只“羔羊”或者“肥猪”，恭恭敬敬送到主人的公堂。并且还要向主人欢呼“万寿无疆”。至于农奴们自己所吃的，则是“六月食郁及薁，七月亨葵及菽，八月剥枣”。有时，“七月食瓜，八月断壶，九月叔苴。”到了十月以后，则只有依靠野草充饥；但是野草也不易采集。据《诗经》说，农奴妇女们“终朝采绿，不盈一匊”；“终朝采蓝，不盈一襜”。

① 《诗·小雅·宾之初筵》。
② 《诗·齐风·猗嗟》。
③ 《诗·小雅·伐木》。
④ 《诗·曹风·候人》。
⑤ 《诗·齐风·敝笱》。
⑥ 《诗·豳风·鸱鸮》。
⑦ 《诗·豳风·七月》。
⑧ 同上。

而且好的野菜，也要献给主人。《诗》云："于以采蘩，于沼于沚，于以用之，公侯之事。"所以结果便只有"采荼薪樗，食我农夫"。

农奴的妻女，终日挼麻、漂葛、渍丝、缝裘，而她们自己却过着"无衣无褐"[1]的日子，所以"夏暑雨，小民惟曰怨咨。冬祁寒，小民亦惟曰怨咨"。[2]"妇叹于室"的声音，与"鹳鸣于垤"的声音两相唱和，就诉出了他们的幽怨。时间偏偏过得很快，他们在穷苦中，听到"五月斯螽动股，六月莎鸡振羽，七月在野，八月在宇，九月在户，十月蟋蟀入我床下"。这饥寒交迫的日子又到来了。没有别的办法，只好"穹室熏鼠，塞向墐户"聊蔽风雨。一切都没有改变，只是又过了一年。于是农奴们不觉慨然而叹曰："嗟我妇子，曰为改岁。"

但是明年还是如此。因此，当时的农奴，真是求生不能，求死不得。"谓天盖高"，而他们"不敢不局"；"谓地盖厚"，而他们"不敢不蹐"。逃亡吧，他们又"匪鹑匪鸢"可以"翰飞戾天"；"匪鳣匪鲔"，可以"潜逃于渊"。[3]往南一望，则"维南有箕，载翕其舌"；往北一望，则"维北有斗，西柄之揭"。[4]所以，他们说，"知我如此，不如无生。"[5]

西周的庄园经济，就在这样的矛盾中发展。若两相对照，则当时的人群，正如《诗·小雅·北山》所云："或燕燕居息，或尽瘁事国；或息偃在床，或不已于行。或不知叫号，或惨惨劬劳；或栖迟偃仰，或王事鞅掌。或湛乐欢酒，或惨惨畏咎；或出入风议，或靡事不为。"

经济的发展，也就是矛盾的发展。跟着赋役的加重，农奴生活之更加恶化，于是农奴的反抗情绪便开始爆发了。他们开始向领主抗议，他们说，你们"不稼不穑，胡取禾三百廛兮？不狩不猎，胡瞻尔庭有县貆兮？[6]又说，我们""匪兕匪虎"，而"率彼旷野"。你

① 《诗·豳风·七月》。
② 《周书·君牙》。
③ 《诗·小雅·四月》。
④ 《诗·小雅·大东》。
⑤ 《诗·小雅·苕之华》。
⑥ 《诗·魏风·伐檀》。

们却“尔公尔侯，逸豫无期”。“行有死人，尚或墐之。”[①] 而你们“千斯仓”，“万斯箱”的谷物，却看着活人饿死。像你们这样的君子，“投畀豺虎，豺虎不食；投畀有北，有北不受”；只有“投畀有昊”。“昊”者，天也。于是他们祷于苍天而祝曰：“骄人好好，劳人草草，苍天苍天，视彼骄人，矜此劳人。”

然而“视天梦梦”，并无反应，于是农奴们便开始逃亡，希望逃到他们理想中的乐土。诗云：“硕鼠硕鼠，无食我黍。三岁贯女，莫我肯顾。逝将去女，适彼乐土。乐土乐土，爰得我所。”又云：“黄鸟黄鸟，无集于谷，无啄我粟。此邦之人，不我肯谷。言旋言归，复我邦族。”[②] 这些史诗，都是描写当时农奴逃亡的史实。然而在当时，又从哪里可以找到一块没有“硕鼠”和“黄鸟”的“乐土”呢?

不仅农奴如此怨愤逃亡，随着庄园经济之发展，封建的兼并战争已在进行了，在兼并战争中，许多小领主都失掉了自己的土地与人民，一变而为“琐兮尾兮”的“流离之子”。《诗》云：“人有土田，女反有之；人有民人，女覆夺之。”[③] 正是描写这一事实。

这些没落的小领主，在以前，也是“每食四簋”，今也“每食不饱”；以前也是“夏屋渠渠”，今也“每食无余”[④]。以前娶妻“必齐之姜”或“宋之子”；[⑤] 今也望着“洽比其邻”的领主，“婚姻孔云”[⑥]。以前食鱼“必河之鲂”或“河之鲤”；今也“泌之洋洋，可以乐饥”[⑦]。这还有什么话说呢? “已焉哉！天实为之，谓之何哉？”[⑧]

但是虽然如此，而“王事”仍然“适我”，“政事”仍然“一埤益我”；而且“我入自外”，那些过惯了奢侈生活的“室人，交偏责

① 《诗·小雅·小弁》。
② 《诗·小雅·黄鸟》。
③ 《诗·大雅·瞻卬》。
④ 《诗·秦风·权舆》。
⑤ 《诗·陈风·衡门》。
⑥ 《诗·小雅·正月》。
⑦ 《诗·陈风·衡门》。
⑧ 《诗·邶风·北门》。

我”[①]。因此，这些没落的小领主，也就只有喊天：“悠悠苍天，曷其有所！”

随着经济的发展，社会的矛盾一天天地更紧张了。到厉王二十一年至二十六年（前858—前853年），恰好西周西北一带，又遭受着六年的大旱，因而农奴和没落的小领主的生活更加恶化了。于是在厉王三十七年（公元前842年），饥饿的农奴便在没落的小主共伯和的领导之下，爆发了历史上有名的“彘之乱”[②]，这也就是中国史上第一次的农民叛乱。

当叛乱爆发之前，厉王看到“民之无良，相怨一方”[③]的情形，曾经企图以高压的手段，予以镇压。《国语·周语》（上）云：“厉王虐，国人谤王……王怒，得卫巫，使监谤者。以告，则杀之。国人莫敢言，道路以目。”同时，并变本加厉，加强对农奴的榨取。又云今（厉）王学专利，其可乎？匹夫专利，犹谓之盗；王而行之，其归鲜矣。”这样一来，那些“无拳无勇”“既微且尰”[④]的农奴，和那些琐尾流离的小领主遂被迫暴动起来，他们占领了西周的首都，打进了西周最高领主的皇宫，组织了以小领主共伯和为首的革命政府，厉王逃到彘（今山西霍县）。这就是《古本竹书纪年》所谓“共伯和干王位”，亦即《庄子·让王》所谓“共伯得乎共首”的历史内容。

厉王死于彘，西周的封建领主们，便拥立厉王之子靖在镐京再组中央政府，是为宣王。在宣王时代，由于四方八面的征伐，胜利地把西周的封建新秩序推向更广大的天地，由此而获得了初期封建社会之最终的完成。但是封建主义的发展，也发展了这个主义所内含的矛盾。特别又强化了种族之间的矛盾。到宣王末以迄于幽王的时代，随着西周的封建经济之蓬勃的发展，于是内外的矛盾，便相随而来了。

据文献所记，自宣王末年以至幽王时代（约在前800年代至

① 《诗·邶风·北门》。
② 《国语·周语》（上）。
③ 《诗·小雅·角弓》。
④ 《诗·小雅·巧言》。

前770年代之间），西周曾继续着长期的旱灾，而且还有猛烈的地震。[①] 这次旱灾，不但河流池沼，完全涸竭，而且森林草木，皆干枯而死。[②] 当时许多庄园，都变成了荒原，因而发生了空前的饥馑，以致“民卒流亡，我居圉卒荒”。在这样的情形之下，当然到处要发生“蟊贼内讧”的事情。从而西周的政权，便根本陷于瓦解了。[③]

与旱灾平行，西周的政府又遭受西北犬戎的威胁。[④] 当时，西周的政府，已无力抵抗犬戎，因而《诗·大雅·召旻》云：“昔先王受命，有如召公，日辟国百里；今也日蹙国百里。”

到幽王十一年（公元前771年），犬戎之族，大举东犯；同时，原来被征服的“夏族”申人与缯人也叛变了。幽王被杀于骊山之下，西周的政府被颠覆，今日之陕西全境遂入于戎人之手。幽王之子平王被迫东迁雒邑（今河南洛阳），是为东周。西周的灭亡，显然是由于阶级矛盾的决裂，因此而削弱了封建统治阶统抵抗蛮族的力量；但是，历史家却把西周之亡的责任写在褒姒的账上，这大概是根据夏亡于妹喜、商亡于妲己同样的公式吧！

① 《春秋繁露·郊祀》云：“周宣王时，天下旱，岁恶甚，王忧之，其诗曰，倬彼云汉……”《论衡·治期》云“《诗》道周宣王遭大旱矣”，是皆不言在何年，惟《帝王世纪》云：“宣王元年以邵穆公为相。……王以不雨，遇灾而惧，整身修行，期欲以消去之。”《纲鉴易知录》载此事于宣王六年。《今本纪年》则谓在二十五年。又《今本纪年》谓“幽王三年冬，大震电。四年夏六月，陨霜”。《国语·周语》谓“幽王二年西周三川皆震。……是岁也，三川竭，岐山崩”。《今本纪年》谓“幽王三年泾、洛、渭竭、岐山崩”。《诗·小雅·十月之交》云：“烨烨震电，不宁不令。百川沸腾，山冢崒崩，高岸为谷，深谷为陵。”

② 《诗·大雅·召旻》云：“池之竭矣，不云自频；泉之竭矣，不云自中。”又云：“旱既太甚，涤涤山川，旱魃为虐，如惔如焚。”

③ 《诗·大雅·云汉》云：“旱既太甚，散无友纪。”

④ 《今本竹书纪年》云：“幽王六年，王命伯士伐六济之戎，王师败逋。”《后汉书·西羌传》云：“幽王命伯士伐六济之戎，军败，伯士死焉。”又《左》昭四年传云：周幽为大室之盟，戎狄畔之。”

第十七章
西周时代的社会关系

第一节　等级制度的形成与西周的政治组织

在西周庄园制经济的社会中，一方面是土地所有者的领主，一方面是土地直接耕种者的农奴。此外，虽然也有工奴和贱奴，但他们在当时并不是生产之主要的担当者，因而当时社会生产关系之主要的构成，是领主与农奴之隶属关系。孟子曰："或劳心，或劳力。劳心者治人，劳力者治于人；治于人者食人，治人者食于人。天下之通义也。"又说："无君子莫治野人，无野人莫养君子。"这里所谓"治人"与"食于人"之"劳心"的"君子"，正是领主，所谓"治于人"与"食人"之"劳力"的"野人"，则正是农奴。

农奴的前身，大部分是商代的奴隶，也有少部分是商代的自由民及商末诸氏族的成员。至于庄园主人或领主，则大部分都是周族的武士，也有少部分是由商代奴隶所有者与商末诸氏族的首长转化而来。因此，人还是一样的人，所不同的，只是他们的属性改变了。人的属性之改变，乃是土地所有的属性之改变所引起的结果。

如前所述，西周的土地，在名义上都是属于国王所有。国王以之分封于诸侯，诸侯以之分封于大夫，大夫以之分封于士；至于士，则以之直接分配于庶人。这样便完成了土地之封建所有的实践过程。

由于土地之由上而下地一级一级分封下去，于是形成了各级的土地所有者。所谓："公食贡，大夫食邑，士食田"[①]者，此之谓也。惟"庶人"无田，所以只有"食力"。

由于土地之等级的所有，又构成了土地所有者之人格的等级隶属关系。所谓："王臣公，公臣大夫，大夫臣士"，正是土地所有的属性之人格的表现。惟庶人"无土地"，故只有"臣于人"，而不能"有所臣"。

由于土地之等级的所有与人格之等级的隶属，又构成了等级的榨取关系，而这就是自庶人以次而上达于天子的贡纳制。[②]惟天子再无上司，故无所贡，只有供于神。这就是所谓："下所以事上，上所以供神也。"[③]

这种等级从属的关系，也表现为军事上之等级支配。国王有征伐，则诸侯需勤王事。[④]《诗》云："王于兴师，修我戈矛。"[⑤]又云："天子命我，城彼朔方。"[⑥]又云："王于出征，以佐天子。"[⑦]若诸侯有战争，则"三事大夫，莫肯夙夜"。[⑧]以为诸侯赋车籍马，征兵募饷。最后，称戈比矛、效死疆场者，则为农奴。

此外，在裁判上，也表现为等级的服从。在每一封区内，诸侯当然是最高的裁判者，因为他们曾被赋予以"专扬于国"之特权。但在整个封建国家内，则天子保有最高裁判之权。例如《鬲攸从鼎铭》中所载之攸卫、鬲从的争执，《散氏盘铭》所载之散氏、矢氏的

① 《国语·晋语》(四)。

② 诸侯、大夫、士皆为领主，庶人对于领主的贡纳，前已言之。关于小领主对大领主的贡纳，到春秋时已变成苛刻繁重之榨取，在西周时，当亦有之。《陈侯午敦铭》云："陈侯午以群诸侯献金(中略)保有齐邦。"此所谓群诸侯，当系齐之臣属。又据《左》僖四年传载：齐桓公责楚子之言曰："尔贡包茅不入，王祭不共，无以缩酒，寡人是征。"则楚之于西周天子，原来亦曾有包茅之贡也。

③ 《左》昭七年传。

④ 金文中关于诸侯从征天子之记载甚多，如《唯叔鼎铭》云："唯叔从王南征。"《贞敦铭》云："贞从王伐梁。"《噩侯鼎铭》："王南征伐角鄱，惟还自征，在柎，噩侯驭。"

⑤ 《诗·秦风·无衣》。

⑥ 《诗·小雅·出车》。

⑦ 《诗·小雅·六月》。

⑧ 《诗·小雅·雨无正》。

争执，皆系控诉于国王，最后由国王之裁判而获得解决。这种天子所保有之最高裁判权，到春秋时，才随着王权之旁落而归于消逝。代之而起的，是诸侯之间的武力解决与盟会调停。

西周的政治，就建筑在这种等级从属的社会关系之上，而构成其等级支配的政治组织。在这种政治组织中，天子是地上的最高权力之代表。在天子之下，有中央政府的组织。《书·酒诰》云："越在内服：百僚、庶尹、惟亚、惟服、宗工，越百姓里居。"此所谓"内服"，即指中央政府而言。此所谓"百僚""庶尹"等，即指中央政府的官吏而言。以天子为首之中央政府，是西周政府之最高的权力机关，它统辖着无数以诸侯为首之地方政府。此种地方政府，在当时称之曰天子之"外服"。《书·酒诰》云："越在外服：侯甸、男卫、邦伯。"此所谓"外服"，正是指地方政府而言，而侯、男、邦伯，则系指地方诸侯而言。

当时中央政府的组织，极为庞大。官吏的名称，亦极为复杂，《书·立政》中有"准夫、牧作三事，虎贲、缀衣、趣马、小尹、左右携仆、百司、庶府、大都、小伯、艺人、表臣、百司、太史、尹伯、庶常吉士、司徒、司马、司空、亚旅"。此外见于《书·顾命》者，尚有师氏、虎臣、百尹、御事。这些就是《金縢》所谓"诸史与百执事"，亦即《冏命》所谓"侍御之臣"。《诗》云："百辟卿士，媚于天子。"[①]此之谓也。

这些官职，大概都见于《诗经》。如《小雅·十月》云："皇父卿士"，番维"司徒"，家伯维"宰"，仲允"膳夫"，棸子"内史"，蹶维"趣马"，楀维"师氏"，……择"三有事"，"亶侯多藏"。《周颂·载芟》云："'侯王''侯伯'，'侯亚''侯旅'。《小雅·雨无正》云："'三事大夫'，莫肯夙夜。"以此证之，足见《尚书》所载，皆系事实。这些官吏，大概统率于总宰而直隶于天子，以构成中央政府之组织。《诗》云："王命仲山甫，式是百辟。"[②]又云："丕显维德，

①《诗·大雅·假乐》。
②《诗·大雅·烝民》。

百辟其刑之。”[1]

周代的国家，在外则有各级诸侯，“四国于蕃，四方于宣”。“方行天下”，“维周之翰”。在内则有各级卿士，“朝夕从事”，“莫肯夙夜”，“何戈与祋”，为“王之爪牙”。于是西周的天子便“抚万邦，巡侯甸”，“六服群辟，罔不承德”。[2] 当时诗人为之颂曰：“四方攸同，皇王维辟。”此之谓也。

第二节　爵位的等级制与“五服”“五等”之说

西周地方政府的组织，曾有“五服”、“五等”之说。所谓“五服”者，即谓依据诸侯封地之远近而封区有甸、侯、宾、要、荒五服之分。《荀子·正论》云：“封内甸服，封外侯服，侯卫宾服，蛮夷要服，戎狄荒服。”《国语·周语》(上)亦云：“夫先王之制，邦内甸服，邦外侯服，侯卫宾服，夷蛮要服，戎狄荒服。”“五服”之说，至于刘歆，则更扩而大之，于是在《周礼·夏官·大司马》，遂出现为“九畿”之说，所谓“九畿”者，即侯、甸、男、采、卫、蛮、夷、镇、蕃是也。[3]

考“五服”之说，首见于《尚书·禹贡》，盖战国时代儒家伪托之词也。至若“九畿”之说，则又为汉代儒家之理想的构图。实际上，周初的疆域，既无此广大，亦无此整齐划一。而且“五服”之说，置戎狄之服于蛮夷之服以外五百里，尤与实际情况不符。西周王畿在陕西，王畿之内，即有戎狄；而蛮若夷，则散布淮岱，远在南邦。颠例事实，莫此为甚。其次，若依“五服”之说，则西周疆域，东西南北，皆已扩展至二千五百里以外之地。考之事实，则周

① 《诗·周颂·烈文》。

② 《周书·周官》。

③ 《周礼·夏官·大司马》云：“以九畿之籍，施邦国之政职。方千里曰国畿，其外方五百里曰侯畿，又其外方五百里曰甸畿，又其外方五百里曰男畿，又其外方五百里曰采畿，又其外方五百里曰卫畿，又其外方五百里曰蛮畿，又其外方五百里曰夷畿，又其外方五百里曰镇畿，又其外方五百里曰蕃畿。”

直至宣王时代，其疆土之开拓，亦无如此之广大，此又与事实不符者也。

考之金文，并无“五服”之说。只有《令彝铭》中有：“众诸侯，侯田男”之记载。[①]而此所谓“侯田男”者，实即“众诸侯”之称谓，并非所谓“服也”。再考之《书·周书》其他各篇，亦无“五服”之说。《书·康诰》中曾有“侯甸、男邦、采卫”之语。[②]但此云“侯甸、男邦、采卫”者，系指侯之甸、男之邦、采之卫而言，并非谓“侯”“甸”“男”“采”“卫”各为一“服”。《书·召诰》中亦有“侯甸男邦伯”一语。[③]但此亦系指“侯甸”“男邦”之“伯”，非谓“侯”“甸”“男”各为一“服”。《书·酒诰》云：“汝劼毖殷献臣，侯甸、男卫。”《君奭》云：“明恤小臣，屏（并）侯甸。”《周官》云：“惟周王抚万邦，巡侯甸。”凡此所谓侯甸、男卫，系用于侯之甸、男之卫的意义，并非侯、甸、男、卫各为一义，从而各为“一服”也。

我以为“甸”之为言，犹领土也。《书·立政》云：“式商受命，奄甸万姓。”“服”之为言，亦领土也。《诗·大雅·文王》云：“上帝既命，侯于周服。”“卫”之为言，与“甸”“服”同义。《左》定四年传云：“选建明德，以藩屏周。”故侯甸、男卫者，即侯领与男领之谓也。而所谓采服者，亦即采邑之领土，至于宾服、荒服，则为后来儒家所窜入，盖用以足成五服之数者也。《微栾鼎铭》中，曾有“骏治九服”一语。实则此所谓“九服”者，与《诗·商颂·玄鸟》“奄有九有”之“九有”，正同其意义，乃泛言领土之广大而已。

其次，西周诸侯的爵位，曾有“五等”之说，所谓五等者，即因诸侯封地有大小，诸侯爵位因而有公、侯、伯、子、男五等之差。《礼记·王制》云：“王者之制禄爵，公、侯、伯、子、男，凡五等。”《孟子·万章》（下）记孟子答北宫锜周室班爵之问曰：“天子

---

① 《令彝铭》：“明公朝至于成周出令，舍三事令。众卿事寮，众诸尹，众里君，众百工，众诸侯，侯田男，舍四方令。”

② 《书·康诰》云：“周公初基，作新大邑于东国洛，四方民大和会，侯甸男邦采卫，百工播民和，见士于周。”

③ 《书·召诰》云：“周公乃朝用书命庶殷，侯甸男邦伯。”

一位，公一位，侯一位，伯一位，子、男同一位，凡五等也。……天子之制，地方千里，公侯皆方百里，伯七十里，子、男五十里，凡四等；不能五十里，不达于天子，附于诸侯，曰附庸。”

如此说来，则周初岂不有无数方百里，方七十里，方五十里，以及方不及五十里之四方形的封区？果如此说，则周初的封建，必须在完成了领土的开拓以后，而且还须事前进行土地的测量，然后才能实现这样的封建。这当然是一种幻想。

周代并无四方形的封区，已如前述。同时周代的封建，亦并非完成了领土之开拓以后才开始的。《左》定四年传云：“昔武王克商，成王定之，选建明德，以藩屏周。”《书・康诰》亦云：“周公初基，作新大邑于东国洛，四方民大和会，侯甸、男邦、采卫，百工播民和见士于周。”据此，则在成王时代，周室已大班爵禄，实则西周之大辟疆土，是在宣王时代。又周初的封建，并非先有现存之土地而后规其大小以为分封，乃系因武士占领之土地而封赐之。如因周公已经奠定商奄，才命以伯禽，俾侯于鲁。因唐叔已经攻占山西，然后才分以怀姓九宗，而封于夏墟。又如因夏之后聚于杞，而遂封之于杞；殷之后聚于宋，而遂封之于宋。又如《诗・大雅・崧高》述宣王封申伯事，上云：“亹亹申伯，王缵之事，于邑于谢，南国是式。”下云：“王命申伯，式是南邦，因是谢人，以作尔庸。”是亦因申伯已经“南国是式”，才命之“式是南邦”。因其已经“于邑于谢”，才命之“因是谢人”。又《韩奕》述宣王封韩侯事，上云：“溥彼韩城，燕师所完，以先祖受命，因时百蛮。”下云：“王锡韩侯，其追其貊，奄受北国，因以其伯。”是亦因韩侯已经占领了韩城，已经自先祖以来，就受命“因时百蛮”，所以才命之“奄受北国，因以其伯”。凡此，皆足以证明周初的封建，皆系对于既存的事实，加以追认的性质。“因是谢人”，“因以其伯”，“因商奄之民”，皆系最明显之例证。即因承认其既存的事实，所以西周的天子，不能规其大小而制其封地之等差。诚然，当时各武士所占领的土地，其面积亦有大小之别，但亦绝不能如孟子所云，恰恰是百里、七十里、五十里之正方形的等差。因此，这种封地的等差之说，显然是战国时代的儒家，目击当时诸侯领地过于庞大所引起的一种感慨而已。

按《书·武成》曾有“列爵惟五，分土惟三”一语，“列爵惟五”，当系指公、侯、伯、子、男而言，但“分土惟三”，则并非谓“公侯皆地方百里，伯七十里，子男五十里”，而系指天子分土于诸侯，诸侯分土于大夫，大夫分土于士；此种土地之等级分配而言。孟子之说或即“分土惟三”之误解。

关于“列爵惟五”之爵位的等级制，在西周确曾存在。公、侯、伯、子、男五种名称，皆见于周金彝中。在周金彝中，其以“公”名器者，有“周公簋”“召公尊”“秦公簋”“毛公鼎”等。其以“侯”名器者，有“齐侯钟”“鲁侯鬲”“曾侯钟”“噩侯鼎”等。其以“伯”名器者，有“※伯簋”“北伯鼎”“并伯簋”“格伯簋”等。其以“子”名器者，有“许子妆簠”“鄦子师钟”，此外《太保簋铭》中亦见“录子”之称。其以“男”名器者，不见于周金彝，但《趞小子簋铭》中有“男”，《内篓尊铭》中有“寺男”。

此种爵位制的形迹，亦见于《诗经》。如《诗·豳风·破斧》云：“周公东征，四国是皇。”《鲁颂·闷宫》云：“乃命鲁公，俾侯于东。”是《诗经》中有“公”也。《鄘风·载驰》云：“载驰载驱，归唁卫侯。”《大雅·韩奕》云：“王锡韩侯，其追其貊。”是《诗经》中有“侯”也。《崧高》云：“申伯之功，召伯是营。”《小雅·黍苗》云：“悠悠南行，召伯劳之。”是《诗经》中有“伯”也。《齐风·敝笱》云：“齐子归止，其从如云。”是《诗经》中亦有“子”也。惟《诗经》中无“男”的称谓，与金文中“男”之少见，适相吻合。此外，如《小雅·白驹》云：“尔公尔侯，逸豫无期。”《周南·兔罝》云：“赳赳武夫，公侯干城。”《卫风·伯兮》云：“伯也执殳，为王前驱。”从此可以看出，周初对于公、侯、伯，分别得很明白。

此种爵位制，是否用以表示诸侯之等差呢？我以为在周初确系用以表示诸侯的等差。因为当时武士占领的土地有大小，同时，他们与天子的关系亦有亲疏，而这就是爵位的等级之所以发生的原因。《卫风·硕人》云：“硕人其颀，衣锦褧衣。齐侯之子，卫侯之妻，东宫之妹，邢侯之姨，谭公维私。”在同一诗中，于齐于卫，则曰“侯”，于谭则曰“公”，足见公、侯在当时实有分别。《左》襄十三年传曰：“自王以下，朝聘玉帛不同，故敝邑之职贡于吴，有丰于晋，无不及也，以为‘伯’也。”又《左》昭十三年传云：“郑伯男也，而使从公、侯之贡。”由此足证公、侯、伯、子、男之爵位的等差，在西周时确曾存在，而其陷于紊乱，则始于西周末年，盛于春秋、战国时代。其所以陷于紊乱的原因，则是由于封建兼并战争所引起之结果。

第三节　西周的“庶人”是“奴隶”还是“农奴”

最后，我们说到西周的庶人。

如前所述西周的庶人，最主要的成分是农奴，亦即所谓“播民”。此外亦有工奴和贱奴，亦即所谓“众百工”及“左右携仆”。此种农奴、工奴与贱奴，通称之，则曰“臣”，曰“妾”，曰“白丁”，曰“厘仆”，曰“夫”。农奴、工奴及贱奴，他们在生产上所担负的任务及任务的重要性，虽各不相同，但其对领主之人格的从属，则是相同的。因为在封建制的生产方法之下，必须要有人身的隶属关系，换言之，必须要有某种程度之个人身体的不自由和束缚于土地而成为土地之附庸，才能达到超经济的强制之榨取的目的。所以西周庄园制的经济，一方面是土地的私有；另一方面是农民的奴属。

在周初，天子常常将农民连同其土地而分赐其左右。据《左》定四年传所述，成王一次就赏给鲁公以殷民六族，康叔以殷民七族，唐叔以怀姓九宗。此外金文中赐臣仆的记载，也非常之多。如《令簋铭》云：“姜赏令贝十朋，臣十家，鬲百人。”《大盂鼎铭》云：“(前略)锡女邦𤔲四伯(百)，人鬲自取，至于庶人六百又五十又九夫。锡尸𤔲王臣十又三伯(百)，人鬲千又五十夫。”《麦尊铭》云：“锡者𠚤臣，二百家。”《周公簋铭》云：“锡臣三品：州人、𣒧人、膏人。”诸如此类之记载，不胜枚举。

当时的农奴，不仅可以用以赏赐，亦可用以买卖。《曶鼎铭》云：“我既卖（赎）女五夫，效父用匹马束丝……卖丝（兹）五夫，用百孚（锊）。……受丝五夫：曰陪，曰恒，曰耦，曰𩙿，曰眚。”由此足见当时农奴可与牛马丝布互易，而其价格则为五夫值百锊，一夫值二十锊。又《君夫簋铭》亦云：“王命君夫曰：儥（赎）求乃友。”此所谓友，或亦君夫之农奴而被卖出者，故王命其赎回。

农奴不仅可以买卖，而且可以用于偿债。《曶鼎铭》云：“昔馑岁，匡众氒臣廿夫寇曶禾十秭。以匡季告东宫。东宫乃曰：‘求乃人，乃弗得，女匡罚大。’匡乃顫首于曶，用五田，用众一夫曰益，用臣疐曰朏，曰奠，曰：‘用兹四夫，顫首。’曰：‘余无逌具寇，正不□□余。’曶或（又）以匡季告东宫。曶曰，必唯□赏。东宫乃曰：‘赏曶禾十秭，徲（遗）十秭为廿秭。□（如）来岁弗尝，则付卌秭。’乃或（又）即曶用田二，又臣□一夫，凡用即曶田七田，人五夫。曶觅匡卅秭。”这个铭文，是记载在一个荒年，匡之农奴，取了曶之禾十秭。曶人告匡人于王，后由王裁判，令匡人赔偿曶人之禾廿秭。又用匡之农奴五夫，为曶人种田七田。这样看来，农奴亦可偿债。

因为西周的农奴可以赏赐，可以买卖，可以抵债，所以他们被当时的领主当作一种活的财产。《颂鼎铭》云：“令女官嗣成周，贮廿家。”这里所谓“贮廿家”，即“赋廿家”之意。由此而知当时的领主不以土地，而以农奴的数目决定其收入。因为没有农奴，土地永远还是土地，它提供领主的，只是一片荒草而已。

即因农奴是财富的源泉，所以就要严格地限制他们的逃亡，及相互之间的攘夺。《书·费誓》云：“马牛其风，臣妾逋逃，勿敢越逐；祗复之，我商（赏）赉（赐）尔，乃越逐不复，汝则有常刑。无敢寇攘，逾垣墙，窃马牛，诱臣妾，汝则有常刑。”这样看来，西周的农奴，在领主看来，几乎和牛马一样。

即因西周的农奴对领主保持严格之人身隶属的关系，所以看起来，他们几乎不是农奴而是奴隶。但是他们与奴隶不同的，就是他们大半都是连同土地而被赏赐。例如《大克鼎铭》云：“锡女田于埜，锡女田于淖，锡女井家缅田于畯山，以华臣妾。锡女田于康，锡女田于匽，锡女田于陴原，锡女田于寒山，锡女史、小臣……”《子仲姜镈铭》云：“侯氏锡之邑二百又九十又九邑，与鄩之民人都鄙。”《齐侯镈铭》云：“锡女……其县二百……造国徒二千……釐仆二百又五十家。”《叔夷钟铭》云：“锡女……其县三百……造国徒四千。”《不娶簋铭》云：“锡女弓一，矢束，臣五家，田十田，用从乃事。”这些都是最好的例证。此外，如《曶鼎铭》中所记，“用田五，用众一夫”“用田二，用臣四”，又证明当时的农民与田土是分不开的，因而亦即田土之附庸。所以西周的臣仆是农奴，不是奴隶。

至于以殷民六族赐鲁公，殷民七族赐康叔，怀姓九宗赐唐叔，看起来仿佛是“种族奴隶”，实际上，是因为他们已有其地，故不得不“因”其土地上之人民。而当时的人民，又尚保有其血缘关系。多聚族而居，故云几族几宗。《诗·鲁颂·閟宫》云：“乃命鲁公，俾侯于东，锡之山川，土田附庸。”由此可以推知当时康叔、唐叔，之或“因”殷民，或“因”夏族，皆系田山川上之“附庸”，正与王命申伯之“因是谢人，以作尔庸”（《崧高》），是同样的意义。所以殷民六族七族及怀姓九宗，并不是“种族奴隶”，而是“农奴”。

它若工奴与贱奴，则更接近于奴隶，但是他们与奴隶不同的地方，就是他们已经被允许有其自己的私有财产，从而有其自己的家庭组织，所谓“臣几家”者是也。

总之，在西周时，农奴对领主之人身隶属关系，还是非常强烈，而这种人身隶属关系之逐渐松懈，则是在西周末年佃耕制开始以后。

我们对于这样的事实，不必引为惊奇，因为这不是中国史上所独有的奇迹，而是世界史上一般存在过的现象。例如 18 世纪的俄国，那些荒淫的女皇，常常把成千成万的农民，连同其土地，赏给她们的情人。比如叶利扎维塔女皇给拉苏莫夫斯基伯爵一人，就赠送了十一万五千名农奴。叶卡特琳娜二世女皇在位三十五年，共计赐赠的农奴达八十五万人。而当时俄国的领主，可以把农奴出卖，可以把农奴交换狗马，可以把农奴用作抵押而获得借款。李昂节夫《政治经济学讲话》曾摘录了 1797 年《莫斯科公报》的一种拍卖广告。其文曰:“兹愿出卖家庭匠工，计裁缝二人，鞋匠一人，钟表匠一名，厨子一名，车匠一名，轮匠一名，雕刻匠一名，镀金匠一名，马夫二名，行为均佳。愿购者请驾临五十一号第四弄第三部地主本人处，看人议价。本处并出卖跑马三匹，牡马一匹，阉马一匹，猎犬五十只。”这样看来，西周的领主较之18世纪俄国的领主，实犹小巫之于大巫也。

第十八章

西周社会的意识诸形态

第一节　宗教：天道设教与祖先崇拜

适应于殷周之间的这一历史变革，建筑于其上的意识诸形态也跟着变革了。西周的封建领主，不但在新的经济基础之上，建立了新的等级支配的政治体制，也创造了与之相适应的宗教、哲学、文学和艺术，完成了一个由下而上的彻底的全面的历史变革。

反映以天子为首之等级制度的内容，在西周便出现了以上帝为首之山川百神的宗教。《书·武成》云："予小子，其承厥志，底商之罪，告于皇天后土，所过名山大川。"《宗周钟铭》云："惟皇上帝百神，保余小子，朕犹有成亡竞，我惟思配皇天。"这里所谓上帝，当然就是象征天子；而山川百神，则是象征天子以下之各级领主。因为"普天之下，莫非王土"，所以天子祭天地。因为诸侯曾有山川田土之赐，所以诸侯祭山川。至于诸侯以下之各级领主，皆有其各自所祀之神灵。《孟子·滕文公》（下）曰："惟士无田则亦不祭"，由此可知有土斯有神，无土则无神，而神也者，乃系土地所有之象征。神的等级也是土地所有者的等级之抽象。由于土地所有的属性之抽象，于是人间的社会，搬上了天堂。

即因上帝之国，不在人间，而在天上，所以上帝同时又称曰

"天"，曰"昊天"，曰"皇天"，曰"苍天"。天也者，风云之所兴，雨露之所降，震电雷霆之所闪击，而日月星辰之所附丽也。换言之，即神秘的自然力之所蕴藏与出发，而这样的皇天，这样的上帝，当然会成为在自然力支配之下的农奴之最高的信仰。因此，西周的封建领主，便利用"天道"设教，以行使其对农奴的统治。

西周的国王，首先把天的权威引渡到对自己的身上，从而把农奴对天的信仰，引渡到对自己的信仰。例如他向农奴宣言，他是天的儿子，即所谓"天子"。《诗·周颂·时迈》云："时迈其邦。昊天其子之……允王维后。"《书·召诰》云："皇天上帝，改厥元子。"这样说来，西周的国王，同时又是上帝的元子。因而他们"一半是人，一半是神"了。从而他们的血统，不是"人统"，而是"天统"了。《书·召诰》云："王来绍上帝，自服于土中。"正是说明"下帝"与"上帝"的血统关系。

西周的国王，虽然是上帝的儿子，但人间和天上，究竟是两个世界，为了沟通这两个世界的关系，于是西周的国王，遂成为天人之间的中介。《诗·周颂·桓》云："于昭于天，皇以间之。"《书·泰誓》云："惟天惠民，惟辟奉天。"这些诗句，很明白地说明了这种关系。

天人交际的实践，当然要通过宗教的仪式，这就是祭祀。所谓"类于上帝"，"告于皇天"，就是指祭祀天帝。在祭祀典礼中，西周的国王居然请到了上帝。儿子和父亲见面了。国王向人民说："皇天既付中国民，越厥疆土。""予惟小子，不敢替上帝命。"只好"诞膺天命，以抚方夏"。因为"予弗顺天，厥罪惟钧"。予既"恭天承命"，君临中国，所以"尔尚敬逆天命，以奉我一人"。这样便完成了天道的说教。

不仅西周的国王，是奉若天命来到人间；其他各级封建领主，都是受命于天。《书·泰誓》云："天佑下民，作之君，作之师，惟其克相上帝，宠绥四方。"《吕刑》云："王曰：'嗟！四方司政，典狱，非尔惟作天牧。'"《诗·大雅·文王》云：上帝既命，侯于周服。"《假乐》云："假乐君子，显显令德。宜民宜人，受禄于天。"

这些文献，都说明了在西周时，不仅国王自命为天子，即天子以下之诸侯以至群牧，无一非上帝所命。因而构成了神权政治之整然的系统。

这些上帝的儿女们，在接受天命之后，于是打起上帝的旗子，方行人间，以残害于百姓。现在领主们向农奴宣告："上帝临女，毋贰尔心。"又曰："惟天阴骘下民"，"作善，降之百祥；作不善，降之百殃"。天可以福善祸淫，天可以降凶降戾，天可以离逖尔土，天可以剿绝尔命，一切休祥，一切苦难，都不是来自社会，而是来自皇天，来自上帝。

善恶是上帝衡量农奴的标准，而对上帝的代理人之忠实与否，又是善恶的标准。因此，领主们又向农奴宣告，只要农奴"无偏无陂，遵王之义；无有作好，遵王之道；无有作恶，遵王之路"。[①]则天将矜尔，否则便是"自绝于天"。但是，事实上，当时有些领主作不善，而上帝反降之百祥；有些农奴作善，而上帝反降之百殃，这似乎上帝太不公平。于是领主又向农奴说："非天不中，惟人在命。"[②]善哉！"惟人在命"呵！

明明在上者天也，或上帝也。赫赫在下者，天子、诸侯、大夫、士也，他们虽上下悬隔，实则一而二，二而一者也。故领主们又向农奴宣告，他们不仅是地上的权力者，而且是天上的权力者。如《书·洪范》云："王省惟岁，卿士惟月，师尹惟日。"而庶民则惟星。因此，庶民之于天子，必须如众星之拱北辰。因为领主们同时又是天上的权力者，所以他们不仅掌握对人民生杀予夺的大权，而且也掌握操纵自然力的大权。他们可以时雨、时阳、时燠、时寒、时风，也可以恒雨、恒阳、恒燠、恒寒、恒风。而天气之或"时"或"恒"，则视农奴之貌、言、视、听、思之或"好"或"坏"以为转移。这样一来，于是所有的领主，都是农奴的上帝了。

因为上帝是西周天子的象征，所以到西周末，随着天子权威的衰落，上帝的信仰也动摇了。当此之时，怨天之声，盈溢乎人间。

① 《书·洪范》。

② 《书·吕刑》。

他们说："天之杌我，如不我克。"[1]"悠悠苍天，曷其有所？"[2]"上帝板板，下民卒瘅。"[3]"倬彼昊天，宁不我矜？"[4]"瞻卬昊天，则不我惠。孔填不宁，降此大厉。"[5]"昊天不傭，降此鞠讻。昊天不惠，降此大戾。"[6]不仅如此，他们并且对于皇天上帝，提出了抗议。《诗·小雅·雨无正》云："浩浩昊天，不骏其德。降丧饥馑，斩伐四国。旻天疾威，弗虑弗图。舍彼有罪，既伏其辜，若此无罪，沦胥以铺。"又《巧言》云："悠悠昊天，曰父母且。无罪无辜，乱如此幠。昊天已威，予慎无罪。昊天大幠，予慎无辜。"最后，农奴们简直向皇天上帝提出了质问。如《小弁》所云："何辜于天，我罪伊何？""天之生我，我辰安在？"由此而知道在西周末，天道观已经动摇了。

与上帝的崇拜平行发展的是祖先的崇拜。祖先的崇拜也反映出等级制度的内容。《国语·楚语》（下）云："祀加于举，天子举以大牢，祀以会；诸侯举以特牛，祀以大牢；卿举以少牢，祀以特牛；大夫举以特牲，祀以少牢；士食鱼炙，祀以特牲；庶人食菜，祀以鱼。上下有序，民则不慢。"由此可知反映于祭祀祖先之典礼上的等级制，直至春秋时代，尚整然未乱。

如前所述，祖先崇拜，在氏族社会即已开始；不过在当时，因为万人平等；所以有人即有鬼，凡鬼皆有祭。降至商代，由于大多数人类沦为奴隶而失去了"人格"，因而也失去了"鬼格"；所以奴隶无祖，以主人之祖为祖。到西周时，由于奴隶转化为农奴，因而又恢复了一半人格，从而也恢复了一半鬼格。所以在西周时庶人有祭。

根据天道设教的原则，天子死后，其灵魂仍然回到天上，回到

① 《诗·小雅·正月》。
② 《诗·唐风·鸨羽》。
③ 《诗·大雅·板》。
④ 《诗·大雅·桑柔》。
⑤ 《诗·大雅·瞻卬》。
⑥ 《诗·小雅·节南山》。

上帝的左右。[①] 因此，西周的国王以其祖先，比于上帝，[②] 从而把祭祀祖先与祭祀上帝，看作同样重要的祀典。

西周的领主祭祀祖先，皆在祖庙；亦有临时筑坛以祭于郊者。他们或仅祭其祖，或祖妣同祭。享用牛羊，蒸以酒醴。卜有巫祝，尸用少女。[③] 既有音乐。又有歌舞。当此之时，“玄酒在室，醴醆在户，粢醍在堂，澄酒在下。陈其牺牲，备其鼎俎，列其琴瑟，管磬钟鼓。”[④] “礼仪既备，钟鼓既戒。孝孙徂位，工祝致告。神具醉止，皇尸载起。鼓钟送尸，神保聿归。”礼毕之后，于是“诸宰君妇，废彻不迟。诸父兄弟，备言燕私。[⑤] 于是：“自堂徂基，自羊徂牛。鼐鼎及鼒，兕觥其觩。旨酒思柔，不吴不敖。胡考之休。”

总上以观，则祭天与祭祖，就是两周时代的宗教之主要的内容，而这与自然力支配之下的农奴的意识，是相适应的。

第二节　科学、文学与艺术

随着农业的发展，天文学也有了进步。在西周时，一年四季，已经有了明晰的划分。如云：“春日迟迟，卉木萋萋。”[⑥] “四月维夏，六月徂暑。秋日凄凄，百卉具腓。”“冬日烈烈，飘风发发。”[⑦] 因为在庄园经济中，季节的转换，对于农奴的生活，具有极其重要的意义。

西周对于一月的时间之再划分，与商代不同。商代是三分法，西周则为四分法。所谓四分法者，即把一月的时间划分为四周。第一周曰“初吉”。如《诗·小雅·小明》云：“二月初吉。”《班簋

---

① 《诗·大雅·文王》云：“文王陟降，在帝左右。”《下武》云：“三后在天，王配于京。”注云：“三后，大王、王季、文王也。王，武王也。”

② 《诗·周颂·思文》云：“思文后稷，克配彼天。”

③ 《诗·召南·采蘋》云：“谁其尸之，有齐季女。”《诗·大雅·凫鷖》云：“公尸来燕来处。”

④ 《礼记·礼运》。

⑤ 《诗·小雅·楚茨》。

⑥ 《诗·小雅·出车》。

⑦ 《诗·小雅·四月》。

铭》云:“佳八月初吉。”“初吉”者,即最初之一周。第二周曰“既生霸”,或曰“哉生魄”。《遹簋铭》云:“唯六月既生霸。”《书·康诰》云:“惟三月哉生魄。”“霸”与“魄”皆指月而言,到第二个七天,月已生,故云“既生霸”,或“哉生魄”也。第三周曰“既望”。《书·召诰》云:“惟二月既望。”《师虎簋铭》云:“惟元年六月既望甲戌。”“望”字,金文作,像人举目望月之形。故“既望”云者,即表示在第三周内,月已团圆,故人望之之意。第四周曰“既死霸”,又曰“旁死魄”。《书·武成》云:“惟一月壬辰,旁死魄。”《颂鼎铭》云:“惟三年五月既死霸甲戌。”“死霸”或“死魄”者,即指明在第四周内,已不见月之意。

周初纪日,仍沿殷法,不系日于月,而系日于所举出之日。《书·召诰》中有一段纪事,可以看出当时系日之法。《召诰》有云:“越若来,三月,惟丙午朏(初三),越三日戊申(初五),太保朝至于洛,卜宅;厥既得卜,则经营。越三日庚戌(初七),太保乃以庶殷攻位于洛汭。越五日甲寅(十日),位成。若翼日乙卯(十二),周公庙至于洛,则达观于新邑营。越三日丁巳(十四),用牲于郊,牛二。越翼日戊午(十五),乃社于新邑,牛一,羊一,豕一。越七日甲子(二十一),周公乃朝用书,命庶殷,侯、甸、男邦伯。”

这一段话,乃是记载自三月三日至三月二十一日之间所经历之事,但并不系日于月,而仅用越几日以指示日与日间之距离。

两周时代的人,对于日蚀与月蚀,曾有记录。《诗·小雅·十月》云:“十月之交,朔月辛卯,日有食之,亦孔之丑。彼月而微,(月蚀)此日而微,(日蚀)今此下民,亦孔之哀。”不过他们还不了解日蚀与月蚀的道理,只是把它当作不祥之兆而已。

当时的人,对于星辰,也有不少的知识。《小雅·大东》云:“维天有‘汉’,监亦有光。跂彼织女,终日七襄。虽则七襄,不成报章。睆彼‘牵牛’,不以服箱。东有‘启明’,西有‘长庚’。有捄‘天毕’,载施之行。维南有‘箕’,不可以簸扬;维北有‘斗’,不可以挹酒浆;维南有‘箕,载翕其舌;维北有‘斗’,西柄之揭”。由此看来,他们已经认识了许多星辰的位置和形象。不仅如此,他们已经知道"月离于'毕',俾滂沱矣。"[①] 是知他们对于星辰的运行,已很注意,而且由此体验出天气变化的征兆了。

西周的文学,较之商代,已有很大的进步。从金文及《尚书》、《周书》各篇的文字看来,当时的人,已能写出长篇巨制的纪事体的文字。从《诗》三百篇看来,则当时的人又能写出极其优美之抒情的诗歌。文学的这一发展,决非偶然,这正是当时人类思维发展之表现的形式。

《诗》三百篇,可以说是西周庄园制社会的文学之集大成。在这里,我们可以看到农奴们在被奴役与被压榨的黑暗生活中之悲惨的呼号。也可以看到领主们在骄奢淫逸的享乐生活中之荒淫的发泄。总之,这一时代的文学,一方面是舒展封建领主的肉体和道德,凝固封建领主在统治世界、统治人、统治地上的财富的能力;而在另一方面,则描写出这一时代之反面的阴影。

《诗》三百篇中计分为十五国风、二雅、三颂。所谓"十五国风"者,即周南、召南、邶、鄘、卫、王城、郑、齐、魏、唐、秦、陈、桧、曹、豳十五个国和地区的民歌。所谓"二雅"者,即小雅与大雅。所谓"三颂"者,即周颂、鲁颂与商颂。在这里,周南与召南,乃系指周公与召公之封区而言。惟小雅、大雅则非国名,似与诗的编纂之体裁不合。俞樾认为"雅"即是"夏","大雅""小雅"即"大夏""小夏"。[②] 果如俞樾之说,则"诗"三百篇,皆系当时各封区的民歌,无所谓雅、颂与国风之别也。

这一时代的艺术,已经完全脱离了生产的性质,成了封建领主享乐的东西。因为艺术变成了享乐的性质,所以无论是雕刻或绘画,其主要的任务,皆在于装饰的方面。当时的艺术家,或则替领主设计宫殿园囿的图案,或则替领主冶铸镂刻钟鼎彝器,或则替领主雕琢珪璋、象揥,或则替领主刺绣衣裳、冠冕、旌旗、车服,或则替领主装饰朱轮华毂。可以说,艺术已完全服务于宫廷。

① 《诗·小雅·渐渐之石》。

② 俞樾《诸子平议·墨子》云:"大夏即大雅也,雅夏古字通。《荀子·荣辱》曰:'越人安越,楚人安楚,君子安雅。'《效儒》曰:'居楚而楚,居越而越,居夏而夏。'是'夏'与'雅'通也。"

据文献所示，西周领主的宫殿，已经有简单的雕刻与彩绘，《书·梓材》云："若作室家，既勤垣墉，惟其涂塈茨。若作梓材，既勤朴斲，惟其涂丹雘。"此所谓"朴斲"，虽不必指雕刻，而"丹雘"则系指彩绘无疑。由此足证当时艺术的建筑，已大为进步。

西周时代，铜器上所表现的艺术，无论在形制与花纹方面，皆更为进步。

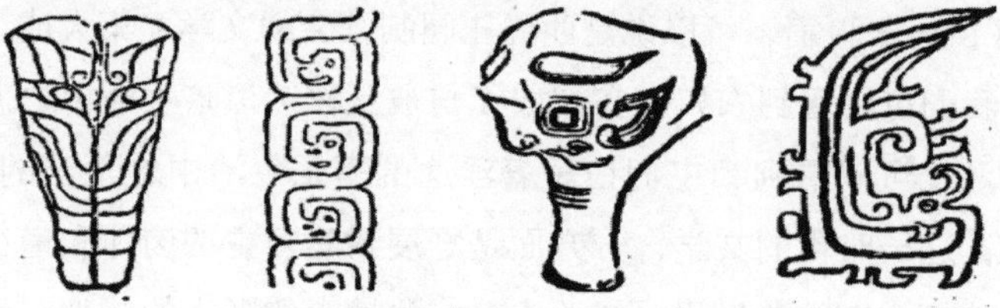

西周时代铜器上的几种花纹

就形制而论，西周的鬲属器物，腹部渐渐变深。各种器物之盖腹及腿多加兽形或棱形之装饰。错金花纹，渐为发展。就花纹而论，仍以回纹为主要的图案，不过动物画则更为发展。英臭

例如"鄭父方鼎"鼎腹作鸟纹，有八棱作牙形。"作宝尊彝簋"服部作鸟纹，两耳作鸟形。"乳丁垒"颈腹间饰兽首，间以鸟形及牙棱，腹有乳，间以回纹。"那季臭尊"腹部作风纹。"饕餮纹方罍"盖有四鸟形，腹侧饰两兽首。此外如"服尊"有棱有两耳，作龙形，通体作鸟兽及龙纹。此外亦有用文字组成花纹者如"鱼盘"，盘内以十三鱼字组成花纹。

西周时代铜器上的凸出装饰左饕餮纹方罍右乳丁罍

西周铜器上的艺术，较之商代，虽有若干发展，但大体上，则无多大差异，盖周人在艺术上，多模仿商人之制作。故器物上若无文，则殊难辨别。

又《书·顾命》中有“华玉仍几”、“文贝仍几”、“雕玉仍几”、“漆仍几”、“弘璧琬琰”。《诗·秦风·渭阳》有“琼瑰玉佩”。此外有兕觥象揥等工艺品，由此又足证当时石器及骨角器物的雕刻，也大有进步。

此外，如《诗经》上有锦衣、狐裘、黼衣、绣裳、素衣、朱襮。又云:“角枕粲兮，锦衾烂兮。”又云:“萋兮斐兮，成是贝锦。”[①]由此又足证在当时已有美丽的文锦与灿烂的刺绣。

最后说到歌舞。在这一时代，歌舞也有了等级性。所谓天子八佾，诸侯六佾，大夫四佾，士二佾，正是这种等级性之表现。因为到这一时代，音乐和歌舞，主要的是用于宗庙的降神，或宫廷的宴乐，因此，不能像以前一样，只要人们高兴，便可以随便手之舞之，足之蹈之，而是要受到宗教仪式和封建礼节的缚束，所谓乐而不淫，哀而不怨者，此之谓也。实际上领主们乐而必淫；农奴们哀亦必怨，盖人类在音乐的感发中，最易触动情绪的激越，不知不觉便冲破了虚伪的堤防。

比如当举行宗教大典之时，最初是钟鼓喤喤，磬筦将将，展开猗与那与，雍容肃穆之跳神的巫舞。最后当祀典完毕以后，备言燕私之时，则籥舞笙鼓，万舞洋洋。又如当宴乐嘉宾之时，最初是鼓瑟吹笙，吹笙鼓簧，展开婉兮娈兮的清扬之舞。最后当厌厌夜饮，男女沉醉之时，则坎坎而鼓，蹲蹲而舞，挑兮达兮，抑若扬兮，婉兮娈兮，美目盼兮。又如“东门之枌，宛丘之栩。子仲之子，婆娑其下”。[②]又如“坎其击鼓,宛丘之下。无冬无夏值其鹭羽”[③]。这些都是当时舞蹈的写真。

① 《诗·小雅·巷伯》。
② 《诗·陈风·东门之粉》。
③ 《诗·陈风·宛丘》。

第二篇　春秋战国：初期封建社会的发展及其转向

第十九章

春秋、战国时代的世界与中国

第一节　世界的新形势

在公元前770年代，中国的历史，便进入了春秋战国时代。这一时代的历史，占领中国史上四百五十余年的时间（公元前770—前249年），表现为极端错综复杂的形式，但在本质上，它还是西周历史的直接承继和发展，换言之，它只是把中国初期封建社会推向更高的历史发展阶段而已。

在这一时代，中国历史的形势，无论是周代封建国家的内部，抑或是环绕于这个国家四周的诸民族，乃至它所处的世界，都有着不断的变动。这些变动，直接或间接，都给予周代封建国家的社会经济政治乃至文化或多或少的影响。

从世界形势方面说来，当春秋战国的封建文化成为东方世界史之动力的时候，希腊的奴隶文化，也在地中海北岸，放出了灿烂的光辉，成为西方世界的历史动力。

根据世界史的文献考察，早在西周初际，即在希腊半岛登陆之黑伦种族，到春秋时代，已经形成了一个强大的奴隶国家，这就是世界史上有名的希腊。这个国家，在春秋中叶，就征服了从爱琴海爱奥尼亚海北至黑海沿岸一带的地方，成为西方世界的一个文化的火炬。

继希腊而起，在春秋末叶，罗马也完成了由氏族制度到奴隶制的转化过程。它逐渐征服了邻近诸种族，开始其奴隶国家的建设。

在西亚方面，与希腊之兴起同时，波斯也出现为一个大奴隶国家。这个国家，在春秋中叶之末，征服了美索不达米亚、叙利亚、小亚细亚以及爱琴海沿岸之希腊的殖民地，并且降服了阿拉伯沿海岸一带之地乃至埃及，成为雄视西亚的一个巍然大国。

此外，以前侵入印度五河流域之雅里安族，到春秋中叶，已经由五河流域侵入恒河和亚姆纳河流域一带，完成了奴隶国家的建设。

以上，就是春秋中叶以前的世界形势。到春秋末叶，由于这几个历史单位之各自的膨胀与发展，因而发生了相互之间的接触，从而形成了一个以希腊为动力的历史运动。这种运动，首先表现于希腊与波斯因争夺奴隶市场而引起之“希波战争”（公元前490—前479年，即周敬王三十年至四十一年），这个战争之客观的意义，就是它开辟了希腊文化之东进的道路。其次，表现于亚历山大之远征亚细亚（公元前333年，周显王三十六年。是年在中国史上，燕、赵、韩、魏、齐、楚合纵以摈秦，以苏秦为纵约长），他覆灭了波斯，把希腊的统治伸张到印度的西北部；并且从波斯手中夺取了埃及。在胜利的征服中，许多希腊的王国纷起于小亚细亚、亚美尼亚、叙利亚、巴比伦、埃及及印度西北。这样一来，广大的西部亚细亚，都变成了希腊人的世界。而几个古代的文化出发点，如巴比伦、叙利亚、埃及乃至印度，都圈进了希腊文化的范围，这就成就了后来希腊文化之更高的发展。所以亚历山大的东征，以及由此而发生之后果，就不啻是对古代西方世界的文明，作了一次综合。

这样看来，从春秋中叶以后，历整个战国时代，都是希腊文化广被于西亚细亚乃至印度西北部的时代。这种文化，在当时与中国是否发生了关系呢？据黑格尔说：“甚至与中国已经发生了联系。”

但他并没有举出例证。以我的推测，当时希腊人曾于妫水流域建立大夏王国，这里与新疆甚为接近，可能与当时塔里木盆地诸民族发生接触。

继希腊之后，在战国末叶，罗马也从意大利半岛的南部，扫除了希腊人的势力，并且向北发展，达到波河流域。在周赧王五十一年（公元前264年），因为争夺地中海的奴隶市场，与北非之迦太基展开了历史上有名的布匿战争。不过，在春秋乃至战国时代，罗马还不成为西欧历史的主动力。如果说它和中国也有关系，则除非通过希腊人的中介。

与罗马在意大利半岛之扩张相先后，雅里安人的势力已经扩大到印度的全境。从甘地哈那到亚凡提之间，散布有十六个国家，而以哥萨列及马加达二国最为强盛。在《西藏纪年史》中，曾载有西藏最古的统治者是马加达的太子之传说，也许在战国时代，雅里安人与原居西藏的羌族已经有了接触？

总而言之，在这一时代，东西两个世界之文化的波圈，已经逐渐接近了，而这到后来之两汉时代便直接交圈了。

第二节　中国境内诸民族的大争斗与大融混

现在，再说到这一时代中国境内各民族的活动。在这一时代，分布于中原及徐淮荆楚一带的“诸夏”之族，和后来的商族，都已被消解于周代封建国家之中而变为其臣民。但是包围于这个国家的周围，还有许多处于氏族制历史阶段的诸民族，这些诸民族，在春秋时代，都纷纷向着中原文化区域的方向移动，把周族的天下，包围得水泄不通。在当时，周代的封建文化，好像是一丛鲜艳的花朵，而他们就是一群蜜蜂；周代的封建文化，好像是一座光辉的明灯，而他们就是一群飞蛾。自然，他们并不是为了爱好文化，而是为了争夺黄河中游一个广大而肥沃的平原。我们若是抛弃民族的偏见，则所谓春秋时代的“戎狄交侵”正是中国境内诸民族，为了争夺中原而展开之历史的斗争。这一斗争，到战国末叶，才以西戎之的秦族之胜利而告一段落。

我们已经说过，自商末以来西北的羌族，就纷纷东徙于今日之陕西一带，进入中原的周族，就是羌族之一。但是继周族之后，其余诸羌，仍然继续东徙，于是周人为了自别于后来的诸羌之故，遂不称此种后来之诸羌曰“羌”，而命之曰“戎”。其实，所谓“戎”者，即东徙之“羌”。《左》襄十四年传云：“将执戎子驹支，范宣子亲数于朝曰‘来，姜戎氏’。”是明言“戎”为羌族。同时，戎子驹支答范宣子曰：“惠公蠲其大德，谓我诸戎是‘四岳’之裔胄也。”而《国语·周语》（下）则曰：“柞四岳国，命以侯伯，赐姓曰姜。”是又“戎”为羌族之一证。

此等诸戎，大概与周族同时东徙，或追随周族之后，陆续东徙。故周在文王时代，即有伐犬戎之事。以后，“至穆王时，戎狄不贡，王乃西征犬戎，获其五王，又得四白鹿，四白狼（著者按，即鹿族与狼族），王遂迁于太原。夷王衰弱，荒服不朝，乃命虢公率六师伐太原之戎。……宣王立四年，……王遣兵伐太原戎，不克。”（《后汉书·西羌传》）后来幽王死于犬戎之乱，平王被迫于诸戎，遂放弃陕西而东徙洛邑。所以到春秋时，诸戎之族，遂布满了陕西的全境，汧渭之间，都是诸戎牧马之地。以后，山西南部[①]乃至伊洛之间，都布满了披发野祭的戎族，[②]其前锋甚至到达河南东部，[③]乃至山东边境，[④]成为周族由西部边境袭来之最大的威胁。

其次说到分布于蒙古高原的诸氏族。这些氏族，在西周时代即已形成了许多部族，其中严允一族，在西周时曾侵入今山、陕北部。

---

①《左》僖二十二年传云：“秦、晋迁陆浑之戎于伊川。”又《国语·晋语》（七）云：“（晋）使魏绛抚诸戎，于是乎遂伯。”

②《左》僖二十二年传云：“辛有适伊川，见被发而祭于野者，曰：不及百年，此其戎乎？”

③《左》成六年传云：“伊雒之戎、陆浑、蛮氏侵宋。”又《左》哀十七年传云：“初，（卫庄）公登城以望，见戎州。”

④《公羊》庄十八年传云：“公追戎于济西。”

到春秋时，此等北方民族纷纷南徙，以北狄之名出现在中国历史上。

据文献所载，当时侵入中国腹部的狄人，有三大部族，曰赤狄，曰白狄，曰长狄。赤狄之中包含六族，曰东山皋落氏，曰廧咎氏、潞氏、申氏、留吁、铎辰。白狄亦包含三族，曰鲜虞，曰肥，曰鼓。惟长狄仅有鄋瞒一族。此等狄族在春秋初叶[①]，即已徙入山西北部，今日雁门关以北一地方，以后一部分又渡河而西，进入渭水流域；另一部分则逾太行而东，进入河北平原。这一支进入河北平原的狄人，他们灭邢灭卫灭温，把周族美丽的庄园，变成他们的牧场。以后，并东入山东半岛，伐齐伐鲁；南入河南，侵宋侵郑。其气势之盛，真是如火燎原，不可响尔。因而此辈狄人，在春秋时代，实为周族北方之可怕的邻人。后来，由于晋国的抵抗，才使狄人的势力，遭受打击。[②]

在春秋时代"南太平洋系"人种，仍分布于中国之西南与东南沿海一带。其分布于今日四川及汉中一带者谓之"群蛮"，其分布于湘桂黔滇者谓之"百濮"，其分布于东南沿海者，则为百越之族。当时南太平洋系人种，已经分化为许多民族，这可以由"群蛮"、"百濮"、百越的称谓，推想而知。在春秋时代，此等被称为"群蛮"与"百濮"之族，仍与楚人相抗于湘川东北一带，阻止北方系统的民族之继续南徙。《左》文十六年传云："楚大饥，戎伐其西南，至于阜山，师于大林；又伐其东南，至于阳丘，以侵訾枝。庸人帅群蛮以叛楚，麇人率百濮聚于选，将伐楚。于是申息之北门不启。楚人谋徙于阪高。"由此看来，在春秋时代，中国西南的"南太平洋系"诸民族，还是不断地向北方系统的楚族展开军事的反攻。所以后来楚国只有转向西北发展。至于东南沿海一带的"南太平洋系"诸民族的活动，虽不见于经传，但从吴制于越不能向南发展，转而北向中

---

① 春秋自鲁庄公三十二年，始见狄患。

② 据《左传》载：宣十五年，晋师灭赤狄潞氏。翌年，晋人又灭赤狄甲氏及留吁。此后，赤狄之患，不见于春秋。昭十二年，晋荀吴又灭白狄肥。昭十五年及二十一年，皆有克鼓之记载。哀六年，晋赵鞅又伐鲜虞，则白狄之族已遭严重之打击。至于长狄，则先后经鲁、晋的讨伐，亦已散亡。不过所谓灭，并非谓剿绝其族，只是予以严重之打击，或使其族类降服，或迫其族类退出腹地而已。

原，也可以想见他们还是具有相当顽强的抵抗力。

至于渤海沿岸诸族，则大部分已随商族进入中原，在西周初，经周族之征服，而且大半都已与周族同化。但直至春秋时代，此等被征的商族、仍然聚族而居，并且建立其自己的封区。《左传》所载东夷之国不少，如淮夷、介、莱、根牟、江、黄、六、蓼以及群舒之属，都是商族的余裔。北起山东，南至淮河流域一带，还是商族滋生繁育之地。其分布于渤海北岸的诸民族，则以山戎之名，而见于春秋时代的历史，但力量并不强大。

这样看来春秋时代的历史，若单从民族活动的一个侧面看来，则正是当时中国境内各民族为了争夺黄河中游的大平原而斗争之历史。一方面是周族以及原住黄河中游的诸民族为了保有这个大平原而斗争，另一方面，是四周诸民族为了挤进这个大平原而斗争。这种民族的斗争，就是春秋时代的历史之横切面。

不过在戎狄蛮夷之中，又以戎与狄最富有历史的活力，他们在春秋时，把黄河中游一带的地方，闹得天翻地覆，几乎征服了中原诸民族。所以历史家说，春秋时代，是一个戎狄交侵的时代。孔子也说，“微管仲，吾其被发左衽矣。”《左》僖二十二年传曰：“不及百年，此（伊洛一带）其戎乎。”又曰：“戎有中国，谁之咎也？”由此可以想见当时西戎与北狄所加于周代封建国家之威胁。

到战国时代，在周之封建国家的内部，形成了七雄并峙之局面。这些封建领主在兼并中变得强大，因而四周诸民族打进中原的企图遭受了挫折。在这一时代，由于燕、赵的强盛，北狄之族，除一少部分在今日河北定县建立了一个中山国外；其余大部分皆退出中原，回到蒙古；而这到秦汉时代，便以匈奴之名闻于中国。

在战国时代，陕西一带起了强盛的秦国。秦本戎族之一，[①] 自秦

① 《管子·小匡》云：“西服流沙西虞，而秦戎始从。”是明言秦为“戎”也。《史记·秦本纪》云：“（秦之祖）非子居犬丘……孝王欲以为大骆适嗣……申侯乃言孝王曰：‘昔我先郦山之女，为戎胥轩妻，生中潏，以亲故归周……今我复与大骆妻，生适子成。申骆重婚，西戎皆服。’”以上传说中之人名，如胥轩、中潏、大骆……皆秦之远祖，而《史记》引申侯之言，则称胥轩曰“戎”。胥轩为“戎”，则其子孙亦当为“戎”，是又明言秦之祖为“戎”也。

国兴起以后，西方诸戎，遂融混于秦族之中。这个属于戎族之的秦族，以后在战国末叶，便征服了中原的诸民族，统一中国，而建立秦代的王朝，是为“夏族”在中国所建立的第三次统治。

由于秦国之崛起于陕西，遂堵塞了西北诸羌继续东徙的大门，因而西北诸羌，不得不转而南徙川北或西徙新疆。但大部分则始终停留于甘肃青海一带。

在西南，由于楚国的强大，阻塞了“群蛮”“百濮”北进的道路，于是“群蛮”“百濮”遂停止于西南山岳地带，而这到秦汉时代，便以“西南夷”的名称，出现于中国的历史。

在东南，由于吴国的兴起，散布于东南沿海一带的百越之族的前锋越国，遭受了打击，其余的越族也只能在广东、广西、福建、浙江沿海一带，保有他们原来的地盘。这到秦汉时代，他们便以东粤、闽粤及南粤等名称而出现于中国的历史。

淮泗齐鲁一带的商族到战国时代，皆已散为齐楚之民户。其在渤海以北者，亦渐次形成其自己之邑落。到秦汉时代他们便出现为涉貊、扶余、三韩等“东夷”，分布于辽东及朝鲜半岛。

关于塔里木盆地诸民族，在春秋、战国时代之历史活动，史无所记。但以社会进化的原理推之，在这四个半世纪中，这里的诸民族，亦必有其发展。不然，则出现于西汉时代的“西域诸国”便是历史的奇迹。

最后，说到中原诸民族。中原诸民族，若从纵的方面看，乃是中国境内诸民族在其向中原移徙中所沉淀下来的历史的堆积层。如最古层是“诸夏”之族与“有苗”之族；以后“夏族”与“苗族”层上又堆积一个“商族层”；更后又在“商族层”上堆积一个“羌族（周族）层”（其中尚有属于有苗族系统之“濮”族的成分）。最后在“羌族层”上，又堆积一部分新的民族层，即“狄族层”与“新的羌族层（戎族）”。这些民族，一个跟着一个走进中原，或者同时走进中原。即使也有退出中原的，但并不是全部的退却，至少有些族类留在中原。这到春秋、战国时代，便构成了很厚的民族的堆积层。

若从横的方面看，则中原诸民族，乃是当时中国境内诸民族的复合体。在这些民族中，有属于蒙古高原系人种之夏族、商族、羌族、狄族，有属于南太平洋系人种之苗族、濮族。这些民族，他们原来的风俗习惯皆不相同，如“群蛮”“百濮”断发文身，西北诸族被发左衽。但是经过商代以至西周之长期的历史融铸，到春秋、战国时代，大约皆已渐次同化到汉代，便以“汉族”之名，闻于世界。

因此，我们若单从民族活动的一个侧面看来，则战国时代可以说是中国境内各民族开始其定型化的时代。

春秋战国的历史，就在上述的客观环境中，展开它的发展。这样的客观环境，很显然地对于周代封建国家，是一种严重的历史压力；这种压力，就限制了周代的封建领主，不能向着中原以外的广大的世界去开拓封建主义的天下，而用相互的火并来解决内部所含的矛盾。也就因为如此，所以周代的封建主义，便走上了集中发展的道路，因而加速了封建经济的发展，从而又加强了对四周诸民族之历史的影响作用。

第二十章

春秋、战国时代历史发展的倾向

第一节　封建地方经济之发展与“五霸继起”的局面之出现

现在，我们说到春秋战国时代历史发展的大概形势。

春秋时代的历史，从表面上看来是“五霸继起”的历史，但是“五霸继起”的历史内容，只是封建经济之地方发展的政治表现。

如前所述，在西周末年，由于各封区内的庄园经济之发展，已经提高了土地在生产上的意义，因而在当时就开始了土地兼并的战争。到春秋时代，庄园经济已经发展到烂熟的程度。同时，随着庄园经济之发展而来的人口的繁殖，已使原有的耕地不敷分配。因而各个庄园内，皆呈现相对的人口过剩和土地狭隘的现象。这样的现象，当然就更加提高了各封建领主对于新的土地之获得的要求，因而就更加刺激了封建兼并战争的进行。

在另一方面，当时庄园的过剩人口，多转化为独立手工业者而存在于庄园之内。由于独立手工业者的出现，遂使过去庄园内之自给自足的生产，转化为商品的生产，因而又刺激了商品交换关系的发展，从而又出现了独立的商人。这些独立手工业者和商人之出现于庄园，就渐次把庄园转化为中世纪的都市。这些都市，在当时，都是大量财富聚积之所。随着封建领主的物质欲望之提高，因而这些都市的财富，又刺激了封建掠夺战争之扩大的进行。

因此之故，春秋时代的战争，较之西周时代，便更为频繁了。据《春秋》所记，在二百五十余年的春秋时代中，言“侵”者六十次，言“伐”者二百一十二次，言“围”者四十次，言“师灭”者三次，言“战”者二十三次，言“入”者二十七次，言“进”者二次，言“袭”者一次，言“取”言“灭”者，更不可胜计。[①] 这些战争，都是为了土地占有或物质掠夺而发动的。[②]

这种兼并和掠夺的战争，不仅进行于诸侯与诸侯之间，并且

① 言“取”、言“灭”者，《左传》有如此之记载：

隐六年，宋人取长葛。十年，鲁取郜、取防。同年，宋人、蔡人、卫人伐戴，郑伯伐取之。

庄八年，齐师围郕，降于齐。十年，齐师灭谭。十三年，齐人灭遂。十四年，楚灭息。十六年，楚灭郑。三十年，鄣降于齐。

僖二年，晋师灭下阳。僖三年，徐人取舒。五年，晋灭虢灭虞。同年，楚灭弦。十二年，楚灭黄，十七年，齐灭项。二十三年，楚伐陈取焦夷。二十五年，卫侯毁灭邢。同年，晋取阳樊，温及原。二十六年，楚灭夔。二十八年，晋伐卫，取五鹿。三十一年，鲁取济西田。三十三年，鲁伐邾，取訾楼。

文四年，楚灭江。文五年，楚灭六。文七年，鲁伐邾，取须句。十六年，楚灭庸。宣元年，齐人取济西田。四年，鲁伐莒取向。九年，鲁取根牟。十年，鲁公孙归父帅师伐邾，取绎。十二年，楚灭萧。十五年，晋灭潞。

成二年，奋取汶阳田，二年晋师从齐师，入自丘舆，击马陉，齐侯赂以地。四年，郑伯伐许，取钼任泠敦之田。六年，鲁取鄟。十四年，郑伯伐许，许人平以叔申之封。十七年，楚灭舒庸。

襄六年，齐灭莱。同年，莒灭鄫。八年，莒人伐鲁东鄙以疆鄫田。十年晋灭邾阳。十九年，鲁取邾。二十五年楚灭舒鸠。昭四年，鲁取鄫。七年，晋人来治杞田。八年，楚师灭陈。十年，平子伐莒，取郠。十三年，吴灭州莱。十五年，晋取鼓。二十三年，鲁取关。二十四年，吴灭巢。三十年，吴灭徐。

定四年，蔡灭沈。六年，郑灭许。十四年，楚灭顿。哀元年，齐师伐晋，取棘蒲。二年，鲁伐邾，取漷东田及沂西田。八年，齐人取讙及阐。同年宋灭曹。十年，晋赵鞅帅师伐齐，取犁及辕，毁高唐之郭。

② “取田”之记载，已见①，此外尚有掠夺物质之例。如《左》隐三年传云：四月，“郑祭足帅师取温之麦。秋，又取成周之禾。”同上四年传云：“诸侯之师，败郑徒兵，取其禾而还。”《左》桓十四年传云：“宋人以诸侯伐郑……取牛首，以大宫之椽归为卢门之椽。”《左》襄十九年传云：“季武子以所得于齐之兵（器），作林钟。”《左》哀十一年传云：“吴子伐齐……（获）革车八百乘，甲首三千。”《左》庄二十年传云：“王及郑伯入于邬，遂入成周，取其宝器而还。”

也进行于诸侯与天子之间。[①]同时也进行于诸侯的臣属之间，[②]在这些兼并战争中，大的并吞小的，强的覆灭弱的。据文献所载，当时齐桓公"并国三十五"[③]"秦穆公……兼国十二。"晋献公"并国十七，服国三十八"[④]。荆（楚）襄王"并国二十六"[⑤]。楚文王"兼国三十九"[⑥]。秦穆公"并国二十"[⑦]。此外鲁、卫、邾、莒、宋、郑、吴、越等，皆以兼并而大。诚如《左》成八年传所云："夫狡焉，思启封疆以利社稷者，何国蔑有，唯然，故多大国矣。"

在这样的兼并战争中，许多小领主相继灭亡。所谓周初八百国，到春秋中叶以后，就只存几十个国了。而在这几十个仅存的国家中，又以齐、晋、秦、郑、楚，最为强大，它们相继勃兴，成为春秋时代的支配势力。《墨子·非攻》（中）云："南则荆、吴之王，北则齐、晋之君，始封于天下之时，其土地之方，未至有数百里也；人徒之众，未至有数十万人也。以攻战之故，土地之博，至有数千里也；人徒之众，至有数百万人。"即因这几个大国之突出发展，天下大局，遂归结为"五霸继起"。

五霸之中，首先出现为霸主的是齐国。齐国地居山东半岛，这里是商族文化发祥之地，因而它得以因其文化的遗产以发展其生产。[⑧]同时，这里的土地肥沃。"宜五谷、桑、麻、六畜"[⑨]，又地处

① 《左》隐八年传云："王取邬，刘、苏、邘之田于郑，而与郑人苏忿生之田。"《左》成十一年传云："晋郤至与周争鄇田，王使刘康公，单襄公讼诸晋。《左》昭九年传云："周甘人与晋阎嘉争阎田。"

② 《左》昭十四年传云："晋邢侯与雍子争鄐田。"成四年传云："郑公孙申帅师疆许田。同上十七年传云："却锜夺夷阳五田。""却犨与长鱼娇争田，执而梏之。"襄二十九年传云："（鲁）季武子取卞。"《墨子·鲁问》云："鲁四境之内，大家攻其小都，大都伐其小家，杀其人民，取其牛马狗豕布帛米粟货财……"鲁阳文君曰："鲁四境之内，皆寡人之臣也，今大都攻其小都，大家伐其小家，夺之财货，则寡人必将厚罚之。"

③ 《荀子·仲尼》。

④ 《韩非子·难》二。

⑤ 《韩非子·有度》。

⑥ 《吕氏春秋·直谏》。

⑦ 《史记·李斯列传》。

⑧ 《史记·齐太公世家》云："太公至（齐）国，修政，因其（殷）俗，简其（殷）礼。"

⑨ 《史记·货殖列传》云："齐带山海，膏壤千里，宜桑麻，……邹鲁颇有桑麻之业……沂泗以北，宜五谷桑麻六畜……齐鲁千亩桑麻。"

海滨，有鱼盐商贾之利。[①] 此外，“齐，南有泰山，东有琅邪，西有清河，北有渤海，此所谓四塞之国也[②]。因而又得以远于戎狄之祸。齐国就在这种优越的条件之下，很快地发展起来，蔚为海岱之间的一个大国。到桓公时，齐国便九会诸侯，主盟中原，挟其强大的武装与经济势力，西向中原。

继齐国之后，晋国也崛起于山西。晋国地处河汾之间，本亦膏腴之地，惟因戎狄之与处，招致经济的破坏，故其发展较后于齐国。但自献公征服骊戎以后，文公又因狐偃以与狄人妥协，于是“通商宽农”，“利器明德”，不久便“政平民阜，财用不匮”[③]，“国利居乐”[④]，称霸河汾。晋国统一山西以后，也挟其军事和经济的力量，东逾太行，于是在河北的原野，展开了齐、晋争霸的局面。

继晋国之后，秦国也勃兴于陕西。秦国，地处关中，“左殽函，右陇蜀，沃野千里”。而且这里是周人文化发祥之地，“公刘适邠，大王王季在岐，文王作丰，武王治镐，故其民犹有先王之遗风，好稼穑，殖五谷”[⑤]。自周室东迁以后，秦人因之。到献公时，“北却戎翟，东通三晋”[⑥]，遂霸西戎。即因秦国的强大，所以又引起秦晋争霸的局面。

与秦国相先后，在长江上游，也兴起了强大的楚国。楚本“诸夏”之裔，在周宣王时，始完成其向封建主义的转化过程，较之齐晋，本为后进；惟地处长江流域，天赋独厚，故进化最速。到楚文王时，楚国东通吴、越，南服蛮、濮，西贾巴、蜀，北向中原，因而在陈、许、郑、卫之间展开了与齐国的角逐局面。

郑国，地居中原之中，文化发展最早，在春秋初际，郑国的农业，即足以“收经入以食兆民”[⑦]。它的手工业，即足以“材兆物”，

① 《史记·齐太公世家》云：“（齐）通工商之业，便鱼盐之利。”
② 《史记·苏秦列传》。
③ 《国语·晋语》（四）。
④ 《左》成六年传。
⑤ 《史记·货殖列传》。
⑥ 《史记·货殖列传》。
⑦ 《国语·郑语》。按：原谓“天子之田九畡”。

“出千品”。它的商业，即足以“具万方”。[①] 所以郑武公、庄公相继挟东周天子，以令当时之诸侯。同时，郑国又介在齐、鲁、秦、楚之间，大有举足轻重之势，所以也是春秋时代的一霸。

大约在春秋末际，长江下游的吴越，也相继强大起来，成为中国东南的支配势力。吴越之完成封建主义的转化过程，更晚于楚国。但因有“海盐之饶，章山之铜，三江五湖之利”[②]，故经济的发展极快。吴自阖庐破楚，夫差灭越，遂霸江南。越自勾践覆吴，遂亦为泱泱大国。

此外，如鲁、卫、曹、宋、陈、蔡、许等国的经济，也有相当的发展，但是它们介于大国与大国之间，“存亡则由天命矣”。当时，小国对于大国，必须缴纳一定的岁贡，《左》宣十四年传云：“臣闻小国之免于大国也，聘而献物，……而有加货，谋其不免也；诛而荐贿，则无及也。”若不纳岁贡，则征伐随之。例如“黄人不归楚贡，楚人伐黄。”[③] 而且即使“缮贡赋以共从者，犹惧有讨”[④]，即因当时大国对于小国诛求无厌[⑤]，这种诛求，已成为小国之不可忍受的负荷，[⑥] 但是为了免于灭亡，也只好“朝秦暮楚”，[⑦] 它们对于大国，几乎“无岁不聘，无役不从”，“职贡不绝，玩好时至”。因此，小国日益罢病，而大国则从战争与贡纳中，集中了大量的财富。

这样一来，当然强化了各大诸侯的独立性，因而削弱了中央的权威。当时的五霸，在名义上虽然还是周代封建国家的诸侯，实际上，他们已经脱离天子而独立。他们自由宣战、媾和、征税，组织常备军，互相并吞，互相对抗；并且也侵略天子，压迫中央。周郑

---

① 《国语·郑语》。

② 《史记·货殖列传》。

③ 《左》僖十一年传。

④ 《国语·鲁语》(下)。

⑤ 《左》襄二十四年传云：“范宣子为政，诸侯之重币，郑人病之。”同上二十二年传云：“无岁不聘，无役不从，以大国政令之无常，国家罢病，不虞荐至。”同上三十一年传云：“以敝邑褊小，介于大国，诛求无时，是以不敢宁居，悉索敝赋，以来会时事。”

⑥ 《左》十三年传云：“郑伯男也，而使从公侯之贡，惧弗给也。”

⑦ 《左》哀十三年传云：“(鲁)之职贡于吴，有丰于晋。”

交质，齐楚窥鼎，他们简直不把天子当天子了。

但是，大诸侯占领了广大的领地以后，并不能直接去改变土地所有的属性，仍然把他们新占有的土地，分赐其左右。[①] 当大领主疲于领地之兼并战争时，而诸侯的大夫却是战争的胜利之真正的承受者。他们从战争中获得了土地，又从榨取农民的剩余劳动中，积累了大量的财富，于是逐渐强大起来。在经济之进一步的发展中，这些属于同一大诸侯之下的大夫，他们也进行相互之间的兼并战争。诸侯之不能约束其大夫，也正和天子之不能约束诸侯一样。他们自由宣战，自由缔盟，已经不把诸侯放在眼里。[②] 诚如《公羊》襄十六年传所云："诸侯皆在是，其言大夫盟何……遍刺天下之大夫也。曷为遍刺天下之大夫？君若赘旒然。"

随着大夫的权威之继续增长，这些大夫便企图取诸侯的地位而代之。在春秋时，臣弑其君的事情，史不绝书。如"郑京栎实杀曼伯，宋萧亳实杀子游，齐梁丘实杀无知，卫蒲戚实出献公。若由是观之，则害于国。末大必折，尾大不掉，君所知也"。(《左》昭十一年传）所以《孟子》说："万乘之国，弑其君者，必千乘之家，千乘之国，弑其君者，必百乘之家。"到最后，"田氏取齐，六卿分晋，道德大废，上下失序，……篡盗之人，列为侯王；诈谲之国，兴立为强；是以转相仿效，后王师之。遂相吞灭，并大兼小，暴师经岁，流血满野，父子不相亲，兄弟不相安，夫妇离散，莫保其命，湣然道德绝矣。"[③] 从此中国的历史便转入战国时代。

---

① 《左》昭十一年传云："楚子城陈蔡不羹，使弃疾为蔡公。"《左》庄二十八年传云："（晋侯）使太子居曲沃，重耳居蒲城，夷吾居屈。"《左》襄二十六年传云："（鲁会赵宋郑伐卫，）取卫西鄙，懿氏六十以与孙氏。"《左》闵元年传云："（晋君）以灭耿灭霍灭魏还，……赐赵夙耿，赐毕万魏，以为大夫。"《左》襄二十六传云："郑伯赏入陈之功，……享子展，赐之先路三命之服，先八邑。赐子产次路再命之服，先六邑。"

② 《困学纪闻·春秋》有云："襄公三年，鸡泽之会，叔孙豹及诸侯之大夫盟，言'诸侯之大夫'。十六年溴梁之会，直曰'大夫盟'，不言'诸侯之大夫'者，鸡泽之会，诸侯始失政也。至于溴梁之会，则又甚矣。溴梁之会，政在大夫也。不言诸侯之大夫者，大夫无诸侯故也。"

③ 刘向《战国策·序》。

第二节 封建地方经济发展之均衡与“七雄并峙”的局面之出现

战国时代的历史，从表面上看来，是“七雄并峙”的历史，但是“七雄并峙”之历史内容，正是当时各大封区的经济发展，达到了平衡状态之政治的表现。

如前所述，在春秋时代，由于封建经济之地方发展，提高了土地在经济上的意义。因而唤起了土地兼并的战争，从而使无数的小领主相继灭亡。但是在当时仍然有若干小国存在。到战国时则所有的小国皆灭绝殆尽[①]，只剩下韩、赵、魏[②]、齐、楚、燕、秦七个大国。它们“地丑德齐”，势均力敌，彼此不能吞并，因而形成了七雄并峙的局面，所以七雄并峙，乃是春秋时代封建兼并战争发展到最后之结果。

在七雄并峙的局面之下，由于许多小国的被覆灭，因而消灭了过去作为封建经济发展之障碍的藩篱，而使封建经济在七大封区之内，获得自由驰骋之无遮拦的发展。同时，由于秦楚燕赵四国的势力之向外的扩张[③]，因而又破了过去作为封建经济发展之阻力的历史包围，而使封建经济在中原以外的世界，获得了自由进出之更广大的发展。所以七雄并峙的历史，是中国封建经济之深化，也是中国封建经济之广化。它把周初的封建局面，作了一个初步的综合和初步的扩展，而这就替后来的秦汉之统一与扩张，奠定了基础。

在战国时代，战争仍然持续，并且以扩大的规模持续。不过这

---

① 战国时，越已亡于楚，宋已为齐魏楚所瓜分，鲁灭于楚，郑灭于韩，中山亡于赵魏，惟卫最后亡。

② 战国时，晋已分化为韩赵魏三国。因为在春秋时，晋之六卿，即已强大，所谓六卿者，即范氏、中行氏、智氏、魏氏、赵氏、韩氏。到春秋末，智伯与韩赵魏共分范氏中行氏之地，于是六卿只有四卿。周定王十六年，赵襄子、韩康子、魏恒子共杀智伯而分有其地，于是四卿只有三卿。到周威烈王二十三年，始命晋大夫魏斯、韩虔、赵籍为诸侯，是为韩赵魏，而晋遂以亡。

③ 当时秦国，东伐大荔，北征义渠，西斩貑王于渭水之西，南服巴蜀，至于黔中。当时赵国，北破林胡楼烦，东破东胡，其势力北及漠南，西至河套。当时燕国，东破东胡山戎，拓地千里，直达朝鲜。当时楚国，东灭越，地达海隅，庄跻辟地西南，远至黔滇。

一时代的战争，不是以前大国对小国的兼并战争，而是七大势力之间彼此决斗的战争。据文献所记，战国时代二百四十八年中，大小战争二百二十二次。即因这一时代的战争，是进行于几大匹敌势力之间，所以战斗也更为激烈，他们“争地以战，杀人盈野；争城以战，杀人盈城。”在战争中，物质的供应，兵役的征发，当然要使农业经济陷于停顿。这样，一方面，是农民陷于普遍的贫困；另一方面，各国的领主，也因而失去了财政的来源而陷于疲乏。

战争不但不能停止，而且愈来愈大。由于秦、楚之突出的发展，渐渐成为中原诸国之威胁，于是出现了集团的战争。据文献所记，三国击秦者二次，五国击秦者三次。三国伐楚者二次。四国击楚者一次。此外还有三国救赵者一次。这样一来，就更加深了农村的破坏与领主的财政困难。就在这一时候，从庄园经济中孕育出来的新兴商人，就伸出了高利贷的魔手，用高利贷抓着了农民的头发，也抓住了领主的头发，把农民和领主都变为自己的债务人。又利用他们的债权，从各国的领主手中，获得了土地的占有。[①] 在更进一步的发展中，新兴的商人的势力，更加增进，于是在旧的土地所有中，引出了新的土地所有，因而从生产的基础上，引出去了历史的转换。

大约在公元前5世纪后半纪，新兴的商人地主首先在秦国获得了政权。商鞅变法的内容，就正是指明秦国在其生产组织上，已由领邑制的生产组织，转化为佃耕制的生产组织。秦国之所以首先开始这种经济的转换过程，主要的还是由于它承继了西周之丰富的文化遗产，使它在农业生产的技术上，获得飞速的发展。同时，秦族又是一个戎族中新兴的民族，它具有一种青春健壮的历史活力，所以它突破初期封建主义的拘束，而成为新的历史活动之中心。

新兴的商人地主，并不是秦国一国的特产，他们同样也存在于

① 《韩非子·外储说左上》云：“中牟之人，弃其田耘，卖宅圃。”《史记·赵奢列传》云：“今括一旦为将……王所赐金帛，归藏于家，而日视便利田宅可买者买之。”《苏秦列传》云：“苏秦喟然叹曰……且使我有雒阳负郭田二顷，吾岂能佩六国相印乎？”《吕氏春秋·为欲》云：“其视有天下也与无立锥之地同。”由此足征战国时新的土地占有，业已存在。

秦以外之六国的社会中，换言之，他们在战国时代，已经构成了一个新的社会层。这些商人地主，他们占有很多的土地，但是他们的土地，并不是在同一封区，而是错杂在各个封区之内，即便有些商人地主的土地，完全在同一封区之内，但也不是互相毗连的，而是到处分散的。这样的客观事实，就限制了他们不能像领主一样进行庄园制的经营，而且规定了他们一开始就施行佃耕制的经营。即因新兴商人地主的土地，仍然分散于各领主的领域之中，所以他们虽然取得了土地的所有权，但并没有取得对农民的政治权，因而他们并不能在其自己的所有土地上，行使其对农民的权力，反之他们不得不委托其土地所在地的领主，向农民征收其应得的剩余劳动物，即以剩余劳动物之一部，作为管理上的报酬，而缴纳于土地所在地之领主。这一部分缴纳于领主的报酬，到后来，便转化为地税，而地主自己之所得，则为地租。像这样的情形，当然是一个深刻的矛盾。所以随着这种新的土地所有形态之量的增加和佃耕制经营的范围之扩大，新兴的地主，便要求其自己的统治权。换言之，即要求打破障碍他们的封建割据局面，而建立新的土地所有者自己的统一的政府。

到战国的末年，新旧土地所有者之间的矛盾便展开了，这便反映为所谓“合纵”与“连横”的两大敌对的政治斗争。一方面，新的土地所有者，以秦国为中心而展开“连横”的运动，另一方面，六国的旧领主，也展开了反“连横”之“合纵”的运动。这样，便把七雄之间的混战，引进了新的性质。但是历史发展的倾向，却决定这一个斗争的胜利，是属于新的土地所有者，所以这一个斗争的结局，便是秦代的统一。

第二十一章

春秋、战国时代的社会经济构造

第一节　铁器的普遍应用与生产组织的演变：由领邑制过渡到郡县制

春秋、战国的历史，从其本质上考察，可以说，就是庄园制经济过渡到佃耕制经济的历史；同时，也是独立手工业者和商人，从庄园制经济中发生以至成长的历史。由于庄园制经济之解体与孕育于其中的新的历史因素之成长，遂使中国的封建社会，走向更高发展的历史阶段。

作为这一历史转换的动力，毫无可疑，是铁器在生产领域内之普遍的应用，特别是普遍应用于土地的耕种。由于铁器之普遍的应用于生产，才一般地提高了社会的生产力，因而引起社会生产组织的改变。于是庄园制便转化为佃耕制，采邑制便转化为郡县制了。

关于铁器在中国之最初应用，可能早在商、周之际，关于此点，已于上章论述。依据文献所示，到春秋时，铁器实已普遍应用于生产领域，《管子》中有铁耜[①]，固然《管子》为伪书，不足为据，但《墨子》中亦有铁耕铁镬，是则春秋时，铁器已使用于耕种，似为事实。除此以外，如前所叙，在春秋末，晋国鼓铁以铸刑鼎，著范宣

① 《管子·海王》云："耜铁之重加七。三耜铁一人之籍也。"

子所为刑书。这些，都证明当时冶铁铸铁的技术，已经达到相当高度的发展，否则不能把刑书铸于铁鼎。又据《吴越春秋》所记，吴当阖闾时，已有使用三百人鼓风之大型的“冶铁风箱”的发明，则在春秋末际，长江流域，已有大规模的冶铁事业之存在。

所以时代一转入战国，铁器不但普遍应用于耕种，而且普遍地引用为武器。如在韩则有铁幕，在赵则有铁甲、铁杖，在魏县则有铁椎①,在秦则有铁殳②、铁室、铁铦③,在楚则有铁剑④、铁铯⑤。此等铁制武器之出现，就指示了当时铁的生产量已经相当的庞大，而且冶铸锻炼锤击的技术，则已臻于相当高度的发展。

证之《史记·货殖列传》之所示，在战国时，确实已有大规模冶铁事业之存在。如猗顿、蜀卓氏、宛孔丘、邯郸郭纵，皆以冶铁致富，埒于王侯。同时，齐、秦两国，并以铁为国家专卖事业，是知当时铁器之普遍应用于耕种，盖无可疑。

与铁犁之应用于耕种同时，牛耕也渐次普及。《论语·雍也》记孔子之言，曰:“犁牛之子骍且角。”又孔子的弟子冉伯牛名耕，司马牛字子耕。或以牛与犁连用，或牛与耕并称，若无牛耕之事，则于造语命名之时，决不能发生此种联想作用。同时,《国语》则已明言，春秋之末，已有牛耕。《晋语》(九)云:“范、中行氏不恤庶难，欲擅晋国，今其子孙将耕于齐，宗庙之牺为畎亩之勤。”此所谓“宗庙之牺”，当然指“牛”而言，故知春秋时代，已有牛耕。降至战国，则牛耕更为普及了。

即因铁器之普遍应用于农业生产与牛耕之渐次普及，因而便提高了农业的生产技术。在春秋、战国时代的农民，已经能够深耕熟耰，开渠筑坝；并且已经知道多粪肥田。这样，当然就把农业的生产性提高了。

---

①《史记·信陵君列传》云:“朱亥袖四十斤铁椎，椎杀晋鄙。”

②《韩非子·南面》云:“商君之内外而铁殳，重盾而豫戒也。”

③《韩非子·八说》云:“笏干戚，不适有方铁。”

④《史记·范列传》云:“吾闻楚之铁剑利而倡优拙。夫铁剑利则士勇，倡优拙则思虑远。”

⑤《荀子·议兵》云:“楚人……宛巨铁铯(铯者矛也)，惨如蜂虿。”

由于农业生产性的提高，因而同样大小的土地，便不需要以前那样多的农民去耕种，从而有不少的农民，便从耕地上被排挤出去，形成了人口过剩与土地不足的现象。为了解决土地不足的问题，于是土地兼并的战争就到处发生了。

经济的矛盾，引起了政治的行动；同时政治行动的结果，又引起生产组织的改编。在兼并战争中，大国吞并小国之后，大抵都把小国变成县郡，以隶属于其自己的行政系统之下。以前西周时代的许多小国，到春秋时，大多数都夷为大国的郡县了。因之，在春秋时，各大国中，皆有郡县之存在。大国之君，把这些郡县分赐于其功臣，或者派遣官吏去统辖。这些官吏，各国所用的名称不同，如在楚国则为“县公”①“县尹”②，在晋则称为“县大夫”，③在齐则为“县帅”④。因之在这一时代，农民的顶头上司，已经不是有土有民的领主，而是中央派遣的官吏。这种郡县制，到战国时代，便演化为各国国内之一般行政区划了。⑤

与郡县制并行，也还有采邑制的存在，如鲁之三孙，晋之六卿，齐之陈、国、高各家，皆有庞大的领地，管仲也有卞邑三百。直至战国时代，四公子还领有很多的食邑。但是自春秋时代始，采邑制已经改变了原来的性质。例如在楚国，申无宇、申亥父子，他们的采邑本是申，而却世为芈尹。又如同一申邑，而同时封赐于许多人。例如与“申公巫臣”同时，则有“申叔展”申叔时”，与“王子牟为申公”同时，则又有“申叔豫”“申舟”“申犀”，而他们又都是中央的官吏。由此可知春秋时代的采邑，已不是西周时代受民受疆土的采邑，采邑之所以有者，不一定君临其邑；反之，君临其邑者，又往往非采邑之所有者。因之，当时的采邑，恐怕事实上已经变成了郡县。所以在春秋时，许多有采邑的人，都被迫而归还诸侯。如

① 《左》宣十一年传云：“诸侯县公，皆庆寡人。”

② 《左》昭十三年传云：“芈尹无宇之子。”

③ 《左》僖二十五年晋文以“赵衰为原大夫，狐溱为温大夫”。

④ 《国语·齐语》云：“县有县帅。”

⑤ 《史记·秦本纪》云：“孝公十二年，并诸小乡聚，集为大县，县一令，四十一县。”是则将其国内的领土，皆区划为县矣。

《左》襄二十二年传云："郑公孙黑肱有疾，归邑于公。"同上二十九年传吴公子季札聘齐，说晏平仲曰："子速纳邑与政。无邑无政，乃免于难。"故晏子因陈桓子以纳邑与政，是以免于"栾高之难"。至于当时，各国的大贵族，他们虽然保有庞大的采邑，但对于其所领之诸采邑，也不是分封于其左右，而是派遣官吏去管理。例如公山弗扰为季氏的费宰，佛肸为赵简子的中牟宰，冉求为季氏宰，尹铎为简子的晋阳令，这里所谓宰与令，就是县尹、县令之类的地方官。并不是举土地人民而封赐之。由此我们知道，自春秋以至战国，由于大领主的领之扩大，原有的适应于小国寡民之庄园组织，已不能适应于提封万里之庞大的领土的管理，因而出现了层叠式的官僚系统之管理组织。《国语·齐语》述齐国的管理组织云"制鄙，三十家为邑，邑有司；十邑为卒，卒有卒帅；十卒为乡，乡有乡帅；三乡为县，县有县帅；十县为属，属有大夫；五属，故立五大夫，使各治一属焉。"像这样邑、卒、乡、县、属的层叠式的管理组织，恐怕是战国时代一般的现象。这在社会组织上，当然是一个很大的改变。

第二节　农业劳动生产性的提高与地租形态的转化：由力役地租过渡到现物地租

管理的组织，虽然已经改变，但对于农民之劳动的编制，仍然是庄园制的编制，农民仍然被给予一定量的分有地，即以此为根据，以榨取农民的剩余劳动及剩余劳动物。因此在春秋时代，地租的主要形态，还是劳役地租，即所谓"藉田以力"，"赋里以入"，"任力以夫"是也。所谓"藉田以力"者，则劳役地租之谓；所谓"赋里以入"者，即贡纳之谓；所谓"任力以夫"者，即徭役之谓。因此，当时的农民，虽然换了主人，但并没有运转洪钧，他们仍然过着农奴的日子，诚如《国语·晋语》所云："其犹隶农也。虽获沃田而勤易之，将弗克飨，为人而已。”

当时农民的分有地，大概是五亩之宅，百亩之田。照孟子的说法“五亩之宅，树之以桑……百亩之地，勿夺其时，数口之家，可以无饥矣”。可见在当时农业生产的程度之下，五亩之宅，百亩之田，是支持一个农民家属的生活之最低限度的物质条件。可是随着生产力的进步，农民为了追求较好的生活，因而在其自己的分有地上，表现了更高的劳动生产性，从而分有地与领主的公田之间的土地报酬，便显出了差异。于是领主们便毫不犹豫地把劳役地租转化为现物地租。在春秋末叶，地租形态便开始转化了。首先实行的是鲁国。《左》宣十五年传谓鲁国“初税亩”。以后在昭四年，郑国也作“丘赋”。襄二十五年，楚国也“量入脩赋”。不过在春秋时代现物地租，并不是地租的支配形态。

到战国时代，新兴商人的土地占有，逐渐扩大，他们因为尚没有取得对农民行使劳役的权力，所以他们的农业经营，一开始便是佃耕制，因而他们的地租，一开始也是现物地租。这样，现物地租便逐渐普遍。由于现物地租的施行，更刺激农业劳动生产性的提高。所以到战国末期，现物地租便取得了支配形态。在秦国并且出现了雇佣劳动的农业经营。

当时征收现物地租的比率，究竟是多少，说者不一。《孟子·滕文公》（上）说：“周人百亩而彻。其实皆什一也。”《管子·君臣》下说：“上稽之以数，下什伍以征。”《臣乘马》说：“民食什伍之谷。”但我以为周人百亩彻，乃系指西周之劳役地租而言，在战国时代之现物地租，则恐系什伍对分。所以当时的农民，一遇凶年，则“粪其田而不足”，他们“盻盻然终岁勤劳不得以养其父母”，结果是“老幼转乎沟壑”。

当时的农民，除“粟米之征”以外，又有“布缕之征”。所谓“布缕之征”，并不仅布缕；而是以布缕概括一切贡纳物。当时的贡纳物，除布帛麻丝以外，还有瓜果素食。又据《齐语》所云：“牺牲不略，则牛羊遂”，是则领主又尝略夺农民的牛羊。此外在当时的各国，还有许多苛捐杂税，课于农民，如在楚国便“赋车、籍马，赋车兵、徒卒、甲楯之数。”[①] 当时楚国的令尹，他们搜括农民，正像饥饿的豺狼[②]，只知“蓄聚积实”，哪里还记得什么“赋里以入，而量其有无”的先王之制。楚国如此，其他各国，亦莫不皆然。

在战国时，农民和领主之间，已经有着无数等级的官吏，战国时，农民和领主的关系，正和西周的农奴和天子一样，并不能发生直接的关系。这时的领主，再不像西周的领主一样，“以其妇子”巡幸南亩；因而这时的农民，也就不够资格，“曰杀羔羊”，以跻彼领主之公堂，或者“为此春酒”，以介领主之眉寿。同时，这时城市的手工业和商业，均已发达，不仅有精巧的本国的工艺品，而且还有外国运来的珍奇之物，因此农奴的妇女，再也不必担心“之子无服”，“之子无裳”了。

农民除了必须缴纳贡物品以外，还有繁重的徭役，这就是孟子所谓“力役之征”。

春秋、战国时代的徭役，最主要的是兵役。自春秋时开始，适应于兼并战争之进行，对于农民，便有严密的军事编制。如在齐国有轨里连乡之制，[③] 在郑国则庐井有伍。[④] 一旦有事，则举国皆兵。到战国时代，兵役之于农民，便变为与耕种同样重要的任务，所谓“入令民以数农，出令民以计战。”[⑤] 当时七国的领主，就用一种高度的政治强制，把农民从田野驱上战场；又从战场召回田野。[⑥] 用农民的鲜血，开拓土地，又用农民的劳力，耕种土地。

---

① 《左》襄二十五年传。

② 《国语·楚语》(下)云:“吾(斗且)见令尹，令尹问蓄聚积实，如饿豺狼焉，殆必亡者也。”

③ 《国语·齐语》云:“管子于是制国，五家为轨，轨为之长；十轨为里，里有司；四里为连，连为之长；十连为乡，乡有良人焉，以为军令。五家为轨。故五人为伍，轨长帅之，十轨为里，故五十人为小戎，里有司帅之；四里为连，故二百人为卒，连长率之；十连为乡，故二千人为旅，乡良人帅之；五乡为一帅，故万人为一军，五乡之帅帅之。……春以蒐振旅，秋以狝治兵，是故卒伍整于里，军旅整于郊，内政既成，令勿使迁徙。”这种制度，就是今日保甲制度的原始。

④ 《左》襄三十年传云:“子产使都鄙有章，上下有服，田有封洫，庐井有伍。”

⑤ 《商君书·算地》。

⑥ 《商君书·外内》云:“民之外事莫难于战，故轻法不可以使之，……民之内事莫难于农，故轻治不可以使之。”

春秋时代的战争，还是用戎车，所以动员的人数，皆以车计。春秋初叶，战争的规模还不很大，动员的人数，最多者不过车六百乘。[①]到春秋中叶，则战争的规模渐大，动员人数常为七百乘、八百乘，而且有多至千乘者。[②]到春秋末叶，则有动员车四千乘者。《左传》曾有“以什共车”（昭元）之语，则一车为十人，四千乘即四万人了。到战国时，除戎车以外，又出现了新式的骑兵，如楚国、齐国、赵国都有骑万匹，燕国有骑六千匹，魏国有骑五千匹。此外还有步兵，如魏国有徒兵十万。当此之时，战争的规模更为庞大，或五国攻秦，或四国击楚，或三国救赵，出兵人数，动以万计。战争一天比一天发展，武器也一天比一天锋利。严阵对垒，则强弓劲弩；短兵相接，则长矛利剑；争城以战，则杀人盈城；[③]争地以战，则杀人盈野。[④]在这几百年中，不知有多少农民粉身碎骨，肝脑涂地，然后才造成“大则以王，小则以霸”[⑤]的局面。在战争中，“人攻者，农夫不得耕，妇人不得织，以守为事。攻人者，亦农夫不得耕，妇人不得织，以攻为事。”[⑥]“民死亡者，非其父兄，即其子弟。”[⑦]夫妇男女，救死扶伤之不遑，哪里还有时间从事生产。而且锋刃所向，城邑为虚；燔庐荡社，堙井刊木，社会生产基础，破坏无余。接着而来的，当然就是凶年，于是人民遂陷于“易子而食，析骸以爨”之惨痛的境遇。

不仅如是，农民除兵役外，还有繁重的土木徭役；而土木徭役中之最重要的，则为适应于战争防守之筑城的徭役。当时的领主，都企图“凿斯池也，筑斯城也，与民守之”。所以春秋时筑城的记

① 《左》庄二十八年传云：“楚令尹子元以车六百乘伐郑。”

② 《左》僖二十八年传，晋楚城濮之战晋车七百乘。襄二十五年，郑子产帅车七百乘伐陈。成二年，晋郤克以车八百乘伐齐。襄十八年，鲁人莒人皆请以车千乘自其乡入。

③ 《左》僖二十八年，“晋侯围曹门焉多死，曹人尸诸城上。”

④ 《左》文三年，秦伯伐晋，封殽尸而还。宣十二年，楚潘党请收晋尸以为京观。

⑤ 《孟子·滕文公》（下）。

⑥ 《墨子·耕柱》。

⑦ 《左》襄八年传。

载，充满史乘。[1]降至战国，则今日驰名世界的长城，已经巍然蜿蜒于燕之北，齐之南，魏之西，楚之北。在这些城堡的建筑中，不知蓄积了多少农民的劳动，牺牲了多少农民的生命。

其次，适应于当时领主奢侈欲望的提高，于是宫室台榭陂池园囿的建筑，到处繁兴。当此之时，各国领主“坏宫室以为污池，民无所安息；弃田以为园囿，使民不得衣食”。竞尚豪奢，以残害于百姓。齐筑太室，堂上三百户。晋筑铜鞮之宫，其广数里。“楚灵王作倾宫，三年未息也。又为章华之台，五年又不息也。乾溪之役，八年，百姓之力不足而息也。”吴筑姑苏之台，七年未成。郑作窟室而夜饮酒，宋为平公筑台，子罕“亲执扑以行筑者”。这样看来，当时领主，可谓极土木崇高之美，而农民则精疲力竭了。

现在领主们的威风，较之西周时代的领主们，大得多了。他们提封万里，带甲百万，生杀予夺，大权在握，攻战杀伐，叱咤风云。出则车马填巷，羽盖被天，奋击在前，武士在后，秋冬狩，耀武扬威，凌虐人民，无法无天。入则离宫别馆，高堂峻宇，女乐奏于内，八佾舞于庭，鼎俎备陈，钟鼓齐鸣，“九妃六嫔，陈妾数百，食必粱肉，衣必文绣。”骄奢淫佚，日夜未已。

当时的农民，“有布缕之征，有粟米之征，有力役之征。”此外还要“赋车籍马，赋车兵徒卒甲楯之数”。六畜被略，山泽川梁有禁，加之以饥馑，因之以兵革，他们终岁勤苦，不得以养其父母。在这样的环境之下，因而少壮者不得不散而之四方，老弱者就只有转乎沟壑了。

---

① 《左传》中关于筑城的记载很多，如隐七年城中丘，九年城郎；桓五年城祝丘，十六年城向；庄二十八年筑郿，二十九年城诸及防，三十二年城小谷；闵元年城曲沃，二年城鲁；僖元年城邢，二年城楚丘，四年城缘陵，十六年城鄫；文七年城郚，十二年城诸及郓，十四年城郪；宣八年城平阳，十一年城沂；成四年城郓，九年城中城。襄二年城东阳及虎牢，七年城费，十年城梧及制，十三年城防，十五年城成郛，十八年城上棘，十九年城西郛武城，二十四年城郏，二十九年城杞及绵；昭四年城巢及州来，十一年城栎及谷，二十二年城旧鄘及桑林之门，二十三年城翼，二十五年城丘皇，二十九年城汝滨，三十年城夷，三十三年城成周；定五年城麇，六年城胥靡及中城，十四年城莒父及霄，十五年城漆，哀三年城开阳，五年城毗，六年城邾瑕，九年城邗，十二年城嵒、戈、锡。

都市是农民唯一的避乱所，从春秋时代起，那些破落的农民，已经成群地走进了都市，到战国时代，这种情形更加发展，而这就是所谓“野与市争民”的历史内容。

第三节　庄园经济的解体与初期城市经济之兴起：农民的逃亡，独立手工业者与独立商人之出现

这些逃亡到都市的农民，大半都转化为独立手工业者，因而，又繁荣了都市的手工业。这种手工业到战国时代，便已达到很精细的分工。《墨子·节用》云：“凡天下群百工，轮、车、鞼、匏、陶、冶、梓、匠，使各从事其所能。”由此可见一般。

同时，由于封建经济之地方性，又引起当时手工业之地方的分工。如燕以鱼、盐、枣、栗著，河东以池盐著，赵以冶铁著，齐以文彩、布帛、鱼盐著，邹鲁以桑、麻著，东楚（彭城以东至海）以海盐、铜著，西楚（沛、陈以西至南郡）以通鱼、盐之货著；南楚（淮南至江南）之合肥以皮革、鲍、木著，豫章以黄金著，长沙以连、锡著，关中与西北以畜牧著，巴蜀以姜、丹沙、石、铜、铁、竹、木著，番禺以珠玑、犀、玳瑁、果、布著。由于手工业的发展，又刺激了商业的活动，因而又出现了独立商人。

即因独立工商业者之出现，西周时代的许多围以城堡的庄园，到春秋时代，大半都渐渐变成了早期的都市。如齐之临淄，晋之绛，秦之雍、隙、栎色，郑之郑邑，以及宋、卫、燕、鲁、荆、楚、吴、越等国的首都，都变成了工商业者荟萃之所。

到战国时代，随着工商业的更加发展，除了上述的诸都市更趋繁荣以外，楚之寿春，秦之咸阳，周之洛阳，也发展为一方工商业的中心。此外，在各封区之间的交通要道上，许多不定期或定期的市集，也多转化为都市，如楚之合肥，齐之稷下，都是这一类的新兴都市。

因此，春秋战国时代，可以说是中国都市勃兴的时代。诚如《战国策·赵策》(三)所云："古者，四海之内，分为万国；城虽大，无过三百丈者；人虽众，无过三千家者……今千丈之城、万家之邑相望也。"

据《史记·苏秦列传》所载，当时齐之临淄，人口多至七万户，若以户三男子计之，当有二十一万男子；再加女子，则可能有四十余万人口。所以临淄城里，"车毂击，人肩摩；连衽成帷，举袂成幕，挥汗成雨；家殷人足，志高气扬。"此外，吴国的都城，"大城周四十七里二百一十步二尺，陆门八，其二有楼；水门八。"由此，可以推想同一时代之其他城市。

当时的新兴商人，他们不避关市之征，不畏盗贼之险，陆则资车，水则资舟，成群结队，以周四方。他们西贾陇蜀，远及西域；北贾赵燕，远及朔漠；东贾齐鲁，远及秽貉、朝鲜、真番；南贾吴楚，远及南海。于是洞庭之鱄，东海之鲕，醴水之鱼，昆仑之蘋，阳华之芸，云梦之芹，具区之菁，阳朴之姜，招摇之桂，越骆之菌，大夏之盐，不周之粟，南海之和，江浦之橘，云梦之柚，[①]皆随地而得食之。于是山西之材、竹、谷、纑、旄、玉石，山东之鱼、盐、漆、丝、声色，江南之楠、梓、姜、桂、金、锡、连、丹沙、犀、玳瑁、珠玑、齿、革，龙门、碣石以北之马、牛、羊、旃、裘、筋、角、铜、铁，这一些，"人民所喜好，谣俗被服饮食奉生送死之具"[②]，皆随地而得有之。于是中国的商业，又在更高的历史基础之上，展开了它的发展。

当时的商人，就在转移有无，权衡轻重，市贱鬻贵，居奇取巧之中，一个个都变成了巨富。于是，他们进一步"以左右望"，而垄断市场，因而往往"乘民之不给，百倍其本"[③]。同时，又伸出了高利贷的魔手，一面乘着农民的贫困，把他们的分有地收夺了；[④]另一方

---

① 《吕氏春秋·本味》。朴亦作"樸"。秬，黑黍也。

② 《史记·货殖列传》。

③ 《管子·轻重乙》。

④ 在战国时，农民大半为债务所困。《孟子·滕文公》(上)曰："又称贷而益之。"《管子·问》曰："问邑之贫人债而食者几何家？……问人之贷粟(转下页)

面，又利用诸侯战争而引致之财政上的窘困，从他们获得了大量的土地，这样，新兴的商人，同时又是地主了。

第四节　新旧土地所有者的斗争与历史的新转向

到战国时代之初，新兴商人，已经发育成人了。他们“金玉其车，文错其服；能行诸侯之贿，而无寻尺之禄。”[①] 陂田苑囿之广，埒于王侯；田池射猎之乐，拟于人君。现在，他们已不被视为庶人皂隶之类，而有“游闲公子”之名。他们“结驷连骑，束帛之币以聘享诸侯。所至，国君无不分庭与之抗礼。”真是趾高气扬，俨然有些候补统治者的神气。像这样的商人，并不是某一国家的特产，而是当时一个新兴的历史阶层。当时，“万乘之国必有万金之贾，千乘之国必有千金之贾。”[②] 如越之范蠡，三致千金。郑之弦高，以个人之资，大犒伐郑之军。且谓居则为具一日之积，行则为一夕之卫。此外，周之白圭，赵之卓氏，梁之孔氏，鲁之猗顿，邯郸之郭纵；他若乌氏倮，巴寡妇清，皆为当时之豪商巨贾。其余名不见经传者尚不知有若干。

新兴商人，虽然已经掌握都市经济之命脉，并从而获得了大量的土地所有，但并没有获得政权。因而新兴商人，虽然把自己从庶人皂隶中区别出来，但仍然是一个被榨取的阶层。如前所述，他们的土地，需要向领主缴纳地税；同时，他们经商，也需要向领主缴纳商税。所谓商税者，就是关市之征。这种关市之征，在当时的各国，税率各不相同，再加以各国的币制不同，度量衡也不同，因而使商人极感痛苦。尤其是频繁的封建战争，往往使

(接上页)米有别券(借券)者几何家?”又《轻重乙》曰:“桓公曰，曲防之战，民多假贷而给上事者。”当时高利贷者，固以商人居多，但亦有封建贵族，如《史记·孟尝君列传》谓孟尝君尝“贷息钱于薛”。

① 《国语·晋语》八。

② 《管子·轻重甲》。

"关梁闭而不通"[①]，以致商路为之断绝。因此，新兴商人，便开始要求政权的斗争。

战国时的领主，虽然财政上的赤字在日益加大，但他们并不因此而停止相互之间的战争；反之，却企图从相互之间的战争中，用消灭邻国的方法，以缓和其内在的矛盾。因此战争仍然继续进行，并且以日益扩大的规模而展开。即因战争之持续与扩大，因而又加重了对农民的榨取，从而又加速了农民的逃亡。即因农民的逃亡，于是各领主的县邑内，便大感劳动力的缺乏，以致田野荒芜。《楚辞》曰："皇天之不纯命兮，何百姓之震愆？民离散而相失兮，方仲春而东迁。"又曰："农夫辍耕而容与兮，恐田野之芜秽。"[②]这正是战国末叶一般的情景。

战争愈益扩大，剥削愈益加强，而领主们的奢侈欲，也愈益提高。他们"厚作敛于百姓，暴夺民衣食之财，以为宫室。台榭曲直之望，青黄刻镂之饰"。[③]"以为锦绣文采靡曼之衣，铸金以为钩，珠玉以为佩，女工作文采，男工作刻镂，以为身服。""以为美食刍豢蒸炙鱼鳖，大国累百器，小国累十器，前方丈。""以饰舟车，饰车以文采，饰舟以刻镂。""其蓄私也，大国拘女累千，小国累百。"[④]总而言之，当时的诸侯，居必雕刻，衣必文绣，食必粱肉，耽乐饮酒，则陈妾数百，出入田猎，则后车千乘，这就是他们养生之道。至于送死，则"虚府库，然后金玉珠玑比乎身，纶组节约车马藏乎圹，又必多为屋、幕、鼎、鼓、几、梴、壶、滥、戈剑、羽旄、齿、革、寝而埋之，……天子杀殉众者数百，寡者数十；将军大夫杀殉众者数十，寡者数人"。[⑤]呜呼，盛矣！

"上不厌其乐，下不堪其苦。"[⑥]当诸侯深居高卧于雕墙刻桷之宫殿时，在另一面，"子之民，老羸转乎沟壑，壮者散而之四方者，

① 《楚辞·九辩》。
② 《楚辞·九辩》。
③ 《墨子·辞过》。
④ 均见《墨子·辞过》。
⑤ 《墨子·节葬》(上)。
⑥ 《墨子·七患》。

几千人矣。”[①]当诸侯“庖有肥肉，厩有肥马”之时，在另一面，则“民有饥色，野有饿莩”。[②]当诸侯拘女累千累百之时，而在另一面，则“天下之男多寡无妻，女多拘无夫”。[③]总而言之，当时的农民“仰不足以事父母，俯不足以畜妻子，乐岁终身苦，凶年不免于死亡”。[④]

在这样的情形之下，所以虽有防止逃徙的方法，但是仍然不能阻止农民的逃亡。现在大批破落的农民，走进了都市。而当时都市中的手工业作坊和商店，又不能容纳这样广大的失业人口。因此这些逃入都市的农民，除了少数投身于贵族或商人的门下而为其仆从以外，大部分都转化为流浪之群。其投身于贵族之门者，如孟尝君门下的“鸡鸣狗盗”之徒，平原君门下的“躄者”是也。其投身于商人者，如藏于卖浆家之薛公与屠狗者高渐离是也。此外的流浪之群，则或“吹竽、鼓瑟、弹琴、击筑”以乞食，或“相随椎剽”，“掘冢作巧”，以过渡其劫掠盗窃的生活。而这些流浪之群，就是所谓慷慨悲歌之士，亦即所谓任侠之士也。至于女子，则“设形容，楔鸣琴，揄长袂，蹑利屣，为倡优”。她们只有把哭脸装作笑脸，所谓“目挑心招”以“游媚富贵”之人。她们或“入后宫，遍诸侯”，充贵族的下陈，或“出不远千里，不择老少”，以奔富厚之商人。像以上的情形，就正是当时农民逃亡到都市以后的一幅写真。

在另一方面，许多在兼并战争中没落的小领主，及其后裔，也都集都市。（这照西洋的规矩，他们是应该被商人圈禁起来的。）他们具有传统的政治素养与经验，但是已经失去了政治的权力，因此，虽有满腹经纶，而英雄无用武之地。在国破家亡之后，他们的生活，日趋艰难，于是便相率干谒大领主。出卖其政治经纶，纵横捭阖于诸侯之间，而这就是所谓游说之士也。

现在的都市，已经不像从前，只是封建诸侯的军事堡垒，而是新兴商人、手工业者、逃亡的农民以及没落的小领主各种各样的人

① 《孟子·公孙丑》(下)。
② 《孟子·梁惠王》(上)。
③ 《墨子·辞过》。
④ 《孟子·梁惠王》(上)。

群荟萃的地方。在这样的城市里，经济的命脉，已经抓在商人手里，而政治的统治，则仍为封建诸侯所掌握。于是矛盾的斗争，就从这里展开了。一方面是新兴商人要求建立符合于新的经济内容之新的政治体制；另一方面，是旧的领主要把新的经济放在原来的政治机构的统治之下而受其支配。

斗争开始了。新兴商人以秦国为中心，组织了反对旧领主的政治运动，这就是历史上所谓“连横”。他们不仅要求封建混战的停止，要求商路的安全和畅通，更重要的是要求封建割据局面的取消，因而使关税、币制及度量衡获得统一。尤其要求他们在封建社会内既存的地位之法律的承认，要求他们自己有权对他们所占有的土地及土地上的人民行使权力。一言以蔽之，他们要求封建的统治权。这种统治权，是以保护新兴商人地主的权益为任务的统一的集中的政权。同时，针对着新兴商人的“连横”活动，在旧领主方面，也组织了一种自救的政治运动，而这就是历史上所谓“合纵”。他们企图以六国联合的力量，共同去消灭这个作为新的历史运动之根据的秦国，从而消灭这个历史运动。这样，于是新旧的土地所有者，就在“连横”与“合纵”两面大旗之下，展开了为了争夺对农民的支配权而进行的斗争。

新兴的秦国在商人地主的支持之下，首先开始了对六国归领主的武装攻势。在武装的进攻中，一方面，由于秦国的优势武装；另一方面，由于六国中之新兴商人地主，到处以秦国之“第五纵队”出现于其本国，于是秦国便取得了绝对的优势。

当秦国覆灭了韩赵魏而以“后服者先亡”之势席卷中原之时，残余的旧领主，已经不能动员整个社会的力量，组织全面的反抗，于是企图以对秦始皇个人的暗杀，来消灭这一个历史运动，因而“刺客”出现了。可是“刺客”的刀剑，并不能阻止历史的发展，不久秦国还是灭燕灭楚，最后灭齐，完成了“六王毕，四海一”的统一局面。

虽然如此，“暗杀”，总是战国末年历史上一幅悲壮淋漓的插画。易水的悲歌，秦庭的筑声，正是庄园经济最后的葬曲。而荆轲、高渐离等几个壮士，则作了封建专制主义奠基典礼中的“人祭”。

随着秦代的统一，新兴商人地主，便在中国历史舞台上袍笏登场了。

第二十二章

春秋、战国时代的社会关系

第一节　社会经济的发展与等级制度的演变

春秋战国时代，社会生产关系之主要的构成，还是各级土地所有者的领主与土地之直接耕种者的庶人之间的从属关系。《左》襄十三年传云："君子尚能而让其下，小人农力以事其上。"《孟子·滕文公》(上)曰："无君子莫治野人，无野人莫养君子。"这些言语，正是说明自春秋以至战国时代社会生产关系的内容。

不过随着社会生产力的发展，这一时代的社会生产关系，也略有改变。

一方面，由于地方经济之发展以及因此而引起之封建兼并战争，强化了地方领主的独立性，因而削弱了最高领主的权威，从而松解了天子与诸侯之间的等级从属关系。同时，在兼并战争中，许多地方领主被削弱，被覆灭，许多地方领主即以是而强大，因而又改变了土地所有之原来的形势，从而又使建筑于原来土地所有的形势上的爵位等级制，逐渐趋于紊乱。

另一方面，也是由于地方经之发展以及由此而引起之工商业的发展，于是在土地直接耕种者的庶人中，分化出独立手工业者与独立商人两种新的社会阶层。同时，由于封建领主的奢侈生活之提高，厮役扈养，因而加多，于是从庶人中又分化出各种名称的贱奴。

由于土地所有者间相互关系的改变，和土地直接耕种者内部之分化，这样，就使得当时的社会关系，更为复杂。

据《左》昭七年传所云，当时社会之等级的从属关系，是“王臣公，公臣大夫，大夫臣士，士臣皂，皂臣舆，舆臣隶，隶臣僚，僚臣仆，仆臣台，马有圉，牛有牧”。这样看来，在春秋时代，土地所有者的领主之间，还是保有王、公、大夫之原来的等级从属关系，而在土地直接耕种者的庶人之中，则已经发展出皂、舆、隶、僚、仆、台、圉、牧各种名称的贱奴。

又据《左》襄十四年传云：“天子有公，诸侯有卿，卿置侧室，大夫有贰宗，士有朋友，庶人、工、商、皂、隶、牧、圉，皆有亲昵，以相辅佐也。”《左》桓二年传亦云：“天子建国，诸侯立家，卿置侧室，大夫有贰宗，士有隶子弟，庶人、工、商，各有分亲，皆有等衰。”由此又证明在春秋时代，庶人之中已经分化出工商。又《左》襄九年传云：“庶人力于农穑，商、工、皂、隶不知迁业。”《国语·周语》(上)云：“庶人工商各守其业，以共其上。”这里皆将工商与庶人皂隶并称，而且亦为食人者，由此又证明此所谓工商，实出于庶人之工商。

即因这样一个变动，所以便形成“公食贡，大夫食邑，士食田，庶人食力，工商食官，皂隶食职”①的社会关系。一方面，是土地所有者的公、大夫、士；另一方面，是土地直接耕种者的庶人，及由庶人中分化出来的工商皂隶。

随着时代进入战国，一方面许多原来的土地所有者，失掉了土地所有；另一方面，许多原来没有土地的商人，获得了土地所有。由于土地所有之转移，于是大批失掉土地所有的领主，从政治舞台上脱退出来；而大批新获得土地所有的商人，登上了政治舞台。这样便改变了社会构成之原来的成分。但是新的土地所有者，还是土地所有者，他们并不因为他们出身于庶人而减轻其对庶人的榨取，因而社会之主要的构成，并没有改变。

① 《国语·晋语》(四)。

第二节　土地所有关系的改变与爵位制的紊乱

现在我们说到领主的方面。

自西周末叶，由于兼并战争的开始，许多小领主，便失掉了他们的土田与民人，而没落为琐尾流离之子。同时许多大领主则“公车千乘，公徒三万”。“穆穆皇皇，宜君宜王。”就从这一时代起土地所有的形式改变了，因而以此为基础的爵位等级制，也开始紊乱了。《书·毕命》云：“世禄之家，鲜克由礼”，正是说明这一历史内容。

到春秋时代，各大封区，便等于一个独立国家。《左》庄十四年传云：“苟主社稷，国内之民，其谁不为臣。”《左》昭七年传云：“封略之内，何非君土；食土之毛，谁非君臣？”《孟子·公孙丑》（上）曰：“尺地，莫非其有也；一民，莫非其臣也。”由此可以想见当时诸侯之权威。由于诸侯权威的高涨，于是便削弱了天子的尊严。这时的诸侯，不但不听王命，不缴贡纳，而周郑交质，齐楚窥鼎，变成一个“君不君，臣不臣”的局面了。这样一来，过去天子对诸侯的从属关系，只是以形式上的具文而存在换言之，即以“礼也”，“非礼也”之道德的拘束而被保存。降至战国，则周代的天子，反而变成了诸侯的附庸，等级从属的关系，依照土地所有的大小而被颠倒了。

同时，从西周末叶起，就开始紊乱了的爵位制，到春秋时代，就更加紊乱了。当此之时，诸侯的爵位之授予，已经不出于天子，而是诸侯随便自称。如“郑伯，男也”而称伯；晋，侯也，而称公；秦，伯也，而称公；楚，子也，而亦称公。反之，鲁，公也。而称侯。其他许多小国，皆公侯伯子男随便自称。不仅公侯伯子男随便自称，而且亦有称王者。知矢为伯而称王，录为伯而称王，※为伯而称王，徐莒吴楚燕称王。降至战国，则“大则以王，小则以霸。”过去之爵位的等级制，便随着土地所有的形式之改变而被破坏了。

在兼并战争中，许多旧的小领主没落了，代之而起的，是由兼并战争中兴起的武士转化而来的大夫。于是旧的小领主的土地，便夷为大诸侯的县邑，而分赐其有功于战争之武士以为大夫。《左》哀二年传云："克敌者，上大夫受县，下大夫受郡。"由此足见当时受县受郡之大夫，皆系克敌制胜之武。如前所述，这些大夫，后来又相互兼并，弱者灭而强者大，他们渐渐在大诸侯的封疆以内，形成许多保有相对独立性的采邑，因而演成"狐裘龙茸，一国三公"[①]的现象。不仅如此，这些大夫，还企图取诸侯而代之。在春秋时代，弑君的记载，充满史乘。到春秋末，田氏篡齐，六卿分晋，而篡窃之大夫，遂一跃而为诸侯了。到这一时代，所谓"王臣公，公臣大夫"之等级从属关系，已经荡然无存。到战国时，随着新兴商人的地所有之扩大，郡县制的出现，大夫才纷纷"归邑与政"，交出领邑，交出政权，一变而为诸侯属下的官吏。因而土地所有，才得以集中于诸侯，于以形成七国之集权主义的政治倾向。

春秋时代的士，大半都有土地和农奴，所谓"士食田""士有隶子弟"[②]者，正是说明这一事实。至于战国，随着采邑制的崩溃，便出现了无田无土的士，所谓"士无田则不祭""士无土则不君"，又正是说明这一事实。此种无田、无土、不祭、不君的士，到战国时便转化为七大诸侯之下的低级行政官吏，或军队组织中之中级干部，有些则投身贵族之门而为其食客。当时之士，诚如《荀子》所云："今之所谓士仕者，污漫者也，贼乱者也，恣睢者也，贪利者也，触抵者也，无礼义而惟权势之嗜者也。"[③]

最后说到没落的小领主。没落小领主，是封建庄园经济中所排泄出来的一部分历史的残滓。但是，这种历史的残滓，还是沉淀在春秋、战国时代的社会中，成为一个独特的社会阶层。以身份而论，他们都是封建贵族；但以境遇而论，他们已经沦于饥寒交迫之中。这些贫穷的贵族，自从西周末年，在共伯和的领导之下，举行一次叛乱以后，到春秋时，便再没有力量发动倒转历史车轮的反动。到战国时，他们之中，虽然有一部分人还在发出"复古主义"的呼号，但大部分，为了衣食所迫，都已降志屈身，投依于当时的诸侯，而

---

① 《左》僖五年。

② 《左》桓二年。

③ 《荀子·非十二子》。

为其政治使用人。当旧领主与新兴商人的斗争开始之时，这些没落的小领主，他们便出现为游说之士，纵横捭阖于诸侯之间，扶助旧领主以反对新兴商人的势力。这一时代的没落小领主，就是《荀子》所谓“处士”。而这种“处士”，诚如《荀子》所云：“今之所谓处士者，无能而云能者也，无知而云知者也，利心无足而佯无欲者也，行伪险秽而强高言谨悫者也。以不俗为俗，离纵而跂訾者也。”①

第三节　农奴的两极分化：向上升华为商人，向下沉沦为皂隶

如前所述，从春秋时代起，农奴即已开始两极分化的过程。他们之中，一部分升华而为独立商人；另一部分，沉沦而为贱奴。这样就引起被统治阶级的内部关系的变化。

西周时代的商人，都是君子，已如前述。到春秋时代，随着独立手工业者的出现，于是从庶人中，同时生长出一种独立商人来。因此，这种新兴商人和独立手工业者一样，他们在本质上与农奴是没有分别的。《孟子·万章》（下）曰：“在国曰市井之臣，在野曰草莽之臣，皆谓庶人。”由此可以证明。同时，他们的身份也和其他的庶人一样，是被强制的固定，所谓“农之子恒为农”，“工之子恒为工”，“商之子恒为商”，正是这种强制的说明。而强制的方法则是“民不迁，农不移，工贾不变”。“商农工贾不败其业。”这样便把他们固定于土地或职业，以遂行其“布缕之征”“粟米之征”“力役之征”及“关市之征”。

照《孟子》的说法，当时的商人和庶人一样，“不传质为臣，不敢见于诸侯。”但是早在孟子以前的春秋时代，绛之富商已通于诸侯。到战国时代，则商人束帛之币，以聘诸侯，诸侯无不与之分庭抗礼了。到战国之末，这些新兴商人便摆脱了庶人的属性，而以新

① 《荀子·非十二子》。

的土地所有者的资格，与封建领主平分政权了。因此，原来由封建领主单独构成之统治机构，到战国末，便一变而为封建领主与新兴商人之混合的构成。这两种土地所有者虽有新旧之分，但在土地所有之同为封建性质的这一点上，却是相同的。即因如此，所以统治机构之改组，并不改变原来生产关系之主要的构成。

假如商人是庶人的升华，则贱奴便是庶人的沉沦。他们“男为人臣，女为人妾”①，身体之不自由，近于奴隶。

此种贱奴，在西周时即已存在，到春秋时，则更为发展。《公羊》宣十二年传云：“诸大夫死者数人，厮役扈养死者数百人。”由此足见当时诸侯蓄养的贱奴，动以百计。此种贱奴，并不参加生产劳动，只是供各级领主之家庭的使役。他们的工作，大半都是各种贱役，但亦有最少数由贱奴而超升为诸侯之较高的臣僚者，如“晋侯之竖头须，守藏者也”②，“婴齐，鲁之常隶也”③，齐之鲍文子“尝为隶于施氏矣”④。虽然如此，但他们并不因职位而改变其贱奴之身份。因为当时的贱奴，皆有卖身契约持于其主人之手。此种卖身契约，当时谓之“丹书”，“丹书”不焚，则贱奴的身份，永远不能解除。所以当时的贱奴，当其取得相当之地位以后，常有要求主人焚毁“丹书”之事。《左》襄二十三年传云：“初，斐豹隶也，著于丹书。栾氏之力臣曰督戎，国人惧之。斐豹谓宣子曰：‘苟焚丹书，我杀督戎。’”此外，为要求焚毁丹书，在郑国，曾发生一次暴动。《左》襄十年传云：“子孔当国，为载书，以位序听政辟。大夫诸司门子弗顺，将诛之。子产止之，请为之焚书。子孔不可，曰：‘为书以定国。众怒而焚之，是众为政也。国不亦难乎？’子产曰：众怒难犯，专欲难成。合二难以安国，危之道也。不如焚书以安众，……’乃焚书于仓门之外，众而后定。”由这一段记载看来，因子产之主张而解放的贱奴，当不在少数。又据《左》哀二年传云：“克敌者……人臣隶圉免。”则在春秋末年，贱奴又可以由战功而获得解放了。

① 《左》僖十七年传。
② 《左》僖二十四年传。
③ 《左》成十六年传。
④ 《左》定九年传。

但是一部分贱奴被解放，另一部分庶人又沦为贱奴。新兴商人的前驱白圭就拥有“用事僮仆”若干人。到战国末年，大商人或产业家如邯郸之郭纵、赵之卓氏、梁之孔氏、山东之程氏、秦之乌氏倮、巴寡妇清都拥有众多的僮仆。秦国的权贵吕不韦有“家僮万人”，嫪毐“家僮数千人”。[①]这些僮仆都是由破了产的庶人转化而来。当然，他们一旦获得解放，仍然可以回到庶人的队伍中去。

贱奴，是封建社会等级制度中的副产物，所以直至封建社会的晚期，还以残余的形态而存在。[②]因此，我们不能因为看见有贱奴的存在，而遂误会当时的社会是奴隶社会。

春秋时代的农奴，大部分仍然生活于庄园制经济之中，也有一少部分变成了新兴商人的佃农。但他们都是在繁重的赋役榨取之下，过着饥饿的日子。《老子》曰：“民之饥，以其上食税之多，是以饥。”《国语·楚语》曰：“民之羸馁，日已甚矣，四境盈垒，道殣相望。”《左》昭三年传云：“民三其力，二入于公，而衣食其一。公聚朽蠹，而三老冻馁。”由此，可以想见一般。因而当时农民的生活，是“乐岁终身苦，凶年不免于死亡”。

然而春秋时代，战争连年，大兵之后，又必有凶年，关于春秋时代饥馑的记载，史不绝书。因而在春秋中叶以后，曾不断引起农奴的叛乱。例如《左》襄二十三年传云：“夏，（楚）屈建从陈侯围陈。陈人城，板队而杀人。役人相命，各杀其长，遂杀庆虎、庆寅。”到春秋末，逃亡的农奴，已形成集团的叛乱，如“盗跖”之类的人物便出现为农奴叛乱的领袖。他们“横行天下，侵暴诸侯，穴室枢户，驱人牛马，取人妇女，贪得忘亲，不顾父母兄弟，不祭祖先。所过之邑，大国守城，小国入保”。[③]

至于战国，则大部分的农民，大概都是随着庄园制经济的崩溃而变成佃农。但是这一时代，战争愈益扩大，因而赋役更为残酷。于是大批农民，逃亡都市，一部分转化为工商业者，一部分转化为

---

① 以上诸事皆见《史记·货殖列传》和《吕不韦列传》。

② 近代用金钱购买之婢若妾，皆系贱奴之残余。

③ 《庄子·盗跖》。

封建贵族及商人的佃农，另一部分，则流浪于都市，依靠恩施以为生，或则啸聚山林，组成劫夺之群。

总而言之，在这一时代，一方面，是土地所有者方面之新陈代谢；另一方面，是土地直接耕种者方面之两极分化。即因社会关系的这一变化，所以就改组了当时社会内部之人与人的关系。但在终极上，这种新的社会关系之主要的构成，仍然是领主与农民之隶属关系。

第二十三章

春秋、战国社会的意识诸形态

第一节　宗教：天道观念的动摇与演变

从西周到春秋战国，由于社会生产力的发展以及因此而引出之社会关系的变化，于是建筑于其上的意识诸形态也跟着变化了。

首先说到宗教。

如前所述，在西周初，随着人间出现了“作威作福”的“天子”，在天上也就出现了“降灾降祥”的“上帝”。到西周末，随着“人间”的“天子”之权威的衰落，“天上”的“上帝”在农奴中的信仰，也就渐渐发生动摇。这样看来，人天之间的感应，真是如响斯应。

即因如此，所以到春秋时，随着五霸继起，天子卑微的局面之出现，于是上帝的信仰，根本发生了问题，而天道观念，也因之而动摇。《左》昭十八年传记子产之言曰：“天道远，人道迩，非所及也。”《左》桓六年传，记季梁对随侯之言曰：“夫民，神之主也。是以圣王先成民，而后致力于神。……民和而神降之福。《左》僖五年传，记宫之奇谏虞公之言曰：“民不和，神不享矣。”《左》庄三十二年传记内史过之言曰：“虢必亡矣！虐而听于神。”又记史嚚之言曰：虢其亡乎？吾闻之，国将兴，听于民；将亡，听于神。”由此观之，春秋时代，“天道观”已逐渐转向“人道观”了。

但所谓天道观的动摇，并不即是神权政治的消灭，而只是说明一件事实，即象征天子的上帝的信仰，已经随着天子的卑微而逐渐减低；在另一方面，随着诸侯权力之涨大，各个封区，却出现了他们自己封区中之独立的地方神。例如楚则祀“祝融”与“鬻熊”，杞鄫则祀“相”沈姒蓐黄，实祀“台骀”[①]。这些地方诸神，也和地方诸侯一样，各自占领一定的封区，而享受这个封区内农奴之供养。并且诸神的割据性，也和诸侯的割据性一样，他们绝对地排斥其他封区的神灵侵入自己的封区。《左》僖十年传云：“神不歆非类，民不祀非族。”《左》僖三十一年传亦云：“鬼神非其族类，不歆其祀。”这正是当时诸神的封建性之说明。然而回忆西周时代，那“荡荡上帝”，却是所有的“下民之辟”。曾几何时，天上的诸神，也和地上的诸侯一样，形成了封建的割据局面。

这些地方诸神，或系由诸侯自己的远祖转化而来，如杞鄫之神“相”，楚之神“祝融”与“鬻熊”。或系自己封区内的山川之神，如沈姒蓐黄所祀之“台骀”，实为汾川之神。在西周时，这些诸神，都隶属于上帝，但到春秋时，他们已经脱离了上帝而成为各封区之保护神。《左》襄十一年传云：“（诸侯）盟于亳，……载书曰：凡我同盟，……或间兹命，司慎司盟，名山名川，群神群祀，先王先公，七姓十二国之祖，明神殛之，俾失其民，队命亡氏，踣其国家。”由此看来，春秋时代诸侯的盟誓，已不请上帝鉴临，而只请与盟誓的诸国之各自封区内的山川之神及其各自的祖先“司慎司盟”。我们回忆在西周时，随时随地都是“上帝临女”；而且只有上帝才能“离逖尔土”，“剿绝其命”。曾几何时，地方诸神却掌握了“队命亡氏，踣其国家”之大权。

不仅如此，随着地下的诸侯之兼并战争的扩大进行，灭人之国，覆人之社，于是天上的诸神也跟着展开了同样的事业。战胜国

① 《左》昭元年传云：“昔金天氏有裔子曰昧，为玄冥师，生允格台骀。台骀能业其官，宣汾洮，障大泽，以处大原，帝用嘉之，封诸汾川，沈姒蓐黄，实守其祀。”

家的神，照例驱逐亡国之神，而享有其地人民之供养。《礼记·郊特牲》云："丧国之社，屋之，不受天阳也。"《论衡·别通》云："亡国之社，屋其上，柴其下者，示绝于天地。"《公羊》哀四年传云："蒲社灾。蒲社者何？亡国之社也。社者，封也。其言灾何？亡国之社，盖掩之，掩其上而柴其下。"《周礼·秋官·士师》云："若祭胜国之社稷，则为之尸。"同书《地官·媒氏》云：凡男女之阴讼，听之于胜国之社。"这里所谓"胜国"，就是"亡国"。由此看来，诸侯亡国，诸侯之神，亦失其祭坛。代亡国之神而领有其神域的，便是胜利国家之神灵。根据同一理由，随着强大的诸侯的势力之伸长，在他们的政治势力所及之处，亦即他们神灵的势力所及之处，如《左》僖二十六年传云："夔子不祀'祝融'与'鬻熊'，楚人让之。"并"帅师灭夔"。"祝融"与"鬻熊"，为楚人之神，而强夔人祀之，夔人不祀，则灭之，由此而知当时五霸之神，也在天国中建立了自己的霸业。

随着许多小领主之国破家亡，覆宗绝祀，于是也出现了许多琐尾流离的神灵。这些绝祀的神灵，也和没落的小领主一样，只有窃食大国祭坛上的冷肉。如"相"夺卫康叔之祀，即其一例。此外无数农奴的灵魂，因为生无所养，故死亦无所祀，于是遂出现为"怪力乱神"以捣乱于神域。《左》昭四年传云：(穆子)梦天压己，弗胜，顾而见人，黑而上楼，深目而豭喙，号之曰'牛助余'乃胜之。旦而皆召其徒，无之。"此"黑而上楼"者，其农奴之宽魂欤。又《左》成十年传云："晋侯梦大厉被发其地，搏膺而踊曰：'杀余孙不义，余得请于帝矣！'坏大门及寝门而入。公俱，入于社，又坏户。"此披发及地坏门破户而入之大厉，其亦农奴之冤魂乎？

降至战国时代，七雄并峙，天子已降为诸侯之附庸，因而在诸侯的心目中，早已没有天或上帝了。但是在这一时代的农民，他们却幻想有一个最高的权力，来制裁这些无法无天的诸侯，于是出现了墨翟的"天志"，墨翟说："我有天志，譬若轮人之有规，匠人之有矩。轮匠执其规矩，以度天下之方圆，中者是也，不中者非也。"又曰："子墨子之有天志也，上将以度天下之王公大人为刑政也，下将以量天下之万民为文学出言谈也。观其行，顺天之意，谓之善意行；反天之意，谓之不善意行。”由此看来，墨翟之所谓天，乃系衡量善恶之尺度，已经不是天子的抽象了。

墨翟又说：“今天兼天下而食焉，我以此知其兼爱天下之人也。”“所以，顺天意者，兼相爱，交相利，必得赏；反天意者，别相恶，交相贼，必得罚。”又说：“爱人利人者，天必福之；恶人贼人者，天必祸之。”又说：“天必欲人之相爱相利，而不欲人相恶相贼也。”由此看来，则墨翟之所谓天意者，实即人意，所谓天者，实即人也。

同时墨翟以为一切的人，应该只有善恶之别，而不应有等级之制，因而一切的人，生时应该平等，死后的灵魂也应该平等，所以他反对等级制的祀法，而主张一切善良的灵魂，都应该享受平等的祭祀，因而又有明鬼之说。

由此看来，天道的观念之动摇与演变，和庄园经济之崩溃与演变，是完全相适应的。因而在西周时代曾经是活灵活现的上帝，经过春秋以至战国，便和东周的天子一样，走到了他的末运。

第二节　哲学的诸流派

现在，我们说到这一时代的政治思想的演变。

如前所述，天道的观念，虽系一种宗教信仰，但它同时又是西周时代的领主用以统治人民的一种政治工具。降至春秋时代，随着天道观念的动摇，代替天道而成为统治工具的，便出现了“礼”与“刑”。“礼”与“刑”的出现，就正指明当时封建领主对农民的统治，已经由宗教的欺骗，转向政治的压迫。

《左》庄公二十三年传载曹刿之言曰：“夫礼，所以整民也。故会以训上下之则，制财用之节，朝以正班爵之义，帅长幼之序，征伐以讨其不然。”《荀子·王制》云：“夫两贵之不能相事，两贱之不能相使，是天数也。……先王恶其乱也，故制礼义以分之，使有贫富贵贱之等。”由此观之，则所谓礼者，实即等级制度的教条，亦即封建社会制度之大经大法，所以别贫富，差贵贱，明上下，正身份者也。

《书·吕刑》云：“伯夷降典，折民惟刑。”又云：“士制百姓于刑之中。”商鞅也说：“民之外事莫难于战，故轻法不可以使之。……民之内事莫苦于农，故轻治不可以使之。”由此观之，则所谓刑者，乃是封建领主对农民行使统治的超经济的强制之权力的表现。

即因“礼”的主要任务，在于维持封建领主的等级身份，所以礼不下庶人”。即因“刑”的主要任务，在于镇压农民的草窃奸宄，所以“刑不上大夫”。在春秋时代，对于领主，则“道之以德，齐之以礼”。对于庶民，则“道之以政，齐之以刑”。故“礼”者，实所以补“德”之不足，而“刑”者，则所以制“政”之所不及也。

春秋时，虽然把“礼”与“刑”唱得高调入云，但是一部《春秋》，却充满了“非礼也”的记载。同时，“窃国之贼”与“窃钩之贼”，还是接踵辈出。这就证明了那种陈旧的庄园制度的教条，已经不足以范围新的社会；而同时民不畏死，故刑亦不足以齐之。

到春秋末际，初期封建社会的秩序，更行紊乱了，于是孔子遂提出了“正名主义”，企图以此维持君君臣臣之“等级制度”；同时，又提出了“伦理主义”，企图以此维持父父子子的“宗法社会”。孔子深知“礼”与“刑”之不足以稳定封建社会的秩序，所以又于“礼”与“刑”之外，提出一个“仁”字来。所谓“仁”者，就是一种“感化政策”，因而从“礼”与“刑”到“仁”的发展，就是指明封建统治者的政治压迫，已经失败了。

但是历史总是向前发展的，所以孔子虽高呼维持“等级制度”而“君不君，臣不臣”如故也。孔子虽高呼维持“宗法社会”，而“父不父，子不子”如故也。孔子虽高呼“人而不仁如礼何？人而不仁于乐何？”但是“巧言令色，鲜矣仁”之徒，寡廉鲜耻如故也。

降至战国时代，一方面，没落的小领主，要求回复西周时的封建旧秩序，于是出现了老庄一派“复古主义”的哲学。一方面，新兴商人地主要求建立封建新秩序，于是出现了杨朱一派“个人主义”的哲学。另一方面，当时的农民，则反对任何封建的秩序，于是又出现了墨翟一派“兼爱主义”的哲学。同时，当时的领主，则拼命地支持现存的封建秩序，于是出现了孟轲一派的“儒家哲学”。这样就形成了“百家争鸣”的局面。所以“百家争鸣”，正是当时社会内部等级关系复杂化与尖锐化之反映。

当时没落的封建贵族，因为他们的黄金时代，已经变成了黑灰，眼看“众人（当时的诸侯与新兴商人）皆有余，而我独若遗。”①追怀以往，不痛恨现存的一切。因此他们反对支持现存社会之儒家的说教。老子说：“失道而后德，失德而后仁，失仁而后义，失义而后礼。”“礼者，忠信之薄而乱之首。”②庄子说：“说仁耶，是乱于德也；说义耶，是悖于理也；说礼耶，是相于技也；说乐耶，是相于淫也；说圣耶，是相于艺也；说知耶，是相于疵也。”而且庄子以为儒家之徒，满口的仁义道德，而“今世殊死者相枕也，桁杨者相推也，刑戮者相望也。”而儒家之徒却“离跂攘臂乎桎梏之间，噫！甚矣哉！其无愧而不知耻也甚矣！吾未知圣知之不为桁杨接槢也，仁义之不为侄桔凿枘也。”③

庄子又说：“（今之儒者）为之斗斛以量之，（新兴商人）则并与斗解而窃之；为之权衡以称之，（新兴商人）则并与权衡而窃之；为之符玺以信之，（诸侯）则并与符玺而窃之；为之仁义以矫之，（诸侯）则并与仁义而窃之。”④儒家所主张的永恒真理是“治人者食于人，治于人者食人。”儒家所提倡的公平法律，“是钩窃者诛，窃国者为诸侯。”儒家以为刑杀足以威天下，齐万民，殊不知“民不畏死，奈何以死俱之。”总而言之，当时的没落贵族，以为自儒家者流“屈折礼乐”，“县跂仁义。”而“民乃始踶跂好知，争归于利，不可止也”。⑤而又益之以“法令滋彰”，于是“盗贼多有”，以至“国家昏乱”。

因此，这些没落贵族主张：“掊击圣人，纵舍盗贼”，“绝圣弃

① 《老子》第二十章。
② 《老子》第三十八章。
③ 《庄子·在宥》。
④ 《庄子·胠箧》。
⑤ 《庄子·马蹄》。

智”，“绝仁弃义”，“绝巧弃利”，“擿玉毁珠”，“掊斗折衡”，“焚符破玺”，“铄绝竽瑟”，“毁绝钩绳”，“灭文章，散五采”，“擢乱六律”。一言以蔽之，他主张“殚残”当时之所谓“圣法”，废除当时之所有的物质文明，而使社会复归于“邻国相望，鸡犬之声相闻”的“小国寡民”的社会。易言之，回复到庄园制经济时代的社会。

与没落贵族之“复古主义”的哲学同时，新兴商人地主，也建立了个人主义的哲学。当时的商人地主，他们已经掌握了社会经济的命脉，但仍然在封建贵族的统治之下，遭受榨取。因此他们也反对现状，但他们与没落贵族之政治愿望，恰恰相反，不是要求恢复过去的社会，而是要求有一个比现在更进步的社会。所以他们反对儒家引经据典，历史地辩护现存制度的合理。他们以为“太古之事灭矣，孰志之哉？三皇之事，若存若亡，五帝之事，若觉若梦；三王之事，或隐或显，亿不识一”。“太古以至今日，年数不可胜纪。”“成败是非，无不消灭。”因此，生于今之时，而欲行太古之政，即无异痴人说梦。而且古之所谓至德，未必即为今之良法，社会既已进化，制度必须改革。过去的，应该废除；现在的，应该批判；未来的，应该迎接。换言之，没落的贵族，应该从历史上退去。现在执政的封建诸侯，应该准备交代；新兴的商人地主，则应该走上历史舞台。一言以蔽之，他们反对用历史支持现状，而要求根据现状改造历史。

同时，新兴商人地主，也反对儒家用一种永恒的道德，来范围新兴商人。他们以为所谓道德，不过“竞一时之虚誉，规死后之余荣。偊偊尔，慎耳目之观听，惜身意之是非，徒失当年之至乐，不能自肆于一时，重囚累梏，何以异哉”。他们以为“仁圣亦死，凶愚亦死；生则尧舜，死则腐骨；生则桀纣，死则腐骨；腐骨一矣，孰知其异；日趣当生，奚遑死后”。因此，他们对于“死后之名，非所取也”。

他们要追求的是现实的享乐，是人间的世界。所以他们的人生，是要：“恣耳之所欲听，恣目之所欲视，恣鼻之所欲向，恣口之所欲言，恣体之所欲安，恣意之所欲行。”一言以蔽之，他们要求生活的自由，言论、意识和身体的自由。他们说："夫耳之所欲闻者音声，而不得听，谓之阏聪；目之所欲见者美色，而不得视，谓之阏明；鼻之所欲向者椒兰，而不得嗅，谓之阏颤；口之所欲道者是非，而不得言，谓之阏智；体之所欲安者美厚，而不得从，谓之阏适；意之所欲为者放逸，而不得行，谓之阏往。"他们要扫除这一些现实生活上的阏塞，以纵其情欲之所极。至于死后，则"焚之亦可，瘗之亦可，露之亦可，衣薪而弃诸沟壑亦可，衮衣绣裳而纳诸石椁亦可，唯所遇焉"。

新兴的商人地主，就从这种现实的追求上出发，展开自私自利的"个人主义"。他们只知有"我"，而不知有"天下。所以要他们"拔一毛而利天下，不为也"。

正当这一时代，墨子也俨然出现为农民的代言人，向封建主义提出了抗议。他反对那种因为封建领主争城争地，而使百姓肝脑涂地的封建混战。他反对那种因为领主之声色浪费，而使百姓转于沟壑的歌舞。他反对那种因为回避劳动而美其名曰三年之丧的久丧。他反对那种埋珠玉于土壤而使百姓无衣无食的厚葬。他反对那种"强必执弱，富必侮贫，贵必傲贱，诈必欺愚"的社会制度，而使"国之与国相攻，家之与家相篡，人之与人相贼，君臣不惠忠，父子不慈孝，兄弟不相调。"他主张和平、节约、兼爱、互利，他主张活人刻苦，主张死人薄葬。"有余力相劳，有余财以相分。"从这些主张中，就反映出当时农民对封建秩序中之等级身份制和宗法伦理制度之否定的意识。

在以上三派的理论中，除老庄一派已经失去了他的社会基础，墨程一派的理论，不久便成为广大农民之信仰，杨子的理论，也在新兴商人地主中获得了回响。所以在战国时代，"天下之言，不归于杨，则归于墨。"当此之时，孔子已经死了，正是亚圣孟轲的时代。孟轲目击当时杨墨横行，百家争鸣的局面，眼看农民的气焰一天天地高涨，而商人地主的势力，也一天天地成为封建领主之威胁，于是发表了"封建调和论"的主张。他说："民为贵，社稷次之，君为轻。"孟轲所谓"民"，并非泛指"一般的人民"，而是意指着"新兴的商人”。而所谓“君”者，则意指着当时“诸侯”。孟子因见新兴商人已经成为实际的权力者，因此，企图与新兴商人妥协，重新安定封建秩序，故抬高商人的地位，使之在“贤者”的名义之下，参加政治。但是这种让步，并不能满足新兴商人的要求，所以到荀卿时代，他就索性主张封建改制。荀卿主张“法后王”。所谓“法后王”者，即依据现状重建封建社会的秩序。《荀子》曰：“先祖当贤，后子孙必显。行虽如桀、纣，列从不尊，此以世举贤也。以族论罪，以世举贤，虽欲无乱，得乎哉！”又说：“上贤禄天下，次贤禄一国，下贤禄田邑，愿悫之民完衣食。”[①] 在这里，荀卿主张，“不问世族”，只问“贤不贤”，“贤”，则可以“禄天下”“禄国”“禄田邑”，就是承认没有“世族”的新兴商人地主，可以参加封建的统治。而这到战国末际，随着商人地主的历史时代之到来，于是韩非子就提出了“法治主义”，因而商人地主与封建诸侯在法律之前，获得平等的地位了。

以上，就是“百家争鸣”的历史内容，亦即春秋战国时代思想发展的过程，这种过程与当时现实的社会关系之变化，又是相适的。

第三节　文学与艺术的发展

适应社会经济的这一发展，文学也有新的发展。就散文方面说，春秋时代的作品，如《国语》《左传》，文学上的技能已经臻于精巧的成就，形成了一种故事叙述之小说体裁。到战国时代，《穆天子传》《山海经》，简直就是一种古典的神圣小说。而《吕氏春秋》《韩非子》等书，则已经能够写出长篇巨著之理论的论文了。

就韵文而言，在春秋时代，虽然没有集成的专书，但是像《诗经》一类的歌词，仍然散见于群经诸子之中。例如《左传》中之“晋舆人诵”，“宋城者讴”，“鲁国人诵”，“(宋)筑者讴”，“郑舆人

① 《荀子·正论》。

诵”“莱人歌”，“齐人歌”，与《诗》之“国风”的体裁，几无二致。此外如《晋语》(二)中之“暇豫歌”，《孔子世家》中之“去鲁歌”，其词调亦无异(诗经》中之歌曲，惟更通俗而已。到战国时代，《孟子·离娄》的“子歌”，《荀子》的《成相》与《赋》，《燕策》中的“渡易水歌”，其韵调之抑扬，则已接近于楚辞。

楚辞，是战国末期的文学发展之最后的结晶，它虽然只是楚人的作品，但是从文学本身的发展上说，所楚者，实即《诗》三百篇的体裁，经过春秋、战国时代的发展而演化出来的结果。这种文学，出现于战国末期旧领主灭亡的前夕，所以充满了悲哀而忧郁之感伤的情绪。《离骚》有云：“惟草木之零落兮，恐美人之迟暮。”这固然是屈原自己的身世之感，实亦当时一般临于没落的旧领主之共同的哀鸣。

最后说到这一时代的艺术。

在这一时代，随着物质条件的发展与封建领主的奢侈欲望之提高，艺术在宫廷中获得更高的发展。《左》宣二年传谓：“晋灵公不君，厚敛以雕墙。”《论语·公冶长》亦云：“朽木不可雕也。”《八佾》又云：“绘事后素。”由此而知春秋时壁画已甚为流行。

到战国时代，绘画的艺术，更为发展。《韩非子·外储说左上》有云：“客有为周君画筴者，三年而成。君观之，与髹筴者同状。周君大怒。画筴者曰：‘筑十版之墙，凿八尺之牖，而以日始出时，加筴其上而观。’周君为之，望见其状，尽成龙蛇禽兽车马万物之状备具。周君大悦。”同篇又云：“客有为齐王画者。齐王问曰：‘画孰最难者？’曰：‘犬马最难。’‘孰易者？’曰：‘鬼魅最易。’夫犬马人所知也，旦暮罄于前，不可类之，故难。鬼神无形者，不罄于前，故易之也。”又《楚辞·天问》王逸追序当时之事曰：“屈原放逐，……见楚有先王之庙，及公卿祠堂，图画天地山川神灵，琦玮僪佹，及古贤圣怪物行事。”由此看来，战国时代的绘画，已能在一定的画面上，图画各种奇异的生物的形象，而使之保持相互的关系。这在绘画上，当然是一个很大的进步。至于绘画的题材之以神怪为主题，这与当时流行之《山海经》中的故事，又是相关联的。

战国时代的绘画，近来于洛阳的“韩君墓”及寿县的“楚君墓”中已有发现。“韩君墓”之彩画，发现后即归毁灭，无从知其内容。“楚君墓”之朱漆所画的棺盖，则保存甚为完好。其用笔设色，实为汉代彩绘之所渊源。这种漆画，完全用细线钩成，用笔取材，较之铜器上的图案，则远为自由。

铜器的雕镂，在春秋战国时代，仍为艺术创造的一个主要部门。因为当时一般诸侯，均重视铜器。他们有以铜器用于贿赂者，如《左传》记载，齐侯赂晋以“纪甗”（成二年），鲁公赂晋卿以“寿梦之鼎”（襄十九年），郑赂晋以“襄钟”（成十年），齐赂晋以“宗器”（襄二十五年），徐赂齐以“甲父鼎”（昭十六年），郑伯纳晋以“钟、镈”（襄十一年）。有以获取铜器而进行战争者，如齐攻鲁以求“岑鼎”。有为述德儆身之铭而铸铜器者，如叔向述“谗鼎”之铭（昭三年），孟僖子述“正考父鼎”之铭（昭七年），史苏述商衰之铭。[①]有以为自矜之铭而以为铜器者，如礼至铭杀国子（僖二十五年），季武子铭得齐兵（襄十九年）。有为著政令而以为铜器者，如书大约剂于宗彝[②]，晋、郑著刑书于鼎（昭六年又二十九年）。此外，如楚子问鼎于周（宣三年），秦兴师临周求九鼎[③]，则当时的铜鼎，又几乎成为政权之象征。从此以后，凡欲皇帝自为者，无不求九鼎矣。即因铜器为当世诸侯所宝，因而铜器的铸造及其雕镂，亦必求其精致。

周代的铜器见于著录者约二三千件。晚近（民十二年，1923年），又于新郑县城内一坑中发现成形之器七八十件，破碎者不计其数。新郑，在春秋时为郑地，故此间所发现之周代铜器，当系春秋时代之遗物。又在寿县亦有周代铜器之发现（民二十二年，1933年），惟此间所发现者，多已散失，仅有七十余件，战前存于安徽图书馆，今尚不知存在否。考寿县于秦以前为寿春，楚考烈王二十二年迁此，至楚负刍五年，凡二十二年。此间所发现的铜器，当系战国末年之遗物。

---

① 《国语·晋语》。

② 《周礼·秋官·司约》。

③ 《国语》。

春秋末及战国时，铜器的形式，花纹及文字各方面，均有剧烈的变化，此种变化之主要的原因，一方面，是由于艺术之地方特异性的发展，另一方面，则是由于艺术本身之历史的发展。

以形制而论，从春秋时代起，铜器的形制，已大有改变如鼎鬲之足，由以前之圆足变为马蹄形之足，“芮公鼎”“鄀伯鼎”“叔单鼎”等之足，皆作马蹄形。亦有作尖足者，如“鬣季鼎”。以前圆柱形之鼎腿，渐变为微曲之形，如“康鼎”，盖顶、鋬、耳及腿，多饰以鸟兽形。如“跳簋”两耳作兽形。“陈侯午簋”两耳作龙形。“牢鼎”，鼻上着牛首形。器多有盖，盖多有纽。到战国时，则形式更为变易，如寿县出土之楚国的“楚王酓肯鼎”附耳、有流、三足、作兽首形。“鱼凫图匜”足作链形而下加方几。“单环匜”足作轮形。“兽尊”作兽形，鸟喙，以首为盖，颈部下为器。同时器物的装饰，亦更趋复杂。如“蟠虺鼎”附耳，盖有三环，可仰置。“龙纹鼎”附耳，盖有镂空之圆顶，可仰置。“耳鼎”，以鸟首作两耳，盖有纽，又有四鸟首，可仰置。“曾伯琦壶”盖顶如花瓣，两耳作兽首形。“云纹敦”三足为环所展成。“素敦”三足并盖上三环，均为环形所展长。“蟠虺纹镈”以交龙为纽。“交螭纹镈”纽之两端作兽首形。诸如此类，不胜枚举。

就花纹而言，从春秋末起，动物画的图案，即渐趋发展。到战国时，则动物画的缕刻更为流行。如“四兽图壶”“鸟兽图壶”，皆系纯粹之动物画，此种动物画，已表现为极生动之姿态。最值得赞赏者，为“行猎图壶”上之狩猎图，其上镂刻着人物与野兽搏斗的姿态，跃然欲生。尤其是“画像钫”的镂刻，已经构成了一幅大规模的狩猎图。其中有车有马，有乘车之贵族，有与野兽肉搏之猎夫，有中矢奔窜的兽，有纵横驰逐的猎犬，亦有已经杀死的野兽，形形色色，俱能显示出生动的姿态。

除此以外，在这一时代，错金的技术，更为熟练，同时，又出现了镶嵌的装饰，如“牺尊”上的花纹，即系错金，而且还嵌有绿松石。

春秋时代铜器上的鸟纹

战国时代铜器上的动物图案

战国时代铜器上镂刻的狩猎纹

艺术的这一发展，决非偶然，而是高级的社会生产力之升华，否则人类虽有这样的文化要求，也是不能实现出来的。惟到战国末年，又出现全无文饰的铜器。铜器上的文饰之消灭，一方面是由于当时六国的旧领主已陷于民穷财竭，没有剩余的资力，创造价值高昂的艺术品；另一方面，由于艺术的范围，已扩大于青铜以外之其他的材料，特别是漆器，因而艺术遂不完全集中于铜器之装饰。

歌舞，在春秋战国时代，更为发展，当时的领主，在祭祀时与宴会时，必有歌舞，以乐神乐人。当时祭祀必有巫。《说文·工部》云："巫，祝也。女能事无形以舞降神者也。像人两袖舞形，与工同意。"故《书·伊训》云："恒舞于宫，酣歌于室，时谓巫风。"是知古代之巫，实以歌舞为职，而以"降神者也"。春秋战国时，周礼即废，巫风大兴，陈诗曰："坎其击鼓，宛丘之下。无冬无夏，值其鹭羽。"又曰："东门之枌，宛丘之栩子仲之子，婆娑其下。"这就是巫舞。到战国时，楚越之间巫风尤盛。王逸《楚辞·九歌》注云："楚国南郢之邑，沅湘之间，其俗信鬼而好祠，其祠必作歌乐鼓舞，以乐诸神。"楚越的巫风之所以特别盛行，乃是受了群蛮百濮及百越之影响，盖巫风在愈落后的民族中愈以盛行也。《楚辞·九歌·东皇太一》云："灵偃蹇兮姣服，芳菲菲兮满堂。"又《云中君》曰："灵连蜷兮既留，烂昭昭兮未央。"这里所谓"灵"，王逸皆训为巫。《说文·玉部》亦曰："灵，或从巫。"《工部》又曰："凡巫之属皆从巫。"由此可以想见当时祭祀时，竽瑟浩倡、缓节安歌、偃蹇连蜷、婆娑曼舞、神人同乐的盛况。

同时，在当时，又有一种供奉于官廷的歌人，此种歌人，乃专门用之乐人者也。《左》襄二十九年传云："吴公子札来聘……请观于周乐，（鲁）使（乐）工为之歌。"此种乐工，即系当时供奉宫廷之歌人。此种歌人，不仅存在于鲁国，而且普遍存在于当时之各国。如当时齐人曾馈鲁女乐，是齐亦有歌人也。又如晋有"优施"，楚有"优孟"，是晋、楚亦有歌人也。

"优施"与"优孟"之"优"，《说文解字系传》云："优，饶也，一曰倡也。"段注云："倡者，乐也。"《史记》称"优孟"，亦云："楚之乐人。”是知当时优人，实为一种以乐舞为职业之人，故优施假歌舞以说里克。又《左》襄六年传曰：“宋华弱与乐辔少相狎，长相优。”杜注云：“优，调戏也。”是又知优之为言，戏谑也。证之典籍所纪亦甚吻合。《穀梁》定十年传云：颊谷之会，“齐人使优施舞于鲁君之幕下。孔子曰：笑君者，罪当死。使司马行法焉。”由此又知当时优人除歌舞以外，又常以微词托意，以为讽刺之语；因而优施乌乌之歌，优孟爱马之时，实际后来戏剧之原始的渊源。证之优孟之为叔孙通的衣冠。则知当时的优人，已化装登台了。

当时的优人，皆以侏儒为之。《乐记》称优为侏儒。颊谷之会，孔子所谓“笑君者”。《穀梁传》谓之优，而《孔子家语》，何休《公羊解诂》，均谓之侏儒。《史记·李斯列传》亦以“侏儒、倡优”并称。《滑稽列传》云：“优旃者，秦倡侏儒也。”由此而知当时优人，皆甚短小。又《晋语》(四)云：“侏儒扶卢”，韦昭注云：“扶，缘也；卢，矛戟之柲，缘之以为戏。”是知当时的优人，除歌舞笑谑以外，又兼有竞技的表演了。像这样的情形，当然是中国歌舞之最大一步的发展。

除歌人以外，春秋时代的领主们，他们自己在宴享中，也似乎以歌唱为彼此交欢的仪式。例如《左》襄二十年传云：“季武子如宋……受享，赋《常棣》之七章以卒。……归复命，公享之，赋《鱼丽》之卒章。……公赋《南山有台》。”襄二十六年传云：“齐侯、郑伯，为卫侯故如晋，晋侯兼享之。晋侯赋《嘉乐》；国景子相齐侯，赋《萧》，子展相郑伯，赋《缁衣》。”襄二十七年传云：“郑伯享赵孟于垂陇。……子展赋《草虫》，……伯有赋《鹑之贲贲》，……子西赋《黍苗》之四章，……子产赋《隰桑》，……子大叔赋《野有蔓草》，……印段赋《蟋蟀》，……公孙段赋《桑扈》。”

春秋时的乐曲，据《左》襄二十九年传，鲁为吴季札所歌，皆系《诗》之“风”“雅”“颂”。不过另据《论语·述而》云：“子在齐，闻《部》，三月不知肉味。曰：‘不图为乐之至于斯也。’”又《卫灵公》曰：“乐则韶舞，放郑声，远佞人；郑声淫，佞人殆。”则所谓韶乐、韶舞，当系封建贵族宴享之乐曲，故孔子听之，“三月不知肉味”。而所谓郑声音，则系民间之乐曲，所以孔子曰：“放郑声，远佞人。”

降至战国，则新的乐曲出现，如魏人有槌凿之声，齐人有房中之谱，燕人有变征之音，秦人有击缶之歌。此外吴歈、楚些、巴糶，皆为各地之新声。楚国的“九歌”之曲，实为战国末年最悠美之神曲，至今尚有其文学上之不朽的价值。

文库

中国史纲

第二卷 秦汉史

翦伯赞 著

江西教育出版社
JIANGXI EDUCATION PUBLISHING HOUSE
·南昌·

图书在版编目（CIP）数据

中国史纲 . 第二卷 , 秦汉史 / 翦伯赞著 . -- 南昌 : 江西教育出版社 , 2022.6

（大家学术文库）

ISBN 978-7-5705-3047-2

Ⅰ . ①中… Ⅱ . ①翦… Ⅲ . ①中国历史 - 古代史②中国历史 - 上古③中国历史 - 商周时代 Ⅳ . ① K22 ② K21 ③ K221

中国版本图书馆 CIP 数据核字 (2022) 第 079350 号

中国史纲（第二卷）：秦汉史

ZHONGGUOSHI GANG(DI-ER JUAN)：QINHANSHI

翦伯赞 著

江西教育出版社出版

（南昌市抚河北路 291 号　　邮编：330008）

各地新华书店经销

北京长宁印刷有限公司印刷

635 毫米 ×960 毫米　　16 开本　　53 印张　　字数 800 千字

2022 年 6 月第 1 版　　2022 年 6 月第 1 次印刷

ISBN 978-7-5705-3047-2

定价：98.00 元（全二卷）

赣教版图书如有印装质量问题，请向我社调换　电话：0791-86706047

投稿邮箱：JXJYCBS@163.com　　电话：0791-86705643

网址：http://www.jxeph.com

赣版权登字 -02-2022-217

目　录

五、中期封建社会

第一篇　中期封建社会的序幕

序

一

本书所论述的范围，是秦汉的历史。

秦汉的历史直至今日，我们还没有看到一部完整的科学的专著；有之，只是以一个章目列于诸家通史之中。

一般地说来，中国历史之科学研究，其自上而下者，大抵皆停止在殷周阶段；其由下而上者，则又皆停止于鸦片战争。自殷周而后，迄于鸦片战争，这两千余年的历史，虽已曾有若干学者尝作初步之科学的探讨，但历史的具体演进，则尚有待于详细的研究。因此，当我们的研究进到秦汉时代，就要走进中国历史学上的荒原了。

虽然，研究秦汉的历史已不似研究秦以前的古史，令人感到文献之不足，或竟无文献之可征。秦汉的历史，特别是两汉的历史，已经留下了不少有系统的记录。其中最有名的巨著，是天才的史学家司马迁的《史记》；其次，是班固的《汉书》、范晔的《后汉书》、荀悦的《汉纪》。此外尚有清人姚之骃、汪文台等所辑谢承、薛莹、张璠、华峤、谢沈、袁山松、司马彪及佚名氏等所著诸家的《后汉书》。这些古典史籍和后来的辑逸，若把他们当作历史，虽班马亦不敢轻许；但当作史料，则上列诸书都是研究秦汉史的最好资料。

《史记》《汉书》《后汉书》，自唐以来，即列为正史。历来研究汉史的学者，都用这几部书作根据。迄于清代，对于这几部书之注释、疏证、探源、索隐、正义、考异、辩惑、志疑、纠缪、刊误之作，已汗牛充栋。我们不能说这一类后起的著作对于秦汉史的究明没有或多或少的贡献；至少对史料之订正，有其一面的劳绩。但是这样寻章摘句的研究，决不能使秦汉的历史显出光明；甚且因为这类著作之支离烦琐、陈说纷纭，反而淆混了原著中之秦汉史的本来面貌。

二

秦汉史之得以从繁复的史料中理出一个眉目来，这是近年来科学研究的成果。但迄至现在，科学所达到的范围，只是对文献上的史料之批判与分类；而这对于秦汉史的究明，还是非常遥远。但这并不是说，我们不应该从文献的史料中去钩稽秦汉的历史；只是说，如果有了新的考古学上的发现，我们便应该尽可能地运用考古学上所提供的新史料，去订正文献上的史料之伪误，补充文献上的史料之缺失。接收考古学的成果，使考古学与历史学结合为一，这是历史科学的任务。

近三四十年，由于中西考古学者的努力，两汉的遗址和遗物，在中国西北新疆、甘肃一带，大有发现。特别是斯坦因氏的发现，最为重要。斯氏在新疆前后考古三次，曾著《和阗埋没的古址》《古和阗》《沙漠契丹废墟》《近印度》《亚洲腹部考古记》及《西域考古记》等书，报告其发现。他在于阗附近的尼雅，曾发现汉代精绝的废墟；在罗布泊的沙漠中，曾发现楼兰的古城（王国维氏谓此古城非楼兰）和许多汉代的古垒；在敦煌西北，曾发现汉代极西的古长城遗址。这些新的发现，使两汉的历史，显出了不少的光明。

例如从古长城的发现，即指明汉代的长城并不终止于酒泉，而是伸延到今日敦煌的西北，因而法显《佛国记》中所谓："敦煌有塞”;《晋书·凉武昭王李玄盛传》中所谓“玄盛乃修敦煌旧塞”的记载，由此得到新证。又如从罗布泊沙漠中成列的古垒之发现，即指明汉代自敦煌以西，直达楼兰，沿途都筑有堡垒，以防止匈奴人的侵袭，因而《汉书·西域传》所谓“自敦煌至盐泽，往往起亭”的记载，又得到新证。又如据斯氏的报告，敦煌西北的古长城，不是用砖石砌建，而是用苇秆挟泥土砌筑起来的，因而《后汉书·班超传》中所谓“焉耆有苇桥之险”的“苇桥”，才知道他正确的解释。又如从新疆、甘肃一带的遗址中，有用古窣利文、佉卢文、印度文字写的书简之发现，即指明当时塔里木盆地及南山北麓的国际大道上，已有不少“深目多髭髯”的中亚商人往来贸易，而《史记·大宛列传》所谓武帝“巡狩海上，乃悉从外国客”的记载，又获得了印证。以上的发现，对文献上的史料，都是有力的补充。

此外如从罗布泊沙漠中之汉代古钱及其他遗物的发现，竟使西汉时代通达西域的古道由此再现；并且把当时东西商人所贩卖的商品再呈现于我们的眼前。如从楼兰及于阗附近的汉代住宅遗址之发现，又使我们知道汉代在西域的官署之建筑的式样，大抵都有一间华美的大客厅，此外有厢房、厩栏、冰窖、监狱和营房，还有幽雅的花园。从那些至今还倒卧或直立在沙漠中之成列的白杨、红柳和各种果树的死干，还可以想见在一千七八百年前绿荫如梦的荫道。从那些死去了的葡萄藤，又可以想见当他们垂着累累紫实的时候，汉代诸帝还健在人间。在这里留下来的家具虽然局部腐朽，仍然可以看出富丽的雕刻；留下来的文书虽然大半破坏，仍然可以看出记录的事件；留下来的炉灶虽然久绝烟火，仍然可以看出原来的式样。这一切的陈迹几乎把汉代官吏在西域的生活再现出来；而这在文献的历史中，是梦想不到的。虽然这些发现只是当时的边疆文化，但这些边疆文化，正是当时中国文化的一个重要的组成部分。

三

除遗址与遗物外，第二个大发现，便是在敦煌和居延所发现的汉简。敦煌汉简自斯坦因氏发现以后，经沙畹博士考证，印于沙畹所著《流沙中发见的汉文书》一书中。以后王国维氏又择其精华辑为《流沙坠简》一书（拓片一卷，考释三卷，补遗及附录一卷）。《居延汉简》自贝格曼发现以后，久经秘藏，最近劳干氏辑为《居延汉简考释》一书（释文四卷，考证二卷）。《居延汉简》较《敦煌汉简》发现为迟，但其数量则较敦煌所发现者多出数倍。敦煌与居延两地所发现的汉简内容大抵相同，皆系汉代西北边防军留下来的文书、簿籍、信札及经籍之类的东西；因而其所记载，大都皆系屯戍、烽燧、戍役、廪给、器物及边塞杂事之类。这些记载大半都是文献的历史中记而不详，或根本没有的，所以是一种崭新的史料。

汉代的烽遂制度，从《汉书》和《后汉书》的记载中，是无法考证的。自汉简发现后，遂可得而详知其具体的组织和内容。从汉简的记录中，我们知道在两汉时代，自河西四郡，西至盐泽，皆有烽燧的设备。五里一燧，十里一敦，三十里一堡，百里一城塞。此等烽燧，分隶于四郡太守。太守之下，有都尉、候官、鄣尉、候长、燧长，以下则为戍卒。举烽的方法，昼夜不同。白昼放烟，夜晚放火。又视敌人数目之多少而有各种不同的暗号，《居延汉简》有一简曰：“五百人以上能举二烽。”同时，汉简中并记载着若干烽燧的名字。晚近王国维氏把这些烽燧的名字配合考古学上的发现，加以互证，于是敦煌西北沙漠中之汉代的废垒已骤可得而呼其名（《流沙坠简》释文及后序）。假使他日居延一带的汉代废垒亦能有所发现，则今日《居延汉简》中之烽燧的名字也就可以考定他们的地位了。

此外，从汉简中我们还知道许多新的史实。如在戍卒的名册中，对于每一戍卒出生的郡、县、里，都有详细的登记，因知汉代户籍法的严密。在器物的簿籍中，常见的兵器是弓矢，并常有领取铜矢的纪录，因知当时驻防边塞的军队多为骑射部队，而且还在使用铜矢。在流水账簿中. 常见有购买牛羊鸡豚姜酒肝肺舌等食物的日用账，又知当时边防军军官的生活甚为优裕。而且从《居延汉简》中“肉百斤值七百”的记载，又知当时的肉价，每斤只值七个铜钱。此外，如汉简中常有“以邮行”“以次传行”及医方的记录，又知当时边防军中有军邮和军医的设备。凡此，都是在文献的历史中看不见影子的。

四

除实物和简牍外，汉代的石刻画像也提供了不少新的史料。汉代的石刻画像，如武氏祠、孝堂山祠、两城山及武阳石阙等石刻画像，皆传世已久；但并未引起历史家的注意。晚近南阳一带汉墓中，又发现了大批的汉代石刻画像，始有若干学者开始对石刻画像作艺术的研究。我以为除了古人的遗物以外，再没有一种史料比绘画雕刻更能反映出历史上的社会之具体的形象。同时，在中国历史上，也再没有一个时代比汉代更好在石板上刻出当时现实生活的形式和流行的故事来。汉代的石刻画像都是以锐利的低浅浮雕，用确实的描写手腕，阴勒或浮凸出它所要描写的题材。风景楼阁则俨然逼真，人物衣冠则萧疏欲动；在有些歌舞画面上所表示的图像，不仅可以令人看见古人的形象，而且几乎可以令人听到古人的声音。这当然是一种最具体、最真确的史料。

例如从石刻画像中楼阁宫室的构图，我们便了然于桓宽所说的汉代贵人之家“兼并列宅，隔绝闾巷，阁道错连，足以游观；凿池曲道，足以骋骛”之语。从石刻画像中的乐舞图像，我们便了然于仲长统所说的豪人之室，“妖童美妾，填乎绮室；倡讴伎乐，列乎深堂”之语。看侏儒舞的画像，则《徐乐传》所谓“帷幄之私，俳优侏儒之笑”如在目前；看戏兽的画像，则张衡《西京赋》所谓“熊虎升而挐攫，猿狖超而高援”之态，跃然纸上；看乐队的画像，则流徽鸣鼓，如闻其音；看战争的画像，则矛挺搏击，如历其境。此外，还有许多描写风俗、记录传说、鼓励道德、宣传信仰的画像，不及备举。总之，这些石刻画像假如把它们有系统的搜辑起来，几乎可以成为一部绣像的汉代史。

五

上述考古学的诸发现，他们不知吹送了多少新生命到纪传体的秦汉史之中。由于这些新的史料之发现，从前在文献史料中仅能想像、或不能想像、乃至完全不知道的史实，现在已有若干被具体地显现出来了。虽然如此，仅仅依靠今日所有的考古资料，还是不能揭发秦汉史中所有的幽隐；因为这些考古学上的资料虽然大部分足以资为秦汉史之一般的说明，其中有若干仍有着地方的局限性。如果要把全部的秦汉史从纸上浮凸起来，除非从地层中射出更大的光辉。

著者在本书中，曾努力于考古学的资料之应用。但以考古学发现过于贫乏，在没有考古学资料可以应用的地方，仍然不能不从文献的史料中去寻找说明。本书凡 45 万字，附地图 20 幅，插图 50 幅，著作的体例，和第一卷完全相同。地图和插图，承画家廖冰兄模绘，这是我应该致谢的。又本书插图，有一部分，系模绘汉代石刻画像；另一部分，系模绘斯坦因《西域考古记》中的插图，在插图下面不再注明。

一年以来，总算又通过了四百余年的历史行程，完成了秦汉史的写作。但我的路程，还是非常遥远。有些读者已经在耽心本书的全部工程，不知何年何月才能完成，我自己也这样想；但我可以告诉读者："不管时代如何苦难，我总是走自己的路。"

翦伯赞

1944 年 7 月 15 日于巴县歇马场刘家院子

五、中期封建社会

第一篇　中期封建社会的序幕

第一章

秦族的渊源、建国及其历史形势

第一节　秦族的渊源与秦代封建专制主义国家的创立

公元前221年，中国的历史，进入了秦代。

秦代王朝，虽然像纸炮一声，轰然而灭，但它却揭开了中国中期封建社会的序幕。中国的历史，从这一时代起，就从初期封建制走向专制主义的封建制。

秦代王朝的创立者——秦族，本是夏族的一支，即羌族的苗裔[①]。这个种族，原住鄂尔多斯的原野，大约在旧石器时代的末期，其族类即溯黄河而西上，缓缓向甘肃西南移徙。到新石器时代早期，

① 《史记·秦本纪》云："秦之先，帝颛顼之苗裔，孙曰女修。女修织，玄鸟陨卵，女修吞之，生子大业。"大业是为秦之始祖。按《国语·鲁语》上谓："夏后氏禘黄帝而祖颛顼"，《秦本纪》亦谓"秦之先，帝颛顼之苗裔，孙曰女修"。是传说中谓夏与秦同祖也。又《管子·小匡篇》云："（齐桓公）乘桴济河……逾太行，与卑耳之貉拘秦夏。"是春秋时，秦族尚称秦夏也。又《左传》襄公二十九年传载吴公子札聘鲁，鲁使工为之歌，歌至秦，公子札曰："此之为夏声。"是春秋时，秦之声，尚称夏声也。根据以上各种传说，吾故曰，秦为夏族之一支。夏族原住鄂尔多斯，故秦族始祖，亦当流浪于此。

或已定住于甘肃西南黄河河谷洮河河谷一带，开始了植物栽培与动物驯养的生活。但直至此时，秦族并未从羌族中分化出来，所以尚无秦族之名。秦族之从羌族中分化出来，那是有史以后的事。

秦族之离开今甘肃西南而东徙，约在新石器时代中期，即传说中之“尧、舜、禹”时代。当时沿渭水而东徙的羌族，除秦族外，尚有其他诸羌之族，其中首先进入中原的是周族。周族入据中原以后，遂称后来东徙诸羌曰西戎，以别于甘肃的诸羌。实则所谓西戎，就是诸羌的别称。秦族为东徙诸羌之一，故亦称秦戎。大约就在新石器时代中期，秦族的前锋，即已到达陕西境内，与东夏之族发生接触。到新石器时代晚期，其族类遂分布于今日陕西西部。

以后，由于殷族在东方之勃兴，占领中原，西服诸羌，秦族亦与诸羌同时沦为殷代奴隶国家的臣属①。大约即于此时，秦族即通过奴隶制的文明，走出了历史上之野蛮时代的境界。

即至周族克殷，陕西的诸羌，在周族之领导下，大半先后东徙中原。其残留于陕西的诸羌，即被周族称之曰西戎。秦族之中，也有一部于周初东徙中原。此等东徙中原的秦族，以后在周族封建文化影响之下，与周族同化②。其留在陕西境内的秦族，则沦为周族的臣属。

① 《史记·秦本纪》云：“自太戊以下仲衍之后，遂世有功，以佐殷国，故嬴姓多显，遂为诸侯。其玄孙曰中潏，在西戎，保西垂。生蜚廉，蜚廉生恶来。恶来有力，蜚廉善走，父子俱以材力事殷纣。”

② 《史记·秦本纪》，太史公曰：“秦之先为嬴姓，其后分封，以国为姓。有徐氏、郯氏、莒氏、终黎氏、运奄氏、菟裘氏、将梁氏、黄氏、江氏、修鱼氏、白冥氏、蜚廉氏、秦氏。然秦以其先造父封赵城，为赵氏。”按以上十四族，其中大半为周代中原之封国。如将梁氏（即梁氏）在渭水下游，后并于秦。蜚廉氏曾“为纣石北方”并“为坛霍太山”，《地理志》谓霍太山在河东彘县（今山西霍县东北），故与赵氏同在山西。其他如徐、郯、莒、江、黄、终黎（即钟离）皆系春秋时徐淮一带的国名。此等诸族，果如《秦本纪》所云皆系秦族之裔，则其进入中原，当在周初。

又《左传》称女子曰姜、曰姬、曰妫、日子、曰己、曰嬴，或谓此乃当时女子之别称。实则此种不同之称谓，乃所以别女子之族姓。如于齐则曰姜，于周则曰姬，于陈则曰妫，于莒则曰己，于秦则曰嬴。考《左传》于秦之女称嬴以外，于徐亦称嬴，与《史记》合。但此外于怀于葛之女亦称嬴。如《左传》僖公十七年，谓齐侯内嬖如夫人者六人，其一为葛嬴。同十三年传云：“秦伯纳五女，怀嬴与焉。”是怀、葛亦当为秦族矣。

在周穆王时（公元前 1000 年左右），分布于陕甘边境的秦族又有一支东渡黄河，徙于汾河河谷，这就是传说中所谓造父之族[①]。造父之族，其前锋似曾达到淮河流域。但直至周孝王时（公元前 9 世纪左右），秦族的大部分族类，还是与诸戎杂处，游牧于汧渭之间。

到周厉王时（公元前 841 年前），陕甘一带，袭来了普遍的大旱灾。诸戎之族，遂驱其畜群，东向就食，时秦族亦在其内。周宣王时（公元前 827 年—前 782 年），周族已感到诸戎的压迫，乃运用以戎制戎的政策，封秦族的酋长秦仲为大夫，使之抵抗其他诸戎。秦仲不久死于火并战争之中，其子继之，仍为周族的西垂大夫，是为庄公。庄公在周族支持之下，继续与诸戎相抗。

周幽王时（公元前 781 年—前 771 年），陕甘一带，又袭来了空前的大旱。当此之时，诸戎之族冲破了周族西北的封锁线，闯进陕西的腹部。其中犬戎与申戎，且攻陷西周的首都，杀死幽王于骊山之下。当时，秦襄公站在周族的方面，"将兵救周，战甚力，有功。"然而终于不能阻止诸戎东徙的猛潮，所以到平王时，周族遂被迫放弃陕西，东迁洛邑（今河南洛阳）。据《秦本纪》云："（当时）襄公以兵送周平王。平王封襄公为诸侯，赐之岐（今陕西岐山县）以西之地。曰：'戎无道，侵夺我岐、丰之地。秦能攻逐戎，即有其地。'与誓封爵之，襄公于是始国。"由此看来，秦族的始建国，乃在西周末叶[②]。

春秋初，陕西全境，已成为诸戎驰逐之场，而秦族于诸戎中，最为强大。他占领了汧渭之间土地肥美的河谷，这里，不但水草丰富，宜于畜牧，而且是周族文化发祥之地，有着繁荣的庄园农业和手工业的存在。秦族既据有优越的自然条件，又因袭周族的文化遗

---

① 《史记·秦本纪》云："缪王以赵城封造父，造父族由此为赵氏。"

② 秦建国始于何时，其说不一。秦公钟铭云："丕显朕皇祖受天命，奄有下国，十有二公。"此"十有二公"之首公，当然为秦族始"受天命"之"皇祖"。但此十有二公之首公，究属秦之何公，尚无定论。欧阳修《集古录》以为《史记·秦本纪》云："襄公始列为诸侯，而《诸侯年表》则以秦仲为始。今据《年表》，始秦仲，则至康公为十二公；据《本纪》始襄公，则十二公为桓公。总之，此十有二公之首公，非秦仲即襄公，而秦钟之铸，非共公时即景公时也"。

产，同时，更以其氏族制的历史活力，注入于周代封建文化之中，故在春秋初叶，勃然兴起，征服邻近诸戎，成为当时西北的一个新兴的力量[①]。他把诸戎的土地，收夺为县邑，诸戎的族类，转化为农奴，逐渐把诸戎的社会经济，推向封建主义的历史边缘，并从而使诸戎之族，在封建地方关系之中，化除其种族的界线，融解于秦族的封建国家之中。所以西周时的诸戎，不复见于春秋中叶以后，这并不是诸戎之族为秦所灭绝，而是与秦族混而为一了。

秦族就在不断的征伐战争中，建立起一个强大的封建国家。到缪公时，这个国家，便西并诸戎，把他的领土，西展至陕甘边境，北拓至陕西北部[②]。同时又东灭梁、芮，打通进出中原的道路，并进而伸张其势力于中原。有名的城濮（今陕西韩城西南）之战，正是秦国势力昂扬东进的开始。惟当时晋国强大，仍为秦国东进的阻力，所以到康公之世，秦国便以全力打击晋国，他一败晋于令狐（今山西临猗西），再败晋于武城（今陕西华县东），三败晋于羁马（今山西永济南），四败晋于河曲（今山西芮城县风陵渡一带），把晋国打得落花流水。降至战国初，韩、赵、魏三分晋国，秦国的东线，解除了威胁，于是秦国在这一历史间隙中，征服了陕西全境的诸戎，并进而征服甘肃东北及汉中一带的诸羌。[③]从此以后，秦国便以日益高涨的压力，侵陵中原诸国。

秦国之走上新的历史发展阶段，始于孝公时代（公元前361年以后）。据《史记·秦本纪》云："孝公元年，河山以东，强国六，与齐威、楚宣、魏惠、燕悼、韩哀、赵成侯，并淮泗之间小国十余。

---

① 《史记·秦本纪》云："文公以兵伐戎，戎败走，于是文公遂收周余民有之，地至岐。""宁公二年，公徙居平阳，遣兵伐荡社。三年，与亳战，亳王奔戎，遂灭荡社。""十二年，伐荡氏，取之。""武公元年，伐彭戏氏，至于华山下……十年，伐邽、冀戎，初县之。十一年，初县杜、郑，灭小虢。""成公元年，梁伯、芮伯来朝。"

② 《史记·秦本纪》云：缪公"三十七年，秦用由余谋伐戎王。益国十二，开地千里，遂霸西戎"。

③ 《史记·秦本纪》云："厉共公二年，蜀人来赂。十六年，堑河旁以兵二万伐大荔，取其王城。二十一年，初县频阳。""灵公六年，晋城少梁，秦击之。十三年，城籍姑。"惠公"十三年，伐蜀，取南郑"。

楚、魏与秦接界。魏筑长城，自郑宾洛以北，有上郡。楚自汉中，南有巴、黔中。周室微，诸侯力政，争相并。秦僻在雍州，不与中国诸侯之会盟，夷狄遇之。”由此而知当时秦国已与六国诸侯，形成一种对垒的形势。但是当时中原六大强国的社会内部，已经展开了新旧土地所有者的矛盾斗争，新兴的商人地主，正要求摆脱旧领主的束缚，建立封建主义的新体制。但当时六国旧领主，根深蒂固，正如百足之虫，死而不僵。秦国为一新兴的国家，并没有传统的历史束缚，所以新兴的商人地主，首先在秦国获得了政权。商鞅变法，正是秦国历史之新的转向的表现。所谓商鞅变法，就是变封建为郡县，变庄园为佃耕，变力役地租为现物地租①。由于变法的结果，于是更提高了秦国社会的生产力，由此而超越了六国社会经济的发展。所以史称孝公之世，“民以殷盛，国以富强，百姓乐用，诸侯亲附，覆楚魏之师，举地千里。至今治强。”②

秦国自变法以后，他就变成了六国中新的土地所有者反对旧领主的堡垒。因而以前种族的对立，到孝公以后，便一变而为当时中国社会内部的矛盾对立。一方面新的土地所有者，以秦国为支柱，组织了反旧领主的连横派；另一方面，六国的旧领主，也组织了自卫的合纵派。这两派，在战国中叶以后，展开了剧烈的斗争。所以自孝公以后，秦与六国的斗争，就是新旧土地所有者的斗争。

历史发展的原理，决定了这个斗争的结局，是新地土地所有者的胜利，所以秦自孝公以后，便以压倒之力，东向中原。“当是时，齐有孟尝，赵有平原，楚有春申，魏有信陵。此四君者，皆明知而忠信，宽厚而爱人，尊贤重士，约从离衡。并韩、魏、燕、楚、齐、赵、宋、卫、中山之众。于是六国之士有宁越、徐尚、苏秦、杜赫之属为之谋，齐明、周最、陈轸、昭滑、楼缓、翟景、苏厉、乐毅之徒通其意，吴起、孙膑、带佗、儿良、王廖、田忌、廉颇、赵奢之朋制其兵。常以十倍之地，百万之众，叩关而攻秦。秦人开关延

① 《史记·秦本纪》云：孝公“十二年，……并诸小乡聚，集为大县，县一令，四十一县。为田开阡陌。……十四年，初为赋”。

②《史记·李斯列传》。

敌，九国之师，逡巡逃遁而不敢进，秦无亡矢遗镞之费，而天下诸侯已困矣。于是从散约解，争割地而奉秦，秦有余力而制其敝，追亡逐北，伏尸百万，流血漂卤，因利乘便，宰割天下。分裂河山，强国请服，弱国入朝。”[①]这样的事实，就充分地证明了，任何主观的企图，都不足以倒转历史的车轮，秦与六国的斗争，正是一个最好的例子。

据史载，秦至惠王之世：“用张仪之计，拔三川之地，西并巴、蜀，北收上郡，南取汉中，包九夷，制鄢、郢，……”[②]至于昭王，秦国的势力，遂深入黄河腹部，臣服韩、魏，挟制东周，东逼齐、鲁，北临燕、赵，南窥荆楚，西略巴、蜀，伐巫郡，远至于黔中。于是秦国不仅把中原诸国，置于其控制之下，而且伸张其统治于川黔一带。

到秦始皇时，“秦地已并巴、蜀、汉中，越宛有郢，置南郡矣；北收上郡以东，有河东、太原、上党郡；东至荥阳，灭二周，置三川郡”。[③]当此之时，中原六国，已如盛开之花，临于萎谢；而秦国则如暴风雷雨，闪击中原。于是“吞二周而亡诸侯，履至尊而制六合。”[④]在初期封建社会的废墟上，建立起一个崭新的封建专制主义的帝国。而中国历史也就随着新兴商人地主之登场，揭开了中国封建社会的幕布。

第二节　秦代中国境内各种族的活动

战国末叶，新兴的秦族，正如一条波浪壮阔的洪流，自中国的西北，滚滚而东，泛滥于中原。他冲决了中原诸国之封建地方区划

---

① 《史记·秦始皇本纪》太史公曰引贾谊《过秦论》。

② 《史记·李斯列传》。

③ 《史记·秦始皇本纪》。

④ 始皇十七年，内史腾灭韩，俘韩王安。十九年王翦羌瘣灭赵，俘赵王迁。二二年王贲灭魏，俘魏王假。二四年，王翦、蒙武灭楚，楚王昌平君死。二五年，王贲灭燕，俘燕王喜。二六年，王贲灭齐，俘齐王建。于是六国毕，四海一。

的堤防，打通了一切阻碍经济文化和血统交流的障壁，使中原诸文化种族，在他的冲刷与激荡之中，融化混合而凝结为一个整个的种族，即后来所谓汉族。

如前所述，在太古时代，中国的中原，本是一片没有人迹的荒原。到旧石器时代末期，才有诸夏之族和南太平洋系人种之一分支从南北两方徙入。以后殷族、周族、北狄、西戎，遂如潮水一样，后浪接前浪地从四方八面涌进中原。因此，在秦以前，中国的中原，已经沉淀下不少来源不同的种族层，这些不同的种族层，就是后来汉族的胚种。

在殷代，当时分布于中原一带的诸种族，还是各自团结其族类于血缘纽带之上，保持其各自之独立的发展。自周代建封国家创立以后，中原一带区划为无数封区，于是同一种族的人民，分隶于不同的封区之内；反之，许多不同种族的人民，又同隶于一个封区之内。因而向之以血缘关系而结合之种族集团，遂一变而为以地方关系结合之政治集团。这样历史变革的结果，中原诸种族之种族的分野，遂逐渐模糊。以后在春秋、战国长期历史发展的过程中，由于频繁的战争与发展的交换，更加强了中原诸种族之血统和文化的交流，因而种族的观念，愈益稀薄了。虽然，自至此时，由于封建地方割据之锁闭，中原诸种族，尚未能融混为一。这一直到秦族之进入中原，才完成他们的混一。所以说，汉族的形成，秦族是一个历史的酵母。

这样看来，所谓汉族者，并不是中国这块历史地盘上天生的一个支配种族，而是自有史以前迄于秦族徙入，中原的诸种族之混合的构成。同样，中国的中原，也不是汉族独有的天下，在史前时代，这里是中国境内诸种族自由进出之地。在殷代，虽然殷族西服氐、羌，南征荆楚，但是还有广大的自由世界，供其他诸种族白由的发展。到西周时，周族虽然是支配中原的一个种族，但对其他诸种族，还是保持平等的关系。如称其友族则曰“兄弟方”，称其敌族则曰“不廷方”，而通称则曰“四国多方”，曰“四方大邦小邦”，曰“大国”“小国”，由此可以想见一斑。到春秋时，由于中原诸种族之突出发展，于是始倡“内诸夏而外夷狄”之说。夷狄者，即指分布于中原四周的诸种族；而诸夏者，即指分布中原以内的诸种族。他们说：“夷狄禽兽也”，“封豕豺狼也”，“非我族类”，“誓不与中国”。于是中原文化区域，始被占有诸种族视同禁脔，排斥其他中原以外的诸种族之进入。战国时，赵筑长城[①]，以御北狄；燕筑长城[②]，以御东胡；楚则南拒群蛮；秦则西拒诸戎；遂展开了中原诸种族与中原四周诸种族之对立的形势。自秦族征服中原以后，中原诸种族融混为一，于是北筑长城[③]，南守五岭，西据巴黔，东抗辽东，关闭了四周诸种族进入中原的大门。

当秦族进入中原，建立大秦帝国的时代，中国境内之其他诸种族，也依据其各自的历史原理，展开其各自的历史发展。

当时，游牧于中国北部蒙古高原一带的北狄之族，已经发展为一个强大的种族，是为匈奴。

北狄之族，本系残留于蒙古高原的一部分人种之所分化，而匈奴者，则又是北狄诸族之所融混。自蒙古高原大内海涸竭以后，蒙古高原，已变成一片苦寒奇穷之地，虽间有水草，但究竟不大适宜于人类之生存。因此，徘徊于这个荒凉原野的人类，自有史以来，即屡次企图侵入黄河中游的大平原，以转换其生活环境。西周的严允，春秋的诸狄，皆曾作此种历史的尝试。西周的严允，曾侵入山陕北部。《诗》云：“薄伐严允，至于太原。”[④]又云：“出车彭彭”，“城

① 《史记·赵世家》云：肃侯“十七年围魏黄，不克。筑长城”。又云：赵武灵王“召楼缓谋曰：‘我先王因世之变，以长南藩之地，属阻漳、滏之险，立长城’”。此赵之南长城。又《史记·匈奴列传》云：“而赵武灵王……北破林胡、楼烦。筑长城，自代并阴山下，至高阙为塞。”《正义》引《括地志》云：“赵武灵王长城在朔州善阳县北。”此赵北长城。

② 《史记·匈奴列传》云：“燕亦筑长城，自造阳至襄平。置上谷、渔阳、右北平、辽西、辽东郡以拒胡。”按造阳在今察哈尔怀来县治（今河北赤城县北独石口附近），襄平在今辽宁辽阳县北。是燕之长城已延袤千余里矣。

③ 《史记·蒙恬列传》云：“始皇二十六年……筑长城，因地形，用险制塞，起临洮，至辽东，延袤万余里。”《匈奴列传》亦云：“秦昭王时……秦有陇西、北地、上郡，筑长城以拒胡。”《水经注·河水注》亦云：“始皇令太子扶苏与蒙恬筑长城，起自临洮，至于碣石。”盖秦之长城系连结燕、赵之长城，而西延至甘肃，东展至朝鲜平壤以南。

④ 《诗·小雅·六月》。

彼朔方”。[1]又云：“靡室靡家，严允之故，不遑启居，严允之故。”[2]足见当时严允对中原诸种族的压力之强大。春秋的诸狄，曾由山西侵入河北，并在河北滹沱河上游，建国曰中山，其前锋且进入河南、山东。据《左传》载，闵公二年，狄灭卫；僖十年，狄又灭温，其后伐齐，伐鲁，伐郑，伐晋。这些，都足以证明当时北狄势力已有一部分深入中国。至于战国，燕、赵、秦皆北筑长城，以阻塞北狄南进的道路，由是北狄南徙遭受打击。至于秦代，北狄之族只有南望长城而浩叹了。

北狄的南徙者，不过一少部分，这一部分已先后融化于中原诸种族中，其大部分族类，则仍然徘徊于蒙古高原，分化为许多氏族，随畜牧而转徙。这些诸狄之族，因为受自然条件之限制，直至周秦之际，依然以畜牧为主要的生产事业，但是各氏族已占领一定的土地，形成各自的部落[3]。因而他们的社会，还是保有浓厚的氏族社会的机构[4]。至秦代，诸狄之族，始融化混合为一个强劲的种族，而以匈奴之名出现于中国史乘。当时匈奴之族占领今日内外蒙古的大部分地方，并南逾阴山，渡黄河，侵入今日鄂尔多斯的原野，成为秦代北方之严重的威胁。

当时的羌族，也分化为许多氏族，占领中国西北之广大的世界。

考羌族在殷末曾有一支，在周族领导之下，进入中原。以后继续东徙，是为诸戎。据《后汉书·西羌传》云：“及平王之末，周遂陵迟，戎逼诸夏，自陇山以东，及乎伊、洛，往往有戎。于是渭首有狄、獂、邽、冀之戎。泾北有义渠之戎，洛川有大荔之戎，渭南有骊戎，伊、洛间有扬拒、泉皋之戎，颍首以西有蛮氏之戎，在春秋时，间在中国，与诸夏盟会。”这些被称为西戎的诸羌之族，终于

---

① 《诗·小雅·出车》。

② 《诗·小雅·采薇》。

③ 《史记·匈奴列传》云：“唐虞以上有山戎、猃狁、荤粥，居于北蛮，随畜牧而转移。其畜之所多则马、牛、羊，其奇畜则橐驰、驴骡、駃騠，騊駼，驒騱，逐水草迁徙，毋城郭常处耕田之业，然亦各有分地。”“其俗，宽则随畜，因射猎禽兽为生业，急则人习战攻以侵伐，其天性也。”“自君王以下，咸食畜肉，衣其皮革，被旃裘。”

④ 《史记·匈奴列传》云：“贵壮健，贱老弱。父死，妻其后母；兄弟死，皆取其妻妻之。其俗有名不讳，而无姓字。”“不知礼义。”“毋文书，以言语为约束。”

于战国末年，在秦族领导之下，打进中原，建立秦代王朝。自秦族进入中原以后，于是筑长城，西起临洮，阻止他的同族之继续东徙。自是诸羌之族，遂转向西南发展。

徙入中原的诸羌，只是羌族的一支，其大部分族类，则仍然分布于甘肃青海一带，分化为许多氏族。这些氏族，直至周、秦之际，还是以畜牧为生，处于历史上之氏族制的阶段[①]。

自有史以前，诸羌之族即有一支西向塔里木盆地移徙。何时到达，不得而知[②]。但在春秋时代，确有虞氏之一支，已经西徙今日于阗（新疆于田）一带，文献中称之曰西虞，又称之曰禺氏，"禺""虞"音近，故禺氏即虞氏音转[③]。

其南徙者，在史前时代，已达到四川[④]，甚至西藏高原。何时到达，亦无从确考，但在殷以前，四川已有羌族。到战国末，则今日四川西部青海西藏一带，已布满诸羌之族[⑤]。

---

① 《后汉书·西羌传》云："所居无常，依随水草。地少五谷，以产牧为业，其俗氏族无定，或以父名母姓为种号。十二世后，相与为婚姻。父没则妻后母，兄亡则纳厘嫂，故国无鳏寡，种类繁炽。不立君臣，无相长一。强则分种为酋豪，弱则为人附落。更相抄暴，以力为雄。杀人偿死、无它禁令。……果于触突，以战死为吉利，病终为不祥。堪耐寒苦，同之禽兽。虽妇人产子，亦不避风雪。性坚刚勇猛，得西方金行之气焉。"

② 至今吾人尚未于甘肃与塔里木盆地之间，发现史前文化遗址，但传说中谓自黄帝下迄尧舜禹皆与西王母有往还献替之事，而传说中又谓西王母之邦，在昆仑之丘、流沙之濒，正今日塔里木盆地。是则于传说中之黄帝时代，西羌之族，已徙入塔里木盆地。

③ 《管子·小匡篇》云："西服流沙西虞。"同书《国畜篇》云："玉起于禺氏。"按虞氏，《左传》作"虞祀"，《穆传》作禺知，以后《史记》作月氏，盖皆虞氏一音之转也。据《逸周书》及《穆传》所云，禺氏原在甘肃东北，而《管子》谓在流沙，而其地又产玉，故知虞氏之一支，已徙于今日之于阗（于田）。

④ 《铁云藏龟》105页云："贞弗其戋羌蜀"，是殷人入蜀以前，蜀已有羌也。故曰羌蜀。

⑤ 《后汉书·西羌传》云："河关之西南，羌地是也。滨于赐支，至乎河首，绵地千里。赐支者，《禹贡》所谓析支者也。南接蜀汉徼外蛮夷，西北鄯善车师诸国。"其地正今日青海以至西藏高原一带。（详拙著《吐蕃种族起源考》）同书同传又云："羌无弋爰剑者，秦厉公时为秦所拘执，以为奴隶。不知爰剑何（转下页）（接上页）戎之别也。后得亡归。……（诸羌）推以为豪。……至爰剑曾孙忍时，秦献公初立，欲复穆公之迹。兵临渭首，灭狄豲戎。忍季父卬畏秦之威，将其种人附落而南，出赐支河曲西数千里，与众羌绝远，不复交通。其后子孙分别，各自为种，任随所之。或为牦牛种，越嶲羌是也；或为白马种，广汉羌是也。或为参狼种，武都羌是也。"

至于甘肃一带的诸羌，在战国末，亦已分化为无数氐族。到秦代，其中月氏一族，崛起于敦煌祁连间，最为强大。所以在秦代，中国西部广大的地域，完全是羌族的天下[①]。

当时东北诸种族，也布满了辽东半岛和朝鲜半岛，形成了许多部落。

考北海沿岸诸种族，除商族进入中原，成为后来汉族的一个主要构成部分以外，其余即沿渤海海岸而东北，早在史前时代，即布满辽东半岛南端及朝鲜西部海岸一带。以后，其族类又向北发展与黑龙江流域诸种族合流，分布于辽东半岛之东北，远至北海一带。历两周之世，其族类逐渐繁衍聚为部落。其在今日之热河者曰东胡，其在今日之辽宁者曰涉貉，其在今日之吉林者曰肃慎，其在今日朝鲜半岛之北者曰朝鲜，在半岛之南者有七十八个氏族，而统名曰辰国[②]。此等诸族，巢山处海，世称东夷。据《后汉书·东夷传》云："自中兴之后，四夷来宾，虽时有乖畔，而使驿不绝。故国俗风土，可得略记。东夷率皆土著，喜饮酒歌舞，或冠弁衣锦，器用俎豆。"同书又云：(涉)"知种麻养蚕，作绵布。"据此，则东夷文化水准，较之同一时代之北狄与西羌为高。盖东夷既占有辽东半岛及朝鲜半岛肥沃之土地，又地临渤海，其自然条件最为优越，故发展较快。

东夷之族，在春秋时，曾有一小族曰山戎者，侵入河北东北，所谓山戎病燕者是也。到战国时，燕筑长城，西起造阳，东迄襄平，以御东夷之内犯。至于秦代，在吉林境内，代肃慎而起者，出现了挹娄。在辽宁境内的涉貉之族，已南徙于朝鲜半岛之东部，代之而起者，则有满潘汗。在热河境内，仍然是东胡之族，不过东胡之族，已逐渐强大。至于朝鲜半岛一带，仍为诸辰孳生繁育之地。总之，当嬴政之世，东北一带还是东夷的世界。

塔里木盆地诸种族，直至秦代，尚不见于中国史乘。因为这里

① 《后汉书·西羌传》："忍及弟舞独留湟中，并多娶妻妇。忍生九子为九种，舞生十七子为十七种，羌之兴盛从此起矣。"

② 《后汉书·东夷传》云："韩有三种：一曰马韩，二曰辰韩，三曰弁辰。马韩在西，有五十四国，……辰韩在东，十有二国，……弁辰在辰韩之南，亦十有二国，……凡七十八国……皆古之辰国也。"

距中原太远，中间又有匈奴和西羌的梗阻。直至秦代，中国的势力，还没达到这个神话中的"不死之邦"。

然而在远古时代，就有蒙古高原系人种之一分支，逾过天山东麓大自然留下的一个缺口进入这个盆地，分布于今日塔什马干（塔克拉马干）沙漠的东北。以后到新石器时代中期，西羌之族，又循着南山北麓的天然走廊，徙入这个盆地的西南。同时，古代中亚诸种族，也越过帕米尔高原，徙入这个盆地的西北。更后，希腊人又追踪古代中亚诸种族之后徙入这里。所以到秦代，塔里木盆地应该已经布满了各种来源不同的种族。否则汉初的西域三十六国，岂非从天而降！

《汉书·西域传》云："自疏勒以西北，休循捐毒之属，皆故塞种也。"按疏勒以西北，正今日天山西南一带。而塞种者，则希腊人种也。是则在汉初，塔里木盆地之西北，大半多为希腊人种。同书又云："蒲犁及依耐无雷国，皆西夜类也。西夜与胡异，其种类羌氐行国，随畜逐水草往来。"按蒲犁、依耐、无雷、西夜诸国，皆在帕米尔高原山谷之间，此等诸国，其种皆类羌、氐。则在汉初，塔里木盆地之西南已满布羌族之裔了。或有人说，此间的诸羌刀月氏之支裔；而月氏之西徙，则在汉初，在秦时，这里尚无羌族。但是我以为西羌的西徙，早在史前时代，而且传说中亦谓春秋时代，虞氏之一支即已徙至于阗。月氏为虞氏之音转，故月氏之西徙，当亦始于春秋以前。是以当秦之时，这个盆地实有羌族之分布。除希腊人种及羌族以外，则为原始的蒙古高原系人种，即所谓胡也。

总之，在秦代，塔里木盆地已经有着许多种族在这里汇合，他们分化融混为许多部落，散布于塔什马干大沙漠周围一带之沙漠田，或以畜牧为生，或以农耕为生，在这个神秘的世界中，展开了光辉的历史活动。

最后说到当时的南太平洋系人种，即所谓南蛮之族。

如前所述，南太平洋系人种之一分支，在旧石器时代末期，即已进入中国东南沿海地带。在新石器时代初期，即传说中的黄帝时代，其西南山岳地带之一支，且深入中原，到达黄河流域。因为遭遇着诸夏南徙的猛潮，于是大部分仍然退回湘、鄂、川、黔交界之处，少部分则残留中原，成为后来汉族构成的一个因素。所以在史前时代南太平洋系人种与蒙古高原系人种几乎是平分中国，完全处于匹敌的地位。

到春秋时，在长江上游，兴起了楚国，在长江下游兴起了吴国。但是分布于西南的南太平洋人种，即所谓百濮群蛮，与楚国相抗于鄂西。而分布于东南沿海的南太平洋系人种且在浙江境内组成了一个越国，与吴国相抗。

到战国时，楚国强大。他一面向西南发展，征服了湘、鄂交界处及四川东部的群蛮、百濮；一面又向东发展，征服了越国。到战国末，秦国勃兴于陕西，后又征服了四川境内的诸蛮，并且从楚国的手中夺到了四川东部和湖南西部的统治。即因蒙古高原系人种的势力之逐渐南展，于是南太平洋系人种的活动领域便一天天地缩小了。

虽然如此，直至秦代，中国西南及东南沿海一带广大的世界，还是南太平洋系人种诸种族的自由王国。其在东南沿海者，在浙江南部出现了瓯越，在福建出现了闽越，在两广出现了扬越。所以在秦代称东南沿海一带曰百越之地。百越者，犹言诸越，言其族属之多也。其分布于西南者，亦分化为无数氐族，这就是后来汉代所谓西南夷。此等诸族，皆椎髻徒跣，断发文身，与蒙古高原系人种的风俗习惯，截然不同。当秦之时，他们或随畜转徙，或耕田有邑聚，或无君长，或有君长，其文化水准颇有出入。总之，在秦代，中国的南部，又别为一世界。

由此看来，当秦族进入中原，中原诸种族融混为一之时，包围于中原四周的诸种族，也正展开其各自之自发的历史活动。当此之时，一方面是中原诸种族鼓其青春健壮的历史活力，向四周膨胀，企图扩展他们的天地，并从而突破加于他们的历史包围。另一方面，是四周诸种族一层一层地把中原文化区域包围得水泄不通，并且不断地向中原压迫，企图闯进中原。即因中原诸种族向四周膨胀，四周诸种族向中原压迫，于是在膨胀与压迫之力的运动中，造成了当时中国史的紧张性，并从而触发了中国史之全面运动。当时的中国正像一个鸡卵，中原诸种，有若卵黄，四周诸种族，有若卵白，卵黄与卵白虽各为一物，而在鸡卵之有机构造上，则是血肉相连的。当秦之时，中国的历史，正在发生一种适当的温度，来孵化这个鸡卵。所以到西汉之初，鸡雏遂破壳而出，是为汉族。

第三节　秦代的世界形势

当秦族进入中原，在东方世界激起一个历史浪涛时，西方世界的历史浪花，也正飞溅到中国西部的边境。世界史的运动倾向，似乎在替继起的两汉时代之东西两个世界的历史接触，进行准备工作。

在这一时代，一方面希腊帝国已经瓦解，另一方面罗马帝国的势力，尚未达到东方，而中国的势力，也还没有达到中亚，中亚一带成了一个逸出于世界史主力支配之外的地方，因而提供了印度的文化之发展以历史的间隙。

早在战国末叶，希腊帝国，已经随着亚历山大之死亡而趋于瓦解。在秦代，出现于希腊帝国废墟之上的，是无数独立的小国。如塞琉卡斯[①]、托勒密[②]、安提娥那[③]及加伯多西亚、本都、俾斯尼亚和柏加曼等[④]。这些小国，各霸一方，虽仍分据西起地中海东迄印度河这一广大的世界，但是由于各个奴隶贵族集团之腐化与彼此间的矛盾对立，因而早已失去了以往旋转世界史的历史活力。

当希腊帝国瓦解之后，邻近希腊的诸蛮族，纷纷从文化世界之

① 塞琉卡斯王国，占领旧波斯帝国之大部分领土。其疆域，东起印度河，西迄吕底亚。

② 托勒密王国，占领今日埃及北部及塞浦路斯、腓尼基及小亚细亚沿岸。

③ 安提娥那王国，占领希腊本土。

④ 加伯多西亚、本都、俾斯尼亚及柏加曼等国，皆在黑海以南小亚细亚一带。其中柏加曼，历史学家称之曰希腊文明的避难所，因为希腊文明，曾在这里再放光明。

裂隙，侵入希腊帝国的心脏。其自西北而来者为克勒特人[①]，其自东北而来者为安息人及大夏人。

当周秦之际，希腊帝国就像一盏光芒万丈的明灯，渐渐趋于熄灭。虽然，熄灭的只是希腊的政治生命，希腊的文化则为不朽的创造，直至我们的今日，尚被视为欧洲文化之源泉。因为希腊的文化是古代巴比伦、亚述和埃及文化的综合，是无数奴隶劳动之升华，所以他是人类文化的精髓。当秦之时，希腊帝国虽已瓦解，而希腊的文化，仍然广被于其帝国之疆土；希腊人的语言，仍旧是中亚一带的国际语言；希腊人的艺术、宗教，仍旧掩袭着印度，并且逾过帕米尔高原而至于塔里木盆地之西北，与中国羌族的文化发生了接触。所以在后来西汉时代，中国人一踏进塔里木盆地，便到处碰到陌生的深目高鼻的塞种人。

当希腊帝国瓦解之时，罗马帝国，正如旭日东上，兴起于今日之意大利半岛。到汉代，这个新兴的势力，便继希腊之后，成为西方世界的历史主动力。

如前所述，早在战国末叶，罗马已经展开了开疆拓土的历史行动。他北逐高卢人，拓地至波河流域。南击希腊人，尽有意大利半岛之南端。即因罗马势力之南展，因而引起与北非强大商业国家迦太基的利害冲突，爆发了第一次布匿战争。在这次战争中，罗马胜利地击溃了迦太基，占领了西西里和撒丁尼亚两个谷产丰富的海岛，于是以此为根据地而遂掌握地中海上之霸权。

虽然，终秦之世，罗马的势力，并没有扩展到东方。他还是纠缠于与迦太基争夺地中海霸权的战争之中。当秦始皇二十九年，亦即张良狙击秦皇之年（公元前 218 年），罗马与迦太基又爆发了第二次布匿战争。当时英勇的迦太基人，在其将军汉尼拔的领导之下，沿西班牙海岸而东，越过阿尔卑斯山，侵入意大利。当始皇三十一年（公元前 216 年，蒙恬伐匈奴之前一年），罗马几为迦太基人所覆

---

① 克勒特人之一支，最初侵入希腊本土之特尔斐。公元前 227 年，分两支渡博斯普鲁斯海峡，至于小亚细亚，旋侵入托鲁斯附近，是为《圣经》中之加拉太人。

灭。迦太基人侵入罗马十五年，在此十五年中，所向无敌。直至汉高帝五年（公元前202年，项羽死于乌江之年），罗马人才把迦太基人驱逐出境。所以终秦之世，罗马完全在迦太基人的蹂躏之下。

现在，说到这一时代的印度。提起印度，就会令人想到佛教。作为印度文化之精髓的佛教，几千年来，直至如今，成为世界上，特别是东方世界大多数人类之信仰。所以印度这个国家，几乎是一个精神的象征。嬴秦之世正是印度精神——佛教，开始向世界展开之时。

为了说明佛教的渊源，我们必须对印度的历史作一个简单的回顾。考印度早在史前时代，即有“南太平洋系”人种分布于此[①]。以后有“达罗毗陀族”的侵入[②]。更后有雅利安人的侵入。雅利安人最初侵入印度河流域，驱逐这里的原住种族薄里色土人[③]。以后大约在西周之初，便由印度河流域向东发展，进入恒河和亚姆纳河流域，在这一带分化为许多部族[④]。大约在这一时代，雅利安人的社会，已经进到了奴隶制的阶段，所以反映到宗教信仰上，便产生了建设于

① 印度已有新旧石器时代的文化遗物发现，参看M. R. Panchanan MitrA：*Prehistoric Arts and Crafts of India*（Calcuta University 1920）惟作者谓印度之远古文化，系导源于远古之狄干，但我以为与史前南太平洋系文化有关。

② 达罗毗陀族大概系由美索不达米亚及俾路支一带而来。其进入印度，比之雅利安人至少早一千年。当此种种族进入印度，其自身的历史，已达到使用金属的阶段。

③ 雅利安人与薄里色土人争夺印度河流域的斗争，见《梨俱吠陀》叙事中。《梨俱吠陀》称土人为达萨或达修。其意即恶魔也。这个斗争以雅利安人之胜利而结束，他们把土人征服为奴隶或驱逐于遥远之东方。雅利安人进入印度时，他们使用的战斗武器，有弓矢刀剑枪矛战斧兜楯，并有战车。此外，他们有装饰品颈饰腕饰。他们还是处于氏族制阶段，他们的族长称为罗迦，但已经形成了部族及部族联合。他们以农业或畜牧为主要的生产。手工业也相当发达。

④ 雅利安人之进入恒河及亚姆纳河流域，约在公元前1400年到公元前1000年之间。代表这一时代的印度文献有《摩奴法典》（公元前二三百年间的作品）、《梵天记》（公元前500年至300年间的作品）、《秘书》（公元前700年至公元前600年间的作品）及《摩诃婆罗多》《罗摩耶纳》两大史诗。据说当时占领恒河上游者为苦鲁、班甲拉二族。占领下游沿岸者，为哥萨拉、维德哈、卡西等族。以后在恒河流域，发展为安加、玛加达、哥萨拉、瓦吉、苦鲁、班甲拉、甘地哈拉、玛罗、色地、瓦萨及其他五国，各据一方，互为雄长。

阶级制度的原理之上的婆罗门教[①]。

大约在春秋时代（公元前 8 世纪至前 5 世纪），侵入恒河流域之东方雅利安人，因为与当地的达罗毗陀族发生了血统的融混，形成了一种“混血的雅利安种族”。这种混血的雅利安族在当时，以哥萨拉与玛加达为中心，发展到比西方雅利安族更高的社会经济水准，他们建设了城市，组织了国家。在甘地哈拉到亚凡提之间，组成了十六个国家，其势力几乎扩大到全印度。在这样的情形之下，王权大为高涨。同时农业[②]、手工业和商业[③]也日趋发达，吠舍（第三阶级）出身的新富有者，也日益成长。婆罗门高于一切的身份制之社会基础崩坏了。从这一时代起，东方雅利安族便兴起了反婆罗门反吠陀的运动，这种运动的指导原理之具体的结晶，便是佛教的教理。

传说中谓佛教的创始者为印度的哲人悉达瞿昙，即中国所谓释迦牟尼。这位哲人出生于喜马拉雅山南麓，孟加拉以北，今日尼泊尔边境森林中之释迦族，其时正值中国春秋末叶[④]。释迦族者，亦属于混血的雅利安种，亦即所谓“破门的雅利安”，“非吠陀的雅利

① 所谓婆罗门者，其意即谓创造宇宙之神，中国译之曰《梵》。他的产生，是当时雅利安的奴隶主贵族企图用宗教把身份制度绝对化。例如古代印度有名的叙事诗《罗摩耶纳》中说婆罗门由梵之口而生，刹帝利由肩而生，毗舍由脐而生，首陀罗由足而生。所谓婆罗门者即僧侣贵族，刹帝利者即世俗贵族，毗舍者即农民、手工业者、商人，首陀罗即被征服的土人而转化为奴隶者。这四个等级，正是当时印度社会之现实的内容。

② 达维兹《佛教的印度》关于佛教将成立前，印度夏卡族的农村公社的氏族关系，曾有如次之叙述：“氏族由氏族耕地之收获及家畜而生活。村落围绕在耕地之周围，家畜放牧于森林之外。森林为全族公有，农民乡属夏卡族人，亦有其他雅利安人。此外也有从事高级的特殊的商人，更有木匠、铁匠、陶匠，彼等皆有其自己之村落。”国王向这些农村公社征收什一税、临时税及牛乳税，并课以一定的徭役。就玛加达及哥萨拉两国的情形而言，土地可以让渡、买卖或租佃。

③ 据《摩奴法典》所记，当佛教发生时代，印度有六十种职业的分别，足见手工业分工之发达。当时手工业者并有类似欧洲中世纪基尔特之组织。又初期佛教文献中，常有关于商业及商人的记事，足见当时商业亦甚发达。

④ 传说谓释迦牟尼生于公元前 551 年，卒于前 477 年（周灵王二十一年至周敬王四十三年），与孔子同时（孔子生于周灵王十五年，卒于周敬王四十年）。

安"[1]。这位哲人是释迦族中的一个世俗贵族[2]，他感于当时婆罗门僧侣贵族的权威过高，于是创为雅利安真理，主张绝对的自由、平等。这种雅利安真理，就是后来佛教之原始的教义[3]。

这样看来，佛教的出现，正是当时东部印度之客观现实的要求，所以不久就在印度曾被抑压的阶级中获得了广大人群的信仰。正当佛教发育成长之时，希腊的骑兵队在亚历山大的指挥之下，闯入了印度的西北。在武装的保护之下，希腊的文化流入了印度。直至希腊帝国瓦解以后，希腊文化的东渐，并没有终止[4]。希腊文化之流入印度，当然成为西部印度社会的一个有力的刺激。结果，促进了西部印度社会经济之发展。所以自亚历山大的远征军撤退以后，东方雅利安族即于印度河流域建立了国家。以后又扩展至恒河流域，南至于马德拉斯。到周秦之际，阿育王即位[5]，于是统一了印度全境；并将其势力，伸张到今日之阿富汗。印度遂蔚然成为亚洲西南之一泱泱大国。

阿育王的印度，已转向封建社会。跟着胜利的征伐，世俗贵族的权威高涨；同时跟着农工商业的发达，毗舍阶级也抬起头来。此外大部分奴隶已转化为农奴，首陀罗阶级的贱奴，也获得局部的解放。为了反对共同的压迫者婆罗门僧侣贵族，于是阿育王为首的世俗贵族乃以佛教为旗帜，号召各阶级被抑压的人民，反对婆罗门教的阶级制度，因而佛教遂成为印度的国教。当时阿育王曾将佛祖的

---

① 参看日人木村《印度民族》28—35页。

② 中译佛典皆谓佛为净饭王太子。梁启超氏谓太子二字，似不甚当。盖净饭、白饭、斛饭、甘露饭，同为迦比罗城右族。释迦牟尼不过是净饭族中之一贵族，非太子出。

③ 原始的佛教无庙宇，无牺牲，对于婆罗门教诸神，并不承认。仅求自我的觉悟。

④ 犍陀罗为公元前3世纪印度西北的王国。这里正是希腊文化与印度文化汇合之处。此间佛教雕刻甚多，其中有若干石像，一望而识为希腊诸神，如赛累匹斯、埃西和勒斯者，实不少。是知当时希腊诸神已一变而为佛教诸神。如埃西不复为埃西，而为诃利帝母，盖一恶毒女神，而佛度之为善者也。此女神，再传至中国、日本，则曰观音，观音者，救苦救难之神也。

⑤ 阿育王约于公元前268年至前232年在位，正中国史上周赧王四十七年至秦王政十五年的时期。

教义雕于碑碣，遍树国内，至今犹存者，尚有三十五件。此外又多派教士，广播佛教于其所知之世界，如锡兰、缅甸、罽宾、塞琉卡斯及托勒密等处，皆有佛教僧侣之足迹。这样一来，佛教文化遂成为印度历史的一种活力，把游离于罗马与中国两大历史动力之外的世界转入他的历史支配之下。

总上所述，吾人因知当嬴秦之世，中国、印度和罗马是世界史的三个动力。希腊虽已瓦解，但其文化，仍然在滋长之中。当此之时，罗马文化尚未东渐，但希腊文化与印度文化的浪涛，则已在冲击中国的西部疆界。人类历史正在走向世界的结合。秦代的历史，就在这样一个世界环境中展开其发展，中国的历史也就在这样一个世界环境中，走进了中期封建社会。

第二章

秦代社会经济的构造及其转向

第一节　土地所有的关系之改变与农业

秦代的统一，在中国封建社会经济的发展上，曾经引起一个新的变化。但这种变化，并不是推翻封建制的经济，只是把初期的封建制经济向前推进一步，推向“专制主义”的封建制经济而已。从这里，中国的历史便展开了中期封建社会经济的端序。

封建主义这一发展所表现之最主要的特征，是土地所有关系之改变。因为土地所有，是封建社会经济构成中最根本的基础。土地所有的关系之改变，就会引起封建社会经济之全盘的推移，如土地管理机构及土地经营制度等之相应的改变；而这也就会影响到社会关系与政治制度的改变；从而影响到文化思想的内容之转换。

关于土地所有的关系之改变，在中国也和世界其他文化民族一样，经过了一系列的历史发展阶段。当太古之初，中国的土地和今日之阳光空气一样，是一种人人得而用之，人人并不据而有之的东西。到传说中的“黄帝”“尧”“舜”“禹”以至“夏代”，中国的土地，遂为当时各氏族分别占领，而属于各氏族全体成员之所公有。到殷代，殷代的奴隶主贵族征服了黄河腹部的诸氏族，收夺其土地，于是中国的土地之一部，遂由氏族的所有，转化为奴隶主国家的所有，亦即奴隶主贵族之全体的所有。到周代，周族克殷，没收了殷代奴隶主国家的土地，并继续收夺当时诸氏族的土地，把这些土地转化为封建国王的所有；再由国王以其名义上所有之土地，分赐于其左右从属。由是中国的土地遂由奴隶主国家的所有，转化为封建领主之个人的所有。

自春秋末叶起，中国又出现了一种新的土地所有的形态，这就是商人地主的土地所有。如前所述，当春秋之末，由于早期封建都市经济之开始发展，许多商人变为富裕。他们一面乘着封建领主在战争中之疲敝，一面乘着农民在赋役中之贫困，而以高利贷的方法，开始了土地的收夺。惟在春秋之末，此种商人地主之土地所有以与当时之封建领主的土地所有相较，在量的方面，还是占极小的比例。

到战国时，随着都市经济之发展，商人地主的土地所有日益扩大，甚至影响到封建领主的经济管理机构之改变；如当时许多国家皆废领邑制而改置郡县。但直至战国末叶，中国的土地在名义上，还是属于封建领主之所有。例如当时商人地主虽然占有大量的土地，但仍然必须向其土地所在地之领主缴纳租税，商人地主财于贵族来说，仍然是一个被剥削的阶层。

在战国时代二百余年的时代中，从经济方面看，可以说就是商人地主与封建领主争夺土地所有权的时代，合纵连横的活剧，正是新旧土地所有者的经济斗争之政治的表现。这一斗争，直到秦代，才以商人地主之胜利而结束。

秦以前，商人地主获得土地，完全依靠经济的收买。但到战国中期以后，秦国代替经济收买的则是武装的收夺。武装的收夺土地，不始于秦始皇，而始于秦孝公，盖秦自孝公用商鞅变法之后，秦国的政权已经是商人地主的政权，因而秦国的武力，也就是商人地主的武力，从而秦国所收夺的土地，也就是商人地主的土地。因而秦国势力所及之处，就是土地之封建领主所有的形态之消灭。

具体的历史事实指示吾人，秦自孝公时代起，即接受了商人地主的要求[①]，把秦国的土地，不封赐于贵族为领邑，而以之划分为县，由中央政府派遣官吏去统治[②]。当时秦国的中央政府，实际上就是商人地主这一新兴历史阶层的政府；因而土地之中央政府所有，亦即土地之新兴商人地主之集团的所有。《史记·商君列传》，虽有“封之于商十五邑”的记载，但商鞅相秦十余年，皆从政于中央，未尝之国。所以他的封邑仍然是县，直隶于中央。因而商鞅并不能如中原六国的大夫，领有其封地之土地而臣属其人民。

孝公以后，秦国的武力在商人地主的指挥之下，继续开拓疆土的战争。他们对于新征服的地方，从不以之封赐于其贵族，而列置郡县，仍然由中央政府直接派遣官吏去统治[③]。虽然《史记·秦本纪》

---

① 据《史记·商君列传》所纪，商鞅本人，并非商人，但他所主张的政策，却代表商人地主的要求。当他初见孝公时，便极力主张政治的革新，以求政治与经济相适应。所谓经济者，即新兴商人地主的经济。他说：“是以圣人苟可以强国，不法其故；苟可以利民，不循其札。”又说：“治世不一道，便国不法古。故汤武不循古而王，夏殷不易礼而亡。”当商鞅提出变法的主张时，秦国少数的保守派，如甘龙、杜挚等，曾加以反对。《商君列传》载甘龙之言曰：“不然。圣人不易民而教，知者不变法而治。因民而教，不劳而成功；缘法而治者，吏习而民安之。”同传载杜挚之言曰：“利不百不变法，功不十不易器。法古无过，循礼无邪。”但是保守派的势力，在秦国究竟很少，所以商鞅的变法得以实行。秦国的贵族，因而不能得到土地的封赐。所以同传又云：“商君相秦十年，宗室贵戚多怨望者。”而商鞅卒为保守派所谗，车裂以殉。商鞅虽被害而死，但秦国的经济制度业已革新，不久惠文君（孝公之子）之世，连横派的首领张仪入秦，继商鞅之后，掌握秦国的政权，于是秦国的政权遂完全转移于商人地主之手中。

② 《史记·秦本纪》云：秦孝公十二年“并诸小乡聚，集为大县，县一令，四十一县。为田开阡陌”。

③ 据《史记·秦本纪》所载，秦惠文君十年，张仪相秦，魏纳上郡（治今陕西榆林东南）十五县，并不以封赐张仪，仍以为上郡。后元九年，司马错灭蜀，并不以封赐司马错，而置为蜀郡（治今四川成都市）。十三年庶长章击楚攻楚汉中，取地六百里，并不以封庶长章，而置为汉中郡（治今陕西汉中市）。昭襄王二十九年，大良造白起攻楚，拔郢（今湖北江陵西北），并不以封赐白起，而以为南郡（治今湖北江陵东北）。三十年蜀守张若伐巫郡及江南，并不以封赐张若，而以为黔中郡（治今湖南常德市）。三十五年，佐韩魏伐燕，初置南阳郡（治今河南南阳市）。四十八年攻赵，尽有韩之上党，仍以为上党郡（治今山西长治市北）。庄襄王元年，蒙骜伐韩，韩献成皋（今河南荥阳汜水镇）、巩（今河南巩县），秦界至大梁（今河南开封市西北），初治三川郡（治今河南洛阳市东北）。四年，王龁攻上党，初置太原郡（治今山西太原市西南）。凡此皆孝公以后，始皇以前，秦国所攻夺的土地，其中除蜀及黔中之一部以外，这些土地皆属于旧的封建领主之所有。但自为秦国兼并以后，皆列为郡县，由中央政府直接派遣官吏去征收租税。这样就把土地之封建领主所有的属性，转化为商人地主之集团的所有了。

曾有“公子通封于蜀”之记载，但据《华阳国志·蜀志》云：“秦惠王封子通国为蜀侯，以陈壮为相，置巴郡，以张若为蜀国守。”同书《南中志》亦云：“秦并蜀，通五尺道，置吏主之。”由此足见所谓“公子通封于蜀”者，亦不过名义上之封爵而已，至于蜀地，则置郡设吏，仍直隶于中央。

中国的土地之由封建领主所有完全转化为商人地主之集团的所有，直至秦始皇二十六年（公元年221年）才宣告完成。所以在秦始皇元年到二十六年这一时期中，是中国新兴商人地主用武装去收夺旧封建领主的土地的时代。在这一时期中，旧领主虽然也曾经用尽平生之力，以保卫其土地的所有，然而终于在历史决定的命运之下，先后归于失败。到始皇二十六年，秦国并吞了六国，统一了天下，旧的土地所有者，国破家亡，身为奴虏；而新的土地所有者商人地主，遂完成了土地收夺的历史任务。

土地所有的这一转化，并不引起封建社会的破灭。因为无论是土地之封建领主所有，抑或是土地之商人地主的集团所有，他们同样是土地之名义上的地主所有，因而同样是以剥削土地之直接生产者的农民为其生财之道，所以同样是土地之封建的所有。不过土地所有关系的这一转化，乃是指示中国封建社会之进一步的发展，因为所谓商人地主者，并不是从天外飞来的一种怪物，而是从中国初期封建社会内部的农奴脱胎换骨而来。他们之所以能发育成长，成为一种新的历史力量，正是中国初期封建社会生产力向前发展的结果。

土地所有的关系之改变，必然地要引起土地管理机构之相应的改变，于是废封建为郡县，遂成为秦代历史的必然。当秦代统一天下以后，全国的土地，皆掌握在商人地主的手中，他们讨论如何管理这些土地时，少数保守派，仍然企图把新收夺的土地，还原为封建领主所有的形态[①]，但商人地主的首脑部，却坚持废封建为郡县之

① 《史记·秦始皇本纪》载：“丞相绾等言：‘诸侯初破，燕、齐、荆地远，不为置王，毋以填之，请立诸子，唯上幸许。’”

主张[1]。最后决定，还是施行郡县之制，把天下分为三十六郡，郡置守、尉、监。

考郡县之制，战国时即已存在。但是当时之所谓郡县与采邑不同之处，只是郡县的土地，属于领主之直接管理，采邑的土地，属于领主之委托管理而已。因而当时郡县的土地，仍然是封建领主所有的属性。秦代的郡县制则不然，郡县的土地，是扫除了旧领主之政治支配与经济榨取的土地；同时统治这些郡县的官吏，已经不是商人地主的上司，而是他们的政治使用人。所以同样的郡县，因为属于不同的权力，于是具有不同的性质。

随着土地所有关系之改变，土地的经营方法也改变了，这就是领主庄园制度的废除与地主佃耕制度的代兴。因为佃耕制度的前提条件，是土地之自由占有，而这正是商人地主土地占有之特征。《文献通考》曰："至秦人尽废井田，任民所耕，不计多少，而随其所占之田以制赋。"蔡泽言："商君决裂井田，废坏阡陌，以静百姓之业，而一其志。夫曰静曰一，则可见周授田之制，至秦时，必已扰乱无章，轻重不均矣。"又《通典》亦云："秦孝公任商鞅，鞅以三晋地狭人贫；秦地广人寡，故草不尽垦，地利不尽出。于是诱三晋之人，利其田宅，复三代，无知兵事，而务本于内；而使秦人应敌于外。故废井田，制阡陌，任其所耕，不限多少。数年之间，富国强兵，天下无敌。"由比可知秦在战国时代，由于商人地主的土地所有之发展，庄园制度早已破坏。秦国商人，把三晋的农民，招到秦国而以为佃户，使之耕种自己的土地，或为自耕农。这种情形，自战国

---

① 《史记·秦始皇本纪》载李斯之言曰："周文武所封子弟同姓最众，然后属疏远，相击如仇雠，诸侯更相诛伐，周天子弗能禁止。今海内赖陛下神灵一统，皆为郡县，诸子功臣以公赋税重赏赐之，甚足易制。天下无异意，则安宁之术也。置诸侯不便。"

同书同传载秦始皇之言曰："天下共苦战斗不休，以有侯王。赖宗庙，天下初定，又复立国，是树兵也。而求其宁息，岂不难哉！廷尉议是。"分天下以为三十六郡，郡置守、尉、监。《史记·秦始皇本纪》集解云："三十六郡者，三川、河东、南阳、南郡、九江、鄣郡、会稽、颍川、砀郡、泗水、薛郡、东郡、琅邪、齐郡、上谷、渔阳、右北平、辽西、辽东、代郡、巨鹿、邯郸、上党、太原、云中、九原、雁门、上郡、陇西、北地、汉中、巴郡、蜀郡、黔中、长沙凡三十五，与内史为三十六郡。"

至于秦初，便大大地发展起来了。《文献通考》曰：“始皇三十一年，使‘黔首（即百姓）自实田’。”所谓“自实田”，即向官府自报占有的土地之谓也。

即因土地可以自由占有，自由买卖，所以就开始了土地兼并的过程。《汉书·食货志》曰：“及秦孝公用商君坏井田，开阡陌……王制遂灭，僭差亡度。庶人之富者累巨万，而贫者食糟糠。”《通典》亦曰：“自孝公用商鞅计，乃隳经界，立阡陌，虽获一时之利，而兼并逾僭兴矣。”兼并的过程，一天天的发展。到秦初，那些商人地主，特别是那些替他们打平天下的将军们，无不求良田美宅，以为子孙之业。秦国的大将王翦向始皇要求田宅，便是一个最好的例子[①]。此外，所有的地主，无不企图扩大自己的土地，相与为土地兼并之竞赛[②]。《汉书·王莽传》叙述当时土地兼并的情形曰：“秦为无道，……兼并起，贪鄙生，强者规田以千数，弱者曾无立锥之居。”

由于土地的兼并，大部分的农民遂失掉了土地，沦为大土地所有者的佃户。后来在秦末领导农民“叛乱”的领袖陈胜、吴广，都是当时的佃户或雇农。当时佃农对地主的贡纳，据董仲舒曰：“或耕豪民之田，见税什五。”[③]这就是说当时的佃农须向地主缴纳其收获物之一半以为土地之佃租。

不论怎样，佃耕制度较之庄园制度，在农业经营的方法上，总是最大一步的前进。因为在佃耕制度之下，农民与土地所有者的人格隶属关系，较之庄园制度已大为松懈。而且在这种制度之下，如

① 《史记·白起王翦列传》谓秦始皇不用王翦之言，使李信伐楚，卒至大败，乃复起用王翦伐楚。“王翦行，请美田宅园池甚众。始皇曰：‘将军行矣，何忧贫乎？’王翦曰：‘为大王将，有功终不得封侯。故及大王之向臣，臣亦及时以请池园为子孙业耳。’始皇大笑。王翦既至关，使使还请善田者五辈。或曰：‘将军之乞贷，亦已甚矣。’王翦曰：‘不然。夫秦王怚而不信人。今空秦国甲士而专委于我，我不多请田宅为子孙业以自坚，顾令秦王坐而疑我耶？’”这一记载，其命意虽在描写王翦之明哲保身；但其反面，却暴露当时将军们之兼并土地的事实。

② 《史记·汉高祖本纪》云：“高祖奉玉卮，起为太上皇寿。曰：‘始大人常以臣无赖，不能治产业，不如仲力。今某之业所就孰与仲多？”按汉高祖在秦时为泗上亭长，系一小地主，而亦与其兄竞治产业。故知当时大大小小的地主，无不从事于土地之兼并。

③ 《汉书·食货志》（上）。

果农民加强其自己的劳动，则由此种过量劳动所产生之价值，将为农民自己之所有。因此佃耕制度，他可能把农民的劳动生产性刺激并提高到最高的限度，从而发展农业的生产。

秦代农业的生产工具，较之战国时代，已经更为发展。在战国时，据《管子·轻重乙篇》云："一农之事，必有一耜、一铫、一镰、一鎒、一椎、一铚，然后成为农。"在秦代，这些战国时代的农具当然继续存在，而且必然还有些改进。《淮南子·汜论训》中曾有"为之耒耜耰钽"一语，按《淮南子》为西汉前期著作，是则秦代已有耰钽毫无可疑。"耰"为一种无齿耙，用以平田碎土的；钽则系一种除草的农具。这些新的农具之出现，当然要提高当时农业的生产性。

秦代的政府，对于水利，也很注意。据史载秦国曾任用韩国的工程师郑国凿泾水，掘成长三百里的运河，以灌溉田地，把以前认为干旱不毛之地，变为膏腴沃土。这条运河，灌溉四百万亩的土地，每亩收粟一钟，于是国以富强[①]。历史上又载，蜀守李冰又曾经在四川成都大平原中"壅江水作堋，穿二江成都中"，通行船舶，灌溉田地，于是成都平原变为一个广大的沃野，而有"陆海"之名。李冰所开凿的运河，至今四川的人民还赖其利[②]。这种水利事业的发展，当然又要扩大耕地的范围，巩固农业经济的基础。

总上所述，秦代的农业，由于土地所有关系的改变，佃耕制度的代兴，生产技术的提高，和人工灌溉的推行等，已经获得了进一步的发展。虽然不能解释为普遍全国的情形，但总可以指示秦代农业经济所达到的水准。

---

① 《史记·河渠书》云："韩闻秦之好兴事，欲罢之，毋令东伐。乃使水工郑国闲说秦，令凿泾水，自中山西邸瓠口为渠，并北山东注洛，三百余里，欲以溉田。中作而觉，秦欲杀郑国。郑国曰：'始臣为间。然渠成亦秦之利也。'秦以为然，卒使就渠。渠就，用注填阏之水，溉泽卤之地四万余顷，收皆亩一钟。于是关中为沃野，无凶年，秦以富强，卒并诸侯，因命曰郑国渠。"

② 《史记·河渠书》云："蜀守冰凿离碓，辟沫水之害，穿二江成都之中。此渠皆可行舟，有余则用溉浸，百姓飨其利。"

第二节 生产技术之综合与手工业

秦代的统一，固然是土地所有关系的改变之结果；同时，也是城市手工业发展到一定的历史阶段以后所引出之必然的历史归结。

如前所述，中国的手工业，早在春秋时代，就开始了从农业中之分离的过程。当时的农奴逐渐从庄园移住领主的城堡，形成一种独立手工业者的集团。但是当时手工业者的生产，只是适应当地领主之奢侈的需要，以及城市附近一定范围内的住民之日用品的供给，因而当时的手工业生产都带有浓厚的地方制限性。

到战国时代，由于领主间的火并战争之持续与扩大的进行，招致了农村的破产。从庄园中被抛掷出来的大批失业农民，都纷纷逃入都市，参加到手工业生产的部门，因而扩大了手工业者的人口。同时，由于长期之经验的蓄积，不断地分工之发展，又提高了手工业的技术的水准。于是城市手工业者才带着一种独立的性质，而出现于中国的历史。

由于城市手工业之发展，扩大了交换的范围，因而又巩固并紧密了城市与城市间的商业关系，并从而形成了城市经济与农村经济之对立的发展。但直至此时，城市手工业者与商人，和农奴一样，还是封建领主支配之下的一个阶层。

随着城市经济之成长，遂唤起市民从领主支配之下解放出来的热望。在这种热望中，兴起了市民之群（手工业者和商人）与领主之间的斗争。这种斗争，就是战国时代的历史之主要的内容。

反抗自己的领主而斗争的六国国内的市民，他们最好的同盟者，是与六国领主对立的新兴的秦国。秦国的统治者也乐得在各国市民层的帮助之下，去消灭六国的政权。经过了持久而激烈的斗争，秦国终于在六国的新兴市民层的支持之下，推翻了旧封建领主的统治，建立了商人地主的政权。

这样看来，秦代的统一，城市手工业的发达是一个主要的历史动力。因为作为秦国政权之主要支持者的商人地主，正是从城市手工业中成长起来的一种新的历史因素；秦代的统一，正是这种新的历史因素之成熟。

惟秦国在征伐六国的战争中，曾经“夷郡县”，“堕名城”，当时的城市经济遇到了普遍的破坏，手工业者受到严重的灾难。同时，六国的领主为了抵抗秦国的侵略，在战争的动员中，许多手工业者，也必然应征入伍，走上战场，遭到很大的伤亡。因此，在秦代，手工业生产，一定要呈现一时的衰落。

但是，在城市的毁灭与战争的动员中，必然要引起当时手工业者之剧烈的移动；这种移动，又必然要使得过去被禁锢于各个封区内的手工业所具有之地方特异性发生彼此之间的融混，并且由此而走向全面的发展，从而开辟中国手工业生产之新的发展阶段。所以秦代手工业生产之一时的衰落，正犹产妇在生育时所遭受的痛苦，必须经过这一个痛苦的过程，然后新的生命才能降临人间。

如前所述，冶铁工业在战国时代，就已经达到相当高度的发展。赵国的卓氏，山东的程氏，魏国的孔氏，鲁国的曹邴氏，都是当时的“冶铁大王”。但是当时这些冶铁事业，散在各封区之内，由于政治的封锁，相互隔离，因而鼓铸的技术，互有差异。

冶铁事业，是一切手工业生产的原始基础，是当时各国军事武装的原料来源。因此，秦国的政府，有鉴于此，遂决定施行对冶铁事业之有计划的管理政策。据《史记》所载，秦国在征伐六国的战争中，每当征服一个国家时，第一件事，就是把被征服国家的冶铁事业，强制地迁徙到他的大后方或统治力强固的地方。如秦破赵，则迁卓氏于四川①，亦迁程氏于四川②，秦灭魏，则迁孔氏于南阳③，这些事实，都不过是一些有名的例子而已。实际上，当时六国的冶铁家之被迁徙于四川和南阳一带者，其数必不止此。然而即此，已使我们可以看出四川和南阳，是秦代冶铁事业的两个中心区域。而这

① 《史记·货殖列传》云：“蜀卓氏之先，赵人也，用铁冶富。秦破赵，迁卓氏……致之临邛，大喜，即铁山鼓铸。”

② 《史记·货殖列传》云：“程郑，山东迁虏也，亦冶铸……富埒卓氏，俱居临邛。”

③ 《史记·货殖列传》云：“宛孔氏之先，梁人也，用铁冶为业。秦伐魏，迁孔氏南阳，大鼓铸”。

也就指明了秦代政府对冶铁事业之集中的控制。

秦代政府之集中的控制冶铁事业，其主观上的意图，当然是为了彻底地缴除六国的武装，并从而加强自己的军事装备；但是在客观上，却因为这一种集中政策之执行，使各地的冶铁技术，获得了彼此沟通的机会，提高了冶铁技术的水准。

秦代对于冶铁事业，似乎尚未国营，但是为了生产的统制和征税的必要，国家已经设置管理冶铁事业的专官，名曰“铁官”。司马迁的高祖司马昌便曾充任过秦的铁官之职[①]。

秦代政府既专设铁官，管理冶铁事业，则秦代冶铁事业之发达，可以想见。当时已有使用一千人左右之大规模的冶铁工场。冶铁事业的发展，具体地指明出秦代手工业生产上对铁的需要量之庞大。实际上，秦代政府经常保持着庞大的常备军，并且不断地进行开疆拓土的战争。如果这些军队所使用的武器，是以铁制为主，则武装这些军队和继续供应战争中的消耗，实需要大量的铁的供给。在战国时，铁制的武器，如铁剑、铁挺、铁矛、铁甲等，就已经出现于战场，到秦代，铁制武器的应用，当然更加普遍了。所以我以为秦代冶铁事业之发展，军事需要的刺激，是一个最大的原因。自然除武器的制造以外，生产工具，如手工业工具、农业工具的制造，铁的应用也更为普遍了。

由于铁制武器的普遍应用，所以铜制武器渐次被废除。《史记·秦始皇本纪》谓秦始皇“收天下兵，聚之咸阳，销以为钟镰，金人十二，重各千石，置廷宫中”。《三辅旧事》云：秦始皇“聚天下兵器，铸铜人十二，各重二十四万斤”。这些所谓兵器，都是被废弃了的铜兵散在农民手中，作为民间防御工具而被保存。故秦代政府，销之以铸宫廷之装饰品。如果此种铜兵，尚未被废除，则秦代统一中原以后，北伐匈奴，南征五岭，尚有继续不断之大规模战争，正需要大量的武器，必不致尽数销毁。自然，我并不是说在秦代，铜兵已经绝迹；反之，在汉代，征伐匈奴的战争中，还在使用铜矢。我只是说，铜兵在秦代已经退到次要的地位而已。

① 《史记·太史公自序》曰：“昌为秦主铁官。”

据《史记》所载，秦始皇曾铸造重千石或二十四万斤的钟鐻和金人，由此又可以推知当时的咸阳，一定有大规模的冶铜和铸铜工场的存在。但是秦代并无铜官，足见冶铜事业，在当时社会生产的部门中，并不占重要的地位。

《史记·李斯列传》曰："夫击瓮叩缶，弹筝搏髀，而歌呼呜呜快耳（目）者，真秦之声也。"据此，则瓮与缶者，实为秦人之所喜好，而陶器的制造在秦代还是一种极普遍的手工业。

战车在秦代的战争中，已经逐渐减少了他的重要地位。因为秦始皇为了加强军队的战斗力，曾经尽量地减少以四马拖曳之笨重的战车，而代之以强劲的骑射部队。但是这不是说战车已完全被废除，只是说他的用途，已由战斗方面转向运输方面了。为了运输军队的给养，为了运输各地的商品，车在秦代还是主要的交通工具。《史记·秦始皇本纪》云："舆六尺，六尺为步，乘六马。"是则秦代已有六马拖曳的车子了。

造船的工业，在战国时代的吴国和齐国，就已经很发展。吴国借船舶之力，以通三江五湖之利；齐国借船舶之力，在近海一带，谋渔盐之利。秦代统一中国以后，当然这些地方的造船工业还是继续发展。《史记·秦始皇本纪》曾载始皇派遣徐市发童男女数千人入海求仙的故事。不论此数千童男女，为一船所载，或数船数十船所载，当时已有航海船舶之存在，则为事实。船舶而能用于航海，则其制造技术之进步与制造规模之宏大，又可想见。

《汉书·食货志》云："至于始皇……女子纺绩不足衣服。"据此，则当时纺织，已成为普遍民间之家庭手工业，似无可疑。又《史记·李斯列传》谓秦有"阿缟之衣，锦绣之饰"。同书《货殖列传》亦谓：乌氏倮"求奇缯物，间献遗戎王，戎王什倍其价"。按这里所谓"阿缟"，所谓"奇缯"，皆系指丝织物而言。如上所述，则当时丝织物已不仅供给新贵族的服用，且当作商品而输出。如此，则当时丝织工业的发展，又可想见。

总上所述，我们因知中国的城市手工业，在周秦之际，虽曾因为战争的蹂躏而遭受一时的破坏，但不久又在原有的生产力水准上，展开了向前发展的倾向。而且从以上所指出的具体史实看来，秦代的手工业生产，较之前代，已经是一种更高的生产力之体现。

秦代的手工业的这一发展，如前所述，最主要的原因，乃是打破了过去城市手工业技术之地方的封锁性。《史记·秦始皇本纪》谓:“秦每破诸侯，写放其宫室，作之咸阳北阪上。”由此而知秦代的宫室建筑，乃是各国宫室建筑形式的综合。建筑工业如此，其他各种手工业，当亦无不如此。

同上书又谓秦始皇令隐宫徒刑者 70 万人分作阿房宫（今陕西西安市西）及骊山（今陕西临潼东南）。此 70 万人，当系各国俘虏，或者是他认为危险分子，所以都遭受了徒刑。但是在这 70 万人中，当然有不少是各国的手工业者。这些手工业者在以前，皆各自保守其独特之技术；到现在在政治命令之下，强制他们交换其技术。所以历史上有名的阿房宫，正是春秋战国以来中国手工业技术之综合的结晶。

第三节　经济制度之划一与商业

商业交换的发展，与手工业的发展是相适应的。只有当手工业发展达到超过自足自给的生产阶段，而以商品出现的时候，才能出现商业交换；也只有商业交换的发展，才能保证手工业的商品生产之继续的扩大。所以手工业的发展，是商业交换发展的前提；反之，商业交换的发展，则是手工业发展的结果。当商业交换发展到一定的程度时，他又反过来刺激手工业生产的发展。

在中国历史上，自春秋以至战国，正是初期封建社会内部的商业交换追踪着当时手工业生产发展的步骤，走向繁荣的时代。但是直至这一时代之末，这种从各封区中生长出来的商业交换，仍然受着初期封建主义之地方局限性的缚束。如战争的遮断，政治的封锁，以及各国的关税制度不同，货币制度不同，度量衡制度不同，乃至书写契约的文字体裁和转运商品之货车的大小，亦皆不同。这些，当然要使得当时商业交换，感到极大的困难。

政治仍然企图把商业资本的活动拘束于各自的封区之内；而商业资本的发展，则已达到突破封区范围走向全面活动的程度。政治与经济的背驰，就正是战国末中国社会内部激荡着的一种不可和解的轧轹。但是历史发展的原理不是经济迁就政治，而是政治服从经济。所以当初期封建主义的政治体制一旦成为商业资本之发展的障碍时，他就必须被废除。六国的灭亡与秦代的统一，正是这一历史原理的实现。

所以当秦代统一以后，首先便废封建为郡县，消灭以前六国的封区界线，从而扫除以前障碍商业交换之发展的领主政治和领主之间的混战。这样，秦代的政府，就创造了商业资本走向全面发展的客观条件。所以当秦始皇统一天下以后，巡行全国各地的时候，到处都得到商人地主的欢迎。他的随从臣僚们也为他立碑刻石，以歌颂他的伟绩[①]。

为了适应商业交换全面发展的要求，秦代政府又把前代各自为政的经济制度宣布废除，重新确立一种全国一律的新制度。《史记·秦始皇本纪》云："一法度衡石丈尺，车同轨，书同文字。"正是这一史实的说明。

秦代的关税制度，其详无可考。但跟着六国的灭亡，则以前到处可以遇到的国境税，必已撤消；高低不同的税率，必已划一，这是可以想见的。

秦代的币制，据《汉书·食货志》云："秦兼天下，币为二等：黄金以溢（二十两为溢）为名，上币；铜钱质如周钱，文曰'半两'，重如其文。而珠玉龟贝银锡之属为器饰宝藏，不为币，然各随时而轻重无常。"由此，则知秦代实已通行金属铸币。金属铸币在战

① 琅邪刻石词中有云："今皇帝并一海内，以为郡县，天下和平。昭明宗庙。体道行德，尊号大成。"之罘刻石词中亦云："（皇帝）禽灭六王。阐并天下，菑害绝息，永偃戎兵……群臣嘉德，祗颂圣烈。"会稽刻石亦云："六王专倍，贪戾慠猛，率众自强。暴虐恣行，负力而骄，数动甲兵。……义威诛之，殄熄暴悖，乱贼灭亡。圣德广密，六合之中，被泽无疆。"

国时本已通行。惟当时各国的铸币，轻重、大小、形式花纹各不相同，商人换算，极感困难。到秦代便出现了通行全国的法定铸币。

秦代曾经统一度量衡①，因而商品的长短多少轻重，天下同则。秦代的车制，宽皆六尺，因而天下之车，皆可同轨，秦代对于文字的书法，亦已统一，因而天下之人，书同文字。这些制度的革新，对于商品交换、商品运输以及合同契约之缔结，都有很大的便利。所以在琅邪所立的碑刻为之颂曰："皇帝作始，端平法度……器械一量，同书文字。"

一切旧的政治缚束和经济障碍，都被废除了。这时，中国的商人地主正像羽翼丰满的鸟雀，飞出了窄狭的牢笼，他们欣欣然展开了双翼，开始在广大的天地之间作自由的翱翔。

在税同率、币同值、车同轨、书同文、度同长短、量同大小、衡同轻重、政令统一、战争熄灭的条件之下，中国的商业交换，便开始走向以全国为规模而活动的历史阶段。

许多旧的都市，又在新的政治局面之下恢复了过去的繁荣。同时，又生长出许多新的都市。如丽邑（今陕西临潼县东）、云阳（今陕西淳化县西北）、琅邪（今山东胶南县琅邪台）、临邛（今四川临邛）等，都是新兴的都市。《史记·秦始皇本纪》谓："徙三万家丽邑，五万家云阳。"又谓徙黔首三万户琅邪台下。由此足见这些都市的人口，到秦代已经大大地增加了。至于临邛，则为当时铁冶事业的中心，更为新兴都市中之最繁荣者。

当时秦代的首都咸阳（今咸阳市东北），已经不仅是全国政治的中心，而且也是商业的中心。《史记·秦始皇本纪》谓"徙天下豪富于咸阳 12 万户"。由此而知咸阳已为富商大贾麇集之所。我们若以每户五人计之，则 12 万户，应为 60 万人。此 60 万人也许有迁至

① 《考古图》曾载秦权二，其一权铭云："廿六年，皇帝尽并兼天下诸侯，黔首大安，立号为皇帝。乃诏丞相状、绾，法度量则不壹，歉疑者，皆明壹之。"又云："元年制诏丞相斯去疾法度量尽始皇帝为之者，有刻辞焉。今袭号而刻辞不称始皇帝，其于久远也。如后嗣为之者，不称成功盛德，刻此诏故刻，左使毋疑。"后有"平阳斤"三字。又薛尚功《历代钟鼎彝器铭文款识》亦载秦权铭一则，词与《考古图》所载者同，惟"皆""今"二字，字体与前者稍异而已。据《考古图》云："权各高二寸，径寸有九分，容合重六两。"

咸阳以外之地区者。仅就迁入咸阳者估计，若再加咸阳原有的人口，则秦代咸阳的人口，不会低于 50 万人。我们由此可以想见当时都市规模之宏大。

秦代的政府，一方面有计划地繁荣都市经济，另一方面又执行一种对商业的鼓励政策。例如秦始皇对于以贩卖织物而致富的乌氏倮，则“令倮比封君，以时与列臣朝请”。对于擅丹穴之利而致富的巴寡妇清，则“以为贞妇而客之，为筑女怀清台”。司马迁曰：“夫倮，鄙人牧长；清，穷乡寡妇，礼抗万乘，名显天下，岂非以富耶？”

秦代的商业在政府的帮助与鼓励之下，很快地就获得了超越前代的发展。秦代的新兴商人，不久便想望着中原以外的市场。

秦在未统一中原以前，早已与四川西北的诸羌之族发生了交易关系。《华阳国志·蜀志》云：“周显王之世，蜀王有褒、汉之地。因猎谷中，与秦惠王遇。惠王以金一笥遗蜀王，王报珍玩之物，物化为土。”由此而知当秦惠王之世，秦国的商人已经西贾巴蜀。

以后，秦国吞巴灭蜀，尽有今日四川之地；并在四川置郡设治，确立其政治统治。又开河筑坝，展开其经济开发。秦国的商人与四川诸种族的交换关系，自然更加繁密了。

秦代统一中原以后，巴、蜀实为秦代政府的大后方，所以当时的重工业，都迁移入蜀，当时的临邛是重工业的中心，也是商业的中心。据《史记·货殖列传》云，临邛一带的人民“工于市，易贾”。又云：“程郑，山东迁虏也，亦冶铁，贾椎髻之民，富埒卓氏，俱居临邛。”按所谓“椎髻之民”，即南太平洋系人种，即所谓蛮濮之种。由此而知秦代与西南诸蛮，实有繁盛之贸易。

秦代的政府为了巩固他的统治，还动员了 30 万军队，驱逐侵入今日河套一带的匈奴和西戎之族。沿黄河河岸，筑起四十四个县城[①]。又北筑长城，以防御匈奴和西戎的侵袭。秦代的商人在政府武装保护之下，展开了与匈奴和西戎之间的繁盛的贸易。他们用中国

① 《史记·秦始皇本纪》云：“始皇乃使将军蒙恬发 30 万人北击胡，略取河南地。”《汉书·匈奴传》云：“秦灭大国，而始皇帝使蒙恬将数 10 万之众，北击胡，悉收河南地。因河为塞，筑四十四县，城临河，徙适戍以充之。……又度河据阳山北假中。”

出产的丝织物和其他的手工业品交换匈奴所出产的马牛羊之类的牧畜及皮毛[①]。于是"骏良駃騠"得以实于始皇之外厩。同时他们并直接或间接与塔里木盆地诸种族发生贸易的关系，因而始皇得以"致昆山之玉，有随和之宝"。[②]

秦又发50万军队进攻岭南。经过了三年之久的剧烈战争，终于占领了这一地区，把原住在这一带的百越之族，从沿海一带，驱逐到山岳地带[③]。

据《史记》所载，这一次南征，有大批的冒险家和商队追随在军队的后面，他们后来就留居在广西、广东，乃至今日安南境内，经营商业，与百越之族混种[④]。即因这一条道路的打通，所以秦始皇得以"明月之珠"垂于朝廷；"犀象之器"，以为玩好。

秦代的商人，不仅打通了西北西南及东南的大陆交通，并且也曾致力于海洋商路的开辟。《史记·秦始皇本纪》谓当始皇东游至琅邪时，"既已，齐人徐市等上书，言海中有三神山，名曰蓬莱、方丈、瀛洲，仙人居之。请得斋戒，与童男女求之。于是遣徐市发童男女数千人，入海求仙人。"我以为这个故事中的徐市等，都是山东滨海一带的商人，所谓三神山者，也许就是今日的日本三岛[⑤]，徐市

① 《史记·货殖列传》谓乌氏倮以"奇缯物闲献遗戎王，什倍其价。与之畜，畜至用谷量马牛"。

② 《史记·李斯列传》引《谏逐客书》，言统一以前之事。秦统一后，更当如此。

③ 《淮南子·人间训》云：始皇"利越之犀角、象齿、翡翠、珠玑，乃使尉屠睢发卒50万为五军。一军塞镡城之领，一军守九疑之塞，一军处番禺之都，一军守南野之界，一军结余干之水。三年不解甲弛弩。使监禄无以转饷，又以卒凿渠而通粮道，以与越人战，杀西呕君译吁宋，而越人皆入丛薄中，与禽兽处，莫肯为秦虏。相置桀骏以为将，而夜攻秦人，大破之，杀尉屠睢，伏尸流血数10万，乃发适戍以备之"。

④ 《史记·秦始皇本纪》云："三十三年，发诸尝逋亡人、赘婿、贾人，略取陆梁地，为桂林、象郡、南海，以适遣戍。"

⑤ 《汉书·郊祀志》云："此三神山者，相传在渤海中，去人不远。盖尝有至者，诸仙人及不死之药皆在焉。其物禽兽尽白，而黄金银为宫阙。未至，望之如云；及到，三神山居水下，水临之。患且至，则风辄引船而去，终莫能至云。"又《史记》正义引《括地志》云："亶洲在东海中，秦始皇使徐福将童男女入海求仙人，止在此洲，共数万家。至今洲上人有至会稽市易者。吴人外国图云亶洲去琅邪万里。"

等之入海寻求三神山，正是当时滨海一带的商人，企图打通与日本诸岛之商业的通路。因为山东沿海一带的商人，在战国时，就开始了海洋商业的活动，在徐市等以前，也许曾有人到达到三岛，所以徐市等才知道海外有三神山，因而引起他们寻求圣地的热望。但是海洋航行，需要巨大的船舶和其他的费用，而这用私人的力量，很难办到。适逢始皇东游琅邪，故假借求仙之说，企图以此获得国家的帮助。求仙之说，只是一种烟幕而已。至于童男女五千人，如果不是在徐市等商人所组级的探险队，便是一群农民的子女，被徐市等骗到海外当作奴隶卖了。

徐市等所领导的航海的商船队，从琅市出发，经过数年，才回到中国，他们曾否到达日本，不得而知。但即使曾到日本，也没有所谓仙药。所以他们只好向秦始皇扯一个大谎说为大鲛鱼所苦，没有到达蓬莱。如果要他们再去，国家须给他们的商船队以武装①。

秦代政府曾否武装徐市等的商船队，史无所纪；但为了这个奇异的“大鲛鱼”，秦始皇做梦都在与“海神”斗争。为了征服“海神”，始皇曾亲率射手，带着弓弩和捕捉“大鲛鱼”的工具，巡行山东半岛的海岸，终于在之罘射杀了一条“巨鱼”。他的“占梦博士”说：这条巨鱼，就是海神的化身②。

不管秦代的人们是否曾经到达日本三岛，而当时的南海、会稽、琅邪、之罘，显然已经是几个海洋贸易的中心城市。秦始皇用了50万人去远征南海，又亲自会稽望祭海神，移民3万户于琅邪，留恋于之罘者三月。从这些具体事实看来，就表现了秦代政府对于征服海洋之热望。

---

①《史记·秦始皇本纪》云：“方士徐市等入海求神药，数岁不得，费多，恐谴，乃诈曰：‘蓬莱药可得，然常为大鲛鱼所苦，故不得至，愿请善射与俱，见则以连弩射之’”。

②《史记·秦始皇本纪》云：“始皇梦与海神战，如人状。问占梦，博士曰：‘水神不可见，以大鱼鲛龙为候。今上祷祠备谨，而有此恶神，当除去，而善神可致。’乃令入海者赍捕巨鱼具，而自以连弩候大鱼出射之。自琅邪北至荣成山，弗见。至之罘，见巨鱼，射杀一鱼。”

总上所述，我们因知秦代人们的活动，不仅突破了以前各封区的国境封锁，并且也展开了突破四周诸种族之包围的活动。而这就奠定了后来两汉时代中外的经济、文化交流的基础。

第三章

秦朝政权的性质、组织、发展及其灭亡

第一节　秦朝政权的性质及其组织

随着社会经济构造之转向，秦朝政权的性质，也因之而改变了。

过去曾经支配中国历史八百余年的封建领主的贵族政治，从战国末叶起，就已经随着土地所有的关系之改变，与都市经济的繁荣，开始发生动摇。而这到秦代，封建领主的贵族政治便最终地退去了中国的历史，代之而起的秦代的政权，是新兴的商人地主的政权。

从封建领主到商人地主之政权的移转，并不改变政权之封建主义的本质。因为封建政权，是土地所有的属性，封建领主的土地所有，与商人地主的土地所有，在原则上，同是土地之封建所有，因而建筑于这两种土地所有之上的政权，同是封建的政权。所以这一政权的移转，只是表现由旧的土地所有者之家系的统治，过渡到新的土地所有者之集团的统治而已。

秦国的政权，自孝公任用商鞅推行新政以后，就开始转化为商人地主的政权。从这一时代起，商人地主在秦国，就取得了与旧贵族在法律上的平等。《史记·秦本纪》曰："鞅之为秦施法，法不行，太子犯禁。鞅曰：'法之不行，自于贵戚。君必欲行法，先于太子。太子不可黥，黥其傅、师。'于是法大用，秦人治。"这段史实，就说明了过去不上“大夫”的“刑”，而在商鞅时代的秦国，则已及于太子之傅、师。又《史记·商君列传》亦谓商鞅“日绳秦之贵公子”。“又杀祝懽而黥公孙贾。”由此而知商鞅的严刑峻法，完全是为了要做到王子犯法，与庶民同罪。

商鞅虽然为旧贵族所陷害，车裂以殉，但秦国的政权，却由此而转移到商人地主的手中。不久，商人地主的代表张仪入秦，又继续掌握了秦国的政权。为了扩大并加强反旧领主的斗争，张仪联系了各国商人地主的力量，要他们从各自的国家内部，进行孤立主义，以拆散六国的联合战线。这样，秦国才得以因利乘便，以展开其各个击破的政策。史称张仪“散六国之从，使之西面事秦”，正是这一历史内容的说明。

继张仪之后掌握秦国政权的人物是吕不韦。而“吕不韦者，阳翟大贾人也”。《史记》谓秦始皇还是这位大贾人的儿子①。这样说来，当秦始皇（时称秦王）之世，商人地主已经变成秦国的“太上皇”了。

秦始皇是否确系吕不韦之子，无从考证，但他的母亲确系一位风流夫人，她既具有美丽的姿色，又善于歌舞。当始皇的父亲死后，她还是一个青年的太后，所以她又恋着吕不韦的舍人嫪，并且生了两个不能报账的儿子。后来，这件“桃色案”被始皇所发现，把嫪夷了三族，诸嫪舍人，皆没其家而流放于四川；两个无罪的孩子也被杀了；吕不韦也被牵连到这件“桃色案”之中，以至饮鸩自杀而死，这大概是千真万确的事实②。

秦始皇是不是吕不韦的儿子，这与秦代政权的性质，并无多大

① 《史记·吕不韦列传》云：“吕不韦取邯郸诸姬绝好善舞者与居，知有身。子楚（即秦始皇之父庄襄王之名）从不韦饮，见而说之，因起为寿，请之。吕不韦怒，念业已破家为子楚，欲以钓奇，乃遂献其姬。姬自匿有身，至大期时，生子政（即秦始皇）。子楚遂立姬为夫人。”

② 《史记·吕不韦列传》云：“始皇帝益壮，太后淫不止。吕不韦恐觉祸及己，乃求大阴人嫪以为舍人，时纵倡乐，使毐以其阴关桐轮而行，令太后闻之，以啗太后。太后闻，果欲私得之。吕不韦乃进嫪毐，诈令人以腐罪告之。不韦又阴谓太后曰：‘可事诈腐，则得给事中。’太后乃阴厚赐主腐者吏，诈论之。拔其须眉为宦者，遂得侍太后。太后私与通，绝爱之。有身，……始皇九年，有告嫪毐实非宦者，常与太后私乱，生子二人，皆匿之。……于是秦王下吏治，具得情实，事连相国吕不韦。九月，夷嫪毐三族，杀太后所生两子，而遂迁太后于雍。诸嫪毐舍人，皆没其家而迁之蜀，……吕不韦自度稍侵，恐诛，乃饮鸩而死。”

关系。不过始皇的父亲子楚之得以一个“久质于赵”的“庶孽”而能回到秦国继承王位，确是由于吕不韦这位大商人的金钱资助；换言之，是由于商人地主的拥戴[①]。从这里，我们又可以看出，当时秦国的国王，不过是商人地主的“奇货”而已。所以当子楚继承王位之后，这位以“往来贩贱卖贵，家累千金”的“大贾人”，遂一跃而为秦国的丞相，封文信侯，食邑万户。到始皇时代，还做了十年相国，以堂堂的国王，而呼之为仲父。从这里我们又可以看出当时秦国的政权，是不是掌握在商人地主的手里？

吕不韦在秦国执政十余年，他召集了不少的商人地主，收买了不少领主贵族中的叛徒，以与六国诸侯相抗[②]。他替后来秦国的统一事业，打下了强固的基础。所以后来虽然在桃色案中犯了嫌疑，而秦始皇仍然因为他“奉先王功大，及宾客辩士为游说者众，王不忍致法”。当他贬居河南时，“诸侯宾客使者相望于道，请文信侯”。几乎闹出一个大乱子来。由此，又足以看出当时商人地主的势力，对秦国政治支配力之强大。

继吕不韦之后而执政于秦国者为李斯。李斯不是一个商人地主，而是出身于楚国的一个小吏[③]，因从荀卿学帝王之术，于是背叛了领

---

① 《史记·吕不韦列传》云：“秦昭王四十年，太子死。其四十二年，以其次子安国君为太子。安国君有子二十余人。安国君有所甚爱姬，立以为正夫人，号曰华阳夫人。华阳夫人无子。安国君中男名子楚，子楚母曰夏姬，毋爱。子楚为秦质子于赵，秦数攻赵，赵不甚礼子楚。子楚，秦诸庶孽孙，质于诸侯，车乘进用不饶，居处困，不得意。吕不韦贾邯郸，见而怜之，曰：‘此奇货可居’。乃往见子楚……乃以五百金与子楚，为进用，结宾客；而复以五百金买奇物玩好，自奉而西游秦，求见华阳夫人姊，而皆以其物献华阳夫人。因言子楚贤智，结诸侯宾客遍天下，常曰‘楚也以夫人为天，日夜泣思太子及夫人’。夫人大喜。……承太子闲，从容言子楚质于赵者绝贤，……‘愿得子楚立以为适嗣，以托妾身。’安国君许之。乃与夫人刻玉符，约以为适嗣。”

② 《史记·吕不韦列传》云：“当是时，魏有信陵君，楚有春申君，赵有平原君，齐有孟尝君，皆下士喜宾客以相倾。吕不韦以秦之强，羞不如，亦招致士，厚遇之，至食客三千人。……吕不韦乃使其客人人著所闻集论以为八览、六论、十二纪，二十余万言。以为备天地万物古今之事，号曰《吕氏春秋》。”按四公子之客，多鸡鸣狗盗之徒，而不韦之客，则能著论立说，故余以为其必有不少贵族中的叛徒。

③ 《史记·李斯列传》云：“李斯者，楚上蔡人也。年少时，为郡小吏，……（后）乃从荀卿学帝王之术。”

主贵族而参加到商人地主反领主贵族的斗争中[①]。他到秦国不久韩人郑国来秦借修渠而行间之事被发觉。秦国的保守派乘机主张驱逐来事秦的关东客人。所谓“请一切逐客”的“秦宗室大臣”，就是秦国的保守派；“客”，就是自六国来的客人。李斯亦在被逐之中。他为了反对这个反动的政潮，于是向秦始皇上了一篇有名的《谏逐客书》。在这《谏逐客书》中，他先指出许多具体的事实，如商鞅、张仪等，皆以客而帮助秦国，证明六国来事秦之客无负于秦。最后他在结论上说：“夫物不产于秦，可宝者多；士不产于秦，而愿忠者众。今逐客以资敌国，损民以益仇，内自虚而外树怨于诸侯，求国无危，不可得也。”由于李斯的谏书，逐客之议遂被取消，而秦国也才能继续获得商人地主的支持，完成统一中国的伟业。

这样看来，秦代之统一天下，完全是当时新兴的商人地主的力量。中国的历史家不了解这一事实，以为秦代的统一，完全是秦始皇个人的雄心和力量。实际上，秦始皇继承王位之元年，还不过是一个十三岁的孩童[②]，他的幼年时代，完全浪费于邯郸的羁旅之中，并没有受到应有的政治与军事的教育。然而当他一旦即位以后，秦国即刻展开了轰轰烈烈的征伐战争，这当然不是秦始皇有这样的志愿和魄力，而是由于其乃祖乃父遗留下来的社会经济基础和庞大的武力，由于商人地主之财政援助和政治活动。

吕不韦自杀之年，秦始皇也不过是一位二十几岁的青年。为了他母亲的桃色案件和郑国行间事件，他痛恨六国来客。当时，他几乎受了保守派的包围，走向贵族政治的道路。幸而李斯阻止了他的这一反动的政治倾向，把他继续推向前进的路上，然后才在他的名字之下，完成商人地主政权的建立。

这样说来，秦始皇岂不也和他父亲一样，只是当时商人的一种“奇货”吗？这也不尽然。当始皇二十几岁的时候，他已经在实际政

① 《史记·李斯列传》载李斯语曰：“诟莫大于卑贱，而悲莫甚于穷困。久处卑贱之位，困苦之地，非世而恶利，自托于无为，此非士之情也。故斯将西说秦王矣。”李斯入秦，即求为吕不韦舍人，以后因吕不韦而得见秦王。

② 《史记·秦始皇本纪》云：“秦始皇帝者……以秦昭王四十八年正月生于邯郸。及生，名为政，姓赵氏。年十三岁，庄襄王死，政代立，为秦王。”

治生活中，受到了教育，他已经具有一个国王应有的机警和老练。但他并不如后世所想像的他是生长着一幅严肃得可怕的面孔，假如他多少有些母亲的遗传，他应该是一位英俊而又漂亮的青年①。即因他的英俊，所以他才能运用商人地主的力量，完成统一中国的伟业。

提起秦始皇，便会令人想到专制与独裁。因为秦始皇这个名字，在中国，几乎是专制与独裁的符号。实际上，秦代之专制主义的政治体制，并不是秦始皇个人的属性，而是当时商人地主阶层之集团的属性。

如前所述，中国的商人地主将近一个世纪的斗争，其目的，就是为了打破封建贵族的割据政治，实现一个中央集权的政治。换言之，就是为了要把封建贵族之个别的家系统治转化为各国商人地主之联合的统治。要实现联合的统治，必须要有一个政治的机构，这样便产生了中央集权的政治体制。中央集权的政治，最容易走向专制主义，而专制与独裁，又是分不开的，所以就出现了秦始皇的专制与独裁。由此可知所谓秦始皇的专制与独裁，事实上，就是当时商人地主之集团的专制与独裁。

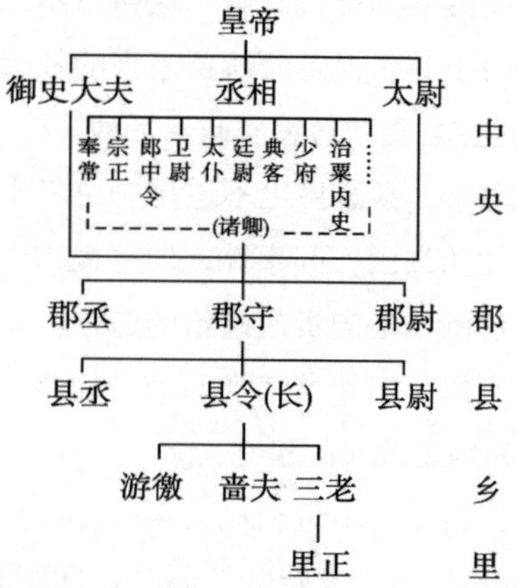

秦朝政府的组织系统

① 《史记·秦始皇本纪》云："缭曰：'秦王为人，蜂准，长目，挚鸟膺，豺声，少恩而虎狼心，居约易出人下，得志亦轻食人。我布衣，然见我常身自下我，诚使秦王得志于天下，天下皆为虏矣。"

中央集权的政治组织，首先需要一个健全的中央政府；而中央政府的组织，首先需要一个至高无上的元首。所以当秦灭六国统一天下以后，秦始皇就以秦国国王兼军事统帅的资格，向丞相、御史们提出上尊号的问题[①]。大臣们一致上尊号，经秦王裁定，号曰“皇帝”，即始皇帝。皇帝万世一系，二世、三世以至千万世，传之无穷[②]。秦代的王统，虽仅二世而亡，但商人地主在中国的统治，确实“传之无穷”。

秦朝皇帝之玺

照道理说，秦代的皇帝，是商人地主替他加冕，他应该向商人地主负责。但秦代皇帝之玺，却刻着“受命于天”或“受天之命”，表示他不向人间世界的任何人负责。这种事情并不奇怪，因为当时的商人地主并没有像近代资本家那样的政治水准，知道组织一种民意机关，来制裁皇帝的行动。他们把大权交给皇帝以后，便不管了，

① 《史记·秦始皇本纪》云：“二十六年……秦初并天下，令丞相、御史曰：‘……寡人以眇眇之身，兴兵诛暴乱，赖宗庙之灵，六王咸服其辜，天下大定。今名号不更，无以称成功，传后世，其议帝号。’”

② 《史记·秦始皇本纪》云：“丞相绾、御史大夫劫、廷尉斯等皆曰：‘昔者五帝地方千里，其外侯服夷服，诸侯或朝或否，天子不能制。今陛下兴义兵，诛残贼，平定天下，海内为郡县，法令由一统，自上古以来未尝有，五帝不能及。臣等谨与博士议曰：‘古有天皇，有地皇，有泰皇，泰皇最贵。臣等昧死，上尊号，王为泰皇。命为制，令为诏，天子自称曰朕。’王曰：‘去泰著皇，采上古帝位号，号曰皇帝。他如议。制曰可。’……制曰：‘朕闻太古有号毋谥，中古有号，死而以行为谥，如此，则子议父，臣议君也，甚无谓，朕弗取焉。自今已来，除谥法。朕为始皇帝，后世以计数，二世三世至于万世，传之无穷。’”

因此之故，便演成了皇帝的独裁。

据《史记·秦始皇本纪》云："始皇为人，天性刚戾自用。起诸侯，并天下，意得欲从，以为自古莫及己。专任狱吏，狱吏得亲幸。博士虽七十人，特备员弗用。丞相诸大臣皆受成事，倚办于上。上乐以刑杀为威，天下畏罪持禄，莫敢尽忠。上不闻过而日骄，下慑伏谩欺以取容。秦法，不得兼方，不验，辄死。然候星气者至三百人，皆良士。畏忌讳谀，不敢端言其过。天下之事无小大皆决于上，上至以衡石量书，日夜有呈；不中呈，不得休息。贪于权势至于此！"

无论怎样的专制魔王、独裁皇帝，他都不能一手揽尽天下之事。为了行使权力，他仍然需要一个御用的行政机构。因此，在秦代，仍然有一个以丞相为首的中央政府的组织。在这个中央政府中，有掌管军事的"太尉"，掌管监察的"御史大夫"，掌管财政的"治粟内史"，掌管司法的"廷尉"，掌管少教民族的"典客"，掌管宗庙祭祀的"奉常"，掌管山海池泽之税的"少府"，掌管手工业及土木建筑的"将作少府"，掌管图书文籍的"博士"，掌管皇家教育的"傅""师"，掌管爵禄升降的"主爵中尉"，掌管皇家舆马的"太仆"，掌管皇家医药的"太医令"，掌管宫殿警卫的"郎中令"，掌管官门屯卫的"卫尉"，掌管皇帝符玺的"符玺令"。总之，举凡一切行政机构，无不应有尽有[①]。

秦代的皇帝，即以此中央政府为政治的司令台，展开其对全国的统治。秦代分天下为三十六郡，每郡置郡守一人，郡尉一人，副之。郡之下又分县，每县置县令或县长一人[②]，县丞县尉各一人副

---

①《汉书·百官公卿表》云："侍中、左右曹、诸吏、散骑、中常侍，皆加官，所加或列侯、将军、卿大夫、将、都尉、尚书、太医、太官令至郎中，亡员，多至数十人。侍中、中常侍，得入禁中，诸曹受尚书事，诸吏得举法，散骑骑并乘舆车。给事中亦加官，所加或大夫、博士、议郎，掌顾问应对，位次中常侍。中黄门有给事黄门，位从将大夫。皆秦制。"

同上书又谓秦代武动爵分二十等。"爵：一级曰公士，二上造，三簪袅，四不更，五大夫，六官大夫，七公大夫，八公乘，九五大夫，十左庶长，十一右庶长，十二左更，十三中更，十四右更，十五少上造，十六大上造，十七驷车庶长，十八大庶长，十九关内侯，二十彻侯，皆秦制，以赏功劳。"

②《汉书·百官公卿表》云："万户以上为令……，减万户为长……。尉丞……为长吏，百石以下，有斗食佐史之秩，是为少吏。"

之。县以下有乡，乡有三老、有秩、啬夫、游徼。乡以下有亭，亭有长[①]。大率十里一亭，十亭一乡，万人左右的户口为一县，若干县为一郡，故亭为秦代最低级的政治单位，亭长为最低级的行政官吏。自皇帝、郡守、县令、三老以至亭长，这样就构成了商人地主对中国全面之层叠式的有机统治。

现在，封建贵族的宫殿，变成为郡守的衙门。农民还是照样把他们的赋税缴纳到原来的地方，但是接受赋税的，已经不是原来的主人，而是商人地主新派来的官吏了。

第二节 秦代社会关系的变化

随着秦代政权性质的改变，秦代的社会关系也有着与之相适应的改变。这种改变，就表现于旧贵族之最终的没落与转化，表现于农民和城市手工业者的隶属关系之移转。

领主贵族之开始没落的过程，已经很久了。不过因为他们始终掌握政权，所以还能苟延残喘。到战国末，随着社会经济之剧烈的变化，这种趋于没落的集团，便开始了分化的过程。

在战国末叶，领主贵族中一部分进步分子，他们看清了自己集团的腐化，六国诸侯的政权已经陷于不可挽救的灭亡；而新兴的秦国，则以如日方中之势，勃然兴起于西方。他们不愿和自己的集团一同埋葬，而又无法使自己的集团改弦更张，以适应于新的社会经济之发展，所以只好离弃自己的集团，自己的祖国，跑到秦国，去参加那种新的历史事业。像商鞅、李斯，都是这一类人物的代表。

商鞅本是“卫之诸庶孽公子也”，当然是卫国的贵族，曾事数国。他具有满腹刑名之学，抱有改革魏国政治的宏愿，可是魏国保守派的领袖，却因此而要杀他。于是这位抱有新思想的贵族才逃到

---

① 《汉书·百官公卿表》云：“大率十里一亭，亭有长，十亭一乡，乡有三老、有秩、啬夫、游徼。三老掌教化。啬夫职听讼，收赋税。游徼徼循禁贼盗。县大率方百里，其民稠则减，稀则旷，乡、亭亦如之，皆秦制也。”

秦国，开创新政，成为商人地主开国的元勋。

李斯者，少年时曾为楚国的郡小吏，又曾从荀卿学帝王之术。他看到楚国贵族日趋腐化，“度楚王不足事，而六国皆弱，无可为建动者”，乃西入秦。他到秦国之后，就加入了吕不韦所组织的商人地主政团而为其舍人，后来帮助秦国完成了并吞六国、统一天下的伟业，成为商人地主开创天下的谋主。

领主贵族之转向商人地主方面的，当然不仅商鞅、李斯两人，在吕不韦招降纳叛的活动之中[①]，在李斯威胁利诱的政策之下[②]，当然有不少领主贵族中的进步分子及动摇分子，投到商人地主的阵营中来。这些领主贵族中的叛徒与败子，到后来都转化为商人地主的政治使用人。原来治人者，现在被治于人了。

另外有些领主贵族，他们对于自己的集团，自己的国家，确实非常忠实；但感于自己国内贵族集团的腐化，新派的猖狂，他们既无力挽救自己集团的没落，又不愿参加新派的活动，眼看国破家亡就在目前，所以他们就走向了消极自杀的道路。楚国的大诗人屈原正是这一类人物的典型。

“屈原者，名平，楚之同姓也。为楚怀王左徒。博闻强志，明于治乱，娴于辞令。入则与王图议国事，以出号令；出则接遇宾客，应对诸侯。王甚任之。”[③]这当然是楚国一位当政的贵族。他一贯主张连齐拒秦，保卫祖国。但是当时楚国的一些权臣却与秦勾结，进行使自己祖国失败的政策，主张绝齐事秦，孤立自己，以便利秦国。所以这派的领袖上官大夫借着“宪令”问题，给屈原以严重的打击，把他从政治舞台上排去而予以流放。屈原被放以后，他一方面怀念祖国的危急；但是他“信而见疑，忠而被谤”，自知无法挽救。另一

---

① 吕不韦招致士，至食客三千。有名的《吕氏春秋》，即为其食客所著成。此书中，天地万物、古今之事，无所不论。这决不是往来贩贱卖贵的商人所能办到，而必须是具有深厚的学术修养的贵族们之集体的著述。以此而知在吕不韦的招贤馆中，必有大批的倒戈的贵族。

② 《史记·李斯列传》谓秦始皇听李斯之计，“阴遣谋士，赍持金玉以游说诸侯。诸侯名士可下以财者，厚遗结之；不肯者，利剑刺之。离其君臣之计。”此所谓“名士”而又与诸侯为“君臣”，当然亦属领主贵族。

③ 《史记·屈原列传》。

方面，他痛恨上官一派的嚣张，“变白而为黑”，“倒上以为下”。正如“邑犬群吠”。但是他又无力制裁他们，更不愿“与世浮沉”，加入他们的组织。所以结果只有自投汨罗江而死。

像这一类走向消极自杀的领主贵族虽然不必很多，但也未必只有屈原一人。大抵领主贵族中的忠贞分子，感到自己集团没有出路的时候，都有走向这条道路的可能。

这样看来，早在战国末，领主贵族集团中的一部分进步分子，即已转化到商人地主的方面；另一部分忠贞分子，又已走向自杀的道路。则剩下来的，只是一些腐烂的糟粕而已。所以后来秦国之灭亡六国，就像摧枯拉朽一样，毫不费力，而天下大定。

据史籍所载，在秦国吞并六国的战争中，六国的国王，如韩王安、赵王迁、魏王假、楚王负刍、燕王喜、齐王建等，他们都随着自己国家的破灭，一个跟着一个变成了商人地主的俘虏。自然当六国国王被俘虏的时候，他们近亲的贵族，也必然同时被俘虏。因而六国领主贵族的巨头，大概就在战争中一网打尽了。其余低级的贵族，或在战争中死亡，或亦变为俘虏。历史上谓秦平天下以后，有“隐宫徒刑者七十余万人，乃作阿房宫，或作骊山”。这 70 余万人，不是战争中捕获的俘虏，便是战争后逮捕的政治犯，其中当然有不少的旧贵族。

新兴的阶级在征服领主贵族之后，把旧贵族囚禁起来，这不仅在中国史上有此事实，世界史上，也有此事实。在今日意大利的都市中，还可以找到 13 世纪意大利市民囚禁当时意大利封建贵族的高塔和城堡。不过在秦代，对于旧贵族，除囚禁之外，又把他们流徙到边远的地区去充当苦力。秦代历史上，常有“徙谪实之初县”；及徙谪若干家，戍之某地的记载；此所谓徙“谪”当亦有旧贵族在内。

当秦定天下以后，残余的旧贵族已经完全失掉了经济的基础和政治的依靠，于是有些便降志屈身，投降新政府。如七十博士，及诸生四百六十余人中，有不少这一类的人物。有些则迫于弹压，畏于酷刑，隐藏山林，潜心学术。如汉初传《诗》之浮丘伯、申公、穆生、白生，传《易》的田何，传《礼》的高唐生，传《春秋》的公羊等，都是这一类的人物。此外，亦有一些残余贵族，他们始终不肯放弃政治斗争，而又无力揭起反抗之旗，于是隐姓埋名，沉入海底，以进行地下活动，企图作死灰复燃之举。如后来博浪一击的张良，西楚称霸的项羽，以及楚汉相持时代十八个国王中的半数国王，都是属于这一类的人物。

总之，当秦代统一中国以后，以前的旧贵族，除一部分自动转向商人地主方面者以外，其余不是自杀，便是战死；不是逃亡，便是俘虏；不是囚禁，便是流放。这就是号令中国历史八百余年的封建领主贵族之最后的下场。

其次说到农民。农民已经过着长期的苦难日子了。在庄园制度全盛时代，他们是封建领主的农奴。以后到战国末叶，随新兴的商人地主的土地所有之扩大，他们便有了两重主人，他们一方面是封建领主的农奴，另一方面，又是商人地主的佃户。因此，他们一方面要向封建领主缴纳赋税，另一方面又要向商人地主缴纳地租。土地变成了双重的所有，农民也就要交出双重的租税。但是直至秦代吞灭六国的前夕，商人地主对农民，还不能行使超经济强制之政治的收夺，因而农民之第一号的主人还是封建领主。

秦与六国的战争，归根结底是新旧土地所有者为了争夺土地所有权的斗争。无沦哪一方面的胜利，都不是农民的胜利。但是在这个战争中，冲锋陷阵、效死疆场以至粉身碎骨、肝脑涂地者，不是旧的土地所有者，也不是新的土地所有者，而是没有土地的农民。据《史记·秦本纪》及《六国年表》，自秦惠文王后元十三年（公元前 312 年）至始皇十三年（前 234 年）间，秦破六国兵，所斩首虏，有记载者，共百 20 余万人；而秦兵之被杀于六国者尚不计。始皇十三年以后，至秦统一之年，其间十三年大战中彼此伤亡者亦不计。若总而计之，其数当不下 300 万人。上党之役，秦国的将军白起一次就活埋了赵国的俘虏 40 余万人。这 40 余万人的大合葬，是赵国旧贵族的悲哀，是秦国新商人地主的胜利，同时也是农民死亡的数字。

六国的贵族就在农民的血泊中沉没了；而新兴的商人地主，却用了农民的鲜血，刷红了中国第一任皇帝的宝座。现在，农民所失掉的是生命，而所得到的是一个更厉害的新主人。现在，农民已经不是领主贵族的“庶民”，而是新兴商人地主的“黔首”了。

庄园已经完全改做地方政府的衙门，在那里居住着各级的行政官吏。郡守代替了以前的诸侯，县令代替了以前的大夫。此外还有那道貌岸然的“三老”，催租审案的“有秩、啬夫”和随便搜查和逮捕农民的武装“游徼”，以及任意鱼肉农民的“亭长”。一切都改变了，这真是“换朝、换国”呵！像这样的世界，真如当时商人地主之所歌颂，是一个“黔首修絜，人乐同则”的世界呵！

现在，在广大的国土之内，布满了商人地主的美丽住宅，农民们都分别地认定自己土地的主人，而以土地收获物之一半缴纳新主人，以佃耕其土地；或被雇佣而为之耕种其土地。在佃耕制之下，农民当然可以得到更多的机会生产其私有物，惟随着农民创造私有物的程度之提高，地租也提高了。而且创造私有物的多少，几乎是提高地租的标准。

农民在前代没有土地，在现在虽然可以购买土地，但这只是永远不能实现的一个幽美的希望。因此之故，最大多数的农民，仍然是无立锥之地。在前代，他们虽然没有土地，但有一个固定的主人，供给他们以土地的使用权，他们世世代代都可以继续耕种那块被给与的土地。现在，主人时常变动，所以时常发生无地可耕的危险。

一言以蔽之，土地还是过去的土地，只是所有关系改变了；农民还是过去的农民，只是隶属关系改变了。

再次说到城市手工业者。城市手工业者和商人，他们同是农奴中发迹出来的，因而他们同是初期封建社会经济的母胎中孕育出来的一对双生子。而且城市手工业者还是商人的大哥，因为没有前者的发展，便没有后者的出现。

在初期封建社会的早期，这一对双生的兄弟还在幼稚时代，他们同在封建领主的隶属之下，过着不自由的日子。但是等到时代进入战国，新兴的商人便后来居上，他们用了资本的力量，抓住了他大哥的头发，勒逼城市手工业者依照他们的定货单，替他们生产一定的商品。而且以预付定货金的手段，少给城市手工业者的手工业制造品的代价。实际上，战国末叶的城市手工业者，已经变成了新兴商人所雇佣的商品生产者了。不过因为当时商人地主尚未取得政权，所以城市手工业者的捐税，还是送到封建领主的宫廷。同时，商人地主，也还没有权力强制城市手工业者作无偿的劳动。

战国末叶，是新旧土地所有者的斗争最紧张的时代，当时六国的诸王与秦国的国王，无不在成天地动员人马，转运粮秣，士不解甲，马不弛鞍，时代的紧张，令人吐不过气来。因此，当时各国的城市手工业者，除了日用必需品的生产者以外，大概都被强制征发，无偿地服务于军事必用品的生产。战争的进行，使手工业走向畸形的发展，这对于城市手工业者，已经是一个很大的打击。

在战国末，城市固然是手工业者的根据，但同时也是军事的堡垒，所以当时战争的双方都集中火力于城市的争夺。在战争的剧烈进行中，随着郡县之夷灭，而城市堕坏者不知有多少。因此，城市手工业者又在战争的过程中，蒙受了巨大的灾难。

秦并天下以后，郡有郡守，县有县令，乡聚亦有三老与亭长等。他们当然要致力于城市经济之恢复，这从徙民若干户于某郡某县的记载，就可以看得出来。在秦代战争复员的政策之下，那些残余的城市手工业者又重新从流离失所的状况中走回了他们原住的城市。他们从破砖乱瓦中，发见了自己的作坊的遗址，好容易又才修葺起来，重新开始他们的生产。

雨过天晴，山川如故，一切都没有变更。做铁匠的还是做铁匠，做木匠的还是做木匠，所不同的，只是把捐税送交他们的大哥——商人地主。

最后，我们说到这个新的胜利者商人地主。

商人地主，早在战国时代，他们已经是庞然大物，不可一世。他们高车驷马，周行天下。天子为之筑台避债，诸侯为之分庭抗礼，士为之废文学而事货殖，工为之弃刺绣而倚市门。这如果说他们已经俨然有些候补统治者的神气，或非阿谀之词。虽然，他们在当时，究竟还是诸侯的臣属，天子的庶民。

自从商人地主在秦国抓着了政权以后，他们在新政之下，获得了与贵族在法律上的平等地位。于是过去与皂隶并称的贾竖，遂一跃而为秦国的客卿、相国，乃至秦王的仲父。他们不但掌握对农民和手工业者生杀予夺的大权，而且招贤纳士，著书立说，交通诸侯，宣战媾和，乃至刑黥太子的师傅，左右国王，出入宫帏，私通太后。懿欤甚矣！这真是“士别三日，当刮目相看”。虽然如此，这还不过是秦国一国的情况。

到秦并天下之后，中原一统，又北伐匈奴，南征南越，西服巴蜀，东降辽东，市场扩大，商路四通。而秦代的政府，又予以保护，加以鼓励，于是商人地主在军事的前导与政治后卫之下，展开了广大无畏的活动。因而由此而致暴富者不知凡几。当时咸阳一城，新迁来的富豪，就有 12 万家，而原住于咸阳者尚不计，以天下之大，城市之多，其数当可骇人。而这就构成了一个广大的社会层。

当时的商人，大概都以其利得，购买土地，所以到秦末，便形成富者田连阡陌，贫者无立锥之地的现象。即因商人同时又是土地所有者，所以我们称之为商人地主。这种商人地主同时又多是政府的官吏，所以他们是商人，是地主，同时又是官僚。正因为商人、地主、官僚三位一体，所以他们才是地上的权力者。

以上就是秦代的社会关系，秦代的政治，就在这种社会关系中向前发展。诗云：“高岸为谷，深谷为陵。”我们对于旧封建贵族与新商人地主的社会地位之颠倒，实不胜其感慨。

第三节　秦代政权的发展

战事已经结束了。新政府也在商人地主胜利的欢呼中成立了。现在，邯郸市上的小儿，做了全中国人民的皇帝；贩贱卖贵的商人，出现为咸阳市上的新贵。丞相、御史都已按部就班，郡守、县令都已走马上任。中国的历史，又走进一个新的王朝、新的时代了。

在这个热闹场面的背后，我们同时可以看到一幅凄凉的画图。在那里，是残余的旧贵族走上刑场，送进牢狱，窜向边塞，隐藏山林，逃亡民间。是退伍的农民回到荒凉的农村，是失业的手工业者回到残破的城市。而这一切也就是新朝胜利的表现。

照我们后人想来，像这样的胜利，也就足够商人地主的骄傲了。但是当时的商人地主却具有一种深思远虑。他们一方面看到旧贵族中，还有不少在逃的分子，没有捕获；而投降的旧贵族，又怀着满腹的旧思想，常常“以古非今”。若不彻底地肃清，终是新政府的隐忧。另一方面，农民虽已退伍，但大部分的农民，还保有武器，尤其使新政府感到不安。为了巩固商人地主的统治，新政府感到如何镇压农民可能的叛变及残余贵族可能的反动，是他当前的两个紧急政治任务。

新政府毫不犹豫而且非常彻底地开始他的任务之执行。这首先便是对付农民。

据《史记》所载，秦始皇做了皇帝以后，第一道命令，使是：“收天下兵器，聚之咸阳，铸为钟鐻、金人十二”。这就是强迫所有的农民交出他们的武器。

中国古代的农民，本有一次冬季的军事训练，即所谓“三时务农而一时讲武”。但据《文献通考·兵考》云：到秦代，“讲武之礼，罢为角觝”。这就是不许农民有学习战斗技术的机会。

在秦代的农村中，本有武装游徼的设置，但据《文献通考·兵考》云：“秦始皇既并天下，分为三十六郡，郡置材官。”《汉书·刑法志》亦云：(汉)“踵秦而置材官于郡国。”所谓材官者，就是一种武装完备的正式军队。这样看来，秦代的各郡县，除了地方的游徼以外，又有中央派驻各郡县的材官。这种材官的设置，就是加强对农民的武装镇压。

在秦代的农村中，本有亭长、乡三老等的设置，但在后来又把以前施行于秦国境内的什伍连坐法推行全国。所谓什伍连坐法者，即“令民为什伍，而相收司连坐。不告奸者腰斩，告奸者与斩敌首同赏。匿奸者与降敌同罚”。而这就是借此肃清农民中的不稳分子。

农民既被缴除了武器，又被禁止了冬季的军事训练，再加之以武装镇压与相互连坐，这在新政府看来，此种的措置似乎很够妥当了。

现在开始对付残余的旧贵族，于是发生了中国史上有名的“焚书坑儒”的事件。焚书坑儒，在客观上是对文化之一般的毁灭，但在当时新政府的主观动念上，却是为了肃清隐藏在政府机构中的残余旧贵族，乃至作为其政治指导原理的旧文化。

具体的历史事实告诉我们焚书的经过，是为了消灭复古的思想。据《史记》所述，在始皇三十四年的某一天，始皇在咸阳宫举行一个宫廷的大宴，高级官吏，都在召宴之列。七十博士首先向始皇致敬，表示他们的忠顺。当时有一位仆射周青臣致颂词说：“他时秦地不过千里，赖陛下神灵明圣，平定海内，放逐蛮夷，日月所照，莫不宾服。以诸侯为郡县，人人自安乐，无战争之患，传之万世。自上古不及陛下之威德。”这段颂词，表面上是恭维始皇，但实际上是对投降的旧贵族一个尖刻的讽刺。因为他恭维始皇的，就正是吞并六国，消灭旧贵族的功劳。

博士们听了，当然十分羞愧，于是博士中有一位齐人名淳于越者，就针对着周青臣的讽刺作了一个回答。他说：“臣闻殷周之王千余岁，封子弟功臣，自为枝辅。今陛下有海内，而子弟为匹夫，卒有田常、六卿之臣，无辅拂，何以相救哉？事不师古而能长久者，非所闻也。今青臣又面谀，以重陛下之过，非忠臣。”这一段话，虽是对周青臣讽刺的回答，但同时也是对郡县制度的一个批判。并且企图从始皇个人的利害关系上，去说服始皇，恢复封建的旧制度。

始皇果为所动，把淳于越的建议，交群臣讨论。于是商人地主的领袖李斯不得不说话了。他说：“五帝不相复，三代不相袭，各以治；非其相反，时变异也。今陛下创大业，建万世之功，固非愚儒所知。且越言乃三代之事，何足法也？异时诸侯并争，厚招游学。今天下已定，法令出一，百姓当家，则力农工，士则学法令辟禁。今诸生不师今而学古，以非当世，惑乱黔首。丞相臣斯昧死言：古者天下散乱，莫之能一，是以诸侯并作，语皆道古以害今，饰虚言以乱实，人善其所私学，以非上之所建立。今皇帝并有天下，别黑白而定一尊。私学而相与非法教，人闻令下，则各以其学议之，入则心非，出则巷议，夸主以为名，异取以为高，率群下以造谤。如此弗禁，则主势降乎上，党与成乎下。禁之便。臣请史官非秦纪皆烧之。非博士官所职，天下敢有藏《诗》《书》百家语者，悉诣守、尉杂烧之。有敢偶语《诗》《书》者弃市。以古非今者族。吏见知不举者，与同罪。令下三十日不烧，黥为城旦。所不去者，医药、卜筮、种树之书。若欲有学法令，以吏为师。”

从李斯这一大段话中，我们可以知道，当时那些投降的旧贵族，他们虽然首先向始皇致敬，但他们对于秦代的新制度，还是抱着反对的态度。因为他们生长在旧社会之中，习惯于旧社会的制度，迷恋于旧社会的学说，以为旧的都是好的，新的都是坏的，因而以为“事不师古而能长久者，非所闻也”。他们不知道现在已经不是田氏篡齐、六卿分晋的封建贵族混战时代，而是商人地主一统天下的时代。但是他们对于新政府的每一政令，仍然在背后引经据典加以批评，以动摇新政府的威信。这在李斯看来，这些“不师今而学古”的诸生，当然是一群“惑乱黔首”的反动派。为了绝灭此种复古思想之传播，所以主张焚燔一切作为此种思想之渊源的古典文献。而对于与思想无关之书类，则仍任其流传。由此看来，李斯之主张焚书，其主观的动念，实为对付残余的旧贵族无疑。

秦始皇批准了李斯的建议。宫廷的盛宴散了，第二天，在天下各地，就到处点燃了焚书之火。不到三十天，中国秦以前的古典文献，都化为灰烬。留下来的只有皇家图书馆内的一套藏书。

书是焚了，但是怀有复古思想的旧贵族，还是在政府的机构中，掌管文化事业。为了肃清这些分子，于是又发生了“坑儒”的惨剧。

据《史记》所载，坑儒的惨剧之发生，乃是由于焚书以后，投降的贵族中，有侯生与卢生者，他们看到当时的政治日益倾向于专制与独裁，他们的首领七十博士，也只“备员弗用”，一切的政令都出于咸阳宫。这使他们感到也许在明天就会有更严重的事情发生，因而他们就相率逃亡了。逃亡的消息，很快就由商人地主报告始皇。于是皇帝龙颜大怒。他拍案大骂曰："吾前收天下书，不中用者尽去之；悉召文学方术士甚众，欲以兴太平，方士欲练以求奇药。今闻韩众去不报，徐市等费以巨万计，终不得药，徒奸利相告日闻。卢生等吾尊赐之甚厚，今乃诽谤我，以重吾不德也。诸生在咸阳者，吾使人廉问，或为妖言以乱黔首。"始皇骂了一大顿，如韩众去不报，徐市等终不得药，与诸生丝毫不相干。不错，卢生等逃亡时，也曾说了一句讽刺始皇的话，他们说："贪于权势至如此，未可为求仙药。"这当然是对于他所领导的海洋探险事业之失败的一个嘲笑，但这也是事实。不图因此而遂获罪于天，得了诽谤的罪名，这真是冤哉枉也。

很明白地，始皇的盛怒，并非偶然。早在卢生等的事件之前，那些所谓"廉问使"就经常向始皇谎报，说诸生无不"妖言以乱黔首"。而这一次正是一个总爆发。实际上，照我们的推想，始皇也未必就想把诸生活埋，但在始皇盛怒之下，那些御史们，就可以加倍惩处了。据《史记》："于是使御史悉案问诸生，诸生转相告引，乃自除犯禁者四百六十余人，皆阬之咸阳，使天下知之，以惩后，益发谪徙边。"

这四百六十几个诸生，在当时的政府看来，都是一些死有余辜的反动派；但是在我们今日看来，他们都是当时最有学问的知识分子。他们的被活埋，是中国文化的一个大损失。虽然，谁要他们不隐藏山林而要投降新朝呢？文人而无气节，也是取辱招祸的原因。我因此于诸生之被活埋，不胜其感慨。

新政府对于旧贵族，在这次大活埋、大流徙之后，接着还有第二次第三次的大屠杀。《文献通考·学校考》云：始皇"又令冬种瓜骊山，实生，命博士诸生就视。为伏机，杀七百余人。二世时，又以陈胜起，召博士诸生议，坐以非所宜言者，又数十人。然则秦之于博士弟子，非惟不能考察试用之，盖惟恐其不澌尽泯没矣。叔孙通面谀，脱虎口而逃亡，孔甲持礼器发愤而事陈胜，有以也哉"。

新政府对于农民的防范、对旧贵族的惩处的任务，都依次执行了。然后在一般的方面，又严刑罚，任狱吏，以制反侧。《汉书·刑法志》云："秦用商鞅，连相坐之法，造参夷之诛，增加肉刑、大辟，有凿颠、抽胁、镬亨之刑。至于秦始皇，兼吞战国，遂毁先王之法，灭礼谊之官，专任刑罚，躬操文墨，昼断狱夜理书，自程决事，日县石之一。而奸邪并生，赭衣塞路，囹圄成市，天下愁怨，溃而叛之。"

实际上，秦代的刑罚尚不仅如上述。其见于《史记》者有榜掠①、鬼薪②、黥为城旦③、谪④、籍没⑤、连坐⑥、弃市⑦、僇⑧、腰斩⑨、车裂⑩、坑⑪、矺⑫、戮尸⑬、枭首⑭、族⑮、夷三族⑯等。像这样的严刑峻法，真是以刀锯鼎镬待天下之士。商人地主的咸阳宫，现在变成人民大众的阎

① 《史记·李斯列传》云："赵高治斯，榜掠千余，不胜痛，自诬服。"

② 《史记·秦始皇本纪》云："轻者为鬼薪。"《集解》应劭曰："取薪给宗庙，为鬼薪也。"如淳曰《律说》："鬼薪作兰岁。"

③ 《史记·秦始皇本纪》曰："令下三十日不烧，黥为城旦。"《集解》："如淳曰：《律说》：'论决为髡钳，输边筑长城。昼日伺寇虏，夜暮筑长城'。城旦四岁也。"

④ 《史记·秦始皇本纪》云："徙谪，实之初县。"《索隐》："徙有罪而谪之，……故汉七科谪亦因于秦。"

⑤ 《史记·秦始皇本纪》云："自今以来，操国事不道如嫪毐、不韦者，籍其门，视此。"《索隐》："谓籍没其一门，皆为徒隶。"

⑥ 《史记·商君列传》云："令民为什伍，而相收司连坐。"《索隐》："收司谓相纠发也。一家有罪而九家连举发，若不纠举，则十家连坐。"

⑦ 《史记·秦始皇本纪》云："有敢偶语诗书者弃市。"

⑧ 《史记·李斯列传》云："公子十二人僇死咸阳市。"

⑨ 《史记·商君列传》云："不告奸者腰斩。"

⑩ 《史记，秦本纪》云："鞅亡，因以为反，而卒车裂以殉秦国。"

⑪ 《史记·秦始皇本纪》云："诸生……四百六十余人，皆坑之咸阳。"

⑫ 《史记·李斯列传》云："十公主矺死于杜。"《索隐》云："矺与磔同……。磔谓裂其支体而杀之。"又《秦始皇本纪》云："荆轲刺秦王。秦王觉之，体解轲以徇。"

⑬ 《史记·秦始皇本纪》云："将军壁死，卒屯留、蒲鹝反，戮其尸。"

⑭ 《史记·秦始皇本纪》云："毐等败走，……二十人皆枭首。"《集解》云："县首于木上曰枭。"

⑮ 《史记·秦始皇本纪》云："以古非今者族。"《蒙恬传》云："公子高欲出奔，恐收族。"

⑯ 《史记·秦本纪》云："文公二十年，法初有三族之罪。"《集解》："父族、母族、妻族也。"又《汉书·刑法志》云："'当三族者，皆先黥，劓，斩左右止，笞杀之，枭其首，菹其骨肉于市。其诽谤詈诅者，又先断舌。'故谓之具五刑。"在秦代，夷三族者必具五刑。

罗殿了。

新政府的任务，当然不仅在于镇压他的敌人，同时也在进一步去巩固他的天下。于是，战争的动员又颁布了。刚刚回到田野的农民，又要放下锄头，拿起武器，为着商人地主的利益而走向战场。30 万人北逐匈奴，50 万人南征五岭。田园变为荒野，肝脑涂于异域[①]。

为了防御匈奴的侵袭，万里长城开工了。从甘肃的临洮，东至鸭绿江岸，有 30 万以上的农民，在那风雪萧萧的边塞，担土垒石十余年之久。其中也有不少是脸上刻了字的罪犯。

为了便利商人地主的货车往来，到处都在修筑马路。这种马路，在当时叫做驰道。从九原（今内蒙古包头市西）到甘泉（今陕西淳化西北）1800 里的山岭之间,到处都是堑山堙谷的工人[②]。不仅这一条马路开了工，据《汉书·贾山传》云：秦“为驰道于天下，东穷燕齐，南极吴楚，江湖之上，濒海之观毕至。道广五十步，三丈而树，厚筑其外，隐以金椎，树以青松”。由此看来，则在秦代，全国之内，都有了宽大而平坦的大道了。

早在统一六国的那年（公元前 221 年），新政府就在咸阳北阪上，盖起一座“殿室复道，周阁相属”的宫殿，这座宫殿，完全是仿效六国宫殿的样式的一种混合建筑。在这座宫殿里，充满了由六国俘虏而来的钟鼓与美人，简直可以称为一个国际博物馆[③]。第二年又在渭水的南岸，建筑了一座信宫，和甘泉宫的前殿[④]。于是渭水南

---

① 《通考·兵考》云：秦代“大率百人则五十人为农，五十人习战。凡民年二十三，付之畴官，给郡县。一月而更谓卒。复给中都一岁，谓正卒。复屯边一岁，谓戍卒。凡战，获一首，赐爵一级。皆以战功相君长。长平之役，年十五以上悉发，又非商鞅之旧矣”。

② 《史记·蒙恬列传》云：“始皇欲游天下，道九原，直抵甘泉，乃使蒙恬通道，自九原抵甘泉，堑山堙谷，千八百里。”《始皇本纪》亦云：“二十七年治驰道。”《李斯列传》亦云：“治驰道，兴游观，以见主之得意。”

③ 《史记·秦始皇本纪》云：“二十六年，……秦每破诸侯，写放其宫室，作之咸阳北阪上，南临渭，自雍门以东至泾、渭，殿室复道周阁相属。所得诸侯美人、钟鼓，以充入之。”

④ 《史记·秦始皇本纪》云：“二十七年……作信宫渭南，已更命信宫为极庙，象天极。自极庙道通郦山，作甘泉前殿，筑甬道，自咸阳属之！”

北，都布满了宫殿。

为了装点新政府的门面，现在始皇又大发隐宫徒刑者70万人，开始世界史上无可伦比的阿房宫之建筑。据《史记》所载，阿房宫的正殿，建筑在渭水南岸，那里原系皇家的花园。殿堂东西宽五百步，南北深五十丈，殿内可容一万人，殿前建立五丈高的旗竿，周围有阁道可通其他的宫殿。这种阁道，直通到南山（终南山）。在南山的顶上，建立一座庄严壮丽的高阙，作为这座宫殿的大门。从阿房宫通达渭水的北岸，有一座很美丽的石桥[①]。据说这座石桥长三百六十步，宽六十尺，共有六十八个圆拱，桥的两旁，还装饰着力士孟贲等人像雕刻。由于这座桥梁的落成，咸阳城市遂成为跨渭水南北的一个大城市。

上述的阿房宫，不过是皇宫的一个正殿，即所谓“朝宫”者是也。实际上，阿房宫的全部规模之大，真是骇人听闻。据《三辅黄图》云：“阿房宫，亦曰阿城，惠文王造宫未成而亡，始皇广其宫规，恢三百余里。离宫别馆，弥山跨谷。辇道相属，阁道通郦山八十余里。表南山之颠以为阙，络樊川以为池。”又《汉书·贾山传》云：“起咸阳而西至雍，离宫三百，钟鼓帷帐，不移而具。”由此看来，自咸阳以东至于临潼，以西至于雍（今陕西凤翔南），以南至于南山，以北至于咸阳北坂，这一个广大的区域内，都是阿房宫的范围。不仅此也，据《史记》云：“关中计宫三百，关外四百余。”据此，则当时函谷关以外，尚有更多的行宫。又《史记》谓，建筑阿房宫，都是用“北山的石椁”“荆楚的木材”建筑而成，特别是四川的木材。当这些宫殿落成之日，四川山上的树木被砍了许多。所以后来的诗人杜牧为之赋曰：“蜀山兀，阿房出。”

这些宫殿，都“以木兰为梁，以磁石为门”，施以雕刻，涂以丹青，五光十色，极富丽堂皇之大观。在这些宫殿的内部，则夜光之

① 《史记·秦始皇本纪》云：“三十五年……乃营作朝宫渭南上林苑中，先作前殿阿房，东西五百步，南北五十丈，上可以坐万人，下可以建五丈旗，周驰为阁道，自殿下直抵南山。表南山之颠以为阙。为复道，自阿房渡渭，属之咸阳，以象天极阁道绝汉抵营室也。阿房宫未成；成，欲更择令名名之。作宫阿房，故天下渭之阿房宫。”

璧，饰于朝廷；犀象之器，列为玩好；郑卫之女，充于后宫；骏良駃騠，实于外厩。一切“娱心意，悦耳目”者，无所不备。

现在，这位阿房宫的主人，他佩“昆山之玉，有随、和之宝，垂明月之珠，服太阿之剑，乘纤离之马，建翠凤之旗，树灵鼍之鼓”。真是“自上古以来未尝有，五帝所不及”。

现在，在这位阿房宫主人的御前，挤满了国籍不同的美女，她们带着“宛珠之簪”，垂着“傅玑之珥”，穿着“阿缟之衣”，饰着“锦绣之饰”。“佳冶窈窕”，真是人间无比。乐队吹奏起来了，美女开始了大合唱，不是以前秦国的“击瓮叩缶，弹筝搏髀”之音，而是“郑、卫桑间，昭、虞武象者，异国之乐也”。阿房宫的主人，在胜利中昏迷了。

现在，那些商人地主中的新贵。他们宫室、车马、衣服、苑囿驰猎，恣其所好[①]。真是威风凛凛，意气扬扬。至于一般的商人地主，他们亦皆田连阡陌，拥资巨万。“田池射猎之乐，拟于人君。”虽无官爵，可列朝请；虽无战功，而皇帝为之筑台纪念。他们真是时代的骄子，历史的宠儿。

最后，我们来看这个社会的另一面。残余的贵族和无数的俘虏，正在从荆楚、从巴蜀斩伐木材，运输木材，攀山越岭，颠仆于道路之中，为了建筑阿房宫和郦山的皇陵而丧失他们的生命。城市的手工业者，都离开了他们的作坊，走到咸阳，走到郦山，走到琅邪、之罘，走到遥远的会稽，替皇帝修筑宫殿，建造坟墓，雕刻玩好和巨大的纪功碑。广大的农民，已经在商人地主土地兼并的过程中，失去了自己的小块土地和田园。在收缴兵器的命令之下，失去防身的武器；在武装镇压、什伍连坐、严刑峻法之下，失去了起码的自由；在苛捐杂税、军事征发之下，失去了一切生存的物质。现在又在兵役动员、徭役动员的命令之下，走向蒙古沙漠，走向岭南边疆，走向一切指定的地点，去修筑长城，开辟驰道，抵御匈奴和征服南越。

① 《史记·秦始皇本纪》云：“始皇幸梁山宫，从山上见丞相车骑众，弗善也。中人或告丞相，丞相后损车骑。”

总而言之，这一时的社会，诚如《汉书·食货志》所云："庶人之富者累巨万，而贫者食糟糠。"社会之不调协，已经达到了极点。这种社会的不调协，当然是要出乱子的。

果然，博浪沙（今河南原阳县）中，伸出旧贵族的铁锤，这就是历史上所谓张良博浪一击。这一击，虽未命中始皇，但已碎其副车，总算替残余的旧贵族吐了一口冤气[①]。果然，在东郡（治今河南濮阳西南），发现了农民的标语，他们在石头上刻着"始皇帝死而地分"的词句，表示他们对土地要求之渴望。虽然始皇把这块石头附近的农民都屠杀了，但是这并不能解决问题[②]。

博浪的锤击，东郡的刻词，这都是秦代政府走向灭亡的警报。这位轰轰烈烈的秦始皇，就在警报声中死去了，可是他死后的面容，还是带着胜利的微笑。

第四节　陈胜吴广的所领导的农民大暴动与秦代的灭亡

"山雨欲来风满楼"，正是始皇临死前夕中国社会的情景。所以当始皇一旦魂断，宫车晚出，接着便到来了一个暴风雨的时代。这就是爆发了中国史上有名的陈胜、吴广所领导的农民"大叛乱"。

陈胜、吴广所领导的农民"大叛乱"之爆发，决不是一个偶然的历史爆炸，而是自始皇兼并天下以来中国社会经济发展之必然的归结。我们知道，始皇所接受的天下，是一个久经战争、凋零残破的天下，像这样的天下，如果不在很好的复员政策之下，使之经过

① 《史记·秦始皇本纪》云："二十九年始皇东游，至阳武博狼沙中，为盗所惊，求弗得，乃令天下大索十日。"又《汉书·张良传》云：张良"……得力士，为铁椎重百二十斤。秦皇帝东游，至博狼沙中，良与客狙击秦皇帝．误中副车。秦皇帝大怒，大索天下，求贼急甚。良乃更名姓，亡匿下邳"。按张良父祖，世为韩相，当然系韩国贵族。

② 《史记·秦始皇本纪》云："三十六年，荧惑守心，有坠星下东郡，至地为石，黔首或刻其石曰：'始皇帝死而地分。'始皇闻之，遣御史逐问，莫服，尽取石旁居人诛之。因燔销其石。"

长期的休养生息，决不能恢复元气，从而使社会生产力走向更高发展的道路。但是秦代的政府，为了过于积极地实现商人地主的利益，并没有经过必要的复员阶段，马上又在这凋零残破的社会经济基础之上，再展开了更大规模的战争动员与劳役动员。军事的征发，经济的榨取，政治的收夺，以风行雷厉之势，齐头并进，把那患贫血病的社会之最后一滴血液，也抽出来了。匈奴打退了，南越征服了，长城建筑了，驰道开辟了，阿房宫也落成了，可是旧贵族的铁椎也伸出来了，农民的反叛标语，也发现了。

然而在始皇时代，始终尚能维持一种表面的平静，这就因为当时统治者内部，还能在始皇的领导之下维持一种和衷共济的局而，因而中央政府尚保有一种强大的力量，从而得以以此为出发点而行使其对全国人民之武装的镇压，政治的迫害，刑罚的威骇以及文化思想的剿灭。但是独裁政治、政治领袖个人对于政治全局的关系，是很重要的。所以当始皇的呼吸一断，统治者内部便发生了残酷的内乱。沙丘（今河北广宗西北）的灵前会议，就正是统治者内部决裂的起点。统治者内部的决裂，当然要削弱统治的力量。为了要用这种已经削弱了的力量来继续支持其统治，当然要对人民行使其更残酷的压榨。这样一来，秦代的政权，就正像一个患了狂热病的人，在大烧大热之中，归于死亡。

早在始皇时代，秦代统治者内部即已开始分裂的过程。在当时，显然有三个派别的存在。其一，是以扶苏为首的新贵族派。秦代所有的诸公子及公主，都是属于这一派。这一派拥有庞大的国防军队[①]，掌握着边防要塞[②]，在中央，也有相当的势力[③]。其二，是以李斯

① 《史记·李斯列传》云："始皇有二十余子，长子扶苏以数直谏上，上使监兵上郡，蒙恬为将。"又《蒙恬列传》谓"蒙恬将30万众，北逐戎狄"。是当时蒙恬所将之30万众，皆受扶苏之监督。故始皇遗嘱，嘱扶苏"与丧会咸阳而葬"；同时又嘱其"以兵属蒙恬"。盖当时扶苏实掌握军队调动的大权，否则始皇遗嘱，即不必说"以兵属蒙恬"。

② 沿长城诸要塞，皆为蒙恬的军队驻防。

③ 《史记·蒙恬列传》云："始皇甚尊宠蒙氏，信任贤之。而亲近蒙毅，位至上卿，出则参乘，入则御前。恬任外事而毅常为内谋，名为忠信，故虽诸将相，莫敢与之争焉。"

为首的官僚派。所有出身于商人地主的官僚，都是属于这一派[①]。这一派拥有雄厚的财政后援，把持中央政府，左右国家大政方针[②]。其三，是以赵高为首的宦官派。所有当时宫廷的“中人”或“内官”，都是属于这一派[③]。这一派包围在始皇的左右，掌握着宫廷的秘密，狐假虎威，狗仗人势，他们是独裁政治的副产物，也是无恶不作的杀人犯。

这三派因为身份不同，主张亦不同。贵族派为了企图稳定社会的秩序，从而巩固其万世一系的帝统，所以主张对外采取守势，保存实力；对内与民休息，恢复元气[④]。官僚派则相反，他们为了积极实现商人地主的利益，所以主张对外推行开疆拓土的冒险政策，对内推行残民以逞的暴君政治[⑤]。宦官派可以说没有主张，但是为了窃权弄势，他们却希望有一个可以随便欺蒙的皇帝[⑥]。

此三派者，以要求各异，政见不同，始皇时，即常发生明争暗斗。始皇知之，但以三派皆忠于自己，故兼容并蓄。但始皇之属意，

---

① 《史记·李斯列传》云：“李斯置酒于家，百官长皆前为寿，门庭车骑以千数。李斯喟然而叹曰：‘嗟呼！吾闻之荀卿曰物禁太盛。夫斯乃上蔡布衣，闾巷之黔首，上不知其驽下，遂擢至此。当今人臣之位无居臣上者，可谓富贵极矣。物极则衰，吾未知所税驾也！’”由此而知李斯者，实为当时官僚群的领袖。

② 如始皇欲逐客，李斯谏之而罢。淳于越主复封建，李斯阻之而止。焚书亦出于李斯的主张。此外一切国家大政，如兼并六国的政略，击匈奴、征南越的决策，尊大臣，盛爵禄，立社稷，修宗庙，平斗斛、度量，一文字，治驰道，兴游观等，皆系李斯的主张。(见《李斯列传》)

③ 《史记·李斯列传》云：“高因内官之厮役也，幸得以刀笔之文进入秦宫，管事二十余年，……”《蒙恬列传》云：“赵高者，诸赵疏远属也。赵高昆弟数人皆生隐官。其母被刑僇，世世卑贱。秦王闻高强力，通于狱法，举以为中车府令。高即私事公子胡亥。喻以决狱。高有大罪，秦王令蒙毅法治之。毅不敢阿法，当高死罪，除其宦籍。帝以高之敦于事也，赦之，复其官爵。”据此则知，赵高在秦宫二十余年，既有宠于始皇，又得幸于公子胡亥，当然为内官的领袖。

④ 《史记·李斯列传》记胡亥矫诏数扶苏之罪曰：“今扶苏与将军蒙恬将师数10万以屯边，十有余年矣，不能进而前，士卒多耗，无尺寸之功。乃反数上书直言诽谤我所为。”

⑤ 一切对外对内的积极政策，皆为李斯所主张。参看《李斯列传》。

⑥ 《史记·李斯列传》云：赵高说李斯曰：“皇帝二十余子，皆君之所知。长子刚毅而武勇，信人而奋士，……高受诏教习胡亥，使学以法事数年矣，未尝见过失。仁慈笃厚，轻财重士，辩于心而诎于口，尽礼敬士。秦之诸子，未有及此者。可以为嗣。君计而定之。”

则为贵族派的领袖公子扶苏；所以在他未死之前，即授以兵权。到弥留之际，又赐书扶苏，嘱其“以兵属蒙恬，与丧会咸阳而葬”，并赐以皇帝之符玺。

始皇死在沙丘途中，当时贵族派没有一人在侧，于是宦官派与官僚派在沙丘开了一个秘密的联席会议[①]，决定秘丧不发，遗嘱缓发，把始皇的尸体与鲍鱼放在一块，运到咸阳再说[②]。在灵车的行进中，宦官派领袖赵高提出了重大的政治阴谋，这就是矫诏杀扶苏与蒙恬而拥立胡亥承继帝位。并且压迫官僚派领袖李斯在他们政治阴谋的决议案上签了字[③]。乃“诈为受始皇诏丞相，立子胡亥为太子”，更为书赐扶苏与蒙恬，命其自杀。扶苏信为父命，遂自杀。蒙恬知其伪，不肯死，即以属吏，系于阳周（今陕西子长西北）。于是政治阴谋，很迅速而顺利地完成了。

现在胡亥做了秦代的二世皇帝，赵高为郎中令，宦官派执政了。他们第一个政治任务，当然是以毫不容情的手段，消灭所有的新贵族派。并且同时打击官僚派。因此赵高向二世提供了“灭大臣而远骨肉”的办法。于是首先“杀大臣蒙毅等，公子十二人僇死咸阳市，十公主矺（磔）死于杜。财物入于县官，相连坐者不可胜数。公子高欲奔，恐收族，乃上书曰……臣请从死，愿葬郦山之足……胡亥可其书”。这样一来，秦代的新贵族，都屠杀殆尽了。现在开始把刀锋转向官僚。在“贫者富之，残者贵之”的原则下，已经开始“除去先帝之旧臣”的工作，仅存的旧官僚．则在“法令诛罚，日益刻深”的情形之下，“人人自危”。这样一来，官僚派也被打倒了。现在，秦代的皇帝，已经不是商人地主的皇帝，而是宦官的皇帝了[④]。

---

① 《史记·李斯列传》云：始皇崩于沙丘，“独子胡亥、丞相李斯、赵高及幸宦者五、六人知始皇崩，余群臣皆莫知也。李斯以为上在外崩，无真太子，故秘之。”同传又云：“沙丘之谋，丞相与焉。”

② 《史记·李斯列传》云：“置始皇居辒辌车中。”《秦始皇本纪》云：“会暑，上辒车臭，乃诏从官，令车载一石鲍鱼，以乱其臭。”

③ 《史记·李斯列传》云：赵高谓李斯曰，“今释此而不从，祸及子孙，足以为寒心……于是斯乃听高。”

④ 《史记·秦始皇本纪》记赵高语二世之言曰：‘天子称朕，固不闻声’，于是二世常居禁中与高决诸事，其后公卿希得朝见。”

现在灾难要降到农民身上了。阿房宫的建筑，再开了工；匈奴似乎有南向的企图，征兵的命令急于星火，迟过限期者处死刑。为了满足皇帝“狗马禽兽”之欲，“郡县转输菽粟刍藁，皆令自赍粮食，咸阳三百里内不得食其谷。”又以“税民深者为明吏”，“杀人众者为忠臣”。现在普天之下，到处都可以看到开赴边塞的壮丁大队，到处都可以看见开赴咸阳的劳役大队。“刑者相半于道，而死人日成积于市。”这真是到了农民忍无可忍的时代了，果然陈胜、吴广[①]树起了叛乱之旗。

公元前 209 年 7 月的某一天，有 900 人左右的一队壮丁，在两个县尉的押送下，在大风雨中向着蕲县大泽乡（今安徽宿县西南）行进，这就是开赴渔阳（今北京市密云县西南）的戍卒之一队。有两个轮廓分明的屯长，这就是中国史上有名的人物陈胜、吴广。这一队戍卒，因为“大雨，道不通”，已经是“失期”了。但他们知道秦代的法律，“失期，法皆斩。”

天晚了，而雨更大，队伍在大泽乡驻扎了。死的威胁压迫着这两位屯长发生了叛变的思想，他们说：“今亡亦死，举大计亦死，等死，死国可乎？”于是陈胜、吴广遂决定假借扶苏或项燕的名义，举行叛变。因为扶苏无罪被杀，当时“百姓多闻其贤，未知其死也”。而“项燕为楚将，数有功，爱士卒，楚人怜之，或以为死，或以为亡”。借此二人的名义为天下唱，则响应者必多。

但是陈胜、吴广都是雇农，所谓“瓮牖绳枢之子，甿隶之人”，而目前与诸戍卒又同为“迁徙之徒也”。一旦举义，在群众中必不能发生信仰。于是不能不玩弄魔术。

第二天早晨，戍卒买鱼烹食，于鱼腹中得帛书，书曰：“陈胜王。”当天夜晚，戍卒们又看见附近丛祠中，夜篝火，作狐鸣，呼曰：“大楚兴，陈胜王。”这些戍卒都是富于迷信的农民，他们深信鱼和狐是不会骗人的。现在陈胜在戍卒心目中，已经不是雇农，而是他们的真命天子了。

---

① 《史记·陈涉世家》云：“陈胜者，阳城人也，字涉。吴广者，阳夏人也，字叔。”

队伍驻在大泽乡，好几天都没有开动。而且吴广屡次宣言要逃亡，其目的就是要激怒县尉，好假借题目发动叛乱。县尉果然被激怒了，挺剑而立，笞杖吴广。于是吴广夺剑杀尉，陈胜佐之，连杀两尉。这真是反了呵！

九百个戍卒已经集合，陈胜慷慨激昂的向他们讲演。他说：

“公等遇雨，皆已失期，失期当斩。借第令毋斩，而戍死者固十六七。且壮士不死则已，死即举大名耳，王侯将相宁有种乎？”

陈胜的讲演在900个戍卒热烈的狂呼中结束了。“叛乱”的消息，即刻传遍了大泽乡。那里的三老、啬夫、游徼和亭长，一个个都吓得面无人色，农民们在恐怖的空气中，呈现出笑容。

在大泽乡的旷野里，筑起了一个很高的土台，陈胜、吴广站在土台的上面，900个叛变了的戍卒都袒了右臂，站在土台的前面，许多大泽乡的农民都拿着锄头木棒，围绕着土台的周围。愤怒的情绪，使每一个戍卒和农民的头发，都竖立起来。现在，他们开始了誓师的典礼。没有别的祭礼，就用了县尉的脑袋，当作祭告天地的猪羊。“叛乱”的戍卒和农民，当场推举陈胜为将军，吴广为都尉。接着便是一阵惊天动地的怒吼，就在“叛乱”人民的怒吼中，升起了“大楚”的旗帜。

现在“叛乱”的农民，在陈胜、吴广指挥之下，开始了“叛乱”的行动。他们很迅速地占领了大泽乡，又攻占了蕲县，巩固了叛变的根据地。然后由蕲县而东，展开了他们的攻势。在一个符离的叛卒葛婴的指挥之下，攻陷了铚（治今宿县西南）、酂（治今河南永城西酂县乡）、苦（治今鹿邑东）、柘（治今柘城北）、谯（治今安徽亳县）等诸县。在叛军行进的当中，邻近的贫苦农民都纷纷起来斩木截竿，自动地加入叛军的队伍。不及一月，陈胜的旗下，便有“车六七百乘，骑千余，卒数万人”了。

现在，大队的叛军，转旗而北，进攻河南的陈县（今河南淮阳）。陈县的秦吏，闻风而遁，叛军在人民的热烈欢迎中，进入了陈县。“叛乱”的声势，一天天扩大，久经逃亡的旧贵族，所谓“豪杰”与“贤人”者，如张耳[①]陈余[②]魏咎[③]周文[④]等，都纷纷投到陈胜的旗下。甚至孔子的八世孙孔鲋，也抱着孔子的礼器，往归陈王[⑤]。这样一来，陈县遂变成了苦难的农民、落魄的旧贵族，以及一切反对秦代暴政者之“叛乱”的中心。而陈胜则变为反秦斗争的首领。

现在，农民“叛乱”的野火，到处燃烧起来了。据《陈涉世家》云：“当此时，诸郡县苦秦吏者，皆刑其长吏，杀之以应陈涉。”如：“陵人秦嘉、铚人董緤、符离人朱鸡石、取虑人郑布、徐人丁疾等皆特起，将兵围东海守庆于郯。”又：“阳城人邓说将兵居郯”，“铚人伍徐，将兵居许”。此外，“楚兵数千人为聚者，不可胜数。”总之，当时的农民，到处发动“叛乱”以响应陈胜的起义。

为了统一军事的指挥，和展开对秦代政府的攻势，陈胜感到了有组织政府的必要。“叛乱”的农民都主张陈胜称王，但是旧贵族却反对陈胜自己称王，主张他“遣人立六国后”[⑥]，“示天下无私。”结果，陈胜还是在农民拥戴之中，立为张楚王。“以上蔡人房君蔡赐为上柱国。”“朱房为中正，胡武为司过。”以孔鲋及鲁国的诸儒生为博士。农民军的政府，总算草草地成立了。

---

①《史记·张耳陈余列传》云：“张耳者，大梁人也。其少时，及魏公子毋忌为客。……乃宦魏，为外黄令。”

②《史记·张耳陈余列传》云：“陈余者，亦大梁人也。好儒术，……此两人（张耳，陈余）魏之名士也。（秦）购求，有得张耳千金，陈余五百金。张耳、陈余乃变名姓，俱之陈，为里监门以自食……陈涉起蕲，至入陈，兵数万。张耳、陈余上谒陈涉。涉及左右生平数闻张耳、张余贤，未尝见，见即大喜。”

③《史记·魏豹列传》云：“魏豹者，故魏诸公子也。其兄魏咎，故魏时封为宁陵君，秦灭魏，迁咎为家人。陈胜之起王也。咎往从之。”

④《史记·陈涉世家》云：“周文，陈之贤人也。尝为项燕军视日，事春申君。自言习兵，陈王与之将军印，西击秦。”

⑤《史记·孔子世家》云：“鲋，年五十七，为陈王涉博士，死于陈下。”《儒林列传》云：“陈涉之王也，而鲁诸儒持孔氏之礼器往归陈王。于是孔甲（即孔鲋，因孔甲名鲋）为陈涉博士，卒与涉俱死。陈涉起匹夫，驱瓦合适戍，旬月以王楚，不满半岁竟灭亡，其事至微浅。然而缙绅先生之徒负孔子礼器往委质为臣者，何也？以秦焚其业，积怨而发愤于陈王也。”

⑥《史记·张耳陈余列传》记张耳陈余对陈胜应王与否之问曰：“夫秦为无道，破人国家，灭人社稷，绝人后世，罢百姓之力，尽百姓之财。将军瞋目张胆，出万死不顾一生之计，为天下除残也。今始至陈而王之，示天下私。愿将军毋王，急引兵而西，遣人立六国后，自为树党，为秦益敌也。”

陈胜本来是雇农出身，并没有受过相当的政治教育和军事教育；他的伙伴，也都和他的知识水准差不多。因此，一切政治和军事的大计，都取决于旧贵族，尤其是张耳与陈余。现在旧贵族开始他们的政治阴谋，这就是企图把农民的武装转移到自己的手中，同时并从陈王的政府中，排除农民派的势力，以转移这个政权的方向。

陈王政府，在以前，曾有一个军事布置。他一方面遣葛婴去联络淮河流域的农民军，以扩大自己的势力；另一方面，也派兵荥将，展开了四方八面的攻势。如“以吴叔为假王，监诸将以西击荥阳”。“令汝阴人邓宗徇九江郡。”“令铚人宋留将兵定南阳，入武关。”以配合吴广西攻荥阳的攻势。又“令魏人周市北徇魏地”，进取齐鲁。但是现在却因葛婴曾“立襄强为楚王”而杀了葛婴，派武平君畔为将军，监郯下军；又以吴广攻荥阳不利，另派陈之“贤人”周文为将军西击秦，吴广部将军田臧又矫陈王令，诛吴广；以后邓宗亦被杀。这样一来，农民的武装，大部分已移转到旧贵族之手。

同时，陈胜在大批旧贵族包围之中，也渐渐腐化了。据《陈涉世家》云：陈胜“已为王，王陈。其故人尝与庸耕者闻之，之陈，扣宫门曰：‘吾欲见涉。’宫门令欲缚之，自辨数，乃置。不肯为通。陈王出，遮道而呼涉。陈王闻之，乃召见，载与俱归。入宫，见殿屋帷帐，客曰：‘夥颐！涉之为王沈沈者！’楚人谓多为夥。故天下传之。夥涉为王，由陈胜始。客出入愈益发舒，言陈王故情。或说陈王曰：‘客愚无知，颛妄言，轻威。’陈王斩之。诸陈王故人皆自引去，由是无亲陈王者”。这段故事就说明了陈胜称王不久，便失掉了农民的信仰。

又据同书所云：陈胜“以胡武为司过，主司群臣。诸将徇地。至，令之不是者，系而罪之。以苛察为忠。其所不善者，弗下吏，辄自治之。陈王信用之。诸将以其故不亲附，此其所以败也”。

现在的陈胜，已经不是农民的领袖，而是旧贵族的傀儡了。于是陈余乃说陈胜曰：“大王举梁、楚而西，务在入关，未及收河北也。臣尝游赵，知其豪桀及地形，愿请奇兵北略赵地。”陈王乃以故所善陈人武臣为将军，邵骚为护军，张耳、陈余为左右校尉，予卒三千人，北略赵地。同时令周文率大军西攻函谷关。令周市之兵，续向山东推进。

武臣之军，一渡过黄河，于是太行山以东的逃亡的旧贵族，都乘时而起，企图恢复旧政权。所以武臣一入邯郸，便被拥立为赵王。以后韩广北循地，燕贵人豪杰又拥立为燕王。同时齐之贵族田儋亦自立为齐王，并反击周市之兵。周市返至魏，亦请立魏之贵族公子咎为魏王，陈王许之。这样一来，黄河南北，完全是旧贵族的天下了。这就是司马迁所云“山东豪俊遂并起而亡秦族矣”的历史内容。

进攻函谷关之军，已经打破了函谷关，西至于咸阳附近之戏（临潼东）的地方。他们等待河北之军，由山西西进以为声援。可是武臣等忙于自立，不肯西进，而且听张耳、陈余之计，北徇燕、代，以牵制陈胜。于是进入函谷关之兵，遂陷于孤军深入的危险之中。

农民“叛乱”的消息早已传到咸阳。赵高为了安定人心，往往故示镇静。惟现在叛军已迫首都，再不能掩饰。为了应付严重的局面，于是一方面借着讨论陈胜之事，召见残余的贵族而尽予屠杀，以消反侧，一面借着三川（治今河南洛阳市）失守的事件，诬陷李斯之子李由（当时为三川郡守）通“贼”，而将李斯夷三族，以集中政治的权力。然后“令少府章邯免郦山徒、人奴产子，悉发以击楚大军”。

陈胜所领导的农民军，本系一群愤怒的乌合之众，当然经不起有组织的政府军的打击。所以两军一旦接触，而周文即败走出关，退出曹阳（今河南灵宝东北）二三月。后再败退渑池。在渑池，周文的几十万大军，便全部为章邯击溃，他本人也自刎而死。

政府军乘胜东进，以极大的威力，扫荡了南阳、许州、豫南一带的农民军。现在已经进迫陈县之西，消灭了城西张贺之军。政府军的进攻，其势甚猛，河北的旧贵族所带的农民军，没有一个来应援，于是陈胜被迫放弃了陈县，逃往汝阴（今安徽阜阳），再逃至下城父（今安徽涡阳东南）。在下城父，为其御者庄贾所杀。农民“叛乱”的领袖，死于自己队伍中的叛徒之手，陈王的政府消灭了。

在陈胜死后不久的时候，有一队扎着黑头巾的农民，又再度攻克陈县，杀了叛徒庄贾，重新揭起大楚的旗帜，这就是陈胜的老友吕臣所领导的“仓头军”。但不久又为政府军所败，即出陈县，后来与黥布之兵合并了。

现在，在黄河以南只有秦嘉一军了。而黄河以北，则完全变成了旧贵族的割据局面。秦嘉见陈王已死，乃立楚国的贵族的后裔景驹为楚王，企图与山东一带齐国旧贵族的势力联合，夹攻秦军于定陶。但齐国的旧贵族不愿和他合作。正当此时，楚国贵族项燕之子项梁，已由江东挥兵而北，进抵下邳（今江苏睢宁西北）。沛县的亭长刘邦也揭起了反秦的叛旗。项梁在吞并了淮河流域农民军之后，乃以全力进攻秦嘉，秦嘉战死，景驹亦死。于是项梁与刘邦乃以牧羊儿传为楚怀王之孙者，而立以为楚怀王。

现在农民的“叛乱”结束了，但农民“叛乱”的野火却点燃了旧贵族的死灰。不久，秦代的政权也就被颠覆了。司马迁曰：“然秦以区区之地，千乘之权，招八州而朝同列，百有余年矣。然后以六合为家，殽函为宫。一夫作难而七庙堕，身死人手，为天下笑者，何也？仁义不施而攻守之势异也。”

第四章

秦代的意识形态及其变化

第一节 焚书坑儒与文化思想在血与火之前的大审判

始皇三十四年（公元前 213 年）的某一天，在秦代首都咸阳市的广场上，纵起了焚书的烈火。接着，这样的烈火，在全国各郡或先或后被点燃了，而且在一个月内，没有熄灭过。在普遍全国的大火中，秦以前的中国古典文献，除自然科学（医药、种树）及神学（卜筮文献）以外，全部都变成了黑灰。第二年，服务于秦代政府的文化机关中的诸生，又有 460 余人被活埋，700 余人被屠杀，无数的被流放到边远荒僻的地方。这两件事，历史家称之曰："焚书坑儒。"

"焚书坑儒"，一直到现在，历史家都把他们写在秦始皇的账上，认为这是秦始皇的盛德之累。诚然，这两件千古唾骂的事，都是经过秦始皇的裁可，然后才执行的。这种犯罪的行为，秦始皇实在应该负责。但是具体的史实指示出来，主张焚书的，不是秦始皇，而是儒家的叛徒李斯；主张坑儒的，也不是秦始皇，而是法家的门徒诸御史。因此我以为焚书坑儒，不应该完全归结为秦始皇个人对文化的愤怒，而应该归结为当作一个阶层的商人地主对过去文化思想的再审判之残酷的执行。

我们已经说过，从战国到秦代的历史推移，是中国封建社会最大一步的前进。随着社会经济的发展，他要求政治体制的改变，也要求文化思想的改变。当时的商人地主用武装击溃了六国旧领主的贵族政治，建立了崭新的封建专制主义的国家。在这样的国家里面，当然不容许有作为贵族政治指导原理的旧的反动的文化思想的继续流行。然而任何文化思想，只要他已经形成了一种体系，即使失去了他依以形成的社会经济基础，他也不能立即消灭，并且还要以一种残余的形态，发挥其更反动的作用。因此秦代统一天下以后，过去的《诗》《书》和百家之言，还是继续流行，并且对新政治起着或多或少的影响作用。为了肃清这些反动的复古思想，商人地主的新政府，不能不开始进行对过去文化思想的再审判。

商人地主的新政府在原则上已经决定了对过去的文化思想必须再审判，但并不是准备一开始就采取残酷的手段。具体的史实指示出来，秦代之统一政权的建立，在始皇二十六年，而焚书则在三十四年，坑儒则在三十五年。从二十六年到三十四年，其间有八年之久，在这八年中，秦朝政府并不是没有执行残酷手段的权力；但是他们并没有焚书，也没有坑儒。

具体的史实又证明秦代的政府不是一开始就准备对于古典文献，不分青红皂白，非秦者烧；对于知识分子，不问轻重首从，反秦者坑。反之，他们曾经从六国的宫廷和民间搜集了几乎是全部的古典文献，设立了一个大规模的皇家图书馆。同时，又征聘了70位老学者，授以博士之官。此外，又召集了至少两千以上的知识分子，置于70位博士的领导之下。而命之曰诸生。新政府交给这70位博士和两千以上的诸生的任务，就是要他们在皇家图书馆里进行古典文献的审查工作。新政府希望这些博士和诸生能够对古典的文化思想作一次甄别和清算的工作，指出某些文献是不利于新政府的，某些文献是于新政府有帮助的。然后以政府的力量，禁止那些不利于新政府的书籍流行，奖励那些有利于新政府的书籍，使之广播民间。诚如始皇自己所云："吾前收天下书，不中用者尽去之，悉召文学方术士甚众，欲以兴太平。"因此之故，新政府不但对于七十位博士，优礼备加，经常召宴于咸阳宫中。即对于诸生，亦"尊赐之甚厚"。

这样看来，秦代政府原来的意思，是企图对过去的文化思想作一次彻底的清算，然后从批判中建立一种新的文化思想的体系。

但是这些博士和诸生，都是旧时代的学者，他们满肚子都是旧的文化和复古的思想。他们看到古典的文献，特别是主张维持旧社会秩序的儒家经典，都是好的；而这种儒家的经典在新政府看来，又是最反动的。所以审查了八年的结果，大概就是去掉了过去时代认为异端的杨、墨学说。但他们不知道杨朱的学说，正是商人地主文化思想的开山老祖；而墨子学说中反对领主贵族的一部分，也是商人地主愿意接受的。因此，审查就没有得到结论。

不仅如此，这些博士和诸生，并且渐渐用旧的文化思想，“以非当世，惑乱黔首”。其初，还不过“入则心非，出则巷议”，不敢公开批判政府的新设施，以后博士淳于越竟敢在御前会议中当众批判新制度的不合理，提出了恢复旧制度的议案。这当然超出了商人地主政府的容忍，于是才由李斯建议颁布了焚书之令。因为审查没有结果，所以在焚书令中，只把商人地主所需要的医药、卜筮、种树之书除外，其他一概付之一炬。

虽然如此，皇家图书馆的藏书即所谓“博士官所职”者，并未焚毁，同时博士70人及诸生数千，并未撤职。不过“博士七十人，特、备员弗用”，而诸生则已置于“廉问使”的监督之下了。在“偶语诗书者弃市”的皇皇禁令之下，现在商人地主的政府，已经双脚踏在文化的胸膛之上，准备刺下最后的一刀了。在这样严重的形势之前，当时的诸生不得不逃出咸阳，像逃出地狱一样。同时也难免不对商人地主的专制与独裁政治，背后发出怨言。这样一来，大批的诸生便以“妖言”“诽谤”之罪，而遭受了活埋和自动机的屠杀。

虽然如此，皇家图书馆的图书还是未烧，博士官还是未废，诸生也还有未被活埋、被屠杀的。但到这时，皇家图书馆的图书，想必已经被封存了，而博士官与诸生，则不过被当作新政府之文化装饰品而已。据《史记·叔孙通列传》所载，当陈胜起义以后，二世尚有召博士及诸生入对之事。因为诸生出言不逊，所以叔孙通前曰：“诸生言皆非也。”以此而知博士及诸生，在秦末尚有遗孑。至于皇家图书馆的图书，并未毁于商人地主焚书之火，而是毁于旧贵族项羽毁灭咸阳之役。

由上所述，我们因知焚书坑儒并不是秦代政府预定的计划之执行，而是逐渐演进出来的。这种惨案之发生，一方面固然是由于出身于旧贵族的知识分子之顽固与反动；另一方面，也是由于新兴的商人地主的政权已经开始动摇，他们感到有用强力控制文化思想的必要。但是商人地主不知道文化是历史的幽灵，是社会的魂魄；他存在于典籍，也存在于人民的生活之中；他有他的物质性，也有他的精神性。能够用火烧掉的只是他的物质的形象，至于文化的精神则不是人间任何暴力所能消灭的。所以秦代虽曾普遍地焚烧秦以前的典籍，而至今我们尚能得秦以前的典籍而读之。秦代虽曾大规模坑儒，而汉初还是有许多传经的大师出现。

商人地主之痛恨儒家的哲学，由来已久。因为儒家哲学主张把历史停止在贵族政治之前，而商人地主则要历史向前推进一步，推到他们自己的面前。早在秦孝公时，秦国的商人地主就有一种反儒的倾向。《史记》记商鞅见秦孝公，首说以帝道，“其志不开悟矣”。再说以王道，“而未入也。”最后说以霸道，于是孝公“不自知厀之前于席也，语数日不厌”。此所谓帝道与王道者，即儒家的政治理论，而所谓“霸道”者，则为商人地主之现实主义的政治理论。所以商鞅由此而知秦国的政治倾向，“难以比德于殷周矣。”换言之，即难以走向复古主义的路线了。

自孝公以至于始皇（时称王），秦国的执政者如张仪、樗里疾、甘茂、魏冉、范雎、蔡泽、吕不韦、李斯等，其间或为商人地主，或不是商人地主，但都不是儒者，而皆系功利主义者或法治主义者。随着反贵族政治的武装斗争之日趋激烈，反儒的文化斗争，也必然更趋尖锐。《韩非子·和氏》云：“商君教秦孝公……燔诗书而明法令。”这就证明了当时秦国反儒的空气从商鞅变法开始，已极为紧张。此后的儒者也遭受了极大的压迫。《荀子·尧问篇》云：“为说者曰，孙卿不及孔子，是不然。孙卿迫于乱世，鰌于严刑；上无贤主，下遇暴秦；礼义下行，教化不成；仁者绌约，天下冥冥；行全刺之，诸侯大倾。当是时也，知着不得虑，能者不得治，贤者不得使。故君上蔽而无睹，贤人距而不受。然则孙卿怀将圣之心，蒙佯狂之色，视天下以愚。诗曰，‘既明且哲，以保其身’。此之谓也。是其所以名声不白，徒与不众，光辉不博也。”《尧问篇》当为荀卿的门人所托记。在他的门人看来，像荀卿这样当世大儒，尚且佯狂自保，示天下以愚，始能得保首领，其他儒者所感到的压迫，可以想见。

虽然，当时有不少的儒者，虽在威胁利诱之下，还是没有忘记他们前辈的教训，所谓“富贵不能淫，贫贱不能移，威武不能屈”。他们始终不投降秦朝，去做他的博士之官，或加入诸生的队伍，去帮助政府焚毁他们前辈的著作。他们或则隐逸山林，白首穷经，如浮丘伯、伏生、田何等学者；或则怀抱志气，等待时机，如孔鲋及鲁国的诸儒；或则隐姓埋名，致力于反秦运动，如张良[①]、陈余[②]、郦食其[③]、陆贾[④]等。至于叔孙通之辈的博士，则《荀子》之所谓“贱儒”也。他们貌为“禹行而舜趋”，实则“无廉耻而耆饮食”者也。他若诸生之流，则为《荀子》之所谓“无礼义而唯权势之嗜者也”。

当儒家学说被秦代政府视为“私学”[⑤]时，而法家学说则一跃而为“官学”，焚书令中有云：“若欲有学法令，以吏为师。”由此可知当时法家者流，都已做了秦代的官吏。反之，当时的官吏，且非学法令不可。因为当时所谓法令，就是用以巩固商人地主权利的工具，实在就是商人地主的“权利宣言”。所以上自贵族[⑥]下至黔首，人人都应该学习。法家学说，当时谓之刑名。会稽刻石有云：“秦圣临

① 《史记·留侯世家》云：“良尝学《礼》淮阳。”

② 《史记·张耳陈余列传》云：“陈余者，亦大梁人也，好儒术。”

③ 《史记·郦生陆贾列传》云：“好读书……（欲见沛公，）骑士曰：‘沛公不好儒……未可以儒生说也。’”

④ 《史记·郦生陆贾列传》云：“陆生时时前澄称《诗》《书》。”

⑤ 《史记·秦始皇本纪》记李斯之言曰：“人善其所私学，以非上之所建立。”又曰：“私学而相与非法教，人闻令下，则各以其学议之。”此所谓“私学”，我以为即指儒家学说而言。因为在秦代，法家者言已成官学，而墨家学说亦为显学了。

⑥ 《史记·蒙恬列传》谓公子胡亥尝学狱法于赵高。

国，始定刑名”，此之谓也。

法家学说，始于申不害①，而韩非发展之②。其最早的渊源，则本于杨朱的学说，司马迁谓其归本于黄老，实为大谬。盖法家者言与杨朱的个人主义同为商人地主的意识。所不同者，只是后者是他们初期的意识，而前者则是他们发展了的意识。因为当杨朱之时，商人地主的主要要求，是反对封建领主的榨取，所以表现为“拔一毛以利天下不为也”的个人主义。到韩非时代，商人地主已在用武装夺取政权，因而他们便不仅是消极地反对封建领主的榨取，而是积极地要求巩固他们既得的权利，提高他们社会的身份。这样就出现了法治主义。法治主义者，就是用法律巩固商人地主的权利，承认商人地主的身份。

假如杨朱的“个人主义”，是商人地主反对封建贵族的“集团主义”之意识的表现；则韩非的“法治主义”，便是商人地主反对封建贵族的“人治主义”之意识的表现。《史记·韩非列传》云：“韩非疾治国不务修明其法制，执势以御其臣下，富国强兵而以求人任贤，反举浮淫之蠹而加之于功实之上。以为儒者用文乱法，而侠者以武犯禁。宽则宠名誉之人，急则用介胄之士。今者所养非所用，所用非所养。悲廉直不容于邪枉之臣，观往者得失之变，故作《孤愤》《五蠹》《内外储》《说林》《说难》十余万言。”从这段记载看来，韩非之主张法治，完全是反对封建贵族的人治。他反对当时贵族“执势以御其臣下”。所谓“执势”者，即以个人的喜怒，乱作威福。反对“儒者用文乱法”反对“侠者以武犯禁”。利用“刑不上大夫”的特权，而任意破坏社会的秩序。反对国家养着大批无用的名誉之人，反对邪枉之臣陷害廉直之人。他认为这一切弊害，都是从人治主义发生，要消除这些弊害，必须有上自贵族下至庶人共同遵守的法律。所以韩非著书十余万言，发表他的主张。像这样的法治主义当然是削弱贵族的权力，所以“韩王不能用”。但在商人地主统治之下的秦

① 《史记·申不害列传》云：“申子之学，本于黄老而主刑名，著书二篇，号曰《申子》。”

② 《史记·韩非列传》云：“韩非者，韩之诸公子也。喜刑名、法术之学，而其归本于黄老。”

国，则早已实行。所以“人或传其书至秦。秦王见《孤愤》《五蠹》之书曰：‘嗟呼！寡人得见此人，与之游，死不恨矣。’”由此足见当时秦国对于法治主义的推行之热烈。假如韩非不是韩国的贵族，而秦国又不正进攻韩国，则韩非必不致死于秦国。

即因法家学说是商人地主的意识形态，所以当秦代统一天下以后，商人地主便把这种学说现实化了。以前的法家理论到秦代便变成了法律条文；以前法家的门徒，到秦代便都变成了推行法治主义的官吏。因而法家学说，便成了秦代的官学。

墨翟的学说，在秦代所处的地位怎样呢？照焚书令看来，墨学也在被焚之列。可是墨学在秦代却还是一种允许流传的合法学说。

墨学在秦代之允许流行，并不足怪，因为墨学是反映农民的意识,所以反儒的精神非常浓厚①。固然农民的反儒与商人地主的反儒，其出发点不同，打击点亦不同；但在原则上，反儒一点则是相同的。

除反儒一点外，如墨子反对封建割据，主张“一同天下之义”的大一统主义；反对封建混战，主张息灭干戈；反对“亲戚则使之”的封建贵族政治，主张“不党父兄，不偏富贵，不嬖颜色”的贤人政治。这些，都符合于商人地主的意识。只有兼爱一点与商人地主的自私自利的意识恰恰相反；但诚如《管子·立政篇》所云：“寝兵之说胜，则险阻不守；兼爱之说胜，则士卒不战。”因而墨子兼爱之说仍然是商人地主瓦解敌人军队最好的宣传品。因此之故，墨学在秦代便变成了显学。

据《吕氏春秋》所载，当秦惠王时，大批的墨者云集秦国。如

① 《墨子·公孟篇》反对儒家的学说曰：“儒之道，足以丧天下者四政焉：儒以天为不明，以鬼为不神，天鬼不说，此足以丧天下。又厚葬久丧，重为棺椁，多为衣衾，送死若徙，三年哭泣，扶后起，杖后行，耳无闻，目无见，此足以丧天下。又弦歌鼓舞，习为声乐，此足以丧天下。又以命为有，贫富、寿夭，治乱、安危，有极矣，不可损益也。为上者行之，必不听治矣；为下者行之，必不从事矣。此足以丧天下。”按《墨子·天志·明鬼》，表现这种学说之浓厚的迷信色彩，但这种迷信正是反映当时农民的落后性。至于反对“送死若徙”的“厚葬”，反对“三年哭泣”的“久丧”，反对“弦歌鼓舞”的“声乐”，更是农民意识的表现。因为只有生、无以养的农民才反对把物质埋在土里，只有劳、不得食的农民，才反对用久丧逃避劳动，只有穷愁困苦的农民，才反对一部分人的弦歌鼓舞。但是他们又不相信他们没有翻身的日子，所以又反对定命之论。

墨者巨子复黇即常住秦国，其子杀人而惠王赦之，足见复黇为惠王所信任[①]。墨者田鸠亦曾往见惠王，以为只有秦国才能行其道[②]。墨者唐姑果，并为惠王所信任，而东方之墨者谢子亦曾往谒惠王[③]。按惠王时，正值商鞅变法之后，商人地主已经取得了秦国的政权，他们正展开对六国领主贵族的武装攻势。即因如此，所以当时墨者中的急进分子都纷纷跑到秦国，参加商人地主反领主贵族的斗争。他们不知道这个斗争的结局还是不能实现他们的理想。所以到后来，又参加陈胜所领导的农民"叛乱"，反对商人地主的专制政治[④]。

至于老庄学说，在战国时，即已失去其社会基础。到秦代，在中国的中原更找不到一个地方，实现他们那种"小国寡民"的理想社会。因之，遂一变而为消极者的安慰之道，遁世者的假托之词。如在秦末许多政治犯野心家都借"黄老之术"以隐蔽自己。《史记》谓曹参"其治要用黄老术"，田叔"学黄老术于乐巨公所"。陈平"少时，本好黄帝、老子之术"。皆其例也。

总之，在秦代随着新旧土地所有者的政权之交替，在文化思想上，也引起了一个很大的变化，最主要的就是儒家学说跟着旧贵族的政权之崩溃而遭受摧残；法家学说跟着商人地主的政权之建立而勃然高扬。此外墨家学说，因为在反旧贵族一点上与商人地主的政治倾向相符合，因而也得以流行。至于老庄学说，则因为已经失去了他的社会基础，已经不发生政治作用了。

---

① 见《吕氏春秋·去私篇》。

② 见《吕氏春秋·首时篇》。

③ 《吕氏春秋·去宥篇》云："东方之墨者谢子，将西见秦惠王。惠王问秦之墨者唐姑果。唐姑果恐王之亲谢子贤于己也，对曰：'谢子东方之辩士也。其为人也甚险，将奋于说，以取少主也。'王因藏怒以待之。谢子至，说王，王弗听。谢子不说，遂辞而行。……惠王失所以为听矣。……此史定所以得饰鬼以人，罪杀不辜，群臣扰乱，国几大危也。……今惠王之老也，形与智皆衰邪？"

④ 《盐铁论·褒贤篇》云："戍卒陈胜……奋于大泽，不过旬月，而齐鲁儒墨缙绅之徒，肆其长衣……负孔氏之礼器、《诗》、《书》，委质为臣。"又《淮南子·氾论训》云：汉"高皇帝，存亡继绝，举天下之大义，身自奋袂执锐，以为百姓请命于皇天。当此之时，天下雄俊豪英暴露于野泽，前蒙矢石，而后堕溪壑，出百死而给一生，以争天下之权，奋武厉诚，以决一旦之命。当此之时，丰衣博带而道儒墨者，以为不肖"。由此而知秦汉之际，墨者实曾参加反秦的斗争。

第二节 文字的统一与艺术的大综合

历史上说中国的文字，经过秦代的改造，然后才“书同文字”。

秦之罘刻石

关于秦代对文字的改造，许慎《说文·叙》有云：“分为七国，田畴异亩，车涂异轨，律令异法，衣冠异制，言语异声，文字异形。秦始皇帝初兼天下，丞相李斯乃奏同之，罢其不与秦文合者。斯作《仓颉篇》，中车府令赵高作《爰历篇》，太史令胡母敬作《博学篇》，皆取《史籀》、大篆，或颇省改，所谓小篆者也。是时，秦烧灭经书，涤除旧典，大发隶卒兴役，戍官狱职务繁，初有隶书，以趣约易。而古文由此绝矣。自尔秦书有八体：一曰大篆，二曰小篆，三曰刻符，四曰虫书，五曰摹印，六曰署书，七曰殳书，八曰隶书。”照许慎的说法，在战国时，中国文字的形体是不统一的。秦并天下以后，乃以秦国的原有文字为标准，取消那些与秦国文字不同的文字。当时的著作家所用的文字，都是根据过去的《史籀》与大篆而加以省改的小篆。以后因为政府公文繁忙，又把小篆加以省改，而出现了最初的隶书。但是虽然政府公文已经改用隶书，而大篆、小篆仍为一般著作家通用的文字。此外，因为用途不同，而又有各种体裁的文字同时并行，如用于符传的“刻符”，用于旛信的“虫书”，用于印玺的“摹印”，用于签题的“署书”，用于铭刻兵器的“殳书”。合而计之，在秦代通行的文字，共有八种体裁，故曰“秦书八体”。

由此说来，则秦代的新文字乃是根据《史籀》与大篆省改而成，最初改为“大篆”，以后又再改为“隶书”，而“隶书”者则为秦代最进步的文字，亦为秦代最通行的文字。一切政府的公文命令、法律以及民间的合同契约，大概都是规定应用“隶书”。至于以前的古体文字，则仅以残余的形态，当作一种艺术的性质，而应用于一切不急之务的铭刻。因而所谓“书同文字”的文字，大概就是指的小篆和以后的隶书。

许慎把“大篆”与“史籀”并提，则二者当系两种不同的古体文字。《汉书·艺文志·小学家》首列《史籀》十五篇。自注云：“周宣王太史作大篆十五篇”。则二者又似为一事。但同书同篇又云：“《史籀篇》者，周时史官教学童书也；与孔氏壁中古文异体。”则二者又似仍为两事。清人马国翰辑逸，以为《史籀》者，即《说文解字》中之籀文。但王国维《史籀篇疏证》则谓所谓《史籀》者，非书体的名称，乃书籍的名称。其文字即周秦间西土的文字。此种文字，在春秋、战国间，通行于秦国。籀非人名，亦非周时史官所作，而系秦人所创。

以上诸说，我以为王说甚为合理。因为文字是言语的图形化；言语异音，文字一定也是要异形的。周、秦两族在原始的种属上虽同为羌族之裔；但周族进入中原，早在殷末。当时中原一带已有殷代的象形文字流行。周代的文字，就是承继殷代的象形文字而加以发展。这种发展的痕迹，我们至今尚能从刻于甲骨上的殷代文字与刻于铜器上的周代文字之间，找到其演进的过程。惟周代后来分裂为无数的封区，以后又兼并为六个大的封建王国，由于地理的隔离，政治的封锁，因而形成了言语、文字之地方的分化。在文字向前发展的途程中，于是以前同一形体的古体字，到后来演化为各种不同的形式。关于这一点，我们可以从周金中同一文字而有各种变体获得证明。固然周金中之文字的变体，不完全是地方的差异，还有因时代前后而发生的差异，但地方的差异也是有的。

秦族为羌族中之后进，属于诸戎之一。《左传》襄公二十四年记戎驹子之言曰：“我诸戎，饮食衣服不与华同，贽币不通，言语不达，何恶之能为。”由此而知早期的秦族，其言语与中原诸国亦当不通。但是秦在诸戎中，与周族接触最早，故受周族的文化影响，亦先于诸戎。秦族何时才有文字，无从考证；但在春秋时则确已有了文字。从共公或景公所铸之秦公钟铭文之字体看来，皆与当时中原诸国通行之字体无异。我所以说秦族至迟在春秋以前已有文字。至于所谓《史籀》上之文字，则或系一种更为原始的文字，此种文字，在东方诸国，已废而不用。而在文化后进的秦国，则仍然流行，因为愈原始的文字，愈具有现实的形象，所以愈能成为低级文化的种族所接受。但这种所谓《史籀》者，也决不是某一个人创造出来的，而是古代遗留下来。因为一种符号，要被人类共同了解他的命意，这决不是一天两天的时间，一人两人的同意，而是要有悠久的时间过程，通过大众的承认。

因此，我以为秦代对文字的统一，大概就是把金文中同一字之不同写法，依秦人的习惯的写法而使之统一。同时对文字的改造，就是把金文简略化，使之便于书写和雕刻。但是这也不是秦代政府的命令所能办到，而是当时文字的演进已经达到了统一化、简单化的阶段。自然由于秦代的统一，政令的一统，交通的发达，消灭了过去地方的特异，也是中国文字走向统一、走向进步的原因。

《石索》中曾载秦泰山石刻、之罘石刻、琅邪石刻及绎山石刻等。其中除之罘石刻字体较为粗壮，其余皆笔致细健。我们从这些石刻残字，尚可以窥见当时文字体裁之一斑。

文字的统一与进步是文化发展的前提。但是在秦代，一方面由于时间过于短促，另一方面，由于焚书坑儒的文化政策，文化并没有获得顺利的发展。当时的文化研究者，个个都处在朝不保夕的危险之中，时时都有“弃市”的可能，哪里还有心思去著述呢？虽然，我们从当时许多纪功碑上的刻词中，还是可以看出秦代文学的体裁。在纪功碑的刻词中，往往应用四字的语句，间亦杂以不规则之长短句，而且皆有不规则之押韵。因此，我以为这种赞扬天皇圣明的颂词，就是后来汉赋的渊源。

秦代的艺术，也可以说对过去具有地方色彩的艺术作了一个综合。如前所述，“秦每破诸侯，写放其宫室，作之咸阳北阪上”，而且把各国诸侯的钟鼓也搬到咸阳宫中。因知当秦代破灭六国时，虽在戎马倥偬之际，对于艺术品的搜集，亦甚注意。秦代政府不仅图绘了六国宫室的图样，并且也没有忘记把六国诸侯宫廷中之优美的雕刻、绘画、乐器以及善于歌舞的美人当作胜利品而俘虏到咸阳。这些艺术品的集中，当然就提供了艺术的综合以一种具体的范本，从而开创了艺术走向统一发展的前途。

阿房宫是秦代艺术最大的结晶，也就是六国艺术之最大的综合。不但宫殿的式样是各国建筑之复合，即建筑上所应用的许多装饰材料，也是从各国掠夺来的现成的东西，加以改造或仿制。我们可以想像，在当时的阿房宫中一定有着很多精巧的雕刻和美丽的壁画。据王子年《拾遗记》所云，秦始皇时有骞霄国人烈裔来献画。“含丹青以漱地，即成魑魅群物之象。以指画地，长百尺，直如绳墨。方寸之内，画成岳渎列国；又画成龙凤，骞翥如飞，不可点睛，点或飞去也。”按骞霄乃西域之一国。西域艺术，在秦时已受希腊艺术之影响。而西域艺术家已来到秦朝宫廷，则当时阿房宫中岂不已有希腊作风的壁画吗？但是此事出于《拾遗记》所记，不尽可信。惟从秦代瓦当上所作之飞鸿状看来，真有些“骞翥如飞”的神气。而西蜀丹青以为采，又为《史记》所示，则阿房宫中之有彩绘的装饰，实无可疑。可惜被项羽一火烧掉，今无可考。

虽然我们从秦代的瓦当中还可以看出阿房宫是六国艺术的综合。秦瓦之类例，见于《石索》者，有瓦当十六种及平瓦一种。瓦当中有“卫”字瓦数种。又《长安志》谓“瓦作楚字者，秦瓦也”。这些“卫”字瓦及“楚”字瓦，如非是拆毁卫、楚的宫殿而来，即系模仿卫、楚瓦当而制。以常理推之. 既有卫式楚式的瓦当，当然也有其他各国之特式的瓦当。再进而推论之，既有各国特式的瓦当，当然也有各国特式的其他的建筑用的东西。不过《石索》所载瓦当是否确为秦瓦，尚待考证。但据《石索》所记其中所载瓦当，皆系可信之物。并谓瓦当中之一种，其上有“维天降灵，延元万年，天下康宁”字样者，系出自阿房宫遗址。又谓瓦当中有“兰沱宫当”字样者，系秦兰池宫之瓦。而兰池者，即始皇三十一年微行咸阳遇盗之处，其地在咸阳东二十五里。又谓瓦当中上有“延年”二字下作飞鸿形者，乃秦鸿台瓦。而鸿台者，筑于始皇二十七年，高四十丈，上起观宇，帝常射飞鸿于台上。又谓瓦当中之有“与天无极”字者，乃秦极庙之瓦当。此种考释，是否正确，尚待考证。姑妄志之，以待后来发现之互证。

秦代另一巨大之艺术建筑，则为秦始皇的陵墓。陵在今日陕西临潼县郦山之麓。据说这座陵墓高 50 余丈，周回有五里余。当时为了建筑这座陵墓，曾经动员了 70 余万工人掘隧道，运输建筑材料。这个凿洞开河的工程完了之后，70 余万工人，便从洞穴走上山顶做复土的工作。在墓穴内部，则换了一大批艺术家从事墓穴内部的装饰工作。据《史记·秦始皇本纪》云:“穿三泉，下铜而致椁，宫观百官，奇器珍怪，徙藏满之。令匠作机弩矢，有所穿近者辄射之。以水银为百川江河大海，机相灌输，上具天文，下具地理。以人鱼膏为烛，度不灭者久之。”像这样的墓穴装饰的艺术，至今尚令人惊叹。那些奇器珍怪的雕刻，天文地理的装饰，都是当时艺术家的精心杰作。可惜那些优秀的艺术家，也和当时的儒者陷于同样的悲运。他们后来几乎全部都被二世活埋在这大墓穴里，作了秦始皇帝的殉葬人。

铜器的铸造和镂刻，在秦代并没有特殊的发展，这也许是时间过短的原故。但秦代的铜器无论在形制上与刻纹上．都有其独特的风格。从秦代之夔龙粟纹卣、雷纹豆、人面夔龙雷纹鼓所表现之形制与花纹看来，已与周代不同。在形制方面，器稍薄，且由庄重稍变为自由。在花纹方面，秦代的铜器多作密集之蟠螭纹、虺纹、夔龙纹等，其动物多作相互交组之形，或于细线底纹上置大形花纹，与周代平而无高低者不同。

总之，随着统一帝国之形成，秦代的艺术已转向巨型的形象之创造。如排列于阿房宫前的重千石（或云 24 万斤）的十二个铜人和钟镰，装饰渭桥的力士孟贲等巨型的人像石刻，耸立在郦山陵墓上的一丈三尺高的巨型石兽，卧伏在神池水中的巨大的石鲸，美丽的织女与牵牛的石雕，以及李冰在蜀郡所刻用以镇压山川的石牛，这些巨大的形象之创造，都是秦代统一帝国的威严之象征。

秦国原来的本土音乐，大概很简陋，《史记·李斯列传·谏逐客书》中有云："夫击瓮叩缶，弹筝搏髀，而歌呼呜呜快耳目者，真秦之声也。"但在统一天下的过程中，则"弃击瓮叩缶而就郑卫，退弹筝而取昭虞"。而"郑、卫桑间，昭、虞武象者，异国之乐也"。由此看来，则秦代在音乐上，也作出了一个综合。

同上书又云："必秦国之所生然后可，则是……郑卫之女不充后宫，……必出于秦然后可，则是……随俗雅化，佳冶窈窕赵女不立于侧也。"由此看来，则当时各国的歌儿舞女，已经充满了秦国的宫廷，而歌舞在秦代也必然有一次大的融合。

第三节　神的世界之变动与宗教的新发展

宗教是人类现实生活之最高的抽象。任何时代的宗教，都是从当时现实的社会经济中蒸发出来的幽灵。秦代的宗教，也是一样。当秦国的社会经济，尚处于游牧部落的阶段时，他的宗教，便是原始的多神教。当秦国统一天下以后，他的宗教便是以上帝为首的多神教。到秦代商人地主表现其对海外之热望时，他的宗教也就出现了海外神仙之说。所以从原始的多神教到以上帝为首的多神教，再发展到海外神仙之说，这样的宗教发展，正是秦代社会经济发展的步程之具体的反映。

首先，我们说到秦国的原始多神教。

据史籍所载，秦当襄公之世，其时秦族尚游牧于陕甘边境，他们就以少皞之神为其种族之神，而称之曰白帝。并且建立一个神庙，曰西畤，祠祀白帝[①]。据传说“白帝冠白文”[②]。他本来是一只白虎，后来被西方诸种族当作图腾，而奉为西方之神[③]。秦族系西方种族之一，所以也奉祀白虎。

秦族也祀蛇神。据说当秦族东徙于汧渭之间以后，他们的酋长文公，有一天梦见一条巨大的黄蛇，自天下垂于地，其口止于鄜衍。史官告诉文公说，这就是上帝的化身。所以他们又建立一座鄜畤，祭祀这个蛇神[④]。

据传说，秦族在文公时曾于丰水之岸建立一座“怒特祠”，祭祀一个奇异的牛神[⑤]。又于陈仓（今陕西宝鸡市东）建立一座神祠，祭祀一个奇异的雉神[⑥]。宣公时，又于渭水南岸，建立一座密峙，祭祀

---

① 《史记·秦本纪》云：襄公“乃用骝驹、黄牛、羝羊各三，祠上帝西畤”。《封禅书》云：“秦襄公既侯，居西垂，自以为主少皞之神，作西畤，祠白帝。其牲用骝驹、黄牛、羝羊各一云。”

② 《御览》引《乐纬》。

③ 《史记·天官书》索隐引《文耀钩》云：“西宫白帝，其精白虎。”

④ 《史记·秦本纪》云：秦文公“十年，初为鄜畤”。《封禅书》曰：“秦文公东猎汧渭之间，卜居之而吉。文公梦黄蛇自天下属地，其口正于鄜衍。文公问史敦，敦曰：‘此上帝之征，君其祠之。’于是作鄜畤，用三牲，郊祭白帝焉。”

⑤ 《史记·秦本纪》云：秦文公“二十七年，伐南山大梓，丰大特”。《正义》引《括地志》云：“《录异传》云：‘秦文公时，雍南山有大梓树，文公伐之，辄有大风雨，树生合不断。时有一人病，夜往山中，闻有鬼语树神曰：秦若使人被发，以朱丝绕树伐汝，汝得不困耶？树神无言。明日，病人语闻，公如其言伐树，断，中有一青牛出，走入丰水中。其后，牛出丰水中，使骑击之，不胜。有骑堕地复上，发解，牛畏之，入不出。故置髦头，汉、魏、晋因之。武都郡立怒特祠，是大梓牛神也。’”

⑥ 《史记·秦本纪》云：秦文公“十九年，得陈宝。”《索隐》云：“《汉书·郊祀志》云：‘文公获若石云，于陈仓北阪城祠之。其神来，若雄雉，其声殷殷云。野鸡夜鸣，以一牢祠之，号曰陈宝。’又臣瓒云：‘陈仓县有宝夫人祠，岁与叶君神会祭于此者也。’苏林云：‘质如石，似肝。”

又《正义》引《括地志》云：“宝鸡神在岐州陈仓县东二十里故陈仓城中。”《晋太康地志》云：“秦文公时，陈仓人猎得彘若彘，不知名，牵以献之。逢二童子，童子曰：‘此名为媦，常在地下，食死人脑。’即欲杀之，拍捶其首。媦亦语曰：‘二童子名陈宝，得雄者王，得雌者霸。’陈仓人乃逐二童子，化为雉。雌上陈仓北阪，为石，秦祠之。”《搜神记》云：“其雄者飞至南阳，其后光武起于南阳，皆如其言也。”

又《封禅书》云：“作鄜畤后九年，文公获若石云，于陈仓北阪城祠之。其神或岁不至，或岁数来，来也常以夜，光辉若流星，从东南来，集于祠城，则若雄鸡，其声殷云。野鸡夜雊。以一牢祠，命曰陈宝。”

青龙之神[1]。这些牛鬼蛇神、虎精、雉怪之出现于秦人的祭坛，当然不是偶然的凑巧，而正是反映当时秦族之狩猎畜牧生活的内容。

自秦族占领了汧渭之间肥美的河谷以后，秦的诸神，也占领了这一带的天空。以前周族诸神的神祠，如吴阳（今陕西陇县西南）武畤，雍（今凤翔南）东好峙（今乾县东），皆废无祠[2]。反之，秦族诸神的神祠，则从此兴盛[3]。当时秦族畜牧事业已很发达，每当赛神驱鬼之时[4]，大批的牛羊抬进神庙。据说秦德公有一次用三百条肥牛做牺牲，在鄜畤祭白帝[5]。这大概因为白帝是他们种族神的缘故。当时秦族在祭祀时，皆无俎豆之具，埋瘗牛羊，以为献祭。当祭礼已毕之时，这些被发野祭的秦戎便在神的面前，饱食牛羊，开始展开狂热的歌舞，乃至自由爱恋的活动。

到灵公时，又作吴阳上畤祭黄帝；作下畤，祭炎帝[6]。这在当时也不过与以前的白帝、青帝配配颜色而已，然而不图黄帝竟因此而变为中国首御庶姓人王，这真是秦人始料所不及的事情。又据传说云，黄帝者，中央之神，其精为北斗星。炎帝者，即赤帝，南方之神，其精为朱鸟[7]。则秦人所祀之黄帝与炎帝，实为北斗神与鸟神。星的移动与鸟的来去，都是来表示季节的标志。如此，则此种神灵之出现，又正是反映当时秦国农业经济的发展。

---

① 《史记·秦本纪》云："宣公四年，作密畤。"《封禅书》云："秦宣公作密畤于渭南，祭青帝。"《史记·天官书》《索隐》引《文耀钩》云："东宫苍帝，其精为青龙。"苍帝即青帝，青帝即青龙精。

② 《史记·封禅书》云："自未作鄜畤也，而雍旁故有吴阳武畤，雍东有好畤，皆废无祠。"

③ 《史记·封禅书》云："秦德公既立，卜居雍，后子孙饮马于河，遂都雍。雍之诸祠自此兴。"

④ 《史记·秦本纪》云：德公"二年，初伏"。《集解》徐广曰："年表云初作伏，祠社，磔狗邑四门也。"磔狗邑四门，即所以驱鬼也。

⑤ 《史记·秦本纪》云：秦德公"以牲三百牢祠鄜畤"。

⑥ 《史记·封禅书》云："秦灵公作吴阳上畤，祭黄帝（这是黄帝第一次以神的资格，走上祭坛，在此以前，他不过是战国诸子百家假托的人物，用以对抗儒家所假托的尧舜，所以在当时，不为畽绅先生所道，以其出于异端之口也。但是后来的人，一方面信奉儒家学说，同时又尊崇异端所假托的黄帝，这真是令人不解）。作下畤，祭炎帝。"

⑦ 《史记·天官书》《索隐》引《文耀钩》云："南宫赤帝，其精为朱鸟……中宫大帝，其精北极星。"

总之，在秦并天下以前，秦族诸神，还是带着一种部落的性质。白帝的权威，虽然日渐高涨，但他无论如何，不过是西方诸神之霸，在名义上，还是臣属于周人的上帝。传说中谓秦缪公曾经梦见过一次上帝，但这个上帝，不是白帝，而是周人的上帝。因为他代表的，不是秦缪公，而是周惠王①。

秦并天下以后，秦国的国王升为全中国的皇帝，白帝也就同时由统治西方之神升任为统治全天国的上帝。何以知其然也。历史上说过，当秦代灭亡时，天上也起了革命。当时赤帝之子刘邦把秦代的上帝一剑斩成两段，而这位被斩的上帝，正是白帝。

自从白帝升任上帝以后，秦朝的诸神已经再不拘于束汧渭之间的狭小的天空了。随着秦国的领空权之扩大，他们也就占领了整个的天空，并且也和地下的秦代帝国一样，组织了以上帝为首的中央政府和具有全国规模的地方政府。何以知其然也？有秦代政府的祀典为证。

据《封禅书》所记，秦有八神，一曰天主，二曰地主，三曰兵主，四曰阴主，五曰阳主，六曰月主，七曰日主，八曰四时主。此八神者，他们之所职掌皆系带有全国性的政务。而且其享受祭祀之地，皆集中在山东半岛一隅的地方②。因此，我以为这大概就是咸阳政府的倒影。

又据《封禅书》云："雍有日、月、参、辰、南北斗、荧惑、太白、岁星、填星、二十八宿、风伯、雨师、四海、九臣、十四臣，诸布、诸严、诸逑之属，百有余庙。"这些诸神，大概就是中央政府诸官吏的幽灵之表象。

又据《封禅书》云，秦代政府对于其所统治的名山大川、渊、

---

①《史记·封禅书》云："秦缪公立，卧病五日不寤。寤，乃言梦见上帝。上帝命缪公平晋乱。史书而记，藏之府。而后世皆曰秦缪公上天。"

②《史记·封禅书》云："八神：一曰天主，祠天齐。天齐渊水，居临菑南郊山下者。二曰地主，祠泰山、梁父……三曰兵主，祠蚩尤。蚩尤在东平陆监乡，齐之西境也。四曰阴主，祠三山。五曰阳主，祠之罘。六曰月主，祠之莱山。皆在齐北，并勃海。七曰日主，祠成山。成山斗入海，最居齐东北隅，以迎日出云。八曰四时主，祠琅邪。琅邪在齐东方，盖岁之所始。"

泽，乃至小山小川，都有一定的祭祀[1]。此等遍布全国的山川渊泽之神，又正是秦代守土的郡守与县令之具体的象征。

此外有相当于三老的“社神”[2]乃至相当于亭长的“最小鬼之神”[3]，至于那些投降的贵族的灵魂，在天上也有安插，如“于湖有周天子庙”，而雍管庙的社主，就是“故周之右将军”。

在以上一切诸神中，以“上帝为尊”，以前与白帝并祀的青帝、黄帝、赤帝，现在都降为白帝的臣属[4]。但是最得西北一般农民之信仰的，还是那位古典的雉神[5]。

现在秦代帝国的政治组织，照样搬到天上去了。一个帝国，变成了两个帝国。一切神灵的祭祀都按照等级进行。皇帝祭上帝，郡守县令祭其所属的山川之神，三老祭社神，亭长及百姓祭“最小鬼之神”。[6]祭祀的举行是很繁多的，据《封禅书》所记：“春以为岁祷，因泮冻，秋涸冻，冬赛祠，五月尝驹，及四仲之月月祠，陈宝节来一祠。”各时的祭祀所用的牺牲也不同。据上书云：“春夏用骍，秋冬用駵。畤驹四匹，……”此外又依神灵的等级而增减其牺牲。此其大概也。

因为皇帝祭上帝，所以秦始皇遂有封禅之事。封者，山巅之祭；禅者山麓之祭。封为祭上帝或祭天。祭上帝，一定要在泰山（今山东泰安北）之巅，这是古来传下来的习惯。据说在秦始皇以前登泰

① 《史记·封禅书》云：“及秦并天下，命祠官所常奉天地名山大川鬼神可得而序也。于是自殽以东，名山五，大川祠二。曰太室。太室者，嵩高也。恒山，泰山，会稽，湘山。水曰济，曰淮。……自华以西，名山七，名川四：曰华山，薄山。薄山者，襄山也。岳山，岐山，吴岳，鸿冢，渎山。渎山，蜀之汶山。水曰河，祠临晋；沔，祠汉中，湫渊，祠朝那；江水，祠蜀。……泾、渭皆非大川，以近咸阳，尽得比山川祠。……汧、洛二渊，鸣泽、蒲山，岳嶓山之属，为小山川，亦皆岁祷塞泮涸祠。礼不必同。”

② 《史记·封禅书》云：“社（林）亳有三社主之祠。”

③ 《史记·封禅书》云：“其在秦中，最小鬼之神者，各以岁时奉祠。”

④ 《史记·封禅书》云：“唯雍四畤，上帝为尊。”雍四畤者，即以前分祀白帝、青帝、黄帝、赤帝者也。

⑤ 《史记·封禅书》云：“其光景动人民唯陈宝。”陈宝者，雉神也。

⑥ 《史记·封禅书》云：“诸此祠，皆太祝常主，以岁时奉祠之。至如他名山川诸鬼及八神之属，上过则祠，去则已。郡县远方神祠者，民各自奉祠，不领于天子之祝官。”

山之巅祭上帝者，已有七十二个帝王。古代帝王祭上帝为什么一定要封于泰山？这大概因为先秦之人他们的眼界不出黄河腹部。以当时人的地理知识，泰山就是天下最高的山。所以孔子曰："登泰山而小天下。"因为泰山是最高的山，泰山之巅当然最接近于上帝之居。所以祭上帝必封泰山。从泰山巅上下来，在梁山再祭，为祭地，谓之禅梁父。而统名之曰封禅。这种祭典，就是下帝与上帝会见的祭典。

据史籍所载，秦始皇在他受天命之第三年，他带了齐鲁儒生博士一大群，东巡狩，至于泰山之麓。他和诸儒生商议，要到泰山巅上去见上帝，他要开条道路通到山巅，好让他的车子通过。诸儒生都是旧脑筋，他们以为"古者封禅为蒲车（车轮用蒲草包裹），恶伤山之土石草木；扫地而祭，席用菹秸"。这就是要始皇不必大举开山通道，伤了鲁国的地脉龙神。始皇认为诸儒生之言"乖异，难施用"，于是把他们完全斥退，不要他们参加典礼。他自己还是开了车道，"自泰山阳至巅。"他是否见到上帝，不得而知；但他在泰山巅上，确曾刻石纪功，自颂圣德。后来又"从阴道下，禅于梁父"，完成了他的封禅大典。

因为始皇上泰山的途中，遇着一阵大风雨，所以后来鲁国的诸儒就替他大造谣言，说"始皇上泰山，为暴风雨所击，不得封禅"。此岂所谓无其德而用事者耶？

秦始皇不仅曾封泰山、禅梁父，而且南至湘山（今湖南岳阳县洞庭湖中），东至会稽，祭祀他帝国的山川之神，而这在以前是不允许的。例如楚昭王病，卜者谓系河神作祟，要他去祭河神。昭王说：江汉濉漳是楚国所应该祭的，河与我们相隔太远，他管不着我们。因此不听卜者之言祭河神。然而现在秦始皇不但祭河，而且登会稽，望祭海神了。这就表示了宗教在秦代之发展，已经反映出统一帝国的规模。

最后，说到神仙方士。

随着秦代商人地主寻求海外的热望之高涨，于是海外三山的神仙世界也出现了；同时，那些自告奋勇去到海外三山向神仙求不死之药的齐燕方士也出现了。

但是神仙之说，并不始于秦代，在战国时，就已经发生了。庄子所谓“真人”就是仙人。因为他所说的真人也是“乘云气，御飞龙，而游乎四海之外”，不居在中国本土。而且餐风饮露，不必吃饭就可以活；入水不湿，入火不热，任何刑罚也不得死。又如列御寇，“御风而行，泠然善也”。他当然也是神仙之流的人物。

神仙之说，发生于战国时代，决非偶然，这正是当时没落的贵族感于时代之压迫，而又无力反抗，他们厌恶现社会，然而普天之下，莫非王土，他们又逃不出现社会。于是幻想在中国境外有这样一个自由的世界。在这个世界里的人民，上不归上帝管，下不归天子和诸侯管，他们悠游于海外，不受任何权力的支配，过着极端自由平等和幸福的生活。一言以蔽之，他们是一种不死之人，也是一种自由之神。《楚辞·远游篇》云：“悲时俗之迫阨兮，愿轻举而远游；质菲薄而无因兮，焉托乘而上浮；……免众患而不惧兮，世莫知其所如。”又云：“仍羽人于丹丘兮，留不死之旧乡。”这正是没落贵族走投无路时之奇想。

这种幻想的神仙世界，对于商人却具有极大的引诱性。因此当时齐燕沿海一带的商人，便开始向海外寻求这个幻想的神仙世界。据说当时有宋毋忌、正伯侨、充尚、羡门高等燕人，“为方仙道，形解销化。”这大概就是流落海外了。自此以后，接踵而往海外者，遂大有其人。《封禅书》曰：“齐燕海上之方士传其术不能通，然则怪迂阿谀苟合之徒自此兴，不可胜数也。自威、宣、燕昭使人入海求蓬莱、方丈、瀛洲……盖尝有至者。”所以“至秦始皇并天下，至海上，则方士言之，不可胜数”。由此看来，则所谓神仙之说，乃渊源于没落贵族之幻想，至秦有所发展。所以当时的方士，皆系齐燕沿海之人。至于所谓不死之药者，则不过是方士欺骗秦始皇的一句话，所以始终没有得到。而始皇还是死了。

神仙世界，也是农民所想望的。因此，到后来便发展为道教，而成为几千年来中国农民之信仰。

第二篇 中期封建社会的确立与展开

第五章

西汉王朝的建立及其历史形势

第一节 楚汉之争与西汉王朝的建立

在秦末陈胜、吴广“叛乱”的火焰中，“天下云集响应，赢粮而景从”者，固然都是“斩木为兵，揭竿为旗”的农民；但同时六国残余的旧贵族，所谓“山东诸侯”者，也乘时并起，企图利用农民“叛乱”的力量，推翻秦代王朝的统治，恢复各自的政权。当此之时，沛县的一个亭长刘邦也揭起了反秦的旗帜，企图夺取政权。经过了四年的斗争，刘邦肃清了农民“叛乱”，削平了旧贵族的力量，在秦代社会经济的基础上，再建立起商人地主统一的政权，是为西汉。

刘邦本来是一个小地主，所以他才能做到沛县的亭长。他的父亲和诸兄，都善治产业，但他却“好酒及色”，“不事家人生产”，因此，他在他父亲眼中，是一个“无赖”之子。他青年时代，因为服徭役，曾经到过咸阳，有一天，看见秦始皇御驾出游，于是“喟然太息曰：‘嗟乎！大丈夫当如此也！’”因而历史家说他少有大志。后来刘邦做了亭长，益发无赖。他交通沛县县吏萧何、曹参，鱼肉人民，武断乡曲。据史籍所载，他“常从王媪、武负贳酒”不给值，而勒令王、武两家“折券弃债”。又常戴“竹皮冠”，到处逮捕农民，诬良为盗，勒索财物。但是历史家却说他“仁而爱人，喜施，意豁如也”。

不仅此也，刘邦本来出身于一个小地主的家庭，但是历史家却凭空替他谎造一部贵族的谱牒，说他是帝尧的后裔①。刘邦本来是他父亲太公的儿子，但是历史家却硬要诬蔑他的母亲，说他不是人种，而是人龙混种②。刘邦本来又不会魔术，但是历史家却硬要替他制造一些神话，说无论天晴落雨，他头上都经常有一朵云跟随着他③。从这些地方，历史家就找出了刘邦之所以由亭长而皇帝的历史根据。因此后来的开国之君，都企图证明自己不是人种。

据说刘邦微时曾经斩过一条蛇，这即使有之，也是一种极平常的事；但后来刘邦做了皇帝，于是那些陛下的赞颂人，便把斩蛇的故事神话化，说刘邦所斩的那条大蛇，就是象征秦代政权的白帝子之化身；而斩蛇的刘邦，则是象征汉代政权的赤帝之子。

刘邦到底是一个小地主出身，他多少要顾及自己的身家性命，他虽然野心勃勃，但并不敢公然造反，只是“隐于芒、砀山泽岩石之间”。后来他看见陈胜已经高举叛旗，到处的农民蜂起响应，秦代的天下，大有土崩瓦解之势，于是投机的心思触发了他的冒险性。因而才沟通沛县的县吏萧何、曹参和另一个屠狗者樊哙，劫杀沛令，

① 《汉书·高帝纪赞》曰：“《春秋》晋史蔡墨有言：‘陶唐氏既衰，其后有刘累，学扰龙，事孔甲，范氏其后也。’而大夫范宣子亦曰：‘祖自虞以上为陶唐氏，在夏为御龙氏，在商为豕韦氏，在周为唐杜氏，晋主夏盟为范氏。’范氏为晋士师，鲁文公世奔秦，后归于晋，其处者为刘氏。刘向云：‘战国时，刘氏自秦获于魏，秦灭魏，迁大梁，都于丰。故周市说雍齿曰：丰，故梁徙也。’是以颂高祖云：‘汉帝本系，出自唐帝。降及于周，在秦作刘。涉魏而东，是为丰公。’丰公盖太上皇父。其迁日浅，坟墓在丰鲜焉。……由是推之，汉承尧运，德祚已盛。”

② 《史记·高祖本纪》《汉书·高帝纪》皆云：“高祖……父曰太公，母曰刘媪，其先刘媪尝息大泽之陂，梦与神遇。是时雷电晦冥，太公往视，则见蛟龙于其上。已而有身，遂产高祖。”

③ 《史记·高祖本纪》、《汉书·高帝纪》皆云：“（高祖）隐于芒、砀山泽岩谷之间，吕后与人俱求，常得之。高祖怪问之。吕后曰：季所居上常有云气，故从往，常得季。”

占领沛县县城，自立为沛公。然后祭神衅鼓，在沛县的城楼上，揭起了赤色的旗帜。而这就是《淮南子·氾论训》所云“高皇帝存亡继绝，举天下之大义，身自奋袂执锐，以为百姓请命于皇天”之开场。

刘邦集团第一次大规模的出击，是进攻胡陵（今山东鱼台东南）和方与。在他的部下雍齿据丰邑（今江苏丰县）而投降魏国旧贵族时他还军攻丰邑不下，只好回到沛县。

当此之时，陈胜已败死，秦代政府的大军，在章邯指挥之下，正在扫荡黄河以南的农民军。黄河以北，则完全为旧贵族所割据，“燕、赵、齐、魏，皆自立为王”，刘邦进不能有所攻取，退亦无以自存，于是《史记》书曰：“沛公病。”恰好当时秦嘉立景驹为假王，于是刘邦乃投到秦嘉的旗下。

与刘邦同时，又有许多冒险家乘时奋起。其中有贵族，如项梁、项羽、张良[①]，有官僚，如陈婴[②]、吴芮[③]，也有流氓，如黥布[④]、彭越[⑤]。他们都是一时的雄俊豪杰，集兵秣马，以争天下之权。其中最为强大者，则为项羽。

项羽，是楚国大将项燕的后裔[⑥]，是一位没落了的贵族公子。当项燕被杀于秦将王翦之时，项羽还不过七八岁。其叔项梁，教他学书，不成，去学剑，又不成。项梁责之，项羽说：“书足以记姓名而

---

①《史记·留侯世家》云：“张良者，其先韩人也。……陈涉等起兵，良亦聚少年百余人。景驹自立为楚假王，在留，良欲往从之。道遇沛公……遂属焉。”

②《史记·项羽本纪》云：“陈婴者，故东阳令史，居县中，素信谨，称为长者。东阳少年杀其令，相聚数千人，欲置长，无适用，乃请陈婴。婴谢不从，遂强立婴为长。”后以兵属项羽。

③《汉书·吴芮传》云：“吴芮，秦时番阳令也。……天下之初叛秦也……因率越人，举兵以应诸侯。”

④《汉书·黥布传》云：“黥布，六人也，姓英氏。少时，客相之，当刑而王。及壮，坐法黥……布以论输骊山，骊山之徒数10万人，布皆与其徒长豪桀交通，乃率其曹耦，亡之江中，为群盗。陈胜之起也，布乃见番君，其众数千人。”后来黥布与另一蒲将军，皆以兵属项羽。

⑤《汉书·彭越传》云：“彭越字仲，昌邑人也，常渔巨野泽中，为盗。陈胜起，……岁余，泽中少年相聚百余人，往从越，请仲为长。……乃行略地，收诸侯散卒得千余人。”

⑥《史记·项羽本纪》云：“项籍者，下相人也，字羽。……其季父项梁，梁父即楚将项燕，为秦将王翦所戮者也。项氏世世为楚将，封于项（今河南项城县），故姓项氏。”

已。剑一人敌，不足学。学万人敌。”于是项梁乃教以兵法，但亦未能深入。适于此时，秦代政府通缉项梁，于是项羽随着项梁，亡命吴中。他们在吴中，常为地方主办徭役和丧事，因此结识了不少吴中下层社会的青年。秦始皇游会稽，车驾经吴中，项羽叔侄，也在观众之列。当项羽远远望见始皇时，他向项梁说：“彼可取而代也。”但是后来的历史家，并没有说项羽少有大志。当陈胜首义之年，项羽正是二十四岁的一位青年公子，他身长八尺余，力能扛鼎，才气过人，真是一位少年英雄，但是历史家并没有说他是人龙混种。

当陈胜“叛乱”的消息传到江南的时候，项羽叔侄，也以为“此亦天亡秦之时也”。国仇家怨，一时交集，于是项羽手刃秦的会稽（治今江苏苏州市）守，随他的叔父在大江以南高举叛旗。他们听说陈胜已死，秦兵东出，乃慷慨誓师，率领江东子弟八千人渡江而北，企图迎击秦军，发泄积愤。大军疾速地行进，没有遇到抵抗。沿途的农民，本来思念楚国，听说是项燕的儿子和孙子造了反，大家都愿意加入，用不着陈胜的篝火狐鸣，也用不着刘邦的白帝、赤帝，凭着项燕的招牌，就足以号召楚国的人民来加入他的队伍。所以当他们的大军，进至东阳（治今安徽天长西北）的时候，陈婴便投到他的部下。渡过淮河以后，黥布、蒲将军也加入了他的集团。等到军临下邳之时，已经有六七万人了。

项梁军临下邳之时，秦嘉已立景驹为假楚王，军于彭城（治今江苏徐州市）之东，刘邦也在秦嘉麾下“养病”。秦嘉有抵抗项梁北进的倾向，于是项梁击破秦嘉之军，秦嘉败亡，景驹走死。项梁的军队继续北进，攻陷胡陵，长驱入薛（治今山东微山东北）。于是一面遣别将进攻襄城（今属河南）；一面在薛县召集一个紧急的军事会议，讨论组织政府的问题。当时刘邦也以“别将”的资格，参加了这个会议。此外还有楚国的一位遗老范增，也自告奋勇，列席这个会议[①]。范增在会议中慷慨陈词。他说：“夫秦灭六国，楚最无罪。自怀王入秦不反，楚人怜之至今。故楚南公曰：‘楚虽三户，亡秦必楚也。’今陈胜首事，不立楚而自立，其势不长。今君起江东，楚蜂

① 《史记·项羽本纪》云：“居鄛人范增，年七十，素居家，好奇计。”

起之将皆争附君者，以君世世楚将，为能复立楚之后也。”于是决议立楚后以资号召。结果从氏间求得一牧羊儿，谓为楚怀王之孙心，立以为楚怀王。

军事行动，继续进行，楚军很快就与齐军联合，夹击山东西南的秦军。在战争的进行中，齐将田荣忽然撤退齐国的军队，回国举行政变。田荣驱逐齐王假，而另立齐国贵族田儋之子田市为齐王。齐王假逃到楚军，其相田角、角兄田间逃入赵军。田荣要求楚、赵杀其逃王与逃相，楚、赵皆不允，以是齐、楚、赵之联合破裂，齐军从此不肯与楚军并肩作战。但是楚军仍然单独与秦军战斗。项梁与刘邦的军队，由山东定陶而西，西略地至雍丘（今河南杞县），大破秦军，斩李由（李斯之子）。可是这时秦国的主力军在章邯的指挥之下，猛攻定陶，项梁即败死于定陶之役。

项梁死，楚军遂失掉了重心，一时各路出击的楚军，如项羽、刘邦的军队，乃至吕臣所领导的苍头军，都纷纷向东撤退，集中彭城附近。当此之时，秦军以项梁既死，楚地不足忧，于是章邯乃尽调河南之军，渡河而北，进攻赵军。当时赵国赵歇为王，陈余为将，张耳为相，皆走入巨鹿城（今河北平乡西南）。章邯使其将王离围巨鹿，而自以大军殿其后，日夜进攻，巨鹿危在旦夕。巨鹿一破，则秦军后顾无忧，可以长驱而下齐楚了。

赵军向楚军告急的羽书，就像雪片飞来。当时楚怀王总想与齐军联军救赵。有宋义者，为楚军中之亲齐派，于是决定以宋义为上将军，项羽为次将，范增为末将，出兵救赵，企图因宋义的关系而使齐国出兵。大军行进到了安阳（今山东曹县东），留四十六日不发。时“天寒大雨，士卒冻饥”①，而宋义则“遣其子宋襄相齐，身送之无盐，饮酒高会”②。并且下令军中曰：“猛如虎，很如羊，贪如狼，强不可使者，皆斩之。”③

宋义显然在和齐国进行政治阴谋，而项羽则以其叔父新死于秦，急图报复，于是数宋义之罪而杀之，自为上将军，引兵渡河，破釜

① 《史记·项羽本纪》。
② 同上。
③ 同上。

沉舟，以示决死。当时“诸侯军救巨鹿下者十余壁，莫敢纵兵，及楚击秦，诸将皆从壁上观。楚战士无不以一当十，楚兵呼声动天，诸侯军无不人人惴恐。于是破秦军。项羽召见诸侯将，入辕门，无不膝行而前，莫敢仰视。项羽由是始为诸侯上将军，诸侯皆属焉”。当此之时，秦将王离被俘，苏角被杀，涉间自焚，秦军大溃。楚军现在乘胜逐北，由三户（在今河北磁县西南古漳水上）渡过漳河，以雷霆万钧之力，再闪击章邯之军于汗水（在今河北临漳县西）之上。当时章邯一面因损兵折将，不见信于秦朝政府；另一面孤军远战，自度不能久持，于是率其残军20余万，投降项羽于洹水（流经今河南安阳、内黄一带）之上。从此以后，秦朝的主力军，所谓“河北之军”，遂全部消灭。

当项羽与秦朝主力军激战于巨鹿之时，怀王和刘邦在项羽的胜利之前吓昏了，于是开始了政治的阴谋。他们一面密派政治使节，驰赴咸阳，与赵高进行妥协谈判；一面派遣“大人长者”刘邦，收集陈胜、项梁的散卒，“扶义而西”。他们知道秦朝政府的军队，已经倾其所有开赴河北，大河以南及潼关以内，只有少数的地方军队，不足一击。而且既与赵高有政治的默契，秦军一定不会抵抗。因此怀王与刘邦向诸将宣言，“先入关者王之。”

现在，刘邦的军队，打起“除秦苛法”的旗帜，由盱眙（今属江苏）出发，自昌邑（今山东巨野东南）而西，经过今日之开封、中牟、新郑、广武、洛阳、南阳，进抵武关（今陕西丹凤东南）。一路之上，遇城不攻，攻亦不拔；逢敌不战，战亦不胜。真可谓兵不血刃而长征千里。这就是历史家所谓“扶义”之师。至若项羽以堂堂之旗，正正之鼓，叱咤风云，以闪击敌人者，在历史家看来，那却是“僄悍猾贼”。

当“扶义”之师，进抵武关之时，刘邦再“遣魏人宁昌使秦”。刘邦的使者到达咸阳以后，果然赵高立时发动政变，杀了二世，以响应刘邦的“扶义”之师。所以《史记·高祖本纪》记其事曰：“使者未来，……赵高已杀二世，使人来，欲约分王关中。”

刘邦用了郦食其和陆贾三寸之舌，袭破了武关，一路扶义而北，至于蓝田。他以为赵高一定到蓝田欢迎他，而不知赵高已为秦诸公子子婴所诛死。所以在蓝田仍不能不“益张疑兵旗帜”，才通过最后一关。

大约在十月，“沛公兵遂先诸侯至霸上”。咸阳新经大政变，又空虚无以为守，于是子婴不得不“素车白马，系颈以组，封皇帝玺符节，降轵道旁”，以迎降“他的亭长”。这时，刘邦才知道赵高死了。

现在“扶义”之师，进了咸阳。咸阳本是刘邦旧游之地，但当时他不过是一个服徭役的工人队长，恐怕连阿房宫的大门都不敢正视。现在则以征服者的资格，大摇大摆走进阿房宫中，这真使他不胜今昔之感。

阿房宫中的一切，美人，钟鼓，珍宝，玩好，对于这位小地主出身的亭长，都是第一次看见。特别是那些娇冶窈窕的郑卫之女，最足以使这位“好美姬”的“长者”惊心而动魄。因此，这位“长者”，就想“止宫休舍”，在阿房宫里，做几天现成的皇帝。

咸阳城里．烧杀淫掠，已经闹得不成世界，张良觉得不大妥当，才劝刘邦还军霸上（今西安市东）。一面出示安民，一面派兵把守函谷关。不久函谷关就有了驻兵，各郡各县也贴出了皇皇的文告。其词曰：

“父老苦秦苛法久矣，诽谤者族，偶语者弃市。吾与诸侯约，先入关者王之，吾当王关中。与父老约法三章耳：杀人者死，伤人及盗抵罪。余悉除去秦法，诸吏人皆案堵如故。凡吾所以来，为父老除害，非有所侵暴，无恐。且吾所以还军霸上，待诸侯至而定约束耳。”

这个政治宣告，就是中国史上有名的“约法三章”。实际上约法三章的内容，只是保护商人地主的生命财产乃至其政治上的地位。这样一来，“秦人大喜，争持牛羊酒食，献飨军士。”现在刘邦变了质，他由小地主一变而为大地主的领袖了。

阿房宫中的美人珍宝，钱粮户口的册籍，大批地运往霸上的军中，但是历史上却说：沛公“封秦重宝财物府库，还军霸上”。我们真不理解，这位在山东时“贪于财货，好美姬”的亭长，何以一入咸阳，便变成一个“财物无所取，妇女无所幸”的圣人。

当时项羽业已扫平河北，正率诸侯联军，如张耳的赵军、臧荼的燕军、田都的齐军、吴芮的越军以及自领的楚军和秦朝的降军降将等，浩浩荡荡渡河而南，进抵新安（今河南渑池县东）。正当这时，忽盛传秦降卒有不稳的消息，于是采取紧急的措置，很迅速地解除了秦降卒的武装。

现在项羽率领40万大军，进了函谷关，至于戏西（今临潼东北）。当时刘邦军霸上，两军相距四十里。刘邦正准备以子婴为相，改组秦朝的政府，再建商人地主的政权，以拒旧贵族之军。不幸这个政治阴谋被他部下的一个旧贵族曹无伤派人告诉了项羽。曹无伤的报告，大概说："沛公欲王关中，使子婴为相，珍宝尽有之。"刘邦知阴谋败露，而力不足以抗诸侯之兵，乃与张良、樊哙及从者百余骑，驰诣项羽军中，当面谢罪。在鸿门（今临潼东北）的宴会中，项羽的"参谋长"范增屡屡示意项羽，嘱杀刘邦，而项羽不忍。于是刘邦得逃席亡归自己军中，而嘱张良以白璧及玉斗各一双，分别献于项羽与范增，作为谢礼。项羽收了白璧，而范增则椎碎玉斗，叹曰："唉！竖子不足与谋，夺项王天下者，必沛公也。吾属今为之虏矣！"

几天以后，项羽的大军，进了咸阳。咸阳的一切，在项羽眼中，几乎都是仇恨。为了楚怀王之入秦不返，为了项燕、项梁之死于秦军，忠孝之心，油然而生，因而激动的他开始一个痛快淋漓的犁庭扫穴之举。他杀了子婴，烧了阿房宫，掘了始皇墓，并且也屠杀了不少的贪官污吏和商人地主。这一个烧杀，真是替被抑压了几十年的旧贵族，大大地吐了一口冤气。而项羽的大军，也就是在咸阳的大火中，转旗而东，出了函谷关，回到彭城。然而历史家却说项羽"大掠而东"。但是我以为即使项羽之军曾经"大掠"，也是"第二次"。

项羽在戏时，曾与随从他入关的诸侯将开过一次军事会议。在会议中，项羽自立为西楚霸王，而尊楚怀王为义帝。但以义帝曾参与刘邦通秦的阴谋，遂决议徙之长沙。后来在赴长沙的途中，被他的柱国共敖杀了，然而历史家却大书曰："项羽弑义帝。"

项羽既为西楚霸王，于是分剖天下，以赏有功。当时一共封了十八个国王[1]。

这样一来，天下大局，又回复了战国时代的局面，商人地主的政权消灭了，旧贵族的政权复活了。这在中国史发展的过程中，当然是一个历史的逆转。历史的逆转，在整个历史向前发展的运动中，只是一个回旋，所以项羽的封建，在中国史上，不过是一幅滑稽的插图而已。

项羽的封建，很快就破灭了。最初是齐将田荣首乱于山东，驱杀了项羽封立于山东的三个国王，而自为齐王。接着便是彭越据梁地以反项羽。同时赵将陈余也驱逐了项羽派到赵国去的常山王张耳，迎故赵王歇复为赵王，而自为代王。于是顷刻之间，大河南北，遂非复项羽之所有了。

为了维持新的封建秩序，项羽不能不以全力讨伐田荣的叛乱。田荣不久就败死于山东的平原，可是他的兄弟田横，也是一个至死不屈的英雄，他又再立田荣之子田广为齐王，继续与项羽为敌。而彭越亦大破楚将萧公角军。

正当项羽纠缠于山东讨伐战争之时，刘邦遂乘机而起，用韩信

① 刘邦首义有功，仍封为汉王，王巴、蜀、汉中，都南郑。惟因刘邦有不稳的倾向，不能不予以防备，因三分关中，王秦降将，以拒汉王，而蹙之于汉中。"立章邯为雍王，王咸阳以西，都废丘。长史欣者，故为栎阳狱掾，尝有德于项梁；都尉董翳者，本劝章邯降楚。故立司马欣为塞王，王咸阳以东至河，都栎阳。立董翳为翟王，王上郡，都高奴。"

河南郡，本属魏地，但"瑕丘申阳者，张耳嬖臣也，先下河南郡，迎楚河上，故立申阳为河南王，都洛阳"。而"徙魏王豹为西魏王，王河东，都平阳"。

"韩王成，因故都，都阳翟。"但"赵将司马卬，定河内，数有功，故立卬为殷王，王河内，都朝歌。"

赵本有王，但"赵相张耳素贤，又从入关，故立耳为常山王，王赵地，都襄国"。而"徙（故）赵王歇为代主"。

"当阳君黥布，为楚将，常冠军，故立为九江王，都六。"

"鄱君吴芮，率百越，佐诸侯，又从入关，故立芮为衡山王，都邾。"

"义帝柱国共敖，将兵击南郡，功多。因立敖为临江王，都江陵。"

燕本有王，但"燕将臧荼，从楚救赵，因从入关，故立荼为燕王，都蓟"。而"徙（故）燕王韩广为辽东王"。

齐将田荣本已拥立田市为齐王，但"齐将田都从共救赵，因从入关，故立都为齐王，都临菑"。而"徙（故）齐王田市为胶东王"。又"故秦所灭齐王建孙田安，项羽方渡河救赵，田安下济北数城，引其兵降项羽，故立安为济北王，都博阳"。（以上引文均见《史记·项羽本纪》）

之计以汉中为根据出兵故道，进攻关中。击灭雍王章邯，降塞王欣、翟王翳，占领了关中全境。于是乘胜而东，又击降河南王申阳，击破韩王昌，占领今山西、河南交界处一带的地方。

不久，汉军进了洛阳。刘邦听到义帝死的消息，便“袒而大哭，遂为义帝发丧，临三日”。示天下以忠。然后向诸侯发布新的政治号召曰：“天下共立义帝，北面事之。今项羽放杀义帝于江南，大逆无道。寡人亲为发丧，诸侯皆缟素。悉发关内兵，收三河士，南浮江、汉以下，愿从诸侯王击楚之杀义帝者。”

现在刘邦劫五诸侯兵 56 万人，打起替义帝复仇的旗号，从洛阳出发，东击项羽。当时楚军皆在山东战场，所以刘邦的军队，没有遇到抵抗，就进了楚都彭城。刘邦到了彭城，再不是“袒而大哭”，而是“收其货宝美人，日置酒高会”[①]。

项羽的军队从山东来了，只有三万人。不到半天，便把刘邦的 56 万大军，杀得落花流水。投入睢水而死者，即有 10 余万人，睢水为之不流，刘邦落荒而走，仅以身免，一直逃到他的内兄周吕侯（吕泽）的军中，才喘过气来。不但所收的项羽的“货宝美人”来不及带走，而且自己的父母妻子，反为项羽所掳。

刘邦退至荥阳（今属河南），收集残兵败将，“萧何亦发关中老弱未傅（未成年之人），悉诣荥阳”[②]，于是军容再振。乃筑甬道通于河岸，以取敖仓粟，欲死守荥阳。但楚军进围荥阳，于是而有“纪信替死”，刘邦始得逃出危城，用袁生之计，出军宛、叶之间，与黥布行收兵。

当项羽追逐刘邦之时，彭越又从东击楚，以是项羽不得不回兵而东，讨伐彭越。等到击走彭越以后，刘邦又引兵北军成皋（今河南荥阳西北汜水镇）。于是楚、汉两军俱临广武、成皋间，而相持不下。现在天下大势，已由群雄割据一变而为楚汉对峙的局面。

当此之时，韩信之军，已由山西，出井陉，灭赵、降燕、破齐，尽有黄河南北之地，韩信自为齐王，大有由山东南向击楚之势。同

① 《史记·高祖本纪》。
② 《史记·项羽本纪》。

时，黥布已举皖北之地，背楚投汉，虽被楚军击溃，但在刘邦支持之下，又重整旗鼓，成为项羽后方之最大的威胁。此外彭越已再入梁地，往来游击于山东西南和河南东部一带，经常截断楚军的补给线。正当此时，刘邦的主力军，亦集结于广武。这样的形势，很明显地可以看出，当时的项羽，一方面，已经不能控制自己的后方；同时，又陷于三面作战的危险之中了。

反之刘邦则拥有广大的后方，以三河（河东、河内、河南三郡）为外库，以巴蜀汉中为内府。因此得以转关内之粟，收三河之士，以补给前线，充实军备。同时，据成皋之粟，因巩洛之险，进可以战，退可以守。除此以外，又拥有庞大的同盟军，大河以北，淮水以南，都是他的势力范围。所以当时的刘邦，已经争取了战略上的绝对优势。

在这样的形势之下，项羽自然想用速战速决的方法，解决刘邦，然后以全力去平定黄河以北。反之，刘邦则企图拖长战争，避免与项羽作主力的决战，而运用他的同盟军，去削弱项羽的力量，然后乘其敝而攻之。所以当时项羽屡次向刘邦挑战，而刘邦深沟高垒，始终不肯与战。据说有一天，项羽“为高俎，置太公（刘邦的父亲）其上，告汉王曰：今不急下，吾烹太公。”但是刘邦的回答是：“幸分我一桮羹。”当时项伯很聪明，他告项羽曰：“为天下者不顾家。”至今尚传为美谈。[①]

据说又有一天，项羽通知刘邦，要与他个人决斗。项羽说：“天下匈匈数岁者，徒以吾两人耳。愿与汉王挑战，决雌雄，毋徒苦天下之民父子为也。”但是刘邦的回答，却是“吾宁斗智，不能斗力”。[②]

项羽因刘邦避战，于是又回到东战场，指挥讨伐彭越的战争，而留大司马曹咎死守成皋。同时并进行与韩信的妥协谈判，企图解除北顾之忧，从而拆散刘邦与韩信的联合战线。当时韩信，雄据黄河南北，对于楚汉之争，确有举足轻重之势。诚如蒯通之言：“当今

---

① 《史记·项羽本纪》。

② 同上。

两主之命，县于足下，足下为汉则汉胜，与楚则楚胜。”若韩信能“两利而俱存之”[①]，则可成三分天下，鼎足而峙之局。或乘楚、汉两败俱伤之际而西向，并可成统一之业。可惜韩信犹疑不决，而刘邦已击溃曹咎之军，项羽驰赴西战场，而谈判遂以终止。

刘邦用战争打击了韩信的动摇，巩固了河北的阵地。于是一面对项羽发动和平攻势，派侯公说项羽，谓只要项羽释回他的父亲和妻子，愿以鸿沟为界，中分天下。另一方面，却积极动员他的主力军和同盟军，准备对楚军作最后的总攻击。同时并买通西楚的大司马周殷，从内部发动叛变，以响应汉军的进攻。

当时项羽因与韩信的和平谈判未成，彭越在北，黥布在南，刘邦在西，已处于三面作战的环境之中，于是接受了刘邦的建议，释还太公和吕后，“引兵解而东归”[②]。

刘邦的总攻击令发布了，于是刘邦之军由广武东击，韩信、彭越之军由山东南击，黥布、刘贾之军由寿春（今安徽寿县）北击。同时周殷从西楚内部叛变，“以舒屠六”[③]，举九江（治今寿县）之兵，以响应刘邦的攻势。于是项羽被围于垓下（今安徽灵璧县南）。

夜已深沉了，在项羽的军幕中，点燃了巨大的蜡烛。四面皆有楚歌之声，于是这位三十岁左右少年英雄，开始结束他自己光辉灿烂的历史。

虞姬在侧，骏马在门，项羽在痛饮美酒。酒酣，项羽慷慨悲歌，虞姬和之。其歌曰：“力拔山兮气盖世，时不利兮骓不逝，骓不逝兮可奈何！虞兮虞兮奈若何！”[④]项羽的眼泪滴下来了，卫士们都垂下头。

楚歌的声音更逼近了，蜡烛快熄灭了，骏马在长嘶，卫士们都拔出了雪亮的刀剑。大概就在这个紧急的时候，虞姬就与项王永别了。同时，项王也就跃上了他的骏马，带了八百名骑士，冲出了千军万马的重围。在项王军幕中留下来的，是酒，是泪，是血，是美人的幽灵，是英雄的歌声。

---

① 《史记·淮阴侯列传》。
② 《史记·项羽本纪》。
③ 《史记·淮阴侯列传》。
④ 《史记·淮阴侯列传》。

汉将灌婴的追兵渐渐迫近，而项王在阴陵迷失了道路。于是项王毅然引兵而东，至东城（今安徽定远东南），期与汉军作最后之一决，但当时从者只有二十八骑了。项王谓其从曰："吾起兵至今八岁矣。身七十余战，所当者破，所击者服，未尝败北，遂霸有天下。然今卒困于此。此天之亡我，非战之罪也。今日固决死，愿为诸君决战，必三胜之，为诸君溃围。斩将，刈旗，令诸君知天亡我，非战之罪也。"[①]

现在，项王与其骑大呼驰下，一声叱咤，汉军人马无不倒退。项王纵横驰逐于汉军中，斩汉将，都尉各一员，杀数十百人。复聚其骑，亡其两骑耳。乃谓其骑曰："何如？"骑皆伏曰："如大王言。"

现在项王走至乌江（今安徽和县东北）之滨，乌江的亭长，权船以待，劝项王渡江。但是项羽笑曰："天之亡我，我何渡为？且籍与江东子弟八千人渡江而西，今无一人还，纵江东父兄怜而王我，我何面目见之？"[②]乃下马，以其骏马赠与乌江亭长。于是这一位"一声叱咤，千人皆废"的少年英雄，就用了带着敌人鲜血的宝剑，自刭而死了。

司马迁曰："羽非有尺寸，乘势起陇亩之中，三年，遂将五诸侯灭秦，分裂天下，而封王侯，政由羽出，号为霸王，位虽不终，近古以来未尝有也。"[③]司马迁之言是也，余于项羽亦不胜其钦佩。但可惜他是贵族的后裔，决定了他走向历史的反动方向，因而终于辗死于历史前进的车轮之下，实为可悲。虽然如此，他仍不失为封建社会中一个典型的英雄。他的英勇、坚强、慷慨、坦白和丰富的情感，都是英雄本色。即因他具有这样的性格，所以他才能领导起一个倒转历史的运动，而且也终于一手把历史的车轮倒转了。至于他之必然失败，则诚如他自己所云："此天之亡我，非战之罪也。""战"也者，即主观的创造；而"天"也者，则为客观的倾向。项羽的失败，

① 《史记·项羽本纪》。

② 同上。

③ 同上。

不在他主观创力的不强；而正是由于他违反了历史发展的客观倾向。垓下的悲歌，乌江的浩叹，正是中国初期封建的历史贵族之最终的悲剧，从此以后，这一个残余的社会层，遂永远退出中国的历史舞台了。

项羽既死，旧贵族的势力，几乎全部消灭了。只有鲁的旧贵族不降刘邦。于是刘邦回军山东，召降鲁国贵族，并进而解除韩信的武装，奠定了山东半岛。现在刘邦在同盟军推戴之下，经过了三推三让之后，即皇帝位于山东曹县北面的汜水之阳，国号曰汉。然后大封功臣。时已徙韩信为楚王，都下邳。立彭越为梁王，都定陶。故韩王信为韩王，都阳翟（今河南禹县）。徙衡山王吴芮为长沙王，都临湘（今湖南长沙市）。淮南王黥布，燕王臧荼，赵王张敖，皆如故。这种封拜，不过是对于同盟军的占领，予以承认而已。实际上，上述诸人，封亦王，不封亦王也。

刘邦初都洛阳，不久移至长安。初即位时，曾大宴功臣。但是当时的所谓功臣，多半不懂什么朝拜皇帝的仪式，他们喝醉了酒，就拔剑击柱，说刘邦封赐不平。当时有一位投降汉代的秦博士叔孙通，他曾经看见过秦始皇的派头，对于这样拔剑击柱的情形，有些看不惯。于是自告奋勇，愿替新朝起朝仪。他奉到了刘邦的命令，去征聘鲁国的儒生，结果征来了三十余人。其时有两位儒生不肯来，并且把叔孙通大骂一通。他们说："公所事者且十主，皆面谀以得亲贵。今天下初定，死者未葬，伤者未起，又欲起礼乐。礼乐所由起，积德百年而后可兴也。吾不忍为公所为，公所为不合古，吾不行，公往矣，无污我。"叔孙通碰了一个大钉子，只好说了一句："若真鄙儒也，不知时变。"就带着那三十几位投降新朝的儒生回到长安，然后在长安郊外，用草作人，导演朝仪。教了群臣，又教皇帝。教了一个多月，群臣也知道如何磕头呼万岁，刘邦也知道了当群臣向他磕头呼万岁的时候，他应该如何不动声色，就像没有看见一样。适逢长乐宫成，于是就正式演试一次，果然味道不错。于是刘邦不觉高兴地说了一句："吾乃今日知为皇帝之贵也。"从此以后，那位以儒冠为溺器的马上英雄，也觉得那些下流儒者，颇有用处，因而叔孙通及其弟子，也都得到了一官半职。不过那两位不投降的儒生，则自误前途，潦倒终生。

山东真是出圣人的地方，不但儒生不奉诏，武士也不投降。田横耻见刘邦，而自刎于洛阳，令其二客从刘邦之使者，以其头诣刘邦。刘邦叹曰："嗟乎！有以也夫！起自布衣，兄弟三人更王，岂不贤乎哉。"①封其二客为都尉，以王者之礼葬田横。田横葬后，二客同时自刎于田横之墓旁。田横之士五百人，闻田横死，亦全体自杀于孤岛。于是刘邦大惊，知道天下也还有宁死而不向他屈膝的人物。

即因鲁两生与田横及其二客与五百壮士的事件发生，因而使刘邦对旧贵族有些不放心，于是把楚国的贵族昭、屈、景、怀，齐国的贵族田氏，强制移徙于关中，加以管制。

现在摆在这位新皇帝面前的任务，就是如何消灭他的同盟军的领袖，即所谓异姓诸王。于是臧荼、韩信、陈豨、卢绾、韩王信、彭越、黥布，这一大群所谓"功狗"，几年之间，都加以叛变之罪，几乎斩尽杀绝。这就是韩信所谓"狡兔死，良狗烹"②，也就是历史家所谓汉高祖"仁而爱人"。

代替"功狗"的，是他自己的子弟。如封刘贾为荆王，刘交为楚王，刘恒为代王，刘长为淮南王，刘建为燕王，刘濞为吴王。在所有诸王中，只有长沙王吴芮是异姓。

现在的天下，已经是刘家的天下了。高帝手捧玉卮，为太上皇寿。他说："始大人常以臣无赖，不能治产业，不如仲力。今某之业所就，孰与仲多？"③当高帝为他父亲上寿的时候，下面的文武百官在高呼："万岁！"

汉十二年十月，高帝回到他的故乡沛县，这主要地是要让沛县的人看看，他现在的威风已经不是当年了。他在沛县，大宴故人父老子弟。在宴会中，他吃醉了酒，自己击筑唱起歌来，叫一百二十个沛县的儿童和他合唱。歌曰："大风起兮云飞扬，威加海内兮归故

① 《史记·田儋列传》。

② 《史记·高祖本纪》。

③ 同上。

乡，安得猛士兮守四方。”

高帝在同乡的热烈欢送会中，离开了沛县，回到长安。第二年三月，他就死了。

第二节　汉族的形成与国内其他各种族的活动

秦汉之际，在中国黄河的腹部，的确表演了几幕有声有色的历史活剧。但从当时中国史的全面运动看来，这种历史的活剧，只是中原种族的历史的运动。当此之时，中原以外之四周的诸种族也不是停篙住桨，专看中原种族的把戏；而皆各据其自己的历史原理，展开其自己的历史运动。为了要了解西汉时代中国史的发展，我们就必须看看中原以外的中国境内其他诸种族之同一时代的活动。

这里，首先要作一个简单的回顾，即我们应该回想到在秦代，中国这个地理领域内所呈现的一幅历史的全景是怎样的一种轮廓。我们已经说过，在当时一方面，是沉淀于中原的诸种族，已经融化为一个混成的种族，展开其向四周之历史的扩展；另一方面，是四周诸种族，或分化而为许多氏族，或混合而为几个部族，甚至形成一个种族，他们从四周展开其向中原文化区域之历史的压迫。中心的膨胀与外围的收缩，就是秦代历史运动的姿态。

在秦代，中原种族，也曾经用尽平生之力，冲破了东南方面的蛮族包围，伸张其势力于大陆尽头之处；可是其他几方面，还是紧紧地被蛮族所包围。在当时，我们若是站在万里长城的高处，向西北一望，一定可以看到，在广漠的蒙古高原之旷野，到处都是“褐巾而裘”的匈奴人之帐幕。在南山（即昆仑山、阿尔金山、祁连山）北麓、洮河河谷、青海草原、四川西部及康藏高原一带，到处都是“被发野祭”的诸羌之部落。又若海滨之东，则为夷秽之乡；巴蜀以南，皆系蛮濮之地。这些地方，都是“四方之无君者”自由生聚之地。是知当秦之世，四徼之外，六合之内，还有不少的种族，游离于中原种族的历史支配之外。秦代的历史，只是把以前“作为许多历史碎片”的中原诸种族，揉成了一个整个的历史个体，他并没等到以这个个体为中心，而展开其运转四周诸种族的中国史的全面运动。这个当作中国史中心动力的中原种族，就由陈胜振臂一呼，粉碎为无数相互对抗的碎片了。

非常明白，陈胜、吴广的“叛乱”与跟着而来的楚汉之争，是中原种族由一个整个的历史个体，破裂为无数的历史碎片；再由这些无数的历史碎片之相互的对抗与合并，而又结合为两个对立的历史单位。因此，当时中原种族之历史活动的表现，是由向外扩张，转向对内火并；是整体的破裂与分子的游离。这样，作为中国史膨胀的一点热力，便在分子的游离中，发散殆尽了。

虽然如此，秦汉之际，中原种族的大分裂，并不是中原种族之种族的再分裂，而只是一种政治的爆炸。因为当时的每一个历史碎片，都不是血统的集团，而皆系政治的集团。所以秦汉之际的纷乱，并不是种族与种族的对抗，而是同一种族内部的各种社会因素之反拨与倾轧。政治性的反拨与倾轧，与血统的同不同，没有很大的关系。而且他也决不能使已经融混了的血统，再走向纯粹的血统。一言以蔽之，政治的分裂，只是瓦解种族的政权，并不瓦解种族的本身。所以一到汉代统一的种族政权成立以后，中原种族又团结为一个整然的“历史个体”了。

可是在西汉初叶，前有所谓“异姓诸王”之乱，继有“刘吕之争”，复有“七国之叛”，中原种族的历史活动，仍然是向着离心的方向发展。因而这个“历史个体”还是不能起着运转四周诸种族的中心作用。这一直到汉武帝时，随着中原种族社会内部的轧轹之消解，与商人地主的政权之确立，中原种族又才凝结坚固，而且在其内部，蓄积着充分的热力，再展开更有力的历史扩张。

所以从秦末直至汉武帝初年（公元前206年—前135年），这七十年的历史，从中国境内诸种族之全面的历史活动的方面看，是中原种族走向萎缩的历史；同时，亦即四周诸种族缩小其对中原文化区域之包围的历史。当此之时，呈现于我们面前的一幅中国史画图，一方面是中原种族中的许多英雄，在黄河南北的大原野，前蒙矢石，后堕溪壑，攻城陷邑，斩将刈旗，以争天下之权。另一方面，是中原以外的四周诸种族，把他们锋利的刀剑，指着那些“为百姓请命于皇天”的内战英雄们之后脑。

我们现在暂时离开中原，去看看这一时代四周诸种族的活动。

首先看看北方的匈奴。

匈奴在秦代即已形成一个强大的种族，占领了今日内外蒙古广大的草原；并且南逾阴山（在今内蒙古中部），渡黄河，进入河套。秦代政府，为了抵御匈奴，曾派蒙恬以30万人北击，逐之于河套之外，然后因山筑城，因河为塞，于要害之地，驻屯庞大的边防军，以阻止匈奴之南进，于是匈奴遂稍稍北徙。

到秦末，蒙恬死，边防军失掉了统帅。同时，中原爆发了农民叛乱。秦代政府把防守匈奴的边防军全部撤回，开赴国内战场，镇压内乱。自是北门大开，匈奴的骑兵，又重新回到万里长城的脚下，并且再度侵入河套以内[①]。

降至楚汉之际，刘邦、项羽的目光，都注视着阿房宫中的宝座，眼角余光，也不会射到长城以外。因而匈奴单于冒顿得以乘间展开其征服事业。当此之时，匈奴“东击东胡”，“灭东胡王”；“西击走月氏；南并楼烦、白羊河南王，侵燕、代。”其领土东至辽东，远及朝鲜边境；西有南山北麓，远及塔里木盆地之东北；南并察、绥（原察哈尔、绥远二省，辖今河北省西北部及内蒙古中部）、热河（原热河省，辖今河北东北部、辽宁西南部及内蒙古东南部）、宁夏，远及山西、河北之北部。至于漠北及天山以北、阿尔泰山一带，则系其族类原来分布之地。像这样一个庞大的征服，匈奴之族当然一跃而为北部中国之主人。然而其所以至此者，诚如《史记·匈奴列传》所云：“是时，汉兵与项羽相距，中国罢于兵革，以故冒顿得自强。”

当时匈奴把他庞大的领土，划分为中部及左部右部。中部由单于直辖，统治山西北部，北至蒙古。左右两部，各派类似总督的官

① 《史记·匈奴列传》云：“蒙恬死，诸侯畔秦，中国扰乱，诸秦所徙适戍边者皆复去，于是匈奴得宽，复稍度河南，与中国界于故塞。”

吏一人，曰左右贤王。左王居东方，辖河北以东热河辽东。右王居西方，辖陕西以西甘肃西北，至于塔里木盆地之东北[①]。

单于庭（在今蒙古乌兰巴托市）是匈奴的中央政府，单于则为中央政府的首领。单于为匈奴语“撑犁孤涂单于”之简称，其意即伟大的天子。单子之下，有其直属的臣僚；左右贤王之下，亦有其各级官吏，分别统治其所征服的各氏族。这些各级官吏，都领有几千至万余人以上的骑射部队，以为征收贡纳及镇压反叛之用。据史籍所载，当时匈奴有二十四长，号曰万骑。诸二十四长之下，又各有千长、百长、什长等各级的军官[②]。这样，就构成了匈奴的统治机构。

当时匈奴单于为挛鞮族所世袭，其贵官，则皆由呼衍族、兰族、须卜族所世袭。此四族者，匈奴种族中之贵族氏族也[③]。其骑射部队的士兵，则大概由这几族中的自由民所组成[④]。至于战争的俘虏，则以为奴隶[⑤]。奴隶有时亦用于杀戮[⑥],但大部分皆分配于贵族。匈奴的贵族，很快就变成了庞大的奴隶及畜群之所有者。

匈奴既拥有庞大的土地、奴隶、畜群，而又拥有强劲的骑射部队，遂弯弓跃马，南向中原。当刘邦追逐陈豨、卢绾于燕（今北京）、代（今山西东北部）之时，匈奴冒顿的势力亦已南及燕、代。所以陈豨、卢绾皆曾派遣使节求救于匈奴[⑦]，以后陈豨的残部，多亡入匈奴，

① 《史记·匈奴列传》云:“诸左方王将居东方，直上谷以往者，东接秽貉、朝鲜。右方王将居西方，直上郡以西，接月氏、氐羌。而单于之庭直代、云中。”

② 《汉书·匈奴传》云：匈奴于单于之下“置左、右贤王，左、右谷蠡，左、右大将，左、右大都尉，左、右大当户，左右骨都侯”。“左、右贤王，左、右谷蠡最大国，左右骨都侯辅政。”“自左、右贤王以下至当户，大者万余骑，小者数千，凡二十四长，立号曰万骑。”“诸二十四长，亦各自置千长、百长、什长、裨小王、相、都尉、当户、且渠之属。”

③ 《汉书·匈奴传》云:“单于姓挛鞮氏。”又云:“其大臣皆世官，呼衍氏、兰氏，其后有须卜氏，此三姓，其贵种也。”

④ 《汉书·匈奴传》云:“士力能弯弓，尽为甲骑。”

⑤ 《汉书·匈奴传》云:“其攻故，斩首虏，赐一卮酒，而所得卤获，因以予之。得人以为奴婢。故其战，人人自为趋利，善为诱兵以包敌。”

⑥ 《汉书·匈奴传》云:“单于……送死，有棺椁金银衣裳，而无封树丧服。近幸臣妾（奴隶）从死者，多至数十百人。”

⑦ 《汉书·韩彭英卢吴传》云:“(陈)豨使王黄求救匈奴，(卢)绾亦使其臣张胜使匈奴，言豨等军破。胜至胡，故燕王臧荼子衍亡在胡。(建议胜)与胡连和……胜以为然，乃私令匈奴兵击燕。”

而刘邦的总角之友卢绾则率其所有的军队，全部投降匈奴了[①]。

同样，当刘邦企图解决韩王信之时，韩王信“恐诛，因与匈奴约，共攻汉，反，以马邑降胡，击太原”。高祖亲征，信亡入匈奴，而高祖却被匈奴围困于今日大同附近之白登（今大同市东北），是谓“白登之围”。内战中胜利的英雄，在外战中却失败了。若非陈平献美人的秘计，汉代的太祖高皇帝，其不为匈奴之俘虏者几希。

惠帝三年（前 192 年）冒顿单于写了一封词语亵嫚的情书，给新寡的吕后，其中有云：“两主不乐，无以自虞，愿以所有，易其所无。”假如翻译不错，这对于堂堂大汉的太后，当然是一个很大的侮辱。但是当时汉代朝廷，对于这个侮辱的答复，是送给冒顿单于一位漂亮的公主，是谓“和亲”。

文景之世，冒顿死，其子老上，孙军臣，相继为匈奴单于，仍继续冒顿之南进政策。当时，中国的公主，仍然一个跟着一个送到匈奴的单于庭，但这并不能停止匈奴马蹄的南进。到文帝后元六年（前 158 年）匈奴大举入寇陕北，迫近长安，前锋部队已驰逐于甘泉宫殿的大门之前。汉代首都附近如细柳（今咸阳市西南）、棘门（今咸阳市东北）、霸上，都已划为战区。像这样的严重威胁，一直继续到武帝的初年。

我们再看看这一时代的西羌。

如前所述，诸羌之族，在秦以前，除周族进入中原以外，其余皆分布于广大之西部的中国。战国末叶，东徙的诸羌，即所谓“西戎”，又融混于秦族，先后同化于中原种族之中。其余分布于甘肃的诸羌之族，后来被秦代政府把他们关在万里长城之外，阻塞了他们继续东进之路。所以在秦代，他们只有转向甘肃的西南与西北两个方向发展。史称当时诸羌“各自为种，任随所之”。其中，如居于甘肃西南者为参狼种，武都羌是也。徙于四川西北者，为白马种，广汉羌是也。徙于川康边境者，为牦牛种，越巂羌是也。徙于甘肃西

① 《汉书·韩彭英卢吴传》云：汉“使樊哙击绾，绾悉将其官人家属，骑数千，居长城下候伺……高祖崩，绾遂将其众亡入匈奴。匈奴以为东胡卢王”。据同书云：“卢绾，丰人也，与高祖同里……同生日……及高祖、绾壮，学书，又相爱也。”故曰：“刘邦的总角之交卢绾。”

北者，为大月氏种，月氏羌是也。留于青海东北者，为研种，湟中羌是也。

到楚汉之际以至汉初，此等诸羌，乘着中原种族之纷乱，遂得以自由繁息，逍遥化外。

当此之时，其分布于四川西北（今日松潘）一带之“白马种”，已分化为几十个氐族，散布于这一带的山谷溪河之间[①]开始了农业畜牧的定居生活。这些氐族，因为与南太平洋系的群蛮杂居，发生了血统和文化的融混，所以“其俗不与中国及羌、胡同。”[②]这一支“羌蛮混种”的羌族，历史家称之曰“氐族”。亦即今日松潘的土人之祖先。

其分布于今日西昌一带之牦牛种，因受南来的蛮族之压迫，似已沿金沙江而西入康藏，故西藏至今尚有与牦牛有关之人种起源的传说[③]。这一支羌族，在西汉时的发展，不知其详。

其分布于甘肃西北的月氏羌，在诸羌中最为发展。楚汉之际，已占领南山北麓一带的土地，自凉州以西，张掖、酒泉西至敦煌，都是月氏羌的势力。他们拥有很多畜群，和十几万人的骑射部队，成为西部中国的一个强大势力[④]。到汉初，匈奴勃兴，于是月氏与匈奴两大种族的势力，相与角逐于甘肃之西北，结果，月氏族失败。大约在文帝前八年至后元三年之间（前 172 年一前 161 年），月氏

---

① 《史记·西南夷列传》云：“自冉駹以东北，君长以什数，白马最大，皆氐类也。”

② 《文献通考》卷三百三十三《四裔考十》云：“在冉駹东北，广汉之西，其种非一，或号青氐，或号白氐，或称蚺氐，此盖中国人即其色服而名之也。……土地险阻，有麻田，出漆、蜜、铜、铁、椒、蜡……其俗语不与中国及羌、胡同……俗能织布，善种田，畜羊、豕、牛、马、驴、骡。”

③ 近人冷亮氏《西藏上古史之探讨》一文中有云：“一日，王后于牧场假寐，梦耶拉香博山神化一白人，与伊缱眷，醒则枕畔有一‘白牦牛’倏忽而逝。八月后，后产一血团，大如拳，微颤动。弃之不忍，抚之则口目俱无，遂置牛角中，以裤掩之。数日后，则出一婴孩，因名之曰‘格普月利吉’，其意即‘牛角中之子’也。”（见《边政公论》三、四期合刊，民国三十年十一月份）

④ 《汉书·西城传》云：“大月氏，本行国也。随畜移徙，与匈奴同俗。控弦十余万，故强，轻匈奴。本居敦煌、祁连间。”《文献通考》卷三百三十三《四裔考十》云：“湟中月氏胡，其先大月氏之别也。在张掖、酒泉地。”由此而知月氏胡最初亦居青海，后徙祁连山北麓。

羌遂沿南山北麓西徙于今日新疆伊犁河一带。他们把伊犁一带的希腊人，逐之帕米尔高原以南，而占有其地。可是月氏羌到伊犁以后，又遭受匈奴别种乌孙族之压迫。因而在武帝建元二年至元光六年之间（前139年—129年），月氏族又再向西徙，逾过帕米尔高原，至于妫水流域，西击大夏而臣之[①]。大夏原是希腊人在中亚所建立的一个殖民国家，自月氏羌入据大夏以后，于是希腊的统治者遂被迫南入罽宾（今巴基斯坦北部及克什米尔一带），中间经过濮达、高附诸地（今阿富汗境），迤逦而下，月氏羌又踵而蹑其后，至于罽宾。因此"南君罽宾"之塞王不久又见逐于月氏，而月氏羌遂于妫水流域，建国曰大月氏[②]。历两汉之世，皆甚强大。

月氏羌并未全部西徙，尚有一部分始终停留于南山北麓一带山谷之间，后来与汉族同化[③]。

其分布于青海东北的研种羌则分化为封养、牢姐诸部族，向北移徙，到景帝时，其一部分族类，已布满甘肃西南，封锁了中国的西门[④]。

现在我们再看看当时天山南北一带诸种族的状况。这里就是汉代所谓西域之一部。

先看天山以南。天山以南是四周环以高山的一个大盆地，北有天山，南有昆仑山，西有帕米尔高原，东有南山，只有东北留了一个缺口，通达蒙古高原及甘肃西北。这个缺口就是古代蒙古高原的

① 《汉书·西域传》云："至冒顿单于攻破月氏，而老上单于杀月氏（王），以其头为饮器。月氏乃远去，过大宛，西击大夏而臣之，都妫水北为王庭。"按大宛在今日新疆西部一带。大夏在今日阿富汗北部。同上书乌孙条亦云，大月氏西与大宛，南与（塔里木盆地之）城郭诸国相接，本塞地（希腊殖民地）也。大月氏西破走塞王（希腊统治者），塞王南越县度（今帕米尔高原），大月氏居其地。后乌孙昆莫击破大月氏，大月氏西徙臣大夏，而乌孙昆莫居之。故乌孙民有塞种、大月氏种云。

② 《汉书·西域传》云："大月氏西君大夏，而塞王南君罽宾。"罽宾在今之北印度。

③ 《文献通考》卷三百三十三《四裔考十》云："月氏王为匈奴冒顿所杀，余种分散，西逾葱岭。其羸弱者，南入山，阻依诸羌居止。及将军去病破匈奴，取西河地，开湟中，于是月氏来降，与汉人错居。"

④ 《文献通考》云："景帝时，研种留河，率种人求陇守西塞，于是徙留河等于狄道、安故，至临洮、氐道、羌道。"

人种和后来的羌族到达这个盆地的通路。

这个盆地，据斯坦因考察，东西九百里，南北三百三十里。早在秦汉以前之古代，这里的大内海即已干涸。在汉代，这里已经是一望无涯的流沙，惟当时必有很多河流从昆仑山和帕米尔出发，灌注于大沙漠之中，特别是于阗河，北会葱岭河，汇成一条由西而东横贯沙漠的塔里木河。这条河，流到这个盆地的东部，汇为波涛三百里的蒲昌海，而这就是今日已经干涸了的罗布泊[①]。即因有塔里木河的灌溉，所以这里的许多沙漠田，都非常肥美，特别是今日之吐鲁番盆地。因此，这里，虽在内海涸竭以后，仍然是原始蒙古种的后裔及羌族生存繁衍的天国。

到西汉初，居住于这个盆地的种族，已经分化为许多部落，分布于大沙漠的南北。其在大沙漠之南，自楼兰（今新疆若羌县）沿昆仑山北麓而西，至于莎车，凡十国，是谓“南道诸国”[②]。自莎车以西南，分布于帕米尔高原山谷之间者凡八国，是谓“葱岭诸国”[③]。南道诸国与葱岭（旧对帕米尔高原和昆仑山、喀喇昆仑山西部诸山的总称）诸国其种皆羌氐。其在大沙漠以北，自疏勒（今喀什市）沿天山南麓而东，至于狐胡（今吐鲁番县西北），凡十二国，是谓“北道诸国”[④]。北道诸国，其族类，皆系原始的蒙古种，其徙入这个盆地，早在有史以前的时代。沙漠南北的诸国，其人口，多者8万人，少者千人左右，但皆以种植畜牧为生，有城郭庐舍，故统称之曰“城郭诸国”。葱岭诸国由于耕地面积的限制，其人口最多者如难兜（今克什米尔巴尔提斯坦）不过31000人，最少者如依耐（今莎

---

① 《汉书·西域传序》云：“（西域）南北有大山，中央有河，东西六千余里，南北千余里，……其河有两原，一出葱岭山，一出于阗。于阗在南山下，其河北流，与葱岭河合，东注蒲昌海。蒲昌海，一名盐泽者也。去玉门、阳关三百余里，广袤三百里。其水亭居，冬夏不增减，皆以为潜行地下，南出于积石，为中国河云。”

② 南道十国：沿昆仑北麓由东而西，曰楼兰、且末、婼羌、小宛、精绝、扜弥、戎卢、渠勒、于阗、莎车。

③ 葱岭八国：曰皮山、乌秅、西夜、子合、无雷、蒲犁、依耐、难兜。

④ 北道十二国：沿天山南麓自西而东曰疏勒、尉头、温宿、姑墨、龟兹、乌垒、焉耆、尉犁、危须、渠犁、山国、狐胡。

车西南）则仅有670人。除难兜以外，大概都过着随畜转徙的游牧生活。

现在我们再看天山以北，这里一直到西伯利亚的极南边，都是大山大谷，山谷中间，有不少的湖泊，也有小溪河，这是蒙古西北的山岳地带。在阿尔泰山与天山之间，有一块很大的平原，是为准噶尔高原。这里，气候润湿，水草肥美，最适宜于畜牧。所以自古以来，这里就是原始的蒙古人游牧之地。以后古代中亚的牧人，更后希腊的殖民者就挤进了这块高原。汉初大月氏西徙，曾在这里寄顿，又留下一些羌族的苗裔，所以这里的种族，也很复杂。西汉初叶，分布于这一带的种族，也分化为许多部落①。其中最大者为乌孙②，有人口63万，军队18万，实为这个高原的一个支配势力。

此外，尚有葱岭外四国，曰大宛（今中亚费尔干纳盆地）、捐毒（今新疆乌恰县）、休循（今帕米尔高原北）、桃槐（今帕米尔高原北部），亦列入西域诸国之内。其中大宛最大，有人口30万，军队6万。

以上就是汉初天山南北一带诸种族分布的大概情形。在当时，我们若是站在天山顶上，南北一望，我们可以看到塔里木盆地中的塔斯马干（塔克拉马干）沙漠之周围，已经布满了许多定住的部落，一座一座的城郭，都挤满了人群，一片一片的沙漠田，都种植了谷物。美丽的塔里木河，就像一条碧绿的玉带，贯通这一望无涯的雪白的沙漠，成为这个盆地的人民之生命的圣水。我们又可以看见，在准噶尔高原，有不少的城郭，也有不少的帐幕，有农田，也有畜群。这是一个如何美丽而平静的世界呵！谁知霹雳一声，匈奴的蛮骑，从蒙古高原飞腾而来，冲进了准噶尔高原，并从天山东麓的缺口，驰入塔里木盆地的东北。于是征服了这一带的种族，收为殖民

① 天山以北诸国：乌孙、车师前国、车师后国、车师后城长国、蒲类、蒲类后国、西且弥、东且弥、乌贪訾离、劫国、卑陆、卑陆后国、郁立师、单桓。车师之分裂，在宣帝时，到宣帝末，乌孙亦分裂为大昆弥小昆弥两部。

② 乌孙种属，学者不一其说。据《汉书·西域传》云，乌孙原来亦居南山北麓，后为月氏所逐，徙居伊河，则其原始种属，当系蒙古种。惟据颜师古注云，乌孙人之容貌青眼赤须，故俄国学者多谓乌孙为突厥种。余以为乌孙为蒙古种、羌族及中亚人之混种。

地[1]。自是以后，我们到处都可以看见匈奴的“僮仆都尉”[2]向这一带的种族掠夺粮食畜群乃至人民。历史的浪涛，打进这平静的天国了。

现在再看看这一时代的东夷。

自秦代向东扩展，至于鸭绿江岸，今日辽宁南部沿勃海一带的诸夷之族，一部分同化于中原种族，另一部分则向更远的东北移徙。秦末，中原大乱，燕、齐、赵人，避乱而徙往辽东者数万口。汉初，“燕王卢绾反，入匈奴。（燕人卫）满亡命，聚党千余人，魋结蛮夷服而东走出塞，渡溑水，居秦故空地上下障。”所以辽宁南部，东至鸭绿江仍然是中原种族的势力。

当此之时，东夷之族，也分化为许多部族或种族。其分布于今日沈阳以北者曰夫余，分布于鸭绿江北岸者曰高句丽，分布于吉林境内沿北海一带者曰挹娄、沃沮，分布于朝鲜半岛之东者曰涉、曰貉，之西者曰朝鲜，之南端者曰辰韩、弁韩、马韩，是谓三韩。此外分布于黑龙江流域的诸夷，则已形成两个强大的种族，曰鲜卑、曰乌桓。鲜卑分布于辽宁之北西至热河；乌桓则分布于热河南部，是为东胡。

在西汉初，诸夷中，东胡最强盛，西向蒙古发展，威胁匈奴。后为匈奴冒顿击败，“虏其民人及畜产”，于是自热河而东，东至鸭绿江岸，都沦为匈奴的属领了。

最后，我们说到这一时代的南蛮。

首先说到东南沿海一带的百越之族。如前所述，秦代曾经征服百越之地，置为会稽、闽中（治今福建福州市）、南海（治今广东广州市）、桂林（治今广西桂平西南）、象郡（治今广西崇左县）。当时百越之族，或在秦代地方政府统治之下，输纳租税，或退入山岳地带，继续与秦代政府对抗。

① 《汉书·匈奴传》云：“故罚右贤王，使至西方求月氏击之，史卒良，马强力，以夷灭月氏，尽斩杀降下定之。楼兰、乌孙、呼揭及其旁二十六国，皆已为匈奴。”

② 匈奴置僮仆都尉于焉耆、危须、尉犁等处，往来诸国，赋敛其粮食、马、牛、羊、旃罽之属。故当时塔里木盆地实为匈奴之府，而来这里的30余万人民，实为匈奴之奴隶。

秦末，中原大乱，百越之族群起叛变。当陈胜倡义之时，今福建、浙江一带的越族，在其君长无诸及摇的领导之下，投入吴芮的旗下，参加反秦的战争。以后又帮助刘邦打击项羽。所以西汉王朝建立以后，不能不承认他们的独立，而封无诸为闽越王，封摇为东海王。前者统治福建，后者统治浙江南部[①]。到景帝时，浙江的越族又参加吴王濞之叛，后其王为汉政府所收买，又击杀吴王于丹徒。但福建的越族，则始终对汉代政府保持对立的态度。

同时，分布于今日两广一带的越族，在秦末，也叛变了。当时秦之南海尉任嚣适病死，于是龙川（今属广东）令赵佗驱逐了两广的秦令，自立为南越王[②]。到汉吕后时，因汉对南越施行铁器的封锁，又发兵进攻湖南的南部，大败汉兵[③]。由是南越日益强大，“因此以兵威财物赂遗闽粤、西瓯骆，役属焉。东西万余里。乃乘黄屋左纛，称制，与中国侔。”[④]文景时，虽与中国保持和平，但仍然不降服汉代政府，俨然是南部中国的一个独立国家。

现在再看看西南山麓地带的蛮族。这一带的蛮族，汉代称之曰西南夷。西南夷者，就是春秋、战国时代的群蛮和百濮。他们在战国时，尚占有川、黔、滇全境及湘之西北，鄂之西南。秦代吞巴、并蜀、灭楚，于是川、湘、鄂的诸蛮，遂相率避入深山穷谷之中，与鸟兽处，而不肯投降。但他们仍然在艰苦的环境中，继续其族类的繁殖。至于滇黔一带的高山大泽，则仍然是南蛮的天下。

秦汉之际，王纲解纽，散布于今湘西一带的“五溪蛮”又“时

---

① 《汉书·两粤传》云：“及诸侯畔秦，无诸、摇率粤归番阳令吴芮，所谓番君者也，从诸侯灭秦。……汉击项籍，无诸、摇帅粤人佐汉。汉五年，复立无诸为闽粤王，王闽中故地，都冶（今福州市）。孝惠三年，……乃立摇为东海王，都东瓯（今浙江温州市），世号曰东瓯王。”

② 《汉书·两粤传》云：“南粤王赵佗，真定人也，……（秦）二世时，南海尉任嚣病且死，召龙川令赵佗……行南海尉事。嚣死……佗即击并桂林、象郡，自立为南粤武王。高帝已定天下……遣陆贾立佗为南粤王。”

③ 《汉书·两粤传》云：“高后时，有司请禁粤关市铁器……佗乃……发兵攻长沙边，败数县焉。”

④ 《汉书·两粤传》云：“高后时，有司请禁粤关市铁器……佗乃……发兵攻长沙边，败数县焉。”

为寇盗”[①]。此外如散布于宜昌东北一带的“沔中蛮”，散布于湖北西南部恩施一带的“廪君蛮”[②]，散布于万县、巴县一带的“板楯蛮”[③]也获得了一时的解放。其中分布于川北阆中一带的“板楯蛮”之一分支，且为刘邦所招致，参加了楚汉的战争[④]。由此而又知当时刘邦的汉军之中，有百越之兵，也有南蛮之兵。

至于分布于云、贵及四川西部的诸蛮，到汉初，已分化为几百个氏族。其分布于今日滇、缅交界处一带者有几十个氏族，哀牢[⑤]最大；其分布于云南中部者有几十个氏族，滇最大；其分布于云南西部者有几十个氏族，滇与昆明最大；其分布于贵州西部者有几十个氏族，夜郎最大；其分布于贵州北部者有几十个氏族，且兰最大；其分布于四川西昌境内者有几十个氏族，邛都最大；其分布于成都西南者有几十个氏族，徙与筰都最大；其分布于成都西北者有几十个氏族，冉駹最大。他们与白马羌错居于今日松潘

① 《文献通考》卷三百二十八《四裔考五》云：“长沙、黔中五溪蛮皆是（盘瓠种）也。……汉兴……时为寇盗”。

② 《文献通考》云：“廪君种，不知何代。初巴氏、樊氏、晖氏、相氏、郑氏五姓，皆出于武落钟离山。其上有赤黑二穴，巴氏之子生于赤穴，四姓之子皆生黑穴。未有君长，共立巴氏子务相，是为廪君。从夷水下至盐阳，廪君于是君乎夷城，四姓皆臣之，巴、梁间诸巴皆是也。”

③ 《文献通考》云：“板楯蛮，秦昭王时，有一白虎于蜀巴、汉之境伤害千余人。昭王乃募有能杀虎者，赏邑万家。时有巴郡阆中夷廖仲等，射杀白虎，昭王以其夷人，不欲加封，乃刻石盟要复夷人，顷田不租，十妻不算，伤人者论，杀人得以赕钱（贝货）赎死。盟曰：‘秦犯夷，输黄龙一双；夷犯秦，输清酒一钟。’夷人安之。至汉高帝为汉王，发夷人还伐三秦，秦地既定，乃遣还巴中，复其渠帅罗朴督鄂度夕龚七姓，不输租赋。余户乃岁入賨钱口四十。巴人呼赋为賨，谓賨人焉。代号为板楯蛮夷。”

④ 《文献通考》云：“阆中有渝水，其人多居水左右，天性劲勇，初为汉前锋，数陷阵。”（此记载亦见《华阳国志·巴志》。）

⑤ 《华阳国志—南中志》云：“永昌郡，古哀牢国。哀牢山名也。其先有一妇人名曰沙壶，依哀牢山下居，以捕鱼自给。忽于水中触有一沉木，遂感而有娠，度十月产子男十人。后沉木化为龙，出谓沙壶曰：若为我生子，今在乎？而九子惊走，惟一小子不能去。陪龙坐，龙就而舐之……因名曰元隆，犹汉言陪坐也。……哀牢山下复有一夫一妇产十女，元隆兄弟妻之，由是始有人民，皆象之，衣后着十尾，臂胫刻文（文身）。元隆死，世世相继，分置小王，往往邑居，散在溪谷。绝域荒外，山川阻深，生民以来，未尝通中国也，南中昆明祖之。”

境内[①]，所以《史记·西南夷列传》说："西南夷君长以什数。"

由此可知当西汉之初，今日川、滇、黔、湘、鄂一带的山溪河谷与高原之间，已经布满了南蛮之族。在当时，我们可以看到在云南中部（滇）、贵州西部（夜郎）和西昌（邛都）一带，有许多蛮族的村落、市聚，有许多"椎髻左衽"的蛮人在这些地方耕种稻田[②]。在大理一带（巂与昆明），有许多"编发"的蛮人，驱着畜群，游牧于山谷之间，他们还不知道何谓"君长"[③]。在成都西南一带（徙与筰都），有许多"被发左衽"的蛮人，或耕田或畜牧，或相与言笑辩论，谈吐风生[④]。在今日松潘一带（冉駹）的山溪之间，有不少蛮人和羌人的石室，其高十余丈。在那里，有畜群，也有麦田，更有奇异的无角的旄牛，其重千斤。此外也有马、鹿和五角羊，出没于丛林之间[⑤]。在贵州的西北（且兰）丛密的竹林之中，也有不少蛮人的村落。此外，我们也可以看到湖南西部的蛮人，正在走出深山，袭击秦代的吏民，四川东北的蛮人，正在走向关中，为刘邦"还定三秦"的前驱。

总括以上所述，我们可以看出，当汉高祖削平天下、统一中原、

① 《文献通考》卷三百二十九《四裔考六》云："冉駹……其俗土著，或随畜迁徙……其山（汶山）有'六夷'、'七羌'、'九氐'，各有部落。其王侯颇知文书。"又《华阳国志·蜀志》云："汶山郡，本蜀郡北部冉駹都尉……北接阴平。有六夷、羌胡、羌虏、白兰、峒、九种之戎，牛马、旄毡、班罽、青顿、笔氉、羊羖之属……多冰寒，盛夏凝冻不释。故夷人冬则避寒入蜀……夏则避暑返落，岁以为常。"由此可知今日四川松潘一带的土人，实为羌、蛮两族之混种。

② 《汉书·西南夷传》云："南夷君长以十数，夜郎最大。其西，靡莫之属以十数，滇最大。自滇以北，君长以十数，邛都最大。此皆椎结，耕田，有邑聚。"《文献通考》卷三百二十九《四裔考六》亦云："自夜郎，滇，邛都，人皆椎髻左衽，邑聚而居，知耕田。"

③ 《汉书·西南夷传》云："其外，西自桐师以东，北至叶榆，名为巂、昆明。编发，随畜移徙，亡常处，亡君长，地方可数千里。"

④ 《文献通考》卷三百二十九《四裔考六》云："筰都……其人被发左衽，言语多好譬类。居处略与汶山夷同。"

⑤ 《文献通考》云："冉駹……其俗土著，或随畜迁徙……（其）土气多寒，虽在盛夏，冰犹不释。皆依山居止，累石为室，高者至十余丈，为邛笼。又土地刚卤，不生谷粟麻菽，唯以麦为资，而宜畜牧。有旄牛，无角，一名犝牛，肉重千斤，毛可为毦。出名马。有䍧羊，可疗毒。又有食药鹿。鹿麑有有胎者，其肠中有粪，亦疗毒疾。又有五角羊。"

得意洋洋、击筑高歌之时，四周诸种族已经把中原文化区域包围得水泄不通了。以后历惠帝、吕后下迄文、景之世，这种由四方八面而来的蛮族包围，并且一天天地缩小。在这些蛮族中，最成为中原种族之威胁的是北方的匈奴。因为他们具有强大的武装，而又接近中原种族政权的中心。因此，西汉时代，在西北一带，便形成了中国历史的紧张形势。而这就展开了后来武帝以至昭、宣之世西汉与匈奴在中国西北的激烈斗争。

第三节　西汉时期世界的新形势

现在我们再看看西汉时期的世界。

如前所述，在秦代，希腊帝国就已经由腐烂而趋于瓦解，他已经消失了运转西方世界的历史活力。但是在当时，自希腊半岛南至埃及北部，东至印度河流域，东北至中央亚细亚这一片广大的西方世界，还是希腊人的天下。

在当时的西方世界中，除了罗马人与迦太基人在意大利半岛进行大规模的战争以外，自地中海而东，东至中央亚细亚一带，都没有很大的风浪。特别在中央亚细亚一带，除了残余的希腊奴隶主贵族为了争夺殖民地的统治权而引起之小小的纠纷以外，就只有从希腊和印度缓缓而来的文化暗流相互激荡，有时这种文化的余波，拍击着帕米尔高原的山麓，散出一些小小的浪花，但不久也就消灭了。

在当时，分布于黑海里海东北一带的伊兰种族，他们都很安分地在那里过着游牧的生活。而散布于北欧一带的日耳曼人，也还不成为文明世界的威胁。像这样的情形，就正是秦代的西方世界之画图。

到西汉初，地中海忽然翻起了巨大的浪涛，这就是罗马在意大利半岛的勃兴。当西汉统一中原之年（前 202 年），罗马便驱逐了迦太基人，统一了今日之意大利半岛。在惠帝五年（前 190 年），罗马的骑兵，遂第一次驰入亚洲大陆，击败塞琉卡斯帝国于玛革尼西亚，而驱之于小亚细亚及托鲁斯山外。文、景之世，罗马便征服了马其顿、希腊，并南征非洲，灭迦太基而屠之。到武帝元光二年（前133年），罗马遂占领了小亚细亚的大部分土地，被称为希腊文明最后避难所的拍加曼王国也被灭亡了。这样，罗马便从迦太基人的马蹄蹂躏之下一跃而成为地中海上的命令者。

耸立在希腊半岛的一座文明的灯塔，现在被罗马的狂飙吹灭了。虽然在意大利半岛又擎起一盏新的明灯，但他的光辉还不能照射到亚洲方面；因而在西汉之初，整个的中央亚细亚便变成了一片黑暗的世界。现在我们看，在这广大的黑暗世界中，呈现出一幅可怕的历史画面。但是并不是在这里出现了鬼怪精灵，而是野蛮种族的大出动。野蛮种族的大出动，是历史的命令，历史命令希腊人把他们优美的文化委脱在中央亚细亚的原野，又命令这些野蛮种族去分食希腊文化的成果，就用这样的方法，来扩大文明的世界，从而提高整个世界史的水准。

现在阿拉伯人的马队，从麦加山上出发了[①]。他们越过了阿拉伯的沙漠，占领苏格纳底斯河西南一带的地方，建立了自己的国家，这就是中国史上所谓条支[②]。

与阿拉伯人的出动同时，游牧于里海东南的伊兰族之一支，即阿萨息斯人[③]也由伊兰高原的北麓，长驱南下，侵入塞琉卡斯帝国的腹部，占领今日伊朗（即波斯）的地方，建立了一个很大的国家，这就是中国史上所谓安息[④]。

---

①《后汉书·西域传》云："条支国，城在山上，周回四十余里，临西海。海水曲环其南及东北，三面路绝，唯西北隅通陆道。"按此所谓在山上而又临西海之城，系今日之麦加。

② 汉之条支，唐称大食。条支与大食皆波斯语 Tazi 之译音。

③ 余以为安息者，即阿萨息斯之音译；而阿萨息斯者，则为原住于伊兰高原北麓、里海东南的一个游牧种族，盖雅利安人种之一分支也。阿萨息斯族曾经长期沦于叙利亚的统治之下，以后，当狄奥多托背叛叙利亚而独立之年，阿萨息斯人亦杀叙利亚守将而自建帕提亚王国。所以当阿萨息斯进入伊朗以前，已经在叙利亚的文化影响之下，具有相当的文明。因而在其建国于伊朗以后，便发展为一有货币、有文书的城市国家。

④《汉书·西域传》云："安息国王治番兜城……北与康居、东与乌弋山离、西与条支接……以银为钱，文独为王面，幕为夫人面。王死，辄更铸钱。有大马爵。其属小大数百城，地方数千里，最大国也。临妫水，商贾车船行旁国。书革，旁行为书记。"

正在这个时候，分布于中国甘肃西北的羌族之一支，即月氏羌，因遭受匈奴的压迫，也开始了西进的行程。这个种族，控弦十万，由敦煌出发，西至伊犁，越过冰雪皑皑之帕米尔高原的大雪山，像一条瀑布一样，奔腾而下，灌注于中央亚细亚的东南。他们沿途扫荡希腊人的势力，从伊犁一直到布哈剌。最后，消灭了希腊人在东方之唯一避难所大夏王国①。驱逐了大夏的国王，而据有其地，分其地为五，各置总督，即所谓"五翖侯"②者是也。是为中国史上的大月氏。

现在，残余在中央亚细亚东部的希腊人，开始最后的逃亡了。他们大部分向南逃亡，经过濮达、高附（今阿富汗境）南入罽宾（今俾路支），即征服罽宾而占有其地。所谓"塞王南君罽宾"者，正是记录这一历史事实③。据佛藏中《那先比丘经》所载，前150年（景帝七年），在印度的恒河流域，尚有一希腊国王名弥兰者，皈依佛教。是则当时又有一批希腊人徙入印度，融混于印度人种之中。其余的希腊人则北徙于帕米尔高原之西北，今日苏联所属费尔干一带，建立大宛④、休循、捐毒等小国⑤。这些北徙的希腊人，以后即融

① 大夏，即唐之吐火罗，其地在今日阿姆河南。中国史关于大夏的史实，记载不详。《汉书·西域传》仅云："大夏本无大君长，城邑往往置小长，民弱畏战，故月氏徙来，皆臣畜之。"据西史所载，则大夏者，实即巴克特里亚（Bactria）。其建国始于狄奥多德。狄奥多德者，叙利亚帝国东方属地巴克特里亚之总督也。于公元前249年宣布独立，建立巴克特里亚王国。自铸钱币，面镂王像。公元前126年（武帝元朔三年）为大月氏所灭。故张骞西使之大夏，实即西史上所称之巴克特里亚。

② 《汉书·西域传》谓大月氏有五翖侯。一曰休密翖侯，治和墨城。二曰双靡翖侯，治双靡城。三曰贵霜翖侯，治护澡城。四曰肸顿翖侯，治薄茅城。五曰高附翖侯，治高附城。凡五翖侯，皆属大月氏。

③ 罽宾治循鲜城，东至乌秅，东北至难兜，西北与大月氏、西南与乌弋山离接。其疆域凡印度河迤南迤东各地皆其所辖，实有今克什米尔及阿富汗一部分之地。其详参看《三国志·魏书》引《魏略》文。

④ 《汉书·西域传》云："自宛以西至安息国，虽颇异言，然大同，自相晓知也。其人皆深目多须頿。善贾市，争分铢。"故曰大宛为希腊人。

⑤ 《汉书·西域传》云："休循国王治鸟飞谷，……民俗、衣服类乌孙，因畜随水草，本故塞种也。"又云："捐毒国王治衍敦谷。……衣服类乌孙，随水草，依葱岭，本塞种也。"盖自大月氏西徙，"塞种分散，往往为数国，自疏勒以西北，休循、捐毒之属皆故塞种也。"塞种者，即希腊人也。

混于伊兰人种和蒙古人种之中了。

分布于今日中国之西北，西至里海、黑海以北，北迄于北海之滨的伊兰种族，也形成了他们的国家或部落。如在今日吉尔吉斯一带有康居[①]，在黑海及高加索山之北，有奄蔡[②]；在奄蔡之北有严国[③]。其中以康居、奄蔡两国最为强大。

此外，自黑海以西北，西至欧洲北部，则为日耳曼人的天下；自吉尔吉斯以东，东至西伯利亚之南部，贝加尔湖一带，则布满了匈奴的别种，如坚昆、丁零等。这些蛮族都在盘马弯弓，大有转而南下之势。至于这一时代的印度，即汉人所谓身毒，则已处于月氏人与希腊人的压迫之下了。

以上是西汉中叶以前西方世界的形势。当此之时，假若我们登帕米尔高原而西望，我们所看到的，是罗马的文化圈在扩大，是野蛮人的骑兵在驰逐，是希腊人在走下历史舞台。但是同时我们也可以看到在黑海与里海之北的广大原野中，有不少的游牧种族，他们驱着可爱的畜群，在那里唱着原始的牧歌。就在这个时候，中国有名的探险家张骞到了中亚细亚。

西方世界的历史活剧，继续演进。自西汉中叶迄于西汉之末，这里的世界又大大不同了。

罗马共和国还是以全力去扩展它对人类的统治。当西汉武、宣之世，大汉帝国在西域建立统治之时，罗马的骑兵，也在远征北非，他们先后征服了托勒密和埃及，在金字塔上，升起了罗马帝国的国旗。以后又展开不断的征服战争。到西汉中叶，罗马竟拥有地中海周围所有的地方，成为一个包括欧亚非三洲的大奴隶制国家。这一

① 《汉书·西域传》云："康居国，王冬治乐越匿地，到卑阗城。"夏居蕃内。又谓康居有小王五：一曰苏䪥王，二曰附墨王，三曰窳匿王，四曰罽王，五曰奥鞬王。有户12万，口60万，胜兵12万。

② 《汉书·西域传》云："康居西北可二千里，有奄蔡国，控弦者十余万人，与康居同俗，临大泽，无崖，盖北海云。"

③ 《后汉书·西域传》云："严国，在奄蔡北，属康居，出鼠皮以输之。"又谓有"粟弋国，属康居，出名马、牛、羊、葡萄众果"。

个庞大的国境，至今还给与意大利法西斯以强烈的刺激[1]。

可是罗马的繁荣本身就包含着一种矛盾，这就是奴隶与奴隶主的对立。自宣帝时，下迄西汉之末，罗马的内部，遂陷于奴隶暴动以及由此而引致的贵族内乱之中。

公元前73年（宣帝本始元年），在今日已经死灭的维苏威火山口，爆发了世界史上有名的斯巴达克斯所领导的奴隶大暴动[2]。这个暴动，终于在克拉苏和庞培的大军镇压之下归于失败。两万以上的奴隶，在罗马市的光天化日之下，遭受了残酷的凌刑，钉死于阿普里亚道上的奴隶，数里不绝，这就是古代罗马的文明。

血的屠杀，并不能制止奴隶暴动之继续兴起，这种暴动，一直到罗马奴隶制国家的灭亡为止，并没有中止过。与奴隶暴动同时，北欧的日耳曼人，也不断地掠高卢而南下，渐渐成为罗马共和国（后为罗马帝国）的威胁。在内乱与外患的交迫中，而克拉苏、庞培、恺撒及其后继者这些屠杀奴隶的“英雄”们，又相互火并，篡弑相承，虽然如此，罗马的历史，并未因此而失去其活力，他仍然在血泊中继续其发展。所以到新的胜利者屋大维的时代，罗马的历

---

① 当1934年我游历罗马时，在罗马街市两边的墙壁上，到处都可以看到古代罗马帝国的地图。他们把古代罗马帝国的疆域，当作一个历史范本，以刺激人民侵略的热情。

② 斯巴达克斯所领导的奴隶大暴动，始于七十四个角斗士（斯巴达克斯亦在内）的逃走。当时罗马的奴隶主贵族最喜看奴隶角斗，或奴隶与猛兽角斗，他们看着奴隶悲惨地死去，以为快乐。此种角斗场的遗址，近世颇有发现。1934年，我曾经徘徊于罗马城中之古代角斗场的遗址，场作椭圆形，周逾四分之一英里，保有尚完整，可以看出它的结构。在场之四周，环列石磴，自下而上，若阶级然。所以支承之者，有拱顶通路支柱拱门等。拱门上下相垒，共有四层，相邻两拱之间有一柱，底层有多利亚式圆柱八十。第二层有爱奥尼亚式圆柱八十。第三层有科林多式圆柱八十。最上层有科林多式壁柱八十。此层壁柱上每隔一室，开一大窗，共有窗四十。结构如蜂窠，中藏阶级，通至高处座位。以上是角斗场构造的大概。我去游历的那天，正值阴雨绵绵，回想古代奴隶之惨死于此者，不知多少，顿觉奴隶的悲号，观众的掌声，交响于前，为之凄然者久之。当时七十四个奴隶，大概是被指定在这样的角斗场中角斗，但他们这七十四个奴隶，不愿以自己的生命供奴隶主贵族之欢乐而牺牲，于是从角斗场逃去。以斯巴达克斯为领袖，造起反来。参加的奴隶，有一万以上，以后更有大批奴隶投入暴动集团，士兵也加入暴动。罗马的奴隶主贵族，虽然爱好角斗之戏，但这样大规模的角斗，却有些害怕，所以大兴剿灭之师。但是暴动的奴隶，据维苏威火山口与官军相抗，历二年之久，才被消灭。

史，又放出了新的光辉。

虽然如此，在整个的西汉时代，罗马人始终未曾把这个帝国的版图，推广到美索不达米亚之东；即在美索不达米亚的统治，亦不巩固。虽然罗马的将军克拉苏曾一度东征幼发拉底斯河，但为安息人所大败；虽然庞培曾一度进入中亚，但仅及里海西岸而还，虽然恺撒曾一度以北伐日耳曼之师，西循黑海、里海，但并未建立罗马的统治。在亚历山大时代像绵羊一样驯服的中亚诸蛮族，在罗马人看来，都是狮子了。因此，在西汉时代，罗马的历史动力，虽然震撼着中亚，但并没有把中亚诸蛮族的历史卷入罗马历史的运动之中。

安息之于罗马，正犹波斯之于希腊。但希腊征服了波斯，而罗马则未能征服安息。据西史所载，罗马亦曾企图征服安息，但克拉苏所率的罗马军，并不如大流士所率的希腊军之强劲，而所攻击的敌人，则又非过去的波斯人可比，而系一种善于骑射的阿萨克斯人①，所以克拉苏的远征军，便于前53年（宣帝甘露元年）的卡里之役，一败涂地，死者二万，被俘而东者一万人。

大月氏之于天竺，亦正犹希腊之于印度。但亚历山大的希腊军，仅及印度河而止；而贵霜王所率领的月氏军，则越印度河而南，并且在这里建立了月氏人的统治。贵霜王者，月氏五翖侯之一，大约在西汉末叶，他兼并了其他四个翖侯，集中了大月氏的政权，于是自立为国王，号曰贵霜王。当时西汉的势力，已经退出中亚，安息正与罗马相峙，因而贵霜王乘间展开了对西南的征伐。当时大月氏的军队，西侵安息，南取高附，又西南侵入阿富汗、俾路支等地，灭濮达、罽宾。蔚然成为威临中亚东南之大国②。

至于中亚的西北，如大宛、康居等国，它们在西汉中叶以降，皆臣属于西汉。到西汉末叶，又转入匈奴的支配之下了。

以上就是西汉中叶以后的西方世界的动态。当此之时，假若我

① 当时安息使用一种响箭。其弓由五块以上之兽角抟合而成，与弹簧相类，拨弦有声，发射甚疾，弓短而硬，箭离弦后，平进直发，射程既远，发声亦宏。

② 《后汉书，西域传》云："月氏为匈奴所灭，遂迁于大夏，……后百余岁，贵霜翖侯丘就却，攻灭四翖侯，自立为王，国号贵霜。侵安息，取高附地，又灭濮达、罽宾，悉有其国。"

们又再登帕米尔高原而西望，则我们所看到的，又是一种不同的景象。我们可以看到金字塔上飘扬着罗马的国旗，恺撒与埃及女王姑娄巴在热烈的恋爱，罗马竞技场的大角斗，维苏威火山口的奴隶大暴动，日耳曼人从北欧南下，罗马人从南欧北征，安息的响箭队驰逐于卡里的战场，成群的罗马士兵被俘而东，大月氏的骑兵南向而驰，南君罽宾的希腊人逃入印度，西汉帝国的远征军在中亚的进出，大宛、康居的人民之遭受蹂躏。总而言之，当时的西方世界，是罗马势力的东展，中国势力的西进，而大月氏与安息两大势力，则屹然横亘于中亚，成为东西两个世界的历史交流之障壁。虽然如此，在当时，东西的文化，已经突破了这种障壁，像一种幽灵一样，相互拥抱着了。

现在我们要离开这西方的世界，回到东方，再看看中国东南的海洋世界。

在秦代还被当作神仙世界的海外三岛，到西汉便以倭国之名而通于中国。《汉书·地理志》云："乐浪海中有倭人，分为百余国，以岁时来献见云。"《后汉书·东夷传》云："倭在韩东南大海中，依山岛为居，凡百余国。自武帝灭朝鲜，使驿通于汉者，三十许国。"当时倭人尚在氏族制时代，所谓百余国者，即百余部族，部族各有首领。故《后汉书》曰："国皆称王，世世传统。"[①]当时中国所知之最大部族为邪马台族，故《后汉书》曰："其大倭王居邪马台国。乐浪郡徼去其国万二千里，去其西北界拘邪韩国七千余里。"

这些倭人的氏族，其人种皆属于南太平洋系，他们多是在史前时代由中国东南沿海和经台湾、琉球等地迁徙而去的。故其风俗习惯与中国东南沿海的百越之族，大抵相同。他们之通于中国，大概经由朝鲜之乐浪，再由辽东陆行。故《文献通考》卷三百二十四《四裔考一》曰："（倭人）初通中国也，实自辽东而来。"

① 《汉书》谓当时"倭人分百余国"，日本文献中亦有此传说。《神代纪》中有"大国主神……其子凡一百八十神"之传说。《神武纪》中亦有菟田兄弟、矶城兄弟及其八十枭帅和葛邑的赤铜八十枭帅之传说。这些都是说明当时日本有许多以血缘为基础而构成的氏族部落。

据说近来在日本博多湾沿岸，发见许多汉代的铜剑、铜锌；在筑前国筑紫郡春日村大字须玖及系岛郡怡土村大字三云，发见瓮棺，内多中国古镜、璧玉之类；又在系岛郡小富士村的沿海遗迹中，并发现王莽时代的货泉[①]。如果这些遗物真是汉代的遗物，则在汉代中倭之间，已经有着交通往来。

最后说到西汉时代的南洋。

南洋群岛，爪哇一带，本来是南太平洋系人种发源之地。早在史前时代，自南洋群岛，北至马来半岛，以西至于印度南部沿海，以东至于中国西南及东南沿海，远及日本，都布满了南太平洋系人种的族类。惟汉以前，此种散布于海岛上之种族，尚不为中国所知，故不见于中国史籍。到汉代，南洋与中国之海道已通。广东之徐闻、合浦，已成当时海洋贸易的口岸。故南洋的情况，遂写上了中国的历史。《汉书·地理志》云：

“自日南障塞、徐闻、合浦，船行有五月，有都元国；又船行可四月，有邑卢没国；又船行可二十余日，有谌离国；步行可十余日，有夫甘都卢国；自夫甘都卢，船行可两月余，有黄支国。民俗略与珠崖相类……黄支之南，有已程不国，汉之译使，自此还矣。“

以上所记之南洋诸国，“自武帝以来，皆献见”；其中黄支国，在王莽时，曾献生犀牛。惟以上的记载，仅示我们以远近的概念，并未指明船行的方向，因而使我们无从以之与今日之地理相推证。梁启超氏谓“汉代黄支，即《大唐西域记》中西印度境之建志补罗国”。但亦未言其所以然。近人亦有谓黄支，在今日之婆罗洲者，皆系测度之假说。总之，我们所可得而确知者，汉代的译使，已达到一年以上的海程以外之地。其终点已程不国，当在今日新加坡以西。

① 见日人木官泰彦《中日交通史》。

第四节　西汉与中亚商路的开通

中国的中原种族，在四周诸种族的历史抑压中，过渡了将近一个世纪的时代。在这个时代中，从四周袭来之强大的历史压力，把中原种族紧紧地封锁在黄河流域的狭隘世界之中，过着一种被囚禁的生活。

四周的云雾太浓厚了，这使得中原种族看不见中原以外的中国，更看不见中国以外的世界。因此，尽管四周诸种族称帝称王，他们也知道得不很清楚；尽管西方世界的历史波涛，拍击着帕米尔高原的山麓，他们更是毫无所知；至于在洪涛巨浪的东南大海中之有人类的活动，恐怕他们做梦也没有想到。

将近一个世纪的时间，很快地过去了，不久便到了汉武帝的时代。在这一时代，中原种族，已经在长期的历史抑压中，发展成为一个坚强而有力的历史个体，于是他便在中国境内，起着核心的作用，展开了空前的历史膨胀。这在中国历史上，便是汉武帝之“勤远略”。

如前所述，西汉初，由于匈奴的南侵，在中国的西北，形成了一种紧张的形势；到武帝时，这种紧张的程度，达到了爆炸点，于是从达里展开了中原种族与匈奴之种族斗争的大活剧。

中国的大探险家张骞①之出使中亚，可以说是中原种族历史性活

---

①　关于张骞的生平，《汉书·张骞传》记载不详，但云：“张骞，汉中人也。建元中为郎。”其少年时代的生活，并无一字提及。据其本《传》所云，他曾经两次出使西域，一次出使云南。无论西域或云南，皆为当时中原人所不知道之世界，而张骞毅然“以郎应募”，想见其为一富于冒险性之人物。本《传》谓“为人强力，宽大信人，蛮夷爱之”，当非颂语。他第一次出使，是武帝建元二年出发，元朔三年回国（前 139 年—前 127 年）经过了十三年的异国生活。所负使命系寻找大月氏共击匈奴。不幸道出南山北麓，为匈奴所俘，囚禁十年，虽“予妻，有子”，“然持汉节不失”，并且毫不灰心，终于横斯沙漠，越过葱岭找到了大月氏，达成他的政治任务。其坚忍不屈、忠于祖国的精神，如此可以概见。第二次出使，是元狩元年出发（前 122 年），大概当年就回来了。这次的目的，是企图从四川、云南打通一条通达印度的路，虽然为蛮族所阻，但汉朝由此才第一次知道云南的情形。第三次出使是元狩二年出发，元鼎二年回国（前 121 年—前 115 年）共经七年的时间。这次出使的目的，是招抚中亚诸国。他带了随员三百余人，马各二匹，牛羊以万数，赍金币帛值数千巨万。张骞归时，乌孙王派遣翻译，（转下页）

动之序幕。据史载建元二年（前139年），武帝派遣张骞出使中亚，寻找被匈奴人所驱逐而西徙的大月氏，希望他们回来，共同打击他们世仇匈奴人。从中国本部通达塔里木盆地以至更西的世界，南山北麓是一条天造地设的自然走廊，张骞西使，必须经过这里；但当时的南山北麓，却为匈奴人所占领，所以张骞曾一度为匈奴所掳，囚居十年。后来张骞从匈奴逃去，经大宛、康居，终于到达了大月氏。当时大月氏已建国于今日之布哈剌，不愿回到故乡来复仇。张骞的直接政治使命，算是失败了；但中国却因此而第一次知道中原以外，还有广大的西方世界并从而开辟中国史上政治和经济之新的时代。

张骞的西使，整整十三年，后来取道塔里木盆地回国，复为匈奴所掳，囚一年，逃回长安。出国时，同行者百余人，归来时，只剩下一个同伴了。他回国以后，对于他所经过的塔里木盆地诸国以及中亚诸国，如大宛、康居、大月氏、大夏，乃至安息、条支、身毒等国，都有详细而确实的报告。中国之知道在包围它周围的蛮夷世界以外，还有开化的种族，就是由于张骞的报告[①]。

张骞在公元前127年之发现西域，其对于当时中国人的刺激，就正像后来1492年哥仑布之发现美洲对于欧洲人的刺激是一样的。他无异告诉中国的商人，金银地不在海中的三岛，而在塔里木盆地，在更远的中亚。因此，汉武帝在继对匈奴的战争之后，又为了打通到中亚的商路而斗争。

西汉与匈奴的战争，从武帝元光二年（前133年）就开始了。

（接上页）随使数十人，马数十匹，报谢。张骞之副使多持金帛，分道赴大宛、康居、大月氏、大夏、安息、身毒、于阗、扜弥等国，进行招抚。前115年骞回国，岁余卒。又岁余，骞所遣赴各国副使，皆与各国之使者同至汉庭朝贡。自是中国始通于塔里木盆地，远至中亚。故史家曰：中国之通西域，张骞实有凿空之功也。张骞于第一次出使回国之后，即进封博望侯，以后又以卫尉领兵与李广俱击匈奴，更后又拜中郎将。他是一个冒险家，又是一个天才的外交家，同时又是一员战将，真可谓中国史上出类拔萃之人物也。张骞在其所到之国，不仅详细记录他们的山川形势，户口军备，而且也记录他们的经济状况乃至风俗习惯。达种细密的头脑就是他成功的原因。所以张骞死后，“诸后使往者，皆称博望侯，以为质于外国，外国由是信之。”由此，可以想见张骞在西域的威望之符于远人也。

① 《汉书·西域传》及《西南夷传》，就是根据张骞的报告写出来的。

当时西汉政府尚不知道匈奴领有广大的西北，他们企图一举而歼灭匈奴，但是失败了[①]。到张骞回国，于是战争的进行，更加积极。因而才有卫青等六将军之大规模的出击[②]。战争总算得到了报偿，匈奴经过了这一次打击之后，势已疲敝。到元狩二年（前121年），西汉的将军霍去病又从甘肃东北大举出击，深入沙漠两千里，于是匈奴的势力，才从南山北麓一带撤退出去[③]。以后在元狩四年（前119年），匈奴又经过卫青、霍去病的痛击[④]，到元鼎二年（前115年），自今日甘肃凉州以西，西至玉门[⑤]一带的地方，遂为西汉所有。因置酒泉（治今甘肃酒泉县）、武威（治今甘肃民勤东北）二郡，以统治其地。

---

① 《汉书·匈奴传》云："武帝即位……汉使马邑人聂翁壹，间阑出物，与匈奴交易，阳为卖马邑城以诱单于。单于信之，而贪马邑财物，乃以十万骑入武州塞。汉伏兵三十余万马邑旁，御史大夫韩安国为护军将军，护四将军，以伏单于。单于既入汉塞，未至马邑百余里，见畜布野而无人牧者，怪之。……时雁门尉史……知汉谋……具告单于。单于……乃引兵还。……自是后，匈奴绝和亲。"

② 《汉书·匈奴传》云："汉复遣大将军卫青，将六将军，十余万骑，仍再出定襄数百里击匈奴。"

③ 《汉史·匈奴传》云："汉使票骑将军去病将万骑，出陇西，过焉耆山千余里……其夏，票骑将军复与合骑侯数万骑，出陇西、北地二千里……昆邪王杀休屠王……降汉。……汉已得昆邪，则陇西、北地、河西益少胡寇。"

④ 《汉史·匈奴传》云："令大将军（卫）青，票骑将军（霍）去病中分军；大将军出定襄，票骑将军出代，咸约绝幕击匈奴。单于闻之，远其辎重，以精兵待于幕北，与汉大将军接战。……汉兵……围单于，单于……遂独与壮骑数百，溃汉围西北遁走。……票骑封于狼居胥山，禅姑衍，临瀚海而还。是后匈奴远遁，而幕南无王庭。"

⑤ 王国维氏《流沙坠简序》中考证汉初的玉门原在敦煌之东。王氏之言曰："玉门一关，《汉志》系于敦煌郡龙勒县下，嗣是《后汉书·郡国志》及《括地志》、《元和郡县志》、两唐书《地理志》、《太平寰宇记》、《舆地广记》，以至近代官私著述，皆谓汉之玉门关在今敦煌西北。惟《史记·大宛列传》云：太初二年，贰师将军李广利伐大宛，还至敦煌，请罢兵，益发而复往。天子闻之大怒，而使使遮玉门曰：军有敢入者，辄斩之。贰师恐，因留敦煌。沙畹博士据此，以为太初二年前之玉门关，尚在敦煌之东。其徙敦煌西北，则为后日之事。其说是也。按《汉志》酒泉郡有玉门县，颜师古注引阚骃《十三州志》谓：'汉罢玉门关屯，徙其人于此。'余疑玉门一县，正当酒泉出敦煌之孔道，太初以前之玉门关，当置于此，阚徙徙屯之说，未必确也。嗣后关城虽徙，而县名尚仍其故。虽中更废置，迄于今日，尚名玉门。故古人有误以玉门县为玉门关者，后晋高居诲《使于阗记》云：'至肃州后，渡金河，西百里出天门关，又西百里出玉门关。'高氏所谓玉门关，实即自汉迄今之玉门县也。"

匈奴虽然退出了南山北麓，但他们仍然统治着蒙古西北天山以北的世界，并支配着塔里木盆地东北一带的诸部落国家。因而他们的小组骑兵，经常从天山缺口南入楼兰一带，遮击汉朝派往西国的使节和商队。同时塔里木盆地诸小国的酋长和臣民，也仗着匈奴的靠山，往往拒绝供应汉朝使节的给养，并且趁火打劫，掠夺汉朝的商人。于是而有西汉与匈奴争夺天山东麓自然的缺口之战争，结果，西汉把匈奴的势力从塔里木盆地之东北一带驱逐出去，巩固了对这个盆地的统治①。

西汉帝国的势力，一天天地西展，现在欲更进一步夺取天山以北的准噶尔高原，因而又送了一位美丽的公主远嫁于乌孙王，欲结乌孙（今新疆西北部伊犁河和伊塞克湖一带，都赤谷城）以夹击匈奴。是而有细君的出塞②。

汉朝既拉拢了乌孙，又想再进一步臣属大宛（今中亚费尔干纳盆地。王治贵山城）。大宛远在帕米尔高原以外，原是那“深目高鼻”而“多须”的希腊人在中亚西北之最后的避乱所。他们在那里栽种葡萄、畜养马群以为生③。虽然也经常看见汉朝来往中亚的使节，

---

①《汉书·西域传》鄯善国云：“（汉使者赴西域，）楼兰、姑师当道，苦之，攻劫汉使王恢等……（元狩三年，前118年）于是武帝遣从票侯赵破奴，将属国骑及郡兵数万击姑师。王恢数为楼兰所苦，上令恢佐破奴将兵……虏楼兰王，遂破姑师。”

②《汉书·西域传》乌孙条云：“始张骞言乌孙本与大月氏共在敦煌间，今乌孙虽强大，可厚赂招，令东居故地，妻以公主，与为昆弟，以制匈奴。……乌孙远汉，未知其大小，又近匈奴，服属（匈奴）日久，其大臣皆不欲徙。昆莫年老，国分不能专制，乃发使送骞，因献马数十匹报谢。其使见汉人众（转下页）（接上页）富厚，归其国，其国后乃益重汉。匈奴闻其与汉通，怒欲击之。又汉使乌孙，乃出其南，抵大宛、月氏，相属不绝。乌孙于是恐，使使献马，愿得尚汉公主，为昆弟。……汉元封中（六年，前105年），遣江都王建女细君为公主以妻焉。赐乘舆服御物，为备官属宦官侍御数百人，赠送甚盛。乌孙昆莫以为右夫人。匈奴亦遣女妻昆莫，昆莫以为左夫人。公主至其国，自治宫室居，岁时一再与昆莫会，置酒饮食，以币帛赐王左右贵人。昆莫年老，言语不通。公主悲愁，自为作歌曰：‘吾家嫁我兮天一方，远托异国兮乌孙王，穹庐为室兮旃为墙，以肉为食兮酪为浆，居常土思兮心内伤，愿为黄鹄兮归故乡。’”后昆莫令公主改嫁其孙。

③《汉书·西域传》大宛条云：“大宛左右以蒲陶为酒，富人藏酒至万余石，久者至数十岁不败。俗耆酒，马耆目宿。宛别邑七十余城，多善马，马汗血，言其先‘天马’子也。”

知道东方有个大汉国，但他们长期地处于匈奴人的支配之下，所以对待大汉的使者并不如对匈奴使者之尊敬。西汉政府为了此事，久已不快，适逢武帝派到大宛购买名马的使者为大宛所杀，于是而有太初元年（前 104 年）李广利讨伐大宛之师[①]。

骆驼通过已干涸的盐泽

李广利的远征军需要横纵盐泽。盐泽者，即今日已经干涸了的罗布泊。罗布泊的地理情形据马可波罗说："这一片沙漠，据说由这一头骑行到那一头，要一年以上，此处较狭，横越过去也要一个月，全是沙丘沙谷，找不到一点可吃的东西，但是骑行一日一夜以后，便可以得到淡水，足够五十到一百人连牲口之用，多了就不行。"在这样的地理环境中进军，当然艰苦万状，所以李广利进到大宛以前，军队的给养早已完了。到大宛后，围攻一城，即大败而回，回到敦煌只剩下十分之一二的人马了[②]。为了保持中国在中亚的声威，于是

① 《汉书·西域传》云："上遣使者持千金及金马，以请宛善马。宛王以汉绝远，大兵不能至，爱其宝马，不肯与。汉使妄言，宛遂攻杀汉使，取其财物。于是天子遣贰师将军李广利，将兵前后十余万人伐宛。"

② 《汉书·李广利传》云："太初元年，以广利为贰师将军，发属国六千骑及郡国恶少年数万人以往，期至贰师城取善马，故号'贰师将军'。故浩侯王恢使道军。既西过盐水，当道小国各坚城守，不肯给食。攻之不能下。下者得食，不下者数日则去。比至郁成，士财有数千，皆饥罢。攻郁成城，郁成跑之，所杀伤甚众……引而还。往来二岁，至敦煌，十不过什一二。'

而有太初三年（前102年）李广利再征大宛之师。这一次的远征军，却从前一次的失败中得到了教训，他们灵敏的组织力，克服通过盐泽的困难，因而得以直捣大宛国都，杀其王，降其国，掳其名马，痛饮其葡萄酒，全胜而回[①]。

为了保卫这一条新开辟的南山北麓的大自然的走廊及塔里木盆地的统治，西汉政府，很快地就采取了妥善的措置。它一方面派遣大队的骑兵，搜索蒙古沙漠中之残余的匈奴势力，于是而有赵破奴远出令居（今甘肃永登西北）之师[②]。另一方面，又开始了巨大无比的国防工程之建筑，这就是把秦代的长城由令居向西延展，直达今日敦煌之西[③]，于敦煌西北筑关曰玉门关，以为汉朝西部之大

① 《汉书·李广利传》云："赦囚徒扞寇盗，发恶少年及边骑，岁余而出敦煌六万人，负私从者不与；牛十万，马三万匹，驴橐驼以万数，赍粮，兵弩甚设。天下骚动，转相奉伐宛，五十余校尉……益发戍甲卒十八万酒泉、张掖北，置居延、休屠，以卫酒泉。而发天下七科适，及载糒给贰师。转车人徒相连属至敦煌。而拜习马者二人为执驱马校尉，备破宛择取其善马云。（其规模之大如此）……（及围宛）宛贵人……共杀王（降）。"

② 《汉书·匈奴传》云："乌维立三年…，…（汉）遣故太仆公孙贺将万五千骑出九原二千余里，至浮苴井，从票侯赵破奴万余骑，出令居数千里，至匈奴河水，皆不见匈奴一人而还。"

③ 王国维氏《流沙坠简序》中有云："案秦之长城，西迄临洮。及汉武帝时，匈奴浑邪王降汉，以其地为武威、酒泉郡，后又分置张掖、敦煌郡，始筑令居以西，列四郡据两关焉，此汉代筑城事之见于史者，不言其讫于何地也。其见于后人纪载者，则法显《佛国记》云：'敦煌有塞，东西可八十里，南北四十里。'《晋书·凉武昭王传》云：'玄盛乃修敦煌旧塞，东西二围（东西疑东北之讹），以防北虏之患；筑敦煌旧塞，西南二围，以威南虏。'案唐《沙州图经》，则'沙州有古塞城、古长城二址，塞城周回州境，东在城东四十五里，西在城西十五里，南在州城南七里，北在州城北五里。古长城则在州北六十六里，东至阶亭烽一百八十里入瓜州常乐县界；西至曲泽烽二百一十二里；正西入碛，接石城界云云'。李暠所修，有东西南北四围，当即《图经》中之古塞城。法显所见，仅有纵横二围，其东西行者，或即《图经》中之古长城，而里数颇短。盖城在东晋之末，当已颓圮，而《图经》所纪，东西三百里者，则穷其废址者也。此城遗址，《图经》谓在州北六十二里。今木简出土之地，……正唐沙州，《图经》所谓古长城也。前汉时，分置三都尉于此，都尉之下又各置候官。由西而则首玉门都尉之大煎都候官、玉门候官。次则中部都尉所属之步广候官、万岁候官。又东则宜禾都尉所属各候官。又东入酒泉郡，则有酒泉西部都尉所治之西部障，北部都尉所治之偃泉障。又东北入张掖郡，则有张掖都尉所治之遮虏障，疑皆沿长城置之。今日酒泉、张掖以北长城遗址之有无，虽不可知，然以当日之建置言之，或宜如是也。"

门[1]。而且沿新筑的长城，列置堡垒，驻屯戍兵，亭障相望，一直达到今日新疆东部的白龙堆[2]。

汉代的长城与秦代的长城不同。秦代的长城，是一种防御的工具；而汉代的长城，则是一种前进政策的工具。汉代长城的西展，是与汉代武装征伐的西进相配合的。汉代的统治者，几乎想把长城向西伸延，接上天山，但是结果没有完成他们的理想，所以在长城极西的终点与天山东麓之间，留下了一个很大的缺口。这个缺口，就成为以后匈奴种族进出于塔里木盆地的孔道。

汉代新筑的长城早已颓废了，但敦煌西北玉门附近的一段古长城废址，已由斯坦因发现了。据斯氏报告，他所看见的古长城不是用砖石建筑的，而是："用苇草捆在一定的间隔，同泥层交互砌成的一道正规的城墙，全部经过盐卤渗透之后，坚固异常。墙外面同内部成捆的苇秆成直角形，还放有别的苇秆，捆扎得很仔细，形如束柴，砌成堤形。苇秆束一致长八呎，厚约八吋。"斯氏又说从保存得很好的一段墙，可看出其厚达八呎，高达七呎，因有盐卤之浸透，墙壁已成半化石的状态。

玉门附近古长城的遗址

① 王国维氏于《流沙坠简序》中对于玉门之西徙有曰："其西徙之年，史书不纪。今据斯氏所得木简，则有武帝太始三年已有玉门都尉护众文书。其时关城当已西徙于此，是岁上距太初二年不过十岁，是其西徙，必在李广利克大宛之后（太初四年），西起亭至盐泽之时也。"又汉及新莽时玉门都尉所有版籍皆出于此，可为《汉志》玉门关之铁证，不独与古书所纪，一一吻合而已。

② 《汉书·张骞传》云："（元封二年）酒泉列亭障至玉门矣。"《西域传》云："（太初三年）自敦煌西至盐泽往往起亭。"又《匈奴传》云："太初三年……汉使光禄徐自为出五原塞数百里，远者千里，筑城障列亭至庐朐。而使游击将军韩说、长平侯卫伉屯其旁。使强虏都尉路博德筑居延泽上。"

汉代的工程师，用苇秆和泥土建筑长城，没有其他的原因，只是就地取材而已。因为在甘肃西北沙漠地带，除芦苇外，没有其他的建筑材料。这种苇秆，当时西域的人民，早已用以为建屋及架桥材料。斯坦因氏曾在于阗附近的尼雅废墟发现若干汉代房屋，都是用苇秆夹泥以为墙。《后汉书·班超传》中亦谓："焉耆国有苇桥之险"，此又以苇秆夹泥架桥之证也。

在汉代沿长城全线西至罗布泊沙漠，直达库鲁克塔格山（在新疆东部）麓，皆列置堡垒烽燧，即《汉书》上所谓亭障，以为瞭望敌人及传达烽火信号之用。据汉简载，汉代沿长城的烽垒，布列甚密，大概五里一燧[①]，十里一墩，三十里一堡，百里一城塞。由于亭障烽燧万里相望，于是在中国的西北，筑成了一条坚强的防线。

汉代的烽垒遗迹，近来斯坦因氏已大有发现。据斯氏报告，他曾于敦煌西北"沿伸张出去的长城西段的光石子高原边上，发见很多距离不等而完整的古垒，翼然耸立"。这些古垒无论是用土砖或用泥造，都很坚固。大概基部方达二十呎至二十四呎左右，往上逐渐缩小，这在以前是一种小瞭望台，有雉堞作保护。大多数的台顶，只能用绳索攀缘上去，至今在砖墙上还可以看见托足用的孔穴遗痕[②]。

罗布泊中之汉代古垒

① 《居延汉简考释》卷二："第二十二燧南致十七燧二十一里。"

② 《西域考古记》124 页。

汉代玉门的古垒

斯氏又在罗布泊沙漠发现了若干古代废垒，其建筑式样及所用的材料，与在敦煌所见者相同。斯氏曾于沙漠中发现一座有城墙的小堡，据他考察，“这是中国的使节军队从敦煌到有人烟的楼兰地方的第一个休息的驿站。墙垣用苇秆和泥相间仔细筑成，与古长城的建筑同。其年代在中国第一次向塔里木盆地军事进展之后极为相合。”[①] 正汉武帝时所筑也。

库鲁克塔格山麓之汉代古垒

斯氏又“在库鲁克塔格山麓发现古代障塞遗址，绵延百余哩，

① 《西域考古记》109页。

这些古堡其中有很大的，构造的形式与甘肃沿长城所发见者完全相同。此种堡垒，显然是公元前100年左右，其时汉武帝通西域因筑长城建障塞，以保护从敦煌到楼兰的通路”。[①]

敦煌西北古长城的废垒，因为有敦煌汉简的记录之互证，经王国维氏的考证，已可骤得而呼其古代之名了[②]。敦煌以东，则至今尚无所发现，但我相信，将来一定是可以发现的。假使有人在居延一带，作有系统的考古，则居延汉简中之诸烽燧，也可以按图索骥，找出它们的地望了。

汉代对于烽燧，有着极系统而严密的组织。据汉简所示当时的烽垒之管理，依其地望之所在，分隶于河西四郡的太守。太守之下置都尉、都尉之下置鄣尉、侯官、侯长、燧长，这样就构成了边郡烽燧之层叠的管理组织。燧长之下则为戍卒，第一燧有戍卒三人至三十人不等，亦有多至百人者。此等戍卒担任守望举烽，以及采伐举烽用之薪柴及修理烽燧堆的任务[③]。

举烽的种类有三：一曰燔积薪，二曰举苣火，三曰放烽烟。大概白天放烟，夜晚举火，而且依敌人之远近多少而放烟举火，亦有各种不同之信号。如《居延汉简》有曰：“虏守亭障，不得燔积薪，昼举亭上烽一烟，夜举离合苣火，次亭燔积薪如品约。”又云：“五百人以上能举二烽。”又云：“□传言，举二苣火燔一积薪。”此其例也。

汉代的烽燧堆，近亦由斯坦因氏发现。斯氏在敦煌西古长城线下看到一座一座的烽燧，还是凛然存在于沙漠之中。据斯氏的报告：

---

① 《西域考古记》195页。

② 王国维氏《流沙坠简·跋》云：“(敦煌烽燧)自东徂西，首利汉燧，力斯氏图中敦三十四之地。次万岁显武燧，即敦二十六之地。而万岁扬威燧之即敦二十七，吞胡燧之即敦二十八，可得由是决之矣。次平望青堆燧，即敦二十一乙之地，平望朱爵燧即敦十九之地，次玉门，即敦十四。次则玉门所属诸燧，当谷即敦十三，广新即敦十二，显明即敦八。又次则，凌胡燧即敦六乙，厌胡燧即敦六丙，而广武之为敦六，步昌之为敦六甲，广昌之为敦六丁，亦可由是决之矣。于是沙漠中之废址，骤得而呼其名，断简上之空名，亦得而指其地。”

③ 《敦煌汉简·戍役》十三：“二月庚辰日，卒四人，其一人常候，其一人候，其二人积薪十日，率日致□□□薪二里。”

“在许多烽燧处，看到一些继续的奇异的小堆，一般皆排成十字交叉之五点形或直线形，彼此相距不远。仔细考察，其底部宽约七呎至八呎，高一呎至七呎不等，皆系芦苇束作十字形交叉而建成。芦柴束初放时插野白杨树枝以为支持之用，时间稍久，即不需要了。经盐质浸润后，芦柴束已成半化石状态，但理其纤维，仍柔软如故。芦柴束的大小与用以建筑长城者相同，初以为系备不时之需，嗣于离长城较远之烽燧中，亦见此物，且屡见有经火烧而化为炭化合物者，于是恍然大悟，此种堆积的芦柴，显然是备作举烽燧之用的。”[①]斯氏的判断，甚为正确，盖汉简中常有卒几人积薪若干日，或若干束的记载，足以证实其说也。

从汉简的记录中，我们知道当时边防军的给养，如谷物布帛之类，都是从内地运去的。为了安放这些给养，当时沿长城线都有仓库的设置，这从汉简中有“仓长”“仓佐”的官名之出现，可以证明。此种仓库的遗址，斯坦因氏已在玉门关东五哩之地发现了。据斯氏报告：“在商道旁边长城后面有一很庄产的遗址，有三间相连的大厅，全长在五百六十呎左右……坚厚的砖墙，至今有些处所，还有二十五呎高，只开几个孔穴，显然是作为流通空气之用。外墙之内有内墙，四角有碉楼。建筑的奇特，使我们猜想，这或者是用作沿长城线军队驻屯移动及官吏和政治使节取道碛路时供给一切的仓库。后来在内墙一角，发现了许多中文木简，简上说到从敦煌沙漠田运送粮食以及积储衣物等等，于是把这个猜想充分证实了。”[②]

为了传达军事情报、命令及政府公文，沿长城线又有军邮的组织。汉简中关于往来文书，皆有登记。如《居延汉简》中有：“酒泉大尹书一封”，“书一封，张掖太守章”等记载。当时邮送文书，有缓急之别，其急者则“吏马驰行”；通常的文书，则“以邮行”“以亭行”“以次传行”。此种驿站的遗址，斯坦因氏在古长城线边也发现了[③]。

① 《西域考古记》132页。
② 《西域考古记》135页。
③ 《西域考古记》127页。

在汉简中有关于医药的记载，我们又知当时边防军中有医药的设备。当时装药的木箱，斯坦因氏也在古长城线边发现了，其一箱盖书云："显明燧药函。"[①]

从汉简的记录中可以看出当时各烽燧皆备有武器，而主要的武器是弓矢。弓有六石弩、三石弩，矢有槀矢、宦矢、郫矢、铜镞各种。此外有剑盾、革甲、马跤、曲旃之类的军用品。除武器外，又有斧、锯、椎、凿、锄、臿、绳索、户扃、栝、著、尊、槃、案、衣箧之类的劳动工具及日用工具。

当时边防军军官的生活也很舒服。据汉简所示，他们头戴兰冠，身穿官裘，足登革履。《居延汉简》的日用账中有："买牛百斤治脯"，"入小畜鸡子五枚"，"雄鸡一，雌鸡二"，"酒二石"，"曲十石"，以及购买猪肉、猪舌、猪肺、猪肝、猪胃，及胡豆、生姜等的记载，又知当时的军官的营养是非常丰富的。从"肉百斤值七百"的记载，又知当时的肉类每斤只卖七个大钱，无怪他们可以饱餐猪牛之肉也。

总上所述，我们因知在汉武帝开河西四郡、筑长城、列亭障的这一历史标题之下，是包含着丰富的历史内容。这种内容由于汉代遗址、遗物与汉简之发现，已经呈现了光明。

自从打通了南山北麓的天然走廊以后，于是中国派赴塔里木盆地及中亚诸国的政治使节踏着张骞的足迹而西者，"相望于道，一辈大者数百人，少者百余人。"同时，被西方称为"丝绸人"的中国商人，也络绎于途，万里不绝。西汉帝国的声威，不久便广蔽于中亚乃至罗马文明的中心了。汉朝向西发展的急先锋，无论政治使节或商人，都是打的大汉帝国的旗帜，都是自称为大汉帝国的臣民，因而西方诸国，亦以"汉人"称之。"汉人"者，大汉帝国之人民，乃言其国籍，并非指其种属。后来，习而久之，中国的中原种族，亦以"大汉族"自命，实则所谓"大汉族"者，乃系中国境内诸种之混合的构成，在中国原始的种族形成中，并

---

① 《西域考古记》129页。

没有什么“汉族”[①]。

西汉的声威虽已远及中亚，但匈奴仍然封锁中原通达中亚之天山北麓的大道，并常与龟兹、楼兰等国遮杀汉使，于是而又有昭帝元凤四年(前77年)傅介子刺杀楼兰王之事[②]。但是问题还是没有解决，所以到宣帝本始二年（前72年），乃大发兵与乌孙夹击匈奴于天山之北，于是匈奴始衰[③]。而同时汉朝也占领了天山东麓之南的吐鲁番盆地，在塔里木盆地中树立了自己的经济基础[④]。

匈奴既不能南入黄河流域，又从塔里木河流域被驱逐出来，生活环境日益艰难。到宣帝五凤元年（前57年），五单于争立，国内大乱[⑤]。后来五单于为呼韩邪单于所并，但其兄呼屠吾斯亦自立为郅支骨都侯单于，兄弟内战，而匈奴遂分南北。宣帝甘露二年（前52年），南匈奴呼韩邪款五原塞，降于汉。而北匈奴则远徙吉尔吉斯西北一带[⑥]。到元帝建昭三年（前36年），大汉的西域校尉陈汤与都护甘延寿远征康居（约在今巴尔喀什湖和咸海之间，王都在卑阗城），斩郅支单于，传首京师。于是北匈奴益西，大概在公元4世纪初，

① 汉人者，犹今日之言英人、法人、苏联人也。但英人为撒克逊族，法人为条顿族，苏联人则有无数种族，而并无所谓英族、法族、苏联族也。但汉族在中国，已成一习用之名词，本书以后亦沿用之。

②《汉书·傅介子传》云:“傅介子，北地人也，以从军为官。先是龟兹、楼兰皆尝杀汉使者……至元凤中，介子以骏马监求使大宛，因诏令责楼兰、龟兹国。介子至楼兰，责其王教匈奴遮杀汉使:‘大兵方至。王苟不教匈奴，匈奴使过至诸国，何为不言？’王谢服。……介子至龟兹，复责其王，王亦服罪。”以后介子再至楼兰，因刺楼兰王。

③《汉书·常惠传》云：本始二年，“汉大发十五万骑，五将军分道出……以惠为校尉，持节护乌孙兵，昆弥自将翎侯以下五万余骑，从西方入，至右谷蠡庭，获单于父行及嫂居次、名王骑将以下三万九千人，得马牛驴骡橐佗五万余匹，羊六十余万头。”

④《汉书·郑吉传》云:“郑吉，会稽人也，以卒伍从军，数出西域，由是为郎。吉为人强执，习外国事。……至宣帝时，吉以侍郎田渠黎，积谷。”

⑤ 匈奴五单于:(一)呼韩邪单于(左部稽侯)(二)屠耆单于(右部日逐王)(三)呼揭单于(西方呼揭王)(四)车犁单于(右奥鞬王)(五)乌藉单于(右部乌藉都尉)。

⑥《汉书·匈奴传》云:“郅支单于，以为呼韩邪降汉，兵弱不能复自还，即引其众西，欲攻定右地。(曾西破乌孙，北破呼揭、坚昆、丁令，并都于坚昆。)……会康居王数为乌孙所困……使使至坚昆，通语郅支。郅支素恐，又怨乌孙，……遂与(康居)相结，引兵而西。”郅支遂至康居。

他们便出现于欧罗巴的原野了。

南匈奴既降附，北匈奴又西走，自是汉朝西北无敌人，而中原通中亚的商路遂得畅通无阻。惟自元帝时（前 48 年）起，西汉的政权逐渐腐化，政治力量已日益衰落，从此以后，对西域的统治力量也渐弱。虽然如此，至西汉末年，西域佩汉印绶者尚有三百七十六人。直至王莽始建国五年（公元 13 年），焉耆杀汉都护但钦，汉朝在塔里木盆地的统治，才开始动摇。以后中原大乱，天山南北一带的地方，又再转入匈奴的手中。

西汉帝国在西北方面与匈奴的战争，继续到一百年之久。与对匈奴的战争平行地发展，西汉政府同时又曾发动了对百越、群蛮、东胡、西羌的战争。在这些征服战争中，很容易地获得了胜利，然后它又全力昂扬西进。

早在开始西进政策之前，西汉的水军，就在浙南登陆，占领了今日钱塘江以南的地方，开始了对东南沿海一带百越之族的武装征服。他们把今日浙江南部的东越之族，强制移居于江、淮之间，而占有其地，以为进攻福建的“闽越”之军事的据点，自是东越遂虚[①]。

在征服东越后之第三年，西汉政府，又发动了远征闽越的战争。大军两路并进，一路出浙江，一路出江西，以向福建。当时闽越之王郢发兵距险，以与汉军战。不幸种族内部发生了叛变，杀其王以降于汉。汉天子认为“首恶”已除，遂立丑为越繇王，余善为东越王，使共拒南越。自是汉朝的势力又深入福建[②]。

元鼎四年（前 113 年），汉朝开始对南越的征服。军事的压迫与政治的诱降，双管齐下。一方面，各路大军在路博德统率之下迫近南越的边境，另一方面，成群的政治使节，同时出现在南越的宫廷。

① 《汉书 · 两粤传》云：“建元三年（前 138 年），闽粤发兵围东瓯，东瓯使人告急……天子遣（严）助发会稽郡兵浮海救之。……汉兵未至，闽粤引兵去。东粤请举国徙中国，乃悉与众处江、淮之间。”

② 《汉书 · 两粤传》云：“（建元）六年（前 135 年），闽粤击南粤，南粤守天子约，不敢擅发兵而以闻。上遣大行王恢出豫章，大司农韩安国出会稽，皆为将军。兵未逾岭，闽粤王郢发兵距险。其弟余善与宗族谋……鈲杀王……（天子）诏罢两将军兵……立丑（无诸之孙）为粤繇王。……余善以杀郢，威行国中……（立）为东粤王。”

在这样威胁利诱的形势之下，南越的国王，开始动摇。但是即于此时，南越的首相，杀了国王，再组织抵抗汉朝的政府。汉朝的诱降政策失败后，便是武装的进攻①。

第二年（前112年）大规模的南征开始了。当时汉朝的大军五路出发：两路出湖南，下湘水；一路出江西，下赣水；一路出贵州，因夜郎兵下西江；一路出福建，因闽兵，沿海而西。除福建一路中途持两端以外，其余四路，都胜利地攻到了广东。他们会师番禺（今广州市），“纵火烧城”，并以水军擒新立南越国王建德及相吕嘉于海中。自是广东、广西，西南至今日安南之东北，皆为汉朝之郡县②。

福建一带的闽越，虽曾经征伐，但并未完全降服，因而元封元年（前110年），又有东征之师。当时大军分道入闽越，杀其国王，降其种族，徙其族类于江淮之间，于是史家书曰：“东粤遂虚。”③

早在建元六年（前135年），汉朝的势力，即已深入西南。当时武帝以唐蒙为中郎将，将千人，食重万余人，从巴蜀筰关（今汉源县），南入贵州之西南，招降夜郎及其旁诸蛮部落，而以为犍为郡（治今四川宜宾市西南）。嗣后，张骞使大夏见邛杖，又知自中国西

① 《汉书·两粤传》云：“元鼎四年，汉使安国少季谕（南粤）王、王太后入朝，令辩士谏大夫终军等宣其辞，勇士魏臣等辅其决，卫尉路博德将兵屯桂阳，待使者。王年少，太后中国人，安国少季往，复与私通，国人颇知之，多不附太后。太后恐乱起，亦欲倚汉威，劝王及幸臣求内属。即因使者上书，请比内诸侯，三岁壹朝，除边关。于是天子许之。……相吕嘉……数谏止王，王不听……乃与其弟将卒攻杀太后、王，尽杀汉使者。”

② 《汉书·两粤传》云：“元鼎五年秋，卫尉路博德为伏波将军，出桂阳，下湟水；主爵都尉杨仆为楼船将军，出豫章，下横浦；故归义粤侯二人为戈船、下濑将军，出零陵，或下离水，或抵苍梧；使驰义侯，因巴蜀罪人，发夜郎兵下牂柯江，或会番禺。……楼船居前，至番禺……纵火烧城……城中皆降伏波。（相）吕嘉、（王）建德，以夜与其属百人亡入海……遣人追……得建德，……南粤已平，遂以其地为儋耳（海南岛南部）、珠崖（海南岛北部）、南海、苍梧、郁林、合浦（广东徐闻）、交趾（安南北宁）、九真（安南清华）、日南（安南河靖）九郡。”

③ 《汉书·两粤传》云：“上遣横海将军韩说出句章，浮海从东方往；楼船将军（杨）仆出武林，中尉王温舒出梅岭；粤侯为戈船、下濑将军出如邪、白沙。元封元年冬，咸入东粤。……故粤建成侯敖……杀余善，以其众降……诏军吏皆将其民徙处江淮之问，东粤地遂虚。”

南有通身毒（今印度）之路，自是汉代寻求身毒的使节，不绝于西南道上，但皆被阻于且兰（贵州贵定至福泉一带）而不得通。及汉攻南越，令发南蛮兵，而且兰拒命，并杀汉使者及犍为太守。于是西汉政府乃以征伐南越之师，西征云贵四川诸蛮。到元封二年，遂平西南夷，自是南蛮在中国之最后根据地，都变成了汉朝的郡县①。

羌族在西汉时代，处于匈奴、汉族及南蛮三大势力之间，向北发展，则阻于匈奴；向东发展，则阻于汉族；向南发展，则阻于南蛮。在这种历史压力之下，其一部分族类，则西徙中亚；其另一部分，则南徙青海、西藏；又一部分，则先后同化于南蛮。其原来散布于甘肃西南一带的诸羌之族，至此其势力已甚微弱。虽然如此，当汉与匈奴进行战争之时，羌族也演着一个穿插剧情的角色。武帝时，先零羌与封养牢姐种团结起来，与匈奴联合，夹攻汉军②。宣帝时，又进攻金城（治今甘肃永靖西北），企图截断中原通达西域之路，于是而有赵充国讨伐诸羌之役。当时赵充国胜利地击溃诸羌，屯田临羌，置金城属国以处降羌③。至于元帝，陇西诸羌又曾一度叛变，经冯奉世将军的讨伐，也就平息了。

最后，说到汉朝之东北征伐。西汉初年的势力，仅及于辽东。辽东以外，都是东夷的世界。到元封二年（前109年），武帝派遣使臣涉何去招降朝鲜，但朝鲜王右渠不奉诏。汉以何为辽东东部都尉，

---

① 《汉书·西南夷传》云："汉乃发巴蜀罪人尝击南粤者八校尉击之（且兰），会越已破，汉八校尉不下。中郎将郭昌、卫广引兵还，行诛隔滇道者且兰，斩首数万，遂平南夷为牂柯郡。夜郎侯始倚南粤，南粤已灭，还诛反者，夜郎遂入朝，上以为夜郎王。南粤破后，及汉诛且兰、邛君，并杀筰侯，冉駹皆震恐，请臣置吏。以邛都为粤巂郡，筰都为沈黎郡，冉駹为文山郡，广汉西白马为武都郡。……元封二年，天子发巴蜀兵，击灭劳深、靡莫，以兵临滇。滇王始首善，以故弗诛。滇王离西夷，滇举国降，请置吏入朝。于是以为益州郡。"

② 《文献通考》卷三百三十三《四裔考十》云："武帝征伐四夷，又西逐诸羌，乃渡河湟，筑令居塞。初开河西，列置四郡（酒泉、武威、张掖、敦煌），通道玉门，隔绝胡（匈奴）、羌。于是降塞亭燧出长城外数千里。时先零羌与封养牢姐种解仇结盟，与匈奴通，合兵……围枹罕。汉遣将军李息将军讨平之，始置护羌校尉统领焉。"

③ 《文献通考》云："宣帝时，诸羌又相与解仇，寇攻金城。帝遣后将军赵充国将兵讨之。充国欲以屯田于临羌，东至浩亹，务威信，招降罕开及劫掠者，解散虏谋，乃击之。……诏罢兵，独充国留屯田……初置金城属国，以处降羌。"

准备对朝鲜的军事进攻。但是朝鲜却先发制人，他们发兵攻辽东，杀了涉何，于是而有元封三年征伐朝鲜之师。当时汉兵海陆并进，终于征服了朝鲜，以其地为真番（治今朝鲜礼成江、汉江之间）、临屯（治今咸镜南道北部）、乐浪（治今平壤市南）、玄菟（治今咸镜南道咸兴）四郡[①]。但是西汉政府始终没有伸张其势力于辽水之北，因而这里就成为东胡族最后的自由天地。

总上所述，我们因知西汉至武帝时，简直在战争中疯狂了。当时，西汉征服的地区，固不仅“西荡河源，东澹海漘，北动幽崖，南耀朱垠”，而且远度龙堆（今白龙堆沙漠），横绝沙漠，西越葱岭，威震中亚。历身热、头痛、悬度（山名）之险，服大宛、康居、奄蔡（今咸海至里海一带）之王，受月氏、安息（今伊朗高原）、罽宾之贡，接身毒条支（今伊拉克境内）、大秦（罗马帝国）之光。当此之时，“天兵四临，幽都先加；回戈邪指，南越相夷；靡节西征，羌僰东驰。是以遐方疏俗，殊邻绝党之域，自上仁所不化，茂德所不绥，莫不蟜足抗首，请献厥珍。”这真是“圣风云靡，英华浮沈，洋溢八区；普天所覆，莫不沾濡”。呜乎！“盛哉乎斯世”！

自武帝以至昭、宣之世一百年间，汉族在中国，正像一个太阳，其他诸种族，则像环绕着这个太阳的一些行星。因此其他诸种族，虽然各有其自己运行的规律，但从中国史之全面运动看来，这些诸种族还是以汉族的历史为中心而规定其运动的方向。中国史再不是一些碎片的自由活动，而是在一个历史动力的运转之下，展开了全面的发展与统一的运动了。

大月氏，是中国历史运动压抑中第一次抛出去的一块历史碎片，也可以说是中国这个太阳系统中的一颗流星，这颗流星，降落在中亚，像陨石一样，落在妫水流域。然而它在妫水流城，却大放光明。

---

① 《汉书·朝鲜传》云：“（元封三年）秋，遣楼船将军杨仆从齐浮渤海，兵五万，左将军荀彘出辽东，……（朝鲜王）右渠发兵距险。左将军卒多率辽东士兵先纵，败散，多还走。……楼船将齐兵七千人，先至王险。右渠城守，窥知楼船军少，即出击楼船，楼船军败走。……两将不相得……（天子）使故济南太守公孙遂往正之……并两军，即急击朝鲜……遂定朝鲜，为真番、临屯、乐浪、玄菟四郡。”

匈奴人把大月氏抛掷到中亚，大月氏人又把希腊人抛掷到印度，到费尔干，希腊人又再降落在印度文化中，降落在中国文化的边缘。同时大月氏又把阿萨克斯人逼向西走，于是而罗马人又不幸地领略阿萨克斯人的响箭。

北匈奴是中国历史运动压抑中第二次抛掷出去的一块历史碎片，也就是中国这个太阳系统中第二颗流星。这颗流星后来降落在欧罗巴的原野，成为四世纪西欧历史的动力。

至于武、昭、宣时代，中国军队在中亚之出现，那已经不是流星，而是太阳光芒的照射。当此之时，汉朝的文明光辉，已经把西藏、青海除外之今日的整个中国，照得通明，并且通过南山北麓之颈形的狭管，在天山南北，射出它的光辉。这种光辉，渐渐向中央扩大它的照射，大约在里海、黑海之南，便与罗马共和国的光辉交光连采，呈现出一种奇异的美景，这就是东西两个世界的历史运动之交流，亦即世界史的运动走向统一的表征。

匈奴的狂飙吹过了，西汉帝国的光辉也暗淡了。汉代的历史，已经到了黄昏时代。四周的诸种族，又像云雾一样，渐渐升起。中国史的运动，又从向外扩张，转向对内火并。这就是西汉末年的历史画图。

一切都过去了，但是汉族与蛮族的势力之消长，却在西汉史上，画出了一条永远不能磨灭的曲线。

第六章

西汉的社会经济构造

第一节 西汉的农业

一 土地再分配、农民复员与农村秩序的恢复

土地的饥饿，唤起了秦末农民的大“叛乱”。“叛乱”的农民，捣毁了秦代商人地主的政权；但没有等到解决土地分配的问题，“叛乱”便转变了性质。

农民“叛乱”，虽没有主动地解决土地问题，但在客观上，却解除了土地问题的严重性。因为在“叛乱”中，一方面，农民用了自己的死亡，减少了人口的数量；另一方面，旧的土地所有者，随着政权之崩溃，又抛出了大量的土地。即因人口的减少与土地的开放，于是土地问题的严重性，便自然而然地松懈了。

具体的史实指示出来，当秦汉之际，海内溃畔，天下大倾，攻战杀伐，将近十年。陈胜之起，巨鹿之击，新安之坑，咸阳之屠，彭城之战，荥阳之峙，以至垓下之围，乌江之役，其间农民之前赴矢石、后堕溪谷而死者，其数当有数百万人。同时，地主之死于非命者，亦当不少。汉兴，高祖削夺功臣，平乱定叛，七八年间，战争未尝休息，农民之死于刀兵者，又不知多少，加以大兵之中，又

益之以荒年，“米石五千，人相食，死者过半。”[①] 所以到西汉初，“大城名都，民人散亡，户口可得而数，裁什二三；是以大侯不过万家，小者五六百户。”[②] 由此可以想见当时人口萧条之一般。直至平帝时，休养生息历二百年之久，而人口总数尚不过五千九百余万人[③]。若二百年中人口增加两倍，则西汉初的人口总数，不过千万左右而已。在相反的方面，因旧地主之死亡而开放的土地，又不知有多少。

所以摆在西汉新政府面前的任务，已经不是如何解决土地缺乏的问题，而是如何处分这一份庞大无比的历史遗产；换言之，就是如何分配土地。

土地的分配，很快地就开始了。

第一份，当然是西汉的皇家。据史籍所载，西汉的皇家，不仅是全国土地之名义上的所有者，而且并拥有大量的私有地。此种属于皇家的私有地，在当时称之曰公田。这种公田，多系由没收秦代皇家、贵族和大官僚的土地而来，故大半多在渭水流域一带。但除此以外，全国各地之山陵、陂泽、湖沼，以及所有的无主荒地，都在公田名义之下，归于皇家之所有。这些公田，由国家专设农官以掌管之，收其米粟，或课其租税，以为皇家的“私奉养”。当时西汉的公田，大概分别归属于水衡、少府、太仆、大农各司所管理，所以《史记·平准书》云：“水衡、少府、大农、太仆各置农官，往往即郡县没入田田之。”《汉书·百官公卿表》亦谓，西汉官职中，有农监、都水、农都尉，《昭帝纪》中有稻田使者，大概这就是经营公田的田官。

又桓宽《盐铁论》有云：“是以县官开园池，总山海，致利以助贡赋；修沟渠，立诸农，广田牧，盛苑囿，太仆、水衡、少府、大农，岁课诸入，田牧之制，池籞之假，及北边置任田官，以赡诸用。”由此而知当时的公田，除一部分用作皇家的苑囿、牧场、猎围及墓地之外，其余则大半租给农民，以取其利。到后来，有时也以

---

① 《汉书·食货志》。

② 《汉书·高惠高后文功臣表》序。

③ 《汉书·地理志》记平帝始元二年（公元 2 年）人口总数为 59594978 人。

公田赏赐功臣[①]，有时甚至以苑囿附近的闲地租给农民[②]，至于其他散布于郡国的公田，亦有委诸地方官代管，而征其收益者；但到更后，则多为势家所侵没[③]。

第二份，是西汉的新贵族和新官僚。他们除由皇帝赐以“汤沐邑”，“名为私奉养”[④]以外，又任意强占农民的土地。例如萧何便利用相国的地位和权势，“强买民田宅数千万”，后来人民向皇帝控告，皇帝也不过一笑而已[⑤]。据史载，当时“萧何置田宅，必居穷处。曰：后世贤，师我俭；不贤，毋为势家所夺。”由此，足见势家夺田，已成当时的普遍现象；而且其收夺所及，已深入穷僻的地方。因而当时的土地收夺者，又顾虑到他日的被收夺。

第三份，便轮到前秦的旧地主。这里所谓旧地主，当然不是秦代的显贵，而是旧的商人地主层，但其中也有不少是在秦代有爵位的。据史籍所载，汉高祖即位之当年，诏令天下，凡以前因农民“叛乱”而逃亡于山泽的旧地主，现在天下大定，允其“各归其县，复故爵田宅”；爵在公大夫（七级）以上，并得与新朝的令、丞“亢礼”[⑥]。在这个诏令之下，于是所有的旧地主，都爵复原位，田归故主了。

第四份，亦即最后的一份，似乎应该轮到退伍的官兵。所以在

---

① 《汉书·苏武传》云：“武以始元六年春至京师……拜为典属国，秩中二千石，赐钱二百万，公田二顷。”

② 《汉书·宣帝纪》云：“地节三年冬十月诏曰……流民还归者假（即租也）公田。”《元帝纪》云：初元元年三月丙午，“以三辅太常郡国公田及苑可省者，振业贫民。”又云：二年三月，诏罢“水衡禁囿、宜春下苑、少府佽飞外池、严籞池田，假与贫民”。

③ 《盐铁论·园池篇》云：“今县官之多张苑囿、公田、池泽，公家有鄣假之名，而利归权家。”

④ 《汉书·食货志》（上）云：“自天子以至封君汤沐邑，皆各为私奉养。”

⑤ 《史记·萧相国世家》云：“客有说相国曰：‘……上所为数问君者，畏君倾动关中。今君胡不多买田地，贱贳贷以自污，上心乃安。’于是相国从其计，上乃大悦。上罢布军归，民道遮行上书，言相国贱强买民田宅数千万。上至，相国谒，上笑曰：夫相国乃利民。民所上书，皆以与相国。曰：君自谢民。”

⑥ 《汉书·高帝纪》（下）五年五月诏曰：“民前或相聚保山泽，不书名数。今天下已定，令各归其县，复故爵田宅。”既有田宅而又有故爵之民，当然是旧地主。同诏中又曰：“异日秦民爵公大夫以上，令丞与亢礼。”

分配土地的诏令中，也曾经提到“诸侯子及从军归者，甚多高爵，吾数诏吏，先与田宅及所当求于吏者亟与”。但是分到退伍的官兵之时，土地已经不多了，除了高级军官得到了一些田宅以外，其余大批退伍的士兵，则“久立吏前，曾不为决”。

土地就这样分配完了。现在的问题，是怎样把残余的农民再编制于土地之上，使土地与劳动力联系起来，重新繁荣农业经济，培养租税泉源，并从而巩固新政权的经济基础。而这就是复员的问题。

在劳动力不足的条件下，当然不是怎样把农民从土地上排除出去，而是怎样把农民从战场上、从流浪中招回到土地上来。因而新政府便下了复员军队的命令，令“兵皆罢归家”。但是劳动力似乎还感不足，于是新政府又再下解放奴婢的命令，令“民以饥饿而自卖为人奴婢者，皆免为庶人”。

在农民复员以后，政府遂命令各郡各县的地方官，清查户口，编造户籍，以为征收赋税、分派徭役的根据。所以在西汉时，各郡各县，皆有户口统计[①]。西汉称户籍曰“名数”，故《汉书》上常有“占名数”于某处的记载。颜师古曰：“占，度也，自隐度家之口数而著名籍也。”

西汉的户籍以里为单位，这从汉简关于戍卒的名籍之纪录可以看出来。从汉简中我们可以看出，当时对于戍卒，除登记其所属郡国外，并记其出生之“里”，以及其身材长短及皮肤色泽[②]。对戍卒如此，对一般农民亦当如此，这是为了把农民缚束于土地所行的一种政策。在西汉时，一个人，从甲地徙向乙地，极不容易。迁徙者，一方面要在原住地注销户籍；另一方面，又要在新迁地登记注册。例如元帝时，孔霸从鲁国移居长安，便要“徙名数于长安”。又如成

① 《汉书·张敞传》云：“山阳郡户九万三千，口五十万以上，讫计盗贼未得者七十七人。它课诸事，亦略如此。”由此可知其户口调查之精密。

② 《居延汉简》名籍类对于戍卒的籍贯，皆记其里，如：“戍卒淮阳郡招阳里阵贤。”“戍卒赵国邯郸县蒲里董平。”“戍卒张掖郡昭武（县）便处里丈夫薛褒。”“戍卒魏郡繁阳宜岁里公乘李广宗。”“戍卒梁国睢阳鑪里张竖”。“河南雒阳缑氏西槐里李实。”“荥阳宜秋里杜宣。”“居延西道里张图。”“汉中郡安阳承虎里褒益寿。”皆其例也。此外，如：“河内郡温西故里丈夫苏罢军，年三十五，长七尺三寸，黑色。”则并记其身材长短与肤色矣。

帝时，陈汤想要从山东移居长安，亦必须向政府请求[①]。又如元帝时，淮南王刘钦请徙外家张氏于自己的封国，并须呈准皇帝。[②]此外，大臣名家之徙居长安者，皆须“从名数于长安”[③]。至于一般农民，如欲迁徙，更非政府批准不可了[④]。由是，农民遂被缚束于土地之上，成为土地的附庸了。

现在土地都插上了标牌，新旧地主都回到了原籍或新籍，而农民们也只得找出那生了锈的锄头，重新去做佃农或雇农。暴风雨过去了，又是一片蔚蓝的天色，当农民们走向田野去的时候，从身上的创伤，回想过去大泽乡的起义，他们觉得正像一场大梦。

二　技术提高与农业生产性的向上

农村的秩序恢复以后，社会生产力又一天天向上发展，因而促成了农业生产工具的进步，从而又提高了农业生产的技术。

首先是铁制农具的发展。西汉的农民，除了承继前代已有的农具如钱、铸、耜、铫、镰、椎、铚之属的历史遗产以外，又新发明两种农具。其一为镬，其一为锸；前者为一种劚田之器，后者为一种起土之器。此等农具，除柄以外，皆系铁制。故当时的“铁器者，农民之死生也”。

虽然，西汉时代的制铁业，长时间为政府所经营，贪官污吏，居为奇货，价值既昂，购买不易，所以贫苦的农民，往往也被迫而使用木制的农具，甚至就用他们的双手，代替除草器[⑤]。不过，像这

① 《汉书·陈汤传》云：成帝时，解“万年与汤议……子公（汤字）妻家在长安，儿子生长长安，不乐东方，宜求徙”。

② 《汉书·宣元六王传》云：“元帝即位……（宪）王上书，请徒外家张氏于国。”

③ 《汉书·叙传上》云：“成帝之初……大臣名家，皆占数于长安。”

④ 《汉书·景帝纪》云：“间者，岁比不登，民多乏食，夭绝天年，朕甚痛之。郡国或硗狭，无所农桑系畜；或地饶广，荐草莽，水泉利而不得徙，其议民欲徙宽大地者听之。”由此足见若无政府明令。当时农民虽饿死硗陋之地，亦不得自由徙于丰饶之乡也。

⑤ 《盐铁论·水旱篇》云：“今县官作铁器，多苦恶，用费不省……盐铁贾贵，百姓不便。贫民或木耕手耨，土耰啖食，铁官卖器不售。”

样的情形，只是一种例外而已。

其次，是牛耕的推广。中国的牛耕，早在春秋末叶，即已创始，经战国、秦代以至西汉，更加推广了。在西汉时引用牛耕的地方，已不限于中原一带，并且扩展到边疆了，特别是西北边疆。史载西汉在西北一带，曾经发动大规模的屯田运动，这样就在西北一带引进了牛耕的农业。《昭帝纪》云："非丞相御史所请，边郡受牛者勿收责。"应劭曰："武帝始开三边，徙民屯田，皆与犁牛。"此种记载，即西北有牛耕之证。又《居延汉简》中有"积二十九人养牛"、"徐士有力牛九"以及许多"牛车"的记载，亦足证当时西北有很多的牛群。大概此种牛群，用以拖车，也用以耕田。

又据史籍所载，高后、文帝时，南越王赵佗，不惜发动战争以争取牛和铁的输入。则当时南越一带，也似乎已知牛耕，否则他们不会把牛和铁器看得如此重要。

唯史籍所载，直至武帝时，江南的农民还是火耕而水耨。今日皖北庐州一带的人民，则直至东汉时，尚不知牛耕。据此，则西汉的牛耕，尚未普及于江南。总之，在西汉时，牛耕实为一种支配的耕种方法，而在某些地方之有人耕的并行，亦系事实。

到武帝时南征北伐，大部分耕牛都被征为军用。如李广利二次征大宛，便曾带去牛十万头，即其一例。耕牛虽然减少，而军粮更需要得迫切，所以当时武帝的搜粟都尉赵过便发明了新的牛耕的方式，据《汉书·食货志》云："亩五顷，用耦犁，二牛，三人。"由此看来，这样的耕种是以二牛三人为一组，二牛各挽一犁，其三人，则二人执犁，一人在前导牛，两犁并排并耕，犁耦而进，故曰耦犁。当时三人之力，用二牛，可耕种五顷之田。五顷即五百亩，是平均每人之力，可耕种一百六十亩以上的土地。这就大大地超越了以前一家耕种百亩的水准。赵过又发明了"三犁共一牛"的新播种法[①]。这种方法，只要一牛挽犁，一人执犁，则三犁并进，一牛一人，一

① 明徐光启《农政全书》卷二十一云："前汉赵过又增其制度，三犁一牛，居世因之。"

天可以种田百亩①。这种方法当然是因为牛的缺乏逼迫出来的。

这种三犁共一牛的犁亦叫做耧，形制不一，“有独脚、两脚、三脚之别异”②。其式样，据《农政全书》卷二十一云：“两柄上弯，高可三尺；两足中虚，阔合一垅。横桄四匝，中置耧斗；其所盛种粒，各下通足窍。仍傍挟两辕，可容一牛。用一人牵傍，一人执耧，且行且摇，种乃自下。”③由此看来，西汉之耧的构造，已经非常精巧。其最为奇特者，即于耧上置有装种子的斗，斗通于两足，两足中空，因而种子可以利用耧之摇动，由斗经两足而下，落于耕过的泥土中。这样，一面进行开沟的工作，同时又完成了播种的任务。这样的耧，可以说已经是一种开沟和播种的复合机了。《汉书·食货志》所谓：“其耕耘、下种田器，皆有便巧”，大概就是指的这种新的牛耕法和耧而言。

因为牛的缺乏，有若干地方又由牛耕回复到人耕。《汉书·食货志》云：“民或苦少牛，亡以趋泽，故平都令光教过以人挽犁。过奏光以为丞，教民相与庸挽犁，率多人者，田日三十亩，少者十三亩，以故田多垦辟。”由此，而知在西汉时，牛耕虽然是支配的耕种方法，但是由于牛的缺乏，人耕还是同时并行。

再次，则为水利事业的发展。中国之知道引用自然的水源以进行人工灌溉，早在西汉以前。如魏引漳水溉邺（治今河北临漳西南），以灌河内之田；秦穿郑国渠引泾水以溉斥卤之地四百余顷；又穿二江于成都之中，以溉蜀郡（治今成都市）。但当时水利事业，不过如此，到汉代，便更为发展。

据史籍所载，文帝时，蜀郡太守文翁穿煎溲口溉灌繁田千七百顷④。武帝时，水利事业一时蓬勃发展。如穿渠引渭水，起长安，并

① 《农政全书》云：“汉武帝以赵过为搜粟都尉，教民耕殖，其法三犁共一牛，一人将之，下种挽耧，皆取备焉，日种一顷。”

② 《农政全书》自注云：“耧之制不一，有独脚、两脚、三脚之异。”

③ 按徐光启氏所述西汉之犁，其上有耧，与《三国志》所载皇甫隆所发明的“耧车”，无多差异。论者多以耧车之制，始于三国，以三国以前之文献，无耧车之纪载也。但余以为三国时的耧车，或系西汉时具有挽耧的犁之发展。

④ 《通典》卷二《食货二》云：“文帝以文翁为蜀郡太守，穿煎溲口，溉灌繁田千七百顷，人获其饶。”

南山，下至河，长三百里，溉田万余顷[①]。穿渠引汾水溉皮氏；引河水溉汾阴、蒲阪[②]。穿渠引洛水至商颜下，溉故恶地[③]。穿六辅渠以益溉郑国傍高仰之地[④]。穿渠引泾水，起谷口，入栎阳，注渭中，长二百里，溉田四千五百余顷[⑤]。除此以外，“朔方、西河、河西、酒泉，皆引河及川谷以溉田。而关中，辅渠、灵轵引堵水，汝南、九江引淮，东海引巨定，太山下引汶水，皆穿渠为溉田各万余顷。佗小渠披山通道者不可胜言。”[⑥]《汉书·沟洫志》记白渠之歌曰：“田于何所？池阳、谷口；郑国在前，白渠起后；举臿为云，决渠为雨。泾水一石，其泥数斗；且溉且粪，长我禾黍；衣食京师，亿万人口。”我们由此可以想见当时水利事业的盛况，以及水利事业对于农业生产的利益。

除大规模的“穿渠引水”以外，西汉时代的人，又知道“掘堰储水”[⑦]，“凿井出水”[⑧]，“筑堤节水”[⑨]。总之他们已能有计划地运用各种

---

① 《汉书·沟洫志》云：“孝武元光中……时郑当时为大司农……引渭穿渠，起长安，旁南山下，至河三百余里……渠下民田万余顷，又可得以溉，此损漕省卒而益肥关中之地，得谷。上以为然，令齐人水工徐伯表，发卒数万人，穿漕渠，三岁而通。……渠下之民，颇得以溉矣。”

② 《汉书·沟洫志》云：“后河东守番系言……穿渠引汾，溉皮氏、汾阴下，引河溉汾阴、蒲阪下，度可得五千顷。故尽河堧弃地，民茭牧其中耳。今溉田之，度可得谷二百万石以上。……上以为然，发卒数万人，作渠田。”

③ 《汉书·沟洫志》云：“其后严熊言：临晋民愿穿洛以溉重泉以东万余顷，故恶地。诚即得水，可令亩十石。于是为发卒万人穿渠，自征引洛水至商颜下。”

④ 《汉书·沟洫志》云：“元鼎六年……兒宽为左内史，奏请穿凿六辅渠，以益溉郑国（渠）傍高卬之田。”按此渠之穿，后郑国渠136年。

⑤ 《汉书·沟洫志》云：“后十六岁，大始二年，赵中大夫白公复奏穿渠，引泾水，首起谷口，尾入栎阳，注渭中，袤二百里，溉田四千五百余顷，因名曰白渠。”

⑥ 《史记·河渠书》。

⑦ 《文献通考》卷六《田赋考六》引公非刘氏《七门庙记》云：“予为庐州从事，始以事至舒域，观所谓七门三堰者，问于居人，其田溉几何？对曰：凡二万顷。考于图书，则汉羹颉侯信始基，而魏扬州刺史刘馥实修其废。”

⑧ 《汉书·沟洫志》谓引洛水至商颜下时，“岸善崩，乃凿井，深者四十余丈。往往为井，井下相通行水，水隤以绝商颜，东至山领十余里间，井渠之生自此始。”

⑨ 《汉书·循吏传》云：“元帝建昭中，召信臣为南阳太守（略）行视郡中水源，开通沟渎，起水门堤阏凡数十处，以广溉灌，岁岁增加，多至三万顷。民得其利，畜积有余。信臣为民作均水约束，刻石立于田畔，以防分争。”

的方法以利用自然的水源，控制自然的水源，进行人工灌溉。

更次，西汉时，对于土壤及施肥的方法，也有相当的进步。由于经验的蓄积，当时的人民，已经知道依于土壤所含之不同的矿质含量而分土壤为九种。同时，又知道使用兽骨为肥料。他们把各种兽骨，如马、牛、羊、犬、豕、麋、鹿、狐、貆等兽骨，锉成碎片，以这种骨片一斗，加雪水三斗，用火煎煮，三沸以后，然后取其汁，以浸种子，或以肥田。种子经过相当时期之浸肥后，才取出莳种，谓之浸种法。除兽骨肥料外，人类及动物的排泄物，也被利用为肥料。

最后，西汉时对于种植的方法，也有了进步。《齐民要术》引汉代农学家氾胜之之言曰："凡耕之本，在于趣时和土。……凡麦田，常以五月耕，六月再耕，七月勿耕，……五月耕，一当三。六月耕，一当再。若七月耕，五不当一……田虽薄恶，收可亩得十石。"由此可知当时对于耕田的时间，也颇有研究。他们之所以要在五六月耕田，而不在七月，是因为当四月割麦以后，五六月时，麦根尚未死，故即其未死而翻耕之，使没入泥土中，腐化而为肥料，所以薄恶之田，每亩亦可收获十石。若七月耕，则麦根枯槁，已不能分泌出肥料来了，所以说七月五度耕，不及一度耕。

当时种地，亦用一种区种法。所谓区种法，即将一亩之地——长十八丈，宽四丈八尺——区分为十五町（町，垅也），町与町之间，皆有一条行人道，十五町之间，有行人道十四。每町宽一丈五寸，长四丈八尺；道宽一尺五寸，长如町。町上作横沟，沟宽一尺，深一尺，沟与沟之间的距离，亦一尺。计一町之地，共作沟二十四道。这种沟，即种植农作物的地方，沟与沟之间的径，则为堆积从沟中除去的草穢之地。农作物种在沟中，夹沟为两行，中间相去五寸，两边去沟边各二寸五分[①]。但这种区分法，也不过是一种大概的

---

① 《齐民要术》述氾胜之的区种法云："以亩为率。令一亩之地，长十八丈，广四丈八尺。当横分十八丈，作十五町，町间分十四道，以通人行。道广一尺五寸，町皆广一丈五寸，长四丈八尺。尺直横凿町作沟，沟一尺，深亦一尺。积壤于沟间，相去亦一尺。尝悉以一尺地积壤，不相受，令弘作二尺地以积壤。种禾黍于沟间，夹沟为两行，去沟两边各二寸半，中央相去五寸，旁行相去亦五寸。一沟容四十四株，一亩合万五千七百五十株。"

原则而已。实际上，当时的土地所有者，决不能把自己的土地，完全划成这样整整齐齐的长方形，其间难免不夹杂着别人的土地，或间以山陵与川泽，而使之不能如此规矩。但町、道、沟、畔的长短宽窄，以及农作物的种植地位，则大概是接近于上述的区分。

关于农作物的种植方法，依于其种类之不同，其栽种的距离及复土的厚薄，亦各不同。据《齐民要术》云："种禾黍，……令上有一寸土，不可令过一令寸，亦不可令减一寸。（令相去五寸，沟容四十四株，一亩合一万五千七百五十株。）凡区种麦，令相去二寸一行，一行容五十二株，一亩凡九万三千五百五十株，麦上土令厚二寸。凡区种大豆，令相去一尺二寸，一行容九株，一亩凡六千四百八十株。区种荏，令相去三尺。胡麻相去一尺。区种，天旱常溉之，一亩常收百斛。"

由此又知当时的主要农产物，是禾、黍、麦、麻、大豆之类。但除此以外，农民往往于其农舍附近有一块小小的园地，种植蔬菜、果树、桑树或其他的树木，并且也畜养鸡、豚、牛、羊之类的家畜。而这就算是当时农民的副业。

以前需要休耕一年或两年才能再耕种的土地，即所谓一易之地或再易之地，现在由于技术的进步，已经改为"一亩三圳"制的耕种方法了。所谓"一亩三圳"制，就是一亩之地，分为六等分，以三分为圳，三分为陇，圳陇相间，故曰三圳。圳广尺深尺，长终亩，与区种法之沟同，农作物即种于圳内，亦与区种法同。其不同者，即此种圳、陇必须每年更易，今年为圳者，明年必须易以为陇，后年又以陇为圳。如此每年更代，以休息土地，故曰代田[①]。这样，就使得以前需要整个休耕的土地，一变而为局部的休耕了。

最后，则是新的植物种属由外国移入，为葡萄、苜蓿来自大宛，胡椒来自天竺（今印度），石榴来自安息；此外，如胡麻、胡豆、胡桃、胡葱、胡瓜、胡荽、胡蒜、红竺花及酒杯藤等，都由张骞及其

① 《汉书·食货志》（上）云：赵"过能为代田，一亩三圳，岁代处，故曰代田。……广尺深尺曰圳，长终亩。一亩三曰圳，一夫三百曰圳，而播种于曰圳中。苗生叶以上，稍耨陇草，因隤其土以附苗根。……陇尽（即陇上之土尽隤于沟中）而根深，能风与旱"。

以后的政治使节或商人取其种实，移植中国。这些新的植物种属，在当时的农产物中，虽尚不占重要的地位；但中国的农产物中，却添加了这些前所未有的新奇的物种，这也是值得大书而特书的。

总之，由于铁制农具的发达，牛耕的推广，水利事业的盛兴，施肥方法及耕种方法的进步，西汉时代的农业，已蓬勃地发展起来了，特别是关中、巴蜀和汉中，在当时，几乎是西汉时代的谷仓。因为关中之民“有先王遗风，好稼穑，务本业”。而其地又“为九州膏腴”，“沃野千里”。蜀地亦“沃野千里，土壤膏腴，果实所生，无谷而饱”。至于山东、河北、河南一带，农业亦极兴盛，惟屡遭河决之患，往往成灾[①]。

生产技术的进步，西汉的农民便能克服以前所不能克服的自然条件给与农业上的若干困难和制限。他们不但已能发挥土地之更大的生产性能，从而提高土地生产的报酬；并且也能耕种前所不能耕种的高仰干燥之地，扩大土地耕种的面积。不但中原一带的荒地，渐次开垦；就是西北一带许多穷荒不毛之地，也被开垦了。据《汉书·地理志》所记，西汉至平帝二年，已有：“提封田一万万四千五百一十三万六千四百五顷，其一万万二百五十二万八千八百八十九顷，邑居道路，山川林泽，群不可垦。其三千二百二十九万九百四十七顷，可垦不可垦。定垦田八百二十七万五百三十六顷。”像这样一个庞大的垦田的数字，就是农业生产技术提高的结果。

随着生产力的向上，农业的发展，人口也增殖了。据《汉书·地理志》所记平帝时的户口统计为：“民户千二百二十三万三千六十二，口五千九百五十九万四千九百七十八。”若以这个人口数字，与上述之垦田数字相除，则当时，每户可得田六十七亩一百四十四步有奇，

① 西汉二百余年中，黄河决口七次。第一次，文帝十二年（前168年）十二月，河决酸枣，东溃金堤。第二次，武帝元光三年（前132年）春，河徙顿丘。第三次，同年夏，复大决于瓠子（今滑县）。第四次，宣帝本始二年（前72年），河决宣房（即瓠子塞口）。第五次，成帝建始四年（前29年）秋，大水，河决东郡金堤，泛滥豫、兖，凡灌四郡三十二县。第六次，成帝鸿嘉四年（前17年）河大溢。第七次，王莽始建国三年（公元11年），河决魏郡，泛清河以东数郡。

每口可得田一十三亩二百零八步有奇。但事实上决没有这样公平的均田制度。因为人口的分布，并不是与耕地面积平均的：有些地方人口密集，有些地方人口稀疏。西汉时，人口大半密集于司隶、豫、冀、兖、青、徐六州，即今日山东全省、河南东北、河北南部、苏皖北部、陕西中部，尤以山东、河北、河南交界处一带，人口最为密集[①]。这六州所占的土地面积，仅及全国土地面积 1/8；而人口则占 68% 以上。又如豫州一州，占当时全国土地面积仅及 2%，而人口则占 13% 以上；反之，比豫州面积大一倍的豫章，则人口比豫州反少 20 倍以上。此外长江以南，东南沿海，西南山麓地带，以及西北凉州，东北幽州，人口皆非常稀疏。故决不能以口量地。而且最主要的，是在土地自由买卖的私有制度之下，更无计口授地之可能。因之人口的增殖，是农业生产繁荣的结果，而同时又必然要成为农业生产衰落的原因。

三　土地兼并与农民离开土地的过程

随着农业生产技术的发展，土地报酬的提高，土地在社会经济中所占的比重也加大了。所以和农业生产技术平行地发展，便开始了土地兼并的过程。

汉自高祖以后，历惠帝、吕后、文、景以至武帝之世，土地兼并，即以日益剧烈之势向前发展。例如，淮南王安的子女，“擅国权，夺民田宅，妄致系人”[②]。衡山王“数侵夺人田，坏人冢以为田”[③]。田蚡之兼并竟及于旧势家窦婴之田。“婴大望曰：‘老仆虽弃，将军虽贵，宁可以势相夺乎？’”[④]灌夫陂池田园遍颍川，颍川儿歌之曰：“颍水清，灌氏宁；颍水浊，灌氏族。”[⑤]公孙贺“倚旧故（故为

---

① 《汉书·地理志》。
② 《汉书·淮南王安传》。
③ 《汉书·衡山王传》。
④ 《汉书·窦田灌韩传》记田蚡使藉福请窦婴城南田事。
⑤ 《汉书·窦田灌韩传》。

丞相），乘高势而为邪，兴美田以利子孙宾客，不顾元元（百姓）”。[①] 以上所举，皆系贵族官僚之例。此外商人地主也同时进行兼并。《货殖传》曰：“秦杨以田农而甲一州。”宁成“贳贷陂田千余顷，假贫民，役使数千家。数年，会赦，致产数千万”。[②] 所以《汉书·食货志》曰：“至武帝之初……罔疏而民富，役财骄溢，或至兼并，豪党之徒，以武断于乡曲。宗室有土，公卿大夫以下争于奢侈，室庐车服，僭上亡限，物盛而衰，固其变也。”

即因土地兼并之风太盛，所以当时董仲舒向武帝建议，主张“限民名田，以澹不足，塞并兼之路”。所谓“限民名田”者，就是限制人民占田数量，不使超过法定的限度，故曰限田。限田政策，在武帝时虽曾施行，但当时拥有超过法定数量之土地者，并非可以绳以国法的普通百姓，而是目无国法的贵族势家和豪富的商人。反之，执行限田法令的是地方官，而地方官则大半出于贵势权要之门，他们既迫于权势，又贪于贿赂，不敢检举，亦不愿检举。所以结果限者自限，而占者自占，土地兼并，仍然挂着满帆饱风，向前飞驶。

西汉的土地问题，到武帝时，已经发展到很严重的程度，其程度的严重大有使土地问题自己所具有的弹动力冲开活塞而爆发为农民“叛乱”的可能。但是在当时，活塞并没有冲开，这当然不是历史的例外，而是从另一虚隙，把土地问题的严重气压慢慢地泄出去了。这个虚隙，就是汉武帝时对周围民族的战争。

在这些战争中，一方面，把从中原一带土地上被排除出来的失业农民，都吸收到军队中，开赴边塞绝域，减少了要求土地的农民；另一方面，因防守边塞而引起之军屯和民屯，又将自陕甘以西至塔里木盆地一带的处女地开辟出来，增加了大量的耕地面积。即因失掉了土地的农民之从中原被抛出，和新的耕地之被提供，于是土地问题的严重性暂时松弛了。

屯田的主观动机，固然不是当时的统治者已经意识到土地问题的严重性，企图以此去缓和由此而引起之危机；但在客观上却发挥

① 《汉书·公孙贺传》。

② 《汉书·酷吏传》。

了这种效果。当时的屯田，完全是由于军事上之需要而进行的一种经济措置。如前所述，自秦以来，北方的匈奴，就成为中原地区严重的威胁。到西汉初，更为厉害。此种游牧种族，精于骑射，来去无常。因此秦和西汉必须驻扎庞大的边防军，以保卫西北边疆。然而边塞之地皆系一片荒原，从未种植五谷；因而庞大的边防军所需要的大宗粮饷，必须由遥远的中原运去。以当时交通条件之不便，运输的困难可想而知。据《汉书·食货志》云："道路之远，输将之难，率以数十倍而致其一。"所以"边防之食，未易给也。"为了解决边防军的粮饷问题，文帝时，晁错首先建议屯田。他主张移民实边，一面当兵，一面屯田，在要害的地方或通河流的地方筑起城堡，建好房屋，准备农器，然后将因饥饿而犯罪的"罪人""囚徒"，因无可出卖而出卖自己身体的"奴婢"，以及因无田可耕而自愿徙边的百姓，连同他们家属，徙居边塞。缓则耕种城堡附近的土地，急则据城堡以守御。为了使这些徙边者安心开垦起见，其男奴之无妻及女奴之无夫者，政府并允其互为姻婚，生子生女，世世戍边[①]。这样便不仅可以因田致谷，因地为粮；而且可以因民为兵，因屯为守。既可免输将之难，又可减戍卒之数，真是缓急相应，攻守咸宜。

西汉的屯田，始于文、景，而盛于武帝。在武帝时，屯田的扩展和长城的延长，同是前进政策的工具。在当时，大概汉兵所及之处，同时也就展开了大规模的土地垦殖事业，是谓军屯。军屯者，就是利用边防军队，就其屯戍区域，从事垦殖。军屯一年以后有了积谷，再徙中原失业贫农前往军屯之地，"就畜积为本业，益垦溉

---

①《汉书·晁错传》记晁错对屯田之建议曰："陛下（文帝）幸忧边境，遣将吏发卒以治塞，甚大惠也。然令远方之卒，守塞一岁而更，不知胡人之能。不如选常居者，家室田作，且以备之。……要害之处，通川之道，调立城邑，毋下千家，……先为室屋，具田器，乃募罪人乃免徒复作令居之；不足，募以丁奴婢赎罪及输奴婢欲以拜爵者；不足，乃募民之欲往者。皆赐高爵，复其家。……其亡夫若妻者，县官买予之。"

田”，成为永业[①]。所以军屯往往为民屯的先锋。但这也不是绝对如此，在汉代军屯也往往继续下去，并不改变为民屯。因此在西汉时，西北的屯田是军屯与民屯的杂错。惟不论是军屯抑或是民屯，此种军民，在本质上，同是中原的失业农民。而其垦殖的结果，则同为扩大当时的耕地。故其经济上的意义实异途而同归。

西汉的军屯，自武帝元狩四年卫青、霍去病大败匈奴以后，便开始进行。当时的西汉政府，曾以吏卒五六万人渡河垦田[②]。以后又命令自陕北西至甘肃西北沿边塞一带的六十万边防军，各就其自己的防地垦田[③]。更后，即在打通了南山北麓的通道以后，又将军屯扩展到今日新疆东北吐鲁番盆地一带[④]。此外，在今日青海的东北，也有军屯[⑤]。从历史记载看来，自武帝以至昭、宣之世，西汉在西北一带的军屯，已经非常发达。直至元帝初元元年，西汉的戊己校尉还在车师一带，继续保有一块屯田区域。

与军屯并行，民屯也大规模进行。据《汉书·武帝纪》载，武帝元朔二年“募民徙朔方十万口”。元狩四年“关东徙贫民陇西、北地、西河、上郡、会稽，凡七十二万五千口”。元狩五年又“徙天下奸猾吏民于边”。元鼎六年“分武威、酒泉地，置张掖、敦煌，徙

---

① 《汉书·西域传》云：武帝“征和中……搜粟都尉桑弘羊与丞相御史奏言：‘故轮台以东，捷枝、渠犁皆故国。地广饶水草，有溉田五千顷以上，处温和，田美，可益通沟渠，种五谷，与中国同时孰。……臣愚以为可遣屯田（转下页）（接上页）卒诣故轮台以东……益种五谷……田一岁有积谷，募民壮健有累重（眷属）敢徙者诣田所，就畜积为本业，益垦溉田。稍筑列亭，连城而西，以威西国，辅乌孙为便’”。

② 《汉记·匈奴列传》云：“令大将军青、骠骑将军去病中分军，大将军出定襄，骠骑将军出代，……是后，匈奴远遁，而幕南无王庭。汉度河，自朔方以西至令居，往往通渠，置田官、吏卒五六万人，稍蚕食，地接匈奴以北。”

③ 《史记·平准书》云：“初置张掖、酒泉郡，而上郡、朔方、西河、河西开田官，斥塞卒六十万人戍田之。”

④ 《汉书·西域传》云：“自敦煌西至盐泽（盐泽即今新疆东部之罗布泊），往往起亭。而轮台、渠犁皆有田卒数百人，置使者校尉领护。”

⑤ 《汉书·赵充国传》记其屯田奏曰：“计度临羌东至浩亹，羌虏故田及公田民所未垦，可二千顷以上。……愿罢骑兵，留弛刑应募及淮阳、汝南步兵与吏士私从者，合凡万二百八十一人……分屯要害处。”又荀悦《汉纪》记赵充国言屯田十二事，其一云：“分步兵九校吏士各万人留屯田以为武备，因田致谷。”按赵充国屯田湟中，始于宣帝神爵元年。

民以实之”。又《汉书·匈奴传》云：“汉已得昆邪，则陇西、北地、河西益少胡寇。徙关东贫民处所夺匈奴河南地新秦中以实之。”同书《地理志》云：“自武威以西，本匈奴昆邪王、休屠王地。武帝时攘之，初置四郡，以通西域，鬲绝南羌、匈奴。其民或以关东下贫，或以报怨过当，或以悖逆无道，家属徙焉。”以上所举，不过荦荦大者，小的谪戍及移徙尚不知有多少。但由此也可以看出当时移民实边的规模之大。竟有一次达七十万人之多者，可谓“盛矣”。

由以上文献所示，我们又知当时所移之民，皆系“关东贫民”，“关东下贫”、“奸猾吏民”、“报怨过当”者、“悖逆无道”者、“囚徒”、“罪人”、“奴婢”以及所谓“郡国恶少年”及其家属。这些人被强制地从中原一带移出以后，于是存留在中原一带的，当然就主要是有田有土，有钱有势的“君子”及其驯良守法的佃户了。

西汉屯田的具体组织如何，史籍所记极简，仅谓有田官，有田卒而已。自汉简发现，西汉屯田之实况，始可得而想像。据汉简所示，当时屯田的田卒皆适用军队的编制，每一屯田区的田官皆有簿籍，记录其所辖的田卒之姓名、籍贯、年龄、面貌、衣服等[①]，以便平时考察其行动，战时召集其入伍，逃亡时向原籍追捕[②]。田卒皆携带眷属，由政府给以土地、田宅、犁牛[③]，使其开垦耕种，而收其租赋，以为边防军之给养[④]。每一田卒，当其耕种既毕，皆须向其所在

① 《居延汉简考释》名籍类关于田卒之登记有云：“田卒大河郡瑕丘会成里王胜，年三十八。”又云：“田卒淮阳高平常昌里上造柳道，年二十三。”又云：“田卒昌邑国郈灵里公士朱广，年二十四。”此田卒登记之例也。同书书檄类亦云：“马长史即有吏卒民屯士亡者，具署郡、县、里、名、姓、年长、物色、房、衣服，赍操，初亡年月日，人数，白报具病已。谨案属丞始元二年戍田卒千五百人为骍马田官写泾渠，乃正月己酉淮阳部。”此亦田卒登记之一例也。

② 《居延汉简考释》书檄类：“□选家中书到遣都吏与县令逐捕搜索部界中，听亡人所隐匿，以必得为最，诏所名捕。”此追捕之例也。

③ 《居延汉简考释》名籍类载一田卒及其家眷人数与其所领田宅犁牛云：“妻一人，子男二人，子女二人，男同产二人，女同产二人（领）宅一区，直三千，田五十亩，直五千，用牛二，直五千。”此政府发给田宅犁牛之例也。由此吾人尚知当时居延一带之田价，每亩仅值百钱，牛则每头值二千五百文，而当时政府对每一田卒，须费一万三千也。

④ 《居延汉简考释》戍役类云：“右第二长官二处田六十五亩，租二十六石。”此收租之例也。吾人由此并知屯田之租每亩为四斗。

田官报告。田官接得报告，亦须为之纪录曰："某某田卒田事已。"[1]此其大概也。

自宣帝以后，西汉政府的兵威渐渐不足以保卫边疆的屯田。跟着边防军的撤退，于是大部分的田卒陆续回到中原。与田卒之回到中原同时，那些在边疆地区发了洋财的将军、商人，也因为边防不稳，纷纷回到中原。同时，跟着西汉政权的衰微，贵族和官僚日益贪污，变成了巨富。于是一方面是大量的失业人口拥进窄狭的中原；另一方面是商人、贵族、官僚展开土地兼并的竞赛。土地问题，又严重起来了。

为了缓和土地问题的严重性，元帝即位之初，便诏令农民开垦中原的荒地。同时并开放皇家花园以外的闲地，租给农民耕种。但是农民的开垦总赶不上地主的兼并。《文献通考》卷一《田赋考一》云："成帝时，张禹占郑白之渠四百余顷，他人兼并者类此，而人弥困。"到哀帝时，贵族的魔手，便伸入了农民的垦地乃至政府的公田[2]。而哀帝本人又最善于慷他人之慨，他一次就把农民的土地赏给他的男宠董贤二十万亩以上。荀悦《汉纪》有言曰：西汉之世，"豪强之暴，酷于亡秦……今豪民占田，或至数百千顷，富过王侯。"我们由此，便可以想见当时土地兼并之盛。

垦荒与开放公田，既不足以补救兼并之弊，于是哀帝时有师丹者，又再提"限田"之议。他说："孝文皇帝承亡周乱秦兵革之后，天下空虚，故务劝农桑，帅以节俭，民始充实，未有兼并之害，故不为民田及奴婢为限。今累世承平，豪富吏民訾数巨万，而贫弱俞困。盖君子为攻，贵因循而重改作，然所以有改者，将以救急也。亦未可详，宜略为限。"

为了"救急"，哀帝根据师丹的建议，下了一道诏令。诏曰："制

---

① 《居延汉简考释》书檄类云："延寿乃太初三年中，又以负马田敦煌，延寿与父俱□，田事已。"此"田事已"必书之例也。

② 《汉书·孙宝传》云："上复拜宝为冀州刺史，迁丞相司直。时帝舅红阳侯立使客因南郡太守李尚占垦草田数百顷，颇有民所假少府陂泽，略皆开发。上书愿以入县官。有诏郡平田予直，钱有贵一万万以上。（师古曰：增于时价。）宝闻之，遣丞相史按验，发其奸，劾奏立、尚怀奸罔上。"

节谨度，以防奢淫，为政所先，百王不易之道也。诸侯王、列侯、公主、吏二千石及豪富民多畜奴婢，田宅亡限，与民争利，百姓失职，重困不足，其议限列。”

这个诏令发布以后，丞相孔光和大司空何武，照例上了一个复奏。奏曰:“诸侯王、列侯得名田国中，列侯在长安及公主名田县道，关内侯、吏民名田，皆无得过三十顷。诸侯王奴婢二百人，列侯、公主百人，关内侯、吏民三十人。年六十以上，十岁以下，不在数中。贾人皆不得名田、为吏，犯者以律论。诸名田畜奴婢过品，皆没入县官。”[①]这种办法，当然为贵族官僚所反对，特别是为那位拥有“膏腴美田二千余顷”的美少年董贤所反对。结果，在“且须后”的诏令之下取消了。

到平帝时，土地问题更严重化了，农民“叛乱”，大有一触即发之势。为了缓和农民“叛乱”，于是而有王莽的王田制度之出现。所谓王田制度者，就是把所有全国的土地没收为国家所有，再由政府计口授田。这种办法，当然更为当时的土地所有者所反对，所以王莽的王田制度，不能顺利推行。接着王田制度的失败而出现的，便是新市、平林、赤眉、铜马的大“叛乱”。

四　赋税、徭役与农民的赤贫化

如上所述，自西汉初农村秩序恢复以后，农业生产的技术随着社会生产力之向上面相应地提高，但是农业生产技术提高的结果，并不是农民生活的改善；反之，而是农民从其自己所有的小块土地上被排除出来，成为一群贫无立锥之地者。

这些贫无立锥之地者的大群农民，其中大半在远征中已肝脑涂地于绝域；或投诸四裔，从事于边塞的开垦。其留于中原者，则被迫以“见税什五”的条件“耕种豪民之田”。[②]

所谓“见税什五”，即农民以缴纳土地收获物之一半作为租佃豪

---

① 《汉书·哀帝纪》及《食货志》。

② 《汉书·食货志》云:“或耕豪民之田，见税什五……汉兴，循而未改。”

民土地的地租。换言之，即农民为了取得土地的使用权，在一年之中，必须替土地所有者作半年的无偿劳动。这样，土地遂不复成为一般人民生活的手段，一变而为土地所有者用以榨取地租的工具了。

当时一般农民佃耕的土地面积，大概是五口之家种百亩之地。百亩之收不过百石[①]。百石之中，须以五十石作为地租缴于地主。所余者仅五十石，五人平均分配，每人十石。但是这每人十石尚不能算为农民之所有，因为这十石谷物中还要支出一切的苛捐杂税。

封建社会最主要的赋税是田租。田租是政府对土地所有者所课的土地税。西汉的田租，是采取均一的税率，即不论土地的好坏，完全课以同一的田租。但西汉一代，田租的租率，也常有变更。据史载，高帝时，田租的征收是十五税一[②]。后中途间废。惠帝即位，又"减田租，复十五税一"。[③]文帝十二年，有诏减天下田租之半。十三年，又诏天下，废除田租[④]。景帝时，恢复田租，并定为三十分之一[⑤]。到武帝时，以征伐连年，战费浩大，史称当时"赋敛繁重"，但按诸事实，当时亦并未增加土地税，而是向没有土地可税的农民"律外而取"[⑥]。总之，西汉的田租，最高不过十五分之一，最低为三十分之一，有时，甚至完全免除。这样看来，西汉的田租，可谓最轻了。

但是西汉的轻租政策，只是对一般坐食地租之大土地所有者的一种恩惠，因为它减轻的是土地税，土地税的减轻，受其利者当然

---

① 《汉书·食货志》记晁错之言曰："今农夫五口之家，其服役者不下二人，其能耕者不过百亩，百亩之收不过百石。"

② 《汉书·食货志》云：汉兴，"天下既定，……上（高祖）于是约法省禁，轻田租，什伍而税一。"

③ 《汉书·惠帝纪》。

④ 《汉书·食货志》云："（文帝）乃下诏，赐民十二年租税之半；明年，遂除民田之租税。"《汉书·文帝纪》免田赋之诏曰："农，天下之本，务莫大焉，今廑身从事而有税租之赋，是谓本末者无以异也，其于劝农之道未备。其除田之租税。"

⑤ 《汉书·食货志》及《西汉会要·田租篇》皆云："孝景二年，令民半出田租，三十而税一也。"

⑥ 《通志》卷六十一《食货一》云："（武帝时，赋敛繁多，律外而取。）孝昭始元六年……令民得以律占租。"

是土地所有者。至于那些“无土可税”“无田可赋”的农民，在这种政策之下，不但毫无利益，反而因此而加重了他们的困厄。这一方面是由于对土地所有者的轻租，培养了土地所有者的财力，使他们更有力量，继续进行土地的兼并。另一方面，因为对土地所有者的轻租，减少了政府的财政收入，为了弥补财政上的赤字，于是因薄敛于土地所有者而感到的缺乏，遂不得不以苛取于没有土地的人民者以补足之。因此，西汉的轻租制度，其目的虽系出发于劝农务本，而其结果，则无异奖励地主的土地兼并和增加农民的额外负担。然而这种轻租政策，却是中国历史家歌颂的“仁政”。

现在我们看，跟着这种仁政的后面，各种苛捐杂税，便层出不穷，压到农民身上来了。

首先就是人头税。西汉的人头税分为两种：其一系课于未成人者，谓之口赋。其一系课于成年人者，谓之算赋。无论口赋或算赋，皆系以人身为征税之单位。只要是人，不论男女，不分贫富，一旦达到法定的纳税年龄，即须缴纳法定的税金，故赤贫亦不能免。而且一视同仁，自王侯下至饥民，税金相同，故贫无立锥之地者与田连阡陌者等赋。

据《西汉会要》注引《汉仪注》所载，在西汉时“民年七岁至十四，出口赋钱，人二十三,二十钱以食天子；其三钱者，武帝加口钱以补车骑马。”又据《汉书·贡禹传》云:“武帝征伐四夷，重赋于民，民产子三岁，则出口钱，故民困重，至于生子辄杀，甚可悲痛。宜令儿七岁去齿，乃出口钱。”因贡禹之议，以后仍改为七岁乃出口钱。这样看来，西汉的人民，几乎一生下地来，便要出人头税。即以七岁至十四岁计算，则每人一生，亦须出口钱一八四钱。这在贵族豪民，当然不关痛痒；而对于一般贫苦的农民，则为苦重的负担。所以他们不能不堕胎杀婴，以救活自己的性命。

紧接着口赋的，便是算赋。口赋至十四岁止，而算赋则自十五岁起。据《西汉会要》及注引《汉仪注》云:“汉（高祖）四年，初为算赋。”民年十五以上至五十六，出赋钱，人百二十为一算，为治库兵车马。”惠帝时，又规定“女子十五以上至三十不嫁，五算”。“贾人与奴婢倍算。”[1]文帝时，曾一时减算赋为四十[2]。到宣帝时[3]，曾减算赋三十钱。元帝时，贡禹为民请命，并请改十五而算为“年二十乃算”。降至成帝时，因为贫民实在出不起算赋了，所以不得不把算赋减为八十[4]。总之西汉的算赋，虽有时亦曾减为九十、八十乃至四十，但多数时间为一百二十；起算的年龄，虽亦曾由年十五缩为年二十，但一般则为年十五至五六。由年十五至五六，为四十一年，以年百二十计之，则每人一生应出算赋为四九二〇钱。合七岁至十四岁的口赋计之，则每人一生应纳的人头税为五一〇四钱。

其次是户籍税，西汉称曰户赋，户赋是以家庭为单位，实即人头税的重复，盖必须有人而后有户，既分赋其人，又总赋其户，故曰重复。户籍税也和人头税一样，不分贫富，每户年率二百。所以当时千户的封君，每年即可收户税二十万钱，若万户侯则二百万。此种户赋，大抵皆为列侯封君所有，而用以为私人之奉养。所谓朝觐聘享之费[5]。为了增加户赋的收入，故自秦以来，即有限制大家庭组织的规定。所谓“民有二男以上不分异者倍其赋”的法令。正是为了户赋。此种法令，颁布于秦国，但西汉，“循而未改”。据平帝时户口统计，当时口五千九百余万而户则有一千二百余万，是每户平均不过五口。由此足以证明当时家庭单位之小，与户赋收入之大。

---

① 《汉书·惠帝纪》云：六年，令“女子年十五以上至三十不嫁，五算”。由此足见当时女子不嫁者甚多。女子之不嫁，实由男子之不娶；男子之不娶，非无男女之欲也，而实因不敢生子，避逃口赋。然而西汉政府却能从未嫁之女，榨取他四个儿女的人头税，可谓巧取矣。又同《纪》注云：“汉律，人出一算，……贾人与奴婢倍算。”这大概含有一点重赋富人的意思。

② 《汉书·贾捐之传》。

③ 《汉书·宣帝纪》：“减民算三十。”

④ 《汉书·成帝纪》：“减天下赋钱，算四十。”孟康注曰：“本算百二十，今减四十，为八十。”

⑤ 《汉书·货殖传》云：“秦汉之制，列侯封君食租税，岁率户二百。千户之君则二十万，朝觐聘享出其中。”

此外，盐铁有税[①]，酤酒有税[②]，车船有税[③]，海有税[④]，山川园池市肆有税[⑤]，乃至六畜[⑥]、禾藁[⑦]皆有税，此外还有孝敬皇帝的献费[⑧]，由官吏转嫁而来的军事捐，由商人豪富转嫁而来的财产税[⑨]，以及贪官污吏的额外索取[⑩]等，层出不穷的敲榨，即使农民交出他们所有的一切，也不能清偿他们的债务。

除赋税外，西汉的徭役也非常繁重，据史载，西汉的人民，凡二十三以上，五十六以下者，每年须提供一个月之无偿劳动，三天

① 《汉书·食货志》：秦时“盐铁之利，二十倍于古，……汉兴，循而未改”。

② 《汉书·食货志》谓西汉的酒税，是“计其利而什分之，以其七入官，其三给醩截灰炭及工器薪樵之费”。据此，则当时的酒税率为值百抽七十。又《西汉会要·榷酤篇》谓昭帝时罢榷酤官，卖酒升四钱。

③ 《汉书·食货志》云：武帝元光六年公卿言：“异时，算轺车……请算如故。……非吏比者、三老、北边骑士，轺车一算；商贾人轺车二算。船五丈以上，一算。匿不自占，占不悉，戍边一岁。……有能告者，以其半畀之。”

④ 《汉书·食货志》云：“宣帝时……大司农中丞耿寿昌……又白增海租三倍，天子皆从其计。”《平帝纪》颜师古注云：“海丞主海税”。按海租与海税，同为渔税之别称，而海丞者，则为管理滨海渔税之专官。

⑤ 《史记·平准书》谓西汉有“山川园池市井租税之入”。《汉旧仪》亦谓西汉时，“山泽鱼盐市税以给私用。”

⑥ 武帝时，租及六畜，租六畜者，即税牲畜。《汉书·昭帝纪》云：元凤二年，“其令郡国毋敛今年马口钱。”如淳曰：“所调租及六畜也。”又《汉书·翟方进传》谓其后，翟方进请算马牛羊，其税率，张晏曰：“马牛羊头数出税，算千输二十也。”换言之，即百分之二的税率。余居巴县歇马乡，见乡长向农民征收鸡税，不论农民养鸡与否，每半年征鸡税百二十元，可谓有先王之遗风矣。

⑦ 《汉书·贡禹传》云：“已奉谷租，又出稾税。”师古曰：“稾，禾杆也。”是西汉时草亦有税也。

⑧ 《汉书·高帝纪》记高帝十一年诏曰：“今献未有程（章程），吏或多赋以为献，而诸侯王尤多，民疾之。令诸侯王、通侯，常以十月朝献，及郡各以其口数率，人岁六十三钱，以给献费。”

⑨ 《汉书·食货志》云：“时（武帝元狩四年）公卿言：异时算轺车贾人之缗钱皆有差，请算如故。诸贾人末作贳贷卖买居邑贮积诸物及商以取利者，虽无市籍，各以其物自占，率缗钱二千而算一，诸作有租及铸，率缗钱四千算一。……匿不自占，占不悉，戍边一岁，没入缗钱。有能告者，以其半畀之。”按所谓算缗钱即税财产也。此种财产税之直接负担者虽为商人及富豪，但他们又必然要将此种负担，转嫁于农民。

⑩ 《汉书·陈咸传》云：咸为南阳太守，“所居调发属县所出食物，以自奉养，奢侈玉食。”《汉书·薛宣传》云：“会邛成太后崩，丧事仓卒，吏赋敛以趋办。”《汉书·王嘉传》云：“（董）贤家有宾婚……使者护视，发取市物，百贾震动，道路讙哗。”以上所举不过略示其概。

的戍边兵役。凡不服徭役劳动者，则课以免役税。对一月之劳动服役，须纳免役费二千，谓之践更，对三天的兵役，须纳免役费三百，谓之过更。此种免役费，统称之曰更赋[①]。

西汉最繁重的徭役是兵役，当武、昭、宣之世，对外征伐，继续进行近一百年。史载当时戍边、屯田之卒，动辄七八十万。而攻战之士，尚不在内；拱卫京师及镇守地方之郡国材官等亦不在内，若合而计之，其数当可骇人。

西汉的兵役，据《汉书·食货志》云:“月为更卒，已复为正一岁，屯戍一岁，力役三十倍于古。”此汉初因秦法而行之也。又《汉旧仪》云:“民年二十三为正（卒），一岁为卫士，一岁为材官、骑士。”按以上《食货志》及《汉旧仪》所载，颇有出入；但皆谓先为正卒，后为屯戍之骑士。据此，则正卒与屯戍的骑士，系有严格之年龄的区别。但据汉简所示，则殊不然，不但正卒与戍卒并无严格之年龄限制，而且兵役年龄亦不如《汉书》所云，自二十三至五十六为止。实际上，当时有不及二十岁之戍卒，亦有超过五十六岁之戍卒[②]。是知汉代兵役并无严格之年龄规定；正卒与戍卒之间，更无年龄之区别，而古诗中所谓“十五从军征，八十始得归”之语，又至为可信。

其次，是运输的劳役。运输劳役，是兵役的附产物。因为当时远征绝域，无粮可因，远征军必须要组织自己的运输队。交通不便的条件之下，常以十人之力，馈一卒之粮。据《食货志》云：当时

① 《汉书·昭帝纪》记昭帝元凤四年诏曰:“以前逋更赋未入者，皆勿收。”注云:“如淳曰：更有三品：有‘卒更’，有‘践更’，有‘过更’。古者正卒无常人，皆当迭为之。一月一更，是谓‘卒更’也。贫者欲得‘顾（雇也）更钱’（代人服役之钱）者，‘次直（值）者’（第二次轮役者）出钱顾之，月二千，是谓‘践更’也。天下人皆直戍边……之调，不可人人自行三日戍，又‘行者’（往服役者）当自戍三日，不可往便还，因便住一岁一更，诸‘不行者’，出钱三百入官，官以给戍者，是谓‘过更’也。”

② 《居延汉简考释》名籍篇关于不及二十岁之戍卒有如此之纪载:“☐年十二。”“☐昌里虞武疆年十三。”“显美骑士并廷里辅宪十四。”“葆鸾鸟大昌里不更李恽年十六。”“居延西道里张图年十七。”“☐公乘孙辅年十八，长七尺一寸，黑色。”关于超过五十六岁者有云:“□□ 年五十七。”“☐五十九。”“□□□□ 上造王福年六十，长七尺二寸、黑色。”“觻得武安里黄寿年六十五。”

“中国缮道馈粮，远者三千里，近者千余里”。又云：“转漕甚远，自山东咸被其劳。”由此可想见一斑。

再次为修城筑塞。其中最浩大的徭役，是修筑长城以及西北沿边的要塞。如武帝时“兴十余万人筑卫朔方”，“又数万人度河筑令居”。其次的筑城邑，如惠帝三年及五年两度“发长安六百里内男女十四万六千人城长安”，皆“三十日罢”。文帝时，又“发内史卒万五千人，藏郭穿复土”。昭帝元凤六年，又“募郡国徙筑辽东玄菟城”。此亦不过略示其例而已。

此外如凿山通道，治河穿渠，修筑宫殿、陵墓等，动辄十数万人，无一不是徭役劳动。当时人民负担的徭役，若以货币计算，其价值或者较之赋税更为庞大。而其所感受的痛苦，则诚如《盐铁论·繇役篇》所云：“今中国为一统，而方内不安，徭役远而外内烦也。古者无过年之徭，无逾时之役。今近者数千里，远者过万里，历二期而长子不还，父母愁忧，妻子咏叹。愤懑之恨，发动于心，慕思之积，痛于骨髓。”

第二节　西汉的手工业

一　盐铁业国营及其发展

西汉的手工业生产，比之秦代更为发展了。这从西汉政府组织中，有各种工业管理机构之存在，可以看得出来。

据《汉书·百官公卿表》所示，西汉政府组织中，有少府、将作大匠、水衡及大司农四个机关。在这四个机关之中，都有各种工官的设置。如在少府属下有考工室、左右司空、东织室、西织室、东园匠、尚方等。将作大匠属下有石库、木工等。水衡属下有技巧、钟官、辨铜等。大司农属下有盐铁丞、铁市等。此外，《汉书·地理志》中又谓西汉另有铁官、盐官、服官、工官、船司空、楼船官、木官、铜官、金官，这些工官，并未言明属于哪个机关，但以例推之，当属于少府或水衡。

由此可知在西汉时，对于盐、铁、金、铜、木、石、造船、纺织、田器等手工业，都有国营工场，由政府设置各种工官分别管理。这些各种类别的工官之出现，不仅说明了西汉时有各种国营手工业工场的存在，而且也说明了当时手工业分工之发展。因为国营手工业，是建筑在一般手工业生产的基础之上，所以国营手工业的发展，就是一般手工业发展的表征。

首先说到冶铁、煮盐的工业。因为冶铁业的发展，是一般手工业发展的指标，而盐则为一般人民日用生活必需之品。这两种工业对于社会的关系极为重大。

中国的盐铁事业，自春秋起，历战国以至秦、汉之际，已经大大地发展了。当时以铁冶起家而致富数千百万者颇不乏人；而以煮盐致富者，亦实繁有徒。即因盐铁为致富之途，所以自战国以至秦代，政府皆设专官，征收盐铁税。据史籍所载，秦代盐铁之利二十倍于古，足见当时的盐铁税率甚高，从而又反映当时盐铁工业的利润甚大。

汉兴，承秦之旧，盐铁事业继续发展。当时“豪强之家”，占有矿山和海滩，或采矿冶铁，或煮海制盐。一家矿场、冶铁场或煮盐场使用的工人，多至千余名。西汉初，最大的冶铁大王是鲁人曹邴氏，而吴王濞则兼营盐铁之业，并有山海之利。所谓“布衣有朐邴，人君有吴王”，正是指以上两人而言①。到文帝时，政府对于盐铁事业乃至铸钱，采取放任政策，于是中原豪富，相率煮盐、冶铁；而邓通则专有四川的矿山，鼓铸私钱。所以当文帝之世，吴、邓之钱布天下②。

即因文帝的放任政策，于是私营的盐铁事业，更为发达。当时

① 《盐铁论·复古篇》云：“往者豪强大家．得管山海之利，采铁石鼓铸、煮盐，一家聚众或至千余人，大抵尽收放流人民也。远去乡里，弃坟墓，依倚大家，聚深山穷泽之中，成奸伪之业。”又《禁耕篇》云：“异时盐铁未笼，布衣有朐邴，人君有吴王，专山泽之饶，薄赋其民，赈赡穷小，以成私威，私威积而逆节之心作。”

② 《盐铁论·错币篇》云：“文帝之时，纵民得铸钱、冶铁、煮盐。吴王擅障海泽，邓通专西山，山东奸猾咸积吴国，秦雍汉蜀因邓氏，吴邓钱布天下。”

从事盐铁工业者，无不暴富。《史记·平准书》云："冶铸煮盐，财或累万金，而不佐国家之急，黎民重困。"惟其"不佐国家之急"，所以到武帝时，断然实行盐铁专卖。《盐铁论》云：武帝时，"边防用度不足，故兴盐铁"，"以佐助边费"。但武帝要实行盐铁独占的政策，仍然不能不与当时盐铁大王孔仅及东郭咸阳等取得协调，并且还要借重他们来做大农丞或盐铁丞，主办盐铁国营之事。当时孔仅、咸阳向武帝建议实施盐铁国营的办法，主张由国家给与盐铁生产者以生产手段与生活资料，使制盐、冶铁的事业完全属于国家。如国营之后，尚有敢于私自铸铁、煮盐者，则没收其生产工具，并予以钛左趾之处罚。至于国营盐铁的行政机构，则除中央设置大农丞或盐铁丞以外，于出铁的地方，皆置铁官或小铁官，以管理铁器制造及买卖的事务[①]。这样的建议，被武帝采纳了。于是孔仅与东郭咸阳即乘着驿站的官车，到那些生产盐铁的地方视察，在那些地方设立盐铁专卖官；并且任命那些大盐场和大铁场的盐官与铁官[②]。自是以后，盐铁工业遂完全隶属于国家。

据史载，西汉自武帝时起，即分置盐官于二十八郡，分置铁官于四十郡。自是以后，盐铁之官布满天下。盐官设置的地方，史无明文；但铁官设置之郡，则《通考·征榷考》，列举其名。而且据《通考》所考，西汉置铁官，不仅四十，而有五十[③]。其所在地，若以

① 《汉书·食货志》云："孔仅、咸阳言：山海天地之臧，宜属少府，陛下弗私，以属大农佐赋。愿募民自给费，因官器作鬻盐，官与牢盆。浮食奇民，欲擅斡山海之货，以致富羡，役利细民。其沮事之议，不可胜听。敢私铸铁器鬻盐者钛左趾，没入其器物。郡不出铁者，置小铁官，使属在所县。"

② 《汉书·食货志》云："使（孔）仅、咸阳乘传，举行天下盐铁，作官府，除故盐铁家富者为吏。"

③ 《文献通考》卷十五《征榷考二》谓置铁官之郡凡四十，其中有一郡置铁官两员乃至四员者。（一）京兆——郑，（二）左冯翊——夏阳，（三）右扶风——雍、漆，（四）弘农郡——宜阳、渑池，（五）河东郡——安邑、绛、皮氏、平阳，（六）太原郡——大陵，（七）河内郡——隆虑，（八）河南郡——河南，（九）颍川郡——阳城，（十）汝南郡——西平，（十一）南阳郡——宛，（十二）庐江郡——皖，（十三）山阳郡——山阳，（十四）沛郡——沛，（十五）魏郡——武安，（十六）常山郡——都乡，（十七）千乘郡——千乘，（十八）济南郡——东平陵、历城，（十九）太山郡——嬴，（二十）齐郡——临淄，（二十一）东莱郡——东弁，（二十二）东海郡——下邳、朐，（二十三）临淮郡——（转下页）

今日之地理按之，则遍布于陕西、四川、河南、山西、河北、山东、安徽、江苏，乃至甘肃、湖南、辽宁一带。从这些铁官之普遍的分布看来，当时冶铁事业的发达，即可概见。

当时总理全国盐铁事业的机关为大司农，在大司农的隶属之下，于全国各产盐铁之地，置铁官或小铁官和盐官。在盐铁官之下，又于其所辖各场坊置监督员，谓之吏。吏之下，又置工头若干，谓之卒。卒之下为工人，谓之徒。当时矿场、铁场和盐场，大者一家聚众或至千余人，小者亦有工人数百①。全国矿工、铁工的人数，已达十万人以上②，而煮盐的工人尚不在内。由此又足见当时矿冶事业的管理组织之严密，与其规模之相当的宏大。

当时的冶铁炉，还是用人工鼓风。《汉书·五行志》云："成帝河平二年（前28年）正月，沛郡铁官铸铁，铁不下，隆隆如雷声，又如鼓音，工十三人，惊走。音止，还视地，地陷数尺，炉分为十，一炉中销铁散如流星，皆上去。"由此而知当时沛县的一个冶铁炉旁有工人十三名在操作。

西汉的冶铁业之所以如此发展，一方面是由于战争的刺激，兵器的需要量增大；但主要地还是由于一般社会对于铁制生产工具的需要量之增大，特别是田器的制造。所以当时田器的制造，特别从一般的铁器制造中分离出来，成为一个独立的部门，而置于大司农属下，并专设工巧奴与从事，主管田器的制造。《汉书·食货志》：

（接上页）盐渎、堂邑，（二十四）桂阳郡——桂阳，（二十五）汉中郡——沔阳，（二十六）犍为郡——武陵、南安，（二十七）蜀郡——临邛，（二十八）琅邪郡——琅邪，（二十九）渔阳郡——渔阳，（三十）右北平郡——夕阳，（三十一）辽东郡——平郭，（三十二）陇西郡——陇西，（三十三）胶东郡——郁秩，（三十四）鲁国——鲁，（三十五）楚国——彭城，（三十六）广陵国——广陵，（三十七）城阳国——莒，（三十八）中山国——北平，（三十九）东平国——东平，（四十）涿郡——涿。

① 《汉书·成帝纪》云：成帝阳朔三年（前22年），"夏六月，颍川铁官徒申屠圣等百八十人，杀长吏。"又云：永始三年（前14年），"山阳铁官徒苏令等二百二十八人，攻杀长吏。"以上铁官徒的数字，当然不是颍川或山阳冶铁工人的总数，但由此亦可以看出使用二百三百人的冶铁工场，在当时是很平常的事情。

② 《汉书·贡禹传》云："诸铁官皆置吏卒徒，攻山取铜铁，一岁功十万人已上。"

“工巧奴与从事作为田器。”正是指明这一事实。

兵器的制造属于官府。又据《汉书·游侠传》中有“箭张回”一语，服虔注云：“作箭者姓张名回”。由此可知当时民间亦有制造兵器之自由。

手工业工具的制造，当时似亦有精细之分工。如《史记·梁孝王世家》褚先生谓长安有“削厉工”。又《汉书·王尊传》有“翦张禁”，这当然是作剪者姓张名禁。由此可知西汉时的制铁业，已有各种部门的分工。

万事一经官办，就要糟糕，这大概是古今一律的。西汉的盐铁工业，自从改为官办以后，也许对于兵器的制造，比较容易统制；但对于一般生产工具，特别是农器，则品质不良。《盐铁论·水旱篇》云：“县官鼓铸铁器，大抵多为大器，务应员程，不给民用，民用钝弊，割草不痛。是以农夫作剧，得获者少，百姓苦之矣。”

不仅品质不良，而且价格极昂，购买不易。同书云：“今县官作铁器多苦恶，用费不省，卒徒烦而力作不尽……器多坚䃘，善恶无所择。吏数不在，器难得。家人不能多储，多储则镇（锈）生。弃膏腴之日，远市田器，则后良时。盐铁价贵，百姓不便。贫民或木耕手耨，土耰啖食。铁官卖器不售，或颇赋于民。”

不仅如此，而且常常征发当地的人民，从事于无偿劳动。同时又以高价强制人民购买。《盐铁论·禁耕篇》云：“盐冶之处，大校皆依山川，近铁炭，其势咸远而作剧。郡中卒践更者多不勘，责取庸代，县邑或以户口赋铁，而贱平其准。良家以道次发僦运盐铁，烦费，百姓病苦之。”

以上的各种弊端，在武帝时就已经发生。《史记·平准书》云：“卜式为御史大夫，既在位，见郡国多不便县官作盐铁，铁器苦恶，贾贵，或强令民卖买之。”延及昭帝之世，流弊更多，因而盐铁应否专卖，遂掀起种种议论。以上所引桓宽《盐铁论》中的文字，就是这时的产物。到元帝时曾一度罢免盐铁官，但不久又重行恢复。总之，汉自武帝以迄于末叶，盐铁事业皆由封建国家经营。

二 铸铜及其他金属工业

据《汉书·地理志》所云，西汉不仅有盐铁之官，同时又有“铜官”、“金官”及“采金银珠宝之官”。由此，又知当时铸铜的手工业以及其他金属手工业亦有相当之发展，且亦有国营工场乏存在。

铜官设置之地，史籍不详，《汉书·地理志》仅载丹阳郡（治今安徽宣城）有铜官。此外桂阳郡（治今湖南郴州市）有金官。《补注》：先谦曰：“官本，金作铁。引宋祁曰：‘铁官，邵本作金官。’”是桂阳郡或亦有铜官。据《博古图录》所搜集之西汉铜器，其有款刻可以证实者，尚有平阳（治今山西临汾西南）、河东（治安邑，在今山西夏县西北）及安邑之地的铜官制造之铜器[①]。则上述诸地，或亦有铜官之设置。

铸铜手工业之发展，早在冶铁业之前。虽自冶铁业发展以后，铜制生产工具在社会生产领域内已退于次要或完全不重要的地位；但民间的日用器皿，皇家及贵族宫廷中所使用的奢侈品、装饰品和他们在宗庙中所使用的祭器，特别是钱币，还是用铜铸造。这些器物和钱币的铸造，仍然要以发展了的铸铜工业之存在为前提。

首先说到钱币的铸造。西汉的钱币，大概都是用铜铸造的。最初铸钱的特权是属于国家。到文帝时，政府采取放任政策，令人民得自由铸钱[②]。从此以后，人民“农事弃捐，而采铜者日蕃；释其耒耨，冶熔炊炭，奸钱日多”。[③]到武帝时，国家又收回铸币的特权，“县官往往即多铜山而铸钱。民亦盗铸，不可胜数[④]”。以后虽曾发布“盗铸诸金钱罪皆死”的严厉禁令，但是“吏民之坐盗铸金钱死者数十万人，其不发觉相杀者不可胜计，赦自出者百余万人，然不

---

① 《博古图录》卷五，汉汾阴宫鼎铭中有云：“平阳一斗鼎，重十斤。”同书卷九，甘泉上林官行镫铭云：“河东为甘泉上林官造行镫，重六斤十两，五凤二年（宣帝年号，前56年）王回夫山工谊作。”同书同卷，甘泉内者镫铭云：“内者，（宣帝）元康二年三月（前64年）河东安邑守者宣王轩造，重二十五斤十一两。”

② 《汉书·文帝纪》云：“孝文五年，除盗铸钱令。”应邵注曰：“听民放铸也。”

③ 《汉书·食货志》。

④ 《汉书·食货志》。

能半自出，天下大氐无虑皆铸金钱矣。犯法者众，吏不能尽诛”。[1]当时“细民人操造币之势，各隐屏而铸作，因欲禁其厚利微奸，虽黥罪日报，其势不止，乃者，民人抵罪，多者一县数百。及吏之所疑，榜笞奔走者甚众”。[2]这些史实，说明了一个事实，即西汉时代铸造钱币，已成为普遍民间之工业，而这就指示出当时铸铜工业的发展。

从西汉的钱币的数量之大，又可以证明当时铜的产量之多。据《汉书·食货志》云：“自孝武元狩五年，三官初铸五铢钱。至平帝元始中，成钱二百八十亿万余。”又《汉书·王嘉传》云：“孝元皇帝，奉承大业，温恭少欲，都内钱四十万万，永衡钱二十五万万，少府钱十八万万。”合计八十三万万。元帝时钱币数字尚系仅指国库所藏者而言。其流通于民间者，并不在内。如此庞大之铸币数量，当然要以大规模之采铜事业为前提。所以当世之人，以钱币紊乱，而归咎于铜之存在。《食货志》曰：“奸数不胜，而法禁数溃，铜使之然也。故铜布于天下，其祸博矣。”因而主张国家统制生铜，并使“采铜铸作者反于耕田”。

铜的用途，是日用品的铸造。例如西汉遗物中之盉、卣、壶、鉐、钟、钫、斛斗、熨斗、盘、勺、锅、洗、盆、匜、镫、镜、量、杯及熏炉之属，都是用铜制的。此外，西汉的宗庙，多至二百所以上[3]。而诸侯王的宗庙，尚不在内。这些宗庙所用的祭器，如钟、鼎、鬲、甗之属，也都是用铜铸造的。这些器物都需要很高的铸铜技术才能创造出来。

---

① 《汉书·食货志》。

② 《汉书·食货志》。

③ 《汉书·韦贤传》附《韦玄成传》云：“初高祖时，令诸侯王都皆立太上皇庙。至惠帝，尊高帝庙为太祖庙，景帝尊孝文庙为太宗庙，行所尝幸郡国，各立太祖、太宗庙。至宣帝本始二年，复尊孝武庙为世宗庙，行所巡狩亦立焉。凡祖宗庙在郡国六十八，合百六十七所。而京师自高祖下至宣帝，与太上皇、悼皇考，各自居陵旁立庙，并为百七十六。又园中各有寝、便殿……昭灵后、武哀王、昭哀后、孝文太后、孝昭太后、卫思后、戾太子、戾后，各有寝园，与诸帝合，凡三十所。”合共二百六所。

西汉时的铜器

再次，铜的用途是制造兵器。《汉书·食货志》载贾谊向文帝的建议，他主张“上收铜，勿令布”，使“铜毕归于上”，“以作兵器”，“制吾弃财，以与匈奴逐争其民，则敌必怀”。这种建议，就指明了西汉时代，铜制的兵器还在使用。

西汉使用铜兵的事，近来已经在考古学的发现中获得了证明。斯坦因曾在玉门附近的古长城遗址及烽燧附近发现许多青铜箭镞。在这些青铜箭镞的附近，同时并发现许多汉简，“上书元康三年（前63年）、神爵三年（前59年）、五凤元年（前57年）诸年的美丽的历书，以及一段有名的小学书（按即《急就章》）。”[①]因此，证明了这些青铜箭镞乃是武帝以至宣帝之世，西汉的军队用以进攻匈奴的武器。

论者或谓此种青铜箭镞，安知非匈奴人之所遗留？但是据斯坦因云，他在长城废址中，又发现“一些木印盒，上有小槽，排列的形式，可以用绳缚住，……还有以前附于盒子或袋子上的一片木简，上面写明盒内装有‘玉门显明燧蛮兵铜镞百完’字样”。[②]证明了这些箭镞是西汉政府颁发出来的。同时“又发现一个束扎住的小盒，中置带破干残羽的铜箭镞一枚，用和近代军事术语相合的当时公文语气来说，是‘（破）箭一支归库，另易新者’。古长城所得文书中

① 见斯坦因《西域考古记》128页。
② 见斯坦因《西域考古记》129页。

纪及换发新弓新弩，归还敝损者甚多甚多”。[1]此外《居延汉简》中关于铜镞之记载亦多[2]，这又证明了这些铜镞是西汉的军队所使用的。

西汉时代还使用铜镞，并不足为奇。因为铜器之与铁器，正如石器之与铜器，前者虽是退于不重要的地位，但不是立即消灭，而是慢慢消灭的。所以即使在冶铁事业发达的西汉时代，而铜兵还是以残余的形态与铁兵平行地存在。

如上所述，当时因私铸钱币而犯罪者，多至百余万人，则当时小规模的铸钱场之多，可以想见。皇家与贵族的御用之多，以及宗庙数目多至二百所以上，则当时为活贵族铸造日用器皿，为死贵族铸造祭器的铸铜场，其数亦当不少。此外适应于军事上的大量矢镞之需要，打制兵器的铜兵场，其规模也必然宏大。即因有这样发展的铸铜工业之存在，所以西汉政府才专设铜官以管理全国的铸铜事业。此外，对于各国营铜场，则更有严密的管理组织，这种组织，我们至今还能从西汉铜器上的款识中看得出来[3]。大概当时每一国营铜场，皆置场长一人，名曰“令”；“令”之下有类似科长之“丞”“掾”；“丞”“掾”之下，有类似总工头之“啬夫”；“啬夫”之下，有类似工头之“护工”；以下则为工人。从这种庞大的工场管理组织，我们便可以想像当时国营铜场的规模了。

除铸钢的工业以外，采炼黄金的工业在西汉时也甚为发达。从史籍上我们可以看出，西汉时，黄金已被当作一般货币商品，不过尚未铸成钱币，而仅以其现实的重量，作为交易的媒介或赐赠的礼物。我们试一翻阅西汉的历史，到处都可以看到皇帝赏赐臣下以黄

---

① 《西域考古记》134 页。

② 《居延汉简考释》器物类，关于铜镞之纪载有云：“出稾矢，铜镞二百完”，“二月余陷坚稾矢铜镞四百六十一”，“十二月漆雕稾矢铜镞六十四”，“稾矢铜镞三百”，“稾矢铜镞三百”，“盲矢铜镞箭五十枚。”

③ 《独笑斋金石支考》一集卷五载汉五凤鐎斗款云：宣帝“五凤元年（前57年）考工贤友缮作府啬夫赵良，平阳府首长吴安光□□□福并省，重三斤十三两”。又《金石萃编》卷五汉雁足镫款云：元帝“建昭三年（前36年）考工工辅为内省造铜雁足镫，重三斤八两，护建，佐博，啬夫福，掾光主，右丞官令相省”。又《博古图录》卷十二载汉绥和壶款云：成帝“绥和元年（前8年）供王昌为汤官造三十炼铜黄涂壶，容二斗，重十二斤八两，涂工乳，护级，掾临主，守右丞同守令宝省”。

金的记载，多者数万斤（汉高帝一次赏给陈平就是四万斤），少者亦数千百十斤不等。其用于彼此馈赠者，亦动辄千金（如韩信赠漂母千斤）数百十斤不等。又如梁孝文王死后，"藏府余黄金尚四十余万金"[①]。又吴王濞造反时，悬赏格曰：能斩扑大将者，赐金五千斤，列将三千金，裨将二千金，二千石千斤[②]。又史称王莽末年，"省中黄金万斤者为一匮，尚有六十匮。黄门、钩盾、臧府、中尚方处处各有数匮。"[③]这些数字就说明了西汉时代有巨额黄金储藏量之存在。这些巨量的黄金当然不会自己从地球的内部钻出来，跑到皇帝贵族与富豪的钱匮，而必然有着采金事业之存在。同时采出来的黄金也决不会是生成的一斤一块，又必然有着炼金工业之存在。

据史籍所载，当时山西的首山（在今永济县南）[④]，山东的泰山[⑤]，陕西的南山（即终南山）[⑥]以及今日江西，当时的豫章（治今江西南昌市）[⑦]和湖南的桂阳[⑧]，大概都有采金的工场。在文帝时，随同"盗铸钱币令"的废止，采金也是自由的；到景帝时，又才禁止人民自由采金。《汉书·景帝纪》记景帝后三年诏曰："吏发民若取庸采黄金珠玉者，坐赃为盗。"由此可以证明，随着这个禁令的发布，于是国家便设置了"金官"，及"采金银珠宝之官"，以专司采金炼金和管理其他贵金属及宝货的采集之事。

西汉的黄金，虽以其现实的重量作为一种交换的媒介物，但亦曾铸为一定的形象。在汉初，铸成何种形象，不得而知。但在武帝以后，则用为货币的黄金皆改铸为麟足及马蹄之形[⑨]。

---

① 《汉书·梁孝王传》。

② 《汉书·吴王刘濞传》吴王遗诸侯书。

③ 《汉书·王莽传》。

④ 《汉书·武帝纪》云："朕礼首山，昆田出珍物，化或为黄金。"

⑤ 《汉书·武帝纪》云："泰山见黄金"。

⑥ 《汉书·东方朔传》云："夫南山，天下之阻也。……其山出玉石、金、银、铜、铁……不可胜原。"

⑦ 《史记·货殖列传》云："豫章出黄金。"

⑧ 《汉书·地理志》谓桂阳有金官。

⑨ 《汉书·武帝纪》太始二年诏曰："渥洼水出天马，泰山见黄金，宜改故名。今更黄金为麟趾袅蹏以协瑞焉。"颜师古注曰："既云宜改故名，又曰更黄金为麟趾袅蹏，是则旧金虽以斤两为名，而官有常形制，亦由今时'吉字金（转下页）

西汉采金之官，亦兼采银矿。银的用途，亦系铸造货币及制造装饰品。据史载，西汉时有银币，其时银币分三种，铸造精巧，皆有镂纹[①]。

又当时在四川、广汉有一大规模的国营的金银器制造场，每年用费各达五百万[②]。这个制造场所制的金银器物，完全是供给皇家和贵族的宫廷之用。据史载，汉自文帝以后，皇家御用的器物，都有金银之饰。以后贵族官僚亦相仿效，于是衣服、履绔、刀剑无不饰以金银珠宝[③]。乃至杯案亦有金银之饰[④]。此外，如铜器上，亦多涂以黄金，谓之涂黄。由此可以想见当时金银制作的手工业发展之一般。

除此以外，铅锡之冶铸亦甚普遍。这从当时铸官钱者渗锡、盗铸私钱者皆杂以铅铁可以证明[⑤]。总之，在西汉时代，金、银、铜、铁、锡、铅各种金属工业皆已达到相当的发展程度了。

三　纺织及与之有关的服物工业

纺织业是西汉最发达的一种手工业。关于这一点，从西汉布帛的使用量之大可以看出。

据《汉书》所载，西汉政府有着无数赐帛的事实。从文帝时

(接上页)挺'之类矣。武帝欲表祥瑞，故普改铸为麟足马蹄之形，以易旧法耳。今人往往于地中得马蹄金，金甚精好而形制巧妙。"

① 《汉书·食货志》云："白金三品：其一曰重八两，圜之，其文龙，名白撰，直三千。二曰以重差小，方之，其文马，直五百。三曰复小，椭之，其文龟，直三百。"

② 《汉书·贡禹传》云："蜀、广汉主金银器，岁各用五百万。"

③ 《汉书·贡禹传》云："孝文皇帝，衣绨履革，器亡琱文金银之饰。后世争为奢侈，转转益甚，臣下亦相仿效，衣服履绔刀剑，乱于主上，主上临朝入庙，众人不能别异，甚非其宜。"

④ 《汉书·贡禹传》云："巨禹尝从之东宫，见赐杯案，尽文画金银饰，非当所以赐食臣下也。"

⑤ 《汉书·食货志》述贾谊之言曰："铸铜锡为钱，敢杂以铅铁为它巧者，其罪黥。"

起[①],历武帝[②]、昭帝[③]、宣帝[④]、元帝[⑤]、成帝[⑥]以及平帝[⑦],每一个皇帝都有赏赐布帛的事，而且每一个皇帝都不止赏赐一次。据赐帛的记载看来，当时的赐帛并不是赏赐一人两人，而是一种对全国的驯良百姓如三老、孝弟、力田者、鳏寡孤独及年高者之普遍的赏赐。这些人在社会上虽系少数，但以全国数量计之，则大有可观。据史载，汉武帝一次就赏赐百余万匹；一年之中，收天下帛五百万匹[⑧]。由此可以想见一般。

除对上述的赏赐以外，对于少数民族的贡纳和赐赠，亦须使用巨量的纺织物。如在西汉初，汉政府对匈奴每年皆有一定的贡纳；而贡纳品中，首为“絮缯”[⑨]。又如武帝时，张骞使西域，也带了大量的丝绸，作为外交的馈赠[⑩]。唐蒙通夜郎，亦以缯帛为先锋[⑪]。

---

①《汉书·文帝纪》元年，赐年九十以上“帛人二匹，絮三斤”。十二年，“赐三老、孝者帛人五匹，悌者、力田二匹，廉吏二百石以上率百石者三匹。”

②《汉书·武帝纪》：元狩元年“赐县三老、孝者帛人五匹”。又“赐乡三老、弟者、力田帛人三匹，年九十以上鳏寡孤独帛人二匹，絮三斤”。六年“赐千石以下至乘从者帛，蛮夷锦各有差”。元封六年“赐天下贫民布帛人一匹”。

③《汉书·昭帝纪》：元凤元年“赐郡国所选有行义者涿郡韩福等五人帛人五十匹”。二年“吏民献牛酒者赐帛人一匹”。

④《汉书·宣帝纪》：地节三年及元康三年皆“赐鳏寡孤独高年帛”。元康四年“赐三老、孝弟、力田帛人二匹，鳏寡孤独各一匹”。神爵元年、四年先后“赐鳏寡孤独高年帛”。五凤元年“皇太后赐丞相、将军、列侯、中二千石帛人百匹，大夫人八十匹，夫人六十匹”。甘露二年“赐鳏寡孤独高年帛”。三年“赐汝南太守帛百匹，新蔡长吏、三老、孝弟、力田，鳏寡孤独各有差”。

⑤《汉书·元帝纪》：初元元年赐“三老、孝者帛五匹，弟者、力田帛三匹，鳏寡孤独二匹”。四年赐“鳏寡孤独高年帛”。五年赐“三老、孝者帛人五匹，弟者、力田三匹，鳏寡孤独二匹”。永光元年赐“鳏寡孤独高年帛”。二年赐“鳏寡孤独高年、三老、孝弟力田帛”。建昭五年赐“三老、孝弟力田帛”。

⑥《汉书·成帝纪》：建始元年赐“宗室诸官吏千石以下至二百石、及宗室子有属籍者、三老、孝弟力田、鳏寡孤独钱帛各有差”。鸿嘉元年“赐鳏寡孤独高年帛”。

⑦《汉书·平帝纪》：元始五年“赐宗师帛”。

⑧《汉书·食货志》云：“于是天子（武帝）北至朔方，东封泰山，巡海上，旁北边以归。所过赏赐，用帛百余万匹，……一岁之中……诸均输帛五百万匹。”

⑨《汉书·匈奴传》云：“刘敬奉宗室女翁主为单于阏氏，岁奉匈奴絮缯酒食物各有数，约为兄弟以和亲。”

⑩《汉书·张骞传》谓武帝遣骞使西域，“赍金币帛直数千巨万。”

⑪《汉书·西南夷传》云：“乃拜蒙为中郎将……从巴苲关入，遂见夜郎侯多同，厚赐，谕以威德……夜郎旁小邑，皆贪汉缯帛。”

此外，西汉的纺织物，并以商品的性质而输出国外。当张骞至大夏时，在大夏市场上曾见蜀布。据说这种蜀布是经由印度商人之手运到中亚的。及汉通西域，中国的丝绸，大量地运到中亚乃至地中海沿岸一带，成为国际市场上最著名的商品。中国的商人，并因此而有“丝绸人”之称。

由上所述，可知当西汉之世，中国纺织物的生产，已经不仅是自足自给的生产，而是大规模的商品生产了。单就汉武帝于一年之中征集五百万匹布帛而言，这如果没有普遍发展的纺织业之存在，是不能实现的。

据史籍所载，当时纺织业最进步的地方，是今日的四川和山东。《盐铁论·本议篇》云：“非独齐陶之缣，蜀汉之布也。”正是说明这一事实。从“一女不织，或受之寒”的谚语看来，则在当时已无不知纺织的妇女了。

民间的纺织业，大概都是为了家庭自给的一种农村副业，但亦有以商品生产为目的之大规模的工场。例如张安世夫妇纺织场使用七百个工人，因此获利而与当时的辅政的大将军霍光比富[①]，即其一例。

除民间的纺织场以外，当时在长安有两个很大的国营纺织场：其一曰东织室，其二曰西织室。这两个国营纺织场，每年用费达五千万[②]，可以想见其规模之宏大。

这两个纺织场，专门制造皇家御用的缯帛[③]，主要的出品多系丝织物。当时丝织物织机的构造已经非常复杂。关于这种织机，有一个故事。传说谓：“霍光妻遗淳于衍蒲桃锦二十四匹，散花绫二十五匹，绫出巨鹿陈宝光家，宝光妻传其法，霍显召入其第，使作之。机用一百二十镊，六十日成一匹，匹值万钱。”[④]这个故事，告诉我们

① 《汉书·张汤传》：“张安世……夫人自纺绩，家童七百人，皆有手技作事，内治产业，累积纤微，是以能殖其货，富于大将军光。”

② 《汉书·贡禹传》云：“三工官官费五千万，东西织室亦然。”

③ 《汉书·惠帝纪》云：四年七月“丙子，织室灾”。师古注云：“主织作缯帛之处。”又《宣帝纪》地节四年诏云：“乃者东织室……”应劭注云：“旧时有东、西织室，织作文绣郊庙之服。”

④ 《西京杂记》。

当时已有使用一百二十镊的织机，我们虽仍不能详知当时织机的构造，但可以想见其精巧。像这样的织机，当时国营纺织场，不会不采用的。

即因织机的进步，当时的织物已能织成各种复杂图案的花纹。关于这一点，也有一个故事。传说谓：有一次，赵飞燕之妹送给赵飞燕三十几件珍贵的礼物，其中丝织物有：金华紫轮帽、金华紫轮面披、织成上襦、织成下襦、五色文绶、鸳鸯襦、鸳鸯被、鸳鸯褥、金错绣裆、七宝綦履等五彩织花的绫锦[①]。这个故事的真假，当然大有问题。但是问题只在赵飞燕之妹曾否送过赵飞燕这些东西没有？而这些东西在当时之已经存在，则已为近来考古学的发现证实了。

西汉时之彩绢及毛织物

（楼兰墓中发见之十锦彩色花丝织物）

据斯坦因于《西域考古记》中报告，1914年他在罗布泊一带考古时，曾于距古楼兰遗址四哩左右，位于离风蚀地面约高三十五呎的一座孤立的土台之侧面的汉墓中，发现了“各种殉葬的器物，如死者个人用的有花的铜镜、木制兵器模型、家具、写在木版同纸上的中国文书。最了不起的，是眩耀在我眼前的光怪陆离的织物，其中有美丽的彩绢，很美的地毯、同绣品残片、堆绒地毯此外还有粗制的毛织物同毯子。我当时明白各种衣饰残片，原来是用在这里缠

① 《西京杂记》。

裹尸体的”。[1]

（楼兰墓中发见之中国希腊混合风格之毛织品）

“这里所得许多五彩和红色美丽的花绢，据后来的证明，十足可以表现贸易仍采取此道经过楼兰以向西方的中国丝织物美术方面的风格以及技术上的完美。”[2]

以上的织物，据斯坦因的研究，其所属的“时期是在汉代，其时中国的贸易同国力，第一次向中亚扩展，约在西纪前二世纪的终了”。即正当西汉武帝、昭帝的时代。从这些被发现的古织物的残片之织作技巧看来，它们比之《西京杂记》所载各物，实在只有过之而无不及。

关于毛织物的织作，西汉时也很发达，特别在西北诸游牧种族中，已经是一种极普遍的手工业。如汶山郡（治今四川茂汶北）的羌人最善于织作旄毯和班罽，匈奴和乌孙等皆以穹庐为室旃为墙。同时《汉书·王吉传》亦谓西汉的皇帝和他的大臣常在“广夏之下，细旃之上”，坐而论道。由此就可以想见一般。据斯坦因报告，当时希腊罗马式的毛织物或织作毛织物的技巧已经传入，此种具有希腊罗马式图案的毛织物，已在塔里木盆地的汉墓中发见。斯

① 《西域考古记》180 页。

② 同上。

氏说："装饰的织物中，精制的地毯残片所显示的风格，丝毫不错是'希腊式'的。无论是本地制造或是从极西的中亚输入，我们可以看出一种文化力量显著的说明。"因为在这地毯上，"有十足'希腊罗马式'图案的'赫密士'（Hermes）的头部。另外一块地毯残片，很奇异地反映出中国同西方美术混合的影响，显然是中亚出品。在这块地毯上，边缘部分的装饰风格，很明白地是'希腊罗马式的；但花纹中有着附翼的马的图案，这又是中国汉代雕刻中所常见的。"①

西汉时又有国营的服物制作工场。《汉书·贡禹传》云："方今齐三服官作工各数千人，一岁费数巨万。"此所谓齐三服官，即指设在山东的服物制造场。此种服物制造场制作服物，大概皆系供给宫廷的御用品。《汉书·元帝纪》云："罢齐三服官"。师古注引李斐曰："齐国旧有三服之官，奉献冠帻縰，为首服，纨素为冬服，轻绡为夏服，凡三。"这个注文，正是三服官的说明。从这个注文，我们又知道这个工场的主要出品，是冠帻（头巾）縰、纨素及轻绡之类的冠服。此外，据《汉书·地理志》云："襄邑有服官。"但据师古云："襄邑自出文绣，非齐三服也。"《南齐书·舆服志》亦云："衮衣，汉世出陈留，襄邑所织。"据此则当时襄邑服官之工场，其主要的任务，乃系刺绣的工作。惟据《汉书·地理志》引胡公语曰："服官主作文绣，以给衮龙之用。"则刺绣又实为一般服官之共同任务。《论衡·程材篇》云："齐郡世刺绣，恒女无不能；襄邑俗织锦，钝妇无不巧。"则是齐郡亦刺绣，而襄邑亦兼织锦。

① 《西域考古记》108至109页。

西汉时希腊罗马式图案的地毡

又据《哀帝纪》云：哀帝即位，“诏齐三服官、诸官织绮绣，难成，害女红之物，皆止，无作输。”更证以《论衡》所云齐郡之女无不能刺绣，襄邑之妇无不能织锦之语，又可知西汉的纺织及刺绣工业多用女工。故薄姬被虏，即输织室。

四　漆器、砖瓦、造船及其他手工业

除上述的各种手工业以外，西汉政府又于手工业发达的地方设置工官，以管理或经营一般的手工业。《汉书·地理志》曾指出当时设置工官之地有十处，如河南郡的荥阳、南阳郡的宛县、济南郡的东平陵（治今山东章丘西）、泰山郡的泰山及奉高（治今山东泰安）、颍川郡的阳翟（治今河南禹县）、河内郡的怀县（治今河南武陟西南）、广汉郡的广汉（治今四川射洪南）及雒县（治今广汉北）、蜀郡的成都，都有工官的设置。这种史实，就指明了以上各地是西汉时代手工业最发达的城市。

据《后汉书·百官志》云：“凡郡县有工多者置工官，主工税物。”则工官之设似乎专主抽税。但是据《汉书·贡禹传》所示，则西汉的工官不仅主管抽税，而且主管设场制造。《贡禹传》云：“蜀、广汉主金银器，岁各用五百万，三工官官费五千万。”我们从蜀与广汉的工官及三工官的生产费用的数字，就可以想见各地所设的各种官工场的规模之宏大。

西汉十工官的制造物，其有款识可以确证者，惟有日人于平壤发现的成都和广汉二郡工官所制之漆器、釦器。此外，二郡工官漆器，著录于《骨董续记》者有四器，计成帝永始元年（前16年）、平帝元始三年（公元3年）、四年（公元4年）及孺子婴居摄三年（公元8年）之器各一，皆系“蜀郡西工”制造品。

据《骨董续记》所录永始元年之汉漆署款云：“永始元年蜀郡西工造乘舆髹汨画纻黄釦饷槃，容一升。髹工黄、上工广、铜釦黄涂工政、画工聿、汨工威、清工东、造工林、造护工卒史安、长孝丞谓、掾谭、守令史通主。”由此可知当时漆器制作的分工之精细。

又晚近发现之汉瓦，其上多有签署，如右钮、右军、右梦、右宜、右衣、左秦、左纪、右官、卒最、左官徒实、右官徒犁、嘉姚左官、右官、傂典、左三、高繇及右九、污、梦、官、屏、衣等等的字样，这些字样，大概都是主持制造者的工官之自署。这样看来，当时也应有国营砖瓦场之存在。

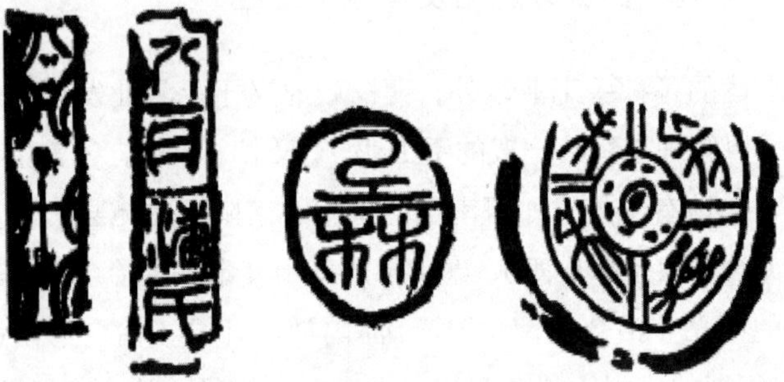

西汉时的砖瓦

《汉书·地理志》谓庐江有楼船官。又西汉武帝时征伐东南沿海及朝鲜，皆系海陆并进。故当时有楼船将军、戈船将军。这种水军需要大量的战舰。而所谓楼船者，就是战舰。西汉有楼船官之设，则当然也有国营的造船场。

西汉时的船

西汉时的酿造工业亦甚发达，如酿酒、制酱大概已经是普遍民间的工业了。当时四川所制之枸酱已运销于广东。

此外还有许多地方专长的小工艺品，如四川的邛竹杖，会稽的流黄簟[①]，以及衣衾、棺木等送死的物件，似乎都有专门的作坊[②]。乃至儿童玩具，亦有专业制造者，《后汉书·王符传》曰："或作泥车瓦狗诸戏弄之具，以巧诈小儿，此皆无益也。"

第三节　西汉的商业都市与国际贸易

一　商业发展之一般的倾向

商业的发达主要地是要依靠于农业和手工业的发展；但同时也要依靠于广大的市场和安定的社会。中国当秦汉之际，农民"叛乱"，豪杰并起，攻战杀伐，烽火连天，死伤流离，哀鸿遍野。当此

---

① 《西京杂记》卷二云："会稽岁时献竹簟，供御，世号为流黄簟。"

② 《汉书·游侠传》云："涉因入吊，问以丧事……削牍为疏，具记衣被棺木，下至饭含之物，分付诸客。诸客奔走市买，至日昳皆会。"又同书《韩延寿传》：韩延寿令"百姓遵用其教，卖偶车马下里伪物者，弃之市道"。

之时，社会秩序纷然大乱。一方面，农村残破，田野荒芜；另一方面，城市毁灭，手工业破产。富者堡聚山谷，苟全性命；贫者或自卖为奴婢，或饿死沟壑，社会购买力，已经降低到零点。直至汉初，“天子不能具钧驷，而将相或乘牛车，齐民无臧盖”。由此可以想见秦汉之际社会的凋零。当此之时，虽有奇货，谁能买之。而况战争阻绝，商路不通，劫夺代替了交易，征发代替了买卖，虽有奇货，又谁能私之。在这样的情形之下，商业自然要遭受严重的打击。

虽然，商人总是最能冒险的人物。为了追逐利润，他们往往能冒天下之大乱，而且还能利用天下之大乱，从血泊中去淘取黄金。这样的事实，自古如此，如今为甚。在秦汉之际的大丧乱中，即有不少的逐臭之夫，利用社会经济秩序的紊乱，趁火打劫，大发横财。例如宣曲任氏，即系在楚汉战争中，以屯聚粮食而致富的一个商人①。又如陈豨部下的将领，没有一个不兼营走私匈奴的买卖②。这还不过是见于史籍的一二例证而已。此外，利用战争的灾难而屯聚居奇，冒险走私，以致暴富者，当大有其人。

汉定天下，海内为一，战时关卡，多半撤废，社会秩序，渐趋安定，于是商业又从畸形的发展，回复了正常的状态。《史记·货殖列传》曰：“汉兴，海内为一，开关梁，弛山泽之禁。是以富商大贾，周流天下，交易之物莫不通，得其所欲。”同书《淮南衡山列传》亦云：“重装富贾，周流天下，道无不通。故交易之道行。”由此可知，当楚汉战争结束以后，商业不久又活跃起来。

到文、景之世，下迄武帝初年，跟着农业和手工业的发展，社会生产力的向上和消费力的提高，商业遂以一日千里之势，展开了超越前古的发展。当此之时，一般“用贫求富”者，皆以为“农不如工，工不如商，刺绣文不如倚市门”，所以当时舍本趋末的现象日

① 《史记·货殖列传》云：“宣曲任氏之先，为督道仓吏。秦之败也，豪杰皆争取金玉，而任氏独窖仓粟。楚汉相距荥阳也，民不得耕种，米石至万，而豪杰金玉尽归任氏，任氏以此起富。”这样看来，任氏者乃系一个囤聚居奇的官僚商人。

② 《汉书·高帝纪》谓陈豨反，高帝讨之，“问豨将，皆故贾人（故贾人者秦时贾人）。上曰：‘吾知与之矣。’乃多以金购豨将，豨将多降。”按陈豨为代相，代在山西北部，地接匈奴，这里的贾人，当然是以奇缯物贾匈奴的商人。高帝深知商人的心理，是黄金第一。所以黄金一到，豨将皆降。

甚一日，以致影响农业的生产[1]。

西汉时，舍本趋末之风，何以如此其甚？其理由至为明显。盖当时农民的土地被收夺，虽欲不舍本，亦不可得。即因无本可守，故不得不趋末以求生存。如前所述，西汉时代之土地收夺者，不仅是贵族官僚，同时，也有商人。因为西汉的商人和他们的前辈一样，是商人，同时又是地主。所以他们不仅操其奇赢，贩贱鬻贵；同时又因其富厚，兼并土地。正如晁错所云：他们“亡农夫之苦，有阡陌之得”，“此商人所以兼并农人，农人所以流亡者也。”

即因土地兼并的结果，于是失掉土地的农民，遂成群地拥进城市，因而扩大了城市的人口，从而发展了手工业生产和商业的活动。手工业的发展，唤起了商业交换的繁荣；反之，商业交换的繁荣，又转而刺激手工业的发展，二者互为因果，于是都市经济，一天天地走向兴旺。

可是手工业愈益发展，商品的生产愈益过剩，因而愈益要求商路的保障与国外市场的开辟，从而大批的农民愈益要离开土地，成为手工业工人或为商品开辟运销的道路。反过来说，商业交换愈益发展，则愈益要求商品的供给，因而愈益要求手工业生产之扩大进行，从而愈益要求农民离开土地，走进作坊，以为商人生产商品。这样一个正反相因的作用，就像魔术似地把大批的农民从农村中驱逐出来。所以《汉书·贡禹传》曰：到元帝时，“民弃本逐末，耕者不能半。贫民虽赐之田，犹贱卖以贾，穷则起为盗贼。何者？末利深而惑于钱也。”

不仅如此，商人对于土地的兼并，又加速了农民离开土地的过程。在商业资本的扫荡之中，少数残存于农村的人口，也被强迫地交出了他们的土地而逃入都市。所以到成帝时，“民弥惰怠，乡本者

① 《汉书·文帝纪》二年诏曰：“农，天下之大本也，民所恃以生也。而民或不务本而事末。”又后元年诏曰：“间者数年比不登，……夫度田非益寡而计民未加益，以口量地，其于古犹有余，而食之甚不足者……无乃百姓之从事于末以害农者蕃？”《汉书·景帝纪》后元三年诏曰：“农，天下之本也……间岁或不登，意为末者众，农民寡也。”《武帝纪》元狩六年诏曰：“日者有司以币轻多奸，农伤而末众。”此外《东方朔传》云：“时天下侈靡趋末，百姓多离农亩。”《魏相传》亦云：“民多背本趋末，为陛下（宣帝）之忧。”

少，趋末者众。”

都市经济发展的反面，便是农村经济的破坏。在最初，都市的手工业作坊尚能容纳从农村中排除出来的人口。到元、成时代，手工业生产已经达到不能再扩张的境地。因为在当时，由于农村经济的萧条，国内市场的购买力，已经大大地减低；同时，国外市场，也在开始动摇，这样就限制着手工业生产的扩张。在这样的情形之下，从农村中排除出来的人口，就只有走入山林，转为“盗贼”。

西汉时代的手工业生产，到哀、平之际，随着国内社会矛盾之加深，转向紧缩或停闭。这样，大多数在业的工人，又相率从作坊中被排除出来，因而更扩大了盗贼的队伍。所以结果便爆发了西汉末年农民和手工业者的大“叛乱”。

以上所述，就是西汉商业发展之一般的倾向。这种倾向并不是当时商人之主观的意欲所造成，而是当时社会生产力向上发展的结果。

二　都市的分布、内容及其行政管理

西汉的都市，当然首推长安，因为长安是西汉的首都。但除长安外，还有无数大都市。据《盐铁论·力耕篇》云：“自京师东西南北，历山川，经郡国，诸殷富大都，无非街衢五通，商贾之所臻，万物之所殖者。”由此足见当时都市之普遍勃兴与繁荣之一斑。

据《史记·货殖列传》所述，西汉在武帝以前商业最发达的区域要算关中。当时的关中，即指今日陕西全境和四川、甘肃之一部而言。这个区域，特别是陕西中部渭水流域一带，是周秦以来，中国古代文明的摇篮之地。在这里，有着许多古代都市的存在。例如：在周代，“公刘适邠，大王、王季在歧，文王作丰，武王治镐。”在秦代，“秦文、德、缪居雍，隙陇蜀之货物而多贾，献公徙栎邑”，始皇、二世都咸阳。在这些古代都市，并不因为政治中心的移转而堕废；反之，它们仍然跟着历史的推移而更新。所以到西汉的时代，假若我们驾着小舟溯渭水而上，一定可以看到，在渭水的沿岸，有着无数大大小小的都市。这些都市，也许还保持着古香古色的面貌，但却洋溢着时代的精神。

汉中、四川一带，在秦代就是重工业的中心。在楚汉之际，又没有遭到重大的兵灾战祸，所以到西汉时代，这一带的重工业，如采取丹砂、冶炼铜铁的事业还是继续发展。除此以外，贵金属的制造，以及竹木之器的生产，也非常发展。当时的临邛是重工业的中心城市，广汉和成都则是贵金属和其化手工业生产者聚居的城市。即因手工业生产的发达，所以在这些城市中便召来了大批的商人，他们南贾滇僰，西贾邛筰，与南蛮之人进行不等价之交换。同时，又以其所得于南蛮之物，如筰马、牦牛、邛杖以及四川的土产，如蜀之枸酱，运至长安，运至今日的广州，当时的南越。所以当时“栈道千里，无所不通”，而褒斜（褒斜道，在今陕西眉县西南至旧褒城县北）则“绾毂其口”，为川陕之间交通的要道。

其在西北如天水、陇西、北地、上郡一带，这里是中国与匈奴及诸羌交错之地，所以《货殖列传》说：“西有羌中之利，北有戎翟之畜，畜牧为天下饶。”由此而知这一带最大的买卖，是皮毛和牲畜的交易。

关中的商业区域虽如此广泛，但商业的中心还是长安。因为长安北却戎翟，西绾羌陇，南御巴蜀，东通中原，所以四方辐辏，并至而会。加以这里又是政治的中心，贵族官僚、豪富大贾皆麇聚于此。皇家的赋税，贵族的奉养，官僚的俸给，地主的地租，商人的利润，大半都消费于此。因而长安的本身，就是一个极大的消费市场。据史籍所载，当时长安有东、西二市[①]。《汉书·王尊传》云：“长安宿豪大猾，东市贾万城，西萬章，翦张禁，酒赵放，杜陵杨章等。”实际上，长安的宿豪大猾，并不只此。在武帝时，徙于长安及其附近之三百万以上的富翁不知多少[②]。以后昭帝时又有大批富豪徙居长安。即以政府对豪富的赏赐而论，每户亦有十万[③]。宣帝时又徙

① 长安西市，辟于惠帝六年。东市始于何时，不可考。

② 《汉书·武帝纪》：元朔二年“徙郡国豪杰及赀三百万以上于茂陵”。太始元年又“徙郡国吏民豪杰于茂陵、云陵”。

③ 《汉书·昭帝纪》：始元四年“徙三辅富人云陵，赐钱户十万”。

百万以上的富翁若干于长安附近[1]。最骇人听闻的，是成帝鸿嘉元年，一次徙来了五百万以上的富翁五千家[2]。从这些史实看来，自武帝时起，长安已经不仅是当时的政治中心，而且是当时全国财富集中之地。故《货殖列传》曰："关中之地，于天下三分之一，而人众不过什三，然量其富，什居其六。"

次于关中者，为三河区域。所谓三河者，即河东、河内、河南之总称。以今日地理言之，河东即今之山西西南部，而河内、河南并为今之河南北部。这一带在秦汉之际，虽遭受战争的蹂躏，但也因为有着古代文明的基础，故容易恢复。《货殖列传》曰："昔唐人都河东，殷人都河内，周人都河南，夫三河在天下之中，若鼎足，王者所更居也。建国各数百千岁，土地小狭，民人众，都国诸侯所聚会，故其俗纤俭习事。"即因这一带居天下之中，而又为都国诸侯所聚会，故能绾毂东西南北，成为中原商业之枢纽。

这一带最大的都市，其在山西者为杨（治今山西洪洞东南）、平阳、陈。这些都市，因为邻接陕西，迫近匈奴，所以这里的商人，大概"西贾秦、翟，北贾种、代"。

其在河南北部者为温、轵（治今河南济源南）。温、轵在黄河以北，故"西贾上党，北贾赵、中山"。其在河南西北者为洛阳。洛阳为关中与中原商业之要站，这里的商人大概是转运关中的商品，"东贾齐、鲁，南贾梁、楚"。其在河南南部者为颍川、南阳、宛。颍川、南阳，"夏人之居也"。颍川是一个更新了的古代城市，南阳在秦代也是重工业集中之地，而宛则为一新兴的都市。这些都市因为接近汉中和鄂北、皖西，所以这里的商人，多半西入武关、郧关，与汉中的商人交易；而东南则与江淮的商人进行买卖。其在河南东部者有陈。陈在秦末曾为农民"叛乱"的中心。这里接近淮河流域，通鱼盐之货，故其民多贾。

再次为燕、赵区域。燕在今日河北北部，赵在今日河北南部。赵之最大都市为邯郸，邯郸在漳水之南，为故赵国的都城。这里

---

① 《汉书·宣帝纪》：本始元年"募郡国吏民赀百万以上徙平陵"。

② 《汉书·成帝纪》：鸿嘉二年"夏，徙郡国豪杰赀五百万以上五千户于昌陵"。

"北通燕、涿，南有郑、卫"，西邻三晋，东近梁、鲁，居于四通八达之地。在战国时代，即为富商大贾麇集之所；到西汉则更为发达。其在河北北部者为燕。"燕亦勃、碣之间一都会也。南通齐、赵，东北边胡。"接近匈奴与东夷，而又滨于渤海，所以大概都是经营渔盐的买卖。这里的人民，性情"雕捍少虑"，不怕危险，他们往往北贾乌桓、夫余，东贾涉貉、朝鲜、真番。

又次则为齐、鲁区域。齐、鲁，即今日之山东，"泰山之阳则鲁，其阴则齐。"这一带，膏壤千里，宜桑麻，纺织、刺绣是这里的手工业之特色。同时又地滨渤海，有渔盐之利。自战国末以至秦代，齐之临淄（今山东淄博市东北），已有七万户人口。到西汉时，临淄已大有发展。《汉书·高五王传》引主父偃语曰："临淄十万户，市租千金，人众殷富，巨于长安。"据此而知到武帝时，临淄市的人口，已增至十万户，以户三男子计之，当有三十万人。故当西汉之世，陕西之长安，山东之临淄，实为黄河流域两大都市。至于泰山之南，洙泗之滨的邹、鲁一带，这里的人民，也忘记了周公、孔子的教训，"好贾趋利，甚于周人"。

又次为梁、宋区域。《货殖列传》曰："自鸿沟以东，芒砀以北，属巨野，此梁、宋也。"以今日地理言之，即豫之东北，鲁之西南。这一带的都市有陶（今山东定陶县西北）、睢阳（今河南商邱县南）。《货殖列传》曰："陶、睢阳亦一都会也。"

又次为淮河流域。这里较大的都市为彭城与寿春（今安徽寿县）。彭城曾为项羽的都城，而寿春则在战国末年曾为楚国的都城。此外徐（今江苏泗洪南）、僮（今安徽泗县东北）、取虑（今江苏睢宁西南），并为商业会萃之地。

最后说到长江流域和东南沿海，即古楚越之地。据《史记·货殖列传》云："楚、越之地，地广人希，饭稻羹鱼，或火耕而水耨，果陏（陏亦作蓏）蠃蛤，不待贾而足，地势饶食，无饥馑之患，以故呰窳偷生，无积聚而多贫。是故江淮以南，无冻饿之人，亦无千金之家。"如此说来，则江淮以南尚无富商大贾。但是此就一般而言则然，事实上亦有特殊。例如长江下游之吴（今江苏苏州市），自阖庐以来即为名都。至于西汉，吴王濞都居其地，吴都仍然是中国东南的政治中心。这里不但有海盐之饶、章山之铜，为铸金、煮海者之所麇集；而且陆则资车，水则资舟，为大江南北商路之绾纽，因而又是三江五湖的商人之所交萃。所以当时的吴国富抗关中，力敌中央，成为七国叛变的根据地。自吴溯江而上，“豫章出黄金，长沙出连锡”。而江陵则为故郢都，“西通巫、巴，东有云梦之饶。”这些城市，都是长江流域商业繁荣之地。在这些地方，岂仅有千金之家，而且有万金之贾。

至于珠江流域，本为百越旧壤。自从秦代打通五岭以后，当时的番禺，今日的广州，遂成为汉族与越族贸易的中心地。所以《史记》说：“番禺亦其一都会也。”到西汉初，汉族的商人，遂络绎于五岭道中，牂牁江上，他们用牛群、铁器、枸酱之类的商品去交换越人的玑珠、犀、瑇瑁、果、布。所以当时南越之王，竟能以财物役属夜郎及东越，以与西汉政府相抗。除番禺以外，其化如桂林、象郡、珠崖（今海南琼山东南）等处，都已形成都市，而与汉人有着贸易的关系。

由于城市的繁荣与商业的发展，于是在城市与城市间之重要的商路交叉地点，或大城市的附近，便发生了一种小的市聚。西汉时代，长安附近这种新兴的小市聚大概不少。如长陵、高陵等皇室陵墓附近，都已聚成小市[①]。

此外，在军队驻扎的地方，为了供应军队日用的需要，也往往成为商人逐利之场。在这些地方，最初大概是不定期的市易，以后发展为定期的市易，更后则形成一种小的市聚。这种市聚谓之“军市”。“军市”在战国末年即已发生。在西汉时，沿边一带有军队驻屯的地方，大概都有“军市”了[②]。

由此看来，可以概见西汉初叶商业都市之蓬勃的兴起。一方面

---

① 《汉书·外戚传》云：孝景“皇太后微时，所为金王孙生女俗，在民间……武帝始立……自往迎之，其家在长陵小市”。又同上《王尊传》云：“有诏左迁尊为高陵令。”

② 《汉书·冯唐传》云：冯唐言：“臣大父言：李牧之为赵将，居边，军市之租皆自用飨士，……今臣窃闻魏尚为云中守，军市租，尽以给士卒。”

是古典都市之更新，另一方面是新型的都市之形成。自武帝时起，由于国际商路的开辟，都市更加发达。到宣帝时，则："燕之涿、蓟，赵之邯郸，魏之温、轵，韩之荥阳，齐之临淄，楚之宛丘，郑之阳翟，三川之二周，富冠海内，皆为天下名都。"[①]

如前所述，当时殷富大都无非街衢五通，纵横交错。住宅区与商业区好像是分开了的。因为在每个城市中，都有一个称为市的地方，如长安城中之东市、西市。在这种市场区域内，有着各种各样的店铺，买卖各种各样的货物。《汉书·张敞传》云："长安市偷盗尤多，百贾苦之。"从"百贾"二字看来，足见当时长安市中商业种类之多。这些"商贾，大者积贮倍息，小者坐列贩卖"。用近代语说，即大商人则囤积居奇，小商人则开铺摆摊。

当时的商店凡同类的都集合在一处。这种情形，在春秋时代就是如此。如《左传》襄三十年述郑伯有为驷带所破而死的一节有云："伯有死于羊肆。"由此足见当时卖羊者都集于羊肆。以此类推，则贩卖其他各物者，亦皆有其各自之市肆。西汉时的市肆组织，还是承袭前代的旧制，于城之中有市，市之中有肆，而各种商业皆以类列肆。如长安有东、西两个市场，而在这两个市场之内，又别为九市[②]。九市之名，今虽无从确考；但顾名思义，当系各种类别的市肆。史称汉时长安宿豪萬章在城西柳市，后王尊为京兆尹，杀章于酒市。则当时长安实有柳市与酒市。又称张敞为京兆尹，"无威仪，时罢朝会，过走马章台街，使御吏驱，自以便面（便面，扇也）拊马。"则当时卖淫的娼妓，亦有一定的区域。又称赵广汉为京兆尹时"为钩距（钩距即密探也）以得事情。钩距者，设欲知马贾（贾者卖价也）则先问狗，已问羊，又问牛，然后及马。参伍其贾，以类相准，则知马之贵贱不失实矣"。据此，则当时马、牛、羊、狗等牲畜的买

① 《盐铁论·通有篇》。

② 班固《西都赋》有"九市开场"一语，李善注引《汉宫阁疏》曰："长安九市，其六在道西，三在道东。"据此则当时长安西市又分六市，东市又分三市。但余以为九市者言其市别之多也，实则当时长安，百贾列肆，何止九市。

卖，也是集合在一个地方[①]。

当时的都市，皆设有专官管理，领长安市者，为东、西市令；领普通市者，为令或长。《汉书·食货志》谓王莽时，对于市政组织曾有所改变，当时“于长安及五都立五均官，更名长安东、西市令及洛阳、邯郸、临淄、宛、成都市长，皆为五均司市师，东市称京，西市称畿。洛阳称中，余四都各用东西南北为称，皆置交易丞五人、钱府丞一人”。

当时市令的任务，第一是征收商税，如主父偃言临淄市租千金，冯唐言军市之租，《食货志》言：“工商能采金、银、铜、连锡，登龟取贝者，皆自占司市钱府。”这些都是例证。

其次是主管市民注册。《晁错传》云：“秦时北攻胡貉，筑塞河上，南攻杨粤，置戍卒焉，……因以谪发之，名曰谪戍。先发吏有谪及赘婿、贾人，后以尝有市籍者，又后以大父母、父母尝有市籍者，后入闾取其左。”由此而知当时都市居民，皆须向市政府注册。但所谓市籍，则系专指商人之注册而言。因当时征收人头税，“贾人倍算”，所以必须令其注册，以便考查。其不注册而经商者，谓之私贾，私贾则犯法。

以上所述，就是西汉都市的分布、组织及其行政管理的大概情形。由此可知当时都市的发展，已经大大地超越了前代的规模。

三 大商人的出现及其活动

都市的繁荣，是商业发展的表征。这从西汉初出现了无数大商人可以证明。当时的大商人，有些是前代的宿豪，有些则是新兴的商人。

例如在秦代，即“富至僮千人”的蜀卓氏，和“富埒卓氏”的

① 关于市以类分的遗迹，我们今日尚能于具有历史的城市之街道的名称可以看得出来。例如在北平（今北京市）有珠宝市、骡马市、花儿市、绒线胡同、琉璃厂、米市大街等街名。在成都有打金街、打铜街、金玉街、铜丝街、皮房街、棉花街、锅锣巷、珠市巷、鹅市巷等街名。这些街名，现在多半不能名符其实，但它们的得名，确系因为它们各自所卖的特定的商品，盖即古代货别隧分的遗迹。

程郑，到西汉初，仍然冶铸临邛，“贾椎髻之民”，富倾滇蜀。

在秦代，即“连车骑，游诸侯”，有“游闲公子之赐与名”的宛孔氏，到西汉初，仍然“大鼓铸，规陂池”，“通商贾之利”，“雍容”于南阳。

在秦代，即“以铁冶起富至巨万”，致使。邹、鲁以其故，多去文学而趋利者”的曹邴氏，到西汉初，仍然“父兄子孙约，俛有拾，仰有取，贳贷行贾遍郡国”。

在秦代，即以奴虏“逐渔盐商贾之利”，“起富数千万”的刁间，到西汉初，仍然是因奴虏之力，“连车骑，交守相。”

在秦代，即以“贫人学事富家”，而“致富七千万”的师史，到西汉初，仍然是“转毂以百数，贾郡国无所不至”，为洛阳巨贾。

这些都是前代的富商大贾，他们多以盐铁事业起家，拥有矿山炼炉和盐场，一面生产，一面贩卖，故能世世相承，屡代不衰。

西汉初新出现的大商人当首推宣曲任氏。《史记·货殖列传》云：“宣曲任氏之先，为（秦）督道仓吏。秦之败也，豪杰皆争取金玉，而任氏独窖仓粟。楚、汉相距荥阳也，民不得耕种，米石至万，而豪杰金玉尽归任氏，任氏以此起富”。由此看来，乘天下之乱，而囤积粮食者固不仅今日之官僚。

其次为桥姚。同上书云：“塞之斥也，唯桥姚已致马千匹，牛倍之，羊万头，粟以万钟计。”

又次为无盐氏。同上书云：“吴楚七国兵起时，长安中列侯封君，行从军旅，赍贷子钱，子钱家以侯邑国在关东，关东成败未决，莫肯与。唯无盐氏出捐千金贷，其息什之。三月，吴楚平，一岁之中，则无盐氏之息什倍，用此富埒关中。”

这些大商人大概都是利用国家的危急、战争的灾乱，囤积居奇、垄断物价，或高利倍息、权衡子母而起家的。他们并不生产，只是利用别人的生产物或现存的货币，投机取巧，操奇乘急，以致暴富。像这一类商人，在中国后来的历史上，是屡见不鲜的。

此外，据《货殖列传》云：“关中富商大贾，大抵尽诸田，田啬、田兰。韦家栗氏，安陵、杜杜氏，亦巨万。”这些富商大贾，大概都是来自中原各地。

汉初的大商人当然不仅上述诸人，上述诸人，不过是人中佼佼而已。故司马迁于记述上述诸人以后，又说："若至力农、畜、工、虞、商贾，为权利以成富，大者倾郡，中者倾县，下者倾乡里者，不可胜数。"

自武帝以后，由于国际贸易的展开，又出现了无数新的大商人。《汉书·货殖传》云：

"程、卓既衰，至成、哀间，成都罗裒訾至巨万。初，裒贾京师，随身数十百万，为平陵石氏持钱。其人强力，石氏訾次如、苴，亲信，厚资遣之，令往来巴蜀。数年间，致千余万。裒举其半赂遗曲阳、定陵侯，依其权力，赊贷郡国，人莫敢负。擅盐井之利，期年所得自倍，遂殖其货。"

"刁间既衰，至成、哀间，临淄姓伟訾五千万。"

"师史既衰，至成、哀、王莽时，雒阳张长叔、薛子仲訾亦十千万。"

此外，"自元、成讫王莽，京师富人杜陵樊嘉，茂陵挚网，平陵如氏、苴氏，长安丹王君房、豉樊少翁、王孙大卿，为天下高訾。樊嘉五千万，其余皆巨万矣。"

此外，还有一些富商大贾为《汉书·货殖传》所不录者。如《张汤传》谓武帝时，长安有富贾田甲鱼、翁叔。《宁成传》谓武帝时，宁成"贳贷陂田千余顷，假贫民，役使数千家。数年，致产数千万。"《田延年传》谓昭帝时，"茂陵富人焦氏、贾氏以数千万阴积贮炭苇诸下里物"，冀其疾用，欲以求利。

从以上记载来看，武帝后的大商人，竟有积资达一万万者，足见当时商业资本蓄积之雄厚。

当时富商大贾，除经营盐铁业外，还经营一些什么买卖呢？据《史记·货殖列传》所示，当时商业种类之多与规模之大，已足惊人。

（一）酿酒业："酤一岁千酿。"据《汉书·食货志》云："一酿用粗米二斛，曲一斛，得成酒六斛六斗。"千酿则需用粗米二千斛，曲千斛，得成酒六千六百斛。

（二）酱园业："醯酱千瓨，酱千甔。"

（三）屠宰业："屠牛羊彘千皮。"

（四）粮食业："贩谷粜千钟。"

（五）薪炭业："薪稾千车。"

（六）造船业："船长（共）千丈"，例如造五丈长的船，即有二百只。

（七）竹木业："木千章，竹竿万个。"

（八）造车业："轺车百乘，牛车千两。"

（九）油漆业："木器髹者千枚。"

（十）铜器业："铜器千钧。"

（十一）铁器业："素木铁器若卮茜千石。"

（十二）牲畜业："马蹄躈千，牛千足，羊、彘千双。"

（十三）筋角丹砂业："筋角丹沙千斤。"

（十四）布帛业："帛絮细布千钧。"

（十五）绸缎业："文采千匹。"

（十六）皮革业："榻布、皮革千石。"

（十七）生漆业："漆千斗。"

（十八）油盐业："蘖曲盐豉千荅。"

（十九）鱼业："鲐鮆千斤，鲰千石，鲍千钧。"

（二十）干果业："枣栗千石者三之。"

（二十一）皮毛业："狐貂裘千皮，羔羊裘千石。"

（二十二）毡席业："旃席千具。"

（二十三）蔬菜水果业："果菜千钟。"

（二十四）高利贷业："子贷金钱千贯。"

（二十五）"节驵会"：（徐广曰：驵，"马侩也。"）"贪贾三之，廉贾五之。"

以上的数字，皆指每一大商人在一年中的买卖量而言，所以司马迁曰：这些商人，都可以"比千乘之家"。

在当时，只要善于经营，无论什么买卖，都可以赚钱，甚至掘冢发墓，聚赌抽头，也可以致富。《史记·货殖列传》曰：

“田农，拙业，而秦阳以盖一州。”

“掘冢，奸事也，而曲叔以起。

“博戏，恶业也，而桓发用之富。

“行贾，丈夫贱行也，而雍乐成以饶。

“贩脂，辱处也，而雍伯千金。

“卖浆，小业也，而张氏千万。

“洒削，薄技也，而郅氏鼎食。

“胃脯，简微耳，浊氏连骑。

“马医，浅方，张里击钟。”

“由是观之，富无经业，则货无常主，能者辐凑，不肖者瓦解。千金之家，比一都之君；巨万者乃与王者同乐，岂所谓素封者邪？非也？”

这些发了财的商人，大半都投资于土地而为地主，故同时又为农产物及畜群之所有者。据《史记·货殖列传》云：“陆地牧马二百蹄，牛蹄角千，千足羊，泽中千足彘。水居千石鱼陂；山居千章之材。安邑千树枣；燕、秦千树栗；蜀、汉、江陵千树橘；淮北、常山已南，河济之间，千树萩；陈、夏千亩漆；齐、鲁千亩桑麻；渭川千亩竹；及名国万家之城，带郭千亩，亩钟之田，若千亩卮茜，千畦姜韭，此其人皆与千户侯等。”

即因商业是发财的捷径，所以当时一般贵族官僚，也以其超经济强制的榨取之所得，转而投于商业的经营，以从事于经济的再榨取。例如霍光的儿子博陆侯禹，便私营屠酤的商业[①]。京兆尹赵广汉的部下，也私营酤酒的商业[②]。以上所举不过一二例证而已。实则西汉自武帝时起以迄哀、平，皇帝的许多近臣，自诸曹侍中以上，无不利用政治的地位，人人私营商业，与民争利[③]。即因“诸官各自市

① 《汉书·赵广汉传》云：“大将军霍光秉政，广汉事光。及光薨，广汉心知微指（微指者，皇帝的暗示），发长安吏自将，与俱至光子博陆侯禹第，直突入其门，廋索私屠酤，椎破卢罂，斧斩其门关而去。时光女为皇后，闻之，对帝涕泣。”

② 《汉书·赵广汉传》云：“广汉客私酤酒长安市。”

③ 《汉书·贡禹传》云：贡禹“又欲令近臣自诸曹侍中以上，家亡得私贩卖，与民争利，犯者辄免官削爵，不得仕宦”。

相争，物以故腾跃”[①]。所以武帝时，因桑弘羊的建议，置大农部丞数十人，分部主郡国，各置均输盐铁官，于是天下货物，尽入大农诸官之手。“贵则卖之，贱则买之。”美其名曰平准物价[②]，而实则以堂堂的官僚，坐于市列，贩物求利[③]。从“亨弘羊，天乃雨”的民谣，可以想见当时一般感受物价腾贵的人民对于官僚商人之痛恨。

由于商业资本之聚积与集中，于是造成社会之广大的贫困，因而当时的富商大贾，又向贫困的社会中，伸出了高利贷的魔手。如前所述，无盐氏即以十分的利息，行贷关东。罗哀即曾赂遗贵族曲阳侯和定陵侯，依其权力，赊贷郡国。又如武帝元狩四年，山东被水灾，政府亦曾募富豪人相假贷。这些高利贷者的富商大贾，他们“交通王侯，力过吏势”，凡所赊贷，人莫敢负。“于是有卖田宅，鬻子孙以偿债者矣。”

除富商大贾以外，当时的官僚也盗窃公款，私放高利。《汉书·韩延寿传》云：“延寿代望之为左冯翊，而望之迁御史大夫。侍谒者福为望之道，延寿在东郡时，放散官钱千余万。……延寿闻知，即部吏按校望之在冯翊时，廪牺官钱放散百余万，廪牺吏掠治急，自引与望之为奸。……上由是……各令穷竟所考，望之卒无实事。而望之迁御史按东郡，具得其事……及取官钱帛私假使吏，及治饰车甲三百万以上。……延寿竟坐弃市。”像韩延寿这一类以公款放私债的官僚，在当时，一定不少。而韩延寿者，不过是其中之一被暴露者而已。

此外，政府也在赈恤贫民的名义之下，往往以谷物或钱币假贷贫民而取其利息。例如武帝时，曾假贷徙于关以西的贫民以产业。元帝永光元年，“令各务农亩，无田者皆假之．贷种食如贫民。”四年“诏所贷贫民勿收责”。王莽时“民或乏绝，欲贷以治产业者，均授之，除其费，计所得受息，毋过岁什一”。这些都是例证。

---

① 《汉书·食货志》。

② 《汉书·食货志》云：“大农诸官尽笼天下之货物，贵则卖之，贱则买之。如此，富商大贾亡所牟大利则反本，而万物不得腾跃。故抑天下之物，名曰平准。”

③ 《汉书·食货志》云：“今弘羊令吏坐市列，贩物求利。亨弘羊，天乃雨。”

总上所述，我们可以由此想见西汉时代商业资本的蓄积与活动。

四　货币的铸造与种类

随着商业交换的发展，作为交换媒介物的货币，也就必然相应地发展起来。

我们已经说过，秦代的货币，只有两种：黄金以镒（二十两）为主币，铜钱重半两为辅币，其他珠玉、龟、贝、银、锡之属，只用为器饰、宝藏，不用为货币。西汉时，仍以黄金为主币，铜钱为辅币。但除此以外，西汉又有银币；而且在王莽时，又曾一度使用龟币、贝币。

首先说到金币。如前所述，西汉时使用为货币的黄金，已铸为麟趾及马蹄之形，此种麟趾金或马蹄金，其单位皆以斤，这由当时赐金，皆曰金若千斤，可以证明。

当时黄金的价格，还没有我们今日这样的贵重，《汉书·惠帝纪》云："视作斥土者将军四十金。"颜师古注曰："诸赐言黄金者皆与之金。不言黄者，一金与万钱也。"又《王莽传》云："有司奏，故事，聘皇后，黄金二万斤，为钱二万万。"由此可见黄金价格，通西汉一代，似无变更。

当时的黄金，除用于巨额的交易之清偿，大概多用于宝藏。如前所述，梁孝王死后，"府藏余黄金尚四十余万斤。"王莽时，"省中黄金万斤者为一匮，尚有六十匮。"即黄金用于宝藏的例证。

其次说到银币。《汉书·食货志》云：武帝时"又造银锡白金，以为天用莫如龙，地用莫如马，人用莫如龟，故白金三品。其一曰重八两，圜之，其文龙，名白撰，直三千。二曰以重差小，方之，其文马，直五百。三曰复小，椭之，其文龟，直三百"。据此，则武帝时银币，共有三种，这三种银币，重量形制花纹，各不相同，所代表的价值，亦各不同。

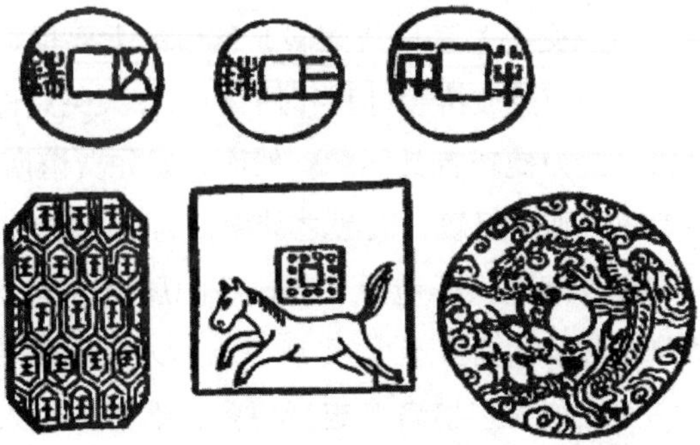

西汉时的银币与铜币

汉武帝所铸银币，似乎流行不广，而且不久即行废止。以后王莽时代，又曾使用过银币，《食货志》云：“（当时）朱提银重八两为一流，直一千五百八十；它银一流直千。”可是行之不久，也取消了。

按武帝时重八两的银币，其值三千，而王莽时重八两的朱提银，则仅值一千五百八十。其他成分较劣的银子，则仅值千。这如果不是武帝时的银币的名义价格超过银币实值一半或三分之二，就是在西汉末银价跌了一半或三分之二了。

再次说到铜钱。西汉的铜币，时有改变，轻重不一。据史籍所载，汉初本用秦代的半两钱，高祖以秦钱重难用，更令民铸荚钱。所谓荚钱者，即钱薄如榆荚，其重约三铢。当时的一铢，等于当时一两的二十四分之一，而当时之一两，又仅合现在的半两，故当时的荚钱，其重量仅及现在的一两的十六分之一。这种劣币出现以后，自然物价腾贵，所以《食货志》说：“不轨逐利之民，畜积余赢，以稽市物，痛腾跃，米至石万钱，马至匹百金。”

实际上，高帝虽新铸荚钱，而秦代之半两钱并未销毁，历惠帝、吕后直至文帝时代，半两钱仍然流通于市场。《高后纪》云：二年秋七月，“行八铢钱”。又云：六年，“行五分钱”。应劭注云：八铢钱本秦半两钱，五分钱即荚钱。足见吕后时，半两钱与荚钱还是同时并行。

文帝时，以“钱益多而轻，乃更铸四铢钱，其文为半两”。同时，又以当时商业交换关系日益繁多，货币的需要量日益增大，于是“除盗铸钱令，使民放铸”。但当时的法令，人民只许以铜、锡铸钱，敢杂以铅、铁为他巧者其罪黥。然而，诚如贾谊所云：“铸钱之情，非殽杂为巧，则不可赢，而殽之甚微，为利甚厚。夫事有召祸，而法有起奸，今令细民人操造币之势，各隐屏而铸作，因欲禁其厚利微奸，虽黥罪日报，其势不止。”所以当时人民抵罪者，多者一县百数，而为官吏之所疑，榜笞奔走者更多，然而一般人民仍然“释其耒耨，冶熔炊炭”，虽有严法，不能禁止巧伪。而且刑法所及，只是细民。至若贵族达官，则又为法之所不及。故文帝时“吴、邓钱布天下”。而钱法遂紊乱不堪。

文帝时，国内流行的铜币，大概有三种，即半两钱、四铢钱、荚钱。所有的私钱，大都皆依照这三种钱币而铸造，这三种铜币，重量不同，名义价值也不同。所以当时“民用钱，郡县不同，或用轻钱，百加若干；或用重钱，平称不受”。所谓用轻钱百加若干者，即今所谓贴水；所谓“平称不受”者，即以一当一有余，不能受也。由此而知当时钱虽有轻有重，而价亦有高有低。

到武帝时，国家收回了铸币权，禁止人民自由铸钱。建元元年，废文帝时的四铢钱，另铸三铢钱以代之。五年春，又罢三铢钱，行半两钱。五年之中，铜币经过两次的更易。以后对外的战争开始了，军费浩大，“大司农陈臧钱，经用、赋税既竭，不足以奉战士。”加以当时水旱为灾，情形惨重。“天子遣使者虚郡国仓廪以振贫，犹不足，又募豪富人相假贷，尚不能相救，乃徙贫民于关以西及充朔方以南新秦中，七十余万口，衣食皆仰给于县官……费以亿计，县官大空。”在财政这样困难的情形之下，对于货币的需要，自然非常急切。乃“令民得买爵，及赎禁锢免减罪”。然而这种卖爵赎罪的收入，仍不足以供应日益扩大的军费和灾民的赈济。于是乃又销毁半两钱，改铸三铢钱。除此以外，更新为皮币与银币。所谓皮币者，即以“白鹿皮方尺，缘以缋，为皮币，直四十万”。其银币三种，已于前述。但是所谓皮币者，不过是向诸侯王捐款的一张收条而已，他本身并不代表额面的价值。而银币则以吏民盗铸者多，又“(当时)白金稍贱，民弗宝用，县官以令禁之，无益，岁余终废不行。”结果还是要从铜币上想方法，以救济财政上的困难。

元狩五年春三月，有司以三铢钱轻，易作奸，乃令郡国更铸五铢钱。周郭其质，使奸猾吏民，无法磨取其熔。并重申禁令：“盗铸诸金钱，罪背死。”然而利之所在，人不畏死，而当时“天下大氐无虑皆铸金钱矣，犯法者众，吏不能尽诛”。当时虽曾“遣博士褚大、徐偃等，分行郡国”。但是他们的报告，是“郡国铸钱，民多奸铸”。于是又“令京师铸官赤仄，一当五”，并规定，“赋官用，非赤仄不得行”。所谓赤仄者，一曰“子绀钱”。据如淳云，乃是用赤铜为郭，而令钱的轮廓作赤色。但是不到两年，“赤仄钱贱，民巧法用之，不便，又废。”

变来变去，总是变不通。于是武帝决然下令：“悉禁郡国毋铸钱，专令上林三官铸。钱既多，而令天下非三官钱不得行。诸郡国前所铸，皆废销之。输入其铜三官。”铸币政策的这一改变，遂使吏民盗铸者“计其费，不能相当”，“而民之铸钱益少”。但“真工大奸”仍然盗铸如故。

所谓三官钱，就是五铢钱。因统于上林三官，故曰三官钱。三官钱既行，于是以前所有的各种铜币如半两钱、五分钱(即荚钱)、四铢钱、三铢钱、赤仄钱以及银币、皮币，一律废止，而铜币遂归划一。自此以后，历七八十年，直至平帝时，通行的铜币，都是五铢钱。在当时，此种五铢钱的铸造额，竟达“二百八十亿万余”。

到孺子婴时，王莽专政，曾造大钱，径一寸二分，重十二铢，文曰：大钱五十。又造契刀、错刀。“契刀，其环如大钱，身形如刀，长二寸，文曰：契刀五百。错刀，以黄金错其文曰：一刀直五千。”但是当时五铢钱并未废止，仍然同时并行。这种一当五十的大钱，一当五百的契刀，一当五千的错刀之出现，并不是偶然的，而是当时物价高涨，筹码不足，不能不以一当五十，当五百，当五千。这在今日也是一样，每当物价高涨的时候，便会出现额面金极高的纸币。

恶劣的货币驱逐良好的货币，这是一定不移的真理。自以王莽所铸的大钱、契刀、错刀，这些名义价值与实际价值不符的恶币出现以后，于是黄金、白银及过去的五铢钱，都纷纷从流通过程中被驱逐出去，攒进贵族官僚富商大贾的钱柜之中，再也不肯出来。这样一来，筹码更感不足。所以王莽即位之后，索性把契刀、错刀和五铢钱，一齐废止，而另外发行钱、金、银、龟、贝、布六种新币，凡二十八品，谓之曰“宝货”。其中计铜币六品[①]，金币一品，银币二品[②]，龟币四品[③]，贝币五品[④]，布币十品[⑤]。把龟、贝当作货币，这就可以想见当时贵金属已经完全封存在富人的库藏中了。

王莽所行的新币，种类实在太繁杂了，对于买卖换算，极感不便。而且当时政府的用意，显然是企图用一些不值钱的龟甲和贝壳吸收人民的金银和铜币。所以史称“每壹易钱，民用破业”。而政府的国库，却因此而换来了黄金六十余万斤。但是人民对于龟、贝与黄金的价值之差别，分得很清楚，他们当然不愿意用他们光采夺目

① 铜币六品即“钱货六品”。

（一）小钱——径六分，重一铢，文曰：小钱直一。
（二）幺钱——径七分，重三铢，文曰：幺钱一十。
（三）幼钱——径八分，重五铢，文曰：幼钱二十。
（四）中钱——径九分，重七铢，文曰：中钱三十。
（五）壮钱——径一寸，重九铢，文曰：壮钱四十。
（六）大钱——径一寸二分，重十二铢，文曰：大钱五十。即前铸大钱。

② 黄金重一斤，直钱万。银币二品，已如前述。

③ 龟币四品即“龟宝四品”。

（一）元龟——岠冉长尺二寸，直二千一百六十，为大贝十朋。
（二）公龟——九寸，直五百，为壮贝十朋。
（三）侯龟——七寸以上，直三百，为幺贝十朋。
（四）子龟——五寸以上，直百，为小贝十朋。

④ 贝币品即“贝货五品”。

（一）大贝——长四寸八分以上，二枚为一朋，直二百一十六。
（二）壮贝——长三寸六分以上，二枚为一朋，直五十。
（三）幺贝——长二寸四分以上，二枚为一朋，直三十。
（四）小贝——长一寸二分以上，二枚为一朋，直十。
（五）不盈寸二分——漏度不得为朋，率枚直钱三。

⑤ 布货十品——大布、次布、弟布、壮布、中布、差布、厚布、幼布、幺布、小布。小布长寸五分，重十五铢，文曰小布一百。自小布以上，各相长一分，相重一铢，文各为其布名，直各加一百。上至大布，长一寸四分，重一两，而直千钱矣。是为布货十品。

的黄金，去换那些一钱不值的龟甲和贝壳。所以史称当时“百姓愦乱，其货不行，民私以五铢钱市买”。在这样的情形之下，王莽又不得不翻然变计，“但行小钱，直一，与大钱五十，二品并行，龟、贝、布属且寝。”但是到天凤元年，又下令金、银、龟、贝之货，颇增减其贾值而罢大、小钱，并作值一的货泉[1]与值货泉二十五的货布[2]同时并行。此后不久，王莽的政权也就覆亡了。

总上所述，我们可以看出，西汉时代是以黄金为主币，铜币为辅币。贯通西汉的全时代，黄金的价格，没有什么涨跌，大概都是黄金一斤，值钱一万。至于铜币，则经历了不少的变更。如高帝时铸荚钱；文帝时铸四铢钱，但自高帝至文帝时，秦代的半两钱还是同时并行。武帝初，先后铸三铢钱、半两钱，以后又作银币、布币，更后又铸五铢钱、官赤仄，最后则废除一切以前的铜币，而专行三官所铸的五铢钱，谓之三官钱。由武帝历昭、宣、元、成、哀、平之世，均行五铢钱。到王莽时始新铸大钱、契刀、错刀，又为宝货六种二十八品，以及货布、货泉之类的货币。但直至西汉之亡，而五铢钱仍然是最通行的货币。这种货币制度的改变，就恰恰反映出西汉社会经济由繁荣走向衰落的过程。

五　国际贸易的发展

汉武帝时，以长安为中心，西至塔里木盆地和中亚，西南至川、黔、滇和印度，东南至闽、粤和安南、南洋，东北至辽东和朝鲜、日本，都有中国商人的活动。同时，东南西北各国的商人，也纷纷来到中国。

张骞奉使西域，回国以后的报告，使中国人正确地知道当时西方世界的具体情况以及通达西方世界的道路。据张骞的报告，中亚诸国，如大宛、大夏、安息之属，皆大国，多奇物而兵弱，贵汉财

---

① 货泉，径一寸，重五铢，文右曰货，左曰泉，枚值一，与货布二品并行。

② 货布，长二寸五分，广一寸，首长八分有奇，广八分。其圜好径二分半，足枝长八分，间广二分。其文右曰货，左曰布，重二十五铢，值货泉二十五。

物。其北大月氏、康居之属，兵虽强，可以赂遗设利，使之入朝进贡。诚得以义属之，则地广万里，重九译，致殊俗，威德遍于四海。惟通达中亚，只有一条捷径，即必须经南山北麓，而这里有匈奴人遮断通路，甚为危险。此外尚有一条通路，即从四川、贵州、云南经缅甸、印度以达中亚。因为在大夏，曾见邛竹杖和蜀布，据大夏国人云，此等竹杖和蜀布是从身毒买来的，身毒在大夏东南几千里，其国临大海。身毒既有蜀物，其地必去蜀不远，而且必有商路可通。

南山山谷间的森林

因此照张骞的意见，如欲通中亚，只有两个办法，第一，是征伐匈奴，打通南山北麓之南道和北山南麓之大道，这是两条天然走廊；第二，是通西南夷，打通西南的国际通路。

这位探险家的海外奇谈，把好大喜功的汉武帝说得心花怒放。为了打通到中亚的商路，他决定从西北和西南两方面同时并进。讨伐匈奴的远征军，不久就继续不断地出动了；同时，派赴西南的政治使节，也“四道并出，出駹，出莋，出徙，出邛，出僰，皆各行一二千里”。(《汉书·张骞传》）结果，西南方面的国际商路，被阻于西南夷，始终没有打通，只能通过西南夷的仲介，与印度商人进行间接的贸易。而在西北方面，则不久便打通了南山北麓和北山南麓的走廊，与西域诸国畅通无阻了。

南山北麓之东段，在过去本来是一片荒凉的溪谷，在这里，只是稀稀落落有些匈奴人的帐幕和畜群，但是自从被西汉占领以后，这里便筑起了四个大城市，即武威、张掖、酒泉、敦煌，所谓河西四郡者是也。当时为什么要选定这几个地方设立郡治呢？其原因即因这几个地方，都有沙漠田，足以为屯戍军队的给养之补充①。自武帝时起，迄于西汉之末，河西四郡日趋繁荣，这些城市，不仅是汉朝往来西域的吏卒的补给站，也是国际贸易的商人寄顿之所。

敦煌之汉代古垒

当时国际贸易的商人，由长安出发前往西域，他们都必须经过河西四郡，由武威、张掖、酒泉而至敦煌。敦煌是河西走廊极西的一个都市，过此而西，则为西域的境界。这里在当时是汉军的根据地，驻屯着雄厚的边防军，屯积着如山的粮草，有巍然雄峙的堡垒，有大将军的行营，有太守和田官的官署，有各种商店。李广利两次

① 陈正祥氏《河西走廊》之《沃野与都市》一篇中，谓“河西沃野之分布方式，东西两部，显然不同，嘉峪关以东，沃野大致互相连接，可称为‘连续沃野’，嘉峪关以西，沃野零星分布，孤悬于荒漠之中，可称为‘孤立沃野’”。陈氏于《河西走廊》一书中，曾列举沃野十处，而以张掖、酒泉、敦煌、武威为大。据云：“张掖沃野，自东南之古城子以迄西北之黄家堡，延长65公里，南起祁连山北麓，北迄合黎山南麓，南北宽度在15—30公里之间，全部面积约达1500方公里。”“酒泉沃野东西宽约32公里，南北长约40公里，全部面积930方公里。”“敦煌沃野，东西宽约24公里，南北长约27公里，全部面积达350方公里。”“武威沃野之面积，约为1200方公里。”

远征大宛，都是以敦煌为根据地出发的。

商队通过盐泽的情景

因为敦煌是汉朝西部的一个城市，西域商人到了这里，就算是蹈入了汉朝的边境；他们如果再向东进，必须于此办理一切入境手续。而且在经过了盐泽沙漠之艰苦的旅行以后，亦必须于此略事休息。同时汉朝商人由内地到达敦煌以后，亦必须于此办理出境手续。而且为了开始横断盐泽沙漠的旅程，亦必须于此作缜密而充分之准备，如雇赁骆驼，购备粮食，装载饮水等，亦需要相当的时间。由此我们可以想到当时的敦煌市上，一定到处可以看到军队、田卒、商人和一群一群的骆驼队。自敦煌而西，汉朝的商人便西向玉门。玉门关是当时汉朝极西的大门，过此而西，则为荒旷的盐泽。足足有 120 里的沙漠旅程，才能达到塔里木盆地极东的一个城市，即所谓楼兰者是也。

盐泽在今日已干涸为一望无涯的罗布泊沙漠，除了北风以外，没有其他的东西。但据斯坦因的报告，这里在汉代，库鲁克河尚挟其水量流贯楼兰，曲折以入于盐泽。直至今日，在干涸了的库鲁克河之狭窄低槽的两岸，尚倒卧着成列的白杨和红柳的死干，指出汉代盐泽中的风光。

在汉代，横断盐泽，都有延续相望的堡垒，驻屯着守卫商道的戍兵。这些汉代戍兵留下来的铜箭镞、铁匕首、铁勒及建筑物上的木雕和器具，现在都已发现了。由此又知西汉时的商人通过盐泽时，沿途都有休息的驿站。

又据斯坦因报告，在罗布泊沙漠中一个较小的堡垒之北，发现了许多用树枝构成的房屋。在这里，发见了用古佉卢文、婆罗门文、利文及汉文等文字所写的木简。此外还有许多遗物，如美丽的漆盒、有画的丝织物、毛织物残片及木制农具等。在盐泽沙漠中的另一地方，又发现汉代古钱、金属零件及陶器碎片。又在距古楼兰遗址四哩左右之一突出的土台上，发现一葬地，其中除人骨棺木残片之外，尚发现各种殉葬物，如镂刻花纹的铜镜、木制兵器模型、家具、汉简、美丽的彩绢、地毡、绣品残片、堆绒毛织物及粗毛织物等。据斯氏说："此等遗物，可以指定的时期，是在汉代，其时中国的贸易和国力第一次向中亚扩展，约在西元前第二世纪的终了。"又据斯氏报告，在盐泽的古道中，"沿途都可以找到中国的古钱，小件金属器物珠子之类的东西。"在某一个地方，"明明白白散布二百枚左右的中国古钱，距离相隔约三十码左右，……这些方孔钱，都是汉代形式，似乎是新铸的一般，显然是护路人员（或商人）带的钱，绳子松了以后，从钱袋或箱子孔中逐渐漏了出来。"

盐泽南岸所见之冰块和芦苇

以上考古学上的诸发现，不仅指明西汉商人穿过盐泽的一条古道的痕迹，并且具体地指明了他们携带的什么商品，以及往来盐泽中的商人不仅是中国人，也有中亚各国的商人。

过了盐泽，便到达楼兰。楼兰在公元前 2 世纪的终末，正是汉朝商人西入塔里木盆地之第一站，亦即盐泽沙漠之西边的桥头。汉朝的商人，经过了长途沙漠旅行之后，到了楼兰，必须休息几天；同时，由此东行的商人，亦须于此作过度盐泽之一切必须的准备。因此，汉代的楼兰，也是欧亚国际商路上的一个重要站口。

楼兰古城，早已埋没于沙漠中了。晚近西欧考古学者于罗布泊北发现一座古城，最初发现者为俄人希亭，彼于此处颇获古书。后德人喀尔亨利及孔拉第二氏，据其所得古书，定此城为古楼兰之墟。沙畹氏考证斯坦因所得遗物，亦从其说。但王国维氏根据汉简及史籍遗文考证此罗布泊北之古城，决非楼兰废墟，而谓系古之龙城[①]。不论此古城为古龙城亦为古楼兰，在西汉时，罗布泊之北有一城市，为当时商人寄顿之所，则已为考古学的发现证实了。

骆驼经过塔斯马干沙漠之情景

据斯坦因氏的报告，在这座被认为古楼兰的废址中，发现用红柳条和泥土相间筑成的城墙，以及排成行列的枯死的树干，足见这里在西汉时代是一座白杨、红柳掩映的城市。汉朝的商人，到此以后，可以一洗盐泽中的风尘之苦。

“在遗址的西南部，发现一所大建筑物，一部分是用土砖造的，虽已十分残破，尚能看出是一座衙门的遗址。其中有一小室，原来或系用作监牢的。”其傍有粗陋的小屋，“大约是供非中国人之本地

① 《流沙坠简·序》。

官吏所住的”[1]。在这里，除发现金属、玻璃、石质小件、金属扣、石印、镂刻花纹的汉镜及汉代的方孔钱以外，还发现中国文、佉卢文和利文的简牍。在中国文书中，“有从西域长史发出或呈长史的文书，及显然不属于当地军事行动的纪录之残简。但其中有一大部分文书，却是关于当时中国一个小屯田区的一切统治事项的纪录，如种植、存贮及运输粮食之类的纪录。对于官吏及士兵，常有减少口粮的命令，当地不能自给的困难，由此可以显示出来了。”[2]

“又在遗址东南一哩左右，发现了一个大住宅区，这里有一所环以篱笆的果园，其中还残存着死去的古代果树，这是这个遗址中所见的古代种植遗迹之唯一的证明。在这大住宅区遗址中，还发现了许多有趣的遗物，其中有雕刻华美而又加了漆的家具的残片，装饰用的织物，以及饰以西方式地毡图案之拖鞋。”[3]

从以上考古学的报告，我们可以想见，这座古城在西汉时代，有着壮丽的衙门，鳞比的市肆，阔人的住宅，青葱的果园，还有东来西往的国际商队，这是何等的繁荣啊！

到了楼兰，汉朝的商人如果要深入塔里木盆地的西部，有两条道路可通。其一经塔斯马干（塔克拉马干）沙漠之南，沿昆仑山北坂而西；其二，经沙漠之北，沿天山南坂而西。前者谓之南道，后者谓之北道，由南、北两道而西的商人，最后皆会于疏勒（治今新疆喀什市）。因为疏勒是塔里木盆地极西的一个大都市，从此再往西，便是高入云霄的帕米尔高原的大雪山了。

从南道而西的商人，离开楼兰以后，第一站是且末（今且末县南）。且末也只有沙漠田 38 方公里，在沙漠田之四周，皆系流沙。这里在西汉时只有 230 户居民，1610 人，他们就依靠这小小的沙漠田，种植谷物、果树和葡萄。斯坦因氏已经在这里发现了古代葡萄园和果树园的遗址，但这恐怕是东汉之物。

第二站是小宛（今且末县南）。这里在西汉时代，只有 150 户居

① 《西域考古记》98 页。
② 《西域考古记》99 页。
③ 《西域考古记》101 页。

民，计 1050 人。因为这里可耕的沙漠田更为狭小，而南边的昆仑山北坂，又都是草木不生的石山，不能养活更多的人口。

第三站是精绝（今民丰县北）。精绝在小宛西北，只有 480 户居民，计 3360 人。

第四站是戎卢（今民丰县南）。戎卢在精绝西南，是一个不大的城市，有居民 240 户，1610 人。

第五站是扜弥（今新疆于田县城东北），扜弥是戎卢与于阗之间的一个城市，有居民 3340 户，20040 人。到扜弥后，当时的商人可南到渠勒（今于田县南一带）。渠勒在扜弥西南，是一个小城，只有居民 310 户，2170 人。

第六站是于阗（今和田西南）。子阗是南道最大的一个都市，位于阗河的西岸。当时的于阗河，还是挟着昆仑山的水源，由南而北，纵贯沙漠，因之当时的商人，可以由于阗河的水路，通达北道诸国。于阗之所以成为一个大城市，主要地是因为这里有很宽广的沙漠田，其面积约达 1600 方公里。在西汉时，这里即有居民 3300 户，19300 人。当地的居民大抵以农业为生，而城市手工业，则以雕琢玉器闻名于当世。往来南道的商人，大都以购买于阗的玉器为主要的经商目标。

第七站是莎车（今莎车县）。莎车已经进到塔里木盆地西端大沃野之东头，这里有沙漠田 2600 方公里，是盆地中的第二大沃野。在西汉时，这里有居民 2339 户，16373 人。

第八站是疏勒。疏勒在塔里木盆地之极西，是南北两道商人总汇之所。这里，沙漠田东西长约 100 公里，南北宽约 50 公里，其面积达 2650 方公里，为盆地中第一大沃野。有居民 1510 户，18647 人。但在这里，往来的商队，其人数，或许超过土著人口。因为这里是南北两道商人汇合之地，亦为东西商人必须寄顿之所。一方面，由中亚东来的商人，越过了帕米尔高原之后，必须于此休息；另一方面，由此往西的商人，亦须于此作逾越帕米尔高原之必要的准备。所以疏勒在当时，是一个五方杂处的国际城市。

和阗沙漠中的沃土

现在，我们再折回楼兰，去追踪北道商人的旅程。从楼兰采取北道西进的商人，他们经过艰苦的沙漠旅程之后，才能到达尉犁（今库尔勒东北）。尉犁在焉耆河谷附近，有一小小的沙漠田，在西汉时，有土著居民1200户，9600人。当时汉朝政府在这里驻有戍兵，并派有田官田卒，在这里进行垦殖，以巩固这个军事据点。从这里北向焉耆（今焉耆县西南）的途中，沿途都有堡垒，以保障这条商路的安全。

第二站是焉耆，焉耆是北道的一个大城，在博斯腾湖的北边，当时有居民4000户，32100人。在博斯腾湖的西南岸，有一百余方里的沙漠田，出产谷物。这里在西汉时，无论在政治或经济上，都占重要的地位。

第三站是乌垒（今轮台东北）。乌垒是焉耆与龟兹之间的一个小城，只有居民110户，1200人。据斯坦因氏推测，这里附近的布古尔沙漠田，就是西汉时西域都护所在的轮台，可是并没有找到什么古代的遗迹，只是在从此西向龟兹去的土质沙漠中，沿路发见一群庞大的碉堡遗迹而已。

第四站是龟兹（今库车）。这里分布的沙漠田，其面积达1170方公里，想见当时有着繁盛的农业。当时这里向北逾过天山，可以通达山北诸国，向南沿于阗河，可以横断塔斯马干（塔克拉马干）沙漠，直抵于阗。地理的地位，既适宜于贸易，又想见当时有着繁盛的商业。据《西域传》云，这里在西汉时有居民6970户，81317人。人民从事田畜，亦能冶铸。

第五站是姑墨（今阿克苏）。姑墨在今拜城县西南一个小小的盆地之中，这里有沙漠田220方公里。当时有居民3500户，24500人。

第六站是温宿（今乌什）。温宿位于今日阿克苏沃野之中，阿克苏沃野中的沙漠田，面积达1650方公里，为盆地中第三大沃野。这里在西汉时，有居民2200户，8400人。

第七站是尉头（今阿合奇一带）。尉头是温宿以西的一个小城，在当时只有居民300户，2300人。过此而西南，则为疏勒。

从疏勒而西，中国的商人，便开始越过帕米尔高原之艰苦的行程。关于西汉时代中国通达中亚的古道必须经过的山地，斯坦因氏曾作几度冒险的探索。斯氏以为当时西行的商人，离开疏勒以后，即向着今日乌鲁克恰提关口和那一方面的帕米尔高原前进。第二天便要越过高达16000尺的险峻隘口，陡然下降。在这险峻的高山上，如果纵目一望，“只见横越摩吉大山谷以达今日苏联所属之帕米尔东端的坚垒，白云弥漫，有若大海，真是汪洋大观”。当此之时，中国的商人，假若再读“登东山而小鲁，登泰山而小天下”之句，恐怕要发笑了。

帕米尔高原之大雪山

据斯氏报告，从这个隘口往下看，可以看到从南方冰峰上流下来的一条冰河的中段和下段，长约 10 里，这种壮大的伟观，真是人间稀有的奇景。过了这个隘口，山势陡然下降。当“下降时，要经过一连串险峻的山峰，附近是一些小冰河穿插其间；全程甚是困难，有些地方驮东西的牲口，真是无法通过”。过了这些险峻的山路以后，便到达了摩吉下面大山谷，这里在当时，大概有些塞种人放牧，来往的商人，大概可以在这些塞种人的帐篷里，得到休息的机会。

从此往西，沿着帕米尔的极北边，上到今日喀什噶尔河西源的峡谷，经过五六天的路程，于是又要横越高达 13800 尺的克什贝尔山。在这个山口，可以看见横亘东西高峰在 20000 尺以上的外阿拉山，再向前进，便升到流向疏勒的玛尔堪苏河的河床，这里的温度，常在零度上下。

从这里往下去，商人们便走到了称为红水河的肥沃的克则勒河谷，这就是大阿拉山谷。古代从中原及塔里木盆地来的丝商，即沿这条山谷而下，以达中亚。从阿拉山谷一直下到大宛，塞种人的村落，足足有 70 里之多，在这一路是塞种人夏季的大牧场。沿路上，南面大雪岭的山脉以及高近 23000 尺的高夫曼峰，远远看去，如在画中。

在这一带，斯坦因发现了一些古代垦殖和形制草率的石屋遗迹；同样，在疏勒方面伊尔克什坦木和上面高度相同的处所，也找到垦殖的遗迹。因而可以想见古代商人在这条横越地界屋脊的大路上，除去阿拉山最高部分 70 里长的那一段以外，沿途一定可以找到给养和安身之所。为了篇幅所限，我不能再描写古代中国商人爬过帕米尔的情形。总之，他们必须经过最大的艰苦，才能越过这作为东西两个世界之障壁的帕米尔，而达到有阡陌井然的麦田和果树林的今日的费尔干，古代的大宛。

从敦煌到大宛，还有一条道路可通，这就是取道天山以北的准噶尔高原。采取这条道路的商人，离开敦煌以后，必须经过楼兰东北之荒凉的盐泽以达到今日吐鲁番盆地。据斯坦因考察，这一带的盐泽，自古以来就是地球上一个最低陷之处，最低陷的地方低去海面54米以下。因之，在夏天来往的商人，往往在这里碰到奇热的天气。而且在这一段沙漠的旅程中，商人们不能看到一点有生命的东西。一直到库鲁克塔格山麓，才能偶尔看到一些胆小的野骆驼。再向前进，走到库鲁克塔格山中，便可以看到疏疏落落有四百五十户人家散居山谷之中，这就是《西域传》上所谓山国（今新疆东部博斯腾湖东）。这里大约有5000左右的土人，大都以狩猎与畜牧为生，无城郭，随畜转徙。来往的商人，可以在这些土人的帐篷中，获得一次喘息。

这一段沙漠的旅程，不但荒凉不毛，而且经常有匈奴小组骑兵队袭来的危险。因为这里正当天山东麓的缺口，而这个缺口是匈奴人进出塔里木盆地的孔道。历史上记载匈奴人从这里袭入塔里木盆地的史实，不止一次。但是西汉政府沿着库鲁克塔格山麓，却建筑了成列的堡垒，用以保障这条商路的安全。

向天山北路行进的商人，到了山国以后，大概还是经过焉耆，然后北向车师。车师在今日吐鲁番盆地迪化（今乌鲁木齐市）附近，土地肥美，农产丰富，在西汉时代，为汉与匈奴必争之地。因为匈奴人既不能南入黄河流域，就必须占领这个盆地，然后才能养活他们的畜群，并进而向沙漠田中定住的人民征收贡赋。而汉朝方面，如欲巩固塔里木盆地的统治，以及保障欧、亚商路的安全，也必须占领这个盆地。西汉政府把这个盆地占领以后，汉朝的商人，才能经由天山北路进入中亚。

由车师而西，汉朝的商人，沿着天山北坂，便走进了准噶尔高原，通过卑陆（今乌鲁木齐市东北）、且弥（今乌鲁木齐市）的境界，以入乌孙。在准噶尔斜坂的高处，自古以来，就有很大的松林。稍为下去，则为广阔的牧场。这里的人民，大概居住在帐幕之中，以游牧为生。由此而西南，则进入大宛，与天山南路的商人相会。所以大宛是中国商人进入中亚以后第一个站头。西汉的政府不惜劳师动众，两度远征大宛，就是为了要在中亚建立一个军事的据点，以保障在中亚的贸易。

大宛在今日苏联所属的费尔干，这里是希腊人极东的一个控制区。有人口60000户，300000人。在这里，布满了葡萄园和各种果树，有广大的牧场，出产名马，汉朝称之曰天马。汉朝的商人，有不少从大宛买了葡萄和天马就回国了，但有少数，则由此再向前进，或北入康居，或南入大月氏，而尤以南入大月氏者为最多。因为到了大月氏，就可以碰到安息、条支、印度乃至罗马的商人。

当时中国商人，在中亚究竟到了一些什么地方呢？据《汉书·张骞传》云："（张骞第二次使西域）既至乌孙，……即分遣副使，使大宛、康居、月氏、大夏……于是西北国始通于汉矣。"同《传》又云："汉始筑令居以西，初量酒泉郡，以通西北国，因益发使抵安息、奄蔡、犛靬、条支、身毒国。"由此而知当时中国的政治使节，已远至于里海之北，波斯、阿拉伯与印度了。

在任何时代，特别在封建主义时代，国际贸易的进行，必须以政治力量做先锋。强国对弱国，则表现于军事的掠夺和政治的榨取。弱国对强国，则表现为朝贡的形式。因之西汉时代的所谓政治使节，实际上就是商队的领导人。关于这一点，我们从史籍上可以看出在这些外交使节的后面，跟随着大群的商人。《张骞传》谓自骞以后，前赴西域的"使者，相望于道，一辈大者数百，少者百余人"。以后虽渐减少，但在一年之中，"使者多者十余，少者五六辈"。这些打着国旗做买卖的商队，他们赍操的货物与资本，"大放博望侯时"。而博望侯时的赍操，则为"牛羊以万数，赍金币帛直数千巨万"。这些商队依照各人买卖的目的，走向不同的地方，"远者八九岁，近者数岁而反。"

又据《张骞传》云："自骞开外国道以尊贵，其吏士争上书，言外国奇怪利害，求使。天子为其绝远，非人所乐，听其言，予节，募吏民，无问所从来，为具备人众遣之，以广其道。来还，不能无侵盗币物及使失指。天子为其习之，辄复按致重罪，以激怒令赎。复求使，使端无穷而轻犯法，其吏卒亦辄复盛推外国所有。言大者予节，言小者为副，故妄言无行之徒，皆争相效。其使皆私县官赍物，欲贱市以私其利。"由此而知当时派赴西域的成群结队的外交使节，并非朝廷的正式官吏，皆系一些妄言无行的冒险商人，他们利用政府的资本、货物，而贱卖以饱私囊。这些重装的外交使节，所以往往在路上遭到劫掠。

关于西南的国际贸易，史书所载极为简略，而又无考古学的发现足以印证，故无从详考。惟西汉时大夏市上有邛竹杖与蜀布，而此等货物又系自印度商人转贩而来，则当时四川与印度间之有直接或间接的贸易，又为确切之事。

汉武帝为了打通这条商路，曾派出许多使节，但据《张骞传》云："其北方闭氐、莋，南方闭巂、昆明，昆明之属无君长，善寇盗，辄杀略汉使，终莫得通。"

虽然如此，汉卒因此而通滇国。《张骞传》云："然闻其西可千余里，有乘象国，名滇越。而蜀贾间出物者或至焉。"滇国在今日之昆明，与分布于今日滇、缅边境的哀牢夷，有着贸易的关系，当系可能之事。故以今日之地理度之，当时西南的国际商路，必系以蜀为中心，经犍为、越巂、滇以至于昆明，通过西南夷的仲介，由缅甸、印度以达于中亚之大夏。

现在，我们说到西汉时代的海洋贸易。《汉书·地理志》云："自日南障塞、徐闻、合浦，船行可五月，有都元国；又船行可四月，有邑卢没国；又船行可二十余日，有谌离国；步行可十余日，有夫甘都卢国。自夫甘都卢国船行可二月余，有黄支国，民俗略与珠厓相类。其州广大，户口多，多异物，自武帝以来，皆献见。有译长，属黄门，与应募者俱入海，市明珠、璧、流离、奇石、异物，赍黄金杂缯而往，所至国皆禀食为耦，蛮夷贾船，转送致之。亦利交易，剽杀人。又苦逢风波溺死，不者数年来还。大珠至围二寸以下。平帝元始中，王莽辅政，欲耀威德，厚遗黄支王，令遣使献生犀牛。自黄支船行可八月，到皮宗；船行可八月，到日南、象林界云。黄支之南，有已程不国。汉之译使自此还矣。"以上所记的地名，我们虽不能确证其为今日何地，但以航行的时间计之，已在一年以上，以每日航行六十里计之，自合浦（今属广西）出发至其终点已程不国，当有二三万里的海程。

据晚近学者推测，谓黄支国即《大唐西域记》中西印度境之建志补罗国。如此，则黄支之南的已程不国，当即当时之狮子国，今日之锡兰岛（今名斯里兰卡）。而介于合浦与黄支之间的诸国，则当在今日婆罗洲、新加坡及苏门答腊一带。究竟如何，这还要有待于将来考古学的发现之证明。惟东汉时夫甘都卢国（在今缅甸伊洛瓦底江中游）人与中国有着往来，则为文献所证明。张衡《西京赋》有云："乌获扛鼎，都卢寻橦。"又云："非都卢之轻趫，孰能超而究升也。"这里所谓"都卢"，就是"夫甘都卢"的简称。

再说东北方面的国际贸易。所谓东北方面，即指辽东半岛、朝鲜半岛及日本而言。中原与辽东半岛及朝鲜半岛的诸种族，自古以来，即有着交易的关系，这已经从考古学的发见上获得证明。至于日本，在秦代亦以蓬莱三岛之名而出现于中国的史籍。徐市等或者已经到达了这里。惟史籍记载不明，无从确证而已。

东北方面的国际贸易之畅道，当始于汉武帝征服朝鲜以后。史载武帝于元封二年（前 109 年）以海军与陆军两道并发，陆军出辽东，海军浮勃海，两军会于朝鲜之首都王险城（今平壤市），并在朝鲜置真番、临屯、乐浪、玄菟四郡，于是朝鲜遂成为大汉帝国的疆土。我们从武帝征朝鲜之水陆并进，又知当时通达朝鲜，有水陆两道。而其贸易之中心地，则为当时之乐浪郡。这从乐浪已经发见许多汉代的漆器可以证明。

当时从陆路出发的商人，大都以今日的北平（今北京市），当时的燕（蓟）为根据，《史记·货殖列传》谓当时的燕，"北邻乌桓、夫余，东绾秽貉、朝鲜、真番之利。"由此可以想见，这些商人从燕出发，或北入今日热河（原热河省，辖今河北省东北部承德地区、辽宁省西南部及内蒙古东南部），与乌桓交易；或东入辽西、辽东，与夫余（在今吉林农安一带）交易；或由辽东更进而南行，进入朝鲜半岛，与朝鲜、秽貉（今朝鲜东部）、三韩（今朝鲜南部）贸易。其由海道赴朝鲜者，则大半由山东之罘出发，因为之罘在秦代即为海洋探险的商人麇集之地。到西汉初，当然更加发展了。

除朝鲜以外，当时中国与日本，也发生了繁盛的贸易关系。

《后汉书·东夷传》云：西汉武帝时倭“使驿通于汉者三十许国”。又《汉书·地理志》云：“乐浪海中有倭人，分为百余国，以岁时来献见云。”从这种简略的纪载，我们已经可以想见当时中、日之间的贸易关系。可惜东入倭国的商人之中，没有一个像张骞那样的人物，把这百余国的风土人情出产，详细记载出来，因而我们至今无从确考。但这些诸国，必系今日日本西北的诸部落，则可想见。因为只有这一带最接近于西方的大陆。当时日本的商人之入中国，大都先浮海至朝鲜之乐浪，《汉书·地理志》谓“乐浪海中有倭人”，即其明证。到乐浪后，舍舟陆行，经辽东半岛而入中国，故《文献通考》卷三百二十四《四裔考一》云：“倭人初通中国也，实自辽东而来。”

西汉时代，中、日之间确有贸易关系之存在，近来已有考古学发现的证明。日人木宫泰彦《中日交通史》谓在日本博多罗湾沿岸，发见中国古代的铜剑、铜锋；在筑前国筑紫郡春日村大字须玖、并系岛郡怡土村大字三云发见瓮棺，内多中国古镜、璧玉之属；又由系岛郡小富士村之海岸遗址，发见王莽时的货泉。这些器物和货币在日本沿岸之发现，即足以确证当时日本沿海岸，已有中国商人的活动。

总上所述，我们可以了然于西汉时代国际贸易的概况。当时中国已有三条商路通达中亚，其一由今日之甘肃、新疆越帕米尔高原而入中亚；其二，由今日之四川、云南经缅甸、印度以入中亚；其三，由今日之广东之合浦（今属广西）沿安南海岸，经南洋以达印度，再由印度登陆以入中亚。此外，则由水、陆两道通于朝鲜，并远至于日本。当此之时，中国的商人翻山越岭，乘风破浪，海浮陆行，遍于世界，真可谓盛极一时。

同时，外国的商人，也由四方八面来到中国。如《张骞传》谓：“其所遣副使，通大夏之属者，皆颇与其人俱来。”《地理志》亦谓倭人百余国“以岁时来献”。又谓南洋诸国，“武帝以来，皆献见”。所以当武帝出外游历的时候，到处都可以碰到外国商人。《汉书·张骞传》云："是时上方数巡狩海上，乃悉从外国客。大都多人则过之，散财帛赏赐，厚具饶给之，以览视汉富厚焉。大角氏出奇戏诸怪物，多聚观者。行赏赐，酒池肉林，令外国客遍观各仓库府臧之积，欲以见汉广大，倾骇之。及加其眩者之工，而角氏奇戏岁增变，其益兴自此始。而外国使更来更去……"这段史实，一方面指明了当时来到中国的外国商人之多，同时也指明了中国的统治者，往往在人民贫困之时，而惯于向外国人表现一种虚伪的阔绰。从古以来，就是如此。

第七章

西汉政权的性质、组织、发展及其崩溃

第一节　西汉政权的性质及其组织

一　西汉政权的性质与汉初的“贱商政策”

秦末的农民“叛乱”，颠覆了秦代商人地主的政权，但并没有改变这个政权依以建立的社会经济基础，因而从农民“叛乱”的血泊中生长出来的西汉政权，仍然是商人地主的政权。

汉高祖本是一个小土豪出身，小土豪的社会属性，与其说是接近于农民，毋宁说是接近于商人地主；因为他们同样是以榨取农民为生活。即因如此，所以就决定了他之必然走向商人地主的方面。

果然，当旧贵族与秦代商人地主的主力军血战于河北之时，汉高祖却打着除秦苛法的旗帜，骗到了一部分农民的武装，与赵高里应外合，西入武关。一入武关，便宣布了“约法三章”，倒在商人地主的怀抱之中，因而获得巴、蜀、汉中一带大商人地主之财政的支持，得以完成其军队之武装的装备与粮秣的补充，从而得以展开后来楚汉相峙的局面。

楚汉的斗争，实际上，就是残余的旧贵族与商人地主的斗争。在这个斗争中，汉高祖公开地站在商人地主的方面，替他们执行讨伐旧贵族的反动之历史任务。历史发展的倾向，决定了这个斗争的胜利属于商人地主，因而汉高祖才能胜利地消灭了旧贵族的势力，使天下归于一统；从而汉高祖才能去掉竹皮冠，戴上皇帝的冕旒。

这样看来，汉高祖之成帝业，并不因为他是赤帝之子，也不因为他是陶唐氏之后，更不因为他“左股有七十二黑子”。而是因为在他的后面，有着一个庞大的商人地主集团作他的后台老板。

为了巩固商人地主的政权，汉高祖和秦始皇一样，一开始，便展开了两条战线的斗争。所谓两条战线的斗争，即一方面肃清残余的旧贵族，一方面镇压农民。

旧贵族在战国末叶已经失掉了他们的社会基础，以后经过秦代政府的坑杀抑压，死的死，降的降，逃的逃，更零落得不成一个阶层。在秦末旧贵族之所以尚能掀起一个倒转历史的运动，这并不是由于他们本身还具有这样的历史活动，完全是凭借农民“叛乱”的力量。他们把盲动的农民“叛乱”，引导到自己的政治方向，以实现自己的政治目的。这正如传奇中所说的借尸还魂一样，旧贵族在秦末，已经变为一个没有肉体的游魂。因此他们的反动，也就正像昙花一现，顷刻之间便归于消灭了。

楚汉战争可以说是商人地主对旧贵族之最后的清算，而且旧贵族也确实被清算了。项羽的集团在乌江之役，作了最后的结束；田横的脑袋由二客捧呈于汉高祖的御前；韩王信也逃亡于匈奴；剩下一个替高祖“运筹于帷幄之中，决胜于千里之外”的张子房，看见风头不好，“乃学辟谷、道引、轻身”，“弃人间事”。此外如叔孙通及鲁国一部分旧贵族中的文人，则已投降新朝，替新皇帝制礼作乐。旧贵族中的不屈之士，只有田横的五百壮士，但他们都已自刎于孤岛；还有鲁两生，虽不投降，但决造不起反来。由此看来，旧贵族到汉初，已经最终地从中国历史上退去了。

但是汉高祖却因为亲自领略过旧贵族的教训，鸿门之宴，彭城之败，荥阳之围，使他永远不能忘记。所以当他即位以后，便听从刘敬的建议[1]，把齐、楚、燕、赵、韩、魏的后裔，都强制地移徙于关中加以软禁[2]。这样一来，所有残余的旧贵族，都一网打尽了。这些强制移徙于关中的残余旧贵族到后来，都转化为商人地主了。

农民在楚汉战争结束以后，都已放下武器，解甲归田，他们正像一群羔羊在新朝的郡守、县令、三老的层叠统治之下，重新负起繁苛的租税和苦重的徭役。在大动乱之后农民需要安息，无论如何，他们不会马上又来一个暴动。但是汉代的高皇帝曾经亲眼看见这些羔羊变成狮子，因此，不能不对这些农民加以严密的防范，以警戒可能的意外。

为了镇压农民，西汉政府不惜对匈奴采取和亲的政策，而把武装分布于国内，当时的地方军队，有轻车、骑士、材官、楼船。平地则用车骑，山阻则用材官，水泉则用楼船[3]。据《文献通考》卷一百五十《兵考二》云："大抵巴、蜀、三河、颍川诸处，止有材官；上郡、北地、陇西诸处，止有车骑；而庐江、浔阳、会稽诸处，止有楼船。三者之兵，各随其地之所宜。"这样一来，商人地主的武装，便布满郡国，所有的刀剑，都指向农民。

与武装的镇压平头并进，是刑法的威吓。如前所述，高祖入关，只有"约法三章"：杀人者死，伤人及盗抵罪。余悉废除。但据《通典·刑典》所述，其后不久，以三章之法，不足以御奸，于是萧何攈摭秦法，取其宜于时者，作律九章。以后叔孙通益律所不及，傍章十八篇，张汤越宫律二十七篇，赵禹朝律六篇，合六十篇。又汉时决事，集为令甲以下三百余篇"。所谓令甲以下者，即令甲、令乙、令丙、令丁……之谓，此皆由皇帝之诏令而著为法律者。因

---

① 《汉书·刘敬传》云："夫诸侯初起时，非齐诸田，楚昭、屈、景莫与。今陛下虽都关中，实少人。北近胡寇，东有六国强族，一旦有变，陛下亦未得安枕而卧也。臣愿陛下徙齐诸田，楚昭、屈、景，燕、赵、韩魏后，及豪杰名家，且实关中。无事，可以备胡；诸侯有变，亦足率以东伐，此强本弱末之术也。"

② 《汉书·高帝纪》云：九年"十一月，徙齐、大族昭氏、屈氏、景氏、怀氏、田氏五姓关中，与利田宅"。据《刘敬传》所记：此次所徙，共为十万余口，这五姓，真可谓大族了。又据《汉书·地理志》云："汉兴立都长安，徙齐诸田，楚昭、屈、景及诸功臣家于长陵。……盖亦以强干弱支，非独为奉山园也。"

③ 《后汉书·光武帝》注引《汉官仪》。

诏令有先后，故次为甲、乙、丙、丁三百余篇。由此而知三章之法，不久便变成三百余章了。

又据《汉书·刑法志》云：“武帝即位……征发烦数，百姓贫耗，穷民犯法，酷吏系断，奸轨不胜。于是招进张汤、赵禹之属，条定法令，作见知故纵、监临部主之法，缓深故之罪，急纵出之诛。其后奸猾巧法，转相比况，禁网寖密，律令凡三百五十九章，大辟四百九条、千八百八十二事，死罪决事比，万三千四百七十二事。文书盈于几阁，典者不能遍睹。是以郡国承用者驳，或罪同而论异，奸吏因缘为市。所欲活则傅生议；所欲陷则予死比，议者咸冤伤之。”

这样的严刑峻法愈演愈烈。到宣帝时，廷尉史路温舒上疏言曰：“秦有十失，其一尚存，治狱之吏是也。”到成帝时，法令更繁。成帝曾有诏曰：“《甫刑》云：‘五刑之属三千，大辟之罚，其属二百。’今大辟之刑，千有余条，律令繁多，百有余万言。奇请它比，日以益滋，自明习者不知所由，欲以晓谕众庶，不亦难乎！”

据史籍所载，西汉的刑法，有夷三族①、要斩②、磔③、弃市④、腐刑⑤、髡钳⑥、完⑦、城旦舂⑧、鬼薪、白粲⑨、耐⑩、罚作⑪、

① 《汉书·高祖纪》云：九年，“捕赵王敖下狱，诏敢有随王，罪三族。”三族者，父族、母族、妻族也。

② 《汉书·隽不疑传》云：张延年自称卫太子，“坐诬罔不道，要斩东市。”要斩者，即腰斩也。

③ 《汉书·景帝纪》云：中元二年，“改磔曰弃市”。磔刑者，张其尸也。

④ 《汉书·景帝纪》注：“师古曰：弃市者，取刑人于市，与众弃之也。”

⑤ 《汉书·景帝纪》云：中元四年，死罪“欲腐者许之”。腐刑曰宫刑，又曰下蚕室。谓之腐者，以丈夫割势，不能生子，如腐木不生实也。

⑥ 《汉书·高帝纪》云：九年，“郎中田叔、孟舒等十人，自髡钳为王家奴。”髡者，割发也；钳者，以铁束头也。

⑦ 《汉书·惠帝纪》云：惠帝即位，“民年七十以上，若不满十岁，有罪当刑者，皆完之。”完者，不加肉刑，髡鬄之也。

⑧ 《汉书·惠帝纪》云：“有罪当刑及当为城旦舂者。”城旦者，旦起行治城；舂者，妇人不豫外徭，但舂作米；皆四年徒刑也。

⑨ 《汉书·惠帝纪》云：“皆耐为鬼薪、白粲。”鬼薪者，取薪给宗庙；白粲者，坐择米使正白；皆三年徒刑也。

⑩ 《汉书·高祖纪》云：七年，“令郎中有罪耐以上，请之”。耐或作耏，轻罪不至于髡，完其耐鬓。一岁为罚作，二岁耐，以上为耐也。

⑪ 见注⑨，罚作，一年徒刑也。

笞[①]等，而这就是“除秦苛法”的西汉政府之“仁政”。

或曰，这些刑法，乃为一般人民而设，非专为农民而设。但封建时代的刑法，是以“不及大夫”为原则，西汉政府仍然没有破坏这个原则。《汉书·高帝纪》有云：“郎中有罪，耐以上请之。”《贾谊传》亦云：“是后（文帝以后）大臣有罪，皆自杀，不受刑。”由此而知刑法是为谁而设了。

不仅如此，西汉有赎罪之法，令犯罪者得以纳钱或入粟赎罪[②]。这诚如萧望之所云：“今欲令民量粟以赎罪，如此则富者得生，贫者独死，是贫富异刑而法不一也。”

这样看来，西汉时代的刑法，不仅贵贱异科，而且贫富异刑，它完全是对农民执行超经济之强制的一种工具。

西汉政府对农民，一面威之以武装压迫，一面又绳之以严刑峻法。于是校尉则白昼行劫，狱吏则黑夜杀人，郡守县令则苛征急敛，商人地主则巧取豪夺。而农民则饥不敢啼，寒不敢号，冤不敢诉，死不敢哭，否则投入黑狱，弃诸市曹。

现在我们看西汉政府对商人地主是怎样一副和蔼可亲的面容。如前所述，汉高祖即位之初，就颁布了一道命令，令那些因秦末农民“叛乱”而失掉土地所有权之商人地主，仍得占有其原来的土地。如有爵位者，并得恢复其爵位。这对于商人地主可以说是既富之而又贵之也。

同时，西汉自高祖下逮文、景之世，代有减轻或蠲免田赋之令。高祖时“轻田租，什五而税一”。文帝十二年“赐农民今年租税之半。”明年，“除田之租税”。至景帝元年，又“令田半租”，即三十而税一。其间共有一十二年，没有收过一文田租，这是中国史上仅

---

① 《汉书·刑法志》：“当斩左止者，笞五百；当劓者，笞三百。”又云：“景帝元年下诏曰：加笞与重罪无异，幸而不死，不可为人。”

② 《汉书·惠帝纪》云：惠帝元年，“民有罪，得买爵三十级，以免死罪。”应劭注曰：“一级直钱二千，凡为六万。”《文献通考》卷一百七十一《刑考十》云：“孝文时，纳晁错之说，募民入粟塞下，得以除罪。”《汉书·食货志》云：“孝景时，上郡以西旱，复修卖爵令……得输粟于县官以除罪。”同书《武帝纪》云：武帝天汉四年，“令死罪入赎钱五十万，减死一等”。

有的事实。也是中国历史家称颂不绝的文景之德政。但是可惜这种德政，并不能普及于方民，而只能及于有田有土的豪强。因为政府减免的，是地主应缴的土地税。与无田无土的农民，不但毫无利益，而且反有损害。一方面，农民不能因此减免对地主应缴的地租，并且还要增加许多因为填补减免田赋的损失而来之苛捐杂税的负担；另一方面，地主以减免田赋之所得，益发肆行土地的兼并，更加速了农民离开土地的过程。所以荀悦慨乎其言之曰："官家之惠，优于三代；豪强之暴，酷于亡秦。"

西汉政府，一面执行左右开弓的政策；另一面，对于商人地主之惠，又优于三代，这个政权的性质，已经非常明白了。但是还有一个问题，即西汉初曾有抑压商人的事实。如"高祖令贾人不得衣丝乘车，重税租以困辱之"。孝惠、吕后之世，虽弛商贾之律，"然市井子孙，亦不得宦为吏"。这种事实，看起来，似乎与商人地主的政权是一种矛盾。但是假若我们从具体的史实考察就会明白，这种矛盾，乃是商人地主集团内部的矛盾，它并不影响西汉政权的性质。

在这里我们必须指出，西汉初的地主有两个来历不同的集团：一个是由先秦发展而来的旧的商人地主集团，另一个是由秦末农民"叛乱"中生长起来的新的贵族地主集团。这两个地主集团，在对付农民一点上，他们的利害是一致的；但在其相互之间，却仍然有着利害的冲突。

具体的史实指示出来，旧的商人地主，他们自从在新政府的恩诏之下，获得了土地所有权的恢复与政治地位的承认以后，不久遂发挥其历史的蓄积，展开大规模的商业活动。又以商业的奇赢，转而从事于土地之收夺。晁错曾述此种情形曰："商贾大者积贮倍息，小者坐列贩卖，操其奇赢，日游都市，乘上之急，所卖必倍。故其男不耕耘，女不蚕织，衣必文采，食必粱肉。……因其富厚，交通王侯，力过吏势、以利相倾。千里游敖，冠盖相望，乘坚策肥，履丝曳缟。此商人所以兼并农人，农人所以流亡者也。"司马迁也说："富商大贾，或蹛财役贫，转毂百数，废居居邑，封君皆低首仰给。"

这样看来，当时旧的商人地主，不仅“积贮倍息”，兼并农人，而且“乘上之急”，剥削政府。不仅“操其奇赢”，“蹛财役贫”，而且“因其富厚，交通王侯”；甚至使“封君低首仰给”。这就表明了他们已经掌握着当时社会经济的命脉，并进而支配着当时的政治。

在另一方面，西汉的贵族地主大半出身于流氓，他们本来是一群穷光蛋，虽然因为抓着了政治权力，得以拿着刀剑进行超经济的强制收夺，而变为一个新的地主集团，但总是一群暴发户。所以当旧的商人地主“乘坚策肥”的时候，而贵族地主，则“自天子不能具醇驷，而将相或乘牛车”。当旧的商人地主“墙屋被文绣”的时候，而皇帝“身衣皂绨”。当旧的商人地主的“嬖妾”，用丝织物缘其履的时候，而“天子之后以缘其领”。从这里，我们就可以看出西汉初新旧两个地主集团之力量的对比。

但是矛盾的发生，还不是因为贵族地主在商人地主之前相形见绌，而是因为在利害上发生了冲突。这就是因为旧的商人地主兼并农民，使农民疾速地失掉土地，成祥地走进都市，变成末技游食之民，妨害了农村经济的发展，因而影响到贵族地主的租税收入；从而使社会秩序的安宁，发生了问题。为了稳定并巩固新的统治，贵族地主站在统治者的立场上，就必须以安定社会秩序、培养租税泉源为当务之急。而这又非使末技游食之民回到农村，以繁荣农村经济不可。因此就必须制止旧的商人地主之兼并农民，这就是西汉政府抑压商人的原因。

关于这一点，贾谊曾有言曰：“汉之为汉，几四十年矣，公私之积，犹可哀痛……即不幸有方二三千里之旱，国胡以相恤？卒然边境有急，数十百万之众，国胡以馈之？兵旱相乘，天下大屈，有勇力者，聚徒而衡击，……远方之能疑者，并举而争起矣，乃骇而图之，岂将有及乎！”所以，他主张“殴民而归之农，皆著于本，使天下各食其力，末技游食之民转而缘南亩，则蓄积足而人乐其所矣”。

晁错也曾说过：“今海内为一，土地人民之众，不避汤、禹，加以亡天灾数年之水旱，而蓄积未及者，何也？地有遗利，民有余力，生谷之土未尽垦，山泽之利未尽出也；游食之民未尽归农也。民贫则奸邪生。贫生于不足，不足生于不农，不农则不地著，不地著则离乡轻家。民如鸟兽，虽有高城深池，严法重刑，犹不能禁也。夫寒之于衣，不待轻暖；饥之于食，不待甘旨；饥寒至身，不顾廉耻。人情一日不再食则饥，终岁不制衣则寒。夫腹饥不得食，肤寒不得衣，虽慈母不能保其子，君安能以有其民哉！”所以他的结论也是："方今之务，莫若使民务农而已矣。"

由此可知当时商人地主之兼并农人这件事，已经卷起了一个很大的社会危机。为了挽救这种危机，所以才有抑商之令。但是这种抑商的政策，并没有收到什么实效。诚加晁错所云："今法律贱商人，商人已富贵矣；尊农夫，农夫已贫贱矣。故俗之所贵，主之所贱也；吏之所卑，法之所尊也。上下相反，好恶乖迕，而欲国富法立，不可得也。"

旧的商人地主与新的贵族地主两个集团，直至汉武帝时，才渐渐融混。这一方面，是由于贵族地主之商人化；另一方面，是由于商人地主之贵族化。关于贵族地主之商人化，已如前述，现在我们单说商人地主的贵族化。

据史籍所载，西汉至武帝时，从董仲舒之议，设立太学。太学主要的目的，在教育贵族地主的子弟，但商人地主的子弟，亦得受业太学为弟子。武帝时有博士弟子若干，不得而详，但昭帝时已满百人，宣帝末，增至千人，成帝末，竟达三千人。除太学外，又有郡国学，这是专为商人地主的子弟而设的；但郡国贵族官僚的子弟，亦得为学官弟子。即因有太学与郡国学之设，于是大多数商人地主的子弟，都得到了接受政治教育的机会，成为官僚的候补人。这些官僚候补人，不久便从各种的门道，走上了政治舞台。

据史载，西汉至武帝时，政府选官，除封建关系的缘引以外，尚有选举、征用、荐举、考试各种方式，乃至上书言事，亦能得官。这当然是向商人地主大开政治之门。

当时由选举进身者，有博士弟子[①]、明经[②]、明法[③]及学童[④]四科。由廉能征用者，有征起[⑤]、孝廉[⑥]及贤良方正[⑦]三科。由郡国荐举者有茂材异等[⑧]、孝弟力田[⑨]两科。由考试进身者，有对策[⑩]、射策[⑪]两科。以上各种考选举荐，皆系经常举行，大批录用。至于上书言事者，

---

① 《汉书·儒林传》云："（博士弟子）能通一艺以上，补文学掌故缺；其高第可以为郎中。……以治礼掌故，以文学礼义为官，迁留滞。请选择，其秩比二百石以上及吏百石通一艺以上，补左右内史、大行卒史，比百石以下补郡太守卒史，皆各二人，边郡一人。先用诵多者，不足，择掌故以补中二千石属。文学掌故补郡属备员。"又云："平帝时，王莽秉政，增元士之子得受业如弟子，勿以为员。岁课甲科四十人为郎中，乙科二十人为太子舍人，丙科四十人补文学掌故云。"

② 《汉书·龚遂传》："（龚遂）以明经为官。"《汉书·召信臣传》："（召信臣）以明经甲科为郎。"又《文献通考》卷二十八《选举考一》云："孝平元始五年，召天下通知逸经、古记、天文、历算、钟律、小学、史篇、方术、本草及以五经、论语、孝经、尔雅教授者，在所为驾一封轺，传遣诣京师，至者数千人。"

③ 《汉书·郑崇传》："（郑）崇父宾，明法令，为御史。"《汉书·薛宣传》："（薛宣）以明习文法，诏补御史中丞。"

④ 《汉书·艺文志》云："汉兴，萧何草律……曰：太史试学童，能讽书九千字以上，乃得为史。又以六体试之，课最者以为尚书御史史书令史。"

⑤ 《文献通考》卷三十六《选举考九》云："汉制凡郡国之官，非傅、相，其他既自署置。又调僚属及部人之贤者，举为秀才、廉吏，而贡于王庭。多拜为郎，居三署，无常员，或至千人，属光禄勋。故卿、校、牧、守居闲待诏，或郡国贡送，公车征起悉在焉。光禄勋复于三署中，铨第郎中，岁举秀才、廉吏，出为他官，以补阙员。"

⑥ 《汉书·武帝纪》云：元光元年冬，"初令郡国举孝廉各一人。"《汉书·董仲舒传》："董仲舒曰：臣愚以为使诸列侯、郡守、二千石，各择其吏民之贤者，岁贡各二人。……州郡举茂材孝廉，皆自仲舒发之。"

⑦ 《汉书·昭帝纪》：始元元年，"遣故廷尉……持节行郡国，举贤良。"《汉书·宣帝纪》：本始四年，"令三辅、太常、内郡国，举贤良方正各一人。"

⑧ 《汉书·式帝纪》："元封五年……其令州郡察吏民有茂材异等，可为将相及使绝国者。"又宣帝及元帝之世，均有举茂材异等之事。

⑨ 惠帝四年、高后元年、文帝十二年及宣帝地节三年均有举孝弟力田之事。

⑩ 《文献通考》卷三十三《选举考六》云："武帝即位，举贤良文学之士，前后百数。而董仲舒以贤良对策，天子览其对而异焉，乃复策之，对毕复策之，遂以为江都相。"《汉书·杜钦传》云："上尽召直言之士，诣白虎殿对策。"

⑪ 《汉书·儒林传》赞云："武帝立五经博士，开弟子员，设科射策，劝以官禄。"

武帝时往往多至数千人[①]，如终军[②]、枚皋[③]，皆以上书而得官。

此外武帝时又开卖武功爵之例，人民缴获财物，即可买爵、赎罪，“入奴婢”乃至“入羊”者，皆可为郎。据《食货志》云：“武功爵（十一级），级十七方，凡直三十余万金。诸买武功爵官首者，试补吏，先除；千夫如五大夫；其有罪，又减二等。爵得至乐卿。”又“除故盐铁家富者为吏，吏益多贾人矣。”

由于政府之考选、举荐与卖官鬻爵，于是商人地主中之优秀分子及豪富者，遂弹冠相庆，或致身庙堂，或分布州郡。他们现在不但可以凭借政治力量，仍旧继续其商业活动与土地收夺的事业，而且还可以参加租税的分配与一切超经济强制的榨取。在另一方面，由于贵族和官僚地主之商人化，因而这些贵族官僚，他们不仅掌握着全国的租税及一切超经济强制的榨取之所得，而且同时也参加商业资本的利润之分配。即因如此，汉初的两个地主集团到武帝时，便融化混合为一个新的商人地主集团了。

虽然如此，但这并不能解决由“商人兼并农人”所引致之社会的危机；反之，由于两个地主集团之利害的统一与步趋的一致，更加剧了这种危机。当时商人地主以更雄厚的商业资本，扫荡贫困的农村，以致动摇了西汉政权的基础，所以王莽便站在贵族地主的立场上，施行经济的改良政策，以打击商人地主的横行，企图以此抢救西汉的政权，而这就是王莽变法的历史内容。王莽的变法，终于因为商人地主之反抗，没有能顺利地进行，所以结果地主集团内部的冲突转化为与农民之间的冲突，爆发为新市、平林、赤眉、铜马等农民“叛乱”，西汉的政权，也就在农民“叛乱”中被颠覆了。

① 《汉书·东方朔传》：“武帝初即位，征天下举方正贤良文学材力之士，待以不次之位。四方士多上书言得失，自衒鬻者以千数，其不足采者，辄报闻罢。”《史记·滑稽列传·东方朔传》：“朔初入长安，至公车，上书凡用三千奏牍，公车令两人共持举其书，仅然能胜之。人主从上方读之，止辄乙其处，读之二月乃尽，诏拜以为郎。”

② 《汉书·终军传》云：“（终军）至长安上书言事，武帝异其文，拜军为谒者给事中。”

③ 《汉书·枚皋传》云：“（枚皋）上书北阙，自陈枚乘之子。上得之大喜，召入见待诏。”

由此看来，商人地主与贵族地主的冲突，几乎贯通西汉王朝的全时代。但是不论他们之间怎样的不协调，而在对付农民这一点上，则是一致的。同时，在西汉时虽然有商人地主与贵族地主的对立，但实际上，贵族地主的本身也是商人地主。所以我说，西汉的政权，是商人地主的政权。

二　西汉的政治组织与诸侯王的封建

西汉的政权既为商人地主的政权，因而这个政权就是秦代政权之直接继续，从而相应于这种性质的政权之政治的组织，也就大半承袭着秦代商人地主政府的旧制。虽然在后来亦曾略有改变，但这只是适应于社会经济的向前发展之局部的修改[①]。从全盘的政治构造看来，西汉的政府，比之秦代政府，只是一个换汤不换药的政府。

在楚汉战争结束以后，商人地主削平了农民的"叛乱"，消灭了旧贵族的反动，重新建立起自己的政权。当时汉之同盟军领袖，即所谓诸侯王，共推汉王刘邦为皇帝。汉王之欲皇帝自为者已久，早在几年以前，他就把"先入关者王之"的口号，高叫入云；并且在入关的当时，就想在阿房宫中，"止宫休舍"，爬上宝座。现在经过诸侯王的推戴，自然正中孤意。但也不能不假意推让曰："寡人闻：帝者，贤者有也。虚言亡实之名，非所取也。今诸侯王皆推高寡人，将何以处之哉？"但是接着又说："诸侯王幸以为便于天下之民，则可矣。""于是诸侯王及太尉长安侯臣绾等三百人，与博士稷嗣君叔孙通，谨择良日二月甲午，上尊号，汉王即皇帝位于汜水之阳。"

暴风雨过去了，雨过天晴，在长安的城楼上，又飘扬着大汉王朝的旗帜。当此之时，一方面是死者未葬，伤者未起，满天下都是白骨蔽野，残废载道，孤儿寡妇，啼饥号寒；而另一方面，商人地主已经用农民的鲜血，刷红了未央宫殿，"皆称万岁，大笑为乐"。

新皇帝在未央宫中开始了授勋的大典，除了同盟军的诸领袖因

① 《汉书·百官公卿表》云："秦兼天下，建皇帝之号，立百官之职。汉因循而不革，明简易、随时宜也。其后颇有所改。"

为握有重兵，盘据郡国，不能不一律封王以外，其余功臣皆论功行赏，各有封爵。至于刘家子弟，亲戚，则无不鸡犬登天。只有那些执干戈、以身蒙矢石的退伍兵士，则久立吏前，一无所得。

现在，胜利的商人地主集团，开始组织他们自己的政府。和秦代一样，西汉有一个发号施令的中央政府，在中央政府之下，有各级地方政府。西汉王朝即以中央政府与各级地方政府之层叠式的政治机构，行使其对中国之全面的统治。

西汉的皇帝，不仅是行政的元首，而且掌有军事、立法、司法的大权。《史记·孝文本纪》《索隐》引《汉旧仪》："铜虎符发兵。"是西汉时调兵，必须有皇帝之符节。《汉书·杜周传》云："前主所是著为律，后主所是疏为令。当时为是，何古之法乎？"是西汉时，皇帝之诏令即为法律。至于皇帝之操有生杀予夺的大权，则不仅在西汉时代为然，古今中外的封建皇帝，都是如此。

西汉的中央政府，其组织甚为庞大，内分三公、九卿、列卿、宫官四大部门，其中三公最尊，九卿次之，列卿又次之，宫官为皇帝御用的家奴。中央政府本为最高的行政机关；但在汉初，因前有异姓诸王后有同姓诸王之割据，中央政府的权力，并不甚大。直至武帝时，由于集权政治之树立，才成为最高的权力机关。

所谓三公者，即总理庶政的丞相（后称大司徒）①，总理军政的太尉（后又称大司马）②，主司纠察弹劾的御史大夫（后称大司空）③。在三公之中，丞相的地位最高，辅佐天子掌政事。太尉虽总理军政，但不能问民事，惟自武帝以后，大司马常冠以大将军之号，太尉之权更重。至于御史大夫，对于国家行政之得失，虽可以面折廷争，但封建时代的言官，其发言权有一定的限度。

---

①《汉书·百官公卿表》云："高帝即位，置一丞相。十一年，更名相国，绿绶。孝惠、高后置左、右丞相。文帝二年，复置一丞相。有两长史，秩千石。哀帝元寿二年，更名大司徒。"

②《汉书·百官公卿表》云："武帝建元二年，省；元狩四年，初置大司马，以冠将军之号。"

③《汉书·百官公卿表》云："成帝绥和元年，更名大司空……哀帝建平二年，复为御史大夫。元寿二年，复为大司空。"

所谓九卿者，即掌管宗庙祭祀的奉常（后称太常[①]），掌管宫殿掖门的郎中令（后称光禄勋）[②]，掌管宫廷警卫的卫尉（后称中大夫令）[③]，掌管皇帝舆服车马的太仆。掌管司法的廷尉（后称大理）[④]。掌管外交的典客（后称大行令或大鸿胪）[⑤]，掌管皇族家事的宗正（后称宗伯）[⑥]，掌管全国农业财政的治粟内史（后称大农令或大司农）[⑦]，掌管皇家私产（如山林川泽之类的收益）的少府。由此看来，所谓九卿者，除廷尉掌司法、典客掌外交、治粟内史掌农政以外，其余都是替皇帝私人服务的大员，而这也就是封建政治公私不分的表现。

所谓列卿，即诸卿之谓，其地位次于九卿，而官额则无一定。如掌管京师警卫的中尉（后称执金吾）[⑧]，掌管建筑制造的将作少府（后称将作大匠）[⑨]，掌管皇家苑囿的水衡都尉[⑩]，以及掌管少数民族事务的典属国[⑪]等，均属于列卿之官。

所谓宫官，即服务于宫廷的官吏，就是宦官的头领。此等宫官，或曰詹事[⑫]，或曰长信少府，或曰长乐少府[⑬]，或曰将行，或曰大长秋[⑭]。此外如太师、太傅、太保，本来也是行走宫廷的官吏，但因其

---

① 《汉书·百官公卿表》云："景帝中六年，更名太常。"

② 《汉书·百官公卿表》云："武帝太初元年，更名光禄勋。"

③ 《汉书·百官公卿表》云："景帝初，更名中大夫令。后元年，复为卫尉。"

④ 《汉书·百官公卿表》云："景帝中六年，更名大理。武帝建元四年，复为廷尉……哀帝元寿二年，复为大理。"

⑤ 《汉书·百官公卿表》云："景帝中六年，更名大行令。武帝太初元年，更名大鸿胪。"

⑥ 《汉书·百官公卿表》云："平帝元始四年，更名宗伯。"

⑦ 《汉书·百官公卿表》云："景帝后元年，更名大农令。武帝太初元年，更名大司农。"

⑧ 《汉书·百官公卿表》云："武帝太初元年，更名执金吾。"师古曰："金吾，鸟名也，主辟不祥。天子出行，职主先导，以御非常。故执此鸟之象，因以名官。"

⑨ 《汉书·百官公卿表》云："景帝中六年，更名将作大匠。"

⑩ 《汉书·百官公卿表》云："武帝元鼎二年初置。"

⑪ 《汉书·百官公卿表》云："成帝河平元年省，并大鸿胪。"

⑫ 《汉书·百官公卿表》云："成帝鸿嘉三年，省詹事官，并属大长秋。"

⑬ 《汉书·百官公卿表》云："景帝中六年，更名长信（官）少府。平帝元始四年，更名长乐（官）少府。"

⑭ 《汉书·百官公卿表》云："景帝中六年，更名大长秋，或用中人，或用士人。"

具有学术的素养，而又接近皇帝，以后逐渐变为政治顾问，位在三公之上，而称之曰上公[①]。

此外西汉的军官，以太尉或大司马为最尊，以下则皆称将军。将军之中，以大将军为冠。武帝时起，大将军多兼任大司马，出则为将，入则为相。此外骠骑将军，亦与大将军等，故亦得兼大司马[②]。除大将军及骠骑将军外，尚有前后左右将军[③]，及列将军等。其水军将领，则称伏波将军、楼船将军、戈船将军。将军之下有校尉，如票姚校尉[④]、戊己校尉[⑤]、越骑校尉、胡骑校尉[⑥]。此外有郡将[⑦]，有千人司马[⑧]等。这些将校尉的军官，都是以次相属而直隶于中央。

西汉的地方行政机构，亦沿秦制，采取郡县制度。惟西汉时除郡县外，诸侯王的封地则称国，皇太后、皇后、公主所食邑曰邑，列侯的封邑曰国，县有蛮夷曰道，这与秦代略有不同，以下当辩论之。

又西汉的郡、县之数，较之秦代，已大为增多[⑨]。这一方面，固然由于武、昭、宣三世之开疆拓土，扩大了领土，另一方面，也由于西汉政府缩小了郡、县的区划。

西汉时郡置郡守，后称太守[⑩]。郡守或太守的任务，“掌治民，进

---

① 《汉书·百官公卿表》云：“太傅，古官，高后元年初置……后省。八年复置，后省。哀帝元寿二年复置，位在三公上。”同书又谓平帝元始元年，初置太师、太保。太师、太傅、太保，是谓上公。此等上公，在西汉末，位在三公之上。

② 《汉书·霍去病传》云：“（武帝元狩四年）乃置大司马位，大将军、票骑将军皆为大司马。定令，令票骑将军秩禄与大将军等。”票骑或作骠骑。

③ 《汉书·百官公卿表》云：“皆周末官，秦因之，位上卿……汉不常置，或有前后，或有左右，皆掌兵及四夷。”

④ 《汉书·霍去病传》。

⑤ 《汉书·百官公卿表》有戊校尉、己校尉。

⑥ 《汉书·百官公卿表》：“越骑校尉，掌越骑。”如淳曰：“越人内附，以为骑也。”师古曰：“《宣纪》言：佽飞射士、胡越骑，又此有胡骑校尉。”胡骑校尉掌胡骑，与越骑校尉俱在八校尉数。

⑦ 《汉书·严延年传》师古曰：“郡守为郡将者，以其兼领武事也。”

⑧ 《汉书·冯奉世传》师古注引如淳曰：“《汉注》：边郡置都尉及千人司马，皆不治民也。”

⑨ 《汉书·地理志》云：“本秦京师为内史，分天下作三十六郡。汉兴，以其郡太大，稍复开置，又立诸侯王国。武帝开广三边。故自高祖增二十六，文、景各六，武帝二十八，昭帝一，讫于孝平，凡郡国一百三，县邑千三百一十四，道三十二，侯国二百四十一。”

⑩ 《汉书·百官公卿表》云：“郡守，秦官……景帝中二年，更名太守。”

贤，劝功，决讼，检奸”[①]，及所治郡内之一切地方行政。郡守之下，置郡丞或长史以为佐理[②]。其在诸侯王的封国，则以内史或相为郡守[③]。其在边境，则置都尉；其在屯田区，则置农都尉[④]，其在民族地区，则置属国都尉[⑤]。

县置县令或县长。万户以上之县曰令，万户以下之县曰长。县令或县长之下，置县尉与县丞[⑥]。县尉主缉捕盗匪，县丞主刑狱囚徒[⑦]。此外，尚有佐史之类的少吏。

县以下之最低级的行政机构，亦承秦制。《通典·职官典》云："汉乡、亭及官，皆依秦制也。县大率方百里，其人稠则减，稀则旷，乡、亭亦如之。"亭有亭长，乡有三老、有秩、啬夫、游徼等低级官吏。

以上所述，就是西汉时代中央政府和地方政府组织的大概情形。除此以外，还有一种临时派往郡国视察地方行政的官吏。其视察京畿所属地方者，称曰司隶校尉[⑧]；其视察其他州、郡者，则称刺史，或称牧[⑨]。

由于以上中央地方大大小小的官吏，就构成了西汉时代的一个

① 《通典·职官典》。

② 《汉书·百官公卿表》云："郡守……有丞，边郡又有长史，掌兵马。"

③ 《通典·职官典》云："郡为诸侯王国者置内史，以掌太守之任。……成帝绥和元年，省内史，以相治民，则相职为太守。"

④ 《后汉书·百官志》云："（武帝）边郡置农都尉。"

⑤ 《后汉书·百官志》云："（武帝）又置属国都尉。"《汉书·武帝纪》云："元狩二年，置五属国。"师古曰："凡言属国者，存其国号而属汉朝，故曰属国。"

⑥ 《汉书·百官公卿表》云："县令、长，皆秦官，掌治其县。万户以上为令，秩千石至六百石。减（不及）万户为长，秩五百石至三百石。皆有丞尉，秩四百石至二百石，是为长吏。百石以下，有斗食佐史之秩，是为少吏。"

⑦ 《史记·淮南王安传》云："淮南相怒寿春丞留太子逮不遣。"如淳曰："丞主刑狱囚徒。"

⑧ 《汉书·百官公卿表》云："武帝征和四年初置。持节，从中都官徒千二百人，捕巫蛊，督大奸猾。后罢其兵，察三辅、三河、弘农……成帝元延四年省。绥和二年，哀帝复置，但为司隶……属大司空。"

⑨ 《汉书·百官公卿表》云："监御史，秦官，掌监郡，汉省。丞相遣史分刺州，不常置。武帝元封五年，初置部刺史，掌奉诏条察州，秩六百石，员十三人。成帝绥和元年，更名牧，秩二千石。哀帝建平二年，复为刺史。元寿二年，复为牧。"

庞大的官僚层。这些官僚在汉初，大半多系行伍出身；在后来，则系由商人地主的子弟中拔擢而来。因而他们和秦代的官僚，具有同样的社会属性，即同为商人地主的政府之政治的使用人。

西汉官吏的俸给是禄米制，所谓禄米制，即俸以米计。所以西汉的官名，常曰若干石。这种禄米的俸给制度，是农业国家的特征，因为他们从农民收来的赋税，大半都是农产物，所以即以取之于农民的农产物，转而作为统治农民的行政费。当时的禄米，以官阶的大小为等差而多少不同。据《汉书·百官公卿表》颜师古注云：

"汉制，三公号称万石，其俸月各三百五十斛谷；其称中二千石者，月各百八十斛；二千石者百二十斛，比二千石者百斛，千石者九十斛，比千石者八十斛，六百石者七十斛，比六百石者六十斛，四百石者五十斛，比四百石者四十五斛，三百石者四十斛，比三百石者三十七斛，二百石者三十斛，比二百石者二十七斛，一百石者十六斛。"

我们由此而知当时最高俸禄为谷三百五十斛，最低者为十六斛。由二百石以上始得称长吏。百石以下之斗食者，则为佐史之秩，是为少吏。这样一个庞大的官僚层之存在，于是大部分的赋税，遂在禄米的名称之下，转化为官僚的俸给。自然这种俸给，不过是名义的俸给，实则当时的官僚，还"侵渔百姓，聚敛为奸"。

西汉除庞大的官僚群以外，又曾封建王侯。汉初，高祖定天下，曾封其同盟军领袖诸人为王，史称异姓诸王[①]。以后诛灭异姓诸王，并宣布"非刘氏而王者，天下共诛之"。于是又封其自己的子弟为王，史称同姓诸王[②]。此外，高帝时，宗室功臣封侯者一百四十三人[③]。此为封建王侯之始。

---

① 所谓异姓诸王者，即齐王韩信、梁王彭越、赵王张耳、韩王信、淮南王英布、燕王臧荼、长沙王吴芮。

② 以后异姓诸王除长沙王吴芮以外，皆被诛灭。高帝乃封其从父弟刘贾为荆王，同父弟刘交为楚王，仲兄子刘濞为吴王，子肥为齐王，子喜为代王，子如意为赵王，子长为淮南王，子恢为梁王，子友为淮阳王，子建为燕王。是为同姓诸王。

③ 《汉书·高惠高后文功臣表》序云："(高帝)八载而天下乃平，始论功而定封。讫十二年，侯者百四十有三人。"

自是以后，以为定制。《通典·职官典》曰："汉兴，设爵二等；曰王曰侯。皇子而封为王者，其实古诸侯也，故谓之诸侯王。王子封为侯者谓之诸侯。群臣异姓以功封者，谓之彻侯。……列侯有功德，天子命为诸侯者，谓之朝侯。……其称侍祠侯者，但侍祠而无朝位。其非朝侯、侍祠，而以下土小国，或以肺腑宿亲，若公主子孙，或奉先侯坟墓在京师者，亦随时朝见，谓之猥诸侯。"此等王侯，屡代以来，封建迁除，时有增减。直至西汉末，尚有王国二十，侯国二百四十一，而这就构成了西汉时代一个庞大的贵族群。

西汉地方行政的区划，一面普遍地实行郡县制；另一面，又于郡县之外有诸侯王国的封建；因此，有些历史家以为西汉的政治体制，与秦代不同，而是周代政治体制的复归。诚然，西汉初的诸侯王，"大者夸州兼郡，连城数十"，"小者亦五六百户"；他们君国子民，自置官属[①]，招兵买马，截留国赋；甚至"淫荒越法"，"睽孤横逆"，终至酿成七国之变。其割据一方，依土地之名义上的所有而对农民行使剥削，对中央俨然敌国，实与周代诸侯无甚差异。但是这样的时代并不很长，七国之乱以后，由于中央政府的权力之增长，诸侯王的行政权，即被剥夺。诸侯王国的一切行政，均由中央政府派遣官吏治理，以前诸侯王自行任命之御史大夫、廷尉、少府、宗正、博士等官，统予裁撤。到武帝时，诸侯王所属之一切官吏，皆限制不得自置。至于成帝，诸侯王国的内史，亦被裁去，而以相治民，所谓相者，与郡守无异[②]，至是，诸侯王遂无君国子民之实，只是衣食租税于其封国之内而已。我们由此而知，西汉政府对于诸侯

① 《汉书·百官公卿表》云："诸侯王……掌治其国。有太傅辅王，内史治国民，中尉掌武职，丞相统众官，群卿大夫都官如汉朝。"《通典·职官典》亦云："凡诸侯王……掌治其国……凡诸侯王官，其傅为太傅，相为丞相。又有御史大夫、诸卿，皆秩二千石。百官皆如汉朝。汉朝唯为置丞相，其御史大夫以下，皆自置之。"

② 《汉书·百官公卿表》云："景帝中五年，令诸侯王不得复治国，天子为置吏。改丞相曰相，省御史大夫、廷尉、少府、宗正、博士官，大夫、谒者、郎，诸官长丞，皆损其员。武帝改汉内史为京兆尹，中尉为执金吾，郎中令为光禄勋，故王国如故。损其郎中令秩千石，改太仆曰仆，秩亦千石。成帝绥和元年，省内史，更令相治民，如郡太守，中尉如郡都尉。"

王，并不像周代一样，把土地、人民颁赐诸侯以后，就不管了，而是要保留在诸侯王国之内的行政监督权乃至行政之直接行使权。因之，西汉的诸侯王国政府，实不过中央政府的派出所。而其最初的命意，则是为巩固新的军事占领。

仅就上述的事实，已足以把西汉的诸侯王从周代的诸侯区别出来。但他们最大的区别，还不在此，而是在这两者的历史基础不同。周代的封建是以奴隶和氏族制为基础而建立起来的，它的作用，是以地方关系融铸各氏族的血缘关系。西汉的封建，则是建基于郡县制之上，其作用，只是以此作为中央与地方行政机构之连系的纽带而已。所以同样的封建，前者在历史的发展申，演着主要的任务；后者则变成了历史的赘疣。因而在地主经济向前发展的当中，西汉的诸侯王在实际上，已被扫除，剩下来的，还是郡县制。

三　西汉的奴婢与奴隶制度

在西汉的历史中，曾有若干关于奴婢的记载，于是有些历史家遂杯弓蛇影，断然宣告西汉的社会，仍然是奴隶制度社会；西汉的政权，仍然是奴隶所有者的政权。这当然是历史家的神经过敏。

西汉之有奴婢的存在，确系事实；但我们不能一看见有奴婢的存在，便说这是奴隶制度。因为奴隶而称曰制度，是指他当作一种独特的社会构成而言。西汉虽仍有奴婢存在，但当时的奴婢，只是中国古典奴隶制之历史的残滓。所以虽有奴婢，并不能称为奴隶制度。

首先我们从奴隶的来源上来说。当作一种奴隶制度，则奴隶的主要来源是被俘虏或被征服的异族人。但在西汉时代，这个来源，并不重要。西汉的对外战争，最主要的对象是匈奴，但我们从《汉书·匈奴传》中所看到的，汉兵对匈奴，多半都是杀戮的记载。虽然也有“俘虏”若干的记载，但对于这些被俘虏的匈奴人，不但不降为奴隶，而且还给以良好的待遇。例如在武帝时，有一次匈奴浑邪王率其族类数万人来降，西汉政府，不但不以为奴隶，而且派了三万辆车子去迎接他们，又加以厚赏，并由政府供给他们的衣食。

政府经费不足，甚至天子为之节食，把自己的拖车的马也让出来，去迎接匈奴降人；并把自己御府的私藏，也用为安抚匈奴降人的经赞[①]。而这在奴隶社会时代，是决没有的事情。不仅如此，浑邪王至，中国商人因为与匈奴降人贸易不公平而被杀者五百余人[②]。为了此事，当时汲黯曾向武帝说："夫匈奴攻当路塞，绝和亲。中国举兵诛之，死伤不可胜计，而费以巨万百数。臣愚以为陛下得胡人皆以为奴婢，赐从军死者家，卤获因与之，以谢天下，塞百姓之心。今纵不能……又以微文杀无知者五百余人，臣窃为陛下弗取也。"[③]汲黯的这番话，正是西汉不以俘虏为奴隶之最好的反证。

除匈奴外，对于被征服的西域诸国，亦无掠取俘虏为奴隶之事。惟《汉书·地理志》曾有"巴、蜀、广汉……南贾滇、僰僮"的记载。师古注云："言滇、僰之地，多出僮隶也。"但我以为"南贾滇、僰僮"的解释，不是买卖滇僮、僰僮，而是与滇僮、僰僮互为买卖，正如"贾椎髻之民"，是同样的意义，并非取滇、僰之人为奴隶。

又《匈奴传》亦云："西羌保塞，与汉人交通。吏民贪利，侵盗其畜产、妻子。"于是论者又疑西汉曾以羌人为奴隶。实则这里所谓侵盗其妻子，乃指对羌人之人格的侮辱，亦非谓使其整族为奴隶。

又《汉书·扬雄传》有云："命右扶风发民入南山，西自褒斜，东至弘农，南敺汉中，张罗罔置罘，捕熊罴豪猪虎豹狖玃狐菟麋鹿……以罔为周阹，纵禽兽其中，令胡人子搏之，自取其获，上亲临观焉。"于是又成以为这正是罗马奴隶时代奴隶与猛兽格斗的情形。但是我以为这种手搏猛兽的胡人，和其他被征发而入南山的人民同样只是封建皇帝的猎士，与奴隶丝毫不相干。

又有人引据金日磾的故事，谓《汉书》中曾纪载"日磾以父不降见杀，与母阏氏、弟伦俱没入官，输黄门养马"。日磾为胡人而没

---

① 《汉书·食货志》云："浑邪王率数万众来降，于是汉发车三万两迎之……胡降者数万人，皆得厚赏，衣食仰给县官。县官不给，天子乃损膳，解乘舆驷，出御府禁臧以澹（赡）之。"

② 《汉书·汲黯传》云："浑邪王至，贾人与市者，坐当死五百余人。"

③ 《汉书·汲黯传》。

入官养马，这当然是以外族为奴隶之证。但是我以为日磾与其母、弟之没入官，并不因为他们是外族，而是因为他的父亲不降。不降有罪，而有罪者没入官，乃是西汉一般的通律，并非对日磾为然。因而这唯一的例证，也不能成立。

具体的史实指示出来，西汉奴婢的主要来源，只有五种。第一种是农民因贫困饥饿而自卖为奴隶。例如《汉书·食货志》云："凡米石五千，人相食，死者过半。高祖乃令民得卖子，就食蜀汉。"由此足见当时，如果没有政府的特许，卖子是不允许的。又如《高祖纪》云："民以饥饿自卖为人奴婢者，皆免为庶人。"《汉书补注》何焯注云："据此，则不独以罪没身，始为官奴婢，今卖身卷契，必云口食不周，其来远矣"。又如《食货志》云："当具有者，半贾而卖；亡者，取倍称之息。于是有卖田宅、鬻子孙以偿责者矣。"由此足见西汉的奴婢，原来都是有田有宅的小农，后来因为年岁饥馑，而又加之以租税的榨取，高利的盘剥，因而才变卖田宅，陷于饥饿，从而才卖儿卖女，卖子卖孙，以至自卖为奴。像这样的情形而来的奴婢，与古代由氏族成员转化而来的奴隶，其性质已截然不同。前者是跟着私有关系的成立而带来的社会阶层之历史的转化，而后者则是由封建地主过分榨取所带来的历史附产物。

第二种，是农民为豪家所掠卖的。，例如《汉书·栾布传》云："布为人所略卖，为奴于燕。"又《季布传》云："乃髡钳布，衣褐，置广柳车中，并与其家僮数十人，之鲁朱家所卖之。"这不过是一、二见诸史籍的例子。在当时，像栾布、季布一样被豪家所掠卖的贫苦无力的农民，一定很多。但这种事实也不能证明西汉是奴隶制度，只是指明西汉时土豪势家对农民具有高度之人身的隶属，而这正是封建社会关系中应有之事。

第三种是由"赘子"转化而来。《汉书·贾谊传》云"家贫子壮则出赘"。《严助传》亦云："民待卖爵赘婿以接衣食。"师古注："如淳曰：'淮南俗卖子与人作奴婢，名为赘子。三年不能赎，遂为奴婢。'"由此而知西汉的赘婿，就是贫民用自己的儿子向富人抵押款的"人质"。因而由赘婿而转化而来的奴隶，其本质，也是破产的农民。

第四种是罪犯。罪犯之降为奴隶，由来已久，《周礼》卷三十四《秋官司寇》疏有云：“中国之隶言罪隶。古者身有大罪，身既从戮，男女缘坐，男子入于罪隶，女子入于舂槀。”这种习惯，西汉仍然沿用。例如吴楚七国叛变者的家属，都没为奴隶。又如《汉书·刑法志》谓：缇萦为其父赎罪，上书皇帝：“愿没入为官婢，以赎父刑罪。”又如《王莽传》云：“关东大饥……民犯铸钱，伍人相坐，没入为官奴婢……以十万数。”又云：“敢盗铸钱及偏行布货，伍人知不发举，皆没入为官奴婢。”由此而知，因罪而没为奴婢者，乃系对于缘坐者所设之刑。换言之，即对于犯罪者的亲属所设之刑。而这在西汉时，就是所谓“收孥相坐”之法。按此种收孥相坐之法，大半用于重大的罪犯。其因此而没入为奴婢者，不仅平民，而且有贵族官僚之家属。故更不能与奴隶制时代的奴隶视同一律。因为在奴隶制时代，决没有贵族的家属以任何原因而降为奴隶的事实。

第五种是奴产子，即奴之子复为奴。例如卫青的母亲是奴婢，卫青就是一个奴产子。因为他是奴产子，所以他的异母兄弟都残视他，“奴畜之，不以为兄弟数。”卫青自己也说：“人奴之生，得无笞骂即足矣。”但是“卫青奋于奴仆”，后来竟官至大将军，并且居然娶了阳信长公主，做了汉武帝的姐夫。又如卫青之姊，一名子夫，一名少儿，和卫青同母，都是奴产子。但子夫在后来却做了汉武帝的皇后；而少儿也做了霍去病的父亲霍中孺的夫人。又如赵飞燕本是阳阿公主家的歌婢，但后来却做了成帝的皇后。像这样以人奴子一跃而为头等贵族之事，在奴隶制度时代，也是没有的。

其次，从奴隶的用途上说，当作一种奴隶制度，则奴隶在社会生产领域中，占有最重要的地位。换言之，即在奴隶制的社会中，奴隶是社会生产的主要担当者。但在西汉时，无论官私奴婢，在社会生产领域中都不占重要地位。他们主要的职务，是服务于贵族官僚和地主的家庭。因而这样的奴婢已经不是当作一种制度看的奴隶，而只是中国封建社会中之一种历史的奢侈品而已。

西汉的奴婢有官、私之别。官奴婢，多系因罪犯而没入官者，亦有政府向人民征募而来者[①]；私奴婢，则大半系贫民自卖为奴者，或贫民之被豪家所略卖者。但官奴婢亦往往因政府之赏赐贵族官僚而变为私奴婢[②]，私奴婢亦往往因人民之献纳于政府而为官奴婢。惟不论官奴婢与私奴婢，大抵皆未用于主要的生产事业。

西汉的官奴婢，其用途大半为宫廷侍役，及分发各苑囿豢养狗马禽兽。《汉书·景帝纪》“注：如淳曰：‘《汉仪注》：太仆牧师诸苑三十六所，分布北边、西边，以郎为苑监，官奴婢三万人，养马三十万匹。’”师古曰：“养鸟兽者通名曰苑，故谓牧马处为苑。”又《文献通考》卷十一《户口考二》云：“其没入奴婢分诸苑养狗马禽兽及与诸官，官益杂置，多徙奴婢众而下河漕。”是则当时官奴婢亦用以转运漕粮。此外，亦有于紧急时编为军队者，如王莽时之猪突豨勇。一般地说来，当时的官奴婢，并没有参加社会主要的生产，反而成为国家的重负。《贡禹传》记贡禹之言曰：“官奴婢十余万人，戏游亡事，税良民以给之。”这句话，已经很明白地指出当时的官奴婢是不生产的奴婢。

至于私奴婢，则大半服役于贵族官僚豪家大贾的家庭，故私奴婢又称曰家奴或家僮。当时贵族官僚豪家大贾，不仅收夺了农民的土地家宅，并且也收夺了他们的身体。据《汉书·食货志》所纪，哀帝时，曾有限制私人使用奴婢的数目之拟议云：“诸侯王奴婢二百人，列侯、公主百人，关内侯、吏民三十人。期尽三年，犯者没入官。”是则哀帝时，私人使用奴婢之数，实不止此。速些私奴婢，也不从事于社会主要的生产，仅为家庭的贱役。据王褒《僮约》所云：

① 关于政府征募奴隶的记载，《汉书》中常见。例如《食货志》云：“府库并虚，乃募民能入奴婢，得以终身复。”“终身复”者，即免其终身之繇役也。同《志》又云：“匈奴侵寇甚，莽大募天下囚徒人奴，名曰猪突豨勇。”猪突豨勇者，即奴兵之意，言奴之卑贱如猪也。又《晁错传》云：“不足，募以丁奴婢赎罪，及输奴婢欲以拜爵者。”此种征募奴婢之权，只属于天子，“列侯、太夫人、夫人、诸侯王子及吏二千石无得擅征捕。”（《文帝纪》）但据《王莽传》云：“今则不然，各为权势，恐猲良民，妄封人颈，得钱者去。”由此可以想见当时豪家之强横。

② 《汉书·陆贾传》云：“乃以奴婢百人……遗贾为食饮费。”又《郊祀志》云：“赐列侯甲第，童千人。”此外如《外戚传》谓武帝曾赐其大姊奴婢三百人。《霍光传》谓宣帝曾赐霍光奴婢一百七十人。《史丹传》谓史丹从皇家所得的赏品中，有“僮奴以百数”。由此因知当时的官奴婢多由这样的赏赐而转化为私奴婢。

当时私奴婢的服役，不过“晨起洒扫，食了洗涤；居当穿臼，缚帚裁盂”。“舍中有客，提壶行酤；汲水作铺，涤杯整桉；园中拔蒜，斮苏切脯。”以及“关门塞窦，馁猪纵犬”而已。

论者又或引据刀间以桀黠奴“逐渔盐商贾之利”，及张安世的夫人以家僮七百从事纺织的史实，遂武断西汉时一般的奴婢，皆是生产的奴隶。但在西汉官、私工业中，都没有看到引用奴隶的史实。因此，我们以为即使西汉的奴婢有从事生产事业者，也是极少数；而主要的生产担当者，还是自由的农民与手工业者。即因西汉的奴婢不是生产的奴隶，因而西汉的社会，不是奴隶社会。

再次，从奴隶的数目上说。当作一种奴隶制度，则奴隶是社会构成中一个最主要的阶层。在这种社会构成中，除了极少数的奴隶所有者与自由民以外，其余都是奴隶。例如在古代雅典，当奴隶制度全盛时代，其所有的自由民连女子及儿童在内，总数为九万人，男女奴隶为三十六万五千人，还有保护民——外国人及被解放的奴隶——四万五千人。故一个成年的男自由民，至少有十八个奴隶与两个以上的保护民。自然，像古代雅典的奴隶制，是人类史上最典型的奴隶制，因而我们也不应以雅典的奴隶制为标准，而衡量一切其他国家的奴隶制。惟既称奴隶制，则当作社会生产之主要的担当者的奴隶，决不应少于依靠奴隶劳动为生的奴隶所有者和自由民，这是非常明白的。

现在我们看西汉奴婢的数目有多少？贡禹说，西汉的官奴婢十余万人，这是史籍上最多的数字记载。至于私奴婢的数目，史无明记，但《汉书》中常有关于私奴婢之零碎记载，如陆贾有奴婢百人，张良有家僮三百人，张安世有家僮七百人，卓王孙有僮客千人，程郑亦有奴婢八百人。然而这在当时人民的眼中，已经是很大的数目，故书之史册，传为盛事。至若王氏五侯的僮奴以千百数，王商的私奴以千数，则已大遭社会的诟骂，视为不应有的现象。像以上所指的诸人，都是西汉时代的达官显宦、豪富和贵族。等而下之，则所占有的奴婢当然不能有如此庞大的数目。达官显宦豪富贵族的人数，在整个人口总数的比例上，当然是最小的，因而即使这最少的人拥有成百成千的奴婢，奴婢的总数也不会很多的。惟论者或有引据汉武帝有一次派遣官吏到郡国查访富人逃避缗钱（财产税）之时，一次没收的奴婢即“以千万数”，因而以为西汉的奴婢有几千万。但是我以为所谓“以千万数”，与“以千百数”是同样的意义。因之，武帝时，从全国没收的奴婢不是几千万，而是几千几万。从这里，我们就可以看出，当时私奴婢的总数，也不过和官奴婢相当，至多不过十余万人。官私奴婢合计，不过三十万人左右。即使再增加一倍，也不过六十万人。而西汉的人口总数则为五九,五九四,九七八人，故当时奴婢占人口总数不过百分之一。换言之，在西汉时，平均每百人才有一个奴隶。照奴隶社会的规矩，这一百个人，都是不劳动的贵族和自由民，他们都是倚靠奴隶劳动为生活。但是照《汉书·食货志》所载推算，西汉时的生产力，每人每年只能产生粮食三四十石，每人每年要吃十八石。如此看来，则一个人除养活自己以外，不能再养活另外一个人。如果要一个奴隶养活一百个主人，那就把这个奴隶日夜开工，粉身碎骨，也是枉然。从这一点上，又可以看出西汉虽有奴婢，而不是奴隶制度。

最后，从奴隶的身价上说。当作一种奴隶制度，奴隶和牛马一样，只是一种会说话的畜生，他们完全没有人格，丝毫不受法律的保障。诚然，《王莽传》曾有西汉“置奴婢之市，与牛马同兰”之语。这看起来，西汉时奴婢的身份，也是和牛马一样。但是实际上，西汉的奴婢在法律上，是相当有保障的。这从当时贵族官僚如果私杀奴婢，便要受到法律的处分，可以看得出来。例如缪王元遗令以奴婢从死，被迫自杀者十六人。而当时大鸿胪王禹即奏其“贼杀奴婢”之罪，因此而予以“不宜立嗣”之处分。又如武帝时邵侯顺，因杀人及奴十六人，亦因此而丧失了侯爵。宣帝时丞相魏相，其家有婢自绞死，而京兆尹赵广汉便率吏到丞相府查勘，将丞相夫人叫去，令其于跪于庭下，问其杀婢之罪。又如王莽之子王获，因为杀了一个奴婢，王莽遂令王获自杀抵罪。这些具体的史实，都足以证明当时奴婢的生命，还是有着相当的法律保障。而这在奴隶制度时代，是绝对没有的。

当作一种奴隶制度，奴隶要脱去奴籍，几乎是不可能的。但在西汉时，奴隶却可以由“特赦”、由“自赎”而获得解放。前者如高祖五年诏，以饥饿自卖为奴婢者得免为庶人。文帝后四年赦天下，免官奴婢为庶人。武帝建元元年，赦因吴楚七国叛变而缘坐的奴婢，复为庶人。哀帝即位，诏官奴婢五十以上者，免为庶人。后者则大半进行于私人之间，如成帝鸿嘉三年，蒲侯苏昌之后夷吾，曾有一婢自赎为民，后夷吾复以为婢，因此而褫夺了侯爵。西汉的奴婢之所以能由特赦和自赎而获得身体的自由，这主要的是因为他们大半都是由罪犯与自卖而来。由罪犯而来者赦而免，由自卖而来者赎而还。但是如果是奴隶所有者的政府，决不会以命令免奴隶为自由民；同样，如果是奴隶制度之下的奴隶，也决不会有私蓄，用以赎回自己的身体。

总上所述，我们可以断言，西汉虽有奴婢，但并不是奴隶制度。西汉的奴婢，不是从氏族社会群体而来的奴隶，而是在残酷的封建压榨之下的破产的农民，这些农民被剥夺了一切，最后把自己的身体也献给了地主，是为西汉的奴婢。

第二节　西汉政权的发展

一　地方割据与中央集权的斗争——从吕后称制、文景削藩到七国叛变

西汉政权的发展，和秦代不同。在秦代，一开始便是中央集权制。在西汉，则经过与地方割据的斗争，才达到中央集权制的建立。

西汉自高祖诛灭了他的同盟军诸领袖以后，本来天下已归一统，大权集于中央。由此而建立一个中央集权的政府，正如水到渠成，是一种自然的趋势。可是高祖以“海内新定，同姓寡少，惩戒亡秦孤立之败，于是割裂疆土，立二等之爵。功臣侯者，百有余邑；尊王子弟，大启九国。自雁门、太原以东，尽辽阳，为燕、代；常山

以南，太行左转，度河、济，渐于海，为齐、赵；穀、泗以往，奄有龟、蒙，为梁、楚；东带江、湖，薄会稽，为荆、吴；北界淮濒，略庐、衡，为淮南；波、汉之阳，亘九嶷，为长沙。诸侯比境，周匝三垂，外接胡越”。由是自关以东，藩封错列，诸侯王国，“大者夸州兼郡，连城数十。”

在另一方面，中央直辖的地区，则只“有三河、东郡、颍川、南阳。自江陵以西至巴蜀，北自云中至陇西，与京师内史，凡十五郡”而已。而且在此十五郡中，列侯公主之食邑亦在其中。从这里，我们就可以看出汉初中央与地方力量的对比了。

高祖之“尊王子弟，大启九国”，当然不是为了削弱中央，而是为了巩固中央。所以他刑马而盟曰:“非刘氏而王者，天下共击之。”他以为刘家的子弟，决不会背叛刘家的政府。而不知权利的冲突，虽在骨肉至亲之间，亦所难免。所以当高祖死去不久，这些用以巩固中央的诸侯王国，便一天天发展成为中央政府的威胁。尾大不掉，势必所然。因而自惠帝、吕后，历文、景之世，迄于武帝初年，都是中央集权与地方割据斗争的时代。这种斗争，表现为一系列的相续的政治形态，最初是吕后称制，其次是文景削藩，而最后则归结为吴楚七国的叛变。这些政治斗争，正是西汉政权由地方割据走向中央集权之具体的过程，亦即西汉初政治发展的主要骨干与前进的方向。换言之，在西汉初的政治，一切都从属于这个斗争，一切的斗争，都是为了中央集权制的建立。

西汉的政治斗争，在主观上，当然是刘家的骨肉亲戚因为分赃不均而发生的内哄。但在客观上，这些政治斗争，毋宁说是旧的商人地主与新兴的贵族地主之斗争。因为在当时，站在中央政府方面的，是新贵族地主集团；而站在诸侯王背后的，则是旧商人地主集团。

或有人说，商人地主一贯的历史斗争，都是为了要建立一个中央集权的统一政府，何以又支持诸侯的割据呢？诚然，商人地主帮助汉高祖削平了农民“叛乱”，削平了旧贵族的反动，并且削平了汉之同盟军的诸领袖，为的是建立一个统一全国的中央集权的政府。但是商人地主所希冀的中央集权的政府，是拥护商人利益的政府，而不是反商人利益的政府。西汉的中央政府，当其组成之初，曾经归还商人地主的土地，并复其爵位，当然不是反商人利益的政府。但是商人地主的愿望，尚不仅此，而是进一步要求参加政治，换言之，参加租税的分配。然而这一点，西汉的中央政府，却没有答应。具体的史实指示出来，当西汉之初，新兴的贵族地主因为自己的政权尚未巩固，他们不但抑压旧贵族，抑压农民，展开左右开弓的政策，并且也抑压自己的前辈，执行所谓贱商政策。在贱商政策之下，当时旧的商人地主，不但不能为官吏，参加租税的分配，并且又为重租税以困辱之，甚至禁止商人衣丝乘车。像这样的中央政府，当然不是旧的商人地主愿意拥护的中央政府。

封建时代的商业资本，本来就带着地方性，为了打击西汉政府之贱商政策，旧的商人地主，便倒向诸侯王的方面，所谓“因其富厚，交通王侯”[①]者，正是指明这一事实。同时，诸侯王也想利用旧的商人地主的财政资助，招兵买马，以巩固其封建割据。例如《史记》谓吴王濞招致天下喜游子弟，经营海盐之利、章山之铜、三江五湖之利，即其一例。不仅吴王如此，其他诸侯王对于废居于其都邑之旧商人地主,无不“氐首仰给”[②]。即因旧的商人地主与诸侯王相互结合，故诸侯王的实力，一天天雄厚，以致到后来，发展为吴楚七国之叛。因此，七国之叛，可以说是旧的商人地主向贵族地主之贱商政策的武装抗议。

在另一方面，当时的中央政府，也似乎知道旧的商人地主与诸侯王结合的秘密，所以到文帝时，便下令弛商贾之禁，企图缓和旧的商人地主的反感。但市井子弟不得为官吏的禁令，仍然保留，因而仍然不能得到旧的商人地主的谅解。此外，在汉初屡有徙郡国豪杰及富人于关中的事实，其用意诚如《汉书·地理志》所云:“盖亦以强干弱支，非独为奉山园也。”

西汉的中央政府，一面向旧的商人地主让步，一面用强制的移徙，拆散旧的商人地主与诸侯王的联合，但终不能免于七国之变。

---

① 《汉书·食货志》(上)。
② 《汉书·食货志》(下)。

七国之变，虽然以中央之胜利而结束，但消灭的，只是旧的商人地主所支持的武装力量，不是他们的经济势力。因此，问题仍然没有得到根本解决。这个问题之最终的解决，还是由于武帝时新的贵族地主向旧的商人地主开放了政权，使旧的商人地主亦得为官吏，从而参加租税的分配。从此以后，这两个地主集团，才因利害一致的原因，混而为一，西汉的政权，也才发展为中央集权的政治。

这样看来，西汉初的政治，实际上就是商人地主的反动，而所谓诸侯王者，不过是商人地主的一群傀儡而已。明乎此，然后才能理解汉初的历史。

西汉中央政府与地方诸王的斗争，自高祖一死，就开始了。据史载，高祖死，惠帝立，惠帝即位之年，才十七岁；且为人仁弱，高祖以其不类己，常欲废之，而另立其所宠幸戚姬之子如意为太子。后以其母吕后及大臣力争，始得不废。

但是惠帝从他父亲所接受的天下，却是一个外重内轻的天下。一方面. 关东诸王，夸州兼郡，比境周匝。而这些诸王，非其伯叔，即其兄弟[①]，他们都窥伺着皇帝的宝座。另一方面，功臣宿将多手握重兵[②]，他们与高祖皆同为编户之民，臣事高祖，尚且心常怏怏；今乃事少主，难保不反叛[③]。像这样一种局势，当然不是幼弱的惠帝所能统摄。因此惠帝虽继承大统，而一切国家大政，则皆操之吕后，于是而有吕后的专政。

吕后者，名雉，小字娥姁，高祖之妻。高祖微时，吕后尝居田中耨。高祖亡命芒砀山时，吕后常往相从。彭城之役，吕后与太公同为项羽所掳；楚、汉议和，始得释归。以后高祖即帝位，吕后遂为皇后。即因吕后起于贫贱，多历事故，所以她的生活经验非常丰富。同时对于高祖左右的诸将领，因为相处既久，尤有深刻的认

① 《史记·吕后本纪》云：“是时，高祖八子：长男肥，孝惠兄也，异母，肥为齐王；余皆孝惠弟，戚姬子如意为赵王，薄夫人子恒为代王，诸姬子恢为梁王，子友为淮阳王，子长为淮南王，子建为燕王，高祖弟交为楚王，兄子濞为吴王，非刘氏功臣番君吴芮子臣为长沙王。”

② 《史记·高祖本纪》云：“陈平、灌婴将十万守荥阳，樊哙、周勃将二十万定燕、代。”

③ 《高祖本纪》引吕后语。

识。惟性情刚毅，多疑好杀。据司马迁云："吕后为人刚毅，佐高祖定天下，所诛大臣多吕后力。"[①]由此可以想见吕后是一个果敢刻毒的妇人。

吕后最大的敌人是戚姬，因为高祖自得戚姬后，宠幸无比，而吕后遂失爱。并且几使其子惠帝不能承继大统。因此，惠帝即位以后，吕后第一件事，便是幽戚夫人于永巷，并召其子赵王如意入京，以鸩毒死之。又"遂断戚夫人手足，去眼，煇耳，饮喑药，使居厕中，命曰'人彘'"。[②]由此可以想见吕后又是一个阴鸷残忍的妇人。

吕后不是完全把心思用于对付情敌，同时她并没有忘记中央政府所遭受的威胁。她在高祖死后，就想尽族诸将然后发丧。后来因为估计实力不够，又才暂时中止。在惠帝君国的八年中，她无日不在计划巩固中央与削弱诸王的方策。所以虽然匈奴冒顿单于写信来侮辱她，她始终忍受，这为的是要留下力量，以应付国内可能发生之变乱。但在惠帝时，因为准备尚未完成，她对诸侯王并没有采取攻势，仅仅积极修筑长安城[③]，以巩固京师的防卫而已。

惠帝死，无子，吕后乃取宫人幼子，谓为惠帝子，杀其母而立为帝。但同时又布告天下，谓："今皇帝病久不已，乃失惑惛乱，不能继嗣奉宗庙祭祀，不可属天下。"[④]因幽之永巷而杀之。自是吕后遂临朝称制，改元大赦，自为皇帝。

吕后——中国历史上第一次出现的女皇——执政凡八年，在这八年中，她的政治方向，完全集中于对诸侯王之打击，企图以此而使西汉的政权走向中央集权制。为了执行这一艰难的政治任务，她首先就罢免中央政府中的反对派如王陵等[⑤]，而以大权委之于其情人

① 《史记·吕后本纪》。

② 《史记·吕后本纪》。

③ 《史记·吕后本纪》云：惠帝"三年，方筑长安城，四年就半，五年、六年城就。"《汉书·惠帝纪》云："三年春，发长安六百里内男女十四万六千人城长安，三十日罢。""五年……复发长安六百里内男女十四万五千人城长安，三十日罢。"

④ 《史记·吕后本纪》。

⑤ 《史记·吕后本纪》云："太后称制，议欲立诸吕为王，问右丞相王陵。王陵曰：'高帝刑白马盟曰："非刘氏而王，天下共击之。"今王吕氏，非约也。'太后不说……十一月，太后欲废王陵，乃拜为帝太傅，夺之相权，王陵遂病免归。"

审食其[①]。然后布置党羽，培养干部，大封诸吕[②]及其所爱后宫美人之子[③]若干人为王侯。在这样一种措施之后，乃开始向诸侯王进攻。如前所述，在惠帝时，她已杀赵王如意。如意杀后，即徙淮阳王友为赵王。现在又再杀赵王友，而徙梁王恢为赵王。不久又杀赵王恢，废其嗣，而以吕禄为赵王。梁王恢徙赵后，即以吕产为梁王。燕王建死，杀其嗣而除其国，另以吕通为燕王此外，又分齐为四，以削弱之。这样一来，燕、赵、梁遂完全转移到中央的手中，而齐国也四分五裂，易于控制了。

吕后并没有完成她的政治计划，便死去了。吕后死而袒刘之军兴。齐王发难于外，陈平、周勃响应予内，刘氏诸王，遂群起而诛诸吕。吕后八年的经营，不到几天，全被摧毁，天下大势，仍然回到外重内轻的局面。

诸刘既诛诸吕，于是陈平、周勃密迎代王恒为皇帝，是为文帝。文帝为高祖中子，惠帝之异母弟，即位之年，才二十四岁。他虽然是一个青年，但有足够的机警与慎重，以应付他所处的环境。

文帝即位之初，正当一个新的政变之后，诸吕虽诛，而中央政府则已解体。文帝虽欲整饬纪纲，但他以藩王入承帝统，威信未立，羽翼不丰。反之，刘氏诸王则已屡代藩封，基础已固；又以新诛诸吕，气焰万丈。因此文帝即位之后，不得不采取优容政策，如吴王濞称病不朝而仍赐以几杖，淮南王长击杀审食其而仍赦其无罪。由此可以想见当时中央政府之衰微。

即因中央政府之优容政策，而使诸王愈益骄纵。他们擅改法令，自置官属，各据一方，目无天子。同时，当时商人地主日益富厚，他们或转毂百数，周行郡国；或拥资百万，废居都邑。这些商人地主既不能得志于中央，遂与诸侯王相勾结，因而当时的商人地主

① 《史记·吕后本纪》云："(吕后)以辟阳侯审。食其为左丞相。左丞相不治事，令监宫中如郎中令。食其故得幸太后，常用事，公卿皆因而决事。"

② 诸吕受封爵者，如吕禄为胡陵侯、吕种为沛侯、吕平为扶柳侯、吕忿为吕城侯、吕更始为赘其侯、吕他为俞侯、吕婴为临光侯。

③ 诸宫中美人子受封者如强为淮阳王，不疑为常山王，山为襄城侯，朝为轵侯，武为壶关侯。

“力过吏势”，而诸侯王则“富可敌国”。商人地主的资财与诸侯王的武装，现在紧紧地拥抱着了。而这到后来，便爆发了淮南王长和济北王兴居的叛乱。

淮南王长的叛乱系发觉于事前。据说淮南王长于“六年令男子但等七十人，与棘蒲侯柴武太子奇谋，以辇车四十乘反谷口，令人使闽越、匈奴”。文帝尽诛所与谋者，淮南王长不食而死。对于这场权力的斗争，当时的人民为之歌曰：“一尺布，尚可缝；一斗粟，尚可舂。兄弟二人，不相容！”在另一方面，当时匈奴愈益强大，老上、军臣两单于先后发动大规模的南侵。胡骑屡寇云中（治今内蒙古托克托东北）、上郡，烽火通于甘泉。送以公主，不能缓和；奉以金絮彩缯，亦不能缓和。

当时有一位洛阳少年贾谊，看到这种内外的形势，曾向文帝上了一个《治安策》，尽情极致地指陈当时的危机。例如他指出诸侯王的专横曰：“今或亲弟谋为东帝，亲兄之子西向而击，今吴又见告矣。天子春秋鼎盛，行义未过，德泽有加焉，犹尚如是；况莫大诸侯，权力且十此者乎！然而天下少安，何也？大国之王幼弱未壮，汉之所置傅相方握其事。数年之后，诸侯之王大抵皆冠，血气方刚，汉之傅相称病而赐罢，彼自丞尉以上偏置私人，如此，有异淮南、济北之为邪！”又如他指出匈奴的侵略曰：“今匈奴嫚侮侵掠，至不敬也，为天下患，至亡已也，而汉岁致金絮彩缯以奉之。夷狄征令，是主上之操也；天子共贡，是臣下之礼也。足反居上，首顾居下，倒县如此，莫之能解，犹为国有人乎？”又如他指出商人地主的奢侈曰：“且帝之身自衣皂绨，而富民墙屋被文绣；天子之后以缘其领，庶人孽妾缘其履：此臣所谓舛也。夫百人作之不能衣一人，欲天下亡寒，胡可得也？一人耕之，十人聚而食之，欲天下亡饥，不可得也。饥寒切于民之肌肤，欲其亡为奸邪，不可得也。国已屈矣，盗贼直须时耳。”

贾谊最后的结论，是主张削弱诸王，集权中央。他说：“欲天下之治安，莫若众建诸侯而少其力。力少则易使以义，国小则亡邪心。令海内之势，如身之使臂，臂之使指，莫不制从。诸侯之君不敢有异心，辐凑并进而归命天子，……割地定制，令齐、赵、楚各为若干国，使悼惠王、幽王、元王之子孙毕以次各受祖之分地，地尽而止，及燕、梁它国皆然。其分地众而子孙少者，建以为国，空而置之。须其子孙生者，举使君之。诸侯之地其削颇入汉者，为徙其侯国及封其子孙也，所以数偿之。一寸之地，一人之众，天子亡所利焉。"

贾谊的《治安策》，真是一篇很有见解的政治论文，简单明了而又扼要地指出了当时社会经济的病态和政治的危机，并且，提出了具体的解决方案。我们从贾谊的《治安策》中，就知道文帝时的社会是怎样的一个社会。但是贾谊所指陈的各节，当时中央负责的官僚又何尝不知道，不过他们为了要粉饰太平，蒙蔽皇帝，所以"进言者皆曰天下已安已治矣"。他们不知竟然有一位不知天高地厚的洛阳少年，把他们所要蒙蔽皇帝的一切赤裸裸地暴露出来，并且说："曰安且治者，非愚则谀，皆非事实知治乱之体者也。"这虽然是一句老实话，但却骂尽了当时粉饰太平的官僚。所以史载当时"于是天予议以谊任公卿之位。绛、灌、东阳侯、冯敬之属尽害之，乃毁谊曰：'洛阳之人年少初学，专欲擅权，纷乱诸事。'于是天子后亦疏之，不用其议，以谊为长沙王太傅"。后又拜为梁怀王太傅，始终不令参与朝政。不久梁王坠马死，贾谊自伤为傅无状，常哭泣，后岁余亦死。班固曰："刘向称'贾谊言三代与秦治乱之意，其论甚美，通达国体，虽古之伊、管，未能远过也。使时见用，功化必盛。为庸臣所害，甚可悼痛。'"

贾谊虽怀才不遇而死，但他的《治安策》，毕竟使文帝受到影响。比如文帝徙淮阳王武为梁王，不但尽有其故地，而且扩展其势力于中原。后又分齐为六国，尽立悼惠王肥六子为王。又迁淮南王喜于城阳（治今山东莒县），而分淮南为三国，尽立厉王长三子为王。这些都是贾谊"众建诸侯而少其力"的政治方案之实现。

文帝并没有等到中央集权制的建立就死了，其子继立，是为景帝。据《汉书，晁错传》云：（景帝）"材智高奇，驭射技艺过人绝远"。他在做太子的时候，就痛恨诸王的专横，吴王濞的太子入朝，他曾引博具击杀吴太子，因此与吴王的仇恨最深。

景帝即位，诸王愈益骄横，渐至目无法纪。当时御史大夫晁错屡建削藩之议，诸侯王每当微罪而遭削地。如楚王戊因在薄太后服内私奸服舍而削东海郡；胶西王印因卖爵事有奸，因削其六县；赵王遂亦因罪而削其常山郡。景帝三年，晁错又建议削吴。晁错之言曰："昔高帝初定天下，昆弟少，诸子弱，大封同姓，故孽子悼惠王王齐七十二城，庶弟元王王楚四十城，兄子王吴五十余城。封三庶孽，分天下半。今吴王前有太子之隙，诈称病不朝，于古法当诛。文帝不忍，因赐几杖，德至厚也。不改过自新，乃益骄恣。公即山铸钱，煮海为盐，诱天下亡人，谋作乱逆。今削之亦反，不削亦反。削之，其反亟，祸小；不削之，其反迟，祸大。"即因有削吴之议。于是吴王濞遂反，胶西王印，楚王戊，赵王遂，济南王辟光，淄川王贤，胶东王雄渠，都起兵响应吴王的叛变，是为吴楚七国之变。

七国之变，首乱者为吴国。吴国在当时社会经济比较发展。据《汉书·吴王刘濞传》云："然其居国以铜盐故，百姓无赋；卒践更，辄予平贾。岁时存问茂材，赏赐闾里。它郡国吏欲来扑亡人者，颂共禁不与。如此者三十余年，以故能使其众。"由此看来，吴国当时的主要收入，全赖盐铜事业，因而可以想见其盐铜事业之盛。同时从其他郡国亡人之逃入吴国一点看来，又可以想见吴国的手工业及农业生产中，吸收了不少中原失业的农民。又如存问茂材，则指明在当时吴国的旧商人地主业已参加政治。即因商业资本在吴国之突出发展，所以吴国特别富裕。吴王致诸王书中有云："寡人金钱在天下者往往而有，非必取于吴，诸王日夜用之不能尽。有当赐者告寡人，寡人且往遗之。"从这几句话看来，因知当时吴王之敢于首乱，实有商人地主作后台。这显然是一个社会阶层的行动。

七国叛变以后，西汉政府遂失掉了半壁江山，江苏、安徽、山东、河北的广大地域，完全转入叛乱之中。当时叛变的诸侯，以诛晁错为名，连兵西犯，问罪中央。中央政府迫于威胁，遂诛晁错以谢七国。但七国之叛，其志在推翻中央，是以晁错虽诛，而七国之兵不解。于是中央派太尉周亚夫、大将军窦婴将兵击之。战争以中央军的胜利而结束，吴王濞死于丹徒，其余六王，都自杀了。

七国之叛既平，西汉旳中央政府乃下令，“诸侯王不得复治国，天子为置吏”。从此以后，地方割据的局面，遂告结束，中央政权日益高涨，而西汉的政权，也就走向新的发展阶段了。

中国历史家往往盛称“文景之治”，甚至比之三代。其实所谓“文景之治”，正如贾谊所云：“夫抱火厝之积薪之下，而寝其上。火未及燃，因谓之安。方今之势，何以异此！”果然，到景帝时，诸侯合纵，连兵而叛，自关以东，烽火遍地。诚然，文帝持身节俭，身衣弋绨，所幸慎夫人，衣不曳地，帷幄无文绣；治霸陵皆瓦器，不得以金银铜锡为饰，尝欲筑露台，因需百金而罢，以示敦朴，为天下先。因此，史家称之。但文帝的幸臣邓通，大夫也，而钱布天下；其代王府的亲信如张武等，大肆贪污，公行贿赂，文帝知而不罚，且更加赏赐，而曰“以愧其心”。这些，都不免是他的盛德之累。至于景帝之治，则诚如他自己的诏令所云：“吏或不奉法令，以货赂为市，朋党比周，以苛为察，以刻为明。今亡罪者失职，朕甚怜之；有罪者不伏罪，奸法为暴，甚亡谓也。”然而班固却为之颂曰：“周云成康，汉言文景，美矣！”

二　中央集权政治的形成与疆域的奠定

西汉的政治，到武帝时，便走进了一个新的阶段，这就是完成了中央集权政治体制的建立。从此以后，直至昭、宣之世，西汉的政权正如丽日经天，照射着中国，乃至中国以外的世界。

西汉的政权之走向中央集权的道路，固然与自吕后、文、景以来半个世纪的主观斗争，不无关系，但主要地还是客观形势推移的结果。换言之，即自汉初以来，几十年间社会经济的发展所引导出来的必然的绪论。

具体的史实指示出来，在汉初的几十年间，旧的商人地主固然因其历史的蓄积，获得了长足的发展；但新兴的贵族官僚地主也同时挟其政治的权力，从事于强烈的超经济的收夺。《汉书·景帝纪》

载景帝之诏曰："今岁或不登，民食颇寡，其咎安在？或诈伪为吏，吏以货赂为市，渔夺百姓，侵牟万民，县丞，长吏也，奸法与盗盗，甚无谓也。"由此可以想见一般。

即因强烈的超经济收夺，于是这一个新兴的贵族官僚地主集团，上自皇家，下至小吏，无不变成巨富。《汉书·食货志》曰：自汉兴"至武帝之初七十年间，国家亡事。非遇水旱，则民人给家足，都鄙廪庾尽满，而府库余财。京师之钱累百巨万，贯朽而不可校。太仓之粟陈陈相因，充溢露积于外，腐败不可食。众庶街巷有马，阡陌之间成群，乘牸牝者摈而不得会聚。守闾阎者食粱肉，为吏者长子孙，居官者以为姓号。人人自爱而重犯法，先行谊而黜愧辱焉。于是罔疏而民富，役财骄溢，或至并兼豪党之徒以武断于乡曲。宗室有土，公卿大夫以下争于奢侈，室庐车服僭上亡限，物盛而衰，固其变也"。

即因新兴的贵族官僚地主亦变豪党之徒，所以他们亦多舍本逐末，兼营商业，因而由贵族官僚地主一变而为商人地主。同时，直至文景之世，虽仍有市井子弟不得为官吏之禁，但这是指那些坐列贩卖的小商人，至于那些积储倍息、废居都邑的大商人地主，则早已交通王侯，甚至使王侯低首仰给。由此看来，当时的商人地主已经在支配政治了。

即因贵族官僚地主之商人化，与商人地主之贵族官僚化，于是封建的政治收夺与商业盘剥合流，因而这两个地主集团的利害，遂趋一致。以前为了各自集团的利益而引起的政治冲突，到现在已没有必要。这样，诸侯王便失了经济的支持，反之，中央政府对商人的政策，遂由贱商一变而与商人地主合作了。

具体的史实指示出来，武帝即位之元年，即"诏丞相、御史、列侯、中二千石、二千石、诸侯相，举贤良、方正、直言、极谏之士"。这里所谓"士"，当然不是新兴的贵族、官僚，因为这些人，早已做了大官或小官；也不是农民，因为农民根本就不够"士"的资格；毫无可疑，是那些有钱读书的地主知识分子，其中包括了商人地主知识分子。过了六年，又亲自考选地主知识分子。《武帝纪》

元光元年诏贤良曰："贤良明于古今王事之体，受策察问，咸以书对，著之于篇，朕亲览焉。"以后于元朔元年，又下诏曰："夫本仁祖义，褒德禄贤，劝善刑暴，五帝三王所繇昌也。朕夙兴夜寐，嘉与宇内之士臻于斯路。故旅耆老，复孝敬，选豪杰，讲文学，稽参政事，祁进民心，深诏执事，兴廉举孝，庶几成风，绍修圣绪。夫十室之邑，必有忠信；三人并行，厥有我师。今或至阖郡而不荐一人，是化不下究，而积行之君子雍于上闻也。二千石官长纪纲人伦，将何以佐朕烛幽隐，劝元元，厉蒸庶，崇乡党之训哉！且进贤受上赏，蔽贤蒙显戮，古之道也。其与中二千石、礼官、博士议，不举者罪。"这里所谓耆老、豪杰、孝廉、君子，也当然不是新官僚或穷苦的农民，主要是商人地主。自是以后，"不举孝，不奉诏，当以不敬论。不察廉，不胜任也，当免。"这些文献，就很明显地指出了西汉的中央政府到武帝时，已大开政治之门，欢迎商人地主参加政治。

跟着政府对商人地主的政策之改变，商人地主的知识分子便在继续不断的考选推荐之中，走上了政治舞台。例如在武帝时号称文学之士的董仲舒①、公孙弘②、司马相如③、东方朔④、枚皋⑤、严助⑥、朱买

---

① 《汉书·武帝纪》云：元光元年，武帝亲策贤良，"于是董仲舒、公孙弘等出焉。"

② 同上。

③ 《汉书·司马相如传》云："蜀人杨得意为狗监，侍上。上读《子虚赋》而善之。曰：'朕独不得与此人同时哉！'得意曰：'臣邑人司马相如，自言为此赋。'上惊，乃召问相如。"后拜为中郎将，建节使西南夷。

④ 《汉书·东方朔传》云："朔初来。上书……文辞不逊，高自称誉，上伟之，令待诏公车。"

⑤ 《汉书·枚乘传》云："皋亡至长安，会赦，上书北阙，自陈枚乘之子。上得之大喜，召入见待诏，皋因赋殿中。诏使赋平乐馆，善之。拜为郎，使匈奴。"

⑥ 《汉书·严助传》云："严助，会稽吴人，严夫子子也，或言族家子也。郡举贤良，对策百余人，武帝善助对，繇是独擢助为中大夫。"

臣[①]、吾丘寿王[②]、主父偃[③]、兒宽[④]、终军[⑤]等，都是由考选推荐或上书而获得其官职，并且成为皇帝左右的亲信。以上所举，不过是人中皎皎，此外名不见史籍者，尚大有人在。《汉书·董仲舒传》云："武帝即位，举贤良文学之士前后数百……"《东方朔传》亦云："武帝初即位，征天下举方正贤良文学材力之士，待以不次之位，四方士多上书言得失，自衒鬻者以千数。"由此可以想见那些以前不得为官吏的市井子弟，现在就像潮水一般，涌进了西汉政府的大门。

同时，政府又卖爵位，人民可以以缴纳一定额的货币、谷物、奴婢、畜群，而获得一定等级的爵位。这些有货币、谷物、奴婢、畜群可以缴纳的人们，当然也不是一般的农民，而是有钱的商人。即因如此，所以许多富商大贾，现在都有高爵，不少人一跃而为政府中的要人。《汉书·食货志》曰："于是以东郭咸阳、孔仅为大农丞，领盐铁事；而桑弘羊贵幸。咸阳，齐之大鬻盐；孔仅，南阳大冶，皆致产累千金，故郑当时进言之。弘羊，洛阳贾人之子，以心计，年十三侍中。故三人言利事析秋毫矣。"此外，如卜式，河南人也，以田畜为业，羊数千头，买田宅，屡以产业助边，因得爵至关内侯。自从这些盐铁大贾，掌握了国家政权以后，他们便执行经济统制政策，以集中经济力量于中央政府，这主要地，就是盐铁的国营。他们于郡国置铁官或小铁官，而"除故盐铁家富者为吏，吏益多贾人矣"[⑥]。

自从西汉政府开放政权以后，新旧土地所有者因而合流，西汉

① 《汉书·朱买臣传》云："朱买臣字翁子，吴人也。家贫，好读书，不治产业……会邑子严助贵幸，荐买臣。召见，说《春秋》，言楚词，帝甚说之，拜买臣为中大夫，与严助俱侍中。"

② 《汉书·吾丘寿王传》云："吾丘寿王字子赣，赵人也。年少，以善格五召待诏。诏使从中大夫董仲舒受《春秋》，材高通明。迁侍中中郎。"

③ 《汉书·主父偃传》云："主父偃，齐国临菑人也……以诸侯莫足游者。元光元年，乃西入关……上书阙下。朝奏，暮召入见。"

④ 《汉书·兒宽传》云："兒宽，千乘人也，治《尚书》，事欧阳生。以郡国选，诣博士，受业孔安国……以射策为掌故，功次，补廷尉文学卒史。"

⑤ 《汉书·终军传》云："终军字子云，济南人也。少好学，以辩博能属文闻于郡中……至长安，上书言事。武帝异其文，拜军为谒者给事中。"

⑥ 《汉书·食货志》(下)。后卜式主张罢盐铁国营。

的政权，也就变成了执行土地所有者之共同利益的政权。在政治形势转换以后，旧的商人地主自然又要拥护中央的统一，反对诸侯王的割据。于是董仲舒便高唱大一统主张，而主父偃则再进“推恩”之议。董仲舒的大一统主张，引经据典，主张尊王。主父偃的削藩之奏，更表现得积极。其言曰：“古者诸侯地不过百里，强弱之形易制。今诸侯或连城数十，地方千里，缓则骄奢，易为淫乱；急则阻其强易合从，以逆京师。今以法割削，则逆节萌起，前曰晁错是也。今诸侯子弟或十数，而适嗣代立。余虽骨肉，无尺地之封，则仁孝之道不宜。愿陛下令诸侯得推恩分子弟，以地侯之。彼人人喜得所愿，上以德施，实分其国，必稍自销弱矣。”这个建议，被武帝采纳了，从此以后，诸侯王国一分再分，越分越小。

现在西汉的政治，已经集权中央了。在中央集权的政治之下，政令统一，关梁无阻，商业获得更疾速的发展。不久，随着汉武帝对边疆地区的经营，商人们的活动范围也日益扩大了。

据《汉书·食货志》云：武帝“即位数年，严助、朱买臣等招徕东瓯，事两粤，江淮之间萧然烦费矣。唐蒙、司马相如始开西南夷，凿山通道千余里，以广巴蜀，巴蜀之民罢焉。彭吴穿秽貊、朝鲜，置沧海郡，则燕、齐之间靡然发动。及王恢谋马邑、匈奴绝和亲，侵扰北边，兵连而不解，天下共其劳”。当此之时，羽檄飞驰，急如星火，号角之声，遍于全国，到处都可以看到绑赴郡、国的壮丁，到处都可以看到开上前线的军队。“行者赍，居者送”，所有从土地上被排除出来的农民、奴婢、囚徒、赘婿、亡命、恶少年，都被集合起来，武装起来，逼迫他们去为着汉王朝和商人地主的利益而粉身碎骨于异域。

战争以日益扩大之规模而展开，于是王恢、韩安国、唐蒙、路博德、郭昌、魏广、杨仆、荀彘、李广、卫青、霍去病、李广利等将军，遂先后或同时出现为民族战争中的英雄。西汉的军队就在这些英雄的统率之下，走向东南西北的战场。他们开赴今日之辽东、朝鲜去打朝鲜，开赴今日之浙江、福建去打东瓯、闽粤，开赴今日之广东、广西去打南粤，开赴今日之贵州、云南去打西南夷，开赴今日之陕甘边境、内外蒙古去打匈奴。这些远征军或楼船浮海，或栈道梯山，或轻骑出塞，或重装屯田，前仆后继，接踵而死者，不知几十万人。此外凿山通道，转粮馈饷，人徒车马，万里相望，其转死于道路者，又不知几十万人。

除匈奴以外，其他的战事，都在短期内胜利地结束了。但是击败匈奴，是西汉商人地主最迫切的要求。因为当时的匈奴，正控制着河西走廊一带，而这一带，正是中原通达塔里木盆地及中亚唯一的通道。为了打通到达塔里木盆地及中亚的商路，首先就要把匈奴从河西走廊驱逐出去。因此汉武帝以全力进行对匈奴的战争。战争终于获得了报酬，公元前121年，西汉的军队，完全占领了河西走廊，打通了到塔里木盆地的道路。

西汉的势力很快就支配着塔里木盆地诸国，但匈奴的小组骑兵，仍然出没于天山南北，遮击西汉的外交使节和商人。西汉的势力，一天天地西展，到公元前102年，西汉的将军李广利，竟征服了大宛，把汉朝的势力推进到中亚。

西汉政府在奠定我国的疆域的事业中，在中国历史上创造了一页空前辉煌的纪录。两千年来，中国历史家，都把这种辉煌的伟业，归功于汉武帝个人的成就，所谓“雄才大略”者是也。一直到现在，汉武帝这个名字，成为中国传奇中的英雄之典型。诚然汉武帝的主观的创造作用，是不可否认的。但是如果没有推动这个事业的客观形势和要求，没有广大劳动人民的牺牲，则汉武帝即使有雄才大略，结果也只能停止在愿望的阶段。具体的史实指示出来，西汉对经略边疆地区的发动，胜利地进军，这决不仅依于汉武帝个人才能之发挥，而是当时中国社会经济的活力之历史的要求。换言之，不是汉武帝的勤远略的意图，推动了当时的大远征；而是社会经济的发展要求发动这个大远征，汉武帝的活动不过是体现了当时的社会经济发展的要求。

说到汉武帝，也会令人想到他是生长得怎样一副严肃的面孔。实际上，汉武帝是一位很活泼、很天真、重情感的人物。他除了喜欢穷兵黩武以外，还喜欢游历，喜欢音乐，喜欢文学，喜欢神仙。

汉武帝，是军队最英明的统帅，又是海上最经常的游客，皇家乐队最初的创立人，文学家最亲切的朋友，方士们最忠实的信徒，特别是他的李夫人最好的丈夫。他决不是除了好战以外，一无所知的一个莽汉。

随着战争的胜利，中原地区的商人便蹈着士兵的血迹，走进了塔里木盆地和中亚诸国。在当时，我们可以看到络绎于西北国际大道上的，都是西汉的将军、校尉、骑士、田卒，和成群结队的商人。他们从长安出发，带着中国的丝织物和其他的手工业制品，经由金城、武威、张掖、酒泉而至敦煌，然后西出玉门，横断罗布泊沙漠，贸易于塔里木盆地诸国；甚至越过帕米尔高原，周行中亚，与罗马、印度的商人进行交易。同时，那些住在边地的将军们和出使绝国的无数外交使节，一个个也都在从事商业，大发横财，这样一来，于是长安遂不仅是西汉的首都，同时也是国际贸易的中心。这里是全国租税集中之地，也是庞大的商业利润总汇之所。因而长安城中，除了原有的贵族、官僚地主以外，又挤满了中外的商人。

现在，在长安城的天空中，耸立着无数高入云霄的建筑物，这些建筑物或名曰台①，或名曰阙②，或名曰观③，都非常雄伟壮丽。据说当时有一通天台，或曰神明台，高百余丈，云雨在其下。在台顶上，有一铜铸的仙人，手捧铜盘玉杯，作承露之状④。又有两凤凰阙，各高七十丈五尺，上各立一铜凤凰⑤。又有一飞廉观，高四十丈，上立

---

① 《三辅黄图·台榭》谓长安西北八里有灵台，高十五仞，上有相风铜乌，风来则乌动，盖即天文台也。又有渐台，在未央宫太液池中，高十丈，王莽死于此。又有凉风台，在长安城西。又长乐宫中有鱼池台、酒池台、著室台、斗鸡台、走狗台、坛台。未央宫中有果台、东山台、西山台、钩弋合、通灵台、望鹄台、眺蟾台、桂台、商台、避风台。

② 《汉书》谓高祖七年，萧何造未央宫，立东阙、北阙。《三辅黄图》引《汉宫殿疏》曰："未央宫有……玄武、苍龙二阙。"

③ 《三辅黄图》谓武帝在昆明池中造观，曰昆明观。又于长杨宫造射熊观。

④ 《三辅黄图·建章宫》引《庙记》曰："神明台，武帝造，祭仙人处。上有承露盘，有仙人。舒掌捧铜盘玉杯，以承云表之露。"《长安记》谓："仙人掌大七围，以铜为之。"

⑤ 《三辅黄图·建章宫》云："建章北阙门也，又有凤凰阙，汉武帝造，高七十丈五尺……古歌云长安城西有双阙，上有双铜雀，一鸣五谷成，再鸣五谷熟。"

一飞廉神，鹿头如雀，蛇尾而豹文[①]。这些崇高的建筑物，就象征着大汉帝国的庄严和伟大。

在长安城的市内及其近郊，到处都是金碧辉煌的宫殿。据说当时京兆所辖的境内，共有宫殿一百四十五所。班固《西京赋》中有云：“前乘秦岭，后越九嵕，东薄河、华，西涉岐、雍，宫馆所历，百有余区。”这样看来，秦代的离宫三百，到武帝时，又重新装修起来了。在这些宫殿中，最为宏大的，是长乐、未央、建章、甘泉四宫。长乐、未央，皆在长安城内，建章在西郊，而甘泉则在长安西二百里之外。这几座宫殿，都非常壮丽而奢侈，诚如萧何所云：“且夫天子以四海为家，非令壮丽亡以重威，且亡令后世有以加也。”

长乐宫是汉初所建，比较朴素，但规模亦极宏大。《三辅旧事》及《宫殿疏》两书都说：这座宫殿，“周回二十里。前殿东西四十九丈七尺，两杼中三十五丈，深十二丈。长乐官有鸿台，有临华殿，有温室殿，信宫、长秋、永寿、永宁四殿。”

未央宫的规模就更大了。据《三辅黄图·未央宫》云：“未央宫周回二十八里，前殿东西五十丈，深十五丈，高三十五丈。”又云“至孝武，以木兰为棼橑，文杏为梁柱，金铺玉户，华榱璧，雕楹玉碣，重轩镂槛，青琐丹墀，左墄右平，黄金为璧带，间以和氏珍玉，风至，其声玲珑然也”。在这个宫殿里，有楼台殿阁无数，都极尽华丽之能事[②]。其中最富丽者为掖庭宫，这是汉武的妃嫔所居之地，所谓禁闼者是也。据《三辅黄图》云：“武帝时，后宫八区，有昭阳、飞翔、增成、合欢、兰林、披香、凤皇、鸳鸯等殿。后又增修安处、常宁、茝若、椒风、发越、蕙草等殿，为十四位。”这里可以说是

① 《三辅黄图·观》云：“飞廉观，在上林，武帝元封二年作……高四十丈。于甘泉作延寿观，亦如之。”

② 《三辅黄图·未央宫》云：“未央宫有宣室、麒麟、金华、承明、武台、钩弋等殿。又有殿阁三十有二，有寿成、万岁、广明、椒房、清凉、永延、玉堂、寿安、平就、宣德、东明、飞雨、凤凰、通光、曲台、白虎等殿。《庙记》云：‘未央宫有增成、昭阳殿。’《汉宫殿疏》曰：‘未央宫有麒麟阁、天禄阁，有金马门、青琐门、玄武、苍龙二阙，朱鸟堂、画堂、甲观、非常室，又有钩盾署，弄田。’《三辅决录》曰：‘未央宫有延年殿、合欢殿、回车殿。’又《汉官阁记》云：‘未央宫有宣明、长年、温室、昆德四殿，又有玉堂、增盘阁、宣室阁。’《三辅旧事》云：‘武帝于未央宫起高门、武台殿。’”

“美人窝”，也可以说是“怨女馆”。此外，在这个宫殿里还有织室（纺织厂），有凌室（储冰厂），有暴室（染洗坊），有弄田（藉田），不胜枚举。

汉代装饰房屋之木雕

建章宫。《水经·河水注》云：“建章宫汉武帝造，周二十余里，千门万户。其东，凤阙，高七丈五尺，……中作神明台、井干楼，咸高五十余丈。……北有太液池，池中有渐台三十丈，……南有璧门三层，高三十余丈。中殿十二间，阶陛以玉为之，铸铜凤五丈，饰以黄金。楼屋上椽首，薄以玉璧，因曰璧玉门也。”在这座宫殿里，也有无数的别殿[①]。其中有一桂宫，最为华丽。《三辅黄图》引《三秦记》云：“未央宫渐台西有桂宫，中有明光殿，皆金玉珠玑为帘箔，处处明月珠，金陛玉阶，昼夜光明。”又引《西京杂记》云：“武帝为七宝床、杂宝桉、厕宝屏风、列宝帐，设于桂宫，时人谓为四宝宫。”

甘泉宫周围十九里，本秦代旧宫，武帝时再建，这算是一座最大的离宫。其中有紫殿，雕文刻镂，饰以玉璧。这里树木最多，风

① 《三辅黄图·未央宫》：“建章有骀荡、馺娑、枍栺、天梁、奇宝、鼓簧等宫，又有玉堂、神明堂、疏圃、鸣銮、奇华、铜柱、函德二十六殿。”

景极佳。杨雄《甘泉宫赋》中，曾赞赏这里的“玉树青葱”之美。所以这里别殿多以树木为名，如林光宫、棠梨宫等。在长安西南几百里之内，布满了皇家的苑囿，及贵族、官僚、商人地主的花园和别墅。当时皇家的苑囿是很多的。每苑皆设有苑监，喂养鸟兽马匹的官奴婢也很多。其中最大者，有上林苑、甘泉苑、西郊苑、思贤苑、博望苑、宜春下苑及梨园等。关于上林苑，《三辅黄图·苑囿》引《汉书》云：“武帝建元三年，开上林苑，东南至蓝田宜春、鼎湖、御宿、昆吾，旁南山而西，至长杨、五柞，北绕黄山，濒渭水而东，周袤三百里，离宫七十所。皆容千乘万骑。”《汉旧仪》云：“上林苑方三百里，苑中养百兽，天子秋冬射猎取之。帝初修上林苑，群臣远方，各献名果异卉三千余种植其中。”

甘泉苑，据《三辅黄图·苑囿》云：“武帝置，缘山谷行，至云阳三百八十一里，西入扶风，凡周回五百四十里。苑中起宫殿台阁百余所。”同书又云：“西郊苑，汉西郊有苑囿，林麓薮泽连亘，缭以周垣四百余里。离宫别馆三百余所。”此外思贤苑、博望苑，皆系大苑，而梨园则专种梨树，乃系皇家的果园。

现在我们再看商人地主的花园。《三辅黄图·苑囿》云：“茂陵富民袁广汉，藏镪巨万，家僮八九百人，于北山下筑园，东西四里，南北五里，激流水注其中，构石为山，高十余丈，连延数里，养白鹦鹉、紫鸳鸯、牦牛、青兕、奇兽珍禽，委积其间。积沙为洲屿，激水为波涛，致江鸥海鹤，孕雏产鷇，延漫林池。奇树异草，靡不培植。屋皆徘徊连属，重阁修廊，行之移晷，不能遍也。”这不过是一个例子而已，当时茂陵及其他诸陵的富人共有几十万家，像这样规模的花园，当然不知有若干。

现在，我们再看长安的市区。长安城的规模，本来就很宏大，据说周围有六十五里。有十二个城门。其中有纵横交错的街道，有十二条大街，无数的小巷。大街平正宽敞，两车可以并行，大街傍植有两行荫树。小巷曰里，为市民的住宅[①]。市场与住宅区是分开

①《汉书》谓万石君奋徙家长安戚里。宣帝在民间时，常在尚冠里。刘向《列女传》谓节女，长安大昌里人也。

的，长安城内一共有九个市场，在这里有无数的店铺，陈列着各种商品。市场中有市楼，又曰旗亭，这就是征收商税的官署。武帝以前，长安并不很热闹。到武帝时，便大大地繁荣起来了。班固《西都赋》追述当时的盛况曰："建金城其万雉，呀周池而成渊，披三条之广路，立十二之通门。内则街衢洞达，闾阎且千,九市开场，货别隧分，人不得顾，车不得旋，阗城溢郭，傍流百廛，红尘四合，烟云相连。"

以上所述，可以说是西汉武帝时及其以后的长安之缩写。这些雄伟的宫殿、台阙、苑囿，正是当时全国租税和庞大的商业利润之具体的体现。在超经济强制力量的高涨中，在社会经济的大发展中，西汉的商人地主们在胜利中昏迷了。

不消说，当时的汉武帝，他掌有四海的图籍，膺受万国的贡献，因而不但京师之钱，累百巨万；太仓之粟，陈陈相因；而且天马、葡萄，来自西域；明珠、象齿，贡自南越。于是离宫、别馆，遍于山谷；妃嫔美女，充乎宫庭；珍禽怪兽，布满苑囿；黻黼文锦，施之狗马。于是沙漠陈兵，犁庭扫穴；泰山封禅，望海求仙；长杨射猎，飞鹰走犬；甘泉祷祠，祀灶候神。出则千乘万骑，车马错列；入则男宠女色，歌舞纵横。

当时的贵族，如田蚡，"治宅甲诸第，田园极膏腴；市买郡县器物，相属于道。堂前罗钟鼓，立曲旃，后房妇女以百数。诸奏珍物狗马玩好，不可胜数。"

当时的官僚，如灌夫，"喜任侠，已然诺。诸所与交通，无非豪杰大猾。家累数千万，食客日数十百人。波池田园，宗族宾客为权利，横颍川。颍川儿歌之曰：'颍水清，灌氏宁；颍水浊，灌氏族。'"

当时的商人地主"卖僮者，为之绣衣丝履偏诸缘，内之闲中。是古天子后服，所以庙而不宴者也，而庶人得以衣婢妾。白縠之表，薄纨之里，緁以偏诸，美者黼绣，是古天子之服，今富人大贾嘉会召客者以被墙。古者以奉一帝一后而节适，今庶人屋壁得为帝服，倡优下贱得为后饰，然而天下不屈者，殆未有也"。

现在，我们再看这个时代的反面，农民的生活。《汉书·食货志》(上)记晁错之言曰:“今农夫五口之家，其服役者不下二人，其能耕者不过百亩，百亩之收不过百石。春耕夏耘，秋获冬藏，伐薪樵，治官府，给徭役；春不得避风尘，夏不得避暑热，秋不得避阴雨，冬不得避寒冻，四时之间，亡日休息，又私自送往迎来，吊死问疾，养孤长幼在其中。勤苦如此，尚复被水旱之灾，急政暴(虐)〔赋〕，赋敛不时，朝令而暮改，当具有者半贾而卖，亡者取倍称之息，于是有卖田宅鬻子孙以偿责者矣。”于是有“家贫子壮则出赘”者矣，于是有身被文绣“与牛马同兰”而被卖者矣，于是有“罢夫羸老易子而龁其骨”者矣，于是有因“穷则起为盗贼”而身为囚徒者矣。

一方面是骄奢淫佚，一方面是饥饿死亡，这就是西汉全盛时代的社会内容。

汉武帝死后，其子昭帝继承大统。昭帝即位之年，只有八岁，这样一个幼主，而又生长在深宫之中，当然负不起统治帝国的任务。于是霍光与金日磾受遗诏辅政。霍光为霍去病之异母弟，以裙带关系，为大司马大将军。金日磾是匈奴的降人之子，曾没入官输黄门养马，后得贵幸为侍中驸马都尉。因此霍、金二人虽同时受遗诏辅政，而大权则掌握于霍光。当昭帝时，霍光实际上就是皇帝。

昭帝死，宣帝立。宣帝即位之初，即发动了进一步打击匈奴的战争，他于本始二年派遣五路大军，与乌孙联合，夹击匈奴于天山之北。从此以后，匈奴益衰。当时的匈奴，丁零迫其北，乌桓迫其东，乌孙迫其西，汉军迫其南，已处于四面楚歌之中。因为地盘缩小，生活穷蹙，分裂为五部，自相争乱。以后又分为南北两部，南匈奴降于汉，北匈奴则西走。即因匈奴或降或走，于是帕米尔东西，天山南北，遂完全纳于汉的统治之下。为了统治西域，西汉政府在塔里木盆地之乌垒城（今新疆轮台县），设立了西域都护府。郑吉、甘延寿，陈汤、常惠、冯奉世，都曾在西域任都护或其他官职。

在宣帝时，西羌的诸部落渐北徙，屡次截断通达西域的商路，于是又大发兵征西羌。在赵充国剿抚兼施的政策之下，西羌终于降服了，于是置金城属国，以处降羌。因此，终宣帝之世，西北的国际商路，仍然畅通无阻，汉朝在西域的声威，仍然很高。

宣帝死，元帝立。“元帝即位，天下大水，关东郡十一尤甚。二年，齐地饥，谷石三百余，民多饿死，琅邪郡人相食。”这样严重的天灾，当然要影响西汉政府之统治。同时，当时北匈奴郅支单于盘据康居，屡侵乌孙，企图卷土东来；而陇西诸羌，也屡犯河西诸郡。当此之时，汉朝的西域副校尉陈汤，征发西域诸国之兵、车师戊己校尉屯田吏士军共四万余人，与西域都护甘延寿远征康居，斩郅支单于，传其首于京师。同时，冯奉世也击平了西羌。又加强了对西域的统治。

自昭宣以至元帝之世这半个世纪的时期中，是西汉的社会经济继续发展的时代。经过这半个世纪的蓄积，西汉的商人地主就更加富厚了。现在我们再看这一时代商人地主集团的生活。

这一时代的皇帝，据说昭帝“于宫馆囿池弋猎之乐未有所幸”，这大概是因为他死得太早，当他死的时候，还不过二十二岁。至于宣帝，则“颇修武帝故事，宫室车服盛于昭帝”。到元帝时，则皇家之奢侈便达到惊人的程度。《汉书·贡禹传》曰：“方今齐三服官作工各数千人，一步费数巨万。蜀、广汉主金银器。岁各用五百万。三工官，官费五千万，东西织室亦然。厩马食粟将万匹。臣禹尝从之东宫，见赐杯案，尽文画金银饰，非当所以赐食臣下也。东宫之费亦不可胜计，天下之民所为大饥饿死者是也。”

不但如此，他们死了之后，又以大量的财宝埋藏坟墓之中，并且用无数的青年女子去陪伴一个骷髅。同上传曰：“武帝时，又多取好女至数千人，以填后宫。及弃天下，昭帝幼弱，霍光专事，不知礼正，妄多臧金钱、财物、鸟兽、鱼鳖、牛马、虎豹、生禽，凡百九十物，尽瘗臧之，又皆以后宫女置于园陵，……昭帝晏驾，光复行之。至孝宣皇帝时……亦随故事，甚可痛也！”

汉代之错金奁

不仅如此，葬后又大修宗庙，岁时祭祀。据《汉书·韦贤传》云：汉至宣帝本始二年，各郡国宗庙之数，合百六十七所；京师陵傍之庙又为百七十六，而陵园寝殿尚不在内。当时这些宗庙寝殿，几乎每天都在为皇帝的祖宗举行祭祀。据同上传云："日祭于寝，月祭于庙，时祭于便殿。寝，日四上食；庙，岁二十五祠；便殿，岁四祠。又月一游衣冠。"于是大量的牛羊豕，用作死人的牺牲。据同上传云："一岁祠，上食二万四千四百五十五，用卫士四万五千一百二十九人，祝、宰、乐人万二千一百四十七人，养牺牲卒不在数中。"每当"衣冠出游，有车骑之众，风雨之气"。然而死贵族不能复生，而活穷人却因此饿死。

当时的贵族官僚竞为奢侈，转转益甚。据《汉书·贡禹传》云："诸侯妻妾或至数百人。"而一般官僚，"衣服履绔刀剑，乱于主上。主上时临朝入庙，众人不能别异。"所以贡禹慨然叹曰："令大夫僭诸侯，诸侯僭天子，天子过天道，其日久矣。"当时的官僚何以如此阔绰呢？因为当时的官僚大概很少不做买卖。所以贡禹上书"又欲令近臣自诸曹、侍中以上，家亡得私贩卖，与民争利。犯者辄免官削爵，不得仕宦"。但是当时的官僚，却宁肯免官削爵，还是要私贩卖，与民争利。他们"贪财（趋）〔诛〕利，不畏死亡"，何况"不得仕宦"。

当时的一般商人地主，已经发饱了洋财，但仍然货殖不已。据贡禹云:“富人积钱满室，犹亡厌足，民心〔动摇〕。商贾求利，东西南北，各用智巧。好衣美食，岁有十二之利，而不出租税。”

不但不出租税，而且当时地主大半身兼官吏，参加租税的分配。所以贡禹曰:“郡国恐伏其诛，则择便巧史书习于计簿能欺上府者，以为右职；奸轨不胜则取勇猛能操切百姓者，以苛暴威服下者，使居大位。故亡义而有财者显于世，欺漫而善书者尊于朝。悖逆而勇猛者贵于官。故俗皆曰:‘何以孝弟为？财多而光荣；何以礼义为？史书而仕宦。何以谨镇为，勇猛而临官。’故黥劓而髡钳者犹复攘臂为政于世；行虽犬彘，家富势足，目指气使，是为贤耳。故谓居官而置富者为雄桀，处奸而得利者为壮士，兄劝其弟，父勉其子，俗之坏败，乃至于是！”

商人地主为官吏者，复参加政治的收夺，所以他们的生活，便能僭于王侯。《盐铁论·刺权篇》述当时的情况曰:“自利官之设，三业之起，贵人之家云行于涂，毂击子道，……威重于六卿，富累于陶、卫；舆服僭于王公，宫室溢于制度；并兼列宅，隔绝间巷；阁道错连足以游观，凿池曲道足以骋骛；临渊钓鱼，放犬走兔；隆豺鼎力，蹋鞠斗鸡；中山素女，抚流征于堂上，鸣鼓巴俞，作于堂下。妇女被罗纨，婢妾曳絺纻；子孙连车列骑，田猎出入，毕弋捷健。”

鸣鼓巴渝画像

现在，我们再看当时的农民，他们过的什么日子。《汉书·贡禹传》曰：“农夫父子暴露中野，不避寒暑，捽屮杷土，手足胼胝，已奉谷租，又出稾税，乡部私求，不可胜供。”在这样强烈的榨取之下，而又益之以天灾，于是农民多半饿死。贡禹一方面看到皇家的穷奢极欲，另一方面又看到农民饥饿死亡，于是慨然而叹曰：“今民大饥而死，死又不葬，为犬猪（所）食，人至相食。而厩马食粟，苦其大肥，气盛怒至，乃日步作之。王者受命于天，为民父母，固当若此乎！”

当时农民的生活之恶化，决不是偶然的，而是自武帝以来历昭、宣以迄于元帝之世，一个世纪以上的社会经济发展的结果。因为在这一百年中，商人地主积累了大量的社会财富。这些财富，一部分浪费于奢侈的生活之中，一部分是投资于手工业或商业，一部分则通过高利贷的过程，用于土地的收夺。广大农民被剥夺了土地，不得不进入都市，或流亡异乡。

自然，农民之失掉土地，政治的收夺，也是一个重要的原因。自武帝以来，一个世纪以上，边境地区的战争未尝休息。为了支持这个战争，出钱出力，都是农民。在文帝时，就有农民卖儿鬻女的。在武帝以后的年代中，这样的情形当然更加发展，所以官、私奴婢之数日益增加。一个农民到了出卖自己的身体的时候，当然是除身体以外，已一无所有了。但是政治的收夺，主要的是为了支持战争的需要；而战争之进行，对于西汉来说，又和当时的社会经济的发展分不开的。

即因一个世纪以来的政治收夺与经济榨取双管齐下，于是农民只有被迫而交出他们小块的土地，一部分赤条条地走进商人地主的手工业工场。当时的手工业虽然发达，但亦不能把农村中逃亡出来的人口，尽数容纳，因而大部分逃亡的农民成为流浪之群。这些流浪者，在城市中者，有些以窃盗和劫人为生。据《汉书·赵广汉传》云：广汉为京兆尹时，“长安少年数人会穷里空舍，谋共劫人。”又云：“富人苏回为郎，二人劫之。”又据《汉书·张敞传》，张敞不仅善于画眉，而且也善于捕盗。当其做京兆尹时，“京师寖废，长安市偷盗尤多，百贾苦之。……敞既视事，求问长安父老，偷盗酋长数人，居皆温厚，出从童骑，闾里以为长者。敞皆召见责问，因贳其罪，把其宿负，令致诸偷以自赎。偷长曰：‘今一旦召诣府，恐诸偷惊骇，愿一切受署。’敞皆以为吏，遣归休。置酒，小偷悉来贺，且饮醉，偷长以赭污其衣裾，吏坐里闾阅出者，污赭辄收缚之，一日捕得数百人。穷治所犯，或一人百余发，尽行法罚。”以上不过两个例子而已。《汉书》中此类记载触目皆是。长安如此，其他都市当亦无不如此。至于当时由农村中逃亡出来的女子，一部分则卖于贵族官僚地主为婢妾，另一部分则沦为娼妓。长安有大批娼妓的存在，其他各都市亦无不有娼妓。

由此看来，当时的社会竟是这样一幅色彩不调和的画面。但是封建的政权是建筑在农村经济之上，而农村的经济的繁荣，又是以耕者有其田为前提。今农民从土地上被排除出来，当然要使得农村经济衰落，因而影响官府租税的收入，从而影响到封建国家的财政和国力。所以到元帝末年，在对匈奴的关系方面，采取了“王嫱出塞”的政策，这也是必然的。

第三节　西汉政权的崩溃

一　西汉政权的腐化与王莽改制

西汉的政权，从成帝时起，即开始走上崩溃的过程。迄于哀、平，崩溃决裂，遂不可收拾。为了抢救西汉的政权，王莽才挺身出来，站在贵族地主的立场上，进行政治的改良，是为王莽改制。王莽的政治改良，因为商人地主的反对，没有成功。于是西汉的农民便在新市、平林、赤眉、铜马等旗帜之下，暴动起来，颠覆了西汉的政权。

西汉的政权，为什么到成帝时便开始崩溃的过程，论者多归咎于成帝个人之腐化，甚至把这个罪案，写在一个可怜的女子赵飞燕的账上，我以为这未免过于滑稽。诚然，成帝个人的确足够腐化，比如他常微行，“出入市里郊野，远至旁县……，斗鸡、走马，常自称富平侯家人。富平侯者，张安世四世孙放也。……放为侍中、中郎将……，宠幸无比，故假称之。”成帝又嗜酒，据说，有一天，他看见屏风上画着一幅“商纣醉拥妲己”的画像，他自己觉得是对他的一个讽刺，因顾谓其倖臣张放曰：“纣为无道，至于是乎？”

成帝不仅好游、嗜酒，而且更好色。他有一次微行到阳阿主家，见歌舞者赵飞燕，爱之，召入宫，大幸。闻飞燕有女弟，复召入。姊妹俱为倢伃，贵倾后宫。后废皇后许氏，立飞燕为后[①]。

飞燕既立为后，宠少衰。而其女弟绝幸，为昭仪，居昭仪宫。据说这座宫殿是用黄金白玉明珠翠羽来装饰的。飞燕既稍失宠爱，因“多通侍郎、宫奴多子者”，冀生一子，承继大统，但结果并未如愿。赵飞燕姊妹的登台，这当然是西汉政权崩溃的一个标志，因为赵飞燕姊妹所迷住的，不是一个普通的个人，而是掌握着全国大权的皇帝。她们用了她们的媚态就可以左右皇帝，从而左右政治，最低的限度，也可以使得皇帝变得更荒淫，因而不问政治，以至大权旁落。但赵飞燕姊妹究竟政治水准太低，她们只是使成帝变得更荒淫，而并没有干涉当时的政治。因此，我以为赵飞燕姊妹之登台，乃至成帝个人生活的腐化，是西汉政权没落的结果，而不是原因。

成帝时，政治的腐化，也表现于外戚的登台，当时外戚五人，同日封侯，如封其舅王谭为平阿侯，王商为成都侯，王立为红阳侯，王根为曲阳侯，王逢时为高平侯，世谓之五侯。但这也是西汉政权腐败的结果，而不是原因。因为只有当这个政权腐败的时候，这些裙带之下的角色，才能变为政治上的要人，不是因为他们变成了要人之后，政治才开始腐败。自然有了这些吃裙带饭的上了台，政权

① 《赵飞燕外传》谓：飞燕“丰若有余，柔若无骨”，“纤便轻细，举止翩然”，所以有飞燕之名。又“习乐声，亡章曲，任为繁手哀声，自号凡靡之乐”。又善舞蹈，因体态轻盈，故说她能作掌上之舞。据同书说，飞燕有妹名合德，更为美丽，亦善歌舞。当她被召入宫之时，“为卷发，号新髻，为薄眉，号远山黛；施小朱，号慵来装。衣故短，绣裙小袖，李文袜。”所以当时披香博士淖方成看见这一对姊妹花，唾曰：“此祸水也，灭火必矣。”按《赵飞燕外传》为伪书，但亦可作为传说看。

的腐败，就更加疾速了。

正确地说来，西汉政权之所以从成帝时走向崩溃的过程，最主要的原因，还是农民离开土地，因而使农村经济趋于凋零，从而涸竭了租税的泉源，破坏了封建秩序，动摇了这个政权的基础。

具体的史实指示出来，在成帝即位以后的二十六年中，严重的天灾继续不断的袭击当时农村[①]。在继续不断的天灾中，当然大大地摧毁了当时的农村经济，致使农民生者“困乏不能自存”[②]，死者“不能自葬”。诚如成帝自己所云：“朕承鸿业十有余年，数遭水旱疾疫之灾，黎民屡困于饥寒，而望礼义之兴，岂不难哉！”

除天灾以外，又加以政治腐败，贪污横行，急征暴敛，以供奢侈。《汉书·鲍宣传》记鲍宣之言曰：“窃见孝成皇帝时，外戚持权，人人牵引所私，以充塞朝廷，妨贤人路；浊乱天下，奢泰亡度，穷困百姓。”又《元后传》云：“三世据权，五将秉政，天下辐凑自效，根行贪邪，臧累巨万，纵横恣意。”这些辐凑自效的礼物，当然羊毛还是出在羊身上。这诚如《汉书·成帝纪》所云：“殆苛暴深刻之吏未息，元元冤失职者众。”

当时贵族、官僚以其剥削之民脂民膏，大半用于土地之收夺。据《汉书·孙宝传》所述，当时“红阳侯立使客因南郡太守李尚占垦草田数百顷，颇有民所假少府陂泽，略皆开发，上书愿以入县官。有诏郡平田予直，钱有贵一万万以上”。不仅贵族如此，官僚地主亦然，《汉书·张禹传》谓：成帝时，张禹“内殖货财，家以田为业。及富贵，多买田至四百顷，皆泾渭溉灌，极膏腴上贾”。这样一来，农民当然更要离开土地。

不仅急征暴敛，而且徭役繁重。成帝永始二年诏曰：“前将作大匠万年知昌陵卑下，不可为万岁居，奏请营作，建置郭邑，妄为巧诈，积土增高，多赋敛徭役，兴卒暴之作。卒徒蒙辜，死者连属，

① 《汉书·成帝纪》云：“建始元年……大风，拔甘泉畤中大木十韦以上。郡国被灾什四以上，毋收田租。”三年，“关内大水”，“郡国被水灾，流杀人民，多至千数”。四年，“河决东郡金堤”。河平三年，“犍为地震、山崩，雍江水，水逆流”。四年，山阳“火生石中”。阳朔二年，“关东大水”。

② 《汉书·成帝纪》。

百姓罢极，天下匮竭。”不仅皇帝大兴徭役，贵族亦然。《汉书·元后传》云：曲阳侯王根游观射猎，“发民治道，百姓苦其役。”人民如稍有怨望，即举家投入牢狱。《汉书·成帝纪》鸿嘉四年诏曰：“数敕有司，务行宽大，而禁苛暴，讫今不改。一人有辜，举宗拘系，农民失业，怨恨者众。”

上述的情形已大足以破坏农村经济而有余。再加长期积累起来的巨大的商业资本，一部分囤聚居奇，垄断人民的生活资料；另一部分则转化为高利贷资本，像潮水一样涌进农村，而且即刻就抓住了贫苦农民的头发，匿迫他们把自己仅有的一点土地、家屋以及一切有价物都当作利息交付出来，最后把他们的子女和自己的身体也当作奴婢提供出来，作为债务的清算。

跟着土地之最后集中与高利贷之残酷的盘剥，贵族官僚的生活更加骄侈淫逸了。不消说成帝已经昏迷于赵飞燕姊妹的裙下，即五侯的骄奢，亦足以骇人。《汉书·元后传》云：“五侯群弟，争为奢侈，赂遗珍宝，四面而至；后庭姬妾各数十人，僮奴以千百数。罗钟磬，舞郑女，作倡优，狗马驰逐；大治第室，起土山渐台，洞门、高廊、阁道，连属弥望。”“第中起土山，立两市，殿上赤墀，户青琐；游观射猎，使奴从者被甲持弓弩，陈为步兵；止宿离宫，水衡共张”。“又穿长安城，引内沣水注第中大陂以行船。立羽盖，张周帷，辑濯越歌。”当时百姓为之歌曰：“五侯初起，曲阳最怒，坏决高都，连竟外杜，土山渐台，西曰白虎。”

当时的官僚，据《汉书·成帝纪》云：“或乃奢侈逸豫，务广第宅，治园池，多畜奴婢，被服绮縠，设钟鼓，备女乐，车服嫁娶葬埋过制，吏民慕效，寖以成俗。”这诚如成帝自己所云：“欲望百姓俭节，家给人足，岂不难哉！”

至于当时的农民，则如《汉书·鲍宣传》所云：“今贫民菜食不厌，衣又穿空，父子夫妇不能相保，诚可为酸鼻。”

人民在西汉王朝的“德政”之下，安分守己已经一百多年了，他们忍受一切压抑和榨取，而略无反抗。但是到现在，实已忍无可忍，于是“叛乱”又开始了。据《汉书·成帝纪》所载，民以饥饿起为盗贼者接踵而起，农民又撞响了西汉帝国的丧钟。

“叛乱”首先从颍川的一个铁工场爆发。《汉书·成帝纪》云：阳朔三年“夏六月，颍川铁官徒申屠圣等百八十人，杀长吏，盗库兵，自称将军，经历九郡”。以后在鸿嘉三年十一月，又有“广汉男子郑躬等六十余人，攻官寺，篡囚徒，盗库兵，自称山君”。他们“犯历四县，众且万人”。再后，永始三年十一月又有“尉氏男子樊并等十三人谋反，杀陈留太守，劫略吏民，自称将军”。同年十二月，“山阳铁官徒苏令等二百二十八人，攻杀长吏，盗库兵，自称将军。经历郡国十九，杀东郡太守、汝南都尉。”

以上四次叛乱，有两次都是铁官徒发动的，铁官徒即官营铁场工人。故这两次的叛乱，都是工人发动。至于广汉的叛乱，亦与工人有关，因为广汉也是西汉的手工业中心，这里有大规模的金银制造场。自然这些叛乱在其后来的发展中，都与农民打成一片。但由此就可以想见当时商业资本，不仅盘剥农民，也盘剥手工业工人；当时官僚，不仅进行政治的收夺，也进行经济的榨取。所以逼得手工业工人与农民同时“叛乱”起来了。

成帝在荒淫中死去了，哀帝继立，哀帝较之成帝更为荒淫。他宠爱一个娈童董贤①，替他在皇宫之前，筑起一座堂皇壮丽的邸宅，把国库中的大量钱财珍宝，赐送董贤②。又替他修造一座祖茔，类似皇陵③。当为董贤建祖茔时，使者护作，赏赐吏卒，甚于替自己的祖宗治宗庙。修造董贤的第宅和祖茔“费以万万计，国家为空虚”。他

① 《汉书·董贤传》云：“贤宠爱日甚……出则参乘，入御左右，旬月间，赏赐累巨万，贵震朝廷。常与上卧起，尝昼寝偏藉上袖。上欲起，贤未觉，不欲动贤，乃断袖而起。其恩爱至此。……上以贤难归，诏令贤妻得通引籍殿中，止贤庐。……又召贤女弟以为昭仪，位次皇后，……昭仪及贤与妻旦夕上下，并侍左右。赏赐昭仪及贤妻亦各千万数。迁贤父为少府，赐爵关内侯，食邑；复徙为卫尉。又以贤妻父为将作大匠，弟为执金吾。”

② 《汉书·董贤传》云：“诏将作大匠为贤起大第北阙下，重殿洞门，木土之功穷极技巧，柱槛衣以绨锦。下至贤家僮仆皆受上赐。及武库禁兵，上方珍宝，其选物上弟尽在董氏，而乘舆所服乃其副也。及至东园秘器，珠襦玉柙，豫以赐贤，无不备具。”

③ 《汉书·董贤传》云：“又令将作为贤起冢茔义陵旁，内为便房，刚柏题凑，外为徼道，周垣数里，门阙罘罳甚盛。”

一手赏赐董贤的钱，合计有“四十三万万”。他封董贤的官，高至大司马卫将军，甚至向董贤说：“吾欲法尧禅舜，何如？”[①]这个皇帝，真可以说昏到了极点。

哀帝在位六年，国家大事，皆由董贤与外戚把持。当时谏议大夫鲍宣上书谏曰：“陛下……奈何独私养外亲与幸臣董贤，多赏赐以大万数。使奴从宾客浆酒霍肉，苍头庐儿皆用致富！非天意也。及汝昌侯傅商亡功而封。夫官爵非陛下之官爵，乃天下之官爵也，陛下取非其官，官非其人，而望天说民服，岂不难哉！”[②]

即因皇帝昏庸，外戚窃权，群小日进，贤者不用，于是贪污腐化，日甚一日。贵族、幸臣则偷窃国库，郡守县令则搜刮地方。政治暴力与高利贷资本，像洪水一样，扫荡农村，土地日益集中，贫困日益扩大。当时鲍宣曾慨乎其言之曰：“凡民有七亡：阴阳不和，水旱为灾，一亡也；县官重责，更赋租税，二亡也；贪吏并公，受取不已，三亡也；豪强大姓，蚕食亡厌，四亡也；苛吏徭役，失农桑时，五亡也；部落鼓鸣，男女遮迣，六亡也；盗贼劫略，取民财物，七亡也。七亡尚可，又有七死：酷吏殴杀，一死也；治狱深刻，二死也；冤陷亡辜，三死也；盗贼横发，四死也；怨仇相残，五死也；岁恶饥饿，六死也；时气疾疫，七死也。民有七亡而无一得，欲望国安，诚难；民有七死而无一生，欲望刑措，诚难。此非金卿守相贪残成化之所致邪？”

当时的农民，既“有七亡而无一得”，又“有七死而无一生”，当然要“部落鼓鸣”，“盗贼横发”。哀帝的大司空师丹看到这种危机，曾极力建议限制地主占田及奴婢的数目，但结果也只是一个建议而已。

师丹等之议不行，农民遂大大地骚动起来了。据《汉书·哀帝纪》载：建平“四年春，大旱，关东民传行西王母筹，经历郡国，西入关，至京师。民又会聚祠西王母，或夜持火上屋，击鼓号呼相惊恐”。在堂堂的首都，而饥饿之群却行筹会聚，持火上屋，击鼓号

① 《汉书·董贤传》云：“上有酒所，从容视贤笑，曰：‘吾欲法尧禅舜，何如？’”
② 《汉书·鲍宣传》。

呼，这是何等骇人的阵势！当时的农民为什么要传行西王母筹？显然是关东的贫民，用宗教迷信，相互煽惑，发动革命。

哀帝在满街满巷的贫民击鼓号呼中死了，平帝以一个九岁的孩子，继立为皇帝，于是王莽，以大司马辅政。

“王莽字巨君，孝元皇后之弟子也。”因为孝元皇后的裙带关系，王莽的诸父，九人封侯，惟莽父以早死不侯。是以王莽的兄弟辈皆袭爵显耀，乘时奢侈，而莽独孤贫。王莽因为少运不佳，所以他拉下贵族的架子，折节从沛郡学者陈参学《礼》。勤身博学，饱读圣贤之书，并且被服如儒生，装出一个穷读书人的样子。王莽即以此而获得他姑母的欢心，在哀帝永始元年，晋封为新都侯。王莽虽封侯，而态度愈益恭谨，以邀取名誉，所以平帝即位，他的姑母遂任为大司马辅政。

王莽在圣经贤传中最感兴趣的，是周公辅成王而后来却自己即于王位的故事。在他受命辅平帝以后，常以周公自命。他总想把周公即于王位的故事，在他身上重演一次，同时他看到汉家的天下正在土崩瓦解，渐至不可救药；而孝元皇后与平帝，又是孤儿寡妇，可以欺侮，于是大有取汉家天下而有之的野心。

为了要实现篡窃的阴谋，在平帝在位的五年中，王莽即以各种的方法进行权力的集中。在元始元年，王莽便晋封为安汉公。王莽之封安汉公，也是为了要符合周公的故事。因为周公以周命其爵，王莽也必须以汉命其爵。还有一个笑话，传说中谓周公摄政时，曾有越裳氏献白雉，王莽也遣人示意益州徼外蛮夷，自称越裳氏，重译来汉廷，献白雉一，黑雉二，以符合于周公的故事。这样一来，王莽几乎是周公复生了。

不久，王莽又示意他的姑母，赐他以召陵、新息户二万八千以益其封，并封其三世为三公。并下诏曰：“自今以来，非封爵乃以闻。他事，安汉公、四辅平决。州牧、二千石及茂材吏初除奏事者，辄引入至近署对安汉公，考故官，问新职，以知其称否。”而过去垂帘听政之王太后，遂“巍巍乎，舜、禹之有天下而不与焉”！而王莽则“权与人主侔矣”。[①]

为了控制宫闱，王莽又发动爪牙，假借民意，请立其女为平帝后。据说为了此事，守阙请愿的民众，每天千余人。他们说“愿得公女为天下母”，否则“天下安所归命”！王太后迫于“民意”，只好答应。于是“黄金二万斤，为钱二万万”，抬到安汉公府邸，是为皇后的聘礼。

照古礼，后父应有百里之封。王莽之女既为后，于是又有人请以新野田二万五千六百顷益莽封满百里。朝廷照办，但王莽故辞。王莽之故辞新野田. 实以其志不在百里，欲以辞百里之封邀取名誉而以易天下。王莽既不受新野田，于是扩大宣传，据说“是时，吏民以莽不受新野田而上书者，前后四十八万七千五百七十二人，及诸侯、王公、列侯、宗室见者皆叩头言，宜亟加赏于安汉公”。最有名的是大司徒司直陈崇的颂圣书，他把圣经贤传上最好听的话都引完了，用以恭维这位“篡窃的圣人”。不仅如此，而且据说王莽辞田之事，竟感动了蜀郡男子路建等撤消了争田的诉讼，于是当时之阿谀者曰:“虽文王却虞、芮，何以加焉。”

王莽既辞新野田，又授意王舜，请朝廷加封王莽为宰衡。跟着王舜的建议之后，又有八千余人在皇宫前请愿，他们说:“伊尹为阿衡，周公为太宰”，莽兼二人之德，宜封为宰衡。朝廷照准。自是王莽爵为新都侯，号为安汉公，官为宰衡、太傅、大司马。爵贵号尊官重，一身蒙大宠者五，“三公言事，称‘敢言之’。群吏毋得与公同名。”[②]

王莽又善于以小恩小惠收买人心。例如他曾“出钱百万，献田三十顷，付大司农助给贫民”。又如他曾以得之于皇家的聘钱的一小部分与九族贫者。而且“每有水旱，莽辄素食”，都是例子。

王莽知道以阴谋篡窃他人的天下，为舆论所不许，而舆论的根据是圣经贤传。于是他鼓励经学家刘歆搜罗整理旧经，是为古文经，以为他的篡窃事业寻求根据。为了宣传古文经，王莽“为学者筑舍

① 《汉书·王莽传》(上)。

② 同上。

万区”，“网罗天下异能之士”，这些异能之士到后来，都变成了王莽的号筒。

打击真舆论最有效的方法，莫若先制造假舆论以混淆黑白。王莽深明此理，他派遣八个大员，分巡天下，名为观风俗，采歌谣；实则就是命令他们假造歌谣，称颂他的功德。据说当时使者假造的颂圣歌，凡三万余言。当时的老百姓，敢于当天盟誓，他们是从来没有歌颂过这位“篡窃圣人”的。

按中国的规矩，做皇帝，一定先要有上帝的预示，而这就是所谓祥瑞。王莽没有忘记假造祥瑞。据史载，王莽辅政的五年中，到处发现的麟、凤、龟、龙等众祥之瑞一共有七百多件。其中真是无奇不有，或禾长丈余，或一粟三米，或禾不种而自生，或茧不蚕而自成。此外如甘露从天降，澧水自地出，凤凰来仪，神爵降集等祥瑞，不一而足，只有一样没有算上，这就是元始二年满天飞舞的蝗虫。

依传说所示，中国出了圣天子，四周的蛮夷，便被感动而来朝。王莽也想凑成一个四夷来朝的盛事，于是，使节四出，诱致蛮夷。因而不久就有益州蛮夷献白雉，黄支国贡生犀，东夷王奉国珍，西羌献鲜水海、允谷盐池之地。

一切应该准备的都准备好了，就有公卿、大夫、博士、议郎、列侯九百零二人，奏请赐王莽九锡，而王莽也就从皇家领受了绿韨，衮冕衣裳、玚琫玚珌，句履、鸾路乘马、龙旂九旒、皮弁素积、戎路乘马、彤弓矢，卢弓矢，朱钺、金戚、甲胄、秬鬯、圭瓒、九命青玉珪等这些装饰尊荣的东西。

王莽一天天走近了皇帝的宝座，于是平帝就不得不夭死了，于是“告安汉公莽为皇帝”[①]的天书，就应时出现了，于是王莽就公然由安汉公而摄皇帝、假皇帝了。

周公即于王位，爆发了管、蔡的叛乱。王莽做了假皇帝，也爆发了刘崇、翟义的反叛。当翟义讨莽的檄文一旦发布，农民集于其旗下者，不日遂有十余万人。同时，长安附近槐里男子赵朋、霍鸿等，亦集合十万以上的农民，起义反莽，响应翟义的号召。但这些

① 《汉书·王莽传》(上)。

反莽的势力，都为王莽所消灭。自是王莽自谓威德日盛，获天人助，遂谋正式做真皇帝，因而不久便有铜符帛书的出现。其文曰：“天告帝符，献者封侯，承天命，用神令。”[1] 这显然是天命攸归了。

天命就像雨点，降到王莽的头上。不久又有一个梓潼的下流文人哀章，作了两个铜匮。其一书曰：“天帝行玺金匮图”，其二书曰：“赤帝行玺某传予黄帝金策书。”‘某者，高皇帝名也。”[2] 这显然是上帝命令王莽去接受汉家的天下。王莽不敢逆天违命，只好到汉高祖神庙里去接受赤帝的禅让，即日昭告天下，正式即皇帝之位。

以上就是王莽从一个命运不济的外戚走到皇帝所经过的过程，而这也就是后来一切篡窃天下者的政治公式。从王莽篡汉的史实，我们可以看出，历史上的乱臣贼子，无不把仁义道德挂在口上，用圣经贤传作为自己犯上作乱的掩护。如果有人反对他，他便会说：“古亦有之。”只要“古亦有之”，即不妨“今亦有之”。所以历史上的乱臣贼子，猛然看去，俨然是圣人，这就是因为他们都知道：“诵《六艺》以文奸言。”所谓“诵《六艺》以文奸言”[3] 者，即用仁义道德的空头口号，以掩饰其盗贼的行为。刘知几之言曰：“是以每发玺书，下纶言，申恻隐之渥恩，叙忧勤之至意。其君虽有反道败德，帷顽与暴，观其政令，则辛癸不如；读其诏诰，则勋华再出。”这真是针针见血的言论。

王莽的名字，现在已经成了篡窃者的符号。两千年来，在道德的法庭之前，遭受了历史家之残酷的裁判。虽然如此，假如我们离开“祖刘”的立场，则王莽仍不失为中国史上最有胆识的一位政治家，这就从他大胆的执行改良政策表现出来。当王莽篡窃天下以后，眼看他所接收的天下已经陷于崩溃决裂的现象，而且他知道，这种现象是从社会经济最深刻的地方爆发出来的，即由于土地兼并而引致之农民流亡所致。他知道，为了要抢救土地所有者的政权，已经不是减租、免税、救灾、恤贫等小恩小惠所能奏效；他认为要将当

---

① 《汉书·王莽传》(上)。

② 同上。

③ 《汉书·王莽传》(下)。

时矛盾百出的社会经济制度加以改良，也许是有效的。于是而有王莽的改制。

王莽改制，从表面上看来，仿佛是一种复古运动。例如他在政治方面的改革，如官职、宗庙、社稷、封国、车服、刑罚等的改革，无一不依照《周礼》上的名称。但这些都是表面的文章，王莽改制之最主要的部分，是经济制度的改革。

王莽对经济制度的改革，最主要地是打击商人地主之土地兼并、物价垄断和高利盘剥，以期由此而缓和农民的“叛乱”，使土地所有者的政权转危为安。像这样一种违反商人地主利益的政策，当然要碰到商人地主的反抗，为了制止反抗，所以王莽不能不把《周礼》做他改良政策的旗帜。《周礼》是圣人定的制度，谁要反对新政就是反对《周礼》；反对《周礼》就是反对圣人；反对圣人，就是名教的罪人，就应投之四裔以御魑魅。所以我说王莽的复古，是执行改良主义的一种手段。

王莽的经济制度的改革，大体上不外如次的几项：

第一，是没收商人地主的土地，并禁止奴婢买卖。

王莽认识到当时社会动乱最根本的症结，是商人地主之土地兼并。即因商人地主之兼并农人，失掉土地的农人，部分转化为奴婢，部分沦为佃农。关于奴婢，他说：“兼并起，贪鄙生，强者规田以千数，贫者曾无立锥之居。又置奴婢之市，与牛马同兰。制于民臣，颛断其命。奸虐之人因缘为利，至略卖人妻子，逆天心，悖人伦，谬于‘天地之性人为贵’之义。”关于佃农，他说：“汉氏减轻田租，三十而税一。常有更赋，罢癃咸出，而豪民侵陵，分田劫假。厥名三十税一，实什税五也。父子夫妇终年耕芸，所得不足以自存。故富者犬马余菽粟，骄而为邪；贫者不厌糟糠，穷而为奸。”①

为了稳定社会秩序，王莽以为必须将兼并者之土地，收归国有，命之曰“王田”，再由国家分配于没有土地的农民。同时也必须禁止奴婢买卖，以杜绝奴婢的再产生。如此则农着于土，人安其命，天下才能安宁。所以他下令曰：

① 《汉书·王莽传》(中)。

“古者设庐井八家，一夫一妇田百亩，什一而税，则国给民富而颂声作……秦为无道，厚赋税以自供奉，罢民力以极欲，坏圣制，废井田，是以兼并起，贪鄙生……予前在大麓始令天下公田口井，时则有嘉禾之祥，遭反虏逆贼且止。今更名天下田曰‘王田’，奴婢曰‘私属’，皆不得卖买。其男口不盈八，而田过一井者，分余田予九族邻里乡党，故无田、今当受田者，如制度。敢有非井田圣制、无法惑众者，投诸四裔，以御魑魅。”[①]

其次是实行六筦的政策。《汉书·食货志》曰：

“夫盐，食肴之将；酒，百药之长，嘉会之好；铁，〔田〕农之本；名山大泽，饶衍之藏；五均赊贷，百姓所取平，卬以给澹；铁布铜冶，通行有无，备民用也。此六者，非编户齐民所能家作，必卬于市，虽贵数倍，不得不买。豪民富贾，即要贫弱。先圣知其然也，故斡之。”[②]

由此看来，王莽所行的六筦政策，以今日之用语言之，即统制经济政策。他对于盐、酒、铁、铜等生活日用品，不许私人经营，由国家专卖，以打击商人的专利。

至于所谓五均，则“所以齐众庶、抑并兼也”。五均实施的办法，是：“于长安及五都立五均官，更名长安东、西市令及洛阳、邯郸、临甾、宛、成都市长皆为五均司市（称）师。东市称京，西市称畿，洛阳称中，余四都各用东西南北为称，皆置交易丞五人，钱府丞一人。”[③]

这些诸司市的职务，据《汉书·食货志》（下）云：“诸司市常以四时中月实定所掌，为物上中下之贾，各自用为其市平，毋拘它所。众民卖买五谷布帛丝绵之物，周于民用而不仇（售）者，均官有以考检厥实，用其本贾取之，毋令折钱。万物卬贵，过平一钱，则以平贾卖与民。其贾氐贱减平者，听民自相与市，以防贵庾者。”这里所谓“平”，即指法定的标准价格而言，高于平者谓之上，低于平者

① 《汉书·王莽传》（中）。
② 《汉书·食货志》（下）。
③ 同上。

谓之下。但高于平一钱者，则政府以平价强迫收买，而以平价卖于百姓。此种平价，亦非任意规定，而是根据各地市场情况，务以商人不折本为原则。因为物价有波动，所以每次议定的平价，只管三个月；三个月后，又依据新的情况，再行议定。像这样的平价办法，当然是打击商人之囤聚居奇，垄断物价。

五均官除平准物价以外，还有一个对农民小本借贷的任务。《汉书·食货志》(下)云:"民欲祭祀丧纪而无用者，钱府以所入工商之贡但赊之，祭祀无过旬日，丧纪毋过三月。民或乏绝，欲贷以治产业者，均授之，除其费，计所得，受息毋过岁什一。"这种政策，显然是为了打击商人地主的高利贷。

再次，是货币的改革。关于王莽对货币之改革，已于前述，即废止汉代通用一百多年的五铢钱，而更制金银龟贝钱布之品凡二十八种。王莽为什么要这样改变币制呢？这显然是想用一些龟贝之属，去吸收商人地主的金钱。

王莽的经济改革，大概就是这几点，从当时社会经济所发生的病症看来，王莽的改革，正是对症下药。假使能顺利推进，则王莽的政权也许可以持续下去。但是可惜用非其人，弊端百出，以致引起商人地主之激烈的反对，终于都失败了。

据《王莽传》载，当时为了推行国有土地及禁止奴婢买卖与盗铸货币，因而"坐卖买田宅奴婢、铸钱，自诸卿大夫至于庶民，抵罪者不可胜数"。于是商人地主的代言人区博公开反对。他说:"井田虽圣王法，其废久矣。周道既衰，而民不从。秦知顺民之心，可以获大利也，故灭庐井而置阡陌，遂王诸夏，迄今海内未厌其敝。今欲违民心，追复千载绝迹，虽尧舜复起，而无百年之渐，弗能行也。天下初定，万民新附，诚未可施行。"即因商人地主之反对，于是王莽被迫不能不予始建国四年，下令取消。其诏令曰:"诸名食王田，皆得卖之，勿拘以法。犯私买卖庶人者，且一切勿治。"

其次关于六筦政策，他反而用一些豪族富贾去推行，所以愈弄愈坏。《王莽传》(下)曰:"莽使中黄门王业领长安市买，贱取于民，民甚患之。"《汉书·食货志》(下)亦曰:"羲和置命士督五均六斡，郡有数人，皆用富贾。洛阳薛子仲、张长叔、临菑姓伟等，乘传求利，交错天下。因与郡县通奸，多张空簿，府臧不实，百姓俞病。”这样看来，当时用以抑制商人之垄断者，都是商人。这些商人再加以政府作后台，于是与地方官勾通，利用平价政策，贱买贵卖，因而愈平价，而价愈长，以致“米石二千”①，“黄金一斤，易豆五升”②。这样的平价政策，比不平价还要坏百倍千倍，当然引起人民的反对。所以地皇三年，王莽“遣风俗大夫司国宪等分行天下，除井田、奴婢、山泽、六筦之禁。即位以来诏令不便于民者皆收还之”。③于是六筦政策，也取消了。

关于货币改革，亦曾雷厉风行，以求收得效果。“每壹易钱，民用破业，而大陷刑。”④而且种类复杂，单位太多，换算亦不容易，所以人民仍私用五铢钱，因而盗铸钱者仍多。据《汉书·食货志》云：“莽以私铸钱死，及非沮宝货投四裔，犯法者多，不可胜行，乃更轻其法：私铸作泉布者，与妻子没入为官奴婢；吏及比伍，知而不举告，与同罪；非沮宝货，民罚作一岁，吏免官，犯者俞众，及五人相坐皆没入，郡国槛车铁锁，传送长安钟官，愁苦死者什六七。”虽然如此，新币仍不能通行。

王莽经济制度的改革，没有一件顺利施行，大半都是半途而废。这样一个反复，不仅商人地主大受损失，一般人民亦无不在政策的摇摆中遭受殃害。加之以匈奴入寇，因之以大旱、虫蝗，富者不得自保，贫者无以自存。于是天下萧萧然，群起为盗矣。

二　绿林、赤眉大暴动与西汉的灭亡

紧接着王莽之改良主义的失败，中国的历史，又走进了一个暴风雨的时代。一方面是边疆各种族先后叛变，另一方面是各处的农民群起暴动。于是西汉王朝就在这场大动乱之中最终地覆灭了。

① 《东观汉记·世祖光武皇帝》。
② 《东观汉记·赤眉》。
③ 《汉书·王莽传》（下）。
④ 《汉书·食货志》（下）。

如前所述，在成帝时，西汉政府已经撤消了“典属国”的衙门，这就说明了当时的政府，已经没有属国可典了。在王莽的改良失败后，社会内部不协调的现象日益高涨。王莽为了提高其威望，并从而转移人民的视线，因而大派使节，分赴东南西北，宣示新朝的威德。当时东出者至玄菟、乐浪、高句骊（今辽宁新宾县东）、扶余；南出者历益州（治今云南晋宁东北），至句町（治今云南广南）；西出者至西域；北出者至匈奴庭。这些使节分赴四表，当然是想招来一个“四夷来庭”的盛事；但是结果恰恰相反，四周诸种族却因此而知道汉朝正在大政变之中，反而先后反叛。

首先叛变的是匈奴。在王莽始建国二年（公元10年），匈奴占领天山东麓之车师。当时西汉驻屯西域之戊己校尉史陈良、终带等，杀了戊己校尉刁护，投降匈奴。自是西域诸国遂又处于匈奴的威胁之下。匈奴既西入车师，又乘汉朝之敝，南侵今晋陕，掠杀吏民。

跟着匈奴之后，东北诸种族如高句骊、秽貉等[①]，西南夷如句町、益州徼外诸蛮也叛变了[②]。西域诸国，焉耆首叛，杀都护但钦[③]。天凤三年（公元16年），又击杀莽将王骏、戊己校尉郭钦，侵入塞内。从此西域遂绝。

为了维持新朝的威信，王莽大发兵征四夷。他派了孙建等十二员大将，十道并出，征伐匈奴[④]。派严尤击高句骊、秽貉，派冯茂击句町及其他蛮夷，派王骏击西域，于是东南西北都发动了战争。

东征之军，算是以诱杀高句骊侯驺而结束。西征之军，以王骏死于焉耆之袭击而消灭。但北征匈奴南征西南夷之军，则变成了长

---

① 《汉书·王莽传》（中）云：“先是，莽发高句骊兵，当伐胡。不欲行，郡强迫之，皆亡出塞，因犯法为寇。辽西大尹田谭追击之，为所杀。……秽貉遂反，诏尤击之……于是貉人愈犯边，东北与西南夷皆乱云。”

② 《汉书·王莽传》（中）云：始建国“四年……改句町王以为侯，王邯怨怒不附。莽讽牂柯大尹周歆诈杀邯。邯弟承起兵攻杀歆。天凤元年……益州蛮夷杀大尹程隆，三边尽反”。

③ 《汉书·王莽传》（中）云：“西域诸国以莽积失恩信，焉耆先畔，杀都护但钦。”时始建国五年，公元13年也。

④ 《汉书·王莽传》（中）云：“命遣立国将军孙建等凡十二将，十道并出，共行皇天之威，罚于知之身。”

期战争。

为了支持征伐匈奴和西南夷的战争，王莽先后多次令郡国大捉壮丁，以实边塞；苛征暴敛，以给军食。《王莽传》（中）曰："募天下囚徒、丁男、甲卒三十万人，转众郡委输，五大夫衣裘、兵器、粮食，长吏送自负海江淮至北边，使者驰传督趣，以军兴法从事，天下骚动。"同传（下）曰："莽乃大募天下丁男及死罪囚、吏民奴，名曰猪突豨勇，以为锐卒。一切税天下吏民，訾三十取一，缣帛皆输长安。令公卿以下至郡县黄绶皆保养军马，多少各以秩为差。"

当时征匈奴的将军吏士，"先至者屯边郡"，不敢与匈奴战；只是"货赂为市，侵渔百姓"。他们"各为权势，恐猲良民，妄封人颈，得钱者去。毒蠚并作，农民离散。"[①]征西南之军，"自越巂、遂久、仇牛、同亭、邪豆之属反畔以来，积且十年，郡县距击不已……费以亿计，吏士离毒气死者什七。"[②]王莽没有办法，于是异想天开，大募天下有奇技异能足以攻匈奴者，将待以不次之位，因而言便宜者以万数。有谓能渡水不用舟楫；有谓能制药物，使三军服之不饥；有谓能一日飞行千里。但这不过是对王莽讨伐四夷的讽刺而已。

民族战争，并无结束之望。王莽每年运往西河（治今内蒙古东胜县境）、五原（治今包头市西北）、朔方（治今乌拉特前旗东南）、渔阳（治今北京市怀柔县东南）一带的钱谷，每郡以百万数。又令郡国买马，发帛四十五万匹输长安，前后相续于道路。而贪官污吏，又假借战争之名，敲榨百姓。当此之时，"中郎将、绣衣执法在郡国者，并乘权势，传相举奏。又十一公士分布劝农桑，班时令，案诸章，冠盖相望，交错道路，召会吏民，逮捕证左，郡县赋敛，递相赇赂，白黑纷然"。又利用新政，鱼肉人民，因盗铸钱币而犯法者，"伍人相坐，没入为官奴婢。其男子槛车，儿女子步，以铁锁琅当其颈，传诣钟官，以十万数。到者易其夫妇，愁苦死者什六七。"[③]长安

① 《汉书·王莽传》（中）。
② 同上。
③ 《汉书·王莽传》（下）。

城中已经变成了杀人犯的窠巢，“春夏斩人都市，百姓震惧，道路以目。”其贪污、搜刮、黑暗如此。

与战争同时，又大兴徭役。当时王莽在长安城南，划出了一万亩面积的地方，大修王家的九庙。因此“乃博征天下工匠、诸图画，以望法度算，及吏民以义入钱谷助作者，骆驿道路。坏彻城西苑中建章、承光、包阳、大台、储元宫及平乐、当路、阳禄馆，凡十余所，取其材瓦，以起九庙。……殿皆重屋……为铜薄栌，饰以金银琱文，穷极百工之巧。带高增下，功费数百巨万”。当建筑之时，王莽亲自监工，几十个“将作”，日夜督工，“卒徒死者万数”[①]。

王莽以古有“黄帝”，曾以百二十女致神仙，因遣中散大夫及谒者各四十五人，分行天下，博采乡里所高有淑女者上名，挑选一百二十名。于是一面和这些青年淑女，求所以为神仙之道；一面和公卿大夫制礼作乐，讲合六经，求所以为圣人之道；又发号施令，南征北伐，与诸将求所以为英雄之道；同时，贪财专制，刚戾自用，并没有忘记求所以为暴君之道。据《汉书·王莽传》(中)云:“莽自见前颛权以得汉政，故务自揽众事，有司受成苟免。诸宝物名、帑藏、钱谷官，皆宦者领之；吏民上封事书，宦官左右开发，尚书不得知。其备臣下如此。又好变改制度，政令烦多，当奉行者，辄质问乃以从事，前后相乘，愦眊不渫。莽常御灯火至明，犹不能胜。尚书因是为奸寝事，上书待报者连年不得去，拘击郡县者逢赦而后出，卫卒不交代三岁矣。”“县宰缺者，数年守兼。”[②]又悭吝自私，储黄金六十余柜，柜每一万斤，而不发官吏的薪俸。诸如此类，不胜枚举。一个皇帝到亡国的时候，往往倒行逆施，不独王莽如此。

西汉的农民，在哀、平之际，已经只有七亡而无一得，七死而无一生。好容易等到了一个王莽改制，他们以为或者由此而得救；但是想不到王莽的改制，是从维护王莽的统治出发的，又因为商人地主的反对而中途取消。王莽的政权从此由温和的改良政策走向反动的暴力政策。农民的希望适得其反了。

① 《汉书·王莽传》(下)。

② 《汉书·王莽传》(中)。

王莽政权的这一转向，较之哀、平之际，必然更加暴虐。因为王莽曾一度给农民以新的希望，现在既不能兑现，他知道农民必然由希望而失望，由失望而怨恨，而“叛乱”。为了镇压这些失望的农民，就必须用更大的残酷，这就是王莽走向暴力主义的原因。

当王莽推行暴力政策的时候，又恰巧平行着严重的天灾。当此之时，天下郡国或则洪水漫野，或则蝗虫满天，或则淫雨连月，或则大旱经年，或则雪深盈丈，或则雹大如拳。这里是中郎将赋车籍马，那里是绣衣使驰驿乘传；这里是郡守县令拘押催租，那里是将军吏士绑票要钱；这里是大夫谒者选妃进贡，那里是三老亭长捉人实边。一队一队的壮丁开赴前线，一车一车的囚犯解到长安，一柜一柜的黄金运进宫廷，一群一群的百姓饿死田间。这正是王莽推行暴力政策时候的景象。在这样的情形之下，农民的大“叛乱”爆发了。

“叛乱”最初从西北边境五原、代郡（治今河北蔚县西南）一带爆发。据《王莽传》（中）云：“天凤二年（公元 15 年）……谷常贵，边兵二十余万人仰衣食，县官愁苦。五原、代郡尤被其毒，起为盗贼，数千人为辈，转入旁郡。”接着在长江下游，也爆发了“叛乱”。《王莽传》（下）云：“天凤四年……临淮瓜田仪等为盗贼，依阻会稽长州”，发动“叛乱”。同年，在今山东也爆发了“叛乱”。琅邪女子吕母起于海曲（今山东日照西）。吕母本是海曲一个商人地主家中的妇女，因为县宰以小罪杀了她的儿子，所以倾其家产，招聚饥饿的农民，以图报复。后来亲率农民攻陷海曲城，杀了海曲宰，以宰之头祭其子墓，然后自称将军，入海为盗[①]。

与今江苏、山东的“叛乱”同时，在今鄂西一带也爆发了“叛

① 《后汉书·刘盆子列传》云：“天凤元年，琅邪海曲有吕母者，子为县吏，犯小罪，宰论杀之。吕母怨宰，密聚客，规以报仇。母家素丰，赀产数百万，乃益酿醇酒，买刀剑衣服，少年来酤者，皆赊与之；视其乏者，辄假衣裳，不问多少。数年，财用稍尽，少年欲相与偿之。吕母垂泣曰：‘所以厚诸君者，非欲求利，徒以县宰不道，枉杀吾子，欲为报怨耳。诸君宁肯哀之乎！’少年壮其意，又素受恩，因许诺。其中勇士自号猛虎，遂相聚得数十百人，因与吕母入海中，招合亡命，众至数千。吕母自称将军，引兵还攻，破海曲，执县宰。诸吏叩头为宰请。母曰：‘吾子犯小罪，不当死，而为宰所杀，杀人当死，又何请乎！’遂斩之，以其首祭子冢，复还海中。”

乱”。因为当时的鄂西，连年大旱，农民相率在野泽中采草根为食，而政府尚加以榨取[①]，于是成群的饥民，相与啸聚，推戴新市（今湖北京山东北）人王匡、王凤为首领，在今日当阳境内的绿林山，揭起反叛的旗帜。一时诸亡命如马武、王常、成丹之徒，都投到绿林山中，出现为“叛乱”的首领。不到几月，绿林山中集合了七八千以上的农民。这就是历史上所谓“绿林兵”。

绿林山的“叛逆”，一天天成为荆州的威胁，于是荆州牧派了两万大军去围剿这群饥饿的农民。大军行进到云杜（今京山县北），便遇到绿林兵的迎击，剿灭者被剿灭了。绿林兵从官军得了大量的军械和粮食，因而得以展开了一个更大的出击。他们攻拔竟陵（今潜江西北），转击云杜、安陆，打开富人的谷仓，救活了不少的饥民。当他们回到绿林山的时候，有五万以上的农民加入了他们的队伍。

地皇三年，大疾疫降临鄂西，绿林山的叛民，死了一半。为了求生，他们相率离开了荒野的森林，分作两队，转向他地。一队由王常、成丹领导，西入南郡（治今江陵），是为下江兵。当时秦丰已聚众万人起于南郡，再加上下江兵，南郡一带的封建秩序遂被捣毁无余了。其另一队，由王匡、王凤、马武、朱鲔、张鲔等领导，北入南阳，是为新市兵。当新市兵东攻随县的时候，平林（今随县东北）人陈牧、廖湛也聚合了数千农民，号平林兵，响应新市兵的进攻。由于新市兵与平林兵的结合，鄂北豫南一带遂完全变成“叛乱”世界了。

在鄂西的“叛乱”发生之次年（天凤五年），今山东、苏北也爆发了更大的“叛乱”。当时青、徐大饥，寇贼蜂起。今山东莒县的饥民共推琅邪人樊崇为首领，尊之曰“三老”。他们后以泰山为根据地，不到一年，聚合于樊崇旗下者万余人。同时，东海（山东郯城西北）人徐宣、谢禄、杨音也出现为农民“叛乱”的领导人物，他们各人都聚合了万余人，加入樊崇的集团。于是樊崇遂成了山东农民“叛乱”的总领袖，而泰山也就成为当时农民“叛乱”的

---

①《后汉书·刘玄列传》云：“王莽末，南方饥馑，人庶群入野泽，掘凫茈而食之，更相侵夺。”

中心。"叛乱"的群众一天天加多。为了获得生活资料，他们进攻莒县，转掠姑幕（今诸城西北）。当时王莽派田况进剿，樊崇大败田况之军。遂乘胜北入青州，还至泰山，并以支队占据南城（今费县西南）。

继樊崇之后，今山东河北饥饿的农民四方蜂起，各推首领，侵略郡县。据《后汉书·光武帝纪》（上）云："别号诸贼：铜马、大肜、高湖、重连、铁胫、大抢、尤来、上江、青犊、五校、檀乡、五幡、五楼、富平、获索等，各领部曲，众合数百万人，所在寇掠。"又据《东观汉记》所载，当时"诸贼或以山川土地为名，或以军容强盛为号。铜马贼帅东山荒秃、上淮况等。大肜渠帅樊重，尤来渠帅樊崇，五校贼帅高扈，檀乡贼帅董次仲，五楼贼帅张文，富平贼帅徐少，获索贼帅古师郎等"①。其余"贼"，亦各有其渠帅。以上所述诸"叛乱"的首领乃见之于史册者，当然是较大的"叛乱"集团。其余包括在"山东群盗"之中而不名者尚不知有多少。由此可以想见当时"叛乱"者的声势之浩大与集团之繁多。

当时用以为组织"叛乱"的工具，有宗教迷信。在哀帝末年，中原一带的饥民就相互传西王母筹以相结聚。到王莽末年，虽史无农民传西王母筹之记载，但此种信仰一定还存在于农民心中。《汉书·王莽传》（下）谓地皇二年"平原女子迟昭平能说经博以八投，亦聚数千人在河阻中"。这里所谓"经"，史无明释，不知是何经，但决非当时地主子弟用以进取功名的"五经"，则可断言。服虔曰："博弈经，以八箭投之。"②这显然是借说经以啸聚群众，集中武器。由此而知此所谓经，大概就是一种宗教仪式中的咒语。当时山东的农民，大概有不少都是在这一类宗教咒术的呼唤之中，投箭而起。

当时的"叛乱"集团，目的极其单纯，组织亦非常简单。《后汉书·刘盆子列传》云："初，崇等以困穷为寇，无攻城徇地之计。众既寖盛，乃相与为约：杀人者死，伤人者偿创。以言辞为约束，无文书、旌旗、部曲、号令。其中最尊者号三老，次从事，次卒吏

① 《后汉书·光武帝传》（上）李贤注。
② 《汉书·王莽传》（下）颜师古注。

(史)，泛相称曰臣(巨)人。”不仅樊崇的集团如此，其他“叛乱”集团，无不如此。《汉书·王莽传》(下)云:“初，四方皆以饥寒穷愁起为盗贼，稍稍群聚，常思岁熟得归乡里。众虽万数，宣称巨人、从事、三老、祭酒，不敢略有城邑。转掠求食，日阕而已。诸长吏牧守皆自乱斗中兵而死，贼非敢欲杀之也。”由此看来，当时“叛乱”的集团初起之时，既无攻城循地之计，又不敢公然杀戮牧守长吏，更未尝树立旗帜，发布政治号召。他们只是转掠求食，日暮而已。这就说明了他们完全是迫于饥寒，起为“盗贼”，并没有丝毫政治野心。同时从他们不准杀人伤人之相互约束看来，又知这些所谓“盗贼”，并不是穷凶极恶的匪徒，而是一群群驯良的百姓。他们与普通百姓不同的，只是因为他们没有饭吃。关于上述的情形，曾有许多从“盗匪区域”逃出来的官吏报告王莽。但是王莽却大加申斥。他说:“夫吏者，理也。宣德明恩，以牧养民，仁之道也。抑强督奸，捕诛盗贼，义之节也。今则不然，盗发不辄得，至成群党，遮略乘传宰士。士得脱者，又妄自言:‘我责数贼:何故为是？贼曰:以贫穷故耳。贼护出我。’今俗人议者率多若此。惟贫困饥寒，犯法为非，大者群盗，小者偷穴，不过二科。今乃结谋连党以千百数，是逆乱之大者，岂饥寒之谓邪？”①照王莽看来，当时的群盗，并不是为了饥寒，而是“天生的盗贼”。所以他下令要各地的守令，务予殄灭，以后“有不同心并力，疾恶黜贼，而妄曰饥寒所为，辄捕系，请其罪”。自是以后，臣下“莫敢言贼情者，亦不得擅发兵，贼由是遂不制”。②

为了要殄灭这些“天生的盗贼”，王莽便准备展开大规模的军事围剿。当时曾经亲身领略过“盗贼”教训的田况看见王莽要想玩火，实在太危险，于是大胆地向王莽建议，劝他不要发动大规模的军事围剿。田况说:“盗贼始发，其原甚微，非部吏、伍人所能禽也。咎在长吏不为意，县欺其郡，郡欺朝廷，实百言十，实千言百。朝廷忽略，不辄督责，遂至延曼连州，乃遣将率，多发使者，传相监趣。

① 《汉书·王莽传》(下)。
② 同上。

郡县力事上官，应塞诘对，供酒食，具资用，以救断斩，不给复忧盗贼治官事。将率又不能躬率吏士，战则为贼所破，吏气寖伤，徒费百姓。前幸蒙赦令，贼欲解散，或反遮击，恐入山谷，转相告语，故郡县降贼，皆更惊骇，恐见诈灭。因饥馑易动，旬日之间，更十余万人，此盗贼所以多之故也。今雒阳以东，米石二千。窃见诏书，欲遣太师、更始将军二人，爪牙重臣，多从人众，道上空竭，少则无以威视四方。宜急选牧、尹以下，明其赏罚，收合离乡。小国无城郭者，徙其老弱，置大城中，积藏谷食，并力固守。贼来攻城，则不能下，所过无食，势不得群聚。如此，招之必降，击之则灭。今空复多出将率，郡县苦之，反甚于贼。宜征还乘传诸使者，以休息郡县。委任臣况以二州盗贼，必平定之。”

王莽不纳田况之言，十几万剿“匪”的大军，在太师王匡、更始将军廉丹的指挥之下出动了。这些官兵“所过放纵”。“东方为之语曰：‘宁逢赤眉，不逢太师！太师犹可，更始杀我！卒如田况之言。”当时的官军“反甚于贼”。以残暴甚于“盗贼”的官军去剿“盗贼”，当然不会有胜利的希望，所以廉丹在成昌一战，便被赤眉军杀死，而太师王匡则落荒而走。

以前不略城邑，不杀长吏的樊崇“叛乱”集团，现在真是变成了红眉毛绿眼睛的“暴徒”了。当莽军来剿的时候，樊崇“恐其众与莽兵乱，乃皆朱其眉以相识别，由是号曰赤眉。赤眉击败王莽的官军以后，追至无盐（今山东东平东），转攻莒县。当时吕母已病死，吕母的部众，一部分加入铜马、青犊，而另一部分则加入赤眉。赤眉既败莽军，又加入生力军，声势更大。他们知道与王莽不能两立，于是展开了攻势，首先进攻东海，由此转旗而西，掠楚（治今江苏徐州市）沛（治今安徽濉溪西北）、汝南、颍川，还入陈留（治今河南开封市东南），攻拔鲁城，转至濮阳。从此以后，今山东、苏北、皖北及河南、河北的部分地区，都是赤眉的天下了。

正当赤眉的“叛乱”展开之时，新市、平林的“叛乱”也在日益扩大之中，南北遥遥若相呼应。王莽的宝座已经发生动摇了。同时，商人地主以刘縯为首领，在南阳的舂陵（湖北枣阳县南）也举起了叛旗，企图利用农民“叛乱”的力量，恢复自己的政权。

刘縯，字伯升，是南阳一个很大的土豪，好侠养士，横于南阳。他的胞弟刘秀，是南阳一个很大的谷商。他们兄弟既富有资财，又广结豪侠，目极天下大乱，大可以作一次政治的冒险。恰好新市、平林之兵北入南阳，于是刘縯遂在舂陵发动“叛乱”，刘秀亦起兵于宛，响应新市、平林的进攻；并进而与之合伙联军，企图把“叛乱”农民的力量引导到自己的政治目的。

为了上述的目的，刘縯弟兄与新市、平林合伙。但是没有想到，早在他们之前，平林军中已经钻进了一个野心家，这就是刘玄[①]。当时刘玄在平林兵中任安集掾，因为他具有高于农民的知识，所以他在平林兵中多少可以起着操纵的作用。刘玄早已把平林、新市当作自己的政治资本，现在看到刘縯兄弟带着武器加入新市、平林，这当然要动摇他在新市、平林中既得的地位。因此刘玄就开始进行打击刘縯兄弟的工作，使新市平林诸领袖排斥刘縯兄弟而接近自己。农民头脑简单，他们相信了刘玄的话，于是二月辛巳，设坛于淯水（今河南白河）上沙滩中陈兵大会，拥立刘玄为天子，是为更始皇帝。

刘玄既立为皇帝，于是组织政府，新市、平林的诸将领及刘縯，都变成了这个政府中的主要人物。新政府一面派刘縯、刘秀等出师北伐，一面发布复兴刘氏的政治号召。于是“海内豪杰翕然响应，皆杀其牧守，自称将军，用汉年号，以待诏命。旬月之间，遍于天下”。

当此之时，旱灾更甚，蝗虫满天，“盗贼”遍地，黄金一斤易豆升而不可得，中原一带，人相食。而剿匪的官军，乘传的钦差，贪污剥刮如故。于是流民入关者数十万人，整个的长安，变成了饥民收容所。而三辅的“盗贼”，亦相挺而起，捣毁了关中的秩序。同时，王莽政府的内部，也不断发现叛变的阴谋，如刘歆、王涉等的

① 《后汉书·刘盆子传》云：“刘玄，字圣公，光武族兄也。弟为人所杀，圣公结客欲报之。客犯法，圣公避吏于平林，吏系圣公父子张。圣公诈死，使人持丧归舂陵，吏乃出子张。圣公因此逃匿。”王莽末，……平林人陈牧、廖湛复聚众千余人，号平林兵…圣公因往从牧等，为其军安集掾。……四年正月，破王莽前队大夫甄阜、属正梁丘赐，斩之，号圣公为更始将军。众虽多而无所统一，诸将遂共议立更始为天子。”

叛变，甚至王莽的儿子王临，也要谋杀他。再加以刘玄建号改元，声势浩大。现在，王莽骇昏了。

为了应付这样险恶的环境，首先必须安定京师秩序，于是王莽一面打开了皇家的谷仓，派“养赡官”，发给饥民粮食。但那些经理放粮的中央高官，即所谓“使者监领，与小吏共盗其禀，饥死者十七八”。另一方面，“……又置捕盗都尉官，令执法谒者追击长安中，建鸣鼓攻贼幡，而使者随其后。”

王莽在这样一个布置之后，自以为首都秩序可保无虞。因大发兵讨伐中原“群盗”。《汉书·王莽传》（下）云：“莽遣大司空王邑驰传之雒阳，与司徒王寻发众郡兵百万，号曰‘虎牙五威兵’，平定山东。得颛封爵，政决于邑，除用征诸明兵法六十三家术者，各持图书，受器械，备军吏。倾府库以遣邑，多赍珍宝猛兽，欲视饶富，用怖山东。邑至雒阳，州郡各选精兵，牧守自将，来会者四十二万人，余在道不绝，车甲士马之盛，自古出师未尝有也。”

当“剿匪”的大军出发以后，王莽以为群盗的殄灭不过旦夕之间，于是抱着“符命威斗”①，坐着“华盖车”②鸣鼓开道，巡行长安，喜气洋洋，等待着前方的捷报。但是等到的消息，不是捷报，而是全军覆没。

当王莽的大军聚结洛阳之时，刘玄的北伐之师在王匡、王凤、刘秀等指挥之下，已经击溃了王莽的前锋严尤、陈茂之军，占领了昆阳（今叶县）、定陵（今郾城西北）及郾县（今郾城县南）一带的地方。同时，刘縯以别军占领了宛城。这时刘玄的政府已有今日豫西大部分地方。所以王邑、王寻等首先就指挥大军，进剿刘玄军。两军大战于昆阳。结果莽军大败，王寻诛死，王邑严尤、陈茂轻骑而逃。

---

① 《汉书·王莽传》（下）云：“是岁八月，莽亲之南郊，铸作威斗。威斗者，以五石铜为之，若北斗，长二尺五寸，欲以厌胜众兵。既成，令司命负之，莽出在前，入在御旁。铸斗日，大寒，百官人马有冻死者。

② 《汉书·王莽传》云：“或言黄帝时建华盖以登仙。莽乃造华盖九重，高八丈一尺，金瑵羽葆，载以秘机四轮车，驾六马，力士三百人，黄衣帻，车上人击鼓，皆呼‘登仙’。莽出，令在前。百官窃言‘此似软车，非仙物也。’”

昆阳大捷以后，刘秀的威名大震。刘縯占领宛城以后，把政府迁到宛城，放在他的控制之下，大有杀刘玄而自为皇帝之势。于是新市、平林诸将领遂与刘玄决议，杀了刘縯。当时刘秀正在前线作战，虽知其兄被杀，迫于新市、平林的势力，亦不敢有所动作，只是装着笑脸，引过谢罪而已。

刘玄既杀刘縯，把大权集中于自己手中，遂分兵两路，讨伐王莽。一路由王匡领导，北向洛阳；一路由申屠建、李松指挥，西向武关。军事的进展，非常顺利。当申屠建等进攻武关之时，析人邓晔、于匡起兵应汉，攻破武关，欢迎汉兵。所过之处，农民无不欢迎。于是刘玄西入武关之军，由华阴而进到长安的郊外。当此之时，痛恨新政之关中的商人地主无不起兵响应。据《王莽传》（下）云："王宪北至频阳，所过迎降。大姓栎阳申砀、下邽王大，皆率众随宪。属县斄严春、茂陵董喜、蓝田王孟、槐里汝臣、盩厔王扶、阳陵严本、杜陵屠门少之属，众皆数千人，假号称汉将。"

当刘玄之军西入武关之时，王莽已经急得手足无所措。当时其臣有崔发者告诉他说：《周礼》及《春秋左氏》皆谓国有大灾，则哭以厌之。故《易》称"先号咷而后笑"。宜呼嗟告天以求救。于是王莽乃率群臣至南郊，仰天而呼曰："皇天既命授臣莽，何不殄灭众贼？即令臣莽非是，愿下雷霆诛臣莽！"[①] 因"搏心大哭"，至予气尽。不但自己哭，并且强迫诸生小民也帮助他哭。但是王莽愈哭，而"盗贼"愈近，不久，长安便被"盗贼"包围得水泄不通。王莽虽欲到南郊举行"哭典"，也不可能了。这时他只有死死地用眼睛钉着六十几柜黄金，等待"盗贼"的裁判。

十月一日，城外起了大火，王莽的九庙，一时化为灰烬。新市、平林打破了宣平门，王莽的官军守住北阙。就在北阙，展开激烈的巷战。

太阳快要偏西了，城中到处大火，许多官府邸第都被焚毁了。第二曰，城中的饥民在少年朱弟、张鱼等领导之下，也暴动起来，响应刘玄军。这些饥民，他们放火烧了作室门，用斧头斩开了敬法

① 《汉书·王莽传》（下）。

闼，一路冲进宫廷。他们大呼："反虏王莽，何不出降？"[1]

火势延烧得更大，已经烧进了皇宫。王莽的妃嫔和新选入宫的一百二十名淑女东逃西窜，群呼："当奈何！"这时，王莽避火宣室前殿，穿着一件深青而发赤的衣服，带着皇帝的"玺韨"，手里拿着"虞帝匕首"，前面摆着一个"威斗"，旁边有一位天文郎替他转动斗柄，他就随着斗柄所指的方向而坐。为了替自己壮胆，他自言自语说："天生德于予，汉兵其如予何！"说话的时候，声音很微弱，因为他已经三日不食了。

三曰早晨，天将明，群臣扶莽自宣室前殿，南下阶台，西出白虎门，乘车逃往渐台。渐台在池中，欲阻池水以拒"贼"。这时，王莽还是抱着他那用以镇压"盗贼"的"符命威斗"，从官还有一千多人。但是王莽的官兵已经在巷战中，死伤略尽。"贼兵"已经杀进了皇宫。他们大呼："反虏王莽安在"？[2]"有美人出房曰：'在渐台。'"于是"众兵"追至渐台，围渐台数百重。合上亦有弓弩，互相对射。后台上矢尽，无以复射，于是短兵接，王莽的将官多死于肉搏中。

下午，"众兵"攻上渐台，商人杜吴杀王莽，校尉公宾就斩莽首。军人分裂莽身，支节肌骨脔分，争相杀者数十人。传莽首诣更始，悬宛市，百姓共提击之，或切食其舌。

班固曰："王莽始起外戚，折节力行，以要名誉，宗族称孝，师友归仁。及其居位辅政，成、哀之际，勤劳国家，直道而行，动见称述。……及其窃位南面，处非所据，颠覆之势险于桀、纣，而莽晏然自以黄、虞复出也。乃始恣睢，奋其威诈，滔天虐民，穷凶极恶，毒流诸夏，乱延蛮貉，犹未足逞其欲焉。是以四海之内，嚣然丧其乐生之心，中外愤怨，远近俱发，城池不守，支体分裂，遂令天下城邑为虚，丘垅发掘，害遍生民，辜及朽骨，自书传所载乱臣贼子无道之人，考其祸败，未有如莽之甚者也。昔秦燔《诗》《书》以立私议，莽诵《六艺》以文奸言，同归殊涂，俱用灭亡。"[3]岂不可哀！

① 《汉书·王莽传》（下）。

② 同上。

③ 《汉书·王莽·赞》。

当西入武关之军攻陷长安的时候，刘玄的北伐之军，也攻陷了洛阳。这时刘玄的政府遂由宛县北迁洛阳。不久，申屠建、李松等从长安传送乘舆服御从官，奉迎迁都，刘玄遂入长安。当时长安"唯未央宫被焚而已，其余宫馆一无所毁。宫女数千，备列后庭，自钟鼓、帷帐、舆辇、器服、太仓、武库、官府、市里，不改于旧"[①]。刘玄就算做了现成的皇帝。

刘玄到了长安，大封宗室、功臣，因而新市、平林的将领乃至下级军官、起义的商人地主，一齐都衣冠登台。据《刘玄传》云："其所授官爵者，皆群小贾竖，或有膳夫庖人，多着绣面衣、锦裤、襜褕、诸于，骂詈道中。长安为之语曰：'灶下养，中郎将。烂羊胃，骑都尉。烂羊头，关内侯。'"

因为长安没有经过很大的破坏，繁荣与奢侈的环境很快就使刘玄的集团趋于腐化。当时刘玄"日夜与妇人饮讌后庭。群臣欲言事，辄醉不能见。时不得已，乃令侍中坐帷内与语"[②]。同时"李轶、朱鲔擅命山东，王匡、张印横暴三辅"[③]。像这样一个新政权，当然使得天下大失所望。在实际上，也不能解决农民的饥饿问题。

当此之时，赤眉正散布于汝南、颍川、陈留一带，饥饿无以为食。当刘玄攻陷洛阳之时，樊崇等曾亲至洛阳，诣谒刘玄，要求他解决农民的饥饿问题；但是刘玄对樊崇等提出的问题，并没有答复。于是樊崇由洛阳回到颍川，开始自由行动。他把赤眉之众分为两部，一部由他自己和逢安领导，另一部由徐宣、谢禄、杨音领导。樊崇所部攻拔长社（今河南长葛东北），南击宛，斩县令。徐宣等所部亦拔阳翟（今禹县），引之梁（今临汝西），击杀河南太守。但当时的河南，赤地千里，城无所夺，野无可掠，所以"赤眉众虽数战胜，而疲敝厌兵，皆日夜愁泣，思欲东归"[④]。樊崇等知东归则群众必散，乃决计西向长安。

更始二年的冬天，赤眉分两道西进：樊崇等自武关，谢宣等自

① 《汉书·刘玄列传》。
② 同上。
③ 同上。
④ 《汉书·刘盆子传》。

陆浑关（今河南嵩县东北）。三年正月，两军俱至弘农（今灵宝东北），与刘玄诸将连战皆捷，众遂大集。乃重新编制，以万人为一营，凡三十营，每营置三老、从事各一人。进至华阴，有士人方阳者，怨刘玄杀其兄方望，乃逆说崇等曰："更始荒乱，政令不行，故使将军得至于此。今将军拥百万之众，西向帝城，而无称号，名为群贼，不可以久。不如立宗室，挟义诛伐，以此号令，谁敢不服？"[①] 樊崇等以为然，因就军中求得城阳景王刘章之后七十余人，唯刘盆子[②]、其兄刘茂及刘孝最为近属，遂立刘盆子为皇帝。

赤眉继续西进，至高陵，刘玄将张卬叛降赤眉，遂联兵共攻长安城东都门，城破。刘玄出走，为其部下所擒。赤眉下书曰："圣公降者，封长沙王，过二十日勿受。"刘玄乃肉袒诣长乐宫，献玺绶于刘盆子。

现在西汉王朝最终地灭亡了，在西汉皇帝的宝座上，坐的是一位农民军的领袖。

① 《汉书·刘盆子传》。

② 《后汉书·刘盆子传》云："刘盆子者，太山式人，城阳景王章之后也。祖父宪，平帝时，封为式侯。父萌嗣，王莽篡位，国除，因为式人焉。"

第八章

东汉王朝的继起及其历史形势

第一节 新市、平林与东汉王朝的创立

在赤眉、铜马、新市、平林等农民大“叛乱”的火焰中，西汉的贵族、官僚、土豪、流氓，乘时纷起，揭起“反莽兴汉”的旗帜，割据郡县，并置将帅，改元建号，称帝称王。企图在农民大“叛乱”的火焰中，投机冒险，夺取政权。

当此之时，刘玄窜入平林，刘缜、刘秀起于舂陵，王郎称帝邯郸[①]，刘永擅命睢阳（今河南商丘县南）[②]，公孙述称王巴

① 《后汉书·王昌传》云：“王昌，一名郎，赵国邯郸人也。素为卜相，工明星历，常以为河北有天子气。时赵缪王子林，好奇数，任侠于赵、魏间，多通豪猾，而郎与之亲善。初，王莽篡位，长安中或自称成帝子子舆者，莽杀之。郎缘是诈称真子舆，……林等愈动疑惑，乃与赵国大豪李育、张参等通谋，规共立郎。……更始元年十二月，林等遂率车骑数百，晨入邯郸城，止于王宫，立郎为天子……分遣将帅，徇下幽、冀。”

② 《后汉书·刘永传》云：“刘永者，梁郡睢阳人，梁孝王八世孙也。传国至父立……为王莽所诛。更始即位，永先诣洛阳，绍封为梁王，都睢阳。永闻更始政乱，遂据国起兵，……招诸豪杰沛人周建等，并署为将帅。攻下济阴、山阳、沛、楚、淮阳、汝南，凡得二十八城。又遣使拜西防贼帅山阳佼强为横行将军。是时东海人董宪，起兵据其郡，而张步亦定齐地……与共连兵，遂专据东方。及更始败，永自称天子。”

蜀[①]，李宪自立淮南[②]，秦丰割据南郡[③]，张步起于琅邪[④]，董宪起于东海[⑤]，延岑起于汉中[⑥]，田戎起于夷陵（今湖北宜昌市东南）[⑦]，隗嚣起于陇西（今甘肃临洮南）[⑧]，卢芳起于朔方[⑨]，窦融起于河西[⑩]，彭宠起于渔

---

① 《后汉书·公孙述传》云："公孙述字子阳，扶风茂陵人也。哀帝时，以父任为郎。后父仁为河南都尉，而述补清水长。……王莽天凤中，为导江卒正，居临邛（王莽改蜀郡曰导江，太守曰卒正），复有能名。及更始立，豪杰各起其县以应汉，南阳人宗成，自称虎牙将军，入略汉中；又商人王岑，亦起兵于雒县，自称定汉将军，杀王莽庸部牧以应成，众合数万人。述闻之，遣使迎成等。成等至成都，虏掠暴横，述意恶之，召县中豪杰……豪杰皆叩头曰：'愿效死。'述于是使人诈称汉使者自东方来，假述辅汉将军、蜀郡太守兼益州牧印绶，乃选精兵千余人，西击成等。比至成都，众数千人，遂攻成，大破之（后又破更始兵）……由是威震益部。……建武元年四月，遂自立为天子，号成家，色尚白，建元曰龙兴元年。"

② 《后汉书·李宪传》云："李宪者，颍川许昌人也。王莽时，为庐江属令。莽末，江贼王州公等起，众十余万，攻掠郡县。莽以宪为偏将军、庐江连率，击破州公。莽败，宪据郡自守。更始元年，自称淮南王。建武三年，遂自立为天子，置公卿百官，拥九城，众十余万。"

③ 《后汉书·岑彭传》云："南郡人秦丰据黎丘，自称楚黎王，略有十二县。注：《东观记》曰：'丰，邔县人……为县吏，更始元年，起兵攻得邔。'"

④ 《后汉书·张步传》云："张步，字文公，琅邪不其人也。汉兵之起，步亦聚兵数千，转攻旁县，下数城，自为五威将军，遂据本郡"（建武三年，刘永立步为齐王）。

⑤ 《后汉书·刘永传》云："东海人董宪起兵据其郡。（建武）三年春，永遣使立宪为海西王。"

⑥ 《后汉书·公孙述传》云："岑，字叔牙，南阳人，始起据汉中……走至南阳，略有数县。"《后汉书·光武纪》云："建武二年二月，延岑自称武安王。"

⑦ 《后汉书·公孙述传》云："戎，汝南人，初起兵夷陵，转寇郡县，众数万人。"《后汉书·岑彭传》注引《东观记》曰："戎自称扫地大将军。"注引《襄阳耆旧记》曰："戎号周成王。"

⑧ 《后汉书·隗嚣传》云："隗嚣，字季孟，天水成纪人也。少仕州郡。王莽国师刘歆引嚣为士。歆死，嚣归乡里。季父崔素豪侠，能得众。闻更始立而莽兵连败，于是乃与兄义及上邽人杨广、冀人周宗谋起兵应汉。……遂聚众数千人，攻平襄，杀莽镇戎大尹……共推嚣为上将军……嚣遂分遣诸将，徇陇西、武都、金城、武威、张掖、酒泉、敦煌，皆下之。"（更始二年遣使征嚣，以为右将军，旋亡归天水，复聚其众，自称西州上将军。）

⑨ 《后汉书·卢芳传》云："卢芒，字君期，安定三水人也，居左谷中。王莽时，天下咸思汉德，芳由是诈自称武帝曾孙刘文伯。……王莽末，乃与三水属国羌胡起兵。更始至长安，征芳为骑都尉，使镇抚安定以西。更始败，三水豪杰共计议，以芳刘氏子孙，宜承宗庙，乃共立芳为上将军西平王。使使与西羌、匈奴结和亲……单于遂立芳为汉帝。"

⑩ 《后汉书·窦融传》云："融，字周公，扶风平陵人。更始时，为张掖属国都尉，河西翕然归之。乃更始败，推融行河西五郡大将军。"

阳[1]。这些野心家，都利用“叛乱”的农民，去剿灭农民的“叛乱”，借此扩大自己的势力，巩固自己的割据。同时，又相与合纵、连横，或相互侵略并兼，企图削弱他人，强化自己。

在农民大“叛乱”与群雄大角逐相互交织而构成之混乱局面中，刘秀投袂奋起于春陵，剿灭了农民“叛乱”，削平了群雄割据，统一中国，再建商人地主的政权，是为东汉。

刘秀，字文叔，南阳蔡阳（今湖北枣阳西南）人，是汉高祖九世孙[2]，出身于一个没落贵族和商人地主的家庭，而且他本人就是一个商人地主。据《后汉书·光武纪》云：“光武年九岁而孤，养于叔父良。”同纪云：“初，光武为春陵侯家讼逋租。”注：“春陵侯敞，即光武季父也。《东观记》曰：为季父故春陵侯诣大司马府，讼地皇元年十二月壬寅前租二万六千斛，刍藁钱若干万。”刘秀的叔父逋租如此之多，当然是一个大地主。同时刘秀之兄刘縯，也是南阳的一个大土豪，家里养活着大群的保镖，一味鱼肉邻里，武断乡曲。即因刘秀家中雄于资财，所以他才有资格到长安去读书。他在长安读书几年，不得而知，但知在王莽天凤年间，曾在长安受《尚书》于中大夫庐江许子威，略通《尚书》大义。以后，刘秀仍回到故乡，经理自己的田产。其兄刘縯“常非笑光武事田业，比之高祖兄仲”。地皇三年，南阳荒饥，其兄之宾客劫人，牵连刘秀，于是他避吏于新野（今属河南）豪族邓晨之家。从此就与邓晨合伙，往来宛县，经营屯聚粮食的买卖，因而结识了宛县的一般大商人，如李通[3]等，利用荒年而大发其横财，成为南阳的巨富。

地皇三年，新市、平林等南方的农民军，浩浩荡荡北向南阳；

① 《后汉书·彭宠传》云：“彭宠，字伯通，南阳宛人也。父宏，哀帝时为渔阳太守……，王莽居摄……遇害。宠少为郡吏，地皇中，为大司空士，从王邑东拒汉军。到洛阳……亡至渔阳，抵父时吏。更始立……拜宠偏将军，行渔阳太守事，汉安乐令。……建武二年春……发兵反……明年春……自立为燕王。”

② 《后汉书·光武帝纪》谓：光武，“高祖九世之孙也。出自景帝生长沙定王发，发生春陵节侯买，买生郁林太守外，外生巨鹿都尉回，回生南顿令钦，钦生光武。”

③ 《后汉书·李通传》云：“李通字次元，南阳宛人也。世以货殖著姓。父守身长九尺，容貌绝异，为人严毅，居家如官庭。”

赤眉等北方的农民军，也以无遮拦之势，南入颍川。南阳一带，已处于南北农民军夹攻的危险环境之中。为了保护自己的财产，刘秀之兄刘縯，遂招集乡里的流氓，武装自卫。同时宛县的大商人李通等，也推举刘秀出来，组织商人地主的保卫队。为了鼓励刘秀作军事冒险，当时李通等假造一种图谶，其文曰："刘氏复起，李氏为辅。"刘秀虽然知道图谶是假的，但眼看新市、平林诸军就要进入南阳境，万贯的家财马上要化为乌有。于是将假作真，用图谶号召了大批的流氓，自己就带着这个小小的队伍，由宛县回到春陵，与其兄刘縯的自卫队合伙。当时刘縯虽然已经起兵，但"诸家子弟恐惧，皆亡逃自匿，曰：'伯升（刘縯字伯升）杀我。'"后来他们看见刘秀也绛衣大冠，打扮得像个将军，于是众皆惊曰："谨厚者亦复为之，乃稍自安。"这就是刘秀起义的经过，看起来，并不是一个什么了不得的场面，实际上，刘秀弟兄的起兵，不过是替南阳商人地主组织一个保卫队而已。

新市、平林诸军果然进入南阳的境界。为了避免冲突，刘秀弟兄乃派人和他们接头，愿意与他们合伙。刘秀的意思，以为既然合伙，就同是"诸贼"，"贼不抢贼"，他们的财产就得到保障了。

合伙的谈判成功了，南阳一带商人地主的财产，也因此而没有受到伤害。不仅自己的财产没有受到伤害，而且在西击长聚，攻新野，进屠唐子乡（今湖北枣阳县北），转掠湖阳（今河南唐河西南）诸战役中，还抢劫了不少的财物。

刘秀弟兄之组织武装乃至与农民军合伙，都是为了捍卫自己和邻近商人地主的财产。但是当时的政府，看到刘秀弟兄既加入"贼伙"，又与"诸贼"劫掠县邑乡聚，当然也就是"贼"。既是"贼"，当然也就要剿。不久王莽政府派来的剿匪军的前队，在甄阜、梁丘赐的指挥之下，开到了小长安（今河南南阳县南），就在这里与"诸贼"发生了接触，刘秀大败，退保棘阳（今南阳县南）。

第二年正月，刘秀卷土重来，沘水西岸一战，大败官兵，并且斩了甄阜和梁丘赐两员大将。同时刘縯又大破严尤、陈茂于淯阳（今南阳县西南），进围宛城。这两个胜利，就使刘氏兄弟的声名，为之大震，颇有压倒新市、平林之势。同时刘氏兄弟的心理也起变化，他们现在已经不仅以保卫本乡本土的商人地主为志愿，而是进一步企图把新市、平林“诸贼”的力量，引导到自己的政治目的，以图推翻王莽的政府，再建商人地主的政权。

但是刘氏兄弟的这种企图，遭受了挫折。不久，新市、平林诸帅拥立了另一个野必家刘玄为皇帝，并且杀了刘缜。当刘缜被杀的时候，刘秀迫于高压，不敢抗议，而且还不得不含悲忍泪，向新市、平林诸帅谢罪。虽然如此，从刘缜被杀之曰起，刘秀便无日无时不在计划脱离农民军的队伍，独树一帜，以求实现他的政治抱负。所以当刘玄在新市、平林诸帅的欢迎之中，西入长安的时候，刘秀则以破虏将军行大司马事带了一支人马从洛阳渡河而北，向河北平原进军去了。

当刘秀北徇河北时，整个的河北，都是农民军的世界。而郡县城邑，则为王莽所置的官吏所据守。刘秀知道，要平定河北，必须要剿灭农民军；要剿灭农民军，必须要获得城市以为军事的据点。因此他一渡过黄河，便打起大司马的旗号，巡行郡县，一路而北。当时河北郡守县令，知长安已陷，王莽诛死。刘秀就在一路迎降之中，北徇至蓟县（今北京城西南角）。

刘秀到一个郡县，便释放王莽时代的政治犯，并废止王莽的新政。因此，所过之处，官僚和商人地主，都争持牛酒迎劳。刘秀正兴高采烈，准备集合诸郡县的兵力，开始剿灭农民军的军事行动。他想不到又有一个冒称刘姓的王郎，自立于邯郸，截断了他的归路。并且还有一个故广阳王之子刘接，起兵蓟中，响应王郎。当时王郎移檄，通缉刘秀，史称“购光武十万户”。于是堂哉皇哉进入蓟县的刘大司马，现在不得不青衣小帽，从蓟县仓皇逃遁了。

“趣驾南旋”的刘大司马，就没有“奉命北徇”的威风了。在以前，是“所过郡县迎降”；在现在，是“晨夜不敢入城邑”。在以前，是沿途“吏民争持牛酒迎劳”；在现在，是“舍食道旁”，以豆粥或麦饭充饥。据史载，他有一次在饶阳的传舍中，混吃官饭，几乎被捕。又有一次，在滹沱河，王郎追兵迫近，如果不是河水结冰，他的历史就到此结束了。再有一次，在下博（今河北深县东南）城西，迷失了道路，幸而遇到一个老农告诉他往信都（今冀县）去的道路，因为信都为长安守，可以保护他。于是刘秀遂驰赴信都，信都守任光开城出迎，直到此时，刘大司马才换过气来。

刘秀即入信都，即以信都为根据，重新打出大司马的旗帜，号召附近的郡县，募兵四千人。即以此四千人出击，占领堂阳（今新河西北）、贳县（今束鹿西南）。同时又派遣使节，连络王莽的和戎卒正（即太守）邳彤、昌城人刘植、宋子人耿纯，合兵攻陷下曲阳（今曲阳县），于是有兵数万人。即以此数万人北击中山，拔卢奴（今定县）。所过发奔命兵以为前锋；同时又号召郡县，共击王郎。郡县亦多起响应。遂连陷新市、真定、元氏、防子诸地，进而与王郎的大将李育在柏人（今隆尧西）发生了遭遇战。正当此时，上谷太守耿况，渔阳太守彭宠，各遣其将吴汉、寇恂，带领大队骑兵来会，更始也派遣尚书仆射谢躬带兵来讨伐王郎。于是刘秀乃大飨士卒，连兵围巨鹿，大败王郎之兵于南䜌（今巨鹿北），遂进围邯郸，拔其城，捕斩王郎。

刘秀既斩王郎，声势大震于河北。刘玄恐其尾大不掉，乃封之为萧王，令其罢兵回到长安。刘秀自其兄被杀以后，即日夜企图独树一帜。今既入河北，岂肯再回长安，自投罗网；加以其部下怂恿，劝其自取天下①，于是辞以河北未平，不奉诏命。从此遂脱离刘玄的政府，而与之对立。

刘秀既立志创造帝业，所以毫不犹豫地开始了屠杀饥饿农民（赤眉、铜马）的军事行动。在更始二年的秋天，他亲统大军击铜马于鄡（今河北束鹿东）。又命吴汉将突骑，来会清阳（今河北清河东南），企图一举而歼灭河北的农民军。不料河北的农民军甚多，大有与这位候补皇帝决一死战之势。因而使得剿贼军“坚营自守”，不敢

---

①《后汉书·耿弇传》弇曰：“闻使者从西方来，欲罢兵，不可从也。”又《东观汉记·耿弇传》弇曰：“百姓患苦王莽苛刻日久。闻刘氏复兴，莫不欣喜，望风从化，如去虎口，就慈母。倒戟横矢，不足以明喻。公首事，南破昆阳，败百万师；今复定河北，以义征伐；表善惩恶，躬自克薄，以待士民。发号响应，望风而止。天下至重，公可自取，无令他姓得之。”

应战；只是采取封锁政策，绝其粮道，企图使饥民饿死。饥民因不得食，不得不逃遁。就在逃遁的当中，刘秀的大军出动了，追至馆陶，大加屠杀。正当此时，高湖、重连从东南来，和铜马的余众会合，与刘秀大战于蒲阳。结果，因为高湖、重连等农民军的领袖背叛了群众，大部分的饥民，都被骗而改编为刘秀的创业之军。由是刘秀遂有众数十万，故史称当时关西号光武为“铜马帝”。所谓“铜马帝”，即“贼帅”的别名。

刘秀之为“贼帅”，固不自此时始，他最初，就是凭借新市、平林诸“贼军”，才获得“将军”的称号；以后，还是从新市、平林诸“贼”所组织的更始政府，才获得大司马的头衔。现在，又依靠铜马诸“贼”的降附，才使他渐渐接近于皇帝的宝座。

刘秀既收编了铜马“贼众”，于是板起面孔，大发兵讨“贼”。据史载，他大破赤眉别帅与大肜、青犊于射犬（今河南焦作东南）。又于次年追击尤来、大抢、五幡于元氏，追至右北平（今河北东北部），但最后为农民军大败于顺水（一名徐水，今名漕河）北。以后刘秀复重整旗鼓，进至安次（今属河北），大破农民军，屠杀了三千以上的农民。农民军退入渔阳，刘秀又遣将追至渔阳，连战于潞东（今北京市通县东）与平谷（今属北京市），大破灭之。这样一来，河北的农民军，一部分被屠杀了，一部分转化为刘秀的军队，于是刘秀遂据有河北。

但是河北为四战之地，易于进取而难于保守。当时新市、平林，虽拥立刘玄，建号更始，但他们的底子，总还是农民军。此辈农民军，现在打起官军的旗帜占领了鄂北、豫西、陕西广大的地方，而且以大军据守洛阳，大有北伐河北之意。同时，赤眉、青犊之属，众数十万，还是蔓延于山东、皖北、河南一带，也大有随时窜入河北的可能。这些农民军对于刘秀，都是致命的威胁。

正当此时，赤眉、青犊之属，与新市、平林的政府，发生了冲突。当时赤眉、青犊之属几十万人，分道入关，西向长安，在长安附近与新市、平林发生激烈的火并战争。赤眉之属，打破了长安，推翻了新市、平林的政府，再组织了赤眉的政府。而且以后赤眉、青犊与新市、平林的火并战争，还是继续进行。

鹬蚌相争，渔人得利。据史载，当时光武乃遣邓禹率六裨将，引兵而西，以乘更始、赤眉之乱。同时为了防止新市、平林溃入河北，又遣冯异扼守孟津（今河南孟津县东北）以拒洛阳。为了巩固河北北部的占领，刘秀又自徇燕、赵。此外，为了保守根据地及粮饷的来源，又命寇恂留守险要富实的河内（治今河南武陟西南）。这样一个布置，当然是攻守咸宜，可进可退。

当此之时，新市、平林因受赤眉压迫，其在河南者，果然北窜，但却被冯异、寇恂大败于温县。赤眉、青犊既西入关中，新市、平林又溃败于河南，自是大河以南的严重威胁解除了。

据《后汉书·光武帝纪》载，即于此时，刘秀的诸将议，为刘秀上尊号。他们说：天下无主，刘秀应为皇帝。刘秀听到这种空气，即由蓟县兼程而南。但他向诸将说："何将军出是言？可斩也。"至中山，诸将又上尊号，大概说"天命不可以谦拒，惟大王以社稷为计，万姓为心"。但是因为还没有满"三推"之数，所以刘秀"又不听"。行到南平棘，诸将又劝进。史载耿纯劝进之言曰："天下士大夫捐亲戚，弃土壤，从大王于矢石之间者，其计固望其攀龙鳞，附凤翼，以成其所志耳。今功业既定，天人亦应，而大王留时逆众，不正号位，纯恐士大夫望绝计穷，则有去归之思，无为久自苦也。大众一散，难可复合，时不可留，众不可逆。"现在是第三次了，所以刘秀说："吾将思之。"

正当刘秀"考虑"之时，上帝的使者强华捧着《赤伏符》从关中而来。符文曰："刘秀发兵捕不道，四夷云集龙斗野，四七之际火为主。"这《赤伏符》一到，当然是："皇天大命"降临于刘秀之身，而刘秀也就不得不"恭承天命"，即皇帝位于鄗，改鄗为高邑，是为光武帝。

现在，南阳的一个粮食商人，做了中国人民的皇帝，许多南阳的商人地主如李通等，都变成了新政府的要人。这个商人地主的新政府之成立，其意义，就是农民"叛乱"之彻底的消灭。果然新政府的打击，首先就加于"叛乱"的农民。他一面派遣大军围攻新市、平林于洛阳，用收买政策诱降了朱鲔，于是“车驾入洛阳，幸南宫却非殿，遂定都焉”。一面遣岑彭击荆州的农民军，遣叔寿击五校于曲梁（今河北曲周西南），遣吴汉率九将军击檀乡于邺东。除五校外，都被击溃。于是这些屠杀农民的英雄，皆“为列侯，大国四县，余各有差”。

关东的农民军，已经被刘秀屠杀殆尽；但是关中的赤眉，还是高据在皇帝的宝座。而且据《后汉书·刘盆子传》称，刘盆子即位以后，赤眉诸帅，“各闭营自守，三辅翕然称天子聪明。百姓争还长安，市里且满。”农民军的政府获得了广大人民的同情。又据《后汉书·刘盆子传》云：“（盆子）时，掖庭中宫女，犹有数百千人，自更始败后，幽闭殿门，掘庭中芦菔根，捕池鱼而食之，死者因相埋于宫中……（盆子）使中黄门禀之米，人数斗。后盆子去，皆饿死不出。”在刘秀的大军包围长安时，赤眉不能从城外得到食粮，也许在城中有所征发，于是历史家书曰：“赤眉贪财物，复出大掠。”①

赤眉因“城中粮食尽”，遂决计退出长安。为了掩护退却，因纵火烧宫殿，引兵而西，沿南山西入安定（今宁夏固原）、北地（今甘肃庆阳西北）。在阳城番须的道中，遇大雪，坑谷皆满，士兵多冻死，于是再折回长安。当时刘秀的大将邓禹打起大汉的旗帜，袭击赤眉于郁夷（今陕西宝鸡县西），因此激怒了赤眉，遂发掘汉代皇家的诸陵，扬其尸骨以泄其愤。于是历史家又大书曰：“（赤眉）发掘诸陵，取其宝货，遂污辱吕后尸。凡贼所发有玉匣殓者，率皆如生。故赤眉多行淫秽。”②

赤眉虽处于饥饿与包围之中，战斗力还是很强，更始残部和刘秀之军，仍然不是他的敌手。当时，更始将李宝招来了汉中贼延岑，企图反攻赤眉。赤眉大将逢安将十万人出城迎击，大败延岑、李宝的联兵于杜陵（今西安市东南），延岑败走，李宝投降。当赤眉大军与延岑等激战杜陵之时，刘秀之军在邓禹指挥之下，乘虚袭入长安。

① 《后汉书·刘盆子传》。
② 同上。

但是也在稾街的夜战中，被赤眉杀得大败而逃。

延岑虽败，不久又收集散卒，卷土重来，同时更始降将李宝，从赤眉内部倒戈，里应外合，夹攻赤眉。于是赤眉大败，自投川谷死者十余万人，逢安仅与数千人脱归长安。当此之时，“三辅大饥，人相食，城郭皆空，白骨蔽野，（邓禹）遣人往往聚为营保，各坚守木下，赤眉掠无所得。十二月，乃引而东归。”①

刘秀知赤眉放弃长安，转旗东归，乃遣侯进屯新安（今河南渑池东），耿弇屯宜阳（今宜阳西），分为二道，以截其归路。下令曰：“贼若东走，可引宜阳兵会新安；贼若南走，可引新安兵会宜阳。”②明年正月，邓禹击赤眉于湖，大败。赤眉虽出关南向，冯异袭之于崤底（今河南洛宁县西北），刘秀又盛兵于宜阳，于是赤眉余众乃降刘秀。同时，冯异又击败延岑于上林（今西安市西），刘秀之军遂占领长安。

现在农民“叛乱”，总算次第剿平。正确地说，现在农民一部分在饥馑中饿死，一部分在战争中被屠杀，其余的则转化为野心家部下的官兵。虽然如此，群雄割据，天下还是没有统一。为了统一天下，刘秀又展开了削平群雄的战争。

在群雄之中，最成为刘秀之威胁的是刘永。当时刘永雄据今日豫东、皖北，与山东的张步、苏北的董宪、庐江的李宪，连成一个很大的军事同盟。因而当时的刘永实际上拥有鲁西、苏北、皖北、豫东广大的土地，专制东方，成为刘秀的劲敌。若说“天命”，当然不得而知；若说“正统”，他是梁孝王八世之孙，比起刘秀的谱系，还要“正统”得多，“正确”得多。因此刘秀首先就要对付刘永。

建武二年夏，讨伐刘永之军，在将军盖延的指挥之下出动了。盖延攻陷了刘永的首都睢阳，刘永败走山东兖州境内之湖陵（今山东鱼台东南）。但睢阳的百姓迎刘永，刘永再回睢阳。后来盖延再围睢阳，城中食尽，刘永出走，为其部下所杀。刘永既死，其子纡继

① 《后汉书·刘盆子传》。

② 同上。

立，但不久又被诛灭[①]。接着张步[②]、李宪[③]、董宪[④]等亦先后为刘秀所击灭，刘永的势力，遂完全肃清。于是《后汉书·光武帝纪》曰："山东悉平。"

与讨伐刘永集团同时，刘秀又遣别军南征秦丰[⑤]，西击延岑[⑥]，田戎[⑦]，秦丰灭亡，延岑、田戎皆亡入蜀[⑧]，同时，并以卑劣手段，刺杀盘据河北之彭宠[⑨]，于是北自幽燕，南至荆襄，皆已平定。而汉中诸农民军，亦告肃清。

东方虽平，但西南与西北，还是为野心家所割据。其中势力最大者为公孙述，其次为隗嚣，又次为卢芳。

当时公孙述据有益州之地，即今日四川、贵州和云南之大部分地方。资源丰富，地势险阻，北连隗嚣，东结延岑、田戎，称帝建号，以拒刘秀。并且他和刘秀一样，欢喜玩弄图谶，诈欺愚民。他从谶记中找出了汉运已尽，公孙当兴的预言，证明刘秀虽有《赤伏符》，也是枉然；反之，他却是上帝早就派好了来接受汉朝天下的真命天子[⑩]。他常常把这样的宣传品送到中原，与刘秀作精神战。刘秀别的

---

① 《后汉书·光武帝纪》谓建武三年，盖延拔睢阳，获刘永，而苏茂、周建立永子纡为梁王。五年吴汉拔郯，获刘纡。

② 《后汉书·光武帝纪》谓建武五年二月，遣耿弇率二将军讨张步。十月，耿弇等与步战于临淄，大破之。张步斩苏茂以降，齐地平。

③ 《后汉书·光武帝纪》谓建武四年八月，遣扬武将军马成率三将军伐李宪。九月，围宪于舒。六年正月，拔舒，获李宪。

④ 《后汉书·光武帝纪》谓建武五年七月，征董宪。吴汉进围董宪、庞萌于朐。六年二月大司马吴汉拔朐，获董宪、庞萌，山东悉平。

⑤ 《后汉书·光武帝纪》谓建武四年十一月，遣建义大将军朱祐围秦丰于黎丘。五年六月，拔黎丘，获秦丰。

⑥ 《后汉书·光武帝纪》云："建武四年二月，遣右将军邓禹率二将军与延岑战于武当，破之。"

⑦ 《后汉书·光武帝纪》云："建武五年三月，遣征南大将军岑彭率二将军伐田戎于津乡，大破之。"

⑧ 《后汉书·公孙述传》云："建武五年，延岑、田戎力汉兵所败，皆亡入蜀。"

⑨ 《后汉书·光武帝纪》云："建武五年二月，彭宠为其苍头所杀，渔阳平。"详见《后汉书·彭宠传》。

⑩ 《后汉书·公孙述传》谓公孙述"妄引谶记，以为孔子作《春秋》，为赤制而断十二公，明汉至平帝十二代，历数尽也，一姓不得再受命"。这就证明了刘秀没有做皇帝的根据。同传又谓公孙述"又引《篆运法》曰：'废昌帝，立公孙'；《括地象》曰：'帝轩辕受命，公孙氏握'；《援神契》曰：'西太守，乙卯（转下页）

都不怕，就怕别人也找到做皇帝的根据来对消他的皇帝，所以写信给公孙述，说他歪曲谶语，并且劝他投降[①]，但是公孙述并不答复，仍然做他的白帝。

其次是隗嚣。当时隗嚣据有安定、陇西、武都、金城、武威、张掖、酒泉、敦煌诸郡。以今日地理言之，即据有甘肃全境。他南连公孙述，北结卢芳，西通诸羌匈奴，粮草充足，士马强壮，进可以闯入关陕，退可以自保边陲。而且隗嚣"素谦恭爱士，倾身引接，为布衣交"，以是"名震西州，闻于山东"。[②]

再次，是卢芳。当时卢芳，据有五原、朔方、云中、定襄（今内蒙古和林格尔西北）、雁门（今山西右玉南）五郡。以今日地理言之，即山、陕北部和内蒙古一带。他所处的地带，虽较为贫苦，但有匈奴做他的后台。实际上，卢芳的汉帝，就是匈奴派的。而且卢芳也和刘秀一样，造成了一套假的谱系，宣言他是武帝的曾孙刘文伯，常以此蛊惑群众，皇帝应该是他的。

现在，摆在刘秀面前的任务，就是剿灭这三个野心家。他最初很想用政治方法诱降公孙述和隗嚣，结果都不成功。以后又用种种方法，企图拆散公孙述与隗嚣的联盟，然后各个击破。结果也不成功。刘秀乃知非武力解决不可，于是首先进攻隗嚣。据史载，建武九年正月，隗嚣死，其将立嚣子纯为王。刘秀乃乘机发动军事进攻，并收买窦融，命其以河西五郡之兵，与汉兵夹击隗纯。十年十月，中郎将来歙等大破隗纯于落门（今甘肃甘谷县西），纯降，陇右平。

得陇望蜀，人之恒情。刘秀既灭隗纯，乃大发兵入蜀，征公孙

（接上页）金'；谓西方太守，而乙绝卯金（刘）也。五德之运，黄（王莽尚黄）承赤（西汉尚赤）而白（公孙述为西方太守，西方属白，故公孙述尚白，并将成都改为白帝城）继黄。金据西方，为白德，而代王氏，得其正序。又自言手文有奇，及得龙兴之瑞。"从这些谶记中的预言和五德的轮回及身体上的特征，就证明了他自己是真命天子。

① 《后汉书·公孙述传》云："（公孙述常将上述一套理论）移书中国，冀以感动众心。帝患之，乃与述书曰：'图谶言公孙，即宣帝也。代汉者当涂高，君岂高之身邪？乃复以掌文为瑞，王莽何足效乎？君非吾贼臣乱子，仓卒时，人皆欲为君事耳，何足数也。君日月已逝，妻子弱小，当早为定计，可以无忧。天下神器，不可力争，宜留三思。'署曰公孙皇帝。述不答。"

② 《后汉书·隗嚣传》。

述。建武十二年十一月，吴汉、臧宫与公孙述战于成都，大破之，述被创而死，益州平。

最后剩下一个卢芳，因为有匈奴的外援，刘秀屡遣吴权、杜茂往击，均不克。建武十二年，卢芳知刘秀已统一中国，独立不能相敌，乃逃亡匈奴。十六年，又来投降，刘秀封为代王，十七年又叛，后死于匈奴。

现在，江山重归汉，天下再姓刘，中国的历史，又由纷乱转入统一的局面了。

第二节　东汉时国内各种族的活动及世界的形势

上节所述，从种族的侧面看，乃是王莽之末汉族内部的大火并以及刘秀在大火并的局面中再建汉族统一政权的一幕历史大活剧。这种活剧，从整个中国历史运动上看来，只是一个局部的运动，不是全面的运动。为了要了解东汉时代中国历史的全面运动，我们必须放大眼光去了望因汉族的历史运动而引起之国内其他诸种族的运动，以及因此而引起的汉族与国内诸种族之间和诸种族相互之间的关系的改变。

在东汉时代，汉族以外其他诸种族的社会经济乃至政治组织，较之西汉时代虽略有发展，但在大体上，还是相差不远。所不同的，只是由于西汉帝国之崩溃而引起的种族与种族间之形势的改变。换言之，即由以汉族为核心的全面运动转向离心的个别运动。

具体的史实指示出来，当王莽之末，中国四裔诸种族乘着汉族内部的农民暴动与野心家火并，群起“叛变”。光武虽然剿灭了暴动的农民，削平了割据的野心家，再建了汉族的统一政权，但是即因把力量消耗在内战之中，因而再没有余力去征服四裔诸种族，恢复西汉帝国的统治。

首先说到匈奴。

匈奴在王莽之末，即已叛变，王莽曾大发兵击匈奴而无功，已如前述。从这一时代起，于是“自宣帝以来，数世不见烟火之警，人民炽盛，牛马布野”的北方边境，数年之间，遂“野有暴骨矣”①。

建武初，野心家乘时纷起，企图乘农民“叛乱”，夺取政权。当时盘据渔阳的彭宠，盘据五原的卢芳，他们都勾结匈奴，借外族之力以进行内战。东汉政府虽然对匈奴赂遗金币，求通旧好；但匈奴单于比以中原有机可乘，而又有现存的傀儡可以利用为前锋，所以他入侵北方边境如故。东汉政府也曾派兵征伐，但并没有获得胜利，反而引起匈奴之更大的入侵。当时匈奴一方面由山西北部及察哈尔一带侵入河北北部；另一方面由五原侵入甘肃及陕北。由是左部匈奴，遂复转居塞内。杀略钞掠，边境骚然，从此中国北方边境，袭来了严重的威胁②。

其次，说到塔里木盆地诸种族，即所谓西域诸国。

西域诸国，到哀、平之际，自相分割，已分化为五十五国。王莽篡汉，西域诸国，知中原有内乱，因不接受王莽的命令。适当时匈奴势力侵入塔里木盆地东北，于是接近匈奴的焉耆首先叛变。新莽始建国五年，焉耆杀汉都护但钦。天凤三年，王莽遣五威将王骏、西域都护李崇将戊已校尉郭钦出西域，焉耆复杀王骏。郭钦引兵回国，李崇收余众退保龟兹。后数年，王莽死，中原大乱，李崇死于

① 《汉书·匈奴传》云：“初，北边自宣帝以来，数世不见烟火之警，人民炽盛，牛马布野。及莽挠乱匈奴，与之构难，边民死亡系获。又十二部兵久屯而不出，吏士罢弊，数年之间，北边虚空，野有暴骨矣。”

② 《后汉书·南匈奴传》云：“南匈奴醢落尸逐鞮单于比者，呼韩邪单于之孙，乌珠留若鞮单于之子也。自呼韩邪后，诸子以次立，至比季父单于舆时，以此为右薁鞬日逐王，部领南边及乌桓。建武初，彭宠反叛于渔阳，单于与共连兵，因复权立卢芳，使入居五原。光武初，方平诸夏，未遑外事。至六年（公元30年）……赂遗金币，以通旧好。而单于骄踞，自比冒顿，对使者辞语悖慢。……匈奴数与卢芳共侵北边。九年，遣大司马吴汉等击之，经岁无功，而匈奴转盛，钞暴日增。十三年，遂寇河东，州郡不能禁。于是渐徙幽、并边人于常山关、居庸关以东，匈奴左部遂复转居塞内。朝廷患之，增缘边兵，郡数千人，大筑亭候，修烽火。匈奴闻汉购求芦芳，贪得财帛，乃遣芳还降，望得其赏。而芳以自归为功，不称匈奴所遣，单于复耻言其计，故赏遂不行。由是大恨，入寇尤深。二十年，遂至上党、扶风、天水。二十一年冬，复寇上谷、中山，杀略钞掠甚众，北边无复宁岁。”

西域，从此西域不通。

这时的西域，接近于匈奴的北道诸国，遂又役属于匈奴[①]。唯莎车（今新疆莎车县一带）甚强而又距匈奴较远。他统帅南道诸国与匈奴相抗[②]。因而东汉初，当中原内部大乱的时候，在塔里木盆地也正表演着匈奴与莎车争霸的大活剧。史载当时莎车王康之父延，在西汉元帝时，曾为质于汉，他乐慕中原文化，常敕诸子："当世奉汉家，不可负也！"所以莎车王康继位，仍然执行亲汉抗匈奴的政策。即因莎车亲汉，于是莎车遂成为汉朝在西域残余官吏之最后的避乱所，汉故都护吏士妻子千余口，皆赖其保护，得以不死。当时莎车王康并"檄书河西，问中国动静，自陈思慕汉家"。建武五年，汉封康为汉莎车建功怀德王、西域大都尉。康卒，弟贤代立，莎车益强。是时北道诸国，苦于匈奴的赋敛，都想联络东汉以驱逐匈奴。建武二十一年，鄯善（今新疆若羌县）、车师前王（今吐鲁番县交河）、焉耆等十八国，都遣子入侍，献其珍宝，并请汉朝复置都护。但是光帝以国内统治尚未巩固，要以全力对内，不愿与匈奴开衅，遣还其侍子而不出兵。

东汉不出兵，塔里木盆地仍然继续处于匈奴与莎车的争夺之中。莎车王贤因为拥有广大的沙漠田，人口较多，农产物丰富，于是东破鄯善，北灭龟兹，西逾葱岭，灭大宛，皆以为属国。又尽召南道诸国，如于阗、拘弥（今于田东北）、姑墨（今温宿、阿克苏一带）、子合（今叶城西南一带）的国王而杀之，不再置国王，而派遣将军镇守其地，征收贡纳。自是莎车遂一跃而为塔里木盆地西南之一大国。

但是，这样的时间并不很长。不久，鄯善、龟兹便由莎车转入匈奴之手。以后于阗人亦不堪莎车之苛征暴敛，于明帝永平三年叛变莎车，杀其所派之莎车守将，而拥立于阗贵族休莫霸为于阗王，并举兵西伐莎车。休莫霸死于伐莎车的战争中，但其兄子广德继立

---

① 《后汉书·西域传》序："王莽篡位，贬易侯王，由是西域怨叛，与中国遂绝，并复役属匈奴。"

② 《后汉书·西域传》云："匈奴单于因王莽之乱，略有西域，唯莎车王延最强，不肯附属。"

为于阗王，遂杀莎车王贤而并有其国。

于阗既灭莎车，又并渠勒（今于田南）、皮山（今皮山县），遂代莎车而为南道诸国之长。当时，匈奴势力不但统摄北道诸国，并通过鄯善而入小宛（今且末南）、精绝、戎卢、且末等南道东部诸国。匈奴见于阗渐强，乃遣五将发焉耆、尉犁（今库尔勒东北）、龟兹十五国兵三万余人，围攻于阗，于阗不能抵抗，投降匈奴。自是以后，整个塔里木盆地委诸匈奴之手者十余年。

再次，说到西羌。

西羌，部落散漫而又有广漠的青海草原为其生活之尾闾，故每遇压迫，即行退却。在西汉时，北有匈奴，东有汉族，阻止了西羌向东、北方向的发展。当此之时，他们或则远徙中亚，或则退保南山，或则南入川、康，其散处于甘肃、青海之交者势力并不强大。虽然有时也驱其畜群，北向甘肃，但屡次皆遭汉族的驱逐。据史籍所载，羌族在西汉时，曾于宣帝神爵元年及元帝永光三年先后举行叛乱，但为西汉将军赵充国、冯奉世等先后击破。故史称自永光以后，中原无羌患者六十余年。

王莽用政治手腕取得了西海之地，置西海郡（今青海海宴附近），筑五县，边海亭燧相望。到王莽之末，“西羌寇边，遂入居塞内，金城属县多为虏有”。建武初，隗嚣据陇西，招怀羌诸酋长，利用诸羌的力量，与光武相持于西北[①]。隗嚣死，西羌“五溪、先零诸种，数为寇掠，皆营堑自守，州郡不能讨”。自是诸羌之族，遂遍布于甘肃西南。

同时，分布于今日四川松潘一带的武都参狼羌，因为受公孙述的煽动，也发动叛乱，与甘肃、青海诸羌，连合一致，杀戮汉朝所派的官吏，自由行动起来[②]。自是，东汉的西北，遂袭来了诸羌的威胁。

当时诸羌之中，以先零、卑湳最为强盛。他们分布于洮河河谷

① 《后汉书·来歙传》云：“初，王莽世，羌虏多背叛，而隗嚣招怀其酋豪，遂得为用。”

② 《后汉书·马援传》云：“又武都氐人背公孙述来降旨……武都参狼羌与塞外诸种为寇，杀长吏。”

一带水草肥美之地，“诸种有数万，屯聚寇钞，拒浩亹隘”以为守[①]。而武都参狼羌，其种人亦有数十万户[②]。但此等诸羌均于建武十一年至十三年为马援所击溃。到光武末年，分布于大允谷（今青海贵德西北黄河北岸）及大小榆谷（今贵德东部黄河南岸）的烧当羌又继先零之后，变为强盛，永为东汉西陲之患[③]。

又次，说到东夷。

在东汉初，东北诸夷的分布，与西汉时无大差异。惟自王莽之末，汉族内乱，汉朝的势力遂从朝鲜半岛退出，仅保辽东。自辽东以东北，皆为诸夷所有。诸夷多寇边境，渐成东北之患。

当时在朝鲜半岛者，有高句骊，东沃沮、涉、貊及三韩[④]，而以高句骊最为强大。自西汉时高句骊役属沃沮、东涉。

西汉武帝时，以高句骊为县，属玄菟。“王莽初，发句骊兵以伐匈奴，其人不欲行。强迫遣之，皆亡出塞为盗寇。辽西大尹田谭追击，战死。莽令其将严尤击之，诱句骊侯驺入塞斩之……于是貊人[⑤]寇边愈甚。”[⑥]光武初，时寇边塞，深入右北平、渔阳、上谷一带。

其在今日吉林境内者，有挹娄、北沃沮。挹娄即古之肃慎；北沃沮，一名置沟娄。此等种族，在东汉时，尚处于氏族制时代，与中原不通。

其在今日辽宁境内者，有夫余。夫余接近辽东，东汉初，曾遣

---

① 《后汉书·马援传》。

② 同上。

③ 《后汉书·西羌传》云：“滇良者，烧当之玄孙也。……自烧当至滇良，世居河北大允谷，种小人贫。而先零、卑湳并皆强富，数侵犯之，滇良父子积见陵易，愤怒，而素有恩信于种中，于是集会附落及诸杂种，乃从大榆入，掩击先零、卑湳，大破之，杀三千人，掠取财畜，夺居其地大榆中，由是始强。……中元元年……（滇良子）滇吾附落转盛，常雄诸羌。”

④ 《后汉书·东夷传》云：“韩有三种：一曰马韩，二曰辰韩，三曰弁辰，马韩在西，有五十四国，其北与乐浪，南与倭接。辰韩在东，十有二国，其北与涉貊国接。弁辰在辰韩之南，亦十有二国，其南亦与倭接。凡七十八国，伯济是其一国焉。大者万余户，小者数千家，各在山海间，地合方四千余里，东西以海为限，皆古之辰国也。”

⑤ 《后汉书·东夷传》云：“句骊，一名貊（耳）。有别种，依小水为居，因名曰小水貊。”高句骊和句骊均与貊人近。

⑥ 《后汉书·东夷传》。

使奉贡，以后亦常寇边。

其在今热河之南者有乌桓。在热河之北者有鲜卑。乌桓与鲜卑本为同族，乃沿黑龙江东徙的“蒙古高原系”人种之一分支，后来族类繁殖，遂布满热河境内，史称东胡。西汉初，匈奴强盛，侵入热河，东胡之族，遂臣服匈奴。当此之时，有一部分东胡人退保乌桓山，因自号曰乌桓；又有一部分则退保鲜卑山，因自号曰鲜卑。乌桓因在热河南部，在西汉时曾与内地接触；而鲜卑在西汉则未尝与内地相通。

据《后汉书·乌桓传》云：王莽时，兴十二部军伐匈奴，遣将军“严尤领乌桓、丁令兵，屯代郡，皆质其妻子于郡县。乌桓不便水土，惧久屯不休，数求谒去。莽不肯遣，遂自亡畔，还为抄盗，而诸郡尽杀其质，由是结怨于莽。匈奴因诱其豪帅以为吏，余者皆羁縻属之”。建武二十一年，光武遣马援讨之而不克。二十二年，匈奴内乱，乌桓乘其危击破之。匈奴北徙数千里，由是乌桓遂西徙漠南，南入塞内，日益强大。

鲜卑在东汉之初，亦屡与乌桓连合，寇抄北边。及南匈奴附汉，北匈奴孤弱，鲜卑因蹑北匈奴之后，逐渐西徙。其始通于内地，则在建武二十五年。

最后，说到南太平洋系人种。

在西汉时，分布于中国南部的南太平洋系人种的诸种族，无论是东南沿海的百越之族，抑或是西南山岳地带的西南夷，都已在汉朝的统治之下。王莽时，天下大乱，句町（在今云南广南一带）王首先攻杀牂牁（今贵州贵阳附近）大尹周歆，举行叛变；跟着益州蛮夷也攻杀大尹程隆，举行叛变。以后越嶲（今四川西昌东南）、遂久（今云南丽江附近）、仇牛、同亭、邪豆之属，无不叛变。当时王莽虽曾先后派遣大军征讨西南夷，但士卒不服水土，疾疫死者什六、七，益州虚耗而不克。建武初，公孙述据巴蜀，王莽南征之军，遮断了归路；而公孙述又须以全力对付同族的政敌，无力征伐西南夷，于是那些南征的军队，大半死于黔滇山谷之间；其幸而不死者，则与西南之地方官吏据险自守。自是以后，西南诸夷，遂完全脱离了汉朝的统治。终光武之世，东汉的势力，不及于西南。

继西南夷之后，分布于湖南西北一带的武陵蛮，也群起叛变。据《后汉书·南蛮传》云："光武中兴，武陵蛮夷特盛。建武二十三年，精夫（酋长）相单程等据其险隘，大寇郡县。（光武）遣武威将军刘尚，发南郡、长沙、武陵兵万余人，乘船溯沅水，入武溪击之……尚军大败，悉为所没。二十四年，相单程等下攻临沅，（光武又）遣谒者李嵩、中山太守马成击之，不能克。"以后虽为马援等所征服，但终东汉之世，时有叛乱。

与武陵蛮的叛变相先后，散布于南郡（今湖北江陵）一带的潳山蛮也发动叛乱，后经刘尚讨平，徙其种人七千余口，置江夏界中，这就是后来的沔中蛮。

同时，分布于今日安南北部一带的百越之族，也发动大规模的叛变。《后汉书·南蛮传》云：建武"十六年，交趾女子征侧及其妹征贰反，攻郡。征侧者，麊冷县雒将之女也。嫁为朱鸢人诗索妻，甚雄勇。交趾太守苏定以法绳之，侧忿，故反。于是九真、日南、合浦、蛮里皆应之，凡略六十五城，自立为王。交趾刺史及诸太守仅得自守"。这一个叛乱，由安南沿海而北，一直扩大到广东的西部，后来马援率领大批的军队，远征交趾，总算把叛乱平定了。

根据以上所述我们可以看出，当西汉之末，东汉之初，中原地区战乱之时，中原四周的诸种族，也先后叛变。当此之时，若是临空俯瞰，我们将见在中国这块历史地盘上，正表演着怎样一幕可惊可叹的大活剧啊！

我们可以看到新市、平林等农民军，在杀向南阳，杀向洛阳，杀向长安。我们可以看到王莽在宣室避火，在渐台被围，最后，他的脑袋被切下来，悬在旗杆上面。我们可以看到刘玄在淯水沙滩上即位，从洛阳西幸，在长安做皇帝。不久，又把皇帝符玺献给刘盆子，我们又可以看到赤眉等农民军，分道西进，杀进函谷关，杀进长安，刘盆子做了皇帝。我们又可以看到刘秀做粮食买卖，组织地方保卫团，投降新市、平林而为将军；又看到他在河北利用农民军，屠杀农民军。我们又可以看到许多野心家，相互攻战，最后剩下一个野心家刘秀由“贼将”一跃而为东汉的开国皇帝。总而言之，当时的中原，是汉族内部各阶层的人民，杀作一团，官兵杀“盗贼”，“盗贼”杀官兵，最后杀出一个新皇帝来，于是这幕活剧便在高呼新皇帝万岁万万岁的声音中闭了幕。

在当时中原的四周，我们可以看到匈奴的骑兵队在与汉族的官僚地主彭宠、卢芳的勾结之中，驰向河北、山西、陕西的北部，又乘着汉朝在西域的统治之衰微，驰向南山北麓，驰向塔里木盆地。我们可以看到莎车的军队在征伐南道诸国，在越过帕米尔高原远征大宛。我们又可以看到于阗人灭莎车，匈奴人灭于阗，整个塔里木盆地归于匈奴人之手。我们同时可以看到分布于青海、甘肃、川北的诸羌，在隗嚣与公孙述的勾引之中，群起叛交，在中国的西部，掀起一个很大的变乱。可以看到乌桓、鲜卑正在蹑匈奴之后由热河向蒙古高原西进，高句骊、涉貊之族，正在由辽东侵入河北平原之北部。我们又可以看见分散于今日云南、贵州及湘北一带山谷之间的诸蛮夷，都在击杀汉朝的官吏，摆脱汉朝的统治；安南北部一带的越族，在两个女子领导之下，沿海岸而北，杀向广东西部。一言以蔽之，当时中原四周的诸种族都脱离了汉朝的统治，这在汉朝统治者看来，乃是四夷背叛；而在其他诸种族自己看来，则是种族的解放运动。

这样看来，当刘秀捧着《赤伏符》而接受天命的时候，四周诸种族，却正在弯弓跃马，准备冲进中原。现在，指着刘秀的，不是农民的大刀，而是蛮族的锋刃了。

以上所述，是东汉初的中国的历史形势；这种形势，和西汉初实无二致。由此而知只要汉族一旦发生内乱，四周诸种族就会乘机而起，企图挤进中原。因为汉族是中国历史运动的核心，汉族内乱，则核心腐化；核心腐化，则消失了运转四周诸种族的历史热力，因而中国历史便不能继续一种全体性的运动而转向分子的个别运动。分子的个别运动，对中原的统治者来说，是中国史的离心运动；但站在整个中国历史的发展上看，则是各种族之平行的运动。在全体性的运动中，历史的热力皆发挥于相互渗透之中；在个别运动中，历史的热力，则发挥于各种族的独特性之发展。中国的历史，就在全体性运动与个别运动的递嬗之中，获得其历史之一般性与独特性的辩证发展。中国的历史，也就在这种辩证发展的过程中，而日益丰富其内容，提高其水准。

现在，我们再看看东汉时代的世界。

首先我们看到西方的世界。

如前所述，在西汉末，罗马曾经一度陷于群雄割据之混乱局面中，但不久即为新的胜利者屋大维所统一，罗马的历史，以此为出发点便走向全盛时代。虽然如此，终西汉之世（即屋大维的时代），罗马的疆界向北只及莱茵河与多瑙河而止，向东只及幼发拉底河而止，因而在北欧仍然是日耳曼人的世界，在中亚则为安息、大月氏等角逐之场。当此之时，希腊的政治势力，已经从世界史上退出，希腊的本土，已经沦为罗马的殖民地。残余在中亚的希腊人，一部分北走帕米尔高原西麓，建国曰大宛；另一部分南走印度西北，建立短期的王朝。当时的印度，被大月氏堵住了北方的大门，但佛教文化仍然在蛮族的刀锋与马蹄之间缓缓流入中亚。当时分布于里海、黑海一带的伊兰种族，如康居、奄蔡等，他们在匈奴人的支配之下，过着游牧的生活。同时在罗马文化的边缘，阿拉伯人也建立了自己的国家。像这样的情形，正是西汉末年的西方世界之剪影。

到东汉时，西方世界的外貌，即种族的分布，与西汉末并没有很大的差异。历史的重心也没有改变。在西欧，还是以罗马为重心；在中亚，还是以大月氏为重心。一切种族的历史，都以这两个重心为发动力而转动。所不同的，只是这两个发动机的马力，更加强大了，因而他们能够转动更广大的世界，从而扩大了文明世界的范围，提高了世界史的水准。

首先说到罗马。当东汉之初，光武南平武陵、远征交趾之时，罗马的皇帝克兰丢也派遣远征军，开拓帝国的西疆，至于不列颠之南部。但是当东汉明帝之世（公元 58 年—75 年），罗马却发生了内乱。一年之中，四易其帝。最后，到惠斯巴西安，才结束内乱，稳定帝位。

章帝之世（公元 76—88 年），惠斯巴西安之子提多与杜密善相继为帝。自惠斯巴西安至杜密善，罗马史上称之曰“夫雷维王朝”。

以后尼尔华（公元 96 年）、图拉真（公元 98 年）、哈德良（公元 117 年）、安多尼（公元 138 年）及奥理略（公元 161—180 年）等相继为帝，因为他们都没有血统关系而又次第继承，故罗马史上，称之曰继承皇帝。

在夫雷维王朝及其以后诸继承皇帝时代，罗马帝国的历史仍然继续其光辉的发展。当惠斯巴西安之世，罗马的骑士以极大的残忍蹂躏巴勒斯坦，他们曾毁耶路撒冷而夷其城。

在夫雷维王朝之末，罗马帝国的疆界向北扩展至莱茵河与多瑙河所成之角地，而建为新省曰达西亚，后又扩大其占领，至于北不列颠。

到图拉真时，罗马的骑兵队，又转而东向，他们占领了亚美尼亚、亚述及米索不达米亚，并进而征伐安息。当此之时，罗马的兴盛，达到了顶点。

到哈德良的时代，罗马扩张之势便成过去。当时罗马的势力已从北不列颠及小亚细亚一带退出。同时，代替前进政策的，是出现于莱茵河、多瑙河间的栅栏，这种栅栏，当然是退守政策的象征。

虽然，在奥理略时，罗马又曾再度东进，于公元 162 年，大破波斯军，据波斯湾而有之。以后罗马因遭大疠疫和奴隶暴动的袭击，遂与东汉帝国同时，走向衰落的前途。

总之，在东汉时，罗马是欧洲历史的一个重心。当时的罗马帝国，领有全巴尔干半岛，小亚细亚，米索不达米亚、叙利亚、埃及、努米底亚、摩里得尼亚、西班牙、高卢、南德意志，北至不列颠南部之广大的领土，形成一个连跨欧亚非三洲的大奴隶国家。在战争的掠夺、贡纳的剥削与不等价的商业交换中，于是金银财宝以及一切的有价物，连人在内，都从他的殖民地或更远的世界，如阿拉伯、印度乃至中国，运到罗马帝国的本土。这些巨大的财富到了帝国本土以后，一部分用于建造雄伟壮丽的建筑物，如神庙、戏院、竞技场等；另一部分，则浪费于骄奢淫逸的生活。那些掠来的异族人，则转化为奴隶，大部分用于手工业及农业生产，少部分则用于家庭的贱役乃至斗技比武。

当此之时，自约克至危勒尼，自里斯本至安提阿，到处都可以看到巍峨的城郭；到处的城郭，都耸立着雄伟的建筑物和排列着繁华的市场；这样的城市，有几千座之多。总之在当时，几乎是所有欧洲诸种族的人力与物力，都变成了罗马帝国历史发育的滋养品，而罗马帝国也就正像一丛有刺的蔷薇，在殖民地奴隶的鲜血灌溉之中，开出了美丽的鲜花。

与罗马帝国的发展平行，在巴勒斯坦点燃了种族革命的圣火。大约在公元1世纪初，犹太的破落农民和手工业者，即形成了一种暴动的集团，他们不断地袭击耶路撒冷的罗马官吏和奴隶主。以后便逐渐形成了一种有组织的团体，他们相信犹太人的救世主，即犹太语之“弥塞亚”、希腊语之“基督”将要到来，帮助犹太人从罗马的奴役中解放出来。

正当此时，耶稣便以救世主自命而出现为犹太解放运动的领导者。耶稣向犹太人宣传未来的解放以及脱离奴役和贫困的期望，这对于当时苦难的犹太人，当然是一种无上的精神慰安。因此在很短的期间内，便获得了广大的信徒。特别是下层社会分子，把耶稣的说教，当作圣经，这样就形成了原始的基督教。所以说，原始的基督教，是奴隶、自由民、穷人、无权利的人以及被罗马抑压或离散的人民之宗教。这种宗教，是被抑压者被奴役者之革命运动的旗帜。

耶稣不久便被犹太的罗马总督彼拉多钉死于各各他山之十字架上；但是基督教并不因耶稣之死而消灭，反而一天天地发展，成为所有罗马东方殖民地奴隶反奴隶制度之革命的纲领。

即因原始基督教含有否定旧社会的意义，所以罗马的奴隶主贵族把基督教徒视为人类的仇敌，社会安宁秩序的破坏者，革命的煽动者，奴隶暴动的领导者，而把他们投诸烈火，投诸猛兽。但是由于基督教具有客观的社会基础，这一切的凌虐残杀反而助长了他的胜利。

与罗马帝国的发展同时，北欧的日耳曼人也通过了罗马奴隶文化的电流，走进了家内奴隶制的历史阶段。这一个新生的历史细胞，他挟着青春健壮的活力，一天天成为罗马帝国北方之威胁。当时日耳曼人之于罗马，正如一个尖楔，只待匈奴人的铁锤一击，便楔入罗马帝国的心脏，而使这个帝国成为粉碎。

现在我们再说到中亚。当时罗马的势力没有伸展到中亚，仅以骑兵一列，驻守幼发拉底河一带。因而在东汉时，中亚的原野仍然保持西汉末年的局势。惟当公元100—150年间，大月氏国王阎膏珍南下开伯尔山口，征服印度西北部希腊人所建的王朝，一扫印度之希腊势力的痕迹。以后并深入印度东南三千余里，征服那里的东离国[①]。《后汉书·西域传》记其事曰："贵霜翎侯丘就却……年八十余死，子阎膏珍代为王。复灭天竺，置将一人监领之。月氏自此之后，最为富盛，诸国称之皆曰贵霜王。汉本其故号，言大月氏云。"

当时的印度，中国人称之曰身毒。据《后汉书·西域传》云："从月氏、高附国以西，南至西海，东至磐起国，皆身毒之地。"又云："身毒有别城数百，城置长；别国数十，国置王。虽各小异而俱以身毒为名。其时（东汉时）皆属月氏。月氏杀其王而置将，令统其人。"盖当时印度正在封建时期，诸侯割据，僧侣当权，而一般人民又皆"修浮图道，不杀伐"，所以一旦遭遇强劲的月氏人之侵略，遂无力抵抗而沦为臣属。虽然，印度的佛教却借月氏人之征服而获得更广大之传播。

当时的安息，东有大月氏，西有罗马，处于两大国之间，环境本甚艰难；但是因为罗马的主力北向欧洲，而大月氏的兵马又南向印度，故得以安然无恙。在东汉时，他有"地方数千里，小城数百，户口、胜兵最为殷盛"。

当时分布于里海、黑海之北的伊兰种族，仍然以康居、阿兰（即奄蔡）之名，见于中国史籍。惟当东汉时，这里已布散了匈奴种族，因而这一带的伊兰种族，已与匈奴人混血。在公元1世纪，匈奴人显然已经走近欧洲的边缘，而在里海及乌拉岭间，安置他们的

① 《后汉书·西域传》云："东离国……在天竺东南三千余里，大国也。其土气、物类，与天竺同。列城数十，皆称王。大月氏伐之，遂臣服焉。"

帐幕。由此往西，则为阿雷奈人、哥德人，西北则为斯拉夫人、芬兰人。更西则为日耳曼人。

以上所述，是在东汉时西方世界的大概情形。现在我们再看看这一时代的东方世界。

当时的日本，仍然处于氏族制的历史阶段，许多氏族部落分布于今日之三岛。据《后汉书·东夷传》所载，在当时的三岛之上，有女王国、朱儒国、裸国、黑齿国、拘奴国等部族，自成族聚，各不相属。他们男子则黥面文身，女子则被发屈紒，徒跣成俗，蹲踞为礼，歌舞为乐，鱼蛤为食，过着极原始的生活。

在会稽海外，有东鳀人，分为二十余国。又有澶洲及夷洲（今台湾岛），其上有人民数万家。

此外，当时的南洋，与西汉时无大差异，惟印度和阿拉伯人的商船较前更多而已。

以上所述就是东汉时东方世界的大概情形。

当此之时，假若临空俯瞰当时之世界，则我们所看到的，是罗马的将军和骑士到处奴役异族，罗马的贵族望着野兽吞噬奴隶而拍手大笑；是耶稣在耶路撒冷的神殿演讲，是犹太人在耶稣之前高呼“和散那”，是钉死在各各他山十字架上的耶稣的尸体；是日耳曼人在企图冲破罗马帝国边疆的栅栏；是大月氏的南征，是匈奴人的西进；是里海、黑海之北的游牧种族的大移动；是日本、南洋一带的种族在大海汪洋中的式歌且舞。

第三节　东汉与边疆各族及邻国的关系

东汉王朝就在上述的历史形势中展开他的发展。在上述的历史形势中，显然可以看出，当东汉王朝建立之初，他处于四周诸种族的包围之中，而不得与其他的世界发生接触。

东汉王朝，在四周种族包围的环境中，过度了半个世纪以上的时期。在这个时期中，东汉王朝不断地遭受四周诸种族的袭击，特别是建武元年至二十一年间（公元25—45年）最为严重。当此之时，在北方，则匈奴寇上党（今山西长子西）、天水（今甘肃通渭西北）、扶风（今陕西兴平东南）；在东北，则鲜卑寇辽东，乌桓寇代郡以东之边塞；在西方，则先零羌寇金城（今甘肃永靖西北），参狼羌寇武都（今成县西）；在西南，则武陵蛮寇湘西，交趾蛮寇广东。在这些民族中，尤以匈奴最为强大，而又接近于当时东汉的政治中心区域，因而他的侵扰，最足以威胁东汉王朝；从而在当时中国的西北，又造成了一种与西汉初相同的严重局势。

当时的东汉政府，以中原初定，反侧堪虞，尚须以全力用于对人民的镇压，以巩固其新建立的统治。所以仅仅对于那些较弱的种族如羌族等采取军事的讨伐，而对于强劲的匈奴，则采取一种筑亭障以自保的退守政策。

关于建武初筑亭障的纪载，《后汉书·光武纪》云：建武十二年十二月，“遣骠骑大将军杜茂将众郡施刑，屯北边，筑亭候，修烽燧。”又《后汉书·马成传》云：建武十四年，“(马成)屯常山、中山，以备北边，并领建义大将军朱祐营，又代骠骑大将军杜茂，缮治障塞，自西河至渭桥，河上至安邑，太原至井陉，中山至邺，皆筑保壁，起烽燧，十里一候。在事五六年……”又据劳干《居延汉简考释》序云：“建武时的简，有建武三年一简，建武四年一简，建武五年一简，建武六年三简，并有一简的日月为六年七月。所以居延中的几个烽燧城鄣，至少在建武六年未罢去。”按居延（今内蒙古额济纳旗东南）在西汉时，为汉朝防御匈奴的一个重要的军事据点。东汉初，因而守之，故有建武时的简。至于居延障塞之被废弃；恐不在建武六年或七年，必在二十二年匈奴北徙，东汉政府罢诸边郡亭候吏卒之时。由此种种史料，可知东汉初对匈奴仅有防御之备，而无反攻之力。

建武二十二年（公元46年）前后，蒙古高原发生了空前的大旱灾，“赤地数千里，草木尽枯”。游牧于这里的匈奴种族，“人畜饥疫，死耗太半”。在这样大饥馑大疠疫的时期中，匈奴发生了内乱。

一部分匈奴贵族，主张以和平的方式投降于东汉，以求就食于东汉西北边境以内。而另一部分匈奴贵族，则主张徙向西北，就食于准噶尔高原及塔里木盆地一带。两派意见不能协调，结果，分道扬镳。一部分匈奴族类在呼韩邪单于的领导之下，款五原（今内蒙古包头市西北）塞，投降东汉，是为南匈奴；另一大部分匈奴之族则向西北徙去，是为北匈奴。自是以后，匈奴遂分南北，而沙漠以南之广大的原野空无人畜。

北匈奴既北徙数千里，而南匈奴在后来亦南徙西河（郡治今内蒙古东胜县境）美稷（县治今准格尔旗西北）一带，于是世居热河的东胡之族，即乌桓、鲜卑之属，遂乘虚而西，渐徙于蒙古高原。自是以后，鲜卑、乌桓的势力日益西渐。到东汉中叶以后，遂尽有匈奴故地。蒙古高原，从此换了新的主人，而中国北边的形势，也为之一变。

南匈奴虽然内附，但北匈奴因据有天山以北的草原与天山以南的沙漠田，仍然不时犯边。同时鲜卑亦渐次强大，成为东汉之新的敌人。在这种新的历史形势之下，东汉政府决定了新的对策。他一方面以巨大的军费（每年一亿九十余万）供给南匈奴[①]，使为西北的外围，以抵抗北匈奴。另一方面，招抚乌桓，使为东北缓冲，以阻止鲜卑的南下[②]。以后，又于五原曼柏（今达拉特旗东南）及美稷等处，驻屯重兵，名曰“度辽营”，以防止南北匈奴的秘密交通[③]。这样的措置总算妥当，但是北匈奴仍然屡寇边境，抄掠人畜。到明帝时，北匈奴寇抄益甚，焚烧边郡城邑，杀略甚众，终至河西一带城门昼

---

①《资治通鉴》和帝永元三年，袁安上封事曰：“汉故事，供给南单于费直岁钱一亿九十余万。”

②《后汉书·乌桓传》云：建武“二十二年，匈奴国乱，乌桓乘弱击破之，匈奴转北徙数千里，漠南地空，（光武）帝乃以币帛赂乌桓。二十五年，辽西乌桓大人郝旦等九百二十二人率众向化，诣阙朝贡……于是封其渠帅为侯王君长者八十一人，皆居塞内，布于缘边诸郡，令招来种人，给其衣食，遂为汉侦候，助击匈奴、鲜卑”。

③《后汉书·南匈奴传》云：“永平六年……郑众北使报命……乃上言，宜更置大将，以防二虏交通。由是始置度辽营。以中郎将吴棠行度辽将军事……屯五原曼柏，又遣骑都尉秦彭将兵屯美稷。”

闭。这一直到明帝永平十五年（公元72年），东汉政府才在西北展开积极的前进政策。

自东汉初至明帝末年，实行休养生息政策已经半个世纪以上，不但国内的统治业已巩固，而且当时的社会经济已由恢复而又发展，这为明帝出兵西域准备了条件。

自从南匈奴投降以后，南山北麓的东部，即河西四郡的土地，已重为东汉所有，但是东汉的势力仍没有出玉门关一步。在玉门外的广大世界，都是北匈奴的天下。为了要重新打通到中亚的商路，必须要从天山南北驱逐匈奴人的势力。为了要从这一带驱逐匈奴人的势力，必须要在塔里木盆地树立一个军事据点，以为西进的根据。因此当时的东汉政府，打算一步就占领当时的伊吾庐（今哈密西之四堡）。因为这里是经过吐鲁番洼地进入天山南麓北道诸国的锁钥。从这条道路来往，可以避免横越天山而来的匈奴人之袭击；而且这里的沙漠田，又提供了军事上的重要性。东汉政府有鉴于此，所以于永平十六年（公元73年）二月，命窦固、耿忠等，以凉州（今甘肃张家川）的驻屯军去规取天山伊吾庐之地。窦固等由酒泉出发，向天山东路进军。在天山东麓，击破了匈奴呼衍王之军，并乘胜追击，至于蒲类海（今巴里坤西北巴里坤湖），于是占领了伊吾。即于伊吾置屯田官，曰宜禾都尉，留了一部分远征军在这里屯田，并巩固伊吾的占领。

匈奴虽失伊吾，但仍据天山东麓一带，役属车师诸部落的酋长，企图反攻伊吾。为了防止匈奴的反攻，窦固、耿忠等，又于第二年由敦煌再北出昆仑塞（今甘肃安西县南），进击匈奴于蒲类海。在击走匈奴之后，又沿天山北麓而西进攻车师后王（今新疆吉木萨尔县南山中）的部落，后王投降。车师前王为后王之子，见其父降汉，亦来降。于是车师内附于汉，而天山东麓之匈奴势力遂一扫而光。

东汉政府从西汉政府学得了一种很好的经验，他知道单纯的军事进攻，只能从天山南北排除匈奴人的统治，要想进一步在这一带建立自己的统治，则非同时采取政治的怀柔手段不可。所以当窦固第一次西征之时，东汉政府所派遣的政治使节也和远征军同时，到达了塔里木盆地。这一次所派的政治使节的领袖，是中国有名的历史人物班超[①]。

班超是中国历史上第二个大探险家，颇通军事，很有胆气；又娴习政治，富于权谋。他到西域的使命，是招降西域诸国的酋长，并没有统率军队，只带吏士三十六人。班超一行，首先到达鄯善。当时鄯善因为失掉了匈奴的依靠，而又慑于东汉的军威，所以对班超“礼敬甚备”。但是三日以后，匈奴的使节亦到，鄯善有了匈奴做靠山，所以对班超的礼敬忽然疏懈。班超察知其情，乃与其从者三十六人，夜攻匈奴使者而杀之，持其首以示鄯善王，于是鄯善降服。

班超因降服鄯善有功，由假司马，升司马，仍命其招抚西域。班超乃率其从者三十六人沿昆仑山北麓由南道而至于阗。时于阗广德，役属于匈奴，匈奴派使监护其国。所以班超至于阗，于阗王不为礼。且信巫言，强索班超之马以祀神。班超佯许之，而嘱令巫自来取马。及巫来，班超斩之，以其首送于阗王。于阗王已闻班超在鄯善的壮举，乃斩匈奴所派使，投降东汉。

班超既降于阗，又再向西进，欲降疏勒。当时，疏勒方役属于龟兹。龟兹倚仗匈奴，雄张于北道，杀故疏勒王而立龟兹人兜题为疏勒王。故当时的疏勒，直接为龟兹的属国，而间接则受制于匈奴。班超至疏勒，乃派使者田虑，招降兜题，并告使者，如兜题不降，即前缚之。兜题果不降，田虑因缚之。班超乃招疏勒将吏，宣布龟兹的无道，因另立故王兄子忠为王，疏勒遂定。

西域自与汉绝六十五载，至是复通。于是汉置西域都护及戊己校尉。当时汉以陈睦为都护，耿忠为戊校尉，屯田车师后部金满城（或讹作金蒲城，在今新疆吉木萨尔北）；关宠为己校尉，屯阳车师

---

① 《后汉书·班超传》云：“班超字仲升，扶风平陵人，徐令彪之少子也。为人有大志，不修细节，然内孝谨，居家常执勤苦，不耻劳辱。有口辩而涉猎书传。永平五年，兄固被召诣校书郎，超与母随至洛阳。家贫，常为官佣书以供养。久劳苦，尝辍业投笔叹曰：‘大丈夫无他志略，犹当效傅介子、张骞，立功异域，以取封侯，安能久事笔研间乎？’……久之，显宗问固，卿弟安在。固对为官写书受直以养老母。帝乃除超为兰台令史。后坐事免官。十六年，奉车都尉窦固出击匈奴，以超为假司马，将兵别击伊吾，战于蒲类海，多斩首虏而还。固以为能，遣与从事郭恂，俱使西域。”

前部柳中城（今鄯善县西南鲁克沁）。屯田的兵士各数百人。

但是第二年（公元75年），匈奴动员了两万以上的骑兵，反攻车师后部。七月，又围耿忠于疏勒城[①]。八月，明帝崩，东汉有大丧，救兵不能到。十一月，焉耆、龟兹攻没都护陈睦、副校尉郭恂，消灭了东汉在西域的最高统治机构。同时，匈奴又围关宠于柳中城，车师后部亦叛。至是，东汉在西域的势力完全被匈奴摧毁了。章帝新立，不欲疲敝中国，以事四夷，乃于建初元年（公元76年），派兵七千击破匈奴，以二千人从天山之北迎耿忠还玉门，并罢都护及戊己校尉，下诏征班超回京。明年（公元77年），又撤退伊吾屯田的军队。自是西域又不通，北道诸国复转入匈奴之手。

明帝时，打通西北国际商路的努力，结局是失败了。一直到十三年以后，天山南北，又才再入东汉之手，西北国际商路，因以畅通。

塔里木盆地诸种族之再征服，班超是最主要的角色。而班超成功的要诀，即因西域之兵，就西域之粮，以制西域之变。

当章帝建初元年，东汉政府下令从西域总撤退之时，那时班超当然也要离开疏勒，启程回国。但是东汉的势力从塔里木盆地撤退，对于南道诸国，却是一个很大的恐怖。因为南道诸国，曾协助班超，或斩匈奴的外交使节，或杀匈奴的监护使，或推翻匈奴的傀儡政府。他们知道东汉的势力一旦撤退，匈奴必卷土重来，给他们以残酷的报复。因此，当班超离开疏勒的时候，疏勒的都尉黎弇竟至引刀自杀；班超行至于阗，于阗的王侯以下皆号泣，竟至互抱班超之马足，曰："依汉使如父母，诚不可去！"在这样的情形之下，班超知南道诸国，可以依靠，乃决计勒马回头，暂不回国。但当他回到疏勒的时候，疏勒以为班超东归不返，已有两城投降龟兹；而与尉头（今阿合奇一带）联兵，企图颠覆班超所建立的疏勒政府。班超既回至疏勒，乃以最敏捷果敢的手段，以疏勒兵击杀疏勒的叛徒，并击溃

① 耿忠被围之疏勒城，不是塔斯马干（塔克拉马干）沙漠西端的疏勒。此疏勒城在今喀什噶尔。按疏勒二字，突厥语为有水之义。疏为水，勒为有，今新疆回语，还是如此。故凡有水之地，皆曰疏勒。史称疏勒城有涧水，可以证明。

尉头军，再定疏勒，以巩固其经营塔里木盆地的根据地。

当时塔里木盆地诸国分隶于两个主人。南道诸国隶属于东汉；北道诸国则隶属于匈奴。但南道诸国东通中原之路已为匈奴所截断，而且在于阗与疏勒之间，还有一个莎车，是匈奴的与国。在这样的形势之下，匈奴在塔里木盆地，显然占着优势。因此，班超的努力，首先便是从他的根据地附近，排除匈奴势力的威胁，巩固自己的立足点。然后征服中梗南道交通的莎车，由西而东，打通南道。最后便以南道诸国之人力与物力，消灭北道诸国之匈奴势力，并从而征服之，以完成东汉在塔里木盆地的全面统治之建立。

班超的预定计划，在经过了很多艰苦斗争之后，都次第实现了。他首先在建初三年（公元 78 年）用于阗、拘弥、疏勒及康居兵一万余人，攻破姑墨。姑墨在当时役属于龟兹，亦即匈奴在北道之极西的据点。其地接近疏勒，故班超首先击灭之，以解除其北来之威胁。

班超在塔里木盆地的行动，东汉政府并不知道。当班超巩固了根据地以后，才上书政府，建议“平通汉道”之策。章帝看到班超的奏折，知其可以成功，乃派徐干为假司马，将弛刑义从兵千人前往，以援应班超。当时疏勒以班超孤弱，受莎车之引诱而叛变，适徐干兵至，遂击败叛者，重定疏勒。

为了实现第二步的计划，班超又建议政府，主张连络天山以北之乌孙，牵制匈奴。政府从其议，并于元和元年（公元 84 年）再派和恭统兵八百西赴疏勒以接应班超。现在班超部下，前后共有汉兵一千八百人，于是他开始展开经略塔里木盆地的英雄事业。

班超首先发疏勒、于阗两国的军队，从东西两面夹攻莎车，当时莎车自知不敌，于是一面贿赂疏勒国王，要他从内部发动叛变，铲除汉军的根据地；另一面求援于龟兹。当班超出兵以后，疏勒果然叛变了，而龟兹亦发温宿、姑墨、尉头之军五万人以救莎车。但是班超终于平定了疏勒的叛乱，击溃了龟兹的援兵，征服了莎车。

莎车既定，南道遂通，但北道的龟兹、焉耆二国倚匈奴为后遁，负固不服。东汉政府，知欲通北道，非驱逐匈奴不可。和帝永元元年（公元89年），乃命窦宪征伐北匈奴。是年六月，窦宪大破北匈奴，登燕然山（即今蒙古人民共和国之杭爱山），树立了一块胜利的纪念碑，凯旋而归。其明年五月，窦宪复遣阎槃带了两千骑兵，击破游牧于今日哈密一带的北匈奴部，占领哈密。即以此为根据再征服车师诸部落。又明年，窦宪再遣耿夔出居延塞，进击北匈奴于金微山（今阿尔泰山）大破北匈奴，俘北单于母阏氏及名王以下四千余人，出塞五千里而还，自汉出师以来，从未有如此之远者。自是北匈奴西徙，蒙古高原遂为鲜卑族所占领。以后北匈奴由里海、黑海之北，与以前西徙的匈奴族合流，逐渐西徙。到四世纪初，便出现于欧洲了。

正当东汉与匈奴作决定性的战争之时，月氏族亦欲染指塔里木盆地。和帝永元二年（公元90年）五月，大月氏遣其副王谢统军七万，浩浩荡荡越过帕米尔高原而来，企图与北道诸国连兵消灭班超的势力，从而建立大月氏在塔里木盆地的统治，但结果为班超所败。大月氏因东进政策受了打击，从此以后，遂勒转马头，南向印度。

北匈奴既失败，西徙中亚。大月氏亦失败，南向印度。龟兹、焉耆等北道诸国遂失掉了靠山，断绝了援应。于是在永元三年龟兹率领姑墨、温宿降于班超。后三年，班超又征服焉耆、危须、尉犁诸国，而北道以通。自章帝建初元年（公元76年）班超勒马回头，从事于西域之经略，至和帝永元六年（公元94年）班超平定焉耆，打通北道，其间凡十七年。经过十七年的长期斗争，西域五十余国，终于再度隶属于东汉统治之下，而班超因以官封定远侯。班超的名字与张骞一样，永远为西域人民所记忆。前有博望，后有定远，这在西域的历史中，是永不磨灭的两座纪念碑。

自从征服了天山南北以后，东汉的政治势力继续向西扩展，不久就远达帕米尔高原以西的中亚高原，与安息（今伊朗）发生了外交关系。和帝永元九年（公元97年），都护班超曾由其驻西域的营部，派遣其属吏甘英为聘问罗马的使节。这次甘英一行曾经到达条支，临大海，远至波斯湾头。本想渡海赴罗马，据说为安息西界船人所阻，由波斯湾头折回[①]。甘英一行，虽没有到达罗马，但中国的外交使节之出现于波斯湾头，甘英却是有史以来的第一个人。（前汉时，皆自乌弋以还，莫有至条支者。）

这次中国的使节之不克到达罗马，据中国史籍所载，系因安息人欲转卖汉之丝织物于罗马，不欲中国与罗马发生直接的外交关系乃至贸易关系[②]。但我以为甘英之不能达到罗马，尚有另一原因，即当时正值罗马皇帝图拉真东征之时，安息与罗马之间有战争。而且安息方与埃及联合，企图阻止罗马之东进。因而由波斯湾经红海以达罗马的海道，在当时，也许因战争的进行而一时不通。等到162年，罗马皇帝奥里略击败安息、占领波斯湾的时候，东汉已至桓帝之末，其时中国的势力已退出中亚，故中国与罗马又不克发生直接的政治接触。一直到延熹九年（公元166年），奥里略才派遣使臣由海道通于中国[③]。这种历史的参差，正是世界史统一运动中的曲线。

据《后汉书·班超传》载，班超“壮年竭忠孝于沙漠”。西域既定，年已七十，衰老被病，深恐“疲老捐死于旷野”。乃上书和帝，请求回国。其书有曰：“臣不敢望到酒泉郡，但愿生入玉门关。”这真是英雄垂暮之语。和帝感其言，乃征超还。和帝永元十四年（公元102年）八月，班超从辽远的西域回到别离了三十一年的洛阳。

---

①《后汉书·西域传》云：“和帝永元九年，都护班超遣甘英使大秦，抵条支，临大海，欲度。而安息西界船人谓英曰：‘海水广大，往来者逢善风，三月乃得度；若遇迟风，亦有二岁者，故入海人皆赍三岁粮。海中善使人思土恋慕，数有死亡者。’英闻之，乃止。”同书又云：“自安息西行三千四百里至阿蛮国。从阿蛮西行三千六百里至斯宾国。从斯宾南行渡河，又西南至于罗国九百六十里，安息西界极矣。自此南乘海，乃通大秦。”由此，因知甘英所临之大海，乃在邻近阿拉伯之于罗国，而于罗国则在两河之西，故余以为系今日之波斯湾也。

②《后汉书·西域传》云：“其王常欲通使于汉，而安息以汉缯綵与之交市，故遮阂不得自达。”

③《后汉书·西域传》云：“桓帝延熹九年，大秦王安敦遣使自日南徼外献象牙、犀角、玳瑁，始乃一通焉。”按桓帝延熹九年为公元166年，此时罗马在位之皇帝为奥里略（公元166—180年）。中国史家以“安”为安多尼·庇护之译音，但考之罗马史，安多尼·庇护之统治时在161年以前，且在当时波斯湾尚在安息之手。如必以为是安多尼·庇护，则只有一种解释，即罗马的使者在沿途有长期的耽误，直至奥理略之世，始到达中国。以当时航海技术而言，亦实有此种可能性也。

次月，就死了。

班超回洛阳以后，任尚代为西域都护，以峻急失诸国欢心。殇帝延平元年（公元 106 年）九月，西域诸国叛，攻任尚于疏勒。东汉政府得到了这种紧急的报告，一面派梁慬将河西四郡羌、胡五千赴援，一面调任尚回国，另派段禧继任都护。当时梁慬与段禧合兵八九千人，与龟兹王白霸，共保于龟兹。但龟慈人民叛其王而与温宿、姑墨连兵，围攻龟兹城。以后龟兹民变虽经剿平，但甘肃西南先零羌叛，切断了通达塔里木盆地的大道。于是东汉政府又于安帝永初元年（公元 107 年）再撤回都护及屯田吏卒，西域又不通。

当东汉放弃西域以后，游牧于天山与阿尔泰山之间的残余的北匈奴，又乘机再占领哈密，以兵威役属塔里木盆地诸国，并连兵入寇甘肃西北边郡。敦煌太守曹宗苦其侵略，乃于安帝元初六年（公元 119 年），奏准政府，派遣长史索班将千余人，收回哈密，招抚诸国，于是车师前部及鄯善再降。但次年三月，北匈奴复率车师后部反攻索班，击走车师前王，并威胁鄯善。鄯善求救于敦煌太守曹宗，曹宗请政府出兵五千以援鄯善，但当时执政大臣以经营西域岁费多至七千四百八十万[①]，都主张关闭玉门关，以绝西域，惟有班超之子班勇主张收复西域。他向朝廷建议，主张（一）恢复敦煌故有驻屯军三百名，置西域副校尉，驻于敦煌。（二）派西域长史将五百人屯于楼兰，西扼焉耆、龟兹之咽喉，南壮鄯善、于阗之心胆，北捍匈奴，东卫敦煌。朝廷采纳了他的第一个建议，但未及实行，而匈奴与车师连兵，屡寇边境，于是闭关之议，又高唱入云，而班勇之议遂罢。

过了三年（公元 122 年），敦煌太守张珰上书言："失西域，则河西不能自存"，因向政府建议三策。其上策，即出兵二千人，从蒲类海一带扫荡北匈奴的残余，并以鄯善之兵，收复车师后部。中策，即派军司马统五百人出屯柳中。其下策，即收抚鄯善诸国人民，徙入玉门关内。[②]政府纳其议，于是以班勇为西域长史，将弛刑士五百

① 《资治通鉴》和帝永元三年袁安奏。

② 《资治通鉴》安帝延光二年。

人，出屯柳中。

安帝延光三年（公元 124 年），当班勇的部队开进鄯善以后，龟兹王即率同其属国姑墨、温宿来降，班勇因发龟兹等国之兵万余人，进击匈奴伊蠡王，收复车师前部。

第二年，班勇又发敦煌、张掖、酒泉三郡兵六千骑及鄯善、疏勒、车师前部兵，进攻车师后部，斩其王及匈奴使者于索班被害之处，以雪前耻。

第三年（顺帝永建元年），班勇之军进至天山以北准噶尔高原，诛东且弥（今新疆乌鲁木齐市）王，于是车师六国悉平。以后又更发诸国之兵，追击匈奴呼衍王，俘单于从兄，降其众二万余人，单于西遁。自是以后，天山南北，又无匈奴的踪迹了。当此之时，整个的塔里木盆地惟焉耆未降。

第四年（公元 127 年）班勇发诸国兵四万余人，会敦煌太守张朗率河西四郡兵三千人，分两路进军。勇从南道，朗从北道，约期会师焉耆，以完成最后之一击。但张朗先有罪，欲邀功自赎，先期至焉耆。及班勇兵至，而焉耆已降。于是西域全部底定之日，亦即勇以后期下狱之时。

自是以后，西域诸国虽内附，而乌孙及葱岭以西遂绝，东汉的势力从中亚，退到葱岭以东了。同时汉在西域，亦不置都护，仅派长史，因而在塔里木盆地的声威，远不及前世的煊赫了。

到顺帝时，东汉经营西域的事业，日就衰败；但同时北匈奴的主力，也日益西徙，其残留于天山之北者，势力微弱。顺帝阳嘉三年（公元 134 年），北匈奴甚至为车师后部所破，可以想见一斑。到永和二年（公元 137 年），敦煌太守裴岑又大破北匈奴残部于蒲类海。在今日巴里坤城，还耸立着裴岑所树立的一块胜利纪念碑[①]。到桓帝元嘉元年（公元 151 年），北匈奴的残部尚曾一度再入哈密，但为当时的敦煌太守司马达驱逐出去。从此以后，北匈奴的活动，遂

① 徐松《西域水道记》卷三《巴尔库勒淖尔所受水》注载《裴岑纪功碑》文云："惟汉永和二年八月，敦煌太守云中裴岑，将郡兵三千人，诛呼衍王等，斩馘部众，克敌全师，除西域之灾，蠲四郡之害，边境艾安，振威到此，立海祠以表万世。"此碑至今尚存巴里坤城西关圣庙中。

不见于中国历史。

自桓帝以后，西域虽无匈奴之患，但东汉政权已趋腐化，国内积弱，对西域诸国已无力控制。自灵帝建宁元年（公元 168 年）西域长史张晏最后一次远征疏勒“无功而还”以后，东汉在西域的统治，遂告结束。

东汉与西汉的西北形势略有不同。西汉的劲敌，只有一个匈奴，东汉则除匈奴之外，尚有诸羌之患。诸羌之为患是对东汉统治者残酷压榨羌人的回答。据《后汉书·西羌传》云：当时西北一带的羌族“皆为吏人豪右所徭役，积以愁怨”。他们早就要叛变。适逢“安帝永初元年（公元 107 年）夏，遣骑都尉王弘发金城、陇西、汉阳羌数百千骑征西域，弘迫促发遣，群羌惧远屯不还，行到酒泉，多有叛散。诸郡各发兵徼遮，或覆其庐落。于是勒姐、当煎大豪东岸等愈惊，遂同时奔溃。麻奴兄弟因此遂与种人俱西出塞。先零别种滇零与钟羌诸种，大为寇掠，断陇道。时羌归附既久，无复器甲，或持竹竿木枝以代戈矛，或负版案以为楯，或执铜镜以象兵，郡县畏懦不能制”。当时的诸羌就这样斩竿截木而起，东犯陕西，西犯甘肃，南犯四川，在平静的西北边境地区，卷起了巨大的浪涛。诸羌叛变，在东汉政府看来，是应该剿灭的。但在当时西羌想来，他们也应该有要求生存的权利，他们可以忍受东汉官吏和豪右的徭役，但决不能忍受覆其庐落的摧残。

东汉政府动员大批的军队，开始对手执竹竿木枝的羌人之屠杀。当此之时，西北一带郡县官吏多弃城逃亡，而移官署于内地。同时并迫令百姓内徙，“陇西徙襄武，安定徙美阳，北地徙池阳，上郡徙衙。”但是“百姓恋土，不乐去旧，遂乃刈其禾稼，发彻室屋，夷营壁，破积聚。时连旱蝗饥荒，而驱蹙劫略，流杂分散，随道死亡……丧其太半”。陕甘一带，不成世界了。

经过了十几年的战争，到安帝元初五年（公元 118 年）陕北的诸羌始告肃清，而甘肃仍然未定，但转运委输，已用钱 240 余亿。到顺帝永建元年（公元 126 年）才平定甘肃诸羌，西域再通。

不久诸羌又叛，且冻、傅难种羌寇金城，又寇武都，烧陇关（今甘肃张家川东南）；巩唐种羌寇陇西，掠关中；其他诸羌寇武威。这一次的羌叛，又经过十几年的战争，用军费 80 余亿，才告平定。

后十余年，羌人又乱。桓帝延熹二年（159 年），烧当八种寇陇右；四年，先零、沈氐牢姐诸种并力寇甘肃西北；五年，沈氐诸羌寇张掖、酒泉，乌吾种寇汉阳（今甘肃甘谷东南）；是年冬，滇那等复攻武威、张掖、酒泉。永康元年，东羌岸尾等连寇三辅，当煎寇武威。桓帝用段颎为护羌校尉，大肆挞伐，经过十一年的血战，到灵帝建宁二年（公元 169 年），始将居于今日甘肃一带的诸羌追至青海河首积石山，其一部分被迫远徙于西藏高原，是为发羌。发羌者，即后来唐代吐蕃之祖先。又将居住于陕北一带的东羌蹙至西县（今甘肃天水西南）山中，几乎完全杀死。于是对羌族的征伐，告一结束。但不久东汉内乱，羌人又起。

东汉时，东北诸种族在其历史的发展中，亦日益强大。当东汉之初，高句骊雄于朝鲜，夫余雄于辽东，乌桓、鲜卑雄于热河，这些种族，都向着中原的方向发展。他们或单独入寇，或连兵进犯，驱略边民，动以千数，凌逼边郡，成为当时汉朝东北之威胁。

东汉政府，虽亦曾致力于东北的开拓，但其在东北所建立的统治，始终只及于朝鲜半岛之西北。夫余、高句骊之属，或畔或服，历东汉之世，并未完全征服。至若涉貊、三韩，则以距中国较远，急则纳贡，缓则独立。他如沃沮之属，则远在北海之滨，又间以高句骊、夫余，东汉的势力更不能达到。虽然如此，当东汉全盛之时，仍然支配着东北诸种族的历史命运。

东汉政府对东北的政策，是拉拢夫余以制高句骊，拉拢乌桓以制鲜卑。此外则在辽东、辽西置都尉官及太守，以资防守。但是夫余的力量，不足以制服高句骊，而乌桓则叛无常。所以当东汉之世，辽东半岛乃至河北北部，常受东北诸种族之侵略。

当东汉中叶以后，在东北诸种族中兴起了一个强大的势力，这就是鲜卑。如前所述，鲜卑原驻热河北部，自和帝永元中，窦宪破走匈奴，北单于西徙，鲜卑因乘机西徙，进入蒙古高原，转据匈奴故地，自是族类渐盛。安帝时鲜卑常劫高句骊、乌桓之兵，屡寇河北、山西北都诸郡。到桓帝时，鲜卑酋长檀石槐，勇健有智略，尽据匈奴故地。“乃自分其地为三部，从右北平以东至辽东，接夫余、濊貊二十余邑为东部，从右北平以西至上谷十余邑为中部，从上谷以西至敦煌、乌孙二十余邑为西部，各置大人主领之，皆属檀石槐。”[①]到灵帝时，河北、山西、陕西、甘肃边境，无不被其寇钞，东汉政府不能制。

最后说到东汉在西南的开拓。

如前所述，王莽之末，西南诸夷皆叛。但自光武击败公孙述，东汉的势力深入四川以后，四川诸族，即后先归命。即散布于川、康交界一带的旄牛、白狼、楼薄诸族及羌夷杂种十七万口，皆来降附。其散布于贵州的夜郎诸大族，如龙、傅、尹、董诸姓，皆来纳贡。

即因四川、贵州诸蛮相继内属，东汉的势力，遂得以逐步深入，进入云南。东汉的势力到云南以后，曾遇着蛮族的反抗。据《后汉书·西南夷传》云：“建武十八年，夷渠帅栋蚕与姑复、楪榆、梇栋、连然、滇池、建（怜）〔伶〕、昆明诸种反叛，杀长吏。益州太守繁胜与战而败，退保朱提。”但是第二年即为东汉将军刘尚所讨破，斩其渠帅，虏生口五千七百人，马三千匹，牛羊三万余头。追至滇西之不韦（今云南保山东北）而还，于是云南诸蛮平。

东汉势力继续南进，远至分布于今日滇、缅边境之哀牢亦来投降。据《后汉书·西南夷传》云：“（哀牢）种人皆刻画其身，象龙文，衣皆著尾。……乃分置小王，往往邑居，散在溪谷。绝域荒外，山川阻深，生人以来，未尝交通中国。……建武二十七年，（其王）贤栗（因攻鹿茤失败）等遂率种人户二千七百七十，口万七千六百五十九，诣越巂太守郑鸿降，求内属。光武封贤栗等为君长。自是岁来朝贡。永平十二年，哀牢王柳貌遣子率种人内属，其称邑王者七十七人，户五万一千八百九十，口五十五万三千七百一十一。……（明帝）以其地置哀牢、博南二县，割益州郡西部都尉所领六县，合为永昌郡。”由是东汉的南疆遂越澜沧江而西南了。当时行者苦之，歌曰：“汉德广，开不宾。度博南，

① 《后汉书·鲜卑传》。

越兰津。度兰仓，为它人。”

由于滇、缅边境的诸蛮之向化，于是今日的缅甸，当时的掸国，国王雍由调也遣使者诣阙贡献。安帝封为汉大都尉。

在东汉初，交趾蛮叛变，但为马援所平定。因而当明帝之世，东汉的统治，已远及于今日安南之北部。

东汉之世，诸蛮之族，特别是分散于今日湘西及四川的诸蛮，经常发生叛乱，不像西汉时，那样驯服，这是什么原因呢？非常明白，这并不是诸蛮忽然放肆，而是因为东汉的统治者更加深入到中国的西南。他们把西南山岳地带的少许耕地都占领了。例如东汉初，太守文齐在云南占田二千余顷，即其一例。因而使诸蛮族的生存受了威胁。为了不愿再向深山退却，所以他们要保卫他们的生活根据地。

除此以外，东汉加于蛮族之经济收夺，政治压迫，也超过了蛮族所能忍耐的程度。《后汉书·南蛮传》述板楯蛮叛乱之原因曰：“(板楯蛮)忠功如此，本无恶心。长吏乡亭更赋至重，仆役箠楚，过于奴虏，亦有嫁妻卖子，或乃至自(颈)〔刭〕割。虽陈冤州郡，而牧守不为通理。阙庭悠远，不能自闻。含怨呼天，叩心穷谷。愁苦赋役，困罹酷刑。故邑落相聚，以致叛戾。非有谋主僭号，以图不轨。”当时益州蛮夷亦有谚曰：“虏来尚可，尹来杀我。”《后汉书·南蛮传》又载“中国贪其珍赂，渐相侵侮，故率数步一反”。由此我们可以想见当时西南诸蛮，所遭受于东汉统治者的待遇。

总上所述，东汉对世界的政治影响，并不减于西汉。至于其文化之所沾渐，声教之所周流，且超西汉而上之。不仅使中国境内诸种族的历史，又获得了一次综合的发展，因而丰富了中国史的内容；同时，又使东西两个世界的文化，在中亚一带获得了再度的直接接触，因而又促进了世界史的统一运动。特别是在东汉时代，由于东汉的压力，从东方世界的历史运动中，又抛掷出第二块历史碎片，这就是北匈奴。我们记得，由于匈奴的压力，曾经把大月氏，从中国历史中抛掷出去，现在抛掷者又被抛掷了。从中国历史中抛掷出去的第一块碎片已经成为中亚的历史动力；而这第二块碎片不久又将成为西欧历史的动力。这种种族的被抛掷，正是世界史的脉络之沟通。世界史就在这些种族移动的抛物线中，达到了他的统一运动之完成。因此，东汉的历史，对于世界史的发展，具有重大的意义。

第九章

东汉的社会经济构造

第一节　土地分配与农业生产的向上

西汉的土地问题，到哀、平之际，便达到了最严重的关头。王莽的改良政策之最主要的目的，就是企图运用国家的权力，没收商人地主的土地，重新分配于农民，以缓和土地问题的严重性，从而消灭当时普遍全国的农民骚动。但是王莽的改良政策，特别是土地政策，因为大地主的反对，没有顺利地执行，所以不久便爆发了新市、平林、赤眉、铜马的大"叛乱"。这种大"叛乱"，就是土地问题的总爆炸。

新市、平林曾经组织了以刘玄为首的政府，赤眉、铜马曾经组织了以刘盆子为首的政府，但这两个政府都在没有解决土地问题之前，先后覆灭。因而直至东汉之初，土地问题，仍然是一个没有解决的问题。

为了恢复封建社会的秩序，并从而稳定东汉的政权，解决土地问题是东汉政府的首要任务。东汉政府解决土地问题的方法，当然还是和西汉政府一样，是以地主的土地还地主，以农民的犁锄还农民。但是，不同的是西汉的农民多少得到一些土地，而东汉初的农民则一无所得。

具体的史实指示出来，在新莽末农民大“叛乱”中，许多大商人地主都纷纷起来，联合宗族，招纳流氓，组织地方自卫团，以保卫自己的土地与财产。例如昌城（今河北丰南西北）刘植[①]、宋子（今河北赵县东北）耿纯[②]，皆率亲族宾客占领城县。又如南阳樊宏“与宗家亲属作营堑自守，老弱归之者千余家”。[③]这些大商人地主的地方武装，跟着农民“叛乱”之被扫荡而日益强固，逐渐成为直接统治农村的一种力量。

光武知道要恢复商人地主的政权，必须先要拉拢自己的伙伴，所以他对于商人地主的武装特别优容。例如赦南阳大豪右韩歆之罪，并以为邓禹军师[④]。又如吴汉对鬲县（今山东平原县北）五族的地主之反叛，不但不加讨伐，且收守长而使人谢城中[⑤]。在另一方面，当时的商人地主因为光武在屠杀农民的战争中，已经表现出英雄的姿态，也都愿意支持他。例如光武在河北时，刘植、耿纯都带着自己的地方自卫团，参加他的征伐[⑥]。又如邓禹西征陕西时，王丹率宗族上麦二千斛[⑦]。这些史实具体地指出光武在其建国过程中，与当时商人地主的武装是保持怎样密切的联系。同时，也指出西汉末的地主并不像秦末的地主，被农民完全赶入山林，而是武装自卫，死守着他们的田产。因而光武对于土地问题的处理，也不能像汉高祖一样，下一道命令便可以解决。

---

① 《后汉书·刘植传》云：“刘植，字伯先，巨鹿昌城人也。王郎起，植与从弟喜、从兄歆，率宗族宾客，聚兵数千人，据昌城。”

② 《后汉书·耿纯传》云：“耿纯，字伯山，巨鹿宋子人也。……巨鹿大姓……与从昆弟䜣、宿、植共率宗族宾客二千余人……奉迎（光武）于育。”

③ 《后汉书·樊宏传》云：“樊宏，字靡卿，南阳湖阳人也。……为乡里著姓。父重，字君云，世善农稼，好货殖……开广田土三百余顷。其所起庐舍，皆有重堂高阁，陂渠灌注。又池鱼牧畜，有求必给。……赀至巨万，而赈赡宗族，恩加乡闾……更始立……与宗家亲属作营堑自守……”

④ 《后汉书·岑彭传》云：“（岑彭）因言：‘韩歆，南阳大人，可以为用。’乃贳歆，以为邓禹军师。”

⑤ 《后汉书·吴汉传》云：“时鬲县五姓共逐守长，据城而反。诸将争欲攻之，汉不听……使收守长，而使人谢城中。五姓大喜。”

⑥ 《后汉书·刘植传》及《耿纯传》。

⑦ 《后汉书·王丹传》云：“会前将军邓禹西征关中，军粮乏，丹率宗族上麦〔二〕千斛。禹表丹领左冯翊。”

为了恢复农村秩序，土地问题总要设法解决。所以东汉政府于建武十五年下令清丈天下的田土。清丈田土的动机，一方面是为了核实田赋的征收，以图检举有田而不纳税的大商人地主；另一方面，则是企图从大土地所有者手中没收一些土地，分配给那些退伍的士兵和贫苦的农民。关于这次的土地清丈，《后汉书·刘隆传》记其事云：

"天下垦田多不以实，又户口年纪互有增减。(建武)十五年，诏下州郡检核其事，而刺史太守多不平均，或优饶豪右，侵刻羸弱，百姓嗟怨，遮道号呼……帝见陈留吏牍上有书，视之，云：'颍川、弘农可问，河南、南阳不可问。'……帝怒。时显宗为东海公，年十二，在幄后言曰：……'河南帝城，多近臣；南阳帝乡，多近亲。田宅逾制，不可为准。'帝令虎贲将诘问吏，吏乃实首服，如显宗对。于是遣谒者考实，具知奸状。"

由此而知这一次的田土清丈，由于大土地所有者的反抗，特别是洛阳的新贵近幸，南阳的皇亲国戚，使一般地方官不敢检核其田土户籍。为了向政府销差，他们只好袒护豪右，侵刻羸弱，随便乱报。后来虽然囚死几个"度田不实"的地方官，但这次的田土清丈，总是没有得到结果。

即因地方官度田不实，第二年遂有中小地主的普遍叛乱。关于这次叛乱，《后汉书·光武帝纪》记其事云："(建武十六年)郡国大姓及兵长、'群盗'处处并起，攻劫在所，害杀长吏。郡县追讨，到则解散，去复屯结。青、徐、幽、冀四州尤甚。冬十月，遣使者下郡国，听群盗自相纠擿，五人共斩一人者，除其罪，……其牧守令长坐界内盗贼及而不收捕者，又以畏愞捐城委守者，皆不以为负，但取获贼多少为殿最，唯蔽匿者乃罪之。于是更相追捕，贼并解散。"

从这段记载中，我们可以看出这一次的叛乱，完全是由于地方官度田不实，侵刻中农所激成的民变。所以叛乱的领导者是郡国大姓及兵长，而其范围则普遍全国，尤以山东、河北及苏北一带为甚。东汉政府知道这次的叛乱，是度田不实所激成，所以，不但不加讨伐，而且不得不把激起民变的地方官置之极刑，以缓和中小地主之愤怒。至于此次变乱之平息，并非令盗贼自相斩获，而是由于后来政府派出的“谒者”，代为改正，然后叛乱才解散。这一次的叛乱，总算消灭了，但以后度田不实之事，仍然史不绝书。如鲍永为东海相，坐度田不实被征。河内太守牟长，亦以度田不实免官。由此足见在东汉之初，大地主与地方官，已经是一个鼻孔出气，他们的势力，支配着地方政治。

大地主的土地不敢核检，中小地主的土地还没有动就发生变乱。在这样的情形之下，东汉政府，对于土地问题自然无法解决。所以闹了几十年的土地问题，农民遗尸蔽野，而结果仍然是死无葬身之地。

土地问题既没有解决，东汉的政权又怎能稳定呢？这就完全依于农民自己的死亡，减少土地要求者的数量，从而解除这个问题的严重性。

具体的史实指示出来，自西汉哀、平之际，迄于东汉光武之初，其间二三十年的时间，饥馑荐臻，变乱相乘。农民除大部饿死沟壑以外，其被王莽及刘秀乃至其他豪族所屠杀者，当以百万计。以后在光武削平群雄的战争中，农民又身为前驱，当时肝脑涂地者，又不知有多少。最后，当光武统一天下以后，又发生了大疠疫。据史载，自建武十三年至二十六年之间，在扬、徐，在会稽，在南阳，以及其他各地，到处都发生疠疫。当时各地的人民染疫而死者，动以万计[①]。在这一切动乱的时代，农民不死于饥馑，便死于刀兵，死于疠疫，其幸而仅存者，人数已大减于西汉的全盛时代。应劭《汉官仪》曰：“世祖中兴，海内人民可得而数裁十二三。边陲萧条，靡有孑遗；鄣塞破坏，亭燧绝灭。建武二十一年，始遣中郎将马援谒者分筑烽候堡壁，稍兴立郡县十余万户。或空置太守、令长，招还

① 关于建武时的疠疫，据《后汉书·五行志》引《古今注》云……“建武十三年，扬、徐部大疾疫，会稽、江左甚”。《后汉书·钟离意传》云：“建武十四年，会稽大疫，死者万数。”《后汉书·独行传》云：“李善，……南阳淯阳人，本同县李元苍头也。建武中疫疾，元家相继死没，唯孤儿续始生数旬，而资财千万，诸奴婢私共计议，欲谋杀续，分其财产。”又《后汉书·五行志》引《古今注》：“建武二十六年，郡国七大疫。”又据《后汉书·南匈奴传》谓：建武二十二年，“匈奴中连年旱蝗……人畜饥疫，死耗太半。”由此而知，此次疠疫流行的范围之广，盖南自会稽，北至蒙古，西自南阳，东至徐、扬，无处不蔽其灾，或全家疫死，或一地死亡，数以万计，实中国史上之一次大疠疫也。

人民。上笑曰：'今边无人而设长吏治之，难如春秋素王矣。'"由此而知东汉初年人口之萧条，边境尤甚。按西汉时人口，最高数字不过5900多万，今仅存十之二三，则其数至多不过1500万了。耕地的总面积，并未减少，而人口的数量，则减少十分之七，这当然要缓和土地问题的严重性。

人口的减少，只是减轻土地问题的严重性，并不是土地问题的解决。所以终光武之世，虽然表面上天下已归一统；而社会内部，仍然蕴藏着不安定的因素。据《资治通鉴》光武三十年载，群臣以天下统一，奏请光武封泰山，昭告上帝。光武回答群臣曰："(余)即位三十年，百姓怨气满腹。吾谁欺，欺天乎！曾谓泰山不如林放乎！何事污七十二代之编录？"

光武的这几句话，真是由衷之言。盖当时天下虽已定于一，而在这已定于一的天下中，到处都是孤儿、寡妇、疲癃、残疾、贫穷不能自存之人[①]。像这样的天下，又怎能告无罪于上帝，而妄冀上帝来吃其牛肉乎？

旧的土地所有者的土地，既不能损其毫毛；同时新兴的贵族官僚又挟其政治权力，纷纷收夺土地。据《后汉书·吴汉传》载，将军吴汉当他出征的时候，"妻子在后买田业。(吴)汉还，让之曰：'军师在外，吏士不足，何多买田宅乎？'"像吴汉这一类多买田宅的新贵，在当时一定不少。不仅贵族官僚如此，当时光武皇帝，也忙着接收西汉皇家的田产，即所谓公田，把这些公田转移到新的皇家的管理之下。同时，光武皇帝虽然富有四海，但他并不以此为满足，还是要"修园店，祠旧宅，观田庐"，去扩充他自己的私产。

在旧的地主的收回与新的贵族官僚的收夺之中，所有的土地，又重新插上某人所有的标牌了。现在，那些退伍的士兵和贫农们，只有望着田畔的标牌，去认定他们新的主人。

为了安定社会的秩序，必须要将那些脱离生产过程的流浪的农民，重新招回土地。但是当时的大地主都拥有庞大的奴婢群，这些

① 《后汉书·光武帝纪》载：建武三十年及三十一年，皆有赐天下鳏、寡、孤、独、笃癃、贫不能自存者粟之记载。

奴婢大部分用于家庭的贱役，少部分亦有用于农业生产者。即因有大量无偿劳动者之存在，因而对于流浪的农民之回到土地，大受排挤。所以自建武二年至十四年，东汉政府曾经发布了六次解放奴婢的命令[①]。这种政令的意义，一方面是解放被垄断的劳动力；另一方面，也是为了扫除农民复员的困难。但是这些命令，并没有发生什么效力，因为直至明帝永平十二年，仍然是"游食者众"。

为了缓和社会的不安，明帝对于当时的"游食者"之群，采取积极和消极两种政策。在积极方面，明帝把皇家的公田和滨渠的下田，租给没有土地的贫民[②]。在消极方面，则沿用光武的恩惠政策，给那些失掉生产能力及贫不能自存的农民以赈济。这样，社会便渐渐安定下来。

随着农村秩序的逐渐稳定，东汉的农业生产也慢慢发达起来了。农业生产的发达，固然要求社会秩序的安定；但主要地，还是依靠生产技术的提高。中国在西汉时已经普遍使用牛耕，而且人工灌溉的事业，也颇为发达。东汉时，牛耕与人工灌溉，仍然以西汉所达到的水准为基础，继续向前发展，这当然要把中国的农业生产推向更高的发展阶段。

据《后汉书》所载，东汉章帝之世，曾经发生一次很大的牛疫。这次牛疫给中国的农业以最大的打击。《后汉书·章帝纪》建初元年诏曰："比年牛多疾疫，垦田减少，谷价颇贵，人以流亡。"又建初八年诏曰："自牛疫以来，谷食连少。"从章帝的诏书，可以看出当时牛在农业生产中的重要，若非普遍应用牛耕，则决不会因牛疫而减少田土的垦殖，从而减少粮食的收入，并因之而影响粮食的价格。又《后汉书·和帝纪》永元十六年诏曰："遣三府掾分行四州，贫民无以耕者，为雇犁牛直。"这又说明了当时农民，无犁牛则不能耕

① 《后汉书·光武帝纪》载：建武二年，六年，七年，十二年，十三年，十四年，皆有解放奴婢的诏令。

② 《后汉书·明帝纪》载永平九年四月"郡国以公田赐贫人"。永平十三年四月诏"滨渠下田赋与贫人，无令豪右得固其利"。同书同纪又载明帝中元二年，永平三年，九年，十二年，十七年，十八年，皆有赐粟于鳏、寡、孤、独、笃癃及贫不能自存者之记载。

种，而牛耕之被普遍应用，实毫无可疑。

在西汉时，牛耕虽已普遍于中原，但中原以外的世界并未普遍。据史载，直至东汉之初，“江淮之有猛兽，犹北土之有鸡豚也”[①]。

而且这样的情形，一直继续到东汉的中叶[②]。至若东南沿海一带，南至交趾，还是处于火耕水耨的阶段[③]。东北方面，虽间知种植，但大半亦系人耕。惟西北方面。因西汉屯田，已使用牛耕，但亦不甚普及。到东汉时，牛耕的方法，才逐渐向中原以外之落后的地方推广。

据《后汉书》所载，今日安徽庐江一带的人民，直至东汉之初，虽已知耕植，但尚不知牛耕。到建初八年（公元83年），才由一位贤良的太守王景教以牛耕之法。从此，“垦辟倍多，境内丰给”[④]。同书又载，今日安南北部一带，当时的九真，人民皆以狩猎为生，不知牛耕。后来也是由于一位贤明的太守任延告诉他们铸作田器，学习牛耕[⑤]。这些史实就指明了牛耕的方法在东汉时，已逐渐从黄河流域扩展到长江流域乃至珠江流域了。

除牛耕普遍应用以外，东汉政府对于水利事业也很注意。据《后汉书·许杨传》云：“汝南旧有鸿却陂，成帝时，丞相翟方进奏毁败之。建武中，太守邓晨欲修复其功，闻（许）杨晓水脉，召与议之。……因署杨为都水掾，使典其事。杨因高下形势，起塘四百余里，数年乃立。百姓得其便，累岁大稔。”按“起塘四百余里”，

① 《后汉书·宋均传》云：“（宋均）迁九江太守，郡多虎豹，数为民患，常募设槛阱而犹多伤害。均到，下记属县曰：夫虎豹在山，鼋鼍在水，各有所托，且江淮之有猛兽，犹北土之有鸡豚也。”

② 《后汉书·法雄传》云：“迁（雄）南郡太守……郡滨带江沔，又有云梦薮泽，安帝永初中多虎狼之暴，前太守赏募张捕，反为所害者甚多。”

③ 《后汉书·任延传》注引《东观汉记》云：“九真俗烧草种田。”

④ 《后汉书·王景传》云：“建初八年，迁（景）庐江太守。先是百姓不知牛耕，致地力有余而食常不足。郡界有楚相孙叔敖所起芍陂稻田，（注云陂在今寿州安丰县东，陂径百里，灌田万顷。）景乃驱率吏民，修起芜废，教用犁耕，由是垦辟倍多，境内丰给。遂铭石刻誓，令民知常禁。又训令蚕织，为作法制，皆著于乡亭，庐江传其文辞。”

⑤ 《后汉书·任延传》云：“诏征（延）为九真太守，……九真俗以射猎为业，不知牛耕，民常告籴交趾，每致困乏。延乃令铸作田器，教之垦辟，田畴岁岁开广，百姓充给。”

并非一个水塘的面积占有四百余里，而是因地势之高下，由高地以至低地，四百里之间，兴筑许多水塘，将高塘之水，引至低塘，以灌溉四百里内之田地。据《邓晨传》云："鸿却陂（溉）数千顷田，汝土以殷，鱼稻之饶，流衍它郡。"

又据《后汉书·鲍永传》云：永平中，鲍昱"拜汝南太守。郡多破池，岁岁决坏。年费常三千余万。昱乃上作方梁石洫，水常饶足，溉田倍多，人以殷富"。按此所谓汝南陂池即系指鸿却陂等而言。如上所述，因知鸿却陂池等在后来年年皆有溃决之患，所谓患之费每年多至三千余万。在永平时，又曾加造方梁石洫，防方梁石洫，即用以节制水量的石作水门。即因加造石作水门，故塘水不致浪费，因而水常饶足，溉田倍多。这里值得注意的是方梁石洫，因此种水利工程，直到现在，尚为节制水量之最好的方法。从兴筑陂池到建筑方洫，乃系人类由知道储蓄水量到管制水量，这在人工灌溉的技术上，是一个很大的进步。又据《后汉书·何敞传》云：永元时，"敞迁汝南太守……修理鲖阳旧渠，百姓赖其利，垦田增三万余顷。"

此外，在广陵亦有水利建设。《后汉书·马棱传》云："章和元年，棱迁广陵太守。时谷贵民饥，奏……兴复陂湖，溉田二万余顷，吏民刻石颂之。"

又在下邳所属之徐县北界，原有蒲阳（坡）〔陂〕。东汉时，张禹为下邳相，亦为之增筑水门。《后汉书·张禹传》云："（元和）三年，（张禹）迁下邳相。徐县（今江苏泗洪南）北界有蒲阳（坡）〔陂〕，傍多良田，而埋废莫修。禹为开水门，通引灌溉，遂成孰田数百顷。劝率吏民，假与种粮，亲自勉劳，遂大收谷实，邻郡贫者归之千余户，室庐相属，其居成市。后岁至垦千余顷，民用温给。"

到东汉末，水利灌溉并推广至江南会稽一带，《通典·食货》云："顺帝永和五年，马臻为会稽太守，始立镜湖筑塘，周回三百十里，灌田九千余顷。"

除牛耕水利的普遍发展以外，东汉的地方官吏亦多有提倡农业者。关于这一类的记载，《后汉书》史不绝书。例如《后汉书·杜诗传》云：建武“七年，（杜诗）迁南阳太守……善于计略，省爱民役。造作水排，铸为农器，用力少，见功多，百姓便之。又修治陂池，广拓土田，郡内比室殷足。时人方于召信臣。故南阳为之语曰：‘前有召父，后有杜母。’”

又如《后汉书·张堪传》谓：“（堪）乃于狐奴开稻田八千余顷，劝民耕种，以致殷富。百姓歌曰：‘桑无附枝，麦穗两岐。张君为政，乐不可支。’”

《后汉书·秦彭传》云：“建初元年，（彭）迁山阳太守……兴起稻田数千顷，每于农月，亲度顷亩，分别肥瘠，差为三品，各立文簿，藏之乡县。于是奸吏跼蹐，无所容诈。”

《后汉书·崔骃传》云：“崔瑗……举茂材，迁汲令。在事数言便宜，为人开稻田数百顷。视事七年，百姓歌之。”

以上诸史实，说明了东汉时的地方官吏，到处在鼓舞农民的劳动热情，希望农民支出超额的劳动，以繁荣农业的生产，增加地主的地租和国家的赋税。实际上，东汉时的农民，他们因为没有土地，要想在缴纳地租以后再有一点剩余的生产物以为自己的生活资料，也非支出超额的劳动不可。

由于农业生产技术的提高，与政府对农业劳动之鼓舞，于是不仅增加原有的土地之报酬，而且扩大了耕地的面积。因为由于技术的提高，东汉的农民就有了可能去开垦西汉时认为可垦而未垦的土地。这种事实，我们可以从东汉垦田的数字看得出来。

据《东汉会要·田制篇》记载，东汉和帝永兴元年，垦田7320170顷80亩140步。安帝延光四年，垦田6942892顷13亩85步。顺帝建康元年，垦田6896271顷56亩194步。冲帝永嘉元年，垦田6957676顷20亩108步。质帝本初元年，垦田6930123顷38亩，总计东汉所垦之田为22578579顷232亩527步。这个垦田的总数，较之西汉的垦田总数8270536顷，已经超过2.8倍以上。这种垦田的超过额，就说明了东汉时代农业劳动的生产性，较之西汉时代的水准，已经提高了将近三倍的程度。同时，也就指明了东汉的人民已经扩大了对自然的占领，已经能生活于西汉时的人民所不能生活的地方。

由于农业生产的发达，人口也就渐渐增殖起来了。据《后汉书·郡国志》所载，顺帝永和五年（公元140年），人口总数为户9336666，口47861382。虽然尚没有恢复到西汉全盛时代的人口总数，但较之东汉初叶，已经增加了三倍以上。

东汉人口较之西汉，差不多减少了五分之四，特别是西北人口的减少，令人可惊。例如在西汉时，右扶风的人口为83万，到东汉则减为9万。西汉时并州人口为330余万，到东汉则减为69万。凉州在西汉时的人口为128万，到东汉，把武威郡划归凉州，而人口反减为41万；若除去武威郡的人口8万余，则减为33万了。幽州在西汉时的人口为399万余，到东汉则减为200万。此外，豫、兖、青、徐四州的人口，都有减少。惟荆州的人口，由西汉之359万余增至620万余。扬州的人口由西汉之320万余增至433万余。益州的人口，由西汉之478万余增至724万余。这些人口数字的增减，说明了一个事实，即东汉时中国北部的人口，尤其是西北的人口，较西汉时为少，而在今日江苏、安徽、江西、湖北、四川等省的人口则较西汉时增多。换言之，即黄河流域的人口较为减少，而长江流域的人口较为增多。这种情形就指明了到东汉时，中国的经济势力向南扩展的事实。

东汉的人口既不及西汉之多，而耕地面积，又较西汉为广，若以所有的耕地平均分配于当时的人民，则东汉就不会发生什么土地问题。但是在封建社会中，人们从没想过，耕者是应该有其田的。因而即使人口更少，耕地更多，还是有大多数人得不到土地。

第二节　土地兼并、赋税、徭役与农民的赤贫化

与农业生产技术平行发展的是土地的兼并。据史载，东汉王朝创立以后，并没有给小农以一个喘息的时间，土地兼并，又在新王

朝的社会经济基础之上，展开新的发展。

早在光武之世，那些开国将军、贴肉外戚就开始利用政治的权力，行使对中、小农民的土地之收夺。例如邓禹将军在前线打仗，他的夫人就在后方买田；前线的士兵吃饭不饱，而邓禹将军却田连阡陌。又如光武的外家樊氏，收夺民田至三万余亩。在他的庄园之内，有重堂高阁的庐舍，有鱼池、牧场、森林、陂渠灌注，世称樊氏陂[①]。这不过是一、二例子。此外洛阳一带的官僚近幸，南阳一带的皇亲国戚，其“田宅逾制”者，尚不知有多少。

明帝时，兼并之风益炽。据《后汉书》所记，当时马援的儿子马防兄弟，依托他父亲的余荫，各人皆收买洛阳附近的膏腴美田，资产巨万，奴婢千人以上[②]。像这样的功臣子弟，当然不仅马氏兄弟，而是一般的现象。我们看到马防兄弟的豪富。因疑“薏苡明珠之嫌”，或非“巧言之伤类也”[③]。

又当时外戚如阴党、阴博、邓叠等，无不巧取豪夺，皆一变而为大地主。特别是章帝的内兄窦宪，仗着他妹子的裙带关系，竟至收夺到沁水公主的园田。后来被章帝知道了，大怒曰：“今贵主尚见枉夺，何况小人哉。”从窦宪收夺沁水公主园田的故事，我们一方面知道当时皇家的亲属，都拥有广大的土地，这种土地，当然也是从农民收夺而来。另一方面，我们又知道当时农民手中的土地，大概

① 《后汉书·樊宏传》云：“（宏）父重，字君云，世善农稼，好货殖。……其营理产业，物无所弃。课役僮隶，各得其宜。故能上下戮力，财利数倍。至乃开广田土三百余顷。其所起庐舍，皆有重堂高阁，陂渠灌注，又池鱼牧畜，有求必给。常欲作器物，先种梓漆，时人嗤之，然积以岁月，皆得其用。向之笑者，咸求假焉。赀至巨万。”

又郦道元《水经注》亦有关于樊氏之记载，其述樊氏陂曰：“湖水支分，东北为樊氏陂，陂东西十里，南北五里，俗谓之凡亭。陂东有樊氏故宅。樊氏既灭，庾氏取其陂。故谚曰：‘陂汪汪，下田良，樊氏失业庾氏昌。’”

② 《后汉书·马援传》云：“防兄弟贵盛，奴婢各千人以上，资产巨亿，皆买京师膏腴美田。”

③ 《后汉书·马援传》云：”初（马）援在交趾，常饵薏苡实，用能轻身省欲，以胜瘴气。南方薏苡实大，援欲以为种，军还，载之一车。时人以为南方珍怪，权贵皆望之。援时方有宠，故莫以闻。及卒后，有上书谮之者，以为前所载还，皆明珠文犀。”

都被收夺得差不多了，所以收夺者也被收夺了[①]。

由于新贵族、新官僚土地收夺的结果，大部分中小农民，又失掉了土地，变为贫不能自存者。明帝曾经亲眼看见过农民“叛乱”，他看到贫农一天天加多，就回想到赤眉、铜马的恐怖时代。因此，他不得不大破悭囊，一面把郡国公田赐给贫民；一面又以得之于农民的谷物，当作恩惠，赐给贫农。这样，就把由土地兼并所带来的危机，暂时弥缝了。

到章帝时，土地兼并仍然继续发展。据《后汉书·济南王康传》所载：“建初八年，康遂多殖财货，大修宫室，奴婢至千四百人，厩马千二百匹，私田八百顷，奢侈恣欲，游观无常。”由此可以想见一般。

章帝时，又发生牛疫，流行极广，农民的耕牛大半染疫而死。当此之时，农民既被豪强夺去了土地，又被瘟疫夺去了耕牛，复被重税和饥馑夺去了种子。一言以蔽之，他们被剥夺了一切生产手段，变为有力无处用的流民了。这样的现象当然非常严重。为了解除这种严重的现象，章帝采取消极与积极两种政策。

所谓消极政策，就是赈济。《后汉书·章帝纪》记章帝建初元年诏三州郡国，“方春东作，恐人稍受禀，往来烦剧，或妨耕农。其各实核。尤贫者，计所贷并与之。流人欲归本者，郡县其实禀，令足。还到，听过止官亭，无雇舍宿。长吏亲躬，无使贫弱遗脱，小吏豪右得容奸妄。”

所谓积极政策，即开放公田与勒令垦荒。前者如元和元年二月诏曰：“其令郡国募人无田欲徙它界就肥饶者，恣听之。到所在，赐给公田，为雇耕佣，赁种饷，贳与田器，勿收租五岁，除算三年。其后欲还本乡者，勿禁。”后者如元和三年二月诏曰：“今肥田尚多，未有垦辟。其悉以赋贫民，给与粮种，务尽地力，勿令游手。”

---

① 《后汉书·窦宪传》云：“宪恃官掖声势，遂以贱直请夺沁水公主园田。主逼畏不敢计。后肃宗（即章帝）驾出过园，指以问宪，宪阴喝不得对。后发觉，帝大怒，召宪切责曰：‘深思前过，夺主田园时，何用愈赵高指鹿为马？久念使人惊怖。昔永平中，常令阴党、阴博、邓叠三人，更相纠察，故诸豪戚莫敢犯法者。而诏书切切，犹以舅氏田宅为言。今贵主尚见枉夺，何况小人哉？’”

土地兼并，就像一部磨谷的机器，成天地旋转。而农民之离开土地就像糠秕之离开米粒一样，一批跟着一批被扬弃出来。所以到和帝时，流民之多，已可骇人。为了安置这些流民，政府不能不采取积极的政策。因而和帝在位十七年，赐予农民生产手段的诏令，竟达十五次之多。或资以犁牛，或假以土地，或贷以种子，或给以衣履釜鬵，或免其假税刍稿，或复其田租、更赋及贩卖者之租税。这如果不是社会不安定的现象达到极点，是决不会有这样“仁慈的皇帝”出现的。

从以上的史实看来，东汉的土地问题至和帝时，已经非常严重，然而社会秩序何以尚能稳定？这主要的原因，是因为东汉自明帝末年起，就在边境地区发生战争。这个战争，一直继续到和帝时；而且到和帝时，并以更大的规模而展开。在这长期的战争中，那些从土地上被排除出来的贫苦农民，成千成万地被送到塔里木盆地，送到天山和阿尔泰山的山麓，送到蒙古沙漠，送到辽东半岛，送到湖南、四川、云南、贵州乃至今日之安南。这些被送到战场上去的贫农，很少有生还故国的。即因如此，所以就减少了国内的危险分子。换言之，即把社会内部的矛盾引向种族或对外的矛盾，而又以种族或对外的矛盾，减轻社会内部的矛盾。

东汉开发边疆的屯田事业，也发展起来。考东汉的边郡屯田，光武时即已行之。明帝时对于边疆屯田，更加积极发展。《后汉书·明帝纪》谓明帝于永平八年，“诏三公募郡国中都官死罪系囚，减罪一等，勿笞。诣度辽将军营，屯朔方、五原之边县，妻子自随，便占著边县，父母同产欲相代者，恣听之……。凡徙者，赐弓弩衣粮。”到和帝时，由于战争之开展，屯田事业，更为发展。据《后汉书·西羌传》云，和帝永元十四年，安定降羌烧当种反，曹凤请广设屯田，隔塞羌、胡交关之路，及省委输之役。上乃拜凤“为金城西部都尉，将徙士屯龙耆。后金城长史上官鸿上开置归义、建威屯田二十七部，侯霸复上置东西邯屯田五部，增留逢二部，帝皆从之。列屯夹河合三十四部。”由此看来，当时又有不少的贫农，投向边塞，从事于屯垦事业。

此外，在内地以及长江流域，也到处发动垦荒事业。这从和帝时的垦田数字达到730余万顷，与长江流域的人口之增加，即可证明。因此之故，所以在和帝时，东汉社会内部的矛盾虽已紧张，但并未破裂。

到安、顺之际，诸羌叛变，西北边境秩序大乱。以前屯田，皆被废弃。虽在顺帝时尚有屯田之事[①]，但仅系一种临时的军事性质。同时，富商大贾与贵族官僚作土地兼并的竞赛。据《后汉书·陈龟传》云："(顺帝)时，三辅强豪之族，多侵枉小民。龟到，厉威严，悉平理其怨屈者，郡内大悦。"这些三辅豪强之族，虽不一定都是大商人，但总有商人在内。因为这一带，是西域商人回国的第一站。

即因商人和贵族官僚开始了土地兼并的竞赛，权力与金钱，就以疾风扫落叶之势，把残存于土地上的农民，一扫而光之。适值安帝时又袭来了普遍全国的天灾[②]，于是流民满天下，到处都发生人吃人的惨剧[③]。在人吃人的情形之下，便发生了张伯路[④]、杜琦、王信[⑤]

① 《通考·田赋考》云："顺帝(永建五年)校尉韩皓转湟中屯田，置西河间，以逼群羌。羌以屯田近之，恐必见图，乃解仇诅盟，马续上移屯田湟中，羌意乃安。至阳嘉元年，以湟中地广，增置屯田五部，并为十部。"又云："永建六年，以伊吾膏腴之地，旁近西域，匈奴资之以为钞暴，复令开设屯田，如永平故事。"自顺帝以后，终东汉之朝，遂无边境屯田。

② 《后汉书·安帝纪》谓安帝永初元年郡国十八地震，郡国四十一雨水，或山水暴至，郡国二十八大风雨雹。二年，又有郡国十二地震，六州蝗。这样的天灾，几乎每年都有。

③ 《后汉书·安帝纪》载安帝时的流民。如永初元年"禀司隶、兖、豫、徐、冀、并州贫民"。永初二年："禀河南、下邳、东莱、河内贫民。"同年："分行冀、兖二州，禀贷流民。"同年又："禀济阴、山阳、玄菟贫民。"同年又："禀东郡、巨鹿、广阳、安定、定襄、沛国贫民。"永初三年："京师大饥，民相食。"同年："并、凉二州大饥，人相食。"永初四年："禀上郡贫民各有差。"永初七年："赈给南阳、广陵、下邳、彭城、山阳、庐江、九江饥民。"由此我们可以看出，当时西自今日的陕、甘，北自今日的山西、河北、辽宁，东自今日的山东和江苏北部，南自湖北、安徽和江西的北部，在这一个广大的区域之内，充满了饥民和流民。

④ 《后汉书·安帝纪》云："永初四年，海贼张伯路复与勃海、平原剧贼刘文河、周文光等攻厌次，杀县令。"

⑤ 《后汉书·安帝纪》云："永初五年九月，汉阳人杜琦、王信叛，与先零诸种羌攻陷上邦城。"

等所领导的农民“叛乱”。农民“叛乱”到顺帝[①]时，便更加扩大了。所以《后汉书·陈忠传》曰：“自（安）帝即位以后，频遭元二之厄，百姓流亡，盗贼并起，郡县更相饰匿，莫肯纠发。”

到桓灵之际，土地的两极分化，达到极点，崩溃决裂，已经不可收拾。所以桓帝时，崔寔主张“立井田之制”，恢复土地国有的制度[②]。在未能实现土地国有以前，宜“徙贫人不能自业者于宽地”，以调节人口与土地的分配[③]。但是崔寔的主张，没有引起当局的注意，而当时的贵族，仍然多为不法，侵占官民田地[④]。

灵帝时，仲长统又倡为土地国有之议[⑤]，并主张在实现土地国有之前，开放官有荒地，移民开垦，以为救急之计。惟对于官荒之领垦，须设限制，以杜兼并[⑥]。但是说者谆谆，听者藐藐。当时宦官如侯览，前后夺人宅三百八十一所，田百一十八顷，起立第宅十有六区[⑦]。此外，豪族多不法，到处夺人田宅者，依然如故[⑧]。

---

① 《后汉书·顺帝纪》载顺帝“阳嘉元年，扬州六郡妖贼章河等寇四十九县。杀伤长吏。”永和三年，“九江贼蔡伯流寇郡界及广陵，杀江都长。”汉安元年，“广陵盗贼张婴等寇郡县。”汉安二年，“扬、徐盗贼攻烧城寺，杀略吏民。”建康元年三月，“南郡、江夏盗贼寇掠城邑。”八月，“扬、徐盗贼范容、周生等寇掠城邑。”十一月，“九江盗贼徐凤、马勉等称无上将军，攻烧城邑。”十二月，“九江贼黄虎等攻合肥。”又“是岁群盗发宪陵”。

② 《后汉书·崔寔传》记崔寔之言曰：“必欲行若言，当大定其本，使人主师五帝而式三王。荡亡秦之俗，遵先圣之风，弃苟全之政，蹈稽古之踪，复五等之爵，立并田之制。”

③　又《崔寔政论》有云：“昔圣人分口耕耦，地各相副。今青、徐、兖、冀人稠土狭，不足相供，而三辅左右及凉、幽州内附近郡，皆土旷人稀，厥田宜稼，悉不垦发。今宜遵故事，徙贫人不能自业者于宽地，此亦开草辟土振人之术也。”

④ 《后汉书·公沙穆传》云：桓帝时，“缯侯刘敞……所为多不法……穆到官……乃上没敞所侵官民田地。”

⑤ 《后汉书·仲长统传》云：“今欲张太平之纪纲，立至化之基趾，齐民财之丰寡，正风俗之奢俭，非井田实莫由也。”

⑥ 《后汉书·仲长统传》云：“今者土广民稀，中地未垦；虽然，犹当限以大家，勿令过制。其地有草者，尽曰官田。力堪农事，乃听受之。若听其自取，后必为奸也。”

⑦ 《后汉书·侯览传》云：“（灵帝时）览兄参为益州刺史，民有丰富者，辄诬以大逆，皆诛灭之，没入财物，前后累亿计。……建宁二年……督邮张俭，因举奏览贪侈奢纵，前后请夺人宅三百八十一所，田百一十八顷。起立第宅十有六区……。”

⑧ 《后汉书·苑康传》云：“（康）迁太山太守。郡内豪姓多不法，康至，……先所请夺人田宅，皆遽还之。”

就在灵帝时，黄巾大起，东汉的天下已经到了末日。为了抢救政权，荀悦主张依照人口，分配土地，即所谓“以口数占田”[①]。并主张这种分配给人民的田土，只有使用权，而无所有权，禁止人民自由买卖土地，以杜绝土地的兼并[②]。但是太迟了，因为到这一时期，不仅贵族、官僚、豪族、商人已经拥有广大的土地，不肯接受这种平均地权的政策；就是灵帝，身为皇帝，看到灭亡就在跟前，也要在河间买田宅，起第观，并以私产数千万，藏寄在他的家奴手中，准备亡国以后的生活[③]。东汉果然亡了，可是灵帝的准备，却是多余的。结果土地问题，还是由农民自己来解决。

与土地兼并同时而来的是赋税。土地兼并，是剥夺农民的生产手段；赋税，则是剥夺农民的生产物或生产物的价值。前者是个别的收夺，而后者，则是全面的收夺。从表面上看来，赋税的负担，即土地所有者也不能避免；但在实际上，土地所有者所负担的赋税，最后还是转嫁到直接生产者的身上，因而结果还是羊毛出在羊身上。

东汉的赋税制度，大概都沿袭着西汉的旧制。首先说到土地税。土地税之最主要者为田税。西汉的田税在名义上都是三十税一。东汉光武初兴之时，以军费浩大，用度不足，曾行十一之征。但不久，又恢复三十税一的旧制[④]。

三十税一的土地税，是比较轻的，但当时的大土地所有者，尚不肯交税，常常隐匿土地的数量，逃避租税。光武曾经大举度田，希图核实。但当时地方官迫于土地所有者的权势，“多以诈巧，不务

---

① 《通考·田赋考》引荀悦之言曰：“且夫井田之制，不宜于人众之时，田广人寡苟为可也。然欲庆之于寡，立之于众，土地布列在豪强，卒而革之，并有怨心，则生纷乱，制度难行。……既未悉备井田之法，宜以口数占田，为之立限。人得耕种，不得买卖，以赡贫弱，以妨兼并。且为制度张本，不亦善乎？”

② 《申鉴·时事篇》云：“诸侯不专封，富人民田逾限，富过公侯，是自封也。大夫不专地，人卖买由己，是专地也。或曰，复井田欤？曰，否。专地非古也，井田非今也。然则如之何？曰耕而勿有，以俟制度可也。”

③ 《后汉书·张让传》云：“（灵帝）又还河间买田宅，起第观。帝本侯家，宿贫，每叹桓帝不能作家居，故聚为私藏，复藏寄小黄门常侍钱各数千万。”

④ 《后汉书·光武帝纪》六年诏曰：“顷者师旅未解，用度不足，故行十一之税；今军士屯田，粮储差积，其令郡国收见田租三十税一，如旧制。”

实核。”[①] 所以东汉时，漏税的土地非常之多。

西汉的田税，不分土地的品质，一律三十税一。东汉至章帝时，已依于土地之肥瘠，差为三品，各为立簿，藏之郡县，按土地之等级，定田税之多少[②]。这较之西汉只依土地的面积，不管土地的品质的田赋，在土地税的征收上，是一种很大的进步。

东汉的田税到桓帝时，又有一个很大的发明，这就是“田税附加”。据《后汉书·桓帝纪》所载，桓帝延熹八年，于常赋之外亩敛税钱，每亩征十钱。以后至灵帝中平二年，又税天下亩十钱，以为铸铜人及修宫室之用。

西汉时有假税与稿税。假税乃系对渔采于山林川泽者所征收之一种土地使用税。稿税在西汉时常与田租并提，如贡禹云：“已奉谷租，又出稿税”，则亦系土地税之一种。此两种名称之税，东汉时仍沿袭之。在东汉每当荒年，即有免假税[③]或稿税[④]之诏令，由此而知在平时必有此种税收无疑。

其次说到人口税，即算赋、口赋等。这些，在东汉时都一律承继。例如章帝元和二年诏曰：“人有产子者，复勿算三岁，今诸怀妊者赐胎养谷人三斛。复其夫勿算一岁，著以为令。”是东汉时亦有算赋。又如安帝元初元年有除三辅口算之诏令。元初六年，有除会稽口赋之诏令。是东汉时亦有口赋。又如《晋书·食货志》云：“显宗（明帝）即位，天下安宁，民无横徭，岁比登稔……作贡尤轻。”此

① 《后汉书·光武帝纪》注引《东观汉纪》云：“刺史太守多以诈巧，不务实核。苟以度田为名，聚人田中，并度庐屋里落。”

② 《后汉书·秦彭传》云：“（彭）兴起稻田数千顷，每于农月，亲度顷亩，分别肥瘠，差为三品，各立文簿，藏之乡县。于是奸吏跼蹐，无所容诈。彭乃上言，宜令天下齐同其制。诏书以其所立条式，班令三府，并下州郡。”按此所谓簿，即后来之钱粮册，西汉时谓之“租挈”，《汉书·沟洫志》谓武帝元鼎六年上曰：“今内史稻田租挈重，不与郡同。”师古曰：“租挈，收田租之约令也。”

③ 《后汉书·和帝纪》载永元五年诏曰：“其官有陂池，令得采取，勿收假税二岁。”九年诏曰：“其山林饶利，陂池渔采，以赡元元，勿收假税。”十一年诏云：“令得渔采山林池泽，不收假税。”十五年诏云：“令百姓鳏寡渔采陂池，勿收假税二岁。”

④ 《后汉书·和帝纪》载永元九年诏云：“今年秋稼为蝗虫所伤，皆勿收租、更、刍稿。”又十五年诏云：“天下皆半入今年田租、刍稿，其被灾害者以实除之，贫民受贷种粮及田租、刍稿皆勿收责。”

所谓“贡”，就是“献赋”。

东汉时，徭役仍然繁重，若不服徭役，必须缴免役费。《后汉书·虞诩传》谓：“永平、章和中，州郡以走卒钱给贷贫人。”注云：“此言钱者，令其出资钱，不役其身也。”故当时所谓走卒钱，即指卒更之免役钱而言。所谓给贷贫人，即以此免役费另雇贫人代服徭役而言。又《后汉书·安帝纪》云：“永和四年诏以三辅比遭寇乱，人庶流冗，除三年逋租、过更、口算、刍稿。”又《后汉书·顺帝纪》亦云：“永建五年，郡国贫人被灾者，勿收责今年过更。”是东汉时亦有更赋。

此外，西汉时所有的苛捐杂税，在东汉时，无不应有尽有，甚至贫民的衣履釜鬵，亦无不有税。这诚如灵帝时吕强所云：“天下之财，莫不生之阴阳，归之陛下。”

当时的农民，除把自己所有的一切奉献于陛下及陛下的使用人以外，尚不能告无罪于上帝。他们还要遭受贪官污吏的诬害，诉讼拖累，转死于黑狱之中。王符在其《爱日篇》中，说得痛快淋漓。他说：

“中才以上，足议曲直，乡亭部吏，亦有任决断者，而类多枉曲，盖有故焉。夫理直则恃正而不桡，事曲则谄意以行赇；不桡故无恩于吏，行赇故见私于法。若事有反复，吏应坐之. 吏以应坐之故，不得不枉之于庭。以羸民之少党，而与豪吏对讼，其势得无屈乎？县承吏言，故与之同。若事有反复，县亦应坐之，县以应坐之故，而排之于郡。以一民之轻，而与一县为讼，其理岂得申乎？事有反复，郡亦坐之，郡以共坐之故，而排之于州。以一民之轻，与一郡为讼，其事岂获胜乎？既不肯理，故乃远诣公府。公府复不能察，而当延以日月。贫弱者无以旷旬，强富者可盈千日。理讼若此，何枉之能理乎？正士怀怨结而不见信，猾吏崇奸轨而不被坐，此小民所以易侵苦，而天下所以多困穷也。……自三府州郡，至于乡县典司之吏，辞讼之民，官事相连，更相检对者，日可有十万人。一人有事，二人经营，是为日三十万人废其业也。以中农率之，则是岁三百万人受其饥者也。然则盗贼何从而销，太平何由而作乎？”

第三节　手工业发展与科学的发明

随着农业生产的向上，社会消费力之一般地提高，东汉的手工业生产，又在原有的规模与技术基础之上，再展开了新的发展。

东汉政府，对于手工业的管理组织，与西汉时虽间有改变，但大抵还是承袭西汉之旧。这主要的原因，是因为东汉手工业生产的发展，尚没有达到需要改变原来的管理组织之必要的程度。

据《后汉书 · 百官志》所载，东汉手工业管理的官吏，有如此的各种，如：太尉属下，“金曹主货币、盐、铁事”。太仆属下，考工令一人，“主作兵器弓弩刀铠之属”，“及主织绶诸杂工”。大司农属下，平准令一人，“主练染，作采色。”少府卿属下，御府令一人，“典官婢作中衣服及补浣之属。丞、织室丞各一人。”又尚方令一人，“掌上手工作御刀剑诸好器物。”此外，又有将作大匠一人，“掌修作宗庙、路寝、宫室、陵园木土之工。”到“章、和以下，中官稍广，加……考工，别作监”。从以上的记录看来，我们一方面可以看出东汉时手工业的管理机构，已经相当完备；另一方面又可以看出，东汉时，不仅货币的铸造，盐铁事业的经营，仍归国家，而且纺织、染色、制衣、制武器、玩好以及土木建筑等，均有国营的工场。

又据同书同志引《汉官》所载，东汉手工业管理机关所用的人员，颇为众多。如考工令有员吏 109 人，平准令有员吏 190 人，御府令有员吏 7 人，吏从官 30 人，尚方令有员吏 13 人，从官 6 人。从这些人员的数字，可以看出这些机关的组织，相当的庞大，因而又指明了当时工业行政事务的繁忙。

东汉时，对于工人的管理组织，与西汉没有什么差别。《通典 · 职官》云：“前汉唯置左右校，后汉因之，掌左右工徒。”《后汉书 · 百官志》，亦谓在将作大匠之下，置左校令一人，掌左工徒；右校令一人，掌右工徒。又《后汉书 · 五行志》，灵帝熹平三年，有“右校，别作”之语，《后汉书 · 庞参传》有“拜左校令”之语。由此，又知东汉时仍以左右校令为掌管工人之官。

左右校令为中央官吏，其在地方，则工人管理隶属于所在地的工官管理之下。关于这一点，从晚近发现于朝鲜乐浪王盱墓中之光武时代的两个漆杯的铭文中，可以看出当时各官营工场中，皆有非常系统化的工人管理组织。

乐浪出土的漆杯之一铭云："建武二十八年，蜀郡西工造乘舆侠纻量，二升二合，羹棓，素工回，髹工吴，洎工文，氾工廷，造工忠，护工卒旱，长氾，丞庚，掾翕，令史茂主。"

其另一漆杯铭云："建武二十一年，广汉郡工官造乘舆髹洎木侠纻杯，容二升二合，素工伯，髹工鱼，上工广，洎工合，造工隆造，护工卒史凡，长匡，丞觵掾恂，令史郎主。"

从以上两铭文中，可以看出当时一个漆杯的制造，须经过许多具有专门技术的工人之手，如素工，髹工，洎工，氾工，上工及造工等，这就证明了当时手工业分工的精细，无怪《盐铁论·散不足》说："一杯棬用百人之力。"同时，又可以看出当时管理工人之具体的组织，如由护工而长，而丞，而掾，而令史，构成对工人之层层叠叠的管理组织。

现在我们说到东汉的冶铁业。

东汉的冶铁业仍由国家经营，已于前述。但当时的国营铁场，设在一些什么地方，《后汉书·郡国志》并无此种记载。《后汉书·百官志》对于铁官的设置，也仅有"出铁多者置铁官，主鼓铸"一语，亦未列举某郡某县置铁官。但以常理推之，东汉王朝建立以后，对于西汉的国营铁场和矿场，必然全部接收过来。因而凡西汉时有铁矿铁场之处，东汉政府亦必派遣铁官就原有的规模，继续经营。而且在东汉时，可能还有比西汉更多之国营铁场的存在。

冶铁技术，经过西汉两百多年的发展，到东汉时，已经有了很大的进步，这就是水力鼓风炉的发明。《后汉书·杜诗传》谓建武七年，杜诗迁南阳太守，"造作水排，铸为农器，用力少，见动多，百姓便之。"注云："(水排者)为排以吹炭，今激水以鼓之也。"这里所谓水排，即应用水力以鼓冶铁风箱，而这在西汉时期是没有发明的。按应用水力鼓风，《后汉书》谓为南阳太守杜诗发明，我以为杜诗倡导此种水力鼓风炉则有之，而发明者必系南阳的铁工。因为南阳自秦汉之际，即为冶铁事业的中心。这里冶铁的历史甚久，冶铁的工人最多。而且如前所述，这里人工灌溉的水渠，又到处都是。每当水门打开的时候，工人们看到那种激流的冲击力，可以推动横在他们前面的一切东西；因而联想到这种水力，一定也可以推动鼓风炉，所以把它引用起来，经过了若干的试验，最后才达到成功。因此，我以为水力鼓风炉的发明，完全是由于历史经验的蓄积，地理条件的凑巧，尤其是无数工人之不断的试验，而决非杜诗太守坐在官署中所能想得出来的。

水力鼓风炉的发明，是中国第一次把自然力应用于工业生产。由于水力之被引用，一方面，可以增大铁的冶铸量；另一方面，又可以减少铁的生产成本。由于铁的冶铸量之增大与生产成本的减低，当然又要扩大铁器的使用范围，从而发展铁器的制造事业，乃至开采铁矿的事业。可惜《后汉书》上，没有关于这种水力鼓风炉的装置之详细记载，因而我们无从得悉此种原始机械之构造。但是由“水排”二字，已使我们可以推想东汉时的冶铁技术，较之西汉已大为进步了。

其次说到铸铜的手工业。

东汉的铸铜事业，似不及西汉的发展。这从表面上看来，好像是手工业部门的萎缩；但是实际上，东汉的铸铜业，并不亚于西汉。不过铜器到东汉时已不复为贵族所宝，它已经是普遍民间的日用器皿。所以在皇家的对产目录中，不占重要的地位。同时，由于铁器的使用之更加普遍，原来用铜制的许多生产工具，到东汉时，都改用铁制了。因而铜器在生产的领域内，又不占重要的地位了。这不是手工业退化，而是手工业进步的结果。

虽然如此，从东汉时铜器的铭文中，我们仍然可以看出当时还是有国营铜器场的存在。例如当时有若干铜器上都镂刻着各级监造官吏的姓名，即其证明。铭文中亦镂刻着制器的工人之姓名，但仅署工某，而没有像漆器上所署某工某。由此又证明当时铸铜业并没有像漆器制造那样精细的分工[①]。这种理由非常明白，即到东汉时，铜器的制造已由艺术的性质进于日用器皿的性质了[②]。

在东汉时，铜的最大用途还是铸钱。当时铸钱之业仍为国家所专有。不过主管铸钱的机关不属于水衡。因东汉时已无水衡衙门，水衡所管理的上林苑已改隶于少府，铸钱事业究属哪个机关主管，尚待察考。

至于其他贵金属的工业，亦甚发达。东汉时，贵族官僚地主非常奢侈。凡宫室、衣服、车马、器皿，多用金银为饰。例如“(縠邪孝王)京都莒，好修宫室，穷极伎巧，殿馆壁带皆饰以金银。”[③]又如“广平、巨鹿、乐成王车骑朴素，无金银之饰”[④]。而当时的人，则认为是一种美德。由此足见当时贵金属之装饰品制造，一定非常繁荣。当时蜀、广汉二郡，皆设有金银器制造场，专门为皇家制造奢侈品、装饰品，所谓“蜀汉釦器”者是也。所谓釦器者，即以金银镶边的器皿，这较之纯铜的器皿，当然要美观坚固的多。

如前所述，漆器在东汉时也很发达。乐浪中所录四器，皆系后汉之物。其署款为建武二十一年、二十八年者各一器，永平十二年者二器。除建武二十一年漆器，为广汉郡工官制造者外，余皆为“蜀郡西工”制造品。漆器上的署款，除永平二器较为简单外，内容大抵相同。惟建武二器多一“素工”，少一“画工”。由此又知蜀、广汉二郡的工官，除主金银器外，又兼主漆器。漆器在东汉时，已代铜器而兴，为贵族所宝了。

在西汉时用工人各数千人，经费巨万的齐三服官，到东汉时还

① 《博古图录》卷十二《汉太官壶铭》云：“太官铜钟容一斛，建武二十年，工伍舆造，专工令史由、丞或、令通主、太仆监掾苍省。”

又《独笑斋金石文考》录汉弩机三具。(一)建初五年，考工郎造八石钆，郭工张祖作，祭酒史伸时临，掾福，令延，丞袅，掾史扶；(二)元初二年四月，造偿发四石钆，郭千八百廿四具辈工香□西令福丞掾□重种肃□□□别临；(三)延熹六年八月，书言作丁未书六石钆郭，工李宾，史韩忠，掾都行，丞赵觫，令□尝，太仆瑞，掾亩作。

② 所谓日用器皿者，即铜镜、铜灯盘、铜尺勺、盘、锅、盆、匜、杯等之属。

③ 《后汉书·光武十王传》。

④ 《后汉书·皇后纪》(上)。

是继续存在。《后汉书·章帝纪》载建初二年，有“诏齐相省冰纨、方空縠、吹纶絮”等物的诏令，可以证明。

关于冰纨、方孔縠、吹纶絮等，《后汉书·章帝纪》注云：“纨，素也；冰，言色鲜洁如冰。《释名》曰：‘縠，纱也。’方孔者，纱薄如空也。或曰空，孔也，即今之方目纱也。纶，似絮而细。吹者，言吹嘘可成，亦纱也。”由此，我们又可以想见当时纺织物已达到相当精致的程度。

西汉时，长安的东、西织室，皆在宫廷之内，本系专门供给皇家的织物而设。东汉迁都洛阳，东西织室，是否与西汉宫阙同归废弃，不得而知。但《后汉书·百官志》少府属下有御府令，典官奴婢作中衣服及补浣之属，而且有织室丞一人，则东汉时亦必有皇家织场之存在。惟岁用经费若干，则史无所载。

纺织业在西汉时，已成为普遍民间之手工业，到东汉时，自然要更加发展。据《后汉书》所载，在东汉时，凡皇帝赏赐臣民或人民赎罪，均用谷帛或缣布。赐缯之数，多者至万匹；以缯帛赎罪者，亦数十匹不等。织物既如此广泛而大量地被使用，当然非有大量的生产不可。

在西汉时，织物之中，固“非独蜀汉之布，齐陶之缣也”。但总以蜀布齐缣，最为有名。到东汉时，蜀锦已成为当时有名的织物。《后汉书·左慈传》记曹操语曰：“吾前遣人到蜀买锦。”故知锦为蜀之特产。又据《后汉书·陆续传》所述，陆续常着越布单衣。光武见而好之，自是遂勅令会稽常献越布。由此又知当时越人已学会了纺织。

不仅越人已知纺织，在东汉时，中国四周诸种族，大抵皆已知纺织。其在东北诸种族，例如挹娄已知织麻布[①]，辰韩、倭人知道织缣布[②]，涉貊、沃沮也知道织绵布[③]。其在西南诸种族，例如黔中、武

① 《后汉书·东夷传》云：“挹娄……有五谷麻布。”

② 《后汉书·东夷传》云：“辰韩……知蚕桑，作缣布。”又云：“大倭王居邪马台国……土宜禾稻、麻纻蚕桑，知织绩，为缣布。”

③ 《后汉书·东夷传》云：“涉及沃沮……知种麻，养蚕，作绵布。”

陵蛮以布为贡，谓之賨布[①]。巴郡蛮夷亦以布为贡，谓之幏布[②]。甚至今日滇缅边界之哀牢种人，“土地沃美，宜五谷、蚕桑，知染采文绣、罽毲、帛叠、兰干细布，织成文章如绫锦”[③]。其在西北五原一带，直至东汉之初，尚不知纺织，后来也由东汉的官吏崔寔教以纺织之术[④]。四周诸种族之知道纺织，有些固然是从汉族学习而知，但大多数则是自发地发明。因为跟着农业的发展，人类便自然而然地熟悉了某些植物是有纤维的，最初是编制粗的纤维，以后便逐渐知道把植物的纤维一丝一丝地抽出来而加以纺织；最后又知道利用蚕丝织成织物。中国的史家，总欢喜过分地夸张，认为四周诸种族的一切文明，都是从汉族中学习而来的。果如此说，则无异只承认历史的影响作用，而否认历史的创造作用。因此，我以为这样的说法，是非常危险的。

居住在今日的云南西南部的哀牢夷“有梧桐木华，绩以为布”。此所谓梧桐木华，即系指木棉而言，因其叶类梧桐，故以名之。

又东汉时中国有一个很大的发明，即纸的制造。据《后汉书》所记，在中国最初发明纸的制造者是和帝时的一个宦官蔡伦[⑤]。《后汉书·蔡伦传》云：“自古书契多编以竹简，其用缣帛者谓之为纸。缣贵而简重，并不便于人。伦乃造意，用树肤（即树皮）、麻头及敝布、鱼网以为纸。（和帝）元兴元年（公元105年）奏上之，帝善其

① 《后汉书·南蛮传》云：“武陵蛮……（汉）岁令大人输布一匹，小口二丈，是谓賨布。”

② 《后汉书·南蛮传》云：“（巴郡蛮夷）……其君长岁出赋二千一十六钱，三岁一出义赋千八百钱，其民户出幏布八丈二尺。”

③ 见《后汉书·西南夷传》。

④ 《后汉书·崔寔传》。

⑤ 《后汉书·宦者列传·蔡伦传》云：“蔡伦，字敬仲，桂阳（今属湖南）人也。以（明帝）永平末始给事宫掖，建初中，为小黄门。及和帝即位，转中常侍，豫参帷幄。伦有才学，尽心敦慎，数犯严颜，匡弼得失。每至休沐，辄闭门绝宾，暴体田野。后加位尚方令。永元九年，监作秘剑及诸器械，莫不精工坚密，为后世法。……（安帝）元初元年，邓太后以伦久宿卫，封为龙亭侯，邑三百户。后为长乐太仆。四年，帝以经传之文，多不正定，乃选通儒谒者刘珍及博士良史诣东观，各雠校（汉）家法，令伦监典其事。伦初受窦太后讽旨，诬陷安帝祖母宋贵人。及太后崩，安帝始亲万机，敕使自致廷尉。伦耻受辱，乃沐浴整衣冠，饮药而死。国除。”

能，自是莫不从用焉，故天下咸称‘蔡侯纸’。”[1]

斯坦因曾经在古长城一座烽燧尘封堆积的室中，发见了八封干干净净用古窣利文字体写在纸上的书函。斯氏在其所著《西域考古记》中说：

“(这些用纸写的书函，)其中有些找到时外面用绢包裹，有些只用绳缠住。这种字体，因为过于弯曲以及其他原故，极难认识。现在知道这是中亚一带商人到中国以后发回的私人通讯。他们显然很喜欢用新发明的纸作书写材料，而不喜用中国人所墨守着的木简。”(第133页)斯氏在同书中又说：“据造纸史权威故冯魏斯勒尔，用显微镜考察的结果，证明这些书函的材料，是现在所知道的最古的纸，制法是把麻织物弄成浆，然后由浆以造纸。正同中国史所纪公元105年纸初发明时采用的方法一样。”(第133页)

斯氏的意思，大概认为这种书写窣利文字的纸，就是中国最初发明的纸。但是有一个相反的事实，我必须指出。即在居延某一个单独的烽台中，发现了永元年间的木简。这就指明了当中国发明了纸的时代，而政府的文书，还是使用木简。诚然，一件新的东西发明以后，不见得马上就能大规模制造，同时又为一般人民所采用。因为习惯对新的事物，具有一种顽强的阻力，特别是政府的文书更具有刻版式的传统程式，好像他的效力，就发生在这种固定的程式之中，所以不能轻易改变。因而东汉政府在永元年间之仍用木简书写文书，并不能否定当时已有纸的发明。总之，在公元2世纪初，中国已经有了纸的应用，这就提供了中国文化的发展与传播以更好的物质条件。

除纸以外，东汉时又发明浑天仪与候风地动仪。所谓浑天仪就是测量天文的仪器；所谓候风地动仪，就是测验地震的仪器。据说这两种仪器的发明者，是东汉的一位有名的文学家张衡[2]。

---

① 《后汉书·宦者列传·蔡伦传》注引《湘州记》云：“耒阳县北有汉黄门蔡伦宅，宅西有一石臼，云是伦舂纸臼也。”

② 《后汉书·张衡传》云：“张衡字平子，南阳西鄂人也。世为著姓。祖父堪，蜀郡太守。衡少善属文，游于三辅，因入京师，观大学，因通《五经》，贯六艺。……永元中，举孝廉不行，连辟公府不就。时天下承平日久，自(转下页)

《后汉书·张衡传》云："衡善机巧，尤致思于天文、阴阳、历算，常好玄经……遂乃研核阴阳，妙尽璇玑之正。作浑天仪，著《灵宪算罔论》，言论详明。……（顺帝）阳嘉元年（公元 132 年），复造候风地动仪。"

关于浑天仪的构造，《后汉书·张衡传》上没有说明，但对于候风地动仪的构造，在其本传中，曾有如次的描写：

"以精铜铸成，员径八尺，合盖隆起，形似酒尊，饰以篆文山龟鸟兽之形。中有都柱，傍行八道，施关发机。外有八龙，首衔铜丸，下有蟾蜍，张口承之。其牙机巧制，皆隐在尊中，覆盖周密无际。如有地动，尊则振龙机发吐丸，而蟾蜍衔之。振声激扬，伺者因此觉知。虽一龙发机，而七首不动，寻其方面，乃知震之所在。验之以事，合契若神。自书典所记，未之有也。"

像这样一种复杂而精巧的仪器之出现，固然是由于张衡的巧思，然而要把这样巧妙的构思实现出来，如果没有精致的手工业工艺，是决不可能的。因而除开这个仪器的科学价值不说，他的制作技术，又具体地指明了当时手工业制造的技术水准，已经达到了前所未有的程度。至于这个仪器是否准确呢？《后汉书·张衡传》曾经举了一个实例。其言曰："尝一龙机发而地不觉动，京师学者咸怪其无征，后数日驿至，果地震陇西，于是皆服其妙。"

此外，在献帝时代，还有两种手工业上的发明，即"天禄虾蟆"与"翻车渴乌"。

关于这两种奇异的东西，何人发明，构造如何，《后汉书》并无详细的说明。仅在《宦者列传·张让传》中有云："铸天禄虾蟆，吐水于平门外桥东，转水入宫。又作翻车渴乌，施于桥西，用洒南北郊路，以省百姓洒道之费。"

《后汉书》的记载，虽然简略，但由此可以看出，所谓"天禄虾蟆"，就是一种喷水机，或转水机。所谓"翻车渴乌"，就是一种洒

（转接上页）王侯以下，莫不逾侈。衡乃拟班固《两都〔赋〕》作《二京赋》，因以讽谏。精思傅会，十年乃成。……安帝雅闻衡善术学，公车特征拜郎中，再迁为太史令。……顺帝初，再转，复为太史令。……永和初，出为河间相。……视事三年，上书乞骸骨，征拜尚书。年六十二，永和四年卒。"

水机。像这样一类机械的出现，不论怎样原始，总是手工业上的一种新的发明。

第四节　商业、都市、钱币与国际贸易的再展开

西汉末，中国的商人，曾经遭受了接二连三的打击，首之以新莽政府的抑商政策，继之以相挺而起的农民“叛乱”，而终之以残民以逞的群雄混战。在这些相继而来的政治抑压与战争动乱中，城市零落，农村萧条，生产停顿，交通阻绝，中国的商业，当然要陷于消沉之中。

消沉的时期，很快就过去了。随着农民“叛乱”的平息，群雄混战的闭幕与东汉政权的建立，那些在西汉末受过历史惩戒的商人，现在又抬起头来了。据《后汉书·桓谭传》云：“今富商大贾，多放钱货，中家子弟，为之保役，趋走与臣仆等勤，收税与封君比入，是以众人慕效，不耕而食，至乃多通侈靡，以淫耳目。”由此可以想见，当光武之世，商人已经是何等的豪富，何等的威风！

我们记得，在西汉初，中国的商业，曾经经过一个相当长久的沉滞时期，一直到农业、手工业生产在新王朝的社会经济基础上发达以后，才再展开它的活动。我们又知道在光武时，土地问题尚未解决，农民尚未复员，“四方盗贼未尽归服”。同时，一般下级官兵，“既无重赏，以相恩诱，或至虏掠，夺其财物，是以兵长渠率，各生狐疑，党辈连结，岁月不解”。当此之时，正如光武自己所云：“天下初定，人民怨气满腹。”然而中国的商人，何以就在这样一个疮痍未复的残破局面中，再展开了他的活跃呢？这岂不是历史的奇迹吗？

但是只要我们对于西汉末年的史实，略加回忆，便会知道这并不是什么历史的奇迹，而是历史发展之必然趋势。

我们知道，王莽的改良政策之主要的目的，固然是在于打击当时商人之土地兼并、囤积居奇及高利盘剥等，以图抢救临于灭亡的

政权。但是结果，胜利并不属于王莽，而是属于当时的商人。换言之，王莽的改良政策并没有实现，结果还是被迫而与商人站在一面，回复到压榨农民的政策。所以西汉末的商人，虽然在王莽的改良政策之下，遭受了一时的抑压，但很快就在政治的反攻中获得了胜利。他们失于改良政策之下的财产，不久在这个政策取消以后就加倍地收回了。

我们又知道，西汉末的农民“叛乱”，并没有像秦末的农民“叛乱”那样的集中，那样的统一，形成一个整个的“叛乱”集团，而是各地的饥民，在不同的地域形成无数的“叛乱”小组。不但小组与小组之间缺乏应有的联络，而且北方的赤眉、铜马与南方的新市、平林，还发生相互的火并。在这样的情形之下，当然没有统一的指挥，更不会有一致的行动。同时，当时的商人地主，也不像秦末的商人地主，只是聚保山泽，而是利用农民“叛乱”力量的分散，各人皆以城市或乡村为根据，组织军队，武装自卫，死守他们的田园和商店，保障他们商路的交通。因此，他们在农民“叛乱”中所受到的损失，较之秦末的商人，实在要少得多。而且有时他们甚至傍火打劫，去抢劫农民，例如光武在南阳时大肆抢劫，即其一例。

我们又知道，西汉末的群雄并不像秦末的群雄，是出身于旧贵族、小地主、流氓和破产农民等各种不同的社会层，而主要是西汉的贵族、官僚和土豪，换言之，多是商人地主。他们的起义，并不像项羽一样，含有阶级复仇的意义，而是利用农民的“叛乱”发动自救运动。他们不但不打击商人，而且他们的目的，就是保护商人。在农民“叛乱”的当中，每一个“英雄”割据的区域，都是商人的避乱所。同时，西汉末的群雄混战，也不像秦末一样形成了两个势均力敌的军事集团，进行生死的斗争。而是一个大的军事集团对许多小的军事集团的讨伐战争。因而战争的进行，并不像楚汉战争那样激烈，从而战争的破坏，也没有那样厉害。所以当时的商人，在群雄混战中所受到的损害，也比较轻微。

我们又知道，东汉王朝的创立者刘秀，不像西汉王朝的创立者刘邦是一个半路出家的商人地主，而是丝毫不假的一个商人地主。

同时，东汉的衮衮开国元勋，也不像西汉一样是一群小地主和流氓无产者，而是南阳和其他各地的富商大贾。因此东汉的统治者，一开始便能“鸾辂龙旗”“朱轮华毂”，摆出贵族的派头。决不像西汉之初，“自天子不能具醇驷，而将相或乘牛车。”即因东汉开国者集团，本身就是富商大贾，所以他们用不着学西汉的开国者集团一样，必须要抑压前代的商人，一直到那一群贫穷的新贵也变成了商人地主以后，才废除抑商政策；而是一开始就让商人自由发展。当时桓谭不知道这种道理，他还看西汉初年的古时皇历，向光武建议要他施行抑商政策。桓谭说：“夫理国之道，举本业而抑末利，是以先帝禁人二业，锢商贾不得宦为吏，此所以抑并兼长廉耻也。……今可令诸商贾自相纠告，若非身力所得，皆以臧界告者。如此，则专役一己，不敢以货与人，事寡力弱，必归功田亩。田亩修，则谷入多而地力尽矣。”桓谭真是一位书呆子，他向光武建议“锢商贾不得宦为吏”。他忘记了今日的皇帝，正是昨日的谷商，所以结果碰了一个大钉子，几乎丧了性命。

即因以上的种种原因，所以当光武削平农民“叛乱”与群雄割据以后，当时的商人很快就把门面修理好了，贴出了开张大吉的条子。正在这个时候，那些得不到土地的贫苦农民和退伍士兵，也一群群地拥进城市，他们或自卖于富豪之家为奴婢，或投入手工业作坊为徒弟，或佣于商店为佣保，或流浪于街头巷尾，为劳动的后备军。由于这大量廉贱劳动力的存在，于是手工业生产日益发达，而商业也就跟着繁荣起来了。

但是新的发展，又引起新的矛盾。贵族、官僚和富商大贾并不把他们的财富用于社会贫困之救济，而是相反地用于对国内人民之再榨取，以加深社会的贫困。因而财富愈增大，人民愈贫困。新的财富又造成了更多的新的危险，高利贷资本出现于贫困的农村。现在，在中国的历史上，又再演着贵族、官僚、商人地主土地兼并竞赛的活剧。农民交出了所有的土地，贵族、官僚、商人地主，变成了地下财富的主人。

现在，我们说到东汉的都市。

如前所述，在西汉，中国已有着无数商业繁荣的都市。这些都市，或是古代都邑的更新，或是新兴口岸的长成。特别是京师长安和洛阳、成都、邯郸、临淄、宛五个都市，更为繁荣。王莽时，把长安的东市称京，西市称畿，又把这五个都市，命名为东、南、西、北、中五都，皆置五均司市师一人，交易丞五人，钱府丞一人，以征收商税，评定物价，推行新币等。由此可知这些都市，在西汉末是中国境内的几个商业中心城市。

这几个有名的都市，到东汉时，仍然断续占有商业上的重要地位。不过因为东汉建都洛阳，跟着政治中心的迁移，商业的中心，也由长安转到洛阳。洛阳居中国之中，绾毂东西南北，自春秋、战国以来，即为黄河流域重要的商业城市。秦汉以来，这里是长安的外府。自东汉建都于此，城市的规模，日益扩大。班固《东都赋》谓当时的洛阳："超大河，跨北岳。"张衡《东京赋》亦谓当时的洛阳："溯洛背河，左伊右瀍，盟津达其后，太谷通其前。回行道乎伊阙，邪径捷乎轘辕。"真是："京邑翼翼，四方所视。"王符《潜夫论·浮侈篇》亦云："今察洛阳，资末业者什于农夫，虚伪游手什于末业。"这里所谓"末业"，即指商人；所谓"虚伪游手"，即指失业的流浪之群。由此可以想见当时的洛阳，不仅是皇亲国戚、达官贵人逍遥自在之所，也是舍本务末的富商大贾逐臭之场，同时，又是流浪者之群乞丐游食之地。

长安在王莽末虽遭农民军与官兵之先后破坏，但破坏的程度，并不如历史家所记的那样厉害，所以到东汉时又渐渐回复了。东汉虽不建都长安，但长安并不因此而废弃，因为这个城市，既有悠久的历史，而在地理上又是西北贸易的东方出发点。《后汉书·第五伦传》谓："时长安铸钱多奸巧，乃署伦为督铸钱掾，领长安市。"由此可知这里在东汉时仍然是一个手工业和商业的繁荣城市。

成都，在西汉时，就是西南贸易的中心。这里的手工业，特别是纺织业和五金竹木之类的工业，最为发展。《后汉书·公孙述传》谓成都"女工之业，覆衣天下，名材竹干、器械之饶，不可胜用。又有鱼盐铜银之利"。由此可知到东汉初，成都的手工业，更加发展。至于商业交通，亦甚方便。同上书云：成都“北据汉中，杜褒、斜之险；东守巴郡，拒扞关之口”。顺江而东，可通荆、扬，崎岖而南，可达黔、滇。商品萃聚，舟车四达。故在东汉时，仍为工业的中心城市，亦为西南贸易的重冲。

临淄，在西汉时，即有人口十万户，市租千金，人众殷富，巨于长安。邯郸在王莽时，号称北都，繁荣亦可想见。这两个城市虽在王莽之末遭受战争的灾难，但以它们都是山东、河北商品聚散的中心，所以到东汉时，仍然不失其商业上的重要性。

在东汉时，南阳一带，因为是皇家的故乡，皇亲国戚挟其政治势力，经营非法买卖。所以宛县、汝南，皆发展为繁荣殷富的城市。由于首都的东迁，政治势力的南渐，长江流域与中原的贸易，也比西汉时更加紧切了。当时由会稽溯江而上，如丹阳、豫章、江夏、荆襄等地，都发展成为商业的口岸。此外，东南沿海一带，因为没有遭受西汉末内乱的“蹂躏”，仍然继续过去的发展。当东汉时，福建的东冶（今福州）、广东的番禺（今广州）、徐闻、合浦，都是海洋贸易的口岸。除此以外，东汉时又有些新兴的小市邑，如《潜夫论·浮侈篇》所云：“天下百郡千县，市邑万数。”

至于甘肃西北的武威、张掖、酒泉、敦煌，所谓河西四郡，到东汉中叶，复成为西北国际商路上的重要城市。惟至顺帝以后，因为羌族的“叛乱”，南路断绝，因而又萧条起来。

东汉时又有军市。例如《后汉书·祭遵传》云：祭遵“从征河北，为军令市”。又如《东观汉记》云：“永元十二年，冬十一月癸酉夜，白气长三尺，起国东北，指军市。”像这样的军市，在西北边境一带，一定也很多。

总之，东汉至中叶时，都市勃兴，商业繁荣。当时的情景，正如王符《潜夫论·浮侈篇》所云：“今举俗舍农桑，趋商贾，牛马车舆，填塞道路，游手为巧，充盈都邑，务本者少，浮食者众。”因此，商人十倍于农夫，而流浪者又十倍于商人。像这样的情形，不仅大都市为然，“天下百郡千县，市邑万数，类皆如此。”

商业发达的结果，自然要产生无数的富商大贾，惜《后汉书》

的作者，没有替那些货殖者作列传，以是无从考察。仲长统虽曾有关于豪人生活的记录，但皆系就一般的现象而言，至于那些豪人姓甚名谁，他并没有指出。虽然如此，但我们仍然可以从《后汉书》上找出一些代表人物。例如：

李通，“南阳宛人也。世以货殖著姓。……居家富逸，为闾里雄，以此不乐为吏。”①

樊宏，“南阳湖阳人也。……为乡里著姓。父重，……世善农稼，好货殖，……赀至巨万。”②

夏馥，“陈留圉人也，……同县高氏、蔡氏并皆富殖，郡人畏而事之。”③

“宛有富贾张汎者，桓帝美人之外亲，善巧雕镂玩好之物，颇以赂遗中官，以此并得显位。”④

杜笃，“京兆杜陵人也……子硕，豪侠，以货殖闻。”⑤

后汉一代近二百年中，以经营商业而致富者，当然不止上述数人。可惜他们虽豪于当时，而没世无闻。以一般情势而论，东汉时社会趋末之风，较之西汉，当更有甚焉，甚至皇帝也不惜屈万乘之尊，为贱丈夫之事。例如灵帝即曾于光和四年，“作列肆于后宫，使诸采女贩卖。”皇帝如此，贵族、官僚可知。盖东汉时贵族、官僚、商人地主已经是三位一体，无从分别，如果要写货殖列传，第一位就应该是“卖谷于宛”的汉光武。

关于商业的种类，凡西汉时已有者，东汉时无不有之。而且东汉时手工业更加进步，商品的种类必然更多，制作亦必更为精巧，特别是奢侈品，充盈都市。王符《潜夫论·务本篇》云：“今工好造雕琢之器，巧伪饬之，以欺民取贿……，以任用为要，以坚牢为资，今商竞鬻无用之货，淫侈之币，以惑民取产。虽于淫商有得，然国计愈失矣。”

---

①《后汉书·李通传》。

②《后汉书·樊宏传》

③《后汉书·党锢列传·夏馥传》。

④《后汉书·岑晊传》。

⑤《后汉书·文苑列传·杜笃传》。

除奢侈品以外，还有其他各种的买卖。如《后汉书·朱俊传》云：朱俊，“少孤，母尝贩缯为业。”《后汉书·光武纪》云：“光武避吏新野，因卖谷于宛。”《后汉书·韩康传》云：韩康“常采药名山，卖于长安市”。《后汉书·赵岐传》云：“（赵岐）卖饼北海市中。”《后汉书·王符传》云：“或作泥车瓦狗诸戏弄之具，以巧诈小儿。”《后汉书·王充传》云：王充“家贫无书，常游洛阳市肆，阅所卖书”。由此看来，当时都市中，凡丝绸、粮食、药物、熟食、儿童玩具的买卖，无不应有尽有，而且在文化中心的洛阳市上，且有贩卖手抄本书籍的书店了。

东汉时，高利盘剥，极为盛行，桓谭所言“今富商大贾，多放钱货”，“收税（利息）与封君比入”，即指此而言。《后汉书·陈重传》云：雷义“明年举孝廉，重与俱在郎署。有同署郎负息钱数十万，责（债）主日至，诡求无已，重乃密以钱代还”。从陈重的故事，可以想像当时高利盘剥者之一般。

不仅富商大贾，高利盘剥，贵族官僚也同时私放公款，盘剥人民。《后汉书》中曾载有因私放民债而致贬迁的事实。例如《后汉书·窦融传》云：窦瓌“坐禀假贫人，徙封罗侯，不得臣吏人”。《虞诩传》云：“永平、章和中，州郡以‘走卒钱’（更赋）给贷贫人，司空劾案，州及郡县皆坐免黜。”举此二例，即可以想见当时贵族官僚不仅以超经济强制剥削人民，而且也善于以超经济强制之所得，从事于财富之再生产。

除此以外，还有一种相反的现象，即政府向人民借钱。《后汉书·庞参传》云：“比年（永初四年左右）羌寇特困陇右，供徭赋役为损日滋，官负人责数十亿万。”《后汉书·顺帝纪》永和六年，“诏假民有赀者户钱一千。”汉安二年，“贷王、侯国租一岁。”《后汉书·桓帝纪》延熹四年，“贷王侯半租。”五年，“假公卿以下奉。”

现在，我们说到东汉时的货币。

东汉初，承王莽之后，货币使用布帛金粟之属；而公孙述在四川，又铸铁钱，百姓不便，皆思恢复五铢钱，因而当时有“黄牛白腹，五铢当复”之民谣。马援看到这种情形，曾上书光武，请“如旧铸五铢钱”，但以三府不赞同而止。到建武十六年，马援再申前议，光武才批准了他的建议，再铸五铢钱。自是以后，天下皆用五铢钱，百姓以为便。

自光武以后迄灵帝以前，《后汉书》上没有铸钱的记载，至灵帝中平三年，才新铸四出文钱。《后汉书·宦者列传·张让传》云：“又铸四出文钱，钱皆四道。”到献帝初平中，又更铸小钱。《后汉书·献帝纪》云：“董卓坏五铢钱，更铸小钱。”《后汉书·董卓传》云：卓“又坏五铢钱，更铸小钱，悉取洛阳及长安铜人、钟虡、飞廉、铜马之属，以充铸焉。故货贱物贵，谷石数万。又钱无轮郭文章，不便人用”。《晋书·食货志》云：“献帝初平中，董卓乃更铸小钱，由是货轻而物贵，谷一斛至钱数百万。”由此而知此种小钱之恶劣了。

东汉铸钱的记载，大概如上所记。东汉时铸币之权，仍操于政府，但盗铸钱币者所在皆有。如第五伦为长安市长时，长安市盗铸钱者多奸巧。长安如此，其他各地当然也有。即因盗铸私钱，过于恶劣，因而钱贱物贵。所以到章帝时，张林建议“可尽封钱”，纳税卖买，悉用布帛。《后汉书·朱晖传》载张林之言曰：“谷所以贵，由钱贱故也。可尽封钱，一取布帛为租，以通天下之用。”张林的建议因为朱晖反对没有实行。后来陈事者复重述林议，章帝居然下诏施行。施行了好久，不得而知；但在章帝时确曾实行过征实的政策。以后政府虽取消了征实的政策，而官吏们以征实有利可图，常有私自征实之事。

从张林“一取布帛为租，以通天下之用”的主张之施行，我们又明白了另外一个问题，即东汉时皇帝的赏赐多用布帛的问题。我们知道西汉时，皇帝对臣下的赏赐，多用黄金，但在东汉时则大抵皆用布帛，于是论者皆谓东汉时黄金减少。赵翼并且找出了黄金减少的原因，他在《廿二史劄记》中云：“后世黄金日少，金价亦日贵，盖由中土产金之地已发掘净尽，而自佛教入中国后，塑像涂金，大而通都大邑，小而穷乡僻壤，无不有佛寺，即无不用金涂。以天下计之，无虑几千万万，此最为耗金之蠹，加以风侈靡，泥金写经，贴金作榜，积少成多，日消月耗。故老言黄金作器，虽变坏而金自在，一至泥金涂金，则不复返本，此所以日少一日也。”

我以为东汉皇帝赏赐之用布帛，并不能成为当时货币或黄金缺乏的说明，而是征收实物的结果。因为在当时既以布帛为租，则掌握在皇家手中的都是布帛。于是皇帝因之以赐臣下，这是非常自然的事情。至于东汉政府之所以实施征实的政策，也并不如有些论者所云，是因为缺乏货币，回到物物交易。恰恰相反，而是铸币的数量太多，品质太劣，不如征实之有利。我们从当时用钱的数目，即可以看出钱不值钱，例如《后汉书·中山简王焉传》云：“皇子，始封薨者，皆赙钱三千万。”又云：“嗣王薨，赙钱千万。”又如《后汉书·济北惠王寿传》云：“始封王薨，减赙钱为千万。”又云：“嗣王薨，五百万。”从这里，我们不但可以看出钱不值钱，又可以看出当时已不用黄金为单位，而皆以钱币为单位，故史载赐金之事甚少。黄金之不大用于赏赐，并不是货币缺乏，正是货币经济发达的现象。

即因铸币太轻，到和帝时又有人主张改铸大钱。当时有刘陶者，曾上书反对。《后汉书·刘陶传》记刘陶之言曰：

“当今之忧，不在于货，在乎民饥。夫生养之道，先食后货。是以先王观象育物，敬授民时，使男不逋亩，女不下机。故君臣之道行，王路之教通。由是言之，食者乃有国之所宝，生民之至贵也。

“窃见比年以来，良苗尽于蝗螟之口，杼柚空于公私之求，所急朝夕之餐，所患靡监之事，岂谓钱货之厚薄，铢两之轻重哉？就使当今沙砾化为南金，瓦石变为和玉，使百姓渴无所饮，饥无所食，虽皇羲之纯德，唐虞之文明，犹不能以保萧墙之内也。盖民可百年无货，不可一朝有饥，故食为至急也。

“议者不达农殖之本，多言铸冶之便，或欲因缘行诈，以贾国利。国利将尽，取者争竞，造铸之端于是乎生。盖万人铸之，一人夺之，犹不能给；况今一人铸之，则万人夺之乎？虽以阴阳为炭，万物为铜，役不食之民，使不饥之士，犹不能足无厌之求也。

“夫欲民殷财阜，要在止役禁夺，则百姓不劳而足。陛下圣德，愍海内之优戚，伤天下之艰难，欲铸钱齐货以救其敝，此犹养鱼沸鼎之中，栖鸟烈火之上。水木本鱼鸟之所生也，用之不时，必至燋烂。愿陛下宽锲薄之禁，后冶铸之议，听民庶之谣吟，问路叟之所忧，……天下之心，国家大事，粲然皆见，无有遗惑者矣。”

我们读了刘陶的这篇议论，因知当时物价之高，固由于钱币贬值，也是由于年岁不登，更由于官府和商人地主的“役”和“夺”，这是物资缺乏的主要原因。所以刘陶不主张改铸钱币，而主张彻底振兴农村经济，以培养社会经济的根本。

最后，我们说到东汉时代的国际贸易。

东汉的国际贸易，最主要的市场，还是在今日塔里木盆地和中亚方面。我们记得，王莽末年，西域诸国相继叛变．中原和西域道路不通。当此之时，虽然敦煌太守窦融，保住河西四郡，但中原的商人，因为有匈奴的侵袭，仍不敢出玉门关一步。以后隗嚣据陇西，窦融以河西四郡降于隗嚣；但隗嚣的目的在于东向长安，与光武争夺天下，没有余力，西向发展。更后光武击灭了隗嚣父子，河西四郡遂隶于东汉政府的统治之下；但光武亦以天下初定，须以全力镇压国内可能的叛乱，不肯把力量分一部分出来照顾西域。一直到明帝末年（公元73年），东汉才派官吏驻于塔里木盆地。自此以后，历章帝、和帝之世，西域诸国，遂又再度隶属于东汉王朝。

中原的商人不到西域，已经五六十年了。现在他们又走上西北的国际商路。一批一批的商队，由洛阳或长安出发，蹈着他们祖先的足迹，经由武威、张掖、酒泉以至敦煌。到了敦煌以后，或走南道，或走北道，以进入塔里木盆地。或由当时之伊吾庐，今日哈密以西之西堡，以入天山以北之准噶尔盆地。其中有些商队则逾越帕米尔高原，远贾于中亚细亚，其前锋甚至到达今日之波斯湾头。当此之时，我们可以看到一批一批的骆驼队，通过一望无涯的盐泽大沙漠，通过吐鲁番洼地，沿着天山的南麓和北麓，沿着昆仑山的北麓，慢慢地西进。我们也可以看到在帕米尔高原的雪山中，在中亚的原野里，到处都是贩卖丝绸的中国商人。西汉时代的商人遗留在沙漠中或雪山中的尸骨，现在却变成了他们子孙们最可靠的指路碑了。

塔里木盆地和准噶尔高原的光景，和西汉时并没有什么不同，只是人口比较繁殖了，特别是车师后部（由 4774 人增至 15000 人），于阗（由 19000 人增至 83000 人）、焉耆（由 32000 人增至 52000 人）、疏勒（由 1510 户增至 21000 户），因为附近有较大的沙漠田，所以人口增加得更多。人口的增多，就指示了城市经济的繁华和消费力的增大。由此也可以想见东汉时天山南北的贸易，较之西汉一定更为兴旺。

中央亚细亚的光景，也没有什么改变，只是大月氏的印度商人更多，安息的罗马商人更多而已。此外在中亚的许多城市，出现了一些佛教的寺院。

当时中国商人运到西方市场上去的商品，大半都是中国的手工业制造品，特别是西方人所喜好的丝织物。斯坦因在《西域考古记》中说到他在古楼兰的废墟中，曾经发见“一块堆绒的羊毛地毡残片和保存得很好的一小捆黄绢。此后又找到一些木质的度量器具，以及一块有字的绢边，使我能够证明这一小捆黄绢正当的宽度是十九吋，以及古代中国工业中，这种有名的出产运到西方希腊、罗马的真正形式”。（第 97 页）

斯坦因在同书中又云，他在古楼兰废址中，曾“得到金属、玻璃，以及石质的小件不少，其中有背部往往刻镂很精的青铜镜残片，金属扣，石印之类。拾得的玻璃的以及石质的珠子也不少”。在这些东西之中，除玻璃系输入的商品，其余大抵皆系中国的出口货。斯坦因在同书中又云，在古楼兰废址中，“汉代方孔式铜钱散布之多，很为重要。由此可见这种小钱流布之广而且多，以及普通由钱币所指示的贸易之盛。”（第 98 页）

东汉时，中国商人在塔里木盆地的贸易之盛，已经由许多遗址和遗物的发见而获得确证。至于中国商人在帕米尔以西的世界之活动，尚没有什么实物发现。据《后汉书·班超传》所载，东汉的政治使节在西方所达到之最远的地方，是安息与条支交界处的海口，即今日的波斯湾。他们本想聘问罗马，据说为安息西界船人所阻。《后汉书·西域传》也说，当时罗马皇帝常欲与汉相通，也因安息商人想垄断中国丝织物的贸易，将罗马与中国的关系遮断。这样说来，东汉时，中国的商人似乎没有到达罗马的本土。

但据同书所载，当时中国的商人，又已经知道，从安息到罗马的陆路交通。《后汉书·西域传》云：“从安息陆路绕海北行，出海西，至大秦，人庶连属，十里一亭，三十里一置，终无盗贼寇警。而道多猛虎、狮子，遮害行旅，不百余人，赍兵器，辄为所食。”像这样的情形，如果不是从安息人间接听到，便是当时曾有中国商人身历其境。总之，东汉时的中国商人，是否到达罗马本土，无从确知，但他们的足迹，已经蹈到西汉时中国商人所没有蹈进的世界，则是毫无可疑的。盖西汉时，中国商人“皆自乌弋以还，莫有至条支者也”。而东汉的商人，则远至安息的西界与条支接境的海岸。惟当时中国人所知道的西方世界，仅以罗马为止，他们以为自罗马而西，则是大地尽头之处，“几于日所入也”。

当中国商人远征中亚之时，中亚和印度的商人，也纷纷来到中国。这种事实，晚近已从考古学的发现获得了确证。

据斯坦因《西域考古记》所述，斯氏在古楼兰的废墟中发现了许多写在木简、纸片及绢上的古窣利语文的文书。同样字体的文书，也发现于古长城的废垒。据斯氏说，这种窣利语文，是“公元后起初几世纪流行于今撒马尔干和布哈拉地方的古康居一带”。以年代计算，正相当于东汉时代。这种文字的文书之发现于塔里木盆地的东端乃至甘肃的西部，就证明了当东汉时，康居、奄蔡以及里海以北一带的商人，已经深入中国的境界。

斯氏在同书中，又谓在古尼雅的废墟中曾经发见无数佉卢文的木简。他说，在尼雅所发见的佉卢文木简“除去少许长方形的而外，那一天所得木牍全作楔形，长七吋至十五吋不等，原来显然是每两块缚在一起”。“读法自右至左，较长部分，则作平行式，写在木牍的里面，外边的牍，有一下陷的凹形槽，中钤一封泥印，可以证明这是当作一种信封套用的。凹形槽的旁边常有很简单的记录，成单行，这应是住址或发信人的姓名。”据斯氏考察，这种古佉卢文的旁边是印度贵霜王朝的石刻所通用的字体。按贵霜诸王，在公元初开始的三世纪间，统有旁遮普以及印度河西边的一些地方。由此又证明中亚东南、印度西北一带地方的商人，在东汉时，也往来贸易于塔里木盆地一带。

斯氏在同书中又云：“（在尼雅）又幸而发现同样一片木牍，佉卢文以外，并且还用贵霜王朝时期的印度婆罗谜文写上数行。”这种木简与中国东汉时的古钱在同一地址发见。这又是印度商人的足迹也曾蹈进塔里木盆地的证据。

据斯坦因考察，所有这些外国文的简牍，除了一少部分是政府的文书和私人的信札以外，“其中大多数字体排列不齐，写成小小的行列，末尾缀以数目字，书法不一，删削屡屡，既不是文书，也不是联络的报告，大概是一些备忘录，账簿、草稿及随笔之类。”这又证明了这些木简，大都是外国商人留下来的。此外还有许多希腊、罗马式艺术品的发见（详第七章），又证明当时罗马商人曾经到达中国西部的事实。

斯坦因在同书中，又引据托勒密《地理志》中所保存的推罗的马林努斯的记录，谓大约就在中国商人到达波斯湾头的时候，马其顿商人狄兴努斯的商业代理人也同时穿过那被称为斯克泰外伊摩的塔里木盆地，到达今日中国本部的“丝国”。马林努斯的记录，就是记载当时罗马的商队从“丝国”回到西方所经行的大道的报告。这样看来，当时安息的商人，并没有完全做到遮断中国与罗马直接贸易的企图。

自西汉中叶以后，从红海到印度洋的海道即已畅通，中亚与西欧的贸易，多改由海道。据吉本《罗马帝国之衰亡》一书有云：“罗马搜集邻国之所有，以供其奢华之生活。皮货来自塞国林中，琥珀来自波罗的海沿岸及多瑙河一带……巴比伦地毯与其他东方产品，需要甚多。而与通商最盛之外邦，则首推阿拉伯与印度。每岁约当夏至节边，一百二十艘商船，自迈奥霍穆出发，是乃红海岸旁埃及之一海港。因信风之助，四十日可渡大洋。马拉巴海岸及锡兰岛，乃其寻常停泊之处，亚洲远邦商贾，多麕聚于这些地方，以待罗马商人之来，与之交易。十二月或一月为其预定归期，回到非洲后，乃卸货于骆驼背上，自红海至尼罗河以达亚历山大里亚港口，然后再由此渡地中海，输入罗马都城。”由此而知到东汉末叶，中国与罗马贸易的仲介人，已由安息商人转入印度商人之手了。

又据《后汉书》所载，桓帝延熹九年，大秦王安敦遣使自日南徼外献象牙、犀角、玳瑁。据此，则当时罗马的商船队，已越印度洋而东经今日之荷属东印度（今印尼）、英领星嘉坡（今新加坡）一带，到达了今日安南、广东沿海岸了。

这样一来，中国的商人当西北商路断绝之后，又在南方沿海，获得了与罗马、印度直接贸易的机会，而且对南洋群岛的贸易，也因之而更加发展了。

当时中国与罗马的贸易，还有一条路线，这就是通过当时的掸国，今日的缅甸。据《后汉书·西南夷传》所载，掸国之通于中国，早在和帝永元九年，到安帝永宁元年，“掸国王雍由调复遣使者诣阙朝贺，献乐及幻人……，自言我海西人，海西即大秦也。”大秦即罗马也。从这段记载中，我们又知道当时罗马商人在今日缅甸者，一定很多。

至于东北方面，除与朝鲜半岛诸国有着密切的商业关系，与当时倭奴国，今日的日本，也有着繁盛的往来。《后汉书·东夷传》云：“建武中元二年，倭奴国奉贡朝贺，使人自称大夫，倭国之极南界也。光武赐以印绶。安帝永初元年，倭国王帅升等献生口百六十人，愿请见。桓、灵间，倭国大乱，更相攻伐，历年无主。有一女子，名曰卑弥呼，年长不嫁，事鬼神道，能以妖惑众，于是共立为王。……自女王国东渡海千余里，至拘奴国，虽皆倭种，而不属女王。自女王国南四千余里，至朱儒国，人长三四尺。自朱儒东南行船一年，至裸国、黑齿国，使驿所传，极于此矣。”以上所述各国，我们虽不能正确考知其属于今日何地，然以方位及距离计之，大抵总在今日日本三岛一带。这些地方，既皆为汉之外交使节所曾到达，当然亦有中国商船队来往。实际上商船队乃是政治使节的先锋。

当时日本与中国的交通，大抵浮海至朝鲜，然后由陆路以入中国本部。《后汉书·东夷传》谓：“马韩之西，海岛上有州胡国。其人短小，髡头，衣韦衣，有上无下。好养牛豖。乘船往来，货市韩中。”

《后汉书·东夷传》又云："会稽海外有东鳀人，分为二十余国。又有夷洲及澶洲。传言秦始皇遣方士徐福，将童男女数千人入海，求蓬莱神仙不得，徐福畏诛，不敢还，遂止此洲，世世相承，有数万家。人民时至会稽市。会稽东冶县人有入海行遭风，流移至澶洲者。"按此所谓东鳀人、夷洲（今台湾岛）、澶洲者，大概就是今日浙江、福建海外诸岛乃至琉球群岛。如《后汉书》所云，则当时的会稽，乃是东海诸小岛上的人民与东汉贸易的一个中心城市。

总上所述，我们知道东汉的国际贸易，无论在西方抑或在东方，无论在大陆，抑或在海洋，较之西汉时代，都大大地发展了。这种发展，一方面固然是由于中国社会经济的发展，同时也是世界史发展的总和。

第十章

东汉政权的性质、组织、发展及其崩溃

第一节　东汉政权的性质及其组织

东汉的政权是西汉政权的继续。这里所谓继续，不是指统治者的血统而言，而是指政权的性质。

如前所述东汉的开国皇帝刘秀，本人就是南阳的一个大商人地主。刘秀个人的社会属性，固然不足以决定东汉政权的属性；但刘秀的集团，大抵皆系南阳的豪民富商。而且刘秀之乘时而起的动机，并不是有什么存亡继绝的大志，只是因为迫于农民暴动，南阳一带豪民富商的财产受了威胁，大家推他出来组织地方保卫团，以保卫南阳豪民富商的财产。以这种性质的地方保卫团为基础而成长起来的东汉政权，当然是商人地主的政权。

刘秀的集团，最初本想利用农民反对王莽反动政策的心理，而把农民革命军的力量，因势利导于自己的政治目的，所以不惜降志屈身，加入新市、平林的“贼伙”。但是终因身份的悬殊，决定了这个集团从新市、平林中脱离出来，揭起自己的旗帜。也决定了这个集团在后来与河北的商人地主的武装及王莽的残余势力联合一致，共同剿灭河北的赤眉、铜马等农民革命军。就因为刘秀集团的旗帜鲜明，于是上帝的使者才捧着“赤伏符”来到刘秀的司令部，替这位“剿匪的英雄”，送来了一顶华美的皇冠。

天命降临到商人地主领袖的头上，这件事就意味着农民革命的行将灭亡。不久，刘秀就对河北的农民革命军，展开残忍的扫荡，而将其蹙之于陕西。陕西，原为南方的“叛乱”农民麕集之地，一旦河北山东一带的暴动农民窜进函谷关，于是为了争夺生活资料，遂发生了大规模的火并战争。就在南北农民革命军火并战争的当中，刘秀的官军乘机消灭了河北的各支农民军，最后结束了农民的革命。

农民暴动虽然消灭，而贵族、官僚、商人地主的武装集团，仍然所在皆有。所以接着“剿匪”之后，刘秀便板起皇帝的面孔，开始讨伐叛逆的战争。不久，和刘秀同时起事的那些“逆贼”，都先后为刘秀所破灭。于是整个的天下，又回到商人地主的手中。

农民暴动已经成了过去，现在遗留下来的世界，只有千百万具农民的腐尸，他们沉静地躺在血泊之中。也间或有些孤儿寡妇的哭声，但这种微弱的哭声，已经被洛阳城里高呼万岁万万岁的声音盖住了。安眠吧！可怜的冤魂饿鬼们，你们总算在中国史上，又加上了鲜红的一页呵！

洛阳城上，又飘扬着大汉的旗帜，新的胜利者，挤满了这新的首都。现在，残余的农民军放下了他们的武器，垂头丧气地走回了自己的故乡。没有土地，没有耕牛，没有住宅，当他们投到新主人面前的时候，回忆到昨天的事变，真像噩梦一样。

农民虽然没有分到土地，但是西汉时代所有的田税、人头税、徭役税，以及一切苛捐杂税，仍然一样不少，压到他们的头上。特别是见税十五的地租，必须按时送到地主的谷仓，否则，第二年便没有土地可以耕种。即因如此，所以光武说：当时“百姓怨气满腹”，他不敢到泰山顶上去参见上帝，谎报太平，自欺欺天。

即因光武深知“百姓怨气满腹”，所以虽然西域诸国派遣代表来到洛阳，请他保护，他也加以拒绝；虽然匈奴压境，他也宁肯退让；而必须集中全力来对付这“怨气满腹”的国内人民。

对付农民最好的方法，是武装镇压，所以光武于统一天下以后，山东、河北一带，农民暴动最厉害的地方，经常派遣驻屯军，以防备可能发生的事变[①]，同时在新政府的首都，则仍袭西汉旧制，组织庞大的南、北军，以巩固中央政府的安全[②]。但因地方军多系王莽时代的旧有部队，不大可靠，所以不久又将他们解散[③]，而加强中央军的组织以代替地方军[④]。惟不久又组织了新的地方军，以控制人民的异动。但至中叶以后，随着东汉政权的衰落，无论中央军与地方军，都趋于腐化。所以每遇寇警，则临时征兵。这种临时征来的兵士，当然没有战斗的训练，因而无论抗敌或剿匪，"每出辄北"[⑤]。到东汉末叶，这种用以控制人民的武装，反而为其自己的家奴所掌握，一变而为挟制朝廷的工具[⑥]。灵帝虽曾一度作收回兵权之举，设西园八校尉[⑦]，但这种新羽林军仍然是以宦官为元帅。到献帝时，大批的"黄巾贼"，竟然在官军密布的天下之中，造起反来。由此而知武装镇压，可靠而又不可靠。

其次，对付农民的另一有效的方法，便是刑罚的威吓和惩戒。

---

① 《通考·兵考》曰："光武以幽、冀、并州兵，克定天下，始于黎阳立营，领兵骑常千人，以谒者监之。"

② 《通考·兵考》云："（东汉时）京师南、北军如故，于北军则并胡骑、虎贲二校为五营，以北军中候易中垒以监之。于南军，则光禄勋省车户骑三将及羽林令。都尉省旅贲及卫士一丞。"

③ 《后汉书·光武纪》云："建武六年，是岁初罢郡国都尉官。"又云："七年三月，诏罢轻车、材官、楼船士及军假吏。"注引《汉官仪》云："军假吏，谓军中权置吏也。令悉罢之。"

④ 《通考·兵考》云："光武罢都试而外兵不练，虽疆场之间，广屯增戍，列营置坞，而国有征伐，终藉京师之兵以出。盖自建武迄于汉衰，匈奴之寇，鲜卑之患，岁岁有之。或遣将出击，或移兵留屯，连年暴露，奔命四方，而禁旅无复镇卫之职矣。"

⑤ 《通考·兵考》云："至安帝永初间，募入钱谷，得为虎贲羽林堤骑营士，而营卫之选亦衰矣。桓帝延熹间，诏减羽林虎贲不任事者半俸，则京师之兵，亦更弱矣。外之士兵不练，而内之卫兵不精，设若盗起一方，则羽檄被于三边，兴发甲卒，取办临时，战非素具，每出辄北。"

⑥ 《通考·兵考》云："至东汉以来．又举五官郎将、羽林虎贲，以职属大夫。议郎、谒者、仆射以文属。分属之后，政令不行于其间。而又光禄大夫不在宿直，议郎不与执戟，惟不在宿直执戟之列，则凡为禁卫者，皆非士人之流。而郎官三省尽为诸黄门之庐耳。故宦内典门户，外与政事。"

⑦ 《后汉书·何进传》云："（灵帝中平）五年……诏使（何）进悉领兵屯于（平乐）观下。是时，置西园八校尉，以小黄门蹇硕为上军校尉……特亲任之，以为元帅。督司隶校尉以下，虽大将军，亦领属焉。"按西园八校尉者，即上军校尉、中军校尉、下军校尉、典军校尉、助军校尉、右校尉、左校尉、佐军校尉是也。

东汉政府一开始便以严刑峻法临于人民。《后汉书·循吏传·序》谓光武以“天下已定，务用安静，解王莽之繁密，还汉世之轻法”。但是所谓“汉世之轻法”，就是那种具五刑、夷三族的轻法，像这样的刑法而谓之轻法，则不知如何而始为重法。

果然，到和帝时，重法出现了。当时律令有死刑 610 条，耐罪 1698 条，赎罪以下 2681 条。其时廷尉陈宠建议，主张略加删改，也没有施行[①]。至汉末，应劭删定律令为《汉仪》，蠲除重复，为之节文；但亦并未减轻，不过以类相从，章目更为分明而已[②]。

东汉时的狱吏和囚徒

东汉的刑法，除西汉所有者，全部承袭以外，又添加了劓、黥、

① 《后汉书·陈宠传》云：和帝永元六年，廷尉陈宠“又钩校律令条法……曰：……今律令死刑六百一十，耐罪一千六百九十八，赎罪以下二千六百八十一，……汉兴以来，三百二年，宪令稍增，科条无限。又律有三家，其说各异。宜令三公、廷尉平定律令，应经合义者，可使大辟二百，而耐罪、赎罪二千八百，并为三千，悉删除其余令。……，未及施行。……及宠免后遂寝。而苛法稍繁，人不堪之。（宠子）忠略依宠意，奏上二十三条，为《决事比》，以省请谳之敝。”

② 《后汉书·应劭传》云：应劭“删定律令为《汉仪》。建安元年乃奏之。曰：‘……逆臣董卓，荡覆王室，典宪焚燎，靡有孑遗……窃不自揆，贪少云补，辄撰具《律本章句》《尚书旧事》《廷尉板令》《决事比例》《司徒都目》《五曹诏书》及《春秋断狱》，凡二百五十篇。蠲去复重，为之节文。又集驳议三十篇，以类相从，凡八十二事。其见《汉书》二十五，《汉记》四，皆删叙润色，以全本体。其二十六，博采古今瓌玮之士，文章焕炳，德义可观。其二十七，臣所创造。……’献帝善之”。

髡、钳、城旦、舂等许多新的花样。主要刑罚有殊死[①]耐罪、亡命[②]、右趾[③]、输作司寇[④]、输作右校[⑤]、输作若卢[⑥]、施刑[⑦]、女徒雇山[⑧]、女子宫[⑨]等。

赋税、徭役、武装的压迫和刑法的威吓，这就是东汉政府对于当时农民的恩典。在这样浩荡的皇恩之下，当时的农民，如果不愿一声不响地饿死，那就只有两条出路：不是自卖为奴婢，便是合伙为“盗贼”。所以东汉时的奴婢与“盗贼”，他们正像一对孪生的兄弟，是同一母胎中孕育出来的。

东汉在光武一代，曾发布六次解放奴婢的诏令。光武时的奴婢，还可以说是前代的遗留。但后来明帝、安帝都有解放奴婢的诏令[⑩]，而且在整个的东汉时代，贵族官僚都拥有大群的奴婢[⑪]，这就证明了当时仍然有卖儿、卖女、卖妻以至自卖的农民之存在。惟东汉时的奴婢和西汉时的一样，绝大多数不是生产的奴隶，而是家庭的贱

① 《后汉书·光武纪》：建武七年“非犯殊死，皆一切勿案其罪”。注云：“殊死，谓斩刑殊绝也。”

② 《后汉书·光武纪》建武七年，诏“耐罪、亡命，吏以文除之”。注云：“犯耐罪而背名逃者。”

③ 《后汉书·明帝纪》：“右趾至髡钳、城旦舂……完城旦舂至司寇作。”注云：“右趾，谓刖其右足，次刖左足，次劓，次黥，次髡钳为城旦舂。”

④ 《后汉书·明帝纪》纪云：“前书谓之罚作，一岁刑也。”

⑤ 《后汉书·韦彪传》注云：“左校，署名，属将作。”

⑥ 《后汉书·庞参传》：参“拜左校令，坐法，输作若卢”。注云：“若卢，狱名。”

⑦ 《后汉书·光武纪》，建武十二年十二月，“遣骠骑大将军杜茂将众部施刑，屯北边。”注云：“施读曰弛，谓有赦令，……去其钳钛赭衣。”

⑧ 《后汉书·光武帝纪》云：建武三年诏曰：“女徒雇山归家。”注云：“女子犯徒，遣归家，每月出钱雇人，于山伐木，名曰雇山。”

⑨ 《后汉书·光武帝纪》云：建武二十八年，“诏死罪系囚，皆一切募下蚕室，其女子宫。”注云：“谓幽闭也。”

⑩ 《后汉书·明帝纪》记明帝中元二年诏曰：“边人遭乱，为内郡人妻，在已卯赦前，一切遣还边，恣其所乐。”又《后汉书·安帝纪》记安帝永初四年，“诏自建初以来，诸祆言他过坐徙边者，各归本郡，其没入官为奴婢者，免为庶人。”

⑪ 《后汉书·窦融传》云：“窦融自祖及孙，官府邸第，相望京邑，奴婢以千数。”《后汉书·马援传》云：“防兄弟贵盛，奴婢各千人已上。”《后汉书·光武十王传》云：“济南安王康奴婢至千四百人。”《后汉书·方术列传》云：“(折国)有赀财二亿，家僮八百人。”《后汉书·梁冀传》云：“冀或取良人悉为奴婢，至数千人，名曰自卖人。”

奴[①]。他们有时也穿着华美的衣服，或者骑着高大的骏马，当作主人之活的装饰品[②]。这当然不是什么奴隶制度之下的奴隶，而是封建社会的历史奢侈品。

东汉政权承王莽之后，先天本来不足，而又没有很好地解决土地问题，进行复员工作，所以这个政权一开始建立，便伴随着广大的流民。据史载，和帝在位十七年，为了安辑流民，曾颁布了十五道诏令，由此可以想见一般。到安帝时，流民遂突破了东汉的赈济政策，开始集团的暴动。《后汉书·陈忠传》曰："自（安）帝即位以后，频遭元二之厄，百姓流亡，盗贼并起。"安帝永初五年的诏书中亦谓当时"灾异蜂起，寇贼纵横"。以后历顺、冲、质以至桓、灵之际，农民暴动，以日益高涨之势，向前发展。至于灵帝时达到了顶点。东汉时的农民暴动，当然也不是什么奴隶造反，而是在封建虐政的铁锤之下，迸裂出来的火花。

现在，我们再看东汉政府对于商人地主是何等的温存、体贴和诚心诚意的提携。首先是减轻他们的赋税负担，其次是培养他们的文化教育，最后则以各种方法，使他们走上政治舞台。

具体的史实指示出来，东汉平定天下以后，第一个"仁政"便是轻税政策，换言之，即减轻商人地主的土地税。建武六年诏曰："顷者师旅未解，用度不足，故行什一之税。今军士屯田，粮储差积，其令郡国收现田租三十税一，如旧制。"不仅减轻土地税，而且在以后的时代，东汉政府，屡有减税及免税之事。例如章帝建初元年，免兖、豫、徐三州地主的土地税。最滑稽的是元和二年，因为有七郡的地主都说看见了一只凤凰、一条黄蛇，遂免其土地税二年。以后，在和帝永元九年，免天下田税一年；十三年，减天下田税一半；十四年，减兖、豫、荆三州田税一半；十六年，又减收天下田税一半。在这种轻税减税乃至免税的仁政之下，当时的商人地主，

① 《后汉书·宦者列传·张让传》云："让有监奴，典任家事，交通货赂，盛形喧赫。"

② 《后汉书·安帝纪》云："至有走卒奴婢，被绮縠，著珠玑。京师尚若斯，何以示四远？"《后汉书·宦官列传》云：单超，徐璜，具瑗，左悺，唐衡皆竞起第宅，"其仆从皆乘牛车而从列骑。"

自然一天比一天出落得更为肥胖。

为了培养继续支持这个政权的干部人才，东汉政府同时进行对商人地主的子弟之文化教育的工作。于京师设太学及宫邸学，于地方设郡国学，以训练各级商人地主的子弟。

中国的商人地主，经过了西汉两百多年的教育，已经不像西汉初叶，是一些只认得黄金白银的文盲；反之，他们已经把古典的中国文化，从初期封建社会的旧贵族手中承继过来，并且加以新的发展。同时东汉光武也不像西汉高祖一样，是一个毫无文化教养的小土豪，而是一个曾在新莽时代学礼长安的商人地主，因此他并没有做出那种以儒冠为溺器之粗野的举动，而是在剿匪的工作一经完毕之后，便“营起太学，车驾幸太学，赐博士弟子各有差”。到他的儿子明帝，并亲临太学讲学，据说当时“冠带缙绅之人，圜桥门而观听者，盖亿万计”。[①] 由此可以想见当时天子的门生之多，而且可以知道当时天子的门生，都是“冠带缙绅之人”。

据史载，当时太学的学生，都是大将军下至六百石的子弟，六百石以下的子弟，就没有进太学的资格。在安帝时，太学的学生多至三万余人。到顺帝时，又将太学学舍更加扩大，建筑了二百四十栋大房，共有一千八百五十个房间。这种规模，真是不小，可是从此以后，学生之中，也就掺进一些小所有者的子弟，因而到后来，东汉政府文化政策的结果，反而训练了一批反对自己的“清流”[②]。

为了对皇家及贵族子弟，灌输一种治人者的特殊教育，东汉又有宫邸学之设。明帝曾为外戚樊、郭、阴、马四姓小侯设立学校[③]。安帝亦曾为诸王及外戚子弟设立学校[④]。

---

① 《后汉书·儒林传》。

② 《后汉书·儒林传·序》云：“本初元年，梁太后诏曰：‘大将军下至六百石，悉遣子就学。’……自是游学增盛，至三万余生。”又云：“顺帝……乃更修黉宇，凡所造构三百四十房，千八百五十室。试明经下第补弟子，增甲乙之科员各十人。”

③ 《后汉书·明帝纪》：永平九年，“为四姓小侯开立学校，置五经师。”注云：“四姓为外戚樊氏、郭氏、阴氏、马氏诸子弟。”

④ 《后汉书·桓帝邓皇后传》：安帝元初六年，“邓太后诏征和帝弟济北、河间王子男女年五岁以上，四十余人，又邓氏近亲子孙三十余人，为开邸第，教学经书，躬自监试。”

为了教育郡国一般商人地主的子弟，东汉政府又于各地，设立郡国学。如李忠为丹阳太守时，“为起学校”。明帝于永平十年回到南阳故乡，“召校官子弟”。宋均补辰阳长，“为立学校”。寇恂“为汝南太守，修乡校，教生徒”。卫飒为桂阳太守，“修庠序之教”。任延为武威太守，“造立校官，自掾吏子孙，皆令诣学受业。”这些都是具体的例子。

以上各级学校的学生，都是官僚的候补人。他们可以由射策或其他考试，走上政治舞台。除此以外，东汉商人地主的子弟，和西汉一样，还可以由地方的贡举和政府的特征而获得官职。

东汉时的选举，有贤良、方正、孝廉、秀才、明经诸科。孝廉是每年由郡国按人口数目贡举[①]，此外则依政府临时的诏令而举行。至于特征，则系对负有盛名的岩穴之士行之[②]。这些由选举及特征而来之士率拜为郎，而属之于光禄勋。再经过铨叙手续，然后补官[③]。

一方面，是农民沦为奴婢，起为“盗贼”；另一方面，是商人地主走进学校，贡于王庭；这就是在东汉政权的支配之下社会关系的升沉。

我们明白了东汉政权的性质，再说到作为这个政权之实践的统治机构，即政治组织。

东汉的政治组织和西汉虽稍有损益，但大抵相同。东汉的中央政府，还是以三公、九卿组织而成。三公者，即太尉、司徒、司空。太尉掌军事，司徒掌民政，司空掌四方水土功课。惟在西汉时，有

① 《后汉书·百官志》云：“举孝廉，郡口二十万举一人。”《后汉书·丁鸿传》云：和帝“时，大郡口五六十万举孝廉二人，小郡口二十万并有蛮夷者，亦举二人。帝以为不均，下公卿会议。鸿与司空刘方上言，‘凡口率之科，宜有阶品，……自今郡国率二十万口岁举孝廉一人，四十万二人，六十万三人，八十万四人，百万五人，百二十万六人。不满二十万，二岁一人，不满十万，三岁一人。’帝从之”。又《后汉书·和帝纪》：永元十三年十一月，“诏郡口十万以上岁举孝廉一人，不满十万，二岁举一人。”

② 《后汉书·和帝纪》：永元六年，诏“昭岩穴，披幽隐，遣诣公车”。《后汉书·逸民传·序》云：“光武侧席幽人，求之若不及，旌帛蒲车之所征贲，相望于岩中矣。”

③ 《通典·选举》云：“凡郡国之官……调属僚及部人之贤者，举为秀才廉吏而贡于王庭，多拜为郎。”又云：“郎吏，岁举秀才廉吏，出为他官，以补缺员。”

太师、太傅、太保，谓之上公，东汉则仅有太傅一人，不设师、保。

西汉时，以太常、光禄勋、卫尉、太仆、廷尉、大鸿胪、宗正、大司农、少府，为九寺大卿。东汉时亦有九卿，其所掌职务与西汉同。惟东汉九卿，分属三公。《通考·职官》注云："太常、光禄勋、卫尉三卿，并太尉所部；太仆、廷尉、大鸿胪三卿，并司徒所部；宗正、大司农、少府三卿，并司空所部。"这样看来，东汉的三公，似乎不仅是坐而论道，而是起而做事的大臣了。但是事实上殊不尽然，东汉的政治大权，完全操之于尚书台，所谓三公者，备位而已。

尚书的官职，创于秦代。不过在秦时，所谓尚书，只是少府属吏，他的任务，仅仅主管在殿中传达诏令，其时皆以知书的士人为之。至汉武帝时，尚书的职权渐重，有时改称中书，任以宦官。成帝时，又复尚书旧名。尚书之由来虽然已久，但直至西汉之末，在中央政府中，并不很重要。

至东汉光武，为了推行绝对的独裁政治，对于自己钦命的三公，也不信任，他把国家大权完全集中到自己的手中[①]。为了处理政务，那些侍从左右的尚书，便是他最好的助手。自此以后，尚书的权威，日益高涨。《通考·职官》曰："至后汉则（尚书更）为优重，出纳王命，敷奏万机，盖政令之所宣，选举之所由定，罪赏之所由正，斯乃文昌天府，众务渊薮，内外所折衷，远近所禀仰。"

非常明白，所谓尚书台者，就是皇帝宫廷的办公厅，这是实现独裁政治的一种必要的政治机构。因为独裁政治，必须要把国家大权集中中央，再由中央政府集中到自己的御案之前。因而宫廷的办公室，遂取中央政府而代之，而皇帝的侍从的职权也就一跃而居于三公之上了。

因为尚书的职权扩大，所以尚书台的组织也扩大了。当时的尚书台设主官一人，曰尚书令；副主官一人，曰尚书仆射；左右丞各一人。其下分六曹，一曰三公曹，二曰吏曹，三曰民曹，四曰二千石曹，五曰南主客曹，六曰北主客曹。每曹各置尚书一人，侍郎六

---

① 《后汉书·仲长统传》云："光武皇帝愠数世之失权，忿强臣之窃命，矫枉过直，政不任下，虽置三公，事归台阁。自此以来，三公之职备员而已。"

人，令史三人。由此可以窥见其组织之庞大与职掌之广泛，实等于中央政府的缩影。

除三公、九卿、尚书台以外，东汉又有各级将军，亦为中央大员。《后汉书・百官志》云："此公者四：第一大将军，次骠骑将军，次车骑将军，次卫将军。又有前、后、左、右将军。"到中叶以后，母后临朝，外戚执政，每假兵权以自重，而大将军遂为最高之官，合太傅三公称为五府。

东汉的地方政府，最初亦为郡县两级制，同于西汉。每郡设太守一人[①]。首都所在之河南郡则不称太守而称尹[②]。其边郡，则设属国都尉[③]。如为王国，其守称相。郡以下为县、邑或道。大县置令一人，千石；其次置长，四百石；小者置长，三百石。如为侯国，其令（长）称相，其官阶如县令或县长。在县长之下，置县丞一人、县尉一人或二人[④]。县道之下为乡，乡置有秩、三老、游徼，但小乡则仅置啬夫一人[⑤]。乡之下为亭，亭置亭长[⑥]。亭之下为里，里置里魁。里之下有什长[⑦]，什之下有伍长，伍之下则为最基层的人民。这样就构成了由上而下之层叠式的行政机构，东汉的政府就以尚书台为政治的司令塔，利用各级的地方政治机构，行使其对中国之全面的统治。

东汉时地方官之权，较之西汉时要大得多。东汉分全国为十三

---

① 《后汉书・百官志》云："每郡置太守一人，二千石……王国之相亦如之。"

② 《后汉书・百官志》云："中兴都洛阳，以河南郡为尹。"

③ 《后汉书・百官志》云："边郡往往置都尉及属国都尉，稍有分县，治民比郡。"

④ 《后汉书・百官志》云："每县、邑、道，大者置令一人，千石；其次置长，四百石；小者置长，三百石；侯国之相，秩次亦如之。……丞各一人。尉，大县二人，小县一人。……边县有障塞尉。本注曰：掌禁备羌夷犯塞。"

⑤ 《后汉书・百官志》云："乡置有秩、三老、游徼。本注曰：有秩，郡所署，秩百石，掌一乡人；其乡小者，县置啬夫一人。皆主知民善恶，为役先后，知民贫富，为赋多少，平其差品。三老，掌教化。凡有孝子顺孙，贞女义妇，让财救患，及学士为民法式者，皆扁表其门，以兴善行。游徼掌徼循，禁司奸盗。又有乡佐，属乡，主民收赋税。"

⑥ 《后汉书・百官志》云："亭有亭长，……本注曰：亭长，主求捕盗贼，承望都尉。"

⑦ 《后汉书・百官志》云："里有里魁，民有什伍，善恶以告。本注曰：里魁掌一里百家。什主十家，伍主五家，以相检察。民有善事恶事，以告监官。"

个州部，每州设刺史一人。其首都所属之州，亦设司隶校尉[①]，他不仅外辖其所属的郡县，而且“无所不纠，唯不察三公”，他能出席中央的廷议，并且他的座位，在九卿之上。据《后汉书·宣秉传》云：“光武特诏御史中丞与司隶校尉、尚书令会同，并专席而坐，故京师号曰‘三独坐’。”

又如刺史在西汉时，本是中央派遣的一种视察官。他的任务是周行郡国，刺探政情，原非固定的行政官吏。但至东汉时，刺史已有一定的治所和自己的衙门。至灵帝时，改刺史为州牧，自是以后，刺史遂由中央派遣的视察官一变而为地方行政官，而东汉地方行政，也就由郡县两级制一变而为州郡县三级制了。

又据《后汉书’百官志》所载，建武六年：“省诸郡都尉，并职太守。”按都尉治郡兵，太守治郡政，为西汉旧制，东汉以都尉并于太守，则东汉的太守，不仅听郡政并且典郡兵了。所以东汉的太守，又曰郡将。

最后，说到东汉的封建问题。

东汉对于宗室及功臣. 也有王、侯等爵位之封。其封王者，如光武所封宗室四王，又光武十子皆封为王，明帝亦封子八人为王，章帝八子亦皆封王。其封侯者则更多，据《后汉书·光武纪》所载，建武十三年“其宗室及绝国封侯者，凡一百三十七人”。同年，“功臣增邑更封，凡三百六十五人。其外戚恩泽封者四十五人。”自此以后，世有封爵。降至末叶，宦官亦得封侯。

但是东汉的王侯不过徒拥虚号，其所属封国的政治，皆由中央所派之傅相主持，而所谓王侯的傅相，实际上，就是中央派遣的地方行政官。据《后汉书·百官志》所载，王国的傅相，同于太守，侯国之相，同于县令。这些王侯的傅相，并不从属于王侯，而是对中央负责。所以东汉的王侯傅相，权柄甚大，中央往往根据傅相的报告，予王侯以除国或更严厉的处分。而且中叶以来，王侯多不就国，留住京师，名为奉朝请，实则等于软禁。因而东汉的王侯特权

① 《后汉书·百官志》云：“刺史……成帝更为牧，秩二千石。建武十八年，复为刺史，十二人，各主一州，其一州属司隶校尉。”

不过每年坐领一定户数的赋税而已。

第二节　东汉政权的巩固及其在边疆地区统治的加强

东汉政权的发展，不像西汉。在西汉，是经过一个长期的地方分权的时代，然后才达到中央集权政治体制的建立；在东汉，则是一开始便是中央集权。

东汉之所以能够一开始便完成中央集权政治体制的建立，这主要地是因为东汉初没有新旧商人地主不协调的社会内容之存在。东汉初为什么没有这样的社会内容存在？一句话可以答复，即东汉之新的统治者，正是西汉末之旧的商人地主。从社会关系上看来，他们是一而二,二而一的东西，这当然不会发生什么不协调的事情。即因如此，所以东汉虽亦有王侯之封建，但不能再演西汉初七国叛变的悲剧。

自然，我们也不应漠视光武之主观的政治运用。光武在平定天下以后第一件事，便是剥夺功臣的兵权。但是他所采取的方法，和他远祖高帝不同，高帝是采取屠杀政策，而光武则“以柔道行之”。据《后汉书。光武纪》云：光武“自陇、蜀平后，非儆急，未尝复言军旅。皇太子尝问攻战之事，帝曰：‘昔卫灵公问陈，孔子不对，此非尔所及。’”这当然是对当时拥兵诸将的一种暗示。自从这种暗示广播出来以后，那些开国元勋如邓禹、贾复等，皆“知帝欲偃干戈，修文德，不欲功臣拥众京师。”乃相率剽甲兵，敦儒术。于是“帝深然之”。

不仅如此，光武又不令功臣参加政治，他常“思念欲完功臣爵士，不令以吏职为过”，遂罢左右将军官，耿弇等也被迫交出大将军印绶，皆以列侯就第，加位特进，奉朝请。这样一来，所有的开国元勋，都交出兵权，空手回家，或“阖门养威”，或“教养子孙”。就是那位芜蒌亭送豆粥、滹沱河送麦饭的冯异，也被迫“令与妻子西还”。然而当此之时，光武却“侧席幽人，求之若不及，旌帛蒲车之所征贲，相望于岩中矣”。但是光武所求的幽人，若薛方、逢萌，则聘而不至；严光、周党、王霸，则至而不屈。功臣既罢，隐士不来，于是国家大事，正好一手独裁。

功臣的兵权，虽然已经解除了，但是地方兵还是存在。于是光武又下令撤裁各郡国的都尉，而以太守兼典郡兵。不久又解散地方兵，即“罢轻车、骑士、材官、楼船士及军假吏，今（令）还复民伍”[①]。与削弱地方武装同时，又扩大禁卫军的编制，以加强中央的力量。由是中央的权威，遂蒸蒸日上。

为了把权力更集中起见，光武又把中央政府的事权，完全剥夺，以之归属于他宫廷的办公室，完成了权力之最后的集中。关于这一点，当时朱浮有一段话，说得很明白。他说：“窃见陛下疾往者上威不行，下专国命，即位以来，不用旧典，信刺举之官，黜鼎辅之任，至于有所劾奏，便加退免，覆案不关三府，罪谴不蒙澄察。陛下以使者为腹心，而使者以从事为耳目，是为尚书之平，决于百石之吏，故群下苛刻，各自为能。兼以私情容长，憎爱在职，皆竞张空虚，以要时利，故有罪者心不厌服，无咎者坐被空文，不可经盛衰，贻后王也。”[②]这就是光武时代独裁政治的内容。

光武就以这种独裁政治，致其全力于国内人民之镇压。据《后汉书·臧宫传》载，当时臧宫、马武以匈奴屡次入寇，请光武北伐，光武的答复是：“吾恐季孙之忧，不在颛臾。”由此可以看出光武对外敌的压迫，是何等的漠视；而对国内的人民，是何等的害怕。

光武在位三十三年就死去了，继承大统的是他的儿子明帝。明帝还是秉承他父亲的政策，完全致力于中原地区的社会秩序之建立。为了巩固中央集权，明帝首先假借所谓“飞书”[③]的事件，逼死广陵王荆。以后楚王英因为刻了一个金龟和玉鹤，也诬之为谋反叛逆，逼其自杀。并且穷治楚王之狱，遂至累年，其辞语相连，自京师亲

① 《后汉书·光武帝纪》。
② 《后汉书·朱浮传》。
③ 《后汉书·光武十王传》。

戚、诸侯，州郡豪杰及考案吏阿附坐死徙者以千数，而系狱者尚数千人，自是以后，中央政府的威严，更加提高。

自光武至明帝之末，其间有五十余年。在这五十余年中，东汉的政权，皆以集中的形式而发展。既未发生过内战，亦无封建割据，社会经济亦便获得了恢复和发展。这为东汉政府经营边疆地区准备了条件。

光武帝时，匈奴分裂为南北二部，南匈奴臣服于东汉，北匈奴在大漠之北，对汉屡有骚扰。明帝永平十五年（公元 72 年），东汉政府，遣奉车都尉窦固、驸马都尉耿秉屯兵凉州，准备进击北匈奴[①]。现在，牢狱之门打开了，所有因饥饿而犯禁的人们，都被编成军队[②]。郡县的衙门热闹了，所有因失业而被抛弃于街头巷尾、穷乡僻壤的流民们，都被招收起来。这些囚犯、流民，从各郡各县出发，一队一队开赴凉州。此外，还有许多西羌及南匈奴的骑兵，也纷纷向凉州集中。除凉州以外，在今日山西北部，当时的平城，也集结了大批的东汉军队和鲜卑、乌桓的骑兵。总之，当此之时沿着西北的国际大道，可以看到络绎不断的兵车和马队，沿着西北万里长城一带的烽燧和堡垒，可以看到到处都挺立着守望的戍卒。沉寂了几十年的西北，现在又再呈现了战争紧张的现象。

第二年的春天，东汉的远征军队，对北匈奴发动了全面的攻势，分兵四路，同时出击。一路出今山西北部，一路出今甘肃的居延，另一路出今甘肃的酒泉。四路大军有三路没有碰着敌人，只有窦固所领导的出酒泉之一路，在天山遇着了北匈奴呼衍王之军。窦固大败匈奴于天山，追至蒲类海而还，于是留兵屯戍于伊吾卢城，以巩固军事的占领，并作为进取塔里木盆地的根据。

① 《后汉书·窦融传》谓“窦固（融之弟）字孟孙，少以尚公主为黄门侍郎。好览书传，喜兵法，贵显用事。……显宗（明帝）即位，迁中郎将，监羽林士（即禁卫军司令），后坐从兄穆有罪，废于家十余年。时天下乂安，帝欲遵武帝故事，击匈奴，通西域，以固明边事，十五年冬，拜为奉车都尉。以骑都尉耿忠为副，谒者仆射耿秉为驸马都尉，秦彭为副，皆置从事、司马，并出屯凉州”。

② 《后汉书·明帝纪》载：永平十五年、十六年，皆有大赦天下囚徒诣军营徙戍边塞的诏令。

东汉时战争画像

第三年的冬天，窦固再出敦煌，大破北匈奴于蒲类海上，遂入车师。于是东汉政府遂于塔里木盆地设置西域都护及戊己校尉，准备再次建立对西域的统治。同时，窦固亦派班超，以东汉政治代表的资格，走进塔里木盆地，开始政治和军事的活动。

东汉这时驻塔里木盆地的军事力量比较薄弱，北匈奴于永平十八年（公元 75 年）六月即进行反攻，攻没了西域都护陈睦，悉覆其众。又与车师连兵，围戊己校尉耿恭；同时，焉耆、龟兹也与匈奴连兵，背叛了东汉。三年来的努力，又被匈奴粉碎了。

章帝即位，首先派兵救回戊己校尉耿恭，撤消了在伊吾卢的屯田军。并下诏征还班超。章帝为什么要放弃塔里木盆地的事业，这主要地是因为当时中原牛疫盛行，饥馑成灾，社会非常不安，必须以全力对内。但是命令虽然下了，而班超仍然没有离开西域，他仍然留在疏勒，依靠心向东汉的诸国，进行艰苦的经营。由于班超的努力，南道诸国，始终没有被北匈奴奴役。

安帝永元元年（公元 89 年），东汉政府再次展开了对北匈奴的战争。车骑将军窦宪[①]带领北军五校、黎阳、雍营、缘边十二郡骑士，及南匈奴、西羌诸兵，浩浩荡荡，由朔方出鸡鹿塞。当此之时，“长毂四分，云辎蔽路，万有三千余乘。”而“鹰扬之校，螭虎之

① 《后汉书·窦宪传》云：“宪字伯度，父勋被诛，宪少孤。建初二年，女弟立为皇后，拜宪为郎。”

士”，更不知有多少。在蛮兵中，并且还有中亚一带的人[①]，这大概是被战争遮断了归路的中亚商人。就在当年的秋天，东汉的士兵，又再度出现于天山以北，大败北匈奴于稽落山（在今蒙古西南部），追至私渠比鞮海（今蒙古西南部之邦察干湖）。在这次战役中，斩杀北匈奴名王以下万三千级，获生口马牛羊橐驼百余万头，降匈奴部落八十一，人口二十余万，出塞三千里，窦宪遂登燕然山（今蒙古杭爱山），树立了一块胜利纪念碑，然后凯旋而归。

配合窦宪对北匈奴之空前的胜利，班超以疏勒为根据，从塔里木盆地的西端，对北道诸国同时发动了攻势。他胜利地征服了龟兹、姑墨、温宿、焉耆诸国，打通了北道的交通和由天山以北通达中亚诸国的商路。自是以后，东汉的声威遂远及子中亚。

与此同时，东汉政府又征服了西南夷、交趾、高句骊等。当此之时，真可以说：“东南西北，无思不服。”班固《东都赋》为之颂曰：“（东汉政府）目中夏而布德，瞰四裔而抗稜。西荡河源，东澹海漘，北动幽崖，南耀朱垠。殊方别区，界绝而不邻，自孝武之所不征，孝宣之所未目，莫不陆詟水慄，奔走而来宾。遂绥哀牢，开永昌，春王三朝，会同汉京。是日也，天子受四海之图籍，膺万国之贡珍，内抚诸夏，外绥百蛮。……德广所及，僸佅兜离，罔不具集。”《后汉书·西南夷传》亦为之论曰：当东汉全盛之时，其“文约之所沾渐，风声之所周流，几将日所出入处也。著自山经、水志者，亦略及焉。虽叛服难常，威泽时旷，及其化行，则缓耳雕脚之伦，曾居鸟语之类，莫不举种尽落，回面而请吏；陵海越障，屡译以内属焉。故其录名中郎、校尉之署，编数都护、部守之曹，动以数百万计”。

在这样的局面之下，中原地区的商人，或外交使节的车马，走到了东汉政治势力所达到或文约所沾渐的地方。他们或攀山逾岭，深入今四川、云、贵，乃至安南、缅甸；或浮海乘槎，东至朝鲜、

① 斯坦因《西域考古记》记载在古长城的废址中，曾发现有些文书，提到土官名称的，如有一木简上写明“玉门显明燧蛮兵铜镞百完”字样。又于半段木简上发见书有古撒马尔干和布哈拉通行的古撒利语，并发见用最古的纸书写的窣利语文的私人函札。因此证明当时的兵籍中有中亚的夷兵。

日本，乃至南洋群岛；或绝沙漠，逾葱岭，西至中亚、印度乃至波斯湾头。他们把中国的丝织物及其他手工业制品带到世界各地。又把世界各地的特产带回中国。于是“藏山隐海之灵物，沉沙栖陆之玮宝”，莫不转输于中国；而中国手工业者所织的丝织物，则已出现于罗马市上了。

现在的洛阳，又耸立起无数高入云霄的雄伟的建筑物。象魏两观[①]巍然双峙于城内，与西郊的平乐观，遥遥相望，鼎立而三[②]。长安故宫的飞廉铜马，现在已经搬到平乐观前[③]，这种瑰异谲诡的艺术品，仍然发出灿烂炳焕的光辉。

从南方的端门，一直往北，是一条大街，大街到应门为止。应门之内，则为皇城[④]；皇城之内，“宫室光明，阙庭神丽”[⑤]。最大的宫殿，有含德、章台、天禄、宣明、温饬、迎春、寿安、永宁诸宫。宫殿与宫殿之间，皆有架空的阁道，彼此相通[⑥]。据班固说，这些宫殿，“奢不能逾”，由此可以想见其建筑之富丽堂皇。

在皇城之内，有皇家的御花园。在御花园内，有芳林苑、濯龙池，和许多人工堆砌的溪谷。夏天有荷花覆水，秋天有兰草被涯，可以看鱼跃，可以看龟鳖游泳[⑦]。

在内官之前，有德阳殿，德阳殿之南有灵台，灵台之南有和驩、安福二殿。再往南，则靠近了皇城南边的城河。在这一带，有冰室，

① 张衡《东京赋》中有云：“建象魏之两观，旌六典之旧章。”李善注云：“象魏，阙也，一名观也。”

② 张衡《东京赋》云：“其西则有平乐都场，示远之观。”李善注云：“平乐，观名也……在城西也。”

③ 张衡《东京赋》云：“龙雀蟠蜿，天马半汉。”李善注云：“龙雀，飞廉也；天马，铜马也；……华峤《后汉书》曰：‘明帝至长安，迎取飞廉并铜马，置上西门平乐观也。’”

④ 张衡《东京赋》中有云：“启南端之特围，立应门之将将。”李善注云：“端门，南方正门；应门，中门也。”《洛阳宫舍记》云：“洛阳有端门。”

⑤ 见班固《东都赋》。

⑥ 见张衡《东京赋》。

⑦ 张衡《东京赋》云：“濯龙芳林，九谷八溪。”李善注引《洛阳图经》曰：“濯龙，池名。故歌曰：濯龙望如海，河桥渡似雷。芳林，苑名。九谷八溪，养鱼池。”

有水榭，有各种奇花果树[①]。

在九龙门内，有一座嘉德殿，没有什么雕刻[②]。这大概是东汉初建筑的。

在洛阳的四郊，有无数皇家的苑囿池沼。班固《东都赋》曰："外则因原野以作苑，填流泉而为沼，发蘋藻以潜鱼，丰圃草以毓兽。"由此可以想见一般。当时洛阳城东三十里外的地方，有一个很大的池沼，名曰洪池，绿水澹澹，丛生着芦苇和菱芡，有各种的水鸟和鱼鳖之类，可以供皇家的庖厨[③]。在洛阳的西郊，有一个很大的苑囿，名曰西园。其中有山曰少华。从城内到西园，沿路都建有亭子，站着警戒的兵士[④]。在这些城郊的苑囿内都有离宫别馆。其中有一座永安离宫，最为幽雅。在这座离宫的周围，生长着成林的修竹，有清冷的泉水，有幽静的阴池，有各种鸟雀在树林里，替消夏的皇帝，奏出天然的音乐[⑤]。

除皇家的宫殿苑囿以外，在洛阳城内，还有无数的官署。此外，城里城外又有无数贵族、官僚、商人地主的邸第和别墅。在洛阳城内的大街上，都有桐梓之类，列于道侧[⑥]。在这些树阴之下，开列着各种手工业作坊和店铺。在大街的中间，有朱轮华毂，驰驱而过。在大街的两旁，则有众多有失帝国体面的乞丐在啼饥号寒。总之，当时的洛阳，已经装点得像西汉时的长安一样了。

洛阳的繁华，当然是象征着帝国的兴盛。可是与洛阳城里的建筑物日益壮丽的同时，全国农村的土屋草舍，也就日益倒塌。因这

① 张衡《东京赋》云："于南则前殿灵台，和驩安福，謻门（冰室门也）曲榭，邪阻城洫，奇树珍果，钩盾所职。"李善注云："灵台，台名也。和驩、安福，二殿名，并在德阳殿之南。"

② 张衡《东京赋》云："九龙之内，实曰嘉德，西南其户，匪雕匪刻。"

③ 张衡《东京赋》云："于东则洪池清籞（籞者，捕鸟之具），渌水澹澹，内阜（阜者多也）川禽，外丰葭菼。献鳖蜃与龟鱼，供蜗蠯与菱芡。"李善注云："洪，池名也，在洛阳东三十里。"

④ 张衡《东京赋》云："西登少华，亭候修敕。"李善注云："西园中有少华之山。"

⑤ 张衡《东京赋》云："永安离宫，修竹冬青，阴池幽流，玄泉洌清，鹎鶋秋栖，鹘鸼春鸣，鴡鸠丽黄，关关嘤嘤。"

⑥《后汉书·百官志》谓将作大匠并掌"树桐梓之类，列于道侧"。

些壮丽的建筑物，固然有一部分是国外贸易的利润之结晶；而大部分，则仍然是全国农民所缴纳的租税和债息之所体现。

东汉时的马车画像

现在我们再看看东汉全盛时代自天子以至于庶人所过的生活。

当时的皇帝，不用说，他是最高权力的象征，是人民的上帝，是东方世界的太阳。他穿的是“火龙黻黼”，戴的是“垂珠冕琉”，真是“穆穆皇皇，宜君宜王”。当其临朝受贺之时，张崇牙，树云旗，撞洪钟，伐灵鼓，郎将司阶，虎戟交错，伏俯于殿下者数万人。当其宴享群臣之时，则庭实千品，旨酒万钟；列金罍，班玉觞；御以嘉珍，飨以太牢。管弦钟鼓，异音齐鸣；九功八佾，同时并舞。当其出外游猎之时，则千乘雷起，万骑纷纭；元戎竟野，戈铤彗云；羽旄扫霓，旌旗拂天；焱焱炎炎，扬光飞文；吐焰生风，欱野歕山；日月为之失明，丘陵为之摇震。当其宴居宫庭之时，则粉黛三千，争妍斗媚；奴才万数，趋侍奉承。其威风如此，其快乐又如此。

东汉时贵族贵族出行车马仪仗队画像

当时的贵族，他们都建筑堂皇壮丽的宫室，雕画刻桷，穷极伎巧，殿馆壁带，皆饰以金银[1]。在宫室之内，陈列着犀象珠玉、琥珀、玳瑁，石山隐饰，金银错镂。他们有钦赐的虎贲官骑，兵弩厩马，有成群的妻妾，苍头奴婢[2]。他们的奴婢都穿着各种名贵的丝绸和锦绣的衣裳[3]。至于他们自己的衣服车舆，那就更不用说了。

骑奴侍童夹毂引行画像

① 《后汉书·光武十王传》谓琅邪孝王京“好修宫室，穷极伎巧，殿馆壁带皆饰以金银”。

② 《后汉书·孝明八王纪》记梁节王畅因犯罪自陈之词曰：“臣畅小妻三十七人，其无子者，愿还本家，自选择。谨敕奴婢二百人，其余所受虎贲、官骑及诸工技、鼓吹、苍头奴婢，兵弩厩马，皆上还本署。”

③ 王符《潜夫论·浮侈篇》云：“今京师贵戚，衣服、饮食、车舆、文饰、庐舍，皆过王制，僭上甚矣。从奴仆妾，皆服葛子升越，筩中女布……犀象珠玉，琥珀玳瑁，石山隐饰，金银错镂，獐麂履舄，文组彩牒，骄奢僭主，转相夸咤。”

当时贵族嫁娶，真是惊人的阔绰。当嫁娶时，贵族的眷属乘着油画的軿车，朱轮青盖，车上建节[①]。这种軿车延长数里之远。在軿车之前，有仪仗队导行，缇帷竟道。在軿车的两旁，有骑奴侍童，夹毂并引[②]。这简直是一种对穷人的示威游行呵！

一个贵族死了，也是不得了。东汉政府，对于一个第一任诸侯王的死，照例给治丧费五千万，以后减为一千万，但亦有多至一万万的。于是用这种治丧费大起坟墓，建筑祠堂，多埋珍宝，殉葬死人。光武的儿子，中山简王焉死，政府动员了一万多人，为他修冢茔，起神道，平夷百姓的祖坟以千数。把常山、巨鹿、涿郡的柏黄肠杂木都斫尽了，还不够用，后来又征发其他州郡的农民和手工业者，替他从他处运木料，并参加建墓工程。这一次的葬事，据说动摇了六州十八郡的人民。

说到贵族所用的棺木，也真够奢侈了。他们所采用的木料，必需江南的檽梓，豫章的楩柟。这些木料，出产的地方既远，又生于深山穷谷，来之不易，斫伐亦难，要很多人才能从山上抬下来，要用牛车才能拖到江边。渍油入海，连淮逆河，要经过几千里，才能到洛阳。到了洛阳以后，工匠雕刻，又要经年累月才能成为一具棺木。一具棺木的成功，化费千万个人的劳动力。像这样的棺木，重且万斤，非大众石能举，非大车不能挽。然而东至乐浪，西至敦煌，万里之中，相竞用之。像这样为了一个死人而费功伤农，岂不是和穷人开心吗？[③]

当时的官僚，其奢侈与贵族相上下，惟舆服稍受礼制上的限制[④]。因为当时奢侈已成风习，自中央大员以至“边远下士，亦竞相

① 《后汉书·舆服志》云：“大贵人、贵人、公主、王妃、封君油画軿车。大贵人加节画辀。皆右騑而已。皇太子，皇子皆安车，朱班轮，青盖，金华蚤，黑櫨文，画轓文辀，金涂五末。皇子为王，锡以乘之，故曰王青盖车。”

② 王符《潜夫论·浮侈篇》曰：“富贵嫁娶，车軿各十，骑奴侍童，夹毂节引。富者竞欲相过，贫者耻不逮及，是故一飨之所费，破终身之本业。”

③ 见王符《潜夫论·浮侈篇》。

④ 《后汉书·舆服志》谓东汉官吏舆服有等差之别。车制，中二千石、二千石皁缯盖朱两轮。千石、六百石皁缯盖朱左轮。三百石以上布皁盖。二百石以下，白布盖。此外冠带佩刀亦有等差，所以别尊卑，章等级也。

仿效”。据王符说：“宠臣贵戚，州郡世家，每月丧葬，都官属县，各当遣吏赍奉，车马帷帐，贷假待客之具，竞为华观。”[①] 其送死如此，养生可知。

当时的商人地主，其奢侈僭于王侯，故王符把他们与贵族相提并论。王符说：“今京师贵戚，郡县豪家，生不极养，死乃崇丧。或至刻金镂玉，檽梓楩楠，良家造茔，黄壤致藏，多埋珍宝，偶人车马，起造大冢，广种松柏，庐舍祠堂，崇侈上僭。”[②]

关于东汉在西域的官吏和商人所过的生活，中国史籍上，几乎没有这类的纪录，但是由于晚近考古学的发现，却把他们所过的生活，具体地再现出来。

斯坦因曾经在尼雅废址中，发现一座东汉在西域的官署[③]。这座官署，有土耳其斯坦式的大客厅，靠客厅的南边，有一个大土炕。在大客厅的南北，皆有一排厢房，在北厢房中有大的砖灶，灶旁有用作凳的土台。所有的墙壁，都是用木料和灰泥造成的，所以能抵抗风蚀，保存到现在。在这里发见许多用古佉卢文字写的木简[④]，有一类的木简，一开始总是写着同一公式的文句，即“大王陛下敕书”（Mahanunava Maharaya Lilaiti），这大概都是准备送到当时印度西北诸国的外交公文。还有一些，则是那服务于东汉官署的翻译官自己留下来的笔记和日用账之类。此外，也有汉文木简。在这个官署之南约两哩左右，一个地势较为开广的地方，发现破陶器，用厚芦苇圈成的篱笆，一排死果树和白杨树干，指出这是古代的一个村落，也许就是当时的兵营？

斯氏在尼雅又发现一所更大的东汉官署。这所官署，有一间更

① 见王符《潜夫论·浮侈篇》。

② 同上。

③ 斯坦因《西域考古记》云：“有一似乎供仆人用的小室，小室之外，联一大室。大室二十六呎见方，三面有一隆起的灰质平台，很像近代土耳其斯坦家屋中的客厅。现存八根柱子，排成方形，显出中间地方，在以前曾有一隆起的屋顶，为通光透气之用。”

④ 斯坦因《西域考古记》谓这里所发现的古佉卢文字体，是公元初三世纪间即贵霜朝诸王时代流行于印度西北一带的文字，而与此际适相值者，正是东汉时代。

大的"中央大客厅，长四十叹，宽二十六呎。承屋顶的大白杨木梁，长达四十呎，像安放正梁的斗拱一样，上面都有美丽的雕刻。石灰涂的墙壁，还保存了很高的一堵，上面以用胶质颜料绘成的大卷花形图案作为装饰。"[①] 从发现于这里的一块毛毡残片，知道这是以前铺在大客厅中的一张地毯之一部。从残片上，还可以看出地毯上作细致的几何图案，配以和谐调融的颜色。在一间类似仓库的房间里，发现许多弓盾之类的武器。在厨房中发现了许多残余的木器，其中有一张木椅，有着非常精致的雕刻。从这些遗物，我们可以想见这个大客厅在当时是何等的富丽堂皇。

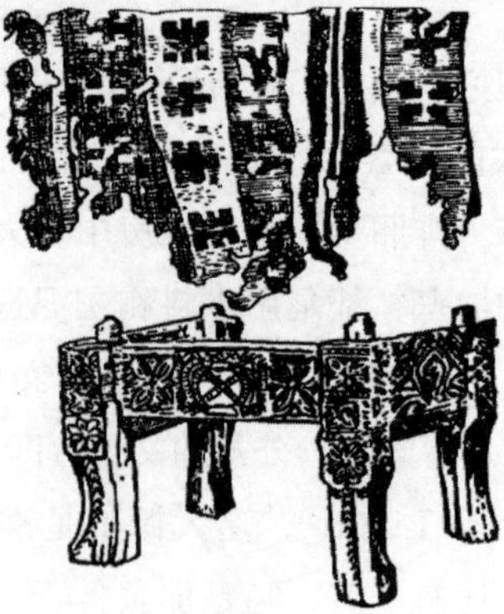

东汉时官署的地毯和木椅

斯氏在这所官署的附近，又发现了一所大住宅的遗址。在这里，除发现有字的木简，还有空白的木简，红柳木笔，以及今日中国通用的饭箸之类。此外还有保存得很好的一张六弦琴的上半部，和一张雕刻精美的靠椅。椅腿作中国式的立狮形，扶手作希腊式的怪物，全部保存原来鲜妍的颜色。这大概就是当地东汉官吏的私人住宅。

在这个住宅的旁边，还有一座花园。从至今露出地面八呎到十呎的白杨树干，尚可以看出在古代，这些白杨是排成小小的方形，围绕两边的荫道。除白杨以外，沿着其他的荫路，还种着桃、梅、杏、苹果、桑树之类的果木，这些果树的枯干，至今还倒在原来生长的地方。两边平行的芦苇篱笆，至今还是一条村道，和十七个世纪

① 斯坦因《西域考古记》。

以前的状态没有改变。我们从这样的私人住宅和花园，也就可以想象一千七百年前这个住宅和花园的主人是何等的舒服，何等的阔绰。

东汉时官署大客厅遗址

斯氏在尼雅又发见了若干古代住宅的遗址，他从各方面证明，其存在的时间，是相当于东汉时代。其中有一所住宅墙壁是用泥土作的，下部还存在。褪了色的破柱，依然高耸。从残存的木柱间架可以看到住宅的构造，有一间长四十一呎，宽三十五呎的厅堂，有门房和厅房。在一个原来用以盛垃圾的木箱中，发见许多奇异的废物。如丝绵混合组成的毯，铜印、骨印、绣花的皮、木质的笔、漆器残片、木质破用具等。此外还有一小堆成捆的谷，在谷旁有两个僵化了的鼠尸。在这里发见了一打（十二个）以上书法精美的汉字木简。这些木简有一大部分原来是附在赠送当地长官家属礼物上的，其中一片，是写给当地长官夫人的。由此而知这所房子，如果不是一个东汉官吏的住宅，便是汉族商人住过的。

此外，斯氏在另一住宅遗址中，发见许多单室，都备有火炉、舒服的炕、碗柜等物。在又一住宅遗址中，发见许多木制的家具和农具，其中有一张刻着希腊式佛教美术风格的木椅，最为可爱。此外有织布机、熨斗、大食盘、靴、捕鼠夹等物。据斯氏说，古代尼雅一带的房屋附近，几乎一律都有围以篱笆的花园和两旁列植白杨及果树的荫道；有些房屋附近，还有美丽的葡萄园。由此我们又知东汉时经营西域贸易的汉族商人所过的日子，也另有一种幽美的异国情调。

最后，我们看看当时农民的生活。首先便是战争的征发。明帝中元二年诏曰："郡县每因征发，轻为奸利，诡责羸弱，先急下贫。"由此而知当时地方官吏假借战争，侵削农民。而当时权门则以请托而免。所以明帝也知道："百姓愁怨，情无告诉。"其次便是额外的徭役。当时地方官"轻用人力，缮修宫宇，出入无节，喜怒过差"。明帝虽知"人冤不能理"，但对于"吏黠不能禁"。再次则为贵族的白昼行劫。例如当章帝时，任城贞王安"性轻易贪吝，数微服出入，游观国中，取官属车马刀剑，下至卫士米肉，皆不与值"。

除此以外，当时一般贪官污吏以刑罚为工具，敲诈农民，则为普遍的现象。关于这一点，我们只要把当时皇帝的诏令写在下面，就明白了。

章帝建初五年诏曰："今吏多不良，擅行喜怒，或案不以罪，迫胁无辜，致令自杀者，一岁且多于断狱，甚非为人父母之意也。"

章帝元和二年诏曰："而今富奸行赂于下，贪吏枉法于上，使有罪不论，而无过被刑，甚大逆也。夫以苛为察，以刻为明，以轻为德，以重为威，四者或兴，则天下有怨心。吾诏书数下，冠盖接道，而吏不加理，人或失职，其咎安在？"

和帝永元五年诏曰："在位不以选举为忧，督察不以发觉为负，非独州、郡也。是以庶官多非其人，下民被奸邪之伤。"

永元十二年诏曰："数诏有司，务择良吏。今犹不改，竞为苛暴，侵愁小民，以求虚名，委任下吏，假势行邪。是以令下而奸生，禁至而诈起，巧法析律，饰文增辞，货行于言，罪成乎手，联甚病焉。"

以上都是当时皇帝自己的供辞，当然不是假的。在这样的虐政之下，而又益之以天灾，自然要使"黎民流离，困于道路。"诚如殇帝诏所云："夫天降灾戾，应政而至。"虽然如此，而郡县地方官并不报灾。殇帝延平元年诏曰："间者，郡国或有水灾，妨害秋稼，朝廷惟咎，忧惶悼惧。而郡国欲获丰穰虚饰之誉，遂覆蔽灾害，多张垦田；不揣流亡，竞增户口；掩匿盗贼，令奸恶无惩；署用非次，选举乖宜；贪苛惨毒，延及平民。刺史垂头塞耳，阿私下比，不畏于天，不愧于人……”这样的政治，其结果便是把农民推向饥馑流亡的道路。

一方面是商人地主之膏田满野，另一方面是农民之穷困转死，这就是东汉帝国全盛时代的社会内容。在这样不协调的社会中，当然会发生出轧轹的声音来啊！

第三节　边疆各族的叛变与东汉统治的崩溃

东汉的政权，到和帝时，便发展到全盛时代的顶点。当此之时，帝国的光辉，正如丽日中天，照射瀛寰。“北夔丁零，南谐越裳，西包大秦，东过乐浪，重舌之人九译，佥稽首而来王。”当时助长了国内外诸种族之经济的发展与文化的交流，从而使中国历史向前再进一步。

可是这样的全盛时代，并不久长。跟着和帝一死，安帝即位，东汉的政权便开始腐烂的过程。自安帝而后，历顺、冲、质以至桓、灵之际，这个政权便以日益疾速的步调，向着没落的前途迈进。跟着一代接一代的母后称制，外戚专政，宦官祸国，于是这个庞大的帝国就在小所有者的抗议、农民暴动之中，趋于瓦解了。

从开国以来就没有解决的土地问题，到和帝时跟着贵族、官僚、商人地主之收夺，已经达到了严重的阶段。当时社会经济的矛盾之所以没有决裂，一方面是因为其时方当盛汉之隆，帝国的政府，还能发挥出强大的政治强制力，行使其高压政策；另一方面，也是由于帝国政府，还掌握着庞大的生活资料，得以行使其恩惠政策。还由于当时城市手工业生产的发达，扩大了手工业生产的规模，使一部分失掉了土地的贫农，可以把手工业作坊，当作他们临时的避难所。换言之，在当时，商业资本一面从农村中驱逐农民，一面又在城市中收容农民，虽然被收容者不及被驱逐者的数目之多，但总是收容了一部分。剩下来的一部分，或则在政府的高压政策之下，投入牢狱，放诸四裔，乃至绑赴刑场；或则在政府的恩惠政策之下，沦为奴婢，流离道路，乃至转死沟壑。这就是和帝时社会经济的矛盾应该决裂而没有决裂的原因。

这样看来，东汉的社会，到和帝时，已经全身发炎，不过还没有溃烂而已。所以一到安帝时，这个脓疱便溃烂了，历顺帝以至桓、灵之际，于是东汉的社会，便是脓血淋漓，满身烂疮了。

东汉的社会，何以自安帝起便开始溃烂呢？历来的史学家，都以为其原因是由于母后称制，外戚专政，宦官祸国。诚然，母后、外戚、宦官这一类身份的人物之出现为政治上的要人，确是政权腐败之鲜明的标志。但是这些人物之所以出现，并不是政权腐败的原因，而是政权已经腐败了的表象。他们正如烂疮中的蛆虫，蛆虫固然可以使烂疮扩大，但必须先有烂疮，而后蛆虫始能发生，所谓“物必先腐而后虫生之”，正是这个道理。

具体的史实指示出来，在东汉初，也有母后、外戚和宦官，但都没有成为政治上的要人，这就是因为当时东汉的政权，尚未腐败。非常明白，母后的称制，就指明了英明的君主之消灭；而外戚、宦官等之登上政治舞台，就指明了当作一个社会层的政权，已经缩小到皇帝的亲戚和家奴的手中。所谓英明的君主之消灭，并不是皇族中忽然生出一些傻子，或白痴，而是从皇族中有意选定一个傻子或白痴放在宝座上。因为只有如此，在皇帝宝座的后面，才有母后的座位。只有母后出现于皇帝宝座的背后，然后外戚才能缘着裙带的关系，爬上金銮宝殿，同时那些宫庭中的男女奴才们，也才有口衔天宪的机会。

同时母后、外戚、宦官之出现为政治上的要人，还有两个必要具备的条件，第一，必须在集权政治之下，第二，必须集权政治临于腐化之际。因为在集权政治之下，皇帝的一条小狗都是人民的上帝，何况他的奴才，何况他的亲戚，更何况他的皇后。但是在集权政治的全盛时代，这一类的人物也不过被皇帝奴蓄而婢养。正如章帝之骂窦宪："国家弃宪，如孤雏腐鼠耳。"只有当集权政治腐化之时，即当皇帝不但不相信农民，而且对自己的任何臣属也不相信的时候，这一些的人物，便成了政治上的主角。反之，只要这些人物一出台，这个王朝，也就准备闭幕了。明乎此，然后我们才能理解东汉中叶以后的历史。

作为东汉政权走向崩溃的主要原因，非常明白，首先是由于诸羌的叛变。诸羌的叛变，不仅崩坏了东汉帝国的一角，而且截断了中原通达塔里木盆地及中亚的国际商路，动摇了东汉对西域的统治。据史籍所载，东汉自安帝时起，诸羌之族，如勒姐、当煎大豪东岸、麻奴兄弟、滇零、钟羌诸种，因不堪东汉官吏和地主的压榨，群起叛变，大为寇掠，遮断陇道。安帝曾派遣大军前往讨伐，但被羌人杀得大败。自是诸羌声势大震，乘胜进袭，西据甘肃，南入四川，东犯陕西。其势汹汹，不可制服①。以后东汉政府，被迫而改取守势，坚壁清野，与羌族相持。当此之时，东汉在羌地的官署撤退了，所有的官吏都逃入内郡。过去繁荣的西北国际大道，现在已经一变而为戎马驰驱的战场了②。经过了十几年的战争，陕西和四川的"羌患"，才告肃清，然而"军旅之费，转运委输，用二百四十余亿，府

① 《后汉书·西羌传》云："冬，遣车骑将军邓骘，征西校尉任尚副，将五营及三河、三辅、汝南、南阳、颍川、太原、上党兵合五万人，屯汉阳。明年春，诸郡兵未及至，钟羌数千人先击败骘军于冀西，杀千余人。……其冬，骘使任尚及从事中郎司马钧，率诸郡兵与滇零等数万人战于平襄，尚军大败，死者八千余人。于是滇零等自称'天子'于北地，招集武都、参狼、上郡、西河诸杂种，众遂大盛。东犯赵、魏，南入益州，杀汉中太守董炳，遂寇钞三辅，断陇道。湟中诸县粟石万钱，百姓死亡不可胜数。朝廷不能制，而转运难剧。遂诏骘还师，留任尚屯汉阳，为诸军节度。"

② 《后汉书·西羌传》云："五年春，任尚坐无功征免。羌遂入寇河东，至河内，百姓相惊，多奔南渡河。使北军中候朱宠将五营士，屯孟津，诏魏郡、赵国、常山、中山缮作坞候六百一十六所。羌既转盛，而二千石、令、长，多内郡人，并无守战意，皆争上徙郡县，以避寇难。朝廷从之。遂移陇西徙襄武，安定徙美阳，北地徙池阳，上郡徙衙。百姓恋土，不乐去旧，遂乃刘其禾稼，发彻室屋，夷营壁，破积聚。时连旱蝗饥荒，而驱蹙劫略，流离分散，随道死亡……丧其太半。"

帑空竭。延及内郡，边民死者不可胜数，并凉二州遂至虚耗”。[①]

即因羌族叛变，截断了陇道，因此安帝时，西域不通。但是，当时的西域是中原地区手工业制品最大的销场之一，西域一旦不通，则中原地区手工业制品便失掉了重要市场，因而手工业作坊有不少便要缩小规模或停闭。在这样一种生产紧缩的过程中，那些因为被剥夺了土地而投入手工业作坊的贫农，现在又从避难所被驱逐出来了。

至于那些从手工业生产中被抛出来的资本，商人们还是依照他们祖传的方法，把他转化为高利贷资本去收夺农民的土地。我们知道，保留在农民手中的土地，已经太少了，现在又再加以收夺，那就是驱逐所有的农民都离开自己的土地。

事情真凑巧，自安帝即位以来，又有继续不断的天灾，水旱虫蝗，风雹疠疫，地震山崩，应有尽有。这些天灾都以猛烈的姿势、普遍地袭击当时贫困的农村。在安帝在位的十九年中，每年都有地震，最厉害的一次，是元初六年二月的一次，这次地震延及的地方，达四十二郡、国之多。而且有些地方，地或坼裂，水泉涌出，人民受害者不可胜数。此外发生大水灾十一次，大旱灾五次，大蝗灾六次，大风灾三次，大雹灾五次，大疠疫两次，山崩两次，海啸一次。在这些严重的天灾中，造成了普遍的饥馑，因而在《后汉书·安帝纪》中，遂出现了“民相食”的纪载。然而当时的政府，对于这种天灾的对策，不是积极的赈济，而是委咎三公。因而每有天灾，便罢免三公以为向皇天谢罪之表示，岂不冤哉。

农民既被剥夺了土地，复被逐出了工场、作坊，而又因之以战争的征发，加之以天灾的迫害，于是“讹言相惊，弃损旧居，老弱相携，穷困道路”。其中有些不愿委骨沟壑的流民，便以饥寒起为“盗贼”。据《后汉书·安帝纪》所载：永初三年，“海贼张伯路等寇掠缘海九郡。”四年，“海盗张伯路复与勃海、平原剧贼刘文河、周

① 《后汉书·西羌传》云：“元初二年，遣任尚为中郎将，将羽林、缇骑五营子弟三千五百人……屯三辅。……明年夏，度辽将军邓遵率南单于及左鹿蠡王须沈万骑，击零昌于灵州……任尚遣兵击破先零羌于丁溪城……四年……冬，任尚将诸郡兵……进北地，击狼莫……大破之……自零昌、狼莫死后，诸羌瓦解，三辅、益州，无复寇儆。”

文光等攻厌次，杀县令。”五年，“汉阳人杜琦、王信叛，与先零诸种羌攻陷上邦城。”这些叛乱，在东汉帝国万里的江山中，当然只是星星之火，但他们却指出了一个事实，即东汉帝国的核心，已经腐烂了。

跟着核心的腐烂，四周诸种族，亦纷起叛变。在北方，则鲜卑、乌桓叛变。自五原而东，山西、河北的北部，东至辽东一带，每年遭其侵扰。南匈奴也叛变了，他东引乌桓、西收羌族等数万人，进犯于西北。在东北，则高句骊、涉貊、马韩连兵侵辽东，而夫余族亦入塞，杀伤吏人。在西南，则蜀郡夷寇蚕陵（今四川茂汶西北），杀县令；越巂（今四川西昌东南）夷寇遂久（今云南丽江），杀县令；旄牛夷寇灵关（今四川芦山西北），杀县令。此外，武陵、澧中南至苍梧、郁林、合浦诸蛮夷，无不叛变。虽然这些种族时叛时服，但他们的叛变，却说明了一个事实，即东汉帝国的统治，已经动摇了。当时的情势，正如安帝自己的诏书所云：“灾异蜂起，寇贼纵横，夷狄猾夏，戎事不息，百姓匮乏，疲于征发。重以蝗虫滋生，害及成麦，秋稼方收，甚可悼也。”

在这样一个险恶的环境中，即使有英明的君主，也不易转危为安，而况安帝当即位之时，尚不过是一个十三岁的孩子，初由母后邓氏听政。邓氏依靠外戚掌权。于是其舅邓骘、邓悝、邓弘、邓阊皆为列侯，又封其亲生母耿贵人之兄耿宝为羽林军车骑，封其妻阎后兄弟显、景、耀，并典禁兵。此外，外戚为卿校、侍中者不知若干人。这样一来，满朝文武，都是琐琐姻娅了。当时豫章生芝草，郡人唐檀概乎其言之曰：“方今外戚豪盛，阳道微弱，斯岂善瑞乎？”

安帝又认为除亲戚以外，最可靠的便是他的家奴，因而宦官、乳母，都一齐变成政治上的要人。当时宦者江京、李闰皆为列侯，与中常侍樊封、刘安、陈逵及帝之乳母王圣，王圣女伯荣，煽动内外，竞为侈虐。这些奴才，仗着他们主人的威势，真是无恶不作。入则“进出宫庭，传达奸赂”。出则“震动郡县，王侯二千石至为伯荣独拜车下……发人修道，缮理亭传……征役无度……赂遗仆从，人数百匹”。[1]故当时尚书仆射陈忠上书曰：“伯荣之威重于陛下，陛下之权在于臣妾。”[2]司徒杨震亦上书曰：“方今九德未事，嬖幸充庭……外交属托，扰乱天下，损辱清朝，尘点日月。”[3]安帝时的政治，就是一群外戚、走狗、奴才的政治，他们所注意的是皇帝的脸色，是贿赂的数目，那里会知道当时已经是“人吃人”的世界。

安帝死，顺帝继立。顺帝初年，曾因西域长史班勇之努力，恢复塔里木盆地的统治[4]。同时羌族的叛乱，也一时平息，因而西北的国际商路又曾一度打通。可是不久羌族又叛，且冻、傅难及其他杂种羌胡，东入山、陕，南入四川，西北的国际商路复闭而不通。当时的政府曾以马贤为征西将军，统领十万大军，讨伐叛羌；但结果马贤败死，而羌势转盛。自是巩唐种、罕种及诸种羌纷起叛变，自陕而西，西至武威，完全为羌人的世界[5]。以后护羌校尉赵冲，虽曾屠杀不少的羌人，但不久赵冲亦为羌人所杀[6]。直至顺帝死后之次年（冲帝永嘉元年），西羌之乱才暂告平息，然而战争十余年，所用的

① 《后汉书·陈忠传》。

② 同上。

③ 《后汉书·杨震传》。

④ 《后汉书·西域传·序》云：“顺帝永建二年，班勇（班超之子）击降焉耆（先已击平车师）；于是龟兹、疏勒、于阗、沙车等十七国皆来服从，而乌孙、葱岭以西遂绝。六年，帝以伊吾庐膏腴之地，傍近西域，匈奴资之，以为钞暴，复令开设屯田，如永元时事，置伊吾司马一人。”

⑤ 《后汉书·西羌传》云：顺帝永和“五年夏且冻、傅难种羌等遂反叛，攻金城，与西塞及湟中杂种羌胡，大寇三辅，杀害长吏。……于是发京师近郡及诸州兵讨之，拜马贤为征西将军，以骑都尉耿叔副，将左右羽林、五校士及诸州郡兵十万人屯汉阳。又于扶风、汉阳、陇道作坞壁三百所，置屯兵，以保聚百姓。且冻分遣种人寇武都，烧陇关，掠苑马。六年春，马贤将五六千骑击之，到射姑山，贤军败，贤及二子皆战殁。……于是东西羌遂大合。巩唐种三千余骑寇陇西，又烧园陵，掠关中，杀伤长吏……武威太守赵冲追击巩唐羌，斩首四百余级，……羌二千余人降。诏冲督河西四郡兵，为节度。罕种羌千余，寇北地，北地太守贾福与赵冲击之，不利。秋，诸种八九千骑寇武威，凉部震恐。”

⑥ 《后汉书·西羌传》云：“汉安元年，以赵冲为护羌校尉。冲招怀叛羌，罕种乃率邑落五千余户诣冲降。……唯烧何种三千余落，据参䜌北界。三年夏，赵冲与汉阳太守张贡，掩击之，斩首千五百级。……冬，冲击诸种，斩首四千余级。……冲复追击于阿阳，斩首八百级。于是诸种前后三万余户，诣凉州刺史降。建康元年春，护羌从事马玄遂为诸羌所诱，将羌众亡出塞……赵冲复追叛羌……遇羌伏兵，与战殁。坤虽身死，而前后多所斩获，羌由是衰耗。”

军费又达八十余亿[1]。

与西羌的叛变平行，鲜卑的侵扰，亦日益加紧[2]。匈奴乌桓办与西羌相结，连兵寇陕北[3]。此外，自武陵南至象林、日南、九真、交趾一带的蛮夷均叛[4]。在这样四周诸种族的叛变中，征兵征饷，当然又要加深人民的灾难。

天灾仍然继续流行，特别是西北一带的地震，与中原一带的旱灾。据《后汉书·顺帝纪》载，阳嘉二年三月，京师洛阳地震。汉安二年至建康元年（公元143—144年）的七个月中，凉州地震一百八十次。在地震的地方，山崩地坼，水泉涌出，人畜埋死。中原一带连年旱灾，加以蝗虫，禾稼枯槁，野无青草。会稽一带，淫雨成灾，大水泛滥。这种现象，是何等的惨淡！

然而顺帝站在这种局面之前，不思振刷政治，挽救危急，仍然秉承他父亲的政治作风，委政于外戚与宦官。而自己却空出时间，为声色狗马之乐。有一天他忽然神智清醒，露坐德阳殿求雨，因问尚书周举以消灾之术。周举说："近废文帝、光武之法，而循亡秦奢侈之欲，内积怨女，外有旷夫。……自枯旱以来，弥历年岁，未闻陛下改过之效，徒劳至尊暴露风尘，诚无益也。……出后宫不御之女，理天下冤枉之狱，除太官重胜之费。"[5]由周举之言，我们就可以想见顺帝之荒淫。

因为梁后的关系，梁后之父梁商遂被封为大将军，总揽大政。梁商之子冀亦被任为河南尹，专制京畿。梁商死，梁冀又代为大将

① 《后汉书·西羌传》云：冲帝"永嘉元年……以汉阳太守张贡代为校尉，左冯翊梁并，稍以恩信招诱之，于是离湳、狐奴等五万余户诣并降，陇右复平……自永和羌叛，至乎是岁，十余年间，费用八十余亿。"

② 《后汉书·顺帝纪》：永建元年八月，鲜卑寇代郡。二年二月，鲜卑寇辽东、玄菟。三年九月，鲜卑寇渔阳。四年十一月，鲜卑寇朔方。阳嘉元年九月，鲜卑寇辽东，二年八月，鲜卑寇代郡。

③ 《后汉书·顺帝纪》：阳嘉四年，乌桓寇云中，围度辽将军耿晔于兰池。永和三年九月，匈奴、乌桓、西羌连兵寇上郡。汉安元年八月，匈奴左部反。

④ 《后汉书·顺帝纪》云：永和元年十二月，象林蛮夷叛。二年正月，武陵蛮以太守加租叛，围充县，又寇夷道。五月，日南蛮叛，攻郡府。七月，九真、交趾二郡兵叛。建康元年，日南蛮夷叛。

⑤ 《后汉书·周举传》。

军，而以冀弟不疑为河南尹。父子禅代，兄弟更替，梁氏一门，威权震主。至于宦官孙程、王康、王国等十九人，皆封为列侯，食邑自千户以至万户[①]，并令得以养子袭爵。而宦官程璜、陈秉、孟生、李闰等，亦狐假虎威，无恶不作，致令百官侧目。此外，又封乳母宋娥为山阳君。在当时，可以说，满朝朱紫贵，尽是亲戚与奴才。

这些人物一旦登台，自然要造成自上而下的贪污政治。但是这些外戚、宦官，却假装做出整顿吏治的样子，于汉安元年，派遣大使徇行郡国，考察风俗。其申有一位年青的使者张纲，独埋车辆于洛阳都亭，不肯出发。他说："豺狼当道，安问狐狸！"并且上了一封奏折，指斥外戚。奏曰："大将军冀、河南尹不疑，蒙外戚之援，荷国厚恩，以刍荛之资，居阿衡之任。不能敷扬五教，翼赞日月，而专为封豕长蛇，肆其贪叨，甘心好货，纵恣无底，多树谄谀，以害忠良。诚天威所不赦，大辟所宜加也。谨条其无君之心十五事，斯皆臣子所切齿者也。"

有了贪污，必然就有骄奢淫侈。例如梁冀，"少为贵戚，逸游自恣。性嗜酒，能挽满、弹棋、格五、六博、蹴鞠、意钱之戏，又好臂鹰走狗、骋马斗鸡。"由梁冀的生活，就可以想到其他贵戚的生活。又如梁商之丧，皇帝赐以"东园朱寿之器，银镂、黄肠、玉匣、什物二十八种，钱二百万，布三千匹"。皇后又赐"钱五百万，布万匹"。"及葬，赠轻车介士。"由梁商之丧，就可以想到其他贵戚之丧。但是我们应该记得，当贵戚们乐生荣死的时候，也正是农民求草根树皮而不可得的时候。

在这样的天灾人祸之中，农民的暴动，自然要更加增多。据《后汉书·顺帝纪》所载，当时的"盗贼"蜂起，到处攻陷郡县，杀戮长吏，甚至发掘皇陵。如：

① 《后汉书·宦者列传·孙程传》云："其封（孙）程为浮阳侯，食邑万户；（王）康为华容侯，（王）国为郦侯，各九千户；黄龙为湘南侯，五千户；彭恺为西平昌侯，孟叔为中庐侯，李建为复阳侯，各四千二百户；王成为广宗侯，张贤为祝阿侯，史汎为临沮侯，马国为广平侯，王道为范县侯，李元为褒信侯，杨佗为山都侯，陈予为下隽侯，赵封为析县侯，李刚为枝江侯，各四千户；魏猛为夷陵侯，二千户；苗光为东阿侯，千户。""是为十九侯。加赐车马金银钱帛各有差。"

阳嘉元年二月，“海贼”曾旌等寇会稽，杀句章（今浙江余姚东南）、鄞（今奉化东）、鄮（今鄞县境）三县长，攻会稽东部都尉（治句章县）。

同年三月，扬州六郡“妖贼”章河等，寇四十九县，杀伤长吏。

阳嘉三年三月，益州“盗贼”劫质令长，杀列侯。

永和元年八月，江夏“盗贼”杀邾（今湖北黄冈东北）长。

永和二年四月，九江“贼”蔡伯流寇郡界，及广陵（郡治在今江苏扬州市），杀江都（今扬州市）长。

汉安元年九月，广陵“盗贼”张婴等寇郡县。

汉安二年十二月，扬、徐“盗贼”攻烧城寺。

建康元年三月，南郡、江夏“盗贼”，寇掠城邑。

同年八月，扬、徐“盗贼”范容、周生等寇掠城邑。

同年十一月，九江“盗贼”徐凤、马勉等，称无上将军，攻烧城邑。

同年十二月，九江“贼”黄虎等攻合肥。

同年“群盗”发宪陵（东汉顺帝陵，在今河南洛阳市东北）。

与农民之攻烧城邑、杀掠长吏同时，小所有者则走入深山，于是而出现了所谓隐士。在中国史上，所有的隐士，大半都是有教养的知识分子，他们原来都有足够衣食的田园，因而他们得以从肉体的劳动中解放出来，从事于文化的活动。在太平盛世，这些知识分子，本来可以被商人地主的政府选拔出来，充当政治使用人。否则亦可粗衣淡饭，度过一生。所谓：“穷则独善其身，达则兼善天下”者，正是指这一社会层的人物。但到顺帝时，小所有者一方面遭受商人地主的收夺，失掉了“独善其身”的土地；另一方面，又遭受外戚宦官的排斥，阻绝了“兼善天下”的政治出路。当此之时，他们进不能致身朝堂，退亦不能自存乡里，于是只有相率穷蹙于深山，是为隐士。所以我以为隐士的出现，乃是小所有者在经济上被收夺，在政治上被排斥的表征。

据《后汉书》所载，顺帝曾屡征隐士。如永建二年，征隐士樊英于壶山（今河南鲁山西南），又征隐士广汉（郡治今四川广汉北）

杨厚、江夏（郡治今湖北云梦）黄琼。策书玄纁，往来于山谷；坛席几杖，高设于朝堂；抑若求贤惟恐不及，实则欲罗致一、二盛名之士，作为政治花瓶。当时隐士也有应征而至者，如杨厚、黄琼，但终以燮佞当朝，不能有所匡救。但大多数则拒命不来，如法真四征不至，天下高之。樊英入殿不屈，曰："臣见暴君如见仇雠。"又曰："非礼之禄，虽万钟不受也；若申其志，虽箪食不厌也。"由此而知到顺帝时，有正义感的知识分子，宁愿饿死深山穷谷，亦耻与外戚、宦官为伍。

隐士之不肯出山，可以说是小所有者对外戚宦官政治之消极的抗议。但是生活决定了小所有者没有农民那样不知死活，因饥寒即起为"盗贼"，冒万死以求一生。然而他们都读过圣贤之书，知道"危邦不入，乱邦不居"的教训，所以他们虽没有勇气谋反叛逆，也决不肯降志屈身，去侍候皇帝的亲戚和家奴。他们痛恨这政权，又无力推翻这个政权，结果只望着昏君乱臣祸国殃民，而瞑目梦想尧舜之君，羲皇之世。仲长统之言曰："(当东汉末际，)清洁之士，徒自苦于茨棘之间，无所益损于风俗也。"但是他们为什么要自苦呢？这是仲长统所不了解的呵！

由上所述，可知东汉政权发展至安、顺之际，已经不仅为农民所痛恨，也为小所有者所厌恶了。一个政权发展到为小所有者所厌恶的时候，他的寿命，就快要结束了。

第四节　外戚、宦官、党锢之祸与东汉政权的腐烂

自冲、质以至桓帝时代，东汉的社会经济，便达到了崩溃的阶段。

从安帝时就开始了的边疆各族的叛变，到桓帝即位之初，已经四十年了。在讨伐这些种族的战争中，特别在讨伐诸羌的战争中，东汉政府不知消耗了多少人力和物力。结果，不但不能挽救东汉帝

国的崩溃，而且因此更加深了中原地区社会经济的危机。

桓帝时，中原地区，已经袭来了四周诸种族的威胁。当此之时，鲜卑之族，崛起于北方，继匈奴之后，成为蒙古高原之主人。它占有东自辽东、西迄天山这一个广大的地理区域[①]，压迫南匈奴，役属辽东诸种族，以压倒之势，侵入今日陕西、山西及河北之北部，成为东汉北方之最可怕的邻人。在西南，不仅日南、九真、交趾，已经摆脱了东汉帝国的统治，而且分布于今日四川的板楯蛮、犍为蛮，分布于今日湘西的武陵蛮，乃至分布于今日鄂西的江夏蛮，也群起叛变，捣毁了帝国在西南的统治。在西北，诸羌之族，如烧当、零吾、先零、沈氏、牢姐、乌吾、滇那、岸尾、当煎诸种，又同时大举叛变，西犯甘肃，南入四川，东侵今陕西、山西乃至河北，楔入帝国的心脏。万里无云的碧空，现在从他的四周，又升起乌黑的浓云。这四周的浓云，逐渐向中天流动，太阳的光彩，已经暗淡了。

同时，帝国的本部，也溃烂不堪。从安帝时就开始了的土地之急剧的兼并，农民手中的土地几乎全部被剥夺，甚至小所有者的土地也有一部分被迫交出来了。到桓帝时，土地兼并仍然继续进行。例如缯侯刘敞，曾侵占民田官田无数；宦官侯览，曾夺人土地一百一十八顷。但在这一时代的兼并，大概不是侵没官田便是大鱼吃小鱼了。总之，当此之时，贵族、官僚、商人、地主几乎占有了全国的土地，而农民则变成了赤贫，甚至一部分小所有者，也零落到“食无求饱”的境遇了。这样，就把土地所有者与农民之间的矛盾，伸引到小所有者之间了。

其次，从安帝时就开始了的严重的天灾，到桓帝时不但没有止息，而且以更猛烈的阵势继续袭击当时萧条不堪的农村。普遍全国的大饥馑，到处都发生人吃人的惨剧，成千成万的人在流冗道路，

① 《后汉书·鲜卑传》云：“桓帝时，鲜卑檀石槐者……勇健有智略……尽据匈奴故地，……寇北边。……朝廷积患之而不能制。乃自分其地为三部，从右北平以东至辽东，接夫余、涉貊二十余邑为东部；从右北平以西上谷十余邑为中部；从上谷以西至敦煌、乌孙二十余邑为西部。各置大人主领之，皆属檀石槐。”

成千成万的人灭门绝户的饿死[①]。同时，疠疫之魔，也张开了血口，到处吞噬那些垂死的人民[②]。饥饿的呼号与死亡的恐怖，正是这一时代的特征。

从安帝时就开始了的讨伐诸羌的战争，到桓帝延熹二年（公元159年）仍在继续，当时东汉的将军段颎、胡闳、皇甫规、张奂都出现为西征的英雄。经过了十一年的血战，到灵帝建宁二年（公元169年），战争总算得到了报酬。他们把分布于陕北一带的东羌迫蹙到今日甘肃秦安县山中，几乎完全杀死；将分布于甘肃一带的西羌，迫至今日青海境内河首积石山，乃至西藏边境。但是去掉诸羌，又来了填防的鲜卑，结果战争的胜利，不过替鲜卑肃清了南入陕、甘的大道而已。然而在这十一年的战争中，为了支付数目庞大的军费，就榨出了当时农民最后的一滴血液。而且为了进行战争，征兵拉夫，几乎把所有的壮年男子，都送上战场，种田的都是女人。据《后汉书·五行志》载，桓帝之初，天下童谣曰："小麦青青大麦枯，谁当获者妇与姑，丈人何在西击胡。吏买马，君具车，请为诸君鼓咙胡。"

战争的呐喊，起于四国；饥饿的呼号，遍于中原；这正是冲、质以至桓帝时代的内外形势。但在这样的形势之下，东汉的政治，又是怎样呢？一言以蔽之，关着大门杀穷鬼。

东汉自冲帝以至桓帝的中叶都是外戚的天下。到桓帝中叶以后，宦官诛灭了外戚，大汉的天下，又落到自己家奴的手中。这种狗咬狗的把戏，看起来，似无关重要，但他却指明了一个事实，即东汉统治者内部已经透底地腐烂了。

具体的史实指示出来，顺帝死，梁太后抱着他两岁的儿子置之宝座之上，是为冲帝。冲帝在位一年，夭死。为了利用幼弱，梁太后写梁冀会商的结果，又从皇族中选定一个八岁的孩子，作为政权

① 《后汉书·桓帝纪》：建和元年二月，"荆、扬二州人多饿死"。元嘉元年四月，"任城、梁国饥，民相食。"永兴元年七月，"郡国三十二蝗。河水溢。百姓饥穷，流冗道路，至有数十万户，冀州尤甚。"永寿元年二月，"司隶、冀州饥，人相食。"延熹九年，"司隶、豫州饥，死者什四五，至有灭户者"。

② 《后汉书·桓帝纪》：元嘉元年正月，京师疾疫；二月，九江、庐江大疫。延熹四年正月，大疫。

的象征，是为质帝。但是质帝幼而聪明，他在八岁的时候，便认识梁冀是一个“跋扈将军”，因而不合傀儡的条件，所以不到一年，这个可爱的孩子遂被他的“跋扈将军”毒死。接着而来的，是一个十五岁的孩子，这就是桓帝。

桓帝即位以后第一道诏令，便是大封外戚。他增加梁冀的封邑一万三千户；又增加梁冀所领大将军府的官属，倍于三公；又封梁冀的兄弟和儿子皆为万户侯①。隔了三年，再增封梁冀一万户，合以前所封，共为三万户②。并封梁冀妻孙寿为襄城君，兼食阳翟租，岁入五千万。加赐赤绂，和长公主同等待遇。第二年，又增梁冀之封为四县，赏赐梁冀金钱、奴婢、彩帛、车马、衣服和甲第，并且特许梁冀“入朝不趋，剑履上殿，谒赞不名”③。朝会时，不与三公站在同一席子上，十天到尚书台办公一次。从此以后，事无大小，都要经过梁冀决定，才能执行。不但文武百官的升迁，要先到梁府去谢恩，就是皇帝的近侍，也都由梁冀派遣，皇帝的一举一动，都要报告梁冀④。又隔了两年，梁冀的孙子和侄孙也封了侯⑤。总计梁“冀一门，前后七封侯，三皇后，六贵人，二大将军，夫人、女食邑称君者七人，尚公主三人，其余卿、将、尹、校五十七人。在位二十余年，穷极满盛，威行内外，百僚侧目，莫敢违命，天子恭己而不得有所亲豫”。⑥

① 《后汉书·梁统传附梁冀传》云：“建和元年，益封冀万三千户，增大将军府举高第茂才，官属倍于三公。又封（冀弟）不疑为颍阳侯，不疑弟蒙西平侯，冀子胤襄邑侯，各万户。”

② 《后汉书·梁统传附梁冀传》云：“和平元年，重增封冀万户，并前所袭，合三万户。”

③ 《后汉书·梁统传附梁冀传》。

④ 《后汉书·梁统传附梁冀传》云：“元嘉元年，帝以冀有援立之功，欲崇殊典，乃大会公卿，共议其礼。于是有司奏冀入朝不趋，剑履上殿，谒赞不名，礼仪比萧何。悉以定陶、阳成余户，增封为四县，比邓禹。赏赐金钱、奴婢、彩帛、车马、衣服、甲第，比霍光。以殊元勋。每朝会，与三公绝席，十日一入，平尚书事。宣布天下，为万世法。冀犹以所奏礼薄，意不悦。专擅威柄，凶恣日积，机事大小，莫不谘决之。宫卫近侍，并所亲树，禁省起居，纤微必知。百官迁召，皆先到冀门，笺檄谢恩，然后敢诣尚书。”

⑤ 《后汉书·梁统传附梁冀传》。

⑥ 《后汉书·梁统传附梁冀传》。

外戚的权势高张，宦官的威风就相形见拙。因而形成了外戚与宦官之间的矛盾。这种矛盾到延熹二年，跟着梁后死，裙带断，便决裂了。当时皇帝与宦官同盟，发动了政变，把梁氏一门无分长少，都斩尽杀绝了。但是从外戚手中接受政权的，不是皇帝，而是宦官。

当时主谋诛梁冀的宦官，中常侍单超、徐璜、具瑗、左悺、唐衡五人，同日封侯，世称之曰五侯。又小黄门刘普、赵忠等八人亦封为乡侯①。此外，以冒诛梁冀之功而封侯者，尚有侯览②。宦官登台以后，其威风亦不减于外戚。单超之丧，皇帝除追封为车骑将军，又赐东园秘器，棺中玉具，赠侯将军印绶，并赐国葬。葬后，又派五营骑士、将军、侍御史护丧③。由其死，可想见其生。从此以后，四侯骄横，天下为之语曰："左回天，具独坐，徐卧虎，唐两堕。"④

桓帝时的政治，是外戚、宦官的政治，这种政治唯一的特色，是贪污无耻。这一时代的贪污，除了剥削贫穷人民，又公然绑架豪富。据史载，当时梁冀一次绑架，便得钱一亿七千余万⑤。至于四方调发，岁时贡献，都有梁冀一份，而且他的一份，比皇帝的还要值钱。至于吏人赍货求官者，道路相望⑥。所以梁冀诛死以后，政府拍

---

① 《后汉书·宦者列传·单超传》云："单超，河南人；徐璜，下邳良城人；具瑗，魏郡元城人；左悺，河南平阴人；唐衡，颍川郾人也。桓帝初，超、璜、瑗为中常侍，悺、衡为小黄门史……延熹二年，皇后崩，……（以诛冀功）封超新丰侯，二万户；璜武原侯，瑗东武阳侯，各万五千户，赐钱各千五百万；悺上蔡侯，衡汝阳侯，各万三千户，赐钱各千三百万。五人同日封（侯），故世谓之'五侯'。又封小黄门刘普、赵忠等八人为乡侯。自是权归宦官，朝廷日乱矣。"

② 《后汉书·宦者列传·侯览传》云："侯览者，山阳防东人……托以与议诛梁冀功，进封高乡侯。"

③ 《后汉书·宦者列传·单超传》云："超病，帝遣使者就拜车骑将军。明年薨，赐东园秘器，棺中玉具，赠侯将军印绶，使者理丧。及葬，发五营骑士，（将军）侍御史护丧，将作大匠起冢茔。"

④ 《后汉书·宦者列传·单超传》。

⑤ 《后汉书·梁统传附梁冀传》云："扶风人士孙奋，居富而性吝，冀因以马乘遗之，从贷钱五千万，奋以三千万与之，冀大怒，乃告郡县，认奋母为其守臧婢，云盗白珠十斛、紫金千斤以叛，遂收拷奋兄弟，死于狱中，悉没赀财亿七千余万。"

⑥ 《后汉书·梁统传附梁冀传》："其四方调发，岁时贡献，皆先输上第于冀，乘舆乃其次焉。吏人赍货求官请罪者，道路相望。"

卖他的财产，其价值竟达三十余万万，以充王府经费，减天下租税之半。

在上者贪污，在下者必有甚焉。因为梁冀贪污，所以梁冀所引用的亲戚、宾客无不贪污。例如梁冀的妻党孙氏，冒名而为中央及地方官吏者十余人，皆贪污残暴，此辈各派遣家奴逮捕其属县的富人，勒索钱财，出钱少者，则诬以他罪，致之于死[①]。当时宛县的县令吴树，一次就杀了梁冀的宾客之为人害者数十人[②]。自然梁冀的宾客，不仅宛县才有，而是布满朝廷，散在郡县。当梁冀诛死以后，"其它所连及公卿列校刺史二千石死者数十人，故吏宾客免黜者三百余人，朝廷为空。"由此足见当时上自中央政府的大员，下至郡县的地方官，大半都是贪污害人，绑票勒索的匪徒。

从外戚政治到宦官政治，其意义只是宣告贪官污吏的换班而已。据《后汉书·宦者列传·单超传》所载，当时五侯"又养其疏属，或乞嗣异姓，或买苍头为子，并以传国袭封。兄弟姻戚皆宰州临郡，辜较百姓，与盗贼无异。超弟安为河东太守，弟子匡为济阴太守，璜弟盛为河内太守，倌弟敏为陈留太守，瑗兄恭为沛相，皆为所在蠹害。璜兄子宣为下邳令，暴虐尤甚"。据说宣因求故汝南太守下邳李暠女不得，后为下邳令，竟发吏捕女至暠署，戏射杀之。对于堂堂政府官吏的家属，尚敢如此，对于百姓可想而知。又如《后汉书·侯览传》谓：览"倚势贪放，受纳货遗，以巨万计"。又云："览贪侈奢纵，前后请夺人宅三百八十一所，田百一十八顷。"又云："小黄门段珪，家在济阴，与览开立田业，近济北界。仆从宾客侵犯百姓，劫掠行旅。"总之，当时"五侯宗族宾客，虐遍天下"。其他有权的宦官亦类多如此。郡守、县令，"发求民间，至夜不绝，或狗吠竟夕，民不得安"。稍有资产者，多逃入山中，隐姓亡名，以避剥

① 《后汉书·梁统传附梁冀传》云："冀用（其妻孙）寿言，多斥夺诸梁在位者，外以谦让，而实崇孙氏宗亲。冒名而为侍中、卿、校尉、郡守、长吏者十余人，皆贪叨凶淫，各遣私客籍属县富人，被以它罪，闭狱掠拷，使出钱自赎，赀物少者至于死徙。"

② 《后汉书·梁统传附梁冀传》云："（宛令吴）树到县，遂诛杀冀客为人害者数十人。"

削[1]。而豪族大姓则与外戚、宦官的宾客勾结，互为奸利。结果，最后回账的还是农民。

东汉时的云气仙灵画像

东汉时鸣钟吹管酣讴竟路画像

现在，我们看看那些吸饱了民脂民膏的外戚、宦官所过的生活。

据《后汉书·梁冀传》云：在洛阳城里，梁冀“大起第舍，而（其妻孙）寿亦对街为宅，殚极土木，互相夸竞。堂寝皆有阴阳奥

① 《后汉书·刘宠传》云：“（宠为会稽太守），将离任，有五六老叟自若邪山谷间出，人赍百钱以送宠。……曰：‘山谷鄙生，未尝识郡朝，它守时吏发求民间，至夜不绝，或狗吠竟夕，民不得安。自明府下车以来，狗不夜吠，民不见吏。年老遭值圣明，今闻当见弃去，故自扶奉送。’”

室，连房洞户。柱壁雕镂，加以铜漆。窗牖皆有绮疏青琐，图以云气仙灵。台阁周通，更相临望；飞梁石磴，陵跨水道”。在这两座富丽堂皇的第宅里面，各有藏室，在藏室里，堆满了“金玉珠玑，异方珍怪”。又各有厩房，在厩房里，豢养着“汗血名马”。“又广开园囿，采土筑山，十里九坂，以象二崤，深林绝涧，有若自然；奇禽驯兽，飞走其间。”每当春秋暇日，“冀、寿共乘辇车，张羽盖，饰以金银，游观第内，多从倡伎，鸣钟吹管，酣讴竟路。或连继日夜，以骋娱恣。”当此之时，梁冀着“埤帻狭冠，折上巾，拥身扇，狐尾单衣”。其妻孙寿本来色美而又“善为妖态，作愁眉，啼妆，堕马髻，折腰步，龋齿笑，以为媚惑”。若于此时，“客到门不得通，皆请谢门者，门者累千金。”“又多拓林苑，禁同王家，西至弘农，东界荥阳，南极鲁阳，北达河、淇，包含山薮，远带丘荒，周旋封域，殆将千里。又起菟苑于河南城西，经亘数十里，发属县卒徒缮修楼观，数年乃成。移檄所在，调发生菟，刻其毛以为识。人有犯者，罪至刑死。尝有西域贾胡，不知禁忌，误杀一菟，转相告言，坐死者十余人。”“又起别第于城西，以纳奸亡。或取良人，悉为奴婢，至数千人，名曰自卖人。”“又遣客出塞，交通外国，广求异物。因行道路，发取妓女御者，而使人复乘势横暴，妻略妇女，驱击吏卒，所在怨毒。”

再看当时宦官的生活。

当时五侯，单超早死，其余四侯“皆竞起第宅，楼观壮丽，穷极伎巧。金银罽旄，施于犬马。多取良人美女，以为姬妾，皆珍饰华侈，拟则宫人。其仆从皆乘牛车而从列骑”。

当时侯览“起立第宅十有六区，皆有高楼池苑，堂阁相望，饰以绮画丹漆之属，制度重深，僭类宫省。又豫作寿冢，石椁双阙，高庑百尺。破人居室，发掘坟墓。虏夺良人，略妻妇子”。

由于外戚与宦官之轮班收夺，于是天下财富，从农村集中首都，从政府的国库转移到私人的钱柜。洛阳变成了金穴，而全国农村则变成了一片沙漠；外戚、宦官变成了倾国的豪富，而政府则不能发出一般小官吏的薪俸。所以当时陈蕃说：“当今之世，有三空之厄哉！田野空，朝廷空，仓库空，是谓三空。”

膏药贴不住地震，赈济政策也糊不住百孔千疮的社会，因而与外戚、宦官之虐政平行，农民暴动便继续爆发了。据史籍所载，当冲帝在位的数月中，农民暴动发生了四次[①]，质帝在位的一年中，农民暴动，发生了七次[②]，自桓帝即位之元年至灵帝中平元年，黄巾大暴动之前，这三十七年中，农民暴动共发生了二十二次[③]。当冲、质的时代，饥饿的农民，已经在范容、徐凤、马勉、张婴、陆宫等的领导之下，把当时的徐、扬、九江，今日皖北、苏北一带的社会秩序，捣毁无余。至桓帝以迄灵帝之初，则农民暴动已经发展到普遍全国的范围。如刘文、李坚、陈景、裴优、李伯、公孙举、劳丙、叔孙无忌、李研、胡兰、朱盖、盖登、戴异、许生等都先后或同时出现为当时农民暴动的领导人物，他们在今山东、河南、安徽、江苏、陕西、四川、湖南到处发动暴动，攻陷城市，诛杀贪官污吏。到桓帝末年，甚至在堂堂的首都，也有“火光转行”了。像这样的

① 《后汉书·冲帝纪》载：建康元年九月，徐、扬“贼”范容攻杀扬州刺史尹耀、九江太守邓显。十一月，九江“盗贼”徐凤、马勉等称“无上将军”，攻烧城邑。十二月，九江“贼”黄虎等攻合肥。是岁“群盗”发宪陵。

② 《后汉书·质帝纪》载：永嘉元年正月，广陵“贼”张婴等复反，攻杀堂邑、江都长。九江“贼”徐凤等攻杀曲阳、东城长。三月，九江“贼”马勉称皇帝。四月，丹阳“贼”陆宫等围城，烧亭寺。七月，庐江“盗贼”攻寻阳，又攻盱台。十一月，历阳“贼”华孟，自称黑帝，攻杀九江太寺杨岑。

③ 《后汉书·桓帝纪》载：建和元年十一月，清河刘文反，杀国相谢暠。同月，陈留“盗贼”李坚自称皇帝。二年十月，长平陈景，自号黄帝子，署置官属，又南顿管伯亦称真人，并图举兵。和平元年二月，扶风“妖贼”裴优自称皇帝。永兴二年九月，蜀郡李伯诈称宗室，当立为太初皇帝，十一月，太山琅邪“贼”公孙举等反叛，杀长吏。永寿二年七月，太山“贼”公孙举等寇青、兖、徐州。延熹三年九月，太山、琅邪“贼”劳丙等复叛，寇掠百姓。十一月，太山“贼”叔孙无忌攻杀都尉侯章。五年四月，长沙“贼”起，寇桂阳、苍梧。五月，长沙、零陵“贼”起，攻桂阳、苍梧、南海、交趾。八月，艾县“贼”焚烧长沙郡县，寇益阳，杀县令。六年七月，桂阳“盗贼”李研等寇郡界。十一月，南海“贼”寇郡界。八年六月，桂阳胡兰、朱盖等复反，攻没郡县，转寇零陵。同月，苍梧太守为“盗”所执。十月，勃海“妖贼”盖登等称太上皇帝。九年正月，沛国戴异得黄金印，无文字，遂与广陵人龙尚等共祭井，作符书，称太上皇。永康元年五月，庐江“贼”起，寇郡界。

《后汉书·灵帝纪》载：建宁二年九月，丹阳“山越贼”围太守陈夤。三年九月，济南“贼”起，攻东平陵。熹平元年十一月，会稽人许生自称越王，寇郡县。以上都是黄巾大暴动以前的农民暴动。

情形，当然是农民大暴动的预告。

在这样危急的局面之中，小所有者阶层中的知识分子起来了。他们展开了反宦官政治的斗争。而这到后来，便酿成了中国史上有名的党锢之祸。

被称为士大夫的知识分子之出现于政治斗争的前线，这件事就指明了当时政治的暴虐与黑暗，已经不仅为贫苦的农民所痛恨，也为小所有者所不能忍受了。所以在中国史上，每当农民“叛乱”总爆发的前夕，往往出现士大夫的政治抗争。士大夫的政治抗争，不是为了推翻这个政权，只是要求政治的改良以挽救这个政权。但是当士大夫的政治抗争出现之时，必然是这个政权临于没落之际，当时的统治者是最反动的一群。他们不仅害怕农民，也害怕小所有者；不仅反对革命，也拒绝任何政治改良的建议。正像一个垂危的病人，看见了医生也当作是魔鬼。因此之故，历史决定了士大夫的政治抗争留下来的只是一些血肉狼藉的纪录。虽然如此，士大夫政治抗争的失败也有他的积极的历史作用。因为他们的鲜血就无异是一篇悲壮淋漓的政治宣言。他们向人民宣告，政治的改良已经绝望，除了用武装推翻这个政权，再没有任何期待了。所以跟着士大夫政治抗争的失败而来的，再不是士大夫的慷慨就义，而是农民的武装暴动。这在中国史上是屡见不鲜的。东汉的党锢之祸，正是东汉政权走到终点的一块路碑，也是黄巾大暴动的一声信号。跟着党锢之祸而来的，再不是屠杀者的胜利，而是屠杀者被屠杀了。

外戚、宦官走进朝堂，士大夫就必然退回田里，这几乎也是中国史上的一个规律。如前所述，自顺帝时起，当时的士大夫就相率毁裂冠带，避祸深山，到桓帝时，跟着政治之进一步的黑暗，那些有教养的小所有者，他们要逃出这个罪恶的世界，就像逃出地狱一样。因而更加扩大了这个零落的小所有者之群。这些知识分子逃入山林以后，或躬自耕稼，非其力不食；或苦身修节，隐居讲学；自以为与世无涉，与人无争。谁知现实是逃避不了的，你要逃避它，它要追逐你。不久安车玄纁，又络绎于深山穷谷之中，要征请这些逃避者去替宦官政治歌功颂德。但是这些知识分子究竟读过圣贤之书，知道何为廉耻，所以宁肯饿死，亦耻与宦官为伍。史载桓帝曾以安车玄纁征处士徐穉、姜肱、袁闳、韦著、李昙五人，皆不至，又征安阳魏桓，亦不至。他们不但不与这个贪污的政府合作，而且进而批评当时的政治。《后汉书·党锢列传》云："逮桓灵之间，主荒政缪，国命委于阉寺，士子羞与为伍，故匹夫抗愤，处士横议，遂乃激扬名声，互相题拂，品核公卿，裁量执政，婞直之风，于斯行矣。"

知识青年，往往出现为革命的先锋，这在中国史上，也是屡见不鲜的。而中国的知识青年第一次出现于政治斗争的前线的，便是东汉末的太学生。东汉至桓帝时，太学生已达三万余人，其中有不少小所有者家庭出身的子弟。他们感到自己家世的零落和政治前途的暗淡，对于这个政权，自然也感到怨恨。就在这个时候，郭泰、贾彪遂出现为这一批学生的领导人。郭泰等一方面在太学中进行反宦官政治的组织和宣传；另一方面，又从社会上吸引小所有者的子弟，进入太学，以扩大自己的阵容。例如陈留（郡治今河南开封市东南）茅容本为农夫，巨鹿孟敏本为担卖陶器的小贩，陈留申屠蟠本为油漆工人，鄢陵庾乘本为看门的厮役，皆因郭泰的援引，进入太学为学生。此外出身于屠沽卒伍之士，因郭泰之援助而入太学者，尚不知有若干人。因此之故，当时的太学，便变成了小所有者政治活动的中心。

在桓帝末年，太学生曾经发动两次大规模的政治请愿。第一次是在永兴元年（公元 153 年）七月，这一次是为了朱穆的案子。据史载朱穆为冀州刺史，时河溢，漂害人庶数十万户。而宦官赵忠，丧父归葬，僭为玙璠、玉匣、偶人。穆下郡案验，吏发墓，剖棺出之。帝闻大怒，征穆诣廷尉，输作左校。于是太学生刘陶等数千人走到皇宫之前请愿，并上请愿书为穆讼冤。其书有曰："中官近习，窃持国柄，手握王爵，口含天宪，运赏则使饿隶富于季孙；呼噏则令伊、颜化为桀、跖。而穆独亢然不顾身害，非恶荣而好辱，恶生而好死也，徒感王纲之不摄，惧天网之久失，故竭心怀忧，为上深计。臣愿黥首系趾，代穆校作。"第二次，是在延熹五年，这一次是为了皇甫规的案子。皇甫规平羌有功，因宦官徐璜、左悺向之敲诈货赂不遂，因诬陷以侵没军饷之罪，也是要输作左校。于是太学生张凤等三百余人，又走到皇宫之前大请愿，皇甫规因而得以赦免。由此看来，当时的太学生是以何等英勇的姿态，出现于东汉末年的历史。

在下级乃至中级的官吏中，仍然有不少出身子小所有者家庭的子弟。这些人虽然参加当时的政治，但在当时统治者中间，是最受压迫的一群。他们既受宦官的压迫，又受商人地主的压迫。前者如白马令李云、弘农掾杜众，即因奏劾宦官而被处死刑；后者如南阳太守陈球，即因劾举豪右而征诣廷尉抵罪。即因如此，这一类中下级的官吏也对现状感到不满。他们一旦看到有处士的横议和学生的抗愤，也就敢于站在自己的岗位，执行自己的职权。这就是说敢于用国法去制裁宦官以及与宦官狼狈为奸的商人地主。据史载，当时河东太守刘祐，其属县令长大半皆系宦官子弟，百姓患之。祐到，黜其权强，平理冤狱。魏朗为彭城令时，宦官子弟为相国，多行非法，朗更相章奏，以弹劾之。苑康为太山太守，时郡内豪姓多不法。苑至，奋威怒，施严令，莫有干犯者。先所请夺人田宅者，皆退还之。诸如此类的事件，不胜枚举。

由于在野的处士、在朝的中下级官吏和太学的一部分学生这三种力量之平行发展，相互声援，于是遂形成了小所有者反宦官政治的高潮。而当时有一位出身于下级官吏后官至太尉的陈蕃，就出现为这个反宦官斗争的总领导者。斗争一天天地发展下去，接连又发生了几件更严重的事件。据史载，当时南阳太守成瑨与其功曹岑晊，诛杀了一个与宦官勾结，“用势纵横”的商人地主张汎。太原太守刘汎，诛杀了一个“贪横放恣”的小黄门赵津。山阳太守翟超与其督邮张俭，籍没了宦官侯览老家的资财。东海相黄浮，逮捕了射杀太守李暠之女的下邳令徐宣一门老幼。并将徐宣弃市示众。徐宣是徐璜之侄。这些事当然要引起宦官与商人地主的愤怒，于是宦官与张汎的家属，就因缘谮诉于桓帝的御前。而这位白痴的皇帝，也就居然龙颜大怒，逮以上诸人下狱，成瑨、刘瓆论死，翟超、黄浮髡钳，输作左校。当时陈蕃曾上书极谏，但是结果成瑨、刘瓆诚心去恶而伏欧刀，翟超、黄浮奉公不挠而并蒙刑坐，天下之人，无不冤之。

宦官的反攻，一天天地凶猛了。恰好又发生了张成的事件，于是党锢之祸，遂开始了。据《后汉书·党锢列传》序言云："时河内张成，善说风角，推占当赦，遂教子杀人。李膺为河南尹，督促收捕，既而逢宥获免，膺愈怀愤疾，竟案杀之。"张成本以方伎与宦官相交通，桓帝亦颇信其占卜，宦官遂教张成弟子牢修，上书诬告李膺等"养太学游士，交结诸郡生徒，更相驱驰，共为部党，诽讪朝廷，疑乱风俗。于是天子震怒，班下郡国，逮捕党人，布告天下，使同忿疾，遂收执膺等。其辞所连及陈寔之徒二百余人，或有逃遁不获，皆悬金购募。使者四出，相望于道"。当此之时，皇帝的诏令，迫切州郡，髡笞掾史。从事坐传舍，钩捕党人。州郡为了报命，则乱捕善良。每一州郡所捕党人多者至以百数。唯平原相史弼，独未捕一人。使者责曰："青州六郡，其五有党……平原何理而得独无？"弼曰："先王疆理天下，画界分境，水土异齐，风俗不同。它郡自有，平原自无，胡可相比？若承望上司，诬陷良善，淫刑滥罚，以逞非理，则平原之人，户可为党。相有死而已，所不能也。"

这件大案，要经过三府，当时陈蕃为太尉，不肯署名。他说："今所考案，皆海内人誉，忧国忠公之臣。此等犹将十世宥也，岂有罪名不章而致收掠者乎？"但是陈蕃即因此而罢免。

当时外戚窦武为城门校尉，也感受宦官的压迫，同情太学生反宦官的运动。太学生首领贾彪，见事态扩大，乃潜入洛阳，求援窦武。窦武乃上疏曰："膺等建忠抗节，志经王室，此诚陛下稷、卨、伊、吕之佐，而虚为奸臣贼子之所诬枉，天下寒心，海内失望。惟陛下留神澄省，时见理出，以厌人鬼喁喁之心。"同时尚书霍谞等亦为所谓党人者讼冤，于是遂于次年（永康元年）赦党人二百余人，皆放归田里，书名三府，禁锢终身。从此以后，正直废放，邪枉炽结。虽然如此，而天下士大夫，皆高尚其道，而污秽朝廷。《后汉书·党锢列传》序曰："（当时）海内希风之流，遂共相摽搒，指天下名士，为之称号。上曰三君，次曰八俊，次曰八顾，次曰八及，次曰八厨，犹古之八元、八凯也。窦武、刘淑、陈蕃为三君。君者，言一世之所宗也。李膺、荀昱、杜密、王畅、刘祐、魏朗、赵典、朱寓为八俊。俊者，言人之英也。郭林宗、宗慈、巴肃、夏馥、范滂、尹勋、蔡衍、羊陟为八顾。顾者，言能以德行引入者也。张俭、岑晊、刘表、陈翔、孔昱、苑康、檀（敷）（敷）、翟超为八及。及者，言其能导人追宗者也。度尚、张邈、王考、刘儒、胡母班、秦周、蕃向、王章为八厨。厨者，言能以财救人者也。”

桓帝死，灵帝立，胜利的宦官，威权更大。当时侯览、曹节、王甫、郑飒、公乘昕等与灵帝乳母赵娆及诸女尚书，相互奸姘，秽乱宫廷；操弄国柄，荼毒海内。其时陈蕃为太傅，窦武为大将军，孤立朝廷，一筹莫展，乃相与计议诛杀宦官，但事机不密，反为宦官所杀。在这一次事变中，太学生与宦官肉搏而死者数十人。

士大夫的斗争失败了，跟若而来的是宦官对士大夫的大屠杀。建宁二年十月，大兴党狱，于是李膺、杜密、虞放、朱寓、荀昱、翟超、刘儒、范滂等百余人，俱被诬杀，妻子皆徙边，天下豪杰及儒学有行义者，宦官一切指为党人，其死、徙、废、禁者，又六七百人。当时郭太以不为危言，得免于祸，目极同辈沦于惨死，私为之恸曰：“‘人之云亡，邦国殄瘁’。‘瞻乌爰止，不知于谁之屋’耳！”

士大夫的灾难还没有终了。熹平五年，永昌太守曹鸾上书为党人讼冤，其书曰：“夫党人者，或耆年渊德，或衣冠英贤，皆宜股肱王室，左右大猷者也；而久被禁锢，辱在涂泥。……所以灾异屡见，水旱荐臻，皆由于斯。宜加沛然，以副天心。”这一封奏书，又激怒了皇上，除将曹鸾掠死于狱，又诏州郡，更考党人门生、故吏、父子、兄弟在位者，悉免官禁锢，爰及五属。自此以后，当时有气节的知识分子几无遗类，中国的文化也为之凋残。

所有者的政治抗争失败了，跟着而来的便是黄巾大暴动。到这一时候，东汉的政府为了对付更可怕的敌人，才下令解除党禁，但是已经太迟了。

第五节　黄巾大暴动与东汉王朝的灭亡

公元168年正月己亥日，洛阳夏门外的万寿亭挤满了文武百官，并且停着一辆漂亮的青盖车。百姓们知道，这是欢迎从河间接来的新皇帝。

不久，一连串的白盖小车，在羽林军的护卫之中，驰向洛阳而来，看热闹的小孩们都唱起来了："白盖小车何延延。河间来合谐，河间来合谐！"

所有的白盖小车都停在万寿亭了。在一辆白盖小车中，走出一位十二岁的孩子，换乘了青盖车，于是这辆青盖车和其余的白盖小车，在文武百官和羽林军的拥护之下，驰入皇宫。第二天，这个十二岁的孩子，即皇帝位，是为灵帝。①

百姓们对于这位新皇帝，或者还知道得不清楚，但确切地知道他有一个爱钱的母亲，这就是后来的永乐太后。所以当时京师的儿童又为之谣曰："车班班，入河间。河间姹女工数钱，以钱为室金为堂。石上慊慊舂黄粱，梁下有悬鼓，我欲击之丞卿怒。"②

灵帝即位之元年，宦官曹节等欲再兴党狱，屠杀士大夫，请他批准，因谓党人欲图谋不轨，他竟不知道："何谓不轨？"后来，他的年龄已经很大，常登永安侯台，宦官恐其望见他们华美的第宅，因使尚但谏曰："天子不当登高，登高则百姓虚散。"③自是他竟不敢复登台阁。像这样一块材料，用以支持行将倾覆的大厦，当然没有不倒塌的道理。

如前所述，在灵帝即位的元年，宦官们就大兴党狱，把当时的士大夫，几乎屠杀殆尽，因而当灵帝初年，宦官的权势达到绝顶的高扬。据史载，当时因屠杀士大夫有功而封侯的宦官，有王甫、曹

---

①《后汉书·灵帝纪》云："孝灵皇帝讳宏，肃宗玄孙也。曾祖河间孝王开，祖淑，父苌。世封解渎亭侯，帝袭侯爵。……桓帝崩，无子，皇太后与父城门校尉窦武，定策禁中，使守光禄大夫刘儵持节，将左右羽林至河间奉迎。建宁元年春正月壬午，城门校尉窦武为大将军。己亥，帝到夏门亭，使窦武持节，以王青盖东迎入殿中。庚子，即皇帝位，年十二。改元建宁。"

②《后汉书·五行志》。

③《后汉书·宦者列传·张让传》。

节等十八人[①]，以后因诬杀桓帝弟勃海王悝有功而封者又十二人[②]。此外张让、赵忠、夏恽、郭胜、孙璋、毕岚、栗嵩、段珪、高望、张恭、韩悝、宋典这一大群宦官，皆为中常侍，封侯贵宠。这真如当时一位善良的宦官所云："陛下不悟，妄授茅土，开国承家，小人是用。"宦官既高据朝堂，于是他们遂"割裂城社，自相封赏。父子兄弟，被蒙尊荣；素所亲厚，布在州郡；或登九列，或据三司。不惟禄重位尊之责，而苟营私门，多蓄财货，缮修第舍，连里竟巷。盗取御水，以作鱼钓；车马服玩，拟于天家。群公卿士，杜口吞声，莫敢有言；州牧郡守，承顺风旨，辟召选举，释贤取愚"。这真是好威武的奴才呵！

不仅如此，他们看到太学的学生不可靠，一律禁锢不用，而另设鸿都门学[③]，专门训练一批走狗。鸿都门学的学生，都是由州郡或三公保举而来，绝对没有危险分子。在鸿都门学受过训练的学生，出则为刺史、太守，入则为尚书、侍中，亦有封侯者。但当时的正人君子，则耻与为列。

不仅如此，他们又窃取兵权，组织武装。据《后汉书·何进传》所载：中平五年，是时置西园八校尉，以小黄门蹇硕为上军校尉，并任之以为元帅，督司隶校尉以下，虽大将军亦领属焉。从训练爪牙，组织武装等创举看来，灵帝时的宦官，较之他们的前辈已经进步得多了。即因如此，历以当时的东汉，就变成了匪类的天下；而当时的洛阳，则是匪类的窟穴。

现在我们看东汉的皇帝在做什么？光和元年，他大开西邸卖官。

① 《后汉书·宦者列传·曹节传》云："长乐食监王甫为黄门令，将兵诛武、蕃等……节迁长乐卫尉，封育阳侯，增邑三千户；甫迁中常侍；黄门令如故；（朱）瑀封都乡侯，千五百户；（共）普、（张）亮等五人各三百户；余十一人皆为关内侯，岁食租二千斛。"

② 《后汉书·宦者列传·曹节传》云："（曹）节遂与王甫等诬奏桓帝弟勃海王悝谋反，诛之。以功封者十二人。甫封冠军侯。节亦增邑四千六百户，并前七千六百户。"

③ 《后汉书·灵帝纪》：光和元年，"始置鸿都门学生。"注云："鸿都，门名也，于内置学。时其中诸生，皆敕州、郡、三公举召，能为尺牍、辞赋及工书鸟篆者，相课试，至千人焉。"

二千石，二千万；四百石，四百万。县令县长，当面议价；因为缺有好坏，价有高低。富者交现款，贫者到任以后，加倍缴纳。又私令左右卖公卿，公千万，卿五百万。除皇帝不卖，自关内侯、虎贲、羽林，都有一定的行市。

此外，“刺史、二千石及茂材孝廉迁除，皆责助军修宫钱，大郡至二、三千万，余各有差。当之官者，皆先至西园谐价，然后得去。有钱不毕者，或至自杀。其守清者，乞不之官，皆迫遣之。时巨鹿太守河内司马直新除，以有清名，减责三百万。直被诏，怅然曰：‘为民父母，而反割剥百姓，以称时求，吾不忍也。’……即吞药自杀。”[①]

不仅如此，又据《吕强传》云：“时帝多稸私藏，收天下之珍，每郡国贡献，先输中署，名为导行费。”

灵帝把他在各种名义之下敲索而来的钱财，一部分拿到他原来的封邑河间去买田宅，起第观；一部分则窖藏在他的奴才们的家里[②]，另一部分则用于浪费。当时吕强看到灵帝贵为天子，富有四海，还要蓄私产，曾上疏谏曰：“天下之财，莫不生之阴阳，归之陛下。归之陛下，岂有公私？而今中尚方敛诸郡之宝，中御府积天下之缯，西园引司农之臧，中厩聚太仆之马，而所输之府，辄有导行之财。”[③]吕强不知道，这正是亡国之君的作风。因为亡国之君，总要替自己准备后事，他总以为国亡而家尚可保，所以移国就家，准备在亡国以后去享受。灵帝之公私分明，正是为了这种原因。灵帝又大兴土木，光和三年作罼圭、灵昆苑[④]。光和五年，起四百尺观于阿亭道。中平二年，造黄金堂于西园。中平三年，复修玉堂殿，铸铜人四，黄钟四，及天禄、虾蟆。为了修宫殿，灵帝“令敛天下田，亩税十钱”。“又发太原、河东、狄道（今甘肃临洮）诸郡材木及文石，每

---

① 《后汉书·宦者列传·张让传》。

② 《后汉书·宦者列传·张让传》云：“又还河间买田宅，起第观。帝本侯家，宿贫，每叹桓帝不能作家居，故聚为私臧，复（臧）寄小黄门常侍钱各数千万。”

③ 《后汉书·宦者列传·吕强传》。

④ 《后汉书·灵帝纪》：光和三年，是岁作罼圭、灵昆苑。注云：“罼圭苑有二，东罼圭苑周一千五百步，中有鱼梁台，西罼圭苑周三千三百步，并在洛阳宣平门外也。”

州郡部送至京师，黄门、常侍辄令谴呵不中者，因强折贱买，十分顾一，因复货之于宦官，复不为即受，材木遂至腐积，宫室连年不成。刺史、太守，复增私调，百姓呼嗟。”

宫室既成，“灵帝于宫中西园驾四白驴，躬自操辔，驱驰周旋，以为大乐。于是公卿、贵戚，转相仿效，至乘辎轿以为骑从，互相侵夺，（驴）贾与马齐。”[①]而当时马价一匹至二百万[②]。

“帝作列肆于后宫，使诸采女贩卖，更相盗窃争斗，帝著商估服，饮宴为乐。”[③]

“又于西园弄狗，着进贤冠，带绶”，以为笑乐。据说当时有一冠带之狗，走入司徒府门，或见之者，莫不惊怪。《后汉书·五行志》曰：“司徒，古之丞相，壹统国政。天戒若曰：宰相多非其人，尸禄素餐，莫能据正持重，阿意曲从；今在位者皆如狗也，故狗走入其门。”又曰：“灵帝宠用便嬖子弟，永乐宾客、鸿都群小，转相汲引，公倡卿牧守，比肩是也。……实狗而冠者也。”

倡讴妓乐列乎深堂画像

现在我们再看当时外戚、宦官的奢侈。《后汉书·吕强传》云：“今外戚四姓贵倖之家，及中官公族无功德者，造起馆舍，凡有万数。楼阁连接，丹青素垩，雕刻之饰，不可单言。丧葬逾制，奢丽

① 《后汉书·五行志》。

② 《后汉书·灵帝纪》：“光和四年春正月，初置騄骥厩丞，领受郡国调马。豪右辜榷，马一匹至二百万。”

③ 《后汉书·灵帝纪》。

过礼，竞相放效，莫肯矫拂。”再看当时商人地主的生活。《后汉书·仲长统传》载《昌言·理乱篇》云：“（当时）豪人之室，连栋数百，膏田满野，奴婢千群，徒附万计。船车贾贩，周于四方；废居积贮，满于都城。琦赂宝货，巨室不能容；马牛羊豕，山谷不能受。妖童美妾，填乎绮室；倡讴妓（伎）乐，列乎深堂。宾客待见而不敢去，车骑交错而不敢进。三牲之肉，臭而不可食；清醇之酎，败而不可饮。睇盼则人从其目之所视，喜怒则人随其心之所虑。此皆公侯之广乐，君长之厚实也。苟能运智诈者，则得之焉，苟能得之者，人不以为罪焉。”

不仅京师如此，当时豪富的商人地主，遍于全国。同上传《损益篇》云：“豪人货殖，馆舍布于州郡，田亩连于方国。身无半通青纶之命，而窃三辰龙章之服；不为编户一伍之长，而有千室名邑之役。荣乐过于封君，势力侔于守令。财赂自营，犯法不坐。刺客死士，为之投命。”

最后，我们看看这个金碧辉煌的社会之另一面农民的生活。同上篇又云：“弱力少智之子，被穿帷败，寄死不敛，冤枉穷困，不敢自理。”《后汉书·吕强传》云：“比谷虽贱，而户有饥色。案法当贵而今更贱者，由赋发繁数，以解县官，寒不敢衣，饥不敢食。民有斯厄，而莫之恤。”所以结果演成人吃人的惨剧。《后汉书·灵帝纪》云：“建宁三年，河内人妇食夫，河南人夫食妇。”就在这样一个时代，而宦官的血手，还在扼住农民的咽喉，要他们再吐出一些油水来。这还是人的世界吗？

太阳息灭了，黑暗笼罩整个的社会。在黑暗中可以听到魔鬼们胜利的欢呼，也可以听到农民们饥饿的悲号。他们用不协调的声音奏出人类历史的进行曲。就在这沉沉的黑暗当中，张角就出现为苦难人民的救星。

张角，巨鹿人。他的家世不得而考，但知他最初出现在农民大众面前，是一个慈祥的教主。他奉事黄老道，是中国太平道一派的创始人，自称“大贤良师”。张角虽然是一位教主，但他并不告诉农民把希望寄托在天国，在死后会进入天堂；反之，而是告诉农民要争取这现实的世界，及身的时代。这位教主，具有拯救人类的热情和反对罪恶的勇气，具有推翻当时暴虐的政治的决心。他看到当时士大夫改良运动的失败，是因为没有把他们的运动和农民大众的力量结合起来。他知道要推翻这个政权需要力量，而唯一的力量就是农民。他又知道，要唤起这些苦难的农民，使他们由悲哀而愤怒，需要一种刺激，而宗教就是最好的工具。因为宗教可以给苦难的农民以一种新的希望。因此，这位教主，披起宗教的外衣，走进农民大众的队伍。

灵帝时，正是中国史上的一个大疠疫时代。疠疫之神，翱翔中国，人民死亡，绝家灭户。于是张角乃用神道的符咒、宗教的圣水，去替当时的农民医病。本来有些农民，实在就是患的一种饥饿病，一旦得到一种宗教的慰安，也就豁然而起。张角就用这样的神道，在广大的人民当中获得了信仰。因而得以进行革命的组织，不久他就团结了不少的干部在他的周围。这些干部也和他一样，用符水咒术分道进行革命的组织。于是这位教主遂一变而为农民暴动的组织人。

不要误会了，黄巾的暴动是张角用魔术煽动起来的。在任何时代，农民暴动都不能用一杯符水灌出来，也不能用几句咒语咒出来，只有贫穷饥饿和杀人的政治才能把他唤起来。如果没有广大的饥民存在，则张角的符水咒术，决不会在农民大众中起着政治作用。而且事实证明，在张角出现之前，即在没有宗教的鼓舞之前，当时的农民已经到处暴动了。

过去农民“叛乱”的历史教训了这位革命的教主。他知道，没有组织的暴动是要失败的。他看到当时全国各地都有农民在暴动。全国各地的农民暴动都各不相属，以致有许多都被各个击破。这样的情形，显然是重复了过去的失败路线。因此，他派了八个干部，使于四方，进行统一组织的工作。经过了十余年的努力竟然把散布于青、徐、幽、冀、荆、扬、兖、豫八州零碎的暴动集团，组织起来，合计人数已有数十万。于是把这些暴动集团，重新编制，分为三十六方。大方万余人，小方六七千人，各立渠帅，而皆隶属于张角的统一指挥之下。

为了动员更广大的农民，这位革命的教主发出了神道的号召。他向农民宣言："苍天已死，黄天当立，岁在甲子，天下大吉。"跟着在京城寺门、州郡官府的墙壁上，到处出现了用白土书写的"甲子"字样。这对于当时的统治者，自然是一种神经的攻势。

为了更妥慎起见，荆、扬方面渠帅马元义，又常常往来洛阳，探听政府的动静，并且收买了宦官封谞、徐奉，要他们在京师发动"叛乱"，响应农民暴动。一切都准备好了，暴动的总部，决定了在中平元年三月五日，内外俱起。

这次的准备，较之过去几次的农民暴动，总算要精密得多。但是不幸在革命的集团中，出现一个名叫唐周的叛徒，他把起义的日期和一切里应外合的秘密，报告了政府，当作他投降的礼物。于是马元义车裂于洛阳。此外，宫廷的卫士和被指为奉事张角道教的人民，也有一千多人被捕杀。

当灵帝发现他最忠实的宦官与黄巾勾通的时候，他才知道宦官比士大夫更不可靠。《后汉书·宦者列传·张让传》记灵帝责张让之语云："汝曹常言党人欲为不轨，皆令禁锢，或有伏诛。今党人更为国用，汝曹反与张角通，为可斩未？"

不幸的消息，很快就传到农民暴动的总部。这个消息就无异警告张角，再犹豫，就是等着被屠杀。夜已深了，洛阳政府中的要人，正在调兵遣将，准备明天的大屠杀；州郡的贪官污吏们，正带着昨天的宿酒，做着明天搜刮的好梦。即于此时，那位革命的教主，在灯光之下，一连写了三十六封檄文。然后派遣了可靠的干部，教他们将这些檄文，星夜飞送诸方渠帅，约定于檄文到达之日，立即起义。凡属同盟的诸方，士卒皆用黄巾缠头，以为共同的标帜。所以当时的人民，称之曰"黄巾"，东汉政府称之曰"黄巾贼"或"蛾贼"。

传达命令的使者，分道出发已后，这位革命的教主，立即召集左右的干部，命令他们就在夜晚准备明天的大起义。

太阳出来了，在巨鹿，飘起了三树大旗。一树写着"天公将军"（张角），一树写着"地公将军"（张宝），一树写着"人公将军"（张梁）。号角之声，响彻云霄，成千成万的农民，都扎上了黄巾，拿起了武器，集中到这三树大旗的下面。革命的教主走到旗下，他用了一颗贪官的脑袋，祭告天地，这就是历史上所载黄巾“杀人以祠天”的内容。

革命的行动，很快地由巨鹿向四方八面展开了。同时，南阳黄巾在张曼成领导之下，杀了郡守褚贡。汝南黄巾击败太守赵谦于召陵（今河南郾城东）。广阳黄巾攻杀幽州刺史郭勋及太守刘卫。颍川黄巾占据郡城，其他各地的黄巾，无不先后相铤而起。此外安平甘陵（今山东临清东北）人亦各执其王，以响应黄巾的起义。他们到处燔烧官府，杀戮富豪，其势勇猛，所至披靡。于是“洲郡失据，长吏多逃亡，旬日之间，天下响应，京师震动”。把汉家的天下，打得七零八落。

这个消息，传到了洛阳，灵帝乃召集紧急会议，商讨应变方策。当时全场一致都主张武装剿灭。惟有中常侍吕强主张，应释放党人，先收民心。他说：“党锢久积，人情多怨。若久不赦宥，轻与张角合谋，为变滋大，悔之无救。”这个建议，灵帝算是接受了，但是不久吕强即为宦官所诬陷，自杀而死。又有郎中张钧主张诛杀宦官，以谢人民，则不动干戈，而大乱自平。他说：“窃惟张角所以能兴兵作乱，万人所以乐附之者，其源皆由十常侍多放父兄、子弟、婚亲、宾客典据州郡，辜榷财利，侵掠百姓，百姓之冤无所告诉，故谋议不轨，聚为盗贼。宜斩十常侍，悬头南郊，以谢百姓。又遣使者布告天下。可不须师旅，而大寇自消。”[①] 但是灵帝的回答是：“此真狂子也。十常侍固当有一人善者不？”[②] 结果，忠心耿耿的张钧被宦官替他加上了一个通黄巾的罪名，亦被诬杀。

最后的决定，还是要剿。于是“诏敕州郡，修理攻守，简练武器，自函谷、太谷、广城、伊阙、轘辕、旋门、孟津、小平津诸关，并置都尉”。[③] 现在，灵帝也大破悭囊，把中藏的私钱，西园的私马，也拿出来作为军事之用。又调集五校、三河的骑士并招募新兵合

① 《后汉书·宦者列传·张让传》。

② 《后汉书·宦者列传·张让传》。

③ 《后汉书·皇甫嵩传》。

四万余，令皇甫嵩、朱儁各统一军，开始屠灭饥饿农民的战争。

战争展开了。朱倩的官军进至颍川境内，便遇着了波才所指挥的一个黄巾支队的迎头痛击，杀得大败而回，只好进保长社（今河南长葛东）。波才又引黄巾围长社。当时皇甫嵩的官兵，已经骇得发抖，眼看黄巾围长社而不敢救。在这一个战役中，波才将军本有把官军完全消灭的可能，但因黄巾究竟是一群没有经过战斗训练的农民，他们冲锋有余，而机动不足。当他们围攻长社之时，依草结营，而又没有警戒，不幸有一天大风，皇甫嵩乃因风纵火，鼓而奔其阵。当时，骑都尉曹操也带来一支生力军，加入了皇甫嵩的战斗，同时，朱儁也打开了城门，冲杀出来。在这样一个里应外合的攻击之中，于是黄巾遂转胜为败。这一役，皇甫嵩等屠杀了几万农民，嵩因功封都乡侯，朱儁进封西乡侯。

现在，东汉的官军又在皇甫嵩等的指挥之下，乘胜进击汝南、陈国黄巾，追讨波才于阳翟，击彭脱于西华，皆破之。自是颍川、汝南、陈国的黄巾溃散。官军又再进击东郡黄巾卜己于仓亭（今山东阳谷东北），卜己被俘。这一役又屠杀农民七千余人。

同时，朱儁又指挥官军，进击南阳的黄巾。其时南阳黄巾的渠帅张曼成已经战死，继起的领导者为赵弘，拥众十余万人，占据宛县。朱儁以八千人围宛县，两月不能拔。不久赵弘以出城应战死，韩忠继之，据宛县如故。以后黄巾被诱出城，终为官军所败。这一役，韩忠被俘，农民被屠杀者万余人。但是黄巾复以孙夏为首领，再据宛县，旋以迫于官军的攻势，退向西鄂（今河南南阳县东北）精山（今南阳县北）。在退却中，为官军所乘，农民被屠杀者又万余人。以后这一支黄巾，遂散为小股，出没于豫鄂边区。

与皇甫嵩、朱儁之进讨河南黄巾的同时，北中郎将卢植与东中郎将董卓也在以大军进讨张角。但史称他们“并无功而还”。当河南黄巾剿平以后，灵帝乃复派皇甫嵩前往进讨张角。据《后汉书·皇甫嵩传》云：“嵩与角弟梁战于广宗。梁众精勇，嵩不能克。明日，乃闭营休士，以观其变。知贼意稍懈，乃潜夜勒兵，鸡鸣，驰赴其阵，战至晡时，大破之。”这一役，张梁战死，农民被屠杀者三万余人，被驱赴河死者五万余人，焚烧农民车辆三万余辆，俘虏农民妻子儿女无数。其时张角已病死，也从坟墓里斩棺暴尸，传首京师。

最后，皇甫嵩又与巨鹿太守郭典连兵，共攻角弟张宝于下曲阳（今河北晋县西北），大破之。这一役，张宝战死，农民被屠杀者十余万人。据史载，皇甫嵩将军用农民的尸骨“筑‘京观’于城南”，以纪念他对农民的胜利。

以上都是中平元年的事，这一篇血账结下来，总计皇甫嵩和朱儁所屠杀的农民共达三十万人以上，至于那些被官军所俘虏的无数的农民的妻子儿女，后来如何发落，《后汉书》上没有下文。因为屠杀农民的丰功，战事结束以后，朱儁、皇甫嵩都得了重赏。皇甫嵩官至左车骑将军，领冀州（今河北临漳西南）牧，封槐里侯，食槐里、美阳两县，合八千户。朱儁官至右车骑将军，封西乡侯、迁镇贼中郎将、光禄大夫，增邑五千，更封钱塘侯。皇甫嵩到了冀州以后，大得豪族欢心，当时豪家为之歌曰：“天下大乱兮市为墟，母不保子兮妻失夫，赖得皇甫兮复吾居。”

黄巾暴动的高潮虽然已成过去，但并非完全消灭。因当时的饥民遍于全国，没有那样多的刀斧手可以把他们斩尽杀绝。贫困产生暴动，消灭暴动，要扫除贫困，不是压迫人民忍受贫困。东汉政府却反其道而行之，所以屠杀了一批饥民，又出现了第二批饥民。中平二年，黄巾的余众和各地饥民，又打着各种各样的旗帜，出现于河北原野。《后汉书·朱儁传》云：“自黄巾贼后，复有黑山、黄龙、白波、左校、郭大贤、于氐根、青牛角、张白骑、刘石、左髭丈八、平汉、大计、司隶、掾哉、雷公、浮云、飞燕、白雀、杨凤、于毒、五鹿、李大目、白绕、畦固、苦哂之徒，并起山谷间，不可胜数。其大声者称雷公，骑白马者为涨白骑，轻便者言飞燕，多髭者号于氐根，大眼者为大目。如此称号，各有所因。大者二三万，小者六七千。贼帅常山人张燕，轻勇趫捷，故军中号曰飞燕，善得士卒心，乃与中山、常山、赵郡、上党、河内诸山谷寇贼，更相交通，众至百万，号曰黑山贼。河北诸郡县，并被其害，朝廷不能讨。燕乃遣使至京师，奏书乞降。遂拜燕平难中郎将，使领河北诸山谷事，岁得举孝廉、计吏。燕后渐寇河内，逼近京师。于是出儁为河内太守，将家兵击却之。其后诸贼多为袁绍所定。”

从以上的纪录中，我们可以看出继黄巾而起的暴动集团之多，而且每个“叛乱”集团都团结了六七千以至二三万的农民。特别是“黑山贼”张燕，聚众至百万，朝廷不能讨。由此可知当时暴动的农民，其数量已超过黄巾暴动的高潮时期。但是他们为什么不能像黄巾暴动时期一样，形成一个整然的阵势，卷起一个暴动的高潮呢？这就是因为他们已经失去了统一的组织和统一的领导，因而又回复到黄巾暴动以前那种各不相属的分散状态；从而不能集中力量，整齐步伍，向着他们的敌人进军。虽然张燕曾有与诸山谷“寇贼”更相交通之事，然而他并不能把他们领导起来。而且张燕并不像张角一样，是一个具有拯救人民的热情的人物，而是一个意志不坚定的人。当他起事之初，非常勇敢，所以“善得士卒心”。到他做了平难中郎将以后，也就不能控制他的部下不“渐寇河内，逼近京师”了。即因没有张角那样的领导人物，所以继黄巾而起的农民暴动，便又回复了原始的性质，这从他们的命名，就可以看得出来。所谓原始的性质，即饥则求食，饱则退入山谷，所以刍时称之曰山谷“寇贼”。换言之，他们完全以直接掠夺生活资料为目的，并没有推翻生活资料之垄断者的政治企图了。所以这就决定了他们在后来被袁绍、曹操、公孙瓒等各个击破。虽然，他们的出现，也就说明了一个事实，即社会的贫困，不是武力所能剿灭的。

到中平五年，黄巾复起。据《后汉书·灵帝纪》所载：是年二月，“黄巾余贼”郭太等起于西河白波谷（今山西襄汾永固镇），寇太原、河东。四月，汝南葛陂（今河南新蔡北）黄巾攻没郡县。六月，益州黄巾马相攻杀刺史郗俭，自称天子。又寇巴郡，杀郡守赵部。九月，青、徐黄巾复起，寇郡县。黄巾的暴动，继续了十年，一直到献帝初平四年（193年），才没入豪族的部伍中。而“黑山贼”则直至献帝建安十年（公元205年），才由张燕率领投降了曹操，转化为官军。此外，与黄巾暴动同时，在蜀郡，张修、张鲁也造作五斗米道，煽起“叛乱”。这一个“叛乱”集团一直到建安二十年（公元 215 年），才为曹操所平定。

农民暴动镇压下去了，但东汉的天下，也被这些平乱的英雄瓜分了。自灵帝死后，东汉政府内部发生了政变。大将军何进诛宦官，反为宦官所杀。袁绍又勒兵闭北宫门，逮捕所有的宦官，无少长皆诛戮之，凡二千余人。宦官绝了种，权臣又登台。董卓废少帝，另立陈留王为帝，是为献帝。董卓放弃了洛阳，把献帝送到长安，而以大军屯驻潼关之外，欲挟天子以令诸侯。于是，中原豪族以讨董卓为名，乘时蜂起。天下大局，遂由农民暴动转入豪族混战的局面。所以献帝在位虽然有三十一年，实际上，东汉王朝已经等于灭亡了。

第十一章

两汉时代的意识诸形态

第一节　崇儒术黜百家与文化思想的再审判

适应于两汉时代社会经济和政治的发展，作为这一时代之时代精神的意识诸形态，如文化思想、宗教艺术等，正犹影之随形，也都跟着向前发展了。

说到这一时代的文化思想，探本索源，不由我们不回想到秦代统治者焚书坑儒的惨剧。因为我们知道，汉代所接受的文化遗产，只是一堆古典文化的黑灰，要从这一堆黑灰中抓出中国的文化，那是非常艰难的。

屠灭中国古典文化的主犯，当然是秦始皇和他的丞相李斯，但平心而论，汉代的太祖高皇帝，也不能不负点责任。我们记得，秦代的统治者并没有等到焚尽天下之书，坑尽天下之儒，自己就灭亡了。当他们灭亡以后，珍藏在皇家图书馆的全部古典文献，并没有焚毁；还有许多博士和诸生，也并没有坑尽。这仅有的一库中国古典文献，和那些残余的知识分子，就是秦代的文化凶手留给后来中国人类唯一的文化遗产。怎样保护这种珍贵的文化遗产，这是“先入关者”的责任。可惜汉代的太祖高皇帝，是一位毫无文化教养的小土豪。他一到咸阳，只知搜集阿房宫中的珍宝、美人和田赋、户口的册籍，对于这唯一的一座古典文化的宝库，竟视若无睹，以致后来项羽入关，再来一把大火，而这一库仅存的古典文献，也就化为灰烬了。假使当时这位先入关者，也把这库古典文献和珍宝、美人、田赋、户口的册籍，同时搬到霸上军中，先秦的文化也许借此保存。

自然，这也是我们多余的惋惜，我们不能以文化上之存亡继绝的事业，希冀于一位"以儒冠为溺器"的"长者"。实际上，这位"长者"之痛恨文化，并不减于他的前辈秦始皇和李斯。据史载，"偶语诗书者弃市"这一条知识分子惩治法，在汉高祖的时代，还是继续有效的。虽然如此，我们还是应该原谅这个"长者"。因为无论在客观上和主观上，他都应该仇恨古典文化。从客观上说，他亲眼看见过旧贵族的叱咤风云，亲身尝试过旧贵族的酸甜苦辣，他总觉得古典文化，还是旧贵族的一种反动的精神武器，这种精神武器，对于汉代商人地主的政权，还是一种危险的东西。从主观上说，他根本不知道何谓文化，他以为他的天下，是从马上得来，他相信只要有了刀剑，万事都可解决，还要什么文化。特别是叔孙通一流的卑劣知识分子，替他制礼作乐，使他更感到所谓文化者，不过是告诉人们顿首稽首呼万岁而已，因而使他愈看不起文化。

其实中国的旧贵族达一阶层，在乌江之役，已经最终地从中国历史上委蜕了，剩下来的古典文化，已经成了无主的游魂。而且古典文化，也不是全部都是属于旧贵族的，为了害怕旧贵族而遂摧毁全部的古典文化，这未免有些神经错乱。同时，像叔孙通那一流的三朝元老，专以起朝仪为职业的博士，也不能代表当时的知识分子；因为当时的知识分子，并不在新皇帝的脚下，而是隐逸在山林之中，他们不知道起朝仪，只知道从秦火灰中，寻求断简残编，致力于古典文献之辑逸的工作。因而把叔孙通一流的博士当作知识分子，把朝仪当作文化，这也未免有些滑稽。

挟书之律的废除，是在惠帝四年。但是自秦始皇三十四年挟书律的宣布，至于是年，其间有三十三年的时间（自公元前 213 年至前 191 年），在这个时期中，中国的人民读书是犯死罪的。当时中国知识分子所遭受的抑压侮辱和屠杀，在人类史上是很难找到先例的。

惠帝时，虽除挟书之禁，但是历文景之世，西汉的统治者，并不提倡文化，挟书之禁的流毒余烈，至武帝之初尚未消灭。当时，董仲舒对武帝的策问有曰："秦继其后，独不能改，又益甚之，重禁文学，不得挟书，弃捐礼谊而恶闻之，其心欲尽灭先王之道，而颛为自恣苟简之治，故立为天子十四岁而国破亡矣。自古以来，未尝有以乱济乱，大败天下之民如秦者也。其遗毒余烈至今未灭，使习俗薄恶，人民嚚顽，抵冒殊扞，孰烂如此之甚者也。孔子曰：'腐朽之木不可雕也，粪土之墙不可圬也。'今汉继秦之后，如朽木粪墙矣，虽欲善治之，亡可奈何。"又曰："陛下亲耕藉田以为农先，夙寤晨兴，忧劳万民，思惟往古，而务以求贤，此亦尧舜之用心也，然而未云获者，士素不厉也。夫不素养士而欲求贤，譬犹不瑑〔琢〕玉而求文采也。"又曰："令以一郡一国之众，对亡应书者，是王道往往而绝也。"由此而知，自汉兴至武帝初六十余年间，当时的政府对于文化，还是如此的冷淡与漠视。

"野火烧不尽，春风吹又生。"文化正是这样的东西。当时秦代的统治者以为经过他们的文化大屠灭以后，天下后世将永无文化。曾几何时，一旦陈胜起义，而孔鲋出现为陈王的博士。即至楚汉之际，丰衣博带而道儒墨者，遍天下皆是也。当汉高祖举兵围鲁，而鲁国诸儒，正在相与讲诵习礼，弦歌之声不绝。这些知识分子在劫后的出现，对于秦代的文化屠灭者，正是一种冷酷的讽刺呵！"春草自绿，春水自波"，文化也是这样。不管汉代的统治者怎样继续地保留挟书之律，怎样地侮辱文化，蔑视文化；而文化仍然在统治者禁令的缝隙中，在一群毫无知识的商人地主的侮辱与轻蔑中，自发地再生起来。在汉初，天下除了一部《易经》和几种种树之书，没有其他的典籍[①]。但是自惠帝除挟书之律至武帝之初，这半个世纪中，学者们已不断地从秦火的灰烬中，抓剔出一些没有烧完的断简，又从民间搜集一些私藏的残篇，再加以自己的记忆，渐渐将中国的古

① 《汉书·刘歆传》云："汉兴，去圣帝明王遐远，仲尼之道又绝，法度无所因袭。时独有一叔孙通略定礼仪，天下唯有《易》卜，未有它书。"

典文献，逐一地整理出来。《汉书·刘歆传》谓文帝时："天下众书往往颇出，皆诸子传说"。这里所谓天下众书，就是汉兴以来，学者编辑出来的古书之新版。

即因当时学者各依所据，各凭所记，是以同一古书，而有各种版本；同一学说，而有各种学派。即以儒家学说而言，其派别亦至为纷歧。《汉书·儒林传·序》有曰："汉兴，言《易》自淄川田生；言《书》自济南伏生；言《诗》，于鲁则申培公，于齐则辕固生，燕则韩太傅；言《礼》，则鲁高堂生；言《春秋》，于齐则胡毋生，于赵则董仲舒。"《隋书·经籍志》亦云：汉"惠帝除挟书之律，儒者始以其业行于民间。犹以去圣既远，经籍散逸，简札错乱，传说纰缪，遂使《书》分为二，《诗》分为三，《论语》有齐、鲁之殊，《春秋》有数家之传。其余互有踳驳，不可胜言"。虽然如此，我们由此仍可以看出，当时儒家学说已卓然复兴。

不仅儒家学说如此，其他诸子百家的学说，也同时蓬勃地再生起来。《汉书·艺文志》中载有道家之书三十七家，九九三篇；法十家，二一七篇；名七家，三十六篇；墨六家，八十六篇；纵横十二家，一〇七篇；杂二十家，四〇三篇；农九家，一一四篇；小说十五家，一三八〇篇。这些诸子百家之书，虽然不一定完全都是武帝以前出现的，而且其中还有许多是后来西汉时代的学者的作品；但武帝以前，诸子百家的学说，已经风靡一时，我们可以从武帝罢黜百家的事实，得到证明。武帝策问董仲舒曰："今子大夫待诏百有余人，或道世务而未济，稽诸上古之不同，考之于今而难行，毋乃牵于文系而不得骋与？将所繇异术，所闻殊方与？"从武帝的这个策问中，我们显然可以看出当时一百多位待诏之士，诸子百家的学者无所不有，所以他们对于历史的看法、政治的主张各不相同。

即因各种古典文化在新的历史基地上之再生，到武帝时，商人地主的政府，又不得不再来一次文化思想的大审判了。这一次的提议者，是《春秋》专家董仲舒。他向武帝说：

"《春秋》大一统者，天地之常经，古今之通谊也。今师异道，人异论，百家珠方，指意不同，是以上亡以持一统，法制数变，下不知所守。臣愚以为诸不在六艺之科、孔子之术者，皆绝其道，勿使并进。邪辟之说灭息，然后统纪可一而法度可明，民知所从矣。”

武帝听了他这一段“至理明言”，于是：卓然罢黜百家，表彰儒术。董仲舒的办法，从表面看来，似乎比李斯的办法要和平得多，因为他不用火烧，也不用活埋。但在实际上，董仲舒的办法比之李斯的办法，更要刻毒。因为李斯的办法，是盲目地毁灭文化，而董仲舒的办法，是有意识地统制文化。换言之，董仲舒用文化反对文化，用知识分子反对知识分子。他一方面把于统治阶级有利的文化抬举到一尊的地位；同时又把于统治阶级不利的文化指为邪辟之说，而皆绝其道。这样就在中国文化史上，开辟了儒家学说独裁的局面，阻碍了中国文化自由发展的道路。其流毒所及，直至我们的今日，尚被其害。

自从董仲舒的建议批准以后，汉代初叶再生出来的一切文化思想，都要站在儒家学说的法庭之前，遭受审判，判定其生存或宣布其死刑。儒家哲学变成了封建制度之最高的政治原理，变成了衡量文化思想之标准的尺度。一切与这种原理相冲突的古典的学说，即使比儒家学说含有更多的真理，也要从头到尾被摧毁。从这一时代起，孔子便从诸子百家之中超升出来，变成了东方世界之罗马教皇，而儒家哲学也就变成永恒不变的真理。谁要批判儒家哲学，谁就是名教的罪人，文化的叛逆。

西汉的政权和秦代的政权一样，同样是商人地主的政权。为什么同样的商人地主，在秦代那样仇视儒家哲学，至于火其书而坑其人；一到汉代，反而把儒家哲学捧成了自己的圣经呢？非常明白，这主要地是因为儒家哲学有着两面性，即特殊性与一般性。从其特殊性上看，它是哲学地辩护初期封建制之合理的存在；从其一般性上看，它又是贯通封建社会全时代而皆准的政治指导原理。即因儒家哲学有其特殊性，所以在秦代，当那些残余的旧贵族尚在企图利用它的特殊性以进行反动的复古主义时，商人地主便要打击它。即因儒家哲学有其一般性，所以到汉武帝时，当它的特殊性已经失掉了实践的基础时，商人地主便要利用它的一般性以为巩固封建等级制度的堤防。由此而知，商人地主在秦代打击儒家学说，到汉代又反过来拥护儒家哲学，并不矛盾；这正是商人地主的政权从创立到巩固之历史进程在文化思想运用上之反映。

同时，在人类史上，政治的独裁与文化思想的独裁，是血肉相连的。因为一个独裁的皇帝，他不仅要求统治臣民的肉体，也要求统治臣民的灵魂。所以只要独裁政治一旦出现，跟着文化思想也就被统治了。西汉至武帝时，中央集权的政治已经确立，征伐四夷的战争已经展开，当时的商人地主正需要一种“尊周室，攘夷狄”的“大一统”的理论，来辩护他们的政治方向和行动，而儒家哲学，恰恰适合于这种需要，所以它就在商人地主的身上借尸还魂了。

借尸还魂的儒家哲学，和原始的儒家哲学已经大大的不同，这就是它以前为了辩护初期封建制的合理而发出来的一切说教，到现在都把他们一般化、原则化，解释为辩护一般封建制度的说教。例如儒家所谓春秋大一统，是反对五霸的割据，拥护周天子的统一；但是到现在却解释为“天地之常经，古今之通谊”了。又如儒家所拥护的封建等级制度，是要农奴和商人地主服从当时的等级支配；而到现在，则解释为要封建时代的臣民，都要服从等级支配了。总而言之，儒家哲学自汉代起便消失了它原始的政治实践性，而被抽象为辩护一般封建制度之原则性的教条。即因它变成了原则性的教条，所以在以前在实践意义上本来是帮助旧贵族反对商人地主的一些说教，到现在却反而被商人地主利用，而以为反对和统治自己的臣民的工具。即因儒家学说变成商人地主的政治工具，变成了支持封建社会的大经大法，所以它就从被火烧的虐待中、被砍头的禁抑中解放出来，成为商人地主的圣经。而且从此以后几千年来，都被封建统治者所尊崇，用以为统治地上的财富、人和人的思想之永恒不变的最高原则。它是封建社会内文化思想的堤防，也是人类生活行动的规范。

我们已经说明了汉代为什么崇儒，现在再说到儒家哲学在两汉时代的发展。

儒家哲学自从被雄才大略的汉武帝尊崇以后，它很快就从私家学者的书斋走进了大汉帝国的皇家大学。当时的皇家大学分《诗》《书》《易》《礼》《春秋》五系。除儒家学说以外，没有其他科目。从这一时代起，儒家学说才从一般学说中超升出来而被尊为“经”。但当时儒家典籍中之尊称为“经”的，也只有《诗》《书》《易》《礼》《春秋》五种，当时统称之曰五经。至于后来列入十三经中之《论语》《孟子》《孝经》《尔雅》，虽亦系儒家学说，但汉代尚未称之为经。

如前所述，在汉初儒家哲学因为师承不同，已经分为许多学派。这些学派究竟谁是正统，谁是旁门，圣人已死，原书不存，无从判别。好在皆系昌明圣道，小异而大同，无关宏旨。所以武帝采取兼容并蓄的政策，对于当时有名的儒家学派，皆为之在大学设一讲座，谓之学官。

据史载，至宣帝时设立学官者，《易》有三家，曰施氏[①]、孟氏[②]、梁丘氏[③]；《书》有三家，曰欧阳氏[④]、大夏侯氏[⑤]、小夏侯氏[⑥]；《诗》有三家，曰鲁申公[⑦]、齐辕固生[⑧]、燕韩婴[⑨]；《礼》有一家，曰后氏[⑩]；《春

---

① 《汉书·儒林传》：“施雠，字长卿，沛人也……从田王孙受《易》……田王孙为博士，复从卒业。”

② 《汉书·儒林传》云：“孟喜，字长卿，东海兰陵人也……从田王孙受《易》。”

③ 《汉书·儒林传》云：“梁丘贺，字长翁，琅邪诸人也……从大中大夫京房受《易》。房者，淄川杨何弟子也。房出为齐郡太守，贺更事田王孙。”

④ 《汉书·儒林传》云：“欧阳生，字和伯，千乘人也。事伏生，授倪宽，宽又受业孔安国。”

⑤ 《汉书·儒林传》云：“夏侯胜，其先夏侯都尉，从济南张生受《尚书》，以传族子始昌。始昌传胜，（按大夏后氏即夏侯胜，字长公，鲁东平人也。）胜又事同郡蔄卿。蔄卿者，倪宽门人。”

⑥ 《汉书·儒林传》云：“胜传从兄子建，建又事欧阳高……（按小夏后氏即夏侯建，字长卿。）由是《尚书》有大小夏侯之学。”

⑦ 《汉书·儒林传》云：“申公，鲁人也……事齐人浮丘伯受《诗》。”

⑧ 《汉书·儒林传》云：“辕固，齐人也。以治《诗》，孝景时为博士。”

⑨ 《汉书·儒林传》云：“韩婴，燕人也。孝文时为博士，景帝时至常山太傅。婴推诗人之意，而作内外传数万言，其语颇与齐、鲁间殊，然归一也……燕、赵间言《诗》者由韩生。”

⑩ 《汉书·儒林传》云：“后苍，字近君，东海郯人也。事夏侯始昌。始昌通《五经》，苍亦通《诗》《礼》。”

秋》有二家，曰公羊严氏[①]、穀梁江公[②]。这种学官，在西汉后期，都没有改变。直至东汉时，还是承西汉之旧。惟增设了几个学官，如于《易》则增京氏[③]，于《礼》则增大戴氏、小戴氏[④]，于《春秋》则罢穀梁而增公羊颜氏[⑤]。

儒家学说自从得到政府的倡导以后，遂获得了广大的传播。在两汉四百余年间，经学大师，如董仲舒、公孙弘、孔安国、刘向、刘歆、扬雄、贾逵、马融、许慎、郑玄、何休、服虔等接踵辈出，疏证训诂，极一时之盛。然而即以此故，以前本来是一种生动的实践的哲学，到西汉之末，便变成了一种死板的繁琐哲学了。《汉书·儒林传·赞》曰："自武帝立五经博士，开弟子员，设科射策，劝以官禄。讫于元始，百有余年，传业者寖盛，支叶蕃滋，一经说至百余万言，大师众至千余人，盖禄利之路然也。"自是学者多有白首穷经而至死不通者。然而为了官禄，也只好寻章摘句，以备射策之用。

儒家哲学之变为繁琐的哲学是必然的。因为一种学说到了只许赞扬、不许批判的时候，这种学说就会停止它的发展。我们知道儒家学说是在百家争鸣的局面中成长起来的。在当时，它受它的论敌的批判，也批判它的论敌。所以它是一种生动而活泼的战斗哲学——不管它为了什么政治目的而战斗。但是到汉代，它已经被捧上文化思想的王座，它已经僵化为"永恒不变的真理"。而且汉代的统治者，

① 《汉书·儒林传》云："严彭祖，字公子，东海下邳人也。与颜安乐俱事眭孟。"又《汉书·艺文志》云："《公羊传》十一卷。"注："公羊子，齐人。师古曰：名高。"

② 《汉书·儒林传》云："瑕丘江公，受《穀梁春秋》及《诗》于鲁申公。"又《汉书·艺文志》："《穀梁传》十一卷。"注："穀梁子，鲁人。师古曰：名喜。"

③ 《汉书·儒林传》云："京房（字君明，东郡顿丘人也。）受《易》梁人焦延寿。"

④ 《汉书·儒林传》云："汉兴，鲁高堂生传《士礼》十七篇。"后"仓说《礼》数万言，号曰《后氏曲台记》，授……梁戴德延君、戴圣次君，沛庆普孝公。…德号大戴，……圣号小戴……由是《礼》有大戴、小戴、庆氏之学。"

⑤ 《汉书·儒林传》云："颜安乐，字公孙，鲁国薛人。"《隋书·经籍志》云："汉初，有公羊、穀梁、邹氏、夹氏，四家并行。王莽之乱，邹氏无师，夹氏亡。初齐人胡母子都传《公羊春秋》，授东海嬴公，嬴公授东海孟卿，孟卿授鲁人眭孟，眭孟授东海严彭祖、鲁人颜安乐。故后汉《公羊》有严氏颜氏之学。"

把它当作一种材料，筑成了一条文化思想的狭路。在狭路的起点，写着知识分子由此入口；在狭路的终点，堆积着大堆的禄米。为了获得禄未，必须通过这条唯一的狭路。因此，在当时，这条狭路中便挤满了利禄之徒。他们口里念着圣经贤传，心里想着高官厚禄。为了多领禄米，总得东扯西拉，说些“子曰诗云”。这样一来，儒家学说的“枝叶”遂日趋“繁茂”，以致“一经说至百余万言”。

第二节　儒家哲学的发展

一　经今古文派之争与儒家哲学之分派

西汉末，哀、平之际，在儒家哲学的内部，发生了经今、古文派之争。稍后又出现了谶纬之学。到东汉初，王充发表了他的《论衡》。这三件事看起来，似乎各不相干，实则这是两汉哲学思想之一连串的发展。从经今、古文派之争到谶纬之出现，是儒家哲学从分派到玄学化的发展过程；而王充的《论衡》之出现，则是儒家哲学发展到绝顶的玄学化时，所引起之文化思想的反击。

这三个文化思想的浪涛之所以一个接着一个出现，并非偶然；这正是西汉末以至东汉初这一个急剧的变乱时代之社会经济和政治运动之反映。今、古文派之争，正是反映着西汉末，土地所有者内部之分裂。谶纬的出现，正是反映着西汉末贵族地主企图托古改制与东汉初新兴的商人地主企图从圣经中寻找天命之事实。至于王充的《论衡》之出现，则是反映着东汉初农民的意识之觉醒。

说到经今、古文派之争，我们必须回溯这个问题的渊源，即古文经出现的故事。自武帝崇儒术，设太学，置博士，选弟子，慨然以恢宏圣道为己任以后，他还设立一座大规模的皇家图书馆。其中有天禄阁、延阁、广内、秘室等藏书室。其时武帝通令天下，征求图书，又置写书之官，抄写简牍，于是当时的皇家图韦馆，遂粗具规模。[①]

到成帝时，又再派谒者陈农，求遗书于天下，从此皇家图书馆的图书，日益丰富。汉代政府虽罢黜百家，但百家之书在图书馆中，还是无所不有。成帝以图书既多，乱杂无章，乃派员分别整理而以刘向总其事。据史载，成帝“命光禄大夫刘向校经传诸子诗赋，步兵校尉任宏校兵书，太史令尹咸校数术，太医监李柱国校方技。每一书就，向辄撰为一录，论其指归，辨其讹谬，叙而奏之”。[②]这算是对中国古典文献作了一次大清算的工作。

刘向在没有完成这种古典文献的校评工作就死了，其子刘歆也是一位博极群书的大学者，为了完成校书的事业，哀帝又命刘歆“嗣父之业。乃徙温室中书于天禄阁上。歆遂总括群篇，撮其指要，著为《七略》：一曰《集略》，二曰《六艺略》，三曰《诸子略》，四曰《诗赋略》，五曰《兵书略》，六曰《术数略》，七曰《方技略》。大凡三万三千九十卷”。[③]由此可知西汉末年，汉代皇家图书馆已经有三万卷以上的书籍，而且出现了类别分明的图书目录。可惜这些图书到王莽之末，又被焚毁了。不过到东汉时，石室、兰台、东观及仁寿阁，又充满了图书。一直到东汉末年，两京大乱，这些图书馆的书籍才被当时豪族的军队毁灭无余[④]。但这与经今古文之争，已无关系了。

经今、古文的争议之发生，是在刘歆襄助他父亲校书的时期。据说有一天，刘歆忽然在皇家图书馆的秘室中，发现了一部用古体字写的《春秋左氏传》，问题就此发生了。因为当时汉代所流行的经

① 《隋书·经籍志》云：“武帝置太史公，命天下计书，先上太史，副上丞相。开献书之路，置写书之官，外有太常、太史、博士之藏，内有延阁、广内、秘室之府。”

② 《隋书·经籍志》。

③ 同上。

④ 《隋书·经籍志》云：“光武中兴，笃好文雅，明、章继轨，尤重经术。四方鸿生巨儒，负袠自远而至者，不可胜算。石室、兰台，弥以充积。又于东观及仁寿阁集新书，校书郎班固、傅毅等典掌焉。并依《七略》而为书部，固又编之，以为《汉书·艺文志》。董卓之乱，献帝西迁，图书缣帛，军人皆取为帷囊。所收而西，犹七十余载。两京大乱，扫地皆尽。”

籍，都是用通行于当时的今体文字抄写的。现在忽然发现了一部古体文字的经籍，而且是从来没有看见过的经籍，这当然要在当时学术界引起一个波澜。

刘歆发现了这部古文《春秋左氏传》以后，就想表扬这部书。他的理由是："以为左丘明好恶与圣人同，亲见夫子。而公羊，穀梁在七十子后，传闻之与亲见之，其详略不同。"[①]但是我们知道孔子自己并没有说他曾作《春秋》，而司马迁在《史记》中两次提到左丘明，也只说："左丘失明，厥有《国语》。"并没有提到他传《春秋》的事。因而这部古文的《春秋左氏传》，就有些来历不明了。

刘歆在寻出一部《春秋左氏传》以后，接着又发现了一部《毛诗》，一部《逸礼》，一部《古文尚书》。这些都是以前没有见过的书。当他继任父职以后，就请求政府将他所发现的古文经都在太学设置学官，采为教科书。当时哀帝要刘歆先与博士们讨论，但其时"诸博士或不肯置对"。于是刘歆致书太常博士，这封信主要的命意，是申述他所发现的古文经、传有来有历。他说："及鲁恭王坏孔子宅，欲以为宫，而得古文于坏壁之中，《逸礼》有三十九，《书》十六篇。天汉之后，孔安国献之，遭巫蛊仓卒之难，未及施行。及《春秋》左氏丘明所修，皆古文旧书，多者二十余通，藏于秘府，伏而未发。孝成皇帝闵学残文缺，稍离其真，乃陈发秘臧，校理旧文，得此三事，以考学官所传，经或脱简，传或间编。传问民间，则有鲁国（柏）〔桓〕公、赵国贯公、胶东庸生之遗学与此同，抑而未施。此乃有识者之所惜闵，士君子之所嗟痛也。"

刘歆在提出了他的古书的证据以后，还对当时的诸博士，大加痛斥，作为这封信的结论。他说：

"往者缀学之士，不思废绝之阙，苟因陋就寡，分文析字，烦言碎辞，学者罢老，且不能究其一艺，信口说而背传记，是末师而非往古，至于国家将有大事，若立辟雍、封禅、巡狩之仪，则幽冥而莫知其原。犹欲保残守缺，挟恐见破之私意，而无从善服义之公心，或怀妒嫉，不考情实，雷同相从，随声是非，抑此三学，以《尚书》

① 《汉书·刘歆传》。

为备，谓《左氏》为不传《春秋》，岂不哀哉！今圣上德通神明，继统扬业，亦闵文学错乱，学士若兹，虽昭其情，犹依违谦让，乐与士君子同之。故下明诏，试《左氏》可立不，遣近臣奉指衔命，将以辅弱扶微，与二三君子比意同力，冀得废遗。今则不然，深闭固距，而不肯试，猥以不诵绝之，欲以杜塞余道，绝灭微学。夫可与乐成，难与虑始，此乃众庶之所为耳，非所望士君子也。且此数家之事，皆先帝所亲论，今上所考视，其古文旧书，皆有征验，外内相应，岂苟而已哉！夫礼失求之于野，古文不犹愈于野乎？往者博士，《书》有欧阳，《春秋》公羊，《易》则施、孟，然孝宣皇帝犹复广立穀梁《春秋》，梁丘《易》，大小夏侯《尚书》。义虽相反，犹并置之。何则？与其过而废之也，宁过而立之。传曰：'文武之道未坠于地，在人；贤者志其大者，不贤者志其小者。'今此数家之言，所以兼包大小之义，岂可偏绝哉！若必专己守残，党同门，妒道真，违明诏，失圣意，以陷于文吏之议，甚为二三君子不取也。"

我之所以要转录刘歆长篇大论的信札，为的是要揭示刘歆对古文经传之来历所提的证据，及当时经今古文的争议之激烈。争议的激烈，上文已可看出。惟他所提的证据不合史实。第一，孔壁出书之事，不见于《史记·孔子世家》。其次，鲁共王死于武帝元朔元年，巫蛊之狱发生于征和二年，其间有三十六年的时间；即使孔安国有献书之事，亦不能说遭巫蛊之难，未及施行。这些都是刘歆没有塞住的漏洞。

古文经在哀帝时始终没有设立官学。哀帝死，平帝立，王莽辅政，刘歆一跃而为典文章的要人，于是他所发现的《左氏春秋》《毛诗》《逸礼》，都被立为官学了。

为了要宣传古文经，于是于平帝四年，王"莽奏起明堂、辟雍、灵台，为学者筑舍万区"，然后"立《乐经》，益博士员，经各五人。征天下通一艺教授十一人以上，及有《逸礼》、古《书》、《毛诗》、《周官》、《尔雅》、天文、图谶、钟律、月令、兵法、《史篇》文字，通知其意者，皆诣公车。网罗天下异能之士，至者前后千数，皆令记说廷中，将令正乖缪，壹异说云”。[1]这样倡导的结果，古文经遂得到广大的传播。

自是以后，不仅《诗》《书》《礼》《春秋》有古文本，《易》《论语》《孝经》也有了古文本[2]。而且这些古文经传都有历相传授的渊源了[3]。由是而中国儒家经典，遂有今、古文之别。

古文经是真是假，闹了两千年，还没有闹清楚。不管它是真是假，这个问题，留待经学家去讨论。我的任务，是在说明经今、古文派的争议之所以发生的历史原因。

非常明白，经今、古文派的争议，是儒家学说内部的分派。儒家哲学的分派，是商人地主阶层内部之分裂的反映。我们记得，西汉至哀、平之际，由于商人地主之政治的与经济的收夺，逼出了普天下的农民暴动，当时商人地主中以王莽为首之一部分执政的贵族，企图以打击一般商人地主的政策缓和农民暴动，并从而抢救西汉的政权。这样便形成了商人地主阶层内部的分裂。这种分裂，反映到哲学上，便是经今、古文派之争。

商人地主阶层内部的分裂，为什么会反映为经今、古文派的斗争呢？这就是因为在西汉时，儒家学说已经起着很大的支配作用，它不仅拘束人们的思想，也限制人们的行动。当时的人，对于政治上的任何措施，都要用儒家经传去衡量，甚至用《春秋》决狱，用《禹贡》治水。合于经传者则善之，不合于经传者则群起而非之。在这样的情形之下，如果当时的贵族地主要以篡汉的方法，集中政权以展开其打击商人地主的政治行动，在儒家经传上没有这一条，因而商人地主及其代言人，嶲然引经据典，用神圣的教条来压制贵族地主。为了预防商人地主之教条的攻势，所以首先就要推翻他们教条的神圣性，说他们那种口传的经典，不足为凭；我们现在已经发

① 《汉书·王莽传》。

② 《汉书·艺文志》载：古文《易经》，民间费氏经与之同。《尚书古文经》四十六卷、五十七篇。《毛诗》二十九卷。《礼古经》五十六卷。《周官经》六篇，《春秋古经》十二篇。《左氏传》三十卷。《论语》古二十一篇。《孝经古孔氏》一篇。二十二章。

③ 参看《汉书·儒林列传》。

现了真正原本古文的圣经。毫无疑义，这种古文的圣经，是依照贵族地主自己的政治需要编出来的；即不然，也是把这种古文本的圣经修改得合于贵族地主当时的需要。然后贵族地主就用教条主义去反对教条主义。这就是为什么古文经典在哀帝时不被承认，一到王莽辅政，马上就变成了官学的原因。

具体的史实指示出来，王莽的一举一动，是怎样合于儒家的经典。比如他之敢于做衡宰，是因为伊尹做过阿衡，周公做过太宰。他之敢于接受九锡，也是根据《周官》《礼记》等书的规定。他之一面辅孺子婴而又敢于同时践天子之位，也是奉行周公的故事。至于他之敢于公然地篡汉，也是因为《尚书》上说过“天之历数在汝躬”。他不敢不“奉若天命”。他做了皇帝以后，对于一切典章制度的改革，也无不合于儒家的经典，官制遵照《周礼》，地名合于《禹贡》。最后，没收商人地主的土地，也是恢复“一夫授田百亩”的“井田制”。王莽就这样在圣经的掩护之下，逐步地实现了他的政治理想。谁要反对他，就是反对儒家经典。谁要反对儒家的经典，就是文化的叛逆，名教的罪人。所以眼睁睁望着他篡了汉朝的天下，还要称赞他是圣人。

到东汉时，跟着商人地主的胜利，今文派又抬头了。东汉一代，博士十四人，皆系传今文经。但是古文经并没有消灭，东汉时几个最有名的经学大师如贾逵、服虔、马融、郑玄，都是古文学家，但同时也研究今文。这一直到黄巾“叛乱”的前夕，商人地主为了对付共同的敌人，团结一致，因而反映在哲学上，经今古文派的争议也就熄灭了。史称灵帝熹平四年，“乃诏诸儒正定《五经》，刊于石碑”，“树之学门，使天下咸取则焉。”正是说明这一事实。

二　谶纬的出现与儒家哲学的玄学化

与古文经的出现同时或稍后，大约在西汉末至东汉初的这一时期中，又出现一种谶纬之学。《四库提要》说：“纬者，经之支流。”这种“经之支流”和古文经同时出现，是值得注意的。

谶和纬，虽然是二而一的东西，但谶之被称为纬，则是长期发展的结果。因为所谓谶，即是当作神灵启示人们的一种预言。实际上，天何言哉？故所谓谶者，也不过是某一特定时代的人民或统治者对于自己的愿望之宣言。而纬则是对经而言，纬而谓之谶纬，即总集过去所有的具有一定性质的预言，而用以解释一般性质的儒家经典，使那些预言与儒家经典相交织，在儒家哲学的经线上，加上一些预言做纬线。换言之，即把预言紧紧地织进儒家哲学之中，使圣人的教条与上帝的启示合而为一。这样，圣经就变成了天书，孔子就变成了神人。

预言而以谶之名出现于中国史，始于秦穆公一梦。据史载秦穆公于梦中会见上帝，上帝告以“晋国将大乱，五世不安，其后将霸”。“秦谶于是出矣”。自是以后，在秦代也出现了不少的谶语，如“亡秦者胡也”，“今年祖龙死”，“始皇帝死而地分”，这些，都是当时人民假上帝之名发出来的预言。谶语的制造，到西汉末才达到它的全盛时代。当此之时，上帝几乎每天都有要王莽准备做皇帝的预示。更后，到东汉的刘秀要做皇帝，又出现了《赤伏符》四十二篇；公孙述要做皇帝，也找到了许多上帝规定了他应做皇帝的谶语。虽然如此，直至古文经出现之前，谶语并没有编成有系统的文献。直至古文经出现以后，才有人利用这些上帝的言语，来神化这些翻版的圣经，于是所有的谶语，才被编辑起来，而命之曰纬书。

纬书是以经书的姊妹作品而出现，故其书名，一仍经书之旧。在西汉时，自《诗》《书》《易》《礼》《春秋》以至《孝经》和《论语》，无不有纬。此外，尚有《河图》《洛书》，占纬书中最大的分量[①]。这些纬书，自典章制度，以至天文、地理、历法、文字、神仙，

① 关于纬书，《后汉书》中，曾有一个简单的目录。《樊英传》：“河洛七纬。”章怀注云：“《易》纬《稽览图》《乾凿度》《坤灵图》《通卦验》《是类谋》《辨终备》也；《书》纬《璇机钤》《考灵耀》《刑德放》《帝命验》《运期授》也；《诗》纬《推度灾》《记历枢》《含神务》也；《礼》纬《含文嘉》《稽命征》《斗威仪》也；《乐》纬《动声仪》《稽耀嘉》《汁图征》也；《孝经》纬《援神契》《钩命决》也；《春秋》纬《演孔图》《元命包》《文耀钩》《运斗枢》《感精符》《合诚图》《考异邮》《保乾图》《汉含孳》《佑助期》《握诚图》《潜潭巴》《说题辞》也。”这些纬书，以后由于宋武帝、梁武帝以至隋文帝之禁抑，特别是隋炀帝的焚（转下页）

无所不谈，但都是以预言和神话为根据。

为了提高谶纬在读者之中的信仰，谶纬的制造者又替谶纬找出了神圣的来源。他们说《河图》《洛书》，是自皇帝至周文王以来上帝颁赐下来的成套的天书，七经之纬，都是孔子所作[①]。但是我们知道，纬书的出现，至早亦在古文经之后，因为在刘歆的《七略》中，什么怪诞不经的书目都被收入，而不录纬书。那样以恢宏圣道为职业的儒家大师，岂有摒周公、孔子之书而不录的道理。同时，如果刘歆之时，就有了整套的纬书，那位酷好谶纬的王莽，也不致现做现卖了。

谶语，只是纬书构成的资料之一部；除此以外，还有浩如烟海的传说与神话。因此，纬书可以说是上帝的语录，也可以说是传说与神话的集大成。纬书中所编辑的传说与神话，不仅是汉族的，而且有许多是四周诸种族中的。例如在纬书中出现的盘古、天地人三皇及西王母等，这些太古时代的神人，在纬书出现以前，是都没有听到说过的，而且他们都不是出生于中原地区。据纬书说，盘古生于火荒，天皇起于昆仑，地皇兴于熊耳，人皇起于形马，西王母居于流沙之濒。这些神话，显然是从四周诸种族中传入的，有些也许早就传入中国，但大部分却是西汉在民族战争中带回来的胜利品，而为司马迁所不及见不及闻的材料。所以司马迁写《史记》说到最古的古人，只说神农、庖牺。由此看来，我们又证明了纬书之开始形成，最早亦在西汉中叶以后。

（接上页）毁，皆早已散亡。其保全以至今日者，只有《易》纬八种。自明、清以来，学者如明之孙瑴、清之朱彝尊、黄奭汉、赵在翰、马国翰、孔广林、袁钧等，先后致力于谶纬之辑逸的工作。他们从许多古书中，如《十三经注疏》《白虎通德论》《后汉书》《续后汉书·律历志》、葛洪《抱朴子》、陶弘景《真诰》、贾思勰《齐民要术》《太平御览》《册府元龟》等古书中钩稽抓剔，再为辑出若干。我们今日所得而见者，盖纬书之零简也。学者如欲知纬书之详目，可参看朱彝尊著《经义考》中之《琴纬》。

① 《隋书·经籍志》云："孔子既叙六经，以明天人之道，知后世不能稽同其意，故别立纬及谶，以遗来世。其书出于前汉，有《河图》九篇，《洛书》六篇，云自黄帝至周文王所受本文。又别有三十篇，云自初起至于孔子，九圣之所增演，以广其意。又有《七经纬》三十六篇，并云孔子所作。"纬书制造者如此说，故《隋书·经籍志》亦如此云云。

纬书所收录的神话，大半都带着极原始的性质。所以在这些神话中说到一些太古神人的出身，都不是男女媾精，而是他们的母亲被电触了一下，被星闪了一下，被龙感了一下，或者就是蹈过一次男人的足迹。说到那些太古神人的相貌. 也不像有史以后的人类，还是带着若干兽类的特征。当然，既谓之曰神话，它就与真实的历史有出入，但是神话的产生，则是以真实的历史为底本。它与真实历史不同的，只是把史实加以夸张或歪曲而已。因此，我们不能说，纬书上的神话都是假造的。

但是，假的神话也很多，而且纬书中之所以收录真的神话，正是为了要把一批新制造的假神话糅杂进去。例如它把原始的神话当作公式，也套在孔子和刘邦的身上。纬书中说孔子是他母亲与黑帝梦交而生，刘邦是赤龙感女媪而生①，都与他们的父亲没有关系。太古的人，找不到父亲，那是没有办法。孔子和刘邦，摆着现存的父亲不肯承认，而必诬其母以不贞者何故？盖以“圣人无父，感天而生”，原则如此，不得不尔。如果不如此，就不足以把自己从一般有母而又有父的庶人中区别出来，显出他们是圣人。

纬书的目的，主要地是要从侧面捧孔子，以捧孔子者，捧儒家学说；以捧儒家学说者，捧儒家学说之利用者汉代的统治者。所以它对孔子的描写，特别用力。它写到孔子的圣容时，竟说他身长十丈，腰大十围，海口、河目、龙颡、龟脊、骄齿、虎掌、谷窍、雷声，眉比尧多四采，目比舜多十二瞳，掌上和胸上都有天生的文字，站着像只凤，坐着像条龙。除开那些兽类的特征不说，古今中外有一个腰大十围的人吗？

像这样一个腰大十围的黑龙之子，是为谁而生呢？纬书上说：“黑龙生为赤，必告示象使知命。”又说：“丘，水精，治法为赤制功。”又说：“丘览史记，援引古图，推集天变，为汉帝制法，陈叙图”。这样一解释，孔子的一切制作，都不是为周代的天子，而是为汉代的皇帝。孔子怎样知道后来会有刘汉呢？纬书上说，上帝早已

① 《太平御览》卷八七《汉高祖皇帝》引《诗含神雾》云：“含始吞赤珠，刻曰：‘玉英，生汉皇。’”

给他启示了。据说有一天，“天乃洪郁起白雾摩地，赤虹自上（而）下，化为黄玉长三尺，上有刻文。孔子跪受而读之，曰：‘宝文出，刘季握，卯金刀，在轸北。字禾子（禾、子，季也），天下服。’”[①]于是孔子豁然大悟，为汉制礼作乐，以待刘邦之王。

由于神话的附会，儒家哲学遂成为天赐商人地主的一部政治哲学了。所以东汉光武酷好纬书，虽头昏目眩而不忍释手。当时他的臣下，多自制造谶纬去骗他的官做。例如有孙威者，想当征狄总司令，他就在纬书上加了一句“孙威征狄”。后来光武真派他当了平狄将军。野王令王梁想保全禄位，也在纬书上加了一句“王梁主卫”，王梁的禄位也就保全了。尹敏奉命校纬书，他也加了两句“君无口（尹也），为汉辅”。但是尹敏的运气不好，被光武认出他的笔迹来了。即因如此，所以当时有桓谭者，上书光武，极言谶纬宜禁。其言有曰：“今诸巧慧小才伎数之人，增益图书，矫称谶记，以欺惑贪邪，诖误人主，焉可不抑远之哉！”但是光武大怒，桓谭几乎被判了死刑。由此可以想见当时谶纬学的狂热。

谶纬在整个东汉时代，都很流行。这一时代的儒家学者，大概不仅博通五经，而且兼习谶纬。顺帝时，张衡又曾一度请政府禁止，也没有实行。一直到南北朝才实行禁止，到隋炀帝便全部焚毁了。虽然，谶纬留在儒家经典上的玄学作料一直到现在，依然存在。

总而言之，谶纬的出现，在主观上，是西汉末年商人地主中的贵族，企图把所有的神话与传说，都贯串在儒家经典之中，使儒家学说，由圣经变成天书，使孔子由圣人变成神人。在客观上，则是汉代大一统的局面形成以后，各种族间文化交流之结果。自此以后，儒家学说，遂蒙上了一层神学的云雾。

三　王充著《论衡》与儒家哲学的被反击

正当圣经、神纬相互拥抱，合唱着“阴阳、五行”、“天人合一”的歌曲，催眠着中国文化思想的时候，忽然有一位神经健全的学者

① 参看《公羊义疏》七十五引《汉含孳》。

王充，从玄学的摇篮中站了出来，发表了他有名的著作《论衡》。王充在《论衡》中，以崭新的姿态，建立起他客观主义哲学的理论体系；并以此为出发点，大胆地展开其对儒家哲学，特别是儒家哲学中之玄学部分的批判。

王充是一个农民家庭中出身的学者。他家里两世遭受地主的压迫，他的祖父本居会稽阳亭（约在今浙江湖州市东）。为避仇家，抛弃了小小的田园，逃徙钱唐（今杭州市西）。以小本贩卖。又遭豪家之迫，再徙上虞（今属浙江）[①]。他的父亲不久也就在贫困中死了，留下来的是幼年的王充和他母亲。王充在后来虽曾入太学读书，但他穷到无钱买书的地步。即因他无钱买书，所以他常到洛阳市上的旧书摊上去看书。当时旧书摊上什么书都有，因而他得以接触那些在太学中禁止阅读的被罢黜了的百家之言。他一面看百家之言，一面望着贵族官僚的高车怒马从旧书摊前驰驱而过，愈觉得百家之言颇有道理。同时，他回想他祖世的悲哀，自顾他本身的贫困，不觉深深地感到现实的残酷。残酷的现实和异端的学说，不久就在王充的头脑中结合为一。于是他就回到上虞，一面教授学生，养活他的老母，一面开始《论衡》的写著，从事对儒家哲学的批判。王充一生除了做了几天郡守的功曹和刺史的从事，没有做过其他的官。到他快七十岁的时候，章帝曾派了一辆安车去征聘他，但他没有应征，以后就老死家中[②]。

但是不要误会，王充的《论衡》并不是他个人的冤状，而是时代的呼声。从《王充传》上，我们知道，王充的出生，大概是光武建武初年；其死，则在和帝永元中。当他写著《论衡》的时代，正是东汉的统治者为支援民族战争而进行残酷的军事征发。而贪官污吏则乘机剥削，甚于虎狼。同时，那些在外国发了洋财回国的商人们则操其赢余，到处收夺农民的土地。农民们既失掉了土地，又要负担繁重的捐税和徭役；同时，水旱牛疫，饥馑连年。而当时的统治者，因为有儒家经典做招牌，所以他们的一切罪恶，都变成了仁

① 见《论衡·自纪篇》。
② 见《后汉书·王充传》。

义道德，而农民的一切灾难都归结为上帝的福善祸淫。在这样的情形之下，当然要产生一种反儒，特别是反谶纬的思想。王充的哲学，正是当时一般苦难农民的意识之抽象，亦即当时社会矛盾之反映。所以王充说："《论衡》诸篇，实俗间凡人所能见"，"非造始更为，无本于前也。"

《论衡》一书，据《后汉书》所载，全书共八十五篇。《王充传》云："充好论说，始若诡异，终有理实。以为俗儒守文，多失其真，乃闭门潜思，绝庆吊之礼，户牖墙壁各置刀笔，著《论衡》八十五篇，二十余万言，释物类同异，正时俗嫌疑。"此书至今尚存，亦系八十五篇。惟今本《招致》一篇，有目无文，实存仅八十四篇。据王充在《论衡·自纪篇》云："吾书亦才出百，而云泰多。"《佚文篇》亦云："《论衡》篇以百数"，是《论衡》原书，当在百篇以上。今之所存，已经不是全书了。

在《论衡》的全书中，从头至尾都贯彻着反儒、反谶纬、反迷信的精神，而以唯物观为其哲学的基本出发点，所以《论衡》一书，也可以说是中国一部古典的唯物论。

王充写著《论衡》的目的，据他自己说："是故《论衡》之造也，起众书并失实，虚妄之言胜真美也。"他所谓虚妄之言，当然是指古文经中的伪书和所有的谶纬。他在《书虚篇》中说："世信虚妄之书，以为载于竹帛上者，皆贤圣所传，无不然之事，故信而是之，讽而读之；睹真是之传，与虚妄之书相违，则并谓短书不可信用。夫幽冥之实尚可知，沉隐之情尚可定，显文露书，是非易见；笼总并传，非实事，用精不专，无思于事也。"

王充不仅反对那些虚妄的谶纬，而且也反对把儒家哲学当作圣经，因而他有《问孔》《刺孟》之作。他在《问孔篇》说："世儒学者，好信师而是古，以为圣贤所言皆无非；专精讲习，不知难问。夫贤圣下笔造文，用意详审，尚未可谓尽得实；况仓卒吐言，安能皆是？不能皆是，时人不知难；或是，而意沉难见，时人不知问。案贤圣之言，上下多相违；其文，前后多相伐者；世之学者，不能知也。"为了证实他的见解，王充在《问孔》《刺孟》两篇中，举出了无数的例子，指出圣贤之言自相矛盾的地方。这样，不但谶纬的秘密被揭穿了，儒家学说的神圣性也被冲淡了。

在东汉之初，天命之说高唱入云，当时的统治者假天命以推行自己的人欲，假天意以委卸自己的罪恶。但是王充在《谴告篇》却说："夫天道，自然也，无为；如谴告人，是有为，非自然也。"在《自然篇》说："何以〔知〕天之自然也？以天无口目也。案有为者，口目之类也。"又说："使天体乎？宜与地同；使天气乎？气若云烟。"无论是体或气，它都不能替统治者负最后的责任，也不能授他们以统治人类之特权。

谶纬中说孔子是黑龙之子，汉高祖是赤龙之子，圣人皇帝之所以为圣人皇帝，即因他们不是人种而是龙种。但是王充说："若夫牡马见雌牛，雄雀见牝鸡，不相与合者，异类故也。今龙与人异类，何能感于人而施气？"

除此以外，王充反对符瑞有征（《验符》《指瑞》《讲瑞》），反对富贵有命（《命禄》《骨相》），反对祸福自天（《福虚》《祸虚》），反对人死有鬼（《订鬼》《辨祟》），反对卜筮有验（《卜筮》《诘术》《讥日》），以及一切的迷信。他以为天下的事，只有一件事是真的，这就是吃饭的问题。他在《治期篇》中说：

"夫世之所以为乱者，不以盗贼众多，兵革并起，民弃礼义，负畔其上乎？若此者，由谷食乏绝，不能忍饥寒。夫饥寒并至而能无为非者寡；然则温饱并至而能不为善者希。传曰：'仓廪实，民知礼节；衣食足，民知荣辱。'让生于有余，争起于不足。谷足食多，礼义之心生；礼丰义重，平安之基立矣。故饥岁之春，不食亲戚；穰岁之秋，召及四邻。不食亲戚，恶行也；召及四邻，善义也。为善恶之行，不在人质性，在于岁之饥穰。由此言之，礼义之行，在谷足也。"

王充这段话，简括之，即他以为人类的生存，社会的秩序，都在于粮食之平均分配，即依存于物质而不依存于幻想。人民总要吃饱了饭才讲礼义，吃不饱饭，他们就要做"盗贼"。"盗贼"不是天生的，而是饥寒造成的。所以他劝告当时的统治者，不要再玩弄天命、符瑞这一类的魔术，最后的问题，还是救济人民贫困的问题。

像这样一个客观主义的哲学家，出现于玄学的云雾里，在当时的儒者看来，当然是文化思想的叛逆；而王充的学说，也当然是一种离经叛道的异端。即因如此，所以王充一生，始终做不到官，结果“裁节嗜欲”，老死家园。而他的著作，在当时也认为“诡异”，禁止流行。《论衡》一书写成以后，埋没将及百年，无人过问。直至灵帝时，才由蔡邕发现，带至洛阳。蔡邕亦不敢公开献之世人，而密藏于书库①。虽然，王充的《论衡》之出现，这就证明不论东汉时代的儒家哲学怎样独裁，还是有异端并起。而且异端的书一直保留到今日。而当时被认为圣经的谶纬，反而在后世就遭遇着隋炀帝的火刑。

第三节 两汉的科学：农艺、水利、天文、历算、医药、地理与历史学

两汉时代的商人地主，不仅创造了自己的哲学体系，同时，也发展了科学。

科学的发展，主要地是由于社会生产发达的需要导引出来的；其次，则是商人地主之主观的要求。因为商人地主需要玄学来辩护他们对地上物质占有的合理；同时，为了现实物质的生产，也需要科学提高生产技术的水准，从而提高社会劳动的生产性。

在封建时代，农业生产是社会生产中最主要的部门，因而与农业直接或间接有关的科学如农艺学、水利学、天文学、历算学等都有很大的发展。

我们从《汉书·艺文志》中，可以看到关于农家之书的著录，

① 《论衡校释》附编三：高似孙《子略》卷四引袁山松《后汉书》云：“充所作《论衡》，中土未有传者。蔡邕人吴始得之。”又陈振孙《直斋书录解题》卷十《论衡》条曰：充“肃宗时人，仕为州从事治中。初著书八十五篇，释物类同异，正时俗嫌疑。蔡邕、王朗初传之时，以为不见异人，当得异书。自今观之，亦未见其奇也”。

有九家百一十四篇之多[①]。其中有一部分作品，不著姓名，不辨时代，或系汉以前的著作。但有几种，如《氾胜之》十八篇，《董安国》十六篇，及《蔡癸》一篇，则系汉人的作品[②]。这些书类的出现，就指明了农艺在汉代已被当作一种学问而研究。

关于水利，在汉代虽尚无专书，然而上书言水利者则不可胜数。假使把两汉时关于水利的建议书纂辑起来，也是一部洋洋大观的集子。

天文学，在汉代特别的发展，这与农业生产的发达是相适应的。因为只有更精确的天文学，才能更正确地推算出与农业有关的季节来。在汉代，研究天文学者分三派：一日周髀，二曰宣夜，三曰浑天。在这三派中，宣夜一派，已失师法，早成绝学。周髀一派，虽算数具存，但考验天文，多不准确。惟浑天一派，较为进步。

浑天之说，是中国天文学之一派。因为在中国古代，对于天文的理论，有盖天、浑天两说。盖天说者，谓天在上，地在下，天为地之覆盖。《周髀算经》和《淮南子》一派的学者，皆主张此说[③]。浑天说者，谓天体如弹丸，地居其中，天包于外。桓谭、张衡、蔡邕、郑玄等，皆主张此说[④]。这两种天文学说，在今日看来，虽然都很幼稚；但当时的天文学者，敢于大胆地立假说，这就表明他们有探求

---

① 《汉书·艺文志》著录农家之言九种：(一)《神农》二十篇，(二)《野老》十七篇，(三)《宰氏》十七篇，(四)《董安国》十六篇，(五)《尹都尉》十四篇，(六)《赵氏》五篇，(七)《氾胜之》十八篇，(八)《王氏》六篇，(九)《蔡癸》一篇。共一百一十四篇。

② 《汉书·艺文志》云：《氾胜之》十八篇注云："成帝时为议郎。师古曰：刘向《别录》云：使教田三辅，有好田者师之，徙为御史。"《董安国》十六篇注云："汉代内史，不知何帝时。"《蔡癸》一篇注云："宣帝时以言便宜，至弘农太守。师古曰：刘向《别录》云：邯郸人。"

③ 汉武帝初年，淮南王刘安，罗致学者苏飞、李尚、左吴、田由、雷被、毛被、伍被、晋昌，及儒者大山、小山等，集体创作一书，名曰《淮甫子》。其中有《天文训》一章，对于天体的认识，即主盖天之说。它说："天地未形，冯冯翼翼，洞洞漏漏，故曰太昭。道始于虚霩，虚靠生宇宙，宇宙生气，气有涯垠，清阳者薄靡而为天，重浊者凝滞而为地。"同书《原道训》亦曰："故以天为盖，则无不覆也；以地为舆，则无不载也。"

④ 张衡著《灵宪》谓："太素之前，幽清玄静，寂寞冥默，不可为象；厥中惟灵，厥外惟无，如是者永久焉，斯谓溟涬，盖乃道之根也。……天成于外，地定于内。天体于阳，故圆以动；地体于阴，故平以静。动以行施，静以合化，堙郁构精，时育庶类，斯谓太元，盖乃道之实也。"

宇宙的精神。

汉代的天文学家，不仅敢于做科学的假说，而且不断地用简单的仪器进行天文的测量，企图证验他们的假说。据《汉书》所载，武帝太初元年，曾立晷仪下漏刻，以追求二十八宿的地位。武帝时，落下闳又创制一种天文仪器，名曰浑天。宣帝时，耿寿昌更铸铜为象，以测天文。和帝永元十四年，霍融改进漏刻。十五年贾逵创制太史黄道铜仪，定黄道宿度。顺帝阳嘉元年，张衡妙尽璇玑之正，作浑天仪，推测星辰出没移动，皆甚准确。张衡又作候风地动仪，测验地震，亦无不应验。即因有不断的天文测验，汉代的人，对于曰月星辰的运行，便有比前代的人更多的知识。

跟着天文学的发展，历算学也有了进步。汉初的历法，是沿用秦历，以十月为一年之始，九月为一年之终。到武帝时，乃另制太初历，改以正月为一年之始。以后成帝时又作三统历；平帝时，又作四分历。到东汉灵帝时，更作乾象历。总计两汉四百余年，历法变更四次。历法之所以屡变，主要的原因，还是因为计算不精确。盖中国自古以来，计算历法，皆以太阴为主兼顾曰躔。而太阴与太阳在一年之间的运行，其间有相当的差度。年复一年，积而久之，则日月乘除，差度愈大，虽置闰月以填补时差，而仍然不能准确。以致一种历法行之既久，往往日蚀月蚀亦不按时，四时季节间至错动，故不得不重新推算，再定起点。

历法的推算，需要算学，所以在历法的研究中算学也被提高了。惟算学的发展不完全由于推算历法，而与经济的会计有关。《后汉书·郑玄传》云："遂造太学受业，师事京兆第五元先，始通《京氏易》《公羊春秋》《三统历》《九章算术》。"注云："九章算术，周公作也，凡有九篇：方田一，粟米二，差分三，步广四，均输五，方程六，傍要七，盈不足八，钩股九。"从这段注释中，我们可以看出所谓《九章算术》，决不是周公所作，而是从土地测量、粟米和均输以及商业等会计中产生出来的，同时，从《九章算术》中有方程与钩股之存在，我们又可以看出在汉代已有代数学和几何学的萌芽。

在汉代，张苍和耿寿昌都是有名的算学家，所以张苍便能以北平侯居相府，领主郡国上计，而耿寿昌亦因精于算学，故得为大司农中丞。

汉代的医药学也有很大的进步，医学的进步，毫无疑义是农业发达的结果。因为跟着农业的发达，人类对于植物的性质获得了更多的知识。在长期的经验中，人类在不断的尝试中，知道某种植物可以医治某病，因而有不少的植物，被引用为药物。到东汉时，便综合当时已经效验的药物，编成《神农本草经》一书。这部书直至现在，还是中国药物学的经典。

汉代的医学，已有内科与外科之分。淳于意、马长、冯信、杜信、唐安等，都是当时有名的内科医生。东汉时，出现了一位有名的医理学家张机，字仲景，他著有《伤寒杂病论》一书。在这一部书的上卷论伤寒，中及杂病，下载医方。此书与《素问》《难经》，同称医学三典。在汉代，内科的诊断多重切脉，所用药方亦与我们今日所用的药方无甚差别。关于这一点，由晚近在居延汉简中所发现的医方，可以证明[①]。此外，亦有不用药物，而专以针灸治病者。东汉时，有涪翁者，即为针灸圣手。涪翁曾著《针经诊脉法》一书，流行当世。惟针灸之法，乃系一种手术，非亲自传授不可。据《后汉书·郭玉传》所载，当时涪翁以之传程高，程高以之再传郭玉。郭玉在和帝时为太医丞，即以针灸治病，多有效应。

东汉末年，出现一位有名的外科医生，名曰华佗。《后汉书·华佗传》云："华佗，字元化，沛国谯人也，一名旉。游学徐土，兼通数经。晓养性之术，年且百岁而犹有壮容，时人以为仙。沛相陈珪举孝廉，太尉黄琬辟，皆不就。精于方药，处齐不过数神，心识分铢，不假称量。针灸不过数处。若疾发结于内，针药所不能及者，乃令先以酒服麻沸散，既醉，无所觉，因刳破腹背，抽割积聚。若在肠胃，则断截湔洗，除去疾秽，既而缝合，傅以神膏，四五日创愈，一月之间皆平复。"由此看来，当东汉末年，中国的外科医生，

① 劳干《居延汉简考释》卷四《医方类》录医方四简。其三云："伤寒四物，乌喙十分，细辛六分，术十分，桂四分，以温汤饮。一刀封日三夜再行解不出汗。"（三一四）八九、二〇。其四云："□□蜀椒四分，桔梗二分，姜二分，桂☒。（B九）。"一三六、二五。

早已发明了麻醉药剂，并能施行剖腹开肠的大手术了。可惜华佗后为曹操所杀，其术竟不传。

地理学在汉代，也添加了新的内容。我们知道在汉以前，中国人所知道的世界，仅限于中国的本部；当时对于塔里木盆地的情形，还是非常模糊；对于日本三岛，且认为可望而不可及的神域；对于更远的地，不消说，就更无所知了。到汉代，中国的政治使节和商人，先后走遍了中国本土以外之遥远的世界，他们从外国带回来许多关于异国风土人情的记录，这样就扩大了中国人的地理知识，改变了中国古代所谓“天下”的观念。

在《汉书·地理志》中，我们可以看到关于中国本土各地之山川形势、风土人情及物产等之详细的记载；同时还可以看到关于南洋各地的地理记载。在《匈奴传》《西南夷两粤朝鲜传》中，我们可以看到关于当时蒙古、辽东、朝鲜、福建、两广及川、黔、滇等地之地理的记载。特别在《西域传》中，详细地记载着塔里木盆地、中亚乃至印度、罗马的地理。像这样的记录在《汉书》上的出现，不能说这不是中国地理学上崭新的一页。

历史学在汉代，也是一种突出发展的学问，在汉以前，中国早有记录历史的文献，如《尚书》《春秋》《国语》《战国策》《世本》等。惟此等史籍，无论纪言纪事，皆简略散漫，断烂成书，一直到汉初，中国尚没有一部有系统的史书，因而历史学，也还没有成为一种独立的学问。中国的历史学之成为一种独立的学问，是从西汉时起，这种学问之开山的祖师，是大史学家司马迁[①]。

---

① 司马迁，字子长，左冯翊夏阳（今陕西韩城南）人，生于景帝中五年（前 145 年），大概死于昭帝始元元年（前 86 年）。他的父亲司马谈，在武帝时任太史令，曾广搜古史，博采旧闻，打算写著一部“自成一家之言”的完整的中国史。正当计划写著此书之时，适武帝举行泰山封禅的大典，而谈以太史之官，留滞洛阳，不得与从事，竟气愤而死。临死时，执迁之手而泣曰：“今天子接千岁之统，封泰山，而余不得从行，是命也夫！命也夫！余死，汝必为太史；为太史，无忘吾所欲论著矣。”谈死，迁继为太史令，他记得他父亲的遗言，因于大初元年，开始《史记》的写作。

司马迁对于史学，不仅家学渊源，而且又尝遍游古迹，采访传说神话和当世的史料。《史记·太史公自序》曰：“年十岁则诵古文。二十而南游江淮，上会稽，探禹穴，闚九疑，浮于沅湘。北涉汶泗，讲业齐鲁之都，观孔子之遗（转下页）

司马迁有名的著作是《史记》。《史记》全书共一百三十篇，五十二万六千五百字。其中分本纪十二，表十，书八，世家三十，列传七十。《史记》在中国历史学上，是一部不朽的著作，它最大的价值，在于它开创出纪传体的历史方法。所谓纪传体的历史方法，就是以事系人的方法。换言之，即把一个历史人物的言行，自头至尾，都归纳到他自己的名字之下。这种方法两千年来，中国的史学家皆奉为史学的正宗。一部二十四史，都是依照这种方法写出来的。

纪传体的历史，本来是以个人为中心的历史，但是《史记》虽系纪传体，却是一部以社会为中心的历史，因为它在纪传之外，尚有八书——礼、乐、律、历、天官、封禅、河渠、平准。这八书是《史记》的总论。它在这八书中，分别概述自黄帝以至汉武这一长时期中之各种社会制度的发展，自天文、地理、法律、经济，无所不述。同时在纪传中，司马迁不仅替皇帝写本纪，也替失败的英雄项羽写本纪；不仅替贵族写世家，也替"叛乱"的首领陈涉写世家；不仅替官僚写列传，也替秦汉时代的哲学家、文学家、商人、地主以及社会的流浪之群如日者、游侠、滑稽等写列传。它几乎注意到历史上的社会之每一阶层，每一个角落，每一个方面的动态，而皆予以具体而生动的描写。所以我以为《史记》是中国第一部大规模的社会史。

在司马迁之后，汉代又出现了一些历史学家，如《汉书》的作者班固，《汉纪》的作者荀悦，但班固、荀悦皆不足以望司马迁之肩背。

（接上页）风，乡射邹峄；厄困鄱、薛、彭城，过梁楚以归。"他又说："余祇西至空峒，北过涿鹿，东渐于海，南浮江淮矣，至长老皆各往往称黄帝尧舜之处，风教固殊焉，总之不离古文者近是。"他在《孔子世家》中也说："适鲁，观仲尼庙堂车服礼器，诸生以时习礼其家，余祇迴留之不能去云。"同时他又直接或间接采访当世的史料，如《游侠列传·太史公曰》："吾视郭解，状貌不及中人，言语不足采者。"这就证明他曾经亲自访问过郭解。又《淮阴侯列传·太史公曰》："吾如淮阴，淮阴人为余言……"这又证明他为了写《韩信传》，曾经亲自访问过淮阴的长老。从这些事实看来，司马迁是一个非常切实的历史家，他不仅考信于六艺，也考信于现在的古迹、传说，并且访问活的人物。

正当司马迁的历史著述草创未就之时，适李陵降匈奴。迁为辩护，于是遭受了腐刑。为了完成他的著作，他虽受腐刑而无愠色，终于完成了上起黄帝下迄汉武之历史的巨著，这就是有名的《史记》。

班固，扶风安陵（今陕西咸阳市东北）人，父彪曾作纪传数十篇，欲以续于《史记》之后。书未成而死，明帝因命固继成其书。班固以司马迁的《史记》将汉代的历史继于百王之末为不当。乃断代为史，起自汉高而迄于王莽之诛，为十二本纪、八表、十志、七十列传，凡百篇，是为《汉书》。班固写著此书，历时二十余年，自永平中奉命著史，至建初中始成。当《汉书》尚未完全脱稿时，班固因窦宪之败，牵连死狱中，《汉书》中八表及《天文志》乃其妹班昭所补成。

《汉书》的体例，完全仿照《史记》，甚至关于武帝以前的史实之叙述的文字，亦皆直抄《史记》原文，几乎一字不改。所不同者，只是去《史记》之世家而以之并入列传，及改《史记》之“书”为“志”而已。但《汉书》与《史记》有一很大的区别，即《史记》为通史，而《汉书》则为断代史。《汉书》所记，为西汉二百二十九年之事，因而《汉书》者，实可以名之曰西汉史。惟《汉书》体例亦不纯正，如其中《古今人物表》叙及上古的人物，《艺文志》追记汉以前的文献，而其《货殖传》且叙及范蠡、子赣、白圭诸人，尤与断代为史的体裁不合。其次，《汉书》与《史记》尚有一不同之点，即《史记》以社会为中心，历述自远古至汉武时代中国社会发展的过程，以及在这个过程出现的各种文物制度及形形色色的人物。而《汉书》则以帝王为中心，而把一切的人物，用一条暗线贯串于西汉帝王的事业之中，因而《汉书》的命意，实即为西汉的帝王写家谱。

中国历来的史学家，往往以班固与司马迁并称，实则班固在中国史学上并没有什么新的贡献。班固不但没有创造出任何新的史学方法，而且在著史的动机上，亦不如司马迁之纯洁。所以以我的评价，班固充其量只是司马迁的一个最好的学生，因为他用司马迁的历史方法，写成了一部纪传体的西汉史。

荀悦，字仲豫，颍川颍阴（今河南许昌市）人，献帝时为黄门侍郎。当时献帝以《汉书》篇幅繁重，难于阅读，乃命荀悦节略《汉书》，仿《春秋左传》体裁，编为《汉纪》三十篇。《汉纪》虽为《汉书》之节本，但对于《汉书》上的史料，经过了一番选择、剪裁和再组织的工作，因而以前在《汉书》中彼此隔越的史实，各自成传的人物，在编年体的《汉纪》中，得到了又相互的关联，所以还是有其自成一书的价值。

汉代的历史学，实已有着一种新的发展。这种学问发展的原因是什么？第一，是因为当时已经蓄积着不少的古史资料，足以供学者之研究。《汉书·司马迁传》谓迁“年十岁则诵古文”。又谓迁“紬史记石室金匮之书”，这里所谓“古文”，所谓“史记石室金匮之书”，都是指古史资料而言。第二，是因为当时学者已具有批判史料、组织史料之更高的思维能力。如司马迁著《史记》时，对于神话的取舍，则以“不离古文者近是”。对于平行发展之复杂史实，则为著年表，对于既复杂而又重要之史实，如楚汉之际，则为著月表。对于总述文物制度之变迁则为之书，对于分叙人物之事迹，则依其阶层以为类别而为之本纪、世家或列传。第三，是因为在两汉专制主义政治之下，不容许学者正视现实，评议当今；所以当时的学者只有研究既往，衡量古人。司马迁曰：“《诗》三百篇，大氐贤圣发愤之所为作也。此人皆意有所郁结，不得通其道，故述往事，思来者。”虽然如此，人们决不是为死人写历史，还是为活人写历史。司马迁曰：“余闻之董生（仲舒）：‘周道废，孔子为鲁司寇，诸侯害之，大夫壅之。孔子知时之不用，道之不行也，是非二百四十二年之中，以为天下仪表，贬诸侯，讨大夫，以达王事而已矣。’子曰：‘我欲载之空言，不如见之于行事之深切著明也。’”最后，则是因为两汉的皇帝，要用文字记录他们的文德武功，特设太史之官，提倡史学。因为有这些原因，汉代的史学就发展起来了。

第四节　两汉的文学：辞赋、歌谣、五言古诗与古乐府歌曲

在秦代焚书的大火中，中国古典的文艺作品，也和其他的古典

文献同时化为灰烬。所以在秦代，如果说也有文学，那就只有李斯拟古颂圣的诸石刻而已。

汉兴之初，文禁未除，文艺还是处于窒息的时代。直至惠帝四年，挟书之律宣告废除，久经禁抑的文艺又才渐渐活动起来。以后随着商人地主的政权之昂扬的发展与大汉帝国的声威之绝顶的隆盛，中国的文艺也就走进了它的复兴时代。

汉代的文艺主流是辞赋。所谓辞赋，就是一种长篇巨制的韵文。这种韵文，几乎不能给读者以情绪的感染，大体都是雕饰浮辞，堆砌繁文，即所谓“合纂组以成文，列锦绣而为质”者是也。

汉代的辞赋，是从楚辞中发展出来的一种文学的形式，惟楚辞皆系优美的抒情之作，而汉赋则几乎看不出作者自己的灵魂。若以汉赋比于楚辞，则汉赋正犹一满头珠翠之盛妆繁饰的公主，而楚辞则一满怀幽怨之淡妆轻抹的思妇。

中国的文学，何以到汉代便失去了以前的生动，一变而为死板的繁缛的汉赋呢？我以为这不能归结为文学家个人的性格或天才的差异，而是客观环境变异的结果。我们知道，楚辞的作者所处的时代，是战国末年内忧外患的时代；所看到的社会，是萧条贫困、矛盾百出的社会，所以当时的文学作品，自然而然流于沉重的感伤主义。这种沉重的感伤，固然与作者个人的身世有关，同时也是战国末叶临于没落的封建贵族之共同的悲哀。

到西汉武帝时，中国文学家所处的环境比之战国末年，已经大大的不同。他们所处的时代，是大汉帝国全盛的时代；他们所看到的社会，是平静的农村，繁华的都市，壮丽的宫殿，幽美的园林。他们所看到的人物，是雄才大略的皇帝，胜利凯旋的将军，高车怒马的贵族，拖朱曳紫的官僚，肥头大耳的地主商人。他们看到的历史演出，是皇帝千乘万骑出猎，四夷重舌九译来朝，贵族缇帷夹道出殡，将军远征旌旗飘摇，官僚封妻荫子，兼并列宅，商人地主，横绝沙漠，翻越葱岭的商队之车马萧萧。这些最光彩、最雄伟、最幽美的景象，就遮蔽了当时文学家的眼睛，使他们看不见当时贫苦的农民因为政治的收夺、经济的榨取和军事的征发而转死于道路，流浪在都市，囚禁在黑狱，委命于刑场。看不见当时贫苦农民的尸骨堆积在长城脚下，在天山东麓，在西南山谷之间，在东北沿海之地。因此之故，当时的文学家几乎众口一声，歌颂皇帝的宫殿苑囿之美，车马舆服之盛，飞鹰走狗之多，游观射猎之乐，武装征伐之功，文明广被之德。一言以蔽之，歌颂他们的时代，歌颂他们时代的主人——汉代的皇帝。

同时，西汉至武帝时，商人地主已经变成了东方世界的主人。他们掌有地上的一切财富，享受人间最奢侈的物质生活。在穷奢极欲的物质生活中，便需要文学作为他们灵魂的慰安，这正犹一个人在肥肉大酒之后，需要一枝香烟，是一样的。所以到武帝时，西汉政府便开始以辞赋取士，而文学遂一变而为士大夫爬上政治舞台的阶梯。文学既变成了士大夫进身的工具，文学的内容就当然要适应统治者的要求。统治者要求的文学，当然不是暴露社会黑暗面的控诉文学，而是夸大社会光明面的赞美文学。这样，就决定了当时的文学家都要变成"时代"的讴歌者，陛下的赞颂人。换言之，都变成了商人地主金笼中的鹦鹉。

据史载，汉赋最初的作者为陆贾，陆贾曾作赋三篇，但不甚成熟。其后有贾谊，贾谊作赋七篇，其中《怀沙》《鵩鸟》诸赋，为汉赋中最富有灵魂的作品。到景帝、武帝时，赋的作家一时辈出，其最著名者，有枚乘、司马相如、东方朔等。枚乘曾作赋九篇，而以《七发》为最著，《七发》构意甚为简单，系言楚太子有疾，吴客往见之，欲以要言妙道说而去之；但文辞雕斫浮夸，堆塞无味；然而后来赋家，无不仿而效之。司马相如曾作赋二十九篇，其中以《子虚赋》《大人赋》《哀秦二世赋》《长门赋》等为最著。相如为汉代最富于天才的赋家，其词藻靡丽，冠于当代。其《子虚赋》，历陈山川形胜及物产等，几若"地理志"；而这到后来，遂成为辞赋写作的公式之一。东方朔曾著《七谏》《答客难》等赋。东方朔的辞赋，与其他赋家不同，颇能表现他自己那种滑稽的性格。如在《答客难》中说："朱儒饱欲死，臣朔饥欲死。"此外据《汉书·艺文志》所载，武帝时，还有许多辞赋的作家，他们都有很多的作品。如严忌作赋二十四篇，严助作赋三十五篇，刘安作赋八十二篇，吾丘寿王作赋十五篇，朱买臣作赋三篇，枚皋作赋竟多至一百二十篇，汉武帝自己也作赋二篇。可惜此等作品传到现在的非常之少；但由此可以想见武帝时辞赋作家盛极一时。

自武帝以后，至东汉之末三百余年间，辞赋作家，仍然接踵辈出。其最有名者，在西汉后期，有王褒、刘向、扬雄等；在东汉，有班固、王逸、李尤、张衡、马融等。王褒曾作赋十六篇，其中《九怀》《洞箫赋》《甘泉宫颂》俱有名。刘向不是辞赋专家，但亦曾作赋三十三篇。扬雄是西汉末最后的一个辞赋作家，其所作《甘泉》《羽猎》《长杨》诸赋，至今传诵。东汉时，也有不少有名的作品，如班固的《两都赋》，张衡的《二京赋》，王逸的《九思》，李尤的《九曲歌》，马融的《笛赋》，都是巨制宏篇、富丽堂皇之作。

总之，从文学的价值上说，汉赋实不如楚辞之富于诗意；但从文学的演进上说，汉赋则是楚辞的发展。这种发展，就表现于汉赋本体的构成上。大家都知道汉赋是一种堂皇富丽的文学，像这样的文学之出现，当然需要更多的词汇，来装饰并美化其辞句，从而光辉其文采。所以汉赋的出现，是以更多的新的词汇之存在为前提。例如张衡《西京赋》中有云："然后钓鲂鳢，缅鳗鲉，摭紫贝，搏耆龟，搤水豹，馽潜牛，泽虞是滥，何有春秋。"这里所列举的水族，如紫贝、水豹、潜牛，都是以前没有的名词。同赋又云："乌获扛鼎，都卢寻橦。"这里所谓"都卢"，即《汉书 · 地理志》上之"夫甘都卢国"，其地在南洋，由此又知在汉赋中已有音译词汇之应用。这些新的词汇之出现，非常明白，是为了新的事物之命名或命意；而新的事物之出现，则是社会经济的发展及政治扩张的结果。所以我以为汉赋的出现，是中国社会经济和政治发展在文学上之反映。

汉赋虽然很少有作者个人情绪的表现，然而他的华美、庄严和壮丽，却正是大汉帝国全盛时代之雄伟的呼声。像班固《东都赋》中所写的词句，如云："目中夏而布德，瞰四裔而抗棱。西荡河源，东澹海漏，北动幽崖，南趯朱垠。殊方别区，界绝而不邻。自孝武之所不征，孝宣之所未臣，莫不陆誊水慄，奔走而来宾。"这决不是汉以前的文学家所能写得出来的。

汉代文学之另一支流是诗。在汉以前，中国的诗大抵皆系四言。到汉代，才出现五言诗。从四言到五言，当然是诗的一个发展。

赋和诗，不仅形式不同，而且写作的目的也不相同。前者是汉代文学家用以射取功名的“八股”，所谓“登高作赋，可以为大夫”正是说明这一事实；而后者则是作家们用以抒情的创作，所谓“诗言志，歌咏言”者是也。

五言诗的起源，系渊源于童谣民歌。关于这一点，郑振铎氏曾经说过，我以为这种看法是很对的。因为最早的诗与歌谣是不分的，凡诗皆可歌，而歌谣亦即是诗。《诗》三百篇，多是两周时各封区的歌谣，《楚辞》中的《九歌》，也是战国末楚国的歌谣。这些歌谣，我们现在读起来，都是最好的诗。

古代歌谣的创作者不一定都是诗人；正和今日的秧歌一样，大半都是农民自己的创作。所以歌谣中使用的词句，都是农民习惯的言语；描写的主题，都是农民的日常生活。而且这种歌谣，还因各地方言之不同与风土人情之差异，表现为不同的形式与内容。但是一般地说来，他的通俗化与现实主义的风格，总是一种民间文学或大众文学。像这样的文学，农民当然能够接受。所以一人唱之，万人和之，不久即变为民歌，变为童谣。

诗与歌谣的分手，这是文字与言语脱节以后的事。照历史的原理说，文字是记录言语的符号，换言之，是声音的图像化。文字与言语应该一致，而不应异致。然而其所以终于异致者，这就是封建等级社会中等级关系发展的结果。因为在封建等级社会中，土地所有者和农民，他们在不同的生活中，逐渐形成不同的言语，从而表现为不同的文学。而且那些贵族和地主在酒色财气的物质生活中把精神弄疲困了，他们需要一种清淡的、雅化的、超现实的文学去冲淡他们的肉欲，舒展他们的灵魂。这样，文学便不去描写大众的现实生活，而要用贵族和地主所喜好的言语去适应他们“灵魂的飞舞”，“心弦的跳跃”。同时，那些在现实生活中遭受了挫折，或感到了兴奋的贵族和地主，也要用他们习惯了的典雅的言语，倾吐他们

“精神的苦闷”或“心理的变革”。这样一来，文字便与大众的生活从而大众的语言脱了节，因而歌谣遂升华而为诗了。

具体的史实指示出来，在汉初诗与歌谣还没有分家。在当时，中原一带流行着一种楚歌。楚歌即流行于楚国的民歌，这从当时的楚军，皆知唱楚歌，即可证明。因为楚歌是一种民间的歌辞，所以不学无文的汉高祖也喜欢楚歌，并且还知道作楚歌。他所作的《大风歌》①和《鸿鹄歌》②,都是楚歌的体裁。不仅汉高祖能作楚歌,他的爱姬戚夫人也知道作楚歌③，并且还能为楚舞。此外，赵幽王刘友也会作楚歌④。像这些楚歌作家当然够不上称为诗人，然而他们都能出口成章，这就是歌谣与诗还没分家的证明。

到武帝时，随着辞赋的发展，楚歌渐次改变了原来平易的风格，加上了许多文学的修饰了。例如武帝的《秋风辞》和《落叶哀蝉曲》，虽然含蓄着浓厚的情感，但已经不是纯粹的白话歌谣了。

虽然如此，歌谣还是走它自己的路。《汉书·五行志》载成帝时童谣曰：“邪径败良田，谗口乱善人。桂树华不实，黄爵巢其颠，昔为人所羡，今为人所怜。”又《汉书》载成帝时长安人歌尹赏之辞曰：“安所求子死？桓东少年场；生时谅不谨，枯骨后何葬。”由此而知从武帝时起，已经出现了类似五言诗的歌谣。

这种五言的歌谣到东汉时还是继续流行，成为一种新的民间文学的形式。例如《后汉书》载光武时，凉州人民为酷吏天水太守樊

---

①《大风歌》是汉高祖做了皇帝以后回到故乡，在故人父老子弟的欢迎会中，击筑自唱的一首歌词。其歌曰：“大风起兮云飞扬，威加海内兮归故乡，安得猛士兮守四方！”（《汉书·高帝纪》下）

②《鸿鹄歌》是汉高祖安慰他的爱姬戚夫人的一首歌词。据史载，高祖欲立戚夫人子赵王如意，后不果，戚夫人涕泣，帝曰：“为我楚舞，吾为若楚歌。”其歌曰：“鸿鹄高飞，一举千里，羽翮已就，横绝四海。横绝四海，当可奈何；虽有矰缴，尚安所施。”（《史记·留侯世家》）

③　戚夫人为吕后囚于永巷，罚其舂米。她思念其子赵王如意，因作歌曰：“子为王，母为虏，终日舂薄暮，常与死为伍，相离三千里，当谁使告汝！”（《汉书·外戚传》）

④　赵幽王娶吕氏女而不爱，诸吕谗之吕后，吕后囚之，因作歌曰：“诸吕用事兮刘氏危，迫胁王侯兮强授我妃。我妃既妒兮诬我以恶，谗女乱国兮上曾不寤。我无忠臣兮何故弃国？自决中野兮苍天举直！于嗟不可悔兮宁蚤自财！为王而饿死兮谁者怜之！吕氏绝理兮托天报仇。”（《史记·吕后本纪》）

晔作歌曰："游子常苦贫，力子天所富。宁见乳虎穴，不入冀府寺。大笑期必死，忿怒或见置。嗟我樊府君，安可再遭值！"又同书《马廖传》载章帝时长安民歌曰："城中好高髻，四方高一尺；城中好广眉，四方且半额；城中好大袖，四方全匹帛。"

这种民歌的新形式不久便为士大夫所引用。其首见于文献者，如《史记·仓公列传》"正义"引班固咏缇萦上书救父诗。其诗曰："三王德弥薄，惟后用肉刑。太仓令有罪，就递长安城。自恨身无子，困急独茕茕。小女痛父言，死者不可生。上书诣阙下，思古歌鸡鸣。忧心摧折裂，晨风扬激声。圣汉孝文帝，恻然感至情。百男何愦愦，不如一缇萦。"以后张衡也用这种新的形式，作同声歌。其歌曰："邂逅承际会，得充君后房，情好所交结，恐慄若探汤。"像这样的五言诗，显然是从民歌中脱化出来的。从此以后，五言诗日益发展，至于东汉末叶建安年间，遂蔚然成风，一变而为当时文学的主流。

五言诗与五言歌谣的区别，固然在于文辞的雅俗，但尤其在于它们内容的差异。因为五言诗大半为文学家发挥个人兴奋或抑郁之作，例如郦炎的《见志诗》，赵壹的《疾邪赋》，孔融的杂诗等，从其文词上看，皆通俗平易如歌谣；但这些诗决不能成为万人传诵的歌谣，则以其内容皆系发泄作者个人的抑郁。而文学家自己的抑郁，绝不是大众所能了解的。

虽然如此，这不是说文学家发泄自己抑郁的作品，绝对不能成为歌谣的底本。只要这种抑郁，不是文学家所独有的，而是大众所共有的，它也会为大众所歌颂。例如东汉末，黄巾之"乱"的时候，蔡邕之女蔡琰为匈奴所虏，没于左贤王王庭十二年，生二子，后曹操以金赎之归。当其离匈奴时，祖国之爱与母子之爱交织于心灵，因作《悲愤诗》，叙述其被俘的经过，在匈奴的生活以及离匈奴回祖国时母子分离时的惨痛。这首诗，原作本用楚歌的体裁[①]，不久便有

① 蔡琰《悲愤诗》原作楚歌之词曰："嗟薄（祐）〔祜〕兮遭世患，宗族殄兮门户单。身执略兮入西关，历险阻兮之羌蛮。山谷眇兮路曼曼，眷东顾兮但悲叹。冥当寝兮不能安，饥当食兮不能餐。常流涕兮眥不乾，薄志节兮念死难，虽苟活兮无形颜。惟彼方兮远阳精，阴气凝兮雪夏零。沙漠壅兮尘冥冥，（转下页）

文学家把它改编为当时流行的五言诗，同时，又有文学家把它改编为《胡笳十八拍》的歌词，因而传遍天下。这是什么原因呢？非常明白，这是因为当时为匈奴虏去的妇女不仅蔡琰一人，因而蔡琰的悲愤，是她个人的悲愤，同时，也是一切为匈奴所虏的妇女之共同的悲愤。蔡琰的《悲愤诗》，在那些失掉了女儿的父母，失掉了姊妹的兄弟，失掉了妻子的丈夫，失掉了母亲的儿女们读来，就正像看见他们的女儿、姊妹、妻子、母亲在异国的奴虏生活，听见他们的女儿、姊妹、妻子、母亲的惨痛声音。所以当时的人民把这首《悲愤诗》伸引起来，歌唱起来，一拍，再拍，以至十八拍，到了十八拍，还不能自已。诗曰："十八拍兮曲虽终，响有余兮思无穷。"由此看来，任何文艺作品，只要不是个人的发泄，而是大众的共鸣，就会要变成人民的歌谣。

在中国文学史上，曾经留下不少无名氏五言古诗，如《古诗十九首》及其他被认为苏武、李陵唱和的五言古诗等。这些古诗，究竟是何时的作品，论者不一其辞。有谓系西汉时的作品，有谓系东汉末建安年间的作品。我以为这些无名氏的五言古诗，既非作于一人，亦非出于一时，而系自东汉初叶以至东汉末这一时期中许多无名诗人的作品。因为从古诗的形式上说，在东汉初，已经可能出现这种五言诗的体裁。从某些古诗的内容上看，他们所反映的时代，恰恰是一个大战争的时代。例如《古诗十九首》中之一部分及被认为苏武、李陵唱和的古诗，都是以青年男女的离别及别后的怀念为题材，而这就正反映出东汉大远征时代中夫妇离散的事实。

从这些古诗中，我们可以看出东汉大远征时代中的一幅生离死别、惨绝人寰的画图。当此之时，几乎所有的壮年男子都要被强迫入伍，离开自己的家乡，远征绝域。成千成万的青年妇女，都要在

（接上页）有草木兮春不荣。人似禽兮食臭腥，言兜离兮状窈停。岁聿暮兮时迈征，夜悠长兮禁门扃。不能寐兮起屏营，登胡殿兮临广庭。玄云合兮翳月星，北风厉兮肃泠泠。胡笳动兮边马鸣，孤雁归兮声嘤嘤，乐人兴兮弹琴筝，音相和兮悲且清。心吐思兮匈愤盈，欲舒气兮恐彼惊，含哀咽兮涕沾颈。家既迎兮当归宁，临长路兮捐所生。儿呼母兮号失声，我掩耳兮不忍听。追持我兮走茕茕，顿复起兮毁颜形。还顾之兮破人情，心怛绝兮死复生。"

顷刻之间失掉她们的丈夫。传为苏武所作《结发为夫妻》一诗，正是描写当时远征军人临别之夜的情景[1]。

远征军人，在三老、亭长的押解之下，迫促就道出发。他们的妻子，送到大路旁边，执手依依，不忍分别。传为李陵所作《良时不再至》一诗，正是描写这种送别的情景[2]。

这些临别的青年夫妇，他们在小桥上，在溪河旁，留恋不能别。但终于分别了。传为李陵所作《携手上河梁》一诗，正是描写这种顷刻天涯的情景[3]。

远征军人开拔了，战争夺去了青年妇女的丈夫，这些青年妇女眼看他们的丈夫一天比一天走得更远，一年又一年不见回来。同时他们自己青春时代又在别离中消逝了。这种痛苦，真是不可言喻。古诗中《行行重行行》一诗，正是描写当时远征军人的眷属之苦恋[4]。

月亮缺了又圆，圆了又缺，丈夫总是不见回来。好容易望到了一封家书，于是置书怀袖里，一岁两岁三岁，而丈夫仍未归。古诗中《孟冬寒气至》一诗，正是描写这种接到丈夫书信的情形[5]。

当时的远征军，大半都屯驻在中国的西北，西北苦寒，特别在冬天。所以每到冬天，他们的眷属想到游子寒无衣，便为之梦魂颠倒，

---

① 《苏武诗》："结发为夫妻，恩爱两不疑。欢娱在今夕，燕婉及良时。征夫怀远路，起视夜何其？参辰皆已没，去去从此辞！行役在战场，相见未有期。握手一长叹，泪为生别滋！努力爱春华；莫忘欢乐时。生当复来归，死当长相思。"

② 《李陵与苏武诗》："良时不再至，离别在须臾。屏营衢路侧，执手野踟蹰。仰视浮云驰，奄忽互相逾。风波一失所，各在天一隅。长当从此别，且复立斯须。欲因晨风发，送子以贱躯。"

③ 《李陵与苏武诗》："携手上河梁，游子暮何之。徘徊蹊路侧，悢悢不得辞。行人难久留，各言长相思。安知非日月，弦望自有时。努力崇明德，皓首以为期。"

④ 《古诗十九首》："行行重行行，与君生别离。相去万余里，各在天一涯。道路阻且长，会面安可知？胡马依北风，越鸟巢南枝。相去日已远，衣带日已缓。浮云蔽白日，游子不顾反。思君令人老，岁月忽已晚。弃捐勿复道，努力加餐饭。"

⑤ 《古诗十九首》："孟冬寒气至，北风何惨慄，愁多知夜长，仰观众星列。三五明月满。四五蟾兔缺。客从远方来，遗我一书札，上言长相思，下言久离别。置书怀袖中，三岁字不灭。一心抱区区。惧君不识察。"

神经错乱。古诗中《凛凛岁云暮》一诗，正是描写上述的情景①。

在另一方面，当时的远征军人久役不归，也无时无刻不想念旧乡。古诗中《涉江采芙蓉》一诗，正是描写当时远征军人怀念乡土的心情②。

当时的远征军人大半都殒身战场，暴骨绝域。其幸而生还者，当其还归故乡，他们所看到的，不是迎门的眷属，而是郁郁的松柏，累累的荒坟。那久无人住的破屋已为雉兔所占领，庭中生长着野稻，井边生长着野葵。这凄惨荒凉的景象，回首过去携手上河桥，悢悢不能辞的情景，真是隔世之感。古诗中《十五从军征》一诗，正是描写这种惨状③。

以上诸古诗在当时，一定是万人传诵的民歌。因为这些古诗所描写的不是作者个人的悲哀，而是当时成千成万的远征军人及其眷属之共同的悲哀。

此外，在汉代文学中，还有一种“乐府”。所谓“乐府”，就是当时皇家乐队所唱的歌曲。这种歌曲，大半是采用当时流行的民歌；不过为了谱入音律，曾略加修饰。但这种修饰，并不改变民歌原来的内容。

汉代的“乐府”歌曲，依所配的乐器不同，而类别为鼓吹曲辞（亦名短箫铙歌）、横吹曲辞及相和歌辞。鼓吹曲辞及横吹曲辞多用少数民族或外国的乐器，前者用于朝会或道路游幸，后者则为用于军旅的马上之歌，二者之歌辞存者甚少。惟相和歌辞则用中原地区的音乐谱奏，其歌辞亦多有流传以至于今日者。

---

① 《古诗十九首》：“凛凛岁云暮，蝼蛄夕鸣悲。凉风率已厉，游子寒无衣。锦衾遗洛浦，同袍与我违。独宿累长夜，梦想见容辉。良人惟古欢，枉驾惠前绥。原得常巧笑，携手同车归。既来不须臾，又不处重闱。亮无晨风翼，焉能凌风飞？盼睐以适意，引领遥相睎。徙倚怀感伤，垂涕沾双扉。”

② 《古诗十九首》：“涉江采芙蓉，兰泽多芳草；采之欲遗谁？所思在远道。还顾望旧乡，长路漫浩浩。同心而离居，忧伤以终老。”

③ 《古诗三首》：“十五从军征，八十始得归。道逢乡里人，‘家中有阿谁？’‘遥看是君家，松柏冢累累。’兔从狗窦入，雉从梁上飞；中庭生旅谷，井上生旅葵。烹谷持作饭，采葵持作羹。羹饭一时熟，不知贻阿谁。出门东向望，泪落沾我衣。”

相和歌辞亦因所配的乐调不同，而又再分为平调、清调、瑟调三种；此外又有楚调，合此四者，统称之曰相和调[①]。在相和调之外，又有舞曲歌辞及杂曲歌辞。舞曲歌辞今所存者有铎舞歌辞及巾舞歌辞。此等舞曲歌辞词语重复，且有许多不必要的助词，大概系因适应于舞蹈的节拍而然。至于杂曲歌辞，则有不少悠美的民歌。

在"乐府"歌曲中，例如杂曲中之《古歌》、《悲歌》，都是描写当时远征军人的感伤。《古歌》之词曰："秋风萧萧愁杀人。出亦愁，入亦愁，座中何人，谁不怀忧，令我白头。胡地多飙风，树木何修修？离家日趋远，衣带日趋缓。心思不能言，肠中车轮转。"

《悲歌》之词曰：

"悲歌可以当泣，远望可以当归。思念故乡，郁郁累累。欲归家无人，欲渡河无船。心思不能言，肠中车轮转。"

从这里，我们可以看出，皇家的乐队也吹出了人民的声音；但是这并不是说皇家同情人民的痛苦，只有以这种诉苦的词句，翻作一种感伤性的曲调以激刺其安富尊荣的生活而已。

第五节　两汉的艺术

一　从史籍中所见之汉代的绘画

精神生活是现实生活的镜子，这句话，适用于哲学、文学和宗教，也适用于艺术。假如哲学、文学和宗教所反映出来的现实生活，是幽晦而微妙的阴影；则艺术所反映出来的现实生活，是透明而具体的形象。它可以画出时代的面貌，刻出时代的脉络，吹出时代的声音，唱出时代的情绪，舞蹈出时代的跃动。一言以蔽之，若是把某一时代的艺术综合起来，那些线条、色彩、声音、姿态，就会构成那一时代的现实生活之一幅有声有色的活动电影。

---

① 《旧唐书·音乐志》云："平调、清调、瑟调，皆周房中曲之遗声也。汉世谓之三调。"又有楚调，汉房中乐也。与前三调总谓之相和调。

即因如此，所以跟着两汉社会经济的发展，以及由此而引起的人类现实生活之演变，艺术的各部门，如绘画、雕刻、音乐和歌舞的内容，也表现出与之相适应的改变。

首先说到两汉的绘画。两汉的绘画，早已磨灭于悠久的历史时代之中，无复遗存。惟晚近已从地下略有发现，如乐浪古墓之漆器画像，营城子古墓之彩色壁画①，以及流传于巴黎及波士顿之墓砖画像②，这些都是真正的汉画。从这些汉画的题材与风格看来，和汉代的石刻画像，颇相类似。如乐浪殉葬漆器，多绘男女神像。营城子汉墓壁画，作苍龙、白虎、朱雀、玄武及人物车马等彩绘，这些都是汉代墓穴石刻中最流行的图案。至于墓砖画像，虽系一种雕刻，但因雕刻系施于墓砖未干之前，故能显出绘画底本的笔致，与营城子的壁画，最相接近，所以也可以当作绘画看。

虽然如此，仅仅依据这少数的汉画真迹，仍然不能说明两汉绘画的内容。为了究明两汉的绘画，还是要借助于历史记录和石刻画像。历史记录虽不能显示我们以绘画的形象，但它却能使我们想像绘画的形象。石刻画像，虽不能显示出画之源有的笔致和神韵，但石刻画像的底本，总是绘画。所以石刻画像可以说是绘画的刻版，或刻版的绘画。在没有更多的真本汉画发现以前，历史记录和石刻画像，仍然是研究汉画重要的资料。

在中国，墙壁的文饰，很早即已萌芽③，但普遍的发展，而以崭新的形式出现，则在汉代。在汉代，自皇帝的宫殿，贵族的邸第，官僚的府舍以至地主的住宅，几无不有壁画以为装饰。而这在以前是没有的。

---

① 参看《营城子》，见《东方考古学丛刊》第四册，1934年东亚考古学会发行。

② 参看费宣《汉代绘画》第58—73页，及王振铎《汉代圹砖集录》。

③《左传》宣公二年传谓："晋灵公不君，厚敛以雕墙。""雕墙"是墙壁的文饰；但是否是壁画，还有问题。而且晋灵公即以雕墙而被斥为"不君"，足见春秋时，墙壁的文饰，并不普遍。又王逸《楚辞·天问·序》谓：屈原既放，"见楚有先王之庙及公卿祠堂，图画天地山川神灵琦玮僪佹，及古贤圣怪物行事。"据此，则战国末年，已有类似汉代壁画之作。但王逸为汉时人，是否是把汉时的现实，塞入战国时代，亦有问题。即使战国末年真有如王逸所说之壁画，恐亦尚在萌芽之中。因为在当时，除楚国外，未见其他国家有壁画之记录。

汉代皇宫中的壁画，在文帝时就有了。当时未央宫承明殿中有一幅壁画，画的屈轶草、进善旌、诽谤木、敢谏鼓和獬豸之类。至武帝时，在甘泉宫里又专门作一台室，在台室的四壁画天、地、泰一、鬼神的图像[①]。宣帝时，又在麒麟阁的墙壁上，画上大群功臣的图像[②]。在西汉末年，大概除所有的宫殿都有壁画的装饰以外，并且还有专门的画室或画堂[③]。东汉迁都洛阳，再建宫殿，还是以壁画为主要的装饰。汉光武就对他屏风上的《列女图》颇感兴趣[④]。汉明帝在南宫云台的四壁，图绘着东汉开国功臣二十八将的图像[⑤]。灵帝图杨喜五世将相于省中[⑥]。这些不过举例而已. 实际上，自西汉初以至东汉末四百余年间，宫廷壁画当已盈千累万。可惜都在变乱中被破坏了。

汉代贵族的邸第也有壁画，如广川王去的殿门上，画有短衣大绔长剑的荆轲像[⑦]。官僚的府舍，也有壁画。如冀州从事欲图朱穆之像于其厅堂上[⑧]。又《后汉书·西南夷列传》云："是时郡尉府舍皆有雕饰，画山神海灵、奇禽异兽，以眩耀之。"至于那些僭上无度的豪人馆舍也当然有壁画的装饰。又据《后汉书·齐武王縯传》所载：王莽"使长安中官署及天下乡亭，皆画伯升像于塾，旦起射之"。则是天下乡亭，亦图有政治宣传画。

---

① 《汉书·郊祀志》云：武帝"作甘泉宫，中为台室，画天地泰一诸鬼神，而置祭具以致天神"。

② 《汉书·苏武传》云：宣帝"甘露三年，单于始入朝。上思股肱之美，乃图画其人于麒麟阁，法其形貌，署其官爵姓名。"

③ 《汉书·霍光传》云："止画室中不入。"又《成帝纪》云："元帝在太子宫，生甲观画堂。"

④ 《后汉书·宋弘传》云："弘当燕见，御坐新屏风，图画列女，帝数顾视之。弘正容言曰：'未见好德如好色者。'帝即为撤之。"

⑤ 《后汉书·朱祐传》云："永平中，显宗追感前世功臣，乃图画二十八将于南宫云台，其外又有王常、李通，窦融、卓茂，合三十二人。"

⑥ 《太平御览》七五〇孙畅之《述画》谓："汉灵帝诏蔡邕图赤泉侯杨喜五世将相形象于省中，又诏邕为赞，仍令自书之。"

⑦ 《汉书·广川惠王刘越传》云：惠王孙去为广川王，"其殿门有成庆画，短衣大绔长剑，去好之，作七尺五寸剑，被服皆效焉。"注："晋灼曰：'成庆，荆轲也；卫人谓之庆卿，燕人谓之荆卿。'"

⑧ 《后汉书·朱穆传》注引《谢承书》云："冀州从事欲为（朱穆）画像置听事上。穆留板书曰：'勿画吾形，以为重负。忠义之未显，可形象之足纪也！'"

《后汉书·赵岐传》云：赵岐“先自为寿藏，图季札、子产、晏婴、叔向四像居宾位，又自画其像居主位，皆为赞颂”。是汉代的壁画不仅施于活人的居宅，亦施于死人之墓穴。又《后汉书·延笃传》云：延笃以“永康元年，卒于家。乡里图其形于屈原之庙”。又如甘泉宫中的神庙，皆有壁画。是汉代的壁画，亦施于神庙。《后汉书·蔡邕传》云：“光和元年，遂置鸿都门学，画孔子及七十二弟子像。”是汉代壁画，亦施于学校。

壁画是画在砖墙或土墙上的。其画法是先以胡粉涂于墙壁，作成一块白色的绘画底布，然后施以素描，加上色彩[①]。这种绘画是不能移动的。但与壁画同时，汉代还有一种可以移动的绘画。例如《汉书·燕王泽传》云：“高后时，齐人田生游乏资，以画奸泽，泽大说之，用金二百斤为田生寿。”又如《汉书·霍光传》云：“上乃使黄门画者画周公负成王朝诸侯以赐光。”又如《后汉书’顺烈梁皇后纪》云：“顺烈梁皇后……常以列女图画置于左右，以自监戒。”像这一类可以买卖、可以赠送、可以移动的绘画，当然不是壁画。此种绘画应该是画在木板上的板画，或画在绢帛上的卷画。

汉人在木板上绘画，正犹我们今日在纸上画画一样。因为汉代书籍，都是木简，(东汉末也许有用纸抄写的书。)许多书上，都有图画[②]。这种图画即系板画。此外，汉代贵族官僚的马车上都有一定形制的绘画之装饰；而一切的木刻，又都必有绘画为之底本。所以汉代的板画，是最普遍的绘画。至于绢帛上画画，汉代的画家亦必熟练。如汉代贵族官僚衣服上的刺绣，必须先有画好的图案，然后才能绣出一定形制的花纹。

至于汉代绘画的技巧，只有从雕刻中才可以看出。不过据传说所云，在西汉时，已经出现了许多有名的画家，他们或长于人物图，

① 《初学记》卷二十四《墙壁》引《汉官典职》云：“省中皆以胡粉涂壁，紫素界之，画古烈士也。”又王延寿《鲁灵光殿赋》云：“图画天地，品类群生，杂物奇怪，山神海灵。写载其状，托之丹青。”

② 《汉书·天文志》云：“凡天文在图籍昭昭可知者”。《汉书·艺文志》云：“凡兵书五十三家……图四十三卷。”

或长于动物画，或长于着色[①]。至于东汉，则张衡图骇神，蔡邕图列女，刘旦、杨鲁图圣贤，赵岐自画墓阙，皆能传神入妙，史家称之。又史载桓帝时，蜀郡太守刘褒，曾画云汉图，人见之觉热。又曾画北风图，人见之觉冷。从这些传说和史实，我们可以想见当时绘画技巧之一斑。

汉代绘画人像，已经知道写生。例如桓帝召隐士姜肱不至，曾派一个画家去图其形像。姜肱不欲画家图其像，乃卧于幽暗，以被蒙面，画家竟不得画[②]。又汉代已有裸体画，广川王海阳宫中，即有一幅“男女裸交接”的壁画[③]。同时，广川王去在其爱姬望卿房中，亦图有裸体壁画，当画家画裸体画时，他的爱姬望卿，“袒裼傅粉其傍”[④]而出现为画家的“模特儿”，不过中国第一个“模特儿”，是遭受了她丈夫残酷的烙刑，而终于被迫自杀了。

至于当时绘画的题材，前所引书，已可窥其大略。现在我们再看王延寿《鲁灵光殿赋》对于汉代绘画题材之报告。其赋有曰：

“图画天地，品类群生。杂物奇怪，山神海灵。写载其状，托之丹青。千变万化，事各缪形。随色象类，曲得其情。上纪开辟，遂古之初；五龙比翼，人皇九头；伏羲鳞身，女娲蛇躯，鸿荒朴略，厥状睢盱。焕炳可观，黄帝唐虞，轩冕以庸，衣裳有殊。下及三后，婬妃乱主，忠臣孝子，烈士贞女，贤愚成败，靡不载叙。恶以诫世，善以示后。”

据此，我们可以看出汉代绘画的题材，大概不外古帝、明王、贤圣、游侠、忠臣、孝子、义士、烈女及神仙、鬼怪之类。同时，又可以看出汉代的绘画之所以选择这些题材，其用意不仅在于装饰，且亦在于“恶以诫世，善以示后”之封建标准道德的宣传。关于这

① 《西京杂记》卷二云：“画工有杜陵毛延寿，为人形，丑好老少，必得其真。安陵陈敞，新丰刘白、龚宽，并工为牛马飞鸟众势。人形好丑，不逮延寿。下杜阳望亦善画，尤善布色。樊育亦善布色。”

② 见《后汉书·姜肱传》。

③ 《汉书·广川惠王刘越传》云：广川王海阳“画屋为男女裸交接”。

④ 《汉书·广川惠王刘越传》云：“昭信谓去曰：‘前画工画望卿舍，望卿袒裼傅粉其傍。’”

一点，何晏《景福殿赋》，说得更为明白。其赋有曰：

“命共工使作缋，明五采之彰施。图象古昔，以当箴规；椒房之列，是准是仪。观虞姬之容止，知治国之佞臣；见姜后之解珮，寤前世之所遵。贤钟离之谠言，懿楚樊之退身；嘉班妾之辞辇，伟孟母之择邻。”

以上所揭之虞姬、姜后、钟离等人物，都是汉景福殿的画像。当时之所以要以五彩彰施这些人物的故事于墙壁，其主要的意义，乃是为了要把他们当作宫廷后妃之“箴规”和“准仪”。

即因汉代的绘画除装饰的意义以外，尚负有一种表彰封建主义精神的任务，所以在汉代绘画中，描绘得最有声有色的人物，就是那些道贯古今的圣贤和屠杀农民的英雄之巨像。因为前者是所以范示封建社会之标准人格，而后者是所以楷模封建社会之英勇事业。其次，描绘得最动人的，就是封建皇帝所宠爱的忠顺的奴才和贵族所宠爱的保镖的打手，因为前者是所以奖劝后来的臣仆竭忠献媚于皇帝，而后者则所以鼓舞后来的游侠，舍身效命于贵族。再次，他们也描绘那些谨守封建秩序和教条的驯良的人民，如孝子、贤孙，义士、烈女，因为这些温良而又富于忍耐性的农民，可以教育那些顽梗不化的“乱民”。又次，他们也描绘隐士，而这就是暗示那些抱持高风亮节的知名之士的前途，只是老死于荒野与森林之中。又次，他们也描绘一些裸体男女相接的淫画，而这就是当时封建贵族荒淫无耻的家庭之素描，也是刺激那些封建贵族的肉欲之吗啡。最后，他们也描绘神仙鬼怪、奇禽异兽，而且其中有许多鬼怪精灵和禽兽，不是中原地区原来所有的，这一方面是当时宗教信仰在绘画中之形象化；另一方面，是少数民族或外国的神话传说在内地之翻版。总之，当时的画家，摄取了当时现实生活中的一切风景，连神鬼和畜牲都显现在他们的画面上了。同时也忠实地执行了他们时代的使命，所有足以巩固封建社会的图像，都创造出来了。只是没有看见陈胜、吴广、赤眉、铜马的“叛乱”。

二 从汉代石刻画像上所见之汉代的浮雕及其他雕刻

一般地说来，汉代的雕刻已由铜雕转向石雕。固然，汉代也有精致的铜器镂刻，如镜鉴之属，但这比之石刻，显然已处于从属的地位。由铜雕向石雕的推移，其意义即指明单纯以铜器为装饰的时代已经过去了，人类要求在更广大的范围内，展开艺术装饰的活动。

汉代的石刻，以石刻画像最为发展。所谓石刻画像，并不是一种面面造形的立体雕刻，而是表现于平面上的一种浮雕。而且这种浮雕，并不像希腊的浮雕在表面上浮起相当高度的形象，令人感到立体的意味；而是像埃及式的浮雕一样，仅在平面上略作浮起，甚至仅有线条的刻划，以显示一种令人感到画意的形象。

汉代的石刻画像先后发现甚多，皆系装饰墓碑、祠堂、神阙、桥梁的浮雕。但这并不是当时的石刻画像，只用以装饰坟墓、神庙及桥梁；反之，坟墓、神庙、桥梁之有石刻画像的装饰，乃系由摹仿宫室的装饰而来。这种道理，正如殉葬的冥器，系摹仿活人的日用器皿而来，是一样的。

汉代石刻画像发现最多的地方，首推山东[①]，次为四川[②]，其它各地，亦有发现[③]。晚近在南阳更有大量的新发现。孙文青氏所摹拓者，多至二百七十石。是南阳之所发现，已超过山东四川了[④]。山

---

① 石刻画像发现于山东者，有嘉祥之武氏祠石刻，肥城之孝堂山石刻，济宁之两城山石刻，金乡之朱鲔石室，费县之南武阳石阙，荆州刺史李刚及司隶校尉鲁峻墓中石刻（藏济宁明伦堂），曲阜孔庙的孔谦碣及博陵太守孔彪碑。此外如济宁之普照寺一石，李家桥二石，嘉祥之随家庄、七口山、纸坊集、华林村各二石，刘村、汤阴山各一石，邹县白杨树村一石，曲阜白杨店一石，汉上城垣二石，关帝庙四石，都是汉代的石刻画像。

② 石刻画像之发现于四川者，在新都有兖州刺史、洛阳令王稚子二阙，在渠县有交趾都尉沈君墓阙，车骑将军冯绲墓二阙、在雅安有益州太守高颐墓阙，在剑阁有梓潼范君墓阙。此外尚有益州太守无名碑，广汉属国造桥碑，徐氏纪产碑及蜀郡石室老子画像等，不及备录。

③ 其在河南者，有嵩县之太室庙神阙，登封西之少室庙神阙，启母庙神阙。在河北，则有永年之北海淳于夏丞碑；在甘肃，则有成县之五瑞摩崖；在江苏，则有江宁之西州无名碑；在浙江，则有绍兴之路君墓阙，湖州之费凤碑；在云南，则有昭通之孟璇碑。

④ 参看孙文青《南阳汉画像访拓记》（《金陵学报》四卷二期），关百益《南阳汉画集》（中华书局出版），滕固《南阳汉画像石刻之历史的及风格的考察》（载《张菊生先生七十生日纪念论文集》）。

东、四川与南阳的石刻画像之多，并非偶然。因为山东在两汉时代皆为诸侯王封国。到东汉时，诸侯王死，国家给治丧费，多至一万万。所以他们多为高坟大寝，庐墓祠堂，崇侈上僭。同时，州郡豪族乃至中人之家，亦竞相仿效，耻不相逮。至于四川，在两汉时代，工业发展，屠侈之风由来已久。南阳在东汉时，为帝王的家乡，王侯将相第宅相望，势家豪族所在皆是。奢其生者必崇其死，此又必然之理。

汉代石刻画像最早的是昭帝元凤时的凤凰画像，其次则为朱鲔祠堂画像（惟朱鲔祠堂画像，近人有疑其为唐宋人的作品）。此外如绍兴的路君阙（永平八年，公元 65 年），费县的南武阳石阙（元和元年至章和元年即公元 84 年—87 年），都是东汉初叶的作品；其它则大半为东汉中叶安帝、顺帝时代的作品。因此，学者多以石刻画像，起于东汉之初。诚然以今日所发见之资料而言，实可以作如此的想象；但按之史实，则石刻画像可能在西汉时即已流行。如《汉书·霍光传》谓霍光死，其妻显“改光时所自造茔制而侈大之。起三出阙，筑神道，北临昭灵，南出承恩，盛饰祠室，辇阁通属永巷，而幽良人婢妾守之”。这里所谓“起三出阙”，及“盛饰祠室”，当然需要有雕刻。因此，我以为石刻画像乃兴于西汉而盛于东汉。

汉代的石刻画像，一般皆有悠美的浮雕，如路君阙，前后两阙，各刻执杖负剑的人物，惜原物不存，只凭记录。王稚子二阙，刻楼阁神人、车马、龙象狮子。南武阳石阙，刻伏羲、女娲、四神、奏乐演技诸画像。冯绲墓阙，刻三足乌、九尾狐、二驴、牺首、朱雀、玄武诸画像。太室、少室、启母三神阙，皆刻各种禽兽及人物。此外诸墓阙无不有类似之浮雕。

在汉代石刻画像中，最完整而又精彩者，当首推武氏祠[①]，其次

① 武氏祠在山东嘉祥县南三十里紫云山（今属济宁县）下。祠分前后左右四室，前室为武荣的祠堂，右室为武梁，左室为武班，后室为武开明的祠堂。共有刻石四十余，但今已合并收藏于乾隆所建之堂内，不易辨别何者属于何室。据武氏祠铭云：“建和元年大岁在丁亥，三月庚戌朔四日癸丑，孝子武始公弟绥宗景兴开明使石工孟孚李弟卯造此阙，直钱十五万；孙宗作师子，直四万。”故知此祠成于桓帝之时。

则为孝堂山祠[1]。武氏祠的石刻画像，是东汉顺帝、桓帝之际的作品，其雕刻的方法，系将勾出的画面留出，将画线周围的画面刻去，使图画在平面上浮起，成为阳文之画面。孝堂山祠大约是东汉末年的作品，其雕刻的方法则与武氏祠相反，系将勾出之画面刻下去，用底面的浮起显出其图画，成为阴文之画面。现在所发现的汉石刻画像之雕刻，大都属于以上的两种。惟朱鲔祠堂的浮雕，则与元凤时代的凤凰画像之雕刻方法相同，是依照绘画的笔迹，将绘画的线条阴勒下去，成为一种刻文的画面。这种刻法，是一种比较原始的刻法。

除武氏祠、孝堂山祠、朱鲔祠堂的石刻，各代表一种浮雕的作风以外，新近在南阳一带所发现的石刻画像，又似乎表现为另外一种风格。南阳的石刻，几乎一律“都是平浅浮雕而加以粗率劲直的浅条阴勒”[2],因而表现出一种豪放而有力的线条。汉代石刻画像的风格，大概就是如此。

汉代石刻画像的题材，与当时绘画的题材完全相同。惟今日所有的石刻画像，皆系装饰墓阙祠堂之作，含有纪念死者之意；所以在图绘故事时，除一般通常流行的封建主义宣传画以外，还有一种特征死者身份及其生前行事的图画，如文官则图其德政，武官则图其战功是也。

汉代的石刻画像之构图，已经不仅是个别事物之孤立的描绘，而且能创造出一种具有复杂构意之巨幅的画图，如战争图、宴会图、乐舞图、狩猎图及神灵图等，都是集许多人、物于一个画面之中。在这种画面之中，所有的人、物，都各有各的动作与姿态，而这些人、物之不同的动作与姿态，又非常亲切而生动地表现出其彼此间之精神的关联，辩证地体现出艺术的母题之命意。像这样的巨幅的绘画之出现，固然是艺术本身发展的结果，同时也是适应当时崇堂邃宇高楼大厦的墙壁装饰之客观的要求。最初出现在活人的宫室，

---

① 孝堂山祠，在山东肥城西北六十里之孝里铺（今属长清），相传为孝子郭巨墓之祠堂。有石刻十壁。祠上亦有铭曰：“平原湿阴邵善君以永建四年四月廿四日，来过此堂，叩头谢贤明。”案永建为顺帝第一个年号，而此时祠已完成，故知为顺帝以前的作品。

② 滕固《南阳汉画像石刻之历史的及风格的考察》。

以后照样图在死人的墓穴。

在汉代石刻画像中，战争图是常见的。如武氏祠前室第六石、后室第七石、第八石、第十石（上部）及孝堂山祠第四石，都是描绘攻战的画像[①]。战争图之所以常见，这正是反映东汉的边疆地区的战争频繁，东汉政府又鼓励征战的事实。在这种战争图中，我们可以看到东汉时代战争进行的具体形象。如当时的指挥官，皆高冠伟服、宽衣博袖、乘车，车用一马拖曳，前有御者一人，车制简单，只有一伞状之盖。指挥官手中或持楯，或持一半月形之物，或系令旗（有谓此半月形之物为扇者）？战斗时，骑兵与步兵部伍错列，矛戟相搏。士兵或着长袍，或短衣及膝，小袖，皆束带。衣之袖口、领及下脚皆有边缘。士兵皆戴帽，平顶微凸，后有布下垂及颈，盖用以保护头部者。骑兵乘马，马的鞍缰结束，与今日无异。兵器只有弓弩、长戟、矛、铤、剑、循。古人所用的戈已不复出现于汉代的战场了[②]。开弓者，往往坐在地下用双脚蹬着弓背，双手将弓弦拉开，然后贯矢以射，这大概是要求有更远的射程。在武氏祠，前室第六石上，同时并表示一种小规模之水战。战士立于船头相互搏击，船尾有一士兵，持桨摇船，亦持兵器。为了表示水、陆，在陆战战场上画了一支飞鸟，在水战战场上画了鱼、渔人和水鸟。在这种战争图上，马的飞腾，车的驰驱，人的搏击刺射，都相互关联，一气呵成。令人看了，仿佛置身于东汉时代的古战场之中。

汉代石刻画像中的宴会图也是有声有色的。武氏祠前石室第三石、第十四石，左右石室第九石及孝堂山祠第十石，皆系宴会的画

① 劳干氏在其《论鲁西画像三石——朱鲔石室、孝堂山、武氏祠》一文中，谓汉代石刻画像中之攻战图，并非真正的战争，而是都试。都试者，即地方官检阅民兵。换言之，即战争的演习。劳氏曾举出许多例证，证明其说。不论劳氏之说是否尚有商榷之处，但是一说也。惟关于石刻画像之历史的索隐，乃系一种专门学问，我在这里，只是指出石刻画像在艺术史上的地位，因而不论这些攻战图是真的战争，抑或是战争的演习，总可以表现出当时战争之具体内容。

② 汉代兵器中，只有弓弩长戟矛铤剑楯而无戈，这可以从《汉书·晁错传》中看出。《晁错传》中言兵法，曾提到当时所有的兵器，如曰："此弓弩之地也"，"此长戟之地也"，"此矛铤之地也"，"此剑楯之地也"，而不及戈。以此与汉画印证，则戈在汉代之已废除，更信而有征了。

像。此类画像大抵皆以重楼高阁为背景，布成一种宴会的局面。其布局，大抵妇女在楼上，主人及宾客在楼下，在宴会时妇女与男宾不接触，这是封建社会的规矩。在画面上，可以看出主人及宾客，皆高冠而伟服，奴才则帻而不冠。主客相见，揖而不拜，其俯伏于地下者，则为奴才，而这也是封建社会的礼节。此外，庖厨在其旁，马车列于外，有时还有乐队的演奏。像这样的情形，正是汉代富贵人家的生活剪影之一。

从宴会图中，我们可以看出汉代富贵人家的房屋，皆有楼阁；在房屋顶上，皆饰以禽兽之雕刻物。楼上有阑干，可以倚而望远。我们看了这种画像，再读《后汉书·酷吏列传·黄昌传》所载“彭氏旧豪纵，造超大舍，高楼临道。昌每出行县，彭氏妇人辄升楼而观”之语，则彭氏妇人，跃然纸上。

东汉时虽已发明纸，但最初发明的纸，必然很粗，不能用以糊窗，所以东汉的窗户，还是用帷帐，以蔽风日。在诸画像中，我们可以看到所画的窗户大抵皆有帷帐，而且没有窗格，也没有门扇式或可以支摘的窗户，因为窗格是为了糊纸而有的；门扇式或支摘式的窗户，也是为了纸窗不通风，非打开不可而有的。即因没有窗格，所以在画像中，常常露出一些半身的美人来。

东汉时贵族豪人宴会画像

在厨房的画面上，可以看到当时富贵人家用了多少的厨子：他们或者汲水，或者杀猪，或者宰羊，或杀鸡打鸭，或者烧茶煮饭。在炉灶上面，还悬着许多腊味。在这种画像里，我们可以看到当时炉灶、锅，简单的吸水机等一切厨房用具的形式。

东汉时贵族豪人的厨房画像

孝堂山第十石有一画像，描写贵族出游的仪仗。图中有一四马拖曳的大王车，贵族坐车中。前有御者一人，手贯四马之缰；车前车后，各有骑士四人，分两行，并列而行；在车前四骑士之前，有一两马拖曳之乐队车，亦有御者一人贯两马之缰；乐队车有上下两层，下层坐四人吹排箫，上层有悬鼓，鼓角垂二铃；在悬鼓两旁，各有一人，皆两手持鼓捶作击鼓之势；乐队车之前，再有骑士八人，亦分两行，并列而进；在骑士之前，有步行武士二人，荷矛为前导。由此可见当时贵族之威风。

东汉时狩猎画像之一

狩猎图，在战国末已经出现于铜器的装饰中。到汉代，此类画像移在宽广的墙壁和石壁上，其构图与用笔，便表现得更为自由，更为奔放了。例如武氏祠后室第三石第四层的一幅狩猎画像，即是充满了热力的一幅艺术创作。这幅画像，系描绘一个猎队，在一个队长领导之下进行狩猎。队长乘马，其衣冠不类贵人，其余猎人皆短衣徒步与兽肉搏。全图皆表现人的胜利和野兽之挣扎与反噬。用人的攻势与兽的奔突，构成一幅紧张的画面。在南阳的石刻画像中，也发现了极精彩的狩猎图。例如其中一图作一人右手攫牦牛之角，左手揭野马之后足。用笔放纵，线条粗劲，与武氏祠的狩猎图相较，显系另一风格。又南阳草店子墓楣石上有一图，其中作一虎回首奔来，后一骑者挽弓而射，前有一人挺长矛刺虎；又前面有一鹿二野犬奔来。全图神情连贯，紧张情绪飞跃纸上。

东汉时狩猎画像之二

在汉画像中，特别是狩猎图中，出现了许多奇禽异兽。如孝堂山画像中有骆驼、象，武氏祠有狮子的雕刻。南阳石刻中有巨象、孔雀、桃拔（似鹿长尾一角），又有兕、虎、麟（长颈鹿）之类。这些禽兽都不产于中原地区，而系来自四方。如牦牛来自西南，骆驼来自匈奴，巨象、孔雀来自印度西北之罽宾，桃拔、狮子、犀牛来自乌弋山离。这些奇禽异兽之来到中原，乃是大汉帝国与边疆及中亚、西亚、南亚的经济、文化关系发达之表征。即因这些禽兽来到大汉，于是就摄入了汉代艺术家的镜头，而出现于画面之上。因此我以为这些奇异禽兽的画像，不一定是临摹异族、外国绘画的蓝本，而是汉代艺术家从实物深刻观察之写生。

乐舞图也是汉画中有声有色的作品，但这我想留待说乐舞时再说。此外在汉画像中，表示当时风俗习惯及日常生活的画像，还有很多，如武氏祠石刻中之秋胡戏妻，可以看出汉代农家妇女的装束相采桑所用的竹篮之形式。如同上石刻中之丁蘭刻木为父，可以看出汉代人民祭祀祖先的仪式及偶像的雕刻。如在南阳的人物画像中，可以看出汉代贵人著平冠，前仰后俯，如后来之纱帽而无翅，贱者锐其顶。其妇人则高髻大袖，正如《后汉书·马廖传》所云："城中好高髻，四方高一尺"，"城中好大袖，四方全匹帛"。又如不其令董君墓阙一画，描写当时祭扫坟墓的景象。墓上有松柏三株，墓旁有一树，悬一钟，祭者焚香俯伏，与今日无异。此外树上系一马，有一妇人立于树下，形容凄惨，全画呈肃穆惨淡之色，实一种抒情之作。

最后说到神怪图。此种画像在汉画像中数量最多，场面亦大。如武氏祠前室第二石、第十三石，后室第一石、第二石、第三石一二两层，第四石、第五石，都是这一类的画像。神怪画像，虽各有其独特之内容与命意，但有些共同之点，即皆以云气为背景，这是为了要指示神怪所在的地位。其次，即几乎每一幅神怪画中，都有一位贵神，乘云车，驾以鱼、龙、鸟、马或天神。鱼龙鸟马天神皆有翼。除一雷公车系用六个有翼天神所驾，其余以鱼龙鸟马驾者，数皆以三。所有的贵神，也和人间的贵族一样，车前车后皆有护卫。其护卫或乘鱼或乘龙或乘鸟乘马，则依其主神之所驾以为类别。主神所乘之云车及所着之衣冠，与汉代人间的贵族之车制及衣冠完全相同，其余诸小神之衣冠，则与汉代贱者之衣冠同，亦有异形怪状而裸者。以上两端，是神怪画像构图的公式，这种公式，显然是人间贵族生活之天上的反映。

东汉时的神怪画像

神怪画像都各有主题，如海神、北斗神、风云雷雨诸神之类。在这种画像上，我们可以看到云的卷舒，神的飘荡，龙的飞腾，鸟的翱翔，以及无数人与动物或动物与动物的混体怪神之出没，表现出一幅一幅和谐、自由而快乐的天国之画图。像这样的画像，特别是有翼的天使之出现，显然不是中国古典艺术的传统，而是希腊、罗马的艺术在中国之变体，那些有翼的天使，可能就是希腊、罗马神话中的爱神受了变化以后的形象。

除石刻画像外，汉代也有面面造形的立体雕刻，如陵墓神道的石人石兽及华表等。亦有其独立的价值。石兽大半皆作麒麟、辟邪、狮子、象、马、虎、羊等；石人的造形古朴雄伟，但不及石兽的精巧。

汉代有玉刻，据说当时皇帝祭天所用的仪器，有玉几及其它玉饰器具凡七千三百件。此等玉器均有雕饰。惟以玉质过坚，故雕刻时均采双钩法，其刻纹宛如友丝，另有一种风味。

汉代的雕刻之体现于砖瓦上者，亦极丰富。但砖瓦上的刻文，大概皆印以模型。汉代的砖瓦有印字者，亦有印花者。而印花的砖瓦又分两种，其一为几何画的图案，其一为动物画。砖瓦上所采用的几何画图案，多作藻井文、螺旋文、卍字文、点文、平行线，亦有作蝉文者。至于动物图案，则种类繁多。其中有承袭古典图案者，如饕餮文、交螭文；有汉代当时最流行的图案，如青龙、白虎、朱雀、玄武、麒麟、凤凰、元龟、应龙、辟邪、驺虞、双鱼之类。亦有外来的图案，如天马、灵犀、狮子、三足乌、傅翼虎、一足牛、比翼双头鸟之类。

汉代虽亦有铜器，但对铜器的装饰，并不甚精彩；惟铜镜一项，则有极其细致而富丽之镂刻。汉代的铜镜，大抵作圆形，皆有图案画之边缘，边缘大抵有三道，最外层多作云纹，第二道多作锯齿纹，第三道则一般皆作刷齿纹。镜之中心有钮，以为携持之用。镜面的镂刻，即以钮为中心而展开。铜镜上镂刻的题材，也不外青龙、白虎、朱雀、玄武、盘龙、舞凤之类，但亦有镂刻神仙人物者。此外，西王母的神话和天马、蒲桃、孔雀，也加入了汉代镜背之文了。

天马葡萄镜背之纹

总结以上所述，汉代的绘画和雕刻，可谓盛极一时。假若我们将上述汉代绘画和石刻画像等艺术中所凝固之汉代人民的现实生活的形象，通过我们的头脑加以有机的组织，则两汉的历史，将会在我们面前浮凸起来，表现为一种立体的形象。

汉代艺术之所以如此的发展，一方面是由于中国的古典艺术在大一统帝国的时代，获得了综合的发展，另一方面，则是由于输入的外国艺术之刺激；前者提高了艺术的水准，而后者则丰富了艺术的内容。但是汉代的艺术之得以实现出来，则是由于当时有权力的统治者和商人地主，他们掌握着大量的财富。这种财富，他们用之于军事、政治的设施而不能尽，用之于声色狗马而又不能尽，于是以其剩余之一部，用于艺术的创造，以舒展其被物质生活所疲困的灵魂，这就是汉代绘画和雕刻发展之客观原因。跟着东汉帝国的崩溃，社会经济的破产，三国、两晋的统治者也就画不起壁画，刻不起坟墓了。

三　汉代的音乐和歌舞

我们已经说过，汉初，民间流行着一种楚歌。楚歌的歌词既平易通俗，而又慷慨激越，有蹈水赴火之音[①]；所以那些没有文化修养

① 阮籍《乐论》云："楚之风好勇，故其俗轻死，……轻死，故有蹈水赴火之歌。"

的汉代新贵都喜好这种楚歌。特别是刘邦，他酷爱这种楚歌。叔孙通卑鄙龌龊而又不达时务，他费尽心力，作了一套古乐，想借此取得新皇帝的宠爱。但是他不知道古乐，大半多为乐神之乐；而新时代的新皇帝所需要的音乐则是乐人之乐。所以叔孙通所作的古乐，只是当作古物陈列在宗庙里。而新皇帝所喜爱的，还是他的唐山夫人所作的楚歌体的房中乐[①]。由此我们可以看出过了时的乐舞，也是不能存在的。同时，又可以看出逢迎献媚，臣不如妾也。

楚歌可以独唱，亦可合唱。如汉高祖发沛中儿百二十人，合唱《大风歌》，即合唱之例。同时配合楚歌，亦有楚舞。如汉高祖的宠姬戚夫人，即善楚舞。惟楚歌所用的乐器，似乎很简单。如汉高祖唱《大风歌》时，除筑以外，并没有其他的乐器。楚歌的曲子，存于今日者尚多，惟楚舞的内容如何，今无可考，大概系由楚人降神的巫舞中脱化而出。

一般说来，武帝以前汉代流行的歌舞，皆系楚歌、楚舞。到武帝时，随着国际商路的开通，边疆和外国乐舞的传入，于是汉朝的音乐和歌舞便起了很大的变化。最主要的是新的乐器的输入。新的乐器的出现，必然要改变歌舞的内容。正犹新的武器的发明，必然要改变军队的组织一样。我们知道，中国古乐中最主要的乐器是打击乐器，如钟鼓磬钲之类。像这一类的乐器，在今日的音乐中只是用于敲出音乐的节奏，并不能独立地奏出一种乐曲。固然在中国古乐中，也有笙簧一类的管乐，琴瑟一类的弦乐；但乐队的构成，还是非常简单。到武帝时，许多西域的乐器，如箜篌、觱篥、羯鼓、羌笛之类，都加入了汉朝的乐队。这新的乐器之输入，要求与之相适应的乐曲和歌词。为了改编乐曲和歌词，当时武帝设立一个音乐院，谓之曰乐府，派人到赵、代、秦、楚各地，采集民歌。民歌不一定都能协于新乐之律，于是当时的歌人李延年，遂奉派为协律都尉而出现为汉代的作曲名家。同时，司马相如等文学家，也就担负

① 《汉书·礼乐志》云："《房中祠乐》，高祖唐山夫人所作也……高祖乐楚声故《房中乐》楚声也。"

起雅化民歌的任务了[1]。

据说李延年曾造新声二十八曲，其后惟存十曲，其曲名曰《黄鹄行》、《陇头吟》、《出关》、《入关》、《出塞》、《入塞》、《折杨柳》、《黄覃子》、《赤之杨》、《望行人》。从这些曲名看来，皆系当时远征军所唱的军歌，即所谓马上横吹之曲。而此种马上横吹之曲，正是胡羌之音，据说此种横吹之曲初由张骞自西域传入，其时惟有一曲曰《摩诃兜勒》。据此则李延年之曼声协律，并非全无所本，其所作新声，实即西域乐曲之拟作。

武帝时代，是汉代音乐与歌舞的转折点，正因为这一时代是汉代政治、经济的转折点。自此以后，迄于东汉之末，西域之道畅通，西域的乐曲，不断地传入中原，于是在中原地区古典的音乐中，注入了新的声律，从而又改变了中国古典歌舞的场面。

汉代的歌声，我们现在已经听不见了。当时美丽如花的歌女，我们即使能够偶尔碰见，也是一堆腐骨而已，她再也不能向我们唱出那清脆的歌曲了。但是汉代的乐器和舞蹈，却在汉石刻画像上留下不少的形象。这些形象几乎再现出当时轻歌曼舞的场面。

乐舞的画像，在武氏祠、两城山及南武阳石阙中，都可以看见。我们现在举几个例子。例如武氏祠左室第三石后段有一乐舞图，作九人：二人弹琵琶，一人抚琴，一人弹筝，一人吹直笛，一人吹排箫，一人舞，舞者以左手左足蹋鞠，而扬其右手右足，又二人手各持小棒，微屈其膝，立于舞者之两旁，作对唱状。从这幅画像上，我们不但可以看到舞态，而且仿佛有琵琶琴筝箫笛之音与歌者的歌声从画面中播送出来。

---

① 《汉书·礼乐志》云：武帝“立乐府，采诗夜诵，有赵、代、秦、楚之讴。以李延年为协律都尉，多举司马相如等数十人造为诗赋，略论律吕，以合八音之调”。《汉书·李延年传》亦云：“延年善歌，为新变声。是时上方兴天地诸祠，欲造乐，令司马相如等作诗颂。延年辄承意弦歌所造诗，为之新声曲。”

汉代乐舞交作画像

又孝堂山第十石第二层有一图，作四人挽一鼓车；一人坐车击鼓；前一人屈一足跪地吹觱篥；后二人各顶一花盆，似兰叶；最后一人负剑。这显然是一个贵族家庭的小小鼓吹乐队。

又武氏祠前室第十石，有一宴会乐舞的画像。画像一端为舞蹈的表演。另一端为贵人宴客。歌舞者三人：一人两手蹋鞠倒竖，两足朝天；一人长袖蹋鞠而舞；又一人以一手撑在倒竖者之左足上，悬空而歌。宴会者五人，分东西坐，位于西者三人为宾，位于东者二人为主，宾主之间，有案，有盘，有盂，有三足罍，罍中有勺。我们看了这幅画像，再读班固《东都赋》中“献酬交错，俎豆莘莘；下舞上歌，蹈德咏仁”之句，便觉恍然在画中。

献酬交错下舞上歌画像

乐舞画像近来在南阳汉墓中又大有发现。据滕固《南阳汉画像石刻之历史的及风格的考察》一文中所录，有如此的各种画面：

“存于石桥镇的一石，图作六人：一人击鼓，一人舞鼗，一人倒竖，三人作舞，中间一长袖者，蹋鞠而舞。”

存于“草店墓的楣石上有数景；一景九人，其中四人摇鼗，二人抱箭，二人坐。一景七人，一人击磬，二人击鼓，余坐。又一景九人，一人长袖蹋鞠舞，一人拂（巾）而舞，一人跪其右足，作唱讴状，一人抚琴，一人抱箭，余坐。此三景神情相属，望之隐隐作钟鼓声。”

“还有存于七孔桥的一楣石，宽约丈余，左面一部作贵人车骑，护卫森严。右部作乐舞，凡十人，自左至右，二人坐，一人倒竖，二人蹋鞠对舞，二人摇鼗，二人坐，一人击鼓。此作绘声摹影，与草店墓物，同属一风格，图像中作倒竖，作长袖舞，作抚琴，作击树鼓，作拂舞等”。

又此类乐舞交作图，亦见于汉镜的花纹中。在汉镜中有一人物画像镜，此镜边缘饰以回龙舞凤之图案，镜背以钮为中心分为四格，四格虽各绘一事，然过细观察，实一乐舞图之各部。

其一格，正中立一人，张大袖而舞，扬其一足，衣褶分明，帽似簪花，衣有边缘。旁一人坐地抚琴，琴旁有一香炉，后有一剑。又二女子裸体，翻身而舞，细腰如线，做不胜乎罗绮，舞态轻盈，若仙女之乘风，嚼清商而却转，如惊鹤之出群。

在舞者之左右二格，各坐一贵人重席而坐。在左格，贵人左右，侍坐者各二人，有摇鼗者，其他亦各有执持，想系乐器。右格贵人之旁亦有二人侍坐，又有二女子垂手侍立，皆高髻大袖，细腰长裙。此二贵人大概为主人，侍坐者则为乐人或部从，垂手侍立之女子，则为婢妾。其又一格，则为门外车马，作两车相值，车皆驾以五马，圆盖而方轸，显系来赴宴会的宾客之所乘。

我们看了这些乐舞交作的画像，再读仲长统“妖童美妾，填乎绮室；倡讴伎乐，列乎深堂”之句，便觉东汉豪人之家荒淫无耻的生活，如在目前。而桓宽所谓“中山素女，抚流徵于堂上；鸣鼓巴俞，交作于堂下”的歌舞大会，也就跃然纸上了。

在以上歌舞交作诸画像中，最值得提出来讨论的，就是出现于汉人物画像镜上的裸体跳舞的图像。这种裸体跳舞，当然不是当时艺术家的空想之构图，而是当时实有其事。《汉书·广川惠王越传》云：广川王“去数置酒，令倡俳裸戏坐中以为乐”。按此所谓裸戏，除解释为裸体舞以外，没有其他的意义。此种裸体舞的画像近来在南阳石刻中，亦有发现，据滕固前文所录，有如次的一幅画像：“左一人右手持剑，直刺右一人之腿部；右一人左手持一匕首，作奔上势；中界飘带，动作甚为活泼，而持剑者又似裸体。”据此则在汉代，那些青年男女，实有裸体献技于贵族之前的事实，而这也就是尊孔崇儒的汉代贵族的“严肃生活”之写真。

中国自春秋时即有侏儒之舞。侏儒者，实为中国最古的优人，除歌舞外，又兼以笑谑竞技为事。此种侏儒之舞，在秦汉时代继续流行。如《史记·滑稽列传》曰：“优旃者，秦倡侏儒也。”《汉书·徐乐传》曰：“帷幄之私，俳优侏儒之笑”，皆其例证。侏儒之舞，近来亦在南阳石刻中发现。据滕固前文所录，在南阳发现一石刻画像，作“左一男左手挟杖，右手伸拳，衣下拖出长巾。右一高髻大袖女子，向男跪，屈身伸臂作舞，左手挈一侏儒，亦作舞状”。从这幅画像上看来，颇像表演着一种简单的故事，也许就是最初的戏剧。

汉代倡优侏儒之舞画像

总上所述，汉代的音乐与歌舞，已经加进了不少外来的成分。

以乐器而论，除箫鼓琴瑟之外，琵琶、箜篌、觱篥、羌笛已经加入了汉朝的乐队。以乐曲而论，新声曲已经加入了汉朝的乐谱。以舞蹈的姿态而论，已经不是猗欤那欤的连蹉之态，而是如傅毅《舞赋》中所谓："浮腾累跪，跗蹋摩跌"；或如张衡《舞赋》中所谓："抗修袖以翳面兮，展清声而长歌。"特别是裸体舞之出现，更足以说明当时的歌舞，受了野蛮种族的歌舞之影响。因为裸体舞是生活于较为原始的历史阶段中之歌舞的形式，此种歌舞的形式，在中原地区，亦曾存在过，但随着历史的进展，早已消灭了。尤其在儒家哲学支配一切文化思想的汉代，此种不合封建礼教的裸体舞决不会在本土再生长出来，因而确切地证明这是一种外来的歌舞形式。

汉代的歌舞有着外来的成分，这是非常明白的。但究竟从何而来呢？历来学者以为来自巴俞。巴俞者，即今日之四川。而当时的巴俞之人，即所谓西南夷之支裔。如此说来，则汉代之新的乐舞乃来自南蛮。按汉代有巴俞舞当系事实，但如谓凡鸣鼓而舞者皆为巴俞舞，则我以为不然。因为鸣鼓而舞，乃系一般野蛮种族之通习，非仅巴俞之人为然也。证之外来的乐器，琵琶、觱篥，皆西域之乐，因而我以为汉代的乐舞，其所受于西域诸种族的影响，较之受于南蛮为多。

汉代不仅从西域传入了新的乐舞，而且又传入了新的西洋把戏。《史记·大宛列传》云：武帝元封六年安息"以大鸟卵及黎轩善眩人献于汉。……是时上方数巡狩海上，乃悉从外国客……大觳抵，出奇戏诸怪物……及加其眩者之工，而觳抵奇戏岁增变，甚盛益兴，自此始"。按角抵者，应劭曰："角者，角技也；抵者，相抵触也。"据此，则武帝时已有安息的马戏班来到中国，表演角力、杂耍、戏兽等技艺。

又《后汉书·南蛮西南夷列传》云：安帝"永宁元年，掸国王雍由调复遣使者诣阙朝贺，献乐及幻人，能变化吐火，自支解，易牛马头。又善跳丸，数乃至千。自言我海西人。海西即大秦也，掸国西南通大秦"。大秦即罗马也。据此，则在东汉中叶，罗马的魔术团，也来到中国了。

关于汉代的外国马戏或魔术，张衡《西京赋》中说得很详细。他说，马戏和魔术表演的地点，大概都在广场之中[①]。有各种的节目，如角力、竞技、假面戏、化装歌舞、斗兽、魔术表演等。

《西京赋》中所谓“乌获扛鼎，都卢寻橦，冲狭鷰濯，胸突铦锋，跳丸剑之挥霍，走索上而相逢”，就是角力竞技的节目。所谓“总会仙倡，戏豹舞罴，白虎鼓瑟，苍龙吹篪”，就是假面戏。所谓“女娥坐而长歌，声清畅而蜲蛇；洪涯立而指麾，被毛羽之襳褷”，就是化装歌舞。所谓“熊虎升而拏攫，猨狖超而高援；怪兽陆梁，大雀踆踆；白象行孕，垂鼻辚囷”，就是斗兽或戏兽。所谓“海鳞变而成龙，状蜿蜿以蝹蝹；含利飏飏，化为仙车；骊驾四鹿，芝盖九葩；蟾蜍与龟，水人弄蛇；奇幻倏忽，易貌分形；吞刀吐火，云雾杳冥；画地成川，流渭通泾”，这都是幻术的表演。又如所谓“东海黄公，赤刀粤祝；冀厌白虎，卒不能救，挟邪作蛊，于是不售”，这又指明并有故事的表演。又如所谓“突倒投而跟结，譬陨绝而复联；百马同辔，骋足并驰”，这又指明有马术的表演。由此看来，当时马戏的内容，是何等的丰富。而且“从都卢寻橦”与“水人弄蛇”二语看来，当时的马戏班中，又有南洋群岛人及印度人参加，盖“都卢”为南洋之国名；而“弄蛇”，则为印度人的把戏。

以上各种把戏，在今日已不可复见。惟假面之戏及水人弄蛇尚保留在汉代石刻画像中。据滕固前文所录，谓在南阳发见一石，今存城北阮堂，图作：“左一人戴兽面，腰间置一长矛，张手蹲地作舞姿；右一人坐以相对，左手握刀（或他种兵械）。又右端有一侍者捧物。还有一石，今存于陇西寨，此石十分诡异。左端戴有角兽面的人执杖作俯瞰状，杖头有球状物。而其右面戴兽面的一人，持杖向其球作挑拨状。中部左面一戴兽面者以长矛刺其右面的大袖女人。右端坐一作四起髻的贵妇和其右的侍者作谈话状。此石六人，盖每两人一组，以显出其全景的动作。”按此种画像，就是当时假面戏的表演。

---

① 《西京赋》有云：“临迥望之广场，程角觝之妙戏。”

汉代假面戏画像

武氏祠左室第五石上层及下层，皆画弄蛇者。上层正中有一喇叭形之物立于地上，其上盘一蛇，头向上。蛇之左右，各立一人，作对话状，其右一人高冠后垂，为弄蛇者。在画之左右两端，各作二人皆作惊悸之状。下层一图作三人，中一人双膝并拢跪在地下，又以右臂着地，侧身蜷伏，两臂相交，右臂挟一蛇，蛇头竖立，蛇后盘曲。左右各一人，左一人长袍高冠后垂，左手持斧，出其右手与右足，开口作与右一人对话之状。右一人亦长袍，但不着冠，短发竖立，持一锤，张口作与左一人对话状。此外尚有一蛇飞舞于上，及四足蛇之类的东西点缀其中。在图之最左端，又有一有翼神。

汉代水人弄蛇画像

我们看了这些画像，因知张衡《西京赋》中所说的角觝之戏，并非虚妄之辞。

第六节　两汉的宗教

一　多神教的发展

在汉代，跟着人的世界之社会经济的发展与政治活动的演进，神的世界也有着相应的改变。这种改变，具体地表现在这一时代的宗教记录之中。

据史籍所示，贯通两汉的全时代，以上帝为首的多神教，始终是统治者所信奉的宗教。不过到东汉初，印度的佛教，传入了中国。到东汉末，在中国的本土，又产生了道教。这种旧的宗教之继续的存在与新的宗教之传入及发生，就指明了当时神灵世界的变动。

首先，我们说到以上帝为首的多神教。

如前所述，自人的世界中出现了以皇帝为首的封建等级制度以后，神的世界即出现了以上帝为首的诸神。在诸神之中，而出现唯一至尊的上帝，正是地下的封建等级制度在天上之反映。但是这由地下反射到天上去的上帝和诸神，又通过宗教的形式，回到地下，成为巩固封建等级制度的精神武器。所以只要封建等级制度继续存在，以上帝为首的多神教也是存在的。

汉代承秦之后，社会经济并没有本质上的变革，所以这样的多神教还是存在的。不过相应于汉代政治的演变，神的世界也有着同样的演变。

只要我们记得汉高帝斩蛇的故事，我们就会知道当着秦汉之际，人间的统治阶级换班之时，在天国，也同时来了一次革命。这次领导革命的，是象征汉代政权的“赤帝”，而革命的对象，则是象征秦代政权的“白帝”。“赤帝”派了他的儿子刘邦杀了“白帝”之子，夺取了“白帝”在人间所建立的国家的政权，并且从天国的宝座上，驱逐了“白帝”，代“白帝”而即上帝之位。所以汉代的上帝是“赤帝”，汉代的“下帝”是“赤帝”的子孙。天国的这一次革命，也和地下同一时代的革命一样，并不改变等级从属的关系，只是统治者换班而已。

像这样的故事，当然是刘邦造谣。他为什么要造这个谣言呢？其目的就是要用这个谣言，证明秦代的天命已尽，而他自己则是天命攸归。并且证明他之有天下，不仅是顺乎人，而且是应乎天。同时，也是为了把自己与上帝发生血统关系，从而把他自己变成超人的人，人神的杂种，上帝在人间的代理人，以建立其在愚昧人民中之最高的尊严与信仰。实际上，赤帝与白帝交替的神话，只是秦汉递嬗的历史之复写。

我们记得，在秦代，已有白青黄赤四种颜色的天神，而白帝为之长。刘邦做了汉王，因为天神的数日不符合于人间的五帝之传说，索性把颜色配齐，再加上一个黑帝[①]。非常明白，五色帝的出现，是阴阳五行说的图象化。因为五行说者曰：东方属木，木色青，故东方之神曰青帝；南方属火，火色赤，故南方之神曰赤帝；西方属金，金色白，故西方之神曰白帝；北方属水，水色黑，故北方之神曰黑帝；中央属土，土色黄，故中央之神曰黄帝。故所谓五色帝者，实即金木水火土五种物质之神格化。然而把这五行之神分配于五方，则是表现汉王对于大一统的愿望，正如他自己所说："安得猛士兮守四方。"

据《汉书·郊祀志》所载，武帝时，有亳人谬忌，奏请祠祀泰一。他说：泰一是天神之最贵者，位在五帝之上。以后又有人奏请祠祀三一,三一者，即天一地一泰一。这些建议，武帝都接受了。

关于三一的发生，顾颉刚氏在其《汉代学术史略》中曾有如次的解释。他说："这种天神，无疑地发生于阴阳说：天一是阳神，地一是阴神；泰一更在阴阳之前，为阴阳所从出，所以谓之最贵。"[②]顾氏的这种解释是对的，因为所谓三一者，正是中国有生于无的哲学之图象化。顾氏的解释，仅及此而止。至于这种三一之神为什么不前不后而恰恰出现于武帝时代呢？没有说明。

① 《汉书·郊祀志》云："二年（冬），东击项籍而还入关，问：'故秦时上帝祠何帝也？'对曰：'四帝，有白、青、黄、赤帝之祠。'高祖曰：'吾闻天有五帝，而四，何也？'莫知其说。于是高祖曰：'吾知之矣，乃待我而具五也。'乃立黑帝祠，名曰北畤。"

② 《汉代学术史略》第五章《汉武帝的郊祀与求仙》。

我以为这位尊于五帝的天神之出现于武帝时的神坛上，不是偶然，正是人间的皇帝的权威之高涨的反映。当武帝时，大汉王朝已经完成了大帝国的建立，大汉的皇帝已经不仅是汉人的皇帝，而是百蛮的共主。大汉皇帝升了格，象征大汉皇帝的上帝自然也要跟着升格。以前的赤帝虽然为五帝之长，但他所统治的天国，恐怕仅限于中国本土的领空。跟着大汉帝国之形成，领空也扩大了。所以必须要有一个更尊的宇宙神，来统治大汉帝国的领空，于是出现了泰一。

西汉末，王莽篡汉，人间社会又发生了变动。为了说明篡窃也是符合于天命，于是王莽便造作谣言，说赤帝的世运已终，应该让位于黄帝，而他就是黄帝的后裔。

黄帝在位并不很久，随着刘秀的起义，赤帝在天国也展开了死灰复燃的活动，并且派了天使来到人间，送了一道《赤伏符》给他地下的远房孙子刘秀，要他驱逐黄帝的儿子，再建赤帝之地下的统治。同时，白帝也开始了政治活动，他派遣他地下的儿子公孙述，和赤帝之子刘秀夺取人间世界的统治权。跟着刘秀统一天下，再建人间社会的封建秩序，于是这反映到天上，便是青黄赤白黑五帝各归方位。这一直到汉代之终末，赤帝才被那怪力乱神打下宝座。

根据以上所述，我们已经可以看出人天相感，真是毫厘不爽，息息相通。现在我们再看天国政府的组织与当时人间政府的组织，又是何等的吻合。

汉代的诸神画像之一

汉代的诸神画像之二

如上所述，反映人间最高无上的皇帝，在天国，便有最高无上的泰一，泰一是为上帝。反映汉代政府之左右丞相，在天国便有天一地一。此外反映西汉中央政府的各部门，如三公九卿之类，在天国，也有分掌日月星辰风雨雷电四时等部门的诸神①。反映西汉之各级地方政府，如州郡县乡的长吏，在天国也有象征地方政权的山川之神②，乃至象征乡官长的社神③。总之，天上人间实无二致，而这就是以上帝为首的诸神之根源。

此外，还有无数的诸神。这些诸神，一部分是前代遗留下来的原始诸神。如诸布、诸严、诸逐、杜主、陈宝之属。另一部分，则是汉代新出现的，如高祖所立梁晋秦荆各地之巫所信奉之神，武帝时所立越巫信仰之神及西南夷的金马碧鸡之神，不可胜数。据《汉书·郊祀志》所载，成帝时，由国家派专官祠祀的诸神之庙，已有

① 《汉书·郊祀志》云："成山祠日，莱山祠月。又祠四时于琅邪。"又云："又立岁星、辰星、太白、荧惑、南斗祠于长安城旁。"又载：平帝时，王莽又立雷公庙、风伯庙、雨师庙及许多星宿之庙。

② 《汉书·郊祀志》记高帝诏谓："山川诸神当祠者，各以其时礼祠之如故。"又云：自宣帝以后，"五岳、四渎皆有常礼。东岳泰山于博，中岳泰室于嵩高，南岳灊山于灊，西岳华山于华阴，北岳常山于上曲阳，河于临晋，江于江都，淮于平氏，济于临邑界中，皆使者持节侍祠。"又载，许多小山也有祠祀，如祠三户山于下密，之罘山于睡，成山于不夜，莱山于黄。

③ 《汉书·郊祀志》谓高祖"令县为公社"。又云："令县常以春二月及腊祠稷以羊彘，民里社各自裁以祠。"

683 所，民间的神庙，尚不在内。在这 683 所神庙中，有 203 所是秦代原有的神庙，其余 480 所则为新兴的诸神。到王莽时，国家奉祀的祠庙，自天地六宗以下至诸小鬼神，凡千七百所。至东汉光武时，仅就郊祀五帝的神坛之守卫的神灵而言，已有 1514 位之多，由此而知两汉时代的神灵，已经是盛极一时了。

为了沟通神人之间的关系，特别是当时的统治者，为了要假借这非人的力量来统治人的世界，宗教遂显出他的重要性。宗教的实践是祭祀，祭祀的执行者是僧侣。两汉时代的僧侣有两种流派，一种是降神的巫祝，一种是求仙的方士，他们都是神人之间的仲介。惟在汉代，此种僧侣，只是供祭祀的奔走，而最高的教主，则是皇帝。这一直到东汉末年，道教产生，在僧侣的内部，才出现自己的教主。

在武帝时代，神灵的祭祀成了统治者狂热的信仰。当时的甘泉宫和汾阴祠，是两大神灵的奥府。在甘泉宫，可以听到上帝和蔼的声音；在汾阴祠，可以看到上帝五彩的衣裳。这还不算，武帝并且亲自跑到泰山顶上，几乎会见了上帝。

甘泉宫在长安之西，汾阴祠在长安之东，距长安各有三五百里左右，祭祀起来，实在不方便。所以到成帝时，匡衡建议把上帝和诸神都迎接到京城里来。成帝照办了。自是以后，长安域中，便有了两个政府，上帝的政府与下帝的政府。这一直到东汉末年，上帝和下帝，都是住在一个城市。即因如此，所以祭祀就非常方便，天人的交际就更加频繁了。据史载，哀帝因为生病，在一年之中祭过 37000 次，平均每天祭 100 次以上，这真是骇人听闻之事。

适应于封建等级制度，祭祀也具有等级的规定。皇帝所祭的神，都是象征国家政权的神，如上帝、日、月、星、辰、后土、五岳、四渎之属。诸侯王、地方官所祭的神，则为象征地方政权的神，如各封国、各州各郡各县境内的山川之神及其他地方诸神。至于百姓亦有其所祭之神，而这就是乡社、里社的社神。汉之社神，即今日之土地神，他在诸神中，是最低级的神。在他之下，就只有小鬼了。

当时自皇帝、诸侯王以至地方官的祭祀，都有巫祝降神，美酒媚神，肥猪肥牛飨神，并且有乐队迎神送神。至于百姓，则只有捧着一颗痛苦的心，俯伏在社神的面前，申诉他们的冤屈和愿望。但他们不知道，社神正是上帝委派来的乡官里长呵！

二　佛教的最初传入

佛教何时传入中国。事属遥远的过去。在今日而欲考证其确切的年月，已不可能。惟我们可得而确知者，在东汉明帝时，释迦牟尼已走上了中国贵族的祭坛，浮屠之教已成为中国贵族之信仰。

《后汉书·楚王英传》云：英“晚节更喜黄老学，为浮屠斋戒祭祀。（永平）八年，诏令天下死罪皆入缣赎。英遣郎中令奉黄缣白纨三十匹，诣国相曰：‘托在蕃辅，过恶累积，欢喜天恩，奉送缣帛，以赎愆罪。’国相以闻。诏报曰：‘楚王诵黄老之微言，尚浮屠之仁祠，洁斋三月，与神为誓。何嫌何疑，当有悔吝？其还赎，以助伊蒲塞桑门之盛馔。’因以班示诸国中傅”。

按以上的记载，为中国正史中最古的佛教掌故。中国人信仰佛教之见于史籍者，楚王刘英是第一个人。楚王英为光武之子，以建武十七年进爵为王。史籍揭露楚王英信仰浮屠之教，为明帝永平八年。其信奉浮屠之始，当然更在永平八年之前。由此而知在明帝永平八年之前，中国不但已有佛教传入，而且佛教已成为当时一部分中国人民之信仰。同时，从明帝给楚王英的诏令中，又可以看出当时的佛教，已经得到中国政府的默认，而且甚至给与以支持。

我们知道，一种宗教，从它的传播到它获得人民的信仰，需要经过相当长久的时间。特别是一种外国宗教，还要经过翻译的过程，才能传达其教义于人民之中，因而需要更长久的时间，才能成为人民之信仰。同时，人民信仰以后，异国的政府不见得马上就予以承认，进而至于支持，这其间，也需要一个相当的时间。因此之故，佛教之最初传入中国，我们便不能不追溯到西汉之季。然而中国却流行着一种汉明帝求佛法的传说；甚至唐代大文学家韩愈在其有名的《谏迎佛骨表》中，也踵述这种传说，而作出“汉明帝时始有佛法”的肯定语句，这未免忽略了具体的历史事实[①]。

佛教在汉明帝以前传入中国是不成问题的，但究竟前到什么时候呢？我以为佛教之最初传入中国的边境塔里木盆地一带，应该上溯到秦汉之际。

我们已经说过，佛教之开始世界的传播，早在阿育王时代（公元前 264—前 227 年），阿育王与秦始皇同时（公元前 246—前 210 年）。传说阿育王曾派遣传教僧侣 256 人分赴世界各地，宣传佛教。其派至亚洲者，北至中亚，南至今日之锡兰（今斯里兰卡）、缅甸。虽然没有说派遣僧侣到中国，但另一传说，谓阿育王曾起四万八千塔，其二在中国。同时在中国也有类似的传说。隋费长房《历代三宝记》引朱士行《经录》云：“秦始皇时，西域沙门室利防等十八人，赍佛经来咸阳，始皇投之于狱。”果如经说所云，则佛教的僧侣在秦时已经第一次踏进了中国的本土。

以上诸传说，可靠性当然很少，特别是朱士行《经录》所记，竟谓印度僧侣在秦时即已到达中国的本土，尤为不可信。但我以为印度僧侣在秦汉之际，已经达到塔里木盆地是可能的。据斯坦因《西域考古记》云：“和阗地方在西元前两世纪左右，曾被旁遮普极西北角上的坦叉斯罗（ Takshasila）即是希腊书中的 Taxila 所征服，夷为殖民之地。”果尔，则当时佛教僧侣，追随殖民地官吏和商人之后进到塔里木盆地，乃至为可能之事。而佛教之初传入中国的边疆，实可能早在秦汉之际。

至于佛教之最初传入中国本土，则最早亦不能在张骞通西域以

① 关于汉明帝求佛法的传说，梁启超氏在其《佛教之初输入》一文的附录（见梁启超近著《饮冰室文集》卷五十九）中，已辩证其为西晋时人的伪造。据梁氏考证，汉明求法说，最初见者为西晋道士王浮之《老子化胡经》。其述此事云：“永平七年，甲子，星昼现于西方。明帝梦神人，因傅毅之对，知为胡王太子成佛之瑞应。即遣张骞等经三十六国至舍卫。值佛已涅槃，乃写其经，以永平十八年归。”此种记载之荒谬，诚如梁氏所云：“一望而知者，莫如张骞姓名。盖以二百年前之人物插入此剧本中，其固陋太可怜矣。”同时张骞奉使仅到大月氏，而王浮硬派他到印度的舍卫，亦可谓武断的能手。此外梁氏又指出：“永平七年，正西域受胁，匈奴构乱猖獗之时，下距十六年之复通，且十岁，安能有遣使经三十六国入印度之事。其不学杜撰，正与攀引张骞同一愚谬耳。”

前。因为在这以前，中国本土之人，尚不知有所谓身毒，当然更不知有所谓佛教。

《魏书·释老志》云："汉武元狩中，遣霍去病讨匈奴，至皋兰，过居延，斩首大获。昆邪王杀休屠王，将其众五万来降。获其金人，帝以为大神，列于甘泉宫。金人率长丈余，不祭祀，但烧香礼拜而已。此则佛道流通之渐也。及开西域，遣张骞使大夏还，传其旁有身毒国，一名天竺，始闻有浮屠之教。"

以上的记载指明了两件事：第一、在张骞通西域以前，中国本土，尚无佛教；第二、在张骞通西域以前，中国本土之人，尚不知有佛教。

霍去病从匈奴俘虏而来的金人，是否即为释迦牟尼的偶像，今无可考。惟当时佛教已经最初传入塔里木盆地；而当时匈奴昆邪王的领地，正邻近今日吐鲁番，因而佛教在当时传入匈奴人之中，并非绝对不可能之事，从而金人之或为佛像，亦至有可能。果尔，则释迦牟尼之第一次走进中国的本土，是以俘虏的资格。当时中国的统治者并不认识这位印度的尊神，所以并没有把他请上神坛的宝座，只是将他作为大神之一，插入于甘泉宫神殿中中国诸神的行列，侍立于上帝的左右。

从历史的记载看来，张骞与佛教似无关系，因为张骞在他西域探险的报告书中，无一字说到佛教。因此有人怀疑张骞在西域甚至不知道有佛教。但我以为不然，因为张骞到大夏时，正是大月氏已经占领了大夏的时候。其时距阿育王传播佛教于中亚一带，已在一个世纪以后。在这一个世纪中，印度与大夏之商业与文化关系，至为密切。不仅如此，而且从人的混血，进到神的混形，这从印度诸神中，有不少希腊诸神的改装，可以证明。张骞到大月氏，一定曾经看见当时印度的诸神。不过当时张骞的使命，主要是了解西域各国的军事、政治、经济、文化的情况，所以对于佛教，没有写在报告书中。

实际上，当时张骞不必走到大月氏，只要走到塔里木岔地，就可以看到佛教。据斯坦因在《西域考古记》中报告，他在于阗附近尼雅废址中，发现“有一些木牍上用梵文雅语书写一段一段的佛经”。和这些佛经在一块，还有“用国王名所下敕谕的称号，以及有年代各完好的文书。所提到的在位时代［如摩诃罗晋（Maharaja）梵天子（Devaputra）之类］，都纯粹是印度式。这同西元初第一世纪统治印度极西北边同阿富汗一带的贵霜朝诸王的官称，异常符合。文书中所遇到的人名几乎都是印度式，有一些并显出同贵霜朝的关系”。从这些同时代的木牍所指示的时代，我们就知道这些书写佛经的木牍，是公元前1世纪，亦即张骞西使大月氏的前后留下来的。所以我有充分的证据，证明张骞曾经在西域接触过佛教。

佛教之进入中国的本土，显然是在汉武帝在西域设置行政机构以后。当时汉朝的外交使节和商人，他们从塔里木盆地和中亚带回了各种物产，带回了文化和艺术，当然也带回佛教的神话。同时，当时也必然有西域的佛教僧侣，带着用古印度文写的佛经，来到中国的本土。惟当时汉朝外交使节和商人带回的佛教神话，既片断又零碎，而来到中原的西域僧侣，又言语不通，传播极不容易。所以在中国文献上自武帝以后，历昭、宣、元、成百余年间，没有佛教活动的传说，但这不是说当时没有佛教的活动，只是说当时的佛教还没有成为中原地区人民的信仰，因而不为中国的著作家所注意。

佛教经典之引起中国士大夫的注意，是在汉哀帝时。《魏书·释老志》云:“哀帝元寿元年（公元前2年），博士弟子秦景宪受大月氏王使伊存口授浮屠经。”此事首见于《三国志》裴注，《魏书》系祖述裴说。并不见于《汉书》，似有疑问。惟我以为哀帝时，佛教在中国之活动，已有百余年的历史，当时中国的士大夫中或已有对此种宗教发生兴趣者，因而他们从外国僧侣学习经文，以求了解，也是应有之事。秦景宪从月氏外交官口授浮屠经，正是这一事实的反映。这种事实，就指示佛教在中国之传播，已经达到了一个新的阶段，即中国知识分子开始传诵的阶段。

即因佛教在西汉末年，已渐次接近中国的知识分子，所以到东汉初释迦牟尼便第一次被楚王英捧上了中国的神坛，最初成为中国贵族之信仰。从此以后，佛教在中国便日益发展，到东汉末桓、灵之际，又走到了一个更高的发展阶段。

《后汉书·襄楷传》载桓帝延熹九年，楷上疏云："闻官中立黄老、浮屠之祠。"据此，则知在桓帝时释迦牟尼已走进中国的宫廷，成为中国皇帝之信仰。

同时，在桓帝时，又开始了佛经的翻译事业。关于佛经的翻译，《高僧传》谓在明帝时即已开始，其时有印度僧侣竺法兰及摄摩腾来到中国，译《十地断结》及《四十二章》等经五部。但据梁启超氏考证，此种记载，大不可信[①]。佛经的翻译，系开始于桓帝时代，第一个翻译家，为安息僧侣安世高。据梁启超氏云："其书传于今者，真伪合计，尚三十余种，其为中国佛教开山之祖，固无待言。"[②]旧说安世高翻译佛经时住在洛阳，并且还有一位中国人临淮严浮调做他的助手。安世高不仅翻译佛经，而且到处宣传教义。据说他曾经到过荆州、豫章、丹阳、会稽、广州等地，把佛教传播到中国的南部[③]。从安世高起，那些用古印度文字所写的佛经，才第一次有几种中国文字的译本。

翻译佛经的事业，继续发展。据《高僧传》所载，到灵帝时，又有大月氏僧支娄迦谶来到洛阳，从事佛经的翻译。他也有两个中国人做助手，一名孟福，一名张莲，都是洛阳人。从此看来，当桓、灵之际，中国已有不少佛经的中文译本，这件事，就指明了当时的佛教，已经渐渐成为中国人的宗教。

据《后汉书·陶谦传》载：灵帝时，有丹阳人笮融，在徐州、广陵间，"大起浮屠寺。上累金盘，下为重楼，又堂阁周回，可容

---

① 《高僧传·竺法兰传》云：明帝时蔡愔至天竺，时竺法兰"与摩腾共契游化，遂相随面来。会彼学徒留碍，兰乃间行而至。既达洛阳，与腾同止。少时便善汉言，愔于西域获经即为翻译十地断结、佛本生、法海藏、佛本行、四十二章等五部。"据梁启超氏考证，此种传说，乃系由王浮《老子化胡经》演变而来，大不可信。

② 梁启超近著《饮冰室文集》卷五十九《佛教之初输入》。

③ 梁启超氏《佛教之初输入》一文注云："安世高传记，几纯属神话的性质，颇难悉认为史料。即其年代，非无可征信，而通常之说，谓为汉桓帝时入中国。然有谓晋时犹生存者，又有谓彼前身死于广州，再世为安息王太子重来中国者。《高僧传》博采众说，言世高曾两到广州；曾往庐山度郑亭庙神；曾在荆州城东南建立白马寺；曾在丹阳立瓦官寺；最后卒于会稽。其史迹多诡诞，不可尽信。"

三千许人，作黄金涂像，衣以锦采。每浴佛，辄多设饮饭，布席于路，其有就食及观者且万余人。”由此，我们又知在东汉末，佛塔的建筑，佛像的雕饰，佛徒的供养，已如此奢侈华丽。这就指明了当时佛教在中国人民中，已经开始成为一种迷信。

虽然如此，终两汉之世，中国人始终没有出家的允许。《高僧传·竺佛图澄传》引石虎时，中书著作郎王度奏云：“往汉明感梦初传其道，唯听西域人得立寺都邑，以奉其神；其汉人皆不得出家。魏承汉制，亦循前轨。”中国人之正式允许出家做和尚，大概始于晋初。但在三国末叶，已经有人出家了，晋代不过对这种既成事实予以承认而已。中国第一个出家的和尚是朱士行。《历代三宝记》卷三年表中，于魏甘露五年（公元260年）条下注云：“朱士行出家，汉地沙门之始。”按甘露五年，下距晋之篡魏仅四年，其时对汉人出家之禁，或已随着佛教之发展而松懈了。

总上所述，我以为佛教之最初传入中国的边疆塔里木盆地一带，是在秦汉之际，而其传入中国本土，则在张骞通西域以后。佛教进入中国本土以后，最初接近的是中国的知识分子，以后便一步步向上爬，从贵族的府邸走进皇帝的宫廷。因为接近了士大夫，所以佛经便渐渐被译成中文。因为接近贵族和皇帝，所以佛教僧侣不久便得到了宣传的便利。同时又因为佛经有中文的译本和宣传的便利，所以到东汉末，佛教便渐渐成为少数中国人民之信仰。虽然如此，终两汉之世，佛教诸神还没有得到中国人民之普遍的信仰。

佛教之最初传入中国，非常明显，是从西北而来。但梁启超氏提出了一个异议，他以为不是从西北，而是从南方广东一带传入。梁氏曾提出几个论证，证实他的立论。但我以为理由非常薄弱，不足以证实其说。

第一，梁氏引据《汉书·地理志》所记当时中国与南洋的交通，及《后汉书·西域传·天竺国》条所记桓帝时大秦使者自日南徼外来献的史实，证明汉代中印海道已通，佛教可能由海道南来。但是我以为即使当时中印的海道已通；而中印之主要的交通，则在西北，不在南方。而且据《汉书·地理志》所记，中印海道之通在武帝以后。但如前所述，在武帝以前塔里木盆地，已有古印度文所写的佛教之流布。所以我以为梁氏的这一论点，已为考古学的发现所否定。

第二，梁氏又引据楚王英奉佛、安世高传教及笮融建筑佛塔等史实，皆不在京洛而在江淮，证明佛教系来自南方。但是我以为当楚王英奉佛之时，奉佛者恐已不仅楚王一人，楚国一地。从明帝诏书中，已有满纸的新名词，如“浮屠”“伊蒲塞”“桑门”之类，则当时京洛一带，亦必有奉佛者之存在；否则这些佛经中的印度名词，是不会应用于诏书中的。至若安世高之宣传佛教，诚如梁氏所云，其事不可尽信，而且传说中亦谓其曾译经于洛阳，其译经之助手二人，且皆系洛阳人。因而即使其行踪曾达到江、淮一带，亦只能视为佛教之由北而南，而不能据此遂谓佛教由南而北也。又若笮融之建佛塔，其时已至东汉之末，佛教在中国已有长期之发展，其由京洛扩展至徐、扬一带，则又为应有之事，亦不能据此而以为佛教南来之证。

第三，梁氏又从佛经翻译文体上论证中国的佛教，有一支是南来的。他说：“即以翻译文体论，世高略采意译法，其文较华；支谶纯采直译法，其文极朴。读高书，则与老庄学每起联想，觉其易入；读谶书，不易索解，但觉其非我所固有。”[①] 梁氏之意，以为老庄的学说，是中国南方的学说，高译文字既近于老庄，当然是从南方来的。但我以为这种说法，理由也不充分。因为任何时代的翻译，都是先有意译而后进于直译。其理由甚为简单，即在最初中国的知识分子对于外国文字尚不熟悉，仅能撮其大意，不能逐字逐句求其真确。以后，对外国文字熟悉了，才能依照作者原来的文句乃至语气直译出来。这不仅对佛经的翻译过程如此，即晚近翻译欧美的书籍，亦曾经过此种过程。如前所述，安世高的译本，是中国最初的佛经译本，其为意译，势所必然。支娄迦谶译经，在安世高之后，当时中国人之习古印度文者，当然较为进步，故有直译的可能。总之，意译与直译，是时间的特征，不是地方的特征，所以我以为不能根据佛经译文之或为意译或为直译而判定佛教之传入中国之或为南来，

① 梁启超近著《饮冰室文集》卷五十九《佛教之初输入》。

或为北来也。

总上所述，我的结论：佛教之最初输入中国不是从南方海道而来，而是从西北陆路而来。关于这一点，只要举出一件事实就可以证明。这就是在中国东南沿海一带，至今尚未发现原始佛教的任何痕迹；而在塔里木盆地，则发现了公元前1世纪的古印度文的佛经。

现在我们还要说到一个问题，即佛教进入中国以后，为什么首先在中国封建贵族与官僚群中获得了信仰？

我们已经说过，原始的佛教是一种反等级制度的革命的宗教，从常理上说，这种宗教，不应该为巩固等级制度的中国封建统治者所接受。但是我们知道，任何宗教，在其创立的时代，或多或少都带有一些革命的性质，不然，它就不能成为广大人民之信仰。惟在其向前的发展中，它又必然与其所在的统治阶级妥协，成为统治阶级抑压人民的工具，不然，它就不能取得统治阶级的支持。正因为任何宗教都具有两面性，所以它就能够左右逢源，上下欢喜。佛教如此，道教如此，基督教亦如此。

诚然，佛教主张绝对的平等主义，它所主张的平等，不但及于人类，而且及于万物。但是它同时又告诉那些被抑压的贫苦的人们，要他们不要实现这平等的世界在人间，而是实现它在世外，在天上，在死了以后的生命中，在行将到来的来世、三世、四世，换言之，在他们死了以后的一千年、一万年。同时那些苦修派的僧侣，又用刻苦自己的方法，教育人们为了不可期必的“快乐的来世”，忍耐眼前所遭受的一切抑压和穷困。像这样的宗教，当然是任何阶级社会的统治者所欢迎的，它是封建时代放之四海而皆准的宗教。所以释迦牟尼一进到中国，便和中国的封建统治者拥抱着了。但是佛教在后来又为什么成为中国贫苦人民的信仰呢？非常明白，这是因为它给予贫苦人民以一个“死后天国”之期待，与第二世转生为“太子”的希望。

三　道教的起源

说到道教的起源，我们必须追溯神仙之说，因为道教是从神仙之说发展出来的。

我们已经说过，神仙之说是战国末年一般没落的旧封建贵族逃避现实的一种幻想。他们因为在人的世界找不到立足的地方，因而幻想有这样一个地方，在那里，既不受上帝的统治，也不受封建领主和商人地主的压榨，让他们去重建小国寡民的庄园制度，于是出现了上不接天、下不连地之海外三山的神仙世界，从而出现了自由自在、翱翔于天人之间的神仙之说。

可是到了秦代，这幻想的海外世界，却引起了一些人的寻求东方天国之渴望，并且在秦始皇的帮助之下，徐福等所领的海洋探险队，便一批一批地东航了。

汉兴，社会经济尚未恢复，所以也没有方士的活动。到武帝时，汉兴已六十余年，天下乂安，社会经济欣欣向荣。久经沉寂的“海上燕齐怪迂之方士多更来言神事矣”。而“齐人之上疏言神怪奇方者以万数”。于是天子“乃益发船，令言海中神山者数千人求蓬莱神人”。好久没有出动了的中国的海洋探险队又络绎于海上了。

为了提高皇帝海上求仙的兴趣，当时的方士在武帝面前，表演了许多奇迹。第一个奇迹，就是方士少翁能够运用神通，使武帝看见他已死的李夫人的灵魂。虽然“是耶非耶”看不清楚，但方士说，这就是李夫人的灵魂。第二个奇迹，就是方士李少君向武帝说，只要武帝祠祀灶神，他就能把丹沙化为黄金；用这样的黄金作为饮食器，他就能使武帝益寿延年，并且可以会见蓬莱仙人。后来李少君虽在丹沙尚未化为黄金之前就死了，但武帝总以为他是“化去”，“不死也”。第三个奇迹，就是方士公孙卿向武帝说，他在东莱山遇着一个神人，神人向他说要会见武帝。虽然武帝赶到东莱山，只看见一个大人的脚迹，但他相信这是神人留下来的。第四个奇迹，就是方士申公向武帝保证，只要他封泰山，就可以白日飞升，并且举出古来黄帝骑龙上天的例子。后来武帝封了泰山，但始终没有看见有龙飞来接他上天；而且在桥山看见了传说中的黄帝冢。但他始终相信他臣下的解释："黄帝确实骑龙上了天，桥山是他的衣冠冢。"除此以外，其他见神见鬼的事，尚不知有多少，武帝就在这些奇迹之前，变成了方士的信徒。

除了求仙以外，方士还有许多其他的本领。第一，他们有益寿延年乃至不死之奇异的药方，而这就是他们之所以被称为方士的原因。据《汉书·郊祀志》所载："少君者，故深泽侯人，主方。……能使物，却老。其游以方遍诸侯。无妻子。人闻其能使物及不死，更馈遗之。"又曰："少君资好方，善为巧发奇中，"其次，他们能以符咒辟鬼。同上志云：少翁"以胜日驾车辟恶鬼"。又谓少翁"乃为帛书以饭牛"。此所谓帛书，当然就是辟鬼的灵符。第三，他们能够先知。同上志谓："少君见上，上有故铜器，问少君。少君曰：'此器，齐桓公十年陈于柏寝。'已而按其刻，果齐桓公器。"第四，他们能够望气。同上志谓："新垣平以望气见上，言'长安东北有神气，成五采，若人冠冕焉。"'即因方士有这样多的神通，所以使武帝更加相信。

为了求仙人和不死之药，汉武帝所用的方士极多，有的方士浮海求神仙，有的方士入山采奇药，有的方士候神，辟鬼，望气，炼丹，祠灶……。当时的方士受到皇帝最大的尊宠。例如方士少翁被封为文成将军，方士栾大被封为地士将军，爵乐通侯，汉武帝甚至把自己的女儿卫长公主也嫁给方士栾大。可是汉武帝始终没有会见神仙，也没有求得不死之药。

神仙之谜，不久便得到了解答。随着汉朝的势力达于朝鲜，那些海上三山的神仙，一船一船地从乐浪登陆，来到中国。武帝接见他们时，才发见他们并不是神仙，而是一些黥面文身，被发屈紒的倭奴人。及至问起三山的出产，也只有麻纻莱茹，并没有什么不死之药。方士的西洋镜拆穿了，海上的神山消灭了。

人的世界扩大，神的世界就要缩小，西汉疆域的奠定，不仅消灭了海上的神山，也消灭了昆仑山上的神域。这到后来，西王母之国，便不能不搬到罗马以西，所谓"几于日没之处"去了。到现在，中国的贵族官僚和商人地主，才了解过去方士所说的“东北，神明之舍；西方，神明之墓也”的神话，原来如此。

跟着海上三山的神仙世界之消灭，方士的说教遂陷于破产。所以自武帝以后，再也没有方士入海求仙的事了。到成帝时，又大罢郡国候神方士使者所祠祀的神庙475所。这样，“候神方士使者副佐本草待诏七十余人皆归家。”其余靠祠祀神庙吃饭的小方士，更不知有多少失掉了国家的供养。

祸不单行，恰恰在方士失去了说教的根据之时，佛教从遥远的西方来到了中国。这并不是释迦牟尼有意乘方士之危，而是中国的历史浪涛把它卷进来的。正犹海上神山的消灭一样，同是中国历史发展的结果。

和以前相信方士的神仙之说一样，现在中国的贵族、官僚和商人地主，又渐渐相信佛教。这种信仰的渐次改变，并不是由于他们的好奇，而是决定于他们的现实生活。和以前利用方士作为海洋探险的先锋队一样，现在他们又要利用佛教的僧侣，作为沟通西北大陆贸易的通译。所以到明帝时，那些被楚王英所供养的外国僧侣，便能享受皇帝恩赐之盛馔。

为了抵抗释迦牟尼，方士抬出了老子；恐怕一个老子的力量还不够，又再抬出黄帝。所以到东汉初，方士的主神，已经不是蓬莱神仙，而是黄帝、老子。《后汉书·孝明八王传》谓陈愍王宠“祭黄老君，求长生福”。这就是明帝前后黄帝、老子已被方士捧上神坛的证明。

方士虽把黄帝、老子捧上神坛，但并不能恢复他们在统治者中的信仰。因为当时的统治者知道，黄帝只是五色帝之一，并不算最高的神灵；而且他还替王莽作过一次傀儡。在东汉的统治者看来，正是一个在逃的政治犯。至于老子，司马迁在《史记》上说得很明白，是春秋时代的一个穷学者，更不是什么神人。所以在东汉明帝、章帝之际，有不少的诸侯王都因为祠祀方士之神，而受到夺爵乃至处死的处分。

方士们既得不到国家的供养，因挟着符咒治病的方技走向民间，去寻找自己的生活资料。而这到东汉末年，便出现了五斗米道。

五斗米道是中国最原始的道教，它的开山祖师是沛国丰人张陵。关于张陵的事迹，史载极简。惟《三国志·张鲁传》中有云：“陵，客蜀，学道鹄鸣山中，造作道书，以惑百姓。从受道者，出五斗米，故世号米贼。”由此而知到东汉末年，方士已经造作了自己的经典，形成了自己的宗教；并且开始其在人民大众中的活动。从此以后，方士遂一变而为道士，神仙之说便形成了一种宗教，是为道教。

方士走向民间以后，不久便开始了地方的分化，而这到东汉灵帝熹平、光和之际，遂成长为各种道教的教派。《三国志·张鲁传》裴注引《典略》曰：“熹平中，妖贼大起，三辅有骆曜。光和中，东方有张角，汉中有张脩。骆曜教民缅匿法，角为太平道，脩为五斗米道。”①

关于以上三种道教的宗派，除骆曜的“缅匿法”史无所记，其余张角的太平道，张陵的五斗米道，历史上都有简略的叙述。

《典略》曰：“太平道者，师持九节杖，为符祝，教病人叩头思过，因以符水饮之。得病或日浅而愈者，则云此人信道；其或不愈，则为不信道。”《后汉书·皇甫嵩传》亦云：“巨鹿张角自称大贤良师，奉事黄老道，畜养弟子。跪拜首过，符水咒说以疗病。病者颇愈，百姓信向之。”

关于五斗米道，《典略》曰：“脩法略与角同；加施静室，使病者处其中思过。又使人为奸令祭酒，祭酒主以《老子》五千文，使都习，号为奸令。为鬼吏，主为病者请祷。请祷之法，书病人姓名，说服罪之意。作三通，其一上之天，著山上，其一埋之地，其一沉之水，谓之三官手书。使病者家出米五斗，以为常，故号曰五斗米师。”又曰：“及鲁在汉中，因其民信行脩业，遂增饰之。教使作义

① 历史上并无张脩传五斗米道之记载。《三国志·张鲁传》云：“益州牧刘焉以鲁为督义司马，与别部司马张脩，将兵击汉中太守苏固，鲁遂袭脩杀之，夺其众。”据此，则张脩乃系刘焉的部下，甫至汉中，即为张鲁所袭杀，并无在汉中传五斗米道之事。又据同上传云：“陵死，子衡行其道。衡死，鲁复行之。”是继张陵而传五斗米道者，乃张衡，非张脩。所以裴松之说：“张脩应是张衡，非《典略》之失，则传写之误。”

舍，以米肉置其中，以止行人。又教使自隐，有小过者，当治道百步，则罪除。又依月令，春夏禁杀。又禁酒。流移寄在其地者，不敢不奉。”

从以上的记载，可以看出原始道教的组织，信奉的主神，经典的内容，传教的方式，以及对信徒的约束和宗教的禁忌。

道教之能获得贫苦人民的信仰而能成为一种宗教，决非偶然。因为当方士走向民间的时代，正是东汉末季大饥馑大疠疫的时代。正当此时，而方士们却拿着自命为可以起死回生的“神奇的符咒”，走到那些贫苦而又遭受灾难的人民面前。他们向农民说：这神奇的符咒，可以使痛苦的人们从疾病转向康复，从贫困转向富裕，从灾难转向幸福，甚至可以从人间走上天堂。虽然这些都是不能实现的慰安，但这种慰安也是无可奈何的农民所需要的。因此之故，道教便能在贫苦的农民中取得广大而深刻的信仰，从而成为东汉末年组织农民暴动的旗帜。

宗教总是社会经济的抽象。所以道教在以后的发展中，过去自由的诸神，不久便依照中国封建社会的组织分成了三等九级。如太清境有九仙，上清境有九真，玉清境有九圣。在三等九级的神仙之上，再有一位和地上皇帝一样的“元始天尊”，出现为道教诸神之最高首长。这样的组织，显然是地下的封建等级制度之天上的再版，也可以说是佛教诸神在中国的改装。

同时，由于这一发展，道教便开始服务于封建统治者。它指示人们解除痛苦的方法，不是争取现实，而是逃避现实；不是打进皇宫，而是隐匿洞天福地；不是夺取生活资料，而是吸风饮露，辟谷饿死。虽然如此，一直到现在，道教仍然是中国贫苦人民之宗教，这就是因为它那“神秘的符咒”，仍然是一般痛苦人民之“鸦片”。